SERVICE DE PRESSE

D1653906

MINISTÈRE DE L'ÉDUCATION NATIONALE,
DE L'ENSEIGNEMENT SUPÉRIEUR, ET DE LA RECHERCHE

COMITÉ DES TRAVAUX HISTORIQUES ET SCIENTIFIQUES

Section d'histoire et philologie des civilisations médiévales

---

COLLECTION DE DOCUMENTS INÉDITS SUR L'HISTOIRE DE FRANCE

Série in-8°

Vol. 34

DANS LA MÊME COLLECTION

Les statuts synodaux français du XIIIe siècle.
T. V. *Les statuts synodaux des anciennes provinces de Bordeaux, Auch, Sens et Rouen (fin XIIIe siècle),*
publ. par Joseph AVRIL, 2001, 256 p. .... 61 €

Les statuts synodaux français du XIIIe siècle.
T. IV. *Les statuts synodaux de l'ancienne province de Reims (Cambrai, Arras, Noyon, Soissons et Tournai),*
publ. par Joseph AVRIL, 1995, 416 p. .... 60.98 €

Les statuts synodaux français du XIIIe siècle.
T. III. *Les statuts synodaux angevins de la seconde moitié du XIIIe siècle précédés d'une étude sur la législation synodale angevine,*
publ. et trad. par Joseph AVRIL, 1988, 310 p. .... 53.36 €

Les statuts synodaux français du XIIIe siècle.
T. II. *Les statuts de 1230 à 1260,*
par Odette PONTAL, 1983, XVIII-517 p. .... 60.98 €

Les statuts synodaux français du XIIIe siècle.
T. I. *Les statuts de Paris et le synodal de l'Ouest (XIIIe siècle),*
publ. et trad. par Odette PONTAL, 1971, LXXVII-289 p. .... 22.87 €

Recueil des chartes de l'abbaye de Clairvaux au XIIe siècle,
publ. par Laurent Veyssière, 2004, 952 p. .... 70 €

Recueil des chartes de l'abbaye de La Grasse,
T. II. *1117-1279,* publ. par Claudine PAILHÈS, 2000, 560 p. .... 60.98 €

Recueil des chartes de l'abbaye de La Grasse, T. I. *779-1119,*
publ. par Elisabeth MAGNOU-NORTIER et Anne-Marie MAGNOU, 1996, 344 p. .... 60.98 €

Chartes des évêques d'Arras, XIIe siècle,
par Benoît-Michel TOCK, 1991, 420 p. .... 60.98 €

Documents relatifs au Clos des Galées de Rouen et aux armées de mer du roi de France de 1293 à 1418,
recueillis et analysés par Anne CHAZELAS, tome II, 1978, 352 p. .... 30.49 €

Documents relatifs au Clos des Galées de Rouen et aux armées de mer du roi de France de 1293 à 1418,
recueillis et analysés par Anne CHAZELAS, tome I, 1977, 350 p. .... 30.49 €

Actes de la famille Porcelet d'Arles (972-1320),
publ. par Martin AURELL, 2001, 732 p. .... 69 €

Le livre Potentia des états de Provence, 1391-1523,
publ. par Gérard GOUIRAN et Michel HÉBERT, 1997, 600 p. .... 68.60 €

Les pays de la Loire moyenne dans le Trésor des chartes : Berry, Blésois, Chartrain, Orléanais, Touraine,
par Bernard CHEVALIER, 1993, 644 p. .... 76.22 €

Le terrier avignonnais de l'évêque Anglic Grimoard,
par Anne-Marie HAYEZ, 1993, 413 p. .... 45.73 €

Le cartulaire de l'Abbaye de Lézat,
publ. par Paul OURLIAC et Anne-Marie MAGNOU.
Volume I, 1984, L-711 p. Volume II, 1987, 739 p., index.
Volumes I et II .... 129.58 €

Le Languedoc et le Rouergue dans le Trésor des chartes,
par Yves DOSSAT, Anne-Marie LEMASSON, Philippe WOLFF, 1983, 637 p. .... 60.98 €

Les comptes consulaires de Montréal en Condomois (1458-1498),
par Charles SAMARAN et Gilbert LOUBES, 1979, 411 p. .... 30.49 €

Chartes et coutumes de Picardie (XIe-XIIIe siècles),
publ. par Robert FOSSIER, 1974, 634 p. .... 28.97 €

COLLECTION DE DOCUMENTS INÉDITS SUR L'HISTOIRE DE FRANCE
SECTION D'HISTOIRE ET PHILOLOGIE DES CIVILISATIONS MÉDIÉVALES
– SÉRIE in-8° - VOL. 34 –

LE CARTULAIRE
DE L'ABBAYE BÉNÉDICTINE
DE SAINT-PIERRE-DE-PRÉAUX
(1034-1227)

Publié par
Dominique ROUET
Archiviste paléographe
Conservateur des bibliothèques

PARIS
CTHS
2005

Commissaires responsables : Jean DUFOUR
et Olivier GUYOTJEANNIN

ISBN : 2-7355-0573-1
© CTHS Paris, 2005

Tous droits de traduction, d'adaptation et de reproduction par tous procédés,
y compris la photographie et le microfilm, réservés pour tout pays.

À mes parents

*En mémoire d'Onfroi,
de ses successeurs, d'Anfroi
et de ses frères.*

AVANT-PROPOS

L'abbaye de Saint-Pierre de Préaux figure parmi les abbayes normandes les moins étudiées. La destruction quasi totale de l'abbatiale et des bâtiments monastiques au début du XIXe siècle n'y est certainement pas pour rien, non plus que la modestie quantitative de son chartrier, conservé aux Archives départementales de l'Eure (pour l'état ancien des bâtiments, voir ci-après fig. 2-3, p. CXXXVIII-CXXXIX). Certes, pour illustrer leurs travaux, Léopold Delisle et les érudits régionaux, comme Alfred Canel ou Auguste Le Prévost, ont puisé dans un cartulaire conservé dans la bibliothèque du marquis de Blosseville jusqu'à son entrée dans les collections des Archives départementales de l'Eure, mais ni l'abbaye, ni le cartulaire n'ont jamais fait l'objet d'aucune véritable étude.

Le professeur Lucien Musset fut sans doute le premier à remettre l'abbaye de Préaux à l'honneur. Véronique Gazeau en a ébauché une étude du temporel et, plus récemment, Emily Z. Tabuteau qui s'est attachée à exploiter plus en détail les sources normandes du XIe siècle a puisé nombre de renseignements dans le cartulaire de Préaux[1]. Une étude d'ensemble de l'abbaye et une fructueuse exploitation de ses sources ne peuvent se faire sans l'examen approfondi et l'édition du cartulaire, principale source de l'histoire du monastère, qu'Auguste Le Prévost, sous-préfet et historien du département de l'Eure, appelait déjà de ses vœux en 1864[2].

L'édition du cartulaire de l'abbaye Saint-Pierre de Préaux a fait l'objet de ma thèse d'École nationale des chartes, réalisée sous la direction de M. Olivier Guyotjeannin, dont les conseils précieux et la bienveillance m'ont été d'une

---

1. Lucien Musset, « Comment on vivait au Moyen Âge dans la région de Pont-Audemer, d'après les chartes de Préaux. XIe-XIIIe », dans *Connaissances de l'Eure*, n° 31, 1979, p. 3-20 ; V. Gazeau, « Le temporel de l'abbaye Saint-Pierre des Préaux au XIe siècle », dans *Recueil d'études en hommage à Lucien Musset*, Cahier des Annales de Normandie, n° 23, Caen, 1990, p. 237-253 ; E. Z. Tabuteau *Transfers of property in eleventh-century Norman Law*, Chapel-Hill et Londres, 1988. L'article de Jacques Henri (« Les abbayes de Préaux », dans *La Normandie bénédictine au temps de Guillaume le Conquérant*, Lille, 1967, p. 151-227) comporte nombre d'approximations.

2. A. Le Prévost, *Mémoires et notes de M. Auguste Le Prévost pour servir à l'histoire du département de l'Eure*, t. II, p. 497. Les actes du cartulaire de Préaux cités ou édités dans cet ouvrage comportent souvent de nombreuses fautes imputables aux conditions dans lesquelles ces Mémoires posthumes ont été publiés.

grande aide tout au long de mon travail. Ma gratitude s'adresse également à M. Jean Dufour qui a bien voulu apporter son concours à l'élaboration de l'édition. Qu'ils trouvent ici l'expression de ma reconnaissance.

Si le centre spirituel que représenta l'abbaye Saint-Pierre de Préaux n'eut pas au Moyen Âge l'aura de sa voisine l'abbaye du Bec-Hellouin, il n'en fut pas moins durant les deux premiers siècles de son existence, sous la protection des ducs de Normandie et des comtes de Meulan, un des centres religieux les plus importants du duché. Sa restauration, en 1034, contemporaine de la fondation de l'abbaye du Bec, fut l'œuvre d'Onfroi de Vieilles, seigneur de Pont-Audemer, qui dota l'abbaye des biens considérables qu'il possédait sur la rive gauche de la Risle. L'abbaye dut aussi sa prospérité à sa situation géographique propice au commerce, en bordure de la voie romaine reliant Lisieux à Rouen via Pont-Audemer, dominant la vallée de la Risle, navigable à cette époque de Pont-Audemer à son embouchure dans l'estuaire de la Seine.

L'essentiel du temporel de l'abbaye fut constitué avant 1150, s'articulant autour de prieurés tels Saint-Pierre de Rouville, dans l'estuaire de la Dive, Sainte-Radegonde de Neufchâtel, l'ermitage de la forêt de Brotonne, l'ermitage de Saint-Sanson de La Roque, dominant l'embouchure de la Risle. En outre les moines possédaient d'importants biens à Vascœuil, sur l'Andelle, près de Gaillon et à Meulan, sur la Seine, à quoi s'ajoutaient en Angleterre les prieurés de Toft Monks, en Norfolk, de Warmington, dans le Warwickshire, les domaines de Sturminster, Spettisbury en Dorset, et divers biens notamment à Watlington et Aston Tirrold en Oxfordshire, à Newbury en Berkshire.

Au-delà de sa prospérité matérielle, l'abbaye de Préaux connut aussi un important développement intellectuel et artistique, notamment sous le gouvernement des abbés Anfroi et Richard Ier. Le scriptorium de Préaux produisit alors de splendides manuscrits tels les Évangiles de Préaux[3]. Mais après le rattachement de la Normandie à la France de Philippe Auguste, qui coïncida avec l'extinction de la famille de Meulan, l'abbaye de Préaux qui en avait été le mausolée familial connut un premier palier dans son développement. Les sources écrites témoignent aussi des difficultés rencontrées par la communauté durant le XIVe siècle, qui vit la ruine de ses domaines anglais pendant que la guerre de Cent ans portait un coup à ses biens continentaux.

La présente édition est celle du cartulaire de Saint-Pierre de Préaux conservé aux Archives départementales de l'Eure, tel qu'il fut rédigé en 1227 par un moine de Préaux ; ont été laissées de côté les continuations du manuscrit datant des XIIIe et XIVe siècles, attribuables à divers moines. Le manuscrit regroupait en 1227 deux cent trois chartes du XIIe et du début du XIIIe siècle et deux cents notices s'échelonnant du XIe au milieu du XIIe siècle. L'édition proposée s'articule en deux volets disposés volontairement chronologiquement : le premier (partie A) est constitué de ce qui, dans le cartulaire, forme la seconde partie du manuscrit, c'est-à-dire les actes les plus anciens du chartrier ; le second (partie

---

3. Les Évangiles de Préaux sont conservés à Londres à la British Library, Additional MS 11850.

B) comprend la série de chartes placées en tête du manuscrit et qui couvrent la seconde moitié du XIIe siècle et le début du XIIIe siècle.

On s'est attaché, dans une introduction historique, à donner une présentation du chartrier et des sources de l'histoire de l'abbaye de Préaux, puis un aperçu de l'historique de l'abbaye, de son rayonnement et de son assise temporelle avant d'entrer plus précisément dans l'analyse du manuscrit, des conditions de sa rédaction et de son contenu ; enfin on a tenté de répondre aux nombreuses et diverses questions diplomatiques découlant de l'étude des actes transcrits dans le cartulaire.

INTRODUCTION

CHAPITRE PREMIER
L'ABBAYE SAINT-PIERRE DE PRÉAUX DU XIe AU XIIIe SIÈCLE

I. Origines et premier développement

1. La restauration de l'abbaye et ses acteurs

a. Fondation et restauration – De la fondation et des débuts de la première abbaye de Préaux, on ne sait guère de choses, car ils se perdent dans les brumes qui enveloppent l'histoire de la région avant les invasions normandes. Dès l'époque carolingienne il existait un monastère à Préaux : son existence est attestée en 833 dans le testament de l'abbé de Fontenelle, Anségise, qui lègue à Préaux, « *ad Pratellos* », quinze sous[4]. Cette abbaye était-elle déjà dédiée à saint Pierre ? À en juger par les termes employés dans la charte de refondation au XIe siècle, qui laissent croire à une restauration effectuée dans la continuité et le souvenir de ce monastère originel, il est permis de le supposer[5]. Malgré sa destruction due, sans aucun doute, aux raids menés par les Normands dans cette région particulièrement exposée de la Neustrie, le souvenir de l'existence d'une abbaye « détruite il y a bien longtemps[6] », à Préaux, n'avait alors pas encore disparu. Le

---

4. *Gesta sanctorum Patrum Fontanellensis coenobii*, éd. F. Lohier et J. Laporte, Paris/Rouen, 1936, chap. VIII, par. 7, p 112 ; voir aussi J. Laporte, « Une variété de rouleaux des morts monastiques. Le testament d'Anségise (833) », dans *Revue Mabillon*, 1952, p. 45-55. Il faut noter que le site de Préaux est très voisin de celui qui est identifié comme étant la *villa supra mare* appartenant à Saint-Germain-des-Prés, citée dans le polyptyque d'Irminon (Dietrich Lohrmann, « Le moulin à eau dans le cadre de l'économie rurale de la Neustrie », dans *La Neustrie : les pays au nord de la Loire de 680 à 850, Colloque historique international*, Sigmaringen, 1989, t. I, p. 380-381).
5. Sur la continuité de la vie monastique malgré les raids normands, voir L. Musset, « Monachisme d'époque franque et monachisme d'époque ducale en Normandie : le problème de la continuité », dans *Aspect du monachisme en Normandie (IVe-XIIIe siècles)*, Paris, 1982, p. 55-74, notamment p. 72-74.
6. Ces termes sont ceux d'Onfroi dans la pancarte de fondation : « *abbatiam antique destructam in honore sancti Petri apostolorum principis restruo* » (**A1[1]** ; les renvois aux actes du cartulaire de Préaux seront faits ci-dessous suivant la seule numérotation de l'édition).

cas de Saint-Pierre de Préaux, quoique tardif, s'insère dans l'élan de restauration de l'Église et du monachisme après les invasions normandes entrepris par les anciens conquérants sédentarisés : souvent des *villae* possédées aux temps carolingiens par des moines furent restituées à leurs anciens possesseurs[7]. De fait, l'*Inventio et miracula sancti Vulfranni*[8], qui consacre un passage à la restauration de Saint-Pierre de Préaux, souligne la prédestination de ce lieu à y voir reconstruire l'abbaye, tant du fait du souvenir de l'antique monastère que de l'emplacement idéal qu'il constituait pour une telle entreprise[9].

Les origines de l'abbaye primitive de Préaux resteront sans doute à jamais obscures, mais la légende populaire a conservé un récit pittoresque de la fondation originelle de cette abbaye, due au repentir d'un noble franc qui avait puni injustement son épouse[10]. Parti guerroyer au loin, ce dernier soupçonna d'adultère son épouse qu'il fit supplicier à son retour, l'attachant par les cheveux à la queue d'un cheval indompté qui l'entraîna jusqu'à la mort à travers les ravins de la région. Mais, reconnaissant trop tard l'injustice de son accusation, il prit la résolution de se consacrer à la vie religieuse afin d'expier son crime : à cette fin, il fit bâtir un monastère à l'endroit même du martyre de son épouse et une chapelle sur les lieux où l'on avait retrouvé son cadavre.

On ne possède aucune indication concernant l'importance de ce premier monastère et l'étendue de son temporel, anéanti par les invasions normandes, mais il faut souligner sa situation géographique idéale, facteur de prospérité tant matérielle que spirituelle. Situé dans le ressort du diocèse de Lisieux, dont la frontière occidentale suit le cours de la Risle, à quatre kilomètres au sud-est de Pont-Audemer, le monastère restauré profita encore de cette proximité notamment sur le plan commercial : la Risle navigable jusqu'au XIXe siècle à Pont-Audemer permettait de gagner facilement la Manche en direction de l'Angleterre et l'embouchure de la Seine vers Rouen, Mantes et Meulan. Préaux bénéficia en outre de la proximité de l'ancienne voie romaine qui, venant de Lisieux, longeait, à moins d'un kilomètre au nord, les domaines de l'abbaye, passait par Pont-Audemer et rejoignait Vatteville-la-Rue puis Rouen. Le site champêtre[11] de

---

7. J. Yver, « Les premières institutions du duché de Normandie... », p. 306.
8. *Inventio et miracula sancti Vulfranni*, éd. J. Laporte, p. 51-52 ; J. Mabillon, *Acta sanctorum ordinis sancti Benedicti...*, t. III, p. 372. Sur ce texte, voir aussi l'article d'E. Van Houts, « Historiography and hagiography at Saint-Wandrille : The *Inventio et miracula sancti Vulfranni* », dans *Anglo-Norman Studies proceedings of the Battle conference XII*, 1989, p. 233-251.
9. L'abbaye fut restaurée *in fundo qui Pratellis nuncupatur (...) quem et antiquitatis auctoritas et situs loci, tali negotio opportunus, commendabat* (*Inventio...*, p. 52).
10. Cette tradition locale est rapportée par A. Canel dans son *Essai historique...*, t. I, p. 308-309. Il ajoute que les moniales de Saint-Léger de Préaux, abbaye voisine de Saint-Pierre, qui voulaient avoir une part dans cette tradition, la modifièrent dévotement et racontaient que la fondation des deux abbayes était due à saint Benoît (*sic*), qui, se repentant d'avoir battu sa femme, les fonda l'une et l'autre aux endroits où il l'avait le plus maltraitée.
11. Le nom de Préaux vient de *pratella* ; Dom Germain expliquait ainsi cette origine champêtre et l'emploi du pluriel : « *Haec regio variis olim pratis abundabat ut vero Pratellum duplex erat, superius videlicet et inferius, ita duplex etiam ibi Pratellense coenobum virorum unum, puellarum aliud, est constructum (...) Hinc ad Pratellos, vulgo* Préaux, *quod hactenus retinuit vox gallica, dicebantur* » (Bibl. nat. de Fr., lat. 11818, fol. 486). On trouve tantôt *Pratellum*, tantôt *Pratella* et en français, Préaux, Préaulx, voire Pretelley au XVIe siècle, notamment dans le « Roolle des emprunctz que le roy a ordonné estre faictz des prelatz, chapitres, abbez et autres beneficiez es provinces et dioceses

Préaux jouxte donc un nœud de communication et une place commerciale, Pont-Audemer[12] ; cette situation proche de la mer et de la vallée de la Risle en faisait également une cible facile à atteindre : l'abbaye eut à souffrir des invasions normandes et plus tard, durant la guerre de Cent ans, des raids anglais.

Aisément accessible depuis la mer, Préaux dut être au premier rang des abbayes qui eurent à subir les assauts des Vikings. Le site même de Préaux se trouve au cœur d'une région qui connut une forte concentration de Normands, comme en témoignent plusieurs toponymes proches de Préaux comportant le suffixe *-tuith* désignant un lieu de colonisation scandinave : l'actuel Haut-Étui, faubourg de Pont-Audemer, est une déformation de *Handestuith* ; Brétot au nord de Préaux, dans la vallée de la Corbie, au sud de Toutainville, vient de *Brochestuith*[13]. On connaît les noms de plusieurs Vikings de la première génération installés dans cette région du nord-ouest de l'actuel département de l'Eure : un certain Thorix le Danois est cité précisément dans le cartulaire pour avoir possédé la terre appartenant au début du XIe siècle à la famille de Conteville, Saint-Clair de Bassenneville. Plus proche de l'abbaye, la région de Préaux échut à un certain Torf, dont l'existence n'est peut-être que légendaire ; ancêtre d'Onfroi de Vieilles, il laissa son nom au village de Tourville (*Torf-villa*[14]).

Le souvenir de l'existence d'un antique monastère à Préaux n'avait pas encore disparu lorsque Onfroi de Vieilles, seigneur de Pont-Audemer et descendant du fameux Torf, décida de restaurer l'abbaye Saint-Pierre de Préaux, en 1034[15] : le site, qualifié dans la pancarte de *mansio*, devait comporter, sinon des restes de l'abbaye primitive, du moins un manoir avec quelques bâtiments. L'intervention ducale fut très réduite dans cette entreprise : Onfroi agit avec l'accord du duc Robert le Magnifique et de son fils Guillaume, dont le patronage se limita à doter la nouvelle abbaye, en janvier 1035, de son domaine de Toutainville[16]. C'est que

---

cy aprés nommez pour subvenyr aux grands affaires que ledit seigneur a de present a supporter pour le faict de ses guerres, tuicion et deffence de son royaume » (Bibl. Mazarine, ms. 4375, fol. 156) ; ou encore dans le second cartulaire de Préaux (voir **B148**).

12. Orderic Vital décrit ainsi le site de Préaux disant que l'abbaye s'est implantée « *in optimo loco prope portum maris et Pontem Aldemari, ubi rapide pontum Risela petit* » (Orderic Vital, éd. M. Chibnall, t. IV, p. 304).

13. Sur Handestuit, voir **A73, A81, A86, A160** ; le cartulaire de Saint-Gilles de Pont-Audemer cite aussi une terre *ad doit de Witeran (…) apud* Handestuit (S. Mesmin, *The leper hospital…*, thèse dactyl., p. 122-123, n° 48). Robert, fils d'Albert de Tourville, donna en 1155 aux moines la terre de Brochestuit, autrement dit Brétot (**B9**). Sur ce point, voir Marquis de Saint-Pierre, « Sommes-nous Danois ou Norvégiens ? », dans *Recueil de la Société libre (…) de l'Eure*, 1928, p. 279.

14. *Hujus nobilissimi viri de Vetulis fuit pater Turulphus de Ponte Audomari, inter proceres Normaniae potentissimus dominus, castellarius de Ponte Audomari, de Brothonia, de Bello Monte et de pluribus aliis locis. Qui Turulphus habuit patrem Tor de Tourvilla (qui Torisvillae sunt nuncupantur)* (Chronique de Gilbert Chandelier, Bibl. nat. de Fr., Coll. du Vexin, t. IV, p. 112).

15. *Chronique de Robert de Torigni, abbé du Mont Saint-Michel, suivie de divers opuscules historiques*, éd. L. Delisle, Rouen, 1872-1873, t. I, p. 48 : *Humfridus de Vetulis, pater Rogerii de Bello Monte, et Alberada, uxor ejus, duo monasteria, unum virorum et alterum feminarum, in fundo Pratelli aedificant*.

16. Voir **A1[2]**. La date de 1034 est la plus probable quoiqu'il ne soit pas aisé, à partir des renseignements donnés par la pancarte, de l'établir formellement : on ne sait en fait pas vraiment combien de temps a séparé cette refondation de la donation du duc datée de 1035. Les chroniqueurs normands de l'époque ne nous sont d'aucune aide en cette matière. Cette date cependant est celle qu'a reprise Dom Germain dans sa courte histoire de l'abbaye ainsi qu'A. Dumonstier dans son *Neustria pia*.

la restauration de Préaux intervient à une époque de relatif affaiblissement du pouvoir ducal où les barons normands s'arrogèrent le droit, resté jusque-là apanage ducal, de fonder ou de restaurer des abbayes dotées de leurs biens : ainsi, le lieu choisi par Onfroi, au centre de ses terres patrimoniales, est révélateur. Vers 1030, Goscelin d'Arques fonda Saint-Amand de Rouen ; 1034 vit les fondations de Préaux et du Bec ; en 1035 Roger de Tosny créa l'abbaye de Conches[17].

L'*Inventio et miracula sancti Vulfranni* constitue, avec la charte de fondation, la seule source contemporaine de la fondation ; ce texte nous donne d'autre part un terminus a quo de la date de restauration en l'année 1033 : Onfroi entreprit, en effet, son œuvre après la dédicace de l'abbatiale de Fontenelle qui eut lieu le 12 septembre 1033, exactement, précise le texte, *per idem fere tempus*. Il faut donc situer la fondation de Préaux entre septembre 1033 et janvier 1035, autrement dit, vraisemblablement en 1034.

L'*Inventio* insiste aussi sur le rôle joué par Gradulfe[18], abbé de Fontenelle depuis 1031, familier d'Onfroi de Vieilles, qui participa à cette restauration monastique. Onfroi lui confia la responsabilité de dessiner les plans des bâtiments du monastère, qualifiés d'*officine*, et suivit scrupuleusement les conseils qu'il reçut de lui ; le choix du plan bénédictin pour la construction de l'abbatiale doit également être attribué à Gradulfe. Cette collaboration facilita la réalisation de l'œuvre d'Onfroi, qui prit intégralement en charge les dépenses que requérait une telle entreprise. L'*Inventio* souligne ainsi la rapidité avec laquelle les travaux de construction du monastère furent menés : *in parvo tempore (…) ad effectum perduxit*. Cette efficacité s'explique aussi par l'importance des fonds dont disposait Onfroi pour parfaire cette entreprise, chose naturelle, dit l'*Inventio*, de la part d'un homme qui avait en abondance tout ce que réclamait la dépense entraînée par une entreprise de ce genre[19].

Gradulfe put alors envoyer un groupe de moines à Préaux sous la direction d'un certain Évrard[20], qui ne fut pas abbé à proprement parler mais qui dut plutôt avoir un statut comparable aux *custodes* délégués par l'abbaye de Fécamp pour diriger, à ses débuts, la communauté de Bernay en attendant que la construction du monastère soit suffisamment avancée pour justifier la nomination d'un abbé[21]. L'*Inventio* affirme qu'Anfroi fut le premier abbé de Préaux : ce dernier est attesté pour la première fois de façon sûre en 1040, soit six ans environ après la refondation du monastère, ce qui plaide encore une fois pour une construction rapide du monastère de Préaux. Une chose est sûre, c'est que

---

17. Sur le patronage du duc et des barons vis à vis des abbayes, voir Pierre Bouet, *Le patronage architectural des ducs de Normandie…*, p. 349-350.

18. « Qui, accersito Gradulfo abbate, nam ei valde familiaris erat, ejus consilio qualiter monasterium, ubi officine edificarentur monachorum, precepit metiri et omnia ut predictus pater dictaverat ordiri fecit » (*Inventio…*, p. 51). Gradulfe de Fontenelle est décrit également dans la pancarte de fondation comme co-fondateur de l'abbaye (**A1[14]**).

19. « *Utpote cui cuncta suppeditabant que hujusmodi operis flagitabat expensa* » (*Inventio…*, p. 51).

20. Voir la liste des abbés de Préaux (Annexe III).

21. Voir M. Baylé, « Ancienne abbatiale Notre-Dame de Bernay », dans *Congrès archéologique*, 1981, p. 119-162.

à la mort d'Onfroi, en 1046-1047, la construction de la plus grande partie du monastère Saint-Pierre était proche de son terme ; du moins suffisamment pour qu'Onfroi ait eu le temps de se lancer entre temps dans le financement d'une seconde abbaye, celle de Notre-Dame et Saint-Léger de Préaux qu'il destinait à des moniales[22]. Ce second chantier, voisin de Saint-Pierre, est entrepris, si l'on en croit les termes mêmes de la pancarte de fondation de Saint-Léger, *post expletionem monasterii Sancti Petri Pratellensis quod ad usum monachorum, juvante Deo, construxi*. Cette mention plaide encore pour une rapide construction de Saint-Pierre de Préaux, achevée dans ses grandes lignes vers 1045-1050.

À la mort d'Onfroi, son fils Roger de Beaumont acheva son œuvre de sorte qu'il était reconnu comme *fundator secondarius*, indique Gilbert Chandelier[23]. C'est sans doute la raison pour laquelle il fut même considéré, à tort, depuis Guillaume de Jumièges, comme le véritable fondateur du monastère[24].

b. Les bienfaiteurs de l'abbaye – L. Musset a depuis longtemps souligné[25] avec quelle ardeur les descendants des Vikings se sont attachés à protéger les abbayes qui avaient survécu aux invasions, voire à restaurer celles qui n'avaient pas eu cette chance et dont le souvenir n'était pas tombé dans l'oubli. Le cas de Saint-Pierre de Préaux est à ce titre exemplaire. L'intervention de la famille ducale, en la personne du duc Robert le Magnifique et de son fils, le jeune Guillaume, n'est qu'indirecte : la restauration de Saint-Pierre de Préaux se fait avec leur accord, mais sans que ceux-ci y participent directement puisque c'est Onfroi qui en supporte toutes les dépenses. Il n'est, de plus, à aucun moment fait mention d'une protection ducale particulière pour Préaux ou de la concession d'immunité par Robert le Magnifique pour l'abbaye, à la différence de ce qui se produisit pour certains monastères fondés à la même époque[26]. Le cas de

---

22. Cette double fondation avait un précédent puisque le comte d'Arques et son épouse avaient fondé en 1030 à Rouen les abbayes de la Trinité-du-Mont et de Saint-Amand. Plus tard Guillaume le Conquérant et Mathilde firent de même à Caen. Quoique l'on n'en ait pas de trace dans la pancarte de fondation, Onfroi de Vieilles ne donna qu'une partie du lieu de Préaux aux moines, réservant le reste pour les moniales de Saint-Léger.
23. Ainsi Roger de Beaumont était-il qualifié habituellement à Préaux par les moines, si l'on en croit le témoignage d'un des leurs, Mathieu Le Monne, en 1669 (Bibl. nat. de Fr., Coll. du Vexin, t. IV, p. 17-18). Gilbert Chandelier, d'après A. Dumonstier dans son *Neustria pia* (p. 509), lui attribuait ce même qualificatif.
24. « *Rogerius etiam de Bellomonte, filius Hunfridi de Vetulis, in fundo suo Pratellis duo cenobia edificavit, unum monachorum, alterum sanctimonialium* » (Guillaume de Jumièges, *Gesta Normannorum ducum*, éd. Jean Marx, p. 253 ; éd. E. Van Houts, t. II, p. 132). Guillaume de Malmesbury qui a utilisé Guillaume de Jumièges commet la même erreur : « *Rogeri(us) de Bello Monte, qui Pratellum coenobium Normanniae construxit, homo antiquae simplicitatis et fidei, qui crebro a Willelmo primo invitatus ut in Angliam veniret, largis ad voluntatem possessionibus munerandus supersedit* » (*Willelmi Malmesberiensis monachi Gesta regum Anglorum, atque Historia Novella*, éd. T. Duffus Hardy, London, 1840-1845, t. II, p. 635). On retrouve cette confusion chez tous les utilisateurs de Guillaume de Jumièges, tel Benoît : « [Roger de Beaumont] Preaus funda, dunt est gariz / Kar mult i est Deus beaus serviz » (*Chronique des ducs de Normandie par Benoît, trouvère anglo-normand du XIIe siècle*, éd. Francisque Michel, Paris, 1844, t. III, p. 7) ; ou encore dans la chronique en vers de Philippe Mouskes, évêque de Tournai : « Rogier de Bielmont ausi / Fiu Humfroi de Vielles fonda / Preiaux en sa terre et monda / deci les moines k'il i mist / Et autre de nonains i fit » (*Chronique de Philippe Mouskes*, éd. Reiffenberg, t. II, p. 198-199).
25. Voir *supra* note 5.
26. Pour l'abbaye de la Trinité-du-Mont en 1030, voir M. Fauroux, *Recueil*..., p. 185-187, n° 61.

Préaux est à cet égard une première en Normandie : jusqu'alors, les fondations et restaurations d'abbayes avaient été une affaire presque exclusivement ducale ; à Préaux, en revanche, on voit à l'œuvre un membre influent de l'aristocratie[27]. Toutefois le duc Robert est le premier laïc n'appartenant pas à la famille d'Onfroi à doter la nouvelle abbaye, puisqu'il lui accorde Toutainville que le jeune Guillaume le Bâtard vient déposer sur l'autel, donation qui constitue le premier acte officiel du futur Conquérant. Cette bienveillance est ensuite confirmée par Guillaume, en 1040, qui préside à la donation de biens situés à Boulleville, Vienne-en-Bessin et Vascœuil ; plus tard, il confirme encore la possession de terres à Rouville et en Angleterre. Cet intérêt pour l'abbaye est aussi une manière pour le duc de ne pas laisser trop d'indépendance à la famille d'Onfroi.

Onfroi de Vieilles, le fondateur, est le chef de l'une des plus puissantes familles normandes du XIe siècle[28] : l'origine de sa famille, que d'aucuns qualifient de légendaire, est révélée par Robert de Torigny qui, dans sa chronique, expose sa généalogie. Son ancêtre, un certain Torf, aurait laissé son nom au village de Tourville, centre des possessions ancestrales de sa famille[29]. Il n'est pas étonnant de trouver Onfroi, allié à la famille ducale, effectivement attesté dans l'entourage du duc Robert le Magnifique et souscrivant plusieurs de ses actes[30] ; il profita de sa position pour accroître son patrimoine, déjà étendu, centré autour de la région de Pont-Audemer[31], quitte à le développer même aux dépens d'établissements religieux comme l'abbaye de Bernay : D. Crouch souligne d'ailleurs qu'une partie au moins du patrimoine de la famille d'Onfroi était au début du XIe siècle entre les mains ducales[32], ce qui témoigne de l'ascension

---

27. Le duc Robert le Magnifique restaura en 1032 l'abbaye de Cerisy (Fauroux, p. 192-195, n° 64, 12 novembre 1032) et en 1035, celle de Montivilliers (Fauroux, p. 231-233, n° 90, 13 janvier 1035). À partir des années 1030, les initiatives seigneuriales apparaissent : vers 1030, le vicomte d'Arques Goscelin dote l'abbaye de la Trinité-du-Mont de Rouen ; Saint-Pierre de Préaux renaît en 1034 et la même année le chevalier Herluin se retire sur les hauteurs de Malleville-sur-le Bec pour y fonder l'abbaye du Bec. Voir J. Yver, *Autour de l'absence d'avouerie en Normandie*...

28. Voir V. Gazeau, *Monachisme et aristocratie au XIe siècle : l'exemple de la famille de Beaumont*, thèse dactylographiée, Caen, 1986-1987. Sur l'origine présumée de la famille d'Onfroi, voir la Chronique de Guillaume de Jumièges, *Gesta Normannorum ducum*..., et l'interpolation de Robert de Torigny, éd. J. Marx, p. 324.

29. J. Laporte propose de l'identifier à *Torstingus*, qualifié de *dives* par Guillaume de Jumièges (*Inventio*..., p. 51, n. 73) ; Torf fut le père de Turquetil, ancêtre présumé de la famille d'Harcourt, et de Turold, père d'Onfroi, qui épousa Duveline, une sœur de la duchesse Gonnor, femme de Richard II, duc de Normandie.

30. Onfroi est témoin de plusieurs actes ducaux : trois chartes de Richard II entre 1015 et 1025 pour Saint-Père de Chartres (Fauroux, p. 116-117, n° 29, p. 120-122, n° 32, et p. 163, n° 50), un de Richard II pour Saint-Wandrille vers 1025-1026 (Fauroux, p. 174-176, n° 55), un acte du duc Robert le Magnifique pour Fécamp vers 1031-1035 (Fauroux, p. 223-226, n° 85). M. Fauroux situe d'ailleurs la mort d'Onfroi vers 1050 (n° 149, p. 333-334), époque à laquelle ses fils le remplacent dans les listes de témoins. On doit situer sa mort entre 1045, date de la fondation de Saint-Léger de Préaux, et 1047, date de la querelle entre l'évêque Hugues de Bayeux et les moines de Préaux, consécutive à la mort d'Onfroi (A1[14]).

31. Onfroi de Vieilles se qualifie de *admodum locuples gratia Dei* dans la pancarte de fondation de l'abbaye Saint-Léger de Préaux, qu'il fonda sur les prières de son épouse Aubrée (A. Dumonstier, *Neustria pia*, p. 521).

32. Sur les usurpations, voir V. Gazeau, « Le rôle de Raoul dit "de Beaumont" dans la formation du patrimoine d'Onffroy de Vieilles, seigneur de la basse vallée de la Risle, dans la première moitié du XIe siècle », dans *Annales de Normandie*, octobre 1988, p. 338-339 ; sur l'origine des terres de la famille d'Onfroi, voir D. Crouch, *The Beaumont twins*..., p. 8-10.

sociale de son lignage. Les recherches récentes tendent à remettre en cause l'ascendance traditionnelle d'Onfroi de Vieilles[33], qui appartiendrait donc plutôt à une famille opportuniste ayant grandement profité des faiblesses du pouvoir consécutives à la succession de Richard II ; son ascendance alléguée au XIIe siècle relèverait plus de la fiction, de la légende, que de la réalité.

La mort d'Onfroi de Vieilles n'interrompt pas le développement de la jeune communauté : les enfants d'Onfroi avaient été associés à la fondation et Roger de Beaumont paracheva l'œuvre de son père. Les enfants d'Onfroi de Vieilles comblèrent l'abbaye, devenue monastère privilégié et nécropole familiale[34] : Onfroi, son fils aîné Roger et le fils de ce dernier, Henri, comte de Warwick, y finirent leurs jours comme moines et y élurent sépulture. Robert, second fils d'Onfroi, et Robert III, comte de Meulan, fils de Roger de Beaumont, morts l'un assassiné, l'autre loin de Préaux, ne purent suivre l'exemple d'Onfroi, mais furent enterrés à Préaux, dans la salle capitulaire[35]. Ce fut ensuite la branche aînée de la famille de Beaumont, celle des comtes de Meulan, qui perpétua cette tradition. Ainsi, Galeran II de Meulan, petit-fils de Roger de Beaumont, reposa lui aussi dans le chapitre[36].

Aux côtés des descendants directs d'Onfroi, on trouve encore, au XIIe siècle, parmi les bienfaiteurs de l'abbaye de Préaux plusieurs branches cousines et familles directement alliées : les comtes de Warwick, descendants du second fils de Roger de Beaumont, ceux de Leicester, issus du second fils de Robert III de Meulan-Leicester, la famille du Neubourg, branche cadette de celle de Warwick.

---

33. Sur l'hypothèse d'une ascendance légendaire d'Onfroi de Vieilles, voir D. Bates, *Normandy...*, p. 112-113.

34. Gilbert Chandelier conclut son historique de l'abbaye en rendant hommage à ces fondateurs en ces termes : « *Isti precellentissimi ac devotissimi viri, fundatores nostri predicti, digni et maximo honore venerari in terris et apud Deum commendari, qui tot ac tanta bene pro ejus amore contulerunt ecclesiis, ut audivi dici cuidam viro venerabili qui super hoc magnum inquisitionem ferebat, quod predicti viri illustres dederant ecclesiis usque ad summam quadraginta mille librarum redditus* » (Bibl. nat. de Fr., Coll. du Vexin, t. IV, p. 17-18, extrait inséré dans une lettre de F. Mathieu Le Monne à M. de Blois en 1669).

35. Henri, comte de Warwick, mourut en 1115 et fut enterré à Saint-Pierre de Préaux dans la salle du chapitre. Il est cité en 1122 parmi les moines et bienfaiteurs de Préaux dans le rouleau mortuaire de l'abbé Vital de Savigny : « *Anima ejus et animae omnium fidelium defunctorum requiescant in pace. Amen. Orate pro nostris, Hunfrido, Rogerio, monachis, Roberto comite, Henrico comite et monacho, fundatoribus nostrae ecclesiae* » (L. Delisle, *Rouleaux des morts...*, p. 288, n° 10).

36. Ces tombeaux subsistèrent jusqu'à la Révolution. On en conserve par chance plusieurs descriptions, représentations manuscrites et gravures. Dom Toustain, dans ses notes sur les monastères voisins de Lyre, précise qu'il a vu à Préaux « la tombe de Homfroy de Vieilles, fondateur, sur laquelle est sa statue en relief fort belle. J. Mabillon l'avoit fait dessiner autrefois. Il y a dans le chapitre cinq autres tombes des parens ou enfants du fondateur avec des habillements assés singuliers » (A. Guéry, *Notes archéologiques d'un bénédictin de N.-D. de Lyre* [1720-1721], Alençon, 1913, p. 8, d'après Bibl. nat. de Fr., fr. 17712, fol. 283-284). Le tombeau d'Onfroi fut placé dans l'abbatiale, à l'origine dans le chœur de l'église, sous le crucifix, puis déplacé au XVe siècle dans la chapelle Saint-Benoît : Onfroi allongé, avec à ses pieds un chien, revêtu de sa cotte de mailles, d'une tunique avec baudrier, épée et bouclier armorié, les mains jointes tenant une feuille de parchemin, un diadème sur la tête reposant sur un oreiller (B. de Montfaucon, *Antiquités gravures et dessins de Gaignères*, Bibl. nat. de Fr., lat. 11913, fol. 66 ; voir aussi J. Mabilllon, *Annales...*, t. V, p. 79). L'image des tombeaux des fils et descendants d'Onfroi, inhumés dans le chapitre face à l'Est, a été gravée pour les *Annales* de Mabillon, t. V, p. 307. Mathieu Le Monne, moine de Préaux à la fin du XVIIe siècle, en fait la description précise (Bibl. nat. de Fr., Coll. du Vexin, t. IV, p. 112 et sq.).

La famille de Montfort (-sur-Risle) fut proche de Saint-Pierre de Préaux : Adeline de Beaumont, épouse d'Hugues de Montfort, s'y fit enterrer[37]. La famille de Meulan, de la première dynastie, en la personne d'Hugues, comte de Meulan et beau-père de Roger de Beaumont, fit une donation à Préaux, se souvenant sans doute de la gifle qu'il avait reçue étant enfant[38]. Il faut compléter ce tableau en citant la famille de Turulfe, un frère d'Onfroi de Vieilles, aussi implanté dans la région de Pont-Audemer, dont les fils eurent des rapports parfois conflictuels avec Préaux[39].

D'autres lignages, de moindre rang, mais liés aux Beaumont par le sang, favorisèrent naturellement Préaux, telles les familles Dastin ou de Tourville, dont certains membres y devinrent moines ou s'y firent inhumer[40]. En outre, de simples vassaux des Beaumont, comme les Efflanc et les Campigny, suivant l'exemple de leur seigneur, favorisèrent de leurs dons le nouveau monastère, dès ses premières années.

À côté des proches de la famille de Beaumont, les membres de la haute aristocratie normande, à l'image de la famille ducale, dotèrent les moines de Préaux, mais ne firent des dons que ponctuellement, tels Jean de Saint-Philibert, fils du comte d'Ivry et futur évêque d'Avranches (1060-1067) puis archevêque de Rouen (1067-1079), Roger de Montgommery, Guillaume Fitz-Osberne, Renouf, vicomte de Bayeux. Enfin l'aristocratie normande fut représentée par d'autres grandes familles comme les Malet, les Bocquencé[41], les Vascœuil.

Le cas de la famille de Vascœuil est original car rien, à première vue, ne la disposait à combler de libéralités l'abbaye Saint-Pierre, puisque Vascœuil, situé sur les bords de l'Andelle, affluent droit de la Seine avant de s'y jeter en aval de Radepont, est bien éloigné de Préaux. En outre, aucune attache particulière, aucun lien de parenté ou de vassalité ne semble lier cette famille à celle d'Onfroi de Vieilles. Il faut alors sans doute expliquer la bienveillance des seigneurs de Vascœuil à l'égard de Préaux par le lien de parenté qui unit Anfroi, abbé de Préaux, à Béatrix, sœur de Gotmond le Roux de Vascœuil, fils de Thescelin, épouse d'un vassal de Roger de Montgommery, lui-même possessionné à Vascœuil, qui peut être identifié à Raoul de Varenne[42].

---

37. Pour les Neubourg : **A33**, **A65**, **A125** ; pour les Montfort : **A22**, **A141**, **A142**, **A179**.
38. Il avait assisté à la cérémonie durant laquelle Guillaume le Bâtard avait donné de la part de son père aux moines de Préaux la terre de Toutainville et à cette occasion s'était vu gratifié d'un *permaximum colaphum* (voir **A1[2]**, **A139**).
39. Sur la famille de Turulfe, voir **A1[17]**, **A40**.
40. La parenté des Dastin avec les fils d'Onfroi est révélée dans la notice **A99** ; les Tourville, vassaux des Beaumont, sont aussi des cousins par alliance des Beaumont. Duveline, sœur de Roger de Beaumont épousa Osberne de Tourville (D. Crouch, *The Beaumont twins*..., Appendice II).
41. Ivry : **A1**, **A121** ; Montgommery : **A164**, **A176** ; Fitz-Osberne : **A19**, **A156**, **A164** ; Vicomte de Bayeux : **A186** ; Malet : **A189** ; Bocquencey : **A93**.
42. Voir les notices **A162**, **A164**, **A176**, **A178**.

2. Le patrimoine de l'abbaye à la fin du XIe siècle

a. En Normandie – Une des particularités de Saint-Pierre de Préaux réside dans le fait que, dès sa fondation, l'abbaye fut dotée, à la différence des autres communautés créées alors, telles le Bec ou Conches, d'un vaste patrimoine hérité directement de la famille du fondateur : en schématisant, on peut dire que les moines se sont substitués, en particulier dans la région de Pont-Audemer, aux seigneurs de Pont-Audemer et Beaumont[43]. Le patrimoine de Préaux, tel qu'il se présente à la fin du XIe siècle, s'étend pour l'essentiel autour de Pont-Audemer, et comporte de nombreuses dépendances dans le Lieuvin, le Roumois, l'Évrecin et la vallée de l'Andelle, le Bessin et la région de Caen, l'Ile-de-France.

Le noyau central des propriétés foncières de Saint-Pierre de Préaux se situe autour de Préaux, dans le Lieuvin, et le long du cours de la Risle ; il est formé des terres et droits donnés par Onfroi de Vieilles, qui concéda tout ce qu'il possédait à Préaux[44], Tourville[45], Selles, Merlimont, Campigny, la dîme de Bosc-Osberne. Les biens que l'abbaye possède à Pont-Audemer à la fin du XIe siècle n'ont pas été donnés par Onfroi mais par ses fils, après 1047 : Onfroi avait exclu de ses dotations le marché de Pont-Audemer ; Roger de Beaumont et son frère Robert donnent, eux, la dîme de tous les revenus de la prévôté et les églises du lieu[46]. Toutainville, en revanche, fut donné par le duc Robert le Magnifique en 1035 et totalement acquis, après que Richard de Creully eut renoncé à ses prétentions sur ces terres, avant 1040. Au total, au milieu du XIe siècle, neuf églises et quatorze domaines forment ce noyau primitif dans la région immédiate de Préaux : Préaux, Tourville, Campigny, Selles, Bosc-Osberne Merlimont, Monts-les-Mares, Toutainville, Épaignes, Boulleville, Saint-Philibert, Salerne, Saint-Sulpice, Pont-Audemer[47].

Dans le Roumois, à l'est de Préaux, entre la Risle et la Seine, les biens des moines sont plus dispersés en raison de la concurrence d'autres abbayes déjà implantées comme le Bec, Saint-Taurin d'Évreux ou Bernay. Dans le Roumois,

---

43. V. Gazeau a brossé une esquisse de l'état du temporel normand de Préaux au XIe siècle : « Le temporel de l'abbaye Saint-Pierre des Préaux au XIe siècle », dans *Recueil d'études en hommage à Lucien Musset*, Cahier des Annales de Normandie, n° 23, Caen, 1990, p. 237-253. Voir cartes ci-après, p. 498-499.

44. La pancarte de fondation (**A1**) prévoyait par défaut que toute la localité de Préaux serait donnée aux moines ; cependant une autre version de la pancarte, perdue, mais dont s'inspire largement la charte confirmative des biens de l'abbaye donnée par Galeran II de Meulan en 1155 (**B8**), précise qu'Onfroi retrancha ensuite une partie de Préaux en vue de l'attribuer aux moniales de Saint-Léger. Une ancienne chronique rimée indique : « Aux moines donna par largesse / Preaux, Campigny et Scelles / mais partie de Preaux il laissa / pour fonder les saintes pucelles » (Bibl. nat. de Fr., Coll. du Vexin, t. XX, n° 46). De Préaux dépendait Saint-Symphorien qui dut faire partie de la dotation primitive d'Onfroi. En 1243, l'abbé Barthélémy accorde en fief-ferme à Guillaume Guerloqet plusieurs terres des moines à Saint-Symphorien situées au Hamel de Guerlokes (Cart. de Préaux, fol. 83v, n° 226).

45. Il est intéressant de noter que Pont-Audemer est considéré dans la pancarte comme un marché dépendant de Tourville (voir **A1**).

46. Il s'agit des églises Notre-Dame, Saint-Ouen, Saint-Germain et Saint-Aignan.

47. Sur Épaignes, voir **A10**, **A90**, **A91**, **A92** ; sur Boulleville, voir **A153**, **A154** ; sur Saint-Philibert et la région du Vièvre, voir **A121**, **A122** ; sur Salerne, voir **A111** ; sur Saint-Sulpice-de-Graimbouville, voir **A80** ; sur Pont-Audemer et ses alentours, voir **A26**, **A39**, **A43**, **A58**, **A59**, **A64**, **A68**, **A74**.

au nord, dès 1050-1054, les moines reçoivent les églises et les dîmes de Bosgouet, puis obtiennent la coutume d'un chariot et d'une barque dans la forêt de Brotonne entre 1054 et 1094[48]. À Fourmetot ils possèdent avant 1087 un vavasseur et sa terre[49] ; d'autres biens à Bailleul et au moulin de Becquerel[50] sont donnés par Robert Pipard, entre 1066 et 1087. Enfin, des droits de pêche dans la Grand-Mare complètent ce tableau[51].

Dans la région du Neubourg, les moines possèdent moins des terres que des redevances comme les dîmes, biens géographiquement dispersés. Les églises de Combon et de Sainte-Opportune avec la dîme leur furent données par Roger de Beaumont ; s'y ajouta par la suite la dîme d'une pêcherie à Beaumont-le-Roger. Un vassal de Roger, entre 1050 et 1094, accorde ses terres du Mesnil-Isembert[52]. À Marbeuf, entre 1094 et 1100, les moines ont reçu la dîme des terres de Goubert, fils de Guimont, ainsi que six acres de terre ; à la même époque, ils obtiennent la dîme de Daubeuf[53].

Au nord-est de la Normandie, la vallée de l'Andelle fut, dès l'abbatiat d'Anfroi, une région de prédilection pour les moines de Préaux : en 1050 ils s'y implantent grâce aux donations consenties par la famille de Vascœuil. Thibaut, fils de Norman, donna une partie de l'église Saint-Laurian, cinquante-et-une acres et demie de terre pour y construire notamment un logement, la dîme de son domaine et celle de ses vassaux ; Gotmond et Norman donnent quarante-huit acres[54]. Toutes les conditions pour implanter un prieuré à Saint-Laurian de Vascœuil semblent réunies, mais les moines ne possèdent qu'une partie de l'église, en fait une simple chapelle, et ne parviennent d'ailleurs pas à en obtenir la possession complète. La seconde moitié de Saint-Laurian, restée aux mains de la famille de Vascœuil, entra au XIIe siècle dans le patrimoine des prémontrés de L'Isle-Dieu, dès lors concurrents directs des bénédictins de Préaux[55]. Ceux-ci disposaient à Vascœuil de libertés et des coutumes vicomtales données ou vendues par le duc Guillaume le Conquérant à l'abbé Anfroi, lequel les revendit à

---

48. Voir respectivement **A2**, **A158** et **A143**.
49. Voir **A142**, **A190**.
50. Voir **A147**.
51. Voir **A6**.
52. Voir **A7**, **A8**, **A128** et **A12** ; pour le Mesnil-Isembert, **A3**.
53. Voir **A140** et **A141**.
54. Voir **A163**.
55. Contrairement à ses ancêtres qui privilégièrent Préaux, Gilbert de Vascœuil participa à la fondation de l'abbaye de l'Isle-Dieu, et, selon les mots de Toussaint Duplessis, « ses successeurs semblent avoir pris comme lui l'abbaye [de l'Isle-Dieu] en affection » (*Description géographique et historique...*, t. II, p. 329). Saint-Laurian de Vascœuil est en fait situé dans la paroisse de Saint-Denis-le-Thibout, localité contiguë à Vascœuil. Les rivalités entre bénédictins de Préaux et prémontrés de l'Isle-Dieu au sujet de cette chapelle sont encore perceptibles au début du XIIIe siècle, période à laquelle un accord est enfin trouvé à son sujet : en 1208, il fut convenu qu'un moine de Préaux ou, à défaut son représentant, viendrait chaque année à la Saint-Laurian célébrer la messe et percevoir la moitié des offrandes faites ce jour là, l'autre moitié revenant aux moines de l'Isle-Dieu (voir **B130**). En août 1312, par un échange conclu entre les moines de Préaux et le roi Philippe IV le Bel, les religieux cédèrent à leur souverain tous leurs biens et possessions à Vascœuil et dans les environs. Ainsi leurs droits sur Saint-Laurian de Vascœuil quittèrent-ils le patrimoine de Saint-Pierre de Préaux (Arch. dép. Eure, H 715). Dès lors Saint-Laurian devint un prieuré-cure de l'Isle-Dieu ; la chapelle en fut démolie vers 1830 (voir *Répertoire des abbayes et prieurés de Seine-Maritime*, p. 128).

Thibaut de Vascœuil ; l'abbé acquit aussi de Raoul de Varenne tout ce que ce dernier possédait à Vascœuil en terres, bois, eaux, plaine[56]. D'autres terrains situés au Mouchel, lieu-dit à Vascœuil, ainsi que la terre, la dîme et la forêt d'un homme nommé Hugues font partie des possessions de Préaux durant la seconde moitié du XIe siècle[57]. Les domaines de Vascœuil constituent les biens les plus orientaux du patrimoine de Préaux, si l'on excepte le droit de transit franc pour les bateaux à Meulan, octroyé, en 1079, par le comte de Meulan Hugues[58].

À l'ouest de Préaux, dans le pays d'Auge et la vallée de la Touques, les moines constituèrent un noyau de biens variés dont l'exploitation était rendue aisée grâce à la voie reliant Rouen via Préaux à la région de Touques, et plus encore grâce au port de Bonneville-sur-Touques qui permettait d'accéder à la mer et de gagner l'embouchure de la Seine, puis de remonter la Risle jusqu'à Pont-Audemer[59]. À Saint-Clair-de-Bassenneville, les moines reçurent du comte de Mortain, avant 1066, l'église, la dîme, un hôte et des pêcheries, mais une partie de ces biens fut échangée par le duc Guillaume le Conquérant contre des terres en Angleterre[60]. À Bonneville-sur-Touques, les moines possédaient avant 1066 plusieurs champs et des salines, tout comme à Cabourg, puisque entre 1087 et 1100 Durand Louvet donna l'église Saint-Michel de Cabourg, puis après 1101, une maison, une partie de la dîme et trois salines. De l'autre côté de l'estuaire de la Seine, à Harfleur, les religieux possédaient d'autres salines : Guillaume Malet, puis son fils Robert, avaient donné avant 1087 une saline, plus tard détruite par une tempête, et remplacée par une rente annuelle de sept ambres de sel, rente qui nous donne une idée de ce que pouvait rapporter une saline à l'époque[61].

Plus à l'ouest, le prieuré de Rouville était le centre des domaines des moines situés dans la vallée de la Dive[62] : cette situation avantageuse permettait d'accéder aisément à la mer et donc à Pont-Audemer par le même chemin que décrit plus haut. La première acquisition de terre dans cette région remonte à 1054,

---

56. Voir **A161** et **A163**. Il est curieux de noter que ces coutumes vicomtales vendues à Raoul figurent cependant toujours parmi les biens de Préaux confirmés par le pape Alexandre III en 1179 (**B52**).

57. Voir **A164** et **B72**. Roger, fils de Gotmond de Vascœuil, est cité comme ayant donné un chevalier dans le privilège d'Alexandre III (**B52**) : ce doit être Hugues.

58. Voir **A139**.

59. Un court paragraphe copié dans le cartulaire résume le montant des rentes que l'abbaye levait à Touques vers 1227-1230 (fol. 148, n° 480) : « *He sunt redditus Sancti Petri de Pratellis apud Toucham. Feodus Anavarels XVII solidos VI denarios duobus terminis, scilicet medietatem ad festum sancti Michaelis et medietatem ad festum sancti Andree. Feodus Amareis, idem XVII solidos, isdem terminis. Terra Almachum IIII solidos, isdem terminis. Terra Potarie XV denarios, isdem terminis. Summa XL solidos III denarios minus* ».

60. Sur la localisation de Saint-Pierre de Bassenneville, voir L. Musset, « Autour de la Basse-Dive, le prieuré de Saint-Pierre de Rouville et ses dépendances d'après ses plus anciennes chartes », dans *Bulletin de la Société des Antiquaires de Normandie*, t. LIX, 1990, p. 247-258. L'échange est attesté dans une confirmation de Guillaume le Conquérant (**A191**) et par une charte d'Henri II (**B72**). Le cartulaire de Préaux donne une autre version datant du XIVe siècle et erronée de l'affaire (fol. 201, n° 603) : « [*manerium de Estona*] *abbas de Pratellis tenet* (…) *per excambium factum inter Willelmum le Rous, quondam regem Anglie, et quemdam abbatem de Pratellis pro quodam manerio in Normannia quod vocatur Seint Cler* ».

61. Voir **A189**.

62. Voir L. Musset, « Autour de la Basse-Dive… ».

quand les frères Dastin, parents de Robert de Beaumont, engagent puis donnent leur terre du Mesnil-Dastin, identifié comme l'actuel Mesnil-Da[63]. Leurs descendants sont à l'origine du processus de constitution du prieuré de Rouville à la fin du XIe siècle : église et dîme de Rouville, champs, terres à Grangues et Périers-en-Auge.

Dans le diocèse de Bayeux, les moines disposaient depuis 1040, par don ducal, de l'église de Vienne-en-Bessin et de la terre en dépendant. Cette donation effectuée sur l'initiative d'un archidiacre nommé Guy fut contestée quelques années plus tard par Richard de Creully[64]. Préaux reçut aussi avant 1066, du vicomte de Bayeux, un hôte et sa terre, chaque année un cheval chargé de poissons et un bateau dans le port de Sainte-Honorine-des-Pertes, à quoi s'ajoutèrent vers 1078 le don d'un chevalier nommé Gilbert, des terres à Meuvaines et à Colomby-sur-Thaon, dont on ne peut pas évaluer l'ampleur[65]. La région du Bessin ne fut pas, semble-t-il, un pôle privilégié de développement pour les moines, sans doute à cause de l'éloignement et de la concurrence des abbayes de la région, telles celles de Caen, qui occupaient déjà le terrain et monopolisaient les aumônes.

b. En Angleterre – À ces biens situés sur le continent vinrent s'ajouter ceux acquis en Angleterre[66] à partir de 1066. Guillaume le Conquérant donna cinq hides de terres situées dans l'Oxfordshire, à Watlington, ainsi que la dîme de Sturminster et des terres à Aston Tirrold[67], en échange du domaine normand de Saint-Clair de Bassenneville cédé au comte de Mortain Robert. Le duc-roi confirma aussi le don fait par Roger de Beaumont de cinq hides de terre à Arlescote, ainsi que les libéralités des fils de ce dernier, Robert et Henri, qui avaient donné quatre dîmes : Hill Moreton, Norton, Whitchurch et Harbury[68]. En outre, Guillaume accorda le don d'Arnoul de Hesdin : l'église de Newbury, une charruée de terre et la maison du prêtre desservant ainsi que la dîme des moulins et celle de toute marchandise transitant par le village ; enfin, celui d'Hugues, fils du vicomte d'York : les dîmes de Shaw et de Stratfield[69]. Tous ces biens, entrés dans le patrimoine de Préaux avant 1086, étaient dispersés à travers plusieurs comtés.

Durant la dernière décennie du XIe siècle, Robert de Meulan compléta cette première assise en donnant avec l'accord du roi Guillaume II, qui les confirma en 1099, de nouvelles églises. Deux notices copiées dans le cartulaire attestent

---

63. Voir M. Bouvris, « Pour une étude prosopographique des familles nobles de moyenne importance en Normandie au XIe siècle : l'exemple du lignage des Dastin au XIe siècle », dans *Revue de l'Avranchin et du pays de Granville*, juin 1984, t. LXI, p. 65-101.
64. Voir **A1[12]**, **A79**.
65. Voir respectivement **A186**, **A4**. La localisation de *Columbarivilla* est difficile à préciser : il peut s'agir encore de Colomby-sur-Thaon ou de Colombiers-sur-Seulles.
66. À ce sujet, voir D. Rouet, « Le patrimoine anglais et l'Angleterre vus à travers les actes du cartulaire de Saint-Pierre de Préaux », p. 99.
67. Watlington, co. Oxfordshire ; Aston Tirrold, co. Oxforfshire ; Sturminster Marshall, co. Dorset. Voir **A191**.
68. Arlescote, co. Warwickshire ; Moreton Morrell, co. Warwickshire ; Norton-juxta-Daventry, co. Northamptonshire ; Whitchurch, co. Warwickshire ; Harbury, co. Warwickshire.
69. Newbury, co. Berkshire ; Shaw, co. Berkshire ; Stratfield, co. Hampshire.

la donation des églises de Charlton Marshall, Spettisbury et *Sopelanda* assorties des dîmes et terres en dépendant[70]. Enfin il donna le manoir de Toft Monks reçu du roi d'Angleterre entre 1087 et 1099.

Dès la fin du XIe siècle, l'essentiel du patrimoine anglais de Saint-Pierre de Préaux était constitué : il se composait autant de terres que de dîmes et de droits de patronage d'églises donnés essentiellement par Guillaume le Conquérant et les Beaumont. Ce patrimoine important était réparti autour de cinq pôles : les possessions du Dorset, proches de la côte, celles du Berkshire et de l'Oxfordshire, celles du Warwickshire et le manoir de Toft Monks, dans le Norfolk. Les trois derniers groupes étant les moins facilement accessibles pour les moines normands.

3. Modes d'acquisition et statut du patrimoine de l'abbaye

a. Donations pieuses et ventes – Les modes d'acquisition des biens entrés dans le patrimoine de Saint-Pierre de Préaux durant le XIe siècle sont ceux d'une communauté soucieuse d'assurer la subsistance d'un monastère en expansion[71]. La majorité des transactions sont des donations pieuses : on en dénombre 128.

Les notices retranscrivent les motivations du donateur : le plus souvent, il s'agit d'obtenir le salut de son âme ou de celle d'un proche, à l'approche de la mort ou pendant une maladie[72], d'obtenir l'entrée comme oblat d'un de ses enfants, de faire, en l'absence d'enfant, de saint Pierre son héritier[73], de se voir accorder la possibilité de devenir moine immédiatement ou à la fin de sa vie[74], d'être reclus ou inhumé à Préaux[75]. L'obtention des bénéfices spirituels de l'abbaye, prières, messes, voire une absolution, restent la principale motivation des donations[76] : ainsi les bienfaiteurs cherchent-ils à bénéficier des prières des moines, à leur être associés, à entrer dans leur confraternité[77] de leur vivant, voire à obtenir que leur nom soit inscrit dans le « livre du chapitre » parmi ceux des moines, de sorte que, chaque année, on fasse leur mémoire[78].

---

70. Voir **A192**, **A193**. Charlton Marshall, co. Dorset ; Spettisbury, co. Dorset ; *Sopelanda*, co. Dorset (?).
71. E. Z. Tabuteau a étudié le vocabulaire utilisé au XIe siècle pour désigner les différents modes de transactions foncières en Normandie à partir notamment d'exemples tirés du cartulaire de Préaux (*op. cit.*, E, tableau, p. 243-246).
72. Voir respectivement **A17**, **A18**, **A39** ; **A57** ; **A17**, **A103**.
73. Voir respectivement **A80**, **A141** ; **A4**.
74. Voir respectivement **A3**, **A19** ; **A4**.
75. Voir respectivement **A6** ; **A99**, **A165**.
76. Voir respectivement **A96** ; **A147** ; **A164**.
77. Les uns reçoivent la fraternité de la communauté (**A14**, **A39**, **A46**, **A130**, **A160**, **B9**), la société du lieu (**A1**, **A105**, **A117**, **A153**, **A121**, **A127**, **A139**, **A140**, **A141**, **A149**, **A162**, **A163**, **A183**, **A189**, **A190**), ou deviennent frères du lieu (**A11**, **A22**, **A37**, **A41**, **A126**, **A141**, **A183**, **A190**), frères de la congrégation des moines (**A130**), frères des moines (**A17**, **A56**, **A97**, **A164**), reçoivent la société des moines (**A73**, **A112**, **A132**, **A136**, **A186**, **A187**, **A191**) ; d'autres bénéficient des prières des moines (**A23**, **A139**), des prières du lieu (**A11**, **A24**, **A161**, **B105**, **B133**).
78. Aucun document nécrologique ne nous est parvenu de Saint-Pierre de Préaux ; cependant le cartulaire cite à plusieurs reprises un nécrologe et un martyrologe, peut-être un seul et même document, qui a échappé au *Répertoire des documents nécrologiques français*, Paris, 1980-1992 (*Recueil*

L'acte de donation n'est pas forcément une initiative propre du bienfaiteur : celui-ci peut être incité à l'accomplir par l'abbé de Préaux, *precatu, monitu et interventione abbatis*, et, en cas d'échec de l'abbé, par son seigneur, *jussu et precatu*, en particulier Roger de Beaumont[79].

Si la plupart du temps la donation prend effet immédiatement, il est des exemples où celle-ci est différée à la mort du donateur ; dans ce cas, elle est fréquemment constituée de biens mobiliers ou d'argent, le donateur réservant à l'abbaye une partie de sa fortune mobilière, *ex omni sustancia sua suam partem*, de son argent. Turstin Efflanc et son épouse Massirie prévoient, ainsi, de donner leurs biens meubles pour moitié à Saint-Pierre, le reste à Saint-Léger de Préaux, abbaye jumelle[80].

La donation de biens en aumône, autrement dit bénéficiant de l'exemption de tout service séculier, mais auxquels s'attachaient des services purement spirituels[81], apparaît rarement dans les actes de Préaux ; seuls trois exemples explicites se situent à la charnière des XIe et XIIe siècles[82]. D'autres dons sont clairement conditionnels ou partiels : ainsi Jean de Saint-Philibert, grand chasseur et futur archevêque de Rouen, retient-il sur la terre de Saint-Benoît les sangliers et les éperviers qui pourraient s'y trouver[83] ; il s'agit parfois de mettre en valeur cette terre par la construction d'une grange, d'une chapelle[84] ou encore de prendre soin de l'éducation d'un enfant destiné à devenir moine[85] ; les frères Harenc vendent, au début du XIIe siècle, une terre à Aubevoye, mais retiennent deux arbres, un poirier et un pommier, au bout du champ[86].

Les donations et les confirmations, en principe gratuites, s'accompagnent presque toutes de l'octroi par l'abbé et les moines d'un contre-don pour encourager d'éventuels nouveaux bienfaiteurs et s'assurer l'accord des proches, voire la garantie qu'il ne sera pas remis en cause. Ces sommes évidemment sont symboliques et ne correspondent pas à la valeur effective du bien donné. Outre les bénéfices spirituels recherchés par les donateurs, ceux-ci obtiennent aussi des objets précieux, besants, onces d'or, bijoux, vases d'argent, dorés et niellés, calice, candélabres d'argent, de différents métaux, chevaux de prix, palefrois harnachés, aube et vêtements sacerdotaux, vêtements précieux, tapis, bassins, manuterge[87].

---

des historiens de la France, Obituaires, t. 7). Appelé *liber* (**A44**), *liber noster* (**A186**), *liber capituli* (**A44**), *liber vite* (**A178**), on écrivait dans ce manuscrit parmi les noms des moines ceux des personnes défuntes associées. Le martyrologe cité dans **B77** (1178-1188) recevait aussi les noms de certains bienfaiteurs associés aux prières du lieu ; on en trouve encore trace en 1286, date à laquelle l'évêque de Bath Robert Burnel, en remerciement de ses services, entre dans la confraternité de Préaux et voit son nom inscrit dans le martyrologe (Arch. dép. Eure, H 711, fol. 206v).

79. Voir **A23** (l'abbé) ; **A11** (le seigneur).
80. Voir **A4**, **A11**. Donation des époux Efflanc, **A17**.
81. E. Z. Tabuteau, *Transfer*..., p. 38.
82. Voir **A179**, **A183**, **A185**.
83. Voir **A1**, **A121**.
84. Voir **A110**. Une grange : **A110**, **A167** ; une maison : **A110**, **A141**, **A163** ; une saline : **A184**.
85. Voir **A80**, **A187**.
86. Voir **A134**.
87. Voir par exemple **A1**, **A24** (onces d'or), **A1** (vases et calice), **A1**, **A9** (candélabres), **A15** (chevaux) ; **A1**, **A85** (vêtements) ; **A140** (tapis), **A181** (manuterge).

En raison de ces contre-dons, il n'est pas toujours facile de distinguer certains dons des ventes. Ces dernières représentent le second moyen d'acquisition fréquemment utilisé : bien moins nombreuses que les donations, on décompte 27 ventes pour le XIe siècle ; le plus souvent elles sont évoquées comme étant à l'instigation des bienfaiteurs mais l'abbé de Préaux eut cependant recours, de sa propre initiative, à l'achat de terres pour créer le domaine de Rouville ou, plus proche de Préaux, à Épaignes, afin de consolider l'assise territoriale de sa communauté[88].

Le vocabulaire employé dans les actes pour indiquer les ventes est la plupart du temps explicite ; l'utilisation du verbe *vendere* l'emporte, tandis que quelques *dare* qui accompagnent le versement d'une forte somme d'argent[89] ne trompent personne, spécialement quand il s'agit d'acquisitions faites par l'abbé Anfroi dans la région de Vascœuil.

À côté de ces acquisitions de biens, les moines de Préaux ont aussi pendant cette seconde moitié du XIe siècle utilisé le mort-gage comme moyen d'étendre leur temporel : on trouve dans les notices du cartulaire dix références à une mise en gage de terres au profit des moines[90], mais combien d'autres contrats normalement achevés nous échappent ? Les raisons de l'engagement ne sont pas toujours connues, mais à Préaux, c'est le mort-gage qui est utilisé : au terme de l'accord, le contractant devra rembourser entièrement la somme prêtée[91], sans que le produit ne vienne en déduction du capital. Parfois, le gage peut se muer en donation pieuse et la terre engagée rester propriété du monastère.

b. Dépendance temporelle – Les sources dont on dispose concernant Saint-Pierre de Préaux recèlent peu d'indications explicites quant au statut réel des possessions des moines. Dès la restauration du sanctuaire, tout se passe comme si les dotations faites par Onfroi ne comportaient aucune liberté particulière ou immunité. Onfroi garde-t-il les biens de l'abbaye et l'abbaye elle-même comme sa propriété, exerce-t-il une *custodia*[92] sur le monastère ? Ne le voit-on pas dans la pancarte de fondation doter les moines de tous ses biens situés à Préaux, puis, dans une seconde version de cette charte, en retirer librement une partie pour en doter les religieuses de Saint-Léger, dont il fonde le monastère quelque dix ans après Saint-Pierre[93] ? Le monastère de Préaux, nécropole familiale, doté d'un patrimoine dans lequel l'abbaye se substitue au seigneur de Pont-Audemer, est dans les faits très lié à la famille de Beaumont. Cet attachement se perpétue après la mort d'Onfroi à travers sa descendance directe, et cela jusqu'à extinction de celle-ci en 1204.

---

88. Voir pour Rouville : **A169**, **A179**, **A180** ; pour Épaignes : **A92**.
89. Voir **A1**, **A121**, **A161**, **A163** : *abbas (...) dignam rependit ei pecuniam*.
90. Voir **A1**, **A21**, **A64**, **A168**, **A179**, **A180**.
91. Voir **A1[3]**.
92. Ainsi que l'a montré Jean Yver, l'avouerie est inconnue en Normandie ; cependant l'autorité des barons comme Onfroi de Vieilles sur leur abbaye n'est pas toujours bienveillante (J. Yver, « Autour de l'absence d'avouerie... », p. 219-220).
93. Voir **B8**.

À Préaux cependant, les biens donnés ne comportent pas de libertés ou droits ; rien de tout cela n'apparaît, en tout cas, dans la pancarte de fondation. Que faut-il en déduire ? Il n'est pas non plus de souci clairement exprimé de soustraire l'abbaye au pouvoir local des descendants du fondateur. Cette fondation non ducale n'est pas non plus mise sous la protection du duc, qui reste très discret à son égard après avoir donné son accord à la restauration et accordé quelques donations : l'abbaye reste sous l'emprise seigneuriale[94]. Reste à savoir si celle-ci est bénéfique ou pesante pour la communauté. Tout plaide pour une tutelle forte de la famille des fondateurs durant les premières années du monastère, même si elle reste à l'avantage des moines.

L'épisode de la visite à Préaux de Roger de Beaumont pour remettre de l'ordre dans le temporel de l'abbaye, dont une partie avait été aliénée, est révélateur de la situation de dépendance de l'abbaye vis à vis de la famille fondatrice[95]. À une autre occasion[96], Roger de Beaumont obtint des moines qu'ils accordent à Adeline de Meulan une terre de leur patrimoine ; certes les moines n'avaient rien à y perdre puisqu'il fut prévu qu'ils la récupéreraient à la mort de cette dernière avec tous les aménagements et accroissements. Cependant cette concession illustre encore le pouvoir de Roger sur son abbaye, même s'il reste bienveillant. Par ailleurs Robert III de Meulan, fils aîné de Roger de Beaumont, ne qualifie-t-il pas, en 1106, Saint-Pierre de Préaux, *abbatia sua* ? Les moines de Préaux, comme ceux de la Trinité de Beaumont-le-Roger, reconnaissent en outre Robert *dominus utriusque ecclesie*[97]. Quoique cette appellation ne soit pas inhabituelle en Normandie, cela n'en est pas moins révélateur de l'attachement que conçoit le chef de famille, patron du monastère, pour cette abbaye. En outre le privilège de s'y faire enterrer dans la salle du chapitre, comme pour demeurer au cœur des affaires de l'abbaye, semble réservé à la parentèle du fondateur[98]. De même à plusieurs reprises les descendants d'Onfroi et les comtes de Meulan siègent au chapitre parmi les moines : Roger de Beaumont l'avait fait en 1078 ; en 1106, c'est Robert III ; Galeran II se recueille devant

---

94. À moins d'imaginer une omission délibérée de la part de l'auteur de la pancarte de fondation, il semble qu'Onfroi de Vieilles soit revenu sur une partie des donations faites initialement en faveur des moines de Saint-Pierre de Préaux et ait pu disposer du temporel de la jeune abbaye à sa convenance, pour des motifs pieux il est vrai. En effet la pancarte prévoit que toute la localité de Préaux revient aux moines ; pourtant dans une seconde version de la pancarte Onfroi insère une restriction et prévoit de réserver une partie du lieu pour les moniales de Saint-Léger.

95. Sur cette visite de Roger de Beaumont à Préaux destinée à remettre en ordre le temporel de l'abbaye, voir **A1[17]**.

96. Voir **A78**.

97. Voir respectivement **A69** et **A120**. Le pronom possessif utilisé pour désigner l'abbaye ou les moines de Préaux devait être suffisamment courante dans les actes du comte de Meulan pour qu'au début du XIVe siècle l'auteur de la fausse charte de confirmation des biens anglais du monastère par Robert III de Meulan l'ait repris (voir **C17**).

98. Sur les sépultures des Beaumont à Préaux, voir ci-dessus note 36. En 1054, Robert, grand sénéchal de Normandie, le second fils d'Onfroi de Vieilles, se fait enterrer dans le chapitre, suivant son père de quelques années. Ce dernier fut inhumé dans le chœur de l'église, comme il sied au fondateur. L'un des membres de la famille Dastin, Raoul, apparenté aux Beaumont, obtient également vers 1054 le droit de reposer près de Robert (**A99**) ; Adeline, épouse d'Hugues de Montfort et fille de Robert III de Meulan, demande et obtient elle aussi de pouvoir reposer près de son père et de ses parents (**A22**).

la sépulture de ses ancêtres vers 1118 et est présent à la Saint-Pierre-ès-liens 1163[99]. Certains finissent leur vie comme moines à Préaux ; c'est le cas d'Onfroi, de Roger de Beaumont, d'Henri de Warwick et de Galeran II[100]. L'existence de privilèges est encore clairement évoquée dans une charte de Robert IV de Meulan datée de 1174-1175, où celui-ci exempte l'abbaye de toute taille, tout en précisant cependant *salvis omnibus aliis dignitatibus meis quas antecessores mei in eadem ecclesia habuerunt*[101]. Les moines d'ailleurs ont pris soin d'obtenir pas moins de sept confirmations à tous les échelons du pouvoir, afin de consacrer cette nouvelle situation[102].

Quoique aucune trace de l'octroi de libertés ne soit décelable dans les actes des membres de la famille de Meulan concernant la Normandie délivrés au XIe siècle en faveur de leur abbaye, il semble que leur protection, voire la dépendance de l'abbaye à leur égard, soit restée dans l'ensemble une garantie de la tranquillité et de la prospérité de la vie religieuse à Préaux[103]. Il faut attendre 1106 pour trouver la mention de libertés judiciaires accordées à l'abbaye par Robert III, dont on connaît par ailleurs les positions conservatrices qu'il afficha durant la querelle des investitures en Angleterre[104].

c. Libertés de Saint-Pierre de Préaux – Cette dépendance de l'abbaye vis-à-vis de son fondateur et plus tard de ses descendants contraste avec les efforts constants déployés par les moines pour développer leur patrimoine hors de l'*honor* de la famille de Beaumont, en créant des prieurés libres de toute coutume, et pour obtenir de la part du duc de Normandie confirmation de cette liberté. Les premières mentions de liberté concernant des biens de Préaux portent

---

99. Galeran II de Meulan paraît avoir utilisé le chartrier de l'abbaye comme dépôt d'archives ; ainsi trouve-t-on dans le cartulaire plusieurs actes sans rapport direct avec les affaires de l'abbaye, notamment la donation par le comte d'Évreux de la dot d'Agnès, future épouse de Galeran, et l'accord intervenu entre Galeran et son cousin Robert du Neubourg, ainsi qu'une lettre accordant au sénéchal Alain cent sous de rente (**B2**, **B3**, **B18**).

100. Contrairement à son habitude, Gilbert Chandelier est très précis quand il relate l'entrée au monastère de Galeran II, connue également par d'autres sources, ce qui semble être un gage de véracité ; il indique : « *Post multa vero bona ab ipso perpetrata, cum videret sibi ultimum vite sue diem imminere, monitus magna devotione deferre se ad monasterium nostrum jussit ibique monachale habitum sumpsit atque, professionem faciens, cum viginti et uno die in eodem habitu et professione permansisset, correptus egrimonia corporis, viam petens universi generis humani, gaudentibus angelis divine vocationis jussum fuit omnibus sepultusque est in capitulo nostro juxta patrem suum, anno Incarnationis dominice millesimo C°LXVI°, V idus aprilis, anno etatis sue LXI°, monachatus sui die XXI° et professionis sue XX°, tempore Michaelis abbatis, regnante domino nostro Jesu Christo, qui vivit et regnat in secula seculorum. Amen* » (Bibl. nat. de Fr., Coll. du Vexin, t. IV, p. 38-39 ; t. XIII, fol. 33, n° 534).

101. Voir **B43**.

102. Voir **B44**, **B45**, **B46**, **B47**, **B48**(?), **B49**, **B93**.

103. Ce fut en tout cas la mission des chefs de la famille de Beaumont, si l'on en croit Yves de Chartres dans une lettre qu'il adressa à Robert III de Meulan entre 1101 et 1118 : *Idem etiam de strenuitate vestra dici potest, quia divina providentia vos eidem loco defensorem praeparavit, quoniam quidquid a monasterio praedicto sine vestro assensu distractum est, totum oportet ipsi monasterio restitui et usibus fratrum quibus data sunt integerrime restaurari* (Yves de Chartres, *Epistole*, éd. J.-P. Migne, *Patrologiae*..., t. 162, n° 143).

104. En Angleterre comme en Normandie, Robert III fit preuve d'une volonté de mainmise sur les abbayes : le violent conflit qui l'opposa à Anselme, abbé du Bec, est sur ce point révélateur ; comment dans ce cas penser qu'il fit preuve de beaucoup plus de libéralisme en direction de Préaux, son abbaye par excellence (A. Porée, *Histoire de l'abbaye du Bec*..., t. I, p. 196-197) ?

en effet sur des terres situées hors des fiefs des Beaumont : en 1050, ou peu après, Guillaume le Conquérant octroie aux moines les coutumes vicomtales qu'il possédait à Vascœuil sur les terres des moines[105]. L'importance de cette donation n'a pas échappé aux historiens, car y est détaillé, chose rare, le contenu de ces coutumes qui impliquaient aussi bien la possibilité d'exercer ces droits, de juger les délits que de toucher le produit des amendes infligées suite au viol des maisons (*hainfara*[106]), à la mise hors la loi (*ullac*), au rapt (*rat*), au crime d'incendiaire (*incendium*), au bernage (*bernagium*), à la guerre privée (*bellum*). Avec ces coutumes, l'abbé Anfroi obtint du duc, si l'on se fie à la bulle de confirmation d'Alexandre III, des libertés pour la terre de Vascœuil : *ex dono Willelmi, ducis Normannorum, consuetudines quas habebat in Wascolio necnon et rationabiles libertates*[107]. Plus que les coutumes, ce sont les libertés dont elles étaient assorties qui devaient intéresser l'abbé ; ce dernier s'était en effet empressé *eodem tempore* de revendre ces coutumes à Thibaut de Vascœuil pour les convertir en avantages qui convenaient plus à des religieux : Thibaut céda terres, dîmes, partie de l'église contre les coutumes qui servirent de monnaie d'échange[108].

L'autre secteur d'expansion, le prieuré de Rouville, reçoit les mêmes privilèges de la part du duc Guillaume le Conquérant. Avant 1087, ce dernier exempte les moines de tout cens, tribut, service ou exaction à Rouville : l'acte ducal n'est connu que par ce que mentionne la bulle du pape Alexandre III et par la confirmation de cette concession dans la grande charte du roi Henri II accordée à cette l'abbaye[109].

En Angleterre, troisième secteur d'extension du temporel de Préaux, les religieux obtiennent de Robert III de Meulan le manoir de Toft Monks avec toutes les coutumes et libertés que lui-même tenait du roi-duc. Sans doute Robert était plus disposé à les céder outre-Manche qu'en Normandie, sur ses terres patrimoniales[110]. Tout porte à croire donc qu'un souci constant des moines fut d'obtenir des biens et des terres immunes, soustraites de tout tribut ou coutume, notamment hors des terres patrimoniales de la famille de Beaumont.

---

105. Voir **A161**, **A163**. Voir aussi J.-F. Lemarignier, *Étude sur le privilège d'exemption et de juridiction ecclésiastique des abbayes normandes depuis les origines jusqu'en 1140*, Paris, 1937. p. 78 ; C. H. Haskins, *Norman institutions*, p. 29 et p. 279, n. 16.

106. Cependant on ne possède aucune indication concernant les pratiques et la mise en application de ces coutumes dans le cartulaire. Voir L. Musset, « Autour des modalités juridiques de l'expansion normande au XIe siècle : le droit d'exil », dans *Autour du pouvoir ducal normand*, Cahier des Annales de Normandie, n° 17, p. 57.

107. Voir **B52**.

108. Voir **A163**.

109. La charte de Guillaume le Conquérant, qui a échappé à M. Fauroux et aux auteurs des *Regesta regum Anglo-normannorum*, n'est connue que par la bulle d'Alexandre III, datée du 12 avril 1179 : « *apud Rothovillam, ecclesiam Sancti Petri cum terris terris, molendino et hominibus liberis a tributo, censu et servitio et omni exactione, sicut W[illelmus], quondam rex Anglorum, eidem ecclesie concessit, cum tribus acris prati et duabus partibus unius acre et una acra roselli in Bruecuria* » (**B52**). La confirmation par Henri II est datable des années 1185-1188 : « *ex dono Willelmi marchionis, impetrante et concedente Hugone de Monte forti, libertatem omni terre Sancti Petri Rotoville omnium tributorum, servitiorum, censuum* » (**B72**).

110. Voir **A194**.

d. Franchises et juridictions ecclésiastiques – On sait peu de chose sur les rapports qu'entretenaient l'abbaye de Préaux et l'autorité épiscopale. La pancarte de fondation relate les différends qui opposèrent les moines à l'évêque de Bayeux, Hugues, au sujet des terres du Bosc-Osber, Merlimont, Selles et d'Incourt, près de Préaux, mais c'est moins sa position d'évêque que celle de seigneur féodal qui est ici en cause[111]. À la fin du XIe siècle, les moines possédaient vingt-cinq églises paroissiales en France et cinq en Angleterre, auxquelles viendront s'adjoindre six autres églises en France, toutes appartenant à l'évêché de Rouen, et trois en Angleterre[112]. Pour la plupart d'entre elles, Préaux reste soumis à l'autorité épiscopale.

Cette situation demeura jusque vers 1150, date à laquelle l'abbaye reçut le privilège d'exemption[113]. La seule indication précise pouvant nous éclairer sur le statut de l'abbaye par rapport à l'évêque de Lisieux au XIe siècle se trouve dans la grande bulle d'Alexandre III qui, dans une partie de son dispositif, reprend la substance d'un acte ancien perdu. Ce dernier accordait à l'abbaye les églises de Notre-Dame de Préaux et de Saint-Symphorien, paroisse voisine, libres de toute coutume ou exaction épiscopale[114]. Ceci laisse penser que l'obtention par les moines de franchises des coutumes épiscopales pour ces deux églises remonte aux premiers temps de l'abbaye, même si aucune trace de ce privilège n'est décelable dans la pancarte. Le duc Robert le Magnifique avait octroyé dans les mêmes termes de semblables privilèges aux abbayes de Cerisy, en 1032, et de Montivilliers, en 1035[115]. Il est important de noter en outre que l'abbaye jumelle de Saint-Léger de Préaux disposa, elle aussi, très tôt de telles franchises sur l'église Saint-Michel de Préaux, franchises accordées cette fois par l'évêque de Lisieux Hugues[116] ; on peut facilement imaginer une chronologie similaire

---

111. Voir **A1[14]**. Sur Hugues de Bayeux, voir V. Gazeau, « Le patrimoine d'Hugues de Bayeux (c. 1011-1049) », dans *Les évêques normands du XIe siècle*, Caen, 1995, p.139-147.

112. Ces églises sont, dans le diocèse de Lisieux : Notre-Dame de Préaux, Saint-Symphorien, Notre-Dame de Pont-Audemer, Saint-Ouen et Saint-Germain de Pont-Audemer, Notre-Dame de Campigny, Notre-Dame de Selles, Saint-Martin de Toutainville, Saint-Martin-le-Vieux, Notre-Dame de Périers, Saint-Vigor de Brucourt, Saint-Pierre de Rouville, Saint-Antonin d'Épaignes, Saint-Jean de Boulleville, Saint-Benoît-des-Ombres, Saint-Cyr et Saint-Pierre de Salerne ; dans le diocèse de Bayeux : Saint-Pierre de Vienne, Saint-Michel de Cabourg, dans le diocèse d'Évreux : Notre-Dame de Combon, Sainte-Opportune ; dans l'archevêché de Rouen : Saint-Aignan de Pont-Audemer, Saint-Martial de Vascœuil, Saint-Laurian de Vascœuil, Saint-Martin de Bosgouet. En Angleterre : Sainte-Marguerite de Toft Monks, Saint-Nicolas de Warmington, Saint-Nicolas de Newbury, Notre-Dame de Spettisbury, Saint-Michel de Charlton Marshall.

113. C'est le pape Adrien IV (1154-1159) qui prit pour la première fois Saint-Pierre de Préaux sous sa protection. On a parfois voulu faire remonter, sans preuve, ce privilège à une date plus ancienne. Ainsi lit-on que « L'abbaîe de Préaux fut mise par Humfroi sous la protection speciale et sous la garde du Saint Siege duquel il la rendit immédiate » (Matériaux pour un dictionnaire des monastères bénédictins, XVIIIe siècle, Arch. nat., M 725, n° 18, fol. 4v).

114. « *ecclesias Sancte Marie de Pratellis et Sancti Simphoriani liberas ab omni episcopali consuetudine et exactione, sicut olim statutum est et hactenus observatum, cum partibus oblationum altaris et terris et decimis ad eas pertinentibus* » (**B52**).

115. Les termes employés dans la charte de Montivilliers sont comparables à ceux de la bulle d'Alexandre III pour Préaux : *ab omni consuetudine episcopali*. Voir à ce sujet J.-F. Lemarignier, *Étude sur les privilèges d'exemption et de juridiction ecclésiastique des abbayes normandes depuis les origines jusqu'en 1140*, Paris, 1937, p. 44-50. Pour le texte des chartes de franchises, voir Fauroux, *Recueil...*, p. 231-235, n° 90.

116. Hugues, évêque de Lisieux, 1050-1077. Voir D. Bates, *Regesta regum...*, p. 689-696, n° 217.

pour Saint-Pierre et les paroisses de Préaux et Saint-Symphorien. Faut-il croire que ces coutumes étaient entre les mains d'Onfroi de Vieilles et que celui-ci les donna à son abbaye en même temps que tout ce qu'il possédait à Préaux ? Cela est concevable pour Notre-Dame de Préaux mais improbable pour Saint-Symphorien, qui ne figure pas parmi les biens donnés par le fondateur, à moins d'y voir une dépendance de Préaux ; on ne sait d'ailleurs pas comment cette dernière église entra dans le patrimoine de Saint-Pierre[117].

Préaux disposait du même privilège dans le diocèse de Bayeux pour l'église Saint-Michel de Cabourg, franchise qui lui avait été octroyée cette fois par un laïc entre 1087 et 1101. Durand Louvet, en accord avec l'abbé de Saint-Étienne de Caen, avait donné l'église en aumône et les revenus en dépendant, de sorte que les moines la posséderaient comme lui l'avait tenue, c'est-à-dire libre de toute coutume épiscopale ou abbatiale. L'huile et le saint-chrême seraient alors fournis par l'abbé de Saint-Étienne de Caen contre douze deniers[118]. Saint-Pierre de Préaux bénéficiait donc des franchises de coutumes épiscopales sur trois églises, ce qui lui donnait droit de percevoir les taxes réservées habituellement à l'évêque et d'exercer la justice ; de plus, à Cabourg, l'abbé de Préaux pouvait nommer et déposer le desservant de l'église à sa guise ; cependant il ne semble pas que l'abbé de Préaux se soit substitué ici complètement à celui de Caen, jouissant de ce fait des privilèges dont ce dernier disposait : les sources de Saint-Étienne, plus prolixes, révèlent que non seulement ces privilèges étaient de nature financière puisque l'église de Cabourg échappait au paiement des droits de synode, *circata*, mais aussi judiciaires[119], or la juridiction de l'abbé de Caen sur Saint-Michel de Cabourg est attestée au XIIe siècle, ce dernier ayant conservé les coutumes judiciaires, tandis que l'abbé de Préaux ne disposait apparemment que des revenus de la paroisse[120].

À la fin du XIe siècle, le temporel de Saint-Pierre de Préaux développé tant en Normandie qu'en Angleterre bénéficie de premières franchises.

---

117. Les paroisses de Notre-Dame de Préaux et de Saint-Symphorien se touchent. On ne trouve dans le cartulaire de Préaux aucune autre mention de l'église de Saint-Symphorien.
118. « *sicque ab omni exactione episcopali seu abbatis predicti loci sit libera. Presbiterum vero, quemcumque et quantum temporis voluerit, abbas Pratelli ponet in eadem ecclesia seu deponet. Sic enim ipse Durandus tempore Lanfranci atque Gisleberti abbatum tenuerat* » (**A187**).
119. Auparavant Saint-Michel de Cabourg avait été donnée à Saint-Étienne de Caen : Eudes, évêque de Bayeux, avait accordé à l'abbé de Saint-Étienne, entre 1077 et 1096, la franchise des coutumes épiscopales pour plusieurs églises dont celles de Cabourg (Voir J.-F. Lemarignier, *Études sur les privilèges*..., p. 297, et pour la charte d'Eudes, insérée dans une pancarte de Guillaume le Conquérant, L. Musset, *Les actes de Guillaume le Conquérant*..., n° 19, p. 122-125).
120. Voir le « Tableau des paroisses dépendant des différentes juridictions ecclésiastiques d'abbayes en Normandie » dans J.-F. Lemarignier, *Études sur les privilèges*..., p. 281.

II. Le rayonnement de Préaux au XIIᵉ siècle

1. Extension du domaine et organisation des prieurés

a. La consolidation du patrimoine de l'abbaye – La région de Pont-Audemer et l'abbaye sont au cœur des dissensions entre le duc de Normandie et le jeune comte de Meulan Galeran II. Comme son père Robert III, rappelé à l'ordre par Yves de Chartres, il ne semble pas à la hauteur de sa mission de protection de l'abbaye, qui subit usurpations et conflits[121]. En 1123-1124, lors de la rébellion de Galeran de Meulan contre Henri Iᵉʳ Beauclerc, qui donna lieu au siège de Pont-Audemer, l'abbaye ne fut pas épargnée[122].

En Angleterre, les moines de Préaux n'acquièrent plus de grands domaines mis à part le manoir de Warmington donné par le comte de Warwick Henri, fils de Roger de Beaumont, entre 1100 et 1110, avec accord et confirmation du roi Henri Iᵉʳ Beauclerc[123]. Préaux renforce de plus son implantation dans le Norfolk : la donation de ce manoir, octroyée par Robert III de Meulan à la fin du siècle précédent, est assortie, entre 1103 et 1118, du droit de juridiction et des coutumes judiciaires que Robert de Meulan y possédait, libertés plus tard confirmées par Henri II en 1155[124].

En Normandie, la première moitié du XIIᵉ siècle est une période de consolidation des positions de l'abbaye autour de Préaux et de règlement de nombreux conflits de propriété. Des acquisitions ponctuelles marquent l'évolution du temporel : à Saint-Germain avec l'acquisition des terres d'Hugues Fichet et l'achat des terres au Haut-Étui, à Salerne avec l'échange effectué avec les chanoines de la Trinité de Beaumont et l'octroi par le comte de Meulan de coutumes judiciaires, à Campigny avec les acquisitions de terres de Guillaume Vanescrot[125]. Une acquisition significative faite par les moines est celle de terres à Étreville dans le Roumois grâce à plusieurs ventes et dons de la famille de Bourneville et de l'Éprevier, encouragés par le comte de Meulan Galeran, transactions qui donnèrent lieu au milieu du siècle à plusieurs contestations[126].

---

121. Robert III de Meulan lui-même fut acteur de ces usurpations, si l'on en croit la notice **A70**. L'abbé Richard se plaint à plusieurs reprises des contestations élevées contre le temporel de l'abbaye, notamment dans le prologue de son commentaire sur le livre des Nombres où il évoque l'*importunissimam altercationem rusticanae multitudinis ferme ratione carentis* (Bibl. nat. de Fr., lat. 13069, fol. 297-298, notes de Bernard de Montfaucon).
122. Henri Iᵉʳ débarqua en juin 1123 et ne vint à bout de Galeran et des conjurés qu'au printemps 1124 après une campagne menée essentiellement dans la vallée de la Risle (F. Neveux, *La Normandie des ducs*..., p. 490-491).
123. Voir sur ce point D. Rouet, « Le patrimoine anglais et l'Angleterre... ».
124. Voir **A194** et **B10** pour la confirmation d'Henri II.
125. Voir **A70**, **A71**, **A73**, **A97** (Saint-Germain et Vannecroq) ; **A111-A114**, **A117**, **A120** (Salerne) ; **A41**, **A42** (Campigny).
126. Voir **A195-A200**. Galeran II de Meulan souligne que ces acquisitions, qui comprennent également l'église d'Étreville, ont été faites *consilio vel adjutorio [suo]* (**B8**). Le *Répertoire des abbayes et prieurés de l'Eure* localise à Étreville un prieuré de l'abbaye de Préaux, mais à aucun moment il n'est ainsi considéré dans le cartulaire, quoiqu'il s'agît d'un important domaine qui devait être géré par un moine dépêché sur place. Cependant les notices du cartulaire ne précisent pas clairement que les

Le XIIe siècle voit apparaître des biens immobiliers dans le temporel des moines : à Rouen, ils sont localisés dans deux quartiers de la ville. Rive droite de la Seine, l'abbaye possède, on ne sait depuis quand, dans le quartier Saint-Amand, rue de la Chaîne, une place et un manoir. Une querelle de propriété entre les moines et Guillaume Giffard confirme cette possession entre 1157 et 1159 ; la grande bulle d'Alexandre III (12 avril 1179) les appelle *apud Rothomagum, domos Hunfridi de Vetulis*, ce qui laisse penser qu'ils sont entrés dans le patrimoine de Préaux à une date précoce[127]. Rive gauche, à Émendreville, autrement appelé Saint-Sever, les moines possèdent un fief constitué d'une maison, obtenu d'Eudes Huveth entre 1103 et 1106[128].

b. Les nouveaux prieurés – La première moitié du XIIe siècle voit le développement de nouveaux centres patrimoniaux : le prieuré de Sainte-Radegonde de Neufchâtel est le principal d'entre eux[129]. Les moines prennent pied à Neufchâtel entre 1100 et 1135 grâce à un don de Raoul Dieu-le-fit qui prévoit la construction sur sa terre patrimoniale d'une chapelle et d'une grange venant s'ajouter aux bâtiments déjà existant[130]. Ce prieuré accueillait plusieurs moines : la bulle d'Alexandre III (12 avril 1179) parle de *ecclesia(m) Sancte Radegundis, ubi monachi Deo servientes habitant cum terris, silvis, pratis et molendinis*.

Situé judicieusement sur les rives de la Dieppe, aujourd'hui appelée la Béthune, le prieuré contrôle plusieurs moulins qui firent l'objet en 1224 d'un échange passé entre les moines de Préaux et le roi Louis VIII : les moines cédèrent le siège de leurs moulins sur la Dieppe, étant entendu qu'ils gardaient les autres moulins, à charge pour le roi d'assurer les réparations à effectuer sur les biefs des moulins de Neufchâtel[131].

La domination du prieuré s'étendait aussi sur des terres situées à Neuville-Ferrières, non loin de Neufchâtel, acquises du monastère Saint-Sauveur-le-

---

moines desservaient eux-mêmes l'église paroissiale et au contraire trois prêtres desservant sont mentionnés ; l'un d'eux, Onfroi, était même d'une famille originaire d'Étreville (**A197**). Dès la fin du XIIe siècle on possède la preuve que l'église était desservie par un prêtre séculier (**B65**).

127. Sur la querelle entre les moines et Guillaume Giffard, voir **B15** et **B16** ; sur la bulle d'Alexandre III, voir **B52** ; sur l'acte de restitution d'Emmeline de Winchester, voir **B183**. En 1227, ces biens qui étaient affermés sont restitués aux moines pour trente-deux livres, tout comme d'autres situés à Saint-Sever, pour être inféodés à maître Seobald d'Aumale. Sur le patrimoine immobilier rouennais des moines de Préaux, voir D. Rouet, « Une dépendance de l'abbaye Saint-Pierre de Préaux : le prieuré Sainte-Radegonde de Neufchâtel-en-Bray », dans *Annales de Normandie*, décembre 1999, p. 529, n. 56.

128. Voir **A155**. « L'ostel de Preaux » est cité dans la chronique de Pierre Cauchon au sujet du siège du prieuré des Emmurés de Rouen qui le jouxtait (*Chronique normande de Pierre Cauchon...*, éd. Ch. de Robillard de Beaurepaire, p. 121) ; Toussaint-Duplessis, qui écrit en 1745, indique dans sa *Description géographique et historique de la Haute Normandie*, que le nom d'Émendreville ne subsiste plus que pour désigner un fief « démembré vers 1180 de celui de Préaux, lequel est assis au même lieu et qui pendant les premiers troubles du Calvinisme ne portoit point encore d'autre nom que celui de fief de Préaux » (t. II, p. 19-20).

129. Sur l'histoire de ce prieuré et des possessions de Saint-Pierre de Préaux dans la région de Neufchâtel-en-Bray, voir D. Rouet « Une dépendance de l'abbaye Saint-Pierre de Préaux... », p. 515-538.

130. Voir **A110**. Cette notice est ambiguë quant à la situation des biens qui y sont localisés, mais elle laisse transparaître le projet de construction d'un prieuré qui ne peut être que celui de Drincourt (ancien nom de Neufchâtel-en-Bray).

131. Voir **B179**.

Vicomte entre 1152 et 1167. En échange de ces biens, qui consistaient en l'église de Neuville, un moulin, un bois et des prés, les moines de Préaux devaient chaque année à leurs frères du Coutançais une rente de quarante sous roumois à la Saint-Pierre-et-Saint-Paul que l'un d'eux viendrait recevoir à Préaux ; cette somme fut revue à la hausse en 1172 pour atteindre cinquante-cinq sous, lorsque Hugues de Gournay confirma la transaction.

Un autre prieuré ou ermitage, celui de Saint-Bérenger-de-La-Roque, aujourd'hui disparu, victime de l'érosion de la falaise sur laquelle il avait été construit se situait sur la pointe de La Roque qui dominait l'estuaire de la Seine[132]. L'origine de l'ermitage de Saint-Bérenger remonte à l'an 1120 : Osberne de Saint-Sanson donne alors aux moines six acres de terre, un paysan à Saint-Sanson et l'église de saint Bérenger en remerciement de ce que le moine Robert avait construit l'église de Saint-Sanson-sur-Risle[133]. Osberne finit sa vie comme moine de Préaux entre 1130 et 1144[134]. Les comtes de Meulan ont doté cet ermitage d'une rente assise sur les revenus de la prévôté de Pont-Audemer de sept sous et demi par mois *pro sustentatione monachi in hermitorio Sancti Berengarii de Roca commorantis*[135]. En 1179, Alexandre III confirme la possession de la chapelle de la Roque avec la terre contiguë et la rente de quatre livres, dix sous par an[136].

c. Les vignobles de la vallée de la Seine – Parmi les acquisitions marquantes de cette période, il faut noter celles de vignobles situés sur les coteaux de la vallée de la Seine. On sait peu de chose des modalités d'approvisionnement en vin de l'abbaye pendant le XIe siècle ; aucune mention de vignes n'a été conservée pour cette période, alors que très tôt le monastère voisin de Saint-Léger de Préaux possédait les siennes sur place. Les moines de Préaux obtinrent cependant en 1068 du comte de Meulan le passage franc de leurs navires à Meulan et à Mantes, si bien qu'on peut supposer qu'ils s'approvisionnaient en vin dans cette région.

C'est pendant l'abbatiat de Richard Ier, vers 1118-1123, que Préaux se ménagea un vignoble de plusieurs arpents non loin de Gaillon, à Aubevoye, acquis de la famille Harenc, dont une branche possédait des terres à Saint-Germain-Village[137]. C'est certainement ce lien de parenté avec un proche de l'abbaye qui

---
132. L'ermitage était bâti à côté de la grotte de saint Bérenger ou saint Germer. Ce dernier, administrateur de l'abbaye de Pentalle, au milieu du VIIe siècle, s'était réfugié dans cette grotte, alors que ses moines avaient tenté de l'assassiner. Cette caverne avait été rendue célèbre par le miracle de saint Sanson qui l'avait débarrassée d'un horrible serpent qui ravageait la contrée. L'ermitage avait déjà disparu du temps d'A. Canel, qui en fait à tort une possession « des sires de Pont-Audemer qui la donnèrent à Saint-Pierre de Préaux » (A. Canel, *Essai historique*…, t. II, p. 60-61 et p. 72).
133. Voir **A31**.
134. Voir **A32**.
135. Cette rente est confirmée par Robert IV de Meulan, entre 1185 et 1204, dans un mandement adressé à ses agents de Pont-Audemer qui en entravaient la perception (**B118**).
136. Voir **B52**. L'aveu rendu par l'abbé en 1579 évoque « l'hermitage de Saint-Bellanger de la Roque » (Arch. dép. Eure, II F 2925).
137. Sur les franchises des moines à Meulan, voir **A139** ; sur les vignes d'Aubevoye, voir **A131-135**. Sur la famille Harenc, dont les membres possessionnés à Saint-Germain-Village figurent parmi les témoins de plusieurs notices, voir notamment **A36**, **A70**.

décida les fils du vigneron Roger Harenc d'Aubevoye à vendre à l'abbaye une part de l'héritage paternel contre dix sous chacun, vente confirmée cinq ans plus tard devant le comte d'Évreux, Amaury, après un duel judiciaire avorté. Cette acquisition obligea l'abbaye à débourser, entre 1118 et 1150, 6 livres et 16 sous en faveur de la famille Harenc.

Ces vignes jouxtaient celles que l'abbaye de Saint-Wandrille possédait à Aubevoye. La superficie du domaine ainsi constitué peut être évaluée grâce à une charte datée de 1330, par laquelle l'abbé Raoul de Préaux accorde à Taurin Sanson, par un bail à ferme, les quatorze arpents de vigne, la maison et le pressoir avec toutes les appartenances et les arbres assis en la paroisse de Saint-Aubin de Gaillon, que les moines possèdent contre une rente de quinze livres et dix sous tournois payables à Préaux[138].

Non loin de là, près d'Évreux, les religieux de Préaux obtinrent vers 1150 d'Eudes, fils de Tetberge, vassal de Joël d'Autheuil ou de Reuilly, la dîme qu'il possédait à Champagne, portant sur les noix, le lin, le chanvre, les grains ; celui-ci ajouta ensuite une demi-acre de terre à Champagne et la dîme qu'il tenait en fief de Joël. Son frère Raoul de Gualoncel donna alors une acre de terre jouxtant celle de son frère[139].

Il faut attendre 1166 pour que les moines consolident leur assise foncière en vallée de Seine grâce aux comtes de Meulan Galeran II et Robert IV qui leur octroient plusieurs vignes à Aubergenville et dans la région de Meulan, réputée à l'époque pour son vignoble Entre 1155 et 1166, Galeran II leur donna cinq arpents de nouvelles vignes, cinq autres pour planter de nouveaux ceps ainsi qu'un hôte, le tout libre de toute coutume de pressoir[140]. Robert IV confirma le don paternel, y ajoutant entre 1166 et 1171 dix autres arpents de vigne contigus ainsi que l'abandon de ses droits sur la vigne d'Herbert l'Anglais que les moines avaient acquise et qui représentait deux arpents[141]. À la même époque, Robert IV échangea avec les moines la rente de dix livres qu'ils avaient sur les revenus de Pont-Audemer contre quatre arpents de vigne, appelée la vigne Wastel[142]. Enfin, entre 1185 et 1192, les moines reçurent de Robert IV la permission d'acheter à Meulan, Mantes, Vaux et Aubergenville du vin avec une réduction de douze deniers par muid, droit assorti de l'exemption du péage de Mantes pour leur vin[143]. La tournure de ces libéralités trahit une exploitation commerciale de ces

---

138. Cet acte de 1330, vidimé en 1478, est connu par une transcription de cette dernière copie faite dans le second cartulaire de Préaux (Bibl. nat. de Fr., nouv. acq. lat. 1929, fol. 191-v).
139. Voir **A136**, **A137**.
140. Voir **B28**.
141. Voir **B36**.
142. Voir **B38**. La vigne Wastel doit être située à Aubergenville : en effet, le calcul de la superficie des vignes d'Aubergenville acquises par les moines des comtes de Meulan, vigne Wastel comprise, aboutit à un total de 26 arpents. Pour en confirmer l'étendue exacte, il faut avoir recours à des sources plus récentes : le 14 mai 1677, l'abbé de Préaux Melchior de Haro confirme l'inféodation en faveur de M. Nicolas Coynart du fief des Coustures, situé à Aubergenville, consistant en 26 arpents de terre (Arch. dép. Eure, H 712).
143. Voir **B86** ; le comte de Meulan assortit cette donation d'autres coutumes, sans les préciser, portant sur l'achat de vin dans ces villes.

vignes, facilitée d'ailleurs par l'acquisition d'une maison sise à Meulan, donnée par Henri du Neubourg en 1166-1167[144].

d. Privilèges à Pont-Audemer et dans la forêt de Brotonne – Galeran II renforça aussi les privilèges des moines à Pont-Audemer en leur accordant la dixième semaine des revenus de la prévôté de Pont-Audemer et leur confirma la dîme de tous les autres revenus, droit qu'ils possédaient en vertu d'une donation de Roger de Beaumont[145]. L'assise des moines de Préaux à Pont-Audemer était donc constituée au milieu du XIIe siècle par les quatre églises de la ville, dîme et revenus compris, la dîme de toute chose décimable, la dîme des étals et des revenus de la prévôté, et des droits de pêche dans la Risle[146].

Le prieuré de Brotonne fut, quant à lui, créé durant la seconde moitié du XIIe siècle par une donation du comte Robert IV de Meulan. Dès les premiers temps de l'abbaye, les moines possédaient dans la forêt de Brotonne la coutume d'une barque et d'une charrette, donnée par Roger de Beaumont, puis en 1155, le franc panage pour les porcs de l'abbaye partout où ceux du comte de Meulan paissaient, notamment dans la forêt de Brotonne ; vers 1174-1175, ils reçoivent en aumône de Robert IV l'église Saint-Ouen, située dans la forêt de Brotonne, avec ses dépendances et libertés, chapelle qui accueille dès lors un moine de Préaux, de sorte qu'en en 1179 elle est ainsi décrite dans le privilège d'Alexandre III : *ecclesiam Sancti Audoeni de Brotona et centum solidos de redditu Brotone ad victum monachi ibidem Deo servientis cum terris ad eam pertinentibus* ; les grands rôles de l'Échiquier rendent compte des cent sous d'aumône faite au moine de Brotonne[147]. En 1173-1174, les moines obtiennent du comte, pour le repos de son seigneur le roi Henri le jeune, la coutume d'un

---

144. Voir **B30**.
145. Voir **B25**. Le futur Robert IV de Meulan donna son accord à cette donation en faveur de Préaux et, quelques années après, accorda le même privilège aux moines de la Trinité de Beaumont sur les revenus de la prévôté de Beaumont-le-Roger (A. Porée, *Histoire de l'abbaye du Bec...*, t. I, p. 423).
146. Voir **B25** et **B8**.
147. Pour la donation de Roger de Beaumont, voir **A143** ; pour le franc panage, **B8** ; pour le privilège d'Alexandre III, voir **B52**. Pour les confirmations du don du comte de Meulan Robert IV, voir **B43**, **B44**, **B45**, **B48**, **B49**. Sur la rente de 100 sous attribuée au prieuré et sur les deux moines qui y résidaient en 1198, voir les rôles de l'Échiquier (Th. Stapleton, *Magni rotuli...*, t. I, p. clv et p. ccix). Les aveux de la fin du Moyen Âge indiquent le montant des revenus du prieuré de Saint-Ouen de Brotonne sur la vicomté de Pont-Audemer : « Le prieuré de Saint Ouen de Brotonne, nommé l'ermitage, seant auprez de Vateville en la forest de Brotonne, avec toutes [ses] appartenances, le prieur duquel prieuré de Brotonne prent chacun an sur la recepte du vicomte du Pont-Audemer neuf livres tournois aux termes acoustumez » (Bibl. nat. de Fr., lat. 20909, n° 140 ; 24 juillet 1450). L'aveu rendu en 1692 précise : « Item avons en ladite forest vers Vatteville le prieuré de Saint-Ouen-Saint-Maur de Brotonne, autrement nommé l'Ermitage, auquel appartiennent plusieurs domaines bornés comme il en suit : le tout en un tenant contient trente acres ou environ, d'un costé le grand chemin qui tend au Pont-Audemer, d'autre costé et des deux bouts la dite forest de Brotonne, sur partie duquel domaine est scituée la chapelle prioralle fondée en l'honeur de saint Maur avec plusieurs autres bastiments qui l'accompagnent, scavoir le manoir, granges, etables, pressoir et bergerie ; en laquelle forest ledit prieur a droict de chauffage pour vingt quatre mesures de bois, panage pour ses porcs, pâturage pour ses bestes, aulmailles, bois a bâtir et, pour clore avec, un fong de compte par chacun an jour de Noël avec plusieurs autres droits, libertés et franchises amplement mentionnées aux chartes de la fondation dudit prieuré » (Arch. dép. Eure, H 710, p. 26). Il n'en subsiste aujourd'hui qu'une chapelle reconstruite en 1880 sur les vestiges des anciens bâtiments. Voir *Répertoire des abbayes et prieurés de Seine-Maritime*, p. 152.

forestier dans la forêt de Brotonne, deux charrettes pour transporter du bois, le bois de chauffage pour l'infirmerie, une charrette, un cheval et deux hommes pour suivre les gloiers du comte et recueillir tout ce que ceux-ci laisseront derrière eux ou, à défaut, un hêtre par semaine[148]. Pour assurer la perception de cette coutume et l'acheminement par bateau du bois vers l'abbaye, les moines installent un sergent sur place, à Sainte-Croix-sur-Aizier[149]. Les religieux de Préaux n'étaient pas les seuls à bénéficier de tels droits dans la forêt de Brotonne ; c'était le cas de nombreuses abbayes normandes parmi lesquelles figurait Saint-Léger de Préaux : en 1186, les religieuses reçurent les mêmes droits que leurs voisins[150].

2. Les modes d'acquisition

a. Les dons – Comme durant le XIe siècle, le principal mode d'acquisition reste le don, avec les mêmes caractéristiques qu'au siècle précédent : on en dénombre 60 antérieurs à 1152, 44 datables de la seconde moitié du siècle, sans compter ceux dont la datation est imprécise. On y remarque des donations à effet immédiat, effectuées sur le lit de mort, des dons *post mortem*[151], mais la nouveauté est la multiplication des dons faits explicitement en aumône, de plus en plus nombreux autour du milieu du siècle[152] : durant la seconde moitié du siècle, les dons sont systématiquement libres de toute coutume n'appelant de la part des moines que des services spirituels comme la célébration de messes et de prières[153]. De plus en plus fréquents, on en dénombre neuf cas, sont également les dons de biens mobiliers, rentes et sommes d'argents, droits sur des églises[154].

La motivation des donations reste la perspective d'obtenir le salut de son âme, de celle d'un ancêtre, ou de devenir moine[155] ; la pauvreté ou la maladie

---

148. Un « transcript du registre de Brotonne », copie du XVe siècle appartenant aux moines de Préaux du livre recensant les droits des usagers et coutumiers de la forêt de Brotonne, précise en effet qu'au début du XIIIe siècle : « *abbas et abbatissa de Pratellis per singulas ebdomadas habent in forestam Brotonnie annuatim de redditibus II fagos per preceptum domini regis* ». Et plus loin : « *isti sunt quieti de pasnagio in Brotonnia, (...) abbas de Pratellis* » (Bibl. nat. de Fr., lat. 4653, fol. 92 et 107).

149. Voir **B70** ; confirmation par Henri II en 1185-1188, **B71**. Les aveux des XIVe et XVe siècles conservés font état des mêmes droits, soit un hêtre par semaine, et précisent la localisation du logement du sergent des moines : « Item nous avons chacun an en la forest de Brotonne par la livree du verdier d'icelle ou de son lieutenant cinquante deux hestres et une masure a Sainte Croix sur Aisi pour mettre la gloe ou buche d'iceulx haistres » (Bibl. nat. de Fr., lat. 20909, n° 140 ; 24 juillet 1450).

150. À l'occasion de la mort du duc Geoffroi de Bretagne, en 1186, Saint-Léger de Préaux reçoit du comte Robert IV les mêmes privilèges que ceux qui avaient été octoyés trois ans auparavant à Saint-Pierre de Préaux. L'acte rédigé alors reprend celui de Saint-Pierre de Préaux qui servit sans aucun doute de modèle : on le conserve sous la forme d'une copie informe du XVIe siècle insérée dans une procédure de défense des droits des religieuses dans la forêt de Brotonne, suivie d'une traduction (Arch., dép. Eure, H 1307, n° 2, p. 7). Voir Annexe IV.

151. Donations sur le lit de mort : **A16**, **A160** ; dons *post mortem* : **A127**, **B16**.
152. Voir **A20**, **A31**, **A32**, **A33**, **A61**, **A115**, **A116**, **A125**, **A151**, **A187**.
153. Voir respectivement, par exemple, **B43**, **B105**.
154. Voir **B32**, **B74**, **B78**, **B79**, **B83**, **B85**, **B86**, **B94**, **B97**.
155. Voir **B1**, **B9**, **B17**, **B22**.

poussent certains à confier leur terre aux moines en échange d'une assistance matérielle qui prend la forme d'une nourriture quotidienne, de la fourniture de vêtements ; enfin le départ en pèlerinage ou outre-Manche donne lieu à des dons, ventes ou mise en gage de terres[156].

Les contre-dons, viennent fréquemment conclure les donations du début du siècle, mais l'octroi d'objets précieux et de chevaux de prix qui complétaient au XIe siècle une somme d'argent laissent désormais souvent la place à un impressionnant bric-à-brac en nature : chevaux, mules, moutons, porcs, poissons, anguilles, setier de grain, mine de blé, charrette de foin, petite cotte, veste de fourrure, chape, souliers, assurance d'une nourriture quotidienne sous forme de pain blanc et bis, ragoût, pois, poisson, et boisson[157]. En outre, l'abbé et les moines accordent une somme d'argent qualifiée souvent, à partir du milieu du siècle, de don *ex caritate*, autrement dit don gratuit[158]. Mais apparemment certains dons *ex caritate* maquillent en réalité de véritables ventes en vraies donations : c'est le cas notamment, durant l'abbatiat d'Osberne, de transactions mettant en jeu des sommes importantes données en compensation[159].

b. Les ventes – Les ventes ouvertement désignées comme telles sont nombreuses durant la première moitié du XIIe siècle, mais disparaissent presque totalement du cartulaire lors de la seconde moitié du siècle, pour plusieurs raisons. D'abord il paraît bien réel que l'achat de terres par les moines a été moins fréquent à cette époque, qui correspond à un palier dans le développement temporel de l'abbaye, les moines cherchant à faire confirmer ce qu'ils possèdent déjà. La création de nouvelles abbayes comme Mortemer et l'Isle-Dieu attire alors les donateurs au détriment des communautés plus anciennes. En outre, les sources dont on dispose pour cette période sont différentes de celles qui sont conservées pour le début de ce siècle : les notices anciennes ne semblent pas constituer des textes officiels mais une retranscription, à l'usage interne des moines, d'actes parfois peut-être restés oraux, ce qui explique leur franchise quand les acquisitions sont des ventes ; ainsi trouve-t-on à deux reprises des expressions imagées pour caractériser ces ventes telles que *sicut vendidisset bovem aut asinum*[160]. En revanche, plusieurs exemples de chartes de la première partie du cartulaire dissimulent, comme on l'a vu, de véritables ventes sous le vocabulaire de plus en plus standardisé des dons en aumône : le terme *vendere* n'y apparaît pas, excepté sous la plume du rubricateur, moins discret, qui les commente.

Au total, trente et une ventes sont recensées durant la première moitié du XIIe siècle, les dernières ayant lieu sous l'abbatiat de Michel (1152-1167) ; sept

---

156. Voir **A46**, **A66**.
157. Porcs : **A15** ; poissons : **A20** ; grains : **A63**, **A37** ; foin : **A84** ; vêtements : **A63** ; souliers : **A34** ; chappe : **A137** ; nourriture : **A125**, **A54**.
158. Voir **A108**, **A138**.
159. Voir **B70**, **B87**, **B102**, **B104**.
160. Voir **A81**, **A86**.

autres sont décelables parmi les chartes copiées dans la première partie du cartulaire, datant de la seconde moitié du siècle[161].

c. Échanges et gages – Entrepris sur l'initiative de l'abbé, les échanges de biens témoignent d'une volonté d'ajustement et de consolidation d'un patrimoine en phase de constitution, dans le but de permettre une exploitation plus aisée. Les exemples donnés par le cartulaire appartiennent à la première moitié du XIIe siècle[162]. D'autre part, les échanges de terres prévus en compensation d'un dommage subi par les moines au terme de clauses figurant dans nombre de chartes des XIIe et XIIIe siècles nous échappent. Les acquisitions théoriquement temporaires que sont les morts-gages, plus tard interdits par le pape Alexandre III[163] pour n'être qu'une forme détournée de l'usure, ne furent pas rares à Préaux au début du XIIe comme au XIe siècle. Par ce biais, le contractant utilisait l'abbaye comme établissement de crédit[164] ou bureau de change ; le dernier exemple d'engagement est évoqué dans un acte de 1156[165].

3. L'aire d'influence de Saint-Pierre de Préaux : bienfaiteurs et moines

a. Les donateurs – Famille fondatrice et « patronne » des monastères Saint-Pierre et Saint-Léger Préaux, le clan des Beaumont-Meulan reste, au XIIe siècle et jusqu'à son extinction en 1204, le principal appui de la communauté. Robert III, comte de Meulan, Galeran II[166] puis Robert IV continuent à protéger l'abbaye familiale avec un zèle fluctuant selon leurs préoccupations politiques et manifeste au moment d'élire sépulture. Tout n'est plus aussi simple qu'au temps d'Onfroi et de ses fils : la famille est désormais divisée entre l'Angleterre et la Normandie, portant son attention en direction de diverses fondations religieuses réparties de part et d'autre de la Manche, soit autant de concurrents directs pour Préaux. Galeran II, qui succède à son père en Normandie en 1118, manifeste un intérêt personnel pour Saint-Pierre de Préaux essentiellement durant les premières années qui suivent la mort de son père[167] et pendant la dernière décennie de sa vie ; le reste du temps sa bienveillance se concrétise par des confirmations de donations de ses vassaux ou par le règlement d'affaires en faveur des religieux, comme il le fit en 1163 lors de sa visite à la Saint-Pierre-ès-liens[168].

---

161. Voir **B23, B77, B81, B87, B102, B104, B105**.
162. Voir **A29, A45, A50, A62, A120, B9**.
163. Voir R. Génestal, *Le rôle des monastères...*, Paris, 1901, p. 13, n. 1.
164. *Ibid.*
165. Voir **A66, A104**.
166. Quoiqu'il fondât d'autres monastères dont l'abbaye de Bordesley, en Angleterre, et celle du Valasse, dans le diocèse de Rouen, Galeran II favorisa Saint-Pierre et Saint-Léger de Préaux à l'image de ses ancêtres : *nam patres suos imitatus qui de Pratellis utrumque monasterium fundaverant* (F. Somménil, *Chronicon Valassense..*, p. 8).
167. Voir l'épisode de la visite de Galeran II aux tombeaux de ses ancêtres et le don de la dîme des nouveaux moulins de Pont-Audemer, **A70, A71**.
168. Voir **B8, B22, B23, B26, B27, B28, B29**.

Robert IV de Meulan, fils de Galeran II, témoigne d'un fort attachement à l'égard de Saint-Pierre de Préaux ; il confirme et valide les donations de son père, mais à la différence de celui-ci, multiplie les donations en son nom personnel. Quant aux branches cousines de la famille de Meulan, les comtes de Warwick, de Leicester, du Neubourg, elles ne demeurent que ponctuellement présentes dans les chartes de Préaux, de même que leurs vassaux[169], chaque branche ayant désormais son abbaye attitrée.

À la fin du XIIe siècle, les vassaux des Meulan et de leurs cousins réalisent des dons non plus tant pour se conformer à leur seigneur, comme c'était encore le cas au début du siècle, mais à leur tour adoptent Préaux comme leur communauté ; ils confirment alors les dons de leurs ancêtres. Les familles de Tourville, Épaignes, Omonville, Bourneville[170], Harenc sont ainsi souvent citées.

Moins nombreux sont les bienfaiteurs de l'abbaye qui ne sont pas liés à la famille de Beaumont-Meulan, du moins n'apparaissent-ils que ponctuellement, tels Guillaume de Tancarville, Gauthier Giffard, Hugues de Gournay[171]. D'autres familles, non alliées aux Beaumont, ne sont présentes dans les chartes qu'à travers des confirmations de dons faits par leurs ancêtres, tels Hugues de Brucourt et Gilbert de Vascœuil, Guillaume du Quesney[172].

Une motivation de ces familles donatrices réside également dans le souhait de voir associés à la communauté des moines certains de leurs membres : réellement pour les uns, en devenant moines ; en entrant dans la fraternité de prières des moines, pour les autres. Cette motivation courante, surtout durant la première moitié du XIIe siècle, n'est toutefois plus que rarement exprimée à la fin du siècle[173].

b. Origine des moines – De même que le panorama des bienfaiteurs de l'abbaye nous renseigne sur l'aire d'influence de l'abbaye au XIIe siècle, de même l'origine des moines est révélatrice de la vitalité du monastère, tout comme des relations qu'il entretenait avec d'autres communautés.

Le recrutement des moines de Préaux atteste la mobilité des religieux normands de l'époque. Les religieux viennent et partent de Préaux : au XIe siècle plusieurs religieux de Préaux essaiment pour fonder la jeune communauté de Grestain[174] ; à l'inverse, Pierre, moine de Fécamp, puis de Bonneville-sur-Touques, choisit finalement de finir reclus à Préaux[175]. Sans être toujours facile à établir, l'origine géographique des moines est parfois induite par le nom qu'ils conservent dans certains actes. Plusieurs moines connus au XIIe siècle furent

---

169. Tels Hugues Abbadon, vassal du comte de Leicester (**B1**), Henri de la Prée et la famille de Combon, Roger de Portes, vassaux de Robert et Henri du Neubourg (**B17**, **A125**, **B76**).

170. Sur les dons de la famille de Bourneville, voir **B101**.

171. Voir respectivement **B5**, **B15**, **B16**, **B39**. À un échelon moindre de la société, c'est aussi le cas de Robert de la Houssaye (**B81**), de Guillaume de Bonnebaux (**B84**), Guillaume de Bellencombre (**B92**), Henri Louvet de Bonneville (**B99**).

172. Voir respectivement **B20**, **B21**, **B90**, **B103**.

173. Voir **B77**.

174. *Consuetudines et monachos in initio habuerunt partim de Sancto Wandregisilo, partim de Pratellis* (R. de Torigny, t. II, p. 201-202).

175. Voir **A6**.

originaires *de Anglia*, ce qui laisse croire qu'au moins un des prieurés anglais de Préaux était conventuel, Toft Monks certainement : Garin, Robert, cellérier de Préaux, ou Thomas[176]. La majorité des autres moines est recrutée plus localement, même si certains viennent de parties éloignées du duché : un moine nommé Raoul, prévôt des religieux à Campigny, était originaire d'Harfleur ou de Montivilliers, deux localités voisines[177], on connaît un Roger de Ri, un Roger de Mont-Pinçon[178]. Le prieur Samuel vient de Saint-Évroult.

Des associations de prières sont conclues avec l'abbaye du Bec-Hellouin ; le nécrologe de Jumièges fait également état de la fraternité qui unissait les deux communautés[179], tout comme les sources de Saint-Évroult[180]. J. Mabillon a gardé le souvenir d'un manuscrit, sans doute un rouleau des morts, bien qu'il se présentât sous forme de *codex*, où les moines de Préaux gardèrent trace des liens spirituels qu'ils entretenaient avec d'autres monastères, enrichissant ainsi les relations qu'ils pouvaient par ailleurs avoir en raison de conflits temporels ou de collaboration intellectuelle[181].

Aucune indication précise n'éclaire la manière dont étaient désignés les abbés de Préaux au XIe siècle ; il faut remarquer que au XIIe siècle l'habitude de les choisir parmi les moines de Saint-Wandrille cesse de prévaloir. Ainsi, Richard Ier dont l'abbatiat marque un temps fort du développement du monastère, tant sur le plan matériel que sur le plan spirituel et artistique, vient de Saint-Vigor de Bayeux[182]. Ses successeurs Michel et Henri sont désignés parmi les moines du Bec-Hellouin[183], choix que l'on a pu expliquer par la volonté du comte de Meulan Galeran II et qui témoigne de sa forte influence sur l'abbaye familiale.

---

176. Garin *de Anglia* (**A46**) ; Robert *de Anglia* fut cellérier vers 1180 (**B59**, **B62**, **B65**, **B117**) ; Thomas, prieur de Toft Monks vers 1175-1186, était aussi anglais (voir la liste des prieurs et des titulaires d'offices claustraux ci-après, Annexe III).

177. Pour Raoul d'Harfleur, voir **A34**, **A35**, **A37**, **A41**.

178. Voir respectivement **B65** et **A27**, **A62**, **A131**.

179. Bibl. mun. Rouen, ms. U50, fol. 1v : « *Pro monacho Sancti Petri de Pratellis triginta misse celebrantur et per triginta dies panem et vinum cum pulmento pauperibus erogantur, sed vigilia non statim cantetur* ».

180. Pour l'association de prières avec le Bec, voir A. Porée, *Histoire de l'abbaye du Bec*, t. I, p. 484 ; pour Saint-Évroult et Jumièges, J. Laporte, « Tableau des services obituaires assurés par les abbayes de Saint-Évroult et de Jumièges (XIIe-XIVe siècles) », dans *Revue Mabillon*, t. XLVI, 1956, p. 141-155 et p. 169-188.

181. « *In quodam codice Pratellensi habentur lugubres versus seu tituli, ut tum vocant, multarum ecclesiarum quibuscum Pratellensis societatem habebat. In his S. Mariae Ambianensis ecclesiae et S. Firmini martyris scholarium, S. Germani Parisiensis, S. Dionysii, S. Petri Fossatensis, Sanctae Crucis Sanctique Faronis, S. Petri Caziacensis, S. Fusciani de Silva, S. Mariae Britulii ; et, ut alias praeteream, Sanctae Bathildis reginae Kalensis ecclesiae et S. Mariae Jotrensis ecclesiae. In his porro titulis mos erat ut ascriberentur nomina defunctorum insigniorum cujusque ecclesiae. Unde in titulo Calensis monasterii commendatur Mathildis abbatissa, Helvidis monacha, etc. Item in Jotrensi, Mathildis quoque abbatissa, quae sine dubio paullo ante defunctae erant* ». Ainsi les communautés de la cathédrale d'Amiens, de Saint-Firmin d'Amiens, de Saint-Germain-des-Prés, Saint-Denis, Saint-Maur-des-Fossés, Sainte-Croix et Saint-Faron [de Meaux], Saint-Pierre de Chézy-sur-Marne, Saint-Fucien-aux-Bois, Notre-Dame de Breteuil, Notre-Dame de Chelles et Jouarre échangèrent avec Préaux des intentions de prière (J. Mabillon, *Annales...*, t. VI, p. 191).

182. Voir la liste chronologique des abbés, Annexe III. Voir V. Gazeau, *Prosopographie des abbés bénédictins normands...*

183. D. Crouch attribue ce changement d'influence à une volonté du comte Galeran II (voir *The Beaumont twins...*, p. 206).

4. Les libertés de Saint-Pierre de Préaux au XIIe siècle

a. Franchises temporelles – Le chef du lignage des Beaumont-Meulan se montre attentif aux privilèges et aux droits qu'il exerce sur son abbaye patrimoniale. Cependant, il demeure difficile de mesurer jusqu'à quel point Saint-Pierre de Préaux est assujettie au comte de Meulan[184]. Toujours est-il qu'il faut attendre le début du XIIe siècle pour trouver dans les sources trace de libertés octroyées à Saint-Pierre de Préaux par son seigneur patron, Robert III de Meulan. Les rapports parfois difficiles que ce dernier entretenait avec l'Église furent nettement marqués par l'attitude conservatrice qui fut la sienne durant la querelle des investitures[185]. Cependant aller à l'encontre d'une évolution naturelle contre laquelle il ne pouvait pas grand chose revenait à s'opposer aussi à la politique ducale qui favorisait les monastères. Ainsi Robert III accorda-t-il finalement en 1106 à son abbaye de Préaux le droit de juridiction, les libertés de possessions de terres ainsi que le droit de banlieue[186].

Quelques années plus tard, le roi Henri Ier Beauclerc complète ces privilèges en accordant à l'abbaye de larges exemptions, en la gratifiant de prérogatives identiques à celles dont bénéficiaient depuis longtemps déjà les abbayes de la Trinité de Fécamp et de Saint-Étienne de Caen. On ne connaît malheureusement pas la date précise de la charte d'Henri Ier, perdue, mais dont la teneur est reprise dans les confirmations du pape Alexandre III et du roi Henri II. La bulle pontificale mentionne clairement l'immunité valable sur toutes les terres royales : *ex dono regis Henrici, immunitatem de theloneo et consuetudine et passagio per totam terram suam*. La confirmation par Henri II, qui reprend sans doute textuellement les termes de l'acte d'Henri Ier, est plus explicite encore et fait bénéficier Préaux des mêmes privilèges que les abbayes de Fécamp et de Caen[187].

Malgré cela, l'attitude du comte Robert IV de Meulan, qui succède à son père Galeran II en 1166, suggère toujours une dualité dans les rapports qu'il entretient avec l'abbaye de Préaux, oscillant entre une protection bienveillante envers le monastère assorti de l'octroi de libertés et l'affirmation de droits ancestraux. Ainsi, cette attitude ambivalente transparaît dans une charte de Robert IV[188]. À l'instar du roi Henri II pour les autres abbayes du duché, le comte de Meulan adresse entre 1185 et 1192 à ses baillis de Meulan et Aubergenville une charte de sauvegarde délivrée en faveur des moines de Préaux, mais élargie dans les termes qu'elle utilise à tous les biens des moines. Le fait que ce soit lui et

---

184. Voir J. Yver, « Autour de l'absence d'avouerie en Normandie… », p. 211, n. 64.
185. Guillaume de Malmesbury dépeint Robert comme étant à la tête du parti des conservateurs durant la querelle des investitures, attaché aux prérogatives qu'avaient eues avant lui les souverains anciens sur les monastères notamment, en faveur du maintien de l'investiture laïque : ainsi poussait-il le roi Henri Ier dans ce sens (G. de Malmesbury, éd. Th. Duffus Hardy, Londres, 1845, t. II, p. 648-649).
186. Voir **A69**. Une notice mentionne à la fin du XIe siècle le plaid de Saint-Pierre, mais reste évasive quant à la teneur du pouvoir judiciaire exercé par l'abbé de Préaux à cette époque (**A80**).
187. Pour la bulle d'Alexandre III, voir **B52** ; confirmation d'Henri II, **B72**.
188. Voir **B86**. Pour des exemples de chartes de sauvegarde délivrées par le roi Henri II, voir L. Delisle, *Recueil des actes…*, t. II, p. 146-147, n° 568 pour la Madeleine de Rouen, p. 155-156, n° 571, pour Notre-Dame du Vœu.

non le roi qui l'octroie n'est pas moins significatif, d'autant qu'il utilise le formulaire royal ; Robert IV y affirme explicitement sa domination théorique et bienveillante sur l'abbaye : *Sciatis omnia, que de jure ecclesie Sancti Petri Pratelli sunt, in meo esse dominio et ea tanquam mea propria diligere et manutenere.*

Robert IV accorde l'exemption de toute taille, preuve qu'auparavant il pouvait lever ce genre de redevance sur l'abbaye. En fait encore à cette époque, le lien ombilical n'est pas coupé entre le comte de Meulan et Préaux, qui reste partie intégrante de l'*honor* de Robert IV : ce n'est pas un hasard si, au moment de la reconquête de la Normandie par Philippe Auguste, une fois rallié à Jean Sans Terre, et après la mort de son fils Pierre, Robert IV de Meulan engage ses terres normandes auprès du roi contre cinq mille marcs d'argent. À cette occasion, il renonce en la faveur du souverain à la ville de Pont-Audemer, mais excepte les fiefs des chevaliers de l'honneur de Pont-Audemer, le prieuré de Saint-Gilles de Pont-Audemer et les abbayes de Préaux[189] qui figurent parmi ses biens les plus chers, au cœur des possessions patrimoniales.

b. Le privilège d'exemption – En dehors des trois églises paroissiales de Notre-Dame de Préaux, Saint-Symphorien et Saint-Michel de Cabourg, sur lesquelles les moines possédaient droits de juridiction et franchises, Saint-Pierre de Préaux demeura soumise à l'autorité épiscopale jusqu'à l'obtention de l'exemption accordée par le pape Adrien IV, entre 1154 et 1159. Le privilège original ne nous est pas parvenu, ni même une copie dans le cartulaire. C'est le privilège d'Alexandre III qui en révèle l'existence et la teneur[190] : le pape prend sous sa protection les moines et leurs possessions, il leur accorde la libre présentation des desservants aux églises paroissiales dont ils sont patrons, l'exemption d'interdit, d'excommunication, etc. Cette bulle est aussi la première mention de la libre élection de l'abbé par les moines[191].

III. Les transformations de l'abbaye durant le premier quart du XIIIe siècle

Lorsque en 1204 Philippe Auguste rattache la Normandie au domaine royal, se pose pour les moines de Préaux, comme pour les autres communautés religieuses qui possédaient des biens outre-Manche, le problème d'une double soumission envers deux souverains ennemis. En Normandie, la transition de

---

189. Robert IV de Meulan engage ses terres par un acte du 28 mai 1203 ; le 1er mai 1204, il renonce à tous ses biens en faveur de Mabire, épouse de Guillaume, comte de l'île de Wight (Th. Stapleton, *Magni rotuli...*, t. II, p. cci).

190. Voir **B52** : « *ad exemplar patris et predecessoris nostri Adriani pape, prefatum monasterium, in quo divino mancipati estis obsequio, sub beati Petri et nostra protectione suscipimus et presentis scripti privilegio communimus* ».

191. Auparavant, le rôle du comte de Meulan, patron de Saint-Pierre de Préaux, devait être prépondérant. Les recherches menées par V. Gazeau concernant l'abbaye de Grestain, située au nord-ouest de Préaux et fondée par le père du comte de Mortain, révèlent que pour ce monastère l'élection abbatiale n'était toujours pas libre à la fin du XIIe siècle (voir V. Gazeau, « Recherches sur les abbés de Grestain à l'époque ducale », dans *Revue d'histoire du droit*, 1996, p. 752-753).

1204 semble n'avoir pas laissé de trace à Préaux : quoique aucune charte de Philippe Auguste ne semble avoir été octroyée en sa faveur, Préaux ne fut pas inquiétée et fut confirmée dans la possession de ses biens. Le seul acte du cartulaire se rapportant à Philippe Auguste est une copie de la courte charte de création de la commune de Pont-Audemer[192].

Dès lors, toutefois, s'ouvre une période de mutations nettement moins favorable pour Préaux, dont le patron traditionnel et en même temps le bienfaiteur privilégié, Robert IV de Meulan, dernier représentant de la famille des Beaumont-Meulan, doit choisir son camp et meurt en 1204 à Poitiers. À mesure que au XIIIe siècle les relations entre le roi de France et le roi d'Angleterre s'enveniment, la situation des biens anglais qui faisaient une partie de la richesse de Préaux se dégrade[193].

1. Nature et modes d'acquisition

a. Les dons – À cette époque on ne recense plus de grandes donations, mais des dons ponctuels de seigneurs de moyenne importance, un aménagement des possessions des moines et un changement de nature des dons. Sur cinquante-quatre actes, trente-huit sont des acquisitions de terre, en particulier durant l'abbatiat de Thomas, mais la nouveauté est la part croissante des donations de biens meubles ; on compte douze donations de rentes assises sur les terres du donateur, souvent en argent, ou droit de mouture[194], mais quatorze exemples montrent des rentes en gerbes, orge, froment, avoine[195].

Sauf précision contraire, ces acquisitions, hormis les ventes, sont des aumônes ; cependant, à plusieurs reprises, à la différence du XIIe siècle où les moines obtenaient de les tenir libres de toute coutume, les donateurs prennent soin de faire spécifier certains droits que les moines auront à acquitter : tel exige en échange de son aumône – certes exempte de mouture, de relief et de tout service sauf la taille du seigneur suprême –, une rente en argent et en nature comparable à celle exigible d'une simple tenure[196] ; tel autre obtient une autre contrepartie, un service autre que spirituel, quatre repas par an servis au manoir de Rouville, ou un repas pour lui et son héritier[197]. Les chartes du XIIIe siècle sont plus précises sur le rapport des terres et sur le montant des rentes que les moines en retiraient, tant en argent qu'en nature, ainsi que sur les termes de

---

192. B. de Montfaucon atteste cependant la présence dans la bibliothèque de Saint-Pierre de Préaux d'une *charta Philippi Francorum regis*, sans donner plus de précision (B. de Montfaucon, *Bibliotheca…*, t. II, p. 1263, n° 72) ; il pourrait s'agir de la charte de commune de Pont-Audemer copiée dans le cartulaire au fol. 165 (voir C. Brunel, H.-F. Delaborde, C. Petit-Dutaillis, J. Monicat, *Recueil des actes de Philippe Auguste roi de France…*, t. II, p. 388-389, n° 809).
193. Voir D. Rouet, « Le patrimoine anglais et l'Angleterre vus à travers les actes du cartulaire de Saint-Pierre de Préaux », dans *La Normandie et l'Angleterre, actes du Colloque de Cerisy-la-Salle, 4-7 octobre 2001*, Caen, 2003, p. 99.
194. Voir par exemple **B156, B157, B199, B203**.
195. Gerbes : **B108, B192** ; orge : **B168, B169** ; froment : **B154, B178, B187** ; avoine : **B154**.
196. Voir **B127**.
197. Voir **B195, B200**.

paiement. Ainsi l'abbaye voyait-elle affluer à Noël les chapons[198], à Pâques les œufs, en septembre les oies, les pains.

Les dons motivés par la piété, effectués en pure aumône, restent la majorité. Même si certains sont rétribués par une large somme d'argent et s'apparentent pour cette raison à des ventes, ils restent considérés comme des donations et ne sont pas réalisés dans un seul but commercial, puisque des contreparties spirituelles existent en plus du paiement. Ces donations sont essentiellement datables de l'abbatiat de Thomas (1206-1221). Les contre-dons sont désormais en majorité des sommes d'argent données *ex caritate, ex mera liberalitate*[199], tandis que les contre-dons en nature disparaissent progressivement. On trouve encore un palefroi, une guimple valant trois sous, trois setiers de grain, d'ailleurs associés à une somme d'argent[200]. Ces dons peuvent atteindre des sommes importantes allant jusqu'à dix huit livres pour une rente de deux setiers de froment[201]. Par ce biais coûteux l'abbé encourageait les dons et les donateurs y trouvaient un moyen facile d'obtenir des liquidités.

b. Achats, échanges et gages – Les achats explicites de terres à l'instigation de l'abbé ou du sacriste de l'abbaye sont rares dans le cartulaire et se situent sous l'abbatiat de Thomas (1206-1220) ; deux exemples de ventes faites sur l'initiative d'un seigneur sont aussi recensés, ces transactions n'ayant pour seule contrepartie que le paiement du prix[202].

Les échanges restent, comme au XIIe siècle, ponctuels et peu nombreux, mais interviennent encore dans un but de consolidation et de meilleure cohérence du temporel : un échange important fut effectué avec les chanoines de l'Isle-Dieu, dont on connaît les querelles répétées à l'encontre des moines de Préaux ; le roi Louis VIII échange les moulins des moines à Neufchâtel contre une terre plus proche de celles du prieuré Sainte-Radegonde et une rente annuelle. Hormis les échanges de terres, on trouve un exemple d'échange de rente, ou plutôt de renonciation mutuelle[203].

Depuis la condamnation par plusieurs canons conciliaires du mort-gage, il semble que Préaux ait cessé d'y avoir recours comme moyen d'enrichissement, du moins n'en a-t-on plus d'exemple dans le cartulaire. Il faut attendre le début du XIIIe siècle pour retrouver un exemple d'engagement de terre au profit de l'abbaye, mais cette fois il s'agit vraisemblablement d'un vif gage, puisqu'il est prévu que le remboursement de la dette se ferait par le paiement d'une rente assise sur la terre en question, le gage prenant fin à l'extinction de celle-ci[204].

---

198. Voir **A109, A146, A173, B76, B77**.
199. Voir **B125, B127, B136, B141, B146, B147, B145, B154, B156, B157, B158, B168, B169, B177, B185, B187** ; et **B141**.
200. Palefroi : **B203** ; guimple : **B146** ; grain : **B189**.
201. Voir **B154**.
202. Achats faits par l'abbé Thomas, voir **B134, B159** ; voir aussi **B178, B201**.
203. Echange avec l'Isle-Dieu **B112** ; avec Louis VIII : **B179** ; échange de rente : **B170**.
204. Voir **B111**.

2. Transformation de l'organisation de l'abbaye

a. Mode d'exploitation des terres – On sait peu de choses au sujet du mode d'exploitation et de mise en valeur des terres des moines de Préaux en Normandie ; plusieurs notices laissent transparaître une organisation de plus en plus individualisée des domaines. L'organisation locale des exploitations paraît avoir été au XIIe siècle supervisée par des moines disséminés dans les manoirs de l'abbaye : les prieurés comme Sainte-Radegonde de Neufchâtel, l'ermitage de La Roque, celui de Saint-Maur de Brotonne sont occupés par quelques moines chargés d'exploiter les domaines et d'assurer l'office divin ; plus proches de Préaux, les manoirs de Campigny et de Selles – on possède des mentions claires pour ces deux domaines – étaient au milieu du XIIe siècle dirigés par des moines de Préaux qui devaient y résider habituellement[205]. Au début du XIIIe siècle, plusieurs exemples prouvent que l'abbé Thomas mit en culture les terres de la couture monastique, notamment celles de la Grande-Couture[206].

Si le faire-valoir direct semble avoir été privilégié dans les domaines proches de Préaux, l'exploitation des terrains les plus lointains donna lieu à des inféodations et à des baux à ferme. Au tout début du XIIe siècle, l'abbé de Préaux donne en ferme le domaine de Vienne (**A185**). On possède un exemple particulièrement explicite pour le milieu du XIIe siècle : la mise en ferme par l'abbé Michel en 1153 d'un domaine éloigné de Préaux, situé dans le Bessin, à Colleville[207]. Ce type de contrat était avantageux, car il garantissait une exploitation plus aisée du domaine et un revenu stable en argent ; en outre les moines récupéraient à long terme tous les enrichissements et les améliorations faites par l'exploitant. À la fin du XIIe siècle et au début du XIIIe siècle, la part des rentes en argent dans les revenus des moines de Préaux augmente[208].

b. Les offices claustraux – Parallèlement à l'évolution de la nature des revenus des moines, faisant une place croissante aux numéraires, transparaît plus clairement au début du XIIIe siècle dans les actes du cartulaire une organisation plus claire des offices claustraux du monastère fonctionnant de manière assez autonome et possédant un budget propre.

Le cas de la sacristie que dirige le sacriste et prieur Raoul de Freneuse sous l'abbatiat de Thomas est révélateur. En tant que sacriste, Raoul achète des terres et se voit donner plusieurs rentes assignées à l'accomplissement de tâches précises relevant de sa charge : ainsi achète-t-il à Durand La Bruière une terre en 1211-1212 ; il opère également des transactions avec l'abbé Thomas, lui rachète des rentes au profit de la sacristie et notamment de l'entretien et de l'éclairage de l'autel de la Vierge dans l'abbatiale ; en échange de quoi, le sacriste accorde

---

205. C'est ainsi que la fille de Roger Haslé et son époux Gocelin de Tortel vendirent aux « moines de Selles » la terre du fief Rohier que celle-ci avait reçue en dot de son père (**A51**), preuve que le manoir de Selles devait être dirigé par plusieurs moines. Pour celui de Campigny, l'existence d'un prévôt, chargé notamment de recevoir les dons et les ventes, de gérer le domaine, est attestée en la personne du moine Raoul d'Harfleur, appelé aussi Raoul de Montivilliers (voir **A34**, **A35**, **A37**, **A41**).
206. Voir **B164**.
207. Voir **B7**.
208. C'est notamment le cas des sommes perçues sur les églises de Pont-Audemer.

trente livres pour la réparation du dortoir du monastère[209]. L'éclairage de l'autel de la Vierge, dont le culte connaît au début du XIIIe siècle un important développement, est aussi garanti par des donations, comme celle du seigneur Hugues de Triqueville effectuée directement au profit du sacriste, pour lequel Raoul fait un don *ex caritate* de quatre livres ; une autre donation est destinée à la fabrication des hosties. Certains revenus sont de plus attribués dans le cartulaire comme appartenant au sacriste et se singularisent par des mentions marginales ou insérées dans les rubriques[210].

À côté de la sacristie, l'infirmerie apparaît tôt dans les actes de Préaux et semble avoir connu un développement particulier, puisque dès la fin du XIIe siècle plusieurs chartes destinent explicitement des revenus et des droits à son usage propre. Robert IV de Meulan lui garantit le bois de chauffage dans sa forêt de Brotonne, puis l'évêque de Lisieux, Raoul, lui assigne plusieurs revenus d'églises paroissiales dans la région proche de Saint-Pierre de Préaux[211]. Comme le sacriste, l'infirmier se voit attribuer des revenus fixes, notamment ceux du moulin du Pont-Guérout à Pont-Audemer[212]. L'évêque de Lisieux, Raoul, prévoit aussi d'attribuer au profit de l'infirmerie et de la cuisine des moines les revenus de plusieurs vicairies à l'usage des *hospitum ibidem confluentium*, privilèges maintes fois confirmés par les prélats et archidiacres de Lisieux[213].

L'aumônerie reçoit également des rentes et des terres et bénéficie d'un budget propre, de sorte que l'aumônier effectue lui-même des dons *de caritate elemosine* à ses bienfaiteurs[214]. Enfin, la cuisine de Préaux suit la même évolution et possède son budget et ses revenus qui, pour l'année 1231, sont connus grâce à un état des rentes qui lui sont dévolues, copié par le copiste du cartulaire à la dernière page du volume[215].

c. Nombre de moines – La seule estimation fiable que nous ayons du nombre de moines à Saint-Pierre de Préaux est un peu postérieure à 1227, mais doit être valable pour le début du XIIIe siècle. Lors de ses passages à Préaux, l'archevêque de Rouen Eudes Rigaud dénombra trente moines résidant en 1249[216], sans compter peut-être ceux qui étaient délégués en Angleterre. Un siècle plus tard, au début de la guerre de Cent ans, Préaux comptait encore vingt-deux moines, mais les années difficiles du monastère commençaient[217].

---

209. Voir respectivement **B134** et **B140**, **B159**.
210. Voir respectivement **B146** et **B191** ; **B32**, **B120**, **B189**, **B203**.
211. Voir **B70** (1183-1184) et **B79**, **B94**. Ces églises sont Notre-Dame de Préaux et Saint-Martin de Toutainville.
212. Voir **B158**. L'infirmerie de Saint-Pierre de Préaux occupait une place importante dans le monastère : sur les plans de 1650, dressés par les Mauristes, elle occupe tout le « viel couven » avec plusieurs chambres, caves, la chapelle Saint-Nicolas.
213. Voir **B121** ; voir aussi **B79**, **B80**, **B122**, **B174**.
214. Pour les actes concernant l'aumônerie, voir **B106**, **B137**, **B168**, **B169**, **B177**, **B187**.
215. Le revenu de l'année 1231 atteint la somme de cent onze livres, un sou, huit deniers (fol. 207v, n° 631).
216. Th. Bonnin, *Registrum*..., p. 59
217. Leurs noms et leurs fonctions sont consignés dans un acte de 1356 dans le second cartulaire de Préaux (Bibl. nat. de Fr., nouv. acq. lat. 1929, fol. 195v-196). En 1339, la visite de l'évêque de Lisieux à Préaux donne lieu à une seconde liste des moines étoffée, mais incomplète cette fois (A. Dumonstier, *Neustria Pia*, p. 514).

CHAPITRE II
LE CARTULAIRE DE PRÉAUX :
HISTOIRE ET CONTENU DU MANUSCRIT

I. Le chartrier de Saint-Pierre de Préaux

Le chartrier de l'abbaye Saint-Pierre de Préaux a beaucoup souffert au cours des âges et n'occupe plus aujourd'hui que 0,40 m linéaire aux Archives départementales de l'Eure[218]. Les pièces les plus anciennes ne sont pas antérieures aux années 1220 : dès le XIIIe siècle, les archives de l'abbaye eurent à subir de grosses pertes et leur histoire est celle d'un désastre archivistique. En 1283, une sérieuse tempête suivie d'un déluge entraîna une inondation qui endommagea gravement l'abbaye : l'étendue des dégâts est décrite dans une lettre inédite de l'évêque de Lisieux Guy du Merle datée du 23 juin 1283 et adressée au roi Philippe III le Hardi[219]. Si l'évêque a eu tendance à forcer le trait d'une description apocalyptique pour infléchir le roi et en obtenir une aide financière, l'état du chartrier n'en dut pas moins être critique. Quelque soixante-dix années après, la guerre de Cent ans, avec son lot de ravages pour la région, lui porta un nouveau coup : l'abbaye fut grandement endommagée en 1358 ; à cette occasion le chartrier, la bibliothèque et les bâtiments de l'abbaye brûlèrent. Ainsi en fut-il des chartes comme des bâtiments, si l'on en croit la description qui nous est faite du désastre par Gilbert Chandelier, un moine de Préaux de l'époque, qui entreprit de rédiger, à la fin du XIVe ou au début de XVe siècle, une chronique

---

218. C. Lannette. *Guide des archives de l'Eure*, Évreux, 1982, p. 270.
219. Voir Annexe II. Après la tempête, les pluies diluviennes et l'inondation qui suivit, la vie conventuelle s'interrompit un moment. Ce désastre, décrit par le prélat d'une manière qui peut paraître excessive, est en réalité tout à fait plausible : l'abbaye était située au creux d'un vallon, où courait un ruisseau récoltant les eaux de pluies des collines environnantes, qui prenait sa source sous l'abbatiale tandis que sous le réfectoire jallissait une autre source. Un vaste étang et plusieurs canaux ont été creusés au cours des temps pour drainer ces eaux.

de l'abbaye : « *occasione praedictarum guerrarum, ita fuit [ecclesia] destructa quod domus turresque atque muri fuerint subversi librique et cartae et vestimenta igne crematae*[220] ». Malgré les destructions, le chartrier, ou plutôt ce qu'il en restait, fut mis à l'abri et dispersé dans les différentes dépendances de l'abbaye, notamment à Rouen, ce qui ne facilita pas, ensuite, la rédaction des dénombrements dus au roi ; le plus ancien que nous conservions, celui de 1390, posa d'ailleurs problème : il se termine sur une phrase laconique de l'abbé qui s'en excuse « tant parce que [le monastère] a esté longtemps vacant pour cause des guerres et des annemis du Pont Audemer, dont icellui monstier est assiz une lieue pres ou environ, que pour ce que au commencement desdites guerres noz chartes et privileges furent transportez en plusieurs villes, tant a Rouen que ailleurs[221] ». Les guerres de religion et la désolation qu'elles entraînèrent dans la région achevèrent ce travail de ruine et de dispersion des titres de l'abbaye, à l'instar des manuscrits de la précieuse bibliothèque[222]. Malgré cela, grâce aux efforts de réorganisation de l'abbaye des Mauristes, le chartrier fut reclassé à partir de 1650[223]. Par chance, deux cartulaires furent épargnés : un manuscrit datant du XVe siècle, conservé à la Bibliothèque nationale de France, et un autre, datant du XIIIe siècle, conservé aux Archives départementales de l'Eure, objet de la présente publication.

De l'abbaye de Préaux dépendaient en outre huit prieurés. Le premier d'entre eux, celui de Saint-Pierre de Rouville, remonte à la fin du XIe siècle ; ses plus anciennes chartes sont contenues dans le cartulaire, quelques documents le concernant sont également conservés aux Archives départementales du Calva-

---

220. Cette date de 1358 est donnée par Alfred Canel dans son *Essai (...) sur l'arrondissement de Pont-Audemer*, t. I, p. 325. Il s'appuie sur la chronique de Gilbert Chandelier dont des extraits ont été publiés par G. A. La Roque dans ses *Preuves de l'histoire généalogique de la maison d'Harcourt...*, t. III, p. 20-24. A. Canel invoque cet auteur qui ne mentionne pourtant aucune date. Celle-ci est cependant plus que probable, la destruction de l'abbaye étant une conséquence de la prise de Pont-Audemer par les troupes du duc de Lancastre en 1356. Pont-Audemer fut reprise deux ans plus tard par les Français et fut à nouveau pillé en 1378 après un siège mené par les troupes de Charles V contre Charles le Mauvais. Un acte daté de 1356, copié dans le cartulaire du XVe siècle, fait état des difficultés rencontrées par l'abbaye en cette période : *(...) Postmodum (...) variis infestationibus guerrarum et monetarum diversis mutationibus fuit dictum monasterium tot et tantis incommodis oppressionibus aggravatum ac etiam desolatum* (Bibl. nat. de Fr., nouv. acq. lat. 1929, fol. 195v-197).

221. Arch. nat., P 307, fol. 36-37, n° 89. Un autre dénombrement, daté de 1386, est conservé sous la forme d'une copie du XVIIe siècle (Arch. dép. Eure, II F 2925). Suite à une requête adressée à la chambre des comptes de Rouen en 1678, Melchior de Haro, abbé commendataire de Préaux, obtint des magistrats, au cours d'une des procédures qu'il engagea contre ses moines, une copie des dénombrements de ses prédécesseurs conservés dans les archives de la chambre des comptes. Ce dossier, conservé aux Arch. dép. Eure, comporte la copie de sept aveux dont l'un est daté de 1386. Ce dernier doit en fait être le même que celui de 1390 ; le copiste aurait fait une erreur de lecture, car l'un et l'autre sont mot pour mot identiques et tous deux datés du 1er avril.

222. « Une des plus grandes pertes que l'on avoit faites étoit celle de la bibliothèque qui étoit le fruit du travail de plusieurs sçavans personnages depuis plus de cinq cents ans » rapporte Dom Germain (Arch. nat., M 725, fol. 6v).

223. C'est en 1650 que la réforme de Saint-Maur fut introduite à Saint-Pierre de Préaux, époque à laquelle l'abbaye présentait à trente cures et possédait environ 20 000 livres de revenu (L. de Masseville, *État géographique...*, t. I, p. 250). Les pièces conservées aux Arch. dép. Eure portent la marque de ce reclassement ; les cotes mises en place alors suivent l'usage fréquent qui consistait à utiliser les premiers mots du *Pater noster* et d'autres prières. Le cartulaire coté actuellement H 711 portait par exemple celle de *Panem* ; le second cartulaire, conservé à la Bibl. nat. de Fr., nouv. acq. lat. 1929, portait aussi la cote *Panem*.

dos. Celui de Sainte-Radegonde de Neufchâtel-en-Bray fut créé dans la première moitié du XIIe siècle. Celui de l'ermitage Saint-Ouen de Brotonne et celui de Saint-Sanson de La Roque sont nés de donations du comte Robert IV de Meulan. Quatre autres prieurés se situaient outre-Manche : Toft Monks dans le Norfolk, le plus important, Sturminster dans le Dorset, Aston-Tirrold dans l'Oxfordshire, et Warmington dans le Warwicksire.

Les archives des prieurés de Saint-Pierre de Préaux ont visiblement subi le même sort que celles de leur abbaye-mère : les chartes de donations et titres concernant les domaines anglais de l'abbaye étaient regroupés à Préaux, en Normandie, et non en Angleterre ; on en conserve d'ailleurs la preuve dans le cartulaire de Préaux qui comporte un inventaire de ces archives datable du XIVe siècle[224]. Les prieurés français n'ont pas eu cette chance : si eux aussi ont sans aucun doute sacrifié à la centralisation archivistique, ils n'ont pas fait, en revanche, l'objet d'inventaire particulier, et la guerre de Cent ans et l'usure du temps leur furent fatales. Du prieuré de Rouville, on ne possède qu'un carton contenant deux pièces du XVIIIe siècle, conservé aux Archives départementales du Calvados ; Sainte-Radegonde de Neufchâtel n'a laissé que ce qui se trouve aux Archives de l'Eure : en 1792, on en retira onze liasses de documents, dont le plus ancien remontait à 1419[225]. Les bombardements subis par la ville de Neufchâtel-en-Bray en 1940 eurent raison des importantes archives municipales amassées au cours du temps et qui devaient être assurément riches au sujet de Sainte-Radegonde ; du prieuré de l'ermitage de Brotonne, particulièrement touché pendant le XVe siècle, il ne nous reste rien que ce que le cartulaire contient[226]. Ce bref aperçu des archives des prieurés de Préaux souligne l'importance particulière du cartulaire de Préaux, qui regroupe en un seul volume l'essentiel des archives de ces établissements qui nous soient parvenues, constituant la principale source de l'histoire de l'abbaye[227].

---

224. Cet inventaire, copié dans le cartulaire aux fol. 181-201, est inséré dans un mémoire comprenant l'inventaire des biens anglais de l'abbaye, le détail des rentes en 1231, plusieurs enquêtes testimoniales concernant les droits des moines vers 1285, ainsi qu'un inventaire analytique des chartes de l'abbaye concernant les prieurés anglais. Ces feuillets ont été copiés par une seule main aux environs de l'année 1300 (deux chartes datées de 1301 ont été transcrites à la suite de ce dossier par le même moine dont on ne retrouve ensuite plus la trace dans le manuscrit).

225. Le carton H 716, conservé aux Arch. dép. de l'Eure, contient une déclaration de 1792 inventoriant brièvement les papiers trouvés au prieuré de Sainte-Radegonde de Neufchâtel.

226. Sur l'abandon de ce prieuré durant la guerre de Cent ans, voir D. Rouet, « Une dépendance de l'abbaye Saint-Pierre de Préaux... », p. 528, n. 52. On imagine que le prieuré de Brotonne recelait quelques achives et quelques manuscrits puisque G. A. de La Roque y trouva une série de vers célébrant les fondateurs de l'abbaye de Préaux qu'il édita dans son *Histoire de la Maison d'Harcourt* (p. 20 et suiv.). A. Canel qui, dans son *Histoire de la ville de Pont-Audemer* (t. I, p. 22, n. 1), en rappelle l'existence et les date du XIIIe ou du XIVe siècle, précisant qu'ils étaient conservés dans la chapelle de l'ermitage de la forêt de Brotonne. La collection du Vexin en donne une version différente de celle de La Roque, elle fut communiquée à M. de Blois par Mathieu Le Monne, moine de Préaux en 1668 (Bibl. nat. de Fr., Coll. du Vexin, t. IV, p. 27 et t. XX, p. 62, n° 47). À la fin du XVIIe siècle, l'ermitage était connu sous un autre vocable, celui de Saint-Maur, et était affermé (Arch. dép. Seine-Maritime, G 6217). La chapelle de Saint-Ouen-Saint-Maur de Brotonne « dite vulgairement l'Ermitage », située dans la paroisse de Vatteville, fut finalement transférée par un décret de l'archevêque de Rouen dans la chapelle Saint-Sébastien d'Étreville en août 1763 (Arch. dép. Seine-Maritime, G 6192).

227. On doit y ajouter une « Histoire de la fondation de l'abbaye de Préaux, de sa restauration, et de ses principaux bienfaiteurs » (Édouard Frère, *Manuel du bibliographe normand*. Rouen, 1858-

II. Étude codicologique du cartulaire

La présente édition du cartulaire de Saint-Pierre de Préaux ne prend en compte que la première campagne de rédaction du volume, soit une partie seulement du manuscrit tel qu'il se présente actuellement. Toutefois, les observations codicologiques concernent le manuscrit considéré dans son intégralité.

1. Aspect externe et organisation interne

a. État matériel – Le manuscrit conservé aux Archives départementales de l'Eure, sous la cote H 711, présente les dimensions d'un petit in folio : 20,5 cm de largeur sur 28,5 cm de hauteur. Les feuillets ont environ 20 cm de largeur pour 27 cm de hauteur. On recense, dans ce volume de 239 feuillets[228], 640 chartes, dont les dates s'échelonnent de 1034 à 1494. La reliure du manuscrit, sur ais de bois recouverts d'une peau de veau estampée à froid, est un habile travail du XIXe siècle, pastichant une reliure du XVIe siècle. Le décor figure des bandes de rinceaux et de candélabres qui encadrent de façon concentrique un fleuron central. Cette reliure, signée Guignard au bas du premier contreplat supérieur, fut exécutée en 1859. Les coins des plats sont protégés d'ombilics fleurdelisés d'aspect ancien, réemplois probables d'une reliure plus ancienne.

À défaut d'avoir conservé son aspect originel, l'apparence extérieure qui était la sienne à la fin du XVe siècle est connue par une brève description du manuscrit, datée de 1497, figurant dans le préambule d'un vidimus conservé aux Archives départementales de l'Eure[229]. Le cartulaire avait alors l'aspect d'« ung

---

1860, t. II, p. 413, et Jacques Lelong, *Bibliothèque historique de la France...*, Paris, 1732, t. I, p. 761-762, n° 12272). Cette histoire manuscrite était conservée, selon J. Lelong, dans la bibliothèque des abbayes de Préaux et de Saint-Germain-des-Prés ; G. A. de La Roque en a publié des extraits dans ses *Preuves de l'histoire généalogique de la maison d'Harcourt*, Rouen, 1662, t. III, p. 20-24. Plusieurs passages de cette chronique se trouvent dans le tome IV de la Collection du Vexin, transcrits dans la correspondance échangée par M. de Blois et le Mathieu Le Monne, moine de Préaux (Bibl. nat. de Fr., Coll. du Vexin, t. IV, p. 19, p. 112). L'auteur de cette chronique est un moine de Préaux du milieu du XVe siècle nommé Gilbert Chandelier, qui tenta de reconstituer comme il le pouvait l'histoire de son abbaye, après les ravages qu'elle connut durant la guerre de Cent ans, mais, pour reprendre les termes de M. Le Monne, *trop souvent, la chandelle de Chandelier nous met dans de grandes tenebres ou il est tombé le premier* ; ses successeurs, qui firent plusieurs copies de cette chronique, ont souvent souligné les nombreuses erreurs, notamment de chronologie, contenues dans cette histoire, mais elle constituait une des rares sources anciennes concernant l'abbaye dans laquelle les quelques historiens qui s'y sont intéressés ont parfois puisé sans discernement, allant jusqu'à confondre cette chronique avec le cartulaire (c'est le cas de Lévrier dans ses preuves de l'histoire des comtes de Meulan, Bibl. nat. de Fr., Coll. du Vexin, t. VI, p. 530). Outre Gilbert *Cadelarius*, A. Dumonstier cite aussi une seconde source due à D. de Brevedent, aumônier et prieur de Préaux, sans autre précision (*Neustria pia*, p. 505). Une autre histoire abrégée de l'abbaye, rédigée au XVIIe siècle, se trouve dans le *Monasticon Gallicanum* de Dom Germain (Bibl. nat. de Fr., lat. 11818, fol. 486). Il faut citer également les « Matériaux pour la confection d'un dictionnaire des monastères bénédictins » qui donnent quelques détails inédits sur l'histoire du monastère (Arch. nat., M 725, n° 18).

228. Le cartulaire H 711 numérote 238 feuillets, plus un folioté 148 bis. Voir fig. 1, p. CXXXVII.

229. Arch. dép. Eure, H 1751, pièce non numérotée. L'acte de 1497, incomplet, se présente sous la forme de quatre fragments. L'acte vidimé, daté de décembre 1231, se trouve également transcrit dans le cartulaire, fol. 148v, n° 482.

livre [de par]chemim, entre deux aez, a ung fermant d'argent a laz de soye contenant fourme de chartrier en sept vingtz et huit et [...] feullet ou feulletz estoit escript ce qui ensuit : *Universis* (...) ».

Protégé par sa reliure sur ais de bois, le manuscrit est en bon état, même si la reliure, fragilisée par l'usage, est endommagée au niveau du premier cahier. Le parchemin utilisé est en général de qualité moyenne ; il a jauni uniformément et a tendance à devenir cassant aux endroits où son épaisseur est moindre[230]. On remarque encore les traces du travail du parcheminier et les restes du ponçage (fol. 29) sur les feuillets préparés pour la campagne originelle de transcription, dont la qualité rustique est uniforme. Ceux-ci sont clairement distincts de ceux qui furent ajoutés par la suite, notamment des feuillets datant du XVe siècle remarquables par leur blancheur. On trouve assez fréquemment dans le parchemin des coutelures que le copiste a dû contourner[231].

L'encre utilisée est noire, tourne parfois au marron et perd de son intensité à certains endroits, voire s'efface, en particulier lorsqu'il s'agit du côté chair, à cause du frottement des feuillets les uns contre les autres[232]. Les rubriques tracées à la plume alternent les encres rouge et verte, tout comme les lettrines peintes au début de chaque acte transcrit. On remarque quelques rares taches d'encre ; celles que l'on voit au fol. 48, formant deux grandes traînées de couleur rose-violet, doivent être imputées aux utilisateurs du manuscrit au XIXe siècle.

b. Foliotations – Le vidimus évoqué ci-dessus fournit de précieux renseignements sur la foliotation du manuscrit qui compte 238 feuillets, plus un, le 148 bis. Plusieurs foliotations, de diverses époques se chevauchent : une première, en chiffres romains, figure dans le coin supérieur droit des feuillets ; elle date du XIVe siècle[233] et s'étend jusqu'au feuillet 96, disparaît ensuite, puis réapparaît du feuillet 173 au feuillet 180.

Une seconde foliotation, également en chiffres romains, date du XVe siècle, et est antérieure à 1497 puisque le vidimus cité ci-dessus la mentionne pour situer l'acte qu'il contient. On la trouve à partir du feuillet 97 jusqu'à la fin du volume et elle se surimpose à celle du XIVe siècle, en la corrigeant, du feuillet 173 au folio 175. L'auteur de cette numérotation est le copiste du second cartulaire de Préaux, datable de la fin de la première moitié du XVe siècle[234]. De la même époque, sans doute, date une troisième foliotation, peinte à l'encre rouge, au centre de la marge supérieure de quelques feuillets. On la trouve aux fol. 17-18, puis s'interrompt pour ne reprendre qu'au fol. 21- 22, puis aux fol. 25, 39, 78, 97-98, 105.

---

230. Notamment aux feuillets 17, 40, 43, 44, 45, 46, 48, 54, 61, 123 etc.
231. Notamment aux feuillets 42, 47, 50, 64, 67, 72.
232. Notamment fol. 14 et 11v.
233. La graphie qu'elle emploie est très proche d'une série de chartes copiées dans le cartulaire au XIVe siècle, notamment aux fol. 96v et 173-180.
234. Bibl. nat. de Fr., nouv. acq. lat. 1929.

La numérotation des actes, dans le cartulaire, est due à Léopold Delisle, à qui l'on doit également les dates inscrites dans les marges du cartulaire, en face des actes d'Henri II[235].

c. Agencement des cahiers – L'examen de la foliotation est indispensable pour reconstituer l'ordre primitif des cahiers du manuscrit qui, on l'a entrevu en évoquant la foliotation du XIVe siècle, a été modifié[236]. Le volume comporte vingt-huit cahiers de parchemin. Les quatre-vingts premiers feuillets forment un ensemble de dix quaternions qui appartiennent au noyau primitif du cartulaire rédigé au XIIIe siècle[237], auquel on doit ajouter deux cahiers prévus, dès la fin de la première campagne de copie, pour recevoir, à l'avenir, la suite du cartulaire. Le dernier acte copié de ces deux cahiers s'interrompt brusquement à la fin du fol. 96v pour reprendre au fol. 173. La foliotation du XIVe siècle qui s'interrompt et reprend aux mêmes endroits prouve qu'à l'origine le cahier allant du fol. 173 au fol. 180 était placé à la suite du fol. 96 et que ce déplacement est antérieur à la foliotation du XVe siècle[238].

La disposition actuelle des cahiers fait suivre le feuillet 96 de sept quaternions appartenant eux aussi au noyau originel, transcrit en 1227[239], qui s'achève au milieu du septième cahier. Deux cahiers avaient été ensuite prévus au XIIIe siècle pour poursuivre la copie du cartulaire. Suit, à parti du fol. 160, un cahier de quatorze feuillets de parchemin plus épais, dont le premier feuillet a été coupé à une date précoce, avant la seconde campagne de foliotation. Ces cahiers sont suivis par celui qui a été évoqué plus haut, le quaternion des fol. 173-180 déplacé au XVe siècle.

À partir du fol. 181 et jusqu'au 204v, trois quaternions se succèdent, écrits vers 1300 sur un parchemin de provenance différente et de meilleure qualité que celui qui avait été employé jusqu'ici. Ils concernent les possessions anglaises de l'abbaye. Leur rédaction et insertion dans le cartulaire à cet endroit doit être datée du tout début du XIVe siècle : le moine qui les a transcrits a aussi copié à la fin du troisième cahier trois actes datés de 1302[240].

---

235. L. Delisle eut le cartulaire sous les yeux du temps où celui-ci était conservé dans la bibliothèque du marquis de Blosseville ; ce doit être à cette occasion qu'il numérota les actes et qu'il entreprit d'en faire une copie actuellement conservée à la Bibliothèque nationale de France sous la cote nouv. acq. lat. 1025. D'autres copies d'actes du cartulaire de Préaux faites par L. Delisle se trouvent dans les manuscrits nouv. acq. fr. 21812, 21824, 21831.

236. Voir Annexe I.

237. Sur la datation et les différentes campagnes de rédaction, voir ci-dessous p. LXI-LXIII.

238. Une preuve supplémentaire du fait que ce cahier fut déplacé alors qu'il était à l'origine à la suite de l'actuel fol. 96 réside dans la mention que l'on peut lire en bas du fol. 176 : « Quereis les rentes qui nous sont deues au Pont-Audemer et la maniere de l'arrest seront (sic) la fourme de la chambre des comtes (sic) et les roulles des comptes de la viconté du Pont-Audemer, si comme eulz ont esté acoustumees a paier en la dicte ville, V parainl fuillet apres ceste page devant *Si mortalium* a cest signe (*fleur*) ». Ce petit signe cabalistique se retrouve en effet effacé, cinq feuillets plus loin, devant l'inventaire des rentes de l'abbaye à Pont-Audemer qui figure au bas du fol. 180v. Si l'on en croit donc l'indication donnée ci-dessus, ce cahier était suivi à l'origine par la transcription de la charte de fondation dont l'incipit est *Si mortalium*. Cette charte est actuellement au fol. 97.

239. Sur cette date, voir ci-dessous p. LXI.

240. Le dossier anglais s'ouvre sur une enquête de 1231 concernant les droits de l'abbaye à Toft Monks ; il en est de même successivement pour tous les domaines anglais de l'abbaye ; s'y ajoute un inventaire de chartes concernant les biens anglais de l'abbaye ainsi que des enquêtes testimoniales (ce dossier représente suivant la numérotation de L. Delisle les n° 593 à 609).

Le cahier suivant, un binion, faisait, lui, partie, du cartulaire constitué en 1227 puisqu'il porte au fol. 207v une mention du copiste de 1227 énumérant les rentes dévolues au cuisinier de l'abbaye en 1231. Les deux derniers cahiers, respectivement de 16 et 14 feuillets, sont de vélin blanc et datent de la fin du XVe siècle : ils sont restés vierges à part les fol. 232v-233v qui portent quatre formulaires de lettres adressées par des abbés de Préaux aux évêques de Lisieux et archevêques de Rouen, notifiant leur incapacité à se rendre aux chapitres généraux.

On peut alors tenter de restituer l'ordre originel des cahiers, respecté jusqu'au XVe siècle, époque à laquelle l'ordre actuel a été institué lorsqu'il a reçu, hypothèse probable, une nouvelle reliure à fermoir d'argent attestée en 1497 :
- 10 quaternions (cahiers n° 1-10) suivis de trois autres (n° 11, n° 12, n° 22).
- 7 quaternions (n° 13-19) suivis d'un quaternion (n° 20) et d'un binion (n° 26).
- vers 1300, ajout des trois cahiers anglais (n° 23-24-25).
- au XIVe siècle, ajout du cahier n° 21.
- au XVe siècle, ajout des cahiers n° 27-28.

2. Présentation du texte

a. Les piqûres – Les feuillets de parchemin utilisés par le copiste ont subi la préparation habituelle consistant à délimiter la zone utile par un piquage dans la marge. Aucune trace de réglures ou de lignes rectrices pour déterminer le tracé des vingt-cinq lignes qui forment la justification des feuillets n'est aujourd'hui apparente. La correspondance des piqûres des différents feuillets permet de confirmer l'appartenance au manuscrit origine de certains cahiers restés vierges au terme de la première campagne de transcription, mais copiés au cours des années suivantes. Ainsi on trouve sur les feuillets préparés à cette époque vingt-cinq trous verticaux dans la marge extérieure, les treizième et vingt-troisième étant redoublés. La coïncidence des piqûres indique en outre que le copiste a piqué le cahier en une seule fois, et non pas page après page. À partir du fol. 84 et jusqu'au fol. 96, un autre système de piqûres est utilisé, il correspond aux actes copiés au milieu et durant la seconde partie du XIIIe siècle, qui sont marqués par une série de trente-deux trous dont les trois derniers sont redoublés. Les piqûres constatées sur le fol. 97 ont les caractéristiques de la première campagne de transcription.

b. Les rubrications – Les actes copiés dans le noyau original du cartulaire ont en commun une présentation uniforme : ils ont été copiés à longue ligne[241], par une seul et même copiste. On doit mettre à l'actif de ce copiste certaines des rubriques qui introduisent les actes. Le projet initial de rubrication qu'il mit en œuvre revêt deux aspects.

---

241. 21 cm environ de hauteur ; largeur : 14,5 cm.

– Des rubriques peintes prenant la forme d'un résumé en une ou deux lignes explicitant les acteurs de l'acte et le type d'action juridique en cause[242]. Ce schéma est employé dans la première partie du cartulaire : le cartulariste a peint lui-même les rubrications des actes jusqu'au n° 21 du feuillet 12, ce qui comprend les bulles pontificales et une partie des actes épiscopaux ; de même on peut lui attribuer les rubriques depuis l'acte n° 55, fol. 35, à l'acte n° 82, fol. 40v, soit tous les actes royaux, ceux de Galeran II, comte de Meulan, et de ses cousins.

– Le second type de rubriques, écrites de la main du cartulariste, consiste en de brèves mentions se bornant à indiquer le lieu évoqué dans l'acte qu'elles précèdent par une formule du type *De* + nom de lieu[243]. Elles introduisent les actes transcrits depuis l'acte n° A1, fol. 96, jusqu'à l'acte n° A4 compris, fol. 100, puis de l'acte n° A9, fol. 101v, au fol. 108, acte n° A40. On relève également ces courtes assertions dans certaines marges pour gloser le grand privilège d'Alexandre III, les chartes d'Henri II, la pancarte de fondation, la grande charte de Galeran II de Meulan[244].

Le cartulariste n'a pas tracé de sa main les autres rubrications ; en revanche, il a écrit sur certains feuillets à l'extérieur de la limite figurée par les piqûres le texte de rubriques qui devaient êtres peintes par un autre rubricateur de même que les lettres d'attente, préfigurant les lettrines peintes alternativement à l'encre vermillon ou verte au début de chaque acte. Le couteau du relieur a partiellement épargné plusieurs de ces instructions du cartulariste, qui apparemment n'ont pas été respectées par le rubricateur[245]. D'ailleurs, en à en juger par les remarques que le rubricateur adresse à l'encontre du copiste[246], des divergences manifestes opposent les deux moines qui visiblement n'ont pas travaillé en même temps.

Toutes les autres rubriques sont dues au moine rubricateur : on lui doit les rubriques des actes n° 54, n° 83 et n° 290 à 302. Sa graphie et ses habitudes d'écriture sont caractéristiques : il substitue systématiquement aux *V* des *W*, en particulier dans le mot *willa*[247]. Il adopte aussi un style plus prolixe que celui du cartulariste, transformant certaines rubriques en de véritables analyses[248]

---

242. Voir par exemple la rubrique précédant la bulle d'Alexandre III du 12 avril 1179 (**B52**) : *Confirmatio Alexandri pape super cunctis libertatibus quas monachi de Pratellis habent tam in ecclesiis quam in redditibus aliis, sicut in privilegio Adriani pape et in cartis donatorum dictorum monachorum continentur.*

243. Parfois s'y ajoute le nom du protagoniste de l'acte ; voir **A30**.

244. Respectivement **B52**, **B72**, **A1**, **B8**.

245. Voir **A20**, **A84**. Les rubrique des actes **B3** et **B9** ont finalement été copiées par le cartulariste qui n'a lui-même pas respecté ce qu'il avait indiqué en marge. En fait, ce moine n'est pas à une incohérence près et manie le paradoxe : on lui doit ainsi deux « anti-rubriques » (**B18** et **B2**).

246. Voir en effet **B50** : « *Hic erravit scriptor scribens hanc kartam quia nichil confert ecclesie Pratellensi* » ou **B184** : « *Ista karta nichil facit pro nobis...* ». D. Crouch les qualifie de sarcastiques, ce dont on peut douter (voir « A Norman "conventio" and bonds of lordship in the middle ages », p. 299).

247. Voir par exemple **A144** : « *Ex dono Osberni de Magniwilla, terram duorum virorum, unum in portaria super willam, alterum in Magna Willa* ».

248. Voir par exemple **B38** : « *Quomodo Galerannus, comes Mellenti, dedit nobis apud Obergiwillam quinque arpenta nove vinee et V arpenta terre eidem contigua ad plantandam vineam et unum hospitem in eadem willa* (sic), *liberum et absolutum. Hoc donum confirmavit comes Robertus.*

introduites par les formules *Ex dono...* ou *Quomodo...* À la différence du cartulariste, le rubricateur utilisa un système de réglures pour peindre ses rubriques[249]. Il dut être actif durant la période 1229-1239 : la copie dans le cartulaire d'un acte de l'évêque d'Évreux Richard, daté de février de 1229 (n. st.), porte une rubrique de la main de ce moine[250]. Plus loin dans le cartulaire, il copia une série d'actes datés de juillet 1238 à mai 1239[251].

De ces remarques concernant les rubriques du cartulaire ressortent trois idées maîtresses : on doit les rubrications à deux moines, le copiste du cartulaire et un second moine qui est intervenu dans un deuxième temps, après que le cartulariste a terminé son ouvrage. Les rubriques que l'on attribue à ce dernier suivent deux modèles : une forme brève et une forme plus longue. C'est celle-ci qui prévaut dans la première partie du cartulaire, dont la conception doit être entièrement mise à l'actif du moine. La forme brève, du type *De* + nom de lieu, elle, ne prévaut que dans la seconde partie du cartulaire et dans les marges des chartes en rouge et vert et caractérise certaines notices ; elle ne saurait relever de la même conception de la rubrication. Ce qui autorise à se demander si le copiste en est vraiment l'instigateur ou s'il ne s'est pas contenté de recopier des rubriques qui figuraient déjà en tête des notices qu'il copiait.

c. Les gloses marginales – Les marges du cartulaire portent de nombreuses gloses d'époques et d'auteurs différents. Les plus anciennes, datant de 1227, sont de la main du cartulariste et doivent être mises en relation avec les rubriques[252] ; elles localisent un lieu. D'autres gloses datables du XIIIe siècle indiquent tantôt l'office claustral bénéficiaire, tantôt la localisation en Angleterre des revenus évoqués dans la charte qu'elles accompagnent.

Au XVe siècle, un moine utilisant une écriture cursive de très petit module et une encre caractéristique de couleur brun pâle a glosé plusieurs chartes, en particulier des bulles pontificales, et a notamment fait des renvois à divers autres actes ; il est conventionnellement appelé *M* dans l'édition.

Un autre ensemble de gloses, écrites au XVIe siècle, utilise une écriture élégante de gros module ; elle est appelée *N* dans l'édition. Une autre main (*O*) a laissé à la même époque d'autres mentions marginales.

Enfin on peut situer à l'époque des moines Mauristes, fin XVIIe ou au XVIIIe siècle, d'autres gloses, se bornant brièvement à identifier le lieu concerné par l'acte auquel elles se rapportent.

3. Soin apporté à la copie

L'écriture employée par le copiste est une minuscule normande peu fracturée et dans l'ensemble assez uniforme. Il utilise un système d'abréviations clas-

---

Insuper idem Robertus addidit huic dono, post mortem Galeranni comitis, in eadem willa (sic) *X arpenta terre* ».
249. Notamment aux fol. 73v-74, 75, 76, 78, et 80.
250. H 711, fol. 22-v, n° 47 ; de même fol. 22v, n° 48.
251. H 711, fol. 81v à 82v, n° 212 à 218.
252. Voir ci-dessus note 244.

siques par contraction, par suspension et par signes conventionnels. Le copiste s'autorise parfois quelques rares fioritures sur les parties hautes des lettres en ligne de tête ou à l'occasion de pieds-de-mouches, ou encore lorsqu'il ajoute une ligne en fin de feuillet, afin d'éviter d'utiliser une nouvelle page pour terminer l'acte qu'il copie[253].

La quasi-absence d'acte original empêche de vérifier si la transcription des actes est fiable. Une seule charte est copiée à deux reprises dans le cartulaire : la première sous forme de notice résumée, la seconde, intégralement[254]. Dans la version résumée, l'auteur de la notice a supprimé le préambule, mais a apporté des détails absents du texte copié intégralement, en particulier l'identité des intervenants, des témoins. L'auteur de la notice paraît donc bien être un contemporain de la transaction, un moine de Préaux du milieu du XIIe siècle.

Le cartulariste s'est efforcé à plusieurs reprises de faire une copie figurée de ce qu'il avait sous les yeux. La première charte copiée dans le manuscrit, la grande bulle confirmative des biens de l'abbaye par le pape Alexandre III, se termine, comme pour en souligner encore l'importance, par la copie figurée des souscriptions des prélats présents lors de son expédition[255]. Les autres copies figurées qu'on lui doit se situent dans la seconde partie du cartulaire : il a pris soin de reproduire, à de nombreuses reprises, les *signa* disposés à la fin des notices anciennes, en respectant leur forme[256]. Le dernier exemple se trouve dans la notice où le comte de Meulan Robert III donne aux moines le manoir de Toft Monks avec une série de droits judiciaires dont *l'infongenetheof* ; ce mot, inhabituel pour un Normand du XIIIe siècle et d'ailleurs incompris par le copiste, a été copié en respectant sa graphie saxonne, avec ses *f* et *g* caractéristiques, le "*th*" saxon étant transformé en *b* cédillé par notre copiste[257].

Ce même souci de précision dans la copie se ressent dans la manière dont le copiste a voulu transcrire la notice **A160**. Les surnoms des témoins et des *signatores* y sont copiés au-dessus de leurs prénoms, en interligne, comme ce devait être le cas sur l'original que le copiste avait sous les yeux[258].

Tous les actes copiés dans le cartulaire sont en latin. Les seuls emplois de langue vernaculaire concernent des mots techniques intraduisibles en latin ou des noms de lieu[259]. On doit y ajouter des noms patronymiques ou surnoms portés par les nombreux témoins de ces actes : *Haslé, Moisant, Mal a, Mal nourri, Mauduit, Catados, Brustesaultz, Efflanc, Botevillain*...

Les erreurs de transcription décelables sont celles qui ont été corrigées : mots ou lettres exponctués pour cause de répétition, fautes d'orthographe corrigées par le copiste après relecture. Il est de plus difficile de mesurer les libertés qu'aurait pu prendre le cartulariste avec l'original du texte copié : on

---

253. Voir fol. 24v, 15v, 14v, 188.
254. Respectivement **A129** et **B17**.
255. **B52**.
256. C'est le cas notamment des *signa* reproduit au bas de l'acte n° 322, voir **A42**.
257. **A194**.
258. Sur le processus d'élaboration du cartulaire, voir ci-dessous, p. LXIX.
259. Notions juridiques : *ullac, rat, reguarz, boisselaige* ; termes techniques : *tanereiz, folereiz, relai* ; noms de lieu : *Boscus Goieth, À la Chambrelenge*.

peut cependant remarquer qu'il n'hésite pas à tronquer les actes qui ont déjà été copiés une première fois. Dans la partie du cartulaire regroupant les notices anciennes, certains actes ont été transcrits deux fois. La seconde copie se trouve la plupart du temps abrégée au moyen d'une expression du type *ut supra* ou *et cetera sicut supra*[260].

Le cartulariste ne s'est pas contenté de transcrire sans discernement ce qu'il avait sous les yeux. Un travail, préalable à la copie, de classement et de choix des actes transparaît clairement ; ainsi par exemple a-t-il certainement volontairement omis de copier plusieurs versions d'une même donation, lorsqu'il était en présence de plusieurs expéditions : c'est le cas d'un acte, transcrit dans la première partie du cartulaire, celle que le copiste eut à concevoir. Une autre version de cet acte a été laissée de côté par le copiste puis transcrite sur un cahier resté vierge du manuscrit au XIIIe ou au XIVe siècle[261]. La version copiée dans le cartulaire en 1227 est la plus avantageuse pour les moines car elle atteste la donation de deux pièces de terre ; l'autre version, sans doute antérieure, ne fait mention que d'une terre, mais est plus précise dans sa localisation. Le parti pris du copiste, bien légitime d'ailleurs, est manifeste.

III. L'élaboration du cartulaire

1. Époque de rédaction et commanditaire

L'entreprise de rédaction du cartulaire de Préaux[262] a débuté en 1227, sous l'abbatiat de Bernard[263]. L'époque de la rédaction du cartulaire, comme souvent dans les abbayes, correspond à Préaux à une période de réorganisation du temporel après la période agitée du rattachement de la Normandie au domaine royal. En 1221, au début de l'abbatiat de Bernard, les rôles de l'Échiquier prévoient un examen des chartes produites par l'abbaye, afin de déterminer celles qui l'ont été au détriment de la communauté, preuve d'une gestion hasardeuse du temporel sous le précédent abbatiat[264].

Passant outre son devoir d'humilité, le moine chargé de la copie du cartulaire prend, à deux reprises, la parole. La première digression insérée entre deux actes permet de connaître l'identité du cartulariste, qui se nomme frère Guillaume. Elle est introduite par un titre inséré après coup par le second rubricateur et se trouve placée à la suite de la confirmation par Roger, comte de Warwick, des

---

260. On trouve aussi *et cetera, sicut scriptum est retro in sexto decimo folio* (**A60**), *et cetera que in IIIe folio est* (**A118**).
261. Voir **B41**.
262. Arch. dép. Eure, H 711.
263. Sur Bernard, voir la liste chronologique des abbés, Annexe III.
264. Pâques 1221, échiquier de Caen : « *Preceptum est quod omnes illi qui habent cartas de abbate et conventu de Pratellis cartas illas afferant ad instans scacarium de termino Sancti Michaelis instantis, ut per eas possit cognosci coram mandato domini regis que illarum facte sunt ad dampnum ecclesie et que non* » (Ed. L. Delisle, *Recueil des jugements...*, n° 306, p. 77).

biens possédés par l'abbaye à Warmington[265]. Guillaume date son travail du 17 juin 1227 – il précise même la date de Pâques, le 11 avril –, en l'absence de l'abbé Bernard dépêché en Angleterre pour visiter les prieurés que l'abbaye de Préaux y possédait : *Ipso die, dum scribebam cartam istam, ego frater Willelmus, claustralis monachus de Pratellis, audivi a pluribus quod nos habuimus de primo theloneo Pratellensis* (sic) *VII solidos et VII obolos* (sic), *V°X° kalendas julii, luna XX nona, anno ab incarnatione Domini M° CC° XX° VII°, dies Pasche III° idus aprilis, tempore Bernardi abbatis et ipse erat in Anglia, regnante Ludovico, filio Ludovici regis Francorum*[266].

Inhabituelle dans un cartulaire et émouvante, cette intervention du copiste dans le cours de son travail a en plus le mérite de nous renseigner sur le montant du premier terme de la dîme du tonlieu de Pont-Audemer que les moines percevaient depuis la fin du XIe siècle.

La seconde digression de Guillaume suit d'une donation de Geoffroi Ferrant[267], datée du 9 août 1227, et annonce la fin du périple anglais de l'abbé Bernard et son retour à l'abbaye accompagné du moine de Préaux Adam de Cormeilles, ancien prieur de Toft Monks, en Angleterre, d'où il rapporte une patène : *Anno ab incarnatione Domini M° CC° XX° VII°, in vigilia sancti Laurenti* (sic), *abbas Bernadus* (sic) *venit de Anglia et com* (sic) *eo Adam, id est Cormeliensis, monachus Pratelli, qui fuerat prior de Angleria et ipse Adam secum abstulit et dedit Deo et ecclesie Sancti Petri de Pratellis eucaristiam ubi corpus Domini debet esse super altare*.

De ces deux assertions on peut déduire la vitesse moyenne de copie du frère Guillaume : entre le 17 juin et le 9 août 1227, soit en 54 jours, 49 actes ou 30 pages ont été copiées. Cela paraît peu, mais on doit tenir compte du tri et du classement des chartes que Guillaume a dû ordonner, des dimanches et des fêtes, jours pendant lesquels le copiste devait assurément suspendre son ouvrage, de la faible plage horaire que le moine pouvait consacrer à la copie et également du fait qu'un seul moine en fut chargé.

Connaissant ces données et malgré les réserves que l'on doit émettre devant ce genre de calcul, on peut tenter de fixer un *terminus a quo* au travail de rédaction. Puisque quatre-vingt-seize pages ont été copiées avant le 17 juin (mais deux pages ont été laissées blanches, soit quatre-vingt-quatorze), 169 jours environ ont été nécessaires à Guillaume : la copie a pu alors commencer au début de janvier 1227. Suivant le même raisonnement, on peut avoir une idée approximative du *terminus ad quem* de la rédaction. Cela suppose que l'on considère ce travail comme ayant été continu : rien dans le manuscrit ne laisse croire l'inverse, bien au contraire, l'unité de la graphie incite à penser que la rédaction

---

265. **B**6.
266. Suivant la numérotation de L. Delisle, cette digression correspond au n° 107, fol. 48v. Ce passage est précédé dans le cartulaire d'une rubrique : *Somnium magistri Willelmi scriptoris hujus libri*.
267. Cette digression, fol. 63v, porte le n° 156, suivant la numérotation de L. Delisle. Elle suit l'acte **B**153. Dans le second cartulaire de Préaux, Bibl. nat. de Fr., nouv. acq. lat 1929, cette intervention du copiste est glosée dans l'index des chartes par la mention : *Ibi fit inventio de vasa in quo servatur S[anctissimum] sacramentum* (fol. V).

eut lieu d'un seul trait. Après le 9 août 1227, donc, Guillaume a copié 101 pages, il lui a alors fallu près de 148 jours, ce qui lui ferait terminer son ouvrage vers le 5 janvier 1228. On peut alors considérer sans trop de risque que la première campagne de rédaction du cartulaire occupa globalement l'année 1227.

2. Continuation du cartulaire du XIIIe au XVe siècle

Ce premier cartulaire fut poursuivi tout au long du XIIIe siècle : dès 1227, il était conçu pour être à l'avenir complété au fur et à mesure que de nouvelles chartes étaient adressées à l'abbaye. Après 1227, la première tâche consista à utiliser les espaces laissés par le frère Guillaume pour y insérer les rubriques. La main de Guillaume est totalement absente de la suite du cartulaire, si l'on excepte un inventaire des revenus dus au cuisinier de l'abbaye, daté de 1231, copié au fol. 207v du volume.

Plusieurs moines ont ensuite complété le manuscrit jusqu'à la fin du XIIIe siècle et au cours du XIVe siècle : 73 actes de cette période séparent ainsi la première partie du cartulaire de la seconde ; 163 autres du XIVe et du début du XVe siècle complètent le manuscrit. Ces actes sont copiés sur les cahiers prévus à cet effet en ordre globalement chronologique, par différentes mains sans aucun souci d'uniformité. Le manuscrit se termine par deux cahiers de vélin qui ont été ajoutés à la fin du XVe siècle, sur lesquels on trouve quelques actes destinés à servir de formulaire.

3. Le second cartulaire de Préaux

Au XVe siècle, on entreprit de constituer un nouveau cartulaire suivant le modèle de celui de 1227. Si l'on ne sait pas exactement quelle fut la date de sa confection, plusieurs indices cependant nous permettent d'en préciser l'époque. Le volume, actuellement conservé au cabinet des manuscrits de la Bibliothèque nationale de France sous la cote nouv. acq. lat. 1929, se présente sous la forme d'un in folio moyen écrit sur papier, relié sur ais, couvert d'une peau de mouton à l'origine blanchâtre[268].

Son contenu se caractérise par deux parties distinctes : la première est une simple copie du cartulaire de 1227 ; l'ordre des actes y est le même, les rubriques sont recopiées textuellement à quelques exceptions près. Le copiste a pris

---

268. Perdu à la Révolution, ce deuxième cartulaire réapparut au tout début du XIXe siècle chez le Révérend Père conventuel de Fontenai. Une mention figurant sur le premier contreplat du volume le précise, mais l'identité de ce personnage reste obscure. Il fut ensuite revendu en 1802, suivant la teneur d'une mention portée sur le même contreplat : « J'estime ce manuscrit à cent francs, on y trouve les chartes de l'abbaye de Préaux. H. D. C., 1802 ». En 1824, il entra dans la collection de Thomas Phillipps et reçut la cote ms 85, comme en témoigne la mention située au même endroit : « *Cartularium abbatiae de Pratellis emptum in (?) Parisiis anno 1824 T. P.* ». C'est à cette époque que Théodose Bonnin en fit une copie actuellement conservée aux Arch. dép. Eure sous la cote III F 487. Les manuscrits de la collection Phillipps, vendue en plusieurs fois jusqu'en 1903, furent en partie acquis par la Bibliothèque nationale de France.

soin cependant d'éliminer plusieurs chartes concernant des biens situés en Angleterre que l'abbaye ne possédait plus à son époque, ainsi que plusieurs actes qui n'avaient pas de lien direct avec les biens du monastère[269]. En outre les actes ayant trait aux biens des moines situés dans la région de Vascœuil et les accords passés avec les chanoines de l'abbaye prémontrée de l'Isle-Dieu ont eux aussi été éliminés, puisque depuis août 1312 ils ne faisaient plus partie du temporel de Préaux[270]. L'ordre des actes est celui, strictement respecté, du premier cartulaire, ce qui prouve que l'ordre actuel des premiers cahiers du cartulaire de 1227 est celui d'origine, du moins prévalait-il déjà au XVe siècle.

Une seule main fut chargée de recopier le début de ce second cartulaire : l'époque de cette copie doit coïncider avec la réorganisation du temporel de l'abbaye après la période troublée de la vacance de l'abbaye (avant 1390) et celle de l'allégeance au roi d'Angleterre (à partir de 1419)[271]. Les difficultés dans la gestion du temporel et du chartrier sont devenues à ce moment telles que l'abbé du temps Étienne Bertaut doit solliciter plusieurs délais de la part du roi d'Angleterre avant de lui faire parvenir son dénombrement[272]. C'est dans ce contexte qu'il faut replacer la rédaction de ce second cartulaire. Les filigranes du papier utilisé dans le manuscrit semblent confirmer cette hypothèse : la grande majorité des feuilles porte en son centre une sirène ; à deux reprises on trouve un quadrupède et également un dauphin[273]. Ces trois figures concordent pour indiquer, d'après Briquet, que le papier fut fabriqué à Lisieux, Argences et à Rouen vers 1424-1426, ce qui situe du même coup l'époque de la rédaction de la première partie du second cartulaire. Certes on ne peut être formel quant à cette datation, car le papier n'a pas forcément été utilisé immédiatement après sa fabrication, mais cette date n'en est pas moins plus que probable.

---

269. N'en déplaise au copiste de ce second cartulaire, ces actes sont d'autant plus intéressants qu'il concernent les comtes de Meulan et les rapports qu'ils entretenaient avec leurs vassaux. Ces actes auraient été déposés dans le chartrier de l'abbaye pour plus de sécurité et de ce fait ont été recopiés dans le premier cartulaire. Il s'agit notamment d'une convention passée entre Galeran II de Meulan et son cousin Robert du Neubourg (B3).
270. Il s'agit des actes B88, B89, B128, B180, B181 ; sur la vente du temporel anglais de Préaux le 6 novembre 1390, voir Arch. dép. Eure, H1751 (vente par l'abbé Vincent de tous les biens anglais de l'abbaye à Louis Clifford contre deux mille livres or, passée devant les notaires du Châtelet) ; sur l'échange des biens situés autour de Vascœuil avec le roi Philippe le Bel, en 1312, voir Arch. dép. Eure, H 715.
271. Dès 1417, Henri V d'Angleterre prit possession de la région de Pont-Audemer ; en 1418 il en fit cadeau au duc de Clarence et ce n'est qu'en 1449 que le comte de Dunois libéra Pont-Audemer (Masseville, *Histoire sommaire de Normandie*, Rouen, 1698, t. IV, p. 64-65, 198). Un *vidimus* daté du 19 mai 1419 précise qu'Henri V d'Angleterre a confirmé, le 12 mai 1419, l'abbaye de Préaux dans ses biens (Arch. dép. Eure, H 709) ; l'abbé lui rend aveu le 14 avril 1420 (Arch. nat., P 305, fol. 12). Préaux ne retourne dans la mouvance du roi de France qu'en février 1450, date à laquelle l'abbé Jean fait serment de féauté au roi séjournant à Grestain pendant le siège d'Honfleur (Bibl. nat. de Fr., lat. 20909, n° 140).
272. Étienne, abbé entre 1430, environ, et septembre 1438 (*Gallia Christiana*, t. XI, col. 840-841, et Bibl. nat. de Fr., nouv. acq. lat. 1929, fol. 104v-105) a obtenu ce délai le 24 octore 1436 (Bibl. nat. de Fr., coll. Clairambault, t. 133, fol. 1751).
273. La sirène est caractéristique du papier fabriqué à Lisieux en 1426 (C. M. Briquet, *Les filigranes, dictionnaire historique des marques du papier*..., t. IV, n° 13852) ; le motif de quadrupède situe la fabrication du papier fabriqué en 1426 à Argences (Calvados, cant. Troarn ; Briquet, t. IV, p. 644, n° 12976) ; le dauphin visible au fol. 112 du cartulaire caractérise un papier produit à Rouen entre 1424 et 1426 (Briquet, t. II, p. 340, n° 5817).

La seconde partie de ce second cartulaire regroupe des actes pour la majorité couvrant les années 1450-1490. Ils ont été copiés par une seconde main vers 1480-1490[274].

4. Devenir du premier cartulaire après la Révolution

À la Révolution, au gré de la dispersion des biens, du chartrier et des restes de la bibliothèque de l'abbaye, déjà en piètre état, le cartulaire subit le même sort que sa copie du XVe siècle et fut plusieurs fois vendu. Une mention inscrite au début du XIXe siècle sur le premier contreplat intérieur par un libraire indique : «*J'évalue et j'estime à deux cent* (sic) *francs ce prétieux manuscrit*». La signature du libraire, auteur de cette estimation, demeure malheureusement illisible. Le marquis de Blosseville, érudit normand, le découvrit chez un marchand libraire parisien[275], puis l'acheta à une date qui reste inconnue et le considérait comme un des plus précieux volumes de sa bibliothèque qu'il n'hésitait pas à ouvrir aux historiens de son temps. C'est ainsi que Théodose Bonnin put le lui emprunter pour en faire une copie[276]. Léopold Delisle put également le consulter une première fois chez T. Bonnin en 1849 et même l'emprunter à son propriétaire durant les mois de juin et juillet 1854 pour en faire une copie partielle[277]. En 1857, le marquis de Blosseville en fit finalement don aux Archives départementales de l'Eure, où étaient déjà conservés les restes du chartrier de l'abbaye, si bien que en 1893, G. Bourbon, auteur de l'inventaire de la série H des Archives de l'Eure, pouvait écrire à juste titre que ce manuscrit était « un des documents les plus précieux des archives de l'Eure[278] ».

IV. La spécificité du cartulaire : son contenu

1. Présentation du texte

L'architecture générale du second cartulaire de Préaux, copie de celui de 1227, assure que l'ordonnancement du manuscrit était au XVe siècle celui qu'on lui connaît encore aujourd'hui. Il n'est pas hasardeux de penser que c'était déjà le cas dès 1227. Le cartulaire se divise en deux parties distinctes. La première, placée en tête du manuscrit, comporte une série de transcriptions de chartes copiées dans leur intégralité, s'échelonnant du début du XIIe siècle au mois de juin 1227. La seconde partie regroupe des notices qui semblent s'enchaîner les

---

274. L'unité de rédaction de cette partie du cartulaire est patente (fol. 102 à 201) ; l'acte le plus récent copié dans cette partie de manuscrit est une charte remontant à 1479 (fol. 103v), ce qui implique que cette partie du cartulaire fut copiée vers 1480.
275. A. Canel, *Essai historique...*, t. I, p. 31.
276. Cette copie est aujourd'hui conservée aux Arch. dép. Eure sous la cote III F 376.
277. La Bibliothèque nationale de France conserve ce volume sous la cote nouv. acq. lat. 1025.
278. Georges Bourbon, *Inventaire sommaire...*, p. IV.

unes aux autres, couvrant une période allant de la fondation de l'abbaye en 1034 au début de la seconde moitié du XIIe siècle. Une lettrine ornée de filigranes tracés à l'encre vermillon caractérise le début de chacune des parties, attention particulière que n'ont pas reçu les lettres capitales qui débutent chaque acte[279]. Ces deux parties, distinguées nettement par le cartulariste, ne se suivaient pas directement dans le manuscrit de 1227, mais étaient séparées par plusieurs cahiers laissés vierges, destinés à poursuivre la première partie regroupant les chartes : cette dernière fut donc conçue comme une œuvre en devenir, et l'autre partie plutôt comme un répertoire figé et clos de notices anciennes[280].

2. Spécificité de la première partie : ordre de classement des actes dans le cartulaire

La première partie du cartulaire de 1227 regroupe 204 chartes classées selon l'ordre hiérarchique des auteurs d'actes, à commencer par les autorités ecclésiastiques. Le manuscrit s'ouvre sur une série de bulles pontificales, en tête desquelles figure la confirmation générale des biens de l'abbaye par Alexandre III donnée au Latran, le 12 avril 1179[281], dont les souscriptions font l'objet d'une copie figurée. Suivent neuf autres bulles classées par pontife : une d'Innocent III, six d'Honorius III, une d'Alexandre III, dont l'authenticité est discutable, et une de Célestin III[282]. Prévoyant, le copiste a ensuite laissé un feuillet libre pour y copier les bulles que l'abbaye pourrait obtenir à l'avenir.

Le cartulariste a choisi de regrouper ensuite dix-neuf chartes, jugements mettant un terme à divers conflits réglés devant des juges pontificaux délégués ou des cours épiscopales : ainsi trouve-t-on d'abord trois actes concernant le conflit opposant les moines de Préaux au prêtre desservant de Saint-Sanson d'Étreville ; puis deux actes relatant une donation de Guillaume de Salerne, confirmée par l'évêque de Lisieux et le chapitre ; le règlement d'un conflit à propos du patronage de l'église de Brucourt passé devant l'évêque d'Évreux, un autre concernant celui de Houguetot réglé par des juges délégués ; sept actes concernant les terres de Vascœuil et le conflit avec l'abbaye de l'Isle-Dieu ; enfin quatre actes mettant un terme à divers conflits concernant des biens à Rouen,

---

279. La première charte du cartulaire est la grande confirmation des biens de l'abbaye octroyée par le pape Alexandre III en 1179, qui reprend celle que son prédécesseur Adrien IV avait accordée aux moines et qui n'est pas retranscrite dans le manuscrit (**B52**). Le premier acte de la seconde partie est la pancarte de fondation de l'abbaye dans son état de 1078 (voir **A1**). On trouve une troisième capitale filigranée dans le cartulaire, mais ce décor, à l'encre marron et sans aucune élégance, ne ressemble en rien aux filigranes des deux autres lettres et paraît postérieur.

280. L'aspect cohérent et autonome de cette seconde partie du cartulaire, apparaît dès le premier acte qui y est transcrit, précédé de la rubrique portant une invocation : *In nomine Domini. Incipit de donis que Hunfridus de Vetulis dedit ecclesie Pratelli*. Voir **A1**.

281. Une bulle plus ancienne, du pape Adrien IV, à laquelle celle d'Alexandre III (**B52**) fait référence, n'a pas été copiée par le cartulariste : impossible de dire si elle était perdue en 1227, ou s'il s'agit d'un choix délibéré du copiste.

282. Respectivement **B96**, **B155**, **B165**, **B166**, **B167**, **B173**, **B174**, **B48**, **B91**.

Pont-Audemer, Toutainville, Saint-Benoît-des-Ombres, tous produits par des juges délégués pontificaux ou des prélats[283].

Saint-Pierre de Préaux étant situé dans le diocèse de Lisieux, il n'est pas surprenant de trouver ensuite seize actes des évêques de Lisieux ou du chapitre cathédral : cinq actes épiscopaux donnant aux moines la propriété et les revenus d'églises proches de Préaux ; quatre actes d'Arnoul, évêque de Lisieux ; deux de son successeur Raoul ; et cinq accords passés devant des archidiacres et représentants du chapitre de Lisieux. Le copiste a laissé ensuite deux feuillets vierges pour les actes à venir entrant dans cette catégorie. Les actes ecclésiastiques se terminent par quatre actes des archevêques de Rouen, Rotrou de Warwick et Hugues d'Amiens[284].

Pour les actes produits par des bienfaiteurs laïcs, la hiérarchie est respectée puisque viennent d'abord douze actes royaux, en tête desquels la grande charte confirmative des biens de l'abbaye d'Henri II, suivie de huit autres actes du même souverain[285] ; puis un acte d'Henri le Jeune, roi d'Angleterre, un autre de Richard Cœur-de-Lion, une charte de Louis VIII, roi de France[286]. Les chartes des comtes de Meulan et de leur parentèle occupent les feuillets suivants : douze actes de Galeran II, cinq de seigneurs appartenant à sa famille, vingt-trois actes de Robert IV de Meulan, quatre de ses cousins. Enfin sont copiées cent une autres chartes provenant de seigneurs de moyenne importance, parmi lesquelles également quelques-unes émanent d'autres abbayes, ou des abbés de Préaux ; deux actes de Robert IV de Meulan y sont égarés.

Si le cartulariste s'est efforcé de respecter un classement préétabli selon le statut des auteurs des actes, puis selon les affaires concernées, enfin selon la chronologie, on ne peut pas dire qu'il soit exempt d'incohérences : actes égarés, actes insérés dans une série qui ne les concerne pas, actes mélangés sont fréquents. Toutefois on remarque que le copiste tente de classer les actes les plus récents ou produits par la plus haute autorité en tête, puisqu'il opère une remontée dans le temps.

3. La seconde partie du cartulaire

a. Présentation et classement des notices – La seconde partie du cartulaire de 1227 est nettement individualisée, actuellement séparée de la première partie

---

283. Respectivement, dans l'ordre du cartulaire, **B65**, **B131**, **B132** ; **B142**, **B141** ; **B21** ; **B119** ; **B89**, **B88**, **B112**, **B128**, **B130**, **B180**, **B181** ; **B183**, **B182**, **B139**, **B144**.
284. Respectivement, pour les actes des évêques et du chapitre de Lisieux : **B79**, **B94**, **B122**, **B175**, **B121**, **B47**, **B55**, **B12**, **B13**, **B63**, **B82**, **B69**, **B80**, **B95**, **B176**, **B64** ; pour les actes des archevêques de Rouen : **B11**, **B46**, **B60**, **B61**.
285. Respectivement **B72**, **B73**, **B44**, **B42**, **B71**, **B73**, **B24**, **B19**, **B10**. De même que la bulle du pape Adrien IV n'a pas été copiée par le cartulariste, de même la charte du roi Henri Ier évoquée dans la grande charte de confirmation d'Henri II (**B72**) est absente du cartulaire : choix délibéré du copiste ou acte perdu avant 1227 ?
286. Henri le Jeune **B49** ; Richard Cœur-de-Lion **B93** ; Louis VIII **B179**. Au milieu de ce groupe, une notice égarée relate un accord passé sous l'égide de Galeran II, mais durant le règne d'Henri II. La confusion du copiste s'explique peut-être par l'évocation du roi dès les premières lignes de l'acte.

par des cahiers copiés après 1227. Elle occupe les fol. 97 à 147v et compte 200 actes d'importance très variable[287]. Elle s'ouvre sur la pancarte de fondation de l'abbaye, laquelle s'enchaîne à une série de notices, de résumés, de récits de donation ou d'engagements de biens en faveur des moines. On y trouve toutefois quelques rares exemples de chartes copiées textuellement et d'autres chartes tronquées ou amputées de leur préambule.

Les notices rendent compte du développement du temporel et de la vie de l'abbaye sur la période des cent trente-quatre premières années du monastère : donations, engagement de terres, achats et autres transactions y sont recensés, mais il ne faudrait pas y voir un inventaire complet des actes reçus par les moines. Au moins quatre exemples de donations effectuées à la fin du XIe ou au XIIe siècle sont confirmées par Galeran II, Alexandre III ou Henri II, sans se trouver consignées sous forme de notice dans cette partie du cartulaire[288]. On n'y trouve pas de confirmation épiscopale par exemple et l'on peut supposer que le souci d'exhaustivité n'a pas prévalu durant la longue période de sa confection. Il s'est plutôt agi de regrouper différents actes témoignant concrètement des acquisitions faites par les moines.

Ces notices suivent un classement globalement topographique : elles ont été regroupées en plusieurs dossiers concernant un même finage, voire un même domaine, et à l'intérieur desquels un classement chronologique semble prévaloir, même s'il n'est pas toujours strictement respecté. Ce classement est sans rapport avec celui qui a été adopté par le cartulariste dans la première partie du manuscrit.

Il n'est pas aisé d'évaluer strictement le nombre de ces dossiers, étant donné la fréquence des actes inclassables qui ne s'insèrent dans aucun d'entre eux[289]. Cependant, on peut individualiser vingt-six de ces séries cohérentes qui concernent, pour les premières, Combon, Épaignes, Préaux, Tourville, Saint-Germain, Toutainville, Saint-Sanson-sur-Risle, Campigny, Selles et plus loin Vascœuil, Rouville, etc. D'autre part, il faut noter que plusieurs groupes de notices, ayant pourtant trait au même finage, se trouvent disjoints les uns des autres : c'est le cas des notices relatives à Épaignes[290], sans que ni l'ancienneté des notices – les notices anciennes sont également réparties dans l'un et l'autre groupe –, ni l'origine et le statut des donateurs ne puissent être invoqués pour expliquer cette séparation. Ce cas, qui semble dû à un défaut de classement, reste, en fait, isolé, car dans l'ensemble, si un seul finage est évoqué dans plusieurs séries de notices, c'est pour individualiser plusieurs domaines appartenant aux moines se

---

287. Ces actes portent dans le cartulaire les numéros 286 à 477, avec plusieurs bis : 292bis, 295bis, 300bis, 305bis, 306bis, 312bis, 327bis, 395bis. Certains d'entre-eux n'occupent qu'une ligne ou deux : c'est le cas de **A2**, **A12**, **A14**, **A159**. D'autres, plus nombreux, remplissent plusieurs pages : **A1**, **A27**, **A169**, **A168**, par exemple.

288. Il s'agit du don de Richard de Lisors, gendre de Ribald d'Omonville, confirmé dans la grande charte de Galeran II en 1155 (**B8**) ; de ceux de Jean de la Mare d'une terre en Angleterre, à *Wautona*, et de Guillaume de Hotone à Courtacuiller (**B52**) ; et du don d'un certain Hugues, fils de Guillaume, vicomte de Dive, confirmé par Henri II entre 1185 et 1188 (**B72**).

289. Par exemple **A22** qui relate l'entrée d'Adeline de Meulan dans la fraternité du monastère.

290. Acte **A10** à **A16** et **A89** à **A95**.

situant dans le même finage. Les possessions des moines à Tourville, à Campigny et à Selles, trois paroisses limitrophes[291], font l'objet des notices **A34-A64** : les biens situés à Campigny même sont distingués de ceux qui se trouvent au Réel, fief à cheval sur Tourville et Campigny ; il en est de même pour les biens situés à Selles même, séparés de ceux qui se trouvent au Hamel, dépendance de Selles. Il faut avouer toutefois que la rigueur n'est pas la qualité qui caractérise le plus l'auteur de ce classement ; il fait preuve cependant de plus d'application lorsqu'il traite des biens des moines situés loin de l'abbaye : les parties consacrées à Vascœuil, au prieuré Saint-Pierre de Rouville ou aux biens situés en Angleterre[292], sont plus cohérentes.

Certains actes transcrits dans deux dossiers différents ont été abrégés par le copiste, qui renvoie le lecteur à la version complète[293]. Ces redites sont délibérées : plusieurs notices relatant une donation de terres situées à différents endroits ont été répétées autant de fois qu'il y avait de finages concernés, chacune de leur transcription mettant alors l'accent sur la partie de leur dispositif concernant la série en question. Ainsi, la notice relatant le don par Turstin Efflanc de biens sis à Tourville, à Corbeaumont et à Boulleville se trouve dans trois dossiers différents[294]. Une autre notice résumant les libéralités d'Hugues Fichet est traitée de la même manière : deux transcriptions mettent l'accent chacune sur un bien particulier, l'un situé Saint-Germain-Village, l'autre à Vannecocq[295].

À l'intérieur de chaque groupe de notices concernant un même lieu, on peut noter un net souci de la chronologie : les donations originelles, qui ont permis aux moines de prendre pied à cet endroit, tiennent en principe la première place, puis viennent les donations postérieures. Le déroulement chronologique de certaines notices est signalé par des références croisées, assez nombreuses, liant un acte au précédent, si bien que subsiste, malgré le classement topographique, une trame chronologique : ces mentions peuvent se faire l'écho d'une même datation, *eodem die, eodem die qua hec donatio facta est, in hac siquidem die, eodem tempore, succedenti vero tempore, eodem principe regnante*, ou encore à un acteur commun *supradictus Osbernus* (**A32**). De telles indications impliquent une rédaction progressive des notices, contemporaine des transactions qu'elles relatent, ce qui n'empêche pas cependant qu'elles aient pu être retouchées ensuite.

b. Quel peut être l'auteur de ces notices ? – Même s'il a révisé leur ordre de présentation, le cartulariste ne peut être l'auteur des notices. Le classement thématique des actes de la première partie du cartulaire et celui, globalement géographique, des notices plus anciennes obéissent à deux logiques rigoureusement différentes à tel point que son intervention, si elle existe, doit être

---

291. Voir les cartes du patrimoine de Préaux, ci-dessous, Annexe VI.
292. Sur Vascœuil, voir **A160** à **A167** ; sur Rouville, **A169** à **A188** ; sur l'Angleterre, **A191** à **A194**.
293. Voir notamment **A58**, **A91**.
294. **A43** est la notice copiée en intégralité ; **A18** met l'accent sur les biens à Tourville et Corbeaumont ; **A154** concerne ceux de Boulleville.
295. Voir **A73** (Saint-Germain-Village) et **A97** (Vannecrocq).

minime. Tout au plus, doit-on attribuer au copiste certaines troncatures d'actes qu'il juge inutile de transcrire en intégralité[296] et des renvois aux notices copiées intégralement. Il est probable que le cartulariste Guillaume a transcrit ce qu'il avait sous les yeux, les notices déjà classées et regroupées dans ce qui pourrait bien être un cartulaire primitif.

L'auteur de cette compilation plus ancienne pourrait avoir travaillé au XIIe siècle ; cependant on ne peut pas non plus attribuer à un seul moine la rédaction de toutes les notices produites à différentes époques. Ainsi le classement des notices est intervenu suffisamment tardivement pour que le moine qui en était chargé ne fût plus en mesure de localiser certains domaines. C'est le cas du Mesnil-Dastin, qu'il situe tour à tour à Rouville, à Vascœuil et au Mont-les-Mares. Cette terre fait partie des premières données à l'abbaye : en 1054, elle est engagée par Geoffroi et Raoul Dastin, puis donnée aux moines. La notice de ce don se trouve classée une première fois parmi d'autres actes concernant le Mont-les-Mares et le Mesnil[297] ; on la retrouve ensuite parmi d'autres notices à propos de Vascœuil, le Mesnil-Dastin étant confondu avec le Mesnil-de-Perruel, enfin en tête de celles concernant Rouville, place qui est réellement la sienne.

4. Répartition des actes

a. Répartition par abbatiat

En dépit de la difficulté à dater nombre d'entre eux, il a été possible d'esquisser une répartition des actes par abbatiat, d'où quelques idées maîtresses ressortent[298]. Les notices anciennes copiées dans la seconde partie du manuscrit témoignent du développement constant du nombre d'actes reçus par Saint-Pierre de Préaux et copiés dans le cartulaire. Deux actes peuvent être situés sous le gouvernement d'Évrard qui dura quatre ans ; durant les trente-huit ans de celui d'Anfroi, on en dénombre quarante-cinq, avec une marge d'erreur de onze actes. Sous le gouvernement de Guillaume Ier, dont l'abbatiat dura moins de la moitié de celui de son prédécesseur (1078-1094), on compte une trentaine d'actes. Sous Geoffroi, abbé pendant six ans (1094-1101), on compte une douzaine d'actes. Deux périodes connaissent un regain d'activité : entre 1040 et 1054, les actes sont plus nombreux et reflètent la tentative d'implantation des moines dans la région de Vascœuil ; entre 1094 et 1101 (abbatiat de Geoffroi), ils concernent surtout la mise en place du prieuré Saint-Pierre de Rouville et des prieurés de Préaux en Angleterre.

La première moitié du XIIe siècle qui voit se poursuivre le développement du temporel et du rayonnement spirituel de Préaux confirme la tendance, du moins durant l'abbatiat de Richard Ier, qui couvre le premier quart du siècle : cinquante-trois actes datables de 1101-1125 sont copiés dans le cartulaire, avec une marge d'erreur de douze actes à la date moins certaine. Sous son successeur, Richard II (1125-1146), on dénombre quarante et un actes, soit un peu

---

296. Voir **A58**, **A67**, **A166**.
297. Voir **A99**, **A165**, **A168**. Le Mesnil, Eure, cant. Cormeilles, comm. Martainville-en-Lieuvin.
298. Voir Annexe VI.

moins pour un abbatiat d'une durée un peu plus courte. Le bref gouvernement de Renaud (1146-1152) laisse sept actes. Durant les quinze ans de celui de Michel du Bec (1152-1167), on note un accroissement net du nombre des actes transcrits dans le cartulaire. Cette hausse du nombre d'actes copiés ne s'explique pas simplement par la politique active de Michel destinée à étendre le patrimoine de l'abbaye, mais aussi par une pratique de l'écrit au sein de l'abbaye plus rigoureuse, certainement importée de l'abbaye du Bec dont l'abbé était originaire. C'est durant ce gouvernement que cesse la compilation de notices ; près de la moitié des actes reçus sous l'abbatiat de Michel sont connus par leur transcription intégrale dans la première partie du manuscrit.

Parmi les deux cent trois chartes copiées dans la première partie du cartulaire, on n'en compte que cinq antérieures à 1146, relevant de l'abbatiat de Richard II, une appartenant à l'abbatiat de Renaud et vingt-six à celui de Michel, dont la moitié des actes sont copiés dans la seconde partie du manuscrit ; soit en tout seulement trente-deux actes antérieurs à 1167[299]. Tout se passe comme si le gouvernement de Michel constituait une véritable charnière. Pour un abbatiat de même durée, son successeur ne laisse que trente-trois chartes.

Apparaît ensuite une relative stabilité du nombre d'actes dans les décennies de la seconde moitié du XIIe siècle avec en moyenne un peu plus d'une vingtaine d'actes copiés dans le cartulaire. Une augmentation nette du nombre de chartes est perceptible durant la période 1180-1190, ce qui s'explique par le zèle déployé par l'abbé Osberne pour obtenir toute une série de confirmations tant de la part du pape et du roi d'Angleterre que de seigneurs plus modestes. La seconde augmentation substantielle du nombre d'actes, durant les années 1220-1227, coïncide avec l'abbatiat de Bernard, période de réorganisation et de reprise en main du temporel de l'abbaye, entreprise dans laquelle s'inscrit d'ailleurs la rédaction du cartulaire de l'abbaye qui, de ce fait, constitue une compilation sans doute plus exhaustive des chartes recueillies par l'abbaye à cette époque.

b. Répartition des actes par auteurs d'actes – L'analyse de la proportion de chartes du cartulaire selon les auteurs d'actes n'est pas aisée à faire, car il faut avant tout garder en mémoire qu'à l'évidence plusieurs actes du chartrier nous échappent, en particulier en ce qui concerne la fin du XIe siècle. Les chartes du cartulaire produites par des institutions ecclésiastiques, au nombre de soixante-quatorze, sont presque toutes copiées dans la première partie du cartulaire, ce qui laisse penser que toutes les autres, reçues par Préaux durant la première moitié de son existence et qui n'ont pas fait l'objet d'une notice, sont perdues. Bien loin d'avoir été inexistantes pour cette période, il semble plutôt qu'elles n'aient pas trouvé leur place dans ce recueil de notices non exhaustif. Il en résulte que les remarques tirées de la figure n° 1 ne peuvent être vraiment pertinentes que pour la tranche 1150 environ-1227. Le manuscrit compte dix-huit actes des abbés de Préaux, depuis Michel jusqu'à Bernard, essentiellement des baux à ferme et des achats de terres. Les évêques de Lisieux, puisque Préaux

---

299. Voir les graphiques de répartition, annexe VI.

dépend de ce diocèse, sont très représentés depuis Arnoul (1141-1181) jusqu'à Guillaume II du Pont-de-l'Arche (1218-1250), à quoi on peut ajouter trois actes du chapitre ou de l'archidiacre de Lisieux. Huit chartes d'autres abbayes, toutes de l'espace anglo-normand, copiées dans le cartulaire, fixent des concessions mutuelles ; on doit y ajouter les actes de juges délégués par les papes pour mettre un terme aux nombreux différends qui les opposaient, afin d'avoir une vision plus juste des rapports houleux qu'entretenait l'abbaye avec ses sœurs. Les actes des archevêques de Rouen sont moins nombreux, mais sont des confirmations importantes, tandis que les chartes des évêques d'Évreux, Bayeux et Salisbury sont ponctuelles.

La répartition des chartes octroyées par des laïcs nous renseigne sur le caractère familial de l'abbaye de Préaux : avec une dizaine d'actes, dont plusieurs sont perdus, les ducs de Normandie confirment leur attachement à Saint-Pierre de Préaux. Mais ce sont les grandes familles aristocratiques comme les Beaumont-Meulan, les Montfort et d'autres seigneurs *tenens in capite* qui effectuent les donations les plus importantes. La majorité des actes est le fait de petits seigneurs et de vassaux des grandes familles aristocratiques, parmi lesquels figurent en très bonne place les vassaux de la famille patronne de l'abbaye, avec près de 40 % de ces actes. Les donations des vassaux de Roger de Beaumont sont nombreuses dès les premiers temps de l'abbaye. À la même époque, plusieurs membres de la famille Dastin, parente de celle de Beaumont-Meulan[300] et bienfaitrice de Préaux, invitent explicitement leurs vassaux et leurs tenants à les imiter et leur concèdent par avance leur accord nécessaire à une donation en faveur de Préaux. C'est sans doute une démarche similaire qui encouragea les vassaux des Meulan et qui orienta leur piété vers Préaux, sans que cette abbaye ait cependant le monopole de leurs libéralités.

Jusqu'à l'extinction de ses derniers membres directs, la famille de Beaumont-Meulan, accompagnée par ses vassaux, reste la principale bienfaitrice du monastère. Préaux demeure dans les mains de la branche aînée des Beaumont, puis des comtes de Meulan. Trois principales périodes d'enrichissement de l'abbaye sont visibles : d'abord sous l'égide de Roger de Beaumont, qui parachève l'œuvre de son père, de nombreux dons sont effectués par ses vassaux. Le nombre des actes de son fils Robert III est moindre, tandis que l'attachement de la famille à la communauté semble connaître un regain sous Galeran II, dont les vassaux sont très généreux. Il faut cependant noter que la majorité des actes de Galeran II se bornent à confirmer des donations de ses fidèles, à qui il laisse l'initiative, tandis que lui-même n'effectua l'essentiel de ses donations que durant sa minorité et à la fin de sa vie[301]. Son fils Robert IV a une toute autre attitude ; il effectue nombre de donations de son propre chef, tandis que ses vassaux sont

---

300. Sur la répartition des actes, voir annexe IV. Sur cette parenté, voir la notice **A165** ; sur la famille Dastin, voir J.-M. Bouvris, *Pour une étude…*, p. 65-101.

301. Galeran II ne réserva pas ses libéralités à Saint-Pierre de Préaux et fonda d'autres abbayes, notamment le monastère du Valasse (Notre-Dame-du-Vœu) en 1140 (Voir *Chronicon Valassense*, éd. Somménil, p. 8). On trouve un récapitulatif sommaire des donations de Galeran II en faveur de Préaux au tome VI de la Collection du Vexin, p. 369, n° 533.

moins présents : son attachement à l'abbaye est décelable dans plusieurs de ses actes, notamment dans la charte de sauvegarde qu'il accorde entre 1185 et 1192[302] et également, en 1203, lorsqu'il est forcé par Jean-Sans-Terre à lui livrer ses fiefs : Préaux reste sa propriété[303].

Les collatéraux de la famille de Beaumont-Meulan ne sont pas en reste et permettent à Préaux d'accroître sa présence en Angleterre ; cependant les attaches qui les lient au monastère sont bien vite distendues à partir du moment où, investis de vastes domaines en Angleterre, ces nouveaux lignages sont amenés à leur tour à fonder d'autres établissements religieux qui monopolisent leurs bienfaits ; c'est le cas des comtes de Warwick, à l'origine de la donation du domaine de Warington, périodiquement confirmé par eux aux moines.

Les vassaux de la famille de Meulan constituent une large partie des donateurs favorisant Saint-Pierre de Préaux : la plupart sont originaires de la région de Pont-Audemer, du moins y possèdent des biens ; ce qui n'est pas surprenant, puisque l'abbaye a été restaurée au centre des terres de la famille de Beaumont. Ainsi peut-on citer, pour la région immédiate de Préaux, les familles de Tourville, de Campigny, d'Épaignes et Efflanc qui étaient déjà présentes au XIe siècle. En Roumois, la famille de Bourneville permet aux moines de s'implanter également à Étreville-en-Roumois, avec l'appui de Galeran II de Meulan. Les tenants de ces petits seigneurs participent à leur niveau à l'accroissement du domaine de l'abbaye en vendant des terres ; c'est le cas de la famille Haslé, dont plusieurs notices rendent compte.

---

302. Voir **B86**.
303. Voit Th. Stapleton, *Rotuli...*, t. II, p. cci.

CHAPITRE III
REMARQUES DIPLOMATIQUES

I. La pancarte de fondation

1. La copie de la pancarte dans le cartulaire

Longues chartes compilant une série de notices relatant diverses donations, les pancartes présentes dans les sources monastiques normandes du XIe siècle ont la plupart du temps été sanctionnées par une confirmation ducale. Ces actes offrent des particularités analysées en détail par Vivian H. Galbraith, puis par Lucien Musset ainsi que, plus récemment, par David Bates[304]. Le cas de Saint-Pierre de Préaux a jusqu'à présent été laissé de côté, car on a considéré que cette abbaye n'avait pas bénéficié d'une confirmation générale de ses biens par le duc avant le début du XIIe siècle, à la différence de bon nombre d'abbayes du duché, et notamment de Saint-Léger de Préaux[305].

Parmi les vestiges du chartrier subsiste cependant un long acte composé d'une série de dix-sept notices remontant à la fondation de l'abbaye qui, tel qu'il est présenté dans les éditions publiées[306], paraît être une pancarte inachevée. Copié en tête de la seconde partie du cartulaire, il lui manque en particulier les souscriptions qui viennent clôturer habituellement ce type de document. Les donations qui s'y trouvent détaillées s'enchaînent de manière continue, le co-

---

304. V. H. Galbraith, « Monastic foundation charters of the eleventh and twelfth centuries », dans *Cambridge Historical Journal*, vol. IV, Cambridge, 1934, p. 210-219 ; L. Musset. *Les actes de Guillaume le Conquérant et de la reine Mathilde pour les abbayes caennaises*, Mémoire de la Société des Antiquaires de Normandie, t. 37, Caen, 1967 ; D. Bates, « Les chartes de confirmation et les pancartes normandes du règne de Guillaume le Conquérant... », p. 95-109.

305. Pour la pancarte de Saint-Léger de Préaux, voir D. Bates, *Regesta regum Anglo-normannorum. The Acta of William I : 1066-1087*, Oxford, 1998, n° 217.

306. Voir **A1**.

piste du cartulaire les ayant séparées par un pied de mouche sans individualiser chacune d'elles par un paragraphe.

2. Reconstitution de la pancarte de fondation

Si l'on observe la plus ancienne copie de la pancarte de fondation qui se trouve dans le cartulaire, on remarque que l'acte est rythmé dans la marge par une succession de rubrications du type *De* + nom du lieu concerné, alternativement peintes à l'encre rouge puis verte par le cartulariste. On peut légitimement se demander si les gloses marginales figuraient déjà sur l'acte original[307]. Les rubriques placées en tête des quatre notices, copiées dans le cartulaire à la suite de cette grande charte, sont du même type et reprennent l'alternance des encres rouge et verte[308]. Tout laisse penser que, en dépit de leur présentation désolidarisée de la pancarte, ces notices constituent une suite logique de la pancarte de fondation et même une partie intégrante de celle-ci.

Cette hypothèse est étayée par la notice **A6**[309] : cette dernière relate l'installation à Préaux du moine de Fécamp Pierre et les donations faites au monastère à cette occasion[310]. La liste des souscriptions qui clôture la notice fait apparaître le duc Robert le Magnifique et son fils Guillaume, deux archevêques de Rouen, deux évêques de Lisieux, autant de *signa* qui n'ont pas pu être apposés à la même époque. En revanche, ne figure aucun signe de validation de la part de l'abbé Jean de Fécamp qui a autorisé l'installation de Pierre, ou de Guillaume le Conquérant, qualifié dans la notice de roi d'Angleterre. Il apparaît donc que les souscriptions apposées au terme de cette notice ne concernent en rien cette dernière ; elles correspondent en revanche au type de souscriptions qui figurent à la fin des pancartes classiques et qui ont été apposées à des époques différentes.

Le seul acte dans le chartrier de Préaux justifiant la présence de la souscription du duc Robert le Magnifique, mort à Nicée sur le chemin de Jérusalem en 1035, est la donation de Toutainville, datable de janvier 1035, qui fait suite dans la pancarte au récit de la dotation primitive par Onfroi de Vieilles. Le seing de son fils Guillaume qui figure ici ne peut pas non plus correspondre à la donation du moine Pierre de Fécamp : celle-ci eut lieu alors que Guillaume était roi

---

307. Cette habitude a été mise en lumière par L. Musset, dans *Les actes de Guillaume le Conquérant et de la reine Mathilde...*, en particulier p. 25 et suiv. Il faut noter que de semblables rubrications accompagnent les chartes de confirmation générale octroyées par Galeran II de Meulan (**B8**) et par le roi Henri II (**B72**).

308. Ainsi : *De Bosco* Goieth (**A2**) effacée et repeinte à une date ultérieure ; *De Maisnillo Ysemberti* (**A3**) ; *De Condeio, de Columbarivilla, de Methvena* (**A4**) ; les notices **A5** et **A6** ont des rubriques peintes à une date plus tardive.

309. M. Fauroux et L. Musset qui ont souligné l'incohérence de cet acte le datent respectivement de 1035 et d'après 1066. Voir M. Fauroux. *Recueil des actes des ducs de Normandie de 911 à 1066*, Caen, 1961, p. 229-230, n° 88 et L. Musset. *L'abbaye bénédictine de Fécamp, XIIIe centenaire*, 1958, p. 64-65, n. 42, p. 343.

310. L. Musset a identifié ce moine de Fécamp à Pierre, fondateur le prieuré de Saint-Martin du Bosc dans la forêt de Bonneville-sur-Touques (Voir L. Musset, *op.cit.* note précédente ; et P. Chevreux, J. Vernier, *Les archives de Normandie et de la Seine-Inférieure, État général des fonds, Recueil de fac-similés d'écritures du XIe au XVIIIe siècle accompagnés de transcriptions*, Rouen, 1911, planche V).

d'Angleterre ; or à la place de cette titulature ne figure après le *signum* que l'indication de parenté entre Guillaume et le duc Robert. Ces deux souscriptions paraissent avoir été apposées en même temps, en 1035. Il en est de même du seing de l'archevêque de Rouen Robert qui remplit sa charge entre 990 et le 10 avril 1037, et de celui d'Herbert, évêque de Lisieux de 1026 à 1049. Toutes ces souscriptions appartiennent à l'époque de la fondation de l'abbaye en 1034-1035.

D'autres seings, chronologiquement incompatibles avec ceux qui ont été précédemment évoqués, complètent cette liste : un autre archevêque de Rouen, Mauger, n'a pu apposer sa souscription que dans un second temps, entre 1037 et 1055, date à laquelle il fut déposé lors du concile de Lisieux[311] ; il en est de même pour Hugues de Lisieux, évêque entre 1049 et 1077. Les souscriptions d'Onfroi et de ses fils ne peuvent avoir été apposées qu'avant 1050, date extrême pour la mort d'Onfroi, voire 1054 pour Robert, son fils.

Il résulte que, en dépit de la présentation qu'en donne le cartulaire, la pancarte de fondation ne se termine pas sur le récit de la visite de Roger de Beaumont à l'abbaye, mais que les notices **A2**, **A3**, **A4**, et **A5** doivent être considérées comme partie intégrante de cet acte, dont les souscriptions existent bien. Le cartulariste n'a sans doute pas fondé sa copie sur l'original, mais sur une copie postérieure.

3. Genèse de la pancarte

a. La charte de fondation – L'histoire de l'acte fondateur de l'abbaye de Préaux réside dans les premiers paragraphes de la pancarte et dans la liste de ses *signa*. Une première charte rédigée au présent, à la première personne, relate la restauration de Saint-Pierre de Préaux par Onfroi, entreprise avec le consentement du duc Robert et de son fils Guillaume, qui sont les premiers, après le fondateur, à doter l'abbaye, en l'occurrence du domaine ducal de Toutainville. Cette donation a lieu juste avant le départ du duc pour Jérusalem, d'où il ne revint pas ; il est peu probable qu'il se soit déplacé à Préaux pour l'occasion. De fait c'est son fils Guillaume qu'il envoie déposer sur l'autel de l'abbaye la donation, après avoir réglé à Fécamp les détails de cette donation. C'est peut-être lors de cette rencontre de Fécamp que Robert apposa son seing sur l'acte primitif de fondation de l'abbaye, tout comme le jeune Guillaume et Robert, archevêque de Rouen jusqu'en 1037. En janvier 1035, Fécamp venait d'être le théâtre d'une assemblée des barons et des prélats normands à l'occasion de laquelle le duc Robert avait organisé le gouvernement du duché en son absence. Les deux manteaux et les deux chevaux de grand prix qui lui furent donnés, en échange, participent peut-être des préparatifs du pèlerinage ducal.

---

311. *Acta archiepiscoporum Rothomagensium*, éd. J.-P., Migne, *Patrologiae*..., t. 147, col. 278. Sur les dates des épiscopats, voir aussi *Les évêques normands du XIe siècle, Actes du colloque de Cerisy-La-Salle 1993*, Caen, 1995, p. 29 et suiv.

Cette charte primitive est qualifiée, en 1078, lorsqu'elle est exposée et lue devant Roger de Beaumont, de *carta quam firmaverat pater suus et ipse de constructione loci*[312]. Elle reçut très tôt des amendements : deux mentions rédigées à la première personne viennent compléter la dotation originelle, à savoir la donation par Onfroi de Vieilles de deux terres qu'il avait reçues en gage, biens qui devront retourner à leur propriétaire au terme du contrat établi pour douze ans[313]. Il faut imaginer dès lors que plusieurs expéditions de cet acte ont été exécutées au fur et à mesure des modifications qui lui ont été apportées. Une version quelque peu divergente de la charte de fondation d'Onfroi a été conservée dans l'acte par lequel le comte de Meulan Galeran II confirma les donation de ses ancêtres. La principale différence consiste en une mention de la fondation de Saint-Léger de Préaux, en 1045, pour laquelle Onfroi réserve une partie du territoire de Préaux, ce qui n'apparaît pas dans la pancarte de Saint-Pierre.

b. Ajouts de nouvelles notices – Jusque vers 1050, les moines ont constitué une pancarte en complétant la charte de fondation primitive par le résumé d'actes attestant les nouvelles donations faites à l'abbaye, et en premier lieu celle qui fut effectuée par le duc Robert et son fils. Au fur et à mesure que l'acte croissait par ajouts successifs et que se présentait l'occasion de le faire ratifier par un personnage de haut rang, de nouveaux seings ont été apposés au bas de l'acte : celui de Mauger, archevêque de Rouen (1037-1055), et celui d'Hugues, évêque de Lisieux (1050-1077). Ainsi la pancarte se compose-t-elle vers 1050 des actes rapportant les donations suivantes :

- la dotation de l'abbaye par Onfroi de Vieilles et la donation du duc Robert, datables de 1034-1035 ;
- les dons des trois frères Efflanc, entre 1035 et 1040[314] ;
- la donation d'Hugues, évêque de Bayeux, dont le seing est intégré à la pancarte, entre 1035 et 1047 ;
- l'octroi de la dîme de Pont-Audemer par Roger et Robert de Beaumont, fils d'Onfroi, vers 1050/1054[315] ;
- le don des biens de Robert, fils d'Onfroi, à Épaignes, avant 1054, suivie, la même année, par celui de l'héritage obtenu par son frère Roger de son oncle Turquetil ;
- la donation des églises de Boulleville et de Vienne par le duc Guillaume le Bâtard, en 1040[316] ;

---

312. Voir **A1[17]**.
313. Voir **A1[3]**. On ne trouve plus ensuite aucune trace de ces biens dans le patrimoine de Saint-Pierre, preuve qu'ils ont bien été restitués à leur propriétaire. L'idée que ces biens auraient été engagés par l'abbaye au profit d'Onfroi, comme on l'a parfois suggéré, ne tient pas (voir V. Gazeau, « Le temporel de l'abbaye Saint-Pierre des Préaux au XIe siècle », p. 237).
314. Ces dons eurent lieu alors qu'Evrard dirigeait la jeune communauté (voir **A17**).
315. Robert de Beaumont est probablement mort en 1050 et en tout cas avant 1054 (voir V. Gazeau, *Monachisme et aristocratie au XIe siècle...*, thèse dactylographiée, Caen, 1986-1987, p. 141-142).
316. Cette donation est datée de l'année de la mort du comte de Bretagne Alain, régent de Normandie. Voir Orderic Vital, éd. M. Chibnall, t. II, p. 304.

- l'accord intervenu entre les moines et Richard de Creully à propos de Toutainville ;
- la donation de Gilbert de Condé ;
- l'accord entre les moines et l'évêque de Bayeux Hugues en 1047 ;
- la donation de Jean, fils du comte Raoul d'Ivry, antérieure au moins à 1060[317] ;
- le don par Roger de Beaumont, de tout ce qu'il possédait à Manneville ;
- le don par Robert et Guillaume de Beaumont, fils d'Onfroi, de la dîme de Bosgouet, avant 1054.

Il faut souligner l'absence dans cette pancarte de toute référence aux importantes donations reçues par les moines du duc Guillaume et de Guillaume de Varenne à Vascœuil, acquisitions datables précisément de 1050-1053[318].

c. Une pause dans l'élaboration de la pancarte ? – Outre cette série d'actes antérieurs à 1050, toutes les autres notices qui composent la pancarte sont datables de 1078 environ. Il est très possible que vers 1050 une dernière expédition de la pancarte ait été rédigée, mais à quelle occasion ? Il était habituel d'établir dans les abbayes normandes une pancarte des actes obtenus depuis la fondation primitive jusqu'au plein achèvement de celle-ci, c'est-à-dire la dédicace de l'abbatiale. On peut imaginer ce cas de figure pour Préaux, mais il est difficile d'être formel sur ce point ; il semble pourtant bien que 1053-1054 ait été une année particulière pour l'abbaye de Préaux. Robert de Torigny, a priori bien renseigné, fixe dans sa chronique la fondation de Préaux à 1054, sous les auspices d'Onfroi de Vieilles[319]. L'abbatiale de Préaux a-t-elle été consacrée cette année-là ? La date de la dédicace de l'abbatiale de Préaux, habituellement située durant l'abbatiat de Geoffroi, en 1099, est sujette à caution et ne bénéficie pas d'une tradition très ancienne : elle est en désaccord profond avec la principale source contemporaine des premières années de l'abbaye qui nous soit parvenue, l'*Inventio et miracula sancti Vulfranni*, qui indique que les travaux de construction du monastère furent rapidement achevés, grâce aux conseils prodigués par l'abbé Gradulfe de Saint-Wandrille et au financement abondant assuré par Onfroi de Vieilles, ce qui permit l'installation d'un premier abbé, Anfroi[320]. Cette hypothèse pourrait être étayée par la présence dans la liste des *signatores* de la pancarte de deux seings ajoutés dans un second temps, ceux de l'archevêque Mauger et de l'évêque de Lisieux, Hugues.

---

317. Jean, fils du comte Raoul d'Ivry, devint en 1060 évêque d'Avranches et en 1067, archevêque de Rouen. Sur sa carrière, voir *Les évêques normands...*, p. 20 et 23.

318. Pour toutes ces notices dont l'ordre de classement dans la pancarte est globalement chronologique, voir **A1[2]** à **A1[16]**. Pour les donations de biens non recensées dans la pancarte à Vascœuil, voir **A161**, **A162**, **A163**, et au Mesnil-Da, voir **A165**.

319. *Chronique de Robert de Torigni, abbé du Mont Saint-Michel, suivie de divers opuscules historiques*, éd. Léopold Delisle, t. I, p. 48. Voir aussi son *De immutatione...*, t. II, p. 199.

320. La fondation de Préaux et la rapidité des travaux de construction sont rapportées dans l'*Inventio et miracula sancti Vulfranni*, rédigée à Fontenelle-Saint-Wandrille avant 1062 au moins, en ces termes : *omnia ut predictus pater (Gradulfus) dictaverat ordiri fecit (Hunfridus) atque in parvo tempore, utpote cui cuncta suppeditabant quae hujusmodi operis flagitabat expensa, ad effectum perduxit* (éd. J. Laporte, p. 51-52).

En tout cas, entre 1050-1054 et 1078, la pancarte cesse de connaître une phase évolutive et c'est seulement en 1078, ou un peu avant, au début de l'abbatiat de Guillaume, que pour remettre de l'ordre dans le temporel de l'abbaye Roger de Beaumont vient à Préaux : à cette occasion la pancarte fut complétée par le long récit des tractations qui aboutirent à la restitution des églises de Pont-Audemer. C'est peut-être à ce moment que fut également ajouté à la pancarte le récit des premiers dons faits sous l'abbatiat de Guillaume : **A4, A5, A6**. Il faut sans doute considérer que la courte mention relative à la donation par Robert et Guillaume de Beaumont[321] faisait partie de la pancarte de 1050-1054. Peut-être faut-il expliquer sa place ; elle est rejetée après le récit de 1078, par la volonté de Roger de Beaumont de voir figurer son intervention dans les affaires de l'abbaye immédiatement après son dernier don, recensé dans la pancarte, en faveur du monastère[322], ainsi pourrait-on expliquer le sens de la dernière phrase de ce récit : *Hec vero ratio hic inscripta est jussu ejusdem Rogerii qui ecclesias, unde sermo agitur, nobis dedit.*

Le récit de la visite de Roger de Beaumont faite à son abbaye après l'installation du second abbé, Guillaume, successeur d'Anfroi, est intervenu en 1078 ou un peu avant ; il a justifié la datation traditionnelle retenue de cette expédition de la grande charte[323]. À cette occasion, Roger de Beaumont vient s'enquérir, à la demande expresse des moines, de l'état spirituel et matériel de son abbaye : celle-ci avait eu à subir plusieurs aliénations intervenues du temps de l'abbé Anfroi, sans l'accord des moines, en faveur de parents de Roger de Beaumont[324]. Lecture est alors faite de la charte de fondation de l'abbaye : il faut assurément y voir une première version de la charte de fondation, revêtue des seings du fondateur et de son fils[325] et certainement enrichie par le récit de nouveaux dons intervenus entre temps, en particulier celui des églises de Pont-Audemer qui ne faisaient pas partie de la donation originelle du fondateur et qui faisaient alors défaut. Roger de Beaumont ordonne donc la réintégration des biens aliénés, en particulier des églises de Pont-Audemer, dans le patrimoine de l'abbaye et prescrit de compléter la pancarte par ce long récit. Il faut souligner que c'est aussi en 1077-1078 que fut probablement établie la version définitive de la pancarte de l'abbaye Saint-Léger de Préaux, ratifiée auparavant par Guillaume le Conquérant. Ainsi, il faut sans aucun doute attribuer la rédaction des deux pancartes des abbayes de Préaux à une initiative de Roger de Beaumont, qui opère alors une remise en ordre des abbayes familiales[326].

---

321. Voir **A2**.
322. Le récit de la visite de Roger est placé dans la pancarte après celui de la donation de ses biens à Manneville. Doit-on y voir dans le mot *hic* placé dans la phrase qui termine la notice la volonté expresse de Roger de Beaumont que ce récit figure à cette place exacte dans la pancarte ?
323. Cette date doit être modulée par les remarques formulées concernant la date de la mort de l'abbé Anfroi qui a pu intervenir dès 1075. En l'absence d'argument infaillible pour trancher la question, on s'en tiendra à la datation habituellement retenue, 1078.
324. Toutes ces aliénations, relatées dans les notices **A40, A57**, ont favorisé la famille de Turulfe et ses fils, cousins germains de Roger de Beaumont.
325. *Tunc, presente eo, lecta est carta quam firmaverat pater suus et ipse de constructione loci et jussu ejus exposita.*
326. D. Bates date la pancarte de Saint-Léger de Préaux de 1077-1078 ou de 1080-1081 (voir *Regesta regum Anglo-normannorum...*, p. 689-695, n° 217).

II. Unité diplomatique de la seconde partie du cartulaire

1. Typologie des actes (partie A)

La seconde partie du cartulaire groupe des chartes classiques dont on a supprimé le préambule, actes que l'on peut facilement individualiser, et dont le contenu a été transcrit textuellement ; des notices ou résumés d'actes écrits, qu'ils aient pris la forme de chartes rédigées à la première ou à la troisième personne, transcrits très probablement d'après un acte original ; enfin des notices qui font état, sur le mode narratif, de transactions, sans forcément renvoyer à un acte original écrit.

a. Chartes – Il est relativement facile de mettre en évidence les cas des quelques chartes copiées dans cette partie du manuscrit, qui n'ont vraisemblablement pas toujours été transcites textuellement. On peut citer les actes datant de l'abbatiat de Michel (1152-1167)[327] ; on peut y ajouter des actes récapitulatifs de plusieurs donations proches des pancartes : celle de la fondation de l'abbaye (**A1**), la récapitulation des donations effectuées par la famille de Turstin Efflanc (**A17**), celle des dons de la famille de Gilbert de Brucourt (**A179**), la charte de Guillaume le Conquérant confirmant les biens anglais de l'abbaye, l'accord avec Enguerrand de Vascœuil, et quelques actes émanant des abbés eux-mêmes.

Le cas de la charte d'Henri de La Prée, datable des années 1152-1159, trahit un remaniement de cet acte. Une version officielle de cet acte a été transcrite par le cartulariste dans la première partie du cartulaire : or il apparaît que la version copiée dans la seconde partie du manuscrit a été, d'une part, privée de son préambule[328], mais, d'autre part, enrichie de détails quant à l'identité de certains témoins dus à l'auteur de l'abrègement, contemporain de la transaction relatée. Ceci prouve une fois de plus que les deux parties du manuscrit obéissent à deux logiques distinctes et que leur composition ne doit pas être attribuée au même moine, ni à la même époque.

À ces actes se rattachent des résumés ou mentions d'actes rédigés, on le suppose, à partir d'une charte écrite originelle dont l'auteur n'a conservé que la substance : l'époque, le dispositif de la donation et la liste des témoins, parfois la mention d'une souscription manuscrite. Ce sont, par exemple, les actes de personnages importants, comme les premiers comtes de Meulan. La notice **A139** illustre bien ce type d'acte : le comte de Meulan Hugues donne aux moines le transit franc de leurs bateaux à Meulan, acte qu'il confirme de son *signum* en forme de croix. Il paraît clair que cette notice a été rédigée à partir d'une charte originale qu'elle résume et, l'on peut même supposer que l'énumération des membres de la famille du comte, pour le salut desquels cette donation fut faite, est une copie textuelle du contenu de la charte originale.

---

327. Voir **A76**, **A109**, **A115**, **A116**, **A129**, **A173**.
328. Voir la version « intégrale » de cette charte **B17** et sa version en notice « enrichie » **A129**.

b. Notices et résumés – Une seconde catégorie d'actes est constituée par des notices qui, rédigées à la troisième personne, paraissent être des actes de première main. Plusieurs d'entre elles d'ailleurs sont suivies d'une liste de témoins puis des *signa*, preuve qu'elles doivent avoir été mises par écrit sous la forme que l'on leur connaît. C'est le cas, par exemple, des notices concernant Épaignes (**A14**, **A15**, **A16**), ou de la notice **A94**.

La majorité des actes de cette seconde partie du cartulaire est constituée de mentions de transactions rédigées sur le mode narratif, constituant une sorte de chronique à l'usage des moines. Ce trait est particulièrement visible dans la notice **A84** qui retrace un conflit concernant une vente de terre plusieurs fois contestée par un certain Raoul Lutrel[329]. Après s'être une dernière fois opposé à cette transaction, afin d'en retirer quelque argent, il cède finalement et reçoit de l'abbé un dédommagement en deniers. L'auteur de la notice termine le récit en citant les mots mêmes de l'un des témoins assistant au règlement du différend, réflexion ironique soulignant la mauvaise foi du plaignant. Une telle notice n'a pu être écrite que par un moine témoin direct ou du moins contemporain de l'événement ; il ne peut s'agir de la retranscription d'une charte écrite sous la forme d'une notice, et la rédaction d'une charte comme point final à l'affaire est loin d'être assurée. Au contraire, le symbole de la remise des deniers au plaignant devant plusieurs témoins, au parloir des moines « *ubi fit mandatum pauperum* », geste fort et passablement humiliant, plaide pour un règlement à l'amiable qui échappe à la tradition écrite. Ce type de récit pouvait de surcroît être évolutif ; les moines avaient toute latitude pour le compléter et de l'allonger au gré des développements ultérieurs et des confirmations auxquels donnait lieu une première donation. Ceci explique que nombreuses sont les notices comportant plusieurs parties relatant des transactions conclues à des époques différentes mais concernant un même bien[330]. D'autres notices se résument à deux ou trois lignes ne conservant que l'information en son état minimum[331].

2. Datation des notices

Loin de toutes comporter une indication de date, bon nombre de notices débutent toutefois par l'évocation d'un jour, d'un événement ou d'un règne marquant l'époque de la transaction relatée[332]. Plusieurs groupes de notices se dessinent suivant le type de datation.

---

329. Les sœurs de Raoul, après avoir hérité de leur père, ont vendu leur pré aux moines avec l'accord de leurs frères, dont Raoul. Ce dernier, à plusieurs reprises, a contesté cette vente, arguant qu'il n'avait pas donné son consentement, cela afin de pouvoir retirer quelque chose de cette transaction. Cette contestation eut lieu durant l'abbatiat de Richard Ier et se renouvela durant celui de son successeur Richard II. Voir **A27**, **A84**.
330. Voir **A140**.
331. Voir **A142** à **A145**.
332. Ce type de datation, fréquente à cette époque en Normandie, se trouve par exemple utilisé dans les notices du rôle de Saint-Évroult. Voir A. Le Prévost, *Orderici Vitalis historiae ecclesiasticae libri tredecim*, t. VI, p. 182-195 ; voir également L. Musset, « Sur la datation des actes par le nom du prince en Normandie (XIe-XIIe siècles) », dans *Autour du pouvoir ducal normand...*, Cahier des Annales de Normandie n° 17, Caen, 1985, p. 5-17.

Un ensemble de notices sensiblement de la même époque est daté d'après le règne du duc de Normandie précisé en *incipit* : *Regnante Willelmo, Roberti martionis filio*[333] ou par les variantes *Regnante Willelmo, Roberti comitis filio*[334], *Regnante adhuc puero Willelmo, Roberti comitis filio*[335], *Regnante Willelmo eodem*[336]. En fait, cette série de notices suit le modèle de la pancarte de fondation qui constitue la pièce liminaire de cette partie du cartulaire. Suivant le même modèle, on trouve aussi l'évocation de l'abbé : *defuncto abbate Anfrido et loco ipsius Willelmo abbate locato*[337]. Ce mode de datation des notices continue d'être utilisé pendant les premières années du XIIe siècle[338].

L'évocation d'un événement ayant marqué les esprits des moines de Préaux et ceux des chroniqueurs de l'époque sert de même, dès la pancarte de fondation, à dater les notices : *illo anno quo mortus fuit Britannus comes* (1040), *illo anno quo prius inceptum est concilium de pace apud Cadimum* (sic) *com corporibus sanctis* (1047)[339]. Ce type de datation encore utilisé durant la première moitié du XIIe siècle n'implique pas systématiquement que l'acte qui le comporte fut rédigé après l'événement cité, mais peut trahir une réécriture a posteriori de la notice. L'événement peut n'avoir qu'une portée très locale, cela est particulièrement clair dans la notice **A41** écrite deux jours avant le départ en pèlerinage de Guillaume Wanescrot[340].

---

333. Voir **A2**, **A7**, **A19**, **A40**, **A57**, **A67**, **A74**, **A79**, **A85**, **A96**, **A99**, **A114**, **A124**, **A140**, **A144**, **A156**, **A157**, **A164**, **A166**, **A168**, **A188**. L'utilisation du verbe *regnare* dans ce type de phrase mentionnant le duc Guillaume en exergue d'une notice ne peut être considérée comme un indice chronologique sûr pour attribuer une date postérieure à 1066. Les exemples sont explicites où Guillaume, avant de devenir le Conquérant, « règne » (voir notamment **A17**). Sur l'utilisation de ce terme et de celui de *rex* pour qualifier les ducs de Normandie, voir par exemple M. Fauroux, *Recueil...*, n° 92, 95, 122, 158 ; voir aussi L. Musset, « Quelle idée les Normands... », p. 251.
334. Voir **A11**, **A90**, **A106**, **A176**, **A186**.
335. Voir **A17**.
336. Voir **A4**. Sur le même modèle : *Willelmo, Roberti martionis filio* (**A179**), *Regnante Willelmo, Roberti martionis filio, citra ultraque mare imperante* (**A178**), *Regnante Willelmo rege* (**A128**), *Regnante Willelmo comite* (**A139**), *Regnante eodem principe Willelmo* (**A10**), *Eodem iterum Willelmo regnante* (**A59**), *Eodem principe regnante et concedente* (**A19**), *Prefato item principe regnante* (**A91**), *Regnante Willelmo Normannorum principe et Anglorum rege* (**A58**). On peut ajouter à cette liste *Regnante Roberto, Willelmi regis filio regis Anglorum* (**A111**, **A158**), *Roberto comite gubernante Normanniam* (**A122**), *Regnante Willelmo filio magni regis Willelmi in Anglia et Roberto fratre ejus ducatum Normannie obtinente* (**A187**), *Regnante secundo Willelmo Anglorum rege, magni regis Willelmi filio qui Anglos debellando adquisivit* (**A192**).
337. Voir **A1**[17].
338. *Tempore Ricardi abbatis* (**A87**, **A112**, **A117**), *tempore Henrici regis Anglie* (**A110**), *Roberto comite gubernante Normanniam* (**A122**), *tempore Henrici regis Anglie secundi, filii Gaufridi comitis Andegavensis* (**A199**).
339. Voir **A1**. Voir aussi *eodem anno quo in conjugium sortitus est Normannorum marchio, Willlemus nomine, Balduini comitis filiam* (vers 1050, **A161**), *illum annum quod bellum fuit inter regem et comitem* (1054, **A168**), *anno quo Willemus Rufus, rex Anglorum, et Robertus, comes Normannorum, obsederunt suum fratrem Henricum in Monte Sancti Michaelis* (1091, **A64**), *quando primum suam curiam tenuit in sua nova aula que est apud Westmonastrium* (1099, **A163**), *eo anno quo Willelmus puer, Henrici regis Anglie filius, fecit homagium Ludovico, regi Francie* (1120, **A86**), *anno quo Juliana, uxor Eustachii, et Amalrici comitis moniales facte sunt* (1123, **A134**), *illo anno quo imperatrix Alemannorum rediit ad patrem suum Henricum, regem Anglie, in Normanniam* (1126, **A15**), *eo anno quo Galerannus, comes Mellent, accepit Rogerium de Thonieio* (1136, **A38**), *illo anno quo rex juvenis Henricus perrexit Tholosam* (1159, **A138**).
340. *biduo antequam Willelmus Wanescrot iret Jerusalem*.

À la place d'un événement, on trouve au XIIe siècle l'évocation d'une fête ou d'une journée, sans précision de millésime ; ce qui semble induire une véritable proximité de l'auteur de la notice et de la transaction ainsi datée : *eodem anno, in festo sancti Petri quod dicitur ad Vincula* (**A185**), *eodem autem die* (**A49**), *eodem die quo hec donatio facta est* (**A119**). En revanche, dans certains cas, la datation est tellement évasive et imprécise que l'on peut penser que la notice n'est pas contemporaine de la donation qu'elle relate : *quadam vero die* (**A81**, **A181**), *in die quadam festivitatis beate Marie Candelarie* (**A160**).

Enfin, l'utilisation d'une date clairement, voire précisément exprimée ne devient courante à Préaux que vers le milieu du XIIe siècle ; auparavant elle est réservée aux transactions particulièrement importantes, telle la concession, par Robert III de Meulan, des coutumes judiciaires et de la banlieue de Pont-Audemer datée de 1106 (**A69**), ou aux transactions nécessitant une précision chronologique, comme les engagements (**A46**, **A66**). Les notices du milieu du XIIe siècle, contemporaines des abbatiats de Renaud, Michel du Bec et Henri du Bec, comportent plus fréquemment une date millésimée[341].

3. Transactions orales et actes écrits

a. Le processus de transaction à Préaux – Jusqu'au milieu du XIIe siècle, l'importance de l'acte public ou du geste symbolique demeure encore significative à Préaux. Lorsqu'elle avait lieu, la rédaction d'une charte écrite venait conclure un processus cérémoniel qui se déroulait en public et ne constituait qu'un aspect de la validation de la transaction. Tout commençait par la venue des bienfaiteurs à l'abbaye de Préaux : les auteurs de la donation étaient reçus par l'abbé et les moines réunis dans le chapitre où était conclue la transaction, comme ce fut le cas lors de la venue des frères de Robert Belet, en 1091[342]. C'est dans le chapitre que l'abbé ou un moine accordait le contre-don, en cas de donation, ou remettait au vendeur le prix de la transaction (**A104**). C'est là aussi que se faisaient la plupart des concessions de terre (**A109**) ou les cérémonies d'hommage (**A21**). Ensuite avait lieu l'acte symbolique de donation dans l'abbatiale que les moines et les bienfaiteurs gagnaient en procession, accompagnés des témoins, afin de déposer la donation sur l'autel[343].

Le don public sur l'autel, *super altare*, pouvait prendre plusieurs formes ; cette cérémonie n'était pas réservée aux seules donations puisqu'on a des exemples de ventes qui donnaient lieu à une semblable cérémonie[344]. Les exemples de dons sur l'autel, pour la première moitié du XIIe siècle, se concrétisent par l'offrande d'un objet déposé sur celui-ci ; les plus divers pouvaient convenir. Alors que souvent en pareil cas on utilisait un livre, comme une règle de saint-Benoit (**A14**), à Préaux on préférait un candélabre, un couteau, une verge, un

---

341. **A177** (1149), **A76** (1155), **A104** (1156) **A94** (1158), **A130** (1162), **A123** (1164), **A151** (1168).
342. Voir **A1**, **A14**, **A21**, **A29**, **A37**, **A64**, **A69**, **A87**, **A95**, **A104**, **A113**, **A130**.
343. La notice **A151**, datable de 1168, est explicite à ce sujet : *omnibus autem de capitulo exeuntibus et in ecclesiam progredientibus…*
344. Voir **A34**.

rameau de rose, une croix de cire, un cierge, une clé ou des deniers[345]. La mise sur l'autel était en premier lieu l'affaire du donateur, mais parfois plusieurs personnes procédaient conjointement à ce geste, l'héritier du donateur par exemple[346], ou encore le même objet était déposé plusieurs fois par diverses personnes[347]. Le reste du temps on avait l'habitude, à Préaux, de déposer sur l'autel le bien donné, sans préciser sous quelle forme[348], voire de déposer la donation sur l'autel[349], ce qui laisse penser qu'on plaçait la charte, l'acte écrit lui-même, comme le confirment l'acte **A17**, de la fin du XIe siècle (*omnia simul conscribi in hac carta fecit et … super altare posuit*) et l'acte **A160**, du premier quart du XIIe siècle (*posueruntque super altare beati Petri per hanc cartulam*). C'est au moment du dépôt sur l'autel de la charte qu'avait lieu habituellement la souscription de l'acte par le donateur et ses proches. Dans la quasi-totalité des cas cette souscription, *signum, crux, figura*, est évoquée après la donation sur l'autel et systématiquement liée à ce geste[350]. Toutes ces opérations avaient lieu en public, si bien que le fait de souscrire un acte écrit prenait lui aussi une dimension de geste symbolique manifestant publiquement la transaction.

Après la donation sur l'autel pouvait intervenir la formulation par l'abbé et les clercs présents de l'anathème ou de la malédiction encourus par les éventuels violateurs de l'acte[351], formules comminatoires parfois présentes dans l'acte écrit. Enfin l'aboutissement de la donation se manifestait par la réception du donateur parmi les moines de façon concrète, lorsqu'il recevait l'habit monastique (**A97**), ou spirituelle, quand il était simplement accepté dans la fraternité des moines ou que son nom était inscrit dans le martyrologe[352].

À côté de cette règle générale, on rencontre dans les notices du cartulaire plusieurs exemples de transactions qui n'ont pas eu lieu à Préaux. Il était possible en effet d'effectuer des dons aux prieurés de l'abbaye, en particulier à Rouville ; c'est ainsi que Gilbert de Brucourt déposa une donation sur l'autel de cette église[353]. D'autres transactions comme des ventes pouvaient comporter une cérémonie se déroulant concrètement sur place, comme celles qui furent

---

345. Voir **A37**, **A42**, **A59**, **A94**, **A95**, **A130**, **A150**, **A151** (*candelabrum*) ; **A46**, **A61**, **A64**, **A112**, **A117**, **A172** (*cultellum*) ; **A32**, **A41**, **A131**, **A167** (*virga, virgula*) ; **A35**, **A108** (*cereus*) ; **A46** (*ramusculus rose*) ; **A43** (*crux de cera*) ; **A136** (*clavis*) ; **A146** (*denarios*). Ces actes datent tous de la première moitié du XIIe siècle, mis à part **A59**, **A43**, **A64** situés à la fin du XIe siècle.

346. *Cultellum ergo ipse et filii ejus utrinque tenentes super altare sancti Petri istam donationem posuerunt* (**A112**) ; voir aussi **A14**, **A117**.

347. *Tunc parentes ejus, mater scilicet prima et post eam tres filii sui et filia, terram, de qua locuti sumus, super altare Sancti Petri Pratelli per candelabrum posuerunt* (**A94**).

348. Voir **A31**, **A39**, **A60**, **A71**, **A73**, **A97**, **A103**, **A106**, **A113**, **A132**, **A135**, **A179**, **A184**, **A195**.

349. Voir **A11**, **A15**, **A25**, **A44**, **A52**, **A53**, **A72**, **A100**, **A141**, **A125**, **A126**, **A129**, **A139**, **A141**, **A169**, **A180**, **A181**, **A183**, **A196**.

350. Elle prend la forme du signe de la croix (**A1**, **A52**, **A59**, **A94**, **A95**, **A119**, **A139**, **A196**, **A172**), de la sainte croix (**A100**), la croix du Seigneur, (**A108**), peinte (**A42**, **A100**, **A108**) des propres mains (**A44**, **A113**, **A130**) du donateur en témoignage de vérité (**A52**, **A53**, **A113**).

351. Voir **A5**, **A6** et **A95**.

352. Voir *supra* notes 77, 78. Lorsque B. de Montfaucon visita la bibliothèque de Préaux existait encore le manuscrit du *Rituale Pratellense* qui a aujourd'hui disparu. On conserve des extraits d'un manuscrit semblable pour Le Bec qui renferme un rituel de réception dans la fraternité de ce monastère (A. Porée, *Histoire de l'abbaye du Bec*, t. I, p. 174-176, n. 1).

353. Un exemple de donation ayant lieu à Rouville avec dépôt de l'acte sur l'autel du prieuré est relaté dans l'acte **A180**.

réalisées devant la porte de l'église de Campigny (**A34**), devant l'église ou les paroissiens (**A41**), préfigurant ainsi les actes passés *coram parrochia*[354]. Dans ce cas, à ce même endroit et aux yeux de tous, avait lieu le versement du prix de la vente ou encore la saisine[355]. Il était aussi possible de dédoubler la transaction en deux temps et deux lieux : tout d'abord, la transaction se faisait sur le lieu même du bien donné, en présence du donateur et de ses témoins, puis la donation à saint Pierre était renouvelée à Préaux sur l'autel, en présence des témoins des moines (**A129**).

Si de nombreuses transactions se doublent de la rédaction d'une charte assortie de l'apposition de seings manuels[356], on ne peut être aussi catégorique pour d'autres qui n'ont pas forcément donné lieu à l'établissement d'un acte écrit : plusieurs indices plaident en ce sens. Les donations de la famille Efflanc, nombreuses mais décousues, ont fini par être consignées dans une charte après être restées longtemps orales ; mais combien d'autres plus ponctuelles et modestes en sont restées ce stade[357] ?

On peut légitimement se demander si les dons ponctuels, effectués par des personnages peu importants ou isolés, méritaient la rédaction d'une charte même courte. Ce cas de figure correspond aux libéralités de la famille de Brucourt, bienfaitrice du prieuré Saint-Pierre de Rouville[358]. Un geste symbolique, une déclaration orale devant témoin auraient eu plus de force pour marquer les esprits qu'un acte écrit. Un moine cependant prit soin d'en rédiger un récit sous forme de notice : c'est sans doute le cas, notamment, des notices **A47** à **A51**. Ainsi, la compilation des notices, qu'elles soient transcriptions d'actes écrits, simples analyses ou récits de transactions restées orales, doit être considérée comme un aide-mémoire destiné aux moines, plus qu'une stricte copie dans un cartulaire. Il faut donc certainement voir dans ce groupe de notices non pas la simple transcription d'actes originaux mais un récit de transactions composé à l'usage spécifique et interne des moines.

b. Témoins – La richesse des notices transcrites dans la seconde partie du cartulaire réside pour une part dans l'abondance des témoins cités, qui lève quelque peu le voile nous permettant de découvrir furtivement ceux que les sources médiévales condamnent ordinairement à l'oubli. Il faut cependant garder à l'esprit que le cartulariste et, avant lui, les auteurs des notices ont pu tronquer les listes de témoins, voire les résumer par un *et multis aliis* assez vague. Quoiqu'elles soient de diverses ampleurs, la majorité de notices comportent une dizaine de témoins[359].

---

354. Sur ce type d'actes, voir Mathieu Arnoux, « Essor et déclin d'un type diplomatique : les actes passés *coram parrochia* en Normandie (XIIe-XIIIe siècles) », dans *Bibliothèque de l'École des chartes*, t. 154, 1996, p. 323-354.

355. Voir **A32**, **A197**.

356. Voir **A52**, **A59**, **A94**, **A95**, **A100**, **A108**, **A113**, **A130**, **A139**, **A172**, **A196**.

357. Voir **A17**.

358. Sur les dons de la famille Harenc, voir **A17** : *tandem idem Turstinus ad memoriam reducens, omnia simul conscribi in hac carta fecit et, annuente sua conjuge filiisque suis Sturmido et Rogero, super altare posuit*. Sur la famille de Brucourt, voir **A179**, **A180**, **A181**.

359. Parmi les plus abondantes listes de témoins : **A50**, 13 témoins ; **A69**, 15 témoins ; **A42**, 21 témoins ; **A113**, 21 témoins ; **A71**, 23 témoins ; **A94**, 39 témoins.

Les actes les plus anciens ont tendance à regrouper dans une seule et même énumération tous les témoins de la transaction : c'est le cas des listes transcrites dans la pancarte de fondation pour des actes antérieurs à 1050-1054 et de plusieurs notices relatant des donations du milieu du XIe siècle ; ces listes sont introduites par des formules du type *ex utraque parte affuerunt testes*[360]. Durant la seconde moitié du XIe siècle, l'habitude s'est rapidement prise de distinguer les parties présentes en répartissant les témoins selon deux catégories : les témoins des moines, placés en tête, et les témoins du donateur. Un acte isolé offre une énumération de témoins originale divisée en trois parties, ceux de Saint-Pierre, ceux du vendeur de la terre et ceux du village, *testes ville*, qui sont tous des artisans locaux (**A42**).

Les témoins des moines ou de l'abbé sont souvent les plus nombreux, du moins ce sont ceux que le scribe privilégie dans l'acte écrit. Parmi ceux-ci, les noms de familiers de l'abbaye, membres du personnel et agents des moines, « hommes de l'abbé » originaires des environs de Préaux, apparaissent de façon récurrente[361]. Certains personnages sont de véritables témoins professionnels[362] : c'est le cas par exemple de Turstin Mauduit, cité à quatorze reprises durant la première moitié du XIIe siècle, ou d'Herbert, prévôt du Hamel, sept fois cité à la même époque. D'autres témoins sollicités par des moines sont visiblement de passage à Préaux : ainsi Arnoul de Hesdin, que l'abbé Geoffroi avait hébergé alors qu'il était en route pour le Mont-Saint-Michel, est-il témoin d'un don de Guillaume Dastin[363].

Il n'est pas rare de voir au milieu de la foule des assistants quelques enfants chargés eux aussi dans les temps futurs de porter témoignage de ce qu'ils ont vu. Lorsque le duc Robert le Magnifique donne Toutainville à l'abbaye, c'est le jeune duc Guillaume qui est chargé de déposer le don sur l'autel sous les yeux des enfants d'Onfroi de Vieilles. On n'hésita pas d'ailleurs, pour marquer leur esprit, à leur donner une gifle mémorable, *permaximum colaphum*[364]. Au XIIe siècle, les enfants ont toujours leur place au milieu des témoins : Richard Bouchebrune et son frère Osberne, Herbert, Turstin Mauduit, Geoffroi, Guillaume sont souvent cités[365]. Lorsqu'elles ne sont pas elles-mêmes donatrices[366], les femmes ne sont pas exclues des listes de témoins ; elles apparaissent en particulier associées à un membre de leur famille, conjoint ou fils, effectuant une donation[367].

---

360. Voir **A4**, **A10**, **A22**.
361. Ainsi les *homines abbatis* (**A71**), les *milites abbatis* (**A162**), ou encore le *rollifer* de l'abbaye (**A167**).
362. C'est ainsi qu'E. Z. Tabuteau les qualifie (*Transfers of property...*, p. 153).
363. Voir **A169**.
364. Voir **A1[2]**. Un autre exemple de cette pratique, datant du XIe siècle, eut lieu à l'occasion d'une donation par Roger de Croix-mare : la gifle fut donnée à un enfant *coram altari, videntibus multis* (**A4**). La présence de petits enfants est parfois signalée sans que leur nom ne soit précisé (**A113**). A. Giry signale cette pratique (*Manuel de diplomatique*, p. 615, n. 2).
365. Voir **A15**, **A103** (Richard) ; **A73** (Osberne) ; **A50** (Herbert fils de Rainald) ; **A103** (Turstin Mauduit) ; **A113** (Hugues de Conteville) ; **A135** (Geoffroi de Bauquay) ; **A146** (Guillaume) ; **A1** (Guillaume, fils de Foulques Moiri).
366. Voir **A32**, **A82**, **A140**, **A141**, **A149**.
367. Voir **A94**. Une notice mentionne toutefois un groupe de femmes sans lien apparent avec le donateur : Aubrée, Brunehaud, Baissa, Eremburge et Lejardis (**A34**).

Tous ces témoins oculaires sont essentiels pour prouver la réalité d'une transaction, d'une donation. Lorsque se produisait une contestation, leur témoignage était capital pour la défense des moines et de leurs droits[368]. La présence des témoins est un moyen supplémentaire de garantir la transaction à côté des serments, des poignées de mains publiques[369] et des souscriptions apposées en bas des actes.

c. **Les souscripteurs** – En signe de l'assentiment et de l'approbation manifestés publiquement, certains témoins, impliqués directement dans la donation, sont amenés à apposer leur seing manuel sur l'acte écrit validant la transaction[370]. Témoins et souscripteurs ne se confondent pas : tous les témoins n'apposent pas leur *signum* et tous les souscripteurs ne sont pas forcément témoins de la transaction, certaines souscriptions pouvant être apposées bien après. Dans ce cas, une nouvelle cérémonie publique peut avoir lieu, en particulier s'il s'agit de la signature du seigneur ou de l'héritier du donateur[371]. Les souscripteurs sont en fait les parties prenantes de la transaction, parents, héritiers, seigneurs, ceux dont l'accord est nécessaire pour la validité de l'acte juridique, ceux qui sont susceptibles, à l'avenir, de protester et de revendiquer l'objet de la transaction. Les épouses sont parfois amenées à souscrire, renonçant ainsi aux éventuelles contestations en cas de remariage et de constitution de dot. La validation publique de l'acte comme couronnement du processus de transaction, en particulier au XIIe siècle, est alors perçue comme une phase de la cérémonie publique.

4. Parenté stylistique des notices

L'ensemble des notices regroupées dans la deuxième partie du cartulaire ne constitue pas une œuvre cohérente du point de vue de sa rédaction. Certaines caractéristiques stylistiques permettent toutefois de déceler une parenté entre plusieurs groupes d'actes. Quatre notices, assez développées, relatant des transactions antérieures à 1078, paraissent avoir été écrites par un même auteur[372]. On y retrouve le même souci du détail dans le récit, le même style assez littéraire, voire une prise de parole directe de la part du narrateur sous forme de la question oratoire du type « *quid plura ?* ».

---

368. Ces témoins sont ainsi justifiés : *vocati fuerunt ad audiendum et testimonium portandum* (**A52**) ; *viderunt hec et audierunt* (**A53**) ; *viderunt omnes* (**A198**) ; *conscii hujus rationis* (**A4**). Ou encore, pour celui qui s'interroge sur son rôle : *Eris testis hujus rationis cum res poposcerit* (**A1[2]**). C'est ainsi que lorsque Guillaume de Salerne prétend ne pas avoir vendu sa terre aux moines, il est interpellé par ses parents *qui eum noverant ista vendidisse et male hec calumpniari* (**A113**).

369. Voir **A14**, **A34**, **A131**.

370. Le cartulariste a pris la peine de faire une copie figurée de certains *signa* qu'il avait sous les yeux : croix à double ou simple traverses, à double ou simple potences, croix coudées, droites ou sinueuses.

371. C'est ce qui explique les incohérences chronologiques de certaines souscriptions, en particulier dans la pancarte de fondation (**A1-A6**). Voir aussi **A179**.

372. Il s'agit du dernier paragraphe de la pancarte de fondation (**A1[17]**), de l'acte **A4** qui retrace les conditions du relief du fief de Condé, de l'acte **A6** relatant les donations du moine Pierre de Fécamp, de l'acte **A9**, accord passé entre les moines et le comte de Mortain, Robert.

D'autres notices, dispersées dans le cartulaire, ayant trait aux plus anciennes libéralités faites en faveur du monastère, affichent elles aussi des similitudes : elles ont en commun d'être datées par une expression liminaire évoquant le souverain régnant, Guillaume le Conquérant ou ses fils[373]. Ces *incipit* reprennent un modèle présent dans la pancarte de fondation. En outre, la manière de désigner le protagoniste de la transaction, lorsque celui-ci n'appartient pas à la famille du fondateur, est significative. Il est souvent qualifié de *quidam*, y compris lorsqu'il ne s'agit pas d'un personnage de second rang. Ces notices procèdent d'un même modèle et l'évocation apparemment évasive du donateur témoigne plus d'un formulaire répétitif que d'une véritable difficulté à établir l'identité du personnage, d'ailleurs bien souvent précisée dans la suite du texte de la notice[374].

D'autres indices laissent penser que ces notices appartiennent à une même campagne de rédaction, du moins qu'elles répondent à un même modèle. Onze de ces notices comportent, après l'évocation du vœu formulé par le donateur de devenir moine de Préaux ou d'y être enterré en tant que *monachus ad sucurrendum*, la formule « *quod factum est* », venant confirmer la réalisation du souhait. Cette mention, sans doute ajoutée après coup, concerne des transactions réalisées avant 1078[375] et se retrouve également dans plusieurs notices insérées dans la pancarte de fondation.

Toutes ces notices liées stylistiquement semblent avoir été sinon rédigées, du moins mises en forme à la même époque, peut-être vers 1078-1080, date de l'établissement du texte de la pancarte de fondation. Il faut sans doute y voir, plutôt que des notices rédigées individuellement, une tentative d'organisation du chartrier de l'abbaye sous la forme d'un recueil primitif de notices prenant la suite de la pancarte de fondation. Cet embryon de cartulaire a dû être entrepris à un moment décisif de la formation et de la reprise en main du temporel de l'abbaye par l'abbé Guillaume.

5. Un cartulaire primitif de Saint-Pierre de Préaux

a. Le *rotulus* de Préaux – Deux notices du XIIe siècle apportent la preuve de l'existence d'un premier document compilant des notices, sans qu'il soit possible, cependant, de certifier qu'il fut commencé dès 1078-1080. Le premier acte, antérieur à 1125, met en scène un bienfaiteur de l'abbaye, Geoffroi de Tourville, qui, après avoir donné douze acres de terre, trace de sa propre main le signe de la croix sur un *rotulus*. La seconde attestation de ce même rôle se situe entre 1125 et 1146 dans la notice par laquelle Guillaume Vanescrot de Campigny, sur le point de partir en pèlerinage à Saint-Jacques de Compostelle,

---

373. Voir ci-dessus sur la datation des notices.
374. Voir : *quidam homo* (**A183**, **A184**), *quidam miles* (**A40**, **A57**, **A105**, **A155**, **A168**, **A189**), *quidam balista* (sic) (**A148**), *quidam laicus* (**A19**, **A156**), *quidam Fiscannensis monachus* (**A6**), *quidam juvenis* (**A46**), *quidam puer* (**A141**), *quedam mulier* (**A176**), *quidam baro* (**A187**).
375. À l'exception de **A169**, qui se situe entre 1094 et 1101.

vend aux moines toute sa terre, avec l'accord de son fils. En témoignage de quoi, l'un et l'autre « peignent » leur croix directement sur le rôle, comme le souligne le texte même de l'acte[376].

Il faut sans aucun doute voir dans ce rouleau le recueil primitif des notices que les moines auraient poursuivi jusque dans la première moitié du XIIe siècle et qui, à deux occasions au moins, aurait servi de preuve écrite à plusieurs transactions et aurait reçu les seings des protagonistes ; c'est peut-être le cas aussi de l'acte **A100**. On ne peut pour autant affirmer que tous les *signa* tracés à la fin des notices du cartulaire aient été, sur le rôle, autographes. Ce recueil se trouve aujourd'hui comme fossilisé et constitue la seconde partie du cartulaire de Préaux.

Ce recueil primitif a, sans doute, été poursuivi par les moines qui ont continué d'y inscrire au fur et à mesure, comme l'aurait fait un chroniqueur, le résumé des transactions qui venaient enrichir leur temporel. La preuve de cette continuation du recueil primitif réside dans au moins deux notices. L'acte **A140** retrace les conditions dans lesquelles Goubert, fils de Guimond, a donné aux moines la dîme de ses hommes de Marbeuf entre 1078 et 1087 ; la première partie de la notice correspond au modèle décrit plus haut des actes datés selon la formule stéréotypée « *Regnante Willelmo, Roberti marcionis filio* » et se termine par la liste des témoins de la transaction ; vient ensuite une seconde partie retraçant les libéralités qu'Ermentrude, l'épouse de Goubert, devenue veuve, fit en faveur des moines entre 1094 et 1101, sous l'abbatiat de Geoffroi, suivie elle aussi d'une liste de témoins. Il apparaît assez probable que la notice originelle a été complétée par un moine plusieurs années après le premier don : on peut imaginer que celui-ci l'a fait dans la marge ou qu'il a intercalé cette continuation entre la notice et l'acte suivant écrit sur le rôle. Le même cas de figure se rencontre dans l'acte **A141** où l'on apprend les conséquences et les rebondissements de la transaction passée entre l'abbé Anfroi (1040-1078) et Guillaume, vicomte de Montfort, sous l'abbatiat de Geoffroi (1094-1101). C'est la raison pour laquelle les dates indiquées dans la présente édition sont les dates des donations et des engagements, voire de la dernière transaction relatée dans la notice, et non celle de la rédaction de l'acte tel qu'il apparaît : les notices sont, pour la plupart, contemporaines de l'action qu'elles relatent, mais certaines peuvent avoir été révisées plus tard.

b. Utilisation et évolution du *rotulus* – Pendant les premières décennies du XIIe siècle, le recueil primitif fut vraisemblablement complété par de nouvelles notices rendant compte des donations faites à l'abbaye. Les moines, en outre, se sont attachés à y intégrer le résumé des libéralités des bienfaiteurs de leur abbaye en Angleterre, Roger de Beaumont et ses fils. Ces donations, effectuées entre 1066 et 1100, font l'objet dans le cartulaire d'une série cohérente de notices. Il n'est pas aisé de reconstituer l'évolution de ce document : comment

---

376. Voir respectivement **A44** : *signum crucis propria manu in rotulo fecit*, et **A42** : *fecerunt autem pater et filius super altare donationem (...) utrique crucem suam pingentes in rotulo, sicut inibi videtur*.

est-on passé de ce recueil primitif, sous forme vraisemblable d'un rôle (peut-être même peut-on envisager l'existence de plusieurs rouleaux), à la seconde partie du cartulaire de 1227, telle qu'on la connaît aujourd'hui ? Un reclassement des notices a dû être effectué, sans doute vers le milieu du XIIe siècle, un classement géographique s'étant substitué à un déroulement chronologique qui, selon toute logique, devait prévaloir dans le rôle d'origine, les notices s'y ajoutant au fur et à mesure que de nouvelles transactions avaient lieu. Cet aspect de chronique transparaît encore malgré les transformations subies, ne serait-ce que par les datations de certaines notices évoquant un événement particulier, ou par le lien d'un enchaînement logique, du type *eodem die*, l'une faisant référence à la précédente. La seconde partie du cartulaire de 1227 semble donc bien être le reflet d'un cartulaire primitif de l'abbaye rédigé sous la forme d'un rôle et fossilisé.

La seconde question qui se pose concerne l'époque jusqu'à laquelle ce dernier a été continué. L'acte le plus récent date du 24 avril 1168 (**A151**), c'est le seul qui mette d'ailleurs en scène l'abbé Henri, ancien moine du Bec[377]. Tous les actes de son prédécesseur, l'abbé Michel (1152-1167), ne s'y trouvent pas non plus : 14 actes de Michel ou mentionnant sa présence y sont transcrits, 12 autres sont copiés dans la première partie du cartulaire[378]. Autant dire que la rédaction de cette série de notices semble avoir été interrompue durant l'abbatiat de ce dernier, mais il est difficile de déterminer plus précisément l'époque de l'abandon du recueil de notices. Il est pourtant intéressant de noter que, parmi les 25 actes datés ou datables de l'abbatiat de Michel transcrits dans la première partie du cartulaire, 10 sont postérieurs à 1159 ; ceux qui sont antérieurs sont des confirmations diverses qui n'ont pas leur place dans la seconde partie constituée par les notices[379], si l'on considère que celle-ci ne recense que les transactions qui accroissent le temporel de l'abbaye. Il semble donc que vers 1160 le recueil de notices ait été abandonné. Avant même l'époque de l'accession de Michel à l'abbatiat, le cartulaire primitif avait perdu son aspect de chronique : à partir des années 1120, les actes des comtes de Meulan et des barons cessent d'y être recensés[380] ; il en est de même pour quantité d'actes et de confirmations

---

377. Voir la liste chronologique des abbés, appendice III. Un second acte de l'abbé Henri est transcrit dans cette partie du cartulaire (**A65**). Cependant il ne doit pas être pris en compte dans ce raisonnement car, si cet acte fut bien copié par le frère Guillaume, il a été ajouté après coup. Le module de l'écriture employée, plus réduit que celui des notices qui l'entourent, et le contenu de cette notice, qui n'a aucun rapport avec les actes qui l'environnent, suggère qu'il n'était pas prévu de la copier ici. Le copiste en retrouva sans doute le texte et l'a inséré ici, au bas du fol. 113v resté libre.
378. Voir **A55**, **A76**, **A94**, **A95**, **A104**, **A108**, **A109**, **A115**, **A129**, **A138**, **A173**, **A199**, **A200**.
379. Les actes datables de l'abbatiat de Michel, antérieurs à 1159, qui devraient être transcrits parmi les notices, sont des confirmations et des accords qui ne constituent pas de réels accroissements du domaine du monastère, excepté la donation de la dîme des étals de Pont-Audemer qui est rappelée dans la notice **A76** et la donation de la terre d'Hugues de Sainte-Marie par Albert de Tourville. Les chartes confirmatives ne sont pas copiées dans ce recueil primitif qui recense seulement les actes accroissant le patrimoine de l'abbaye ; de fait, ces confirmations anciennes ne sont connues que par des mentions : la notice **A182** fait état de confirmations perdues du comte d'Évreux, d'Hugues de Montfort, de Robert de Beuvron en faveur du prieuré de Rouville. Une charte de Guillaume le Conquérant en faveur de Rouville qu'on aurait pu penser trouver ici ne nous est connue que par la grande bulle d'Alexandre III (**B52**).
380. Trois notices relatant des dons de Galeran II de Meulan se trouvent recensées dans cette partie du cartulaire. Toutes les autres le sont dans la première partie, en compagnie des chartes des autres barons normands, soit 32 actes.

qui ne rendaient pas compte en tant que tels d'un accroissement du temporel et qui sont transcrits dans la première partie du cartulaire. Le cartulaire primitif prend donc l'aspect d'un recueil d'actes résumés récapitulant l'histoire des différents domaines de l'abbaye et de leur accroissement, et non pas d'un cartulaire exhaustif.

La création d'un recueil primitif de notices commencé, ou du moins existant, vers 1078-1080, et confectionné suivant l'exemple de la pancarte, pourrait bien être la conséquence de la restauration du temporel à la suite de l'avènement de l'abbé Guillaume. Ce recueil a probablement été rédigé sous la forme d'un rôle, attesté d'ailleurs entre 1101 et 1146, dont la rédaction se poursuit et retrace les acquisitions de terres et biens qui viennent compléter les dotations primitives : une sorte de continuation de la pancarte. À partir des années 1130, le nombre des actes non retranscrits dans le cartulaire primitif s'accroît. En 1155, ce recueil de notices sert à rédiger une partie de la grande charte confirmative de Galeran II, qui reprend des extraits de la pancarte et plusieurs notices du recueil[381]. Il est définitivement abandonné sous l'abbatiat de Michel, entre 1152 et 1167 ; seuls deux actes de l'abbé Henri y ont été ensuite ajoutés. Un reclassement et une refonte du rôle ou des rôles existants fut mise en œuvre durant cette première moitié du XIIe siècle, vraisemblablement sous l'abbé Michel, car les actes le citant s'intègrent eux aussi à ce classement[382] : le classement géographique se substitua alors au déroulement chronologique qui certainement prévalait dans le rôle.

c. **Les cartulaires-rouleaux normands** – Il n'est pas ici question de faire une étude générale sur les cartulaires normands en forme de rouleau, qui reste à écrire. Il faut toutefois rapprocher l'exemple du cartulaire-rouleau de Préaux d'autres plus anciens. Ce genre de cartulaire paraît avoir été relativement fréquent dans les établissements monastiques normands de la fin du XIe et du début du XIIe siècle[383]. Ce cartulaire conçu comme une chronique développant la pancarte primitive de fondation dut avoir la forme d'un rôle, et l'on sait quelle vogue cette forme a connu dans le royaume anglo-normand[384]. On peut d'ailleurs

---

381. Voir **B8**. Cette grande charte reprend notamment textuellement la notice **A12**, **A58**, **A159**, et une partie de **A10**.

382. Cependant on ne peut exclure totalement une réorganisation plus précoce : cette question reste pour l'instant difficile à trancher.

383. Il existe d'autres exemples normands de cartulaires-rouleaux, ceux-là plus tardifs : l'abbaye de La Noë possédait un tel rouleau copié au début du XIIIe siècle, aujourd'hui conservé pour partie aux Arch. dép. Eure (H 705) et pour partie à la Bibl. nat. de Fr., nouv. acq. lat. 1990 ; un autre exemple dans l'Orne, les prieurés du Vieux-Bellême, Arch. dép. Orne, H 2215 et H 2170. La Normandie n'a pas le monopole des cartulaires sous forme de rouleau.

384. Un bref inventaire des cartulaires-rouleaux en Normandie prouve que cette forme de manuscrit était relativement courante dans les abbayes du duché au XIIe siècle. Ainsi note-t-on : le rouleau de Saint-Évroult datant des années 1090-1098 (Bibl. nat. de Fr., nouv. acq. lat. 2527 ; Stein 3401 bis) ; le rouleau de Savigny (XIIe siècle, vers 1140) qui existait encore en 1858 chez M. de Gerville de Valognes au témoignage de D. Gurney, dans *Record of the house of Gournai*, Londres, 1858, p. 68 – Béatrice Poulle, dans sa thèse sur le chartrier de Savigny, le considère comme disparu (B. Poulle, « Le chartrier de l'abbaye de Savigny... », *Positions des thèses des élèves de l'École des chartes*, 1989, p. 167-172) ; le rouleau de Saint-Léonard du Vieux-Bellême (Arch. dép. Orne, H 2215; Stein 4092) ; le rouleau de Saint-Martin du Vieux-Bellême (Arch. dép. Orne, H 2170 ; Stein 4093). Hors de Normandie, on peut

citer d'autres cartulaires comparables dans leur forme et leur fond, comme ceux des abbayes de Savigny et de Saint-Évroult, qui possédèrent elles aussi des cartulaires-chroniques sous forme de rouleaux regroupant non des chartes transcrites in extenso, mais des notices[385]. À Saint-Évroult, plusieurs mains ont participé à la rédaction du rouleau, le document étant complété au fur et à mesure que de nouvelles transactions intervenaient. Ce dut être aussi le cas à Préaux, mais ce qu'il nous en reste a subi un reclassement.

Les similitudes entre le rouleau de Préaux et le cartulaire du prieuré de Saint-Georges de Hesdin sont également frappantes[386]. Hormis les différences de forme (le cartulaire de Hesdin est un codex) et de tradition, ils ont en commun d'avoir été écrits sur un mode narratif qui rend compte du développement du temporel de l'abbaye, retraçant pour chaque localité l'histoire des possessions des moines[387]. Dans les deux cas, il semble qu'un travail de classement des notices ait été effectué, puisque plusieurs pièces portant sur la même transaction ont été regroupées ; les deux monastères possèdent par ailleurs ce que Robert Fossier appelle « un cartulaire officiel », où l'on ne retrouve que quelques-uns uns des textes notés dans la chronique[388] : à Préaux ils sont contenus dans le même manuscrit et l'on ne connaît le « cartulaire-chronique » que par sa copie de 1227. Le cartulaire de Hesdin couvre une période allant de 1090 à 1180. Si l'on retient l'hypothèse, pour celui de Préaux, d'un remaniement mené afin d'introduire un classement géographique, on mesure combien, dans son état originel, il était proche de celui de Hesdin.

d. Utilité d'un tel recueil – On peut se demander quelle était la raison d'être de ce cartulaire primitif : était-ce un recueil à valeur juridique capable de suppléer la perte éventuelle des chartes originales ou simplement un aide-mémoire à l'usage interne des moines, un pense-bête rappelant notamment les transactions mineures qui n'avaient donné lieu qu'à un contrat oral et à un geste symbolique destiné à marquer les esprits ? Il est permis de douter d'une éventuelle valeur juridique du cartulaire primitif de Préaux : en 1155, à l'occasion de la confirmation Galeran II de Meulan de la charte de fondation de l'abbaye, une nouvelle grande charte a été rédigée à partir de la pancarte de fondation[389], à laquelle ont été ajoutées certaines notices du cartulaire reprises textuellement.

---

citer le rouleau de l'aumônerie de Saint-Martial de Limoges de la fin XIe siècle (Arch. hospitalières de Limoges, série H, 1er fonds, A2 et A3) ; le rouleau du prieuré de Chirac des XIIe-XIIIe siècles (Arch. dép. Aveyron, série D, étudié et édité par Jérôme Belmon, « Les débuts d'un prieuré victorien en Gévaudan : Le Monastère Chirac, XIe-XIIe siècles », dans *Bibliothèque de l'École des chartes*, t. 152, 1994, p. 5-90).

385. Ce rouleau de parchemin date de la fin du XIe siècle (Bibl. nat. de Fr., nouv. acq. lat. 2527). Voir l'édition d'A. Le Prévost, *Orderici Vitalis historiae ecclesiasticae libri tredecim*. Paris, 1838-1855, t. V, p. 182-195.

386. Le texte de ce cartulaire a été édité récemment par Robert Fossier, qui l'a fait précéder d'une courte analyse, *Le cartulaire-chronique du prieuré Saint-Georges de Hesdin*, Paris, 1988.

387. Les remarques faites par Robert Fossier dans son introduction concernant la forme du texte sont en tous points valables pour le rouleau de Préaux : dans les deux cas on note un reclassement des notices, une rédaction qui n'est pas vraiment littéraire et la juxtaposition d'actes (R. Fossier, *op. cit*, p. 7).

388. R. Fossier, *op. cit.*, p. 7-8. On peut considérer la première partie du cartulaire de Préaux comme le « cartulaire officiel » de l'abbaye, même s'il ne recouvre pas la même période que les notices.

389. Voir **B8**.

Pour certaines d'entre elles, on a dû avoir recours aux actes originaux puisque s'y trouvent des détails absents des notices telles qu'elles sont transcrites dans le cartulaire[390]. Il ne semble pas que le cartulaire ait alors joué le rôle d'une source de référence remplaçant les actes originaux.

Cependant plusieurs détails dans la partie ancienne du cartulaire ne laissent pas de soulever ce problème du statut juridique du « rouleau ». Deux notices indiquent assez clairement, autant qu'on puisse les interpréter, que les auteurs de transactions en faveur des moines de Préaux ont eux-mêmes apposé leur *signum* sur le rouleau : c'est le cas de Guillaume Wanescrot de Campigny et de son fils qui « *fecerunt autem (...) super altare donationem per quoddam candelabrum, utrique crucem suam pingentes in rotulo, sicut inibi videtur* » ; une autre notice indique que le donateur « *signum crucis propria manu in rotulo fecit*[391] ». Si la notice du rouleau a reçu des souscriptions originales, qui plus est autographes, ceci modifie le statut du manuscrit dont la valeur juridique ou au moins mémorielle s'en trouve grandement renforcée. On peut imaginer la rédaction d'une donation sous la forme d'une charte, un acte original donc, doublé en outre d'une copie contemporaine dans le rôle qui aurait reçu aussi des souscriptions.

Un troisième aspect de ce cartulaire primitif est le caractère à la fois historiographique et religieux qu'il a pu avoir en son temps. Garder la mémoire des donateurs et des principaux témoins des donations sert à la fois l'histoire et la défense des biens du monastère. L'enchaînement de notices rédigées souvent sous un mode narratif le fait apparaître comme une chronique des premiers développements du temporel de l'abbaye. Ce statut de source historiographique, tout comme sa valeur juridique, s'est renforcé plus tard, après la perte des actes originaux : il est devenu la source essentielle de l'histoire et des droits de l'abbaye. C'est pour cette raison que frère Guillaume l'a repris et intégré dans le cartulaire de 1227.

III. Typologie et caractéristiques des actes de la première partie du cartulaire

1. Typologie des actes (partie B)

a. Les confirmations – La première partie du cartulaire se distingue de la seconde notamment par le nombre important de chartes confirmatives qu'elle contient. Signe de maturité, l'abbaye entre au début du XIIe siècle dans une nouvelle phase de sa vie : après l'ère des acquisitions de grande ampleur durant les premières décennies, vient celle de la consolidation et des confirmations

---

390. Ceci prouve que les notices du cartulaire ne sont pas une copie d'extraits de la charte de 1155, mais qu'elles ont été rédigées avant et ont servi à la rédaction de la grande charte de Galeran II. La seule notice extraite après 1155 de la grande charte pour être insérée dans le cartulaire paraît être **A76**.

391. Voir respectivement **A42**, **A44**.

obtenues de façon plus systématique. La nécessité de faire respecter ses droits, le développement des techniques judiciaires, des procédures par enquête, rendent nécessaire la faculté pour les moines de pouvoir prouver leur bon droit et l'origine de leurs biens[392].

Dès le début du siècle, l'abbé Richard Ier, à moins qu'il ne s'agisse de Richard II, avait obtenu avant 1135 du roi Henri Ier Beauclerc une charte, dont on ne conserve le souvenir que grâce à un extrait repris dans la charte confirmative des biens de l'abbaye délivrée par d'Henri II. Henri Ier y accordait l'immunité à l'abbaye et devait en outre certainement constituer une confirmation générale des biens du monastère. De la même manière, le pape Adrien IV avait accordé l'exemption à Préaux dans une bulle, elle aussi perdue, mais dont le souvenir subsiste grâce à une mention dans le privilège d'Alexandre III daté de 1179 ; elle fut obtenue par l'abbé Renaud (1146-1152), à moins que ce ne fût par Michel du Bec, son successeur (1152-1167).

L'accord du pape une fois obtenu, il ne restait plus à l'abbé de Préaux qu'à solliciter des confirmations de personnages locaux. Ainsi Galeran II de Meulan, patron de l'abbaye, confirma en l'amendant la charte de fondation-pancarte d'Onfroi de Vieilles, en 1155. Les nouvelles acquisitions de la second moitié du XIIe siècle nécessitèrent ensuite de renouveler des actes désormais caducs : les actes d'Alexandre III, en 1179, et d'Henri II, entre 1185 et 1188, vinrent confirmer définitivement les acquisitions de la communauté.

Les confirmations ecclésiastiques sont, elles aussi, bien représentées dans cette partie du cartulaire : à partir du XIIIe siècle, l'habitude s'installe de faire confirmer le plus possible les acquisitions religieuses par l'autorité pontificale, ce qui explique la série de bulles d'Honorius III qui suivent celles d'Innocent III et de Célestin III[393]. À un échelon moindre, les moines ont obtenu des confirmations générales de leurs libertés, en particulier celles qui furent octroyées par le comte de Meulan, par l'archevêque de Rouen, par les évêques de Lisieux et d'Évreux, après celle d'Henri II[394]. La même volonté se manifeste lorsque les moines obtiennent des évêques de Lisieux successifs des confirmations pour la possession des revenus des églises données par l'évêque Raoul, confirmées aussi par les archidiacres de Lisieux[395].

b. Les accords – Le cartulaire recèle de nombreux actes datés de la seconde moitié du XIIe siècle et du début du XIIIe siècle qui rendent compte des conflits répétés qui opposèrent la communauté de Préaux à celles de l'Isle-Dieu et de

---

392. Quoique plus tardifs, plusieurs exemples de procédure montrent que la production des confimations possédées par l'abbaye fut déterminante dans le règlement de plusieurs affaires. Plutôt que les actes originels de donation, à la forme plus hasardeuse, voire difficiles à retrouver dans le chartrier, on préférait faire lire publiquement et montrer ostensiblement les chartes de confirmation du roi Henri II et du comte de Meulan Galeran II. Ce fut le cas à Rouen lors de l'Échiquier de Pâques 1231 pour prouver le bien fondé des droits des moines à Étreville (Cart. de Préaux, fol. 148, n° 478) ; ou encore à Caen à l'Échiquier de Pâques 1251 (*ibid.*, fol. 148, n° 479 ; voir L. Delisle, *Recueil des jugements...*, p. 178-179, n° 791).
393. Voir respectivement **B155**, **B165**, **B166**, **B167**, **B173**, **B174** ; **B96** ; **B91**.
394. Voir respectivement **B43**, **B46**, **B47**, **B45**, **B44**.
395. Voir **B79**, **B80**, **B94**, **B95**, **B122**, **B121**, et **B173**.

Mortemer[396], concurrentes directes des moines dans la vallée de l'Andelle, ou encore des débats engagés avec les religieux de Saint-Sauveur-le-Vicomte[397] au sujet des biens concédés par eux aux moines de Préaux à Neuville, près de Neufchâtel. En Angleterre aussi, les moines firent preuve de velléités d'expansion à partir des paroisses qu'ils contrôlaient : Watcombe, Thatcham furent des points de mésentente avec les abbayes de Reading ou d'Osney[398]. D'autres conflits mirent en scène l'abbé de Préaux et différents desservants d'églises paroissiales dont Préaux possédait le patronage : le partage des revenus et l'attribution des dîmes[399] fut parfois source de discorde qui ne se résolvait que par l'intervention de la justice épiscopale, voire pontificale, puisque le développement de l'institution des juges délégués pontificaux, choisis parmi des autorités ecclésiastiques locales, pour régler ces affaires, laissa des traces dans le cartulaire[400].

Différents types d'accords sont passés devant les autorités civiles et religieuses. Paradoxalement, alors que au XIe et au début du XIIe siècle les contestations suscitées par des laïcs étaient très fréquentes, leur nombre semble diminuer à la fin du XIIe siècle et au XIIIe siècle. Le problème de la constitution d'une dot lors du remariage d'une veuve dont le premier mari a fait une donation à l'abbaye demeure certes toujours prégnant[401], mais le développement des clauses de garantie dans les actes de donation parvient à prévenir quantité de litiges. La tendance générale au début du XIIIe siècle se caractérise, pour Préaux, par une diminution du nombre des conflits avec les laïcs et par une recrudescence de ceux qui opposaient les moines à d'autres communautés religieuses. À une époque où les domaines temporels des nombreuses abbayes normandes sont constitués, l'émergence des nouveaux ordres monastiques et la fondation de monastères avive les concurrences, d'où la nécessité d'attirer la générosité des donateurs.

c. Les chirographes – Le cartulaire mentionne trois chirographes relatifs notamment aux accords passés avec d'autres établissements monastiques. Cependant le plus ancien, datant de 1153, concerne la concession d'une tenure à cens à Colleville, acte passé *coram parrochia* et ayant donné lieu à la rédaction d'un chirographe[402]. Le deuxième chirographe, scellé, notifie un accord passé entre l'abbé de Préaux Osberne et les chanoines de L'Isle-Dieu entre 1187 et 1193[403]. Le dernier chirographe mentionné dans le cartulaire date du début du XIIIe siècle et a trait au règlement du conflit opposant les moines de Préaux et

---

396. Voir **B88**, **B89**, **B128**, **B180**, **B181**.
397. Voir **B40**, **B39**, **B138**, **C8**.
398. Voir **B172** et **C7**.
399. Voir notamment le conflit entre les moines et Lucas de Pont-Audemer **B65**, **B131** **B132**.
400. Voir **B65**, **B119**, **B131**, **B132**, **B172**, **B182**, **C7**.
401. Voir **B90**. Pour éviter un conflit, l'abbé peut dédommager l'épouse : **A179**. Un arsenal de clauses juridiques se met en place au XIIIe siècle pour empêcher toute contestation : **B152**, **B154**.
402. Voir **B7**. Un autre acte (**B69**), daté de la période 1141-1185, réglant le différend entre Raoul, prêtre desservant l'église Saint-Germain de Pont-Audemer, et les moines de Préaux aurait certainement dû prendre la forme d'un chirographe, mais se termine sur cette remarque : « *Ista carta non valet nobis duo* ».
403. Voir **B88**.

ceux de Reading, en Angleterre, entre 1216 et 1224. La charte en elle-même, telle qu'elle est copiée dans le cartulaire, ne porte pas de mention de chirographe, mais une analyse du XIVe siècle en apporte la preuve[404]. Il est possible que le chartrier de Saint-Pierre de Préaux ait conservé d'autres chirographes dont on ne garde plus la trace, en particulier dans la seconde partie du cartulaire, ce genre de précision diplomatique n'ayant pas sa place, semble-t-il, dans les notices anciennes.

d. Les notices – Alors que la quasi-totalité des actes de la seconde partie du cartulaire est formée de notices, on en trouve très peu dans la première partie du manuscrit. Ce type diplomatique encore fréquemment utilisé au milieu du XIIe siècle, durant l'abbatiat de Michel du Bec (1152-1167), sous une forme élaborée et de plus en plus stéréotypée, disparaît ensuite des sources diplomatiques de Saint-Pierre de Préaux au profit de chartes écrites à la première personne, y compris pour ce qui est des actes produits par les moines. On compte quatorze notices émanant de l'abbé Michel ou datant de son abbatiat ; presque toutes sont introduites par la formule « *Notum sit*[405]... », lorsqu'il s'agit d'un acte de l'abbé. Le plus souvent une indication précise du millésime[406] permet de les dater plus facilement que les notices anciennes. Une liste de témoins vient les clore invariablement. Un exemple de notice subsiste encore pour l'abbatiat d'Henri (1167-1182), une autre courte notice du cartulaire date de 1211-1212 et résume une série d'achats de terres par le sacriste de l'abbaye[407].

2. Caractéristiques diplomatiques

a. Invocations et préambules – Les invocations sont pour ainsi dire inexistantes dans la seconde partie du cartulaire, les notices n'en comportant aucune. Cependant un acte plus ancien laisse penser que d'autres actes transcrits dans la seconde partie du manuscrit pouvaient en comporter, et que les copistes successifs n'ont pas pris la peine de les retranscrire. L'acte de donation d'une roselière près de Rouville par Hugues de Brucourt, durant la première moitié du XIIe siècle, comporte un chrismon et une invocation trinitaire[408].

Les autres invocations que l'on trouve dans cette partie du cartulaire caractérisent trois chartes des comtes Galeran II et Robert IV de Meulan, qu'elles placent sous l'égide de la sainte et indivisible Trinité[409]. Le dernier exemple d'invocation concerne une bulle d'Alexandre III apparemment interpolée, qui porte en exergue le même type d'invocation que celles des actes de Robert IV[410].

---

404. Voir **B172**.
405. Voir **A65, A95, A109, A115, A116, A123, A152, A173**.
406. Voir **A94, A104, A123, A130, A151, B5, B23**.
407. Voir **A65** et **B134**.
408. Voir **B20**.
409. Voir **B26, B37, B43**. Sur la diplomatique des comtes de Meulan, voir les études de E. Houth, et sur la chancellerie, D. Crouch, *The Beaumont twins*, p. 147, 153.
410. Voir **B48**.

À l'instar des invocations, les préambules sont peu nombreux : quelques actes copiés dans le cartulaire comportent un préambule. Ce n'est pas que les autres n'en aient pas comporté à l'origine, mais il semble probable que, dans le cas des notices anciennes, leur(s) auteur(s) ont eu tendance à les supprimer, sans s'embarrasser non plus des invocations. Le copiste du cartulaire à qui l'on doit la conception de la première partie du manuscrit n'a pas eu cette tentation. En témoignent les libéralités que Henri de Prée fit en faveur des moines lors de son entrée au monastère qui sont transcrites dans une charte copiée à deux reprises dans le cartulaire, une fois parmi les notices, sans son préambule, une seconde dans la première partie du cartulaire, dans son intégralité cette fois[411]. Les seuls préambules subsistant sont celui de la pancarte de fondation[412] et celui qui ouvre l'acte de donation du manoir de Toft Monks par Robert III de Meulan[413] ; ils évoquent le thème de l'utilisation à bon escient des richesses à travers la parabole des talents (Mat. 25, 14-30) ou les proverbes de Salomon (Prov. 13, 8).

Les chartes plus récentes de la première partie du cartulaire ont, quant à elles, gardé leur préambule, lorsqu'il existait. La majorité d'entre eux sont placés en tête des actes épiscopaux et se résument en une phrase. Le thème classique du temps qui passe et qui altère la mémoire des choses, si on ne les met pas par écrit[414], a le plus de succès, avec ses variantes louant la formidable invention humaine que constitue la mise par écrit qui rafraîchit la mémoire et lutte contre l'oubli[415]. La nécessité de porter témoignage de la vérité[416], la nécessité et les raisons qu'il y a de confirmer des donations[417], y compris quand on est à un échelon moindre de la hiérarchie ecclésiastique[418], la nécessité de favoriser les lieux où l'observance religieuse est florissante, voire le plaisir qu'il y a à confirmer des donations quand les biens donnés sont pieusement utilisés[419], constituent les autres thèmes évoqués.

b. Développement des clauses de garantie dans les actes – Dans son étude sur les transferts de propriété au XIe siècle[420], E. Z. Tabuteau a, pour cette période, recensé près de soixante-dix actes rendant compte de l'existence du concept de garantie dans les transactions. La plupart du temps l'auteur de l'aliéna-

---

411. Voir **A129** et **B17**.
412. Voir **A1**, dont le préambule est aussi repris dans l'acte **B8**. Les parentés stylistiques et la construction parallèle de ce préambule avec un autre rédigé à Saint-Wandrille à la même époque (1035-1053) laissent penser qu'il a été composé dans le scriptorium de Fontenelle, ce qui paraît logique, vu le rôle de premier plan joué dans la restauration du monastère par l'abbé de Saint-Wandrille Gradulfe, proche d'Onfroi de Vieilles (voir F. Lot, *Études critiques...*, p. 62-63, n° 19).
413. Voir **A194**. La confirmation par Guillaume le Conquérant de la donation d'Henri de Warwick de Warmington, dont on ne connaît plus que l'incipit *Si quisquam*, devait aussi comme beaucoup de chartes ducales en comporter un : voir **C2** et **C13**.
414. Voir **B1**, **B17**.
415. Voir **B60**, **B61**.
416. Voir **B45**.
417. Voir **B46**, **B79**.
418. Voir **B80**.
419. Voir respectivement **B94** et **B121**.
420. E. Z. Tabuteau, *Transfers of property...*, p. 196.

tion se limite à promettre de défendre le bien aliéné contre toute réclamation ; parfois des fidéjusseurs sont choisis dans son entourage[421].

Les exemples de clause de garantie fournis par le cartulaire de Préaux datent, mis à part deux exemples, du XIIe siècle ; ils illustrent deux difficultés rencontrées par les moines dans la défense de leurs droits sur les terres qui leur sont données. Ainsi, le donateur ou le vendeur doit promettre aux moines de défendre les moines et la transaction contre toute contestation ou tentative d'usurpation de la part d'un héritier éventuel ou d'un parent[422]. Cette promesse devra être tenue par le donateur, voire par son fils et ses héritiers, ou encore par un tiers qualifié de *fidejussor*[423]. Le seigneur de la terre peut aussi se porter garant de la transaction ; c'est le cas de Galeran II de Meulan, qui charge son fils de désigner l'un de ses chevaliers pour être le garant des moines et les défendre contre d'éventuelles contestations après leur accord passé avec Guillaume de Campigny[424]. La non-garantie de la transaction pouvait également intervenir en cas de remariage de l'épouse du donateur et de la constitution d'une dot à partir de la terre aliénée[425].

En cas d'échec de cette défense ou de retrait de la terre, le donateur devra échanger avec les moines le bien contesté contre une autre de valeur équivalente. Ainsi, quand Godard se porte garant de la vente effectuée par ses sœurs, il promet, au cas où un de ses parents voudrait annuler cette vente, de donner aux moines autant de son pré et de sa terre en compensation[426]. On ne précise pas toujours qui assumera le choix de cette nouvelle terre : il s'agit tantôt du donateur, tantôt de l'abbé. En règle générale, l'initiative de l'abbé devient de plus en plus évidente au cours du siècle : celui-ci obtient la possibilité de choisir lui-même une terre équivalente ou de valeur supérieure en guise de dédommagement[427].

Les actes de la seconde moitié du XIIe siècle témoignent d'une évolution diplomatique et juridique. Les clauses de garantie plus précises et bientôt stéréotypées sont mises en place[428]. Le vocabulaire employé ne laisse plus de doute : l'emploi du verbe *garantire* se répand, sans plus être explicité[429]. En 1216, cependant, on trouve un acte où Hugues de Triqueville précise qu'il se reconnaît, ainsi que ses héritiers, tenu de répondre de la rente et du fief donnés en aumône aux moines. La même année, Hugues Kevrel promet de procéder à un *legitimum excambium* s'il ne peut garantir la terre donnée. Guillaume

---

421. Pour Préaux, voir **A163**, **A168**.
422. *defendere contra omnes* (**B1**) ; *adquietare* (**B29**).
423. *Fidejussor* (**A168**) ; *plegius* (**A62**) ; guarant (**A27**).
424. Voir **B23**. Galeran II se déclare aussi plège de Geoffroi de Roys (**B29**) : il semble que les moines aient eu recours au comte de Meulan comme garant de transactions lorsque celles-ci avaient déjà fait l'objet de contestations.
425. Voir **B154** : « *Et, si uxor mea mihi supervixerit et dictam terram pro maritagio vel dote ejus minui contigerit, predicti monachi plenam justiciam pro solutione dicti redditus super residuum feodi facere poterunt* ».
426. Voir **A27**.
427. Voir **B92**.
428. Voir à ce sujet R. Génestal, *Le Rôle des monastères...*, p. 140-141.
429. Voir **B92**, **B112**, **B134**, **B146**, **B147**, **B149**, **B153**, **B185**, **B189**, **B193**, **B199**.

Vanescrot, en 1227, promet de garantir sa donation contre tous hommes et femmes ; à défaut il procédera à un échange *ad valorem* pris sur sa propre terre. Lucas d'Aviron, entre 1204 et 1227, promet de garantir son aumône *contra omnes et in omnibus*.

Une autre clause concernant les conséquences de la non-garantie de la transaction apparaît alors : les moines pourront exercer leur justice sur une autre terre du donateur, c'est-à-dire saisir la terre ou prélever les revenus équivalents à ceux qu'ils auraient dû en obtenir. Un premier exemple qui annonce cette pratique est mentionné durant la première moitié du XIIe siècle (1120-1146) : Herbert Baolt promet lors d'une vente faite aux moines en cas de non-garantie de cette transaction, que l'abbé pourra exercer son droit et percevoir tout ce qu'il pourra sur une autre terre d'Herbert, en dédommagement[430]. À la fin du XIIe siècle, l'abbé prend soin de s'assurer la garantie des transactions par ce moyen et fait mentionner la faculté de *justiciam suam exercere*, ce qui, d'ailleurs, n'est pas propre à l'abbé, puisqu'un exemple dans le cartulaire prévoit ce même pouvoir pour un laïc, lors d'une transaction privée[431]. Pourtant les actes ne sont pas loquaces pour expliciter les cas où les moines pourront exercer leur justice. Il s'agit de se dédommager, *si opus fuerit*, en cas de non-paiement de rentes (**B97**) ou de retard de paiement (**B120**, **B148**, **B162**, **B160**) par la saisie de revenus de la terre sur laquelle est assignée la rente, de la terre elle-même (**B168**), voire d'une autre terre précisément nommée (**B169**). Par exemple, les moines pourront, dans le cadre d'une transaction passée en 1224 avec Richard Le Plat, se dédommager de seize boisseaux sur la terre de Guillaume Harenc et de deux autres sur celle d'Onfroi Puchelin, si la rente prévue de dix-huit boisseaux n'est pas versée[432]. Cette clause précise dans un cas que les moines pourront se faire justice *tamquam domini fundi*, ce qui implique la possibilité de disposer des revenus de la terre (**B171**).

c. Listes de témoins – Les listes de témoins qui, tout au long du XIe siècle et de la première moitié du XIIe siècle, viennent clore invariablement les actes de seigneurs laïcs de moyenne importance, copiés dans le cartulaire, subissent dans la seconde moitié du XIIe siècle une évolution progressive pour disparaître durant les décennies charnières des XIIe-XIIIe siècles. On trouve encore des listes de témoins dans la majorité des actes du cartulaire antérieurs à 1204-1206, mais quelques actes du début du XIIIe siècle n'en comportent pas : avant 1206, on compte sept chartes de donation de laïcs sans liste de témoins[433] ; après 1206, seules cinq chartes comportent encore une telle énumération[434]. Cette disparition des listes de témoins dans les chartes de seigneurs laïcs s'explique par la

---

430. Voir **A101**.
431. Voir **A114**, **A120**, **B8[8]**, **B32**, **B97**, **B110**, **B120**, **B148**, **B154**, **B160**, **B162**, **B168**, **B169**, **B171**, **B178** (laïc) ; **B140**, **B144**, **B160**, **B177**, **B187**, **B191**, **B199**, **B202**, **B203**.
432. Voir **B177**. Dans le même ordre d'idée, le comte de Meulan Robert IV interdit à ses agents de saisir les moulins de l'abbé, pour se faire justice (**B110**).
433. Voir **B92**, **B111**, **B113**, **B116**, **B120**, **B126**, **B127**.
434. Voir **B128**, **B133**, **B135**, **B147**, **B148**. On peut y ajouter les actes **B129**, **B138**, **B163** datés des décennies 1180-1220.

diffusion de l'usage des sceaux comme moyen de validation et d'authentification suffisamment fort des actes, rendant inutile l'énumération de témoins. Cependant, même lorsqu'ils ne sont pas nommés, les transactions restent publiques, faites en présence de témoins. L'acte **B121** indique qu'il est passé *in presentia multorum*, sans préciser les noms. Les actes passés *coram parrochia* témoignent, dans la région de Préaux notamment, de l'importance de la présence de ces témoins encore au XIIIe siècle. Le cartulaire de Préaux offre plusieurs exemples de tels actes depuis la première moitié du XIIe siècle jusqu'au début du XIIIe siècle ; ainsi en 1153 quand l'abbé Michel accorde en ferme une terre située à Colleville, est-il précisé: « *hec itaque conventio constituta in capitulo Sancti Petri Pratelli, coram abbate, omni conventu, lecta fuit et confirmata coram omni parrochia Cole Ville*[435] ».

d. Mentions de sceaux – Les actes produits par des institutions ecclésiastiques ont devancé ceux des laïcs en matière de sceaux. On ne trouve plus de noms de témoins dans les actes épiscopaux depuis la mi-XIIe siècle, et l'usage du sceau y est courant. Les mentions de scellement sont fréquentes au XIIe siècle dans les actes de grands seigneurs laïcs et ecclésiastiques. L'exemple des comtes de Meulan est significatif : le cartulaire ne mentionne pour les comtes de Meulan aucun sceau avant le début du XIIe siècle, mais une notice rapporte le texte d'une lettre de Galeran II adressée à l'abbé Richard Ier entre 1118 et 1120, authentifiée par le sceau du comte. On trouve ici la preuve la plus ancienne de l'existence d'un sceau personnel de Galeran II de Meulan[436].

Il semble que les décennies 1170-1180 aient été capitales pour la diffusion des sceaux chez les seigneurs normands de moyenne importance, bienfaiteurs de Saint-Pierre de Préaux. Les chartes de vassaux du comte de Meulan, par exemple, ne comportaient auparavant qu'une liste de témoins. Ainsi Robert de Sainte-Mère-Église, Robert de Tournay n'utilisaient pas de sceau[437]. Ils avaient alors parfois recours à celui du comte de Meulan[438]. Durant la fin du XIIe siècle, d'après les sources de Préaux, on voit apparaître couramment la mention de scellement dans les actes de seigneurs laïcs, qui précède et côtoie les listes de témoins[439].

L'abbaye Saint-Pierre de Préaux dispose, elle aussi, d'un sceau depuis la fin du XIIe siècle. Comme son prédécesseur Michel, l'abbé Henri ne paraît pas

---

435. Voir **B7**. Sans être aussi nombreux que dans les chartriers d'établissements religieux de la région de Caen ou du Cotentin, les actes *coram parrochia* ne sont pas totalement inconnus à la région de Pont-Audemer, comme l'analyse M. Arnoux (« Essor et déclin d'un type diplomatique : les actes passés *coram parrochia* en Normandie, XIIe-XIIIe siècles », dans *Bibliothèque de l'École des chartes*, t. 154, 1996, p. 327). Préaux en offre quelques exemples relativement précoces : **A34** [1136-1146], **A41** [1136-1146], **B7** (1157), **B133** (1210-1211), **B178** (1224-1125).
436. Voir **A71** Sur les autres sceaux de Galeran II, voir Bibl. nat. de Fr., Coll. du Vexin, t. XII, fol. 64, n° 339 ; et Pierre Bony, « L'image du pouvoir seigneurial dans les sceaux : codification des signes de la puissance de la fin du XIe au début du XIIIe siècle dans le pays d'oïl », dans *Seigneurs et seigneuries au Moyen Âge*, Paris, 1995, p. 373. Sur les sceaux de Robert IV de Meulan, fils de Galeran II, voir Bibl. nat. de Fr., Coll. du Vexin, t. XIII, fol. 47v, n° 549.
437. Voir **B41**, **B51**.
438. Voir **B58**, **B59**.
439. Voir par exemple **B57**, **B58**.

recourir à un sceau abbatial ; cependant, pour valider un accord passé avec Richard de Roys, il utilise celui du comte de Meulan Robert IV[440]. On rencontre les premières mentions de sceau de l'abbé ou de l'abbaye de Préaux dans les actes produit par Osberne (1182-1200), quoique ce dernier semble n'en avoir pas utilisé au début de son abbatiat, à en juger par l'absence de mention de sceau au bas de l'accord qu'il en 1182-1183 avec l'abbaye de Mortemer[441]. Le premier sceau physiquement conservé de l'abbaye est appendu à une demande de *licentia eligendi* datée du règne du roi Philippe II Auguste, conservée aux Archives nationales. Un second sceau de l'abbaye figure au bas de la charte par laquelle, en 1224, l'abbé Bernard échange avec le roi Louis VIII ses moulins de Neufchâtel[442]. Ce sceau de cire de 68 mm de diamètre représente saint Pierre tenant les clefs faisant face à saint Paul tenant un livre, personnages encadrés à droite par un croissant de lune et à gauche par un soleil ; la légende porte en lettres gothiques (*Crux*) SIGILL⁻ BEATORUM APOSTOLORUM PETRI 7 PAULI D⁻ P⁻TELLIS (*Sigillum beatorum apostolorum Petri et Pauli de Pratellis*) ; le contre-sceau figure une aigle.

Sur cette même charte figure le sceau personnel de l'abbé Bernard, appendu sur queue de parchemin. De forme ogivale, en cire banche, il mesure 70 mm de haut et représente un abbé de face, tonsuré et sans mitre, plaquant de sa main gauche un livre contre sa poitrine. Sa main droite tient la crosse à la volute tournée vers l'intérieur, tandis qu'il a revêtu aube, amict, chasuble et manipule. La légende figurée sur le pourtour du sceau est insérée entre deux filets : SIGILLUM BERNARDI ABBATIS (*Crux*) DE PRATELLIS[443]. Le contre-sceau représente deux personnages debout, peut-être saint Pierre et saint Paul, et la devise (*Crux*) DEUM TIME.

3. Datation des actes

a. Formulation de la date – L'expression de la date dans les actes anciens contenus dans le cartulaire de Préaux a déjà été analysée ; elle est d'ailleurs rarement exprimée sous la forme du millésime, mais plutôt sous celle du règne, de l'abbatiat, voire d'un événement contemporain de la transaction relatée. Seules les notices rapportant des donations marquantes, comme celle des coutumes judiciaires et du droit de banlieue accordé par le comte Robert III de Meulan ou encore celles qui établissent des contrats d'engagement, reçurent une datation explicite[444]. Même si les notices du cartulaire ont pu être récrites

---

440. Voir **B59**.
441. Pour le sceau d'Osberne, voir **B88**, **B89** ; l'accord avce l'abbaye de Mortemer, voir **B62**. Des mentions de sceau abbatial existent au XIIIᵉ siècle pour Guillaume II (**B113**), pour Thomas (**B140**), pour Bernard (**B184**).
442. Voir respectivement Arch. nat., J 345, n° 110 et J 215, n° 1 (diam. 65 mm, appendu sur queue de parchemin). *Cf.* L.-Cl. Douët d'Arcq, *Collection de sceaux...*, t. III, p. 31, n° 8344.
443. Moulage du sceau de Bernard, abbé de Préaux, Arch. dép. Eure, SC. M. XIII 14-14bis (1224). G. Demay dans son *Inventaire des sceaux de la Normandie...*, Paris, 1881, ne recense pas de sceau pour l'abbaye de Préaux. Voir L.-Cl. Douët d'Arcq, *Collection de sceaux*, t. III, p. 118, n° 8966.
444. Voir **A46**. Dans ce cas même la multiplication des données chronologiques ne permet pas d'assurer la datation.

ou tronquées de sorte que la date précise nous échappe aujourd'hui, il semble que la date ne fut pas une préoccupation première des rédacteurs des notices, toutefois soucieux de transcrire minutieusement les listes de témoins.

Hormis ces quelques rares exceptions antérieures, l'apparition dans le cartulaire d'actes dont le millésime est clairement précisé est contemporaine de l'abbatiat de Michel du Bec (1152-1167[445]). Il est possible d'y voir l'importation à Préaux d'une habitude propre au monastère du Bec-Hellouin dont était originaire cet abbé[446] ; on peut remarquer d'ailleurs que les chartes produites par d'autres abbayes normandes présentes dans le cartulaire ne comportent pas non plus de millllésime[447]. Certains actes rédigés à Préaux à la fin du XIIe siècle mentionnent une date, comme la notification de la consécration, en 1183, de l'autel dédié à saint Léger et saint Thomas par l'évêque de Lisieux Raoul de Varneville. Cet acte ne ressemble en rien aux autres chartes du même évêque, copiées dans le cartulaire[448] ; on peut penser qu'il fut rédigé à Préaux lors de la consécration de l'autel.

En fait, la grande majorité des actes ne sont pas datés, l'absence de millésime constituant dans le duché une constante à cette époque et une tradition de la diplomatique des ducs Plantagenêt, et par mimétisme des seigneurs laïcs comme les comtes de Meulan et les seigneurs de plus modeste importance, et ce pendant toute la durée de la seconde moitié du XIIe siècle. Les datations ne peuvent de ce fait être déduites que de la composition de listes de témoins ou du lieu d'expédition, qui est lui-même rarement précisé[449].

Si quelques chartes d'ecclésiastiques expriment plus souvent une date précise, en particulier à partir des années 1180, cette habitude est loin d'être systématique. Les évêques normands ne paraissent pas utiliser de datation dans leurs actes, si l'on s'en tient aux chartes copiées dans le cartulaire, avant le XIIIe siècle, en dehors de quelques cas[450]. Une notification d'accord passé entre les moines et le vicaire d'Étreville, produit par Rotrou, archevêque de Rouen, porte une date alors que les autres exemples de chartes de ce même prélat n'en comportent aucune ; un acte de Raoul, évêque de Lisieux, est daté de 1183, mais il faut attendre l'évêque Jourdain pour trouver une date précise. Les actes du chapitre et des archidiacres de Lisieux suivent la même évolution. Quant aux quelques actes d'évêques d'Évreux, ils ne contredisent pas ces remarques.

C'est au début du XIIIe siècle, après la conquête du duché par Philippe Auguste que les chartes normandes acquièrent une forme plus stéréotypée, abandonnant les habitudes de la chancellerie des Plantagenêt pour subir l'influence de celle du Capétien : la date devient de plus en plus fréquemment

---

445. Voir par exemple **B5**, **B7**, **B8**, **B9**, **B22**, **B23**, **B39**.
446. Une charte de Roger, abbé du Bec, porte d'ailleurs une date millésimée, voir **B34**.
447. Voir **B31**.
448. Voir **B63**.
449. La date de lieu est présente dans les actes royaux d'Henri II et de ses successeurs (L. Delisle, *Recueil...*, t. I, Introduction, p. 230-231).
450. Actes des archevêques de Rouen datés : **B65** (1183-1184) ; **B131** (1211) ; **B183** (1227). Pour les évêques de Lisieux : **B63** (1183) ; **B142** (1216) ; **B175** (1224).

exprimée, comme on l'a vu pour les actes de prélats normands. Rapidement les chartes de laïcs suivent le même exemple : dans le cas des chartes du cartulaire de Préaux, les actes datés précisément deviennent plus nombreux à partir des années 1208-1210[451].

b. Style employé – Les actes du cartulaire de Préaux ne permettent pas de préciser de façon certaine le style employé avant 1204, mais il semble que celui de Noël ait été en vigueur[452]. Après 1204, c'est le style qui prévaut en France, celui de Pâques, qui fut adopté. Deux actes du cartulaire retiennent l'attention à cause du problème de datation qu'ils soulèvent (**B180**, **B181**). Le premier est une charte du doyen de Rouen Thomas et du prieur de la Madeleine de Rouen qui fait connaître l'accord intervenu entre les moines de Saint-Pierre de Préaux et le couvent des chanoines de l'Isle-Dieu devant le doyen, le chantre et l'official d'Évreux au sujet d'un jardin situé à Vascœuil ; cet accord est daté du 11 avril 1226 (v. st.), soit du 11 avril 1227 (n. st.), selon le style de Pâques ; or Pâques 1227 est tombé précisément ce jour-là. Le second acte est un *inspeximus* de l'acte précédent donné par le doyen, le chantre et l'official d'Évreux, daté du 27 avril 1226 (v. st.). Sachant que Pâques 1226 est tombé le 19 avril, et Pâques 1227, le 11 avril, l'incohérence des deux dates données est manifeste. Une fois écartée l'hypothèse d'une erreur du copiste puisque les dates reprises dans l'*inspeximus* sont bien celles de l'accord, deux explications à cette incohérence sont envisageables : la date de l'*inspeximus* est à l'évidence bien le 27 avril 1226, le vieux style équivalent au nouveau style dans ce cas, en raison des dates de Pâques que l'on vient d'indiquer. L'accord du 11 avril 1226 (v. st.) est en outre obligatoirement antérieur à sa copie. On aurait donc dû trouver dans l'acte la date du 11 avril 1225 (v. st.), et il faut donc supposer que la date exprimée tient déjà compte du changement de millésime intervenant dans le courant du mois d'avril 1226.

Le problème posé par ces deux actes copiés dans le cartulaire de Préaux n'est pas sans précédent en Normandie. Deux chartes transcrites dans le cartulaire, dit « Livre noir », de la cathédrale de Bayeux, présentent la même difficulté[453] ; la première est datée d'avril 1278, la seconde qui confirme cette dernière l'est du samedi avant les Rameaux 1277 (v. st.). M. Arnoux, dans son étude sur les actes passés *coram parrochia*, suggère que « lorsque le jour de Pâques tombe dans le mois en question, le millésime adopté est celui de l'année nouvelle[454] ». Les actes du cartulaire de Préaux viennent en effet corroborer cette hypothèse.

---

451. Voir **B128**, **B131**, **B133**, **B134**, **B140**, **B141**, **B142**.
452. Voir A. Giry, *Manuel de diplomatique*, p. 109, et O. Guyotjeannin, B.-M. Tock, « *Mos presentis patrie* : les styles de changement du millésime dans les actes français (XIe-XVIe siècle) », dans *Bibliothèque de l'École des chartes*, 1999, p. 41-109. Un très bel exemple de l'emploi du style de Noël en Normandie avant 1204 se trouve dans deux notices transcrites dans le cartulaire de Troarn (Bibl. nat. de Fr., lat. 10086, fol. 188v-189).
453. V. Bourrienne, *Antiquus cartularius...*, t. II, p. 326-329, n° 570 et 571.
454. M. Arnoux, *op. cit.*, p. 330, n. 28.

4. Les faux

Les actes faux intégrés au chartrier de Saint-Pierre de Préaux, tel qu'il existe aujourd'hui, sont peu nombreux. Ceux qui susbsistent doivent être datés des XIIIe et XIVe siècles. Plutôt que de scandaleuses tentatives d'asseoir des droits indus, ces actes forgés ou interpolés tentent de simplifier, de résumer des droits authentiques.

Deux faux ont été copiés par le cartulariste : une bulle interpolée du pape d'Alexandre III relative à la donation par le comte de Meulan de droits dans la forêt de Brotonne et une charte d'Hugues de Brucourt confirmant la possession de l'église Saint-Vigor de Brucourt[455]. Deux autres actes faux, censés antérieurs à 1227, ont été transcrits dans le cartulaire au XIVe siècle : une charte de donation par Robert IV de Meulan des privilèges dans la forêt de Brotonne et un faux grossier attribué à Roger de Beaumont donnant l'église d'Étreville[456].

Il faut citer encore deux actes non copiés dans le cartulaire, mais subsistant dans le chartrier, et d'abord une charte de Robert de Leicester concernant les biens anglais de Préaux[457]. Conservée en original, quoique mutilée, cette charte constitue une refonte de plusieurs récits de donations. Elle est censée avoir été octroyée par le comte de Meulan et de Leicester Robert III, mort en 1118, pour confirmer l'ensemble des biens que les moines possédaient en Angleterre. Il n'est pas difficile d'y découvrir un faux : son contenu est vérifié par des actes authentiques, mais certains détails y sont erronés. L'église Saint-Leonard de Willey, présentée comme une libéralité du comte, a en réalité été donnée à l'abbaye par Roger Abbadon bien après la mort du comte Robert III[458]. D'autre part, l'absence des noms des témoins présents, seulement désignés par leur titre, est très inhabituelle. Enfin l'acte a été écrit par un moine qui a été chargé de copier dans le cartulaire plusieurs actes vers 1300. Il semble que ce faux ait servi les moines, puisqu'il a été confirmé par un *inspeximus* du roi d'Angleterre Edouard Ier en 1285[459]. Dernier faux, la donation par le comte de Meulan Galeran II du prieuré de Sainte-Radegonde de Neuchâtel[460].

---

455. Respectivement **B48** et **B196**.
456. Respectivement **C19** et **C18**.
457. Arch. dép. Eure, H1751. Voir D. Rouet, « Le patrimoine anglais et l'Angleterre vus travers les actes du cartulaire de Saint-Pierre de Préaux », p. j. n° 2.
458. Voir **B1**.
459. Voir Dugdale, *Monasticon anglicanum*, t. VI, p. 1027.
460. Bibl. nat. de Fr., Coll. Du Vexin, t. IV, p. 16. Voir D. Rouet, « Une dépendance de l'abbaye Saint-Pierre de Préaux... », p. 515-538.

SOURCES

Abréviations utilisées

a. Sources

Arch. dép. : Archives départementales
Arch. nat. : Archives nationales
Bibl. nat. de Fr. : Bibliothèque nationale de France
B. L. : British Library
Lat. : latin
Cart. : cartulaire
Coll. du Vexin : Collection du Vexin
O. V. : Orderic Vital.
Nouv. acq. : nouvelles acquisitions

b. Bibliographie

D.N.B. : *Dictionnary of National Biography*
R.H.F. : *Recueil des historiens des Gaules et de la France*
Reg. J.-L : *Regesta...*, éd. Jaffé, Loewenfeld
Rot. Scacc. Norm. : *Rotuli Scaccarii Normannie*

I. Sources manuscrites

Archives départementales de l'Eure

Ce qui reste du chartrier de Saint-Pierre de Préaux est détaillé dans l'inventaire de la série H des Archives départementales de l'Eure, auquel on se reportera[461].

H 709-H 732 : Chartrier de l'abbaye Saint-Pierre de Préaux (XIIIe-XVIIIe siècle).

H 711 : cartulaire de Saint-Pierre de Préaux, rédigé à partir de 1227 et complété jusqu'en 1494. Il contient 640 actes. XIIIe-XVe siècles. (Stein, n° 3085).

H 1751 : Pièces diverses non numérotées, au nombre de vingt-neuf, pour la plupart fragments de chartes ayant servi de reliures, concernant en priorité le prieuré de Sainte-Radegonde de Neufchâtel (1390-1774).

II F 1925 : Mélanges concernant les abbayes de Préaux (1396-1747).

II F 2925 : Mélanges historiques concernant l'abbaye de Préaux : tableau généalogique du lignage et de la descendance d'Onfroi de Vieilles, fondateur des abbayes de Préaux. XIXe siècle. — Mémoire portant copie des aveux rendus par les abbés de Préaux et conservés dans les archives de la chambre des comptes de Normandie, délivré à Melchior de Haro, abbé commendataire de Préaux : p. 2, aveu du 1er avril 1386 (sic) ; p. 7, copie de l'aveu du 14 avril 1420 ; p. 9, copie de l'aveu du 25 mars 1421 ; p. 16, copie de l'aveu du 30 novembre 1440 ; p. 21, copie de l'aveu du 24 juillet 1450 ; p. 26, copie de l'aveu du 3 mai 1484 ; p. 36, 2 décembre 1579. 1678.

III F 376 : Copie par Théodose Bonnin du cartulaire de Préaux H 711. XIXe siècle.

III F 487 : Copie de très mauvaise qualité par Théodose Bonnin de la première partie du second cartulaire de Préaux, aujourd'hui Bibl. nat. de Fr., nouv. acq. lat. 1929 (XIXe siècle).

Bibliothèque nationale de France

Lat. 4653 : Fragment de censier et d'un état des dîmes appartenant à l'abbaye Saint-Pierre de Préaux, complément de celui qui se trouve relié à la fin du manuscrit nouv. acq. lat. 1929. Vers 1480.

Lat. 11818 : *Documenta monastica* de Dom Germain destinés à la confection du *Monasticon Gallicanum*. Partie concernant l'abbaye de Préaux : fol. 486 et suiv. XVIIIe siècle.

Lat. 11913 : Antiquités et gravures de Montfaucon ; dessins de Gaignières : fol. 66, dessin du tombeau, aujourd'hui disparu, d'Onfroi de Vieilles, fondateur de l'abbaye.

---

461. Georges Bourbon, *Inventaire sommaire des Archives départementales antérieures à 1790, Eure, Série H*, Évreux, 1893.

Lat. 20909 : Vidimus de l'aveu d'un abbé de Préaux rendu pour le temporel de l'abbaye à la chambre des comptes de Rouen (n° 140). 1450, 24 juillet ; quittances des abbés de Préaux concernant le paiement de la dîme des revenus de la vicomté de Pont-Audemer. XIVe-XVe siècles.

Nouv. acq. lat. 1025 : Copie par Léopold Delisle d'extraits du cartulaire de Préaux. XIXe siècle.

Nouv. acq. lat. 1246 : Copies d'actes normands réalisées en 1878 par A. Deville.

Nouv. acq. lat. 1929 : Second cartulaire de Saint-Pierre de Préaux rédigé au XVe siècle.

Fr. 20909 : Diverses quittances scellées produites par des abbés de Préaux concernant : le paiement de rentes et de la dîme des revenus de la vicomté de Pont-Audemer (n° 128, 129, 130, 131, 132, 135, 136, 137), le passage franc des bateaux des moines au péage de Mantes (n° 133, 134). 1385-1436. — Acte de rapatriement des moines du prieuré de l'ermitage de Brotonne au monastère de Préaux pour cause de guerre (n° 138). 1437. — Aveu de l'abbé de Préaux (n° 140). 1450, 24 juillet.

Fr. 21812 : Copie d'actes par Léopold Delisle.

Fr. 21824 : Copie d'actes par Léopold Delisle.

Fr. 21831 : Notes de Léopold Delisle, copies et extraits de chartes.

Fr. 25981 : Quittances des abbés de Préaux concernant le paiement de la dîme des étals de Pont-Audemer. 1392.

Nouv. acq. fr. 20218 : Mémoires concernant l'exemption de Saint-Étienne de Caen faisant référence à plusieurs actes du cartulaire de Préaux citant Saint-Michel de Cabourg (fol. 52). XVIIIe siècle.

Collection Moreau

t. 1201 : Copie par du Theil de lettres conservées à la Bibliothèque du Vatican : recueil de copies de lettres du pape Innocent IV et autres lettres dont, au folio 141, une lettre de Guy, évêque de Lisieux, au roi Philippe III sur la ruine du monastère de Préaux en juin 1283.

Collection du Vexin

t. 4 : Recueil de François de Blois concernant l'histoire des comtes de Meulan : notes, copies d'actes extraits du cartulaire et du chartrier de plusieurs abbayes normandes dont Saint-Pierre de Préaux ; correspondance de François de Blois avec Mathieu Le Monne, moine de Préaux en 1669 (p. 15-19)[462].

t. 8 : Copies d'actes des comtes de Meulan en faveur de l'abbaye de Préaux (*passim*).

t. 13 : Lettre de Robert III, comte de Leicester, au pape Alexandre III à propos des dîmes des paroisses de Keyneston et de Shapwick, en Angleterre, données aux abbayes de Préaux et de Lyre (fol. 44-v, n° 543).

---

462. Mathieu Le Monne était originaire de L'Aigle (Orne) ; il fit profession à Vendôme à l'âge de 25 ans le 4 août 1643 et mourut à Préaux le 30 novembre 1683 (Yves Chaussy, *Matricula monachorum professorum congregationis S. Mauri…*, p. 23, n° 1086).

Archives nationales

Cartes et plans

N III Eure 1 [1-7] : Sept plans de l'abbaye, de ses alentours immédiats et des bâtiments : le plan 1^1 est daté de 1650 et montre l'état de l'abbaye avant la reconstruction de certaines parties par les Mauristes ; 1^2 montre le rez-de-chaussée des bâtiments avant reconstruction ; 1^3 est un plan de la cour de l'entrée du monastère ; 1^4 montre le projet de reconstruction des Mauristes ; 1^5 est un plan du premier étage des bâtiments avant la reconstruction ; 1^6 est un schéma représentant le clocheton de la chapelle Notre-Dame de Préaux ; 1^7, qui semble le plus ancien, est un plan aquarellé de l'ensemble de l'enclos abbatial avant 1650.

N III 92, N III 95 : Plans de la seigneurie de Notre-Dame de Préaux.

II. Sources imprimées

Sources narratives

The Anglo-Saxon chronicle, trad. Dorothy Whitelock, David C. Douglas and Susie I. Tucker, Londres, 1961.

Arnoul de Lisieux, *The letters...*, Londres, éd. Franck Barlow, 1939 (« Camden third series », vol. 61).

Chronique normande de Pierre Cauchon..., éd. Charles de Robillard de Beaurepaire.

Benoît, *Chronique des ducs de Normandie par Benoît trouvère anglo-normand du XIIe siècle*, Paris, éd. Francisque Michel, 1844, 3 vol. (« Collection de documents inédits sur l'histoire de France », 1ère série).

Chronicon Beccense, Rouen, éd. A. Porée, 1883.

Chronicon Fontanellense, éd. Luc d'Achery, dans *Spicilegium...*, Paris, 1723, t. II, p. 262-290.

Chronicon monasterii Mortui Maris, éd. Edmond Martène, dans *Thesaurus novus anecdotorum...*, Paris, 1717, t. III, p. 1437-1447.

Chronicon Valassense truncatum a R. P. Arturo du Monstier in sua Neustria Pia integrum necnon variis adnotationibus vindicatum ac illustratum, Rouen, éd. F. Somménil, 1868.

The Gesta Normannorum ducum of William of Jumièges, Orderic Vitalis, and Robert of Torigni, éd. et trad. Elisabeth M. C. Van Houts, Oxford, 1992, 2 vol.

Gesta sanctorum patrum Fontanellensis coenobii, Rouen/Paris, éd. Jean Laporte, 1936 (« Mélanges de la Société historique de Normandie », t. XIII).

GREENWAY (Diana), « Henry of Huntington and the manuscripts of his *Historia Anglorum* », dans *Anglo-Norman studies, IX, proceedings of the Battle conference 1986*, 1987, p. 103-126.

GUÉRY (Charles), *Notes archéologiques d'un bénédictin de N.-Dame de Lyre (1720-1721)*, Alençon, 1913 (Extrait de : *Bulletin de la Société historique et archéologique de l'Orne*, t. XXII, 1913).

Guillaume de Jumièges, *Gesta Normannorum ducum*, Rouen/Paris, éd. Jean Marx, 1914.

Guillaume de Malmesbury, *Gesta regum Anglorum, atque Historia Novella*, London, 1845, 2 vol.

Henri de Huntington, *Historiarum libri octo*, éd. J.-P. Migne, *Patrologiae [Latinae] cursus completus*, Paris, 1855, t. 195, col. 799-978.

HOUTS (Elisabeth M. C. van), « Historiography and hagiography at Saint-Wandrille : The *Inventio et miracula sancti Vulfranni* », dans *Anglo-Norman studies, proceedings of the Battle conference, XII*, 1989, p. 233-251.

Inventio et miracula sancti Vulfranni, éd. Jean Laporte, 1938 (« Mélanges de la Société de l'histoire de Normandie », t. 14).

Jean de Fécamp, *Lettres*, éd. J.-P. Migne, *Patrologiae [latinae] cursus completus*, Paris, t. 147, col. 464.

Orderic Vital, *Orderici Vitalis historiae ecclesiasticae libri tredecim*, éd. Auguste Le Prévost, Paris, 1838-1855, 5 vol.

Orderic Vital, *The Ecclesiastical History of Orderic Vitalis (...)*, éd. Marjorie Chibnall, Oxford, 1969-1980, 6 vol.

Philippe Mouskes, *Chronique rimée*, éd. Baron de Reiffenberg, Bruxelles, 1836-1845, 3 vol. (« Collection de chroniques belges inédites »).

Robert de Torigny, *Chronique de Robert de Torigni, abbé du Mont Saint-Michel, suivie de divers opuscules historiques*, éd. Léopold Delisle, Rouen, 1872-1873, 2 vol.

Roger de Hoveden, *Chronica magistri Rogeri de Hovedene*, éd. William Stubbs, Londres, 1870. 4 vol (« *Rerum britannicarum medii aevi scriptores*, or chronicles and memorials of Great Britain and Ireland during the middle ages »).

Sanctae Catharinae virginis et martyris translatio et miracula Rothomagensis saec. XI, éd. A. Poncelet, dans *Analecta Bollandiana*, t. XXII, 1903. p. 423-438.

Wace, *Roman de Rou*, éd. A.-J. Holden, Paris, 1970-1973, 3 vol.

Yves de Chartres, *Epistolae*, éd. J.-P. Migne, dans *Patrologiae [Latinae] cursus completus*, t. 162.

Sources diplomatiques : répertoires, recueils d'actes, cartulaires et diplomatique anglo-normande

Actes de la chancellerie d'Henri VI concernant la Normandie sous la domination anglaise (1422-1435)..., Rouen, 1907-1908, 2 vol. (« Société de l'histoire de Normandie »).

ARNOUX (Mathieu), « Essor et déclin d'un type diplomatique : les actes passés *coram parrochia* en Normandie (XIIe-XIIIe siècles) », dans *Bibliothèque de l'École des chartes*, t. 154, 1996, p. 323-354.

BALDWIN (John W.), GASPARI (Françoise), NORTIER (Michel), LALOU (Elisabeth), *Les registres de Philippe Auguste*, t. I, Paris, 1992.

BATES (DAVID), *Regesta regum anglo-Normannorum, The Acta of William I (1066-1087)*, Oxford, 1999.

BATES (DAVID), « Les chartes de confirmation et les pancartes normandes du règne de Guillaume le Conquérant », dans *Pancartes monastiques des XIe et XIIe siècles. Table ronde organisée par l'ARTEM, 6-7 juillet 1994, Nancy*, éd. Michel Parisse, Pierre Pegeot, Bennoît-Michel Tock, Turnhout, Brepols, 1998, p. 95-109.

BERGER (Elie), DELISLE (Léopold), *Recueil des actes de Henri II concernant les provinces françaises et les affaires de France*, Paris, 1909-1927. Introduction et 3 vol. (« Chartes et diplomes relatifs à l'histoire de France publiés par l'Académie des Inscriptions et Belles-Lettres »).

BESSIN (Guillaume), *Concilia Rotomagensis Provinciae...*, Rouen, 1717.

BOURBON (Georges), *Inventaire sommaire des Archives départementales antérieures à 1790, Eure*, Évreux, 1893.

BOURRIENNE (Victor), *Antiquus cartularius ecclesiae Baiocensis (Livre noir)*, Paris/Rouen, t. I, 1902 ; t. II, 1903.

BOUVRIS (Jean-Michel), « Un acte inédit de Guillaume le Conquérant pour l'Abbaye de Saint-Étienne de Caen : La donation de la dîme du Manoir de Turnworth, en Dorset par Auvray d'Épaignes », dans *Annales de Normandie*, mai 1987, p. 111-120.

BRÉARD (Charles), *Cartulaires de Saint-Ymer en Auge et de Briquebec*, Rouen, 1908.

BRÉQUIGNY (Oudart de), *Tableau chronologique des diplômes, chartes, titres et actes imprimés concernant l'histoire de France*, Paris, 1749.

BRUNEL (Clovis), DELABORDE (Henri-François), PETIT-DUTAILLIS (Charles), MONICAT (Jacques), *Recueil des actes de Philippe Auguste roi de France*, Paris, 1916-1979, 4 vol.

CARTELLIERI (Alexander), *Philipp II. August, König von Frankreich*, Leipzig, 1899-1922, 5 vol.

Les cartulaires, Actes de la table ronde (...) Paris, 5-7 décembre 1991 réunis par Olivier Guyotjeannin, Laurent Morelle et Michel Parisse, Paris, 1993 (Mémoires et documents de l'École des chartes, vol. 39).

CHEVREUX (Paul), VERNIER (Jules), *Les Archives de Normandie et de la Seine-Inférieure, État général des fonds, Recueil de fac-similés d'écritures du XIe au XVIIIe siècle accompagnés de transcriptions*, Rouen, 1911.

DELISLE (Léopold), *Catalogue des actes de Philippe-Auguste*. Paris, 1856.

DELISLE (Léopold), *Recueil des jugements de l'échiquier de Normandie au XIIIe siècle (1207-1270) suivi d'un mémoire sur les anciennes collections de ces jugements,* Paris, 1864.

DELISLE (Léopold), *Rouleaux des morts du IXe au XVe siècles,* Paris, 1866.

DELISLE (Léopold), *Le rouleau mortuaire du bienheureux Vital, abbé de Savigny*, Paris, 1909.

DELISLE (Léopold), *Cartulaire normand de Philippe-Auguste, Louis VIII, saint Louis et Philippe le Hardi*, Caen, 1882 (réimpr., Genève, 1978).

DELISLE (Léopold), « Notes sur les chartes originales de Henri II roi d'Angleterre et duc de Normandie au British Museum et au Record Office », dans *Bibliothèque de l'École des chartes*, t. 68, 1907, p. 272-314.

DELISLE (Léopold), « Les formules *rex Anglorum et Dei gratia rex Anglorum* », dans *Bibliothèque de l'École des chartes*, t. 68, 1907, p. 524-536.

DELISLE (Léopold), « Scripta de feodis », dans *Recueil des Historiens de la France*, Paris, t. XXIII, p. 605-723.

DEPOIN (Joseph), *Cartulaire de Saint-Martin de Pontoise*, Pontoise, 1895-1909.

DÉSIRÉ DIT GOSSET (Gilles), ROUSSEAU (Emmanuel), « Le Traité de Gaillon », dans *Tabularia*, « Documents », n° 2, 2002, p. 1-12, 5 novembre 2002 [http://www.unicaen.fr/mrsh/crahm/revue/tabularia/derniersdocs.html].

DEVILLE (Achille), « Cartulaire de la Sainte-Trinité du Mont de Rouen avec notes et introduction », dans *Collection des cartulaires de France*, Paris, 1840, t. III, p. 403-487.

DEVILLE (Étienne), *Cartulaire de l'église de la Sainte-Trinité de Beaumont-le-Roger*, Paris, 1912.

Domesday book seu liber censualis Willelmi primi regis Angliae inter archivos regni in domo capitulari Westmonasterii, Londres, 1783.

DOUGLAS (David. C.), *Feudal documents from the abbey of Bury St Edmunds*, Londres, 1932.

DUCHESNE (André), *Historiae Normannorum scriptores antiqui...*, Paris, 1619.

FAGNEN (Claude), « Essai sur quelques actes normands de Richard Cœur-de-Lion », dans *Bibliothèque de l'École des chartes, Positions de thèse de l'École des chartes*, 1971.

FAGNEN (Claude), *Essai sur quelques actes de Richard-Cœur-de-Lion*, Thèse de l'École des chartes dactylographiée, Paris, 1971.

FAGNEN (Claude), « Le vocabulaire du pouvoir dans les actes de Richard Cœur-de-Lion, duc de Normandie (1189-1199) », dans *Les pouvoirs de commandement jusqu'à 1610, actes du 105e congrès national des sociétés savantes, Caen 1980*, Paris, 1984, t. I.

FAUROUX (Marie), *Recueil des actes des ducs de Normandie de 911 à 1066* (complété d'un *index rerum* de Lucien Musset), Caen, 1961 (« Mémoire de la Société des Antiquaires de Normandie », t. 36).

FOSSIER (Robert), *Cartulaire-chronique du prieuré Saint-Georges de Hesdin*, Paris, 1988 (« Documents études, répertoires publiés par l'Institut de Recherche et d'Histoire des Textes »).

GALBRAITH (Vivian Hunter), « Monastic foundation charters of the eleventh and twelfth centuries », dans *Cambridge Historical Journal*, vol. IV, Cambridge, 1934, p. 210-219.

GALLAGHER (Philip, Francis), *The monastery of Mortemer-en-Lyons in the twelfth century. Its history and its cartulary*, Indiana, 1970.

The great Rolls of the Pipe for the second, third, fourth years of the reign of King Henry the second, A. D. 1155, 1156, 1157, 1158, Londres, 1844 (dir. Rev. Joseph Hunter).

The great Roll of the Pipe for the [...] year of the reign of King Henry the second, A. D. [...], Londres, 1884-1925, 38 vol. (« The Publications of the Pipe Roll Society »).

HALL (Hubert), *The Red book of the Exequer*, Londres, 1896, 3 vol.

HARDY (Thomas Duffus), *Rotuli Normanniae in Turri Londinensi asservati, Johanne et Henrico quinto Angliae regibus*, vol. I : *De annis 1200-1205, necnon de anno 1417*, Londres, 1835.

HARVEY (John H.), *William Worcestre itineraries, edited from the unique ms. Corpus Christi college Cambridge 210*, Oxford, 1969.

HOUTH (Émile), *Recueil des chartes de Saint-Nicaise de Meulan prieuré de l'ordre du Bec*, Paris/Pontoise, 1924.

HOUTH (Émile), « Galeran II, comte de Meulan, catalogue de ses actes précédé d'une étude biographique », dans *Bulletin philologique et historique (jusqu'à 1610) du comité des travaux historiques et scientifiques, année 1960,* Paris, 1961, p. 627-682.

HOUTH (Émile), « Catalogue des actes de Robert IV, comte de Meulan (1166-1204) », dans *Bulletin philologique et historique (jusqu'à 1610) du comité des travaux historiques et scientifiques, année 1961,* Paris, 1963, p. 499-543.

HOUTH (Émile), *Les comtes de Meulan, IXe-XIIIe siècles*, Pontoise, 1981 (« Mémoires de la Société historique et archéologique de Pontoise, du Val d'Oise et du Vexin », t. 70).

JOHNSON (Charles), CRONNE (H. A.), DAVIS (H. W. C.), *Regesta regum Anglo-Normannorum 1066-1154,* t. I : *1066-1100*, Oxford, 1913 ; t. II : *1100-1135*, Oxford, 1956 ; t. III : *1135-1154*, Oxford, 1968.

KEMP (Brian R.), *Reading abbey cartularies*, t. I, *General Documents and those relating to English Counties other than Berkshire* ; t. II, *Berkshire*, London, 1986 (« Camden fourth series », vol. 31).

LA MAINFERME (Jean de), *Clypeus nascentis Fontebraldisi Ordinis...*, Saumur/Paris, 1684, 3 vol.

LANDON (Lionel), *Itinerary of King Richard I with studies on certain matters of interest connected with his reign,* Londres, 1935 (« The publication of the Pipe Roll Society, vol. 51, new series vol. 13 »).

LANNETTE (Claude), *Guide des archives de l'Eure*, Évreux, 1982.

LAPORTE (Jean), « Tableau des services obituaires assurés par les abbayes de Saint-Évroult et de Jumièges (XIIe-XIVe siècles) », dans *Revue Mabillon*, t. 46, 1956, p. 141-155 ; p. 169-188.

LÉCHAUDÉ D'ANISY (Amédée Louis), « Extraits des chartes et autres actes normands qui se trouvent dans les Archives du Calvados... », dans *Mémoires de la Société des Antiquaires de Normandie*, t. VII et VIII, Caen, 1834.

LÉCHAUDÉ D'ANISY (Amédée Louis), *Magni rotuli scaccarii Normanniae de anno Domini ut videtur MCLXXIV fragmentum...*, Caen, 1851 (« Mémoires de la Société des Antiquaires de Normandie », t. 16).

LA ROQUE (Gilles André de), *Preuves de l'histoire généalogique de la maison d'Harcourt*, Rouen, 1662, 4 vol.

LE PRÉVOST (Auguste), *Pouillés du diocèse de Lisieux*, Caen, 1844.

LOHRMANN (Dietrich), « Bemerkungen zur Neuedition des Polyptychons von Saint-Germain-des-Prés », dans *Rheinische Vierteljahrs-blätter*, Bonn, 1996, p. 303-311.

MARTÈNE (Edmond), DURAND (Ursin), *Thesaurus novus anecdotorum quinque in tomos distributus...*, Paris, 1717, 5 vol.

MARTÈNE (Edmond), DURAND (Ursin), *Veterum scriptorum et monumentorum historicorum, dogmaticorum moralium amplissima collectio...*, Paris, 1724-1733, 9 vol.

MERLET (Lucien), *Le cartulaire de l'abbaye de la Sainte-Trinité de Tiron*, Chartres, 1882-1883, 2 t. en 1 vol.

MESMIN (Simone), *The cartulary of the leper's hospital of Saint-Gilles de Pont-Audemer*, Reading, 1978 (Thèse dactylographiée).

Musée des Archives départementales, recueil de fac-similés héliographiques de documents tirés des archives des préfectures, des mairies et hospices, Paris, 1878, 2 vol.

MUSSET (Lucien), « Actes inédits du XIe siècle : les plus anciennes chartes du prieuré de Saint-Gabriel (Calvados) », dans *Bulletin de la Société des Antiquaires de Normandie*, t. 52, 1955, p.117-153.

MUSSET (Lucien), *Les actes de Guillaume le Conquérant et de la reine Mathilde pour les abbayes caennaises*, Caen, 1967 (« Mémoire de la Société des Antiquaires de Normandie », t. 37).

NORTIER (Michel), « Les sources de l'histoire de la Normandie à la Bibliothèque nationale de Paris : le fonds des nouvelles acquisitions françaises du département des manuscrits, la collection Léopold Delisle. (Mss. 2180-21873) », dans *Revue Léopold Delisle,* 1960, t. IX, n° 4, p. 17-44.

NORTIER (Michel), « Les sources de l'histoire de la Normandie à la Bibliothèque nationale de Paris : le fonds des nouvelles acquisitions françaises », dans *Revue Léopold Delisle*, 1969, t. XVII, p. 49-78.

NORTIER (Michel), « Les sources de l'histoire de la Normandie à la Bibliothèque nationale de Paris : inventaire sommaire du fonds latin », dans *Revue Léopold Delisle*, 1980, t. XXIX, p. 3-66.

OMONT (Henri), *Catalogue des manuscrits de la bibliothèque de Sir Thomas Phillipps récemment acquis pour la Bibliothèque nationale*, Paris, 1903 (Extr. de *Bibliothèque de l'École des chartes*, t. 64).

PASSY (Louis), « Notice sur le cartulaire du prieuré de Bourg-Achard », dans *Bibliothèque de l'École des chartes*, 1862, t. 22, p. 342-367 ; 1863, t. 23, p. 513-536.

Pratique de l'écrit documentaire au XIe siècle [Actes de la journée d'étude du 13 avril 1996 à l'École des chartes], Paris, 1997 [tiré à part de la *Bibliothèque de l'École des chartes*].

PRESSUTTI (Abbé Pietro), *Regesta Honorii papae III jussu et munificentia Leonis XIII*, Rome, 1884.

RAMACKERS (Jean), *Papsturkunden in Frankreich*, t. 2, Normandie, Göttingen, 1937.

Registrum visitationum archiepiscopi Rothomagensis, journal des visites pastorales d'Eudes Rigaud, archevêque de Rouen, 1248-1269, éd. Théodose Bonnin, Rouen, 1852.

ROUND (John Horace), *Ancient Charters royal and private prior to A. D. 1200*, Londres, 1888 (« The Publications of the Pipe Roll Society », vol. 10).

ROUND (John Horace), *Feudal England*, Londres, 1895.

ROUND (John Horace), *Calendar of documents preserved in France illustrative of the history of Great Britain and Ireland*, Londres, 1899.

SMITH (R.J.), « Henry II's heir : the Acta and Seal of Henry the Young King, 1170-83 », dans *English historical revew*, vol. CXVI, n° 466, avril 2001, p. 297-426

STAPLETON (Thomas), *Magni rotuli scaccarii Normanniae sub regibus Angliae*, Londres, 1840.

STEIN (Henri), *Bibliographie générale des cartulaires français ou relatifs à l'histoire de France*, Paris, 1907.

STUBBS (William), *Select charters and others illustrations of English constitutional history from the earliest times to the reign of Edward the first*, Oxford, 1874.

TEULET (Alexandre), *Layettes du Trésor des chartes*, t. I-II, Paris, 1863-1866.

VERNIER (Jean-Jacques), *Les chartes de l'abbaye de Jumièges (v. 825 à 1204) aux Archives de la Seine-Inférieure*, Rouen, 1916, 2 vol.

VINCENT (Nicholas), *Édition revue des actes d'Henri II*, à paraître.

BIBLIOGRAPHIE

I. Ouvrages généraux : identifications, classement des toponymes et noms de personnes

ADIGARD DES GAUTRIES (Jean), « Les noms de lieux du Calvados attestés entre 911 et 1066 », dans *Annales de Normandie*, Caen, janv. 1952, p. 209-228 ; mai 1953, p. 22 36 ; mai 1953, p.135-148.

ADIGARD DES GAUTRIES (Jean), « Les noms de personnes scandinaves en Normandie de 911 à 1066 », dans *Nomina Germanica*, n° 11, Lund, 1954.

ADIGARD DES GAUTRIES (Jean), « Les noms de personnes d'origine scandinave dans les obituaires de Jumièges », dans *Jumièges, congrès scientifique du XIIIe centenaire, Rouen, 10-12 juin 1954*, t. I. Rouen, 1955, p. 57-67.

ADIGARD DES GAUTRIES (Jean), « Les noms de lieux de l'Eure attestés entre 911 et 1066 », dans *Annales de Normandie*, Caen, janv. 1954, p. 39-60 ; déc. 1954, p. 237-256 ; janv 1955, p. 15-33.

ADIGARD DES GAUTRIES (Jean), « Les noms de lieux de la Seine-Maritime attestés entre 911 et 1066 », dans *Annales de Normandie,* Caen, mai 1956, p. 119-134 ; déc. 1956, p. 223-244 ; mai 1957, p. 135-138 ; déc. 1958, p. 299-322 ; déc. 1959, p. 151-167, p. 273-283.

Atlas historique de Normandie, t. I, Cartes des communautés d'habitants, généralités de Rouen, Caen, Alençon, 1636-1789, Caen, 1967.

BEAUREPAIRE (François de), *Les noms des communes et anciennes paroisses de l'Eure*, Paris, 1981.

BEAUREPAIRE (François de), *Dictionnaire topographique du département de Seine-Maritime comprenant les noms de lieux anciens et modernes revu, complété, refondu par Dom Jean Laporte,* Paris, t. I : A-G, 1982 ; t. II : H-Z, 1984.

BEAUNIER, BESSE (J.-M.), *Abbayes et prieurés de l'ancienne France*, Ligugé, depuis 1905.

BEZIERS (Michel), *Mémoires pour servir à l'état historique et géographique du diocèse de Bayeux (1740)*, Rouen/Paris, 1896, 3 vol.

BLOSSEVILLE (Marquis Ernest de), *Dictionnaire topographique du département de l'Eure*, Évreux, 1873.

BUNEL (Albert-Eugène-Ernest), TOUGARD (Joseph-Prudent), *Géographie du département de la Seine-Inférieure*, Rouen, 1875-1879 ; rééd., 1973, 5 vol.

CANEL (Alfred), *Essai historique, archéologique et statistique sur l'arrondissement de Pont-Audemer*, Brionne, 1834 ; réed., Brionne, 1972.

CHARPILLON et CARESME (Anatole), *Dictionnaire historique du département de l'Eure*, Les Andelys, 1868-1879, 2 vol.

Dictionary of national biography, éd. Leslie Stephen, Londres, 1825-1904.

DODGSON (John MacNeal), *The Place-Names of Chestshire*, Cambridge, 1981 (« English Place-Name Society », vol. 54).

EKWALL (Eilert), *The Concise Oxford Dictionary of English Place-Names*, Oxford, 1936 ; rééd., 1962 ; réimpr., 1966.

FAUREAU (Robert), MICHAUD (Jean), *Corpus des inscriptions de la France médiévale*, t. 22, Calvados, Eure, Manche, Oise, Seine-Maritime, Paris, 2003.

FRYDE (Edmond Bodeslaw), GREENWAY (Diana E.), POTER (S.), ROY (I.), *Handbook of british chronology*, Londres, 1986.

GADEBLED (Louis-Léon), *Dictionnaire topographique, statistique et historique du département de l'Eure*, Évreux, 1840.

GELLING (Margaret), *The names of towns and cities in Britain compiled by Margaret Gelling, W. F. H. Nicolaisen and Melville Richards*, Londres, 1970.

GELLING (Margaret), *The Place-Names of Berkshire*, Cambridge, 1972-1973 (« English Place-Name Society », vol. 49, 50, 51).

Genèse médiévale de l'anthroponymie moderne, études d'anthroponymie médiévale, Ière et IIe rencontres d'Azay-le-Ferron, 1986-1987, 3 vol.

GUYOTJEANNIN (Olivier), TOCK (Benoît-Michel), « "Mos presentis patrie" : les styles de changement du millésime dans les actes français (XIe-XVIe siècle) », dans *Bibliothèque de l'École des chartes*, 1999, p. 41-109.

HIPPEAU (Célestin), *Dictionnaire topographique du département du Calvados comprenant les noms de lieux anciens et modernes*, Paris, 1883.

LE NEVE (John), *Fasti Ecclesiae Anglicanae 1066-1300*, compiled by Diana E. Greenway : I, *St. Paul's, London*, Londres, 1968 ; II, *Monastic Cathedrals*, Londres, 1971 ; III, *Lincoln*, Londres, 1977 ; IV, *Salisbury*, Londres, 1991.

LE PRÉVOST (Auguste), *Dictionnaire des communes, hameaux, écarts, châteaux, fermes, chapelles et autres lieux habités portant un nom particulier*, Évreux, 1837.

LE PRÉVOST (Auguste), *Dictionnaire des anciens noms de lieu du département de l'Eure*, Évreux, 1839, rééd., 1952.

LE PRÉVOST (Auguste), *Notes pour servir à la topographie et à l'histoire des communes du département de l'Eure au Moyen Âge*, Évreux, 1849.

Mémoires et notes de M. Auguste Le Prévost pour servir à l'histoire du département de l'Eure, éd. Léopold Delisle et Louis Passy, Évreux, 1862-1869, 3 vol.

MILLS (A. D.), *The Place-Names of Dorset*, Cambridge, 1977 (« English Place-Name Society »).

NEVEUX (François), « Le système anthropoymique en Normandie d'après le cartulaire du chapitre de Bayeux, XIe-XIIIe siècles », dans *Genèse médiévale de l'anthroponymie moderne, études d'anthroponymie médiévale, Ière et IIe rencontres d'Azay-le-Ferron, 1986-1987*, Paris, 1987-1988, p. 127-130.

Nomenclature des hameaux, écarts et lieux-dits du département de l'Eure, Rouen, 1953.

POTIN DE LA MAIRIE (N.-R.), *Recherches historiques, archéologiques et biographiques sur les possessions des sires normands de Gournay, le Bray normand et le Bray picard et sur toutes les communes de l'arrondissement de Neuchâtel*, Gournay-en-Bray, 1852, 2 vol.

ROBIN, LE PRÉVOST (Auguste), PASSY (A.), DE BLOSSEVILLE (Marquis E.), *Dictionnaire du patois normand en usage dans le département de l'Eure*, Évreux, 1879.

ROBINNE (André), « Origine et histoire des rues de Rouen », dans *Connaître Rouen*, t. II, 6e fasc, Rouen, 1972.

SANDRED (Karl Inge), LINDSTRÖM (Bengt), *Place-Names of Norfolk*, Cambridge, 1989 (« English Place-Name Society », vol. 61).

SOMMENIL (F.), *Origines de l'abbaye du Valasse*, Évreux, 1902.

SOMMENIL (F.), *L'abbaye du Valasse*, Évreux, 1904.

SPEAR (David S.), « Les doyens du chapitre cathédral de Rouen durant la période ducale », dans *Annales de Normandie*, Caen, juin 1983, p. 91-119.

SPEAR (David S.), « Les archidiacres de Rouen au cours de la période ducale », dans *Annales de Normandie*, Caen, 1984, p. 15-50.

SPEAR (David S.), « Les dignitaires de la cathédrale de Rouen », dans *Annales de Normandie*, Caen, mai 1987, p. 121-147.

SPEAR (David S.), « Les chanoines de la cathédrale de Rouen pendant la période ducale », dans *Annales de Normandie*, Caen, mai 1991, p. 135-176.

TABBAGH (Vincent), *Fasti ecclesie Gallicanae, répertoire prosopographique des évêques, dignitaires et chanoines de France de 1200 à 1500*, t. II : Diocèse de Rouen, [s. l.], 1998.

II. Ouvrages sur l'abbaye de Préaux, les abbayes normandes et l'histoire religieuse

Sur l'abbaye de Préaux et ses prieurés

BAUDOT (Marcel), « Préaux », dans *Nouvelles de l'Eure*, n° 89, Évreux, 1983-1984, p. 26-27.

BAUDOT (Marcel), « Les églises du Canton de Pont-Audemer », dans *Nouvelles de l'Eure, la vie et l'art en Normandie*, n° 7, Évreux, 1961, p. 9-37 (sur Préaux, p. 14-15).

BEAUNIER (Dom) et BESSE (Dom J.-M.), *Abbayes et prieurés de l'ancienne France*, t. VII, Ligugé, 1914, *Province ecclésiastique de Rouen*, p. 198-199 et p. 207.

CANEL (Alfred), « Fragments historiques : l'abbaye de Préaux », dans *Revue de Rouen*, Rouen, 1833, p. 227-234.

CHARLES (Jacques), LA CONTÉ (M.-C. de), LANNETTE (Claude), *Répertoire des abbayes et prieurés de l'Eure*, Évreux, 1983 (p. 46, n° 25 ; p. 85, n° 79 ; p. 124, n° 145 ; p. 173, n° 232).

CORDE (L. T.), *Les pierres tombales du département de l'Eure*, Évreux, 1868.

COTTINEAU (Laurent-Henri), PORAS (Grégoire), *Répertoire topo-bibliograpique des abbayes et prieurés*, Mâcon, 1935-1939, 3 vol. (t. II, p. 328).

CHARPILLON et CARESME (Anatole), *Dictionnaire historique du département de l'Eure*, Les Andelys, 1868 (t. II, p. 684-686).

GAZEAU (Véronique), *Monachisme et aristocratie au XIe siècle : l'exemple de la famille de Beaumont* (Thèse dactylographiée), Caen, 1987.

GAZEAU (Véronique), « Le temporel de l'abbaye Saint-Pierre des Préaux au XIe siècle », dans *Recueil d'études en hommage à Lucien Musset,* Cahier des annales de Normandie, n° 23, Caen, 1990, p. 237-253.

GAZEAU (Véronique), « Le domaine continental de l'abbaye de Notre-Dame et Saint-Léger de Préaux au XIe siècle », dans *Aspects de la société et de l'économie dans la Normandie médiévale (Xe-XIIIe siècle),* Cahier des Annales de Normandie, n° 22, Caen, 1988, p. 165-183.

HENRY (Jacques), « Les abbayes de Préaux », dans *La Normandie bénédictine au temps de Guillaume le Conquérant*, Lille, 1967, p. 151-227.

LELONG (P. Jacques), *Bibliothèque historique de la France...*, Paris, 1768, (t. I, p. 761-762, n° 12272, 12273).

MANSOIS (Guy), « L'abbaye de Préaux de Guillame *(sic)* à Saint-Louis », dans *Le Courrier de l'Eure*, édition du Neubourg et Pont-Audemer, Évreux, 13 mars 1996, p. 21 ; 10 avril 1996, p. 22 ; 22 mai 1996, p. 23.

Mémoires et notes de M. Auguste Le Prévost pour servir à l'histoire du département de l'Eure, éd. Léopold Delisle et Louis Passy, Évreux, 1862-1869 (t. II, p. 495-498).

MUSSET (Lucien), « Autour de la Basse-Dive, le prieuré de Saint-Pierre de Rouville et ses dépendances d'après ses plus anciennes chartes », dans *Bulletin de la Société des Antiquaires de Normandie*, t. 59, 1990, p. 247-258.

MUSSET (Lucien), « Comment on vivait au Moyen Âge dans la région de Pont-Audemer, d'après les chartes de Préaux, XIe-XIIIe », dans *Connaissances de l'Eure*, n° 31, 1979, p. 3-20.

Gallia christiana (...) opera et studio Domni Dionysii Sammarthani, Paris, 1716-1865, 16 vol. (t. XI, col. 834-842 et instr., col. 199-203).

MASSEVILLE (Louis Levasseur de), *État géographique de la province de Normandie*, Rouen, 1722, t. II, p. 250-251.

MONSTIER (Arthur du), *Neutria Pia...*, Rouen, 1663 (p. 508-520).

ROUET (Dominique), « Une dépendance de l'abbaye Saint-Pierre de Préaux : le prieuré de Sainte-Radegonde de Neufchâtel-en-Bray », dans *Annales de Normandie*, déc. 1999, p. 515-538.

ROUET (Dominique), « Le patrimoine anglais et l'Angleterre vus à travers les actes du cartulaire de Saint-Pierre de Préaux », dans *La Normandie et l'Angleterre au Moyen Âge, Actes du Colloque de Cerisy-La-Salle, 4-7 octobre 2001*, Caen, 2003, p. 99-116.

Histoire religieuse

L'abbaye de Fécamp, ouvrage scientifique du XIIIe centenaire, Fécamp, 1959.

Les abbayes de Normandie, Actes du 13e congrès des sociétés historiques et archéologiques de Normandie, Caudebec-en Caux, 1978, Rouen,1979.

Aspects du monachisme en Normandie, IVe-XVIIIe siècles, Actes du colloque scientifique de l'« Année des Abbayes Normandes », Caen, 18-20 octobre 1979 (dir. Lucien Musset), Caen, 1982.

AVRIL (Joseph), « Recherches sur la politique paroissiale des établissements monastiques et canoniaux (XIe-XIIIe siècles) », dans *Revue Mabillon*, t. LIX, 1976-1980, p. 453-517.

BAUDOT (Marcel), *La Normandie bénédictine*. 1979.

BAUDOT (Marcel), « Guillaume le Conquérant, ses libéralités aux abbayes, collégiales et cathédrales normandes », dans *Les Normands de Paris*, janvier 1988, p 13-14.

BARFIELD (Samuel), *Thatcham, Berks and its Manors*, Londres, 1901, 2 vol.

BATES (David), GAZEAU (Véronique), « L'abbaye de Grestain et la famille d'Herluin de Conteville », dans *Annales de Normandie*, Caen, mars 1990, p.5-30.

BAYLÉ (Mailys), *Les origines et les premiers développements de la sculpture romane en Normandie*, Caen, 1992 (Art de Basse-Normandie n° 100 bis).

BERLIÈRE (Ursmar), « Le nombre des moines dans les anciens monastères », dans *Revue bénédictine*, t. 41, 1929, p. 231-261 ; t. 42, 1930, p. 19-42.

BEAUROY (Jean), « La conquête cléricale de l'Angleterre », dans *L'Église et le siècle de l'An Mil au début du XIIe siècle, Actes du Congrès de la Société des historiens médiévistes de l'Enseignement supérieur*, Cahiers de civilisation médiévale, Paris, 1984, p. 35-56.

BIENVENU (J. M.), « L'ordre de Fontevrault et la Normandie au XIe siècle », dans *Annales de Normandie*, Caen, 1985, p. 3-15.

BONNENFANT, *Histoire générale du diocèse d'Évreux*, Paris, 1933, 2 vol.

BREARD (Charles), *L'abbaye de Notre-Dame de Saint-Grestain* (sic) *de l'ordre de saint Benoît, au diocèse de Lisieux*, Rouen, 1904.

BROOKE (Christopher), « The archideacon and the Norman Conquest », dans *Tradition and change, Essays in honour of Marjorie Chibnall presented by her friends on the occasion of her seventieth birthday*, ed. by Diana Greenway, Christopher Holdsworth and Jane Sayers, Cambridge, 1985, p. 1-19.

CHARLES (Jacques), « L'implantation bénédictine dans le département de l'Eure aux siècles passés, essai de répertoire », dans *Nouvelles de l'Eure*, n° 79, 1981, p. 23-32.

CHIBNALL (Marjorie), « Ecclesiastical patronage and the growth of feudal estates at the time of the Norman Conquest », dans *Annales de Normandie*, n° 2, 1958, p. 103-118.

CHIBNALL (Marjorie), « Some aspects of the Norman monastic plantation in England », dans *La Normandie bénédictine au temps de Guillaume le Conquérant (XIe siècle)*, Lille, 1967, p. 399-415.

CHIBNALL (Marjorie), « Charters and chronicle : the use of archive sources by Norman historians », dans *Church and government in the Middle Ages, essays presented to C. R. Cheney on his 70th birthday* and edited by C. N. L. Brooke, D. E. Luscombe, G. H. Martin and Dorothy Owen, Cambrigde, 1976. p. 1-17.

CONSTABLE (Giles), *Monastic tithes from their origins to the twelfth century*, Cambridge, 1964.

DESBOROUGH (Donald E), « Politics and prelacy in the late twelfth century : the career of Hugh Nonant, bishop of Coventry, 1188-1198 », dans *Historical research*, février 1991, p. 1-14.

DEVILLE (Achille), *Essai historique et descriptif sur l'église et l'abbaye Saint-Georges de Bocherville près de Rouen*, Rouen, 1827.

DEVILLE (Étienne), « Le monachisme dans l'Eure des origines au XIVe siècle », dans *Recueil des travaux de la Société libre d'Agriculture, Sciences et Belles-Lettres de l'Eure, Évreux*, 1928, VIIIe série, t. IV, années 1926-1927, p. 65-75.

DUBOIS (Henri), « Patronage et revenu ecclésiastique en Normandie au XIIIe siècle », dans *Papauté, monachisme et théories politiques*, II, *Les églises locales, études d'histoire médiévales offertes à Marcel Pacaut*, Lyon, 1994, p. 461-471.

DUFOUR (Jean), *La bibliothèque et le scriptorium de Moissac*, Paris/Genève, 1972.

DUGDALE (William), *Monasticon Anglicanum*, Londres, 1667 ; rééd., 1817-1830, 8 vol.

DUPLESSIS (Toussaint), *Description géographique et historique de la Haute Normandie, divisée en deux parties, la première comprend le pays de Caux ; et la seconde le Vexin*, Rouen, 1740, 2 vol.

Les évêques normands au XIe siècle, (Actes du colloque de Cerisy-la-Salle, 30 septembre-3 octobre 1993) sous la dir. de Pierre Bouet et François Neveux, Caen, 1995.

FOREVILLE (Raymonde), « Le culte de saint Thomas Becket en Normandie, enquête sur les sanctuaires anciennement placés sous le vocable du martyr de Canterbury », dans *Thomas Becket, Actes du colloque international de Sédières, 19-24 août 1973*, Paris, 1975, p. 135-152.

GAZEAU (Véronique), « Le rôle de Raoul dit "de Beaumont" dans la formation du patrimoine d'Onffroy de Vieilles, seigneur de la basse vallée de la Risle, dans la première moitié du XIe siècle », dans *Annales de Normandie*, octobre 1988, p. 338-339.

GAZEAU (Véronique), « Implantation monastique et recrutement des religieux dans les monastères dans la vallée de la Risle en Normandie au XIe siècle », dans *Histoire médiévale et archéologie*, n° 5, 1992, p. 129-137.

GAZEAU (Véronique), « Le patrimoine d'Hugues de Bayeux (c. 1011-1049) », dans *Les évêques normands du XIe siècle*, Caen, 1995, p. 139-147.

GAZEAU (Véronique), *Recherches sur l'histoire de la principauté normande (911-1204)*, I, *Les abbés bénédictins de la principauté normande (911-1204)* ; II, *Prosopographie des abbés bénédictins* [Habilitation à diriger des recherches], Paris, 2002.

GENESTAL (Robert), *Du rôle des monastères comme établissements de crédit, étudié en Normandie du XIe à la fin du XIIIe siècle*, Paris, 1901.

GENESTAL (Robert), « L'origine et les premiers développements de l'inaliénabilité dotale en Normandie », dans *Revue d'histoire du droit français et étranger*, 4e série, 4e année, 1925.

GÉRAUD (Hercule), « Visite à la Bibliothèque et aux Archives d'Alençon », dans *Bibliothèque de l'École des chartes*, Paris, 1840, t. I, p. 537-538.

GUÉRY (Charles), *Histoire de l'abbaye de Lyre*, Évreux, 1917.

Jumièges, Congrès scientifique du XIIIe centenaire. Rouen, 10-12 Juin 1954, Rouen, 1955.

KNOWLES (David), *The religious houses of medieval England*, Londres, 1940.

KNOWLES (David), *The monastic Order in England. A history of its development from the times of Dunstan to the fourth Lateran council 943-1216*, Cambridge, 1950.

KNOWLES (David), *The religious orders in England*, Cambridge, 1948-1959, 3 vol.

LAPORTE (Jean), « Les associations spirituelles entre monastères, l'exemple de trois abbayes bénédictines normandes », dans *Revue Léopold Delisle*, t. 12, 1963, n° 3, p. 29-45.

LEMARIGNIER (Jean-François), *Étude sur les privilèges d'exemption et de juridiction ecclésiastique des abbayes normandes depuis les origines jusqu'en 1140*, Paris, 1937 (« Archives de la France monastique », vol. 44).

LEMAITRE (Philippe), « À Pont-Audemer, le chevet de l'église majeure de Saint-Ouen », communication dans *Congrès archéologique de France, Séances générales tenues en 1855*, 1856, p. 522-540.

LEROSEY (Auguste-Louis), *Histoire de l'abbaye bénédictine de Saint-Sauveur-le-Vicomte*, Abbeville, 1894.

LOT (Ferdinand), *Études critiques sur l'abbaye de Saint-Wandrille*, 1913 (« Bibliothèque de l'École pratique des hautes études », fascicule n° 204).

MABILLON (Jean), *Acta sanctorum ordinis sancti Benedicti in saeculorum classes distributa*, Paris, 1668-1701, 9 vol.

MABILLON (Jean), *Annales ordinis sancti Benedicti occidentalium monachorum patriarchae*, Paris, 1703-1739, 6 vol.

MATTHEW (Donald), *The Norman monasteries and their English possessions*, Oxford, 1962.

MESMIN (Simone C.), « Galeran, comte de Meulan, et la léproserie de Saint-Gilles de Pont-Audemer », dans *Connaissances de Pont-Audemer*, n° 36, oct. 1981, p. 7-21.

MESMIN (Simone C.), « Waleran, count of Meulan and the leper hospital of S. Gilles de Pont-Audemer », dans *Annales de Normandie*, mars 1982, p. 3-19.

MOLLAT (Guillaume), « Le droit de patronage en Normandie du XIe au XVe siècle », dans *Revue d'histoire ecclésiastique*, t. 33, 1937, p. 464-485 ; t. 34, 1938, p. 725-789.

MONSTIER (Arthur du), *Neustria Pia seu de omnibus et singulis abbatis et prioratibus totius Normannie quibus extruendis, fundandis dotandisque pietas neustriaca magnificentissime eluxit et commendatur...*, Rouen, 1663.

MUSSET (Lucien), *L'abbaye bénédictine de Fécamp, XIIIe centenaire*, Fécamp, 1959-1960.

MUSSET (Lucien), « La contribution de Fécamp à la reconquête monastique de la Basse-Normandie (990-1066) », *ibid.*, t. I, p. 57-66.

MUSSET (Lucien), « Les abbayes normandes au Moyen Âge : position de quelques problèmes », dans *Les abbayes de Normandie, Actes du XIIIIe Congrès des Sociétés historiques et archéologiques de Normandie*, Rouen, 1979.

MUSSET (Lucien), « Monachisme d'époque franque et monachisme d'époque ducale en Normandie : le problème de la continuité », dans *Aspect du monachisme en Normandie...*, 1982, p. 55-74.

MUSSET (Lucien), « Aperçus sur la dîme ecclésiastique en Normandie au XIe siècle » dans *Aspect de la société et de l'économie dans la Normandie médiévale (XIe-XIIIe siècles), Cahier des Annales de Normandie*, Caen, 1988, p. 47-64.

NILGEN (Ursula), « Thomas Becket en Normandie », dans *Les saints dans la Normandie médiévale, Actes du Colloque de Cerisy-la-Salle, 26-29septembre 1996*, Caen, 2000, p. 189-204.

Papauté, monachisme et théories politiques, I, *Le pouvoir et l'institution ecclésiale* ; II, *Les églises locales. Études d'histoire médiévales offertes à Marcel Pacaut*, Lyon, 1994, 2 vol.

PORÉE (André), *Histoire de l'abbaye du Bec*, Évreux, 1901 ; réimpr. Bruxelles, 1980, 2 vol.

POTT (Cassandra), « Les ducs normands et leurs nobles : le patronage monastique avant la conquête de l'Angleterre », dans *Études normandes*, n° 3, 1986, p. 29-37.

« Prélude à l'année Guillaume le Conquérant, la saga des Normands », dans *Études normandes*, n° 3, Rouen,1986.

Répertoire des abbayes et prieurés de l'Eure, Évreux, 1983.

Répertoire des abbayes et prieurés de Seine-Maritime, Rouen, 1979.

SAUVAGE (René Norbert), *L'abbaye Saint-Martin de Troarn au diocèse de Bayeux, des origines au seizième siècle*, Paris, 1911.

SCHRIBER (Carolyn Poling), *The dilemma of Arnulf of Lisieux, new ideas versus old ideals*, Indianapolis, 1990.

SMITH (David M.), LONDON (Vera C.), *The religious houses, England and Wales*, Cambridge, 2001.

SPEAR (David S.), *The Norman Episcopate under Henri I, King of England and Duke of Normandy (1106-1135)*, University of California, Santa Barbara, 1982.

TAYLOR (Richard Cowling), *Index monasticus or the abbey and other monasteries, alien priories, friaries, colleges, collegiate churches, and hospitals, with their dependencies, formerly established in the diocese of Norwich and the ancient kingdom of East Anglia...*, Londres, 1821.

Trésors des abbayes normandes (Catalogue de l'exposition tenue à Rouen, Musée des Antiquités, puis à Caen, Musée des Beaux-Arts), Rouen, 1979.

VAUGHN (Sally N.), *Anselm of Bec and Robert of Meulan, the innocence of the dove and the wisdom of the serpent*, Berkeley, 1987.

The Victoria History of Norfolk, Londres, 1901, 4 vol. (« The Victoria History of the counties of England »).

The Victoria History of Warwickshire, Londres, 1904, 4 vol. (« The Victoria History of the counties of England »).

The Victoria History of Berkshire, éd. Rev. P. H. Ditchfield, Londres, 1907, 4 vol. (« The Victoria History of the counties of England »).

The Victoria History of Dorset, éd. William Page, Londres, 1908, 4 vol. (« The Victoria History of the counties of England »).

The Victoria History of Oxfordshire, éd. L. F. Salzman, Londres, 1939, 4 vol. (« The Victoria History of the counties of England »).

YVER (Jean), « Autour de l'absence d'avouerie en Normandie », dans *Bulletin de la Société des Antiquaires de Normandie*, 1965, t. 57, p. 189-283.

III. Histoire générale, histoire économique et société

ASTOUL (Charles), « Histoire du droit privé normand », dans *Bulletin de la Société des antiquaires de Normandie*, 1926-1927, t. 37, p. 52-73.

BABCOCK (Robert), « The Norman vicomtes », dans *The Anglo-Norman anonymous*, sept. 1989 (non paginé).

BARLOW (Frank), *William Rufus*, Bekerley and Los Angeles, 1983.

BATES (David), « Notes sur l'aristocratie normande, I, Hugues, évêque de Bayeux (1011 env.-1049), II, Herluin de Conteville et sa famille », dans *Annales de Normandie*, n° 23, 1973, p. 7-38.

BATES (David), « The caracter and career of Odo bishop of Bayeux 1049/1050-1097 », dans *Speculum*, 1975, p. 1620.

BATES (David), « The Origins of the Justiciarship », dans *Anglo-Norman studies proceedings of the Battle conference IV*, 1981, p. 1-12.

BATES (David), *Normandy before 1066*, Londres/New-York, 1982.

BAUTIER (Anne-Marie), « Les plus anciennes mentions de moulins hydrauliques et de moulins à vent », dans *Bulletin philologique et historique jusqu'à 1610 du Comité des travaux historiques et scientifiques*, 1961, vol. 2, p. 567-626.

BÉNET (Armand), « Étude sur la diplomatique des ducs de Normandie », dans *Positions des thèses des élèves de l'École des chartes*, 1881, p. 3-4.

BODIN (Dom), *Histoire civile et militaire de Neufchâtel-en-Bray*, Rouen, 1885.

BOÜARD (Michel de), « Sur les origines de la trêve de Dieu en Normandie », dans *Annales de Normandie*, n° 3, 1959, p. 169-189.

BOÜARD (Michel de), « Nouvelles remarques sur l'introduction de la trêve de Dieu en Normandie », dans *Revue d'Histoire du Droit*, 1960, p. 481-482.

BOÜARD (Michel de), *Guillaume le Conquérant*, Paris, 1984.

BOUSSARD (Jacques), « La seigneurie de Bellême aux Xe et XIe siècles », dans *Mélanges dédiés à Louis Halphen*, Paris, 1951, p. 23-54.

BOUSSARD (Jacques), « Le comté de Mortain au XIe siècle », dans *Le Moyen Âge*, t. 58, 1952, p. 253-279.

BOUSSARD (Jacques), « Les officiers locaux dans la France de l'Ouest aux XIe et XIIe siècles », dans *Revue de l'Histoire du droit français et étranger*, 1954, p. 162-164.

BOUSSARD (Jacques), « L'enquête de 1172 sur les services de chevalier en Normandie », dans *Recueil d'études offert à M. Clovis Brunel*, 1955, t. 1, p. 192-208.

BOUSSARD (Jacques), *Le gouvernement d'Henri II Plantagenêt*, Abbeville, 1956.

BOUSSARD (Jacques), « Hypothèses sur la formation des bourgs et des communes en Normandie », dans *Annales de Normandie*, déc. 1958, p. 425-440.

BOUVRIS (Jean-Michel), « Une famille de vassaux des vicomtes de Bayeux au XIe siècle : les Broc », dans *Revue du département de la Manche*, t. 19, 1977, p. 11-24.

BOUVRIS (Jean-Michel), « Pour une étude prosopographique des familles nobles de moyenne importance en Normandie au XIe siècle : l'exemple du lignage des Dastin au XIe siècle », dans *Revue de l'Avranchin et du pays de Granville*, juin 1984, t. 51, p. 65-101.

BOUVRIS (Jean-Michel), « Les orfèvres en Normandie au XIe siècle », dans *Aspects de la société et de l'économie dans la Normandie médiévale (XIe-XIIIe siècles), Cahier des Annales de Normandie, n° 22*, Caen, 1988, p. 141-164.

BOUVRIS (Jean-Michel), « Contribution à l'étude de l'institution vicomtale en Normandie au XIe siècle, l'exemple de la partie orientale du duché : les vicomtes de Rouen, de Fécamp et de Lillebonne », dans *Autour du pouvoir ducal normand X^e-XIIe siècles, Cahier des Annales de Normandie, n° 17*, Caen, 1985, p. 149-174.

BRUNNER (Heinrich), *Die Entstehung des Schwurgerichte*, Berlin, 1872.

CANEL (Alfred), *Le combat judiciaire en Normandie*, Caen, 1858 (Extrait de *Mémoires de la Société des Antiquaires de Normandie*, 1858, p. 575-655).

CANEL (Alfred), *Histoire de la ville de Pont-Audemer*, Pont-Audemer, 1885 ; réimpr., Brionne, 1980.

CARABIE (Robert), « La nature du droit de la femme mariée aux conquêts faits dans les bourgages normands », dans *Droit privé et institutions régionales : études historiques offertes à Jean Yver*, 1976, p. 125-136.

CHANTEUX (Henri), « Quelques notes sur les vavassories », dans *Revue de l'histoire du droit*, t. 35, 1958, p. 630-631.

CHESNEL (Paul), « Le bel arbre généalogique de la famille du comte de Mortain Robert », dans *Revue de l'Avranchin et du pays de Granville*, n° 29, 1936, p. 230-237.

CLARK (Cecily), « British Library additional Ms 40,000, ff. 1v-12r », dans *Anglo-Norman studies, proceedings of the Battle conference*, t. VII, 1984, p. 50-68.

COULSON (Charles), « The french matrix of the castle provisions of the Chester-Leicester conventio », dans *Anglo-Norman studies proceedings of the Battle conference 1994*, t. XVII, 1995, p. 65-86.

COWDREY (H. E. J.), « The Peace and Truce of God in the eleventh century », dans *Past and Present*, n° 46, 1970, p. 42-67.

CROUCH (David), *The Beaumont twins : the Roots and Branches of Power in the Twelfth century*, Cambridge, 1986.

CROUCH (David), « A Norman "conventio" and bonds of lordship in the middle ages », dans *Law and government in medieval England and Normandy, essays in honour of Sir James Holt*, Cambridge, 1994, p. 299-324.

DAVID (Charles-Wendell), *Robert Curtehose, duke of Normandy*, Cambridge, 1920.

DAVIS (R. H. C.), « Les fieffermes, mode de gestion du domaine normand de la couronne », dans *Revue d'histoire du Droit*, 1963, p. 551-552.

DEBORD (André), « Remarques à propos des châtelains normands aux XIe et XIIe siècles », dans *Recueil d'études offertes à Gabriel Désert, Cahier des Annales de Normandie, n° 24*, Caen, 1992, p. 327-336.

DECORDE (J. E.), *Essai historique et archéologique sur le canton de Neufchâtel*, Paris, 1848 ; réimpr., Brionne, 1980.

DELISLE (Léopold), *Études sur la condition de la classe agricole et l'état de l'agriculture en Normandie au Moyen Âge*, Évreux, 1851.

DELISLE (Léopold), « Des revenus publics en Normandie au XIIe siècle », dans *Bibliothèque de l'École des chartes*, Paris, 1848-1849, p. 173-210 et p. 256-289 ; 1852, p. 105-135.

DELISLE (Léopold), *Histoire du château et des sires de Saint-Sauveur-le-Vicomte*, Valognes/Paris/Caen, 1867.

DES MURS (Marc-Athanase-Parfait-Œillet), *Histoire des comtes du Perche de la famille des Rotrou de 943 à 1231 c'est-à-dire jusqu'à la réunion de cette province à la Couronne de France...*, Nogent-le-Rotrou, 1856 ; réimpr., Genève, 1976.

DEVILLE (Achille), *Histoire du château et des sires de Tancarville*, Rouen, 1848 ; réimpr., Brionne, 1980.

Domesday Studies. Papers read at the Novocentenary Conference of the Royal Historical society and the Institute of British Geographers. Winchester, 1986, ed. J. C. Holt, Woodbridge, 1987 ; réimpr., 1990.

DHONDT (Jacques), « Les relations entre la France et la Normande sous Henri Ier », dans *Normannia*, XII, n° 4, 1939, p. 476-479.

DOUGLAS (David C.), *The Domesday monachorum of Christ Church, Canterbury*, Londres, 1944.

DOUGLAS (David C.), « The earliest Norman counts », dans *English historical review*, t. 51. Londres, 1946, p. 129-156.

DOUGLAS (David C.), *William the Conqueror, the norman impact upon England*, Londres, 1964.

DOUGLAS (David C.), *The Norman achievement, 1050-1100*, Berkeley/Los Angeles, 1969.

Droit privé et institutions régionales, études historiques offertes à Jean Yver, Paris, 1976.

DUMOULIN (Gabriel), *Histoire générale de Normandie...*, Rouen, 1631.

DUPONT (Étienne-Eugène-Paul), *Recherches historiques et topographiques sur les compagnons de Guillaume le Conquérant, répertoire de leurs lieux d'origine*, Saint-Servan, 1907-1908, 2 vol.

DUVAL (Louis), *Notes sur la paroisse et sur les seigneurs de Sai antérieurement à la fin du XIIIe siècle*, Argentan, 1889.

ESTAINTOT (Robert-Charles-René-Hippolyte Langlois, comte d'), *Recherches historique, archéologique et féodale sur les sires et le duché d'Estouteville*, Caen, 1861 (« Mémoires de la société des Antiquaires de Normandie », t. 24).

FIERVILLE (Charles), *Histoire générale de la maison et de la baronnie de Tournebu*, Caen, 1867.

GENESTAL (Robert), *La tenure en bourgage dans les pays régis par la coutume de Normandie*, Paris, 1900.

GRAND (R), « Notes sur la propriété foncière dans le très ancien droit normand », dans *Bibliothèque de l'École des chartes*, t. 101, 1953, p. 235-244.

GOLDING (Brian), « Robert of Mortain », dans *Anglo-Norman studies, proceedings of the Battle conference*, t. XIII, 1990, p. 119-144.

GUILMETH (Alexandre Auguste), *Histoire communale de l'arrondissement de Pont-Audemer*, Paris, 1832 (Chronique de l'Eure, t. 5).

GURNEY (Daniel), *The record of the house of Gournay*, Londres, 1848-1852, 2 vol.

GUYOTJEANNIN (Olivier), *Episcopus et comes : affirmation et déclin de la seigneurie épiscopale au nord du royaume de France, Beauvais-Noyon, X^e-début du XIIIe siècle*, Paris/Genève, 1987 (« Mémoires et documents publiés par la Société de l'École des chartes », t. 30).

GREEN (Judith A.), « King Henri I and the aristocracy of Normandy », dans *La France anglaise au Moyen Âge, Actes du IIIe congrès des Sociétés savantes, Poitiers, 1986*, Paris, 1988, p. 161-173.

HASKINS (Charles Homer), « The Norman "consuetudines et justicie" of William the Conqueror », dans *The English Historical Review*, vol. 23, n° 89, 1908, p. 502-508.

HASKINS (Charles Homer), *Norman Institutions*, Cambridge, 1918.

HOFFMANN (Hartmut), *Gottesfriede und Treuga Dei*, Stuttgart, 1964 (« Schriften der Monumenta Germaniae historica », t. 20).

HOLLISTER (C. Warren), *The monarchy magnates and institutions in the anglo-norman world*, Londres/Ronceverte, 1986.

HOLLISTER (C. Warren), « The Greater Domesday Tenants-in-Chief », dans *Domesday Studies*, Woodbridge, 1987, p. 219-248.

HOLT (J. C.), « Feudal society and the family in early medieval England, I, The revolution of 1066 », dans *Transactions of the royal historical society*, 5th. series, n° 32, 1982, p. 193-212.

HOLT (J. C.), « Feudal society and the family in early medieval England, II, Notions of patrimony », dans *Transactions of the royal historical society*, 5th. series, n° 33, 1983, p. 193-220.

HOUTH (Émile), « Les dernières années de Robert IV comte de Meulan et sa mort à Poitiers en 1204 », dans *Bulletin philologique et historique (jusqu'à 1610) du Comité des travaux historiques et scientifiques, année 1960*, Paris, 1962, p. 499-511.

HOUTH (Émile), « Les premiers comtes de Meulan (886-1080) », dans *Mémoires de la Société historique et archéologique de l'arrondissement de Pontoise*, Paris, 1964, t. 59, p. 62-71.

HOUTH (Émile), « Robert Preud'homme, comte de Meulan et de Leicester (9 avril 1081-5 juin 1118) », dans *Bulletin philologique et historique (jusqu'à 1610) du Comité des travaux historiques et scientifiques, année 1963*, Paris, 1966, p. 801-829.

HOUTH (Émile), « Géographie des fiefs des comtes de Meulan », dans *Bulletin philologique et historique (jusqu'à 1610) du Comité des travaux historiques et scientifiques, année 1966*, Paris, 1968, p. 561-565.

JOÜON DES LONGRAIS (Frédéric), « Le droit criminel anglais au Moyen Âge (1066-1485) », dans *Revue historique du droit français et étranger*, Paris, 1956, p. 390-432.

KEEFE (Thomas K.), *Feudal Assessment and the Political Community under Henry II and his sons*, Berkeley, 1983.

KING (Edmund), « Waleran, count of Meulan, earl of Worcester (1104-1166) », dans *Tradition and change. Essays in honour of Marjorie Chibnall presented by her friends on the occasion of her seventieth birthday*, ed. by Diana Greenway, Christopher Holdsworth and Jane Sayers, Cambridge, 1985, p. 165-181.

LAHEUDRIE (Edmond de), *Histoire du Bessin*. Caen, 1930.

LAHEUDRIE (Edmond de), « Les vicomtes de Bayeux », dans *Bulletin de la Société des Antiquaires de Normandie*, t. 46, Caen, 1939, p. 183-225.

Law and government in medieval England and Normandy, Essays in honour of Sir James Holt, ed. George Garnett and John Hudson, Cambridge, 1994.

LEBLOND (Victor), *Notes pour le nobiliaire du Beauvaisis, d'après un manuscrit du XVIIe siècle et autres documents originaux*, Beauvais/Paris, 1910-1913, 3 vol.

LE MAHO (Jacques), « L'apparition des seigneuries châtelaines dans le Grand-Caux à l'époque ducale », dans *Archéologie médiévale*, t. 6, Paris, 1976, p. 1-46.

LE FOYER (J.), « L'office héréditaire du "Focarius regis Angliae" et l'histoire de ses titulaires normands de l'an 1066 à l'an 1327 », dans *Bibliothèque d'histoire du droit normand,* 2ᵉ série, t. IV, Caen, 1931.

LOHRMANN (Dietrich), « Le moulin à eau dans le cadre de l'économie rurale de la Neustrie (VIIᵉ-IXᵉ siècles) », dans *La Neustrie : les pays au nord de la Loire de 680 à 850, Colloque historique international*, Sigmaringen, 1989, p. 368-404.

LOYD (L. C.), « The origin of the family of Warenne », dans *Yorkshire Archaeological Journal*, t. 31, 1934.

MESMIN (Simone C.), « Du comte à la Commune : la léproserie de Saint-Gilles de Pont-Audemer », dans *Annales de Normandie*, mai 1987, p. 235-267.

MIRAMON (Charles de), *Les « donnés » au Moyen Âge, une forme de vie religieuse laïque v. 1180-v. 1500*, Paris, 1999.

MIRAMON (Charles de), « Embrasser l'état monastique à l'âge adulte (1050-1200), étude sur la conversion tardive », dans *Annales, Histoires, Sciences sociales*, n° 4, juillet-août 1999, p. 825-849.

MUSSET (Lucien), « L'organisation de la seigneurie rurale en Normandie et en Angleterre (XIᵉ-XIIIᵉ siècles), essai de parallèle », dans *Revue historique du droit français et étranger*, Paris, 1956, p. 317-318.

MUSSET (Lucien), « A-t-il existé en Normandie au XIᵉ siècle une aristocratie d'argent ? Une enquête sommaire sur l'argent considéré comme moyen d'ascension sociale », *dans Annales de Normandie*, Caen, 1959, p. 285-299.

MUSSET (Lucien), « Recherches sur les pèlerins et les pèlerinages en Normandie jusqu'à la première croisade », dans *Annales de Normandie*, Caen, 1962, p. 127-150.

MUSSET (Lucien), « L'aristocratie normande au XIᵉ siècle », dans *La noblesse au Moyen Âge (XIᵉ-XVᵉ siècles), Essais à la mémoire de R. Boutruche réunis par Philippe Contamine*, Paris, 1976. p. 71-96.

MUSSET (Lucien), « Foires et marchés en Normandie à l'époque ducale », dans *Annales de Normandie,* Caen, 1963, p.3-23.

MUSSET (Lucien), « Le cimetière dans la vie paroissiale en Basse-Normandie, XIᵉ-XIIIᵉ siècles », dans *Revue Léopold Delisle*, t. 12, n° 3, 1963, p. 7-27.

MUSSET (Lucien), « Peuplement en bourgage et bourgs ruraux en Normandie du Xᵉ au XIIIᵉ siècles », dans *Cahiers de civilisation médiévale*, t. 9, 1966, p. 177-208.

MUSSET (Lucien), « Les pèlerins normands sur la route de Compostelle au Moyen Âge », dans *Annuaire des cinq départements de la Normandie, Congrès de Saint-Lô, 1977*, p. 63-65.

MUSSET (Lucien), « Essai sur les vignobles des monastères normands (Xᵉ-XIᵉ siècles) », dans *Recueil d'études en hommage à J. Fournée*, Nogent-sur-Marne, 1979, p. 231-244.

MUSSET (Lucien), « Les sépultures des souverains normands : un aspect de l'idéologie du pouvoir », dans *Autour du pouvoir ducal normand, Xᵉ-XIIᵉ siècles,* huit essais sur l'autorité ducale en Normandie (XIe-XIIe siècles), Cahier des Annales de Normandie, n° 17, Caen, 1985, p. 19-44.

MUSSET (Lucien), « Voie publique et chemin du roi », dans *Autour du pouvoir ducal normand, X^e-XIIe siècles, huit essais sur l'autorité ducale en Normandie (XIe-XIIe siècles)*, Cahier des Annales de Normandie, n° 17, Caen, 1985, p. 95-111.

MUSSET (Lucien), « Sur la datation des actes par le nom du prince en Normandie (XIe-XIIe siècles) », dans *Autour du pouvoir ducal normand, X^e-XIIe siècles, huit essais sur l'autorité ducale en Normandie (XIe-XIIe siècles)*, Cahier des Annales de Normandie, n° 17, Caen, 1985, p. 5-17.

MUSSET (Lucien), « Autour des modalités juridiques de l'expansion normande au XIe siècle : le droit d'exil », dans *Autour du pouvoir ducal normand, X^e-XIIe siècles, huit essais sur l'autorité ducale en Normandie (XIe-XIIe siècles)*, Cahier des Annales de Normandie, n° 17, Caen, 1985, p. 45-59.

MUSSET (Lucien), « Administration et justice dans une grande baronnie normande au XIe siècle : les terres des Bellême sous Roger II et Robert », dans *Autour du pouvoir ducal ormand, X^e-XIIe siècles, huit essais sur l'autorité ducale en Normandie (XIe-XIIe siècles)*, Cahier des Annales de Normandie, n° 17, Caen, 1985, p. 129-148.

MUSSET (Lucien), « Histoire institutionnelle des ports », dans *Autour du pouvoir ducal normand, huit essais sur l'autorité ducale en Normandie (XIe-XIIe siècles)*, Cahier des Annales de Normandie, n° 17, Caen, 1985, p. 114-128.

MUSSET (Lucien), « Y eut-il une aristocratie d'affaires commune aux grandes villes de Normandie et d'Angleterre entre 1066 et 1204 », dans *Études normandes*, n° 3, 1986, p. 7-19.

MUSSET (Lucien), « Aspects de la société et de l'économie dans la Normandie médiévale (XIe-XIIIe siècles) », dans *Cahier des Annales de Normandie*, n° 22, Caen, 1988.

MUSSET (Lucien), « Agents administratifs et artisans fieffés dans les grands domaines normands du Moyen Âge (XIIe-XIVe siècles) », dans *Cahier des Annales de Normandie*, n° 22, Caen, 1988, p. 25-46.

MUSSET (Lucien), « Aperçus sur quelques problèmes de l'histoire rurale de la Basse-Normandie (XIIe-XIIIe siècles) », dans *Recueil d'études offertes à Gabriel Désert, Cahier des Annales de Normandie*, n° 24, Caen, 1992, p. 99-107.

MUSSET (Lucien), « Quelle idée les Normands des XIe et XIIe siècles se faisaient-ils de leur pays et d'eux-mêmes ? », dans *Annales de Normandie*, 1993, n° 3, p. 251-253.

MUSSET (Lucien), « Une catégorie de paysans normands des XIe et XIIe siècle : les "hôtes" », dans *Mondes de l'Ouest et villes du monde, Regards sur les sociétés médiévales. Mélanges en l'honneur d'André Chédeville*, Rennes, 1998, p. 471-478.

NAVEL (Henri), « Recherches sur les institutions féodales en Normandie », dans *Bulletin de la Société des Antiquaires de Normandie*, t. 51, 1948-1951 (1952), p. 5-175.

NAVEL (Henri), « L'enquête de 1133 sur les fiefs de l'évêché de Bayeux », dans *Bulletin de la Société des Antiquaires de Normandie*, t. 42, 1934, p. 5-80.

NEWMAN (Charlotte A.), *The Anglo Norman nobility in the reign of Henri I : the second generation*, Philadelphie, 1988.

NEVEUX (François), « La ville de Sées », dans *Anglo-Norman studies proceedings of the Battle conference 1994*, t. XVII, 1995, p. 143-163.

NEVEUX (François), *La Normandie des ducs aux rois, Xe-XIIIe siècles*, Rennes, 1998.

OHEIX (André), « La date de la mort d'Alain III, duc de Bretagne », dans *Bulletin de la Société d'émulation des Côtes-du-Nord*, t. 51, Paris, 1913, p. 93-100.

PALMER (J. J. N.), « The Domesday Manor », dans *Domesday Studies*, Woodbridge, 1987.

Pèlerinages et croisades, CTHS, Paris, 1995.

POLLACK (Sir Frederick), MAITLAND (William), *The history of English law before the time of Edward I*, Cambridge, 1898.

POWICKE (Maurice), *The loss of Normandy, 1189-1204*, Oxford, 1913 ; réed. 1961.

PRENTOUT (Henri), *Essai sur les origines et la fondation du duché de Normandie*, Paris, 1911.

PRENTOUT (Henri), *Notes historiques sur le Bessin*, Caen, 1923-1924, 3 vol.

PRENTOUT (Henri), « Études sur quelques points de l'histoire de Guillaume le Conquérant, I, La trêve de Dieu en Normandie. Date du concile de Caen ; Hamfara, II, Le mariage de Guillaume », dans *Mémoires de l'Académie nationale des sciences, arts et belles-lettres de Caen*, t. 6, Caen, 1931, p. 1-56.

Recueil d'études offert à M. Clovis Brunel, Paris, 1955, 2 vol. (« Mémoires et documents publiés par la société de l'École des chartes », t. 12).

Recueil d'études offert à Gabriel Désert, dans *Cahier des Annales de Normandie*, n° 24, Caen, 1992.

RHEIN (André), *La seigneurie de Montfort-en-Iveline depuis son origine jusqu'à son union au duché de Bretagne*, Versailles, 1910.

SAINT-PIERRE (Marquis de), « Richard de La Mare, abbé de Jumièges (1191-1198) et sa famille », dans *Jumièges, congrès scientifique du XIIIe centenaire, Rouen, 10-12 juin 1954*, t. I, Rouen, 1955, p. 79-88.

SAINT-PIERRE (Marquis de), « Sommes-nous danois ou norvégiens ? », dans *Recueil des travaux de la Société libre d'Agriculture, Sciences et Belles-Lettres de l'Eure*, Évreux, 1928, VIIIe série, t. 4, années 1926-1927, p. 265-289.

SOUDET (F.), « Les seigneurs patrons des églises normandes au Moyen Âge », dans *Travaux de la Semaine d'histoire du droit normand tenue à Jersey, 1923*, Caen, 1925, p. 313-326.

STAPLETON (Thomas), « Observations in disproof of the pretended mariage of William de Warren, earl of Surrey, with a daughter begotten of Matildis, daughter of Baldwin, comte of Flanders, by William the Conqueror, and illustrative of the origin and early history of the family in Normandy », dans *The Archaeological Journal*, vol. 3, Londres, mars 1846, p.1-26.

TABUTEAU (Emily Zack), « Ownership and tenure in eleventh-century Normandy », dans *American journal of legal history*, avril 1977, n° 2, p. 97-124.

TABUTEAU (Emily Zack), *Transfers of property in eleventh-century Norman Law*, Chapel-Hill/Londres, 1988.

TAILLEPIED (Noël), *Recueil des antiquitez et singularitez de la ville de Rouen*, Rouen, 1587 ; réimpr., Rouen, 1901.

Tradition and change, Essays in honour of Marjorie Chibnall presented by her friends on the occasion of her seventieth birthday, ed. by Diana Greenway, Christopher Holdsworth and Jane Sayers, Cambridge, 1985.

TSURUSHIMA (H.), « The fraternity of Rochester Cathedral Priory », dans *Anglo-Norman studies, proceedings of the Battle conference*, t. XIV, 1991, p. 313-337.

VALIN (Lucien), *Le duc de Normandie et sa cour*, Paris, 1910.

VILLERS (R), « Le sénéchal dans les pays de l'Ouest », dans *Revue historique du droit français et étranger*, Paris, 1956, p. 316-317.

WAREHAM (Andrew), « The motives and politics of the Bigod family, c. 1066-1177 », dans *Anglo-Norman studies, proceedings of the Battle conference 1994*, t. XVII, 1995, p. 223-242.

WENDEL (David et Charles), *Robert Curthose Duke of Normandy*, Cambridge, 1920.

WERNER (Karl Ferdinand), « Quelques observations à propos des débuts du "duché" de Normandie », dans *Droit privé et institutions régionales, études historiques offertes à Jean Yver*, Paris, 1976, p. 691-709.

WHITE (G. H.), « The career of Waleran, count of Meulan and earl of Worcester », dans *Transactions of the Royal historical Society*, vol. 17, 1934, p. 39-48.

WHITE (Stephen D.), *Custom, kinship and gifts to Saints, the laudatio parentum in western France. 1050-1150*, Chapel-Hill/Londres, 1988.

YVER (Jean), *Les contrats dans le très ancien droit normand (XIe-XIIIe siècles)*, Domfront, 1926.

YVER (Jean), *L'interdiction de la guerre privée*, Caen, 1928.

YVER (Jean), « Le développement du pouvoir ducal en Normandie de Guillaume le Conquérant à la mort d'Henri Ier (1035-1135) », dans *Atti del convengno internationale di studi ruggeriani*, Palerme, 1955, p. 182-204.

YVER (Jean), « Les châteaux forts en Normandie jusqu'au milieu du XIIe siècle, contribution à l'étude du pouvoir ducal », dans *Bulletin de la Société des Antiquaires de Normandie*, t. 53, 1957, p. 28-115.

YVER (Jean), « Contribution à l'étude du développement de la compétence ducale en Normandie », dans *Annales de Normandie*, 1958, p. 139-183.

YVER (Jean), « Les premières institutions du duché de Normandie », dans *I Normanni e la loro espansione in Europa nell'alto medioevo, Settimane di studio del centre italiano di studi sull'alto medioevo*, Spolète, 1969, p. 299-366.

YVER (Jean), « "Vavassor" : note sur les premiers emplois du terme », dans *Annales de Normandie*, mars 1990, p. 31-48.

MÉTHODE D'ÉDITION

1. Principes généraux

L'édition de chaque acte, notice ou charte, est introduite par un numéro d'ordre, une date, une analyse et un tableau de la tradition. Ce dernier indique, pour chaque acte, sa situation dans le cartulaire de Préaux et la rubrique qui le précède, puis sa localisation dans le second cartulaire du XVe siècle. Les rubriques transcrites dans ce second cartulaire sont la plupart du temps les mêmes que celles du premier cartulaire, c'est pourquoi on s'est borné, le cas échéant, à ne mentionner que les variantes. Les références des copies et mentions « inutiles » des actes faites par Léopold Delisle sont mentionnées entre crochets.

Pour les références bibliographiques complètes citées en abrégé dans les rubriques « *a* » et « INDIQUÉ », on se reportera à la bibliographie générale. Les mentions de la chronique d'Orderic Vital renvoient à l'édition de Marjorie Chibnall, celles de la chronique de Robert de Torigny à l'édition qu'en a donnée Léopold Delisle.

Les difficultés de datation et de localisation des toponymes sont ensuite explicitées s'il y a lieu, ainsi que l'identification des protagonistes cités dans les actes. Pour les identifications de lieu, on se reportera à l'*index nominum* qui suit l'édition ; pour l'explicitation de *realia* ou de notions juridiques évoquées dans les actes, on utilisera l'*index rerum*.

Deux mains différentes, identifiées par les lettres M et N, ont laissé dans les marges des gloses qui sont mentionnées dans l'apparat critique : M désigne une main du XVe siècle écrivant une écriture cursive de très petit module ; N désigne une seconde main, de la fin du XVe siècle ou du XVIe siècle, utilisant une écriture bâtarde de gros module. D'une manière générale, les *signa* figurés sont mentionnés à leur place par la mention *crux* ; les pancartes ont leurs différentes parties constitutives numérotées, ces numéros repris en analyse.

Les particularités linguistiques présentes dans les actes ont été respectées : on trouve par exemple à plusieurs reprises sous la plume du cartulariste *com* écrit en toutes lettres, là où l'on attendrait *cum*. Les passages interpolés d'un acte ont été signalés entre < >.

Les identifications administratives des toponymes sont données avec les mêmes conventions que dans l'index final.

2. Principes propres à la partie A

L'ensemble des actes qui constituent la première partie de l'édition forme une entité cohérente au sein du cartulaire : cette partie du manuscrit, la seconde si l'on considère sa place dans le volume, constitue un recueil d'actes dont certains aspects narratifs l'apparentent à une chronique.

Il a donc semblé pertinent de respecter l'ordre des actes dans le manuscrit – le briser, en lui substituant un classement chronologique, aurait entraîné la perte de la cohérence des notices qui pour une partie d'entre elles s'enchaînent les unes aux autres. On a choisi de faire figurer la partie A en tête de l'édition du cartulaire, parce qu'y sont consignées à la suite de la pancarte de fondation de l'abbaye les transactions les plus anciennes reçues par les moines.

Lorsqu'une même notice a été plusieurs fois copiée par le cartulariste, on a regroupé à la première occurrence les variantes données par les autres copies, en les mentionnant dans l'apparat critique.

Chaque acte est précédé d'un numéro d'ordre comprenant la lettre A, d'une date qui précise l'époque de la transaction, mais qui n'est pas forcément celle de la rédaction de l'acte écrit. On trouvera à la fin de l'édition une liste chronologique des actes de la partie A.

Il a semblé juste de ne mettre une majuscule à « Sanctus Petrus » que lorsqu'il s'agissait explicitement de la désignation de l'abbaye de Préaux, ou des témoins de l'abbaye. Dans tous les autres cas, étant donnée l'époque de rédaction de ces actes, le parti a été pris de considérer que « sanctus Petrus » désignait l'apôtre et n'appelait pas de majuscule.

3. Principes propres à la partie B

La partie B du cartulaire de 1227, la première si l'on considère sa place dans le manuscrit, regroupe des chartes de la seconde moitié du XIIe et du début du XIIIe siècle. Le classement chronologique des chartes, conforme à celui d'un recueil d'actes a été choisi pour l'édition de cette partie du manuscrit. Pour un même *terminus ad quem*, l'ordre de classement est celui de l'imprécision croissante du *terminus a quo*. Pour l'ordre des chartes dans le cartulaire, on se reportera à la liste ordonnée des actes. Chaque charte est précédée d'un numéro d'ordre précédé de la lettre B et d'une date.

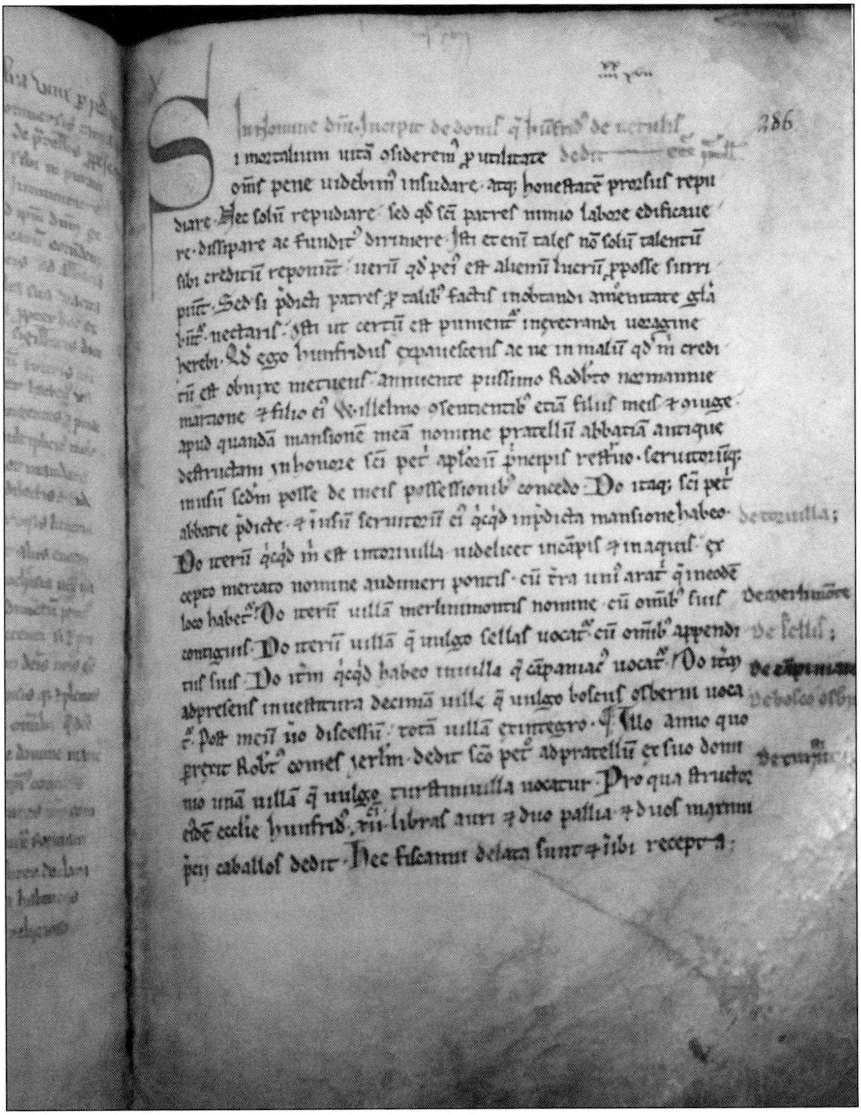

Figure 1. Cartulaire de Saint-Pierre de Préaux, 1227.
(Archives départementales de l'Eure, H 711, fol. 97. Cliché D. Rouet.)

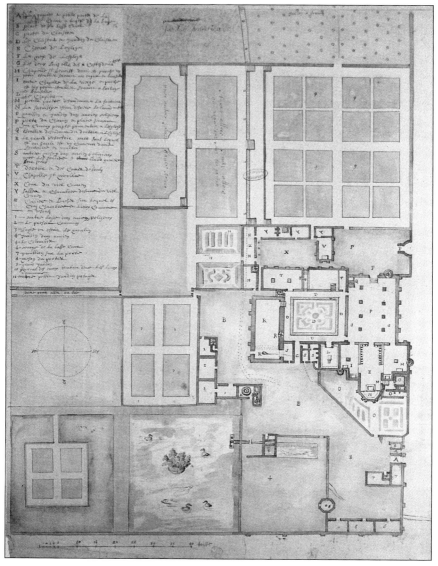

Figure 2. Plan manuscrit du monastère Saint-Pierre de Préaux, vers 1650. (Archives nationales, N III Eure / 1 pièce 7. Cliché Arch. nat.)

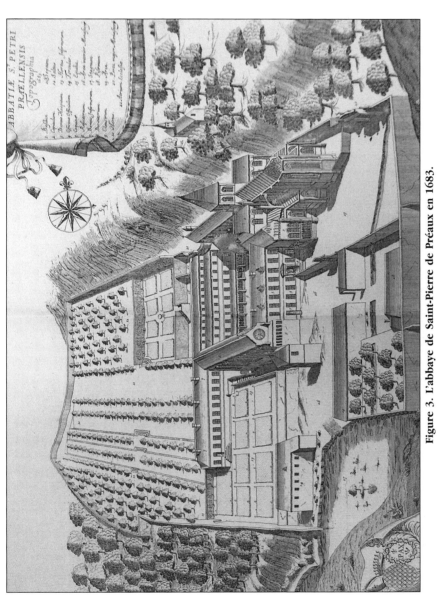

Figure 3. L'abbaye de Saint-Pierre de Préaux en 1683.
(Reproduit dans A. Peigné-Delacourt, *Monasticon gallicanum*, Paris, 1871, t. II. Cliché D. Rouet.)

PARTIE A

ÉDITION DE LA SECONDE PARTIE DU CARTULAIRE

A1

[1078-1079].

Pancarte de l'abbaye Saint-Pierre de Préaux récapitulant une partie des donations faites au monastère depuis sa fondation :

[1] *Onfroi [de Vieilles] restaure, avec l'accord de son épouse et de ses enfants et la permission du duc Robert et de son fils Guillaume, l'abbaye Saint-Pierre de Préaux et lui donne tout ce qu'il possède à Préaux, à Tourville avec une charruée de terre, sauf le marché appelé Pont-Audemer. Il ajoute son domaine de Merlimont avec ses dépendances, celui de Selles et tout ce qu'il possède à Campigny ; la dîme du Bosc-Aubert et, à sa mort, tout le domaine.* [2] *Le duc Robert donne son domaine de Toutainville. En échange il reçoit d'Onfroi douze livres d'or, deux manteaux, et deux chevaux d'un grand prix amenés à Fécamp. Il a chargé son jeune fils Guillaume de poser cette donation sur l'autel de saint Pierre.* [3] *Onfroi donne aussi la terre de Radepont qu'il avait reçue en [mort]-gage pour douze ans contre cent livres.* [4] *Il ajoute celle de Renneville, tenue aux mêmes conditions pour trente livres ; ces terres devant retourner à leur propriétaire une fois le délai échu et l'argent rendu.* [5] *Saffroi donne six acres de terre et reçoit la société du lieu.* [6] *Gilbert et Turstin, deux frères de ce dernier, donnent quatorze acres de terre.* [7] *L'évêque de Bayeux Hugues renonce à ses prétentions concernant les terres du Bosc-Aubert, de Merlimont, de Selles, et d'Incourt (Novus Boscus) qu'Onfroi [de Vieilles] lui avaient achetées.* [8] *Roger et Robert fils d'Onfroi donnent la dîme des tonlieux, des cens, des moulins, et des églises de Pont-Audemer.* [9] *Robert y ajoute l'église d'Épaignes et la terre en dépendant, la dîme, celle du moulin, un hôte nommé Osberne, ainsi que la terre du Mont-Les-Mares.* [10] *Roger son frère donne une partie de l'héritage de son oncle Turquetil près de Pont-Audemer ; il reçoit en échange cinq vases d'argent niellé et d'or que son frère avait donnés à l'abbaye.* [11] *Le duc Guillaume donne les églises de Boulleville et de Vienne[-en-Bessin], à la demande de l'archidiacre Guy qui les tenait du duc. Les moines*

accordent à Guy la société du lieu de sorte qu'il pourra devenir moine, s'il le désire ; ce qu'il a fait. [12] *Richard de Creully renonce à ses prétentions sur Toutainville, sur l'église de Vienne[en-Bessin] et reçoit la société des moines, une mule, deux candélabres d'argent et deux besants d'or.* [13] *Gilbert, en l'absence d'héritier, donne avec l'accord du duc Guillaume tout son patrimoine à Condé-sur-Risle : champs, bois, eaux et une partie de l'église. Il ajoute des possessions dans d'autres lieux et reçoit la possibilité de devenir moine.* [14] *L'évêque de Bayeux Hugues[1] confirme à l'abbaye la possession des terres qu'il revendiquait et qu'il venait d'envahir, malgré la donation qu'il en avait déjà faite. L'abbé de Fontenelle, Gradulphe, qui avait pris part à la restauration de l'abbaye, et celui de Préaux, Anfroi, lui donnent en échange cent livres, trois candélabres, deux en argent et l'autre en or et argent niellé ainsi qu'un calice doré.* [15] *Jean de Saint-Philibert, fils du comte Raoul, donne une terre appelée Saint-Benoît sise dans la forêt du Vièvre : il se réserve cependant sangliers et éperviers, s'ils s'en trouvent. Il reçoit alors quinze sous de l'abbé Anfroi et la société des moines.* [16] *Roger de Beaumont donne tout ce qu'il possédait à Manneville : champs et eaux. Le duc Guillaume a donné son accord et a souscrit l'acte.* [17] *Roger de Beaumont confirme à l'abbaye la possession éminente des églises de Pont-Audemer, mais son cousin Hugues, fils de Turulfe, les tiendra, sa vie durant, contre dix livres et, à sa mort, elles retourneront au domaine des moines. Venu à l'abbaye au moment de l'installation du nouvel abbé Guillaume, Roger avait écouté les plaintes des moines : beaucoup de biens recensés dans la pancarte manquaient, en particulier les églises de Pont-Audemer. L'abbé Anfroi les avait concédées, sans le consentement des moines, à Hugues qui prétendait même les avoir reçues d'Onfroi. Roger avait décidé que tous les biens dispersés devaient revenir aux moines et, devant l'opposition d'Hugues, avait ordonné un duel judiciaire au terme duquel le représentant des moines, Goscelin, était sorti vainqueur après forfait de celui d'Hugues, nommé Geoffroy. Convoqués à Beaumont pour régler cette affaire, l'abbé, quelques moines et Hugues avaient convenu de cet accord.*

B. Cart. XIIIe siècle, fol. 97-99v, n° 286. En rubrique, écrite de la main du copiste à l'encre rouge : « *In nomine Domini. Incipit de donis que Hunfridus de Vetulis dedit ecclesie Pratelli* ». [Copie Delisle, Bibl. nat. de Fr., nouv. acq. lat. 1025, fol. 105-111, n° 286]. — *B²*. Extraits repris dans la grande charte du comte de Meulan Galeran II, datée de 1155, ibid., fol. 33-36, n° 68 (voir **B8**).

C. Cart. XVe siècle, fol. 60-62, n° 198bis. — *D*. Copie du XVIIe siècle, Bibl. nat. de Fr., coll. du Vexin, t. IV, p. 117-118. — *E*. Copie du XVIIe siècle par frère Julien Bellaise, Bibl. nat. de Fr., nouv. acq. fr. 20218, fol. 52v (limité au passage *Hoc notum sit* […] *Rogerius cognomento Perarius et alii*). — *F*. Copie du XVIIIe siècle, Bibl. nat. de Fr., coll. du Vexin, t. XI, fol. 131v, n° 122 (extrait rappelant la distribution des gifles). — *G*. Copie par Beausse en 1914, Arch. dép. du Calvados, Chartes normandes, t. II.

---

1. Hugues, évêque de Bayeux, c. 1011-1049.

a. Gallia christiana, t. XI, *Instr.*, col. 199-203. — *b.* J. Mabillon, *Annales*, t. IV, p. 444 (limité au passage *Notum sit* [...] *Gaufridus clericus*). — *c.* A. Le Prévost, *Mémoires*..., t. III, p. 300-301 (extraits). — *d.* L. Delisle, *Histoire du château et des sires*..., p. j. 12, p. 12-13 (extrait). — *e.* M. Fauroux, *Recueil des actes*..., n° 89, p. 230-231 ; n° 97, p. 249 ; n° 174, p. 361-362 (respectivement paragraphes [2], [11], [16]).

INDIQUÉ : J. Mabillon, *Annales*..., t. IV, p. 361. — A. Canel, *Essai historique*..., t. II, p. 314. — A. Canel, *Le combat*..., p. 74-75. — L. Delisle, *Des revenus*..., 1re part., p. 207, n. 9. — A. Deville, *Histoire du château et des sires de Tancarville*..., p. 106-107. — M. Béziers, *Mémoires*..., t. III, p. 535. — Charpillon, Caresme, *Dictionnaire*, passim. — C. H. Haskins, *Norman Institutions*, p. 273, n° 18. — H. Prentout, *La trêve de Dieu*..., p. 8. — J. Adigard des Gautries, *Les noms de lieu de l'Eure*..., p. 49, 52, 352. — H. Hoffmann, *Gottesfriede*..., p. 167, 169. — M. de Boüard, *Sur les origines*..., p. 171. — V. Gazeau, *Monachisme et aristocratie* (thèse dactylographiée)..., p. 41-43 et passim. — M. Baylé, *Les origines*..., p. 21 et p. 126. — E. Z. Tabuteau, *Transfers of property*..., p. 123, n. 61, doc. 170 ; p. 214, n. 22 et p. 148-149, n. 45, doc. 285.

La première partie de cette pancarte relate les donations faites à l'abbaye Saint-Pierre de Préaux en 1034 par Onfroi de Vieilles ; elle est suivie par le don de Toutainville fait par le duc Robert le Magnifique avant son départ pour la Terre-Sainte en janvier 1035. Les autres donations s'échelonnent entre 1040 et 1054 au plus tard, date de la mort de Robert de Beaumont qui, avec son frère Guillaume, est le protagoniste du dernier acte de la pancarte (voir **A2**) avant qu'en 1078, après le 16 mars, sur l'ordre de Roger de Beaumont, cette version de la pancarte de fondation fût remaniée et qu'on lui eût ajouté sa dernière partie. Un alinéa a été créé à chaque fois que le copiste avait inséré dans le texte un pied de mouche ; la ponctuation forte que le copiste a mise en valeur par une touche d'encre rouge à l'intérieur de chaque lettre capitale a été respectée. Les actes **A2**, **A3**, **A4** et **A5** de la présente édition font partie intégrante de la pancarte, quoique le copiste du cartulaire les ait individualisés. B^2 ne reprend que les paragraphes suivants en leur assignant l'ordre [1], [8-9], [2], [5-6], [16]. B^2 donne une intéressante variante de [1], mais refond et résume les autres paragraphes qu'elle emprunte à la pancarte.

[1] Si mortalium vitam consideremus, pro utilitate omnes pene videbimus insudare atque honestatem prorsus repudiare, nec solum repudiare, sed quod sancti patres nimio labore edificavere dissipare ac funditus dirimere. Isti etenim tales non solum talentum sibi creditum reponunt^2, verum, quod pejus est, alienum lucrum pro posse surripiunt. Sed, si predicti patres pro talibus factis in obtandi$^{(a)}$ amoenitate$^{(b)}$ gloriabuntur nectaris, isti, ut certum est, punientur in execrandi voragine herebi. Quod ego Hunfridus expavescens ac ne in malum, quod mihi creditum est,$^{(c)}$ obnixe metuens, annuente piissimo Rodberto, Normannie marcione, et filio ejus Willelmo, consentientibus etiam filiis meis et conjuge$^{(d)}$, apud quandam mansionem meam nomine Pratellum abbatiam antique destructam in honore sancti Petri apostolorum principis restruo$^{(e)}$ servitorumque in usum

---

2. Mat. 25, 14-30.

secundum posse de meis possessionibus[f] concedo. Do itaque sancti Petri abbatie predicte et in usum servitorum ejus[g] quicquid in predicta mansione[h] habeo[i]. Do[j] iterum quicquid mihi est in Torivilla, videlicet in campis et in aquis, excepto mercato nomine Audimeri Pontis, cum terra unius aratri que in eodem loco habetur. Do[k] iterum villam Merlini Montis nomine cum omnibus suis contiguis. Do[l] iterum villam que vulgo Sellas vocatur, cum omnibus appenditiis suis. Do[m] iterum quicquid habeo in villa que Campaniacus vocatur. Do[n] iterum ad presens investitura decimam ville que vulgo Boscus Osberni vocatur ; post meum vero discessum totam villam ex integro.

[2] Illo[o] anno quo perrexit Robertus comes in Jerusalem[3], dedit sancto Petro ad Pratellum ex suo dominio unam villam que vulgo Turstinivilla vocatur. Pro qua structor ejusdem ecclesie Hunfridus XII^{cim} libras auri et duo pallia et duos maximi precii caballos dedit[p]. Hec Fiscanni delata sunt et inibi recepta, sed quia Willemus adhuc puerulus ejusdem Roberti comitis filius post illum erat regnaturus, eum pater Pratellum misit ut suo jussu etiam puer propria manu donationem Turstiniville super altare poneret. Huic rei interfuerunt vetulus Nigellus ; Turaldus qui unum de suprascriptis caballis a comite Roberto dono suscepit ; Radulfus camberarius[q], filius Geraldi ; Gotscelinus Rufus de Formovilla ; Hunfridus, constructor ejusdem loci, cum filiis suis, Rogerio, Roberto, Willelmo qui etiam a patre ob causam memorie colaphum suscepit. Suscepit etiam aliud colaphum Ricardus de Lillabona qui ocream, id est hosam[r], comitis Roberti ferebat. Qui cum requireret cur sibi Hunfridus permaximum colaphum dedisset, respondit : « Quia tu junior me es et forte multo vives tempore erisque testis hujus rationis cum res poposcerit ». Suscepit etiam tercium colaphum Hugo, filius Waleranni comitis.

[3] Preter hec, concedo vadimonium terre Radipontis quod pro centum libris usque ad duodecim annos suscepi, ea ratione ut, finito constituto termino redditoque eodem precio, redeat vadimonium ad domum suam.

[4] Huic addo aliud vadimonium pro triginta libris susceptum, nomine Ranuvillam, ea ratione qua et supradictum.

[5] Quidam[s] miles Saffridus nomine dedit sancto Petro in Pratellum sex agros terre. Pro quibus dederunt ei fratres ejusdem loci societatem.

[6] Eodem tempore[t], duo fratres predicti viri consanguinei, scilicet Gislebertus et Turstinus, dederunt Sancto Petro Pratellensi pro salute animarum suarum XIIII^{cim} agros terre.

[7] Regnante Willelmo, Roberti marcionis filio[u], venit Bajocensis episcopus nomine Hugo ad Pratellum et fecit ibi donationem de terra quam calumniabatur, videlicet de Osberni Bosco, de Merlini Monte, de Sellis, et insuper de quadam terra, Novus Boscus nomine, quam structor loci domnus Hunfridus ab illo emerat.

[8] Eodem Willelmo regnante[v], dederunt Rogerius et Robertus, predicti Hunfridi filii, Sancto Petro Pratellensi decimam Aldimeri Pontis, videlicet de teloneo, de censu, de molendinis, et ecclesias ad eundem locum pertinentes.

---

3. Le duc Robert Le Magnifique meurt à Nicée sur la route de Terre sainte en 1035.

[9] Huic dono addidit Robertus predictus post[w] totam decimam Hispanie et decimam molendini ejusdem ville et ecclesiam cum terra ad illam pertinente, et unum hospitem in eadem villa, nomine Osbernum, et terram Magne Maris[x].

[10] Eodem anno[y], dedit Rogerius, frater ejus, eidem loco partem honoris cujusdam avunculi sui, nomine Turchitilli, que sibi hereditario jure provenerat, sitam circa predictum pontem, pro qua retinuit quinque argentea vascula ex nigello et auro mire composita que eidem loco jamdictus Robertus contulerat.

[11] Illo anno[4] quo mortuus fuit Brittannus comes, Alainius nomine, apud Fiscannum[z], dedit Willelmus comes sancto Petro de dominio suo duas ecclesias et terram ad eas pertinentem, scilicet de Bollivilla et de Viana. Hoc autem factum est suggestione et intercessione cujusdam archidiaconi, nomine Widonis, qui eas in beneficio tenebat. Idcirco dedit ei abbas ejusdem loci, Anffridus nomine, societatem tali tenore ut, si monachus fieri vellet, non ei denegaretur ; quod et factum est.

[12] Eodem Willelmo regnante[aa], guirpivit Richardus de *Chroliei* calumniam quam habebat in Turstinivilla et in ecclesia illius ville que vocatur Viana Sancto Petro Pratellensi. Quapropter dedit ei abbas illius loci societatem et unum mulum et duo candelabra argentea et duo bizantia auri.

[13] Regnante Willelmo eodem et concedente Roberto Hunfridi filio[bb], quidam miles, Gislebertus nomine, carens herede, dedit sancto Petro donationem tocius sue hereditatis, videlicet quicquid habebat in villa que vulgo Condedus dicitur, in agris, silvis, aquis, et partem etiam ecclesie ejusdem ville, quatinus apud Pratellum fieret monachus. Contulit etiam quicquid possidebat hereditatis aliis in locis.

[14] Hoc notum sit omnibus tam presentibus quam futuris quod illo anno quo prius inceptum est concilium de pace[5] apud Cadimum[cc] com corporibus sanctorum, invasit Bajocensis episcopus nomine Hugo terras Sancti Petri Pratelli pro quadam conventione quam structor loci Hunfridus nomine com eo habuerat. Unde valde commoti domnus abbas Gradulfus Fontinelle monasterii, qui partim fundator illius loci extiterat, et abbas ejusdem monasterii, Anffridus nomine, cum nimio labore impetraverunt ut predictam conventionem perdonaret et terras redderet, nec hoc sine magno precio potuit fieri. Dederunt enim illi jamdicti abbates centum libras denariorum et tria argentea candelabra, videlicet duo ex puro argento et tercium ex auro et argento vel nigello pulchre compositum et unum calicem deauratum. Qua pecunia recepta, sicut presens subscriptio demonstrat, cartam episcopali auctoritate firmavit. (*Crux*) Ego Hugo Bajocensis episcopus hanc donationem terrarum scilicet quas dedi Sancto Petro Pratellensi precatu Hunfridi nunc manu et ore confirmo, et episcopali auctoritate earum invasores anathematizo, amen[dd]. Huic conventioni interfuerunt testes videlicet : Rainaldus Drudus ; Hugo cognomento Compositus ; Rodulfus Suhardus ; Radulfus Afatiatus ; Ricardus Scoria vetulam ; Turstinus, filius Rannulfi. Ex parte vero

---

4. Le duc de Bretagne Alain III mourut le 1er octobre 1040 (A. Oheix, *La date...*, p. 93-100).
5. Le premier concile de paix tenu à Caen eut lieu en 1047 (voir M. de Boüard, « Les origines de la trêve de Dieu en Normandie », dans *Annales de Normandie*, 1959, p.171-172).

abbatum interfuerunt : Gauzfridus, clericus ; Christianus, clericus ; Alboldus, clericus ; Hunfridus, laicus ; Willelmus, laicus ; Guarnerius, laicus ; Rogerus cognomento Perarius.

[15] Jam sepedicto principe regnante atque consentiente[ee], Johannes de Sancto Philiberto, Radulfi comitis filius, dedit Sancto Petro Pratellensi quamdam terram que Sanctus Benedictus vocatur, in foreste[ff] que Guevra dicitur, nichil consuetudinis sibi reservans preter aprum et accipitrem, si adessent. Pro qua re abbas ejusdem loci, Anfridus nomine, dignam sibi rependit pecuniam, scilicet XV[cim] libras denariorum et maxime societatem loci.

[16] Regnante Willelmo Roberti marcionis filio[gg], Rogerius de Bello Monte, filius Hunfridi, dedit Sancto Petro Pratellensi quicquid habebat in Manichivilla, videlicet in campis et in aquis, eodem principe annuente et signo suo confirmante (*crux*).

[17] Defuncto abbate Anffrido et loco ipsius Willelmo abbate locato, advenit Rogerus Bellemontis precatu monachorum in capitulo eorum, volens scire quomodo se res monasterii haberent. Tunc, presente eo, lecta est carta quam firmaverat pater suus et ipse de constructione loci et ejus jussu exposita. Monachi vero conquesti sunt ex his que in carta scripta erant multa se amisisse et maxime ecclesias Audimeri Pontis quas abbas Anffridus dederat Hugoni clerico, Turulfi filio, sine eorum concessu vel licentia ; Rogerus vero, ut eorum clamores audivit, jussit ut omnia, sicut in carta erant scripta, ita redirent ad dominium monachorum, que sine licentia vel consilio conventus eorum fuerant dispersa. Hugo vero clericus, ut hec audivit, erexit se adversus monachos, dicens ex integro supradictas ecclesias a domno Hunfrido, cenobii constructore, ejusdem Rogerii patre, antequam ab abbate Anffrido se habuisse. Monachis vero contradicentibus, denominatum est placitum ut ex utraque parte convenirent homines qui hujus rei essent testes ; quod et factus est. Ex parte igitur monachorum affuit testis Goncelinus et ex parte Hugonis, ejus frater Gauzfridus. Quid plura ? Assignatis testibus et datis vadimoniis, denominatus est dies ut a supra nominatis testibus bellum fieret. Sed ut ventum est ad prelium, gratia Dei Gauzfridus testis et frater Hugonis qui adversum Gonselinum pro hac re debebat dimicare, invalidum mendris[hh] et maxime brachiis se esse confessus est, nec ad hoc opus se valere. Quod ut audivit Rogerus, nolens ut ex toto amitteret Hugo (erat enim suus consanguineus), precatus est abbatem Willelmum, quem ad Bellum Montem com quibusdam monachis causa hujus negotii transmiserant fratres loci, ut decem libras denariorum ex Hugone susciperet, ea tamen conventione ut, quoad viveret Hugo, ab abbate Willelmo ecclesias suprascriptas teneret et, moriens, non ejus filius vel aliquis suus cognatus seu sibi proximus heres ultra esset, nec partem in ipsis ecclesiis haberet, sed in monachorum dominio redirent quod vix impetrare potuit ; sed tamen factum est ut petiit. Hujus rei testis est ipse Rogerus et Robertus, ejus filius ; et Herluinus ; et Radulfus Otonis filius ; et Turstinus Efflancus ; et Gulbertus ; et Ricardus ; et Goncelinus ; et Hunfridus, presbiter. Hec vero ratio hic inscripta est jussu ejusdem Rogerii qui ecclesias unde sermo agitur nobis dedit.

(a) Optandi B^2 — (b) amenitate B^2 — (c) Sic BB^2C, mais la construction de la phrase semble exiger un verbe dépendant de ne. La présence de cette même leçon dans B^2 témoigne d'une omission bien antérieure à la copie du cartulaire ; talentum verteretur obnixe metuens a. — (b) annuente (...) conjuge *omis* B^2. — (e) construo B^2, *à la place de* antique (...) restruo. — (f) et ista de meis rebus eidem B^2, *à la place de* servitorumque (...) possessionibus. — (g) scilicet B^2 *à la place de* do (...) servitorum ejus. — (h) villa B^2. — (i) B^2 *ajoute* quadam parte excepta quam alteri abbatie sanctimonialium reservo. — (j) *En marge de B, à l'encre rouge, de la main du copiste* De Torvilla ; B^2 *résume ainsi la fin de* [1] Iterum sancto Petro do quod habeo in Turvilla vel in Sellis et in Campiniaco et in Bosco Osberni in meo dominio. — (k) *En marge de B, encre verte* De Merlimonte. — (l) *ibid., encre rouge* De Sellis. — (m) *ibid., encre verte* De Campiniaco. — (n) *ibid., encre rouge* De Bosco Osberni. — (o) *ibid., encre verte* De Turstinivilla. — (p) B^2 *ne reprend pas la suite de* [2], *omet* [3] *et* [4]. — (q) *Sic BC.* — (r) *mots ajoutés par le copiste dans l'interligne de B* ; ocream vini comitis *Ca.* — (s) *ibid., encre rouge* De Pratellis ; B^2 *fond* [5] *et* [6] *en* De Pratellis : eo tempore, quidam miles, Saffridus nomine, dedit sancto Petro in Pratellum sex agros terre. Item duo fratres ejus, Gislebertus et Turstinus, dederunt XIIII agros terre pro animabus suis. — (t) *ibid., encre verte* Item de Pratellis. — (u) *ibid., encre verte* Item de Osberni Bosco. De Merlinimonte. De Sellis et de terra nomine Novus Boscus ; B^2 *omet* [7]. — (v) *ibid., encre rouge* De Ponte Audomari ; B^2 *fond* [8] *et* [9] *en* De Ponte Audomari. Regnante Willelmo, Roberti martionis filio, Rogerius et Robertus, filii predicti Hunfridi, dederunt sancto Petro decimam Pontis Audimeri, scilicet de theloneo, de censu, de molendinis et de omni re que decimari potest et omnes ecclesias ejusdem ville. Addiderunt huic dono quicquid in Hispania in dominio suo habebant, exceptis militibus ex quibus tamen aliquos postea concesserunt, videlicet Gonscelinum et Hugonem de Avesna et Goscelinum Rufum ; preter hec ecclesiam cum terra ad illam pertinente et decimam molendini ejusdem ville et unum hospitem et terram Magne Maris. — (w) *Dans la marge de B, encre verte* De Hispania. — (x) *ibid., à l'encre rouge* Magne Maris. — (y) *ibid., à l'encre verte* De Ponte Audomari. — (z) *ibid., à l'encre verte* De Bollivilla ; *à l'encre rouge* Et de Viana. — (aa) *ibid., à l'encre verte* De Turstinivilla. — (bb) *Sic B.* — (cc) *Mot surligné à l'encre rouge.* — (dd) *ibid., à l'encre rouge* De Condeio. — (ee) *ibid., à l'encre rouge* De Sancto Benedicto. — (ff) *Sic B, corr.* foresta. — (gg) *ibid., à l'encre verte* De Manichivilla ; B^2 *reprend* [16] *en* De Manichivilla. Item sub eodem principe, Rogerius de Bello Monte dedit sancto Petro quicquid habebat in Manichivilla in silvis et in aquis, concedente ipso principe. — (hh) *Sic B, corr.* membris ; membris *C*.

A2

[1050-1054].

*Robert et Guillaume, fils d'Onfroi, donnent à l'abbaye Saint-Pierre de Préaux les églises et la dîme de toute les revenus (*exitus*) de la terre ou de la forêt de Bosgouet.*

B. Cart. XIIIe siècle, fol. 99v, n° 287. En rubrique, écrit de la main du copiste : « *De Bosco* Goieth » ; dans la marge, d'une main du XVIIIe siècle : « Bosgouet ». [Copie Delisle, Bibl. nat. de Fr., nouv. acq. lat. 1025, fol. 111, n° 287]. — B^2. *Ibid.*, fol. 136, n° 433 (**A157**), sous la rubrique : « *Ex dono Roberti et Willelmi, filiorum Hunfridi, ecclesiam et decimam de Bosco* Goieth » ; dans la marge, d'une main du XVIe siècle (N) : « Boscgouet ». [Mention Delisle, Bibl. nat. de Fr., nouv. acq. lat. 1025, fol. 189, n° 433].

C. Cart. XVe siècle, fol. 91, n° 336. Dans la marge : « Bogouet ». — C^2. *Ibid.*, fol. 62, n° 189.

a. A. Le Prévost, *Mémoires...*, t. I, p. 378.

INDIQUÉ : A. Canel, *Essai historique...*, t. II, p. 129. — Charpillon, Caresme, *Dictionnaire...*, t. I, p. 444. — V. Gazeau, *Le temporel...*, p. 246.

La même notice est recopiée plus bas (voir **A157**).

Regnante Willelmo, Roberti marchionis⁽ᵃ⁾ filio, dederunt Sancto Petro Pratelli ecclesias et decimam tocius exitus terre vel silve que dicitur Boscus *Goieth*, Robertus et Willelmus, filii Hunfridi.

(a) marcionis *B²*.

A3

[1050-1094, 29 novembre].

Robert, archer, vassal de Roger de Beaumont, donne à l'abbaye Saint-Pierre de Préaux, avec l'accord de son seigneur, le domaine qu'il tenait de ce dernier au Mesnil-Ysembert avant de devenir moine de Préaux.

B. Cart. XIIIᵉ siècle, fol. 100, n° 288. En rubrique, écrit de la main du copiste : « *De Maisnillo* Ysembert ». [Copie Delisle, Bibl. nat. de Fr., nouv. acq. lat. 1025, fol. 111, n° 288]. — *B²*. *Ibid.*, fol. 134v, n° 424 (**A148**), sous la rubrique : « *Ex dono Roberti baliste quod tenebat a domno Rogerii Bellomontis apud* Le Mesnil Ysembert *possidere debemus* ». [Copie Delisle, Bibl. nat. de Fr., nouv. acq. lat. 1025, fol. 186, n° 424].

C. Cart. XVᵉ siècle, fol. 62v, n° 190. — *C²*. *Ibid.*, fol. 89v, n° 327.

Quidam balista⁽ᵃ⁾, nomine Robertus, obtinuit suis precibus a domno Rogero⁽ᵇ⁾ Bellemontis, cujus homo erat, ut beneficium quod ex eo tenebat concederet Sancto Petro Pratelli in villa que vulgo dicitur Isemberti⁽ᶜ⁾ Maisnillus. Hoc ideo concessit domnus Rogerus⁽ᵈ⁾, ut ille Robertus efficeretur monachus apud Pratellum ; quod et factum est.

(a) Sic *B B²*, *compr.* balistarius. — (b) Rogerius *B²*. — (c) Ysemberti *C*. — (d) Rogerius *B²*.

A4

[1078, 16 mars-1094, 10 décembre].

Roger de Croixmare confirme à l'abbaye Saint-Pierre de Préaux l'accord passé entre lui et l'abbé Guillaume de Préaux en présence et avec le consentement de Roger de Beaumont : devenu vassal de l'abbé, il tiendra de lui une partie du domaine de son beau-père Gilbert. Ce dernier, chevalier sans descendance, avait donné à l'abbaye de Préaux avec le consentement de Robert, fils d'Onfroi [de Vieilles], tout ce qu'il possédait héréditairement à Condé[-sur-Risle] en terres, bois et eaux, ainsi qu'une partie de l'église et d'autres biens à Meuvaines et Colombiers[-sur-Seulles], afin de pouvoir devenir moine : il vécut encore longtemps dans le siècle et eut une fille avant de mourir et d'être enterré parmi les autres moines à Préaux. Roger de Croixmare, son gendre, vint alors demander à l'abbé Guillaume de pouvoir relever de l'abbé Guillaume l'honneur de son beau-père, avec l'accord de Roger de Beaumont, de qui dépendait les terres en question. Après de longs débats, il fut convenu que l'abbé Guillaume relèverait de Roger de Beaumont la terre de Gilbert, que les moines conserveraient la moitié de Condé et que Roger de Croixmare tiendrait de l'abbé l'autre moitié qui reviendrait à sa mort aux moines, excepté trente acres, une maison, cour et verger, ainsi que deux chevaliers, Roger et Robert, que les hoirs de Roger relèveraient, selon la coutume de la terre, de l'abbé avec les biens sis à Meuvaines et à Colombiers.

B. Cart. XIIIe siècle, fol. 100-v, n° 289. En rubrique, écrit de la main du copiste : « *De Condeio, de Columbarivilla, et de Methvena* ». [Copie Delisle, Bibl. nat. de Fr., nouv. acq. lat. 1025, fol. 111-112, n° 289].

C. Cart. XVe siècle, fol. 62v-63, n° 190.

INDIQUÉ : A. Canel, *Essai historique...*, t. II, p. 284. — Charpillon, Caresme, *Dictionnaire...*, t. I, p. 830. — H. Round, *Calendar...*, p. 109, n° 320. — J. Le Foyer, *L'office héréditaire...*, p. 79, n. 2. — L. Musset, *Comment on vivait...*, p. 6, p. 11. — D. Bates, *Normandy...*, p. 126, n. 136. — J. C. Holt, *Feudal Society...*, II, p. 200, n. 39. — E. Z. Tabuteau, *Transfers of property...*, p. 59-60, n. 114, doc. 354, p. 93, 121, 149, 213. — V. Gazeau, *Le domaine continental...*, p. 179-180.

Il est difficile d'identifier *Columbarivilla*, d'autant plus que l'on ne trouve ensuite plus de trace de ce domaine dans le patrimoine de l'abbaye ; Gilbert de Condé donna cependant à Saint-Léger de Préaux une autre partie de cette localité appelée *Columbinavilla* (D. Bates, *Regesta*, n° 217, p. 694) : il peut s'agir de Colomby-sur-Thaon (C., cant. Creully) ou de Colombiers-sur-Seulles (C., cant. Ryes), voire de Colombelles (C., cant. Ryes), trois localités proches de Meuvaines (*v.* V. Gazeau, *Le temporel...*, p. 239). L'histoire de Gilbert de Condé et de la stérilité miraculeusement guérie par sainte Catherine de son épouse Asceline est rapportée dans le livre des miracles de sainte Catherine (*Sanctae Catharinae virginis et martyris translatio et miracula rothomagensia saec. XI*, dans *Analecta Bollandiana*, t. 22, 1903, p. 421-438).

Regnante Willelmo eodem et concedente Roberto Hunfridi filio, quidam miles, Gislebertus nomine, carens herede, dedit sancto Petro donationem tocius sue hereditatis, videlicet quicquid habebat in villa que vulgo Condedus dicitur in agris, silvis, aquis et partem etiam ecclesie ejusdem ville, quatinus apud Pratellum fieret monachus. Contulit etiam quicquid possidebat hereditatis aliis in locis, videlicet in Columbarivilla et in Methvena. Hac vero donatione facta, contigit postea ut ex propria conjuge gigneret unam filiam quam sortitus est in conjugio Rogerus de Cruce Maris ; vixit quoque prescriptus Gislebertus in seculo multis annis, sed ad ultimum, effectus monachus, cum aliis sepultus est monachis.

Quo sepulto, in unum convenere Rogerus de Cruce Maris et Guilielmus[a], abbas Pratelli, monachique sui et delata est carta coram eis, ubi erat inscriptum quomodo Gislebertus se et que habuerat Sancto Petro Pratelli contulerat. Quid plura ? Post plurima quippe colloquia, petiit Rogerus de Cruce Maris abbatem Willelmum quatinus relevaret honorem Gisleberti de Rogero Bellemontis, de quo beneficium erat, et, si hoc ipse Rogerus Bellemontis concederet, libenter postea honorem Gisleberti ex abbate Willelmo recognosceret. Fit ex utraque parte consensus et de Rogero Bellemontis terra ab abbate Willelmo relevatur, ea tamen ratione ut medietatem Condedi, quamdiu viveret Rogerus de Cruce Maris, haberent monachi, post exitum vero suum quicquid in predicta villa habebat ex toto, exceptis XXX^{ta} acris terre et domo cum curte et viridiario et duobus militibus, Roberto scilicet et Rogero ; quod vero aliis in locis habebat cum XXX^{ta} acris terre et domo et duobus suprascriptis militibus, relevaret heres ejus de abbate vel monachis, sicuti mos est terre. Hujus rei testis est Rogerus Bellemontis qui manu sua donationem supradicti honoris supra altare sancti Petri posuit et, eo presente, Rogerus de Cruce Maris similiter donationem hujus rei supra altare misit et inibi homo abbatis, presente Rogero Bellemontis, effectus est. Testes ergo et conscii hujus rationis sunt : Rogerus Bellemontis ; Turstinus Efflancus ; Gocelinus Rufus ; Gunscelinus, filius Osulfi ; Hunfridus, presbiter ; Willelmus infans, filius Fulconis Moiri, qui ob memoriam hujus rei colaphum unum coram altari, videntibus multis, suscepit.

(a) *Sic BC.*

A5

[1078, 16 mars-1094, 10 décembre].

Goscelin fait don de reliques à l'abbaye Saint-Pierre de Préaux.

B. Cart. XIIIe siècle, fol. 100v, n° 290. En rubrique, écrit de la main du copiste : « *De reliquiis quas Goscelinus dedit ecclesie Pratelli*[a] ». [Copie Delisle, Bibl. nat. de Fr., nouv. acq. lat. 1025, fol. 113, n° 290].

C. Cart. XVe siècle, fol. 63, n° 191.

Sur la mort de l'abbé Guillaume, *terminus ad quem* de cette notice, voir **A169**.

(*Crux*) Ego Goscelinus huic loco qui est in honore sanctorum apostolorum Petri et Pauli has reliquias imperpetuum trado possidendas et, sicut eas mihi tradidit Deus, sic eas huic loco concedo sine ulla calupnia⁽ᵇ⁾, eternaque maledictione illos, in quantum valeo, anathematizo qui has vi aut aliqua fraude vel ingenio subtraxerint. Hanc etiam donationem manu atque signo confirmo in presentia domni abbatis Willelmi ceterorumque fratrum.

(a) Pratellensi *C*. — (b) calumpnia *C*.

A6

[1078, 16 mars-1079].

Pierre, moine de Fécamp, donne, afin d'être reclus à l'abbaye Saint-Pierre de Préaux, la moitié de l'église Sainte-Opportune d'Esnutreville, la moitié de la dîme, celle des poissons de la mare de Vambourg achetée à Geoffroy [de La Mare] et quarante-six acres de terre qu'il tenait de Roger de Beaumont ; celui-ci, Guillaume roi d'Angleterre et Jean abbé de Fécamp ainsi que l'ensemble des moines [de Fécamp] ont donné leur accord. Pierre s'était auparavant retiré dans la forêt de Bonneville, à l'église Saint-Martin de Flavivilla, avec d'autres frères.

B. Cart. XIIIᵉ siècle, fol. 101, n° 291, sous la rubrique : « *De ecclesia sancte Oportune et decima ejusdem ville* ». [Copie Delisle, Bibl. nat. de Fr., nouv. acq. lat. 1025, fol. 113-114, n° 291].

C. Cart. XVᵉ siècle , fol. 63, n° 192.

a. A. Le Prévost, *Mémoires*..., t. III, p.169. — *b*. M. Fauroux, *Recueil*..., p. 229-230, n° 88.

INDIQUÉ : Arch. nat., M 725, n° 18, fol. 2v-3. — Charpillon, Caresme, *Dictionnaire*..., t. II, p. 828. — C. H. Haskins, *Norman institutions*, appendice C, p. 273, n° 19. — L. Musset, *La contribution de Fécamp*..., t. I, p. 343, n. 42. — V. Gazeau, *Le temporel*..., p. 249. — L. Musset, *Comment on vivait*..., p. 15.

Le *terminus a quo* de cette notice est déterminé par la mention de Guillaume, abbé de Préaux, le *terminus ad quem* par la mort de Jean abbé de Fécamp en 1079. Le moine Pierre nous est connu par la pancarte de fondation du prieuré Saint-Martin-du-Bosc (Chevreux, Verdier, *Les archives de Normandie*, pl. V ; L. Musset, *La contribution de Fécamp*..., t. I, p. 65). Il y est rappelé comment le moine Pierre, venu de Fécamp, acheta à Geoffroy de la Mare de quoi doter le nouveau prieuré et notamment la dîme des poissons « *de la Mara* » vers 1059-1066, avec le consentement de Roger de Beaumont, seigneur de Geoffroy. L'incohérence des *signa* qui figurent au bas de cette notice et la présence notamment de celui du duc Robert laisse croire qu'ils ne concernent qu'indirectement cette notice qui fait partie en réalité de la pancarte de fondation de l'abbaye de Préaux : il faut considérer cette liste de souscriptions et l'anathème qui la suit comme la clôture de la pancarte et non comme celle de cette notice. Sainte-Opportune d'Esnutreville est aujourd'hui appelée Sainte-Opportune-la-Mare ; la Mare de Vambourg n'est autre que la Grand'Mare.

(*Crux*).

Quidam Fiscannensis monachus, nomine Petrus, dedit Sancto Petro Pratelli mediam ecclesiam Sancte Oportune[a] Exnutreville et decimam mediam ejusdem ville et XLVI acros terre, ut ibi efficeretur reclusus ; quod et factus est. Hoc autem egit, jubente inclito rege Anglorum Willelmo et Rogero Belli Montis, de quo idem Petrus suprascriptum beneficium tenebat, et concedente Johanne abbate Fiscannensi[b] com omni congregatione sua. Eorum enim monachus fuerat professus et eorum licentia postquam ab eis recessit primo in silva Boneville, in ecclesia Sancti Martini Flaviville, cum quibusdam *fratribus* habitavit. Inde vero, ut reclusus, sicut dictum est, efficeretur, Pratellum venit. Dedit etiam cum suprascriptis decimam piscium Weneburgi maris, mediam tamen ex ea parte quam tenuerat Gaufridus et emerat idem Petrus ab eodem Gaufrido, ut cetera omnia.

(*Crux*) Signum Roberti marcionis. (*Crux*) Signum Willelmi, filii sui. (*Crux*) Signum Roberti archiepiscopi. (*Crux*) Signum Malgerii archiepiscopi. (*Crux*) Signum Hunfridi, constructoris[c] loci. (*Crux*) Signum Rogerii, ejus filii. (*Crux*) Roberti. (*Crux*) Willelmi. (*Crux*) Signum Herberti, Luxoviensis episcopi[d] (*Crux*) Hugonis, Luxoviensis episcopi. (*Crux*) Signum Johannis, filii Radulphi comitis.

Quod si quis de suprascriptis[e] rebus aliquid subtraxerit, anathemate feriatur perhenni.

(a) Opportune *C*. — (b) Fiscanni *C*. — (c) constructori *B, corrigé dans C*. — (d) episcopus *B corrigé dans C*. — (e) supradictis *C*.

A7

[1050-1078, 16 mars].

Roger de Beaumont donne à l'abbaye Saint-Pierre de Préaux une partie de la dîme de Combon ; il avait donné l'autre à Onfroi prêtre du lieu, avec l'église.

B. Cart. XIIIe siècle, fol. 101, n° 292, sous la rubrique : « *De parte decime Combonii quam Rogerius Belli Montis in dominio suo retinuerat* ». [Copie Delisle, Bibl. nat. de Fr., nouv. acq. lat. 1025, fol. 114, n° 292]. — *B²*. *Ibid.*, fol. 128v, n° 400 (**A124**), sous la rubrique : « *Ex dono Rogerii filii Hunfridi Belli Montis partem decime Combonni quam retinebat in dominio suo, alteram vero partem cum ecclesia dederat Hunfrido presbitero quam postea predictus Rogerius totam ecclesie Pratelli donavit. Qua de causa Hunfridus presbiter unciam auri ab* *abbate Anfrido sucepit* » ; dans la marge, d'une main du début du XVIe siècle (N) : « Combon ». [Mention Delisle, Bibl. nat. de Fr., nouv. acq. lat. 1025, fol. 174, n° 400].

C. Cart. XVe siècle, fol. 63v, n° 193. — *C².* *Ibid*, fol. 84v, n° 303. Dans la marge : « Combon ».

a. A. Le Prévost, *Mémoires*..., t. I, p. 518.

INDIQUÉ : Charpillon, Caresme, *Dictionnaire*..., t. I, p.784. — L. Musset, *Comment on vivait*..., p. 16. — V. Gazeau, *Le temporel*..., p. 246.

Cette donation n'est pas recensée dans la pancarte, elle est donc intervenue entre 1050, date approximative des derniers actes rédigés sous l'abbatiat d'Anfroi qui y sont transcrits, et la mort de celui-ci survenue en 1078, 16 mars. La charte confirmative d'Henri II donne d'autre précisions sur ce don et mentionne l'accord des fils de Roger : en plus de l'église de Combon Roger donna celle, voisine, de Sainte-Opportune.

Regnante Willelmo, Roberti marcionis filio, dedit[(a)] Rogerus filius Hunfridi Bellemontis[(b)] partem decime Combonni[(c)] quam retinebat in dominio suo. Alteram vero partem cum ecclesia dederat Hunfrido, presbitero.

(a) *B²* ajoute Sancto Petro Pratelli. — (b) Belli Montis *B².* — (c) Combunni *B²*, Comboni *C*.

A8

[1050-1078, 16 mars].

Roger de Beaumont donne à l'abbaye Saint-Pierre de Préaux, à la prière de l'abbé Anfroi, l'autre partie de la dîme de Combon ainsi que l'église ; le prêtre Onfroi, qui les tiendra désormais de l'abbé, reçoit en dédommagement une once d'or.

B. Cart. XIIIe siècle, fol. 101v, n° 292bis, sous la rubrique : « *De altera parte decime ejusdem ville* ». [Copie Delisle, Bibl. nat. de Fr., nouv. acq. lat. 1025, fol. 114, n° 292]. — *B².* *Ibid*., fol. 128v, n° 400 (n° **A124**), sous la rubrique : « *Ex dono Rogerii filii Hunfridi Belli Montis partem decime Combonni quam retinebat in dominio suo, alteram vero partem cum ecclesia dederat Hunfrido presbitero quam postea predictus Rogerius totam ecclesie Pratelli donavit. Qua de causa Hunfridus presbiter unciam auri ab abbate Anfrido sucepit* » ; dans la marge, d'une main du début du XVIe siècle (N) : « Combon ». [Mention Delisle, Bibl. nat. de Fr., nouv. acq. lat. 1025, fol. 174, n° 400].

C. Cart. XVe siècle, fol. 63v, n° 194. — *C².* *Ibid*., fol. 84v, n° 303. Dans la marge : « Combon ».

a. A. Le Prévost, *Mémoires...*, t. I, p. 518.

Les revenus tirés de l'église de Combon, vers 1230, sont ainsi énumérés au folio 22v, n° 48 : « *In presenti pagina annotantur ea que in parrochiali ecclesia de Combon possidemus. Ista accipit ecclesia Pratelli in ecclesia Sancte Marie de Combon : scilicet medietatem lane, medietatem denariorum ad Nathale et ad Pascha. Et debet ecclesia Pratelli invenire medietatem vini ad Pascha, et in Nathale Domini et in Pascha debet in censum invenire de communi ; de decima garbarum accipit ecclesia Pratelli VI garbas et ecclesia de* Combon *septimam per totam parrochiam, nisi in dominio ecclesie Pratelli in quo ecclesia de* Combon *accipit terciam garbam et de feodo* Mesnillote *ecclesia Sancti Taurini Ebroicensis accipit duas garbas et ecclesia Pratelli terciam et de tercia illa garba ecclesia de* Combon *recepit septimam. Ecclesia Pratelli debet adducere totam decimam ad granciam ad expensam suam et ecclesia de* Combon *debet ibi accipere partem suam et ecclesia de* Combon *debet invenire duas garbas uni aurigarum super ebdomabam et in diebus festis ; et monachi prebent duas garbas per prebendam singulis diebus uni aurigarum et diebus festivis unam garbam.* »

Transactis vero[a] annis plurimis[b] postquam dederat sancto Petro partem decime Cumbunni[c], Rogerius Bellemontis[d] iterum, monitu et interventione abbatis Anffridi, alteram partem cum[e] ecclesia concessit et superiori dono conjunxit. Hunfridus vero presbiter untiam auri unam[f] ab abbate Anffrido[g] suscepit et habuit hac de causa[h]. Tenuerat enim hoc antea ex dono[i] Rogerio et postea de sancto Petro tenuit.

(a) autem B^2. — (b) plurimis annis B^2. — (c) Combunni B^2. — (d) Belli Montis B^2. — (e) com B^2. — (f) unam unciam auri C. — (g) Anfrido C. — (h) suscepit hac de causa et habuit B^2. — (i) Sic B, domno B^2.

A9

[1050-1066].

Robert, [comte de Mortain], frère du duc Guillaume, donne à l'abbaye Saint-Pierre de Préaux la terre de Saint-Clair[-de-Basseneville] dont les moines revendiquaient la propriété : il leur donne effectivement l'église, la dîme, les pêcheries, une partie des prés et un hôte, mais se réserve le reste et promet de ne le concéder à personne, voire de le rendre à l'abbaye si Dieu permet que sa fortune croisse suffisamment pour qu'il puisse vivre honorablement sans ces biens. En échange, l'abbé Anfroi lui donne huit livres, deux chandeliers d'argent et un cheval estimé à dix livres. L'abbaye avait, à l'origine, reçu cette terre de Richard Croc et de son épouse Benzeline, qui n'avaient pas d'héritier, avec l'accord du duc Guillaume.

B. Cart. XIIIe siècle, fol. 101v-102, n° 293, sous la rubrique : « *Ex dono Roberti, fratris Willelmi marchionis, ecclesiam et decimam Sancti Clari habuimus, set*$^{(a)}$ *facta est commutatio in Anglia, ut dicitur* ». [Copie Delisle, Bibl. nat. de Fr., nouv. acq. lat. 1025, fol. 115-116, n° 293]. — *B²*. *Ibid.*, fol. 144v-145, n° 465 (**A188**), sous la rubrique : « *Ex dono Roberti, fratris Willelmi marchionis, ecclesiam et decimam Sancti Clari habuimus, set facta est commutatio in Anglia ut dicitur* ». [Mention Delisle, Bibl. nat. de Fr., nouv. acq. lat. 1025, fol. 206, n° 465]. — *C*. P. R. O., 31-8-140 A (transcripts), n° 17, d'après *B²*.

INDIQUÉ : M. Fauroux, *Recueil*..., n° 21, p. 34. — D. Bates, *Notes sur l'aristocratie*..., p. 26. — L. Musset, *Comment on vivait*..., p. 5. — L. Musset, *Autour de la basse Dive*..., p. 255-256. — E. Z. Tabuteau, *Transfers of property*..., p. 27, n. 138, doc. 539. — V. Gazeau, *Le temporel*..., p. 247.

La donation primitive de ce domaine à l'abbaye de Préaux ne figure pas dans la pancarte, mais se place avant 1040, puisque Benzeline, sœur de Turstin Efflanc, était déjà morte du temps de l'abbé Évrard (voir **A17**) ; comme la donation de Robert de Mortain n'y est pas non plus mentionnée, il semble donc qu'elle soit intervenue après les années 1050-1054, et avant le 16 mars 1078, date de la mort de l'abbé Anfroi ; on peut cependant en fixer le *terminus ad quem* à 1066, date à laquelle Robert a reçu de Guillaume le Conquérant d'importants domaines en Angleterre. On ne trouve ensuite plus de trace de ce domaine dans le patrimoine de Préaux jusqu'à ce que, vers 1066-1086, le duc Guillaume l'échange contre plusieurs terres en Angleterre avant de le restituer à son frère (voir **A191**). Herluin de Conteville, père de Robert de Mortain, est témoin de cette notice ; il fonda l'abbaye de Grestain en 1050, dans laquelle il se retira vers 1066 (D. Bates, *Notes sur l'aristocratie*..., p. 26), ce qui confirme le *terminus ad quem* de 1066. Une seconde transcription de cette notice figure dans le cartulaire (voir ci-dessus *B²*).

Regnante Willelmo, Roberti marchionis$^{(b)}$ filio, atque jubente, venit frater ejus ad Pratellos, Robertus nomine, faciens inibi donationem$^{(c)}$ de quadam terra$^{(d)}$, Sanctus Clerus nomine, quam calumpniabant monachi et abbas Pratelli, eo tenore ut partem in dominium illis presentialiter relinqueret, videlicet ecclesiam prescripte terre et decimam et piscaturas et partem pratorum et unum hospitem plenum. Reliquam$^{(e)}$ vero partem sibi prescriptus Robertus ea ratione retinuit ut aliquid alicui ex ea parte quam sibi retinebat minime daret vel venderet nec habere concederet, verum, si Deus tantum eum cresceret quatinus absque illa honoratus vivere posset, totam ex integro sancto Petro redderet. Pro qua re dedit ei abbas ejusdem loci, Anffridus nomine, octo libras denariorum et duo candelabra ex argento et unum equum decem denariorum libris appreciatum. Huic dono et rationi interfuerunt testes : Herluinus, pater supradicti Roberti, plurimique ex eorum militibus ; affuit$^{(f)}$ etiam Goscelinus Rufus$^{(g)}$; Ricardus Lupusculus ; Rogerus Cocus ; et monachi omnes loci Pratelli ; multique alii.

Hanc etenim terram contulerat$^{(h)}$ prius Sancto Petro Pratelli quidam miles, nomine Ricardus, cognomento Crocus, uxorque ejus nomine Benzelina. Carebant enim herede et ideo pro redemptione animarum suarum sanctum Petrum fecerunt heredem, concedente Willelmo Normannorum comite. Huic etiam dono testes assignati fuerunt suprascripti milites : prius videlicet Goscelinus Rufus[(i)] ; Ricardus Lupusculus ; Rogerus Cocus ; monachique omnes loci Pratelli.

(a) *Sic B, compr.* sed. — (b) marcionis *B². —* (c) donatione *B². —* (d) terram *B². —* (e) reliqua *B ; corrigé dans B². —* (f) *Sic BB². —* (g) Ruffus *B². —* (h) *Sic BB², compr.* contulerant. — (i) Ruffus et alii *B²* qui s'arrête ici.

A10

[1078-1094, 10 décembre].

Notice résumant les dons faits par Roger de Beaumont et ses vassaux en faveur de l'abbaye Saint-Pierre de Préaux à Épaignes : [1] *Roger de Beaumont a donné tout ce qu'il possédait à Épaignes, notamment la forêt, sauf ses vassaux. Par la suite, il a concédé Goscelin, Hugues d'Avesnes et Goscelin le Roux qui a donné toute sa terre en promettant, avec l'accord de Roger de Beaumont, de faire de saint Pierre, à sa mort, son héritier.* [2] *Quelques années plus tard, Roger a ajouté les chemins d'Épaignes, sauf ceux de Goubert.* [3] *Plusieurs années après, Hugues d'Avesnes a vendu à l'abbé Guillaume, pour cinquante sous, la terre d'un hôte qu'il tenait de celui-ci.*

B. Cart. XIIIe siècle, fol. 102, n° 294, sous la rubrique : « *Ex dono Rogeri Belli Montis quandam silvam in Ispania et quicquid in eadem villa habebat* ». [Copie Delisle, Bibl. nat. de Fr., nouv. acq. lat. 1025, fol. 116-117, n° 294]. — *B². Ibid.,* fol. 119v, n° 368, sous la rubrique : « *Item Rogerius Belli Montis donavit nobis silvam Hyspanie* ». [Mention Delisle, Bibl. nat. de Fr., nouv. acq. lat. 1025, fol. 158, n° 368].

C. Cart. XVe siècle, fol. 63v, n° 195. — *C². Ibid.,* fol. 78v, n° 270.

a. A. Le Prévost, *Mémoires…,* t. I, p. 43 (extrait).

INDIQUÉ : Charpillon, Caresme, *Dictionnaire…,* t. II, p. 33. — L. Musset, *Voie publique…,* p. 106. — V. Gazeau, *Le temporel…,* p. 246 et 248.

La première donation de biens à Épaignes eut lieu entre 1050 et 1054 puisque Robert, frère de Roger de Beaumont, y prit part (voir **A1[9]**).

[1] Regnante eodem principe Willelmo[(a)], dedit Rogerius Bellemontis[(b)] Sancto Petro Pratelli[(c)] silvam Hispanie[(d)] et quicquid in ea villa in dominio suo habebat, exceptis militibus suis, ex quibus tamen aliquos postea concessit sancto Petro, videlicet Gonscelinum et Hugonem de Avesna et Goscelinum Rufum, cujus terra hereditario perpetualiter sancto Petro data est, concedente domno Rogero. Sic enim prescriptus Goscelinus petivit et super altare donum dedit ut, se moriente, sanctus Petrus esset heres ejus.

[2] Auxit etiam preterea domnus Rogerus, aliquibus annis interpositis, supradicta. Nam vias Hispanie, quas sibi retinuerat, sancto Petro, ut cetera prescripta, dedit, exceptis viis terre Gulberti.

[3] Post transactis plurimis annis, vendidit suprascriptus Hugo de Avesnis terram unius hospitis perpetualiter Willelmo abbati, ex eadem videlicet terra quam tenebat de eo, quinquaginta solidos, et ex utraque parte affuerunt testes : Hugo Pute Fosse ; Goscelinus, filius Firmati ; Goezfridus, filius Anffridi[e] Rufi ; Osulfus Muceolus ; Vitalis ; Wadardus ; Willelmus Galopinus ; Petrus, pistor ; Gislebertus *Chideron*.

(a) Prefato item principe regnante B^2C^2 — (b) Belli Montis B^2C^2. — (c) Pratellis *C*. — (d) B^2C^2 terminent ici leur transcription, précisant et cetera, sicut scriptum est retro. — (e) Anfridi CC^2.

A11

[1066-1087].

[1] *Robert et Roger, fils d'Onfroi de Beaumont, ont donné aux moines de Saint-Pierre de Préaux toute la dîme d'Épaignes, l'église et la terre d'un hôte. Goscelin d'Épaignes, qui était plus puissant que les autres dans le village, l'a concédé et a abandonné sa part de la dîme sur l'ordre de Robert et de Roger de Beaumont. En échange, il a reçu la fraternité des moines.* [2] *Auvray, fils de Goscelin d'Épaignes, confirme, une fois recueilli l'héritage de son père, les dons que celui-ci a faits à l'abbaye Saint-Pierre de Préaux à condition d'avoir, avec ses fils, ses frères et la femme qu'il épouserait à l'avenir, sa part des prières des moines. Ceux-ci devront, à sa mort, se charger d'enterrer son corps dans le cimetière de l'abbaye et, pour ce faire, recevront cent sous s'il meurt hors de Normandie ; s'il meurt en Normandie, quel qu'en soit l'endroit, quelques moines seront chargés de rapporter son corps. Les moines recevront alors une partie de ses biens ; son nom et celui de son père devront en outre être inscrits parmi ceux des moines.*

B. Cart. XIIIe siècle, fol. 102-v, n° 295, sous la rubrique : : « *Item ex dono Rogerii et Roberti, filiorum Hunfridi, decimam cum ecclesia Hispanie et terram unius hospitis* ». [Copie Delisle, Bibl. nat. de Fr., nouv. acq. lat. 1025, fol. 117, n° 295].
— B². *Ibid.*, fol. 119v, n° 367, sous la rubrique : « *Quomodo Rogerius et Robertus, filii Hunfridi, dederunt Sancto Petro decimam de Ispnania* » ; dans la marge, d'une main du XVe siècle (M) : « *De ecclesia Hispanie* ». [Mention Delisle, Bibl. nat. de Fr., nouv. acq. lat. 1025, fol. 158, n° 367].

C. Cart. XVe siècle, fol. 64, n° 196. — C². *Ibid.*, fol. 78v, n° 269.

a. A. Le Prévost, *Mémoires...*, t. I, p. 43. — b. J. Le Foyer, *L'office héréditaire...*, p. 79-80.

INDIQUÉ : Charpillon, Caresme, *Dictionnaire*..., t. II, p. 33. — J. Le Foyer, *L'office héréditaire*..., p. 78, n. 1. — L. Musset, *Comment on vivait*..., p. 9. — J.-M. Bouvris, *Un acte inédit*... p. 115-116 et n. 20. — V. Gazeau, *Monachisme et aristocratie*..., p. 133. — V. Gazeau, *Le temporel*..., p. 248.

Une version abrégée de cette notice, ne prenant en compte que [1] est copiée plus loin dans le cartulaire (B^2). La donation faite par Roger de Beaumont et son frère Robert ([1]) ne peut être postérieure à 1054, date présumée de la mort de Robert. Goscelin d'Épaignes en outre est ici qualifié de « plus puissant que les autres » à Épaignes, ce qui implique qu'il ait déjà succédé à son père dans ses biens : ce dernier, un certain Osulfe (voir ci-dessus la liste des témoins de **A4**, où Goscelin est dit fils d'Osulfe) était déjà devenu moine à Préaux en 1054, comme l'indique la notice **A168** où Goscelin est entouré de Goubert et d'Osberne fils d'Osulfe qui pourraient bien être ses frères. La confirmation par Auvray d'Épaignes ([2]) eut, elle, lieu sous le règne de Guillaume le Conquérant, entre 1066 et 1087, à la même époque que la donation relatée par la notice suivante (**A12**), elle-même datable grâce à sa deuxième version (**A128**), où Guillaume le Conquérant est explicitement qualifié de roi. Auvray d'Épaignes fit d'ailleurs carrière outre-Manche où il était *tenens in capite* dans cinq comtés, Wilteshire, Dorset, Sommerset, Devonshire, Herfordshire (Domesday Book, t. I, fol. 73, 82v, 97, 115v, 186). La mort de son père Goubert est nécessairement intervenue après 1066 puisqu'Auvray évoque le possibilité de mourir hors de Normandie, c'est-à-dire en Angleterre, ce qui confirme la datation proposée. On ne connaît qu'un seul des fils d'Auvray : ce dernier effectue une donation en faveur de Saint-Étienne de Caen entre 1066 et 1087 (J.-M. Bouvris, *Un acte inédit*..., p. 117) : la dîme de son manoir de Turnworth, en présence de son fils Goscelin. Quant à ses frères, J. Le Foyer a identifié Hervé, Gautier, peut-être Ansger ; à cette liste s'ajoute Goscelin qui atteste la donation du manoir de Turnworth.

[1] Regnante Willelmo Roberti comitis filio, dederunt Sancto Petro Pratelli Robertus et Rogerius, filii Hunfridi Bellemontis, totam[(a)] decimam Hispanie cum ecclesia et terram unius hospitis[(b)]. Goscelinus vero, qui potentior ceteris erat in ipsa villa, libenter concessit et ipse suam decimam[(c)], jussu et precatu Roberti videlicet et Rogeri[(d)], ea ratione ut esset frater loci.

[2] Defuncto autem Goscelino, Alveradus, ejus filius, heres patris effectus, que fecerat et dederat pater suus confirmavit, posito supra altare dono, perenniter concessit, ea tamen conventione ut esset ipse et uxor sua quam accepturus erat (eo enim tempore carebat conjuge) filiique et fratres sui participes essent orationum loci Pratelli et ea adhuc ratione ut, extra Normanniam moriente, centum solidos haberent fratres Pratelli de suo. Si vero in Normanniam ubicomque[(e)] moreretur, adirent aliquanti de monachis ubi esset corpus et cum deferentibus deducerent, ut in atrio Sancti Petri sepeliretur, et tunc ex omni substantia sua suam partem haberent monachi nomenque suum et sui patris inter nomina monachorum scriberetur[(f)].

(a) terram *barré dans* B. — (b) *À la place de* cum ecclesia (...) unius hospitis B^2C^2 *précisent et* ecclesiam cum terra ad eam pertinente et decimam molendini ejusdem ville et unum hospitem in eadem villa, nomine Osbernum (interpolation de **A1[9]**). — (c) *sous-entendre* dedit. — (d) *Sic* BB^2CC^2, *sous-entendre* dedit ; B^2C^2 terminent ici leur transcription précisant et cetera, ut scriptum antea. — (e). *Sic B pour* ubicumque. — (f) *Sic BC, compr.* scriberentur.

A12

Roger de Beaumont donne la dîme des poissons d'un gourd à Beaumont. — *Copie abrégée de la notice A128.*

B. Cart. XIIIe siècle, fol. 102v, n° 295bis, sous la rubrique : « *Ex dono Rogerii Belli Montis, assensu Adeline uxoris sue, decimam piscium unius* gort *de Bello Monte habemus* ». [Copie Delisle, Bibl. nat. de Fr., nouv. acq. lat. 1025, fol. 117-118, n° 295].

A13

[1101, 30 août-1118, 5 juin].

Herluin d'Épaignes, fils de Goubert, renonce, devant le comte Robert [III] de Meulan et ses barons, à toute contestation concernant la terre appelée le Bois-l'Abbé, qu'il revendiquait. Ne s'étant pas présenté au jour fixé devant le comte de Meulan pour en débattre, il reçoit cependant de l'abbé Richard quarante sous.

B. Cart. XIIIe siècle, fol. 102v, n° 296, sous la rubrique : « *Quomodo Herluinus, filius Gulberti, de Hispania clamavit quietam calumpniam adversus nos* ». [Copie Delisle, Bibl. nat. de Fr., nouv. acq. lat. 1025, fol. 118, n° 296].

C. Cart. XVe siècle, fol. 64v, n° 198.

a. A. Le Prévost, *Mémoires...,* t. I, p. 43.

INDIQUÉ : Charpillon, Caresme, *Dictionnaire...,* t. I, p. 195, t. II, p. 33. — L. Musset, *Comment on vivait...,* p. 13.

La présence conjointe du comte Robert et de l'abbé Richard détermine le *terminus a quo*, 30 août 1101, date de l'élection de Richard Ier, et le *terminus ad quem*, 5 juin 1118, date de la mort de Robert III de Meulan. Robert Pipart est témoin de la charte de fondation du prieuré de la Trinité de Beaumont en 1088/1089 (A. Deville, *Cartulaire...,* n° 1, p. 3-6). Roger de Thibouville, fils de Robert, apparaît en 1077 dans une charte pour Saint-Wandrille (Bibl. nat. de Fr., Coll. du Vexin IV, p. 169).

Herluinus filius Gulberti de Hispania, calumnians terram sancti Petri que vocatur Boscus Abbatis, accepta die ante comitem Robertum de *Mellent* disserendi causa, defecit in hoc. Abbas quidem[(a)] Ricardus, volens habere amiciciam Herluini, donavit ei XL solidos et ipse tunc omnem calumniam ipsius terre clamavit quittam ante comitem et barones ejus. Testes abbatis : Robertus, filius Anscetilli ; Simon, filius ejus ; Rogerius *Tetboltvil* ; Rodulfus[(b)], presbiter Hispanie ; Rodulfus, miles Hispanie ; Goisfredus, filius Erneisi ; Balduinus Montis Pincini ; Goiffredus, molendinarius Sellarum ; Anscetillus, pincerna ; Rodulfus de Cornevilla[(c)]. Testes ejus : Robertus, filius *Gerois* ; Rogerius, presbiter Espreville ; Willelmus *Pipart* ; Robertus *Pipart* ; Robertus junior *Pipart*.

(a) quidam *C*. — (b) Rodulphus *C*. — (c) Corneville *C*.

A14

[…1120-1125/1146], 28 décembre.

Hugues Cocus et son fils Raoul vendent à l'abbaye Saint-Pierre de Préaux toute leur terre d'Épaignes. L'abbé Richard donne en échange à Hugues sept livres, à Raoul un palefroi évalué à deux marcs d'argent et à Herluin, petit-fils d'Hugues, quinze sous. Ce dernier, en serrant la main du chapelain Herluin, promet de respecter cette donation et de défendre le parti des moines contre toute contestation. Hugues et Raoul reçoivent la fraternité des moines.

B. Cart. XIIIe siècle, fol. 102v-103, n° 297, sous la rubrique : « *Quomodo Hugo Cocus vendidit totam terram suam de Ispania* ». [Copie Delisle, Bibl. nat. de Fr., nouv. acq. lat. 1025, fol. 118-119, n° 297].

C. Cart. XVe siècle, fol. 64v, n° 199.

a. A. Le Prévost, *Mémoires*…, t. I, p. 44.

INDIQUÉ : Charpillon, Caresme, *Dictionnaire*…, t. II, p. 33.

Il faut situer cet acte sous l'abbatiat de Richard Ier, avant 1125, ou durant celui de Richard II, donc avant 1146, mais, si l'on s'en tient au classement chronologique des chartes concernant un même lieu, il est probable qu'elle soit antérieure à 1126. Les membres de la lignée des *Male doctus*, ou Mauduit, sont fréquemment identifiables parmi les témoins des moines de Préaux : le premier cité est Roger, durant la seconde moitié du XIe siècle. Guillaume Mauduit son fils (?) apparaît en 1091 (**A64**) et jusqu'en 1119-1120 (**A86**). Son fils Turstin le remplace encore enfant, vers 1120, dans les listes de témoins (**A31**, **A73**) et apparaît comme ici jusqu'en 1158 (**A94**). Son fils, Regnaud de Préaux, est atesté à la fin du XIIe siècle (**B202**).

In die festivitatis Innocentum, Hugo Cocus et filius ejus Rodulfus venerunt in capitulum Pratelli et penitus libere vendiderunt totam terram suam de Hispania sancto Petro et abbati Ricardo atque monachis sine reclamatione aliquorum suorum parentum. Pro qua terra Ricardus abbas donavit VII libras denariorum eidem Hugoni et Rodulfo, filio ejus, unum palefridum appreciatum duobus marcas[a] argenti atque Herluino, nepoti ejusdem Hugonis, XV solidos. Qui Herluinus pactus est fidem suam et christianismum sua manu in manum Herluini cubicularii nonquam[b] se calumniaturum hanc terram ; sed et, si quis hominum eam vellet calumniare, ipse hanc sancto Petro omnino dissereret contra omnes. Posueruntque jamdictam terram supra altare beati Petri sepedictus Hugo et ejus filius Rodulfus per quamdam regulam, tenentes illam utroque[c], astante Ricardo abbate et omni conventu monachorum ; exinde fraternitatem loci ipsi receperunt. Testes Sancti Petri : Rogerius, pistor ; *Malet* ; Herluinus, frater ejus ; Tustinus filius Male docti ; Rodulfus Vis de cane ; Moyses ; Ricardus, filius Giraldi Pungentis ; Miles, filius *Malpartit* ; Morel ; Ricardus, filius Brucce[d] brune ; Robertus Rasorius ; Herluinus, filius Rodulfi Coci.
(*Crux*) Signum Rodulfi. (*Crux*) Signum Hugonis.

(a) Sic BC. — (b) Sic BC *pour* numquam. — (c) Sic BC *pour* tenente illam utroque. — (d) Sic BC, corr Bucce.

A15

1126.

Agnès, épouse de Ruald de Salerne, et ses fils Thomas et Guillaume vendent à l'abbaye Saint-Pierre de Préaux toute leur terre d'Épaignes qui relève de cette abbaye et font entrer leur frère Roger au monastère. L'abbé Richard [II] leur donne en échange vingt livres, soixante moutons, deux chevaux, vingt porcs ; Richard et Robert du Coudray, oncles des enfants, en serrant la main de l'aumônier Guillaume, ont promis de respecter l'accord.

B. Cart. XIIIe siècle, fol. 103, n° 298, sous la rubrique : « *Quomodo Agnes, uxor Rualdi de Salerna, vendidit totam terram suam de Hispania Ricardo abbati* ». [Copie Delisle, Bibl. nat. de Fr., nouv. acq. lat. 1025, fol. 119-120, n° 298].

C. Cart. XVe siècle, fol. 65, n° 200.

INDIQUÉ : A. Le Prévost, *Mémoires...*, t. III, p. 97. — Charpillon, Caresme, *Dictionnaire...*, t. II, p. 33, p. 765.

Mathilde, fille du roi Henri Ier, veuve de l'empereur Henri IV en 1125, est rentrée en Normandie en 1126 (Robert de Torigny, t. I, p. 173). On doit donc voir dans l'abbé Richard, ici cité, Richard II de Conteville, abbé à partir de 1125.

Illo anno quo imperatrix Alemannorum rediit ad patrem suum Henricum, regem Anglie, in Normanniam, Agnes, uxor Rualdi de Salernia, et Thomas atque Willelmus, filii eorum, totam terram suam de Hispania que est de sancto Petro penitus vendiderunt Ricardo abbati et monachis Pratelli et date sunt eis ab abbate pro ea terra XX^{ti} libre denariorum et LX^{ta} oves, duo equi, XX^{ti} porci, et fratrem suum Rogerium monachizaverunt. Ricardus vero et Robertus de Coldreio, avunculi horum puerorum, posuerunt hanc venditionem cum predictis pueris super altare sancti Petri et pacti sunt suam fidem in manum Willelmi, elemosinatoris, quod hoc facerent esse stabile omnino et nec dampnum nec malum ingenium inde nobis quererent. Testes Sancti Petri : Willelmus, elemosinator ; Moyses ; Adam *Malpartit* ; Ricardus, filius Hatvidis ; Surmius de Sellis[a] ; Odo, pistor ; *Malet* ; Herluinus, frater ejus ; Radulfus, caretarius ; Robertus, filius Techie ; Ricardus, puer ; Tustinus Male doctus. Testes eorum[b].

Signum (*crux*) Roberti, avunculi horum. (*Crux*) Roberti, filii Techie. (*Crux*) Odonis, pistoris. (*Crux*) *Maleit*. Signum (*Crux*) Thome. Signum (*Crux*) Willelmi, fratris ejus. (*Crux*) Radulfi, caretarii. (*Crux*) Sturmii. (*Crux*) Ricardi Bucce brune. (*Crux*) Tustini Male docti.

(a) *Sic BC, pour* Sturmius. — (b) *Sic BC, texte tronqué*.

A16

[…1120-1168].

Henri [Ier] d'Épaignes donne, au jour de sa mort, à l'abbaye Saint-Pierre de Préaux sept acres de terre. Ses filles Cécile et Mathilde, [son gendre] Baudouin ont donné leur accord.

B. Cart. XIIIe siècle, fol. 103v, n° 299, sous la rubrique : « *Ex dono Henrici de Hispania in die obitus sui septem acras terre* ». [Copie Delisle, Bibl. nat. de Fr., nouv. acq. lat. 1025, fol. 120, n° 299].

C. Cart. XVe siècle, fol. 65, n° 201.

Henri Ier d'Épaignes est cité entre 1101 et 1120 (voir **A50**). Baudouin d'Épaignes, mari de Cécile, intervient en 1168 (voir **A151**) ; Eudes Le Sénéchal est plusieurs fois cité comme témoins entre 1152 et 1168 (voir **A115**, **A116**). Henri d'Épaignes est mentionné dans les Pipe rolls en 1162-1163 comme rendant compte au trésor royal de 33 sous, 4 deniers (*Great roll…*, vol. VI, p. 64). Il est difficile de déterminer si cette donation eut lieu le jour même de sa mort, il est très probable qu'il s'agissait d'un don antérieur qui ne devait prendre effet qu'à ce moment.

Henricus de Hispania dedit VII acras terre in die obitus sui sancto Petro et concessit Balduinus et due filie ejus Cecilia et Maltildis[a]. Testes : Odo, senescallus[b] ; et Sanson.

Signum (*crux*) Balduini. (*Crux*) Signum Cecilie. (*Crux*) Signum Matildis.

(a) *Sic BC*. — (b) senescalus *C*.

A17

[1078, 16 mars-1094, 10 décembre].

Turstin Efflanc confirme, du consentement de son épouse Massirie et de ses fils Sturmide et Roger, les dons qu'il a faits à l'abbaye Saint-Pierre de Préaux : avec son frère Gilbert il a donné pour le repos de leur sœur Benzeline, au temps de l'abbé Évrard, douze acres de terre ; sur le point de mourir, Gilbert a donné avec son accord à l'abbé Anfroi la terre d'un paysan nommé Foucher ; avec son épouse Massirie, il a donné douze acres de terre et a reçu la société des moines ; à leur mort, leurs biens meubles iront pour moitié aux moines de Saint-Pierre et pour moitié aux moniales de Saint-Léger ; il a ajouté à ces dons la terre d'un paysan nommé Algrimus, deux acres de terre et, dans le bourg de Préaux, deux masures de la coutume du bourg, le tout proche de l'église.

B. Cart. XIIIe siècle, fol. 103v, n° 300, sous la rubrique : « *Ex dono Giliberti et Tustini, tempore Ewradi abbatis XII^{cim} agros terre* ». [Copie Delisle, Bibl. nat. de Fr., nouv. acq. lat. 1025, fol. 120-121, n° 300].

C. Cart. XVe siècle, fol. 65-v, n° 202.

a. A. Le Prévost, *Mémoires*..., t. II, p. 495. — b. J. Boussard, *Hypothèses sur la formation des bourgs*..., p. 424, n. 5.

INDIQUÉ : R. Génestal, *La tenure en bourgage*..., p. 164, 216, 240. — D. Crouch, *The Beaumont*..., p. 137. — E. Z. Tabuteau, *Transfers of property*..., p. 124, n. 72, doc. 362. — V. Gazeau, *Le temporel*..., p. 250.

La première partie de cette notice renvoie à un acte rappelé dans la pancarte de fondation (A1[6]), antérieur à 1040, date de la mort d'Évrard, premier chef de la communauté de Préaux, mais c'est sous l'abbatiat de Guillaume que fut rédigée la présente charte récapitulative de tous ces dons, soit entre 1078 et 1094, dates de l'abbatiat de Guillaume Ier.

Regnante adhuc[a] puero Willelmo, Roberti comitis filio, dederunt duo fratres Gislebertus et Turstinus Sancto Petro Pratelli XII acros terre pro anima cujusdam sororis sue, Benscelina nomine, et hoc abbatis Evrardi tempore. Succedenti vero tempore, dum abbas Anffridus eidem loco preesset, suprascriptus Gislebertus, dum moreretur, addidit priori dono terram unius rustici, Fulcerius nomine, concedente fratre suo Turstino. Idem ergo Turstinus et ejus conjux, Massiria nomine, dederunt Sancto Petro Pratelli gratia societatis fratrum XII acros terre addentes etiam medietatem sue, dum morerentur, sustancie[b] alteraque medietas monialibus sancti Leodegarii. Preterea idem Turstinus, augens superiora, dedit sancto Petro terram unius rustici, Algrimus nomine, et in alio loco, gravi dum detineretur infirmitate, II acros terre et in eodem burgo Pratelli duas domos, videlicet duas mansuras consuetudine burgi. Hec omnia in procintu ecclesie Pratelli sita sunt. Verum quia hec diversis temporibus peracta sunt, tandem idem Turstinus, ad memoriam reducens, omnia simul conscribi in hac carta fecit et, annuente sua conjuge filiisque suis Sturmido et Rogero, super altare posuit, abbate Willelmo com[c] conventu astante. Hujus rei testes sunt ex parte Turstini : Ursus de Anscetivilla et Rogerus, ejus filius ; Gislebertus et Wimundus, privinnus ejus ; Gislebertus, filius Aldemari ; Gaufridus, filius Godemani ; Willelmus Caligula ; Haimo. Ex parte vero abbatis : Richardus *Siccautre* ; Male doctus ; Ricardus, nepos abbatis ; Hugo de Fossa ; Robertus Rufus ; Osmundus.

(a) adhuc *barré B*. — (b) *Sic B, pour* substancie. — (c) *Sic B*.

A18

[1078, 16 mars-1106, 27 septembre].

Turstin Efflanc donne à l'abbaye Saint-Pierre de Préaux, à la mort de son fils Sturmide et pour l'âme de celui-ci, la terre d'un paysan à Tourville, la dîme de Corbeaumont et trois hommes à Boulleville.

B. Cart. XIIIe siècle, fol. 104, n° 300 bis, sous la rubrique : « *Item ex dono Tustini decimam Corbelli Montis* ». [Copie Delisle, Bibl. nat. de Fr., nouv. acq. lat. 1025, fol. 121, n° 300].

C. Cart. XVe siècle, fol. 70, n° 227.

INDIQUÉ : L. Musset, « Une catégorie de paysans... », p. 473.

Cette donation intervient nécessairement après celles qui sont rappelées dans la notice précédente ; le *terminus a quo* en est donc le début de l'abbatiat de Guillaume ; sur cette datation, voir **A43**, **A154**.

Mortuo vero Sturmido, filio ejus, dedit sancto Petro terram unius rustici plenarii in Turvilla pro anima ejus et decimam Corbelli Montis et tres homines.

A19

[1054-1066].

Auvray donne à l'abbaye Saint-Pierre de Préaux tout ce qu'il possède à Bonneville[-sur-Touques], terres et salines, afin de pouvoir devenir moine. Guillaume Fitz-Osberne, de qui il tenait ces biens en bénéfice, et le duc Guillaume ont donné leur accord.

B. Cart. XIIIe siècle, fol. 104, n° 301, sous la rubrique : « *Ex dono Alveredi quicquid habebat in Bona Willa* » ; dans la marge : « Salins » écrite au XVIIIe siècle. [Copie Delisle, Bibl. nat. de Fr., nouv. acq. lat. 1025, fol. 121, n° 301]. — *B². Ibid.*, fol. 136, n° 432 (**A156**), sous la rubrique : « *Ex dono Alvaradi, quicquid habebat in Bona Willa* ». [Mention Delisle, Bibl. nat. de Fr., nouv. acq. lat. 1025, fol. 189, n° 432].

C. Cart. XVe siècle, fol. 65v, n° 204. — *C². Ibid.*, fol. 91, n° 335.

a. M. Fauroux, *Recueil...*, p. 362, n° 175.

INDIQUÉ : V. Gazeau, *Le temporel...*, p. 247.

Ce don n'est pas recensé dans la pancarte, il doit donc être postérieur à 1054, mais antérieur au 20 février 1071, date de la mort de Guillaume Fitz-Osberne, voire à 1066 puisque Guillaume n'est ici qualifié que de *Normannie princeps*. On trouve plus loin dans le cartulaire une version abrégée de cette notice (voir **A156**). Les possessions de l'abbaye de Préaux à Bonneville-sur-Touques sont encore mentionnées dans les aveux des XIVe et XVe siècles sous le nom de fief de Feugueroy (1390, voir Arch. nat., P 307, n° 89), l'Enfeuguerey (1420, Arch. nat., P 305, n° 216), le Feuguerey (1450, Bibl. nat. de Fr., lat. 20909, n° 140), le Feuqueray et le fief Haranc (1579, Arch. dép. Eure, II F 2925).

Eodem principe regnante et concedente[a], quidam laicus, Alveredus[b] nomine, dedit Sancto Petro Pratelli[c] quicquid habebat in Bona Villa, videlicet in campis et salinis, annuente etiam[d] Willelmo, Osberni filio, de quo illud in beneficium habebat, tali tenore quatinus ibidem monachus fieret ; quod et factum est[e].

(*Crux*) Signum Alveredi. Signum (*crux*) Willelmi, Normannie principis. (*Crux*) Signum Willelmi filii Osberni.

(a) Regnante Willelmo, Roberti marcionis filio, et concedente *B²*. — (b) Alveradus *B²*. — (c) Pratellensi *B²*. — (d) *om. B²*. — (e) *B² s'arrête ici*.

A20

[1125, 30 janvier-1127].

Raoul Efflanc donne en aumône à l'abbaye Saint-Pierre de Préaux, à la prière de l'abbé Richard, une terre pour y construire un moulin et creuser un étang près de celui de l'abbaye Saint-Léger[de Préaux]. L'abbé, qui voulait établir l'étang sur une terre du domaine seigneurial de l'abbaye, manquait de terre pour ce faire et avait besoin d'un terrain jouxtant sur la gauche celui de l'abbaye. En compensation l'abbé donne à Raoul un palefroi et, tous les ans, cent anguilles et cinq gros poissons (grossas).

B. Cart. XIIIe siècle, fol. 104, n° 302, sous la rubrique : « *Quomodo abbas Ricardus donavit unum palefridum Rodulfo* Efflanc *de Torwilla* » ; dans la marge, coupée par le relieur, de la main du copiste et destinée au rubricateur, la mention : « *De st[agno] domn[i] abba[tis] Ricardi C[o]miti[s] Vi[lle]* ». [Copie Delisle, Bibl. nat. de Fr., nouv. acq. lat. 1025, fol. 122, n° 302].

C. Cart. XVe siècle, fol. 65v, n° 205.

Raoul Efflanc est attesté à de nombreuses reprises dans les chartes de Préaux, essentiellement sous l'abbatiat de Richard Ier. La notice **A45** suggère qu'Albert de Tourville, devenu moine en 1127, échangea également une terre avec l'abbé Richard pour lui permettre d'aménager l'étang de l'abbaye, ce qui situe la présente notice avant 1127 mais, si l'on en croit l'indication du cartulariste au rubricateur, sous l'abbatiat de Richard II de Conteville, soit après 1125, date de la mort de l'abbé Richard Ier. La tradution de *grossa* pose problème : il peut s'agir de douze douzaines d'anguilles ou de gros poissons.

Domnus abbas Ricardus, volens facere stagnum in dominica terra Sancti Petri Pratelli juxta stagnum Sancti Leodegarii et non habens de una parte sinistra terram in dominio suo ut hoc faceret, Rodulfus *Efflanc,* hoc perpendens, donavit sancto Petro jure elemosine ad sinistram terram quam sufficeret ad faciendum bonum et forte stagnum atque molendinum Sancti Petri Pratelli. Pro quo dono idem abbas donavit eidem Rodulfo unum palefredum presentialiter et unoquoque anno C anguillas et V grossas. Testes : Ricardus, nepos *Efflanc* ; Robertus de *Hamel* ; Hugo de Fossa et multis aliis.

Signum (*crux*) Rodulfi *Efflanc.* (*Crux*) Ricardi. (*Crux*) Roberti. (*Crux*) Hugonis.

A21

[1101/1120-1125, 30 janvier].

Richard, abbé de Préaux, rend à Richard fils de Raoul de Sainte-Mère-Église, qui la réclamait, la terre de Graimbouville en vertu du don de l'abbé Guillaume. En échange, Richard prête hommage à l'abbé et lui rend les deniers du [mort-]gage, mais si le roi ou le comte s'opposaient à cette restitution, Richard rendrait la terre au domaine de l'abbaye et si quelqu'un lui contestait cette terre, il abandonnerait les deniers aux moines et servirait son hommage sans rien demander en échange de la part de l'abbé.

B. Cart. XIIIe siècle, fol. 104v, n° 303. En rubrique : « *Quomodo Ricardus abbas reddidit Ricardo filio Rodulfi de Sancte Marie terram quam habebamus apud Grinbouwillam* ». [Copie Delisle, Bibl. nat. de Fr., nouv. acq. lat. 1025, fol. 122-123, n° 303].

C. Cart. XVe siècle, fol. 66, n° 206.

INDIQUÉ : Charpillon, Caresme, *Dictionnaire*..., t. II, p. 868. — L. Musset, *Comment on vivait*..., p. 6. — E. Z. Tabuteau, *Transfers of property*..., p. 136, n. 162 et p. 199, n. 23, doc. 371.

L'explication la plus simple concernant cette restitution semble la suivante : l'abbé Guillaume a investi Richard d'une terre que ce dernier a dû ensuite engager auprès des moines. Avant d'avoir acquitté la somme qu'il devait en vertu du mort-gage, Richard a réclamé sa terre. Celle-ci lui est finalement restituée par l'abbé Richard contre hommage et remboursement des deniers du gage. L'allusion à l'abbé Guillaume implique que l'acte a été passé sous l'abbatiat de Richard Ier, entre le 30 août 1101 et 1125. E. Tabuteau, considérant l'expression « *rex aut comes* », suggère de dater l'acte entre 1101, 30 août et 1106, période durant laquelle la couronne d'Angleterre et le duché de Normandie sont dissociés (E. Tabuteau, *op. cit.* p. 136, n. 162). Il semble discutable d'utiliser pour préciser la datation cette expression qui pourrait aussi bien désigner le roi d'Angleterre et le comte de Meulan, d'autant que Saint-Sulpice de Graimbouville fait partie des terres patrimoniales de la famille de Beaumont-Meulan.

Multis modis coactus, Ricardus, abbas Pratelli, reddidit Ricardo, filio Rodulfi de Sancta Maria Ecclesie, terram Ginboldiville quam dono abbatis Willelmi reclamabat. Ipse quidam Ricardus fecit homagium abbati in capitulo, ita dicens : « Ego Ricardus tali tenore devenio vestrum hominem, denarios vadimonii vobis reddendo, ut, si piget regem aut comitem eo quod mihi reddideritis eam terram quam clamo, reddam eandem terram in vestro dominio aut, si quis disseruerit super me predictam terram, clamabo ipsos denarios quittos vobis et homagium servabo vobis, non querens aliquid in concambium mihi donari a vobis ». Testes ex ejus parte : Hugo Trigiville ; Rodulfus, filius Alanni ; Robertus Fasteville ;

Rodulfus Magnus ; Girardus de Lacueria ; Robertus, filius Odardi ; Willelmus ; Amelfredus[(a)]. Testes abbatis : Herbertus *Baolt* ; Robertus filius Odonis ; Isuardus ; Rodulfus filius Goscelini ; Gimundus, presbiter ; Rodulfus, filius Rodulfi Hispanie ; Willelmus de Baccencaio ; Morellus et multis aliis.

(a) *La ponctuation utilisée par le copiste de B et l'absence de majuscule à* Amelfredus *permet également d'envisager* Willelmus Amelfredus *comme une seule et même personne.*

A22

[1122-1127].

Adeline, épouse d'Hugues [IV] de Montfort, reçoit la fraternité des moines et, désirant être ensevelie avec ses parents, donne son corps et son âme à l'abbaye.

B. Cart. XIIIe siècle, fol. 104v, n° 304, sous la rubrique : « *Adelina, uxor Hugonis Montis fortis, soror Pratelli effecta est* ». [Copie Delisle, Bibl. nat. de Fr., nouv. acq. lat. 1025, fol. 123, n° 304].

C. Cart. XVe siècle, fol. 66, n° 206bis.

INDIQUÉ : H. Round, *Calendar*..., p. 114, n° 336. — L. Musset, *Comment on vivait*..., p. 7. — D. Crouch, *The Beaumont*..., p. 136.

Adeline était la fille du comte de Meulan Robert III, qui mourut le 5 juin 1118, et sœur de Galeran II ; elle avait épousé Hugues de Montfort en 1122 (D. Crouch, *The Beaumont*..., p. 15). La présence d'Albert de Tourville situe l'acte avant 1127, date à laquelle il devient moine à l'abbaye de Reading (D. Crouch, *op. cit.* p. 218).

Adelina, uxor Hugonis Montis fortis, veniente Pratellum, soror loci effecta est sic dicens : « Huic loco do corpus et animam meam, ut ibi sepeliar com[(a)] patre meo et parentibus meis ». Testibus : Pagano, presbitero Sancti Leodegarii ; Alberto Turiville ; Rodulfo *Efflanc* ; Fulcero, dapifero ejus ; Herluino, camerario, et multis aliis.

(a) *Sic B.*

A23

[1078, 16 mars-1094].

Anquetil de Campigny, fils de Saffroi, donne à l'abbaye Saint-Pierre de Préaux, à la prière de l'abbé Guillaume et de tous les moines et suivant l'ordre de Roger de Beaumont, tout ce que lui-même et ses hommes possédaient de la dîme de Saint-Germain que l'abbé Guillaume et les moines revendiquaient. En échange Anquetil reçoit vingt sous et les prières de ceux-ci.

B. Cart. XIIIe siècle, fol. 104v, n° 305, sous la rubrique : « *De Campiniaco. Quomodo Anschetillus contulit nobis decimam Sancti Germani quantum pertinebat ad se* ». [Copie Delisle, Bibl. nat. de Fr., nouv. acq. lat. 1025, fol. 123, n° 305]. — *B²*. *Ibid.*, fol. 114v, n° 346 (A68), sous la rubrique : « *Ex dono Ansquetilli decimam Sancti Germani de Ponte Audemari* ». [Mention Delisle, Bibl. nat. de Fr., nouv. acq. lat. 1025, fol. 147, n° 346].

C. Cart. XVe siècle, fol. 66v, n° 207. — *C²*. *Ibid.*, fol. 74v, n° 249.

a. A. Le Prévost, *Mémoires*..., t. III, p. 128-129.

INDIQUÉ : Charpillon, Caresme, *Dictionnaire*..., t. I, p. 645. — V. Gazeau, *Le temporel*..., p. 251.

Cette notice est postérieure à 1078, date de l'installation de l'abbé Guillaume ; le *terminus ad quem* en est la mort de Roger de Beaumont, le 24 novembre 1094. On retrouve la même notice un peu plus loin dans le cartulaire (voir **A68**).

Anschetillus de Campiniaco, filius Saffridi, precatu Willelmi abbatis[a] et omnium monachorum contulit Sancto Petro Pratelli decimam Sancti Germani, quantum pertinebat ad se vel ad suos homines, de sua terra. Hanc enim antea calumniabant[b] monachi. Pro hac ergo re dati sunt sibi XX[c] solidi denariorum et orationes fratrum. Hoc autem monitu et jussione R(ogerii)[d] Bellemontis factum est[e].

(a) abbati *B*, *corrigé dans C*. — (b) calumpniabant *C²*. — (c) viginti *B²*. — (d) Rogerii *B²*. — (e) *B²C² poursuivent par le début de la notice suivante (A24)* Similiter Anschetillus, filius Gisleberti Efflanci, retro est.

A24

[1078, 16 mars-1094].

Anquetil, fils de Gilbert Efflanc, donne à l'abbaye Saint-Pierre de Préaux la dîme, que les moines revendiquaient, portant sur sa terre sise en la paroisse de Saint-Germain. En échange il reçoit une once d'or et les prières des moines. Roger de Beaumont a donné son accord.

B. Cart. XIIIe siècle, fol. 105, n° 305bis, sous la rubrique : « *De terra Anchetilli, filii Gisleberti* Efflanc, *dedit decimam que pertinebat ad parochiam Sancti Germani* ». [Copie Delisle, Bibl. nat. de Fr., nouv. acq. lat. 1025, fol. 123, n° 305].
C. Cart. XVe siècle, fol. 66v, n° 208.
a. A. Le Prévost, *Mémoires*..., t. III, p. 129.
INDIQUÉ : D. Crouch, *The Beaumont*..., p. 137. — V. Gazeau, *Le temporel*..., p. 250.

Cet acte semblable au précédent date de la même époque comme le confirme l'emploi du mot « *similiter* ».

Similiter Anschetillus, filius Gisleberti Efflanci, de sua terra que pertinebat ad parochiam[(a)] Sancti Germani, Sancto Petro Pratelli dedit decimam. Pro qua re recepit et ipse unam untiam auri et orationes loci. Nam et hanc calumniabant monachi. Et hoc etiam factum est concessu Rogerii Bellemontis.

(a) *Sic B,* parrochiam *C.*

A25

[1101, 30 août-1153].

Sébert, fils de Richer, bourgeois de Pont-Audemer, donne à l'abbaye Saint-Pierre de Préaux, trois jours avant d'y revêtir l'habit monastique, toute sa terre, avec bois et jardin, sise à Bougerue.

B. Cart. XIIIe siècle, fol. 105, n° 306, sous la rubrique : « *Seibertus dedit nobis totam terram suam libere cum nemore et orto quam habebat in Bulgivilla, et post effectus est monachus* ». [Copie Delisle, Bibl. nat. de Fr., nouv. acq. lat. 1025, fol. 124, n° 306]. — B². *Ibid.* fol. 116v, n° 350 (**A72**), sous la rubrique : « *Ex dono Seiberti, filii Richeii*[(a)], *totam terram suam cum nemore et orto, quam habebat in Bulgirua* ». [Mention Delisle, Bibl. nat. de Fr., nouv. acq. lat. 1025, fol. 151, n° 350].
C. Cart. XVe siècle, fol. 66v, n° 208. — C². *Ibid. (d'après B²)*, fol. 75v-76, n° 253.

On retrouve la même notice dans le cartulaire (voir **A72**). *Giroldus Puella* est mentionné dans le cartulaire de Saint-Gilles de Pont-Audemer : avant 1150, il donne aux frères une maison et des terres à Pont-Audemer (S. Mesmin, *Du comte à la commune*..., p. 259). Guillaume Trihan, témoin de cet acte, est mort avant 1153, date à laquelle son fils, déjà associé à lui depuis 1146, apparaît seul (voir **A113**).

Seibertus filius Ricerii[b], burgensis Pontis Aldomeri[c], dedit sancto Petro et monachis ejus libere totam terram suam cum nemore et orto sine reclamatione aliquorum parentum suorum, quam habebat in Bulgivilla[d], posuitque donationem ipsius super altare et post triduum inibi monachus effectus est. Testes Sancti Petri : Malgerius, rusticus ; Willelmus *Trihan* ; Herluinus, camerarius. Testes ejus : Rodulfus[e], frater ejusdem Siberti[f] ; Guimundus, filius ejus ; Giroldus Puella ; Giraldus, filius Guimundi[g].

(a) *Sic B², corrigé dans C² en* Richerii. — (b) Richerii *B²*. — (c) Audomeri *B²*. — (d) Bulgirua *B²*. — (e) Radulfus *B²*. — (f) *Sic BC ;* Seiberti *B²*. — (g) Wimundi *B²*.

A26

[1094, 10 décembre-1101, 30 août].

L'abbé de Préaux Geoffroy donne à Ospac de Pont-Audemer, après avoir beaucoup reçu de ce dernier, six acres de pré du domaine des moines, à condition que, à la mort de celui-ci, ils reviennent à l'abbaye. Ospac a en outre promis de donner sa maison, à la fin de sa vie, pour le salut de son âme.

B. Cart. XIIIᵉ siècle, fol. 105, n° 307, sous la rubrique : «*Quomodo Gaufridus, abbas, dedit Ospaco Pontis Audomeri sex agros pratorum* ». [Copie Delisle, Bibl. nat. de Fr., nouv. acq. lat. 1025, fol. 124, n° 307].

C. Cart. XVᵉ siècle, fol. 66v, n° 210.

Gaufridus, abbas de Pratellis, acceptis multis ab Ospaco Aldomari Pontis, donavit ei sex agros pratorum de dominio monachorum, ea conventione ut, quamdiu viveret, ipse Ospacus haberet eos et in fine vite sue redderet sancto Petro et monachis sine reclamatione et calumnia alicui sui parentis, et domum suam sancto Petro donavit in fine pro anima sua. Testes Sancti Petri et abbatis G(aufridi) hi affuerunt : Giroldus de *Hunefluet* ; Rogerius ; Osbernus de Aisio ; Goiffredus Muceolus ; Ricardus *Espec* ; Robertus, dapifer de Campiniaco. Testes Ospaci : Hilarius ; Rodulfus de Aisio ; Adelardus ; Ewradus, filius Galterii ; Goscelinus de *Lisois*.

A27

[1101, 30 août-1120].

[1] Aubrée et Éremburge, filles d'Osulfe prévôt de Toutainville, vendent à l'abbaye Saint-Pierre de Préaux la moitié de la terre de Poncel et celle du pré, que leur père leur avait réservées et qu'elles avaient reçues à sa mort, conformément à l'avis de Geoffroy de Saint-Médard, d'Hugues, d'Osberne de Triqueville, et d'autres chevaliers, devant [le moine] Guillaume Tafut. Leur frère Godard, assisté d'Anquetil Rocerol et d'Herbert Baolt, réalise la vente et s'en porte garant, promettant de réparer sur ses fonds propres toute spoliation imputable à ses parents. En échange, l'abbé Richard lui donne dix sous et Anquetil en reçoit cinq de Roger du Mont-Pinchon. [2] Sur le conseil de son frère Godard, Raoul confirme ensuite la donation de ses sœurs, à laquelle il ajoute sa part de la terre en question, pour laquelle il reçoit quarante sous.

B. Cart. XIIIe siècle, fol. 105v, n° 308, sous la rubrique : « *De Tustinivilla. De terra Osulfi, prepositi, qui terra sua dicitur*[(a)] Poncel *com uno agro prati*[(b)] ». [Copie Delisle, Bibl. nat. de Fr., nouv. acq. lat. 1025, fol. 124-125, n° 308].

C. Cart. XVe siècle, fol. 67, n° 211.

a. A. Le Prévost, *Mémoires*..., t. III, p. 301.

INDIQUÉ : L. Delisle, nouv. acq. fr. 21831, n° 478. — C. H. Haskins, *Norman Institutions*, p. 226, n. 114. — L. Musset, *Comment on vivait*..., p. 6.

Les vicissitudes de ce partage, de la vente et le caractère des protagonistes sont rappelés plus loin dans le cartulaire (voir **A84**). En confrontant ces deux notices, il apparaît que cette vente eut lieu sous l'abbatiat de Richard Ier, entre 1101 et 1125 ; en 1120, Geoffroy fils d'Osulfe avait déjà succédé à son père sur sa terre et en vendait une partie aux moines de Préaux (voir **A86**) ; on peut en déduire qu'Osulfe est mort peu avant 1120.

[1] Osulfus, prepositus Tustiniville, divisa et dimissa coram vicinis suis terra sua de *Poncel* com[(c)] uno agro prati Rodulfo, filio suo, et filiabus suis, Alberade et Eremburgi[(d)], insimul eoque mortuo, judicio Goisfredi de Sancto Medardo et Hugonis atque Osberni Trigiville et aliorum militum, coram Willelmo Tafuto, in curia Sancti Petri, et testimonio vicinorum, medietas terre et prati filiabus jamdictis data est, ut pater jusserat. Quam medietatem eidem[(e)] puelle vendiderunt per os Godardi fratris sui et per os Anscetilli *Rocerol* atque Herberti *Baolt* sancto Petro et monachis quinquaginta solidos, concedente Godardo eodem et dicente : « Si hanc venditionem mearum sororum aliquis meorum parentum destruere voluerit, ego de meo prato et terra tantum dabo illis et ero *guarant* sancto Petro et sororum venditioni ». Pro hac conventione X solidos ab abbate R(icardo) accepit et Anscetillus *Rocerol* V solidos quos Rogerius de *Mont Pinchum* eis liberavit, qui interfuit his rebus, et Remigius, W(illelmus) Tafutus, Euvrardus,

Herbertus *Baolt*, Mascelinus *Grinboltvil*, Goscelinus presbiter et Osbernus. Testes Sancti Petri : Pilatus ; Herfredus ; Funturdus ; Angerus ; Herbertus Rufus ; Helgo ; Godefridus *Grip* ; *Dunart* et alii multi.

[2] Post hec Rodulfus, frater puellarum, ammonitione et consilio Godardi vendidit partem suam sancto Petro et monachis ejus XL solidos et concessit venditionem sororum suarum. Testibus : Herberto *Baolt* ; Pilato ; Euvrardo ; Herfredo ; Balduino, camerario, et aliis. Ex parte ejus : Godardus, frater ejus ; Anscetillus *Rocerol* ; Helgo.

(a) Sic B, compr. que dicitur. — (b) Sic B, compr. dedit. — (c) Sic BC. — (d) Sic B, corr. Eremburgis. — (e) Sic BC, corr. eedem.

A28

[...1120-1125, 30 janvier].

Anquetil Rocerol vend à l'abbaye Saint-Pierre de Préaux une pièce de pré jouxtant celui de l'abbaye pour quatorze sous que lui a remis Mauger, paysan de Pont[-Audemer]. Anquetil tenait ce pré de Geoffroy fils d'Osulfe.

B. Cart. XIIIe siècle, fol. 105v, n° 309, sous la rubrique : « *Item de Tustinivilla. De venditione Anschetilli* Rocerol ». [Copie Delisle, Bibl. nat. de Fr., nouv. acq. lat. 1025, fol. 126, n° 309].

C. Cart. XVe siècle, fol. 67v, n° 212.

Anquetil Rocerol est vassal de Geoffroy fils d'Osulfe, comme il est explicitement indiqué dans **A86** ; cette notice doit être postérieure à 1120, date probable de la mort d'Osulfe, père de Geoffroy (voir **A27**).

Anschetillus *Rocerol* vendidit domino Ricardo abbati unum morsellum prati juxta pratum nostrum XIIII solidos quos liberavit ei Malgerius, rusticus de Ponte. Testibus : Godefrido filio Osulfi, de quo tenebat hoc pratum, et Helgone ; Herfredo ; Malgerio, rustico ; Willelmo, monacho, Tafuto ; Ansgerico.

A29

[1102-1124], 10 août.

L'abbé Richard [Ier] donne, avec le consentement des moines, à Richard, fils du prêtre de Toutainville Goscelin, douze acres de terre situées sur la colline *de Toutainville et reçoit en échange la terre et le pré de Robert Ferli que Goscelin avait tenus de l'abbé Geoffroy. L'abbé lui donne en outre une petite parcelle située près de la maison de Goscelin et lui concède en fief toutes les terres que son père avait tenues de l'abbaye. Richard devra rendre chaque année, dans les octaves de Pâques, pour le service de ces douze acres et pour l'autre terre, cinq sous. En outre Goscelin a abandonné à l'abbé Richard vingt livres, quatorze sous et deux muids d'orge que l'abbé Geoffroy lui devait, afin de pouvoir, sans qu'il ne lui en coûte rien de plus, devenir moine quand il le voudra.*

B. Cart. XIIIe siècle, fol. 105v-106, n° 310, sous la rubrique : « *De Tustinivilla. Abbas Ricardus dedit Ricardo XII agros terre super montana Tustiniville in concambio* ». [Copie Delisle, Bibl. nat. de Fr., nouv. acq. lat. 1025, fol. 126-127, n° 310].

C. Cart. XVe siècle, fol. 67v, n° 213.

La référence à l'abbé Geoffroy implique que l'abbé Richard, dont il est ici question, soit Richard Ier, abbé du 30 août 1101 au 31 janvier 1125. L'accord est intervenu peu après la mort de l'abbé Geoffroy.

In die festi beati Laurentii, domnus abbas Ricardus, presidente et concedente omni capitulo, donavit Ricardo, filio Goscelini presbiteri Tustiniville, XII agros terre super montana in concambio pro omni terra et prato Roberti Ferli quam habuerat idem presbiter de abbate Goiffredo, omnibus placitis et calumniis dimissis de omni re. Quamdam vero particulam hujus terre, que est juxta domum Goscelini presbiteri, idem abbas donavit eidem Ricardo et quicquid terrarum antea pater ejus tenuerat de sancto Petro, saisiens eum inde per taillam, concessit ei habere in feodo. Pro servitio vero horum XII^{cim} agrorum et alterius terre reddet sancto Petro annuatim idem Ricardus V solidos intra octo dies Pasche. Preter hec ipse Goscelinus, presbiter, XX libras denariorum ac XIIII solidos necnon duos modios ordei clamavit quittos sancto Petro et abbati R(icardo), quos ei debuerat abbas Goisfredus, ea conventione ut, cum voluerit fieri monachus, sine alia pecunia fiat. Quod utrinque bene concessum est. Testes Sancti Petri : Osbernus, presbiter ; Rogerius *Harenc* ; Herbertus *Baolt* ; Helgo ; Osbernus Lupus ; Herluinus *Malet*, frater ejus^(a). Testes Goscelini : Goisfredus Sancti Medardi ; Goscelinus, filius ejus ; Durandus, nepos Goscelini ; Rodulfus Magnus ; Rodulfus, filius Alanni ; Rodulfus, filius ejusdem Goscelini.

(a) Herluinus, frater ejus *C*.

A30

[1101, 30 août-1120...].

Osmond Cubicularius vend une acre de pré à l'abbé Richard [Ier] pour trente-six sous avec l'accord de ses fils, Roger et Robert, prêtres, et Guillaume.

B. Cart. XIIIe siècle, fol. 106, n° 311, sous la rubrique : « *De Tustinivilla. De venditione Osmundi Cubicularii* ». [Copie Delisle, Bibl. nat. de Fr., nouv. acq. lat. 1025, fol. 127, n° 311].

C. Cart. XVe siècle, fol. 67v-68, n° 214.

Cette notice est répétée plus loin dans le cartulaire (voir **A88**). On voit Guillaume, fils d'Osmond apparaître à plusieurs reprises seul à partir de 1118-1120 (**A71**) et en 1122 (**A160**), il semble donc bien qu'Osmond soit mort avant 1118-1120.

Osmundus Cubicularius vendidit unum agrum prati abbati Ricardo XXXVI solidos, concedentibus filiis suis, Rogero, Roberto, presbiteris, et Willelmo, laico. Testes abbatis : *Malet* ; *Mensel*, filius Rodulfi vinitoris ; Safridus$^{(a)}$, sartor ; Ricardus Nanus ; Willelmus, filius *Ansquetil*.

(a) *Sic BC.*

A31

1120 (ou plutôt 1130).

Osberne de Saint-Sanson donne en aumône à l'abbaye Saint-Pierre de Préaux, avec l'accord de son épouse Havoise et en présence d'une foule de moines, clercs et laïcs, six acres de terre et le paysan y demeurant. Il fait ce don parce que Robert, moine de Préaux, a construit l'église paroissiale de Saint-Sanson[-sur-Risle]. Il ajoute aussi une autre église, située non loin du village, [dédiée à saint Bérenger].

B. Cart. XIIIe siècle, fol. 106, n° 312, sous la rubrique : « *De Roca. Quomodo Sanson dedit nobis sex acras terre et unum rusticum supermanentem* ». [Copie Delisle, Bibl. nat. de Fr., nouv. acq. lat. 1025, fol. 127-128, n° 312].

C. Cart. XVe siècle, fol. 68, n° 215. Dans la marge : « Brothonne » barré et corrigé en « La Roque ou etoit la chapelle de saint Berenger ».

INDIQUÉ : A. Canel, *Essai historique...*, t. II, p. 66.

La notice suivante indique que cette donation d'un paysan et de sa terre est intervenue peu avant l'entrée d'Osberne au monastère qui eut lieu, *mox denique*, après 1130 (voir **A32**). Il est difficile d'expliquer comment ce laps de temps de dix ans au moins qui sépare le don, daté ici de 1120, et la prise d'habit d'Osberne soit traduit par ce *mox* dans l'acte suivant : il est difficile de dire s'il faut ou non soupçonner une erreur du copiste qui aurait ici oublié un X dans la date qu'il a transcrite et ainsi situer cette donation en 1130. Une inscription qui se trouvait dans l'église de Saint-Sanson-sur-Risle, (voir A. Le Prévost, *Mémoires*..., t. III, p. 203) mentionnait la date de la dédicace de l'église qui eut lieu le 6 décembre 1129, par l'archevêque de Dol Baudri, quelques mois avant sa mort le 5 janvier 1130. Ceci tend à confirmer l'hypothèse selon laquelle Osberne a donné un paysan et sa terre à Préaux après l'achèvement de la construction de l'église de Saint-Sanson, en 1130 plutôt qu'en 1120. On voit mal pourquoi l'église aurait été dédicacée dix ans après sa construction.

Anno ab Incarnatione Domini M° C° XX°, Osbernus Sancti Sansonis cum uxore sua Hatvidis venerunt Pratellum et coram magna multitudine monachorum et clericorum et laicorum dedit sancto Petro super altare in elemosina sex acras terre et unum rusticum desuper manentem. Ideo enim ita egit, quia Robertus, noster monachus, ecclesiam parrochie totam a fundamento construxit, et aliam ecclesiam, que[a] longiuscule a villa aberat, similiter in elemosinam tribuit[b]. Testes ex parte monachorum[c] : Willelmus Albe Vie ; Osbernus, filius Hunfridi, et Herluinus, filius Radulfi Coci, et Ricardus, filius Hatvidis ; Willelmus, filius *Caveller*[d] ; Tustinus Male doctus. Ex parte Osberni : Fulco, presbiter ; Radulfus Rufus ; Alnaricus[e], nepos Osberni ; Robertus *Brito*.
(*Crux*) Signum Osberni de Sancto Sansone. (*Crux*) Signum Amalrici[f]. (*Crux*) Signum Hatvidis, uxoris ejus. Signum (*crux*) Radulfi, filii eorum. (*Crux*) Signum Ricardi, filii Herberti.

(a) qua *corrigé en* qui *dans B ; corrigé en* que *dans C*. — (b) Sancti Berengerii, *ajout du XIVᵉ siècle dans la marge de droite de B*. — (c) monachus *B, corrigé dans C en* monachorum. — (d) *Sic B*, Cavelier *C*. — (e) *Sic BC*. — (f) Almarici *C*.

A32

[1130-1131/1144].

Robert, prieur de l'abbaye Saint-Pierre de Préaux, reçoit Osberne [de Saint-Sanson] de la main de Robert le Breton : avec l'accord de son seigneur l'archevêque de Dol Geoffroy[6], Osberne devient moine. Pendant sa maladie, cause de sa mort, sur les conseils de l'archevêque, Osberne avait donné à l'abbaye un

---

6. Geoffroi, archevêque de Dol, 1130-1144.

hôte nommé Durand Malpuint et toute sa terre, dont les moines avaient été investis par son prévôt Rainfroi ; Havoise, épouse d'Osberne, et Raoul son fils avaient donné leur accord.

B. Cart. XIIIe siècle, fol. 106v, n° 312bis, sous la rubrique : « *Item de Roca. De Durando* Malpuint ». [Copie Delisle, Bibl. nat. de Fr., nouv. acq. lat. 1025, fol. 128, n° 312].

C. Cart. XVe siècle, fol. 68, n° 216. Dans la marge : « Brothonne » barré et surmonté de « La Roque ».

INDIQUÉ : A. Canel, *Essai historique*..., t. II, p. 66. — Charpillon, Caresme, *Dictionnaire*..., t. II, p. 864. — Marquis de Saint-Pierre, *Richard de La Mare*..., p. 77.

Le *terminus a quo* de cette notice est l'accession de Geoffroy à l'archevêché de Dol en 1130, après la mort de Baudri de Bourgueil qui se fit enterrer à Préaux devant le crucifix de l'abbatiale (Arch. nat., M 725, fol. 17, et A. Le Prévôt, *Mémoires*..., t. III, p. 203). L'entrée d'Osberne de Saint-Sanson comme moine à Préaux eut lieu avant 1135 : entre 1135 et 1150, son fils Raoul de Saint-Sanson apparaît comme ayant déjà hérité des terres de son père, donnant son accord à la concession de terres sises à Saint-Sanson par Richard Broc en faveur des lépreux de Pont-Audemer (S. Mesmin, *Du comte à la commune*..., p. 257-258). Raoul le Roux, témoin de cette charte et de la précédente, est neveu de l'archevêque de Dol Baudri de Bourgueil et frère de l'archevêque Geoffroy. Il atteste en 1141 un acte de son frère en faveur de Saint-Sauveur de La Vieuville (D. H. Morice, *Mémoires pour servir de preuves à l'histoire* [...] *de Bretagne*..., t. I, col. 582).

Supradictus Osbernus, infirmitate cogente qua et mortuus est et Goisfredo, archiepiscopo Dolensi, domino ejus dante consilium, donavit sancto Petro et monachis ejus unum hospitem et totam terram suam, nomine Durandum *Malpuint*, jure elemosine, tenente unam virgam ex una parte et Hatvide, ejus uxore, ex altera parte et concedente et donante pariter istud et filio eorum Rodulfo. In eo die fecerunt nos saisire de hoc homine per Rainfredum, suum prepositum. Mox denique, jussu archiepiscopi, Robertus Brito Roberto priori liberavit Osbernum per manum, ut faceret monachum. Hoc factum est concessu et admonitione jamdicti archiepiscopi G(oisfredi). Testes ex parte Osberni : Amlricus$^{(a)}$; Ricardus, filius Herberti ; Fulco, presbiter ; Robertus *Hait* ; Hatvidis ; Agnes, filia ejus. Testes Sancti Petri : Radulfus Rufus, nepos Baldrici episcopi ; Ricardus Nanus ; Herluinus, camerarius ; Goisfredus de Mara cum aliis multis.

Signum (*crux*) archiepiscopi. (*Crux*) Signum Osberni. Signum (*crux*) Rodulfi, filii ejus. (*Crux*) Signum Amalrici$^{(b)}$. Signum (*crux*) Hatvidis.

(a) *Sic BC*. — (b) Almrici *C*.

A33

[1120-1159, Ier août].

Turstin de Saint-Mards[-sur-Risle] donne en aumône à l'abbaye Saint-Pierre de Préaux, pour y devenir moine, toute la terre que Gilbert le Pellicier, prêtre, tenait de lui. Robert du Neubourg et ses fils Richard et Roger ont donné leur accord. Cette terre rapporte aux moines pour tout revenu quinze sous et deux deniers par an.

B. Cart. XIIIe siècle, fol. 106v, n° 313, sous la rubrique : « *De Sancto Medardo. Quomodo Tustinus dedit nobis XV solidos et II denarios pro sua terra* ». [Copie Delisle, Bibl. nat. de Fr., nouv. acq. lat. 1025, fol. 129, n° 313].

C. Cart. XVe siècle, fol. 68v, n° 217.

INDIQUÉ : A. Le Prévost, *Mémoires…*, t. III, p. 147.

Robert du Neubourg apparaît aux côtés de son épouse Godechilde de Tosny en 1110 dans une charte donnée en faveur de l'abbaye du Bec (G. A. La Roque, *op. cit.*, t. IV, 1403) ; il se fait moine au Bec en août 1159. Le *terminus a quo* de cette notice est déterminé par la présence parmi les témoins de Turstin Mauduit (voir **A31**). Goscelin de Saint-Mards, fils de Geoffroy de Saint-Mards, est sans doute le neveu de Turstin, il apparaît aux côtés de son père entre 1101 et 1125/1131 (voir **A29**).

Tustinus de Sancto Medardo, volens monachus fieri apud Pratellum, donavit sancto Petro in elemosinam totam terram quam tenebat Gislebertus Pellicius, presbiter, nichil consuetudinis retinens in ea, concedente Roberto de Novo Burgo et filiis suis, Ricardo et Rogerio. Hec terra annuatim reddit sancto Petro XV solidos et II denarios et nil plus. Testes Sancti Petri : Rogerius *Harenc* ; Herluinus, camerarius ; Goscelinus Medardi ; Tustinus Male doctus ; Safridus *Francet* ; Willelmus *Haslé*.

Signum (*crux*) Rogerii. (*Crux*) Signum Ricardi. Signum (*crux*) Goscelini.

A34

[…1136-1146]. — Campigny, *ante portam parochiam*.

Raoul Harpin et Adalard, fils de Théolf Brancart, vendent à l'abbé Richard et aux moines de Saint-Pierre de Préaux tout ce que le prêtre Christian avait donné à leur aïeul Osberne et que leur père avait tenu sa vie durant avant qu'ils n'en héritent, tant en terre qu'en bois. Ils y ajoutent la messairie et la garde des bois qu'ils revendiquaient. Ils reçoivent en échange du moine Robert de Montivilliers soixante sous que Geoffroy de Campigny a remis à Raoul, qui a promis de respecter et de défendre cette vente contre toute contestation ; Robert Milvus, *Robert Gambun, Osberne son frère, ont fait de même.*

B. Cart. XIIIe siècle, fol. 107, n° 314, sous la rubrique : « *De Campiniaco. De terra que est ante portam parochie*$^{(a)}$ ». [Copie Delisle, Bibl. nat. de Fr., nouv. acq. lat. 1025, fol. 129-130, n° 314].

C. Cart. XVe siècle, fol. 68v, n° 218.

a. A. Le Prévost, *Mémoires*..., t. I, p. 462.

INDIQUÉ : Charpillon, Caresme, *Dictionnaire*..., t. I, p. 645 et 649.

La rubrique qui précède cet acte, postérieure à la copie du cartulaire et loin d'être contemporaine de la rédaction de la notice, induit le lecteur en erreur : *ante portam parochie* (sic) n'indique pas la localisation de la terre et des bois vendus, mais bien le lieu de la vente en elle-même. Charpillon propose de comprendre « en présence de toute la paroisse de Campigny assemblée devant la porte de l'église ». Le père de Geoffroy de Campigny, Hervé, est encore attesté en 1136 (voir **A38**). Payen et Raoul fils d'Aubrée, qui reçoivent ici des souliers, sont apparemment encore des enfants, ils sont attesté dès 1141-1142 (voir **B3**). Il faut donc situer cet acte sous l'abbatiat de Richard II de Conteville entre 1136 et 1146.

De terra Teolfi *Brancart*. Radulfus *Harpin* et Adalardus, filii Teolfi *Brancart*, vendiderunt ante portam parochiam$^{(b)}$ Campiniaci sancto Petro et abbati Ricardo et monachis ejus quicquid habebant hereditatis in Campiniaco, scilicet in terris, in silvis, que dederat Christianus presbiter Osberno, avo jamdictorum fratrum, que etiam tenuerat Teolfus, pater eorum, in vita sua. Huic quoque venundationi addiderunt messariam et custodiam silvarum et nemorum quam reclamabant. Pro quibus rebus Rodulfus monachus Monasterii Villaris liberavit eis LX^{ta} solidos quos Gaufridus de Campiniaco numeravit et donavit Harpino. Hanc autem venditionem facere firmam esse, pactus est in manu Gaufridi de Campiniaco propria manu idem Harpinus et sese disserturum adversus omnes homines, si aliquid super hoc voluerint reclamare. Hoc etiam pacti sunt propriis manibus in manu Gaufridi, Robertus Milvus et Robertus *Gambun* et Osbernus, frater ejus, se facturos. Testes Sancti Petri : Galterius Barbatus ; Willelmus *Guanescrot* et Henricus, filius ejus ; Odo, filius Bernuci, et filius ejus ; Willelmus, presbiter ; Willelmus *Corel* ; Safridus et Anscetillus, bubulci ; Rainfredus de Alvilaris ; Rogerius, filius Rosce. Testes eorum : Willelmus, filius *Herbrant*, et filii ejus ; Radulfus et Paganus, filii Alberade, qui habuerunt inde sotulares ; Alberada ; Bruneldis ; Goisfredus *Gambun* ; Baissa ; Heremburgis ; Lejardis.

(a) *Sic B.* — (b) *Sic B, corr.* parochie.

A35

[…1136-1146].

Clarisse, fille de Raoul Travers, donne à l'abbaye Saint-Pierre de Préaux la terre qu'elle possédait près du bois de Campigny. Après l'avoir déposée sur l'autel en présence de tous les moines, elle reçoit du moine Raoul dix sous.

B. Cart. XIIIe siècle, fol. 107v, n° 315. En rubrique, à l'encre verte : « *De terra Radulfi Travers Campiniaci* ». [Copie Delisle, Bibl. nat. de Fr., nouv. acq. lat. 1025, fol. 130, n° 315].

C. Cart. XVe siècle, fol. 69, n° 219.

INDIQUÉ : A. Le Prévost, *Mémoires…*, t. I, p. 462. — Charpillon, Caresme, *Dictionnaire…*, t. I, p. 646.

Eodem anno, Clarizia, filia Radulfi *Travers*, venit Pratellum et terram quam tenebat juxta boscum Campiniaci, presente toto conventu monachorum, supra altare posuit per cereum. Ex hoc facto Radulfus monachus dedit illi decem solidos. Ex parte monachorum : Osbernus, forestarius ; Radulfus, faber ; Ansgotus, filius Alberti. Ex parte mulieris : Willelmus, filius *Herbrant* (*crux*).

A36

[…1118-1146].

Herluin de Tourville donne à l'abbaye Saint-Pierre de Préaux toute sa terre de Campigny que Gautier tenait de lui ; cette terre, concédée en fief, rapporte pour tout service deux sous à l'abbaye. Robert, Raoul, Hugues, fils d'Herluin ont donné leur accord.

B. Cart. XIIIe siècle, fol. 107v, n° 316, sous la rubrique : « *De Campiniaco. De terra Herluini de Turvilla qui*[a] *est in feodo* ». [Copie Delisle, Bibl. nat. de Fr., nouv. acq. lat. 1025, fol. 131, n° 316].

C. Cart. XVe siècle, fol. 69, n° 220.

INDIQUÉ : Charpillon, Caresme, *Dictionnaire…*, t. I, p. 646.

Raoul Efflanc, ici cité comme témoin, est attesté entre 1118 et 1163 (voir **A108**) ; Herluin de Tourville, cité pour la première fois comme témoin en 1106 (**A69**), est vraisemblablement devenu moine à Préaux sous l'abbatiat de Richard II de Conteville (**A75**) : ce sont ses fils Robert et Raoul qui ensuite apparaissent dans les listes de témoins, et cela avant 1146 (voir **A107**, **A113**).

Dedit Herluinus de Turvilla totam terram de Campiniaco quam Galterius tenebat de eo. Hec terra reddit pro omni servitio duos solidos, et sic quitta est, et est in feodo. Hoc fecit concedentibus filiis suis, Roberto, Radulfo, Hugone. Testes ejus : Rogerius[(b)] *Harenc* ; Radulfus *Esflanc*.
Signum (*crux*) R(ogerii) *Harenc*. Signum (*crux*) Radulfi. (*Crux*) Signum Radulfi *Efflanc*.

(a) *Sic B*. — (b) Rogius *B*.

A37

[1125/1136-1146]. — Préaux, en chapitre.

[1] Géraud de la Viéville renonce à ses revendications concernant sept vergées de terre situées près des mares de Spiseleriz ; en échange, il reçoit la fraternité des moines, trois sous et une mine de blé que le moine Sagalon lui a remis. [2] Le même jour, Guillaume Vanescrot [de Campigny] et son fils Henri ont donné à Saint-Pierre les terres de Mesleret (Le Maslis ?) et de la Forge, divisions de celle du Réel, en présence et du consentement de Raoul Efflanc car ces terres font partie du fief Efflanc. Guillaume a reçu pour ces dons, devant Bérenger Bafart et Gautier, grangier, huit sous du moine Sagalon et cinq autres sous du moine Raoul d'Harfleur pour la terre de la Forge.

B. Cart. XIIIe siècle, fol. 107v, n° 317. En rubrique, à l'encre verte : « *De Campiniaco. Ad maras de* Spiseleriz ». [Copie Delisle, Bibl. nat. de Fr., nouv. acq. lat. 1025, fol. 131-132, n° 317].

C. Cart. XVe siècle, fol. 69, n° 221.

INDIQUÉ : Charpillon, Caresme, *Dictionnaire*..., t. I, p. 646.

Cette notice est postérieure à l'acte **A41** : la deuxième partie de cette notice est une confirmation de la donation par Guillaume Vanescrot faite deux jours avant son départ pour Jérusalem. Cette dernière est ici renouvelée, complétée et confirmée par le seigneur de Guillaume, Raoul Efflanc : on doit donc la situer la veille du départ de Guillaume, ou plus probablement à son retour, sous l'abbatiat de Richard de Conteville (voir **A42**). Geoffroy de Campigny apparaît en tête de la liste des témoins, il semble donc qu'il ait déjà succédé à son père qui vivait encore en 1136 (**A38**). Les mares de « Spiseleriz », si elles existent encore, sont difficilement identifiables : il s'agit peut-être de la Mare-aux-perdrix à La Viéville ; il existe aussi une Mare Roger et les Mares Roux à Campigny. La Forge est un toponyme existant à la limite des communes de Campigny et de Saint-Martin-Saint-Firmin. La terre de Mesleret est peut-être identifiable au lieu-dit « Le Maslis », au sud de la Forge, dans la commune de Saint-Martin-Saint-Firmin.

[1] Giraldus de Veterivilla clamabat septem virgas terre ad maras de *Spiseleriz* et clamavit totam illam calumniam quittam Sancto Petro Pratelli in capitulo et ideo frater loci et monachorum factus est posuitque supra altare habuitque inde III solidos et unam minam bladi quo Saswalus monachus liberavit ei. Testes ex parte ejus : Gaufridus de Campiniaco ; Willelmus *Vanescrot* ; Henricus, filius ejus.

[2] In die eadem, Willelmus *Vanescrot* et Henricus, filius ejus, dederunt sancto Petro in capitulo posueruntque super altare candelabrum terram de *Mesleret* et terram de Forgia coram Radulfo *Efflanc* et concedente etiam, divisiones terre de *Reel,* quia hec erant de feodo *Efflanc*. Testes ex parte Willelmi : Baufridus[a] de Campiniaco ; Giraldus de Veterivilla ; Galterius, horrearius. Recepitque idem[b] Willelmus VIII solidos, propter hec dona, quo Saswalus[c] monachus ei liberavit ante Berengarium *Bafart* et Galterium, horrearium. Pro terra Forgie V solidos idem Willelmus recepit a Radulfo monacho de *Harefluet*. Testes ex parte W(illelmi) : Willelmus Veisdii. Ex parte R(adulfi) monachi : Osbernus, forestarius ; Radulfus, faber. Testes Sancti Petri : Radulfus, filius Gisleberti ; Radulfus *Efflanc* ; Robertus, portarius ; Tustinus Male doctus ; Herluinus et Willelmus, filii Radulfi Coci.

Signum (*crux*) Giraldi. (*Crux*) Willelmi *Vanescrot*. (*Crux*) Radulfi *Efflanc*. (*Crux*) Gaufridi de Campiniaco.

(a) Sic BC, pour Gaufridus. — (b) idemque B corrigé dans C. — (c) On trouvera aussi Savalus ou Saswalus.

A38

1136.

Hervé de Campigny et son fils Guillaume donnent une acre de la terre de Trunnia, *et reçoivent du moine Sagalon cinq sous.*

B. Cart. XIIIe siècle, fol. 108, n° 318. En rubrique, à l'encre verte : « *De Campiniaco : de terra que vocatur Trunnia* ». [Copie Delisle, Bibl. nat. de Fr., nouv. acq. lat. 1025, fol. 132, n° 318].

C. Cart. XVe siècle, fol. 69v, n° 222.

INDIQUÉ : Charpillon, Caresme, *Dictionnaire*..., t. I, p. 646. — D. Crouch, *The Beaumont*..., p. 33, n. 22.

Galeran II fit prisonnier Roger de Tosny à Acquigny le 3 octobre 1136 (Torigny, t. I, p. 205, voir aussi Orderic Vital, t. V, p. 77). *Trunnia* est un toponyme qui a disparu du finage de Campigny et de sa région. Cette terre se situait peut-être à l'emplacement du lieu-dit les Champs de Préaux.

Eo anno quo Galerannus, comes *Mellent*, accepit Rogerium de Thoneio, Herveus de Campiniaco et Willelmus, filius ejus, unum agrum terre V solidos Sawalo monacho[(a)]. Hec terra vocatur Trunnia. Testes Sancti Petri : Rogerius, filius Walterii monaci[(b)], (*crux*) Signum Hervei, et Rogerius, scutellarii[(c)]. (*Crux*) Signum Willelmi, filii ejus. Signum (*crux*) Rogerii scutellarii.

(a) *Sic B ;* Sawalo monacho vendidit *C.* — (b) *Sic B.* — (c) *Sic B, compr.* Testes (...) : Rogerius, filius Walterii monachi ; Rogerius scutellarii. Signum Hervei. Signum Willelmi. Signum Rogerii scutellarii.

A39

[1066-1094, 10 décembre].

Geoffroy [Ier] de Tourville, fils de Dura, donne à l'abbaye Saint-Pierre de Préaux la dîme et la mouture d'un vavasseur nommé Anquetil fils de Rainart ; en échange de quoi il reçoit la fraternité des moines.

B. Cart. XIIIe siècle, fol. 108, n° 319, sous la rubrique : « *Item de Campiniaco : de decima et de moltura Anschetilli, filii Rainart[(a)]* ». [Copie Delisle, Bibl. nat. de Fr., nouv. acq. lat. 1025, fol. 132, n° 319].

C. Cart. XVe siècle, fol. 69, n° 221.

Geoffroy Ier de Tourville, fils d'Osberne de Tourville est mort après Pâques 1124 après avoir eu les yeux crevés sur l'ordre du roi Henri Ier pour avoir participé à la révolte de Galeran II de Meulan (O. V., t. IV, p. 459). Son père est attesté vers 1050 dans la pancarte de Saint-Léger de Préaux (D. Bates, *Regesta*, n° 217, p. 694) et vers 1066-1087 où il fait donation en faveur des moines de Préaux de la mouture du vavasseur Rainald (voir **A59**). C'est ce don que Geoffroy confirme ici après la mort de son père. Pour la datation, voir l'autre version de cet acte (**A59**).

Goiffredus, filius Dure, de Turvilla pro anima sui patris et matris donavit sancto Petro et monachis decimam et molturam cujusdam vavasoris[(a)] sui, nomine Anschetilli, filii *Rainart*, et posuit eam super altare sancti Petri et fraternitatem monachorum recepit. Testes sancti Petri : Walterius, famulus ; Moises ; Burnulfus, bubulcus.

Signum (*crux*) Goisfredi.

(a) *Sic BC pour* vavassoris.

A40

[1050-1078, 16 mars].

Anfroi, abbé de Saint-Pierre de Préaux, concède à Gilbert et à Geoffroy, sans le consentement des moines, tout ce que leur frère Anquetil, fils de Turulfe, avait, à sa mort, donné à l'abbaye avec l'accord de son épouse et de ses fils : trois hôtes, sa part de l'héritage de son père à Tourville et à Campigny. Après le partage de cet héritage entre les frères, Gilbert et Geoffroy ont demandé à pouvoir tenir ces terres en bénéfice et seul Geoffroy devra acquitter le service de ces terres.

B. Cart. XIIIe siècle, fol. 108-v, n° 320. En rubrique, à l'encre verte : « *De Campiniaco. De quodam milite Anschitillo nomine qui contulit nobis de paterna hereditate*». [Copie Delisle, Bibl. nat. de Fr., nouv. acq. lat. 1025, fol. 133, n° 320]. — *B². Ibid.* fol. 112, n° 334 (**A57**). En rubrique : « *Quomodo Anfridus abbas tradidit sine assensu et consilio monachorum Giliberto et Gaufrido tenendum in perpetuum quicquid habebamus in Turwilla et Campiniaco ex dono Anschitilli, filii Turulfi, patris eorum* ». Entre la rubrique et la notice le moine copiste de *C* a ajouté : « *Karta ista perante scripta est et ideo non rescribatur* » [Mention Delisle, Bibl. nat. de Fr., nouv. acq. lat. 1025, fol. 142, n° 334].

C. Cart. XVe siècle, fol. 69v, n° 224.

INDIQUÉ : Charpillon, Caresme, *Dictionnaire*…, t. I, p. 645, t. II, p. 929. — V. Gazeau, *Le temporel*…, p. 251.

Cette notice se trouve répétée dans le cartulaire (voir **A57**).

Regnante Willelmo, Roberti marchionis^(a) filio, quidam miles, Anschetillus^(b) nomine, Turulfi filius, contulit Sancto Petro Pratelli, se moriente, annuente conjuge sua filiisque^(c) suis, quicquid jure accidebat sibi ex paterna hereditate in Turvilla et in Campiniaco. Acciderunt autem, divisa hereditate inter fratres quos viventes dimisit tres hospites sancto Petro, sed duo fratres prescripti Anschitilli, Gislebertus videlicet et Gaufridus, petiverunt abbatem Ansfridum, qui eo tempore preerat loco, ut imbeneficium^(d) concederet illis tenere de se, ea tamen ratione ut Gaufridus solus inde redderet servitium ; quod etiam factum est et hoc absque consilio et nutu monachorum.

(a) marcionis *B²*. — (b) Anschitillus *B²*. — (c) filiis que *B²*. — (d) in benefitium *B²*.

A41

[...1136-1146]. — Préaux puis Campigny, *ante parochiam*.

Guillaume Vanescrot [*de Campigny*] *donne à l'abbaye Saint-Pierre de Préaux avec l'accord de son fils Henri, deux jours avant de partir pour Jérusalem, trois vergées de terre dans la vallée* [*de la Véronne*], *devant la porte de la forge* [*du Réel*]. *Absout de ses fautes, il reçoit la fraternité des moines ; en signe de reconnaissance, le moine Raoul, prévôt de Campigny, lui donne cinq sous devant la paroisse.*

B. Cart. XIIIe siècle, fol. 108v, n° 321, sous la rubrique : « *De tribus virgis terre quas Willelmus* Wanescrot *dedit monachis de Pratellis quando Jerusalem ivit, ut fieret particebs*[a] *beneficiorum illius loci* ». [Copie Delisle, Bibl. nat. de Fr., nouv. acq. lat. 1025, fol. 133, n° 321].

C. Cart. XVe siècle, fol. 69v, n° 225.

INDIQUÉ : Charpillon, Caresme, *Dictionnaire*..., t. I, p. 646. — L. Musset, *Comment on vivait*..., p. 17. — M. Arnoux, « Essor et déclin d'un type diplomatique... », p. 331, n. 32.

Geoffroy de Campigny et ses frères Guillaume et Roger sont cités parmi les témoins de cet acte : il est très probable que leur père Hervé, ici absent, encore vivant en 1136 (voir **A38**), soit mort, d'où le *terminus a quo* de cette notice. Une autre version de cet acte, rapportée dans le cartulaire (voir **A37**) permet de préciser les conditions de cette donation : les trois vergées de terre sont situées devant la forge du Réel près de Campigny, dans la vallée de la Véronne ; en retour Guillaume obtient du moine Raoul d'Harfleur, prévôt de Campigny, cinq sous. La notice **A37** est une confirmation de cette vente par Guillaume Vanescrot, qui y ajoute une autre terre, et par son seigneur Raoul Efflanc.

Biduo antequam Willelmus *Wanescrot* iret Jerusalem, venit Pratellum et, ut absolveretur a suis malefactis fieretque frater et particeps beneficiorum monachorum, donavit sancto Petro et ejus monachis III virgas terre que est ante hostium forgie in valle, ejus filio concedente Henrico, et posuit super altare per unam virgam. Testes sancti Petri : Willelmus *Malet* ; *Triban* ; Robertus, filius Thetie ; Grummet. Testes ex parte ejus : Goisfridus de Campiniaco ; Willelmus, frater ejus ; Rogerius, frater eorum. Rodulfus quoque monachus et prepositus Campiniaci dedit V solidos ante parochiam[a] predicto Willelmo e cognitione hujus dati.

(a) *Sic B,* parrochiam *C.*

A42

[1125/1136-1146], 9 août.

Notification de la vente faite par Guillaume Vanescrot de Campigny à l'abbaye Saint-Pierre de Préaux de toute sa terre sise au Réel, qu'il tenait de Raoul Efflanc, pour quarante huit sous de roumois que l'abbé Richard de Conteville lui a fait remettre, et qu'il a emportés avec lui à Saint-Jacques[-de-Compostelle]. Son fils Henri et Raoul Efflanc ont donné leur accord.

B. Cart. XIIIe siècle, fol. 108v-109, n° 322, sous la rubrique : « *Tempore Ricardi abbatis Comitisville, Willelmus Wanescrot vendidit monachis de Pratellis totam terram suam de* Reel, *quando ad Sanctum Jacobum perrexit* ». [Copie Delisle, Bibl. nat. de Fr., nouv. acq. lat. 1025, fol. 133-134, n° 322].

C. Cart. XVe siècle, fol. 70, n° 226.

a. A. Le Prévost, *Mémoires*..., t. III, p. 128.

INDIQUÉ : L. Delisle, *Des revenus*..., 1re part., p. 180, n. 4. — Charpillon, Caresme, *Dictionnaire*..., t. I, p. 650. — L. Musset, *Les pèlerins normands*..., p. 63. — L. Musset, *Comment on vivait*..., p. 12, p. 17. — H. Jacomet, *Pèlerinage et culte*..., p. 117, n. 123.

Sur la datation, voir l'acte précédent. Il est à signaler que Galeran II de Meulan effectua lui-même un pèlerinage à Saint-Jacques à l'automne 1144, occasion pour laquelle il fit une donation en faveur du Bec (C. A. Porée, *Histoire de l'abbaye du Bec*..., t. I, p. 341, et D. Crouch, *The Beaumont*..., p. 66). Guillaume a peut-être accompagné Galeran dont Raoul Efflanc, son seigneur direct, est un des vassaux. Cette notice est le dernier volet d'une série de trois notices (A37, A41, A42) par lesquelles Guillaume de Vanescrot donne aux moines ses terres situées au Réel contre, si l'on fait le total des sommes déboursées par l'abbaye, trois livres un sou. Il y a tout lieu de penser que cette donation eut lieu, comme A34, *ante parrochiam*, ce qui expliquerait les souscriptions des *testes ville* de Campigny.

In vigilia Sancti Laurentii$^{(a)}$, Willelmus *Wanescrot* de Campiniaco venit Pratellum et, concedente Henrico, filio suo, vendidit sancto Petro et monachis ejus omnino totam terram suam de *Reel*, quam tenebat in feodo de Rodulfo *Efflanc*, XL et octo solidos romesinorum, ipso vero Radulfo *Efflanc* concedente. Hos denarios Ricardus abbas Comitisville jussit ei liberare, quos secum deportavit apud Sanctum Jacobum. Fecerunt autem pater et filius super altare donationem per quoddam candelabrum, utrique crucem suam pingentes in rotulo, sicut inibi videtur, Willelmus *Wanescrot*, Henricus, filius ejus, testesque ejus : Goisfredus de Campiniaco ; Henricus de Campiniaco ; Goisfredus, filius Dure ; Osbernus de *Osmuntvil*. Testes sancti Petri : Rodulfus *Esflanc* ; Gislebertus Corneville ; Robertus, nepos ejus, de *Formetot* ; Galterius, granciarius ; Rogerius, filius ejus ; Safridus *Francet* ; Willelmus *Haslet* de Hamelo ; Gillelmus$^{(b)}$, elemosinator ; Herfredus, Euvrardus, pratores. Testes ville : Robertus, portarius ; Hugo

Gargatus ; Odo, cementarius ; Galterius, porcarius ; Robertus, cavelarius ; Safridus, canrpentarius⁽ᶜ⁾ de Sellis ; Ricardus, carpentarius hujus ville.
(*Crux*)⁽ᵈ⁾ Signum Willelmi *Vanescrot*. (*Crux*) Signum Henrici, filii ejus. (*Crux*) Signum Rodulfi *Esflanc*. (*Crux*) Gisleberti Corneville. (*Crux*) Signum Goisfredi Campiniaci. (*Crux*)⁽ᵉ⁾ Signum Henrici Campiniaci. (*Crux*)⁽ᵉ⁾ Roberti *Formetot*. (*Crux*)⁽ᵉ⁾ Signum Gaufridi, filii Dure.

(a) Laurenti *B* ; Laurencii *C*. — (b) Sic *B* ; Guillelmus *C*. — (c) Sic *B* ; carpentarius *C*. — (d) *BC* reproduisent le seing de Guillaume Vanescrot sous la forme d'une croix à double traverse. — (e) *BC* dessinent des croix dont les traverses sont prolongées à leur extrémité par un point ou un trait.

A43

[1078, 16 mars-1106, 27 septembre].

Turstin [Efflanc] donne à l'abbaye Saint-Pierre de Préaux, pour l'âme de son fils Sturmide, un hôte à Tourville, la dîme de Corbeaumont, et trois hommes à Boulleville qui lui avaient racheté leur service pour cinq ans. Il tenait ces derniers de l'abbé. Son fils Roger a été chargé de déposer sur l'autel cette donation et celles que sa mère avait faites.

B. Cart. XIIIᵉ siècle, fol. 109, n° 323, sous la rubrique : « *Ex dono Turstini filii*, Sturmit, *unum hospitem in Turvilla et decimam Corbelli Montis* «. [Copie Delisle, Bibl. nat. de Fr., nouv. acq. lat. 1025, fol. 135, n° 323].

C. Cart. XVᵉ siècle, fol. 70, n° 227.

a. A. Le Prévost, *Mémoires*..., t. III, p. 298.

INDIQUÉ : Charpillon, Caresme, *Dictionnaire*..., t. I, p. 476. — V. Gazeau, *Le temporel*..., p. 250 — L. Musset, « Une catégorie de paysans... », p. 473.

Les notices **A17** et **A154** font état des mêmes donations. Ribold de Martainville ou d'Omonville, témoin de cet acte, est mort entre 1101 et 1106 (voir **A149**). Le prix de la restitution aux moines de ces biens est contenu dans les cinq ans de service rachetés par les trois hommes de Boulleville.

Mortuo *Sturmit*, filio Turstini, ipse Turstinus dedit pro ejus anima unum hospitem plenarium in Turvilla et decimam Corbelli Montis et III homines in Bullivilla, quos de abbate tenebat, reddidit per crucem de cera super altare posita ; qui servitium suum apud eum usque ad V annos emerant. Testibus : Riboldo de Martinivilla et Male docto et Rainuardo cum multis aliis. Qui Turstinus fecit ut Rogerius, filius suus, ista et reliqua que dederat conjugs⁽ᵃ⁾ et super altare poneret ; quod et fecit.

(a) Sic *B, corr.* conjux.

A44

[1102-1124...], 1er janvier.

*Geoffroy de Tourville, fils d'Osberne, donne à l'abbaye Saint-Pierre de Préaux douze acres de terre situées au Réel afin que son nom, ceux de son père, de son frère et de sa mère soient inscrits dans le livre du chapitre de l'abbaye. Il reçoit du moine Sagalon quinze sous et trace son seing sous forme d'une croix dans le rouleau (*rotulus*) de l'abbaye.*

B. Cart. XIIIe siècle, fol. 109v, n° 324, sous la rubrique : « *De duodecim acris terre quas dedit ecclesie Pratelli apud* Reel *Godefridus de Torwilla* ». [Copie Delisle, Bibl. nat. de Fr., nouv. acq. lat. 1025, fol. 135-136, n° 324].

C. Cart. XVe siècle, fol. 70v, n° 228.

INDIQUÉ : A. Le Prévost, *Mémoires...*, t. III, p. 298. — Charpillon, Caresme, *Dictionnaire...*, t. I, p. 650. — D. Crouch, *The Beaumont...*, p. 219.

Le moine Sagalon, présent ici, l'est aussi dans d'autre notices, à l'époque de l'abbé Richard Ier, donc entre 1101 (30 août) et 1125. Geoffroy Ier de Tourville est mort vers 1124 (O. V., t., III, p. 459-460 ; D. Crouch, *The Beaumont...*, app. II, p. 218).

In die Circumcisionis[a] domini Jhesu Christi, venit Goisfredus de Turvilla, filius Osberni, et donavit sancto Petro et monachis ejus XII acras terre apud *Reel* pro se et ut scriberentur nomina patris sui et Sasfridi, fratris sui, atque sue matris in libro capituli. Posuitque super altare donationem ipsius terre coram conventu monachorum et laicis multis. Scripta sunt autem in libro nomina parentum suorum coram eodem Gosfredo[b] et XV solidos denariorum a Sawalo monacho pro eadem terra accepit et omnino eam vendidit et signum crucis propria manu in rotulo fecit. Testes ex ejus parte : Mathiel ; Herbertus ; Willemus et Herbertus, fratres, de Bosco Osberni. Testes sancti Petri : Acardus ; Galterius ; Rogerius, filius ejusdem Galterii ; Moyses ; Gislebertus, filius Osberni ; Radulfus, frater ejus, et alii multi.

(*Crux*) Signum Goisfredi. (*Crux*) Signum *Mathiel*. (*Crux*) Signum Willelmi et Herberti de Bosco Osberni. (*Crux*) Signum Herberti. (*Crux*) Signum Moyses.

(a) Circoncisionis *C*. — (b) *Sic B*.

A45

[1127-1146].

Emma et son fils R[obert] de Tourville confirment et renouvellent l'échange qu'Albert leur époux et père avait fait de son vivant avec l'abbé Richard : l'abbé avait donné à Albert une partie de la terre de l'Étang, contre une partie de celle de Selles, près de Campigny.

B. Cart. XIIIe siècle, fol. 109v, n° 325, sous la rubrique : « *De quodam escambio quod fecit Ricardus abbas et Albertus de Turwilla* ». [Copie Delisle, Bibl. nat. de Fr., nouv. acq. lat. 1025, fol. 136, n° 325].

C. Cart. XVe siècle, fol. 70v, n° 229.

Albert de Tourville, cité comme témoin dans une notice postérieure au 5 juin 1118 (voir **A22**) ; il atteste deux notices relatant le don fait en faveur de Saint-Léger de Préaux par Henri de Campigny et celui de Raoul de Faverolles entre 1118 et 1127 (Dumonstier, *Neustria Pia*, p. 525, XIV) ; il est devenu moine à l'abbaye de Reading en 1127 (D. Crouch, *The Beaumont...*, p. 218). Cette confirmation a dû avoir lieu peu après la mort de ce dernier, sous l'abbatiat de Richard II, avant 1146. L'abbé Richard procéda à des échanges de terres afin d'aménager l'étang et le moulin de Préaux : Raoul Efflanc céda une terre (**A20**), Albert de Tourville dut faire de même, ce qui situerait la terre de l'Estan dont il est question ici à Préaux. Robert de Tourville finit sa vie comme moine à Préaux en 1155 (voir **B9**).

Ricardus abbas et Albertus de Turvilla fecerunt quoddam concambium de quadam terra. Mortuo vero Alberto, Emma, uxor ejus, et R(obertus), filius Alberti, venerunt Pratellum et renovaverunt atque confirmaverunt concambium quod prius fuerat factum inter abbatem et Albertum. Terra que ab abbate data est Alberto in concambio fuit de terra *l'Estan* ; que vero ab Alberto abbati, quedam pars Sellis^(a), quedam vero pars apud Campiniacum est. Testes abbatis : Radulfus *Efflanc* ; Willelmus *Malet* ; Osbernus Diabolus ; Willelmus de Alba Via et multi alii.

(a) *Sic BC pour* in Sellis.

A46

1104 ou 1123, 30 novembre.

Richard engage à l'abbaye Saint-Pierre de Préaux, pour une durée de dix ans, toute la terre qu'il avait reçue en héritage de son oncle Guillaume Rohier

(Roherius) contre huit sous esterlins que lui a remis Garin, moine d'Angleterre : si Richard meurt pendant cette période, elle appartiendra à l'abbaye en aumône pour le salut de son âme et de celles de ses ancêtres ; si, toujours en vie, il ne revient pas en reprendre possession, les moines en jouiront pour le même prix jusqu'à son retour et, lorsqu'il reviendra, au lieu de huit sous esterlins il rendra aux moines les vingt sous de roumois qui grevaient cette terre quand il en a hérité.

B. Cart. XIIIe siècle, fol. 109v, n° 326, sous la rubrique : « *Quomodo Ricardus tradidit monachis de Pratellis totam terram suam in vadimonio usque ad decem annos pro octo solidis de* Esterlins ». [Copie Delisle, Bibl. nat. de Fr., nouv. acq. lat. 1025, fol. 136-137, n° 326].

C. Cart. XVe siècle, fol. 71, n° 230.

a. R. Génestal, *Le rôle des monastères...*, p. 223, p. j. n° XII.

INDIQUÉ : L. Delisle, nouv. acq. fr. 21831, fol. 479. — Id., *Des revenus...*, 1re part., p. 190, n. 2. — H. Round, *Calendar...*, p. 111, n° 327. — R. Genestal, *Le rôle des monastères...*, p. 13, n. 2 ; p. 29, n. 1 ; p. 64. — L. Musset, *Comment on vivait...*, p. 12. — E. Z. Tabuteau, *Transfers of property...*, p. 136, n. 161 et p. 82, n. 296, doc. 295.

L'interprétation que R. Génestal a proposée de cette notice est assez compliquée : en faisant de Garin un moine anglais d'un autre monastère que celui de Préaux, il suppose une opération d'échange de gage entre l'abbaye de Préaux et un autre monastère qui l'aurait reçu antérieurement. La réalité semble plus simple : Guillaume *Roherius*, oncle de Richard, avait engagé sa terre une première fois au profit des moines de Préaux contre vingt sous de roumois. À sa mort, son neveu et héritier Richard renouvelle l'opération au profit des mêmes moines de Préaux : le moine Garin qui lui remet la somme d'argent est sans doute un religieux résidant dans l'un des prieurés anglais de Préaux. La somme remise à Richard est constituée de sous esterlins, ce qui est logique, étant donné que Richard s'apprête visiblement à partir pour l'Angleterre, d'où l'éventualité de son absence au terme du contrat. Les moines de Préaux ont finalement conservé dans leur patrimoine cette terre qui est citée vers 1152-1153 sous le nom de fief *Roherii*, situé au Hamel (voir **A51**). Il portait au XIXe siècle le nom de Rouillerie ou de Riourie actuellement. Selon les indications précises données par cet acte, les dates possibles de l'engagement de ce fief sont : 1085, 1104, 1123, ou 1142. Les dates les plus plausibles sont 1104 et 1123 ; en effet, Guillaume Mauduit et son fils Turstin apparaissent ici conjointement comme témoins : Guillaume n'apparaît plus après 1120 dans les listes de témoins, contrairement à son fils (sur cette lignée, voir **A14**).

Quidam juvenis, Ricardus nomine, recuperata hereditate Willelmi Roherii, avunculi sui, misit eandem terram totam in vadimonio sancto Petro atque monachis ejus usque ad X annos pro octo solidis de *esterlins* quos liberavit ei Garinus monachus de Anglia. Idem autem Ricardus, accepto ramusculo rose et quodam cultello, astante conventu monachorum, misit eam super altare sancti

Petri dicens : « Per hunc ramum atque cultellum dono hanc totam terram beato Petro et monachis ejus jure elemosine pro animabus parentum meorum, de quibus mihi hec hereditas accidit, atque pro mea anima absque reclamatione parentum meorum, si moriar intra terminum horum decem annorum. Si vero, finito hoc termino, adhuc vivens, non rediero, predicta terra eodem precio in vadimonio remanebit, donec redeam, cumque rediero, mihi perdonatis illis octo solidis de *esterlins*, XX^{ti} solidos de romeisinis reddam monachis, qui super eam jacebant, quando eam terram recepi. Hac de causa fraternitatem monachorum recepi ». Testes Sancti Petri : *Sturmit* de Sellis ; Aitardus, sartor ; Willelmus Male doctus ; Tustinus, filius ejus ; Ricardus filius Bucce brune ; Radulfus filius *Bursart*. Testes ejus : Goscelinus, privignus ejus ; Radulfus, presbiter ; Goscelinus, filius Odonis famuli. Hec conventio facta est in die festi beati Andree apostoli, III° anno decemnovenali, epacta XX^{ma} II, claves terminorum XXX^a IIII^{or}.

A47

[1102-1120], mercredi des Cendres.

Richard, prévôt du Hamel, renonce aux prétentions qu'il avait émises sur une terre dominant la forêt, près du calvaire ; son fils Herbert a donné son accord. Richard reçoit en échange vingt sous.

B. Cart. XIIIe siècle, fol. 110, n° 327, sous la rubrique : « *Quomodo abbas Ricardus dedit viginti solidos Ricardo preposito de* Hamel *pro terra quam calumniabat* ». [Copie Delisle, Bibl. nat. de Fr., nouv. acq. lat. 1025, fol. 138, n° 327].

C. Cart. XVe siècle, fol. 71, n° 231.

Le fils de Richard du Hamel, Herbert du Hamel ou Herbert Baolt, est cité comme témoin d'un acte daté de 1120 avec le titre de prévôt, il avait donc déjà succédé à son père vraisemblablement mort à cette date (voir **A86**, **A125**). Herbert « Baout » est aussi témoin d'une donation pour Saint-Léger de Préaux (A. Dumonstier, *Neustria Pia*, p. 524). Il existe encore aujourd'hui, situé entre le Gand-Hamel et le Bosc-Hamel, dans l'actuelle commune d'Épaignes, un calvaire nommé le Calvaire Saint-Laurent.

In die Cineris venit Ricardus, prepositus, de Hamelo$^{(a)}$ Pratellum et terram super forestam justa$^{(b)}$ crucem, quam ipse calumniaverat, coram abbate Ricardo et omni capitulo, filio suo Herberto concedente, clamavit quietam perpetue. Pro qua re idem abbas dedit ei XX^{ti} solidos.

(a) Hamello C. — (b) *Sic B, corrigé dans C en* juxta.

A48

[1102-1120], mercredi des Cendres.

Robert, gendre de Costa, vend pour vingt sous à l'abbaye Saint-Pierre de Préaux une acre de terre qu'il avait reçue de sa femme, pour vingt sous. Il renonce en outre aux prétentions qu'il avait eues sur certaines terres de l'abbaye après avoir reçu trois sous.

B. Cart. XIIIe siècle, fol. 110, n° 327 bis, sous la rubrique : « *Quomodo Robertus, gener Coste, accepit ab abbate Ricardo XX solidos pro quodam agro terre* ». [Copie Delisle, Bibl. nat. de Fr., nouv. acq. lat. 1025, fol. 138, n° 327].

C. Cart. XVe siècle, fol. 71, n° 232.

Sur la datation, voir l'acte précédent.

In eadem vero die, Robertus, gener Coste, vendidit abbati unum agrum terre quod acceperat cum uxore sua XX^{ti} solidos et quicquid terrarum super monachos calumniaverat quietum perpetuo$^{(a)}$ clamavit, acceptis inde III^{bus} solidis.

(a) *Sic BC, pour* in perpetuo.

A49

[1102-1120], mercredi des Cendres.

Hugues Roussel vend à l'abbaye Saint-Pierre de Préaux une acre de terre pour dix sous. Cette terre et les deux précédentes jouxtent la Couture de la croix [du Hamel].

B. Cart. XIIIe siècle, fol. 110v, n° 327ter, sous la rubrique : « *Quomodo Hugo Russel vendidit Ricardo abbati unum agrum terre pro X solidis* ». [Copie Delisle, Bibl. nat. de Fr., nouv. acq. lat. 1025, fol. 138, n° 327].

C. Cart. XVe siècle, fol. 71, n° 233.

Sur la datation, voir A47.

Eodem autem die, Hugo *Russel* unum agrum terre memorato abbati vendidit decem solidis. He terre conjuncte sunt simul juxta Culturam crucis.

A50

[1102-1120], mercredi des Cendres.

Bérenger, fils de Bafart, confirme le don de son père, après avoir reçu de l'abbé Richard la terre de Guy située près de celles du Hamel, en échange de celle, située près de la couture du moulin de Selles, que son père avait donnée à l'abbaye pour s'acquitter des redevances qu'il devait. Bérenger, en outre, renonce à ses prétentions concernant la terre que Brochebœuf cultivait.

B. Cart. XIIIe siècle, fol. 110v, n° 327 quart, sous la rubrique : « *Quomodo Berengerius filius* Baffart *guerpivit omnem calumpniam cujudam terre* ». [Copie Delisle, Bibl. nat. de Fr., nouv. acq. lat. 1025, fol. 138-139, n° 327].

C. Cart. XVe siècle, fol. 7, n° 233.

La présence parmi les témoins de Guillaume, fils d'Osmond *Camerarius*, permet sans doute de situer cet acte vers 1118-1120 : Guillaume apparaît seul à partir de cette période, après la mort de son père (voir **A71**, **A160**). Raoul d'Épaignes est attesté plusieurs fois entre 1106 et 1125 (voir **A13**, **A21**, **A69**), ce qui confirme la datation induite par les actes précédents (**A47**, **A48**, **A49**).

In hac siquidem die, Berengerius filius *Bafart*, recepta ab abbate Ricardo terra cujusdam Widonis juxta terras de Hamelo[a] pro terra quam pater ejus donaverat predicto abbati pro servitio sue terre, confirmavit concedendo donum quod fecerat pater suus. Et hec terra est juxta culturam molendini Sellarum. Hic certe Berengerius tunc guerpivit omnem calumniam[b] cujusdam partis quam *Brochebuef* colebat. Harum rerum testes abbatis : Mathiel de Martinivilla ; Henricus de Hispania et frater ejus Radulfus ; Saffridus *Franchet* ; Radulfus Vis de cane ; Willemus, filius Osmundi Camerarii ; Radulfus Cocus ; Herbertus puer, filius Rainaldi ; *Esturmit* de Sellis ; Goisfredus, molendinarius Sellarum. Testes eorum : Tustinus de Hamelo ; Robertus, filius ejus ; Saffridus *Haslé* ; Saffridus de Fossa ; Rogerius *le Romme*.

(a) Hamello *C*. — (b) calumpniam *C*.

A51

[1152, 21 décembre-1153…].

Bérenger, fils de Roger Haslé, confirme à l'abbaye Saint-Pierre de Préaux la donation faite aux moines de Selles par sa sœur et son beau-frère Goscelin

Tortel : à savoir la moitié du fief Rohier (La Riourie), soit une acre et demie que Roger avait donnée en dot à sa fille. Bérenger vend aux moines l'autre moitié du fief contre quatorze sous chartrains, droit de relief compris, et restitue en outre à l'abbaye une demie acre de terre que son père avait injustement tenue.

B. Cart. XIIIe siècle, fol. 110v, n° 328, sous la rubrique : « *Quomodo Goscelinus de Tortel et uxor ejus vendiderunt monachis de Sellis tres acras terre de feodo Rohir* ». [Copie Delisle, Bibl. nat. de Fr., nouv. acq. lat. 1025, fol. 139, n° 328].

C. Cart. XVe siècle, fol. 7, n° 2.

Cette notice est une version complémentaire et abrégée de la notice **A55** : la vente faite par Bérenger a eu lieu sous l'abbatiat de Michel. La présence parmi les témoins de Guillaume Trihan rend peu probable une datation postérieure à 1153, date à laquelle le fils de Guillaume, Eudes, apparaît alors seul dans les actes de Préaux (voir **B7**). Le fief *Roherius* dont il est ici question est celui que Guillaume Rohier, puis son neveu Richard, engagea au tout début du XIIe siècle auprès des moines de Préaux (voir **A46**). On peut l'identifier au lieu-dit La Riourie qui jouxte, dans la commune de Selles, le Grand-Hamel ; A. Canel appelle ce lieu-dit La Rouillerie (*op. cit.*, t. I, p. 342).

Rogerius *Haslé* tenuit tres acras terre de feodo Roherii et medietatem ejusdem terre dedit ad maritandam filiam suam quam vir ejusdem femine, scilicet Goscelinus de *Tortel*^(a), et ipsa eadem vendiderunt monachis de Sellis.

Post multum vero temporis, Berengerius, filius predicti Rogerii *Haslé*, eandem venditionem concessit et quod residuum^(b) erat ejusdem terre quatuordecim solidos carnotensium cum relevamine suo penitus vendidit. Cum hac etiam ipse Berengerius reddidit sancto Petro dimidiam acram terre pro absolutione anime patris sui, quam idem pater ejus de dominio sancti Petri injuste tenuerat. Ex parte ejusdem testis fuit : Willelmus *Haslé*. Ex parte abbatis : Willelmus *Trihan* ; Adam *Malparti* ; Robertus *Cailloel*.

(a) Tourtel C. — (b) residuam B, *corrigé dans* C.

A52

[...1153-1158...].

Herluin, fils de Raoul Cocus, vend à l'abbaye Saint-Pierre de Préaux trois acres d'une terre située à Selles avec toutes ses dépendances, pour cinquante sous de roumois ; ses frères Guillaume et Guillaume ont donné leur accord.

B. Cart. XIIIe siècle, fol. 111, n° 329, sous la rubrique : « *Quomodo Herluinus, filius Radulfi Coci, vendidit tres acras terre, assensu fratrum suorum apud Sellas* ». [Copie Delisle, Bibl. nat. de Fr., nouv. acq. lat. 1025, fol. 140, n° 329].

C. Cart. XVe siècle, fol. 7, n° 2.

Cette donation intervient après la mort de Raoul *Cocus*, puisque celui-ci ne figure pas parmi les témoins. Eudes Trihan, témoin de cet acte, apparaît pour la première fois aux côtés de son père Guillaume avant 1146 (**A113**), puis seul partir de 1153 (voir **B7**). Turstin *Male doctus*, autre témoin, est attesté pour les premières fois entre 1101 et 1125 ; il est cité entre 1118 et 1120 (**A97**), en 1120 (**A31**), il disparaît après 1158 (**A94**).

Herluinus, filius Radulfi Coci, vendidit tres acras terre que habebat in Sellis cum omnibus ad eandem terram pertinentibus, audientibus et concedentibus fratribus suis, et accepit pro hac venditione quinquaginta solidos romeisinorum. Ut autem venditio ista permaneret firma et stabilis, vocati fuerunt ad audiendum et testimonium portandum : Radulfus, miles de Fraxinoso ; Willelmus et Willelmus, fratres ejusdem Herluini ; Willelmus, vinitor ; Radulfus *Bursart* ; Odo *Trihan* ; Willelmus Lepus ; Tustinus Male doctus ; Radulfus, filius Euvrardi de Tustinivilla. Qui omnes sunt nostri testes. Hec posuit Herluinus super altare et fecit signum crucis in testimonium veritatis.

A53

[…1153-1158…].

Guillaume, fils de Raoul Cocus, *vend à l'abbaye Saint-Pierre de Préaux deux acres de terre situées à Selles, avec l'accord de ses frères Guillaume, Herluin et Hugues. Il reçoit en échange dix-huit sous.*

B. Cart. XIIIe siècle, fol. 111, n° 330, sous la rubrique : « *Quomodo Willelmus, filius Radulfi Coci, vendidit duas acras terre apud Sellas pro decem et octo solidis* ». [Copie Delisle, Bibl. nat. de Fr., nouv. acq. lat. 1025, fol. 140, n° 330].

C. Cart. XVe siècle, fol. 7, n° 2.

Sur la datation de cette notice, voir **A52**, acte contemporain de celui-ci.

Willelmus[a], filius Radulfi Coci, vendidit Sancto Petro de Pratellis duas acras terre sitas in villa de Sellis et habuit propter eas decem et octo solidos denariorum, concedentibus hanc venditionem fratribus suis, Willelmo et Herluino et Hugone, et aliis amicis eorum. Posuerunt etiam super altare sancti Petri et fecit quisque signum sui in testimonium. Viderunt hec et audierunt : Tustinus Male doctus ; *Cabanin* ; Willelmus, vinitor ; Ricardus, rusticus. Qui omnes sunt nostri testes.

(a) Guillelmus *C*.

A54

[1102-1120…], dimanche des Rameaux.

Osmond Cubicularius, son fils Guillaume et sa mère Havoise donnent à l'abbaye Saint-Pierre de Préaux deux acres de terre, situées près du bois de Selles, et une troisième, que tenait Osberne Trossel, située près de l'étang de l'abbesse [de Saint-Léger]. En échange, l'abbé leur accorde le bénéfice de l'abbaye et leur pain quotidien, dont Guillaume continuera à bénéficier sa vie durant.

B. Cart. XIIIe siècle, fol. 111v, n° 331, sous la rubrique : « *De qua causa abbas Ricardus dedit Osmondo Cubicularrio et Willelmo, filio ejus, et matri ejus beneficium ecclesie nostre et panem tam ei quam filio Willelmo in vita sua* ». [Copie Delisle, Bibl. nat. de Fr., nouv. acq. lat. 1025, fol. 140-141, n° 331].
C. Cart. XVe siècle, fol. 72, n° 238.

C'est vraisemblablement poussé par le besoin qu'Osmond, à la fin de sa vie, procède à cette donation : deux de ses fils sont prêtres et donc hors de besoin (voir **A88**) ; il assure alors la susbsistance de son troisième fils Guillaume que l'on retrouve plusieurs fois sans son père, certainement décédé, comme témoin de Préaux sous l'abbé Richard Ier, notamment entre 1118 et 1120 (**A31**, **A71**, **A160**). Guillaume Mauduit, témoin de cet acte disparaît peu après 1120, et se trouve alors remplacé comme témoin des moines par son fils Turstin (voir **A15**, **A31**, **A73**, **A103**). La rubrique nous indique que ce don eut lieu sous l'abbé Richard. Les Bois de Selles sont un lieu-dit situé au nord du Manoir de Selles.

In dominico die, Ramis^(a) palmarum, dedit Osmundus^(b) Cubicularius et Willelmus, filius ejus, et Hatvidis, mater ejus, Sancto Petro Pratelli duos agros terre qui sunt juxta silvam de Sellis et alium agrum juxta stagnum abbatisse quem tenebat Osbernus *Trossel*. Hac de causa dedit eis abbas beneficium ecclesie et panem tam ei quam filio suo Willelmo in vita sua. Ex parte monachorum affuerunt testes : Radulfus de Hyspania^(c) ; Willelmus Male doctus ; Robertus Cocus ; Heldulfus de Ponte.

(a) Sic *BC*. — (b) Osmondus *C*. — (c) Hispania *C*.

A55

[1152, 21 décembre-1153].

Goscelin [de Tortel], gendre de Roger Haslé, vend sa part de la terre des Fosses-Tolles à Roger de Saint-Wandrille, moine de Préaux, pour dix sous chartrains et Bérenger, fils de Roger Haslé, la sienne, à Goscelin, moine de Vannecrocq, pour douze sous chartrains. En outre, celui-ci renonce à une demie acre de terre qu'il tenait injustement, sise au verger de son père, terre où se trouvait la maison de celui-ci. De même, Érenger le Graverenc et son neveu Turstin renoncent à sept acres jouxtant cette terre, et reçoivent de l'abbé Michel vingt sous, soit dix chacun.

B. Cart. XIIIe siècle, fol. 111v, n° 332, sous la rubrique : « *Quomodo Goscelinnus, gener Rogerii* Haslé, *vendidit quamdam terram Rogerio Sancti Wandregisili, monacho Pratelli* ». [Copie Delisle, Bibl. nat. de Fr., nouv. acq. lat. 1025, fol. 141-142, n° 332].

C. Cart. XVe siècle, fol. 72v, n° 239.

Sur la datation, voir ci-dessus l'autre version de cette notice (**A51**). Les Fosses-Tolles sont situées à Selles au nord du Hamel.

Goscelinus, gener Rogerii *Haslé*, habuit quamdam terram apud Fossas *Tole* quam vendidit Rogerio Sancti Wandregisili, monacho Pratelli, decem solidos. Residuum autem illius terre, que pertinebat ad Berengarium, filium Rogerii *Haslé*, vendidit ipse Berengarius Goscelino monacho de *Wanescrot* et habuit pro ea XII solidos carnotum$^{(a)}$. Pro ipsis etiam denariis clamavit quittam dimidiam acram terre que erat apud virgultum Rogerii *Haslé* in qua domus ejusdem Rogerii, patris scilicet sui, fuerat, quam etiam injuste tenuerat. Testes ex parte monachorum : Tustinus Male doctus ; Rogerius de Coquina ; Godefridus, Hunfridus, Ricardus, filii Rogerii Inbulgeboni ; Teodericus$^{(b)}$, lavendarius, et Rogerius et Willelmus *Clarel*, filii ejusdem Theoderici. Ex parte vero Berengerii : Robertus *Haslé* et Willelmus, frater ejus.

Juxta vero eandem terram Erengerius *le Graverenc* et Tustinus, nepos ejus, tenuerant VII^{tem} acras terre, et hoc injuste. Et, quia eandem terram clamaverunt quittam, Michael, abbas Pratelli, dedit eisdem XX solidos cartonum$^{(a)}$, unicuique scilicet singulatim X solidos. Testes ex parte abbatis : Hunfridus *Cauvin* ; Herbertus de Maris ; Radulfus *Cailloel* et filius ejus. Ex parte ipsorum : Hugo de Sancta Maria ; Robertus fiius Geroldi ; Noel ; Willelmus *Columbel* de Hispania ; Robertus, filius Herberti parmentarii.

(a) *Sic BC, pour* carnotensium. — (b) Theodericus *C*.

A56

[Vers 1150].

*Gautier, chevalier, frère de Guillaume de Bauquay, donne à l'abbaye Saint-Pierre de Préaux, avec l'accord de son épouse et de son fils, deux tiers (*duas garbas*) de la dîme de sa terre de Siglas, pour l'entretien du luminaire devant le crucifix [de l'abbatiale]. Tous trois ont été reçu dans la société des moines.*

B. Cart. XIIIe siècle, fol. 112, n° 333, sous la rubrique : « *De duabus garbis decime de omni terra Willelmi de Bacceio* ». [Copie Delisle, Bibl. nat. de Fr., nouv. acq. lat. 1025, fol. 142, n° 333].

C. Cart. XVe siècle, fol. 72v, n° 240.

Bacceium peut être Bauquay, dans le Calvados, cant. Aunay-sur-Odon, ou Baucher, un hameau de Saint-Pierre-du-Châtel. Siglas se situe au sud-est du bourg de Saint-Symphorien ; il existe aussi une ferme de Siglas au nord-est du Réel à Campigny.

Valterius[a] miles, frater Willelmi de Bacceio, dedit Sancto Petro Pratelli, concedente uxore sua et filio suo, duas garbas decime de omni terra sua quam habet in *Seiglaz*[b] ad luminaria ante crucifixum receptique in societatem fratrum[c]. Testes hujus rei sunt : Rogerius de Asprevilla ; Willelmus de Bervilla ; Henricus Hyspanie[d] ; Radulfus frater Galterii.

(a) Galterius *C.* — (b) Seiglas *C.* — (c) *Sic BC, sous-entendre* sunt. — (d) Hispanie *C.*

A57

Anfroi, abbé, concède à Gilbert et Geoffroy, fils de Turulfe, des biens à Tourville et Campigny. — Autre copie de la notice A40.

B. Cart. XIIIe siècle, fol. 112, n° 334. En rubrique : « *Quomodo Anfridus abbas tradidit sine assensu et consilio monachorum Giliberto et Gaufrido tenendum in perpetuum quicquid habebamus in Turwilla et Campiniaco ex dono Anschitilli, filii Turulfi, patris eorum* ». Entre la rubrique et la notice le moine copiste de C a ajouté : « *Karta ista perante scripta est et ideo non rescribatur* » [Mention Delisle, Bibl. nat. de Fr., nouv. acq. lat. 1025, fol. 142, n° 334].

A58

[1066-1087].

Anquetil, fils de Saffroi de Campigny, donne à l'abbaye Saint-Pierre de Préaux la terre d'un hôte nommé Jean du Buisson, située à Tourville. Il fait ce don pour l'âme de son fils Roger, enterré à l'abbaye.

B. Cart. XIIIe siècle, fol. 112, n° 335, sous la rubrique : « *Ex dono Anschetilli, filii Saffridi, in Turwilla, terram unius*^(a) *hospitis plenarii possidemus* ». [Copie Delisle, Bibl. nat. de Fr., nouv. acq. lat. 1025, fol. 142, n° 335].

C. Cart. XVe siècle, fol. 72v-73, n° 241.

INDIQUÉ : Charpillon, Caresme, *Dictionnaire*..., t. I, p. 645. — L. Musset, *Comment on vivait*..., p. 7. — V. Gazeau, *Le temporel*..., p. 251.

Regnante Willelmo, Normannorum principe et Anglorum rege, Anschetillus, Saffridi Campiniaci filius, dedit Sancto Petro Pratelli in Turvilla terram unius hospitis plenarii, nomine Johannis *del Buissun*, pro redemptione anime filii sui, Rogerii ibidem tumulati, [...]^(b).

(a) uniuns *B, corrigé dans C.* — (b) *BC interrompent leur transcription ici précisant* et cetera, sicut supra.

A59

[1066-1094, 29 novembre].

Geoffroy [Ier], fils d'Osberne de Tourville, confirme, avec l'accord de Roger de Beaumont et de ses fils Robert et Henri, les dons faits à l'abbaye Saint-Pierre de Préaux par son père Osberne, fils de Duveline : ce dernier avait donné la dîme et la moute d'un vavasseur nommé Rainaud, du consentement de Roger de Beaumont et de ses fils.

B. Cart. XIIIe siècle, fol. 112v, n° 336, sous la rubrique : « *Ex dono Osberni de Turwilla decimam et molturam cujusdam wawassoris* ». [Copie Delisle, Bibl. nat. de Fr., nouv. acq. lat. 1025, fol. 142-143, n° 336].

C. Cart. XVe siècle, fol. 73, n° 242.

INDIQUÉ : V. Gazeau, *Le temporel*..., p. 251. — D. Crouch, *The Beaumont*..., p. 116 et p. 218.

Geoffroy Ier de Tourville, fils d'Osberne de Tourville est mort vers 1124 après avoir eu les yeux crevés sur l'ordre du roi Henri Ier (voir O. V., t. IV, p. 359). Son père, fils de Duveline, est attesté vers 1050 (D. Bates, *Regesta*, n° 217, p. 694), mais est mort avant le 29 novembre 1094, date du décès de Roger de Beaumont qui préside à la confirmation relatée dans cette notice ; une autre version de cet acte est transcrite dans le cartulaire (voir **A39**).

Eodem[(a)] iterum principe regnante, Osbernus de Turvilla, filius Duveline, dedit Sancto Petro de Pratellis decimam et molturam cujus sui vavasoris, nomine Rainaldi, pro anima patris sui et matris sue, teste[(b)] Heleboldo, fratre suo, et Roberto, dapifero, et Gisleberto, filio Audomeri. Testes Sancti Petri : Gislebertus *Chiderun* ; Robertus, portarius.

Mortuo vero predicto Osberno, Gaufridus, filius ejus, concessit et confirmavit donum patris sui signo crucis et posuit super altare per unum candelabrum, teste[(c)] Walterio, granceario ; Moyse ; Burnulfo, bubulco. Hec dona duo predicta, assistente et concedente Rogerio Belli Montis cum filiis suis, Roberto et Henrico, firmata sunt.

(a) eodem *suivi de* tempore *biffé dans B*. — (b) *Sic BC*. — (c) *Sic BC*.

A60

[1118-1120…].

Raoul Efflanc confirme à l'abbaye Saint-Pierre de Préaux, le jour de l'enterrement de son père, tous les dons que celui-ci et ses ancêtres ont faits aux moines. Il ajoute pour l'âme de son père dix acres de terre situées au Réel.

B. Cart. XIIIe siècle, fol. 112v, n° 337, sous la rubrique : « *Concessio Radulfi* Efflanc *super donis que pater suus fecit ecclesie Pratelli et antecessores ejus. Item ex dono predicti Radulfi pro anima patris sui X agros terre apud* Le Reel ». [Copie Delisle, Bibl. nat. de Fr., nouv. acq. lat. 1025, fol. 143, n° 337].

C. Cart. XVe siècle, fol. 73, n° 243.

Raoul Efflanc apparaît dans le cartulaire de Préaux à partir des années 1118-1120 (voir **A71**) ; il pourrait être un fils cadet de Turstin Efflanc qui fit de nombreux dons à Préaux, quoiqu'il n'apparaisse pas à ses côtés dans la confirmation des dons de la famille Efflanc (voir ci-dessus **A17**) ; Guillaume, fils d'Osmond, est attesté à la même époque (**A71**, **A160**). L'acte **B188** confirme aux moines de Préaux le fief de Réel ; Richard de Tourville y renonce en outre à deux bottes que les moines lui devaient chaque année, rente qui n'apparaît pas ici.

Radulfus *Efflanc*, in die qua sepultus est pater ejus, omnia que predecessores ejus sancto Petro contulerant ipse, astantibus monachis et multis laicis, coram altari confirmando concessit. Et insuper pro anima patris suis predecessorumque ejus decem agros terre Sancto Petro dedit in illo loco qui *Reel* vocatur et super altare misit. Testes Sancti Petri : Willelmus, filius *Ansgot* ; Walterius *Moisant* ; Ricardus, filius Hatvidis ; Willelmus, filius *Cavelier*. Testes Radulfi : Hugo Paganus ; Philippus[(a)] de Turvilla ; Rogerius *Harenc* ; Johannes de Alneto.

(a) Philipus *C*.

A61

[1100-1150].

Anquetil, fils d'Érenger bouvier de Campigny, vend à l'abbaye Saint-Pierre de Préaux toute la terre qu'il avait au Réel pour vingt sous et la donne en aumône.

B. Cart. XIIIe siècle, fol. 113, n° 338, sous la rubrique : « *Ex dono Anschetilli, filii*[(a)] *Erengerii bubulci, quicquid terre habebat apud* Reel, *et pro hoc dono accepit XX solidos* » [Copie Delisle, Bibl. nat. de Fr., nouv. acq. lat. 1025, fol. 143-144, n° 338].

C. Cart. XVe siècle, fol. 73, n° 244.

Érenger, bouvier, est cité parmi les hommes dont d'Hugues d'Avesnes, vassal de l'abbé (**A10**), engage les terres auprès de l'abbé Guillaume Ier (**A92**). Hervé, deuxième fils d'Érenger régulièrement cité dans les actes de Préaux, est mort après 1136 (voir **A38**, **A146**).

Anschetillus, filius Erengerii bubulci de Campiniaco, vendidit viginti solidos et in elemosinam dedit Sancto Petro de Pratellis et monachis ejus quicquid terre habebat in *Reel* et posuit super altare per unum cultellum, teste fratre suo Herveo. Testes Sancti Petri : Radulfus *Efflanc* ; Willelmus, filius Ansgoti ; Radulfus, filius Engirranni ; Godardus, pistor ; Osmundus, filius Erenburgis ; Radulfus, maritus Erenburgis[(b)].

(a) *Les quatre premiers mots à l'encre verte*, B. — (b) *La fin de la liste, de* Willelmus filius Ansgoti *à* maritus Erenburgis *est remplacée dans C par* Willelmus filius Eremburgis, Radulfus maritus Eremburgis.

A62

[1136-1146].

Geoffroy de Campigny échange, à la prière de l'abbé Richard, une terre située le long de l'enclos de la bergerie de l'abbaye contre une autre terre ; ses frères Guillaume et Raoul ont donné leur accord. Le moine Roger du Mont-Pinchon donne en outre à Geoffroy vingt sous, sous les yeux d'Achard, de Gautier et d'Henri de Campigny, garant de cet échange pour les deux parties contractantes.

B. Cart. XIII*e* siècle, fol. 113, n° 339, sous la rubrique : « *De escambio quod fecit Gaufridus de Campiniaco Ricardo abbati et conventui de Pratellis* » [Copie Delisle, Bibl. nat. de Fr., nouv. acq. lat. 1025, fol. 144, n° 339].

C. Cart. XV*e* siècle, fol. 73v, n° 245.

Sur la datation, voir **A41**. Henri de Campigny est par ailleurs connu pour avoir fait entrer sa fille au monastère de Saint-Léger de Préaux sous l'abbatiat d'Elisabeth, entre 1118 et 1127, puisqu'Albert de Tourville en fut témoin avec le clerc d'Henri nommé Guillaume (A. Dumonstier, *Neustria Pia*, p. 525, XIV).

Ricardus, abbas Pratelli, precatus est Gaufridum de Campiniaco ut daret ei unam terram in concambio, que erat prope nostras caulas ovium nostrarum ; quod et fecit libenter, concedentibus Willelmo et Radulfo fratribus suis, recepitque terram pro terra. Viginti etiam solidos abbas donavit eidem Gaufrido quos Rogerius, monachus, de Monte Pincini[a] liberavit, vidente Arcado[b] et Walterio atque Henrico de Campiniaco, qui fuit plegius utrinque tenendi istius concambii. Testes Sancti Petri : Balduinus ; Galterius ; Acardus[c] ; Robertus, filius Marie. Testes ejus : Ricardus, avunculus ejus ; Willelmus et Radulfus, fratres ejus.

(a) *Sic BC*. — (b) Acardo *C*. — (c) Acardus *C*.

A63

[1101, 30 août-1146].

Eudes fils de Bernucus, Aubrée, son épouse, et Geoffroy, leur fils, donnent à l'abbaye Saint-Pierre de Préaux, pour leur âme et celles de leurs parents, la terre que tenait Arnoul en bordage. L'abbé Richard leur donne en échange un setier de grain ; Geoffroy reçoit une petite cotte. Osberne, neveu d'Eudes, est témoin de cette donation.

B. Cart. XIIIe siècle, fol. 113, n° 340, sous la rubrique : « *De terra quam Odo, filius Bernuci, et Alberada, uxor ejus, et Goisfredus, eorum filius, dederunt pro animabus suis monachis de Pratellis* ». [Copie Delisle, Bibl. nat. de Fr., nouv. acq. lat. 1025, fol. 144-145, n° 340].

C. Cart. XVe siècle, fol. 73v, n° 246.

La datation de ce don est déterminée par la mention de l'abbé Richard I ou II. Eudes et son fils sont témoins de la vente d'une terre par Raoul Harpin entre 1136 et 1146 (voir **A34**).

Odo filius Bernuci et Alberada[(a)], uxor ejus, et filius eorum Goiffredus dederunt Sancto Petro Pratelli terram suam quam tenebat Ernulfus in burdario pro animabus suis et parentum suorum, teste Osberno, nepote suo. Pro hac re donavit eis Ricardus abbas unum sextarium annone, et filio eorum Goiffredo unam cotellam. Testes abbatis : Adam *Becceth* ; Radulfus *Bursart* ; Willelmus, prepositus ; Radulfus, filius Osberni *Mal a* ; Hugo, faber de Ponte Audomari.

(a) Albereda *C.* — (b) *Sic BC.*

A64

1091.

Geoffroy et Roger, deux chevaliers, fils de Gilbert, donnent à l'abbaye Saint-Pierre de Préaux une acre de terre sise en leur domaine de Campigny, pour l'âme de leur frère Robert Belet, récemment tué à Évreux. Ils ajoutent sept autres acres que leur père avait depuis longtemps engagé aux moines contre cinquante sous de roumois.

B. Cart. XIIIe siècle, fol. 113v, n° 341, sous la rubrique : « *Ex dono Gaufridi et Rogerii pro anima Roberti* Beleit *primum unum agrum postea VII, apud Campiniacum* ». [Copie Delisle, Bibl. nat. de Fr., nouv. acq. lat. 1025, fol. 145-146, n° 341].

C. Cart. XVe siècle, fol. 73v, n° 247.

INDIQUÉ : L. Delisle, *Des revenus...*, 1re part., p. 179, n. 5. — A. Le Prévost, *Mémoires...*, t. I, p. 462. — Charpillon, Caresme, *Dictionnaire...*, t. I, p. 645. — H. Round, *Calendar...*, p. 110, n° 322. — L. Musset, *Comment on vivait...*, p. 6. — V. Gazeau, *Le temporel...*, p. 252.

Henri Ier fut assiégé au Mont-Saint-Michel par ses frères Guillaume II, roi d'Angleterre, et Robert Courteheuse pendant tout le Carême 1091 (du 26 février au 13 avril 1091) selon Florent de Worcester (éd. Thorpe, t. II, p. 27). La réconciliation entre les frères intervint avant l'été (David, *Robert Curthose...* p. 62-64-65). Gilbert

Belet, père de Geoffroy, de Roger et de Robert, apparemment déjà mort en 1091, figure comme « fidèle du duc » parmi les témoins d'un acte de Robert Courteheuse en faveur de l'abbaye de Fécamp entre 1089 et 1091 (Haskins, *Norman institutions*, p. 289). Un Guillaume Belet est également cité dans le Domesday book (D. B., t. I, fol. 48v).

Anno quo Willelmus Rufus, rex Anglorum, et Robertus, comes Normannorum, obsederunt suum fratrem Henricum in Monte Sancti Michaelis, duo fratres, scilicet Gaufridus[a] et Rogerius, filii Gisleberti, venerunt in capitulum monachorum Pratellensium et pro anima Roberti *Beleth*, fratris eorum recenter interfecti apud Ebroicas, et pro animabus suorum parentum per unum cutellum portantes atque ponentes super altare sancti Petri, astante omni conventu et multis laicis, dederunt perpetualiter sancto Petro et monachis agrum terre quem in suo dominio habebant in Campiniaco et illos septem alios agros terre quos pater eorumdem militum abbati Pratellensi et monachis posuerat jamque diu in vadimonium tenuerant pro quinquaginta solidis romeisinorum. Hos autem denarios predictus Gislebertus ab abbate et a monachis receperat cum adviveret. Hujus donationis testes affuerunt ex parte ipsorum : Willelmus, nepos et armiger eorum ; Ricardus *Wanescrot*. Ex parte abbatis : Willelmus Male doctus ; Radulfus Cocus ; Hunfridus, hospitator ; Gaufridus Polardus ; Rogerius filius Christiani ; Ascelinus ; Postellus Parvulus.

(a) Gaufriduns *B, corrigé dans C.*

A65

[1167-1182].

L'abbé de Préaux Henri concède, avec l'accord des moines, au forgeron Foucher la terre des tisserands, sise à Meulan, que Henri du Neubourg avait tenue du comte de Meulan et donnée à l'abbaye. Foucher et ses descendants devront aux moines une rente annuelle de dix sous parisis payable à la Saint-Remi [1er octobre].

B. Cart. XIIIe siècle, fol. 113v, n° 342, sous la rubrique : « *Henricus abbas ex assensu capituli tradidit in perpetuum Fulcherio, fabro, terram quam dedit nobis Henrico de Novo Burgo* ». [Copie Delisle, Bibl. nat. de Fr., nouv. acq. lat. 1025, fol. 146, n° 342].

L'écriture de cet acte est d'un module plus réduit que celui des notices précédentes et suivantes : quoique de la même main, il a dû être inséré ici plus tardivement. Le copiste de *C* ne l'a pas retranscrit, jugeant à juste titre qu'il ne faisait pas partie de la rédaction primitive. Nous avons cependant préféré lui conserver sa place ; il est datable de l'abbatiat d'Henri (1167-1182).

Notum sit omnibus tam presentibus quam futuris quod ego Henricus, abbas Sancti Petri Pratelli, totusque ejusdem loci conventus concedimus Fulcherio fabro terram apud *Mellent* sibi et posteris suis jure hereditario a nobis tenendam, terram scilicet que fuit texsentium, quam Henricus de Novo Burgo ecclesie nostre in perpetuam elemosinam contulit liberam et quietam, sicut ipse eam a comite Mellenti liberam tenebat. Hanc terram predicto Fulcherio quietam et liberam concedimus, sicut nobis donata est, excepto quod ipse et posteri sui post eum pro ea terra ecclesie nostre redderet singulis annis decem solidos parisiensium ad festum sancti Remigii determinatos. Et, ut hec pactio rata permaneat, presenti scripto memorie commendamus.

A66

1106.

Robert, fils du sénéchal Onfroi, donne en [mort-]gage à l'abbaye Saint-Pierre de Préaux sa terre d'Épaignes pour cinq ans : il s'acquitte ainsi des cent sous que son père a promis quand il est devenu moine et des cent sous du Mans qu'il a reçus de l'abbé contre dix livres de roumois. Au terme de cette période, il devra rendre les quinze livres [de roumois] pour retrouver sa terre.

B. Cart. XIIIe siècle, fol. 114, n° 343, sous la rubrique : « *Vadimonium quod Ricardus abbas et monachi de Pratellis acceperunt in Ispania de Roberto filio Hunfridi* ». [Copie Delisle, Bibl. nat. de Fr., nouv. acq. lat. 1025, fol. 146, n° 343].

INDIQUÉ : L. Delisle, *Des revenus*..., 1re part., p. 179, n. 9 et p. 183, n. 2. — H. Round, *Calendar*..., p. 112, n° 328. — L. Musset, *Comment on vivait*..., p. 17.

Anno ab Incarnatione Domini M° C° sexto, Robertus, filius Hunfridi pincerne, venit Pratellum et terram quam habebat in Ispania tradidit Ricardo abbati et monachis in vadimonium usque ad V annos pro C solidis quos pater ejus dare debuerat, quando monachus factus est, et pro C solidis monete cenomannice, quos pro X libris romesiorum[(a)] ab abbate idem Robertus accepit. Omnes pariter, videlicet XV libras, transacto termino[(b)], redditurus ipse quoque suam terram recepturus.

(a) *Sic B pour* romesinorum. — (b) terminus *B*.

A67

1078.

Notice rappelant les vicissitudes des dons des fils d'Onfroi [de Vieilles] : Roger et Robert, avaient donné à l'abbaye Saint-Pierre de Préaux la dîme de Pont-Audemer à prélever sur le tonlieu, le cens, les moulins et sur toute chose décimable ; ils avaient ajouté les églises du lieu. À la mort de l'abbé Anfroi, Roger vient à la demande des moines inspecter l'état du temporel de l'abbaye : certains biens recensés dans la charte de fondation avaient été dispersés, en particulier les églises de Pont-Audemer données sans le consentement des moines à un clerc nommé Hugues, fils de Turulfe.

B. Cart. XIII siècle, fol. 114v, n° 345, sous la rubrique : « *Ex dono Rogerii et Roberti, filiorum Hunfridi de Vetulis, constructoris istius loci, decimam Pontis Audomari de omni re que possunt decimari* ». [Copie Delisle, Bibl. nat. de Fr., nouv. acq. lat. 1025, fol. 147, n° 345].

C. Cart. XV siècle, fol. 74, n° 248.

La première partie de cette notice, relatant la donation de la dîme et des églises de Pont-Audemer, est une version étoffée de celle qui est insérée dans la pancarte de fondation (**A1[8]**) – on apprend ici, comme on s'en doutait, qu'elle eut lieu sous l'abbatiat d'Anfroi – ; elle est en outre reprise dans la grande charte de Galeran II (**B8**). La deuxième partie de cette notice, datable de 1078, année de l'accession de l'abbé Guillaume, est tronquée, le scribe n'ayant pas cru bon de recopier ce qui était déjà transcrit plus haut dans la pancarte de fondation (voir **A1[17]**).

Regnante Willelmo, Roberti martionis filio, dederunt Rogerius et Robertus, filii Hunfridi, Sancto Petro Pratelli decimam Pontis Audomeri : scilicet de theloneo, de censu, de molendinis et de omni re que decimari potest et omnes ecclesias ad eumdem locum pertinentes ; et hoc factum est tempore abbatis Anffridi. Sed postea, absque nutu et consilio monachorum, permisit suprascriptas ecclesias habere cuidam clerico Hugoni, Turulfi filio.

Defuncto autem abbate Anffrido et loco ipsius Willelmo abbate locato, advenit Rogerius Belli Montis precatu monachorum in capitulo eorum, volens scire quomodo se res monasterii haberent. Tunc, presente eo, lecta est carta quam firmaverat pater suus et ipse de constructione loci et ejus jussu exposita. Monachi vero conquesti sunt, ex his[a] que in carta scripta erant, multa se amisisse et maxime ecclesias Audimeri Pontis quas abbas Ansfridus dederat Hugoni clerico, Turulfi filio, sine eorum consensu vel licentia. Rogerius vero, ut clamores eorum audivit […][b].

(a) hiis *C*. — (b) *BC interrompent ici leur transcription, B précisant* et cetera, sicut sicut (sic) scriptum est retro, in sexto decimo folio.

A68

Don par Anquetil Campigny, fils de Saffroi, de la dîme de Saint-Germain[-Village]. — Autre copie de la notice A23 et du début de la notice A24.

B. Cart. XIIIe siècle, fol. 114v, n° 346 (A68), sous la rubrique : « *Ex dono Ansquetilli decimam Sancti Germani de Ponte Audemari* ». [Mention Delisle, Bibl. nat. de Fr., nouv. acq. lat. 1025, fol. 147, n° 346].

A69

1106.

*Robert [III], comte de Meulan, concède à l'abbaye de Saint-Pierre de Préaux, en présence de l'abbé Richard et des moines, la libre possession des terres de l'abbaye et les coutumes judiciaires telles qu'il les possède sur ses propres terres : l'abbé aura toutes les forfaitures perçues sur les homicides, les voleurs et les condamnés à mort, selon la coutume du pays ; si un agent du comte surprend un voleur sur la terre de l'abbaye, il l'appréhendera et le livrera au procureur de l'abbé, ou le retiendra, après avoir fourni des otages, jusqu'à ce que l'affaire parvienne aux oreilles de l'abbé ; celui-ci aura tout ce qu'on trouvera sur le voleur ; quand on prendra sur la terre du comte un malfaiteur ayant volé l'abbé, ce dernier pourra le garder, tout en fournissant des otages, en attendant que l'affaire soit traitée à la cour comtale ; s'il est déclaré coupable, il restera aux mains du comte, mais tout ce qu'on aura retrouvé du larcin sur la terre de l'abbaye sera dévolu à l'abbaye. Le comte concède aussi la juridiction des crimes encourant la mise hors la loi (*ullac*), la violation des maisons (*hainfara*), l'incendie et la juridiction sur la banlieue dont le ressort s'étend de Saint-Germain[-Village] jusqu'à la léproserie, au Pont-Guéroult et à La Foutelaie.*

B. Cart. XIIIe siècle, fol. 115, n° 347, sous la rubrique : « *Ex dono Roberti, comitis de Mellent, libertatem terrarum possessionum et consuetudines judiciarie potestatis apud Salernam, salvo ordine monachorum* ». [Copie Delisle, Bibl. nat. de Fr., nouv. acq. lat. 1025, fol. 147-148, n° 347]. — B². *Ibid.* (notice insérée dans la grande charte de Galeran II, **B8**), fol. 33-36, n° 68.

C. Cart. XVe siècle, fol. 74v-75, n° 250. — D. Coll. Vexin, t. VIII, p. 253, n° 67 (extrait d'après les *Annales* de Mabillon). — E. *Ibid.*, t. XX, fol. 71, n° 67 (extrait). — F. *Ibid.*, t. XII, fol. 22v, n. 304 (extrait).

a. A. Le Prévost, *Mémoires...*, t. II, p. 97 (extrait). — b. Valin, *Le duc de Normandie et sa cour*, p. 258, p. j. n° IV.

INDIQUÉ : J. Mabillon, *Annales...*, t. V, p. 489. — L. Delisle, nouv. acq. fr. 21831, n° 474. — A. Canel, *Essai historique...*, t. I, p. 316. — L. Valin, *Le duc de Nor-*

mandie et sa cour..., p. 221. — J. Yver, *Contribution à l'étude...*, p. 155, n. 80. — H. Prentout, *La trêve de Dieu...*, p. 13. — E. Houth, *Robert Preud'homme...*, p. 826, n° 8. — E. Houth, *Les comtes de Meulan...*, p. 40, n° 8. — S. Mesmin, *Waleran, count of Meulan...*, p. 6 et p. 14. — J.-M. Bouvris, *Les orfèvres en Normandie...*, p. 156, n. 57. — D. Crouch, *The Beaumont...*, p. 206. — V. Gazeau, *Le temporel...*, p. 250, n. 68.

Seule la rubrique fait ici référence à Salerne : il s'agit d'un écho à une autre notice (**A114**), où à la suite de son père qui donne ses biens situés à Salerne Robert accorde l'immunité des hommes de l'abbaye à Salerne. Il est question ici, en réalité, d'une immunité plus générale qui ne se limite pas à Salerne, comme le précise la version de la notice transcrite dans la charte confirmative de Galeran (voir **B8**) ; d'autre part, l'étendue de la banlieue décrite ici concerne les faubourgs de Pont-Audemer, la rive gauche de la Risle : les confirmations générales des biens de l'abbaye obtenues de Galeran II et d'Henri II le confirment. L'abbaye voisine de Saint-Léger de Préaux a reçu du comte de Meulan de semblables coutumes comme le confirme une courte mention insérée dans la pancarte de ce monastère (A. Dumonstier, *Neustria Pia*, p. 524, XIII).

Anno Incarnationis dominice M° C° sexto, Robertus, comes de *Mellent*, sedens in capitulo Beati Petri de Pratellis, presente abbate Ricardo Bajocensi, conventu quoque monachorum circumsedente[a], concessit abbatie sue libertatem terrenarum possessionum atque consuetudines judiciarie potestatis, salvo ordine monachorum, sicut habet in sua terra ipse comes[b]. Hoc est[c] : memoratus quidem abbas[d] forisfacturas suas habebit que secundum humanas leges ab homicidis et furibus ceteris quoque capitali sentencia convictis more patrio exiguntur. Quod si latronem quemlibet famulus comitis in terra abbatis forte reppererit[e], statim capiet eum et cuipiam procuratori abbatis commendabit vel, datis obsidibus, in eadem terra retinebit, donec res ad aures perveniat abbatis. Denique[f] quicquid habet in suo latrone taliter capto, habiturus est idem abbas in suo. Preterea, si fur aliquis de terra abbatis in terra comitis captus fuerit[g], dabit abbas obsides pro eo, si illum habere voluerit, et postmodum in curia comitis causa ventilabitur. Quod si convictus fuerit, in comitis potestate remanebit et totum quod super terram sancti Petri repertum fuerit ad abbatis ditionem transibit.

Item[h] condonavit abbatie sue[i] banleviam et *ullac* et hainfariam et incendium. Terminus autem banlevie hic est a Sancto Germano usque ad domum lazarorum et usque ad Pontem Giroldi et usque *a La Foeteleie*[j]. Testes autem istius donationis isti sunt : Rogerius *Efflanc* ; Herluinus Toroville ; Willelmus de Campiniaco ; Radulfus de Hispania ; Rainowardus ; Goscelinus, presbiter Tustiniville ; Herluinus, aurifex ; Hunfridus, filius Roberti ; Saffridus de Puta Fossa ; Rualdus Brito Salernie ; Saffridus, cementarius ; et Osbernus, frater ejus ; Gislebertus, filius Rainaldi, filii Martini ; Ascelinus, filius Oliveri, de Monte *Rotart*.

(a) Anno (...) circumsedente *remplacé dans B² par* Eandem quoque. — (b) libertatem et consuetudines judiciarie potestatis concessit comes Robertus abbatie sue, quas ipse in sua terra habet, salvo tamen ordine monachorum *B²*. — (c) est autem hoc quod dicitur *B²*. — (d) abbas Sancti Petri de Pratellis B^2. — (e) *Sic B* ; repererit *C*. — (f) Denique comes B^2. — (g) cum furto rerum comitis captus fuerit B^2. — (h) eodem die B^2. — (i) comes B^2. — (j) B^2 *s'arrête ici*.

A70

[1118, 5 juin-1124], vraisemblablement 1123.

Galeran [II], comte de Meulan, ordonne à Guillaume le Comte, sur la demande de l'abbé Richard de Préaux de faire reconstruire la maison du forgeron Geoffroy qu'Hugues Fichet avait donnée aux moines de Préaux et celle de Guillaume Isoret, collecteur de dîme. Peu de temps auparavant, à l'instigation de Raoul, fils de Durand, Galeran avait ordonné la destruction des maisons dépendant de la terre de Roger Harenc et d'Hugues Fichet à Saint-Germain. Le lendemain, l'abbé Richard avait prié le jeune Galeran, qu'il avait conduit en privé au chapitre devant les tombeaux de ses ancêtres et de son père, d'épargner la maison de Guillaume Isoret, ainsi que la grange de ce dernier où était entreposée la dîme appartenant aux moines, et celle du forgeron Eudes qui ferrait les chevaux et les ânes des moines ; à quoi le comte avait répondu qu'il ne devait ni ne pouvait lui donner la terre de ses chevaliers, mais que pour l'âme de son père il accordait aux moines les maisons en question, qui seraient protégées. Malgré cela, Guillaume le Comte et Robert fils de Giraud, prévôts de Pont-Audemer, avaient détruit sur ordre du comte, disaient-ils, plusieurs maisons dont celle de Guillaume Isoret et celle du forgeron Geoffroy.

B. Cart. XIIIe siècle, fol. 115v, n° 348, sous la rubrique : « *De destructione domorum Sancti Germani de terra Rogerii* Harenc *et de terra* Fichet *ex precepto Galeranni comitis* ». [Copie Delisle, Bibl. nat. de Fr., nouv. acq. lat. 1025, fol. 148-149, n° 348].

C. Cart. XVe siècle, fol. 75, n° 251.

a. A. Le Prévost, *Mémoires*..., t III, p. 129. — *b*. E. Houth, *Les comtes de Meulan*..., p. j. n° 1, p. 81. — *c*. S. Mesmin, *The leper*... (thèse dactylographiée), select documents n° 1.

INDIQUÉ : Copie de la chronique de Gilbert Chandelier, Bibl. nat. de Fr., Coll. du Vexin, t. IV, p. 36 et suiv. (recueil de M. de Blois), en ces termes, « *Dum adhuc ipse puer et sub tutoribus esset, venit Pratellum quem Richardus abbas duxit privatim in capitulo ante sepulturam patris sui et, quia per consilium nonnullorum suorum consiliorum preceperat ut destruerentur domus de feodo* Harenc *et de feodo* Fichet, *precatus est abbas ipsum ut domus servientium nostrorum non destruerentur, quod libenter annuit* ». — H. Round, *Calendar*..., p. 112, n° 331. — E. Houth, *Les comtes de Meulan*..., p.60, n° 2. — L. Musset, *Comment on vivait*..., p. 6. — D. Crouch, *The Beaumont*..., p. 18, p. 171.

Cet acte est postérieur à la mort du comte Robert III de Meulan, père de Galeran ; la présence de Morin du Pin parmi les témoins le situe dans la jeunesse du comte, avant 1124, date à laquelle Morin fut banni pour avoir pris part à la rébellion contre le roi Henri Ier (D. Crouch, *The Beaumont*..., p. 18). D. Crouch relie l'incident relaté dans cette notice aux préparatifs faits en vue de soutenir le siège de Pont-Audemer mené par le roi Henri Ier en 1123 pour mettre fin à la conjuration menée contre lui par Galeran et les barons normands. À cette occasion les maisons de Bougerue, faubourg de Pont-Audemer, auraient été détruites pour renforcer les fortifications de la ville.

Post mortem Roberti, comitis de *Mellent*, Gualerannus comes, filius ejus adhuc puer, consilio Radulfi filii Durandi precepit ut destruerentur domus Sancti Germani de terra Rogerii *Harenc* et de terra *Fichet*. In crastino autem, venit idem Gualerannus quem Ricardus abbas privatim duxit in capitulum ante sepulturam patris sui et aliorum parentum suorum inibi jacentium precatusque est ipsum ut pro anima patris sineret stare domum Eudonis fabri qui ferrabat caballos et asinos sancti Petri et domum atque granciam Willelmi *Isoret* decimatoris, ubi coadunatur decima sancti Petri. Cui idem comes respondit : « Ego quidem non debeo nec possum donare vobis terram militum meorum, sed, si cadant aut non cadant alie domus, tamen iste domus, pro quibus me precamini, pro anima patris mei dono et concedo vobis et monachis, ne amplius per preceptum meum destruatur ». Testes : Morinus de Pino ; Lucas de Barra ; Willelmus *Isoré*.

Non longe autem post hec, prepositi Pontis Audomeri, scilicet Robertus filius Giroldi et Willelmus Comes, precepto Gualeranni comitis, ut dixerunt, destruxerunt com$^{(a)}$ aliis domibus domum Willelmi *Isoré* et domum Goiffredi fabri quem Hugo *Fichet* jam dederat sancto Petro. Tunc comes requisitus ab abbate Ricardo in Bulgirua vocavit idem comes Willelmum Comitem et jussit permitti reedificari has duas domus. Testes : Willelmus de Pino ; Radulfus de Bello Monte. Et jussit esse quietas jure elemosine.

(a) *Sic BC*.

A71

[1118, 5 juin-1120].

Galeran [II], comte de Meulan, restitue aux moines de Préaux la dîme de la foire de Pont-Audemer et celle de son nouveau moulin, que Robert, son père, avait injustement retenue. Sur les conseils de Guillaume, comte de Varenne, de Néel d'Aubigny et de Morin du Pin, il a répondu favorablement, par lettre, aux demandes de l'abbé et des moines représentés par le prieur Samuel, leur de-

mandant de prier pour obtenir de Dieu qu'il absolve son père et qu'il l'aide à être, selon sa volonté, bienveillant envers eux. Peu après, Raoul fils de Durand a déposé sur l'autel sept sous, produit de la dîme de la foire de Pont-Audemer.

B. Cart. XIII⁰ siècle, fol. 116, n° 349, sous la rubrique : « *Karta Galeranni, comitis de Mellent, de restitutione decime de feria Pontis Audomeri et decime novi molendini quas pater Galeranni contulit ecclesie Pratellensi* ». [Copie Delisle, Bibl. nat. de Fr., nouv. acq. lat. 1025, fol. 150-151, n° 349].

C. Cart. XV⁰ siècle, fol. 75-v, n° 252.

INDIQUÉ : Orderic Vital, *Historiae ecclesiasticae*, éd. A. Le Prévost, t. IV, p. 450, n. 1. — H. Round, *Calendar...*, p. 112, n° 331. — E. Houth, *Les comtes de Meulan...*, p. 60, n° 1. — L. Musset, *A-t-il existé une aristocratie...*, p. 287. — D. Crouch, *The Beaumont...*, p. 5 et p. 139.

Sur la minorité de Galeran II, voir D. Crouch, *The Beaumont twins...*, p. 10-12.

Gualerannus comes, adhuc puer, premonitus a Willelmo comite de Guarenna et a Nigello de Albigneio et Morino de Pino ut redderet sancto Petro et monachis sibi servientibus decimam ferie et novi molendini quam pater suus injuste detinuerat, annuit eorum premonitionibus, mittens per Samuelem priorem has litteras sigillo suo signatas abbati Ricardo et monachis, sic inquiens :
« Ricardo, Dei gratia Pratellensi abbati, et conventui ecclesie Sancti Petri Pratelli, Gualerannus comes Mellenti, karissimus vester, salutem. Sciatis me dedisse Sancto Petro et vobis decimam ferie Pontis Audomeri et decimam molendini mei novi, sicut requisivit me ex vestra parte domnus Samuel, prior vester. Unde precor paternitatem vestram ut, si quam offensam fecit inde pater meus Deo et vobis, absolutionem anime ejus inde faciatis et Deum exoretis ut me talem faciat ut et vobis et aliis secundum ejus velle prodesse possim. Valete ».
Radulfus vero, filius Durandi, in saccello attulit denarios, scilicet VII^{tem} solidos, decime ferie et posuit super altare coram abbate Ricardo et monachis astantibus et laicis : Pagano scilicet de Mauritania ; Alberto Turville ; Hugone *Harenc* ; Rogerio *Harenc* ; Anschetillo, pincerna ; Radulfo *Efflanc* ; Roberto et Willelmo, filiis Giraldi de *Hunefluet* ; Euroldo, preposito ; Willelmo de Touca ; Radulfo Pede Bovis ; Radulo *Bel caitif* ; Willelmo et Erengerio, gravatoribus. Ex hominibus abbatis testes fuerunt : Ricardus Nanus ; Walterius ; Moyses ; Willelmus filius Osmundi ; Herluinus, cubicularius ; Aitardus, sartor ; Robertus *Trussel* ; Radulfus, presbiter Hispanie ; Deodatus, presbiter Pontis.

A72

Don de Sébert, bourgeois de Pont-Audemer, de biens situés à Bougerue [Saint-Germain-Village]. — Autre copie de la notice A25.

B. Cart. XIII˚ siècle, fol. 116v, n° 350, sous la rubrique : « *Ex dono Seiberti, filii Richeii, totam terram suam cum nemore et orto, quam habebat in Bulgirua* ». [Mention Delisle, Bibl. nat. de Fr., nouv. acq. lat. 1025, fol. 151, n° 350].

A73

[1120-1123].

[1] Notice résumant les dons faits par Hugues Fichet en faveur de l'abbaye Saint-Pierre de Préaux lorsqu'il y est devenu moine : Hugues a donné le forgeron Geoffroy et sa maison devant Saint-Germain[-*Village*]*, la dîme du moulin du Haut-Étuit ainsi que deux tiers* (duabus garbis) *de la dîme de Vannecrocq. [2] Le lendemain, Robert Malet est venu le visiter et confirmer ces dons. [3] Plus tard, Hugues, fils d'Hugues Fichet, a fait de même et a reçu la société des moines.*

B. Cart. XIII˚ siècle, fol. 116v, n° 351, sous la rubrique : « *Ex dono Hugonis* Fichet *domum*[(a)]*, fabrum et domum ejus apud Sanctum Germanum et decimam sui molendini de* Handestuit*, pro monachatu suo* » ; dans la marge, à l'encre rouge, d'une main du XIII˚ siècle : « *Hec ad ortolanum* ». [Copie Delisle, Bibl. nat. de Fr., nouv. acq. lat. 1025, fol. 151-152, n° 351].

C. Cart. XV˚ siècle, fol. 76, n° 254.

a. A. Le Prévost, *Mémoires…*, t. III, p. 130 (extrait).

INDIQUÉ : Round, *Calendar of documents…*, p.110-111, n° 324.

Hugues Fichet est cité, en 1113, comme témoin de la fondation du prieuré de Goldcliff (Angleterre, Monmouth), dépendance de l'abbaye du Bec (C. Porée, *Histoire de l'abbaye du Bec*, t. I, p. 459) ; la notice **A70** indique qu'en 1123 Hugues Fichet était déjà devenu moine et venait de donner la maison du forgeron Geoffroy. La présente confirmation par son fils Hugues doit être de peu postérieure ou contemporaine : Turstin Mauduit, témoin, apparaît d'ailleurs pour la première fois, enfant, entre 1115 et 1125 (**A103**). La notice **A97** se rapporte aussi aux dons faits par Hugues.

[1] Hugo *Fichet* veniens[(b)] ad ordinem monachicum dedit Sancto Petro de Pratellis unum fabrum et domum ejus, Gaufridum nomine, ante Sanctum Germanum manentem. Dedit etiam decimam sui molendini de *Handestuith*.

[2] In crastino autem, Robertus *Maleth*, veniens visitare eum, precatu ejusdem Hugonis, concessit hec dona. Testes : Rogerius *Harenc* ; Ricardus de Valle ; Ricardus de Bona Villa.

[3] Hugo vero, filius ejus, Pratellum post hec venit et misit supra altare hec dona et accepit societatem monachorum. Testes ejus : Sanson, ejus prepositus ;

Tustinus, armiger : Willelmus, miles ; Modbertus[c]. Testes Sancti Petri : Ricardus Nanus ; Robertus, filius Tesce ; Tustinus Male doctus ; *Maleth* ; Osbernus, puer, Bucce brune. Hec donavit predictus Hugo com[d] duabus garbis decime sue de *Wanescrot* pro suo monachatu et loco.

(a) *Sic B.* — (b) veniens *répété dans B.* — (c) Madobertus *C.* — (d) *Sic BC.*

A74

[1050-1054].

Roger [de Beaumont], frère de Robert fils d'Onfroi, donne à l'abbaye Saint-Pierre de Préaux une partie de l'héritage de son oncle Turquetil située près de Pont-Audemer. En échange, il obtient les cinq beaux vases d'argent niellés et dorés que son frère Robert avait donnés à l'abbaye.

B. Cart. XIIIe siècle, fol. 117, n° 352, sous la rubrique : « *Ex dono Rogerii, fratris Roberti filii Hunfridi, quemdam honorem circa Pontum Audomari* ». [Mention Delisle, Bibl. nat. de Fr., nouv. acq. lat. 1025, fol. 152, n° 352]. — *B². Ibid.*, inséré dans la pancarte de fondation, fol. 98, n° 286 (**A1[10]**).
C. Cart. XVe siècle, fol. 76, n° 255.

Une autre version de cette notice insérée dans la pancarte de fondation (**A1[10]**) nous apprend que ce don eut lieu la même année que la donation, faite par les fils d'Onfroi de Vieilles, de la dîme, du moulin et des terres d'Épaignes, ce qui sous-entend qu'elle eut lieu avant 1054, date présumée de la mort de Robert de Beaumont (selon V. Gazeau, *Monachisme et aristocratie...*, p. 141-142).

Regnante Willelmo, Roberti martionis filio, Rogerius, frater Roberti filii Hunfridi, dedit Sancto Petro Pratelli[a] partem honoris cujusdam avunculi sui, nomine Turchitilli, que sibi hereditario jure provenerat, sitam circa Pontem Audomeri[b], pro qua retinuit idem Rogerius quinque argentea vascula ex nigello et auro mire composita que eidem loco jamdictus Robertus contulerat.

(a) Regnante (...) Pratelli *remplacé dans B² par* Eodem anno, dedit Rogerius, frater ejus, eidem loco. — (b) predictum pontem *B².*

A75

[1118-1146…].

Herluin de Tourville, devenant moine à Préaux, donne une manse de terre que tenait le forgeron Sanson, les rentes dues par ce dernier, sans rien en retenir, ainsi que les coutumes du bourg.

B. Cart. XIIIe siècle, fol. 117, n° 353, sous la rubrique : « *Ex dono Herluini de Turwilla pro suo monachatu maisuram*^(a) *quam Sanson faber tenebat* ». [Copie Delisle, Bibl. nat. de Fr., nouv. acq. lat. 1025, fol. 152, n° 353].

C. Cart. XVe siècle, fol. 76, n° 256.

Sur Herluin de Tourville, voir **A36**. Cet acte, le dernier d'Herluin avant son entrée au monastère de Préaux, est nécessairement postérieur à **A36**, donc à 1118.

Herluinus de Turvilla, deveniens monachus Pratelli, donavit sancto Petro pro suo monachatu masuram terre quam Sanson faber tenebat et redditus ejusdem fabri, nil in eo retinens sed totum donans, et consuetudines burgi.

(a) *Sic B,* masuram *C.*

A76

1155. — Brionne, *in curia*.

Extrait de la charte confirmative des biens de l'abbaye Saint-Pierre de Préaux par Galeran II de Meulan.

B. Cart. XIIIe siècle, fol. 117, n° 354, sous la rubrique : « *Confirmatio Galeranni, comitis de* Mellent, *de supradictis donationibus cum decima* des estaus *Pontis Audomari* » ; dans la marge, d'une main du XVIIIe siècle : « Les estaulx ». [Mention Delisle, Bibl. nat. de Fr., nouv. acq. lat. 1025, fol. 152, n° 354].

C. Cart. XVe siècle, fol. 76v, n° 257.

INDIQUÉ : H. Round, *Calendar…*, p. 114, n° 337. — E. Houth, *Les comtes de Meulan…*, p. 72, n° 56.

Il s'agit ici de la fin de la grande charte confirmative de Galeran de Meulan confirmant les biens de l'abbaye le 5 mai 1155 (voir **B8**).

Istorum omnium supradictorum donationem ego Gualerannus, comes de *Mellent*, concedo et, ut in perpetuum ecclesia Sancti Petri de Pratellis libere possideat, auctoritatis mee munimento confirmo. Anno etiam ab Incarnatione Domini M° C° quinquagesimo quinto, residentibus in curia mea apud Brionium domino *Rotroth*, venerabili Ebroicensi episcopo, et domino Rogerio, abbate Becci, et honorabili Michaele, predicti monasterii patre, atque domino Roberto de Novo Burgo multisque aliis nobilissimis viris, ego Gualerannus, comes de *Mellent*, pro requie anime patris mei et matris mee et omnium antecessorum meorum et pro salute anime mee atque uxoris mee et pro incolumitate filiorum meorum Roberti et Gualeranni et filiarum mearum donavi Deo et sancte Marie et predicte abbatie mee, Roberto filio meo presente et concedente, decimam *des estals*(a) Pontis Audimeri, [...](b).

(a) *dez estalx C*. — (b) *BC interrompent ici leur transcription, précisant* et cetera que scripta est *(sic)* in carta Gualeranni comitis.

A77

[1101, 30 août-1146].

*L'abbé Richard et les moines de Saint-Pierre de Préaux nomment Raoul desservant de l'église de Saint-Aignan-[de-Pont-Audemer]. Celui-ci rendra à l'abbé deux tiers des aumônes faites par les paroissiens et des fidèles, la moitié des trentains et des obits du septième jour. Mais il conservera la totalité des deniers du dimanche et du lundi, la garde (*waita*), les aumônes reçues lors des visites aux malades, les deniers reçus pour les sonneries des cloches lors des enterrements et des obits, les pains, sauf ceux de Noël, Pâques et des Rogations ; il aura les moutons et les oies, les deniers des sacrements, mariage et baptême. Les moines assureront deux tiers des messes anniversaires annuelles et auront deux tiers des aumônes faites pour cette occasion. Mais si l'aumône leur est destinée, le desservant n'en aura rien. Si un étranger fait une aumône ou meurt dans la paroisse, son aumône sera soumise aux mêmes conditions que celles des paroissiens.*

B. Cart. XIIIe siècle, fol. 117v, n° 355. Sans rubrique ; dans la marge, d'une main du XVe siècle (M) : « *De his que capere debemus in ecclesia Sancti Aniani* » et au-dessous (M) : « St Aignen ». [Copie Delisle, Bibl. nat. de Fr., nouv. acq. lat. 1025, fol. 272 et mention fol. 152, n° 355].

C. Cart. XVe siècle, fol. 76v, n° 258, sous la rubrique : « *Quomodo abbas Ricardus et conventus Sancti Petri dederunt Rodulfo ecclesiam Sancti Aniani cum certis reservationibus abbati et conventu venientibus* ».

a. A. Le Prévost, *Mémoires...,* t. II, p. 60. — *b.* S. Mesmin, *The leper...,* (thèse dactylographiée), select documents II, n° 6b.
INDIQUÉ : Ph. Lemaître, *A Pont-Audemer...,* p. 536.

[E]go[a] Ricardus abbas et conventus Sancti Petri Pratelli concedimus Rodulfo ecclesiam Sancti Aniani quamdiu canonice deservierit eidem ecclesie, tali tenore ut ipse nobis inde reddat duas partes tocius beneficii quod de parochianis[b] ejusdem ecclesie et ab aliis fidelibus in eadem villa quoquo modo receperit in elemosina, exceptis his que subscribuntur : dimidium trigintale et septimale habebit et dimidium nobis reddet ; waitam et denarium dominici diei atque denarium secunde ferie sine parte habebit. Si causa visitationis infirmi cujuspiam denarium receperit, suus erit ; si duos vel tres vel plures partientur denarii pro pulsatione signorum nuper mortui aut anniversarii, partientur. Panes sine parte habebit, exceptis tribus festivitatibus, scilicet Nathalis[c], Domini Pasche, Rogationum ; sponsalia, baptismum, denarium de sacramentis sine parte habebit et agnos et anseres. Si ei annuale oblatum fuerit, suscipiat ad faciendum : duas partes faciemus servitii et duas partes habemus caritatis, ipse vero terciam. Si autem nobis oblatum fuerit, sine parte nostrum erit. Si quis vero extraneus, superveniens in ecclesia, aliquid obtulerit vel in parrochia mortuus fuerit, de illis reddet sicut de parrochianis.

(a) *L'initiale a été réservée dans B.* — (b) *Sic B, corrigé en* parrochianis *dans C.* — (c) Natalis *C.*

A78

[1078, 16 mars-1094, 29 novembre].

Adeline [de Meulan] se voit permettre par l'abbé Guillaume et les moines de Préaux, à la prière de son époux Roger de Beaumont et de ses fils Robert et Henri, de disposer en prêt de la terre d'Osmond, fils d'Orel. Elle la tiendra sa vie durant, mais versera en compensation à l'abbaye la dîme de tous les revenus qu'elle en tirera. À sa mort, cette terre reviendra, libre de toute obligation, aux moines avec tous ses accroissements.

B. Cart. XIIIe siècle, fol. 117v, n° 356, sous la rubrique : « *Quomodo abbas Willelmus permisit*[a] ». [Copie Delisle, Bibl. nat. de Fr., nouv. acq. lat. 1025, fol. 153, n° 356].
C. Cart. XVe siècle, fol. 77, n° 259, sous la rubrique : « *Quomodo abbas Willelmus permisit Adeline possidere terram Osmundi, filii Orelli, quamdiu vixerit concedentibus monachis* ».
INDIQUÉ : V. Gazeau, *Le temporel...,* p. 250.

La présence de Roger de Croixmare entouré de ses chevaliers, notamment Gérald de Condé, sous-entend qu'il a déjà relevé les fiefs de son beau-père à Condé (voir **A4**). Guillaume fut abbé de 1078 à 1094, et Roger de Beaumont mourut en 1094.

Precatu domini mei Rogerii filiorumque nostrorum, Roberti et Henrici, permittit mihi Adeline abbas Willelmus mutuo possidere terram Osmundi, filii Orelli, dum vivo, concedentibus monachis. Ego vero Adelina econtra, ne illis quicquam molestum sit, do volenti animo decimam tocius terre hujus prescripte[b] ex omnibus que in ea habuero. Dum autem finiero, ipsa terra in dominium sancti Petri redeat libera com omnibus que in ea mihi mortue acciderint. Hec dominus meus Rogerius et ego Adelina filiique nostri, Robertus et Henricus, concedimus et confirmamus. Testes utriusque partis : Gulbertus ; Turstinus ; Hunfridus, presbiter ; Wimundulus, cocus ; Rogerius de Cruce Maris et sui milites, Ascelinus, Gaufridus, Ricardus, filii Heldi ; Rogerius, filius Guarnerii ; Herbertus de *Caable* ; Geraldus, nepos Geraldi de *Condé*.

(a) *B s'arrête ici*. — (b) prescrite *B, corrigé dans C*.

A79

[1040-1054].

Richard de Creully renonce à ses prétentions sur Toutainville.

B. Cart. XIIIe siècle, fol. 118, n° 357, sous la rubrique : « *Quomodo Ricardus de* Croile *guerpivit calumpniam quam faciebat apud Tustiniwillam* ». [Copie Delisle, Bibl. nat. de Fr., nouv. acq. lat. 1025, fol. 153, n° 357]. — *B²*. *Ibid*., autre version insérée dans la pancarte de fondation (**A1[12]**), fol. 97-99, n° 286.

C. Cart. XVe siècle, fol. 77, n° 260.

INDIQUÉ : A. Canel, *Essai historique*…, t. II, p. 346. — Charpillon, Caresme, *Dictionnaire*…, t. II, p. 932 — L. Musset, *Les plus anciennes chartes*…, p. 125.

La pancarte de Préaux (voir **A1[12]**) comporte une version plus complète de cette notice : en même temps qu'il renonce à ses prétentions sur Toutainville, Richard met un terme au différend qui l'opposait aux moines à propos de l'église de Vienne-en-Bessin donnée en 1040 par Guillaume le Bâtard, à l'instigation de l'archidiacre Gui, d'où le *terminus a quo* de cette notice ; le *terminus ad quem* est déterminé par sa présence même dans la pancarte. Charpillon, au siècle dernier, confondait Richard de Creully avec un certain Richard de Grosley (E., cant. Brionne) ; il est certain aujourd'hui qu'il s'agit bien de Richard de Creully, connu par ailleurs pour avoir pris part en 1058 à la fondation du prieuré fécampois de Saint-Gabriel (C., cant. Creully). Attesté pour les premières fois entre 1028 et 1035, il semble disparaître vers 1080 (L. Musset, *op. cit.*, p. 125). La première apparition de son fils Turstin, absent ici, a lieu entre 1058 et 1066 dans la pancarte de Saint-Gabriel (D. Bates, *Four recently rediscovered*..., p. 43-44).

Regnante Willelmo, Roberti martionis filio[a], Ricardus de *Croile* guerpivit[b] calumniam quam habebat in Tustinivilla[c].

(a) Eodem Willelmo regnante *B²*. — (b) guirpivit Richardus de Chroliei *B²*. — (c) *B² poursuit* calumniam quam habebat in Turstinivilla et in ecclesia illius ville que vocatur Viana, Sancto Petro Pratellensi. Quapropter dedit ei abbas illius loci societatem et unum mulum et duo candelabra argentea et duo bizantia auri.

A80

[1078, 16 mars-1094, 10 décembre].

*Guillaume [Ier], abbé de Préaux, donne à Herluin la terre d'un vavasseur nommé Geoffroy le Fort à Graimbouville à la condition de traiter honnêtement les fils du vavasseur et de venir sans délai aux plaids de l'abbaye quand il y sera convoqué ; Herluin devient ensuite homme de l'abbé. Richard, fils d'Onfroi de la Mare (*Meré*), avait donné ce bien à l'abbaye avec la dîme d'un marché et la terre d'un clerc à l'occasion de l'entrée de son fils au monastère, mais comme ce dernier s'était enfui du monastère, Robert, fils de Richard, avait gardé la dîme et le clerc.*

B. Cart. XIIIe siècle, fol. 118, n° 358, sous la rubrique : « *Ex dono Ricardi, filii Hunfridi de* Meré*, terram unius wavassoris in Grinboudiwilla* » ; dans la marge, d'une main du XVe siècle, à l'écriture de petit module (M) : « *puer de monasterio fugit* ». [Copie Delisle, Bibl. nat. de Fr., nouv. acq. lat. 1025, fol. 153-154, n° 358].

C. Cart. XVe siècle, fol. 77, n° 261.

INDIQUÉ : A. Canel, *Essai historique*..., t. II, p. 434. — E. Z. Tabuteau, *Transfers of property*..., p. 45, n. 6, doc. 370 et p. 50. — V. Gazeau, *Le temporel*..., p. 248.

Eodem iterum Willelmo regnante, Ricardus, filius Hunfridi de *Meré*, dedit Sancto Petro Pratelli terram unius vavassoris, nomine Gaufridi Fortis, in Grimboldivilla et decimam unius fori et terram cujusdam clerici pro quodam filio suo quem inibi monachum fecit. Sed, quia idem puer de monasterio fugit, decimam et clericum Robertus, filius prefati Ricardi, retinuit. Terram autem abbas Willelmus Pratelli Herluino eo tenore dedit, ut filios Gaufridi honeste regeret et teneret et, mandatus ad placita sancti Petri, sine dilatione veniret. Inde quoque ipse Herluinus homo abbatis factus est.

A81

[...1120-1125, 30 janvier].

Godard, fils d'Osulfe du Haut-Étuit, rappelle et confirme devant l'abbé et les moines la vente qu'il a faite à l'abbaye Saint-Pierre de Préaux : deux acres et demi de pré de son propre domaine et deux acres de terre, comme il aurait vendu un bœuf ou un âne. Son frère Raoul avait également vendu une acre de pré qu'il tenait de Godard. L'abbé Richard leur avait donné en échange respectivement sept et dix livres.

B. Cart. XIIIe siècle, fol. 118, n° 359, sous la rubrique : « *Quomodo* Godart, *filius Osulfi de* Handestuith, *vendidit Ricardo abbati de dominio suo duos agros prati et dimidium et duos agros terre* ». [Copie Delisle, Bibl. nat. de Fr., nouv. acq. lat. 1025, fol. 154, n° 359].

C. Cart. XVe siècle, fol. 77v, n° 262.

La confrontation de cette notice avec **A27** et **A84** révèle que cette vente eut lieu durant l'abbatiat de Richard Ier (1101, 30 août-1125) ; Osulfe, père de Godard, est mort vers 1120 (**A27**, **A86**), *terminus a quo* de cette notice.

Godardus, filius Osulfi de *Handestuith*, vendidit Ricardo abbati et monachis de Pratellis, de suo dominio, duos agros prati et dimidium atque duos agros terre, sicut vendidisset bovem aut asinum suum. Radulfus quoque, frater hujus Godardi, eidem Ricardo abbati et monachis vendidit unum agrum prati quem tenebat de predicto Godardo, eodem concedente. Dedit autem eis pro his pratis et terra Ricardus abbas septem libras denariorum et decem solidos. Quadam vero die, coram abbate et conventu monachorum ipse Godardus recordatus est et testificatus hujus venditionis et pecunie^(a) receptionis. Testes Godardi : Giroldus, sororius ejus ; Anschetillus *Rocherol*. Testes abbatis : Osbernus, presbiter ; Herbertus *Baolt* ; Evrardus, custos pratorum ; Herfredus ; Willelmus, prepositus ; Robertus, portarius^(b) ; Moyses ; Radulfus *le Carethier* ; Robertus de Hamelo^(c) ; Tustinus Male doctus ; Willelmus *Sallop* de Alba Via.

(a) peccunie C. — (b) portarius C. — (c) Hamello C.

A82

[1120-1125, 30 janvier].

Raoul, fils d'Avoise, et ses sœurs Aubrée et Éremburge vendent à l'abbé Richard et aux moines de Préaux deux acres de terre et une acre de pré pour cent sous.

B. Cart. XIIIe siècle, fol. 118v, n° 360, sous la rubrique : « *Quomodo abbas Ricardus emit a Radulfo filio Hatvidis II^{os} agros terre pro C solidis* ». [Copie Delisle, Bibl. nat. de Fr., nouv. acq. lat. 1025, fol. 155, n° 360].

C. Cart. XVe siècle, fol. 77v, n° 263.

Sur la datation de cette notice, voir **A27** et **A84**.

Radulfus, filius Hatvidis, et Alberada et Eremburgis, sorores ejus, vendiderunt Ricardo abbati et monachis Pratelli duos agros terre et unum agrum prati et receperunt ab abbate centum solidos.

A83

[1101, 30 août-1146].

Anquetil Rocerol vend à l'abbé Richard de Préaux une acre de terre et un morceau de pré.

B. Cart. XIIIe siècle, fol. 118v, n° 360bis. [Copie Delisle, Bibl. nat. de Fr., nouv. acq. lat. 1025, fol. 155, n° 360].

C. Cart. XVe siècle, fol. 77v, n° 263.

Anschetillus *Rocherol* vendidit Ricardo abbati unum agrum terre et unum morsellum prati, utrique parti testibus prenominatis existentibus, id est : Osberno, presbitero ; Godardo ; Anschetillo *Rocherol* ; Giroldo, sororio ejusdem Godardi.

A84

[1125, 30 janvier-1146].

Raoul Lutrel renonce à ses prétentions sur le pré et la terre que ses sœurs avaient reçus de l'héritage paternel et vendus à l'abbaye Saint-Pierre de Préaux avec son accord et celui de son frère Godard. Poussé par le besoin, il avait souvent, durant l'abbatiat de Richard [Ier] de Bayeux, réclamé ces terres afin d'en retirer quelque chose, protestant qu'il n'avait pas donné son accord à la vente. Alors qu'il avait manifesté les mêmes prétentions devant l'abbé Richard [II] de Conteville, celui-ci lui fait alors remettre, pour mettre un terme au différend, une charretée de foin et quinze sous qu'il reçoit du moine Nicolas au parloir, où se font les aumônes aux pauvres.

B. Cart. XIIIe siècle, fol. 118v, n° 361, sous la rubrique : « *Item quomodo idem abbas Ricardus comparavit a sororibus Godardi et Radulfi Lutrel partem prati et terre que sibi acciderunt* ». Une mention d'attente destinée au rubricateur subsiste en marge, coupée par le couteau du relieur : « [*De*] *venditione* [*G*]*odardi et Radulfi* [*L*]*utrelli* [*et*] *sororum* [*e*]*orumdem* [*in*] *Tusti*[*n*]*ivilla* ». [Copie Delisle, Bibl. nat. de Fr., nouv. acq. lat. 1025, fol. 155-156, n° 361].

C. Cart. XVe siècle, fol. 77v, n° 264.

Cette notice, datable de l'abbatiat de Richard II, est à rapprocher de **A27** qui rapporte les modalités de la vente et de l'héritage des sœurs de Raoul Lutrel.

Sorores horum fratrum, Godardi scilicet et Radulfi Lutrelli, partem prati et terre que sibi acciderunt, partita hereditate patris, vendiderunt Ricardo abbati et monachis Sancti Petri Pratelli, concedentibus suis fratribus. Predictus vero Radulfus Lutrellus, constrictus inedia, sepe negavit hec se concessisse, donec aliquid inde possit habere. Sic sepe fecit Ricardo abbati Bajocensi ; tandem hoc fecit Ricardo abbati Comitisville, qui eidem Radulfo, ut omnino clamaret quittam venditionem sororum, dedit quindecim solidos et unam caream feni ; quod et fecit. Hos denarios liberavit Nicholaus[a] monachus in auditorio, ubi fit mandatum pauperum, coram Godardo, fratre ejus, Giraldo, sororio ejus, Martino Claudo, filio Ricardi. Testes ex parte abbatis : Robertus de Maisnillo ; et Radulfus, filius ejus ; Willelmus de Alba Via ; Willelmus, filius Cavelarii ; Odo, filius Gisleberti pistoris ; Herluinus ; Ricardus Nanus. Tunc Robertus de *Aincurt* yronice dixit ei : « Cum manducati isti denarii fuerint, reclamato super prato, sicut solitus es facere ! ».

(a) Nicolaus C.

A85

[1054-1066].

Le vicomte Herluin [de Conteville], accompagné de son épouse, renonce à ses prétentions sur la dîme de Toutainville et sur le domaine du Mesnil-Dastin. Il reçoit en échange une aube de la meilleure qualité, avec un amict, de la chapelle de l'abbé.

B. Cart. XIIIe siècle, fol. 119, n° 362, sous la rubrique : « *Quomodo Herluinus vicecomes guerpivit calumpniam quam habebat in decima Tustiniwille* ». [Copie Delisle, Bibl. nat. de Fr., nouv. acq. lat. 1025, fol. 156, n° 362].

C. Cart. XVe siècle, fol. 78, n° 265.

a. A. Le Prévost, *Mémoires*..., t. III, p. 301.

INDIQUÉ : D. Bates, *Notes sur l'aristocratie*..., p. 24. — L. Musset, *Autour de la basse Dive*..., p. 256. — J.-M. Bouvris, *Pour une étude prosopographique*..., p. 87.

Cet accord est nécessairement postérieur à la donation du Mesnil-Dastin par Geoffroy et Raoul Dastin en 1054 (voir **A99**). Herluin de Conteville fut témoin de la pancarte de fondation du prieuré de Bonneville-sur-Touques entre 1059 et 1066 (Chevreux, Vernier, *Les archives de Normandie*..., pl. V), avant de se retirer vers 1066 dans l'abbaye qu'il avait fondée à Grestain en 1050 (D. Bates, *Notes sur l'aristocratie*..., p. 26, 30). Il eut deux femmes : Arlette qui peut avoir vécu jusque vers 1050-1051 puisqu'elle l'accompagne dans l'acte de fondation de Grestain ; puis Frédesende. Il faut rapprocher cette notice de la pancarte de fondation (**A1**), qui fait état de ce différend sous une autre forme, puisque l'on y parle d'une contestation portant également sur l'église de Vienne-en-Besssin. Le détail du contre-don que l'abbé lui remet alors, différent de celui que Richard reçoit ici, laisse penser qu'il y a bien eu deux tentatives de la part de Richard pour récupérer ces terres.

Regnante Willelmo, Roberti marchionis filio, venit Herluinus, vicecomes, com[a] uxore sua ad Sanctum Petrum Pratellensem et guerpivit calumniam[b] quam habebat in decima Tustiniville et in villa que vulgo dicitur Maisnillus *Dastin*. Pro qua re dedit eis abbas ejusdem loci unam albam cum amictu optimam de capella sua.

(a) *Sic BC.* — (b) calumpniam *C*.

A86

1120 [janvier-novembre].

Geoffroy, fils d'Osulfe du Haut-Étuit, homme de Saint-Pierre, vend à l'abbaye de Préaux une acre de son pré jouxtant celui de Ansgerius, *comme il aurait vendu son cheval ou son âne, pour soixante sous de roumois et un setier d'orge reçus de l'abbé Richard ; il est, en outre, durant un an dispensé du service d'un cheval.*

B. Cart. XIIIe siècle, fol. 119, n° 363, sous la rubrique : « *Godefridus, filius Osulfi de Handestuit, vendidit Ricardo abbati unum agrum sui prati pro LX solidis romesinorum sicut bovem* ». [Copie Delisle, Bibl. nat. de Fr., nouv. acq. lat. 1025, fol. 156-157, n° 363].

C. Cart. XVe siècle, fol. 78, n° 266.

INDIQUÉ : Round, *Calendar*..., p. 113, n° 332.

L'hommage prêté par Guillaume Adelin au roi de France Louis VI eut lieu peu avant le naufrage de la Blanche-Nef (novembre 1120), où le fils du roi d'Angleterre Henri Ier trouva la mort (Chronique de Saint-Martin de Tours, dans *Recueil des historiens des Gaules et de la France*..., Paris, 1781, t. XII, p. 66).

Eo anno quo Willelmus puer, Henrici regis Anglie filius, fecit homagium Ludovico, regi Francie, Godefridus, filius Osulfi de *Handestuith*, homo sancti Petri, unum agrum sui prati, herentem prato Ansgerii, omnino vendidit Ricardo abbati et monachis de Pratellis, sicuti vendidisset caballum aut asinum suum. Recepitque pro eo ab abbate jam memorato sexaginta solidos romesinorum et unum sextarium ordei, existens etiam spatio unius anni immunis a servitio caballi. Testes ex parte Godefridi : Anschetillus *Rocherol*, homo ejus ; Ricardus, vaccarius ; Gislebertus, frater ipsius. Ex parte abbatis : Herbertus, prepositus ; Giraldus, filius ejus ; Helgo de Alneio ; Mascelinus de Ginboltvilla ; Male sapiens ; Willelmus Male doctus ; Hugo, faber.

A87

[1101, 30 août-1120...]. — Préaux.

Foucher de Pont reçoit de l'abbé Richard deux acres de terre et une vergée situées à Graimbouville pour les tenir sa vie durant contre cinq sous de rente annuelle. À sa mort, elles retourneront aux moines.

B. Cart. XIIIe siècle, fol. 119-v, n° 364, sous la rubrique : « *Quomodo abbas Ricardus donavit Fulcherio de Ponte in vita sua II agros terre* ». [Copie Delisle, Bibl. nat. de Fr., nouv. acq. lat. 1025, fol. 157 n° 364].

C. Cart. XVe siècle, fol. 78, n° 267.

Il ne peut être question ici que de l'abbé Richard Ier : Aitard, Guillaume Mauduit et Onfroi l'hospitalier sont cités dans d'autres notices à partir de 1090 jusque vers 1120. Osmond Cavelier disparaît vers 1118-1120 (voir **A30**), de même que Guillaume Mauduit (*Male doctus*), voir **A15**.

Tempore^(a) Ricardi abbatis, Fulcherius de Ponte venit in capitulum monachorum de Pratellis et donavit ei in vita sua predictus abbas coram conventu monachorum duos agros terre et unam virgam in Grinboldivilla. Hoc vero eo tenore factum est ut, com^(b) mortuus fuerit idem Fulcherius, in dominio monachorum absque reclamatione filiorum aut parentum ejus eadem terra redeat et interim quinque solidos pro ea annuatim sancto Petro reddat. Ex parte ipsius testes : Willelmus, gener ejus ; Sanson, nepos Willelmi filii Galterii. Ex parte Sancti Petri : Rainaldus, cementarius ; Osmundus Cavelarius ; Hunfridus, hospitalis ; Radulfus Cocus ; Aitardus, sartor ; Willelmus Male doctus.

(a) *Le rubricateur a par erreur peint un* E *là où on attendait le* T *de* tempore *dans B*. — (b) *Sic B ;* cum *C*.

A88

[1101, 30 août-1120].

Osmond Cubicularius vend une acre de pré à l'abbé Richard pour trente-six sous, avec l'accord de ses fils Roger et Robert, prêtres, et Guillaume, laïc.

B. Cart. XIIIe siècle, fol. 119v, n° 365, sous la rubrique : « *Quomodo Osmundus Cubicularius vendidit unum agrum prati Ricardo abbati triginta VI solidos* ». [Copie Delisle, Bibl. nat. de Fr., nouv. acq. lat. 1025, fol. 157, n° 365].

C. Cart. XVe siècle, fol. 78v, n° 268.

Sur la datation, voir **A54**.

Post multum temporis, Osmundus Cubicularius vendidit unum agrum prati abbati Ricardo XXXVI solidis, concedentibus filiis suis Rogerio, Roberto, presbiteris, et Willelmo, laico. Testes abbatis : *Malet* ; *Mansel*, filius Rodulfi vinitoris ; Safridus, sartor ; Ricardus Nanus ; Willelmus filius Manselli.

A89

[1120-1146].

Guillaume, fils d'Osulfe, donne à l'abbaye Saint-Pierre de Préaux une acre de terre située à Épaignes, bien dont les moines ont investi Robert de Joncquet contre un grand setier *(*ad magnam mensuram*)* d'avoine [annuel].

B. Cart. XIIIe siècle, fol. 119v, n° 366, sous la rubrique : « *Quomodo Willelmus, filius Osulfi, dedit unam acram terre in Ispania* ». [Copie Delisle, Bibl. nat. de Fr., nouv. acq. lat. 1025, fol. 158, n° 36].

C. Cart. XVe siècle, fol. 78v, n° 269.

Cette courte notice est insérée ici au début d'une série de notices concernant Épaignes. Guillaume est un des fils d'Osulfe du Haut-Étui mort vers 1120 (**A27**, **A86**).

[W]illelmus filius Osulfi dedit Sancto Petro de Pratellis unam acram terre in Hispania et istam tradidimus Roberto de *Jonquei* pro uno sextario de avena ad magnam mensuram$^{(a)}$.

(a) maensuram *B, corrigé dans C.*

A90

Don de Robert et Roger de Beaumont de biens situés à Épaignes. — Autre copie abrégée de la notice *A11*.

B. Cart. XIIIe siècle, fol. 119v, n° 367, sous la rubrique : « *Quomodo Rogerius et Robertus, filii Hunfridi, dederunt Sancto Petro decimam de Ispnania* » ; dans la marge, d'une main du XVe siècle (M) : « *De ecclesia Hispanie* ». [Mention Delisle, Bibl. nat. de Fr., nouv. acq. lat. 1025, fol. 158, n° 367].

A91

Don de Roger de Beaumont de la forêt d'Épaignes. — Autre copie abrégée de la notice *A10*.

B. Cart. XIIIe siècle, fol 119v, n° 368, sous la rubrique : « *Item Rogerius Belli Montis donavit nobis silvam Hyspanie* ». [Mention Delisle, Bibl. nat. de Fr., nouv. acq. lat. 1025, fol. 158, n° 368].

A92

[1078, 16 mars-1094, 10 décembre].

Guillaume [Ier], abbé de Préaux, donne à Hugues d'Avesnes trois livres pour la terre de Soneman, vingt sous pour celle de Fort-Écu, quarante sous pour celle d'Ivelin, vingt sous pour celle de Firmat, fèvre, quarante sous pour celle de Turulfe, vingt sous pour celle d'Hugues, vingt sous pour celle de Drogon, pour celle d'Osberne Mice *douze sous, pour la terre de Gulberge treize sous, pour celle de l'aumône dix sous, pour celle d'Anfroi, de Roger et d'Osmond quatre livres et une once d'or, pour la terre de Saffroi et d'Érenger trois livres.*

B. Cart. XIIIe siècle, fol. 120, n° 369, sous la rubrique : « *Quomodo abbas Willelmus dedit quamdam summam pecunie Hugoni de Avennis* ». [Copie Delisle, Bibl. nat. de Fr., nouv. acq. lat. 1025, fol. 158, n° 369].

C. Cart. XVe siècle, fol. 78-79, n° 271.

Hugues d'Avennes fait partie des chevaliers que Roger de Beaumont a donnés à l'abbaye (voir **A10**). Peut-être est-ce en dédommagement que l'abbé Guillaume distribue ces deniers aux hommes d'Hugues. L'abbé Guillaume achète ici, au prix fort de 21 livres 15 sous et une once d'or, la terre des hommes d'Hugues Épaignes ; quoique la localisation précise de ces terres ne soit pas clairement spécifiée, il ne fait cependant aucun doute que ces biens soient situés à Épaignes : Hugues est un chevalier d'Épaignes et cette notice est insérée parmi plusieurs autres se rapportant à ce lieu.

Postea in terra Sonemanni tres libras denariorum dedit Willelmus, abbas Pratelli ; et in terra Fortis Scuti viginti solidos ; et in terra Ivelini quadraginta solidos ; et in terra Firmati, fabri, XX[ti] solidos ; et in terra Turulfi quadraginta solidos ; et in terra Hugonis XX[ti] solidos ; et in terra Drogonis XX[ti] solidos ; et in terra Osberni Mice XII[cim] solidos ; et in terra Gulberge XIII[cim] solidos ; et in terra elemosine X[cem] solidos ; et in terra Ansfridi, Rogerii et Osmundi IIII[or] libras denariorum et unam untiam auri ; et in terra Saffridi et Heringerii tres libras denariorum. Hec omnia dedit Willelmus, abbas Pratelli, Hugoni de Avennis, teste[(a)] Rogerio Male docto et Firmato, fabro.

(a) *Sic BC.*

A93

[...1152-1158...].

Geoffroy, fils de Guillaume de Bocquencey, donne à l'abbaye Saint-Pierre de Préaux, lors de sa profession monastique, le fief d'Hilaire de Pute Fosse, celui d'Herbert, fils de Guersent, et vingt acres de terre qu'avaient tenues les Fretez et Bérenger Miete de Guillaume de Bocquencey. La sœur de Geoffroy, Béatrice, et son mari Drogon donnent leur accord.

B. Cart. XIIIe siècle, fol. 120, n° 370, sous la rubrique : « *Quomodo habemus ex dono Gaufridi de Bauquento feodum Ylarii de Puta Fossa* ». [Copie Delisle, Bibl. nat. de Fr., nouv. acq. lat. 1025, fol. 158-159, n° 370].

C. Cart. XVe siècle, fol. 79, n° 272, sous la rubrique : « *Ex dono Gaufridi de Bacchenceio feodum Hillarii de Puta Fossa* ».

Les limites chronologiques de cette notice sont déterminées par la présence comme témoin de Turstin Mauduit qui apparaît pour la première fois vers 1120 (voir **A31**, **A46**) après la mort de son père Guillaume ; on le retrouve comme témoin jusque sous l'abbatiat de Michel de Tourville en 1158 ; d'autre part, la mention comme témoin d'Onfroi Cauvin situe l'acte vraisemblablement sous l'abbatiat de Michel, entre 1152 et 1167 : Onfroi est attesté entre 1156 (**A104**) et 1162 (**A130**). Les terres évoquées sont situées à Épaignes et forment sans aucun doute le fief du Bocassé, forme altérée de Bocquencey. Ce fief situé à Épaignes est attesté dans le patrimoine de l'abbaye dans les différents aveux conservés : « un quart (...) de fieu noble (...) nommé le fieu du Boscassé seant en la parroisse d'Espaigne » (Arch. nat., P 305, fol. 12v-13, n° CCXVI, 14 avril 1420). Il existe non loin du Bocassé un toponyme nommé « Les Fretey », sur le territoire de la commune de Saint-Étienne-l'Allier (E., cant. Saint-Georges-du-Vièvre), qui pourrait avoir un rapport avec « lez Fretez ». Quant à Bérenger Miete, il faut le rapprocher d'Osberne Mice, cité dans la notice précédente.

Gaufridus, filius Willelmi de Bacchenceio$^{(a)}$, dedit Sancto Petro de Pratellis, quando ibidem monachus effectus est, feodum Hilarii de Puta Fossa et feodum Herberti filii *Guersent* et XX^{ti} acras terre quas tenuerant *lez Fretez* et Berengerius *Miete* de Willelmo de Bacchenceio. Et hoc dedit predictus Gaufridus, concedente sorore sua Beatrice et marito ejus Drogone. Testes : Rogerius de Bacchenceio ; Gislebertus de$^{(b)}$ *Roperos* ; Radulfus *Fort escu* ; Tustinus Male doctus ; Hunfridus *Cauvin* ; Robertus filius Herluini.

(a) Baccenceio C. — (b) Le Roperos C.

A 94

1158. — Préaux.

Guillaume, Raoul et Robert, fils de Richard Colombel d'Épaignes, accompagnés de leur mère Helvide et de leur sœur Adélaide, ont donné à l'abbé Michel, à l'occasion de l'entrée au monastère du jeune Gilbert, dernier fils de Richard Columbel, sept acres de terre jouxtant le chemin de Beaumont, près du verger appelé Hoel, et les ont déposées sur l'autel par un candélabre. L'abbé Michel et les prêtres présents ont excommunié quiconque tentera d'usurper ou d'échanger cette terre contre une autre. Le lendemain, Robert d'Omonville, seigneur de cette terre, a concédé le don et l'a déposé sur l'autel.

B. Cart. XIIIe siècle, fol. 120-121, n° 371, sous la rubrique : « *Ex dono Willelmi et Radulfi et Roberti* Columbel *de Hyspania pro monachatu Giliberti eorum filii*[(a)] *septem acras terre. Que terra sita est juxta cheminum quod ducit apud Bellimontem* ». [Copie Delisle, Bibl. nat. de Fr., nouv. acq. lat. 1025, fol. 159-160, n° 371].

C. Cart. XVe siècle, fol. 79-v, [n° 273].

INDIQUÉ : A. Le Prévost, *Mémoires...*, t. II, p. 44. — Charpillon, Caresme, *Dictionnaire...*, t. II, p. 33.

Il existe aujourd'hui un lieu-dit appelé Mont-Houel à Selles au nord-est d'Épaignes qui pourrait être lié au verger dont il est question dans cette notice. André de Beuzemouchel, témoin de cet acte (J. Le Maho, *L'apparition des seigneuries...*, p. 22) est vassal de Guillaume de Tancarville vers 1140 (A. Deville, *Essai historique et descriptif...*, p. 75). Il est aussi témoin de Gautier III Giffart entre 1156 et 1164 (*Chronicon Vallassense*, éd. Somménil, p. 63).

Anno millesimo centesimo quinquagesimo octavo dominice Incarnationis, regni autem Henrici regis junioris quarto, Michaele abbate regimen ecclesie Sancti Petri Pratelli tenente, Willelmus et Radulfus atque Robertus, filii Ricardi Columbelli[(a)] de Hispania, cum Helvide, matre sua, et sorore, nomine Adelaide, com[(b)] aliis quampluribus de vicinio eorum venientes Pratellum, adduxerunt secum Gislebertum puerum, filium videlicet predicti Ricardi Columbelli atque Helvidis, prefatum abbatem Michaelem[(c)] totumque conventum monachorum humiliter requirentes ut de eodem Gisleberto puero facerent monachum. In qua etiam peticione sua septem acras terre, si puer in monachatu reciperetur et de pannis ecclesie vestiretur, libentissime obtulerunt. Que terra sita est juxta cheminum, id est viam[(d)], quod ducit Bellimontem in uno quoque loco ad virgultum quod vulgo dicitur *Hoel*. Quod cum abbas totusque conventus audisset, peticioni parentum predicti pueri annuerunt et eumdem de proprio ecclesie vestientes monachum fecerunt. Tunc parentes ejus, mater scilicet prima et post eam tres filii sui et filia, terram, de qua locuti sumus, super altare Sancti Petri

Pratelli per candelabrum posuerunt, signum crucis in testimonum hujus doni facientes. Quo facto, abbas et omnes sacerdotes, qui ibi aderant multi, com(e) pluribus laicis ex auctoritate Dei patris omnipotentis omniumque sanctorum excommunicaverunt omnes illos qui ab illa die prefatam terram ecclesie sancti Petri auferrent vel aliquid de ea minuerent sive pro ea aliam terram excangiarent. Et responsum est ab omnibus ibi astantibus una voce : « Fiat, fiat, amen, amen »(f).

In crastino autem venit Robertus, filius Osberni de Osmundivilla, de cujus feodo erat ipsa terra, et concedens etiam ipse, posuit eam super altare sancti Petri. Testes ex parte abbatis : Godefridus ; Hunfridus et Ricardus, filii Rogerii *Enbulgebien*(g) ; Hunfridus *Fruissart* ; Rogerius de Quoquina(h) et Willelmus *Nurrieth*, filius ejus ; Sanson, filius Hunfridi *Cauvin* ; Gaufridus, filius Herberti filii Rainoldi ; Willelmus, marescallus(i) ; Henricus de Inferno ; Tustinus Male doctus ; Radulfus filius Gulberti(j) ; Osmundus *A la teste* ; Radulfus, filius Herberti Barbati ; Willelmus *Folet* ; Odo de Bosco Osberni ; Geroldus de Bajocis et duo filii ejus, Saffridus et Gislebertus ; Adam *Malparti* ; Theodericus, cementarius ; Robertus *Oisum*(k) ; Osbernus *del Festu* ; ex altera parte : Willelmus, Radulfus et Robertus, fratres predicti pueri ; Helvidis, mater eorum, et Adelaidis, soror ; Robertus Magnus de Osmundivilla ; Erengerius *Popart* ; Henricus de Hispania ; Hugo de Hispania(l) ; Robertus Parvus de Osmundivilla ; Ricardus *Pantin* ; Sanson, filius Radulfi de Hispania ; Robertus *Galetot* ; Gaufridus de *Berengierville* ; Robertus *d'Alenchevilla*(m) ; Andreas de *Bosemuncel*.

(a) Collumbeli C. — (b) Sic B ; cum C. — (c) Michaelem abbatem C. — (d) *Incise écrite dans l'interligne au-dessus de* cheminum, B ; omise dans C. — (e) cum C. — (f) *Le copiste a fait figurer dans la marge un pied de mouche au niveau de* In crastino *dans B*. — (g) Enbulgedien C. — (h) Coquina C. — (i) marescalus C. — (j) Gisleberti C. — (k) Oisum *ajouté en iterligne au-dessus de* Robertus, B. — (l) Hugo de Hispania *omis* C. — (m) Sic BC, corr. de Alenchevilla.

A95

[1152/1158-1167, 16 décembre].

Yves, fils d'Herluin d'Épaignes, fils de Goubert, rend à l'abbaye Saint-Pierre de Préaux, à la prière du moine Guillaume son frère, les dix acres de terre situées près du Champ du prunier, terre que leur père Herluin avait donnée à l'abbaye lors de la prise d'habit de Guillaume, et qu'Yves avait longtemps retenue. Celui-ci reçoit en échange de l'abbé Michel un palefroi convenablement pourvu de selle et mors.

B. Cart. XIIIe siècle, fol. 121-v, n° 372, sous la rubrique : « *De decem acris terre quas Herluinus de Hispania dedit ecclesie Pratelli pro monachatu Willelmi, filii sui* ». [Copie Delisle, Bibl. nat. de Fr., nouv. acq. lat. 1025, fol. 161 n° 372].

C. Cart. XVe siècle, fol. 79v-79bis, n° 274.

INDIQUÉ : L. Musset, *Comment on vivait...*, p. 13.

Notum sit presentibus et futuris quod Herluinus de Hispania, filius Gulberti, pro monachatu Willelmi, filii sui, Sancto Petro Pratelli decem acras terre ad Campum *del prunier* donavit. Mortuo autem predicto Herluino, Ivo, filius ejus, predictam terram sancto Petro abstulit et multis annis violenter retinuit. Quapropter Willelmus eumdem Ivonem, fratrem suum, multociens rogavit ne terram quam pater suus ei pro monachatu suo donaverat sancto Petro auferret. Flexus itaque predictus Ivo admonitione sui fratris, venit Pratellum et in capitulo coram abbate Michaele et omnibus monachis supradictam terram, annuente Willelmo, filio suo, coram multis testibus concessit et super altare sancti Petri posuit per unum candelabrum, faciens ipse et filius ejus signum crucis in testimonium redditionis. Quo facto, prefatus abbas omnes illos anathematizavit qui ab illo die de terra predicta aliquam calumniam ecclesie sancti Petri commoverent[a], ipso Ivone et aliis astantibus respondentibus : « Amen ».

Post hec autem in ispa eademque die, idem Michael unum palefridum bene insellatum et infrenatum, per dexteram aurem accipiens, ipsi Ivoni tradidit. Testes : Radulfus *Bursart* ; Willelmus filius Christiani ; Gislebertus *Maleth* ; Robertus *Cahanin* ; Robertus *Oisum* ; Hugo, carpentarius ; Fulco, filius Gaufridi *le Folon* ; Robert *le Porchier* ; Hermoinus ; Willelmus Nurri ; Robertus, filius Gisleberti *Maleth*.

(a) commoveret *BC*.

A96

[1050-1078, 16 mars].

Roger de Manotmere *donne à l'abbaye Saint-Pierre de Préaux, du vivant de l'abbé Anfroi, deux hôtes à Vannecrocq et leur terre, soit quarante acres, en échange du bénéfice du lieu. Roger de Beaumont, seigneur de Roger, a donné son accord.*

B. Cart. XIIIe siècle, fol. 121v, n° 373, sous la rubrique : « *De dono Rogerii de* Mannomere *XL agros terre apud* Wanescrot ». [Copie Delisle, Bibl. nat. de Fr., nouv. acq. lat. 1025, fol. 162, n° 373].

C. Cart. XVe siècle, fol. 79bis, n° 275.

INDIQUÉ : Charpillon, Caresme, *Dictionnaire...*, t. II, p. 950. — V. Gazeau, *Le temporel...*, p. 248.

« Manotmere » est un toponyme apparemment aujourd'hui disparu de la région de Pont-Audemer ; on trouve dans le privilège d'Alexandre III « Majonomere » (**B52**) et dans la grande charte d'Henri II « Mainomere » (**B72**). L'étymologie de ce nom est très proche de celle de l'ancien nom de l'actuel toponyme Le Mont-les-Mares, *Magna Mara* : on trouve dans le cartulaire les formes *Manna Mara* (**A107**), *Manles Mares* (**B156**), *Monnes Mare* (A. Le Prévost, *Mémoires*..., t. III, p. 128) pour *Magna Mara*, ce qui laisse penser que « Manotmere » est une déformation de *Magna Mara*. En 1692, les moines avouent posséder trente acres à Vannecrocq, consistant en un fief nommé le fief de Bailleul (Arch. dép. Eure, H 710, p. 7).

Regnante Willelmo, Roberti martionis filio, Rogerius de *Manotmere* dedit Sanco Petro de Pratellis duos hospites plenos, terram, scilicet quadraginta agrorum, propter beneficium loci, annuente domino suo Rogerio Belli Montis, in villa Wanescroti, vivente abbate Anffrido.

A97

[Vers 1123].

Notice résumant les dons d'Hugues Fichet de Vannecroq faits à l'occasion de sa prise d'habit monastique, avec l'accord de ses fils Hugues et Gervais : à savoir deux gerbes de la dîme sur toute sa terre de Vannecroq, qui lui rapportait une gerbe et allait lui rapporter un champart, le prêtre conservant la chanterie (i. e. : la troisième gerbe de dîme). Il a aussi donné les dîmes du lin, du chanvre et de tout ce qui est sujet à la dîme, de même que la dîme des gerbes acquittées par les hommes de Vannecrocq qui lui en doivent une. Plus tard Hugues a confirmé ces dons et a reçu la fraternité des moines.

B. Cart. XIIIe siècle, fol. 121v, n° 374, sous la rubrique : « *De dono Hugonis* Ficheit *decimam feodi sui apud* Wanescrot » ; en marge, de la main du rubricateur : « *Ad ortolanum* », et d'une main du XVe siècle (M) : « *Campartagium ; De cantaria de* Vanescrot » et d'une main du XVIe siècle (N) : « Vanescrot ». [Copie Delisle, Bibl. nat. de Fr., nouv. acq. lat. 1025, fol. 162, n° 374].

C. Cart. XVe siècle, fol. 79bis, n° 276.

INDIQUÉ : Round, *Calendar*..., p. 110, n° 323.

Sur la datation de cet acte, voir **A73**.

Hugo *Fichet* de *Wanescrot*, veniens ad ordinem monachicum, antequam acciperet habitum sancti Benedicti, astantibus suis filiis, scilicet Hugone et Gervasio, et concedentibus, donavit sancto Petro de Pratellis et servitoribus ejus perpetualiter de omni terra sua de *Wanescrot*, que sibi reddebat garbam et a modo redditura erat campartagium, duas garbas decime. Nam cantariam habet presbiter ejusdem ville. Sic etiam donavit decimam de lino, de canva et de rebus que decimari possunt, sicut de garbis omnium hominum in *Wanescrot* sibi garbam reddentium. Testes : Rogerius *Harenc* ; Ricardus *del Val* ; Ricardus de Bona Villa. Hugo vero, filius ejus, post hec venit Pratellum et misit super altare et accepit societatem monachorum. Testes ejus : Sanson, prepositus ; Tustinus, armiger ; Willelmus, miles ; Motbertus. Testes Sancti Petri : Ricardus Nanus ; Robertus, filius Tesce ; Tustinus Mole doctus[a] ; Willelmus *Malet*. Hoc donavit predictus Hugo pro suo monachatu et loco suo.

(a) *Sic B, corr.* Male doctus ; *corrigé dans C.*

A98

[1050-1054].

Robert fils d'Onfroi donne à l'abbaye Saint-Pierre de Préaux la terre du Mont-les-Mares.

B. Cart. XIIIe siècle, fol. 121v, n° 375, sous la rubrique : « *Ex dono Roberti, filii Hunfridi, terram de* Magnes Mares ». [Copie Delisle, Bibl. nat. de Fr., nouv. acq. lat. 1025, fol. 162, n° 375].
C. Cart. XVe siècle, fol. 79bis, n° 277.

Robertus, filius Hunfridi, dedit nobis terram de *Magnes* Maris.

A99

[vers 1054].

Geoffroy Dastin et Raoul Dastin donnent à l'abbaye Saint-Pierre de Préaux la terre appelée Mesnil-Dastin, avec l'accord de leurs fils respectifs Richard [I] et Roger. En échange, Geoffroy pourra devenir moine de Préaux et Raoul, être inhumé dans le chapitre des moines, auprès de Robert, fils d'Onfroi [de Vieilles], son cousin.

B. Cart. XIIIe siècle, fol. 121v-122, n° 376, sous la rubrique : « *Godefridus et Radulfus, filii Dastini, dederunt ecclesie Pratelli Maisnillum* Dastin*, assensu filiorum* suorum, ut Godefridus predictus efficeretur Pratelli monachus ». [Copie Delisle, Bibl. nat. de Fr., nouv. acq. lat. 1025, fol. 163, n° 376]. — *B²*. *Ibid.*, fol. 137v-138, n° 441 (**A165**), sous la rubrique : « *De dono Godefridi et Radulfi, filiorum* Dastin : le Mesnil *Dastini* ». [Mention Delisle, Bibl. nat. de Fr., nouv. acq. lat. 1025, fol. 193, n° 441].

C. Cart. XVe siècle, fol. 79bis, n° 278. La notice porte en marge, de la main de N : « Rouville ». — *C²*. *Ibid.*, fol. 91v, n° 340. Cette notice porte dans la marge la mention : « Rouville ».

INDIQUÉ : D. Bates, *Normandy*..., p. 102, n. 36. — J.-M. Bouvris, *Pour une étude prosopographique*..., p. 86-87, p. 91. — V. Gazeau, *Le temporel*..., p. 252.

Cette notice est répétée plus bas dans le cartulaire (voir **A165**). Selon V. Gazeau, la date la plus probable de la mort de Robert, fils d'Onfroi de Vieilles, est 1054 ; la mise en gage de la terre du Mesnil Dastin remonte elle aussi à cette date (voir **A168**). L'identification du Mesnil-Dastin avec le Mesnil-Da, lieu-dit proche de Rouville, a été suggérée par J.-M. Bouvris, *op. cit.*, p. 88.

Regnante Willelmo, Roberti marchionis filio[a], et concedente, venerunt[b] duo fratres Godefridus et Radulfus, filii *Dastin*, ad Sanctum Petrum Pratelli et fecerunt ibi donationem de terra que vulgo Maisnillus[c] *Dastin* pro redemptione animarum suarum, annuentibus filiis suis, Ricardo videlicet et Rogerio, eo tenore ut jamdictus Godefridus ibi efficeretur monachus, quod et factum est, et frater ejus Radulfus humaretur in capitulo fratrum juxta Robertum, cognatum suum, Hunfridi filium ; quod etiam et[d] factum est.

(a) Sepedicto principe regnante *B²*. — (b) veniunt *B²*. — (c) Maisnilus *B²*. — (c) om. *B²*.

A100

[1120-1125/1153].

Helgo de Launay donne à l'abbaye Saint-Pierre de Préaux, avec l'accord de ses fils Adalard, Guéroult (Giroldus) et Raoul, six acres de terre situées au Mesnil pour être exempté sa vie durant du service qu'il devait aux moines et qu'il ne pouvait plus acquitter. À sa mort, la terre restera à l'abbaye en aumône pour le salut de son âme.

B. Cart. XIIIe siècle, fol. 122, n° 377, sous la rubrique : « *De dono Helgonis de Alneio sex agros terre apud Maisnillum* ». [Copie Delisle, Bibl. nat. de Fr., nouv. acq. lat. 1025, fol. 163, n° 377].

C. Cart. XVe siècle, fol. 79bis, n° 279.

INDIQUÉ : E. Z. Tabuteau, *Transfers of property*..., p. 27, n. 141 et p. 130, n. 114, doc. 551.

La datation précise de cette donation n'est pas aisée à établir : la présence de Moyse et d'Herbert Baolt implique qu'elle est intervenue au début du XIIe siècle, vraisemblablement avant 1125 (voir **A14**) ; en 1156, *Helgo* est déjà mort (**A104**). Elle se situe à la fin de la vie d'*Helgo* qui succéda à Osulfe du Haut-Étui, mort vers 1120, comme prévôt de Toutainville (**A27**, **A104**). Guillaume Trihan, témoin de cet acte, est mort avant 1153. L'auteur du classement des notices a visiblement confondu le Mesnil, près de Martainville, et le Mesnil-Dastin, près de Rouville, dans le Calvados, mentionné dans la notice précédente.

Helgo de Alneio, cadens in non posse et non habens unde posset terram suam{(a)} deservire, concedentibus filiis suis Adelardo, Giroldo, Radulfo, donavit sancto Petro et monachis ejus sex agros terre apud Maisnillum, ut esset omni tempore vite sue quittus ab omni servitio quod antea faciebat, et tali tenore hoc fecit ut, eo moriente, pro anime ejus redemptione sanctus Petrus et servientes sibi perpetuo in elemosinam eandem terram haberet{(b)}. Qui ponens hoc donum super altare, filii ejus prescripti com{(c)} ipso donationem hanc super altare posuerunt, signisque sancte crucis propriis manibus depinctis, confirmaverunt. Testes Sancti Petri : Herbertus *Baolt* ; Moyses ; Saffridus *Franchet* ; Rainaldus, cementarius ; Osmundus de Porta ; Willelmus *Trihan* et Willelmus Cavelarius.

(a) terram suam posset *C.*— (b) *Sic BC.* — (c) *Sic BC.*

A101

[1120-1146].

Herbert Baolt vend à l'abbaye Saint-Pierre de Préaux, avant son départ pour Saint-Gilles[-du-Gard], trois vergées de terre situées au Mont-les-Mares, qu'il tenait de Guillaume d'Exmes, pour huit sous ; si Herbert ne peut garantir cette terre, l'abbé pourra se dédommager autant qu'il le faudra sur l'autre terre d'Herbert relevant du fief de Saint-Pierre.

B. Cart. XIIIe siècle, fol. 122-v, n° 378, sous la rubrique : « *De tribus virgis terre quas Willelmus de Obsimensis*{(a)} *vendidit abbati Ricardo apud Magnas Maras* ». [Copie Delisle, Bibl. nat. de Fr., nouv. acq. lat. 1025, fol. 164, n° 378].

C. Cart. XVe siècle, fol. 80, n° 280.

INDIQUÉ : L. Musset, *Comment on vivait*..., p. 17.

Herbert Baolt, fils de Richard prévôt du Hamel (**A47**), succéda à son père comme prévôt vers 1120 (**A86**) ; il est cité à neuf reprises dans les actes de Préaux et figure sept fois parmi les témoins des moines ou de l'abbé : **A21, A27, A29, A47, A81, A86, A100, A125**.

Herbertus[(b)] *Baolt*, pergens ad Sanctum Egidium, vendidit Ricardo, abbati de Pratellis, et monachis ejusdem loci tres virgas terre octo solidos quas tenebat de Willelmo de Obsimensis[(c)]. Que terra est apud Magnas Maras. Hanc quidem eo tenore sic vendidit ut, si non posset guarantire, de sua alia terra feodi sancti Petri tantum abbas acciperet, quantum valeret. Testes : Giroldus, filius ejus ; Rodulfus *Polceth*. Testes abbatis : Pilatus ; Ricardus, carpentarius ; Radulfus, carpentarius de Magnesmaris[(d)] ; Rogerius *Calchart* ; Radulfus, porcarius.

(a) *Sic* B. — (b) Rerbertus B, *corrigé au* XVe *siècle en* Herbertus ; Rerbertus C. — (c) *Sic BC*. — (d) *Sic BC*.

A102

[1101, 30 août-1125, 30 janvier].

L'abbé Richard donne à Raoul, fils de Richard le Chauve, toute la terre que son frère Robert Tarde fuit natus *avait reçue en héritage de son père avant de la concéder à l'abbaye lors de sa prise d'habit. Raoul devra à l'abbé pour tout service de cette terre une gerbe et cinq sous.*

B. Cart. XIIIe siècle, fol. 122v, n° 379, sous la rubrique : « *De quinque solidis quos Radulfus, filius Ricardi Calvi, reddit annuatim monachis et ecclesie Pratelli* » ; dans la marge, d'une main du XVe siècle (M) : « *Terra debet gerbam* ». [Copie Delisle, Bibl. nat. de Fr., nouv. acq. lat. 1025, fol. 164, n° 379].

C. Cart. XVe siècle, fol. 80, n° 281.

Sturmide de Selles, l'un des témoins de cette notice, est attesté comme témoin des moines dans trois autres actes situés entre 1101 et 1118 (voir **A15, A50, A46**) ; il est par conséquent fort probable que cet acte soit datable de l'abbatiat de Richard Ier, entre 1101 et 1125.

Abbas Ricardus dedit Radulfo, filio Ricardi Calvi, totam terram quam frater ipsius, Robertus Tarde fuit natus, habens divisa hereditate patris sui, dederat sancto Petro, suscipiens monachicum habitum, scilicet eo tenore ut pro omni servitio illius terre ipse Radulfus annuatim reddat garbam de illa terra et quinque solidos abbati et monachis. Testes Sancti Petri : Urso[(a)] ; Bartholomeus ; Morellus ; *Isoré* ; Giroldus Pungens ; *Esturmit* de Sellis ; Odo, pistor ; Odo, portarius. Testes ejus : Walterius *le Graverenc* ; Gaufridus, socrus ipsius Radulfi.

(a) Sic BC pour Ursus.

A103

[1115-1125, 30 janvier].

Saffroi, fils de Guillaume, ne pouvant plus, pour cause d'infirmité, assumer le service de sa terre, donne à l'abbaye Saint-Pierre de Préaux les vingt acres de terre libre qui lui venaient de l'héritage de son père, non de sa mère : l'abbé, en échange, lui concède sa vie durant son pain et de vieux vêtements (de veteribus pannis) pour sa vêture. Guillaume, fils d'Ansgot, possède une acre de cette terre qui lui vient de l'héritage de sa mère.

B. Cart. XIIIe siècle, fol. 122v, n° 380, sous la rubrique : « *De dono Saffridi, filii Willelmi, viginti agros libere terre* ». [Copie Delisle, Bibl. nat. de Fr., nouv. acq. lat. 1025, fol. 164-165, n° 380].

C. Cart. XVe siècle, fol. 80, n° 282.

INDIQUÉ : L. Musset, *Comment on vivait…*, p. 9.

Richard *Bucce brune*, témoin de cet acte, est qualifié de *puer* en 1125 (**A15**) ; on peut donc difficilement faire remonter cette notice avant 1115. De la même manière, Turstin Mauduit, qualifié lui aussi de *puer*, n'apparaît pas avant 1120 (**A31**), date probable de cette notice. Tous les témoins de Saint-Pierre sont ici des enfants. Guillaume, fils d'Ansgot, est cité vers 1080 comme témoin avec Henri de Beaumont, futur comte de Warwick, dans une charte de Guillaume le Conquérant confirmant les dons de Néel le vicomte en faveur de l'abbaye Saint-Sauveur-le-Vicomte (*Regesta*, t. I, n° 131, p. 34).

Saffridus, filius Willelmi, decidens in infirmitate et habens XX^{ti} agros libere terre nec valens reddere servitium ejusdem terre, donavit eam sancto Petro et abbati Ricardo omnibusque monachis posuitque eam super altare. Idem vero abbas et conventus ipsi Saffrido panem suum, quoad viveret[a], concesserunt et de veteribus pannis vestituram. Et hec terra de parte patris sui sibi accidit, non ex parte matris. Et unum agrum predicte terre Willelmus, filius Ansgoti, habet de matrimonio matris sue. Testes Sancti Petri : Tustinus puer, filius Willelmi *Malduit* ; Herluinus, filius Rodulfi Coci[b] ; Ricardus, puer Bucce brune[c] ; Gislebertus, nepos Herberti. Testes ejus : Goiffridus, filius Ase ; Ansgerius bubulcus ; Galterius, filius *Vassal*.

(a) quo adviveret *BC*. — (b) Coci *ajouté en interligne au-dessus de* Rodulfi, *B*. — (c) Bucce brune *ajouté en interligne au-dessus de* Ricardus, puer, *B*.

A104

1156.

Michel, abbé de Saint-Pierre de Préaux, concède à Guéroult (Giroldus) Gremont, avec l'accord des moines, l'exemption du service d'un cheval dû en vertu du fief qu'avait tenu son père Helgo, prévôt de Toutainville. Guéroult et son fils Raoul donnent en échange le Champ-Dolent et les Routis contre un setier d'orge et cinq sous chartrains ; ils renoncent en outre au Champ-des-sept-vergées, que Guéroult prétendait avoir donné en gage, et reçoivent trois mines d'orge.

B. Cart. XIIIe siècle, fol. 123, n° 381, sous la rubrique : « *De servicio caballi quod Michael abbas quietavit Giroldo* Gremont *et heredi suo in perpetuum* ». [Copie Delisle, Bibl. nat. de Fr., nouv. acq. lat. 1025, fol. 165-166, n° 381].

C. Cart. XVe siècle, fol. 80, n° 283.

INDIQUÉ : A. Le Prévost *Mémoires...*, t III, p. 301.

Il est difficile de situer précisément les Routis et le Champ-Dolent : il n'y a pas de trace à Toutainville de ces microtoponymes ; il existe en revanche « Les Rutiz » à Bonneville-sur-le-Bec, terre de cinq acres que Léon Leprévost donna à l'abbaye du Bec vers 1145 (Le Prévost, *Mémoires...*, t. I, p. 367). Non loin de là existe la Mare Dolent (comm. Freneuse-sur-Risle). Une autre mention des « Rotiz », près de Brionne, apparaît dans le cartulaire de Saint-Gilles de Pont-Audemer (B. M. Rouen, U50, fol. 53v) à la fin du XIIe siècle : Guillaume Deuche, prieur de Saint-Gilles, concède à Raoul fils d'Anfroi sa terre des « Rotiz ». Il existe en outre à Barc (E., cant. Beaumont-le-Roger) un fief des Routieux.

Anno ab Incarnatione Domini M° C° L° VI°, Michael, abbas Pratelli, concedente conventu, concessit Giroldo *Gremunt* et heredi suo in perpetuum servitium caballi quietum de feudo$^{(a)}$ quod tenuit Helgo, prepositus Tustiniville, pater scilicet ejusdem Geroldi. Pro qua re idem Geroldus et filius ejus Radulfus dederunt ecclesie Sancti Petri de Pratellis duos campos terre, videlicet Campum *Dolent* et *les Routiz*. Quapropter predictus abbas dedit eidem Giroldo et filio ejus Radulfo unum sextarium ordei et in capitulo V solidos carnotensium. Campum etiam qui dicitur Septem Virgarum, quem ecclesia sancti Petri diu in pace tenuerat, predictus Giroldus et Radulfus, filius ejus, quietum concesserunt. Dicebat enim Giroldus quod predictus campus Septem Virgarum in vadimonio erat et propter hujusmodi calumniam omino removendam dedit predictus abbas eidem Giroldo tres minas ordei. Testes ex parte Giroldi : Ricardus *Hai* ; Geroldus, nepos ejusdem Ricardi ; Gislebertus Comes ; Hugo de Roca. Ex parte abbatis : Hunfridus *Cauvin* ; Hunfridus *Fruissart* ; Rogerius Anglicus ; Henricus, filius *Bursart* ; Tustinus Male doctus ; Odo de *Wanescrot* qui tunc erat senescallus ; Gaufridus [...]$^{(b)}$.

(a) *Sic BC.* — (b) *Tout porte à croire que la liste des témoins n'a pas été retranscrite entièrement : Geoffroy n'a pas de surnom et les trois points qui d'habitude viennent clore la copie de la notice ne figurent pas ici. En outre un espace au bas du feuillet a été ménagé et laissé vide, la notice qui suit étant rejetée au feuillet suivant.*

A105

[1034-1040].

Saffroi donne à l'abbaye Saint-Pierre de Préaux six acres de terre et reçoit la société des moines.

B. Cart. XIIIe siècle, fol. 123v, n° 382, sous la rubrique : « *De sex agris terre quos Saffridus miles dedit ecclesie Pratelli* ». [Copie Delisle, Bibl. nat. de Fr., nouv. acq. lat. 1025, fol. 166, n° 382].

C. Cart. XVe siècle, fol. 80v, n° 284.

Quidam miles, Saffridus nomine, dedit sancto Petro in Pratellum sex agros terre, pro quibus dederunt ei fratres ejusdem loci societatem.

A106

[1078, 16 mars-1106…].

Notice résumant les dons faits par Turstin Efflanc en faveur de l'abbaye Saint-Pierre de Préaux : [1] il a donné avec son frère Gilbert douze acres de terre pour l'âme de leur sœur Benzeline du temps de l'abbé Evrard ; [2] il ajoute un paysan nommé Anfroi Brochebœuf et la terre d'un vavasseur, nommé Saffroi le Chauve, de sorte qu'il pourra, quand il le voudra, devenir moine de Préaux. Il abandonne aussi, pour le salut de son âme, les vingt sous qu'il recevait chaque année de l'abbé. En échange, il reçoit de l'abbé un cheval et charge son fils de poser la donation sur l'autel.

B. Cart. XIIIe siècle, fol. 123v, n° 383, sous la rubrique : « *De duodecim agris terre quos Gilibertus et Tustinus* Efflanc *dederunt nobis tempore Ewardi abbatis* ». [Copie Delisle, Bibl. nat. de Fr., nouv. acq. lat. 1025, fol. 166-167, n° 383].

C. Cart. XVe siècle, fol. 80-81, n° 285.

INDIQUÉ : V. Gazeau, *Le temporel*…, p. 250.

Cette donation est postérieure à la mort de Sturmide, fils de Turstin Efflanc, qui vivait encore sous l'abbatiat de Guillaume, puisque c'est Roger qui est chargé de la poser sur l'autel (voir **A17-A18**). Pour le *terminus ad quem*, voir **A154**.

[1] Regnante Willelmo, Roberti comitis martionis filio, dederunt duo fratres Gislebertus et Turstinus *Efflanc* Sancto Petro Pratelli duodecim agros terre pro anima cujusdam sororis sue Benscelina nomine, et hoc abbatis Ewardi tempore, [...](a).

[2] His suprascriptis donis addo ad presens ego Turstinus *Efflanc* unum rusticum plenarium, nomine Ansfridum, cognomento *Brochebuef*, et terram unius vavassoris nomine Saffridi Calvi, ea ratione ut, cum, Deo volente, monachus fieri voluero, fiam. Preterea viginti solidos quos annuatim de sancto Petro et abbate in beneficio habebam(b), a modo pro redemptione anime mee dimitto perpetualiter. Pro qua re unum equum ab abbate recipio ; feci etiam ut Rogerius, filius meus, ista et reliqua que dederam, concederet et super altare poneret ; quod et fecit. Hujus rei ex parte ipsius Turstini *Efflanc* testes sunt : Ricardus, filius Theoderici ; Willelmus, filius Gaufridi, Ewardus(c) Sturmidi, nepotes Turstini *Efflanc* ; et Haimo, ejus homo. Ex parte vero abbatis : Turgisus ; Rainowardus ; Hunfridus ; Ricardus Blanca(d) Manchella.

(a) *BC interrompent ici leur transcription, précisant* et cetera sicut scriptum est antea. — (b) habeba *B, corrigé dans C*. — (c) *compr.* filius Sturmidi. — (d) Banca *C*.

A107

[1125, 30 janvier-1146]. — Préaux.

L'abbé Richard [II] de Conteville procède à un échange de terre avec Guillaume, fils de Jean Miteron : Guillaume donne toute la terre qu'il possédait entre deux duits, contre une acre et demie de terre du domaine de Saint-Pierre au Mont-Les-Mares.

B. Cart. XIIIe siècle, fol. 123v-124, n° 384, sous la rubrique : « *De escambio quod abbas Ricardus de Comitiswilla fecit Willelmo, filio Johannis* Mitteron ». [Copie Delisle, Bibl. nat. de Fr., nouv. acq. lat. 1025, fol. 167, n° 384].

C. Cart. XVe siècle, fol. 81, n° 286.

Domnus abbas Ricardus de Comitisvilla cambiavit Willelmo, filio Johannis *Miteron*, totam terram quam habebat idem Willelmus intra duos duitos. Pro qua terra idem Ricardus abbas et omne capitulum monachorum dedit(a) eidem Willelmo juxta suam voluntatem unam(b) acram terre et dimidiam de dominica cultura sancti Petri apud Mannas Maras. Testes ex parte Willelmi : Radulfus, socer ejus ; Radulfus, filius Herluini ; Hugo, homo Willelmi ; Hugo *Tafut*. Testes Sancti Petri : Ricardus Tustiniville ; Giroldus, Rodulfus, fratres, filii Osberni Male habet ; Walterius, pistor.

(a) *Sic B.* — (b) una *B.*

A108

[1152, 21 décembre-1163].

Raoul le Grand de Graimbouville et son épouse Hildeburge donnent à l'abbaye Saint-Pierre de Préaux, avec l'accord de leurs fils Geoffroy et Raoul, tout ce que le père d'Hildeburge, Guéroult Rainowart, avait tenu de l'abbaye à Graimbouville en maisons, vergers et terres, héritage dont Hildeburge était la seule légataire, tous ses parents étant déjà morts. L'abbé Michel, en échange, leur accorde un don gratuit de soixante sous chartrains et à chacun de leurs fils cinq sous. Raoul et son épouse obtiennent aussi qu'à leur mort leurs noms soient inscrits à l'obituaire des moines et que, quel que soit le moment de leur mort, une messe annuelle soit dite à l'intention de chacun d'eux.

B. Cart. XIIIe siècle, fol. 124, n° 385, sous la rubrique : « *De donis que Radulfus Magnus de Grinbouwilla et uxor ejus fecerunt ecclesie Pratelli, assensu filiorum suorum, tempore Michaelis abbatis de Pratellis* ». [Copie Delisle, Bibl. nat. de Fr., nouv. acq. lat. 1025, fol. 167-168, n° 385].

C. Cart. XVe siècle, fol. 81, n° 287.

La présence parmi les témoins de Raoul Efflanc, auquel est associé son fils Richard, détermine le *terminus ad quem* de cette donation : cet acte est le dernier où apparaisse Raoul mort moine à Préaux avant 1163, date à laquelle son moulin situé à Tourville est déjà entre les mains de son fils Richard (Cartulaire de Préaux, fol. 38v-39, n° 76).

Radulfus Magnus de Grimboldivilla et Hildeburgis, uxor ejus, concedentibus eorumdem filiis, Godefrido et Radulfo, donaverunt Sancto Petro de Pratellis et super altare per unum cereum posuerunt quicquid Giroldus, cognomento *Rainowart*, pater scilicet predicte mulieris, in hac villa de feudo[(a)] istius ecclesie habuit, scilicet in domibus, in virgultis, in terris, ad istam[(b)] mulierem jure hereditario et paterno contingentibus. Nam alii parentes ejus universi jam defuncti erant et ad eam solam hereditas ipsa pertinebat. In testimonium vero sue donationis signum dominice crucis depinxerunt. Michael autem abbas, cujus tempore hoc factum est, ipsi Radulfo et conjugi ejus ex caritate ecclesie sexaginta carnotensium solidos donavit et duobus eorum filiis unicuique quinque solidos ejusdem monete. Datumque est eis et auctoritate tocius capituli confirmatum ut, cum de hac vita aut simul aut diverso tempore decessissent, pro unoquoque eorum, viro scilicet ac muliere, unum annuale ex integro fieret et nomina eorum cum nominibus monachorum defunctorum ad memoriam eorum singulis annis recolendam conscriberentur. Testes ex parte abbatis : Radulfus *Efflanc* ; Ricardo, filio[c] ejus ; Hugo de *Folebec* ; Willelmus, prepositus ; Odo, cementarius de Becco ; Willelmus, filius Radulfi corveisarii ; Osmundus *A la teste*.

(a) *Sic BC*. — (b) ista *BC*. — (c) Ric? filio *B, corrigé dans C en* Ricardus filius.

A109

[1152, 21 décembre-1167, 16 décembre]. — Préaux, en chapitre.

Michel, abbé de Préaux, fait savoir qu'il a concédé avec l'accord de la communauté à Roger, fils d'Adèle, et à son héritier cinq acres et demie de terre située au Champ-Cailloel et au Champ-Ruald, contre une rente annuelle de trois sous ayant cours à Pont-Audemer et une gerbe ; il devra aussi à Noël deux chapons et à Pâques trente œufs. Il aura en outre sur cette terre une maison où entreposer le grain ; il devra, de plus, moudre son grain au moulin de Selles et acquitter la mouture.

B. Cart. XIIIe siècle, fol. 124v, n° 386, sous la rubrique : « *Quomodo Rogerius, filius Addelie, accepit a Michaele, abbate Pratelli, assensu monachorum V acras terre et dimidium in campo* Calloel ». [Copie Delisle, Bibl. nat. de Fr., nouv. acq. lat. 1025, fol. 168, n° 386].

C. Cart. XVe siècle, fol. 81v, n° 288.

Le Champ-Ruald est sans doute la terre donnée par Ruald de Salerne entre Épaignes et Selles (voir **A113**). Le Champ-Cailloel devait se situer à Selles, comme le laisse supposer l'obligation de mouture au moulin de Selles, spécifiée à la fin de la notice. Robert, Raoul Cailloel et son fils, qui ont dû laisser leur nom à ce champ, sont cités durant la première moitié du XIIe siècle, comme témoins de deux notices se rapportant au fief de la Riourie et aux Fosses Tolles, deux terres situées à Selles (voir **A51** et **A55**).

Notum sit omnibus tam presentibus quam futuris monachis Pratellensibus quod ego Michael abbas cum omni communiter conventu in capitulo concessimus Rogerio, filio Addelie, illi scilicet et heredi ejus, quinque acras terre et dimidiam in Campo *Cailloel* et Campo Rualdi. Pro hac terra autem reddet annuatim ecclesie Sancti Petri Pratelli tres solidos denariorum in Ponte Audomari communiter currentium et garbam et in Nathale Domini duos capones et ad Pascha triginta ova. Domum etiam super eandem terram semper habebit in quam annonam ejusdem terre colliget. Moltam etiam ejusdem terre dabit et ibit ad molendinum de Sellis. Testes : Rogerius Tola ; Rogerius, filius Helvidis ; Hugo, filius Addelie.

A110

[1100, 2 août-1135, 1er décembre].

Raoul Dieu-le-fit donne à l'abbaye Saint-Pierre de Préaux pour le salut de son âme et de celles de ses parents l'héritage reçu de son père à Drincourt et ajoute quatre acres de terre à Varimpré, afin d'y construire grange, maisons et chapelle ; il donne aussi deux gerbes [de dîme] à prendre sur son domaine ou sa charruée.

B. Cart. XIIIe siècle, fol. 124v, n° 387, sous la rubrique : « *Quomodo Rodulfus, cognomento Deus fecit eum, donavit IIII agros terre in willa que vocatur* Garinpreet *ecclesie Pratelli* ». [Copie Delisle, Bibl. nat. de Fr., nouv. acq. lat. 1025, fol. 169, n° 387].

C. Cart. XVe siècle, fol. 81v, n° 289.

a. D. Rouet, « Une dépendance de l'abbaye Saint-Pierre de Préaux... », p. 535, n° 1.

On ne trouve aucune autre trace dans les sources de Préaux de terres à Varimpré, lieu situé au nord-est de la Normandie, appartenant au temporel de Préaux. Cette notice est en outre ambiguë quant au lieu exact destiné à recevoir la grange, les bâtiments et la chapelle prévus par Raoul. Il y a tout lieu de croire que ces constructions sont destinées aux terres de Drincourt, c'est-à-dire Neufchâtel, et que l'on a ici l'origine du prieuré Sainte-Radegonde de Neufchâtel que les moines de Préaux ont construit.

Tempore Henrici regis Anglie, Rodulfus, cognomento Deus fecit eum, terram omnem que ei acciderat ex paterna hereditate in villa que vocatur *Drincurt*(a) ; item donavit IIIIor agros terre, in villa que vocatur *Garinpreet*, ad faciendam grantiam(b) suam et domos suas et faciet capellam super hanc terram. Dedit etiam duas garbas tocius ville sue vel carruce sue. Hec omnia Sancto Petro de Pratellis et monachis donavit pro anima sua et pro suis parentibus. Testes Sancti Petri : Saffridus *Franchet* ; Hunfridus, filius Rodulfi.

(*Crux*) Signum Rodulfi.

(a) *suppléer ici* dedit. — (b) granchiam *C*.

A111

[1094, 29 novembre-1106, 27 septembre].

En présence du duc de Normandie Robert [Courteheuse], est établi que Robert [III], comte de Meulan, retiendra jusqu'à sa mort les terres que Roger de Beaumont, son père, a données à l'abbaye Saint-Pierre de Préaux situées à Salerne : soit tout ce que ce dernier y avait possédé, excepté ce qu'il avait auparavant donné aux moniales de Saint-Léger de Préaux. À sa mort, voire avant, si Robert désire rendre spontanément ces terres aux moines ou revêtir l'habit monastique, l'abbaye rentrera en pleine possession de ces biens, sans réclamation possible de ses héritiers.

B. Cart. XIIIe siècle, fol. 125, n° 388, sous la rubrique : « *Quomodo Rogerius de Bello Monte contulit ecclesie Pratelli quicquid habebat in Salernia, excepto quod habet abbatissa Sancti Leodegarii* » ; dans la marge : « Salerne » d'une main du XVIIIe siècle. [Copie Delisle, Bibl. nat. de Fr., nouv. acq. lat. 1025, fol. 169, n° 388]. — B^2. *Ibid.*, fol. 127, n° 395 (**A118**), sous la rubrique : « *Item Rogerius de Bello Monte, Dei cultor piisimus, dedit nobis quicquid habemus vel habere possumus in Salernia et cetera que in III° folio scribitur, hoc in III°* ». [Copie Delisle, Bibl. nat. de Fr., nouv. acq. lat. 1025, fol. 172, n° 395].

C. Cart. XVe siècle, fol. 81-82, n° 290. — C^2. *Ibid.*, fol. 83v, n° 297.

a. A. Le Prévost, *Mémoires...*, t. III, p. 97.

INDIQUÉ : C. H. Haskins, *Norman Institutions*, p. 70, n° 29. — E. Houth, *Robert Preud'homme...* p. 824, n° 1. — E. Houth, *Les comtes de Meulan*, p. 39, n° 1. — S. Mesmin, *The leper hospital...* (thèse dactylographiée), p. 483. — D. Crouch, *The Beaumont...*, p. 139. — V. Gazeau, *Le temporel...*, p. 246.

La donation de Roger de Beaumont, rappelée au début de la notice, se situe entre 1087 et le 29 novembre 1094, date de la mort de Roger. Son fils Robert III, comte de Meulan, retient finalement ces biens situés à Salerne : cette rétractation intervient implicitement après la mort de Roger de Beaumont. Ainsi, cette notice, qui doit être datée du règne de Robert Courteheuse, duc de Normandie, témoin de l'acte, donc entre 1087 et le 27 septembre 1106, date de la bataille de Tinchebray, est postérieure à 1094.

Regnante Roberto, Willelmi regis filio, regis$^{(a)}$ Anglorum, Rogerius de Bello Monte, providens anime sue suorumque parentum, dedit Pratellensi ecclesie quicquid in Salernia habebat$^{(b)}$, excepto quod habet abbatissa Sancti Leodegarii, id ipsum concedente filio ejus, comite de *Mellent*. Prefatus autem ejusdem filius retinet sibi in manu sua quamdiu vixerit ; post obitum vero ipsius, postposita universorum calumnia$^{(c)}$ heredum seu quorumlibet hominum, nostra ecclesia sine aliqua dilatione antedictam donationem possidebit. Quod si quando monachillem habitum susceperit vel id quod tenet spontanea voluntate nobis reddere voluerit, absque reclamatione heredis suis cujuslibet hominis impedimento ecclesie, quod suum est, ex integro mancipabit. Testes : Robertus comes, filius ejusdem Willelmi regis ; Rogerius de Tetboldivilla ; Fortinus ; Osbernus de *Aisi* ; Gaufridus *Brustesalz* ; Willelmus de Stota Villa ; Rogerius de Raimis ; Anscetillus, pincerna ; Rualdus Brito ; Rainowardus.

(a) *Sic BC*. — (b) B^2C^2 *terminent ici leur transcription*, B^2 *précisant* et cetera que in III° folio est ; C^2 et cetera que in III° folio scribitur *(sic)*. — (c) calumpnia *C*.

A112

[1101, 30 août-1120].

Robert Fauvel donne à l'abbaye Saint-Pierre de Préaux, pour son salut et celui de ses amis, un lopin de terre situé devant le moulin des moines à Salerne sans rien en retenir. En échange, lui et ses fils reçoivent la société des moines.

B. Cart. XIIIe siècle, fol. 125, n° 389, sous la rubrique : « *Quomodo Robertus* Fauvel *donavit monachis de Pratellis modicum terre quod habebat ante molendinum eorum de Salernia* ». [Copie Delisle, Bibl. nat. de Fr., nouv. acq. lat. 1025, fol. 170, n° 389]. — B^2. *Ibid.,* fol. 127, n° 394 (**A117**), sous la rubrique : « *Ex dono Roberti* Fauvel *modicum terre quod habebat ante molendinum nostrum de Salernia, tempore Ricardo abbatis, habuimus* ». [Mention Delisle, Bibl. nat. de Fr., nouv. acq. lat. 1025, fol. 171, n° 394].

C. Cart. XVe siècle, fol. 82, n° 291. — C^2. *Ibid.,* fol. 83v, n° 296.

On retrouve cette même notice copiée un peu plus loin dans le cartulaire (B^2, **A117**). Richard Bucce brune est encore qualifié de « *puer* » en 1126, mais Osulfe, prévôt de Selles, doit sans doute être identifié à Osulfe, prévôt de Toutainville, qui était déjà mort en 1120 (**A86**).

Tempore abbatis Ricardi, Robertus, cognomento *Fauvel*^(a), habens modicum terre ante nostrum molendinum^(b) de Salernia^(c), sancto Petro donavit pro se et suis amicis, totum donans et nil retinens. Cultellum^(d) ergo^(e) ipse et filii ejus utrinque tenentes super altare sancti Petri istam^(f) donationem posuerunt et societatem monachorum^(g) ea die receperunt. Testes ejus : Radulfus^(h), filius ejus ; Anffridus Soldearius et alius filius ejus. Testes Sancti Petri : Osulfus, prepositus de Sellis ; Saffridus Male doctus ; Ricardus, filius Oris bruni.

(a) Falvel B^2C^2. — (b) molendinum nostrum *C*. — (c) Salerna B^2C^2. — (d) Per cutellum B^2C^2. — (e) *om.* B^2C^2. — (f) sancti Petri istam *om.* B^2C^2. — (g) *om.* B^2C^2. — (h) Rodulfus B^2C^2.

A113

[1126-1146], mardi de Pentecôte.

Guillaume, fils de Ruald de Salerne, renonce sur le conseil de ses parents aux prétentions qu'il avait émises sur la terre que tenait à Salerne Raoul, fils de Renouf, sur la maison sise dans le bourg de Préaux, les deux acres de prés et la terre d'Épaignes, biens que son frère Thomas, sa mère Agnès lui-même avaient vendus, avec le consentement de ses sœurs, à l'abbé Richard de Préaux contre quarante livres, vingt moutons, vingt porcs et deux chevaux. Une fois Thomas mort à Jérusalem, Guillaume avait nié avoir jamais vendu ces biens à l'abbé Richard. Celui-ci lui donne alors en chapitre, en présence des moines, cent sous, prix de sa renonciation, ses trois sœurs recevant quinze sous.

B. Cart. XIIIe siècle, fol. 125v, n° 390, sous la rubrique : « *Quomodo abbas Ricardus comparavit totam terram quam habebant Thomas et Willelmus, filii Rualdi de Salernia, in Hispania cum multis aliis* ». [Mention Delisle, Bibl. nat. de Fr., nouv. acq. lat. 1025, fol. 170, n° 390].

C. Cart. XVe siècle, fol. 82, n° 292.

INDIQUÉ : A. Le Prévost, *op. cit.*, t. III, p. 97.

La vente des terres de Ruald de Salerne a eu lieu en 1126 (voir **A15**). La mort de Thomas a peut-être un rapport avec la deuxième Croisade, ce qui situerait cette notice entre 1143 et 1146, date de la mort de l'abbé Richard II.

Thomas et Willelmus, filii Rualdi de Salernia, et Agnes, mater eorum, concedentibus filiabus ejus, vendiderunt totam terram quam habebant in Hispania et unam domum in burgo Pratelli et duas acras prati in Tustinivilla quadraginta libris denariorum et XX^{ti} ovibus atque XX^{ti} porcis cum duobus equis abbati Ricardo de Pratellis et monachis ejusdem loci coram multis testibus et avunculis suis, Ricardo atque Roberto de Coldreio.

Postea vero, mortuo Thoma in via Jerusalem, frater ejus Willelmus oblitus est Dei et pristine venditionis, calumnians terram in Salernia quam tenebat Radulfus, filius Rannulfi, et totam terram de Hispania et domum de burgo Pratelli et duas acras prati quas Thomas, frater ejus, et ipse, jam diximus, vendiderant abbati Ricardo Pratelli, ab eo receptis denariis et pecudibus. Interpellatus autem post hec iste Willelmus a parentibus suis qui eum noverant ista vendidisse et male hec calumniari^(a). Iterum accepit ab abbate Ricardo, tercio die Pentechostes^(b), in capitulo C solidos denariorum coram conventu monachorum dimisitque omnem suam calumniam^(c) super his^(d) et in eodem capitulo juravit super quatuor evangelia coram abbate et omni conventu monachorum, astantibus multis viris et parvulis, numquam se hec amplius calumniaturum et quod portaret veram fidem de omni feodo abbati et monachis Sancti Petri Pratelli, posuitque hec omnia super altare sancti Petri jure elemosine pro animabus parentum suorum.

Tres etiam sorores ejus inter se habuerunt XV solidos, ut hoc concederent ; quod et fecerunt. Testes ex parte Willelmi : Rogerius de Sprevilla ; Ricardus, Thomas de Coldreio ; Willelmus de Bertoutvilla. Testes abbatis : Paganus de Turvilla ; Willelmus, filius ejus ; Ricardus, frater Pagani ; Robertus, filius Giroldi de Ponte Audomari ; Robertus et Radulfus, filii Herluini de Turvilla ; Giroldus de *Aincurt* ; Robertus *Haslé* ; Saffridus *Franchet* ; Theodericus, cementarius ; Willelmus *Maleth* ; Rogerius, nepos ejus ; Willelmus *Trihan* ; Odo, filius ejus ; Osbernus Albus pes ; Hugo, puer Comitisville ; Robertus, vinitor. Hi itaque predicti venditores signum crucis propriis manibus in testimonium veritatis fecerunt.

(a) calupmniari *C*. — (b) Pentecostes *C*. — (c) calumpnia *C*. — (d) hiis *C*.

A114

[1094, 29 novembre-1118, 5 juin] et probablement [1106-1118, 5 juin].

Robert [III], comte de Meulan, accorde l'immunité pour les hommes de l'abbaye à Salerne : son prévôt, ou ses autres agents ne pourront les inquiéter, sauf si, accusés d'un méfait, ils sont pris à l'intérieur des murailles de Brionne. Cependant, ils n'auront pas le droit de les poursuivre ou de les capturer au dehors, circonstance où ils relèveront de la justice de l'abbé. Ce don vient compléter celui de son père Roger de Beaumont qui avait cédé à l'abbaye, avec l'accord de Robert, tout ce qu'il possédait à Salerne : terres, bois, moulin, hommes et toutes les coutumes, excepté ce qu'il avait déjà donné aux moniales de Saint-Léger [de Préaux].

B. Cart. XIIIe siècle, fol. 126, n° 391, sous la rubrique : « *Quomodo Rogerius Belli Montis contulit nobis quicquid habemus in Salernia, excepto quod prius sancto Leodegario dederat* ; *bis scribitur* » ; dans la marge, d'une main du XVIIIe siècle « Salerne ». [Mention Delisle, Bibl. nat. de Fr., nouv. acq. lat. 1025, fol. 170, n° 391]. — *B²*. *Ibid.*, (inséré dans la grande charte de Galeran II, **B8**), fol. 33-36, n° 68.

C. Cart. XVe siècle, fol. 82v, n° 293.

INDIQUÉ : Charpillon, Caresme, *Dictionnaire*..., t. I, p. 589. — D. Crouch, *The Beaumont*..., p. 172.

Cette notice associe deux transactions : la donation de Roger de Beaumont date du principat de Guillaume le Conquérant, avant 1087 ; entre 1094 et 1106, Robert, comte de Meulan, est revenu sur cette donation dans un accord relaté dans la notice **A111**. Finalement Robert de Meulan accorde ici l'immunité des hommes de l'abbaye à Salerne : il faut sans doute rapprocher cette donation de celle par laquelle Robert accorde en 1106 les coutumes judiciaires qu'il possédait et la banlieue de Préaux (**A69**), mais il reste difficile de savoir si cet accord est intervenu avant ou après. Ou bien Robert III accorde ces privilèges judiciaires entre 1094 et 1106 avant de se les réapproprier comme l'ensemble des biens des moines à Salerne (voir **A111**), mais un tel scénario paraît peu probable ; ou bien cet acte intervient après 1106, date à laquelle Robert III accorde de semblables privilèges pour l'ensemble des biens des moines qui se situent dans son domaine. Puisqu'il a retenu à son profit les biens de Salerne avant 1106, il faut croire qu'en 1106 il ne les avait toujours pas restitués, ce qui l'a amené, lors de la restitution qui semble donc s'être produite avant sa mort, à repréciser ici le statut judiciaire de Salerne qui n'était pas concerné par l'accord de 1106. Brionne entra dans le patrimoine des Beaumont-Meulan en 1088 par don de Robert Courteheuse en échange de la place d'Ivry (Bibl. nat. de Fr., Coll. du Vexin, t. VI, p. 306).

Regnante Willelmo, Roberti marcionis filio[a], Rogerius Belli Montis[b] dedit Sancto Petro Pratelli[c] quicquid habebat in Salernia : in terris, silvis, molendino, hominibus et omnibus consuetudinibus, exceptis his que sancto Leodegario dederat. Fecit autem hoc, concedente Roberto, filio ejus, comite de *Mellent*, qui tantam libertatem Deo et hominibus illis contulit ut vicecomes Briobnie[d], prepositus vel quilibet minister in eos potestatem nullam habeat, excepto si intra quatuor portas castri aliquem ad forisfactum invenerit. Foris autem persequendi vel capiendi eos non habet licentiam, sed abbas in curia sua de suis justitiam et rectitudinem faciat.

(a) Post multum temporis B^2. — (b) idem verus Dei cultor B^2. — (c) Sancto Petro suprascripto B^2. — (d) Sic B ; Brionie B^2.

A115

[1152, 21 décembre-1167, 16 décembre]. — Préaux, en chapitre.

Notification de l'aumône de Raoul du Quesnay faite en faveur de l'abbaye Saint-Pierre de Préaux : il donne le quart du moulin situé sur les eaux du Livet qu'avait tenu Guillaume Saim et à qui il avait succédé par droit héréditaire ; il ajoute la moitié de ce même moulin, distincte des parts des autres propriétaires, que lui et ses ancêtres avaient possédée ; ainsi que la terre le jouxtant où se trouve la maison du meunier, terre pour laquelle il devait rendre deux sous et deux cens ; en échange l'abbé Michel avec l'accord des moines l'exempte du service d'un cheval, de panage, des cens et du droit de mouture du grain à l'usage de sa maison, au cas où il voudrait le moudre à ce moulin ; s'il veut moudre ailleurs son grain, il le pourra sans contestation possible de la part de l'abbé ; enfin il ajoute la liberté de tous ses biens comme il les avait toujours tenus.

B. Cart. XIIIe siècle, fol. 126-v, n° 392, sous la rubrique : « *Ex dono Radulfi de Quasnaio quartam partem molendini apud* Liveit *quod tenuit Walterius* Saim *et dominium ejusdem molendini et managium molendinarii et duos solidos possidemus* ». [Copie Delisle, Bibl. nat. de Fr., nouv. acq. lat. 1025, fol. 170-171, n° 392].

C. Cart. XVe siècle, fol. 83, n° 294.

a. A. Le Prévost, *Mémoires*..., t. II, p. 322.

INDIQUÉ : L. Delisle, nouv. acq. fr. 21831, n° 484. — Charpillon, Caresme, *Dictionnaire*..., t. II, p. 448.

Le moulin de Livet, situé sur les eaux arrosant la vallée de Livet-sur-Autou, porta le nom de Moulin-de-Saim et s'appelle aujourd'hui le Moulin-aux-Prêtres. Plus en amont, à l'ouest, surplombant cette petite vallée, se trouve le Hameau-aux-prêtres, autre possession des moines. En 1170, les moines obtinrent de l'abbé du Bec le droit de construire un second moulin sur les eaux de Livet (voir **B34**). Cette notice s'achève par la même liste de témoins que la suivante, ce qui laisse présager que l'une et l'autre relatent deux actions qui eurent lieu le même jour.

Notum sit presentibus et futuris quatinus tempore Michaelis, abbatis Pratelli, Radulfus de Caisneio dedit Deo et ecclesie Sancti Petri de Pratellis in elemosinam quartam partem molendini siti super aquam de *Liveth*, quod tenuit Walterius *Saim*, quod etiam predicto Radulfo hereditario jure successerat. Dedit etiam dimidium ejusdem molendini quod, absque participatione eorum qui in eodem molendino participabantur, tam ipse quam predecessores sui hereditate possederant. Donavit insuper terram juxta molendinum in qua managium molendinarii situm est, de qua debet reddere duos solidos et duos *reguarz*^(a) ; quapropter ipse dictus abbas Michael, tocius ecclesie concedente conventu, supradicto Radulfo et heredi suo concessit servitium caballi quietum et pasnagium suum et suos *reguarz* et sue proprie domus moltam, si ad predictum molendinum molere voluerit ; si vero noluerit, absque calumpnia justicie abbatis molat quo molere voluerit. Preter hec etiam omnium rerum suarum libertatem, sicut antiquitus tenuerat. Testes ex parte Radulfi : Robertus, sacerdos de *Breteuis* ; Anscetillus^(b) de Mara et Hunfridus, filius ejus ; Radulfus Ruffus ; Philippus, frater ejus ; Robertus *le Mignon* ; Gaufridus, filius Bensce. Ex parte monachorum ; Hunfridus *l'Engigneor* ; Ricardus, frater ejus ; Odo, senescallus ; Rogerius de Becco ; Herbertus, frater ejus ; Willelmus, filius Christiani.

(a) reguars *C*. — (b) Anschetillus *C*.

A116

[1152, 21 décembre-1167, 16 décembre]. — Préaux, en chapitre.

Notification de l'aumône d'Anquetil de la Mare et d'Onfroi, son fils, faite en faveur de l'abbaye Saint-Pierre de Préaux : ils donnent le huitième du moulin situé sur les eaux du Livet qu'avait tenu Guillaume Saim. L'abbé Michel leur donne en échange, en présence des moines, quinze sous chartrains ; il leur concède aussi, ainsi qu'à leurs héritiers, la possibilité d'y moudre librement le grain à l'usage de leur propre maison ; s'ils veulent moudre ailleurs leur grain, il le pourront sans contestation possible de la part de l'abbé.

B. Cart. XIIIe siècle, fol. 126v, n° 393, sous la rubrique : « *Tempore Michaelis, abbatis de Pratellis, Anschetillus de Mara et Hunfridus, filius ejus, dederunt ecclesie Pratelli medietatem quarte partis molendini, quem tenuit Walterius Saim* ». [Mention Delisle, Bibl. nat. de Fr., nouv. acq. lat. 1025, fol. 171, n° 393].

C. Cart. XVe siècle, fol. 83, n° 295.

INDIQUÉ : Charpillon, Caresme, *Dictionnaire...*, t. II, p. 448.

Notum sit presentibus et futuris quatinus tempore Michaelis, abbatis Pratelli, Anschetillus de Mara et Hunfridus, filius ejus, dederunt Deo et ecclesie Sancti Petri de Pratellis in elemosinam medietatem quarte partis molendini siti super aquas de *Liveth*, quod tenuit Walterius *Saim*. Quapropter predictus abbas Michael in capitulo coram monachis dedit eis XV^{cim} solidos carnotensium. Concessit etiam idem abbas supradicto Anschetillo et heredi suo proprie domus sue moltam quietam, si ad predictum molendinum molere voluerit. Si vero noluerit, absque calumnia[a] justicie abbatis molat quo molere potuerit. Testes ex parte hujus Anschetilli et Hunfridi, filii ejus : Robertus, sacerdos de *Breteueis* ; Radulfus de *Caisneio* ; Radulfus Rufus ; Philippus, frater ejus ; Robertus *le Mignon* ; Gaufridus, filius Bensce. Ex parte monachorum : Hunfridus *l'Engigneor* ; Ricardus, frater ejus ; Odo, senescallus ; Rogerius de Becco ; Herbertus, frater ejus ; Willelmus, filius Christiani.

(a) calumpnia *C*.

A117

Don par Robert Fauvel d'une terre à Salerne. — Autre copie de la notice A112.

B. Cart. XIIIe siècle, fol. 127, n° 394, sous la rubrique : « *Ex dono Roberti* Fauvel *modicum terre quod habebat ante molendinum nostrum de Salernia, tempore Ricardo abbatis, habuimus* ». [Mention Delisle, Bibl. nat. de Fr., nouv. acq. lat. 1025, fol. 171, n° 394].

A118

Accord entre Robert III de Meulan et les moines au sujet des biens donnés par Roger de Beaumont à Salerne. — Autre copie de la notice A111.

B. Cart. XIIIe siècle, fol. 127, n° 395, sous la rubrique : « *Item Rogerius de Bello Monte, Dei cultor piisimus, dedit nobis quicquid habemus vel habere possumus in Salernia et cetera que in III° folio scribitur, hoc in III°* ». [Copie Delisle, Bibl. nat. de Fr., nouv. acq. lat. 1025, fol. 172, n° 395].

A119

[1094, 29 novembre-1106, 27 septembre].

Robert [III], comte de Meulan, donne à l'abbaye Saint-Pierre de Préaux vingt livres, monnaie anglaise, de dîme sur les revenus qu'il perçoit outre-mer, à lever chaque année en trois termes : à la Saint-André [30 novembre], à la Chandeleur [2 février] et à la Saint-Jean-Baptiste [24 juin].

B. Cart. XIIIe siècle, fol. 127-v, n° 395bis, sous la rubrique : « *Item Rogerius*[(a)] *dedit XX[ti] libras de decimatione in Anglia* » ; dans la marge : « *In Anglia* ».

C. Cart. XVe siècle, fol. 83v, n° 298.

INDIQUÉ : Round, *Calendar...*, p. 110, n° 321.

Cette donation de Robert III de Meulan eut lieu le même jour que l'accord intervenu entre les moines de Préaux et le comte au sujet des biens de Salerne, relaté dans la notice A111/A118, et pudiquement qualifié ici de « *donatio* » ; on s'y reportera pour la datation. Le don de revenus en Angleterre semble être un dédommagement accordé aux moines de Préaux en échange de la mainmise du comte sur les biens donnés précédemment par Roger de Beaumont à Salerne. On ne possède aucun renseignement au sujet de la localisation de ces dîmes ; il est cependant fort probable qu'il faille les confondre avec celles qui sont évoquées dans une lettre adressée au pape Alexandre III par le comte Robert III de Leicester, petit-fils du comte Robert III de Meulan. Le comte de Leicester y demande en faveur des moines de l'abbaye de Lyre la confirmation de la donation, faite par son père, des dîmes de Shapwick et Keyneston (co. Dorset). Ces deux dîmes, explique-t-il, avaient été primitivement accordées par son aïeul aux moines de Préaux, qui n'avaient pu rien tirer à cause de la cupidité des prévôts comtaux. En conséquence le comte de Meulan avait dédommagé les moines de Préaux en remplaçant ces dîmes par son domaine de Spettisbury (voir Bibl. nat. de Fr., Collection du Vexin, t. XIII, fol. 44-v, n° 543 ; Martène, *Thesaurus novus*..., t. I, p. 477 ; Migne, *Patrologia latina*, t. CC, col. 1390 ; G. Constable, *Monastic tithes*..., p. 110).

Eodem die quo hec donatio facta est, idem comes predictus pro anima sua atque suorum parentum dedit Sancto Petro Pratelli[b] uno quoque anno XX^{ti} libras anglice monete de decimatione reddituum suorum quos ultra mare habet. Ista peccunia nobis danda per tres terminos anni, videlicet in festivitate sancti Andree apostoli et sancte Marie candelarie et sancti Johannis Baptiste. Hujus autem rei testes prescribuntur cum figuris eorum.

(*Crux*) Signum Roberti, comitis de *Mellent*. (*Crux*) Ricardi *Wanescrot*. (*Crux*) Ricardi, filii Teoderici. (*Crux*) Anschetilli, pincerne[c]. (*Crux*) Willelmi Stota Villa[d].

(a) *Sic B, corr.* Robertus. — (b) Pratellis *C*. — (c) picerne *B, corrigé dans C*. — (d) *Sic B*.

A120

[1105-1118, 5 juin].

*L'abbé Richard [Ier] de Saint-Pierre de Préaux concède aux chanoines de la Trinité de Beaumont[-le-Roger] toute la terre que l'abbaye possédait au Ménil-Isembert. En échange, le doyen Wazon concède à l'abbaye tout ce que la collégiale avait à Salerne en terres et en autres biens, puisque l'abbaye tenait au Ménil-Isembert plus de terre que n'en avaient les chanoines à Salerne. Les chanoines conserveront la dîme des gerbes de Salerne et celle du moulin ; ils auront aussi leur grange dîmière dans la cour des moines à Salerne. Ceux-ci auront la dîme du fourrage, et des autres produits (*alia*), les grains restant aux chanoines. Pour éviter tout conflit, l'abbaye réclamera justice de toute violation de la dîme des chanoines, comme de la sienne. Robert [III], comte de Meulan, son épouse Élisabeth, leurs enfants Galeran, Robert et Hugues le Pauvre, ont donné leur accord.*

B. Cart. XIIIe siècle, fol. 127v, n° 396. En rubrique : « *Tempore Ricardi abbatis facta est commutatio canonicis de Bello Monte in Maisnillo Ysenberti*[a] *pro tota terra quam canonici de Bello Monte possidebant aut possidere poterant in Salernia* » ; dans la marge, d'une main du début du XVIe siècle (N) : « Sallerne ». [Copie Delisle, Bibl. nat. de Fr., nouv. acq. lat. 1025, fol. 172-173, n° 396].

C. Cart. XVe siècle, fol. 84, n° 299.

a. A. Le Prévost, *Mémoires*..., t. III, p. 97. — b. E. Deville, *Le cartulaire de la Trinité de Beaumont-le-Roger*, p. XI, n. 1.

INDIQUÉ : E. Houth, *Robert Preud'homme*..., p. 829, n° 18.

La présence des enfants du comte de Meulan Robert III détermine la datation de cette notice : Galeran et son frère jumeau Robert sont nés en 1104 (O. V., t. IV, p. 191), Hugues le Pauvre, leur frère, pas avant 1105 ; Robert Ier est mort le 5 juin 1118.

Ricardus abbas monachique Sancti Petri de Pratellis concesserunt ecclesie Sancte Trinitatis canonicisque de Bello Monte totam terram quam tenebant in Maisnillo Isemberti. Wazo vero decanus et canonici concesserunt monachis totam terram quam ecclesia eorum possidebat in villa que dicitur Salerna. Et quia monachi plus possidebant terram in Maisnillo Isemberti[a] quam canonici in Salerna, iccirco canonici dimiserunt monachis quicquid habebant in Salerna, et in terra videlicet et ceteris rebus, preter solummodo decimam garbarum tocius ville et nominatim ipsius terre quam cambierunt necnon et decimam molendini prefate ville. Grancia vero canonicorum erit sita in curia Sancti Petri apud Salernam, in qua decima supradicte ville reponetur, ex qua monachi totam farraginem et alia habebunt, canonici vero tantummodo grana. Ut autem omnis controversia evitetur, evidenter annotamus quod, si quis de decima predicte ville canonicis injuriam fecerit, monachi inde justiciam quasi de suo dominio conquirent. Hec vero mutatio facta est concedente domino utriusque ecclesie Roberto, scilicet Mellentino comite, uxoreque ejus Elisabeth filiisque ipsius, Gualeranno videlicet atque Roberto et Hugone Paupere.

(a) Ysemberti C.

A121

[1050-1054].

Jean de Saint-Philibert, fils du comte Raoul, donne une terre appelée Saint-Benoît sise dans la forêt du Vièvre : il se réserve cependant le droit d'y prendre les sangliers et les éperviers. Il reçoit alors quinze sous de l'abbé Anfroi, et la société des moines.

B. Cart. XIIIe siècle, fol. 128, n° 397, sous la rubrique : « *Ex dono Johannis de Sancto Philiberto quandam terram, que Sanctus Benedictus vocatur, pro qua re abbas Anfridus dignam ei rependit pecuniam* » ; dans la marge, d'une main du début du XVIe siècle (N) : « Sainct Benoist ». [Mention Delisle, Bibl. nat. de Fr., nouv. acq. lat. 1025, fol. 173, n° 397].

C. Cart. XVe siècle, fol. 84, n° 300.

INDIQUÉ : V. Gazeau, *Le temporel...*, p. 247.

Cette notice a été insérée dans la pancarte de fondation (voir **A1[15]**). Elle ouvre une série de trois actes concernant les terres possédées par les moines de Préaux dans la région du Vièvre, au sud de Préaux et au nord de Salerne.

Jam sepedicto principe regnante atque consentiente[a], Johannes de Sancto Philiberto, Radulfi comitis filius, dedit Sancto Petro Pratellensi quamdam terram que Sanctus Benedictus vocatur, in foresta que Guevra dicitur, nichil consuetudinis sibi reservans preter aprum et accipitrem, si adessent. Pro qua re abbas ejusdem loci, Anffridus nomine, dignam[b] sibi rependit pecuniam, scilicet XV^{cim} libras denariorum et maxime societatem loci.

(a) Regnante Willelmo, Roberti marcionis filio, et consentiente *C.* — (b) dignam *om. C.*

A122

[1094, janvier-1106, 27 septembre].

Arnoul Pinel donne à l'abbaye Saint-Pierre de Préaux la terre qu'il tenait au lieu-dit Malmoucel ; son seigneur, l'évêque d'Avranches Turgis[7], reçoit alors dix livres pour prix de son consentement. Devenu moine, Arnoul a fini sa vie à Préaux.

B. Cart. XIIIe siècle, fol. 128, n° 398, sous la rubrique : « *Ex dono Arnulfi* Pinel *quicquid habemus apud* Malmoucel *in terris videlicet et silvis et in redditibus aliis* ». [Copie Delisle, Bibl. nat. de Fr., nouv. acq. lat. 1025, fol. 173, n° 398].
C. Cart. XVe siècle, fol. 84v, n° 301.

Le *terminus a quo* de cette notice est l'accession de Turgis à l'épiscopat en 1094, après la mort en janvier 1094 de son prédécesseur Michel ; le *terminus ad quem*, la perte de la Normandie par Robert Courteheuse à la bataille de Tinchebray, le 27 septembre 1106. *Malmoucel* n'est plus attesté dans la région du Vièvre que sous la forme de Moussel, lieu-dit situé au nord-est de Lieurey. Le Vièvre fit partie des terres données à l'église d'Avranches vers 1060 par Jean de Saint-Philibert, fils du comte d'Ivry, qui devint évêque d'Avranches, avant d'être archevêque de Rouen.

Roberto comite gubernante Normanniam, Arnulfus de *Pinel* dedit Sancto Petro de Pratellis terram quam habebat in loco qui dicitur *Malmoucel*, annuente[a]

---

7. Turgis, évêque d'Avranches, 1094-1134.

domino suo Turgiso, episcopo Abrincatensi, qui, ut hoc concederet, decem libras habuit. Ipse autem Arnulfus factus monachus ibidem vitam finivit.

(a) annuante B, corrigé dans C.

A123

1164.

Raoul [Ier] de Freneuse donne à l'abbaye Saint-Pierre de Préaux, à l'occasion de la prise d'habit de son fils Raoul, cinq sous de la monnaie courante en Normandie, à percevoir chaque année à la mi-Carême sur une maison que tient Robert Gaudin, située à Saint-Georges-du-Vièvre.

B. Cart. XIIIe siècle, fol. 128, n° 399, sous la rubrique : « Pro monachatu Radulfi de Fresnoisae$^{(a)}$ percipit annuatim ecclesia Pratellensis quinque solidos in quadam domo quam tenet Robertus Waudin in willa que dicitur Sanctus Georgius de Wiebre ». [Copie Delisle, Bibl. nat. de Fr., nouv. acq. lat. 1025, fol. 173-174, n° 399].

C. Cart. XVe siècle, fol. 84v, n° 302.

a. A. Le Prévost, *Mémoires...*, t. III, p. 116-117.

INDIQUÉ : Charpillon, Caresme, *Dictionnaire...*, t. II, p. 227, p. 784.

Hugues du Val, témoin de cet acte, et son frère Raoul apparaissent dans une charte donnée en faveur de Saint-Gilles de Pont-Audemer, par laquelle ils concèdent une terre sise à Martainville (Cart. Saint-Gilles de Pont-Audemer, fol. 99v ; S. Mesmin, *The leper hospital...*, n° 195, p. 457). Raoul II de Freneuse occupa entre 1211 et 1227 la charge de sacriste de l'abbaye (voir **B134**, **B140**, **B146**, **B189**).

Notum sit presentibus et futuris quatinus anno Incarnationis dominice M° C° sexagesimo quarto, ego Radulfus de Fraisnosa dedi$^{(b)}$ Deo et ecclesie Sancti Petri de Pratellis in elemosinam perpetuam pro monachatu Radulfi, filii mei, V^{que} solidos denariorum communiter per Normanniam currentium in quamdam domum, quam tenet Robertus *Waudin* in villa que dicitur Sanctus Georgius de Wevra, annuatim reddendos in medio Quadragesime. Testes ex parte Radulfi : Robertus de *Felgeroles* ; Hugo *Harenc* ; Hugo de *Val* ; Robertus *Gaudin* ; Geroldus de *Malmuncel*$^{(c)}$. Ex parte abbatis : Odo, senescallus ; Robertus, filius Herluini ; Willelmus, filius Christiani ; Robertus *Cabanin*.

(a) *Sic B* ; Fresnoise *C*. — (b) do *C*. — (c) Malmoucel *C*.

A124

Don par Roger de Beaumont de biens sis à Combon. — *Autre copie des actes A7 et A8, fondus en une seule notice.*

B. Cart. XIIIe siècle, fol. 128v, n° 400, sous la rubrique : « *Ex dono Rogerii filii Hunfridi Belli Montis partem decime Combonni quam retinebat in dominio suo, alteram vero partem cum ecclesia dederat Hunfrido presbitero quam postea predictus Rogerius totam ecclesie Pratelli donavit. Qua de causa Hunfridus presbiter unciam auri ab abbate Anfrido sucepit* » ; dans la marge, d'une main du début du XVIe siècle (N) : « Combon ». [Mention Delisle, Bibl. nat. de Fr., nouv. acq. lat. 1025, fol. 174, n° 400].

A125

[1115-1120/1159, 1er août].

Emma de Combon, épouse de Goscelin le Maréchal, et Richard, leur fils, donnent à l'abbaye Saint-Pierre de Préaux la terre que Goscelin avait tenue à Combon un jour et une nuit et celles que ses hommes y tenaient de son fief. En échange, Emma aura chaque jour, sa vie durant, un pain blanc, un autre bis et trois sortes de mets : pois, ragoût, poisson, et sa boisson, ainsi que dix sous par an pour sa vêture. Son fils Richard pourra soit devenir moine, soit avoir quelque emploi à l'abbaye. Robert du Neubourg et sa mère Marguerite ont donné leur accord et abandonnent à l'abbaye tous les services qui leur étaient dus sur cette terre et reçoivent respectivement en échange cent sous et un muid de blé.

B. Cart. XIIIe siècle, fol. 128v-129, n° 401, sous la rubrique : « *Ex dono Emme de Combonio et Ricardi, filii ejus, terram suam quam uno die et una nocte tenuit Gascelinus in Combonnio in dominio, quare predicta Emma, quamdiu vixerit, unum panem album* » ; dans la marge, d'une main du début du XVIe siècle (N) : « Combon ». [Copie Delisle, Bibl. nat. de Fr., nouv. acq. lat. 1025, fol. 174-175, n° 401].

C. Cart. XVe siècle, fol. 85, n° 304.

a. A. Le Prévost, *Mémoires...*, t. I, p. 519.

INDIQUÉ : Charpillon, Caresme, *Dictionnaire...*, t. I, p. 784-785. — L. Musset, *Comment on vivait...*, p. 9.

Robert du Neubourg s'est fait moine au Bec le 1er août 1159 ; il y est mort le 30 août (Torigny, t. I, p. 322). Richard de Combon apparaît seul vers 1153 (**B7**). Herbert du Hamel est attesté dès 1120 (**A86, A100**). Henri de Warwick, père de Robert du Neubourg, meurt en 1123. Marguerite du Perche est encore vivante en 1143, date à laquelle elle donne son accord pour une confirmation-donation de son fils au Bec (Bibl. nat. de Fr., lat. 13905, fol. 27), et même en 1152 (**A129**). Conformément aux vœux de sa mère, Richard de Combon a été employé par les moines comme portier vers 1160 (voir **A130**). Les terres données à l'abbaye pourraient se situer à La Neuville-de-Combon : un échange entre les moines de Préaux et ceux du Bec daté de 1235 porte sur huit acres de terre des moines de Préaux à Neuville près de Combon, données par un certain Richard (cart. Préaux, fol. 152v, et cart. La Trinité de Beaumont, éd. Deville, fol. 18v).

Emma de Combonio, uxor Gualcelini Marescalli, et Ricardus, filius eorum, donaverunt Sancto Petro de Pratellis jure elemosine totam terram suam quam uno die et una nocte tenuit Gualcelinus in Combunnio in dominio et quam tenebant homines illius ville de eo. Tali tamen tenore hoc fecerunt ut ipsa Emma, quamdiu viveret, tota die unum panem album et alterum subalbum haberet et tria genera pulmentorum, videlicet pisa, pulmentum, piscem et potum et decem solidos annuatim pro sua vestitura ; filius vero ejus, jamdictus Ricardus, aut monachus fieret, si vellet, aut in aliquo ministerio abbatie retineretur. Hoc donum Robertus de Novo Burgo posuit super altare dicens : « Ego et mater mea Margarita quicquid servicii et dominii habuimus in ista terra, domino Deo et sancto Petro perpetuo donamus et liberam eam jure a modo facimus ». Testes ex parte Roberti et Emme et Ricardi : Henricus de Pratea ; Gislebertus de Mara ; Christianus, cementarius hujus ville. Testes Sancti Petri : Herbertus de Hamelo[a] ; Giroldus *del Bec* ; Willelmus *Trihan* ; Theodericus, lavendarius. Pro hac concessione, Robertus de Novo Burgo centum solidos habuit et mater ejus unum modium annone.

(a) Hamello *C*.

A126

[Avant 1162]. — Préaux.

Robert de Barquet, excommunié pour homicide, venu à Préaux, donne à l'abbaye Saint-Pierre de Préaux la dîme de toute sa terre de Combon ; il est reçu frère de cette abbaye. Les moines ont chanté pour l'allègement de sa pénitence cinq cents messes.

B. Cart. XIIIe siècle, fol. 129v, n° 402, sous la rubrique : « *Quomodo Robertus de Barceit fecit donationem ecclesie Pratelli de decima totius terre sue de parrochia Combonis* » ; dans la marge, d'une main du début du XVIe siècle (N) : « Combon ». [Copie Delisle, Bibl. nat. de Fr., nouv. acq. lat. 1025, fol. 175, n° 402].

C. Cart. XVe siècle, fol. 85, n° 305.

a. A. Le Prévost, *Notes pour servir...*, p. 51. — *b.* A. Le Prévost, *Mémoires...*, t. I, p. 175.

INDIQUÉ : Charpillon, Carême, *Dictionnaire...*, t. I, p. 208 et p. 785. — L. Musset, *Comment on vivait...*, p. 10.

Sur la datation de cette notice, voir **A130**.

Robertus de *Barcet*, constrictus ecclesiastica districtione pro quodam homicidio, veniens Pratellum, posuit donationem super altare beati Petri decime tocius terre sue parrochie Combonis[a] fraterque loci effectus ; pro alleviatione sui oneris monachi quingentas missas cantaverunt.

(a) *Sic BC.*

A127

[Vers 1150 ?].

Alman de Combon reçoit la société des moines de Préaux où il désire être inhumé : il donnera à sa mort vingt sous ou une partie de ses revenus ; son voisin Geoffroy, tailleur, témoin de cette donation, promet à son tour la même chose, Alain en est témoin. Guillaume Cavessot, enfin, queux de la comtesse [de Warwick (?)] et fils de Geoffroy, fait la même promesse. Tous les trois à leur mort ont donné vingt sous et leur corps.

B. Cart. XIIIe siècle, fol. 129, n° 403, sous la rubrique : « *Ex dono Alani de* Conbon, *in fine vite sue habuimus XX solidos. Item ex dono Willelmi* Cavessot *in fine sue habuimus XX solidos et eorum corpora ecclesie Pratelli reliquerunt tumulanda* ». [Copie Delisle, Bibl. nat. de Fr., nouv. acq. lat. 1025, fol. 175, n° 403].

C. Cart. XVe siècle, fol. 85-v, n° 306.

a. A. Le Prévost, *Mémoires...*, t. I, p. 520.

INDIQUÉ : Charpillon, Caresme, *Dictionnaire...*, t. I, p. 785.

Il serait tentant d'identifier cet Alman de Combon avec Alain de Neuville (hameau proche de Combon) : ce proche du comte de Meulan fut sénéchal, charge qu'il assura à partir de 1138 environ jusque dans les années 1150 (D. Crouch, *op. cit.* p. 32 et p. 142), avant de passer au service du roi Henri II et de disparaître vers 1170. La dernière phrase est à l'évidence un ajout postérieur au corps de la notice. Sur l'identification de la comtesse de Warwick, voir **A129**. La rubrique de cette notice sème le doute sur le nombre des donations effectives : Alman de Combon et Guilaume Cavessot semblent avoir accompli leur promesse ; difficile de savoir si c'est également le cas du tailleur Geoffroi.

Alman de Combonno accepit societatem suam Pratelli et dedit suum corpus sancto Petro tumulandum et in fine vite sue XX^{ti} solidos aut partem sue sustancie, teste Gaufrido parmentario, ejus vicino, qui hoc idem de se fiendum statuit, teste Almano ; Willelmus etiam *Cavessot*, comitisse cocus, et filius ejus, accepta societate[a]. In fine eorum XX^{ti} solidos sancto Petro relinquerunt et corpora sua tumulanda.

(a) *compr.* idem fecit.

A128

[1066-1087].

Roger de Beaumont, accompagné d'Adeline, son épouse, donne à l'abbaye Saint-Pierre de Préaux, avec l'accord de leurs fils Robert et Henri, la dîme des poissons d'un gourd (gort) *à Beaumont[-le-Roger].*

B. Cart. XIIIe siècle, fol. 129v, n° 404, sous la rubrique : « *Ex dono Rogerii Belli Montis, assensu Adeline uxoris sue, decimam piscium unius* gort *de Bello Monte habemus* ». [Mention Delisle, Bibl. nat. de Fr., nouv. acq. lat. 1025, fol. 175, n° 404]. — *B²*. *Ibid.*, fol. 102v, n° 295bis (**A12**), sous la rubrique : « *Ex dono Rogerii Belli Montis, assensu Adeline uxoris sue, decimam piscium unius* gort *de Bello Monte habemus* ». [Copie Delisle, Bibl. nat. de Fr., nouv. acq. lat. 1025, fol. 117-118, n° 295].

C. Cart. XVe siècle, fol. 64, n° 197. — *C²*. *Ibid.*, fol. 85v, n° 307.

INDIQUÉ : L. Delisle, nouv. acq. fr. 21831, n° 476.

Une version abrégée de cette notice se trouve au **A12** (*B²*) ; la grande charte confirmative de Galeran II en reprend la teneur en l'abrégeant encore (**B8**).

Regnante Willelmo rege[a], dedit Rogerius Belli Montis cum Adelina[b], uxore sua[c], annuentibus filiis suis[d] Rogerio[e] et Henrico[f] decimam piscium[g] unius *gort*[h] de Bello Monte.

(a) Eodem tempore *B²*. — (b) A *B²*. — (c) ejus *B²*. — (d) ejus *B²*. — (e) *Sic BC, corr.* Roberto ; R *B²*. — (f) H *B²*. — (g) piscium *om. B²*. — (h) *Sic BB²C*.

A129

[1152, 21 décembre-1159, août]. — Le Neubourg, puis Préaux.

Henri de La Prée donne à l'abbaye Saint-Pierre de Préaux, à l'occasion de sa prise d'habit, douze acres de son domaine à Combon, fief qu'il tenait de Marguerite[8] comtesse de Warwick, mère de Robert du Neubourg. Il renonce ainsi à revendiquer cinq de ces acres, les anciens du village ayant décidé qu'elles devaient revenir à la comtesse ; cet accord a eu lieu au Neubourg. Robert du Neubourg, sa mère Marguerite et son fils Henri ont donné leur consentement, ainsi que Guillaume, fils d'Henri de La Prée, qui a promis de respecter cette donation en serrant la main de Robert du Neubourg. Dans un deuxième temps, Henri et son fils sont venus à Préaux concrétiser l'accord en le posant sur l'autel.

B. Cart. XIIIe siècle, fol. 129v-130, n° 405, sous la rubrique : « *Ex dono Henrici de Pratea tempore Michaelis, abbatis de Pratelis, XII acras terre de suo in villa que Combonnus dicitur. Item quinque acras terre in eadem villa, quas diu calumpniaverat, ecclesie Pratelli libere possidendas concessit et predictas XII acras pro monachatu suo concessit* » ; dans la marge XVIIIe siècle : « Combon ». [Copie Delisle, Bibl. nat. de Fr., nouv. acq. lat. 1025, fol. 175-177, n° 405]. — *B²*. *Ibid.*, fol. 49-v, n° 108 (**B17**).

C. Cart. XVe siècle, fol. 85v-86, n° 308.

INDIQUÉ : Charpillon, Caresme, *Dictionnaire...*, t. I, p. 785. — D. Crouch, *The Beaumont...*, p. 6.

Guillaume de La Prée, fils aîné d'Henri, donna une acre de terre sise au Mesnil-Isembert au prieuré de la Trinité de Beaumont-le-Roger (A. Deville, *Le cartulaire de la Trinité...*, p. 8).

Noverit[a] omnis homo tam stantis[b] temporis quam subsequentis quia tempore Michaelis, abbatis Pratellensium[c], Henricus de Pratea, melioris vite viam ingrediens sanctitatisque habitum suscipiens, tam pro suis indumentis quam pro suo monachatu Pratellensi[d] ecclesie ea que subscripta sunt devotus obtulerit. Donavit igitur vir ipse Henricus[e] pro supradictis XII^{cim} acras terre[f] de suo in villa que dicitur *Combon* in feodo Margarite comitisse de *Warwic*, matris Roberti de Novo Burgo. Quinque vero acras terre in eadem villa et eodem feodo sitas quas ipse diu calumniaverat et jam diligenti consideratione et judicio majorum natu loci illius in suum jus redire decretum fuerat, omni calumnia de medio sublata, ecclesie predicte libentissime concessit habere et perpetuo possidere. Hec autem conventio primo facta[g] apud Novum Burgum, concedentibus eam et testibus ex utraque parte existentibus : Roberto de Novo Burgo[h], ejusdem

---

8. Marguerite du Perche, épouse d'Henri de Beaumont, comte de Warwick.

loci domino ; et Margarita, matre ejus ; et Henrico, filio ipsius Roberti de Novo Burgo[i] ; et Gisleberto de *Bigaz*[j] ; et Radulfo, vilano[k] ; et Thoma, pincerna ; et Roberto, presbitero de *Witot* ; et Adeliza, uxore Henrici de Pratea ; et tribus filiis eorum, Roberto videlicet et Simone et Willelmo, majore fratre. Qui Willelmus[l] ipsam conventionem pro se et pro suis se servaturum, fide propria in manu Roberti de Novo Burgo confirmavit. Secundo autem loco apud Pratellum fuit recordata et super altare sancti Petri ab eodem Henrico de Pratea et filio ejus Willelmo posita. Testes ex nostra parte[m] : Geroldus, portarius ; Radulfus *Bursart* ; et Henricus, filius ejus[n] ; Ricardus de *Combon* ; Willelmus *Maleth* ; Ricardus *del Val*, filius scilicet Christiani cementarii[o] ; et Theodericus cementarius[p].

(a) *B^2 donne le préambule de cet acte ici tronqué* Quoniam cuncta pene que temporaliter agimus processu temporis memoriam sub nimia celeritate diffugiunt, susceptionem cujusdam monachi atque donationem fideli scripto commendare curavimus. Noverit itaque (...). — (b) instantis B^2 — (c) Pratellensium B^2 ; Pratell *suivi d'un tilde BC*. — (d) Pratellensi B^2 ; Pratell *suivi d'un tilde B*. — (e) vir iste huic ecclesie B^2. — (f) *omis dans B^2*. — (g) facta est B^2. — (h) Roberto, ejusdem loci domino B^2. — (i) filio Roberti B^2. — (j) Bigat B^2. — (k) rustico B^2. — (l) Willelmo majore qui ipsam... B^2. — (m) Ex nostra parte fuerunt testes B^2. — (n) Radulfus Bursart et filius ejus B^2. — (o) filius (...) cementarii *omis dans B^2*. — (p) et alii multi B^2.

A130

1162. — Préaux, en chapitre.

Geoffroy de Barquet confirme aux moines de Saint-Pierre de Préaux la dîme portant sur toute sa terre de Combon, redevance que son père a donnée, libre de toute exaction. Il reçoit en échange des moines un don gratuit de vingt sous chartrains. Il était auparavant venu avouer les torts qu'il avait causés au sujet de cette dîme et demander pardon. S'étant repenti de ses fautes, il a prié les moines de pouvoir participer aux bénéfices [spirituels] de l'abbaye et de recevoir la fraternité de ceux-ci.

B. Cart. XIIIe siècle, fol. 130, n° 406, sous la rubrique : « *Quomodo Godefridus de* Barcheit *accepit societatem ecclesie Pratellensis et quare, fraternitate suscepta, XX solidos carnotensium de caritate domus Pratelli habuit* » ; dans la marge : « Combon ». [Copie Delisle, Bibl. nat. de Fr., nouv. acq. lat. 1025, fol. 177-178, n° 406].

C. Cart. XVe siècle, fol. 86, n° 309.

a. A. Le Prévost, *Notes pour servir*..., p. 51-52. — *b*. A. Le Prévost, *Mémoires*..., p. 175.

INDIQUÉ : A. Canel, *Essai historique*..., t. I, p. 322. — Charpillon, Caresme, *Dictionnaire*..., t. I, p. 208 et 785 (trad.).

Sur la donation de Robert de Barquet, voir **A126**. Sur la famille de Barquet, voir A. Le Prévost, *Notes pour servir*..., p. 51-53.

Anno ab Incarnatione Domini M° C° LX° II°, Godefridus de *Barchet* venit Pratellum et in capitulo, coram cunctis astantibus, confitens reatum suum de damnis[(a)] que Sancto Petro de Pratellis intulerat, videlicet de decima de *Combon* quam pater suus, Robertus de *Barchet*, longo ante tempore[(b)] de tota terra sua quam habebat in *Combon* sancto Petro donaverat, poposcit veniam ab eis quam et inpetravit[(c)]. Postea vero, compunctus et penitens de damnis[(d)] predictis, devotis precibus ab eis expetiit ut particeps tocius beneficii Sancti Petri Pratelli et frater congregationis fieret ; quod et factum est. Itaque exhilaratus de beneficio et fraternitate accepta, totam supradictam decimam quittam ab omni exactione sancto Petro donavit et super altare inde donum per candelabrum ferreum posuit, faciens etiam manu sua de incausto signum crucis in testimonium confirmationis. Pro qua re XX[ti] solidos accepit carnotensium de caritate ecclesie. Testes : Godefridus Anglicus ; Hunfridus *Cauvin* ; Robertus *Oisum* ; Walterius de Porta ; Radulfus, filius Ricardi *le Peissonier* ; Willelmus *Nurriet* ; Gislebertus *Moisnart* ; Rogerius *Winchenel* ; Ricardus de *Combun*, portarius.

(a) dampnis *C*. — (b) *BC précisent* sicut in alio retro folio scriptum est. — (c) *Sic B* ; impetravit *C*. — (d) dampnis *C*.

A131

[1118-1123]. — Gaillon, *in aula comitis*.

Notice résumant les dons faits en faveur des moines de Saint-Pierre de Préaux par le prêtre Guillaume, Robert, Auvray et Roger Harenc, fils de Roger, vigneron d'Aubevoye : [1] *ils ont donné chacun leur part des terres et des vignes qu'ils ont reçues en héritage de leur père contre dix sous que leur a remis le prieur Samuel.* [2] *À peine cinq ans après, les trois frères ont contesté ces biens et, sur l'ordre du comte d'Évreux Amaury*[9], *un duel judiciaire a été ordonné, qui les opposerait à Roger Postel, champion des moines, afin de prouver la donation. Redoutant finalement le duel, ils ont renoncé devant les juges Guillaume Capre, Guillaume Pointel, Postel des Rotoirs, Barthélemy, le chapelain Hugues et Hugues Non dormiens, pour eux et leurs héritiers à toute contestation. En échange, le moine Roger du Mont-Pinchon leur a donné dix sous remis au prêtre Guillaume par son neveu Roger Testart devant Guillaume Pointel, Gautier À-la-barbe, Roger Postel et ses deux fils et le chapelain Hugues.*

B. Cart. XIIIe siècle, fol. 130v, n° 407, sous la rubrique : « *Quare domnus Samuel, prior tunc temporis de Pratellis, donavit decem solidos Willelmo presbitero, Roberto, Alveredo, Rogerio* Harenc, *filiis Rogerii vinitoris de Alba Via, et isti postea fecerunt reclamatione et calumpnia in hereditate quam dederant ecclesie*

9. Amaury IV de Montfort, comte d'Évreux, 1118-1123, †1137.

Pratelli. Unde Rogerius Postel *accepit duellum pro sancto Petro et pars adversa miraculose territa predictam calumpniam quietam clamavit. Tunc Rogerius monachus dedit eis X solidos pro vera recognitione ».* [Copie Delisle, Bibl. nat. de Fr., nouv. acq. lat. 1025, fol. 178, n° 407].

C. Cart. XVe siècle, fol. 86-v, n° 310.

a. A. Le Prévost, *Notes pour servir*…, p. 24. — b. A. Le Prévost, *Mémoires*…, t. I, p. 138-139.

INDIQUÉ : M. Charpillon et Carême, *Dictionnaire*…, t. I , p. 152 (traduction), t. II, p. 243. — L. Musset, *Comment on vivait*…, p. 10.

La donation originelle de la vigne eut lieu du temps où Samuel était prieur de Préaux : ce dernier est plusieurs fois cité vers 1118 ; il est mentionné dans les services obituaires de l'abbaye Saint-Évroult rédigés avant 1130 (J. Laporte, *Les services*…, p. 143), mais il est absent du *titulus* ajouté par les moines de Préaux au rouleau mortuaire de l'abbé Vital de Savigny datable de 1122. Le duel judiciaire ne peut donc pas être postérieur à 1135 ; il fut ordonné par Amaury qui fut comte d'Évreux entre 1118 et 1123, date de la confiscation du comté par le roi Henri Ier.

[1] Willelmus[a] presbiter, Robertus Alveredus, Rogerius *Harenc,* filii Rogerii vinitoris de Alba Via, quadam die venerunt Pratellum dederuntque Sancto Petro Pratelli[b] singuli partes suas que sibi accideront ex paterna hereditate, scilicet de terra, de fructibus vinee. Pro hac donatione domnus Samuel prior dedit eis decem solidos. Testes Sancti Petri : Osmundus, presbiter ; Hunfridus, filius Ingelranni ; *Isoret.*

[2] Deinde, pene quinquennio peracto, isti tres predicti fratres totum id quod donaverant reclamaverunt jussuque Amalrici, comitis Ebroice, accepto die insimul comprobande hujus donationis, Rogerius *Postel* accepit pro sancto Petro bellum. Ventumque est ad illud ibique, in aula comitis de Gualione, coram justiciis ejus, videlicet Willelmo Capreo et Willelmo Pointello et Postello de Rotoribus et Bartholomeo et Hugone capellano et Hugone Non dormiente, timentes facere bellum per virgulam reliquerunt omnem calumniam suam ante omnes predictos barones, juraveruntque Robertus et Rogerius *Harenc* super sanctos et Willelmus presbiter pactus est fidem suam coram omnibus quod numquam ipsi neque heredes neque parentes eorum aliquid ultra de his reclamarent. Tunc Rogerius, monachus, de Monte *Pinçun* guagiavit eisdem X^{cem} solidos pro vera recognitione quos Rogerius *Testart,* nepos ipsorum, Willelmo presbitero liberavit ante Willelmum *Pointel* et Walterium *A la barbe* et Rogerium *Postel* et duos filios ejus et Hugonem capellanum. Testes Sancti Petri : Ansfridus, clericus, frater Roberti monachi ; Willelmus, filius ejus ; Rogerius *Postel* ; Johannes, filius ejus ; Ricardus *Catados*[c] ; Robertus de Aleio.

(a) Guillelmus *C*. — (b) *mot omis dans C*. — (c) Cat ados *B*.

A132

[...1125, 30 janvier-1146].

Roger [Testart], fils d'Auvray [Harenc], renonce à ses prétentions concernant la vigne de l'abbaye Saint-Pierre de Préaux, située près de celle de Saint-Wandrille à Gaillon. Il reçoit en échange cinq sous et la société des moines.

B. Cart. XIIIe siècle, fol. 131, n° 408, sous la rubrique : « *Rogerius, filius Alveredi, recepit V solidos de karitate et societatem ecclesie Pratelli pro quietatione calumpnie quam faciebat in vinea nostra de* Gallon ». [Copie Delisle, Bibl. nat. de Fr., nouv. acq. lat. 1025, fol. 178, n° 408].

C. Cart. XVe siècle, fol. 86v, n° 311.

INDIQUÉ : A. Le Prévost, *Mémoires*..., t. I, p.139.

Roger Enbulgebien et ses fils sont cités dans **A55**, entre 1152 et 1167, et dans **A94**, en 1158. Guillaume Harenc, prêtre, est mort avant 1146 (voir **A138**).

Rogerius, filius Alveredi, venit Pratellum et clamavit quittam totam calumniam quam clamabat in vineam nostram, que est prope vineam Sancti Wandregisili[a], et posuit super altare sancti Petri. Pro qua re recepit V^{que} solidos et societatem monachorum. Testes ex parte ejus : Willelmus, frater Rogerii, vinitoris nostri. Testes Sancti Petri : Martinus *Hugetot* ; Hunfridus, Godefridus, filii Rogerii *Inbulgebien*.

(a) Wandregisilli *C*.

A133

[1125, 30 janvier-1146].

Guillaume et Roger Harenc, oncles de Roger Testart, vendent à l'abbaye Saint-Pierre de Préaux toute leur vigne contiguë à celle des moines pour trente sous.

B. Cart. XIIIe siècle, fol. 131, n° 409, sous la rubrique : « *Abbas Ricardus de Pratellis comparavit a Willelmo et Rogerio* Harenc *pro XXX solidis omnino vineam suam herentem vinee nostre* ». [Copie Delisle, Bibl. nat. de Fr., nouv. acq. lat. 1025, fol. 178, n° 409].

C. Cart. XVe siècle, fol. 86v-87, n° 312.

Willelmus⁽ᵃ⁾ presbiter et Rogerius *Harenc*, fratres, avunculi scilicet Rogerii *Restart*⁽ᵇ⁾, totam vineam suam herentem vinee nostre vendiderunt Ricardo, abbati de Pratellis, et dedit eis pro ea triginta solidos.

(a) Guillelmus *C*. — (b) *Sic BC pour* Testart.

A134

1123. — Préaux.

Guillaume, prêtre, et son frère Richard Harenc vendent à l'abbaye Saint-Pierre de Préaux une vigne sise à Aubevoye ainsi que la terre qui la jouxte jusqu'à huit pieds avant les souches du pommier et du poirier. Ils se réservent ces arbres et leurs fruits, mais ceux qui tomberont dans le fossé creusé pour délimiter la terre reviendront aux moines. Guillaume et Richard acquiteront au seigneur du lieu les coutumes sans la dîme et les moines possèderont cette terre libre de toute redevance. Ils reçoivent en échange à Aubevoye, des mains du moine Yves, trente six sous.

B. Cart. XIIIᵉ siècle, fol. 131-v, n° 410, sous la rubrique : « *Item Ricardus abbas emit a Willelmo presbitero et fratre ejus Ricardo* Harenc *vineam quam habebant in Alba Via cum tota terra sua que eidem vinee jungebatur usque ad stipites mali et piri* ». [Copie Delisle, Bibl. nat. de Fr., nouv. acq. lat. 1025, fol. 178-179, n° 410].

C. Cart. XVᵉ siècle, fol. 87, n° 313.

Julienne, épouse d'Eustache de Breteuil, est entrée à l'abbaye de Hautes-Bruyères, fille de Fontevraud, quelques années après 1119 (O. V., éd. Le Prévost, t. IV, p. 394) : Eustache de Breteuil donna alors aux moniales de cette abbaye une rente de dix livres d'esterlins (J. de La Mainferme, *Clypeus*..., t. II, p. 296, et J. M. Bienvenu, *op. cit.*, p. 7-8, n. 33). La fille d'Amaury IV de Montfort entra elle aussi à l'abbaye de Hautes-Bruyères, en 1123, date à laquelle son père fit don de tous ses revenus à Acquigny (J. de La Mainferme, *op. cit.*, t. II, p. 328).

Anno quo Juliana, uxor Eustachii, et filia Amalrici⁽ᵃ⁾ comitis moniales facte sunt, Willelmus presbiter et frater ejus, Ricardus *Harenc*, venerunt Pratellum et vendiderunt abbati et monachis vineam quam habebant in Alba Via com⁽ᵇ⁾ tota terra que eidem vinee jungebatur usque ad stipites mali et piri octo pedibus minus. Ideo autem has duas arbores com fructu retinuerunt ut consuetudines domino ville inde redderent sine decima et terra sancto Petro omnino libera remaneret. Quod si de fructu arborum aliquid in eadem vinea vel in fossato ibidem facto ceciderit, monachorum sine dubio erit. Propter hoc in eadem villa acceperunt ab Ivone, monacho Sancti Petri, triginta sex solidos. Testes ex parte abbatis : Willelmus *Pointel* ; Hilbertus de Roseio ; Ricardus *Pointel* ; Radulfus, filius Gisleberti ; Rogerius *Postel* ; Walterius *Pointel* ; Rogerius, filius Hilberti ; Herbertus de *Corbunval* ; Rogerius, filius Alguis. Ex parte vero illorum : Willelmus, sacerdos ; Banardus et Gulbertus[c] *Postel*. Quando autem Willelmus, sacerdos, et Ricardus *Harenc* liberaverunt terram Ivoni monacho, afferunt testes ex utraque parte : Radulfus, filius Gisleberti ; Rogerius, vinitor ; Rogerius *Hebelt*[d] ; Girardus ; Willelmus Rufus ; Burnulfus ; Gislebertus, filius Odonis ; Walterius, filius Willelmi sacerdotis ; Walterius, filius Rogerii filii Herberti ; Walterius, filius *Ivelin* ; et isti omnes fuerunt ad liberationem denariorum.

(a) Almarici *C*. — (b) cum *C*. — (c) Gilbertus *C*. — (d) Hebelth *C*.

A135

[...1146-1150...].

[1] Gautier le Vilain, fils de Guillaume prêtre d'Aubevoye, vend à l'abbaye de Préaux, pour quinze sous chartrains, en présence de son oncle Robert d'Évreux, une vigne sise à Aubevoye que son père Guillaume avait de son temps vendue aux moines une première fois contre quinze sous avec l'accord de sa famille et dont Gautier avait revendiqué une partie durant l'abbatiat de Richard [II].
[2] Son oncle Robert ajoute en aumône sa part de la terre d'Aubevoye.

B. Cart. XIIIe siècle, fol. 131v, n° 411, sous la rubrique : « *Walterius* le Vilein, *filius Willelmi presbiteri, secundo vendidit quandam partem vinee in Alba via XV solidos carnotensium quam Willelmus presbiter, pater suus, vendidit Sancto Petro Pratelli, concedentibus parentibus suis* ». [Copie Delisle, Bibl. nat. de Fr., nouv. acq. lat. 1025, fol. 179-180, n° 411].
C. Cart. XVe siècle, fol. 87-v, n° 314.

La mention d'Onfroi, fils d'Enbulgebien, semble placer cet acte au début de la seconde moitié du XIIe siècle, sous l'abbatiat de Michel (voir **A132** et **A55**) ; cet acte intervient en tout cas après la mort de Guillaume Harenc, prêtre d'Aubevoye, décédé avant 1146 : il est donc postérieur à **A134**. L'abbé Richard [II] semble ici évoqué comme témoin d'une période révolue.

[1] Tempore Ricardi abbatis, Walterius Vilanus, filius Willelmi presbiteri de Alba Via, clamabat partem vinee quam totam pater ejus Willelmus presbiter, concedentibus omnibus suis parentibus, vendiderat sancto Petro et monachis ejus. Hic veniens Pratellum, iterum eandem vineam quam pater ejus vendiderat sancto Petro vendidit XV[cim] solidos carnotensium et posuit super altare, relinquens

calumniam vendensque eam totam, sicut asinum aut bovem suam[a], et posuit super altare jure elemosine coram Roberto Ebroicensi, avunculo suo. Et foris juravit eam quod non amplius reclamabit nec ipse, nec aliquis suorum.

[2] Eodem autem die, totam suam partem terre sue Albe Vie predictus Robertus Ebroicensis, avunculus ejus, jure elemosine super altare posuit. Testis Walterii : idem Robertus, avunculus ejus. Testes Sancti Petri : Radulfus Vis de cane ; Hunfridus, filius Inbulgebene ; Willelmus de *Combon* ; Gaufridus, puer, de Bacceio.

(a) *Sic BC, pour* suum.

A136

[...1126-1152], 31 décembre.

Eudes, fils de Tetberge, donne à l'abbaye Saint-Pierre de Préaux toute la dîme, qu'il tenait de Goel d'Auteuil, portant sur les noix, le lin, le chanvre, les grains. Il reçoit alors la société des moines.

B. Cart. XIIIe siècle, fol. 132, n° 412, sous la rubrique : « *Ex dono Odonis, filii Teberge, totam decimam quam tenebat de Goello* ». [Copie Delisle, Bibl. nat. de Fr., nouv. acq. lat. 1025, fol. 180, n° 412].

C. Cart. XVe siècle, fol. 87v, n° 315.

a. A. Le Prévost, *Mémoires...*, t. I, p. 146.

INDIQUÉ : Charpillon et Carême, *Dictionnaire...*, t. I, p. 163.

Richard *Bucce brune* n'est plus ici qualifié de *puer*, qualificatif qu'il portait encore en 1126. L'absence de consentement donné par les enfants d'Eudes semble indiquer que ce dernier n'est pas encore marié ; ses fils en revanche apparaissent dans la notice suivante, antérieure à 1159. D'autre part la présence de Guillaume Trihan implique que l'acte soit passé avant 1152, date à partir de laquelle c'est son fils Eudes qui est cité comme témoin (voir **A52** et **A113**). L'acte suivant, qui reprend cette donation de la dîme tenue de Goël d'Auteuil, s'inscrit dans la période 1115-1159 (voir **A137**).

In die sancti Silvestri, Odo, filius Tetberge, venit Pratellum et donavit totam decimam quam tenebat de Goello de *Altuil*, scilicet de nucibus, de lino, de camnape, de annona, et super altare per clavem unam[a]. Et societatem monachorum inde recepit. Testis ejus : Rogerius *Testart*. Testes abbatis : Engelrannus de Vivario ; Willelmus *Triban* ; Ricardus Bucce brune.

(a) *compr.* tradidit.

A137

[1115-1159, 1ᵉʳ août].

[1] Eudes donne à l'abbaye Saint-Pierre de Préaux, avec l'accord de son épouse et de ses fils, une demie acre de terre à Champagne et la dîme qu'il tenait en fief de Goel de Reuilli. Ce dernier a donné son accord. Eudes a été enterré à l'abbaye. [2] Le frère d'Eudes, Raoul de Gualoncel, donne ensuite une acre de terre, jouxtant celle qui avait été donnée par ce dernier, contre une chape et quatre sous. Ses fils Garnier et Eudes ont donné leur accord.

B. Cart. XIIIᵉ siècle, fol. 132, n° 413, sous la rubrique : « *Ex dono Odonis dimidium agrum terre in* Campeaus *et decimam quam tenebat in feodo de domino suo Goel de Ruelio* ». [Copie Delisle, Bibl. nat. de Fr., nouv. acq. lat. 1025, fol. 180, n° 413].

C. Cart. XVᵉ siècle, fol. 87v, n° 316.

a. A. Le Prévost, *Mémoires...*, t. III, p. 22.

La présence de Robert du Neubourg permet de dater cette notice de la période 1115-1159. La première partie de cette notice reprend la donation mentionnée dans l'acte précédent (voir **A136**) ; on peut difficilement préciser l'espace de temps qui sépare les deux donations.

[1] Quidam homo, Odoni[a] nomine, dedit Sancto Petro de Pratellis dimidium agrum terre in *Campels* et decimam quam tenebat in feodo de domino suo *Goel* de Ruleio, ipso concedente, pro anima sua, concedente uxore sua et filiis suis, et apud Pratellum sepultus est.

[2] Deinde frater ejus Radulfus de *Gualoncel* sancto Petro et monachis ejus donavit unum agrum terre juxta dimidium agrum illius terre in *Campels*, concedentibus filiis suis Guarnerio et Odone, habueruntque unam cappam et IIII^{or} solidos. Testes Sancti Petri : Saffridus *Franceth*[b] ; Willelmus *Maleth* ; Radulfus, filius Osberni ; Herbertus Episcopus. Testes Guarnerii : Robertus de Novo Burgo ; Robertus, filius Giroldi.

(a) *Sic B, pour* Odonis. — (b). Francheth *C*.

A138

1159.

Gautier, fils de Muriel d'Aubevoye, donne à l'abbaye Saint-Pierre de Préaux, pour le salut de l'âme de ses ancêtres, la dîme qu'il avait au clos Cofart. Il reçoit de l'abbé Michel un don gratuit de dix sous.

B. Cart. XIIIe siècle, fol. 132, n° 414, sous la rubrique : « *Ex dono Walterii, filii Murieldis de Alba Via, partem sue decime quam in clauso* Cofart$^{(a)}$ ». [Copie Delisle, Bibl. nat. de Fr., nouv. acq. lat. 1025, fol. 181, n° 414].

C. Cart. XVe siècle, fol. 87v-88, n° 317.

a. A. Le Prévost, *Mémoires…*, t. I, p. 139, (extrait).

Le jeune roi Henri n'est autre qu'Henri II Plantagenêt (il est ainsi appelé dans une autre notice, voir **A94**) ; Robert de Torigny rapporte que l'expédition de Toulouse se déroula en 1159 (Torigny, t. II, p. 319). Gautier, fils de Muriel d'Aubevoye, est sans aucun doute le même individu que Gautier Le Vilain, fils de Guillaume Harenc, prêtre, mort avant 1146 (voir **A135**). Les moines possédaient à Aubevoye, près de Gaillon, au bord de la Seine, un domaine planté de vignes acquis de la famille Harenc.

Illo anno quo rex juvenis Henricus perrexit Tholosam$^{(b)}$, Walterius, filius Murieldis de Alba Via, dedit Sancto Petro de Pratellis partem sue decime quam habebat in clauso *Cofart* pro anima sua et pro animabus antecessorum suorum. Pro qua re Michael dedit ei X^{cem} solidos denariorum ex karitate$^{(c)}$ ecclesie. Huic dono testes interfuerunt : Rogerius de Alba Via et tres filii ejus, Anffridus$^{(d)}$ scilicet et Willemus et Warnerius ; et Herluinus, molendinarius. Ex parte Walterii : Willemus, filius ejus, qui hoc donum concessit, et Rainoldus, filius presbiteri.

(a) Sic B, compr. habebat. — (b) Tolosam *C*. — (c) caritate *C*. — (d) Anfridus *C*.

A139

[1078, 16 mars-26 août].

Le comte de Meulan Hugues [II]^{10}, fils de Galeran, donne à l'abbaye Saint-Pierre de Préaux le libre passage des bateaux et bacs des moines à Meulan,

---

10. Hugues II, comte de Meulan, 1070-15 octobre 1080.

pour le salut de son âme, de celles de ses parents Galeran et Ode, et de celle de son épouse. Il reçoit en échange de l'abbé Guillaume la société de l'abbaye et les prières des moines.

B. Cart. XIIIe siècle, fol. 132v, n° 415, sous la rubrique : « *Ex dono Hugonis, filii Galerani, comitis de* Mellent, *transitum navium vel bachorum nostrorum transeuntium juxta castrum suum de* Mellent *possidet ecclesia Pratellensis* ». [Copie Delisle, Bibl. nat. de Fr., nouv. acq. lat. 1025, fol. 181, n° 415].

C. Cart. XVe siècle, fol. 88, n° 318. — D. Copie du XVIIIe siècle, B.N.F, Coll. du Vexin, t. IV, p. 119. — E. Coll. du Vexin, t. VIII, n° 42 p. 151. — F. Coll. du Vexin, t. XI, n° 197, fol. 214. — G. Coll. du Vexin, t. XX, n° 42, fol. 56v.

a. J. Mabillon, *Annales ordini sancti Benedicti*..., t. V, p. 187, p. 132.

INDIQUÉ : Bibl. nat. de Fr., Coll. du Vexin, t. XIII, fol. 99, n° 606, Tableau récapitulatif des droits d'exemption de péage sur la Seine octroyés par les comtes de Meulan à diverses abbayes. — G. A. de La Roque, *Preuves de la maison d'Harcourt*, t. I. p.4. — E. Houth, *Les comtes de Meulan*, p. 20, n° 9. — J.-M. Bouvris, *Contribution à l'étude*..., p. 160. — D. Crouch, *The Beaumont*..., p. 63. — V. Gazeau, *Le temporel*..., p. 243.

Hugues II de Meulan est le dernier comte de Meulan de la première dynastie : en mariant sa fille Adeline à Roger de Beaumont, il assura la transmission du comté à Robert, fils de Roger. Hugues, dans sa jeunesse, avait assisté à la cérémonie d'investiture du domaine de Toutainville donné aux moines de Préaux par le duc Robert, en 1035 (voir A1[2]). Il meurt le 15 octobre 1080, après s'être retiré au monastère du Bec-Hellouin avant la mort du fondateur de cette abbaye, Herluin, lui-même décédé le 26 août 1078 (O. V., éd. Le Prévost, t. II, p. 14). La présence de l'abbé Guillaume implique que la donation eut lieu après le 16 mars 1078. Dans les « Preuves de l'histoire du Vexin » (Bibl. nat. de Fr., Coll. du Vexin, t. VI), Lévrier date l'acte de 1076 environ, en s'appuyant sur plusieurs datations erronées concernant les morts d'Onfroi de Vieilles et d'Anfroi, abbé de Préaux.

Regnante Willelmo comite, venit Hugo, filius Waleranni, comitis de *Mellent*, ad Pratellum et dedit super altare sancti Petri donationem transitus navium vel bachorum nostrorum transeuntium juxta castrum suum *Mellent*[a] et signo crucis confirmavit. Fecit autem hoc pro redemptione anime sue et patris sui Gualeranni et matris sue Odone et etiam uxoris sue. Ob quam causam dedit ei abbas[b] Pratelli, Willelmus nomine, societatem loci et orationes fratrum. Huic dono affuerunt et testes sunt : Henricus, nepos suus, filius Rogerii Bellemontis ; Walterius, clericus suus ; Odo, filius Almanni ; Odo, venator ; Anffridus, vicecomes Rothomagi ; Odo Burnellus.

(a) Sic BC pour de Mellent. — (b) abbas *répété deux fois dans B*.

A140

[1094, 10 décembre-1101, 30 août].

Notice résumant les dons faits par Ermentrude et son époux Goubert, fils de Guimond, à l'abbaye Saint-Pierre de Préaux : [1] ils avaient donné conjointement la dîme entière de tout ce qu'ils possédaient ou allaient acquérir à Marbeuf ainsi qu'une acre de terre, contre quarante six sous. En échange, l'abbé Guillaume leur avait accordé la société du lieu ; [2] plus tard, veuve de ses deux maris, Goubert, fils de Guimond, et Gilbert Hauduc, Ermentrude donne cinq acres de terre sises à Marbeuf : elle-même quatre et David, son prévôt, la cinquième, avec son accord. Elle rend aussi aux moines une sixième acre, celle qu'avec son mari Goubert elle avait précédemment donnée. En échange de ces dons et confirmations, l'abbé Geoffroy donne à Ermentrude un tapis, petit mais joli, qu'elle a ensuite remis à Guillaume.

B. Cart. XIIIe siècle, fol. 132v-133, n° 416, sous la rubrique : « *Ex dono Gulberti, filii Wimundi, decimam ex his*[a] *omnibus que habebant vel habituri erant in villa que vulgo dicitur* Marbuet *et unum agrum terre debemus possidere* ». [Copie Delisle, Bibl. nat. de Fr., nouv. acq. lat. 1025, fol. 181-182, n° 416].

C. Cart. XVe siècle, fol. 88-v, n° 319.

a. A. Le Prévost, *Mémoires...*, t. II, p. 378 (extrait).

INDIQUÉ : Charpillon, Caresme, *Dictionnaire...*, t. II, p. 500. — V. Gazeau, *Le temporel...*, p. 248.

La donation initiale réalisée par Goubert eut lieu durant l'abbatiat de Guillaume, après 1078, et sous le règne de Guillaume le Conquérant, donc avant 1087. Le don d'Ermentrude se place, lui, sous l'abbatiat de Geoffroy (1094-1101). Cette terre de Marbeuf n'apparaît dans aucune des chartes confirmatives des biens de l'abbaye. Sur la famille Hauduc, voir M. de Saint-Pierre, « *Sommes-nous Danois ou Norvégiens ?* », p. 288.

[1] Regnante Willelmo, Roberti martionis filio, venit Gulbertus, filius Wimundi, com[a] uxore sua, nomine Ermentrude, ad Pratellum et dederunt sancto Petro decimam ex his omnibus[b] que habebant in villa que vulgo dicitur *Marbuet* et etiam ex his[c] omnibus que adquisituri erant, videlicet rectam, id est totam decimam, et unum agrum terre, suscepta pecunia, id est quadraginta sex solidis. Qua de causa, dedit eis abbas Willelmus societatem loci. Testes ex parte Gulberti : Ricardus, filius Theoderici de Bosevilla ; Hilbertus et Bertrannus et Rogerius, fratres Ermentrudis ; et Hescelinus. Ex parte vero abbatis : Male doctus ; Erchenbaldus ; Wadardus cum duobus filiis suis, Martino videlicet et Seimundo ; Arnulfus et Aitardus.

[2] Procedente[(d)] vero tempore, predicta Ermentrudis, jam viduata morte duorum maritorum suorum, Gulberti scilicet et Gisleberti *Hauduc*, venit ad Pratellum et fecit ibi donationem quinque agrorum terre ex quibus quatuor ipsa dedit, quintum vero David, prepositus ejus, concessu etiam ejus. Sextum vero agrum quem, vivente Gulberto, viro suo, dederat, reddidit. Pro qua re abbas Gaufridus dedit illi tapetem unum, parvum sed pulcrum[(e)]. Cujus rei testes sunt : David, prepositus ejus ; Godefridus portarius ; Radulfus de Modica Villa ; Willelmus qui tapetem recepit. Ex parte abbatis : Robertus, filius Martini et Rainaldus, frater suus, et cognatus eorum, Gaufridus, filius Ernusi ; Rainowardus ; Martinus signarius et Willelmus, frater ejus.

(a) cum *C*. — (b) ex omnibus hiis *C*. — (c) hiis *BC*. — (d) *Sic BC, corr.* procedenti. — (e) *Sic B*.

A141

[1094, 10 décembre-1101, 30 août]

Notice résumant les donations et confirmations faites à Saint-Pierre de Préaux par Guillaume, fils de Guillaume vicomte de Montfort[-sur-Risle], et ses parents : [1] *Anffride, épouse de Guillaume vicomte de Montfort, a donné comme oblat à l'abbaye de Préaux son fils Turold afin qu'il y devienne moine, accompagnée du grand-père de l'enfant Osmond Malburub, de son oncle paternel Boudin, de deux prêtres, Richard d'Appeville et Richard de Fontaines, de Guillaume et d'Anastase de Manneville. Elle a donné à cette occasion aux moines et à l'abbé Anfroi la dîme et l'église de Catelon, avec dix acres de terre, la dîme de Fontainecourt, celle de Bourneville, celle de Daubeuf[-la-Campagne] et celle du Tac. Hugues [II] de Monfort, ayant donné son accord, est venu ensuite concéder ce qui lui appartenait avant de devenir frère du lieu.* [2] *Plusieurs années après, parvenu à l'âge de succéder à son père, Guillaume, fils de Guillaume vicomte de Montfort, a confirmé les dons faits par ses ancêtres, puis a donné la dîme de Becquerel et celle de Boishérout pour le salut de l'âme de ses parents et afin d'être associé aux bienfaits du lieu.* [3] *Plus tard, Guillaume et son épouse ont donné aux moines de Saint-Pierre de Préaux une acre de terre située près de l'église de Catelon pour y édifier une maison ; Guillaume a retenu trois acres de terre sur dix autres qui avaient été données précédemment aux moines, s'engageant à les donner au desservant de l'église de Catelon qu'il s'est chargé de trouver. L'abbé Geoffroy lui a remis en échange trente sous et la société du lieu.*

B. Cart. XIIIe siècle, fol. 133-v, n° 417, sous la rubrique : « *Ex dono Willelmi vicecomitis Montis fortis et Anfridi, uxoris sue, pro monachatu Turaldi, filii eorum, ecclesiam et decimam de* Catelun *cum decem acris terre et decimam futuram certis et de Burnivilla et de* Dalbuet » ; dans la marge, d'une main du début du XVIᵉ siècle (N) : « Catelon ». [Copie Delisle, Bibl. nat. de Fr., nouv. acq. lat. 1025, fol. 183-184, n° 417].

C. Cart. XVᵉ siècle, fol. 88v, n° 320.

a. A. Le Prévost, *Mémoires*..., t. I, p. 473.

INDIQUÉ : A. Canel, *Essai historique*..., t. II, p. 234. — A. Le Prévost, *Mémoires*..., t. I, p. 406. — Charpillon, Caresme, *Dictionnaire*..., t. I, p. 528-529 et t. II, p. 3, 182. — E. Z. Tabuteau, *Transfers of property*..., p. 49, n. 37, doc. 351. — V. Gazeau, *Le temporel*..., p. 248.

[1] Prescripto principe Willelmo regnante, delatus est quidam puer, nomine Turaldus, filius Willelmi vicecomitis Montis fortis, Pratellum ut ibi fieret monachus ; quod et factus est. Detulit autem illum mater sua, Anffridis[a] nomine, avusque suus Osmundus, cognomento *Malhurub*, patruusque Boldinus et duo presbiteri, Ricardus de Apivilla et Ricardus de Fontanis, Willelmusque et Anastasius, fratres de Magnivilla. Astantibus vero econtra abbate Pratelli, nomine Anffrido, monachisque com[b] nonnullis hominibus suis, videlicet Male docto, Vitale, Rogerio Crasso plurimisque aliis, coram altare, dedit mater supradicti pueri, astantibus suprascriptis omnibus, donationemque super altare posuit decimam de *Catelun* et ecclesiam com decem acris terre et decimam Fontani Curtis et Burniville et de *Dalbuet* et de *Tac*. Hec omnia facta sunt, concedente Hugone Montis fortis ; qui etiam postea Pratellum venit et, manu sua confirmans donationem, super altare sancti Petri misit ex his que sibi pertinebant, ut perpetualiter inconvulsa maneret hec pactio. Unde etiam frater loci effectus est.

[2] Transactis vero, postquam facta sunt hec, plurimis annis, venit Willelmus, frater Turaldi monachi, Pratellum, confirmans que ab antecessoribus suis facta fuerant. Fuerat enim parvus infans dum ejus frater factus est monachus. Sed, cum ad virilem pervenit etatem dominusque fuit honoris patris suis, hec fecit addens etiam decimam de *Beccherel* et de Bosco Hairaldi, mittens donationem super altare sancti Petri. Hec fecit pro redemptione anime patris sui Willelmi matrisque sue Anffridis et ut ipse frater et particeps esset loci Pratelli in omni benefacto.

[3] Post hec idem Willelmus com uxore sua Pratellum venit deditque unum agrum terre juxta ecclesiam Catelunti abbati ad domum faciendam et tres agros terre, ex illis decem quos dederat, in manu sua retinuit ea ratione ut clericum ecclesie inveniret et illos tres agros illi daret. Alios autem et totam decimam sancto Petro concessit. Pro qua re abbas Gaufridus XXX solidos dedit illi com societate loci. Testes Willelmi : Radulfus de Willervilla ; Gaufridus *Hungre* ; Hamundus de Colevilla.

(a) Anfridis *C.* — (b) *Sic B.*

A142

[1054 -1087].

Hugues [II] de Montfort[-sur-Risle] donne à l'abbaye Saint-Pierre de Préaux, à la demande d'un vavasseur nommé Anquetil Trouvet, la terre et le service de ce dernier à Fourmetot.

B. Cart. XIIIe siècle, fol. 133v, n° 418, sous la rubrique : « *Ex dono Hugonis de Monte*^(a) *fortis terram et servitium unius wawassoris apud Formetotivillam* ». [Mention Delisle, Bibl. nat. de Fr., nouv. acq. lat. 1025, fol. 184, n° 418].

C. Cart. XVe siècle, fol. 89, n° 321.

a. A. Le Prévost, *Mémoires...*, t. II, p. 131.

Hugues [II] de Montfort-sur-Risle est devenu moine du Bec-Hellouin après 1097, date à laquelle il fait une donation à cette abbaye en compagnie de ses fils (A. Porée, *Histoire de l'abbaye du Bec*, t. I, p. 407). On le retrouve donnant son consentement à la donation d'Anfroi Trouvet (**A190**). Ce don, non recensé dans la pancarte, doit être postérieur à 1054.

Hugo de Monte forti dedit Sancto Petro de Pratelli terram et servitium unius vavassoris nomine Anschetilli Trovati, precatu ejusdem viri, in Formetotivilla.

(a) Montis *B, corrigé dans C.*

A143

[1054-1094, 29 novembre].

Roger de Beaumont donne à l'abbaye Saint-Pierre de Préaux la coutume d'un chariot et d'un bateau dans la forêt de Brotonne.

B. Cart. XIIIe siècle, fol. 133v, n° 419, sous la rubrique : « *Ex dono Rogerii Belli Montis consuetudinem unius carri et navis in Brotone silva* » ; dans la marge : « Brotonne ». [Copie Delisle, Bibl. nat. de Fr., nouv. acq. lat. 1025, fol. 184, n° 419].

C. Cart. XVe siècle, fol. 89, n° 322. Cette copie porte à droite dans la marge la mention : « Brothonne ».

a. A. Le Prévost, *Mémoires...*, t. I, p. 408.

INDIQUÉ : Th. Stapleton, *Magni rotuli...*, t. I, p. clv. — V. Gazeau, *Le temporel...*, p. 246.

Imperante Willelmo, Roberti marcionis filio, Rogerius Bellemontis consuetudinem unius carri et navis in Brotone silva dedit Sancto Petro Pratelli.

A144

[1054-1087].

Osberne de Manneville donne à l'abbaye Saint-Pierre de Préaux la terre de deux hommes, l'un à La Poterie-sur-Risle, où sont fabriqués des vases d'argile, l'autre à Manneville.

B. Cart. XIIIe siècle, fol. 133v-134, n° 420, sous la rubrique : « *Ex dono Osberni de Magniwilla, terram duorum virorum : unum in Potaria super Rillam, alterum in Magna Willa* ». [Copie Delisle, Bibl. nat. de Fr., nouv. acq. lat. 1025, fol. 184, n° 420].

C. Cart. XVe siècle, fol. 89, n° 323.

a. A. Le Prévost, *Mémoires*…, t. II, p. 371.

INDIQUÉ : Canel, *Essai historique*…, t. I, p. 363. — Charpillon, Caresme, *Dictionnaire*…, t. II, p. 494.

Cet acte, non recensé dans la pancarte de fondation (**A1**), doit être postérieur à 1054 ; il s'inscrit d'autre part pendant le règne de Guillaume le Bâtard.

Regnante Willelmo, Roberti marcionis filio, Osbernus de Magnivilla dedit Sancto Petro Pratelli terram duorum virorum, unum in Potaria super Rillam, ubi fiunt testea vasa, alterum in Magnivilla.

A145

[Avant 1120].

Raoul, prêtre de Bourneville, donne à l'abbaye Saint-Pierre de Préaux deux bordiers et leur terre sise à Bourneville.

B. Cart. XIIIe siècle, fol. 134, n° 421, sous la rubrique : « *Ex dono Radulfi, presbiteri de Burnewilla, duos bordarios cum terra sua apud eamdem willam possidemus* ». [Copie Delisle, Bibl. nat. de Fr., nouv. acq. lat. 1025, fol. 185, n° 421].

C. Cart. XVe siècle, fol. 89, n° 324.

a. A. Le Prévost, *Mémoires...*, t. I, p. 406.
INDIQUÉ : Charpillon, Caresme, *Dictionnaire...*, t. I, p. 529.

Osberne, fils de Raoul, restitue ces biens dans les années 1120, après les avoir saisis certainement à la mort de son père (voir **A146**) : la donation de Raoul doit donc avoir eu lieu avant 1120.

Quidam presbiter, Radulfus nomine, de Burnevilla dedit Sancto Petro Pratelli duos bordarios in Burnevilla com[(a)] terra sua.

(a) *Sic BC.*

A146

[1125/1136-1146].

[1] *Le clerc Osberne, fils de Raoul prêtre de Bourneville, rend à l'abbaye Saint-Pierre de Préaux, sur l'ordre du comte de Meulan Galeran [II], un hôte appelé Roger, fils de Turquetil le Charretier* (Carrarius), *tenant dix acres de terre. Celui-ci doit chaque année à l'abbaye trois sous, quatre chapons, quatre pains et à Pâques quarante œufs et deux pains. Osberne avait soustrait cet hôte mais, étant tombé malade, il l'a rendu à Robert, prieur de l'abbaye, la saisine ayant eu lieu le jeudi saint, devant la porte de sa maison.* [2] *Le lundi de Pâques de cette année, Osberne, sollicitant l'absolution de son méfait, a chargé le prêtre David, Richard, fils de Gautier, et l'hôte Roger de déposer sur l'autel de saint Pierre quatre deniers en présence de l'abbé Richard et des moines qui la lui ont accordée en échange de cette somme.*

B. Cart. XIIIe siècle, fol. 134, n° 422, sous la rubrique : « *Ex dono Osberni clerici, filii Radulfi prebiteri de Burnewilla, unum hospitem tenentem decem acras* ». [Copie Delisle, Bibl. nat. de Fr., nouv. acq. lat. 1025, fol. 185, n° 422].

C. Cart. XVe siècle, fol. 89-v, n° 325.

INDIQUÉ : A. Le Prévost, *Mémoires...*, t. I, p. 406. — Charpillon, Caresme, *Dictionnaire...*, t. I, p. 529.

Charpillon date l'acte de 1120 sans donner aucune justification. La restitution, dont il est ici question, est intervenue du temps de comte Galeran II, donc après le 5 juin 1118, et sous l'abbatiat de Richard, donc avant 1146, date de la mort de Richard II. La présence du prieur Robert permet de penser que cet acte est postérieur à 1123, date approximative de la disparition du prieur Samuel, dont il est plusieurs fois question dans le cartulaire et qui figure dans l'obituaire de Saint-Évroult (J. Laporte, *Tableau des services obituaires...*, p. 178) ; Robert doit être son successeur. À la lumière de la bulle confirmative du pape Alexandre III (voir **B52**), on apprend qu'Osberne n'est autre qu'Osberne d'Omonville : ce dernier est témoin d'une notice relatant une donation faite par Guillaume de Vannecrocq avant son départ pour Saint-Jacques de Compostelle, entre 1125/1131 et 1146, et certainement entre 1136 et 1141 (voir **A42**). Il faut donc en déduire que la maladie d'Osberne, qui lui fut certainement fatale, eut lieu après cet épisode, mais avant 1146 ; en 1158, le fils d'Osberne, Robert, avait succédé à son père dans ses biens (voir **A94**).

[1] Osbernus clericus, filius Radulfi presbiteri de Burnevilla, jussu comitis Gualeranni de *Mellent*, reddidit Sancto Petro de Pratellis unum hospitem tenentem decem acras terre, nomine Rogerium, filium Turcetilli Carrarii, qui reddit per annum tres solidos et quatuor capones et totidem panes et ad Pasca[a] quadraginta ova et duos panes. Hunc abstulerat sancto Petro idem Osbernus sed, decidens in infirmitate, Robertum priorem de eodem homine resaivit[b] ante suam domum in die jovis Cene Domini. Testes Sancti Petri : Ricardus Nanus ; Herluinus, frater *Maleth*. Testes ejus : David, presbiter ; Radulfus, molendinarius de *Aise* ; Osbernus, filius tornatoris.

[2] Predictus autem Osbernus, in die lune Pasche presentis illius anni, per David presbiterum et per Ricardum, filium Gualterii, et per Rogerium, quem nobis reddidit, misit quatuor denarios super altare sancti Petri coram abbate Ricardo et omni conventu, petens absolutionem de hac rapina quam fecerat. Quem abbas et monachi absolverunt et denarios retinuerunt. Testes hujus rei : Rogerius, presbiter, filius Doree ; Tustinus Male doctus ; Willelmus *Maleth* ; Radulfus, filius Osberni *Mal a* ; *Bienvenu*, filius *Moisant* ; Willelmus puer ; Herveus de Campiniaco.

(a) *Sic B* ; Pascha *C*. — (b) *Sic B, corr.* resaisivit.

A147

[1066-1088].

Robert Pipart donne à l'abbaye Saint-Pierre de Préaux la dîme d'une charruée de terre sise à Bailleul et celle d'un moulin appelé Becquerel pour le salut de l'âme de son père Gautier, mort au cours de la guerre en Angleterre et dont le corps a été transporté à l'abbaye pour y être inhumé.

B. Cart. XIIIe siècle, fol. 135, n° 423, sous la rubrique : « *Ex dono Roberti* Pipart *decimam dominii sui in* Bailluel *et decimam molendini qui dicitur* Becherel » ; et, à l'encre rouge, de la main du rubricateur : « *Ad ortolanum* » ; dans la marge, d'une main du début du XVIe siècle (N) : « La dixme de Bailluel ». [Mention Delisle, Bibl. nat. de Fr., nouv. acq. lat. 1025, fol. 186, n° 423].

C. Cart. XVe siècle, fol. 89v, n° 326.

a. A. Le Prévost, *Notes pour servir*..., p. 40. — *b.* A. Le Prévost, *Mémoires*..., t. I, p. 161.
INDIQUÉ : Charpillon, Carême, *Dictionnaire*..., t. I, p. 194. — L. Musset, *Comment on vivait*..., p. 9. — D. Crouch, *The Beaumont*..., p. 130.

Robert Pipart est cité comme témoin de la charte de fondation de la collégiale de Beaumont vers 1088, alors que son père est déjà mort. Il y a de fortes chances que le combat dont il est question soit la bataille d'Hastings. La vallée Becquerel, où coule le Clérot, débouche sur celle de la Risle, entre Appeville-Annebaut et Montfort-sur-Risle ; on y compte encore aujourd'hui trois moulins : le Moulin Cadran, le Moulin de la vallée Becquerel et le Moulin du Bosc.

Mortuo Walterio Pipardo in Anglice regionis bello, corpus ejus delatum est ad abbatiam Sancti Petri de Pratellis et inibi humatum. Et, ut memoria inibi haberetur defuncti, ejus filius, nomine Robertus, contulit perenniter Sancto Petro Pratelli pro anime patris sui redemptione decimam unius aratri in villa que vulgo dicitur *Bailluel* et decimam unius molendini nomine *Beccherel*. Testes hujus doni : Gislebertus et Morinus de Pino.

A148

Don par Robert, archer, de terres au Mesnil-Ysembert. — *Autre copie de la notice A3.*

B. Cart. XIIIe siècle, fol. 134v, n° 424, sous la rubrique : « *Ex dono Roberti baliste quod tenebat a domno Rogerii Bellomontis apud* Le Mesnil Ysembert *possidere debemus* ». [Copie Delisle, Bibl. nat. de Fr., nouv. acq. lat. 1025, fol. 186, n° 424].

A149

[1101, 30 août-1106, 27 septembre].

*Hersende, épouse de Ribald d'Omonville, et son fils Robert donnent aux moines et à Richard, abbé de Saint-Pierre de Préaux, pour l'âme de leur époux et père la dîme que ce dernier levait à Martainville le jour de sa mort : deux tiers (*duas garbas*) pesant tant sur son domaine que sur ses tenants, le troisième revenant au prêtre. En raison du partage de tout l'argent qu'à sa mort Ribald avait laissé à Saint-Pierre, Hersende et Robert reçoivent des moines et de l'abbé la société de l'abbaye.*

B. Cart. XIIIe siècle, fol. 134v-135, n° 425, sous la rubrique : « *Ex dono Hersendis, uxoris Ribaldi de Osmundiwilla, et Roberti, eorum filii, decimam quam idem Ribaldus tenuit, quoad vixit, apud Martiniwillam, scilicet duas garbas de dominio suo* » ; dans la marge, à l'encre rouge, de la main du rubricateur : « *Hoc ad elemosinarium* » et d'une main du XVIIIe siècle : « Martainville ». [Copie Delisle, Bibl. nat. de Fr., nouv. acq. lat. 1025, fol. 186, n° 425].

C. Cart. XVe siècle, fol. 90, n° 328.

a. A. Le Prévost, *Mémoires*..., t. II, p. 390 (extrait).

INDIQUÉ : Canel, *Essai historique*..., t. II, p. 496. — Charpillon, Caresme, *Dictionnaire*..., t. II, p. 510.

Robert Courteheuse fut défait par son frère Henri Ier, roi d'Angleterre, qui s'empara de la Normandie à la bataille de Tinchebray, le 27 septembre 1106. Robert d'Omonville apparaît à plusieurs reprises dans les chartes de Préaux (voir **A149, A151, A152, B3, B8, B52, B72**).

Tempore Roberti Normannie comitis, filii regis Anglorum Willelmi, defunctus est Ribaldus de Osmundivilla, cujus uxor Hersendis et filius eorum, Robertus nomine, Pratellum venerunt dederuntque sancto Petro et abbati Ricardo et fratribus ipsius loci decimam quam idem Ribaldus in Martinivilla, eo die quo vivus et mortuus fuit, habebat : scilicet de suo dominio ac de omnibus qui de eo tenebant, duas garbas ; terciam enim presbiter habebat. Propter quod particionem tocius pecunie quam prefatus vir habebat sancto Petro moriens reliquerat, insuper et societatem loci abbas et monachi eis contulerunt. Ex parte eorum testes fuerunt : Ricardus de *Luisores* ; Landricus de *La* Landa ; Robertus de Heldinvilla ; Anschetillus, faber ; Ricardus Meitarius ; Gisloldus[a], presbiter ejusdem ville ; Robertus Rufus. Ex parte vero abbatis : Rainowardus ; Aitardus et Osmundus, presbiteri ; Hunfridus, filius Roberti ; Adam ; Ascelinus ; Hugo, filius Radulfi de Sellis.

(a) *Sic BC.*

A150

[Après 1126].

Notification de la renonciation de Gautier, fils de Robert du Chêne, aux coutumes, service et aide qu'il réclamait des moines, contre cinq sous remis par l'aumônier Guillaume. Son père Robert avait donné à l'abbaye deux acres de terre contre vingt-quatre sous de monnaie courante, reçus de l'aumônier Hugues. Après la mort de ce dernier et celle de son père, Gautier avait exigé des moines les redevances attachées à cette terre, jusqu'à ce que l'aumônier Guillaume parvienne à cette conciliation.

B. Cart. XIIIe siècle, fol. 135, n° 426, sous la rubrique : « *Ex dono Radulfi de Quercu duas acras terre, quas elemosina concessit, possidemus* » ; dans la marge, à l'encre rouge, de la main du rubricateur : « *Item ad elemosinarium* ». [Copie Delisle, Bibl. nat. de Fr., nouv. acq. lat. 1025, fol. 186, n° 426].
C. Cart. XVe siècle, fol. 90, n° 329.

Il semble que cette renonciation soit intervenue peu après la mort de l'aumônier Hugues ; Guillaume apparaît pour la première fois comme aumônier en 1126 (voir A15).

Notum sit omnibus tam presentibus quam futuris quod Robertus de Quercu dedit ecclesie Sancti Petri de Pratellis duas acras terre et eas in elemosina super altare posuit. Pro qua donatione Hugo elemosinarius recompensavit ei de beneficio elemosine XXIIII^{or} solidos currentis monete. Quibus defunctis, Galterius, filius et heres predicti Roberti, cepit molestus esse monachis, consuetudines, servitium et auxilium ab eis de terra prefata cum maxima improbitate exigens. Cujus molestiam et improbitatem Willelmus, tunc temporis elemosinarius, impacienter sustinens, adduxit eum ad Sanctum Petrum reconciliandi gratia. Reconciliatus autem venit ante altare et super illud per unum candelabrum omnem calumniam, consuetudines, servitium et auxilium absolute dimisit. Et, ut firmius crederetur, hoc etiam super Textum juramento confirmavit. Elemosinarius autem, subscriptis astantibus, impendit ei V solidos de beneficio elemosine. Testibus : Hugone de *Antan* ; Rogerio *Hulvel* ; Ricardus *del Val* ; Willelmo et Rogerio, fratribus ejus ; Gaufridus *Viscart* ; Hunfridus *Cauvin* ; Sanson, ejus filio.

A151

1168, dimanche 21 avril. — en chapitre.

Baudouin d'Épaignes, fils de Robert d'Omonville, donne à l'abbaye Saint-Pierre de Préaux la dîme de ses moulins situés à Martainville, avec l'accord de son épouse Cécile et de son fils Henri. Il reçoit de l'abbé Henri quatre livres d'angevins que lui a remises l'aumônier.

B. Cart. XIIIe siècle, fol. 135-v, n° 427, sous la rubrique : « *Ex dono Balduini de Yspania, decimam molendinorum suorum de Martiniwilla* » ; dans la marge : « *Item elemosinario* ». [Copie Delisle, Bibl. nat. de Fr., nouv. acq. lat. 1025, fol. 187-188, n° 427].
C. Cart. XVe siècle, fol. 90v, n° 330.
a. A. Le Prévost, *Mémoires...*, t. II, p. 390. — b. Charpillon, Caresme, *Dictionnaire...*, t. II, p. 34, p. 510.

Anno ab Incarnatione Domini M° C° LX° VIII°, dominica ante Majorem letaniam, domno abbate Henrico sedente in capitulo cum toto conventu, venit Balduinus de Hispania, filius Roberti de Osmundivilla, ad ecclesiam Sancti Petri Pratelli fuitque in capitulo et donavit in elemosinam monachis ibidem Deo servientibus decimam molendinorum suorum de Martinivilla pro animabus predecessorum suorum, presentibus et concedentibus Cecilia, uxore sua, et filio suo Henrico. Abbas autem eidem Balduino de beneficio ecclesie dedit IIII libras andegavorum quas de elemosinario accepit. Omnibus autem de capitulo exeuntibus et in ecclesiam progredientibus, predictus Balduinus per unum[a] candelabrum deauratum supradictam decimam super altare posuit et uxor ejus Cecilia et filius suus Henricus in presentia abbatis tociusque conventus. Testes : Rogerius de *Bosc Osber* ; et Godefridus, frater ejus ; et Johannes, filius Radulfi de Frainosa ; Gaufridus *Wiscart* ; Hermoinus ; Ricardus *del Val* ; et Willelmus, frater ejus ; Thomas, filius Pagani de Maris ; Godefridus *Fort escu* ; Gaufridus, molendinarius de Martinivilla.

(a) unam *B*.

A152

[1150-1168, 21 avril].

Notification de la donation faite par Robert d'Omonville à l'abbaye Saint-Pierre de Préaux de trois acres de terre à Martainville, lors de son entrée au monastère.

B. Cart. XIIIe siècle, fol. 135v, n° 428, sous la rubrique : « *Ex dono Roberti de Osmundiwilla pro monacatu suo tres acras terre apud Marteniwillam* » ; dans la marge : « *Ad elemosinarium* ». [Copie Delisle, Bibl. nat. de Fr., nouv. acq. lat. 1025, fol. 188, n° 428].

C. Cart. XVe siècle, fol. 90v, n° 331.

INDIQUÉ : A. Le Prévost, *Mémoires*…, t. II, p. 390.

Robert d'Omonville, fils de Ribald d'Omonville qui meurt avant 1106 (voir **A149**), possessionné à Martainville, apparaît enfant avant 1106 ; son entrée au monastère, probablement à la fin de sa vie, pourrait se situer dans les années 1150 ; il était déjà mort en 1168 (voir **A151**).

Notum sit omnibus tam presentibus quam futuris quod Robertus de Osmundivilla dedit imperpetuam elemosinam pro monachatu suo ecclesie Sancti Petri Pratelli tres acras terre in Martinivilla.

A153

1040.

Guillaume [le Bâtard], duc de Normandie, donne à l'abbaye Saint-Pierre de Préaux l'église de Boulleville et la terre attachée à celle-ci, suivant la suggestion de l'achidiacre Guy, qui la tenait du duc en bénéfice. L'abbé Anfroi accorde en échange à Guy la société de l'abbaye et la possibilité d'y devenir moine.

B. Cart. XIIIe siècle, fol. 135-v, n° 429, sous la rubrique : « *Ex dono Willelmi comitis ecclesiam Sancti Johannis de Bolliwilla cum terra ad eamdem ecclesiam pertinente* » ; dans la marge, de la main du rubricateur, à l'encre rouge : « *Ad sacristam* », dans la marge, d'une main du début du XVIe siècle (N) : « Boulleville ». [Copie Delisle, Bibl. nat. de Fr., nouv. acq. lat. 1025, fol. 189, n° 429]. — *B²*. *Ibid.*, autre version insérée dans la pancarte de fondation, fol. 98, n° 286 (**A1[11]**).

C. Cart. XVe siècle, fol. 90v, n° 332 (d'après B). — *C²*. *Ibid.* fol. 61, n° 198bis (d'après *B²*).

a. *Gallia Christiana*, t. XI, col. 199 (version insérée dans la pancarte). — b. M. Fauroux, *Recueil...*, p. 249, n° 97.

INDIQUÉ : D. Spear, « Les archidiacres de Rouen... », p. 18.

Cette notice se trouve également insérée dans la pancarte de fondation (voir **A1[11]**) ; Alain III de Bretagne, qui gouverna le duché de Normandie pendant les premières années du règne de Guillaume le Bâtard, est mort à Fécamp, selon le cartulaire de Préaux, à Vimoutiers selon Guillaume de Jumièges, le 1er octobre 1040 (éd. Marx, p. 194 ; voir Orderic Vital, éd. M. Chibnall, t. II, p. 304. Voir aussi A. Oheix, *La date...*, p. 93-100 ; voir aussi L. Musset, *Les sépultures des souverains normands...*, p. 19-44). Si Alain n'est peut-être pas mort à Fécamp, il y a en revanche été inhumé, dans l'abbatiale de la Trinité (T. Duplessis, *op. cit.*, t. I, p. 97).

Illo anno quo mortuus fuit Brittannus comes, Alainius^(a) nomine, apud Fiscannum, dedit Willelmus comes Sancto Petro Pratelli^(b) de dominio suo ecclesiam de Bollivilla et terram ad eandem pertinentem^(c). Hoc autem factum est suggestione et intercessione cujusdam archidiaconi, nomine Widonis, qui eam^(d) in beneficio tenebat. Iccirco dedit ei abbas ejusdem loci, Anffridus nomine, societatem tali tenore ut, si monachus fieri vellet, non ei denegaretur ; quod et factum.

(a) Britannius comes, Alannus *C*. — (b) Pratelli *omis B²C²*. — (c) *à la place de* ecclesiam (...) pertinentem, *B²C² donnent* duas ecclesias et terram ad eas pertinentem, scilicet de Bollivilla et de Viana. — (d) eas *B²C²*.

A154

[1078, 16 mars-1106, 27 septembre].

Turstin Efflanc donne à l'abbaye Saint-Pierre de Préaux, aprés la mort de son fils Sturmide, trois hommes qu'il tenait de l'abbaye, à Boulleville ; il y ajoute la dîme de cette même paroisse.

B. Cart. XIII® siècle, fol. 136, n° 430, sous la rubrique : « *Ex dono Tustini* Efflanc *tres homines in parrochia Sancti Johannis de Bollewilla et hoc pertinet ad sacristam* » ; dans la marge, à l'encre rouge, de la main du rubricateur : « *Item ad sacristam* » et d'une main du XVIII® siècle : « La moitié de la dixme de Boulevile *(sic)* ». [Copie Delisle, Bibl. nat. de Fr., nouv. acq. lat. 1025, fol. 189, n° 430].

C. Cart. XV® siècle, fol. 90v-91, n° 333.

a. A. Le Prévost, *Mémoires*..., t. I, p. 388.

INDIQUÉ : Charpillon, *Dictionnaire*..., t. I, p. 476. — V. Gazeau, *Le temporel*..., p. 250.

La notice **A43** fait état des mêmes donations.

Mortuo vero Sturmido, filio Tustini *Efflanc*, dedit idem Tustinus Sancto Petro Pratelli tres homines in Bollivilla quos de abbate tenebat, teste Riboldo de Martinivilla et Male docto et Rainowardo. Addit etiam medietatem decime predicte Bolliville.

A155

[...1103-1106, 27 septembre].

Eudes Huveth, vassal du connétable Roger, donne à l'abbaye Saint-Pierre de Préaux une maison sise à Émendreville, qu'il tenait de son seigneur, lequel a donné son accord.

B. Cart. XIII® siècle, fol. 136, n° 431, sous la rubrique : « *Ex dono cujusdam militis, nomine Odonis, cognomento* Huveth, *unam domum in Hermentrudiwilla concessione domini sui de quo eam tenebat* ». [Copie Delisle, Bibl. nat. de Fr., nouv. acq. lat. 1025, fol. 189, n° 431].

C. Cart. XV® siècle, fol. 91, n° 334.

INDIQUÉ : V. Gazeau, *Le temporel*..., p. 240, et 248.

Roger de Laci, qualifié de « *magister militum* » par Orderic Vital en 1103, semble bien être le même que *Rogerius conestabulus* ; favori de Robert Courteheuse (O. V., t. IV, p. 180), il a dû perdre sa charge après la bataille de Tinchebray le 27 septembre 1106 (O. V., t. IV, p. 401). La famille de Laci était possessionnée notamment autour de Rouen : Ilbert de Laci et sa mère Emma, qui prit le voile à Saint-Amand de Rouen, donnèrent à cette abbaye des terres sises à Darnétal (O. V., t. IV, p. 104, n. 1).

Quidam miles, homo Rogerii conestabuli, nomine Odo, cognomento *Huveth*, dedit Sancto Petro Pratelli unam domum in Hermentrudivilla, concedente domino suo de quo habebat.

A156

Donation par Auvray de salines à Bonneville-sur-Touques. — Autre copie de la notice A19.

B. Cart. XIIIe siècle, fol. 136, n° 432, sous la rubrique : « *Ex dono Alvaradi, quicquid habebat in Bona Willa* ». [Mention Delisle, Bibl. nat. de Fr., nouv. acq. lat. 1025, fol. 189, n° 432].

A157

Donation par Robert et Guillaume, fils d'Onfroi, à Bosgouet. — Autre copie de la notice A2.

B. Cart. XIIIe siècle, fol. 136, n° 433, sous la rubrique : « *Ex dono Roberti et Willelmi, filiorum Hunfridi, ecclesiam et decimam de Bosco* Goieth » ; dans la marge, d'une main du XVIe siècle (N) : « Boscgouet ». [Mention Delisle, Bibl. nat. de Fr., nouv. acq. lat. 1025, fol. 189, n° 433].

A158

[1094, 29 novembre-1106, 27 septembre]. — Préaux.

Robert [III], comte de Meulan, donne à l'abbaye Saint-Pierre de Préaux, avec l'accord du duc de Normandie Robert [Courteheuse], la dîme de la terre et de la forêt de Bosgouet, l'église et trente acres attachées à celle-ci ; ses vassaux qui tiennent ou tiendraient cette dîme ne pourront ni la conserver, ni la concéder à quiconque, sinon à l'abbaye.

B. Cart. XIII siècle, fol. 136-v, n° 434, sous la rubrique : « *Ex dono Roberti comitis de* Mellent *ecclesiam et decimam de* Bosc Goiet *cum XXX acris terre* ». [Copie Delisle, Bibl. nat. de Fr., nouv. acq. lat. 1025, fol. 189, n° 434]. — *B². Ibid.* (inséré dans la grande charte de Galeran II, **B8[11]**), fol. 33-36, n° 68.

C. Cart. XV siècle, fol. 91, n° 337.

INDIQUÉ : A. Canel, *Essai historique*..., t. II, p. 129. — C. H. Haskins, *Norman institutions*..., n° 30, p. 70. — A. Le Prévost, *Mémoires*..., t. I, p. 378. — Charpillon, Caresme, *Dictionnaire*..., t. I, p. 445. — E. Houth, *Robert preud'homme*..., p. 826, n° 9. — E. Houth, *Les comtes de Meulan*..., p.40, n° 9.

Le *terminus a quo* de cette notice est la mort de Roger de Beaumont, père du comte Robert III de Meulan ; le *terminus ad quem* est la date de la bataille de Tinchebray, à l'issue de laquelle Robert Courteheuse perdit la Normandie.

Regnante Roberto, Willelmi regis filio[a], advenit comes Robertus de *Mellent* Pratellum et dedit donationem decime illius terre vel silve que vulgo dicitur Boscus *Goieth* et ecclesiam[b] cum triginta agris terre, ita ut nemo eorum qui de eo habebant aut habituri erant decimas suas retinere vel alias quam Pratellis mittere posset[c]. Fecit autem hoc concessu ejusdem Roberti, Normannie principis.

(a) Roberto, filio Willelmi regis, regente Normanniam *B²*. — (b) advenit (...) ecclesiam *remplacé dans B² par* predictus comes dedit Sancto Petro Pratellensi ecclesiam et decimam tocius ville que dicitur Boscus Goieth. — (c) possit *C*.

A159

[1100, 2 août-1135, 1er décembre].

*Henri [I*er*], roi d'Angleterre, accorde à l'abbaye Saint-Pierre de Préaux une foire de trois jours à Bosgouet.*

B. Cart. XIII siècle, fol. 136v, n° 435, sous la rubrique : « *Ex dono Henrici, regis Anglorum, feriam trium dierum apud* Bosc Goieth ». [Copie Delisle, Bibl. nat. de Fr., nouv. acq. lat. 1025, fol. 189, n° 435]. — *B². Ibid.*, (inséré dans la grande charte de Galeran II, **B8[12]**), fol. 33-36, n° 68.

C. Cart. XV siècle, fol. 91, n° 338.

a. A. Le Prévost, *Mémoires*..., t. I, p. 378.

INDIQUÉ : A. Canel, *Essai historique*..., t. II, p. 129. — Charpillon, Caresme, *Dictionnaire*..., t. I, p. 445. — H. Round, *Calendar*..., p.112, n° 330. —Johnson, Cronne, *Regesta*... vol. II, p. 299, n° 1959. — H. Chanteux, *Recueil*..., t. III, p. 562, n° 159. — L. Musset, *Comment on vivait*..., p. 17.

Pius[a] Anglorum rex Henricus pro animabus patris ac matris sue Sancto Petro de Pratellis[b] trium dierum feriam in Bosco Goieth[c] dedit ita liberam, sicut ipse rex habet suas.

(a) denique *B²*. — (b) de Pratellis *om. B²*. — (c) eadem villa *B²*.

A160

[...1101-1120...], 2 février. — Préaux, en chapitre.

*Hugues Fichet, son neveu Geoffroy et Roger Harenc, tous trois parents par le sang (*germani cognati*), reçoivent de Samuel, prieur de Saint-Pierre de Préaux, la fraternité de l'abbaye. Ils donnent à celle-ci leur âme et leur corps et toute la dîme de leurs terres et de leurs hommes du Haut-Étui. Hugues fait promettre à son neveu de se charger à sa mort de transporter son corps à l'abbaye, ses chevaux, ses armes, et une partie de ses biens ; Geoffroy fait de même. Richard Freslart, qui reçoit avec eux la fraternité des moines, donne son âme et son corps et soixante sous ou une partie de ses biens.*

B. Cart. XIIIe siècle, fol. 136v, n° 436, sous la rubrique : « *Ex dono Hugonis* Fichet *et Gaufridi et Rogerii* Harenc *totam decimam terre sue et hominum suorum de* Handestuit ». [Copie Delisle, Bibl. nat. de Fr., nouv. acqu. lat. 1025, fol. 189-190, n° 436].
C. Cart. XVe siècle, fol. 91-v, n° 339.
a. A. Le Prévost, *Mémoires*..., t. III, p. 129-130.

Le *terminus ad quem* de cet acte est déterminé par la présence, parmi les témoins, de Guillaume Mauduit : celui-ci disparaît vers 1120, date vers laquelle c'est son fils Turstin qui le remplace dans les listes de témoins (voir **A14**, **A31**). Hugues Fichet est devenu moine de Préaux avant 1123 (voir **A73**). Samuel était prieur avant 1130 (voir **A131**). Il existe un hameau de La Freslardière à Martainville ; un Guillaume Freslard, certainement descendant de Richard Freslard, résidait en mars 1469 à Épaignes (Bibl. nat. de Fr., nouv. acqu. lat. 1929, fol. 125-v).

In die quadam festivitatis beate Marie Candelarie, Hugo *Fichet* et Gaufridus, nepos ejus, atque Rogerius *Harenc*, tres germani cognati, venerunt Pratellum receperuntque beneficium et fraternitatem loci a domno Samuele priore, assistente monachorum conventu in capitulo. Tum denique ipsi animas atque sua corpora sancto Petro et monachis donaverunt totamque decimam terre sue et hominum suorum de *Handestuith* posueruntque super altare beati Petri per hanc cartulam. Preterea Hugo *Fichet* jussit Gaufrido, suo nepoti, ut, ubicumque ipse moreretur, corpus suum Pratellum deferret et equos suos atque arma com[a] omni parte sue pecunie[b] mobili eidem loco donaret. Quo precepto concesso, ipse Gaufridus hoc idem de se fiendum confirmavit. Itaque Ricardus, cognomine *Freslart*, com his, accepta societate sua, dixit : « Ego Ricardus do animam et corpus meum sancto Petro et, com obiero, LX solidos aut partem omnium rerum mihi contingentium ». Testes Sancti Petri : Fulcerius de Ponte ; Rogerius *Harenc*[c] Ebroicensis ; Rogerius *Harenc*[d], frater Roberti monachi ; Rodulfus Cocus ; Willelmus Male doctus ; Willelmus, filius Osmundi. Ex parte eorum : Gislebertus, prepositus de *Vanescrot*.

(*Crux*) Signum Hugonis. (*Crux*) Signum Ricardi *Freslart*. (*Crux*) Signum Gauffridi, nepotis ejus. (*Crux*) Signum Rogerii *Harenc*.

(a) Sic B. — (b) peccunie C. — (c) Harenc *ajouté en interligne au dessus de Rogerius*, B ; *omis dans* C. — (d) Harenc *ajouté en interligne au dessus de* Rogerius, B.

A161

1050.

*Guillaume [le Bâtard], duc de Normandie, donne à l'abbaye Saint-Pierre de Préaux les coutumes qu'il possédait à Vascœuil : la violation des maisons (*hainfara*), la mise hors la loi (*ullac*), le rapt, l'incendie, le bernage, la guerre privée ; il reçoit de l'abbé Anfroi, en échange, dix livres et les prières du lieu.*

B. Cart. XIIIe siècle, fol. 137, n° 437, sous la rubrique : « De consuetudinibus et libertatibus quas habemus apud Wascolium ». [Copie Delisle, Bibl. nat. de Fr., nouv. acq. lat. 1025, fol. 190-191, n° 437].

a. A. Le Prévost, *Mémoires...*, t. III, p. 324, (extrait). — b. L. Valin, *Le duc de Normandie et sa cour*, p. 258, p. j. n° II. — c. H. Prentout, *La trêve de Dieu...*, p. 14. — d. C. Haskins, *The norman consuetudines et justicie...*, p. 504. — e. C. H. Haskins, *Norman instituions*, p. 279. — f. M. Fauroux, *Recueil...*, p. 286, n° 121.

INDIQUÉ : L. Delisle, nouv. acq. fr. 21831, n° 484. — Th. Stapleton, *Magni rotuli...*, p. cxlviii. — C. H. Haskins, *Norman institutions*, p. 29 et p. 279, n. 16. — J. Yver, *L'interdiction de la guerre privée...*, p. 339-340. — H. Prentout, *La trêve de Dieu en Normandie...*, p. 8. — J.-F. Lemarignier, *Etudes sur les privilèges d'exemption...*, p. 72. — J.-F. Lemarignier, *Recherches sur l'hommage...*, p. 29, n. 74. — J. Adigard des Gautries, *Les noms de personnes scandinaves...*, p. 343, 353, 363. — J. Yver, *Contribution à l'étude...*, p. 157. — L. Musset, *Autour des moda-*

lités..., p. 56. — V. Gazeau, *Le temporel...*, p. 240. — E. Z. Tabuteau, *op. cit.*, p. 378, n. 32.

Il est difficile de savoir s'il est ici question de l'année du mariage de Guillaume et de Mathilde ou bien du début de la procédure qui devait y aboutir ; la date précise du mariage du duc a fait en outre l'objet d'importantes discussions : chacun s'accorde à dire cependant qu'il est intervenu entre 1049 et 1053 (Douglas, *William...*, appendix C, p. 391-395 ; H. Prentout, *Le mariage de Guillaume*, p. 27-29). La date la plus probable est, semble-t-il, 1050 (M. de Boüard, *Guillaume le Conquérant...*, p. 169). Cette notice offre la plus ancienne mention connue de l'*hainfara* en Normandie (H. Prentout, *op. cit.*, p. 14).

Eodem anno quo in conjugium sortitus est Normannorum marchio, Willelmus nomine, Balduini[a] comitis filiam, dedit Sancto Petro Pratelli consuetudines quas habebat in quadam terra, que Wascolium vulgo vocatur, scilicet hainfaram, *ullac, rat*, incendium, bernagium, bellum. Pro quibus abbas ejusdem loci, Anffridus nomine, ei dignam dedit pecuniam, id est X libras denariorum, et orationes loci Pratelli.

(a) Balduinus *B*.

A162

1050.

Raoul, chevalier de Varenne, donne à l'abbaye Saint-Pierre de Préaux, avec le consentement de son épouse Béatrice, tout ce qu'il possède à Vascœuil : terrains non boisés, eaux et forêts. L'abbé Anfroi lui accorde alors la société de l'abbaye et lui donne cinq onces d'or, cent sous, un anneau doré auquel appendent neuf pièces de monnaie, et une cuillère d'argent.

B. Cart. XIIIe siècle, fol. 137, n° 438, sous la rubrique : « *De dono Radulfi de Warana apud Wascolium* ». [Copie Delisle, Bibl. nat. de Fr., nouv. acq. lat. 1025, fol. 191, n° 438].

a. Th. Stapleton, *Observations in disproof...*, p. 11.

INDIQUÉ : A. Le Prévost, *Mémoires...*, t. III, p. 324 (traduction). — Th. Stapleton, *Magni rotuli...*, p. cxlvii. — J. Adigard des Gautries, *Les noms de lieu...*, p. 278. — L. Musset, *Comment on vivait...*, p. 13. — J. M. Bouvris, *Contribution à l'étude...*, p. 159, n. 50. — V. Gazeau, *Le temporel...*, p. 247.

Roger de Beaumont, qualifié ici par référence à son père Onfroi, fut vicomte de Rouen ; la datation de cette notice est induite par celle de la précédente. Sur le mariage de Guillaume de Varenne et de Béatrice, voir Th. Stapleton, *Observations in disproof...*, p. 12-13.

Eodem anno, quidam miles de Warenna, Radulfus nomine, annuente conjuge sua Beatrice, dedit Sancto Petro Pratelli quicquid in[a] eadem terra, scilicet Wascolio, habebat in plano, in aqua et silva et ideo dedit ei predictus abbas societatem loci et quinque untias auri et centum solidos et anulum aureum unum appendentem novem nummos et unum coclear argenteum. Huic conventioni interfuerunt testes ex parte abbatis : Rogerus, filius Hunfridi, eo tempore vicecomes Rotomagi ; et Girardus, comitis botellarius ; et Guarnerius et Gotmundus et Gaufrizdus[b], milites abbatis ; et Christianus et Herbertus, presbiteri. Ex parte vero Radulfi : Godefridus[c], frater ejus ; et Hilbertus, filius Turaldi de Fontanis ; et Robertus, filius Ansfridi de *Ivetot*.

(a) in *répété deux fois B*. — (b) *Sic B*. — (c) Godefridus *B*.

A163

[Vers 1050].

Thibaut de Vascœuil, fils de Normand, donne à l'abbaye Saint-Pierre de Préaux sa part de l'église Saint-Laurian de Vascœuil avec la terre en dépendant, soit neuf acres. Il y ajoute une demie acre la jouxtant pour y construire une maison, quarante-deux acres, situées en un autre lieu, et la dîme de son domaine, excepté celle tenue par ses clercs. En retour l'abbé Anfroi lui donne quatre livres, la société du lieu et les coutumes vicomtales qu'il avait achetées au duc. Thibaud ajoute les dîmes que ses vassaux tenaient en bénéfice : l'abbé les possèdera complètement tant qu'il pourra leur garantir les coutumes [vicomtales] ; dans le cas contraire, ils seront libres de disposer des dîmes. Gotmond de Vascœuil et son neveu Norman donnent chacun vingt quatre acres de terre.

B. Cart. XIIIe siècle, fol. 137-v, n° 439, sous la rubrique : « *De dono Theobaldi, Normanni filii, in ecclesia Sancti Lauriani apud Wascolium* ». [Copie Delisle, Bibl. nat. de Fr., nouv. acq. lat. 1025, fol. 191-192, n° 439].

INDIQUÉ : A. Le Prévost, *Mémoires...*, t. III, p. 324. — T. H. Stapleton, *Magni rotuli...*, p. cxlviii. — E. Z. Tabuteau, *Transfers of property...*, p. 200, n. 30, 31, 32, doc. 555. — V. Gazeau, *Le temporel...*, p. 248.

On trouve une autre version, abrégée, de cette notice (voir **A166**).

Eodem tempore, dedit Tetbaldus, Normanni filius, de Wascolio partem quam habebat in ecclesia Sancti Lauriani cum terra, VIIII acros[a], ad eandem pertinente et alia terra, id est medium agrum juxta ea, ad commaneatum faciendum et in alio loco quadraginta duos agros terre et decimam dominii sui, excepta illa qua tenebant clerici sui, Sancto Petro Pratelli in perpetuum. Pro his ergo abbas ejusdem loci, Anffridus nomine, dignam rependit ei pecuniam, videlicet IIII[or] libras denariorum, et societatem loci et consuetudines vicecomitatus quas a comite, ut supra scriptum est, emerat. Huic dono addidit decimas militum suorum quas in beneficio retinebant tali tenore ut, quamdiu abbas eis consuetudines guarantiret, haberet eas ex integro. Quod si aliquando minime posset, facerent inde quod vellent. Huic conventioni interfuere ex parte abbatis testes : Gonscelinus ; Ricardus Lupusculus ; Rogerius Perarius ; Rogerius Cocus ; Osulfus, Gaufridus, Rogerius, monachi, et Hunfridus, presbiter. Huic etiam dono addidit Gotmundus de Wascolio XX[ti] IIII[or] agros terre et Normannus, nepos ejus, similiter XX[ti] IIII[or] agros suprascripta ratione, astantibus suprascriptis etiam testibus.

(a) *Incise ajoutée dans l'interligne par le copiste de B, corr.* agros.

A164

[1050-1071, 20 février].

Guillaume Fitz-Osberne et Roger [II], fils de Roger de Montgommery, donnent à l'abbaye Saint-Pierre de Préaux, en réparation du pillage des terres de Préaux, une terre bordant la rivière Andelle, nommée Le Mouchel. L'abbé, qui les avait excommuniés, lève la sentence et leur accorde la société des moines.

B. Cart. XIIIe siècle, fol. 137v, n° 440, sous la rubrique : « *De dono Willelmi, Osberni filii, apud Wascolium* ». [Copie Delisle, Bibl. nat. de Fr., nouv. acq. lat. 1025, fol. 192-193, n° 440].

INDIQUÉ : A. Le Prévost, *Mémoires*..., t. III, p. 324. — L. Musset, *Comment on vivait*..., p. 6. — V. Gazeau, *Le temporel*..., p. 247.

Guillaume Fitz-Osberne meurt à la bataille de Cassel le 20 février 1071 (O. V., t. II, p. 235) ; la date de 1072 retenue par calendrier de l'abbaye de Lyre, dont Guillaume avait été le fondateur, est fautive (Bibl. nat. de Fr., lat. 10061, fol. 2). On ne peut dire à quel moment les terres de Préaux ont été ravagées par Roger et Guillaume : cette donation ne peut être antérieure à 1050 car elle n'est pas recensée dans la pancarte de fondation (**A1**).

Regnante Willelmo, Roberti marchionis filio, Willelmus, Osberni filius, et Rogerius, Rogerii filius de Monte Gomerico, dederunt Sancto Petro Pratelli quamdam terram, Monticulus⁽ᵃ⁾ nomine, super fluvium Andele sitam, pro damno quod ei fecerant : depredaverant enim terras loci Pratelli. Quapropter absolvit eos abbas ejusdem loci et societatem fratrum dedit ; prius ergo pro supradicta re excomunicaverat.

(a) *Sic BC, corr.* Monticulum.

A165

Geoffroy et Raoul Dastin donnent des terres situées au Mesnil-Dastin. — Autre copie de la notice A99.

B. Cart. XIIIᵉ siècle, fol. 137v-138, n° 441, sous la rubrique : « *De dono Godefridi et Radulfi, filiorum* Dastin *:* le Mesnil *Dastini* ». [Mention Delisle, Bibl. nat. de Fr., nouv. acq. lat. 1025, fol. 193, n° 441].

A166

1050.

Thibaut de Vascœuil, fils de Normand, donne à l'abbaye Saint-Pierre de Préaux l'église Saint-Laurian de Vascœuil et la terre en dépendant ; il donne aussi une autre terre la jouxtant pour [*y construire une maison*].

B. Cart. XIIIᵉ siècle, fol. 138, n° 442, sous la rubrique : « *De dono Teboldi de Wascolio : ecclesiam Sancti Lauriani cum terra ad eam pertinente* ». [Mention Delisle, Bibl. nat. de Fr., nouv. acq. lat. 1025, fol. 193, n° 442].
INDIQUÉ : V. Gazeau, *Le temporel*…, p. 248.

Les circonstanes de cette donation se trouvent développées dans une autre notice (voir **A163**).

Regnante Willelmo, Roberti marcionis filio, venit Tetboldus de Wascolio, filius Normanni, ad Sanctum Petrum Pratelli, faciens ibi donationem de quadam ecclesia in honore sancti Lauriani constructa et de terra que ad eam pertinet, et juxta eandem ecclesia dedit aliam terram ad […]⁽ᵃ⁾.

(a) *BC interrompent ici leur transcription, précisant* et cetera ut supra.

A167

[1125, 30 janvier-1146].

Richard de Ry, fils d'Anfroi, donne à Saint-Pierre de Préaux une masure située à Ry pour y construire une grange où serait entreposée la dîme du lieu : il ajoute deux tiers de la dîme (duas garbas) *levée sur son domaine et ceux de ses hommes et confirme les dons faits par ses ancêtres. L'abbé Richard [II] le Jeune lui donne en échange un marc d'argent.*

B. Cart. XIIIe siècle, fol. 138, n° 443, sous la rubrique : « *De dono Ricardi de* Ri, *quamdam maisuram apud* Ri ». [Copie Delisle, Bibl. nat. de Fr., nouv. acq. lat. 1025, fol. 193, n° 443].

Tempore Ricardi, abbatis junioris Pratelli, Ricardus de Rio, filius Anffridi, dedit sancto Petro et monachis unam mansuram terre in Rio ad faciendam grantiam in qua possit decima illius ville reservari. Dedit etiam duas garbas dominii sui et hominum suorum de eadem villa, ponens super altare per virgam unam et promittens se contra omnes homines disserturum et patrocinaturum sancto Petro et ejus monachis quicquid est datum a suis antecessoribus in elemosina Deo et Beato Petro Pratelli. Idem abbas dedit eidem Ricardo tunc unum marcas argenti. Testes abbatis : Tustinus Male doctus ; Engerrannus, rollifer ; Herfredus et Erfredus[a], pratores Tustiniville ; Moyses. Testis Ricardi : Ricardus de Roelio, armiger ejus.

(a) *Sic* B, *peut-être pour* Evrardus *(cf.* A42*)*.

A168

[1054]. — Préaux.

[1] Geoffroy Dastin engage pour sept ans sa terre appelée [Mesnil-]Dastin contre sept livres de monnaie courante que lui remet l'abbé [de Saint-Pierre de Préaux] Anfroi. Si, avant l'échéance du gage, Geoffroy veut devenir moine, il abandonnera cette terre à l'abbé ; mais si lui ou son fils Richard [I] meurent avant ce terme, la terre restera pour toujours aux moines. [2] Raoul donne en gage à l'abbaye Saint-Pierre de Préaux deux acres de terre et la moitié d'un pré pour cinq ans, contre trois livres.

B. Cart. XIIIe siècle, fol. 138v, n° 444, sous la rubrique : « *Quomodo Anfridus, abbas de Pratellis, donavit VII libras Godefrido, filio Dastin, pro terra que vulgo terra*

Dastin *vocatur, quam terram Anfridus abbas usque ad VII annos in vadimonio possederat* ». [Copie Delisle, Bibl. nat. de Fr., nouv. acq. lat. 1025, fol. 193-194, n° 444].

C. Cart. XVe siècle, fol. 91v-92, n° 341.

INDIQUÉ : L. Delisle, *Des revenus*..., 1re part., p. 185, n. 5. — J. Adigard des Gautries, *Les noms de lieu*... p. 238. — J.-M. Bouvris, *Pour une étude prosopographique*..., p. 86-87.

La mise en gage du Mesnil-Dastin est intervenue avant la donation de ce même domaine par Raoul et Geoffroy, en 1054 (voir **A99**). La présente notice est riche en renseignements concerant la famille d'Épaignes : en 1054, Osulfe d'Épaignes, père de Goscelin, cité ici comme témoin, apparaît comme moine à Préaux. Goubert et Osberne, fils d'Osulfe, qui entourent ici Goscelin, sont vraisemblablement ses frères : Goubert d'Épaignes est plusieurs fois cité parmi les témoins des moines de Préaux (voir **A1, A10**). Alors que, mis à part Auvray d'Épaignes, les descendants de Goscelin n'apparaissent plus dans les chartes de Préaux, privilégiant leur carrière outre-Manche, les fils de Goubert, eux, sont souvent mentionnés (voir **A13, A94, A95**).

[1] Regnante Willelmo, martionis Roberti filio, venit quidam miles, Godefridus nomine, filius *Dastin*, ad Sanctum Petrum Pratelli et fecit vadimonium de terra que habet in villa que vulgo *Dastin* vocatur. Pro qua re dedit ei abbas ejusdem loci, Anffridus nomine, VII libras denariorum capitalis monete, eo tenore ut usque ad VII annos eam in vadimonium possideret[(a)]. Quod si ante constitutum terminum vellet fieri monachus, daret eam ex integro ; si vero antequam hoc fieret, aliqua morte preventus esset vel heres[(b)] ejus, videlicet filius suus, nomine Ricardus, sine calumnia sancto Petro esset in perpetuum. Huic conventioni interfuerunt ex parte illius militis : Wimundus, campio de eadem villa ; et Ricardus ; et Robertus de Sturivilla ; et fidejussores extiterunt. Ex parte abbatis : Hunfridus de Pratellis ; Gaufridus de Puta Fossa ; Gunsilinus, filius Osulfi monachi.

[2] Illum annum[(c)] quod bellum fuit inter regem et comitem[11], venit quidam, Rodulfus nomine, fecit vadimonium sancti Petri et dedit ei abbas III libras propter duos agros et dimidium pratum usque ad V annos et fuerunt ex parte abbatis testes : Gulbertus ; Gunselinus ; Osbernus, filius Osulfi ; Warnerius. Ex parte Rodulfi : Aselinus ; sui commendati.

(a) possiderat *BC*. — (b) eres *B, corrigé dans C*. — (c) *Un pied de mouche dans la marge distingue les deux parties de cette notice.*

---

11. Guillaume le Bâtard et le roi de France Henri Ier s'affrontèrent en 1054 (voir J. Dhondt, « Les relations entre la France et la Normandie... », p. 476-479).

A169

[1094, 10 décembre-1101, 30 août]

Notice résumant les dons effectués à l'abbaye Saint-Pierre de Préaux par la famille de Guillaume Dastin : [1] Guillaume a donné à Saint-Pierre de Rouville la dîme de toute sa terre et un champ que tient Marc Patot. Il a reçu de l'abbé Geoffroy vingt sous ; son épouse [Placide] et son fils Raoul, qui ont reçu respectivement une guimpe et une petite cotte, ont donné leur accord. [2] Guillaume a concédé une terre faisant partie du patrimoine de son épouse qui a donné son accord, tout comme Guillaume du Ham, à qui appartenait le service de cette terre ; il a reçu de l'abbé Geoffroy quatre livres, somme à employer ensuite au rachat des portions de ses terres qu'il avait engagées en divers lieu. Cette accord eut lieu devant Arnoul de [Vieil-]Hesdin qui, en route pour [le Mont-]Saint-Michel, avait reçu l'hospitalité de l'abbé Geoffroy : en mémoire de cette transaction, Arnoul fit don de sa veste en peau de renard à Guillaume, tandis que Placide reçut une guimpe. [3] Après la mort de Guillaume, son épouse Placide et leur fils Hugues, héritier de son père, ont placé le dernier fils de Guillaume à l'abbaye pour qu'il y devienne moine et ont donné au monastère quatre acres de terre. [4] Placide a vendu une partie de sa dot, une demi acre de terre, contre vingt sous, en présence de son fils R., moine. [5] Hugues, fils de Guillaume, a reçu de l'abbé Geoffroy un cheval pour la moitié d'une acre de terre sise devant les portes du monastère, près de la terre d'Heurold. Le même Hugues a vendu au moine Ambroise, avec le consentement de sa mère et de son frère Richard [II], la vigne de Périers (?) contre un cheval. À sa mort, son frère Richard a vendu au moine Ambroise la vigne de Grenton, contre une vache et deux sous.

B. Cart. XIIIe siècle, fol. 138v-139, n° 445, sous la rubrique : « *Ex dono Willelmi* Dastin *apud Rothowillam, decimam tocius terre sue possidemus* ». [Copie Delisle, Bibl. nat. de Fr., nouv. acq. lat. 1025, fol. 194-195, n° 445].

C. Cart. XVe siècle, fol. 92-v, n° 342. Dans la marge : « Rouville ».

INDIQUÉ : J.-M. Bouvris, *Pour une étude prosopographique...*, p. 89. — L. Musset, *Autour de la basse Dive...*, p. 250. — E. Z. Tabuteau, *Transfers of property...*, p. 116, n. 16, doc. 558 et p. 335-6, n. 16.

Tous les dons relatés dans cet acte s'échelonnent sur plusieurs années, pendant l'abbatiat de Geoffroy, traditionnellement situé, selon les indications de la *Gallia christiana*, entre 1096 et 1101, ou, selon la *Neustria Pia* de Du Monstier, d'après la chronique manuscrite perdue de Gilbert Chandelier, entre le 10 décembre 1094 et 1101. La présence d'Arnoul de [Vieil-]Hesdin à Préaux sous l'abbatiat de Geoffroy invite à préférer cette seconde datation : d'origine flamande, Arnoul possédait de nombreuses terres en Angleterre, tenant en chef dans dix comtés et tenant d'Eudes, évêque de Bayeux, dans le Kent et le Buckinghamshire (*Domesday Book*, t. I, fol. 46v ; 62v ; 69v ; 80v ; 98 ; 129v ; 160 ; 169 ; 205v ; 212v). Il donna à Préaux les dîmes et tonlieux de Newbery vers 1083 (**A191**) ; il fut aussi bienfaiteur de Saint-Pierre de Gloucester (Johnson, Cronne, *Regesta*..., t. II, p. 410). Arnoul est recensé parmi les frères du prieuré de la cathédrale de Rochester (H. Tsurushima, « The fraternity of Rochester Cathedral... », p. 322-324), il apparaît trois fois en 1091, témoin de la charte d'Osmond, évêque de Salisbury, qui institue le chapitre cathédral de Salisbury (D. Greenway, *The false Institutio*..., p. 94), témoin de deux confirmations du roi Guillaume II en faveur de l'abbaye de Bath (21 janv. 1091, *Regesta*, t. I, p. 82, n° 315) et pour la cathédrale de Salisbury (ibid, p. 83, n° 319) ; il est cité plusieurs fois dans le cartulaire chronique de Saint-Georges de Hesdin (R. Fossier, *Cartulaire-chronique du prieuré Saint-Georges de Hesdin*, n°s 47, 48, 52, 53, 54, 126), dans des actes malheureusement difficiles à dater, comme le n° 52, qui témoigne de sa présence dans l'entourage du roi Guillaume II : « *dum cum rege revertente de Normannia pergeret Angliam (...) dum per Normanniam cum rege domino suo demoraretur (...) postea quoque domo sua apud Nortona in Anglia, in die Ascensionis Domini (...) convenisse[n]t* ». Impliqué dans la révolte de Robert Mowbray contre le roi d'Angleterre, il partit aux côtés de Robert Courteheuse à la première Croisade en octobre 1096 et trouva la mort à Antioche en 1097 ou 1098 (C. W. David, *Robert Curthose*..., p. 96, 222 ; L. Musset, « Recherches sur les pélerins... », p. 131). Arnoul est donc passé à Préaux au plus tard à l'été 1096, date à laquelle Geoffroy était déjà abbé ; il faut donc préférer 1094 comme date du début de l'abbatiat de ce personnage.

[1] Willelmus *Dastin* donavit Sancto Petro Rothoville decimam tocius terre sue et unum agrum terre, quem tenet Marcus *Patot*. Pro hac donatione Gaufridus, abbas Pratelli, XX solidos illi dedit sueque uxori unam guinplam[(a)] et Radulfo, eorum filio, unam cotellam, ut concederent hoc ; et libenter concesserunt.

[2] Postea vero accepit ab abbate Gaufrido IIII[or] libras denariorum pro terra patrimonii sue uxoris, ipsa concedente, ex quibus denariis ipse Willelmus redimeret terras suas quas distraxerat in plurimis locis jacentes in vadimonio. Et hoc fecit, concedente Willelmo de *Han*, ad quem pertinebat servitium terre. Et hec definitio facta est coram Ernulfo de *Hesdin*, quem abbas Gaufridus hospitaverat euntem ad Sanctum Michaelem. Qui etiam Ernulfus, se exuens vulpino renone, dedit eum Willelmo *Dastin* ob memoriam hujus conventionis ; habuit etiam unam guimplam de hoc ipsa Placida.

[3] Post mortem vero Willelmi, Placida, uxor ejus, et suus filius Hugo, qui erat heres patris, miserunt minimum filium Willelmi Pratellum, ut fieret monachus ; quod et factum est. Pro quo donaverunt IIII[or] agros terre.

[4] Postea vero ipsa Placida de dote sua vendidit medium agrum terre, pro qua terra XX solidos habuit, et manu sua posuit super altare donationem hanc, astante filio suo R. monacho.

[5] Sequenti vero tempore, Hugo, filius Willelmi *Dastin*, accepit ab abbate Gaufrido unum equum pro medietate unius agri terre, qui est juxta terram Heuroldi ante portas monasterii. Hugo idem filius *Dastin* vendidit Ambrosio monacho vineam de Piro, et accepit ab eo unum equum, concedente matre sua

et fratre suo Ricardo, et ipse Ricardus post ejus mortem, scilicet Hugonis, vineam Grentonis Ambrosio vendidit et habuit pro ea unam vaccam et II solidos.

(a) *Sic BC.*

A170

[1110-1120...].

Notice résumant les dons faits à l'abbaye de Préaux par Richard [Ier] Dastin : Guillaume Trouvet de Grangues a concédé aux moines de Saint-Pierre de Préaux une acre de terre pour le repos de l'âme de son épouse, avec l'accord de Richard, du fief duquel cette terre dépendait. À son tour Richard a accordé une vergée de terre jouxtant le cimetière de Sainte-Marie de Périers, pour y construire le logement du prêtre de la paroisse et, à l'occasion de la dédicace de Saint-Pierre de Rouville, une acre de terre à Cerqueux. Lorsqu'il a prêté hommage à l'abbé Richard, il a confirmé à l'abbaye la possession libre des terres données aux moines par lui, son père, ses frères et ses parents.

B. Cart. XIIIe siècle, fol. 139-v, n° 446, sous la rubrique : « *Concessio Ricardi* Dastin *de omnibus terris et redditibus quos apud* Gerenges *et apud* Rothowillam *de ejus feodo possidemus* ». [Copie Delisle, Bibl. nat. de Fr., nouv. acq. lat. 1025, fol. 196, n° 446].

C. Cart. XVe siècle, fol. 92v, n° 343. Dans la marge : « Rouville ».

INDIQUÉ : J.-M. Bouvris, *Pour une étude prosopographique...*, p. 90. — L. Musset, *Autour de la basse Dive...*, p. 252.

La date de la dédicace de Notre-Dame de Rouville est connue grâce à une mention du cartulaire (voir **A185**) ; la présence parmi les témoins de Guillaume Mauduit permet de situer le *terminus ad quem* vers 1120 (voir **A14**).

Willemus Trovatus de Girengis dedit sancto Petro unum agrum terre pro anima uxoris sue, testificante et concedente Ricardo Dastinno, de cujus feodo terra illa erat. Ipse etiam Ricardus Dastinnus unam virgam terre herentem cimiterio Sancte Marie de Piris dedit sancto Petro ad hospitandum presbiterum super eam. Preter hec ad dedicationem ecclesie Sancti Petri Rotoville dedit unum agrum terre ad Sarcofaga. Idem Ricardus inter cetera et multimoda bona, cum homagium fecit Ricardo abbati, addidit hec dicens : « Ego Ricardus Dastinus$^{(a)}$ et hec frusta$^{(b)}$ terrarum que donavi$^{(c)}$ et quecumque a patre meo vel a fratribus meis vel a parentibus Sancto Petro de Pratellis donata sunt et concedo libere atque jure ecclesiastico possideri ». Testes Sancti Petri hujus doni hi sunt : *Lioret* ; Rodulfus Cocus ; Willemus Male doctus.

(a) *Sic B*. — (b) frustra *BC*. — (c) donavit *B, corrigé dans C*.

A171

[Vers 1110].

Serlon, prêtre de Rouville, donne à l'abbaye Saint-Pierre de Préaux une vergée de terre pour l'âme de ses parents.

B. Cart. XIIIe siècle, fol. 139v, n° 447, sous la rubrique : « *Ex dono Serlonis, presbiteri de Rothowille, unam virgam terre apud eamdem willam habemus* ». [Copie Delisle, Bibl. nat. de Fr., nouv. acq. lat. 1025, fol. 196, n° 447].

C. Cart. XVe siècle, fol. 92v, n° 344.

Serlo, presbiter de Rotovilla, dedit Sancto Petro^(a) Pratelli unam virgam terre pro anima patris et matris sue, teste Ricardo, ejus nepote, cognomento Dens de ferro. Testes Sancti Petri : Rodulfus Dulcis ; Robertus, filius Ebroldi ; Gislebertus, filius Marci ; Radulfus Cocus.

(a) *om. B, corrigé dans C.*

A172

[1110-1122/1130]. — Préaux.

Notice résumant les dons de Richard Dastin : il a donné à l'abbaye Saint-Pierre de Préaux, à la mort de son épouse Florence, deux acres de terre sises à La Taille et a confirmé l'ensemble des donations qu'il a faites, ainsi que celles de ses parents. Samuel, prieur du monastère, lui a accordé une messe annuelle pour le repos de l'âme de son épouse, en présence de l'abbé Richard et des moines. Plus tard il a renouvelé son hommage à l'abbé pour le tènement qu'il tient des moines.

B. Cart. XIIIe siècle, fol. 139v-140, n° 448, sous la rubrique : « *Samuel, prior Pratelli, gagiavit unum annuale missarum Ricardo* Dastin *pro anima uxoris sue propter II agros terre quos dedit nobis in Tallia* ». [Copie Delisle, Bibl. nat. de Fr., nouv. acq. lat. 1025, fol. 197, n° 448].

C. Cart. XVe siècle, fol. 93, n° 345.

INDIQUÉ : J.-M. Bouvris, *Pour une étude prosopographique…*, p. 90.

Cet acte ne peut qu'être postérieur au **A171**, puisqu'on y rappelle l'hommage prêté par Richard peu après la dédicace de l'église de Rouville, qui eut lieu en 1110. Samuel, prieur, est mort entre 1122 et 1130 (voir **A131**).

Ricardus *Dastin*, decedente uxore ejus, Florentia nomine, ex hac vita, Pratellum venit deditque sancto Petro II agros terre in Taillia pro anima ejusdem conjugis. Samuel vero prior unum annuale missarum eidem Ricardo guagiavit pro anima predicte conjugis, illuc astante Ricardo abbate et omni conventu monachorum ; quecumque pater ejus aut ipse Ricardus aut parentes ejus donaverunt vel vendiderunt sancto Petro jure elemosine concessit esse liberum et per unum cultellum donationem horum super altare posuit et signo crucis confirmavit. Insuper alibi recordatus est homagii abbatis et tenamenti[(a)] quod est de sancto Petro, circumastantibus Christiano, presbitero de Sancto Martino ; Gisleberto Corneville ; Goisfrido Campiniaci ; Radulfo, filio Durandi de Ponte Audomari ; Herluino, camerario ; Rogero Calcia puellam ; Engiranno, hospitali ; Ricardo Nano.

(a) *Sic B, corrigé dans C en* tenementi.

A173

[1152, 21 décembre-1167, 16 décembre].

*Michel, abbé de Préaux, concède à Guillaume Lisnel, avec l'accord des moines, la terre de la Saiete et celle des Vignetes en plus de celle qu'il tient déjà. Guillaume et ses hoirs devront acquitter rigoureusement le service d'un cheval et rendront chaque année à la Saint-Pierre et Saint-Paul [29 juin] dix-huit deniers, à Noël quatre pains et quatre chapons, à Pâques quatre pains et quarante œufs, et en septembre une oie ; à cela s'ajoutent les redevances (*servitiis*) qu'ils avaient l'habitude d'acquitter pour le moulin, l'écluse, le foin, les roseaux et le service commun à tous.*

B. Cart. XIIIe siècle, fol. 140, n° 449, sous la rubrique : « *Michael, abbas Pratelli, et totius ejusdem loci conventus concesserunt Willelmo* Lisnel *terram de* la Saiete ». [Copie Delisle, Bibl. nat. de Fr., nouv. acq. lat. 1025, fol. 197-198, n° 449].

C. Cart. XVe siècle, fol. 93, n° 346.

La place qu'occupe cette notice au milieu des textes concernant le prieuré de Rouville permet de situer la « Saiete » et les « Vignetes » dans la région de ce prieuré.

Notum sit omnibus quod Michael abbas Pratelli totusque conventus monachorum concesserunt Willelmo *Lisnel* terram de *la Saiete* et terram *des*

Vignetes cum sua alia terra, tali pacto quod ipse atque heres ejus de caballo serviet in perpetuum pro terra predicta, et hoc convenienter, et ad festum apostolorum Petri et Pauli annuatim reddet decem et octo denarios et ad Nathale Domini IIII^{or} panes et IIII^{or} capones et ad Pascha IIII^{or} panes et XL ova et in septembri unam anserem cum aliis servitiis que facere solebat, scilicet de molendino, de esclusa, de feno, de roso et de communi servitio quod alii faciunt.

A174

[1098-1107], vendredi avant les Rogations. — Préaux.

Robert [de Montfort], connétable, fils d'Hugues, obtient de l'abbé de Préaux pour le prêtre Serlon, desservant de l'église de Rouville, la chanterie de l'église, soit le tiers des revenus de l'église, neuf deniers sur les sépultures, la garde [de l'église] (waita) et les messes, mais il n'aura rien des aumônes des trentains, interdiction lui étant faite d'extorquer de force des obits du septième jour. Serlon avait auparavant exprimé devant le roi ses prétentions concernant cette église qu'il revendiquait comme son héritage.

B. Cart. XIIIe siècle, fol. 140, n° 450, sous la rubrique : « *Serlo, presbiter de Rothowilla, multos fecerat cum rege clamores de ecclesia ejusdem wille, quam de sua hereditate esse clamabat et per preceptum domni Roberti, filii Hugonis, canteriam accepit* ». [Copie Delisle, Bibl. nat. de Fr., nouv. acq. lat. 1025, fol. 198, n° 450].

C. Cart. XVe siècle, fol. 93, n° 347. Dans la marge : « Rouville ».

INDIQUÉ : L. Musset, *Autour de la basse Dive…*, p. 252.

Robert, fils d'Hugues de Monfort, est ici qualifié de connétable : Orderic Vital, qui porte un jugement sévère à l'encontre de ce personnage, nous apprend qu'il était « *strator Normanici exercitus* » et « *magister militum* » dès 1098 (O. V., éd. A. Le Prévost, t. IV p. 240). Après de multiples trahisons, Robert de Montfort abandonna sa terre en faveur du roi Henri Ier pour gagner Jérusalem en 1107. Cette notice explicite la notion de « chanterie » évoquée dans plusieurs actes du cartulaire (voir *Index rerum*) : la chanterie consiste en un tiers des revenus de l'église et de la dîme en dépendant ; elle constitue la part des revenus d'une église fréquemment attribuée au prêtre la desservant, le seigneur patron en conservant en général les deux autres tiers.

In die veneris ante Rogationes, venit Robertus, conestabulis[a], ad ecclesiam Sancti Petri et ad abbatem de Pratellis et cum eo venit Serlo, presbiter de Rotovilla, qui quamplures cum rege jam fecerat clamores de ipsius ville ecclesia quam hereditatem clamabat. Ibique per preceptum et deprecationem domni Roberti, filii Hugonis, abbas canteriam ipsius ecclesie Serloni presbitero concessit, videlicet terciam partem redditus ecclesie, de sepultura mortuorum et de waita et de missa novem denarios, suam partem nec trigintalem precium nec seccenarii[b] a mortuo vi extorquet nec habebit. Ad hanc conventionem affuerunt testes ex parte Roberti : Hugo de Mala herba ; Willelmus de *Rouris* ; Willelmus, capellanus, et pluribus aliis.

(a) *Sic B.* — (b) *Sic B.*

A175

[1110-1125, 30 janvier].

*Richard, fils d'Eudes Long-jour (*Longus dies*), donne à l'abbaye Saint-Pierre de Préaux, pour l'âme de son père, une acre de terre appelée le champ d'Aubevoye et la dîme de ce champ, excepté la chanterie, qui est dévolue au prêtre.*

B. Cart. XIIIe siècle, fol. 140, n° 451, sous la rubrique : « *Ex dono Ricardi, filii Odonis, unum terre agrum qui vocatur agrum de Alba Via habemus* ». [Copie Delisle, Bibl. nat. de Fr., nouv. acq. lat. 1025, fol. 198, n° 451].
C. Cart. XVe siècle, fol. 93v, n° 348.

La famille Long-jour est de Rouville : l'allusion à la chanterie de Rouville, donnée au prêtre, implique que cette donation est postérieure à la précédente.

Ricardus, filius Odonis Longi diei, donavit Sancto Petro de Pratellis unum acrum terre quod vocatur agrum de Alba Via et decimam ipsius campi, preter canteriam que datur presbitero. Hec fecit pro anima patris sui. Testes ejus : Odo, presbiter de Piris ; Christianus et aliis[a].

(a) *Sic B,* et pluribus aliis *C.*

A176

[1072-1077].

Béatrice, sœur de Gotmond le Roux de Vascœuil, fils de Thecelin, donne à Saint-Pierre de Préaux et à l'abbé Anfroi, son parent, afin de bénéficier des prières de cette communauté, la terre d'un hôte sise à Grangues qui lui était échue lors du partage, effectué entre elle et ses fils, des terres de son mari mort récemment. Ses fils Raoul et Roger ont donné leur accord ; Roger [II] de Montgommery et Mabille son épouse, de qui dépendait cette terre, ont accordé leur consentement.

B. Cart. XIIIe siècle, fol. 140v, n° 452. [Copie Delisle, Bibl. nat. de Fr., nouv. acq. lat. 1025, fol. 199, n° 452].

C. Cart. XVe siècle, fol. 93v, n° 349, sous la rubrique : « *Ex dono Beatricis, sororis Gotmundi Rufi, terram unius hospitis plenarii in Gerengiis* ».

Béatrice apparaît aux côtés de son mari, Raoul de Varenne, en 1054 (voir **A162**). Mabille de Bellême a épousé Roger II de Montgommery vers 1072, avant de mourir vers 1077 (F. Neveux, *La ville de Sées*, p. 163 ; M. Chibnall, *Historia ecclesiastica*..., t. III, p. 136, n. 1). Cet acte est antérieur à 1078, date de la mort de l'abbé Anfroi.

Regnante Willelmo, Roberti comitis filio, quedam mulier marito viduata, Beatrix nomine, soror Gotmundi Rufi Wascoliensis, filii Thescelini, dedit sancto Petro et abbati Anffredo, cui consannitate[a] jungebatur, terram unius hospitis plenarii in Gerengiis quam sibi accidit, divisa hereditate, post mortem mariti inter se et filios suos, ut particeps orationum et beneficiorum loci perpetuo haberetur. Hec etiam fecit, consentientibus filiis suis Radulfo et Rogero, concedente etiam Rogero Montis Gommeriensis et Mabilia, uxore ejus, de quibus idem beneficium erat.
Signum Rogeri Gommeris[b] (*crux*). (*Crux*) Signum Mabilie.

(a) *Sic B*, consanginitate *C, corr.* consanguinitate. — (b) *Sic B.*

A177

1149. — Rouen, *in curia*.

Enguerrand de Vascœuil et l'abbé Renaud de Préaux mettent un terme, sur l'ordre de Geoffroy [Plantagenêt], duc de Normandie et comte d'Anjou, au différend qui les opposait. Devant les juges, baillis et sénéchaux du duc, Enguerrand reconnaît à l'abbaye Saint-Pierre de Préaux l'exemption de fournage, de fenestrage, de tonlieu et de toute autre coutume, pour ses hommes de Vascœuil, excepté s'ils vendent, achètent, ou marchandent sur les terres d'Enguerrand : dans ce cas ils devront acquitter la coutume. Il reconnaît libres les bois dont l'abbé Renaud lui a concédé la garde, de sorte que, s'il les coupe ou les ravage, il devra réparer le préjudice devant le tribunal de l'abbé ou y envoyer quelqu'un pour en subir la sentence à sa place. Si les hommes de l'abbaye veulent aller dans les bois d'Enguerrand, ils acquitteront les coutumes. Il rend en outre la terre sur laquelle il avait fait construire sa maison et reconnaît le droit des moines de pêcher dans les eaux qui baignent cette terre. À la place de la dîme de ses moulins qu'il avait depuis longtemps concédée à l'abbaye, il donne trois muids de blé [sur les revenus] de ces mêmes moulins. Il ajoute la dîme des champarts de la vallée de Vascœuil.

B. Cart. XIIIe siècle, fol. 140 v-141, n° 453, sous la rubrique : « *Compositio et concordia que facta est inter Reginaldum, abbatem de Pratellis, ex una parte, et Engerrannum de* Wascuil, *ex altera, qui diu discordes ad invicem propter rectitudines et consuetudines de manerio nostro de* Wascuil *fuerant, quas Engerrannus usurpando violenter ecclesie Pratellensi auferebat* ». [Copie Delisle, Bibl. nat. de Fr., nouv. acq. lat. 1025, fol. 275v et mention, fol. 199, n° 453].

a. L. Valin, *Le duc de Normandie et sa cour*, p. 265-266, p. j. n° X. — b. Crone, Davis, *Regesta regum Anglo-normannorum*, vol. III, p. 246, n° 665.

INDIQUÉ : A. Le Prévost, *Orderici Vitalis…*, t. IV, p. 320, n. 2. — A. Le Prévost, *Mémoires…*, t. III, p. 324. — Charpillon, Caresme, *Dictionnaire…*, t. II, p. 951. — E.-J. Tardif, *Coutumiers de Normandie…*, Ire part., p. 108. — C. H. Haskins, *Norman Institutions*, p. 134 et p. 148. — J. Le Maho, *L'apparition des seigneuries…*, p. 13.

Enguerrand de Vascœuil apparaît en 1118 parmi les meneurs de la révolte contre Henri Ier entraînée par Hugues du Gournai : il ravage avec d'autres chevaliers le pays de Caux (O. V., t. IV, p. 320-321) ; il entre ensuite au service du roi Étienne puis de Geoffroy Plantagenêt : en 1137 un bref du roi Étienne l'enjoint de laisser les moines du Bec jouir de leur biens à Touffreville (Davis, *Regesta…*, t. III, p. 30, n° 75) et la même année il atteste la charte du même souverain, confirmant les biens de l'abbaye de Mortemer (*ibid.*, t. III, p. 220, n° 598). Il est témoin, entre 1144 et 1150, d'un acte de Geoffroy en faveur de l'abbé de Fécamp (*ibid.*, t. III, p. 115, n° 304) ; en 1147, d'un autre pour Mortemer (*ibid.*, t. III, p. 221, n° 599) et, entre 1147 et 1148, de la confirmation des coutumes des moines de Saint-Ouen de Rouen (*ibid.*, t. III, p. 271, n° 735). Cet accord passé avec les moines de Préaux est donc sa dernière attestation. Il est selon toute vraisemblance le fils de Gilbert Ier de Vascœuil, fils de Thibaud, qui est cité dans une charte en faveur de Préaux (voir **A178**).

In nomine sancte et individue Trinitatis. Notum sit presentibus et futuris concordiam quamdam factam esse inter Reinaldum abbatem Pratelli et *Eingeran* de *Waiscuil* qui discordes longo tempore fuerant ad invicem propter rectitudines et consuetudines Pratelli ecclesie, quas predictus *Eingeran* usurpando violenter eidem ecclesie auferebat. Quapropter, jussu G(aufridi), Normannorum[a] ducis et Andegavorum[b] consulis, illis residentibus in curiam Rothomagi, coram judicibus et baillivis et dapifero, assensu procerum et consilio utriusque partis, predicte controversie talis compositio consulta est fieri : in primis scilicet *Eingeran* homines, quos ecclesia Pratellensis habet apud *Wascuil*[c], clamat quietos et absolutos de furnagio, fenestragio, theloneo et penitus omni exactione et consuetudine, excepto si aliquid vendiderint vel emerint vel aliquam in terra ejusdem Engerani negociationem fecerint, unde consuetudo dari debeat, illa tantummodo dabunt. Nemora autem ejusdem ecclesie clamat quieta que abbas

Reinaldus ei concessit custodienda tali conditione quod, si abscisa vel vastata fuerint, *Engeran*[d] in curia abbatis emendabit vel inveniet qui pro se juditium subeat. Si vero predicti homines Pratelli ecclesie in nemora ipsius Engeranni ire voluerint, consuetudinem dabunt ; sin autem quieti erunt. Insuper terram ejus[e] quamdam super quam domum edificaverat eidem ecclesie reddit quietam, et aquam que fluit juxta terram ejusdem ecclesie clamat quietam ad piscandum abbati et monachis. Pro decima molendinorum suorum, quam eidem ecclesie caritative jamdudum dederat, III modios bladi concedit in eisdem molendinis. Decimam autem campartorum suorum de valle de *Waiscuil* concedit. Testes : Reinaldus de Sancto Walerio, qui dapifer Normannie[f] erat ; Gaufridus *Bertran* ; Robertus, filius Hamelli ; Baldricus, filius Gisleberti ; Godardus de Valle ; Johannes de Lunda ; Radulfus, filius Urselli ; Stephanus, filius Radulfi. Ex parte abbatis : Willelmo monacho *Tafur* ; Ricardo de Tregevilla ; Radulfo de Alneto ; Radulfo de Hispania. Ex parte autem *Engeran*[g] : Osberno de *Cailli* et filio ejus ; Walterio de *Waiscuil*. Acta Rothomagi, anno M° C° XL IX ab Incarnatione Domini.

(a) Norm. *suivi d'un tilde B*. — (b) *ou* Andegav. *suivi d'un tilde B*. — (c) *Sic B*. — (d) *Sic B*. — (e) es *ajoutés en interligne B dont on propose la lecture suivante* : ejus. — (f) Norman *B*. — (g) *Sic B*.

A178

[1094, 10 décembre-1101, 30 août].

Raoul, fils de Gotmond le Roux [de Vascœuil], donne à Saint-Pierre de Préaux sa part de la terre et de la dîme de l'église Saint-Marcel [sic] de Vascœuil. En échange, l'abbé Geoffroy accorde à Gilbert, fils de Thibaud de Vascœuil, une once d'or, douze livres et dix sous. Ce dernier avait donné à l'abbaye Saint-Pierre de Préaux, avec le consentement de son père Thibaud et celui de son épouse Adèle, l'église de Vascœuil avec une terre et ce qu'il possédait de la dîme.

B. Cart. XIIIe siècle, fol. 141-v, n° 454, sous la rubrique : « *Ex dono Gisleberti, Teobaldi filii Wascoliensis, ecclesiam et decimam Sancti Marcelli cum terra ad eam pertinente* ». [Copie Delisle, Bibl. nat. de Fr., nouv. acq. lat. 1025, fol. 199-200, n° 454].

INDIQUÉ : A. Le Prévost, *Orderici Vitalis*…, t. IV, p. 320, n. 2. — Charpillon, Caresme, *Dictionnaire*…, t. II, p. 951. — V. Gazeau, *Le temporel*…, p. 248.

Cette notice rend compte de deux transactions distinctes qui eurent lieu à deux époques différentes : la première donation, faite par Gilbert de Vascœuil, se situe sous le règne de Guillaume le Conquérant, clairement désigné comme roi d'Angleterre, donc entre 1066 et 1087 ; la seconde, réalisée par Raoul de Vascœuil, est contemporaine de l'abbé Geoffroy, en charge après le 10 décembre 1094 et jusqu'au 30 août 1101. L'église Saint-Martial de Vascœuil est ici à tort appelée Saint-Marcel (voir **B52**, **B180**). Les mêmes limites chronologiques sont valables pour les actes suivant : **A179, A180, A181, A182**.

Regnante Willelmo, Roberti marcionis filio, citra ultraque mare imperante, Gislebertus, Teobaldi Wascoliensis filius, Pratellum com[a] conjuge sua advenit, faciens donationem cujusdam[b] ecclesie Sancti Marcelli[c], in eadem villa site, com[d] terra et decima eadem[e] pertinente, ea scilicet que sui patrimonii erat, annuente Thebaldo, patre suo, et conjuge ipsius G(isleberti), Adelide. Hujus rei testes fuerunt : Robertus de *Cailli*, pincerna ipsius ; Ingerrannus, filius Radulfi de *Rim*, et Radulfus, filius Gotmundi Rufi. Qui etiam R(adulfus)[f] quicquid sui patrimonii erat dedit cum terra et decima[g] ipsius sancti. Pro qua re abbas Gaufridus ejusdem loci ipsi G(isleberto) untiam auri et XII libras denariorum com X solidos[h]. Ex parte vero abbatis testes fuerunt[i] : plurimi quorum nomina scripta sunt, ut credimus, in libro vite[12] et ideo regnant cum Deo et Agnus Dei cum eis ; hii sequuntur Agnum[13] sine macula et dicunt semper gloria tibi Domine.

(a) *Sic BC.* — (b) cujusdem *(sic) B.* — (c). *Sic BC, compr.* Sancti Martialis. — (d) *Sic BC.* — (e) *Sic B.* — (f) *Il est appelé Roger dans la charte confirmative d'Henri II, cf.* **B72**. — (g) cum terra et decima *ajouté à l'encre rouge par le rubricateur.* — (h) *Sic B, sous entendre* dedit. — (i) *Le texte de la notice transcrite par le copiste s'arrête ici. Suit ensuite la mention* plurimi (...) Domine *peinte à l'encre de couleur par le rubricateur qui l'aura placée là pour pallier l'omission du copiste. Les deux premières lignes de la notice A176 ont ensuite été copiées, puis cancellées.*

A179

[1094, 10 décembre-1101, 30 août]. — Préaux.

Gilbert, fils de Raoul de Brucourt, accompagné de son fils Geoffroy, confirme et concède en aumône les dons que lui et les siens ont faits à l'abbaye Saint-Pierre de Préaux, se réservant le droit que les autres riches bienfaiteurs et ses pairs ont sur leurs propres aumônes, en présence d'Hugues [II] de Montfort qui concède la part de ces dons que les seigneurs peuvent confirmer : [1] *Avec son frère Robert de Brucourt, il avait donné l'église Saint-Pierre de Rouville, sise au bord de la Dive, avec la terre d'un hôte nommé Guillaume le Roux.* [2] *Peu après, à la mort de Robert, Osmond de Ham avait concédé à Saint-Pierre la terre de La Taille qu'il tenait en bénéfice de Gilbert : ce dernier, son fils Geoffroy et Adélaïde son épouse avaient donné leur accord, mais comme cette terre faisait partie de la dot d'Adélaïde, l'abbé Geoffroy, pour prix de son*

12. *Cf.* Apocalypse, 13, 8 : « quorum non sunt scripta nomina in Libro vitae Agni ».
13. *Cf.* Apocalypse, 14, 4 : « Hi sequuntur Agnum quocumque ierit ».

consentement, lui avait donné un cheval. Enfin, Adélaïde avait ajouté à ce bénéfice dix acres de terre. Gilbert avait reçu cinquante sous de l'abbé Geoffroy contre sa part de l'église Notre-Dame de Périers et le verger du prêtre Achard ; une autre fois un cheval contre la terre de Ligier ; enfin, dix livres contre le gage du moulin de Rouville. [3] Quelque temps après, Gilbert avait cédé l'église Saint-Vigor de Brucourt contre dix livres, puis avait autorisé les siens à vendre dans divers lieux leurs terres ou à les engager en faveur de l'abbé Geoffroy : plus tard, lui et son fils Geoffroy avaient fait don, du consentement de Roger Canut, de toutes les terres de ce dernier que l'abbé avait achetées ou tenait en gage. Pour cela ils avaient reçu quarante sous. [4] Peu après, Gilbert avait reçu de l'abbé Geoffroy neuf livres de manceaux contre les dix-huit livres de roumois, la terre d'Eurold, fils du prêtre Achard, et le moulin que l'abbaye avait en gage pour dix livres.

B. Cart. XIIIe siècle, fol. 141v-142v, n° 455, sous la rubrique : « *Ex dono Roberti Brueriecurtis ecclesia Sancti Petri de Rothowilla* ». [Copie Delisle, Bibl. nat. de Fr., nouv. acq. lat. 1025, fol. 200-202, n° 455].

C. Cart. XVe siècle, fol. 93v-94-v, n° 350. Dans la marge : « Rouville ».

a. L. Musset, *Autour de la basse Dive...*, p. 258, ([1] et [2] jusqu'à « Osulfi Muceoli »).

INDIQUÉ : L. Delisle, *Des revenus...*, 1re part., p. 197, n. 8. — L. Musset, *Autour de la basse Dive...*, p. 248-249, 252. — J.-M. Bouvris, *Pour une étude prosopographique...*, p. 89. — E. Z. Tabuteau, *Transfers of property...*, p. 39, n. 253, doc. 560. — V. Gazeau, *Le temporel...*, p. 252.

La donation primitive de l'église de Rouville est intervenue sous le règne de Guillaume, avant 1087 ; c'est sous l'abbatiat de Geoffroy que le prieuré a pris son essor. Cette notice est la première d'une série de cinq concernant le prieuré Saint-Pierre de Rouville : le copiste a souligné dans leur disposition même le lien qui les unit. Chacune est précédée dans la marge d'un pied de mouche, mais ne comporte pas, au contraire de toutes les autres, d'initiale rubriquée, bien que le copiste ait ménagé des paragraphes. Le rubricateur s'est efforcé cependant, après coup, d'insérer des rubriques parfois tronquées, faute de place, dans l'espace laissé libre à la fin de chaque notice.

[1] Imperante[(a)] Willelmo, Roberti marcionis filio, venit Robertus, Radulfi Bruerie Curtis filius, cum Gisleberto, fratre suo, Pratellum dederuntque sancto Petro ecclesiam quamdam Sancti Petri in villa nomine Rodovilla, super fluvium Dive sita, com[(b)] terra unius hospitis, Willelmi scilicet Rufi. Hujus rei testes affuerunt : Hosmundus de *Ham* ; Gislebertus ; Robertus ; Hubertus Rufus Adaville.

[2] Succedente[(c)] autem tempore, Roberto, fratre Gisleberti, ex hac vita migrante, predictus Osmundus de *Ham* terram de *La Taillen*[(d)] perenniter sancto Petro contulit, annuente Gisleberto, fratre Roberti, de quo illud beneficium erat, com conjuge sua Adelide filioque ejus Gaufrido. Et quia eadem terra ex dote ipsius Adhelidis erat, dedit ei abbas Gaufridus unum equum, ut libentius concederet ; quod et fecit. Auxit preterea eadem mulier idem beneficium decem

agris terre, teste[c] : Roberto, filio Normanni ; et Ligerio ; et Willelmo *Dastin* ; et Picardo, homine Gisleberti ; et Willelmo, coco Pratelli ; et Gaufrido, filio Osulfi Muceoli. Preterea Gaufridus, abbas Pratelli, dedit Gisleberto Bruarii Curtis quinquaginta solidos denariorum pro parte ecclesie Sancte Marie de Piris et pro viridiario Achardi presbiteri. Pro terra autem Ligerii, alia vice, dedit Gisleberto unum equum. Dedit etiam idem abbas G(aufridus) eidem Gisleberto decem libras denariorum pro molendino Rodoville, et hoc in vadimonium.

[3] Subsequenti vero tempore, sepedictus Gislebertus venit Pratellum et fecit ibi donationem ecclesie Sancti Vigoris Bruerii Curtis. Pro qua re dedit ei abbas G(aufridus) X libras denariorum. Concessit quoque idem vir in pluribus locis, ut, quicumque suorum vellet de terra sua vendere vel in vadimonium mittere supradicto abbati G(aufrido), haberet licentiam de eo. His pactis, venit ipse Gislebertus Rodovillam cum filio suo, Gaufrido, et fecerunt ibi pater et filius supra altare donationem ex omnibus terris Rogerii Canuti, quas habebat idem abbas vel emptione vel vadimonio, et ob hoc dedit abbas Gisleberto XL solidos. Hoc autem factum est, concedente ipso Rogerio.

[4] Non post multum tempus, dedit idem abbas G(aufridus) suprascripto Gisleberto IX libras cenomannice monete pro X et VIII libris rothomagensis monete pro terra Euroldi, filii Achardi presbiteri, et pro molendino, quod ante erat in vadimonium pro decem libris, ut deinceps fieret imperpetuum in Sancti Petri Pratelli dominium.

Donationum harum facta est affirmatio talis coram Hugone : ego Gislebertus et Gaufridus, filius meus, concedimus Sancto Petro Pratelli hec que suprascripta sunt jure elemosine, ita ut quod alii divites paresque mei in suis elemosinis jure habebant et ego in mea habeam nichil aliud querens.

Signum (*crux*) Hugonis.

Ego Hugo de Monte forti concedo quicquid de hac re secundum domini concedere possint.

(*Crux*) Signum Gaufridi.

(a) inperante *B, corrigé dans C*. — (b) *Sic B*. — (c) Sic *BC, corr.* succedenti. — (d) *Sic B*. — (e) *Sic B*.

A180

[1094, 10 décembre-1101, 30 août]

Notice récapitulant les dons faits par Guillaume de Brucourt à l'abbaye Saint-Pierre de Préaux : [1] *L'année du mariage de Guillaume, l'abbé Geoffroy lui a fourni un cheval,* [2] *puis un second, avant son départ pour l'Angleterre.* [3] *Il les lui a donnés ensuite en échange de la part que Guillaume avait de la terre de Guillaume le Roux ; puis quarante sous, en échange de l'église Notre-*

Dame de Périers, et quatre livres pour le moulin de Rouville. [4] Par la suite, Guillaume a cédé [sa part de] l'église de Brucourt et les dîmes de Périers et de Brucourt. Il a reçu de l'abbé Geoffroy quinze livres, et son épouse, trente sous. [5] Plus tard, Guillaume a donné toutes les terres que l'abbé Geoffroy avait achetées à Robert, fils de Saffroi, ou tenait en gage, le tout pour trois livres. Robert avait depuis longtemps donné son accord.

B. Cart. XIIIe siècle, fol. 142v, n° 456, sous la rubrique : « *Quomodo Gaufridus abbas prestitit duos equos W(illelmo) Bruerii Curtis* » ; en marge : « *Preter ad Rothowillam* ». [Mention Delisle, Bibl. nat. de Fr., nouv. acq. lat. 1025, fol. 202, n° 456].

C. Cart. XVe siècle, fol. 94v, n° 351. Dans la marge la mention : « Rouville ».

[1] Eo anno quo accepit Willelmus Bruarii Curtis uxorem suam, prestitit G(aufridus), abbas Pratelli, unum equum.

[2] Sequenti vero tempore, dum iret ultra mare, prestitit ei alterum equum.

[3] Postea autem concessit ei utrosque, quia dimisit idem Willelmus partem quam clamabat de terra Willelmi Rufi. Habuit etiam XL solidos pro ecclesia Sancte Marie de Piris. Habuit vero et IIII^{or} libras denariorum pro parte molendini Rotoville.

[4] Postea venit Pratellum et fecit donationem ecclesie Bruarii Curtis et decimarum ejusdem ecclesie et alterius supradicte. Pro qua re dedit ei abbas Gaufridus XV libras denariorum et sue uxori XXX solidos.

[5] Postea vero venit idem Willelmus Rothovillam et dedit ibi donationem super altare ex omnibus terris quas idem abbas G(aufridus) habebat ex Roberto, Saffridi filio, vel emptione vel vadimonio et ob hoc dedit ei abbas G(aufridus) III libras denariorum. Et hoc fecit, concedente eodem Roberto et precante^(a). Hujus rei testes sunt : Radulfus Ansgeriville ; Radulfus Baiolus ; Bertinus ; Rodulfus, filius Corvi, cum multis aliis ; Radulfus Bruarii Curte^(b) ; Rogerius *Flanbart* ; Rogerius Canutus. Ex parte vero abbatis : omnes suprascripti cum multis hominibus.

(a) prerante *B, corrigé dans C.* — (b) Sic BC, *corr.* de Bruarii Curte.

A181

[1094, 10 décembre-1101, 30 août]

Hugues de Brucourt confirme le don qu'il a fait à l'abbaye Saint-Pierre de Préaux [de sa part] des églises de Saint-Vigor de Brucourt et de Notre-Dame de Périers, pour lequelles il avait déjà reçu un cheval estimé à cent sous et trente autres sous. L'abbé Geoffroy lui remet alors sept livres, deux bassins avec un manuterge.

B. Cart. XIIIe siècle, fol. 143, n° 457, sous la rubrique : « *Item idem dedit alium equum Hugoni ad Rothowillam* ». [Copie Delisle, Bibl. nat. de Fr., nouv. acq. lat. 1025, fol. 202, n° 457].

C. Cart. XVe siècle, fol. 94v, n° 352.

Abbas Gaufridus Pratelli dedit Hugoni Bruarii Curtis unum equum appreciatum C solidis pro ecclesia Sancti Vigoris Bruarii Curtis. Deinde dedit ei XXX solidos pro ecclesia Sancte Marie de Piris. Post hec venit ipse Hugo Pratellum et dedit super altare donationem supradictarum ecclesiarum, pro qua re G(aufridus) abbas dedit ei septem libras denariorum et duo cimilia, id est bacinnos[a], cum uno manutergio. Testes hujus rei ex parte Hugonis sunt : Gislebertus de Bruecuria ; Gaufridus, filius ejus. Ex parte abbatis : Giroldus Reinoardus ; Hunfridus, hospitalis ; Herbertus.

Signum (*crux*) Hugonis.

(a) *Incise ajoutée par le copiste en interligne dans B, omise dans C.*

A182

[1094, 10 décembre-1101, 30 août]

Geoffroy, abbé de Préaux, donne à Guillaume de Brucourt un palefroi de grande qualité, à la condition qu'il obtienne du comte d'Évreux, d'Hugues [II] de Montfort et de Robert de Bevron la confirmation des donations qu'il a faites à l'abbaye. Guillaume promet de faire respecter cet accord sa vie durant et tant qu'il tiendrait son honneur.

B. Cart. XIIIe siècle, fol. 143, n° 458, sous la rubrique : « *Item idem abbas dedit optimum palefridum Willemo Brueri Curtis ; item ad Rothovillam* ». [Copie Delisle, Bibl. nat. de Fr., nouv. acq. lat. 1025, fol. 203, n° 458].

C. Cart. XVe siècle, fol. 95, n° 353.

INDIQUÉ : L. Musset, *Autour de la basse Dive...*, p. 253.

Contrairement à Gilbert de Brucourt (voir **A179**), Guillaume ne semble pas avoir fait confirmer par Hugues de Montfort les biens qu'il a donnés à Préaux ; du moins le cartulaire de Préaux n'en conserve pas la trace.

Post hec dedit abbas G(aufridus) unum palefridum optimum suprascripto Willelmo Bruarii Curte, ea conventione ut idem Willelmus faceret concedere que super scripta sunt comiti Ebroice civitatis et Hugoni de Monte forti et Roberto de *Bevron*. Addidit etiam ut, dum viveret et honorem teneret, semper hanc conventionem firmam stare faceret. Testes hujus rei[(a)] : Rodulfus, filius Corvi. Ex parte abbatis : Rainoardus.

(a) Testes hujus rei *omis dans C*.

A183

[1094, 10 décembre-1101, 30 août]. — Saint-Pierre de Rouville.

Notice résumant les donations faites par Corb et son fils Raoul en faveur de Saint-Pierre de Préaux : [1] Corb a donné en aumône, avec l'accord de son fils Raoul et de Guillaume de Brucourt, de qui il tenait cette terre, sept acres qu'il possédait à la Taille, afin de devenir moine et d'avoir part aux bienfaits du lieu. [2] À la mort de son père, Raoul confirme, en présence de Guillaume de Brucourt, le don fait par Corb ; l'abbé Geoffroy le reçoit ainsi que son épouse et ses fils dans la société de l'abbaye.

B. Cart. XIIIe siècle, fol. 143, n° 459, sous la rubrique : « *Ex dono* Corb *VII agros terre in Taillia ; item ad Rotovillam* ». [Copie Delisle, Bibl. nat. de Fr., nouv. acq. lat. 1025, fol. 203, n° 459].
C. Cart. XVe siècle, fol. 95, n° 354, avec dans la marge : « Rouville ».
INDIQUÉ : L. Musset, *Autour de la bass Dive…*, p. 249.

La donation de Corb a eu lieu avant septembre 1087, sous le règne de Guillaume le Conquérant.

[1] Inter hec, imperante[(a)] eodem[(b)] principe Willelmo, quidam homo, nomine *Corb*, dedit Sancto Petro Rotoville perpetuo et monachis de Pratellis VII agros terre quos habebat in Taillia jure elemosine, ut esset frater et particeps beneficiorum monachorum. Fecit autem hoc, concedente Willelmo Bruicurta, de quo tenebat illam terram, et filio suo Radulfo. Testes ejus : Guntardus, vinitor ; Osmundus de *Ham* ; Gislebertus Capetus.
[2] Deinde *Corb* mortuo, Radulfus, filius ejus, confirmans donationem sui patris, venit Rotovillam et posuit super altare sancti Petri donationem predicte terre, astantibus jamdicto Willelmo et concedente domino suo et Goisfredo abbate. Recepitque eum idem abbas G(oisfredus) in societatem loci et uxorem et filios ejus. Testes ejus : Gislebertus Bruicurtis ; Isembardus ; Bertinus ; Rogerius Canutus. Testes abbatis : Ligerius ; Herluinus de Glatinio ; Robertus, prepositus ; Willelmus, filius Normanni.

Signum (*crux*) Willelmi Bruicurtis. Signum (*crux*) Corb.

(a) inperante B, *corrigé dans* C. — (b) idem BC.

A184

[1094-1120...].

Eudes Long-jour donne à l'abbaye Saint-Pierre de Préaux, avec le consentement de son fils Hugues, un lopin de terre défrichée près de Rainescot et un autre proche de la Dive pour y faire une saline.

B. Cart. XIIIe siècle, fol. 143 v, n° 460. En titre, à l'encre verte : « *Ex dono Odonis, assensu et voluntate Hugonis, filii sui, II° frusta terre juxta* Reinescot » ; dans la marge, à l'encre verte : « *Item apud Rothowillam* ». [Copie Delisle, Bibl. nat. de Fr., nouv. acq. lat. 1025, fol. 204, n° 460].

C. Cart. XVe siècle, fol. 95, n° 355.

INDIQUÉ : L. Musset, *Autour de la basse Dive...*, p. 253.

L'implantation de Préaux dans la basse Dive n'est pas antérieure à l'abbatiat de Geoffroy, donc à 1094. Un autre fils d'Eudes, Richard, est cité dans les actes **A175** et **A187**, au début du XIIe siècle. Raoul *Cocus* apparaît dans les chartes de Préaux avant 1153 (**A14**, **A52**). Guillaume Mauduit est attesté entre 1091 (**A64**), 1104 (**A46**) et 1120 environ, date à laquelle son fils Turstin apparaît désormais seul (voir **A31**, **A73**, **A81**). Rainescot est un microtoponyme non identifié, situé vraisemblablement dans la région de Rouville.

Quidam homo, nomine Odo Longus dies, dedit Sancto Petro de Pratellis, annuente filio suo Hugone, unum frustum terre juxta *Rainescot* et aliud frustum juxta fluvium Dive ad faciendam salinam posuitque super altare sancti Petri, teste *Milonz*, suo cognato. Testes Sancti Petri : Willelmus Male doctus ; Rodulfus Cocus ; Saffridus, rusticus.

A185

[1094, 10 décembre-1101, 30 août et] 1110, 1er août.

[1] *Beuselin (Busilinus) de Grangues a donné à Saint-Pierre de Rouville, pour le repos de son âme, une vergée de terre sise devant la maison de Marc*

Patot, dans un endroit non entouré de buissons. L'abbé Geoffroy a gratifié en retour Beuselin de quinze sous et Guillaume Dastin, de qui il tenait cette terre, d'un setier d'avoine. [2] Herluin de Pute Fosse a donné en aumône une vergée de terre, à l'occasion de la dédicace de Notre-Dame de Périers. [3] L'année de la dédicace de Saint-Pierre de Rouville, en 1110, et le jour de la Saint-Pierre-aux-liens [1er août], Hugues, fèvre de Bayeux, a reçu à ferme la terre de Vienne, pour six ans : il paiera aux moines quinze livres aux termes prévus.

B. Cart. XIIIe siècle, fol. 143 v, n° 461-462. En titre, à l'encre verte : « *Quomodo Busilinus de Gerengis donavit Sancto Petro de Rothovilla unam virgam terre* » ; dans la marge, à l'encre verte : « *Item apud Rothowillam* ». [Copie Delisle, Bibl. nat. de Fr., nouv. acq. lat. 1025, fol. 204, n° 461-462].

C. Cart. XVe siècle, fol. 95v, n° 356-357.

INDIQUÉ : J.-M. Bouvris, *Pour une étude prosopographique...*, p. 89-90. — L. Musset, *Autour de la basse Dive...*, p. 251 et 252. — V. Gazeau, *Le temporel...*, p. 252.

Cette notice résume trois donations successives. Dans C, elle est scindée en deux notices distinctes. B n'a pas prévu de ligne pour la rubrique ni pour la capitale. La donation du forgeron Guillaume de Bayeux est seule incontestablement datable de 1110, les deux précédentes datent de l'abbatiat de Geoffroy, entre 1094, 10 décembre et le 1101, 30 août.

[1] Busilinus de Girengis dedit Sancto Petro Rodoville pro anima sua virgam unam terre que est ante domum Marci *Patot*, ubi nunc est nullum virgultum ambiens. Pro hac terra abbas G(aufridus) dedit ei XV solidos et Willelmo *Dastin* sextarium avene, quia de eo tenebat hanc terram, et ut concederet hoc ; quod et fecit.

[2] Herluinus de Puta Fossa Villa$^{(a)}$, cum dedicaretur Sancta Maria de Piris, donavit virgam terre sancto Petro in elemosinam.

[3] Anno ab Incarnatione Domini M° C X dedicata est ecclesia Sancti Petri de Rotovilla$^{(b)}$. Eodem anno, in festo sancti Petri quod dicitur ad Vincula quodque precedit sancti Martini festum, Willelmus, faber de Bajocis, accepit Vianam ad firmam usque ad sex annos, eo tenore ut nobis reddat ex ea XV libras denariorum terminis nominatis.

(a) Putavilla *C*. — (b) *B insère ici la rubrique suivante* Quomodo Willelmus, faber de Bajocis ; *C la complète par* accepit Vianam ad firmam.

A186

[1050-1066].

Renouf, vicomte de Bayeux, donne à l'abbaye Saint-Pierre de Préaux, en présence de son épouse Adèle, un hôte, une once d'or, une embarcation dans son port de [Sainte-Honorine-des-]Pertes et chaque année un cheval chargé de poissons. En retour, il obtient d'être associé aux prières des moines et demande que son nom et ceux de son épouse et de ses fils soient inscrits dans l'obituaire de la communauté.

B. Cart. XIIIe siècle, fol. 144, n° 463, sous la rubrique : « *Ex dono Rannulfi, vicecomitis Bajocis, unum hospitem plenarium* [encre verte] *et unam navem in suo portu qui Pertis nuncupatur* [encre rouge, même main] » et dans la marge, de la main du rubricateur : « *apud Wianam* ». [Copie Delisle, Bibl. nat. de Fr., nouv. acq. lat. 1025, fol. 205, n° 463].

C. Cart. XVe siècle, fol. 95v, n° 358.

INDIQUÉ : L. Musset, *Comment on vivait*..., p. 14. — L. Musset, *Histoire institutionnelle*..., p. 119, n. 35. — V. Gazeau, *Le temporel*..., p. 248.

Renouf fut vicomte de Bayeux pendant la minorité du duc Guillaume, dès 1042 ; il épousa Adèle en premières noces, puis Mathilde, fille de Richard de Creully qui abandonna à Préaux ses droits sur Toutainville (voir **A79**). Cet acte semble donc être intervenu assez tôt durant le règne du duc (E. Laheudrie, *Les vicomtes*..., p. 194) ; le 18 juin 1066, il souscrivit avec le duc Guillaume la charte de dotation de la Trinité de Caen (M. Fauroux, *Recueil*..., n° 231) ; vers 1080, il fut témoin de l'acte de donation de l'abbaye de Lessay, confimé par Guillaume le Conquérant (Vernier, *Musée des archives*..., n° 25, p. 55). L'hôte et sa terre donnés par Renouf sont situés à Colleville-sur-Mer, village voisin de Sainte-Honorine-des-Pertes ; en témoigne l'acte **B7**, où l'abbé Michel concède à Maurice les biens que les moines possèdent à Colleville.

Regnante Willelmo, Roberti comitis filio, Rannulfus, vicecomes Bajocis, presente uxore sua Adelide, dedit sancto Petro propter societatem quam accepit a nobis unum hospitem plenarium, untiam auri unam, in suo portu quod Pertis vocatur navem unam, equum unum oneratum piscibus omnibus annis. Propter quod precatus est ut nomen suum et uxoris filiique sui in nostro scriberemus libro.

Signum (*crux*) Rannulfi. Signum (*crux*) Adelidis, uxoris ejus.

A187

[1101, 30 août-1125, 30 janvier]. — Préaux.

*Guillaume Rabuet et Hugues, fils de Durand Louvet, confirment à l'abbé Richard les dons que leur père a faits en faveur de l'abbaye Saint-Pierre de Préaux : [1] à l'occasion de l'entrée au monastère de son fils Boson, celui-ci avait fait don d'une saline et de l'église Saint-Michel de Cabourg avec tous les revenus en dépendant, de même que lui-même l'avait tenue au temps des abbés de [Saint-Étienne de] Caen Lanfranc et Gilbert [Callidus]. L'abbé [de Saint-Étienne] de Caen fournirait contre douze deniers le chrême et l'huile de l'église de Cabourg qui serait libre de toute coutume épiscopale ou abbatiale ; l'abbé de Préaux aurait de plus le pouvoir d'y installer ou de déposer le prêtre desservant. [2] Guillaume et Hugues donnent en outre les deux salines tenues par une femme nommée Seiburge, rapportant chaque année vingt sous. Hugues y ajoute la maison d'une femme nommée Damois (*Damoius*) et deux tiers (*garbas*) de la dîme de toute sa terre d'Osseville, dans la parroisse de Cabourg. En échange, l'abbé Richard concède à leur mère Gurblat la nourriture quotidienne d'un moine et après sa mort les bénéfices d'un moine.*

B. Cart. XIIIe siècle, fol. 144, n° 464, sous la rubrique : « *Ex dono Durandi, cognomento Lupusculi, unam salinam et ecclesiam Sancti Michaelis de* Cabore *pro monachatu Bosonis* » et dans la marge de la main du rubricateur : « *apud* Cabore ». [Copie Delisle, Bibl. nat. de Fr., nouv. acq. lat. 1025, fol. 205-206, n° 464].

C. Cart. XVe siècle, fol. 95v-96, n° 359. Cette notice est glosée dans la marge : « Rouville ». — *D.* Copie du XVIIe siècle (s. d.) par frère Julien Bellaise, Bibl. nat. de Fr., nouv. acq. fr. 20218, fol. 52 (d'après *B*).

a. J. Mabillon, *Annales*..., t. V, p. 345 (extrait jusqu'à *Sancti Michaelis de Catburgo*).

INDIQUÉ : Arch. nat., M 725, n° 18, fol. 14v. — J.-F. Lemarignier, *Etudes sur les privilèges d'exemption*..., p. 169 et 281. — L. Musset, *Autour de la basse Dive*..., p. 254.

La première donation faite par Durand Louvet eut lieu entre le 9 septembre 1087, date de l'avènement du roi Guillaume II, et le 30 août 1101, date de la mort de l'abbé Geoffroy. L'église de Saint-Michel de Cabourg faisait partie des biens de Saint-Étienne de Caen depuis 1077-1096, période durant laquelle l'évêque Eudes de Bayeux l'affranchit de toute coutume épiscopale (voir J.-F. Lemarignier, *Études sur les privilèges*..., p. 297).

[1] Regnante Willelmo, filio magni regis Willelmi, in Anglia[a] et Roberto, fratre ejus, ducatum Normannie[b] obtinente, quidam baro nomine Durandus, cognomento Lupusculus[c], agnitione et amore venerabilis[d] Goisfredi abbatis devenit[e] Pratellum cum uxore sua nomine *Gurblat* fecitque inibi filium suum monachum, Bosonem vocabulo[f]. Pro quo etiam, recepta societate monachorum,

ipse jamdictus Durandus concessione sue conjugis atque filii sui, Willelmi *Rabuet*[(g)], unam salinam et ecclesiam Sancti Michaelis de Catburgo, jure elemosine, et omnes redditus ad eam pertinentes sic libere ut tenebat, scilicet ut ipsa ecclesia, datis XII denariis abbati Cadumi, accipiat ab eodem crisma et oleum sicque ab omni exactione episcopali seu abbatis predicti loci sit libera. Presbiterum vero, quemcumque et quantum temporis voluerit, abbas Pratelli ponet in eadem ecclesia seu deponet. Sic enim ipse Durandus tempore Lanfranci atque Gisleberti abbatum tenuerat.

[2] Post hec, evolutis plurimis annis, Willelmus *Rabuet* et Hugo, filii eorum, jure elemosine sancto Petro donaverunt II salinas Seiburgis, cujusdam mulieris, reddentes annuatim XX^{ti} solidos. Huic dono addidit Hugo unam domum cujusdam mulieris, Damoii nomine, et II garbas decime tocius sue terre de Axavilla que est in parochia[(h)] Catburgi. Tunc abbas Ricardus et conventus concessit[(i)] matri eorum *Gurblat* unius monachi victum et post mortem sicut pro unoquoque monacho servitium. Propter hoc etenim supradicta dederunt et confirmaverunt quod donaverat pater eorum. Testes ex parte Durandi : Willelmus *Raboet*[(j)], filius ejus ; Odo Trusselliville[(k)]. Testes ex parte Willelmi *Raboet* : Ricardus, filius Odonis Longe diei ; Willelmi[(l)].

(a) regnante Willelmo, magni regis Willelmi in Anglia filio *a*. — (b) Nortmanniae *a*. — (c) Lepusculus *a*. — (d) venerabili B, *corrigé dans* Ca. — (e) venit *a*. — (f) nomine Bosonem *a*. — (g) Pro (...) Rabuet omis *a*. — (h) parrochia C. — (i) Sic BC. — (j) Rabuet C. — (k) Trusselliville B. — (l) Sic BC.

A188

Robert, comte de Mortain, donne la terre de Saint-Clair-de-Bassenneville. — Autre copie de la notice A9.

B. Cart. XIIIe siècle, fol. 144v-145, n° 465, sous la rubrique : « *Ex dono Roberti, fratris Willelmi marchionis, ecclesiam et decimam Sancti Clari habuimus, set facta est commutatio in Anglia ut dicitur* ». [Mention Delisle, Bibl. nat. de Fr., nouv. acq. lat. 1025, fol. 206, n° 465].

A189

[avant 1087].

Robert, fils de Guillaume Malet, confirme, à la mort de son père, les dons que celui-ci a faits à l'abbaye Saint-Pierre de Préaux : [1] sur l'ordre de ce dernier et du duc Guillaume [le Conquérant], un de ses vassaux, Raoul, che-

valier originaire du pays du Caux, avait cédé aux moines la terre d'un vavasseur à Bulletot, pour mériter de devenir moine de Préaux. Anfroi, abbé de Préaux, avait alors associé Guillaume Malet aux bienfaits de l'abbaye. Puis ce dernier avait cédé en aumône la terre d'une saline située à Harfleur. [2] Outre cette confirmation, Robert abandonne les coutumes castrales qu'il exigeait des hommes de cette terre et ajoute, chaque année, sept ambres de sel, à la place de la saline donnée par son père, qu'une tempête avait détruite.

B. Cart. XIIIe siècle, fol. 145-v, n° 466, sous la rubrique : « *Ex dono Radulfi de territorio Calcensi terram unius vavassoris* ». [Copie Delisle, Bibl. nat. de Fr., nouv. acq. lat. 1025, fol. 206-207, n° 466].

C. Cart. XVe siècle, fol. 96-v, n° 360.

INDIQUÉ : H. Round, *Calendar*..., n° 319, p. 108-109. — J. Le Maho, *L'apparition des seigneuries*..., p. 42. — L. Musset, *Comment on vivait*..., p. 15. — D. J. Laporte, *Dictionnaire topographique*..., t. I , p. 160. — D. Bates, *Normandy*..., p. 110. — V. Gazeau, *Le temporel*..., p. 240.

La donation effectuée par Guillaume Malet se place sous le règne de Guillaume le Conquérant et l'abbatiat d'Anfroi, donc avant le 16 mars 1078. Mais il est plus difficile d'attribuer une date à la confirmation faite par Robert : on peut tout au plus lui attribuer la même date que la notice suivante. J. Le Maho identifie « Buletoth » à Butot-en-Caux (cant. Cany-Barville) du fait que, vers 1200, un descendant de Guillaume Mallet donne l'église de Butot au prieuré de Graville. Il est possible d'y voir ausi Bulletot (S.-M., cant. Godervile, comm. Saint-Sauveur-d'Emalleville), ou même Bultot (S.-M., cant. Goderville, comm. Bec-de-Mortagne). Sur les salines d'Harfleur, voir Désiré Cochet, « Du sel, des salines et de la mer », Dieppe, 1851, p. 1-8.

[1] [H]ujus[(a)] temporibus principis[(b)], quidam miles, Radulfus nomine, de territorio Calcensi, jussu ejusdem principis et Willelmi *Maleth,* cui idem miles militabat, Pratellum advenit deditque sancto Petro terram suam, terram scilicet unius[(c)] vavasoris in *Buletoth,* ut monachus fieri mereretur ; quod et factum est. Hoc autem fecit, annuente predicto principe et Willelmo *Maleth,* in cujus dominio terra erat. Pro qua re abbas Anffridus illi G(uillelmo) *Maleth* societatem et beneficium loci dedit. Idem autem W(illelmus) terram unius saline loco illi protinus in elemosina dedit, que in *Haretfluce* sita est.

[2] Mortuo W(illelmo), Robertus, filius suus, Pratellum venit et que pater suus dederat concessit et guirpivit[(d)] ibi custodias castrorum quas ab hominibus predicte terre calumniando exigebat. Dedit etiam VII ambras salis per singulos annos pro illa salina, quam ejus pater dederat, quam vis maris fregerat.

(a) *L'initiale a été réservée.* — (b) Regnante Willelmo, Roberti martionis filio *C.* — (c) unus *B, corrigé dans C.* — (d) gurpivit *B.*

A190

[Avant 1087].

Anfroi Trouvet de Fourmetot donne à l'abbaye Saint-Pierre de Préaux la terre, qu'il a achetée à Auvray, et ce avec l'accord d'Hugues [II] de Montfort, de qui elle relevait, ainsi que d'Auvray et de ses frères. En échange, Anfroi et les consentants sont associés aux bienfaits de l'abbaye à la condition que, lorsqu'ils viendront, ils versent vingt sous. À la demande d'Auvray, son seigneur Hugues cède à Préaux les coutumes qu'il détenait sur cette terre. En échange, Auvray devient frère de l'abbaye.

B. Cart. XIII fol. 145-v, n° 467. [Copie Delisle, Bibl. nat. de Fr., nouv. acq. lat. 1025, fol. 207, n° 467].

C. Cart. XV⁰ siècle , fol. 96v, n° 360. Le copiste a groupé cette notice avec la précédente.

INDIQUÉ : Charpillon, Caresme, *Dictionnaire*..., t. II, p. 218.

Eodem tempore, Anffridus Trovatus de *Formetot*⁽ᵃ⁾ terram suam quam emerat Alverico, concedente Hugone Montis fortis, de cujus dominio erat, et eodem Alverico com⁽ᵇ⁾ fratribus suis, Sancto Petro Pratelli dedit. Pro qua re societas et beneficia loci data sunt eis eo pacto, cum obviaverit⁽ᶜ⁾, ibi pro XX solidis recipiantur. Qui Al(vericus)⁽ᵈ⁾ Hugonem dominum suum ibi adduxit de⁽ᵉ⁾ consuetudines suas, quas in eadem terra habebat, sancto Petro dedit. Ob hoc etiam idem A(lvericus) frater loci est effectus.

(a) Fourmetot *C*. — (b) cum *C*. — (c) *Sic BC, pour* obviaverint *(?)*. — (d) Alvericus *écrit entièrement* C. — (e) *Sic B, om. C, compr.* ut.

A191

[1066/1081-1086]

Guillaume [le Conquérant], roi d'Angleterre, fait savoir à l'évêque [de Lincoln] Remi[14] *et à Robert d'Oili qu'il a concédé en aumône à l'abbaye Saint-Pierre de Préaux la terre d'Alfelin et de Vulvric de Watlington. Si quelqu'un conteste cette donation, il fera savoir au roi ses récriminations. Il ajoute cinq charruées (*hidre*) de terre à Aston [Tirrold], avec l'église et les sépultures de toute le village, en échange de la terre de Saint-Clair qu'il a reçue des moines*

---

14. Remi, évêque de Lincoln, 1067-1092.

de Préaux, avant de l'accorder à son frère Robert, comte de Mortain – terre qui appartenait anciennement à Thorix le Danois. Il concède aussi cinq autres charruées sises à Arlescote, que Roger de Beaumont avait données à l'abbaye ; la dîme de Sturminster, quatre autres dîmes, Hill Moreton, Norton, Whitchurch et Harbury, don des fils de Roger, Robert comte de Meulan et Roger comte de Warwick. Il concède en outre, pour le salut de son âme et de celles de la reine Mathilde et de ses enfants, ce qu'Arnoul de [Vieil-]Hesdin avait donné : l'église de Newbery avec la dîme perçue sur les produits transitant par le village, sur les moulins, sur le tonlieu, et sur toute marchandise sortant du village, moment où la dîme peut être prélevée ; une charruée de terre et la maison du prêtre libres de tout cens, coutume ou service. Il concède aussi la dîme de Stratfield et celle de Shaw qu'Hugues, fils du vicomte d'York, a données contre la société et les prières des moines de Préaux.

B. Cart. XIIIe siècle, fol. 145v, n° 468, sous la rubrique : « *Ex dono Willelmi, regis Anglorum, terram Anselmi et Vullrici de Watintona in puram et perpetuam elemosinam quam modo non habemus* ». [Copie Delisle, Bibl. nat. de Fr., nouv. acq. lat. 1025, fol. 207-208, n° 468].

a. D. Bates, *Regesta regum Anglo-normannorum. The Acta of William I : 1066-1087*, Oxford, 1998, n° 218 et 219.

Ind : H. Round, *Calendar*..., n° 318, p. 108. — Davis, *Regesta*..., t. I, p. 34, n° 130. — D. Matthew, *The norman monasteries*..., p. 31-32, n. 4.

Cette charte de Guillaume le Conquérant ne peut être antérieure à 1081, date à laquelle Robert, fils de Roger de Beaumont, a reçu le comté de Meulan. Les donations de terres sont d'autre part recensées dans le Domesday Book rédigé vers 1085-1086. Henri de Beaumont est qualifié ici de comte de Warwick, titre qu'il ne reçut qu'au début du règne de Guillaume II (*Dictionary of national biography*, t. XL, p. 316-317), même s'il reçut la garde du château de Warwick en 1068 (O. V., t. II, p. 184) ; cette mention doit procéder d'une réécriture. Sur Arnoul de [Vieil-]Hesdin, voir **A169**.

Willelmus, rex Anglorum, Remigio episcopo et Roberto de *Oili* ceterisque suis fidelibus, salutem. Sciatis me velle quod Sanctus Petrus de Pratellis ita quiete et pacifice teneat elemosinam quam sibi do, terram scilicet Alfelmi et Vulvrici de Watintona, sicut alii sancti qui de me elemosinas habent et melius tenent. Et si quis in ea aliquid reclamat, ad me veniat et clamorem suum mihi ostendat[a]. Do etiam quinque hidras terre in villa que dicitur Extona cum ecclesia et sepultura tocius ville ; accepi namque villam que dicitur Sanctus Clerus ab abbatia Sancti Petri Pratelli[b] et dedi eam Roberto, fratri meo, comiti Moritonii, et hoc in concambio reddo sibi : hec quippe terra antiquitus fuit *Thorix* Dani. Concedo etiam alias quinque hidras terre in villa que dicitur *Orlavescoth*, quas dedit Rogerius Belli Montis Sancto Petro Pratelli. Dedi etiam decimam ville que dicitur Sturministris et quatuor decimas quas addiderunt filii ejus, Robertus comes de *Mellent* et comes de *Warvinch*[c] Henricus, videlicet de Moritona et de Nortona et de *Vincecere* et de Herborbeia. Concedo etiam pro redemptione anime mee uxorisque mee, Malthildis regine, filiorumque meorum ea que dedit Arnulfus de *Hesdinch* Sancto Petro Pratelli pro anima sua, videlicet ecclesiam Neuberie et decimam tocius redditus vel exitus ville, id est de molendinis, de theloneo, et insuper de omni re que de villa potest exire, unde decima fieri possit. Denominavit etiam unam⁽ᵈ⁾ hisdram terre et domum presbiteri liberam ab omni censu vel consuetudine seu servitio. Concedo etiam decimam de *Straphelh* et de *Sagas* quas dedit Hugo, filius Baldrici, vicecomes de *Eurohic* pro societate et orationibus monachorum Pratelli.

(a) *Rubrique insérée ici* Item ex dono ejus, ecclesia de Extona. — (b) Pratellis *B*. — (c) *Sic B*. — (d) una *B*.

A192

[1087, 9 septembre-1099, 29 mai]

Robert [III], comte de Meulan, donne à l'abbaye Saint-Pierre de Préaux deux dîmes en Angleterre, celle de Charlton Marshall et celle de Spettisbury, avec leurs églises et les terres en dépendant. Il ajoute, avec le consentement de son seigneur Guillaume [II], roi d'Angleterre, un autre domaine, à l'occasion de la dédicace de l'église, nommé Sopelande.

B. Cart. XIIIᵉ siècle, fol. 146, n° 469, sous la rubrique : « *Ex dono Roberti, comitis de* Mellent, *X^{mam} de* Cherlentone ». [Copie Delisle, Bibl. nat. de Fr., nouv. acq. lat. 1025, fol. 209, n° 469].

INDIQUÉ : H. Round, *Calendar...*, p. 111, n° 326.

Guillaume II le Roux a régné de 1087 à 1100, mais cette donation a été confirmée en 1099 (voir **A194**).

[R]egnante⁽ᵃ⁾ secundo Willelmo, Anglorum rege, magni regis Willelmi filio, qui Anglos bellando adquisivit, Robertus, comes de *Mellent*, dedit Sancto Petro Pratelli in Anglica regione duas decimas, videlicet de *Cerlentone* et de Posteberia⁽ᵇ⁾, cum ecclesiis duabus earumdem villarum et cum terra pertinente ad easdem ecclesias. Addidit etiam in alio loco unam villam, cum dedicaretur ecclesia, nomine *Sopelande* ; et hoc fecit concedente domino suo, rege Willelmo.

(a) *L'initiale a été réservée dans B*. — (b) Poststeberia *B*.

A193

[1099, 29 mai]. — Westminster, *in nova aula*.

Guillaume [II], roi d'Angleterre, confirme les donations faites par le comte Robert de Meulan à l'abbaye Saint-Pierre de Préaux : Robert avait concédé aux moines le manoir de Toft[-Monks], les églises de Charlton-Marshall et de Spettisbury avec leur dîme pour le repos de l'âme du roi Guillaume [le Conquérant], de la reine Mathilde, pour le salut de son fils Guillaume [II], roi d'Angleterre, celui de ses propres parents Roger de Beaumont et Adeline, le sien, et celui de son frère Henri, et pour tous ses ancêtres.

B. Cart. XIIIe siècle, fol. 146, n° 470, sous la rubrique : « *Item ex dono ejusdem Roberti manerium de* Tostes *et* X^{mam} *de* Cherlentone *et de* Posteberies *cum ecclesiis earumdem willarum possidemus* ». [Copie Delisle, Bibl. nat. de Fr., nouv. acq. lat. 1025, fol. 209, n° 470].

INDIQUÉ : H. Round, *Calendar*..., p. 110-111, n° 325. — *Victoria History of Dorset*, t. II, p. 119. — *Victoria History of Norfolk*, t. II, p. 464. — Davis, *Regesta*..., vol. I, p. 104, n° 414. — E. Houth, *Robert Preud'homme*... p. 825, n° 4. — E. Houth, *Les comtes de Meulan*..., p. 39, n° 4.

Selon Robert de Torigny, c'est en 1099 que Guillaume II, roi d'Angleterre, a tenu, pour la première fois, sa cour dans la nouvelle *aula* de Westminster (voir aussi Henri de Huntington, *Historia Anglorum*, dans *Recueil des historiens de la France*, t. XIII, p. 32).

Robertus, comes de *Mellent*, dedit Sancto Petro Pratelli et abbati et monachis manerium de *Tostes* et decimam de *Cerlentone* et de *Postesberies* cum ecclesiis duabus earumdem villarum et cum terra pertinente ad easdem ecclesias pro anima regis, scilicet Willemi, et regine Mathildis et pro salute et pro spiritate filii sui, Willelmi regis Anglorum, et pro remedio animarum suorum parentum, Rogerii, videlicet de Bello Monte, et Adeline, sue conjugis, et pro semetipso et pro fratre suo, Henrico, et pro omnibus suis precessoribus. Harum itaque omnium rerum predictarum donationem concessit et confirmavit Willelmus, rex Anglorum, diebus Pentecostes, quando primum suam curiam tenuit in sua nova aula que est apud Westmonasterium.

A194

[1103-1118, 1ᵉʳ mai].

Robert [III], comte de Meulan, donne à l'abbaye Saint-Pierre de Préaux le manoir de Toft[-Monks] avec ses dépendances, le droit de juridiction, dispense de justification (saca et soca), droit de percevoir tonlieux, de poursuivre leurs hommes, de punir les voleurs pris sur leurs terres (tol, thea, infagenuntheof), pour le repos de l'âme du roi Guillaume [le Conquérant], de la reine Mathilde, et du roi Guillaume II, pour le salut du roi d'Angleterre Henri [Iᵉʳ], de son épouse [Mathilde], de leurs enfants, ainsi que pour le repos de ses propres parents Roger et Adeline, de tous ses ancêtres, pour lui-même, son épouse et ses enfants.

B. Cart. XIIIᵉ siècle, fol. 146-v, n° 471, sous la rubrique : « *Item ex dono ejusdem Roberti manerium de* Tostes *cum appenditiis suis et libertatibus propriis, quas predictus Robertus dedit* » ; dans la marge, d'une main du XVIIIᵉ siècle : « *Exemptiones* ». [Copie Delisle, Bibl. nat. de Fr., nouv. acq. lat. 1025, fol. 210, n° 471].

INDIQUÉ : H. Round, *Calendar...*, p. 112, n° 329. — *Victoria History of Norfolk*, t. II, p. 464. — E. Houth, *Robert Preud'homme...* p. 824, n° 3. — E. Houth, *Les comtes de Meulan...*, p. 39, n° 3. — D. Matthew, *The norman monasteries...*, p. 53.

Cette notice a, à l'évidence, rédigée après 1100, puisqu'il est fait mention du roi Henri Iᵉʳ, placé en tête de la liste des « vivants » pour le salut desquels cette donation est faite, ainsi que de son épouse et de ses enfants ; Henri Iᵉʳ s'est marié le 11 novembre 1100 avec Mathilde d'Écosse (O. V., t. III, p. 400) qui meurt le 1ᵉʳ mai 1118 (O. V., t. IV, p. 313) après lui avoir donné un fils, Guillaume Adelin, né en 1103. Cette notice résume une charte donnée après 1106 qui confirme une donation antérieure à 1099, date à laquelle le roi Guillaume II a confirmé la donation du manoir de Tofts (voir **A193**).

[Q]uisquis⁽ᵃ⁾ suimet curam gerens interioris hominis aure Salomonem conceperit, dicentem redemptio anime viri, proprie divitie[15], potest econverso notare quod, si quis eas immoderate cumulando Largitori earumdem omnium, videlicet Creatori, non reddit, multorum vitiorum maximeque avaricie turpissime immo demoniace captivitati sese spontaneus tradit. Hec Robertus, comes de *Mellent*, perpendens totaque sollicitudine hujusmodi pestis contagia vitans, ex iis que illi Deus ad sibi serviendum multa contulerat, dedit Sancto Petro de Pratellis manerium *Tostes* nomine cum suis appenditiis, adjungens sacam et socam, *tol* et theam, similiter et *infagenuntheofe*⁽ᵇ⁾, exclusa penitus exactione vel angaria cunctarum consuetudinum que quidem prefatus comes liberaliter

---
15. Prov. 13, 8.

possederat, sicut Willelmus rex junior eadem tenuerat. Dedit, inquam, hec omnia jam memorato monasterio pro anima Willelmi regis et Mathildis regine et Willelmi, filii ejusdem secundi regis ; item pro anima patris sui Rogerii et matris ejus Adeline, omnium quoque predecessorum suorum, pro salute regis Henrici et uxoris ejusdem, suorum quoque liberorum, pro semetipso et sua conjuge et liberis suis.

(a) *L'initiale a été réservée B*. — (b) *Le copiste a fait ici une copie figurée du mot qu'il avait sous les yeux ; il a en particulier respecté les graphies saxonnes des lettres* f, g *et* th.

A195

[...1125, 30 janvier-1146].

Geoffroy de Bourneville et son fils Richard donnent à Saint-Pierre de Préaux leur part de la dîme d'Étreville, sur les terres, les hommes, et leur domaine.

B. Cart. XIIIe siècle, fol. 146v, n° 472. Mention marginale, d'une main du début du XVIe siècle (N) : « Estreville ». [Copie Delisle, Bibl. nat. de Fr., nouv. acq. lat. 1025, fol. 210, n° 472].

C. Cart. XVe siècle, fol. 96v, n° 361.

INDIQUÉ : A. Le Prévost, *Mémoires*..., t. II, p. 63. — Charpillon, Caresme, *Dictionnaire*..., t. I, p. 530.

Cet acte et les trois suivants n'ont pas reçu de rubrique. Geoffroy est qualifié d'ami de Roger de l'Éprevier dans l'acte suivant ; il apparaît avant 1146.

[G]oiffredus[a] de Burnevilla et Ricardus, filius ejus, Beato Petro donaverunt et super altare posuerunt omnem decimam sive elemosinam quam in Esturvilla habebant in terris, in hominibus, in dominio. Testes ex parte Gaufridi [...][b].

(a) *L'initiale a été réservée B*. — (b) *BC interrompent ici leur transcription, B précisant* et cetera.

A196

[1125, 30 janvier-1146]. — Préaux.

Roger de l'Éprevier vend aux moines de Préaux une portion de sa terre pour cent quinze sous. Contraint par le besoin, il était venu avec ses amis,

Geoffroy de Bourneville, le prêtre Robert et le clerc Gilbert, prier avec insistance l'abbé de Préaux Richard et les moines de lui acheter une partie de sa terre. Cette terre est située près de la route reliant Brotonne à Bourg-Achard, dans le champ du Perrey.

B. Cart. XIIIe siècle, fol. 146v, n° 473. Mention marginale : « Estreville ». [Copie Delisle, Bibl. nat. de Fr., nouv. acq. lat. 1025, fol. 210-211, n° 473].
C. Cart. XVe siècle, fol. 96v, n° 362.
INDIQUÉ : Charpillon, Caresme, *Dictionnaire*..., t. I, p. 530, t. II, p. 63.

Il doit s'agir ici de la terre, vendue à l'abbé Richard de Conteville, que Roger tenta par la suite de récupérer (voir **A200**).

Quadam autem die, Rogerius de *l'Esprevier* cum suis amicis et familiaribus, Gaufrido scilicet de Burnevilla, Roberto sacerdote et Gisleberto clerico, Pratellum venit, Ricardum abbatem omnemque conventum rogaturus : compulsus$^{(a)}$ namque quibusdam necessitatibus privatis rogatu magno rogavit, videlicet ut ei misericorditer subvenirent et ab eo aliquid de sua terra emere voluissent. Vendidit itaque terram suam centum et quindecim solidos. Et, ut hec vendicio rata et firma permaneret, posuit eam super altare, faciens signum crucis in testimonium. Testibus ex sua parte : Gaufrido de Burnevilla et ceteris. Hec autem terra sita est inter viam Brothone et Burgi Achardi$^{(b)}$, in campo *del Perrei*.

(a) conpulsus *B*. — (b) Acardi *C*.

A197

[1145-1146]. — Montfort[-sur-Risle].

Notice résumant l'accord intervenu entre l'abbé de Préaux et Richard, fils du prêtre Onfroi, à la cour du comte de Meulan, à Montfort-[sur-Risle] : Richard prétendait, avec l'appui de Roger de l'Éprevier, que les aumônes de l'église Saint-Sanson d'Étreville et les maisons où résident les prêtres de la paroisse Onfroi, Durand et Alleaume, relevaient de son domaine. Une première confrontation a été organisée pour régler le différend : au jour fixé, devant la justice de l'archevêque de Rouen et du comte de Meulan, les moines et les deux chevaliers s'en sont remis au serment de huit hommes légaux, qui tous ont juré, avant de se rendre sur place s'enquérir des maisons et des aumônes. Les deux chevaliers ont finalement confirmé leur refus de les concéder. La deuxième confrontation eut lieu à Brionne, en la cour du comte de Meulan, devant Guillaume, fils de Robert, et Robert du Neubourg : l'abbé, les deux chevaliers et ceux qui avaient prêté serment s'y retrouvèrent ; il y fut décidé que l'abbaye récupérerait les maisons et aumônes en question et Richard, qui avait menacé l'abbaye, fut emprisonné dans la tour de Beaumont, jusqu'à la troisième confrontation. Finalement, Richard les tiendra désormais de l'abbé de Préaux après lui avoir prêté hommage ; il devra acquitter le service de ces terres de sorte que, si l'abbé chevauche en Normandie, Richard l'accompagnera sur son propre cheval ; il a respecté cet accord jusqu'à son départ pour Jérusalem.

B. Cart. XIIIe siècle, fol. 147, n° 474. [Mention Delisle, Bibl. nat. de Fr., nouv. acq. lat. 1025, fol. 211, n° 474].

C. Cart. XVe siècle, fol. 96v-97, n° 363.

a. L. Valin, *Le duc de Normandie et sa cour...*, p. 264, p. j. n° IX. — b. D. Crouch, *The Beaumont...*, p. 160 (trad. anglaise).

INDIQUÉ : A. Le Prévost, *Mémoires...*, t. II, p. 63. — Charpillon, Caresme, *Dictionnaire...*, t. II, p. 63. — L. Valin, *Le duc de Normandie et sa cour*, p. 201. — C. Haskins, *Norman institutions*, p. 229-230. — E. Blum, *Les origines du bref de fief lai...*, p. 398, n. 3. — L. Musset, *Comment on vivait...*, p. 18. — D. Crouch, *The Beaumont...*, p. 65 et p. 160-161.

Cet accord est intervenu à la cour de Montfort-sur-Risle : selon Robert de Torigny (t. I, p. 225, p. 282), le comte de Meulan avait reçu la forteresse de Montfort à la mort du roi Henri Ier, en 1135, qui l'avait confisquée à Hugues de Montfort en 1123. Il dut cependant la restituer à son ancien propriétaire, son neveu, en 1153. D. Crouch rapproche ce jugement du départ de Galeran en croisade en 1147 (*The Beaumont...*, p. 65-66), car Richard aurait été recruté par le comte pour le suivre à Jérusalem ; en conséquence il date l'acte de 1146-1147. Le nom de l'abbé de Préaux qui dut mener l'action contre Richard, fils d'Onfroi, n'est pas précisé mais plusieurs détails permettent de penser qu'il s'agit de Richard II de Conteville : ce dernier, qui meurt au cours de l'année 1146, est remplacé par Renaud, qui apparaît explicitement pour la première fois dans la notice suivante (**A198**). L'ensemble des notices **A195-A200** forme un ensemble cohérent classé par ordre chronologique, ce qui tend à faire penser que la notice **A197** date de l'abbatiat de Richard II. L'auteur de cette notice, sans aucun doute, n'aurait pas manqué de mentionner le nom de l'abbé Renaud, si ce dernier avait été l'abbé qui mena la procédure : c'eût été le premier acte de Renaud en tant qu'abbé de Préaux. Il n'aurait pas manqué non plus de le mentionner si le changement d'abbé avait eu lieu au cours de la procédure, comme c'est le cas pour plusieurs notices (**A84**) : on peut en déduire que l'ensemble de la procédure a été menée par un seul abbé, à savoir Richard II, avant 1146.

[I]nter$^{(a)}$ ecclesiam Pratelli et duos milites de Esturvilla, scilicet Rogerium de *l'Espreivier* et Ricardum, filium Hunfridi presbiteri, quedam contentio surrexit. Qui dicebant quod elemosine ecclesie Sancti Sansonis de Esturvilla, videlicet managia in quibus sacerdotes ejusdem ecclesie manserant, Hunfridus, Durandus et Adelelmus, et reliquum$^{(b)}$ elemosine erant de suo feodo$^{(c)}$ et tenore. Propter hoc itaque dies stabilitus fuit inter ipsos milites et ecclesiam Pratelli et hec justicia archiepiscopi Rothomagensis et comitis de *Mellent*. In hoc autem stabilito die ecclesia Pratelli et predicti milites miserunt se in veridicto et juramento legalium hominum, qui octo fuerunt, et omnes juraverunt. Post juramentum autem ipsi juratores perrexerunt primitus ad managium et deinde ad alias elemosinas causa solummodo ostendendi. Prefati[d] tamen[e] milites noluerunt hec omnia in elemosinam concedere. Propter hoc autem contradictum dies iterum statutus fuit in curia comitis de *Mellent* apud Brionium ante Willelmum, filium Roberti, et ante Robertum de Novo Burgo qui curiam tenebant. Ibi fuit abbas Pratelli et milites predicti et ipsi juratores propter defendendum juramentum. Ipso etiam die, ecclesia Pratelli saisita fuit de managio et de aliis elemosinis. Sed, propter minas quas ipse Ricardus ecclesie Pratelli faciebat, ipso die fuit captus et missus in turre Belli Montis. Plegiis autem de pace tenenda inventis, ipse Ricardus et abbas Pratelli statuerunt diem, presente comite de *Mellent,* apud Montem fortem. Consiliaverunt etiam ibi quod ipse Ricardus requireret ecclesiam Pratelli et homagium faceret ipsi ecclesie et teneret predictum managium et alias elemosinas de ipsa ecclesia, servitium etiam reddendo videlicet ut, si abbas alicubi in Normannia perrexit, et Ricardus cum eo super caballum proprium[f] ; quod ita factum. Et ita tenuit hanc conventionem quiete, donec perrexit Jerusalem, et reddidit ipsi ecclesie, sicut quiete tenuerat.

(a) *L'initiale a été réservée B.* — (b) relique *C.* — (c) fedo *B,* corrigé en feodo *dans C.* — (d) prepati *B,* corrigé *dans C.* — (e) autem *C.* — (f) *Sic B, sous-entendre* iret.

A198

[1146-1152, 6 mars].

Roger de l'Éprevier renonce aux prétentions qu'il avait émises sur une partie de la terre du Perrey. Renaud, abbé de Préaux, lui fait remettre en échange par le moine Robert de Saint-Wandrille vingt sous chartrains, dans la maison du prêtre Robert, devant son fils Geoffroy, qui reçoit lui-même, pour prix de son accord, six deniers afin d'acheter des éperons. Roger s'était en effet emparé d'une partie de la terre du Perrey qu'il avait auparavant vendue à Richard [II] de Conteville, abbé de Préaux, sous prétexte qu'il n'avait pas reçu le prix de la vente ; il réclamait aussi le manoir de l'abbaye et le verger situé devant la porte, ainsi que les terres que son frère Richard avait données aux moines en réparation de l'incendie de leur maison, qu'il avait provoqué.

B. Cart. XIIIe siècle, fol. 147v, n° 475. [Copie Delisle, Bibl. nat. de Fr., nouv. acq. lat. 1025, fol. 211, n° 475].

C. Cart. XVe siècle, fol. 97, n° 364.

INDIQUÉ : L. Delisle, *Des revenus...,* 1re part., p. 191, n. 6. — A. Le Prévost, *Mémoires...,* t. II, p. 63. — Charpillon, Caresme, *Dictionnaire...,* t. II, p. 63, 343.

Renaud fut abbé de Préaux entre 1146 et 1152.

[T]empore[(a)] Rainaldi abbatis, Rogerius de *l'Esprevier* retraxit quamdam partem terre *del Perrei* quam vendiderat Ricardo abbati de Comitisvilla, negando se habuisse precium ejusdem terre. Manerium quoque nostre domus cum virgulto quod est situm ante portam calumniabat, et terras quas Ricardus frater ejus vendiderat et dederat pro restauratione danni[(b)] domus nostre quam incenderat. Ut autem has calumnias ex toto dimitteret, predictus abbas Rainaldus dedit ei XX[(c)] solidos cartonum[(d)] per manum Rogerii, monachi nostri, de Sancto Wandregisilo, quos ipse Rogerius dedit ei in domo Roberti presbiteri, vidente et concedente Gaufrido, filio ejusdem Rogerii. Qui etiam Gaufridus, ut hanc conventionem concederet, habuit VI denarios ad emendos[(e)] esperunnos ; quod et fecit. Hos autem omnes denarios, qui dati fuerunt propter omnias[(f)] calumnias, dimittere viderunt omnes simul Gaufridus, filius ejusdem Rogerii, et Herluinus, molendinarius, et multi alii.

(a) *L'initiale a été réservée B*. — (b) dampni *C*. — (c) XX[ti] *C*. — (d) *Sic B, corr*. carnotensium. — (e) emendendos *B, corrigé dans C*. — (f) *Sic BC*.

A199

[1154-1167, 16 décembre].

Roger de l'Éprevier vend à Michel, abbé de Préaux, et aux moines trois acres de terre situées à Étreville, entre la terre du Perrey et la route qui mène à la forêt de Brotonne. L'abbé lui remet en échange six livres chartraines ; ses fils Geoffroy et Richard obtiennent vingt sous.

B. Cart. XIIIe siècle, fol. 147v, n° 476, sous la rubrique : « *Quomodo Rogerius de* l'Esprewier *vendidit Michaeli abbati tres acras terre in Esturwillla* » ; dans la marge, d'une main du XVIIIe siècle : « Estreville ». [Copie Delisle, Bibl. nat. de Fr., nouv. acq. lat. 1025, fol. 212, n° 476].

C. Cart. XVe siècle, fol. 97v.

a. A. Le Prévost, *Mémoires...*, t. II, p. 62.

INDIQUÉ : Charpillon, Caresme, *Dictionnaire...*, t. II, p. 63.

La donation faite par Roger de l'Éprevier s'est faite avec l'accord du roi Henri II, après 1154 (voir **B72**). Henri II confirma à nouveau ce don entre 1172 et 1175, à Pont-Audemer (voir **B42**).

[T]empore[(a)] Henrici regis Anglie secundi, filii Gaufridi comitis Andegavensis, Rogerius de *l'Esprevier*, multis necessitatibus coactus, vendidit Michaeli, abbati

Pratelli, et monachis tres acras terre in Esturvilla, que est sita inter terram que dicitur *del Perrei* et viam que ducitur[b] ad Brotoniam. Pro hac autem vendicione, accepit ab abbate et monachis sex libras denariorum carnotensium et duo filii ejus, Gaufridus scilicet atque Ricardus, pro concessione XX[c] solidos habuerunt. Huic venditioni interfuit Hugo de Esturvilla, filius Pagani, et coram eo facta est ; qui et ipse testis hujus rei et eodem tempore vicecomes regis erat.

(a) *L'initiale a été réservée B.* — (b) *Sic BC.* — (c) XX^{ti} *C.*

A200

[1152, 21 décembre-1167, 16 décembre].

Raoul le Noble vend à l'abbé Michel et aux moines de Préaux une acre de terre pour trente sous. Son seigneur, Roger de l'Éprevier, concède cette donation et reçoit trois sous en retour.

B. Cart. XIIIe siècle, fol. 147v, n° 477, sous la rubrique : « *Quomodo Radulfus Nobilis vendidit Michaeli abbati unum agrum terre pro XXX solidis* ». [Copie Delisle, Bibl. nat. de Fr., nouv. acq. lat. 1025, fol. 212, n° 477].

C. Cart. XVe siècle, fol. 97v, sans numéro.

Quidam juvenis, nomine Radulfus Nobilis, vendidit Sancto Petro de Pratellis unum agrum terre XXX^{ta} solidos et hoc tempore Michaelis abbatis. Rogerius autem de *l'Esprevier*, dominus ejus, hanc venditionem libenter concessit et propter hoc habuit III solidos denariorum. Testes : Radulfus Nobilis et alii.

LISTE CHRONOLOGIQUE DES ACTES DE LA PARTIE A

Numéro d'ordre de l'édition	Foliotation et numérotation Delisle	Datation	Contenu
A1[1]	fol. 97-99v, n° 286	1034	Onfroi de Vieilles restaure l'abbaye de Préaux.
A1[2]	fol. 97-99v, n° 286	1035, janvier	Robert le Magnifique, duc de Normandie, donne sa terre de Toutainville.
A1[11]	fol. 97-99v, n° 286	1040	Guillaume le Conquérant, duc de Normandie, donne l'église de Vienne et celle de Boulleville.
A153	fol. 135-v, n° 429	1040	Guillaume le Conquérant, duc de Normandie, donne l'église de Boulleville et la terre en dépendant.
A1[5]	fol. 97-99v, n° 286	[1034-1040]	Saffroi Efflanc donne six acres de terre.
A105	fol. 123v, n° 382	[1034-1040]	Idem.
A1[6]	fol. 97-99v, n° 286	[1034-1040]	Gilbert et Turstin Efflanc donnent quatorze acres de terre.
A1[3]	fol. 97-99v, n° 286	[1034-1047]	Onfroi de Vieilles donne le gage de Renneville.
A1[4]	fol. 97-99v, n° 286	[1034-1047]	Onfroi de Vielleis donne le gage de Radepont.
A1[14]	fol. 97-99v, n° 286	1047	Hugues, évêque de Bayeux, renonce aux terres de l'abbaye : Selles, Toutainville.
A161	fol. 137, n° 437	1050	Guillaume le Conquérant, duc de Normandie, donne les coutumes de Vascœuil.
A162	fol. 137, n° 438	1050	Raoul de Varennes donne sa terre de Vascœuil.
A166	fol. 138, n° 442	1050	Thibaut de Vascœuil donne l'église Saint-Laurian de Vascœuil.
A163	fol. 137-v, n° 439	[vers 1050]	Thibaut de Vascœuil donne sa terre de Vascœuil.
A1[7]	fol. 97-99v, n° 286	[1034-1050]	Hugues, évêque de Bayeux, renonce à Selles, Incourt et Bosc-Aubert et Merlimont.
A1[12]	fol. 97-99v, n° 286	[1034-1050]	Guillaume de Creully renonce à Vienne et à Boulleville.
A1[13]	fol. 97-99v, n° 286	[1034-1050]	Gilbert donne son héritage de Condé-sur-Risle.
A168	fol. 138v, n° 444	1054	Geoffroi Dastin engage sa terre du Mesnil-Dastin.

LISTE CHRONOLOGIQUE DES ACTES DE LA PARTIE A

A99	fol. 121v-122, n° 376	[vers 1054]	Geoffroi et Raoul Dastin donnent leur terre du Mesnil-Dastin.
A165	fol. 121v-122, n° 376	[vers 1054]	Idem.
A74	fol. 117, n° 352	[1050-1054]	Roger de Beaumont donne une partie de l'héritage de son oncle Turquetil près de Pont-Audemer.
A1[10]	fol. 97-99v, n° 286	[1050-1054]	Idem.
A2	fol. 99v, n° 287	[1050-1054]	Robert et Guillaume, fils d'Onfroi de Vieilles, donnent les églises, la dîme de Bosgouet.
A157	fol. 136, n° 433	[1050-1054]	Robert et Guillaume de Beaumont donnent les églises et la dîme de tous les revenus de Bosgouet.
A98	fol. 121v, n° 375	[1050-1054]	Robert de Beaumont donne la terre du Mont-les-Mares.
A1[15]	fol. 97-99v, n° 286	[1050-1054]	Jean de Saint-Philibert donne sa terre de Saint-Benoît-des-Ombres.
A121	fol. 128, n° 397	[1050-1054]	Idem.
A79	fol. 118, n° 357	[1050-1054]	Richard de Creully renonce aux terres de Toutainville.
A1[8]	fol. 97-99v, n° 286	[1034-1054]	Robert et Roger de Beaumont donnent les églises et les dîmes de Pont-Audemer.
A1[9]	fol. 97-99v, n° 286	[1034-1054]	Robert et Roger de Beaumont donnent la dîme d'Épaignes, l'église, un hôte.
A1[16]	fol. 97-99v, n° 286	[1034-1054]	Roger de Beaumont donne sa terre de Manneville.
A9	fol. 101v-102, n° 293	[1050-1066]	Robert, comte de Mortain, donne la terre de Saint-Clair-de-Bassenneville, l'église, la dîme, la pêcherie, un hôte.
A188	fol. 144v-145, n° 464	[1050-1066]	Idem.
A186	fol. 144, n° 463	[1050-1066]	Renouf, vicomte de Bayeux, donne un hôte à Sainte-Honorine-des-Pertes.
A19	fol. 104, n° 301	[1054-1066]	Auvray donne tout ce qu'il possède à Bonneville-sur-Touques en terres et salines.
A156	fol. 136, n° 432	[1054-1066]	Idem.
A85	fol. 119, n° 362	[1054-1066]	Herluin de Conteville renonce à ses prétentions sur la dîme de Toutainville, et le Mesnil-Dastin.

A164	fol. 137v, n° 440	[1050-1071, 20 février]	Guillaume Fitz-Osberne et Roger II de Montgommery donnent la terre du Mouchel.
A176	fol. 140v, n° 452	[1072-1077]	Béatrix de Vascœuil donne un hôte à Grangues.
A7	fol. 101, n° 292	[1050-1078, 16 mars]	Roger de Beaumont donne une partie de la dîme de Combon.
A8	fol. 101v, n° 292bis	[1050-1078, 16 mars]	Roger de Beaumont donne l'autre partie de la dîme de Combon ainsi que l'église.
A124	fol. 128v, n° 400	[1050-1078, 16 mars]	Idem
A40	fol. 108-v, n° 320	[1050-1078, 16 mars]	Anfroi, abbé de Préaux, cède en fief l'héritage d'Anquetil aux fils de celui-ci.
A57	fol. 112, n° 334	[1050-1078, 16 mars]	Idem
A96	fol. 121v, n° 373	[1050-1078, 16 mars]	Roger de Manotmere donne deux hôtes à Vannecrocq et quarante acres.
A1[17]	fol. 97-99v, n° 286.	[1078, 16 mars…]	Roger de Beaumont règle le conflit entre les moines et le prêtre Hugues, fils de Turulfe, au sujet des églises de Pont-Audemer.
A67	fol. 114v, n° 345	[1078, 16 mars…]	Visite de Roger de Beaumont à Préaux au sujet des églises de Pont-Audemer.
		16 mars 1078	mort d'Anfroi, abbé
A139	fol. 132v, n° 415	[1078, 16 mars-1078, 26 août]	Hugues II, comte de Meulan, donne le droit de transit des bateaux des moines à Meulan.
A6	fol. 101, n° 291	[1078, 16 mars-1079]	Pierre, moine de Fécamp, donne la moitié de l'église de Saint-Opportune-la-Mare, la moitié de la dîme, la dîme des poissons de la Grand'Mare et quarante-six acres de terre.
A191	fol. 145v, n° 468	[1066-1086]	Guillaume le Conquérant, duc de Normandie, donne cinq hides de terre à Aston-Tirrold.
A142	fol. 133v, n° 418	[1054-1087]	Hugues II de Montfort donne à la demande d'Anquetil Trouvet, la terre et le service de ce dernier à Fourmetot.
A144	fol. 133v-134, n° 420	[1054-1087]	Osberne de Manneville donne la terre de deux hommes, l'un à la Poterie, l'autre à Manneville.
A11	fol. 102-v, n° 295	[1066-1087]	Auvray d'Épaignes confirme les dons de Goscelin son père.

LISTE CHRONOLOGIQUE DES ACTES DE LA PARTIE A

A12	fol. 102v, n° 295bis	[1066-1087]	Roger de Beaumont donne la dîme des poissons d'un gort à Beaumont.
A128	fol. 129v, n° 404	[1066-1087]	Idem
A58	fol. 112, n° 335	[1066-1087]	Anquetil de Campigny donne la terre d'un hôte nommé Jean du Buisson à Tourville.
A90	fol. 119v, n° 367	[1066-1087]	Idem
A189	fol. 145-v, n° 466	[avant 1087]	Robert Malet confirme les dons de son père.
A190	fol. 145-v, n° 467	[avant 1087]	Anfroi Trouvet de Fourmetot donne la terre achetée à Auvray.
A147	fol. 135, n° 423	[1066-1088]	Robert Pipart donne la dîme d'une charruée de terre à Bailleul et celle du moulin Becquerel.
A64	fol. 113v, n° 341	1091	Geoffroi et Roger, fils de Gilbert, confirment sept acres de terre engagées par leur père et ajoutent une acre à Campigny.
A143	fol. 133v, n° 419	[1054-1094, 29 décembre]	Roger de Beaumont donne la coutume d'un chariot et d'un bateau dans la forêt de Brotonne.
A3	fol. 100, n° 288	[1050/1054-1094, 29 novembre]	Robert, vassal de Roger de Beaumont, donne son domaine du Mesnil-Ysembert.
A148	fol. 134v, n° 424	[avant 1094, 29 novembre]	Idem
A4	fol. 100-v, n° 289	[1078, 16 mars-1094, 10 décembre]	Roger de Croixmare confirme l'accord passé avec les moines au sujet du fief de Condé-sur-Risle.
A5	fol. 100v, n° 290	[1078, 16 mars-1094, 10 décembre]	Gocelin fait don de reliques.
A23	fol. 104v, n° 305	[1078, 16 mars-1094, 10 décembre]	Anquetil, fils de Saffroi de Campigny, donne sa part de la dîme de Saint-Germain.
A68	fol. 114v, n° 346	[1078, 16 mars-1094, 10 décembre]	Idem
A10	fol. 102, n° 294	[1078, 16 mars-1094, 10 décembre]	Résumé des dons faits par Roger de Beaumont et ses vassaux à Épaignes.

A91	fol. 119v, n° 368	[1078, 16 mars-1094, 10 décembre]	Idem
A17	fol. 102v, n° 300	[1078, 16 mars-1094, 10 décembre]	Turstin Efflanc confirme les dons qu'il a faits avec son frère Gilbert ; ajoute douze acres de terre, un paysan.
A24	fol. 105, n° 305bis	[1078, 16 mars-1094, 10 décembre]	Anquetil de Campigny, fils de Saffroi, donne tout ce que lui et ses hommes possèdent de la dîme de Saint-Germain.
A78	fol. 117v, n° 356	[1078, 16 mars-1094, 10 décembre]	Adeline de Meulan reçoit de l'abbé Guillaume la jouissance viagère de la terre d'Osmond ; fils d'Orel.
A80	fol. 118, n° 358	[1078, 16 mars-1094, 10 décembre]	Guillaume, abbé de Préaux, concède à Herluin la terre d'un vavasseur à Graimbouville.
A92	fol. 120, n° 369	[1078, 16 mars-1094, 10 décembre]	Guillaume, abbé de Préaux, procède à l'achat de terres de tenants d'Hugues d'Avesnes.
A39	fol. 108, n° 319	[1066-1094, 10 décembre]	Geoffroi de Tourville donne la dîme et la mouture d'un vavasseur.
A59	fol. 112v, n° 336	[1066-1094, 10 décembre]	Geoffroi de Tourville confirme les dons faits par son père Osberne : la dîme et la mouture d'un vavasseur nommé Rainaud.
		10 décembre 1094	*Mort de Guillaume, abbé*
A192	fol. 146, n° 469	[1087, 9 septembre-1099, 29 mai]	Robert III, comte de Meulan, donne les dîmes de Charlton-Marshall et Spettisbury.
A193	fol. 146, n° 470	1099, 29 mai	Guillaume II le Roux, roi d'Angleterre, confirme les dons de Robert III de Meulan à Charlton-Marshall et Spettisbury.
A140	fol. 132v-133, n° 416	[1094, 10 décembre-1101, 30 août]	Ermentrude donne cinq acres de terre sises à Marbeuf.
A141	fol. 133-v, n° 417	[1094, 10 décembre-1101, 30 août]	Guillaume de Montfort donne un acre de terre près de l'église de Catelon pour y édifier une maison, confirme la dîme et l'église de Catelon, douze acres de terre.
A178	fol. 141-v, n° 454	[1094, 10 décembre-1101, 30 août]	Raoul de Vascœuil donne sa part de la dîme de Saint-Martial de Vascœuil.

LISTE CHRONOLOGIQUE DES ACTES DE LA PARTIE A

A26	fol. 105, n° 307	[1094, 10 décembre-1101, 30 août]	Geoffroi, abbé de Préaux, donne six acres à Ospac de Pont-Audemer.
A179	fol. 141v-142v, n° 455	[1094, 10 décembre-1101, 30 août]	Gilbert de Brucourt confirme ses dons et ceux de ses ancêtres à Rouville.
A180	fol. 142v, n° 456	[1094, 10 décembre-1101, 30 août]	Résumé des dons de Guillaume de Brucourt à Rouville.
A181	fol. 143, n° 457	[1094, 10 décembre-1101, 30 août]	Hugues de Brucourt donne sa part de Saint-Vigor de Brucourt.
A182	fol. 143, n° 458	[1094, 10 décembre-1101, 30 août]	Geoffroi, abbé, donne à Guillaume de Brucourt un palefroi.
A183	fol. 143, n° 459	[1094, 10 décembre-1101, 30 août]	Résumé des dons de Corb et de Raoul.
A169	fol. 138v-139, n° 445	[1094, 10 décembre-1101, 30 août]	Geoffroi Dastin et Raoul engagent leur terre du Mesnil-Dastin.
		30 août 1101	*Mort de Geoffroi, abbé*
A18	fol. 104, n° 300 bis	[1078, 16 mars-1106, 27 septembre]	Turstin Efflanc donne un paysan et trois hommes à Boulleville, la dîme de Corbeaumont.
A155	fol. 136, n° 431	[...1103-1106, 27 septembre]	Eudes Huveth donne une maison sise à Émendreville qu'il tenait du connétable Roger.
A149	fol. 134v-135, n° 425	[1101, 30 août-1106, 27 septembre]	Hersende d'Omonville donne la dîme de son domaine, celle de ses tenants.
A122	fol. 128, n° 398	[1094, janvier-1106, 27 septembre]	Arnoul Pinel donne sa terre située dans un lieu appelé le Moussel.
A158	fol. 136-v, n° 434	[1094, 29 novembre-1106, 27 septembre]	Robert III, comte de Meulan, donne la dîme et la terre de Bosgouet
A119	fol. 127-v, n° 395bis	[1094, 29 novembre-1106, 27 septembre]	Robert III, comte de Meulan, donne vingts livres de monnaie anglaise à prendre sur les dîmes qu'il possède outre-mer.

A111	fol. 125, n° 388	[1094, 29 novembre-1106, 27 septembre]	Robert III, comte de Meulan, retient les terres données par son père à Salerne.
A118	fol. 127, n° 395	[1094, 29 novembre-1106, 27 septembre]	Idem.
A43	fol. 109, n° 323	[1078, 16 mars-1106, 27 septembre]	Turstin Efflanc donne un hôte à Tourville, la dîme de Corbeaumont, trois hommes à Boulleville.
A154	fol. 136, n° 430	[1078, 16 mars-1106, 27 septembre]	Turstin Efflanc donne trois hommes à Boulleville et la dîme de cette paroisse.
A106	fol. 123v, n° 383	[1078, 16 mars-1106...]	Turstin Efflanc donne un paysan nommé Anfroi Brochebœuf et la terre du vavasseur Saffroi le Chauve.
A66	fol. 114, n° 343	1106	Robert, fils d'Onfroi, donne en gage sa terre d'Épaignes pour cinq ans.
A69	fol. 115, n° 347	1106	Robert III, comte de Meulan, concède les coutumes judiciaires sur les terres de l'abbaye et la banlieue.
A174	fol. 140, n° A50	[1098-1107]	Robert de Montfort obtient pour le prêtre Serlon la chanterie de l'église de Rouville.
A185	fol. 143v, n° 461-462	1110, 1er août	Dédicace de l'église Notre-Dame de Périers.
A171	fol. 139v, n° 447	[vers 1110]	Serlon, prêtre de Rouville, donne une vergée de terre.
A194	fol. 146-v, n° 471	[1103-1118, 1er mai]	Robert III, comte de Meulan, donne le manoir de Toft Monks.
A120	fol. 127v, n° 396	[1105-1118, 5 juin]	Richard Ier, abbé de Préaux, concède aux chanoines de Beaumont la terre du Mesnil-Ysembert.
A13	fol. 102v, n° 296	[1101, 30 août-1118, 5 juin]	Herluin d'Épaignes renonce à toute contestation concernant la terre du Bosc-l'Abbé.
A114	fol. 126, n° 391	[1094, 29 novembre-1118, 5 juin]	Robert III, comte de Meulan, accorde l'immunité pour les hommes des moines à Salerne.
A184	fol. 143-v, n° 460	[1094-1120...]	Eudes Long-jour donne une terre à Rainescot.
A54	fol. 11v, n° 331	[1102-1120], Rameaux	Osmond Cavelier donne deux acres de terre à Selles.

LISTE CHRONOLOGIQUE DES ACTES DE LA PARTIE A

A47	fol. 110, n° 327	[1101, 30 août-1120]	Richard, prévôt du Hamel, renonce à ses prétentions concernant une terre du calvaire.
A48	fol. 110, n° 327bis	[1101, 30 août-1120]	Robert, gendre de Coste, vend une acre de terre pour vingt sous.
A49	fol. 110v, n° 327ter	[1101, 30 août-1120]	Hugues Roussel vend une acre de terre près de la couture du calvaire.
A50	fol. 110v, n° 327 quart	[1101, 30 août-1120]	Bérenger, fils de Bafart, échange une terre au Hamel.
A27	fol. 105v, n° 308	[1101, 30 août-1120]	Aubrée et Eremburge, filles d'Osulfe de Toutainville, vendent la moitié de la terre du Poncel et d'un pré.
A87	fol. 119-v, n° 364	[1101, 30 août-1120]	Foucher du Pont reçoit de l'abbé Richard deux acres de terre et une vergée.
A88	fol. 119v, n° 395	[1101, 30 août-1120]	Osmond Cavelier vend une acre de pré à l'abbé Richard.
A112	fol. 125, n° 389	[1101, 30 août-1120...]	Robert Fauvel donne un lopin de terre devant le moulin des moines à Salerne.
A117	fol. 127, n°394	[1101, 30 août-1120...]	Idem
A30	fol. 106, n° 311	[1101, 30 août- 120...]	Osmond Cubicularius vend un acre de pré à l'abbé Richard Ier.
A160	fol. 136v, n° 436	[1102-1120...], février	Hugues Fichet, Geoffroi et Roger Harenc donnent la dîme de leur terre du Haut-Étui.
A170	fol. 139-v, n° 446	[1110-1120...]	Résumé des dons faits par Richard Ier Dastin.
A71	fol. 116, n° 349	[1118, 5 juin-1120]	Galeran II de Meulan restitue la dîme de la foire de Pont-Audemer et celle du nouveau moulin que son père avait construit.
A60	fol. 112v, n° 337	[1118-1120]	Raoul Efflanc confirme les dons effectués par son père et ajoute dix acres de terre au Réel.
A145	fol. 134, n° 421	[avant 1120]	Raoul, prêtre de Bourneville donne deux bordiers et leur terre à Bourneville.
A86	fol. 119, n° 363	1120 [janvier-novembre]	Geoffroi, fils d'Osulfe du Haut-Étui, vend une acre de pré.
A46	fol. 109v, n° 326	1104 ou 1123, 30 novembre	Richard engage la terre reçue de son oncle Guillaume Rohier pour dix ans.

A73	fol. 115v, n° 351	[1120-1123]	Résumé des dons faits par Hugues Fichet : la maison de Geoffroi, la dîme du moulin du Haut-Étui.
A97	fol. 121v, n° 374	[vers 1123]	Résumé des dons faits par Hugues Fichet : sa terre de Vannecrocq et la dîme.
A70	fol. 115v, n° 348	[1118, 5 juin-1124]	Galeran II de Meulan ordonne la reconstruction de la maison de Geoffroi qu'Hugues Fichet avait donné aux moines à Saint-Germain.
A134	fol. 131-v, n° 410	1123	Guillaume et Richard Harenc vendent une vigne à Aubevoye et la terre qui la jouxte.
A44	fol. 109v, n° 324	[1101, 30 août-1124...], 1er janvier	Geoffroi de Tourville donne douze acres de terre au Réel.
A29	fol. 105v-106, n° 310	[1101-1124], 10 août	L'abbé Richard Ier échange douze acres de terre à Richard, fils de Gocelin de Toutainville, situées sur la colline de Toutainville.
A102	fol. 122v, n° 379	[1101, 30 août-1125, 30 janvier]	Richard Ier, abbé de Préaux, donne à Raoul, fils de Richard le Chauve, la terre de son frère Robert.
A187	fol. 144, n° 464	[1101, 30 août-1125, 30 janvier]	Guillaume Rabuet et Hugues Louvet confirment les dons de leurs ancêtres.
A175	fol. 140, n° 451	[1110-1125, 30 janvier]	Eudes Long-jour donne une acre de terre appelée le champ d'Aubevoye.
A103	fol. 122v, n° 380	[1115-1125, 30 janvier]	Saffroi, fils de Guillaume, donne vingt acres de terre.
A28	fol. 105v, n° 309	[...1120-1125, 30 janvier]	Anquetil Rocerol vend un morceau de pré qu'il tenait de Geoffroi fils d'Osulfe.
A81	fol. 118, n° 359	[..1120-1125, 30 janvier]	Godard, fils d'Osulfe du Haut-Étui, vend deux acres et demi de terre de son domaine et deux acres.
A82	fol. 118v, n° 360	[1120-1125, 30 janvier]	Raoul fils d'Havoise vend deux acres de terre et une acre de pré.
A21	fol. 104v, n° 303	[1101/1120-1125, 30 janvier]	Richard Ier, abbé, rend à Richard de Sainte-Mère-Église la terre de Graimbouville qu'il réclamait en échange de son hommage.
		30 janvier 1125	*Mort de Richard Ier de Bayeux, abbé*

LISTE CHRONOLOGIQUE DES ACTES DE LA PARTIE A

A150	fol. 135, n° 426	[avant 1126]	Gauthier du Chêne renonce aux coutumes qu'il exigeait des moines en vertu de deux acres de terre données par son père.
A15	fol. 103, n° 298	1126	Agnès de Salerne et ses fils vendent toute leur terre d'Épaignes.
A22	fol. 104v, n° 304	[1122-1127]	Adeline de Montfort donne son corps et son âme à Préaux et reçoit la fraternité des moines.
A31	fol. 106, n° 312	1120 ou 1130	Osberne de Saint-Sanson donne six acres de terre et un paysan.
A172	fol. 139v-140, n° 448	[1110-1130]	Résumé des dons de Richard Dastin.
A110	fol. 124v, n° 387	[1100, 2 août-1135, 1er décembre]	Raoul Dieu-le-fit donne son héritage à Drincourt et à Varimpré.
A159	fol. 136v, n° 435	[1100, 2 août-1135, 1er décembre]	Henri Ier, roi d'Angleterre, accorde trois jours de foire à Bosgouet.
A38	fol. 108, n° 318	1136	Hervé de Campigny et son fils Guillaume donnent une acre de terre à *Trunnia*.
A131	fol. 130v, n° 407	[1118-1123]	Guillaume, Robert, Auvray, Roger Harenc renoncent à leurs prétentions concernant la vigne qu'ils avaient donnée aux moines à Aubevoye.
A32	fol. 106v, n° 312bis	[1130-1131/1144]	Robert, prieur de Préaux, reçoit Osberne de Saint-Sanson comme moine.
A20	fol. 104, n° 302	[1125-1127]	Raoul Efflanc donne une terre pour y construire un moulin et creuser un étang à Préaux.
A63	fol. 113, n° 340	[1101, 30 août-1146]	Eudes, fils de Bermucus, donne la terre qu'Arnoul tenait en bordage.
A77	fol. 117v, n° 355	[1101, 30 août-1146]	Richard, abbé de Préaux, institue Raoul desservant de Saint-Aignan de Pont-Audemer.
A83	fol. 118v, n° 360bis	[1101, 30 août-1146]	Anquetil Rocerol vend une acre de terre et un morceau de pré.
A75	fol. 117, n° 353	[1118-1146]	Herluin de Tourville donne une manse de terre tenue à Préaux par le forgeron Sanson et ses revenus.
A89	fol. 119v, n° 366	[1120-1146]	Guillaume, fils d'Osulfe, donne une acre de terre à Épaignes.
A101	fol. 122-v, n° 378	[1120-1146]	Herbert Baolt vend trois vergées de terre au Mont-les-Mares.

A132	fol. 131, n° 408	[...1125-1146]	Roger Testard renonce à ses prétentions sur la vigne des moines à Gaillon.
A195	fol. 146v, n° 472	[...1125-1146]	Geoffroi de Bourneville donne leur part de la dîme d'Étreville.
A196	fol. 146v, n° 473	[1125-1146]	Roger de l'Éprevier vend une portion de terre près de Bourg-Achard.
A133	fol. 131, n° 409	[1125-1146]	Guillaume et Roger Harenc vendent toute leur vigne contigüe à celle des moines.
A84	fol. 118v, n° 361	[1125-1146]	Raoul Luttrel renonce à ses prétentions sur le pré et la terre que ses sœurs ont vendus.
A107	fol. 123v-124, n° 384	[1125-1146]	Richard de Conteville, abbé de Préaux, échange une terre à Guillaume fils de Jean Miteron.
A167	fol. 138, n°443	[1125-1146]	Richard de Ry donne une masure à Ry.
A37	fol. 107v, n° 317	[1125/1136-1146]	Géraud de la Viéville renonce à ses revendications concernant sept vergées de terre près des mares de Spiseleriz.
A146	fol. 134, n° 422	[1125/1136-1146]	Le clerc Osberne restitue un hôte tenant dix acres de terre à Bourneville.
A42	fol. 108v-109, n° 322	[1125/1136-1146], 9 août	Guillaume de Vanescrot de Campigny donne sa terre sise auu Réel qu'il tenait de Raoul Efflanc.
A113	fol. 125v, n° 390	[1126-1146]	Guillaume de Salerne renonce à ses prétentions sur la terre de Raoul fils de Renouf à Salerne.
A45	fol. 109v, n° 325	[1127-1146]	Emma et Robert de Tourville confirment l'échange fait entre Albert et l'abbé Richard Ier.
A35	fol. 107v, n° 315	[...1136-1146]	Clarisse, fille de Raoul Travers, donne sa terre de Campigny.
A34	fol. 107, n° 314	[...1136-1146]	Raoul Harpin et Adalard vendent leur terre de Campigny à l'abbé Richard Ier.
A41	fol. 108v, n° 321	[...1136-1146]	Guillaume Vanescrot donne trois vergées de terre dans la vallée et devant la forge au Réel.
A62	fol. 113, n° 339	[1136-1146]	Geoffroi de Campigny échange avec l'abbé Richard deux terres à Préaux.
A197	fol. 147, n° 474	[1145-1146]	Notification de l'accord entre les moines et Richard, fils du prêtre Onfroi, au sujet des aumônes de Saint-Sanson d'Étreville.

LISTE CHRONOLOGIQUE DES ACTES DE LA PARTIE A

		1146	*Mort de Richard II de Conteville, abbé*
A177		1149	Notification de l'accord entre les moines et Enguerrand de Vascœuil au sujet des bois de Vascœuil.
A61	fol. 113, n° 338	[1100-1150]	Anquetil, fils d'Erenger, bouvier de Campigny, vend sa terre qu'il avait au Réel.
A135	fol. 131v, n° 411	[...1146-1150...]	Gauthier le Vilain confirme une vigne sise à Aubevoye que son père avait vendue aux moines.
A56	fol. 112, n° 333	[vers 1150]	Gauthier de Baucher, chevalier, donne deux gerbes de dîmes de sa terre de Siglas.
A127	fol. 129, n° 403	[vers 1150]	Alain de Combon, Geoffroi et Guillaume Cavessot promettent de donner à leur mort vingt sous.
A198	fol. 147v, n° 475	[1146-1152, 6 mars]	Roger de l'Eprevier renonce à ses prétentions sur la terre du Perrey à Bourg-Achard.
		6 mars 1152	*Mort de Renaud, abbé*
A136	fol. 132, n° 412	[...1126-1152], 31 décembre	Eudes, fils de Tetberge, donne toute la dîme qu'il tenait de Goël d'Auteuil.
A72	fol. 116v, n° 350	[1101, 30 août-1153]	Sébert, bourgeois de Pont-Audemer, donne toute sa terre, ses bois et jardin à Bougerue.
A25	fol. 105, n° 306	[1101, 30 août-1153]	Sébert, fils de Richer, bourgeois de Pont-Audemer, donne ses terres situées à Bougerue.
A100	fol. 122, n° 377	[1120-1125/1153]	Helgo de Launay donne six acres de terre au Mesnil.
A51	fol. 101v, n° 328	[1152, 21 décembre-1153...]	Bérenger, fils de Roger Haslé confirme le don de la moitié du fief Rohier.
A55	fol. 111v, n° 332	[1152, 21 décembre-1153]	Gocelin de Tortrel vend sa part de la terre de Fosses-Toles.
A76	fol. 117, n° 354	1155	Galeran II, comte de Meulan, confirme les possessions de l'abbaye de Préaux.
A104	fol. 123, n° 381	1156	Michel, abbé de Préaux, concède à Gerold Gremont l'exemption du service d'un cheval attaché à son fief de Toutainville.

202 LE CARTULAIRE DE SAINT-PIERRE DE PRÉAUX

A93	fol. 120, n° 370	[...1152-1158...]	Geoffroi de Bocquencey donne le fief d'Hilaire Pute-Fosse, celui d'Herbert, fils de Guersent, et vingt acres.
A52	fol. 111, n° 329	[...1153-1158...]	Herluin, fils de Raoul Cocus, vend trois acres de terre à Selles.
A53	fol. 111, n° 330	[...1153-1158...]	Guillaume, fils de Raoul Cocus, vend deux acres de terre à Selles.
A94	fol. 120-121, n° 371	1158	Les Columbel d'Épaignes donnent sept acres de terre près du chemin de Beaumont.
A125	fol. 128v-129, n° 401	[1115-1120/1159, 1er août]	Emma de Combon donne la terre de Goscelin le Maréchal son mari à Combon.
A137	fol. 132, n° 413	[1115-1159, 1er août]	Eudes donne une demie acre de terre à Champagne, la dime qu'il tenait de Goel d'Auteuil.
A33	fol. 106v, n° 313	[1120-1159, 1er août]	Turstin de Saint-Mards donne la terre de Gilbert le Pellicier.
A129	fol. 129v-130, n° 405	[1152, 21 décembre-1159, 1er août]	Henri de Prée donne douze acres à Combon et confirme cinq acres à la comtesse de Warwick.
A138	fol. 132, n° 414	1159	Gauthier d'Aubevoye donne la dime qu'il possédait au Clos Cofart.
A108	fol. 124, n° 385	[1152, 21 décembre-1163]	Raoul le Grand de Graimbouville donne tout ce que Guéroult Rainowart avait possédé à Graimbouville.
A126	fol. 129v, n° 402	[avant 1162]	Robert de Barquet donne la dime de toute sa terre de Combon.
A130	fol. 130, n° 406	1162	Geoffroi de Barquet confirme le don de son père de la dime de son domaine.
A123	fol. 128, n° 399	1164	Raoul de Freneuse donne cinq sous de monnaie courante à percevoir chaque année sur une maison à Saint-Georges du Vièvre.
A95	fol. 121-v, n° 372	[1152/1158-1167, 16 décembre]	Yves d'Épaignes rend dix acres de terre situées près du Champ du prunier.
A109	fol. 124v, n° 386	[1152, 21 décembre-1167, 16 décembre]	Michel, abbé de Préaux, concède à Roger, fils d'Adèle, cinq acres et demi de terre au Champ Caillouet et au Champ Ruald.
A115	fol. 126-v, n° 392	[1152, 21 décembre-1167, 16 décembre]	Raoul du Quesnay donne trois quarts du moulin de Livet et la terre le jouxtant.

LISTE CHRONOLOGIQUE DES ACTES DE LA PARTIE A 203

A173	fol. 140, n° 449	[1152, 21 décembre-1167, 16 décembre]	Michel abbé de Préaux, concède à Guillaume Lisnel la terre de La Saiete.
A116	fol. 126v, n° 393	[1152, 21 décembre-1167, 16 décembre]	Anquetil de La Mare donne la moitié d'un quart du moulin de Livet.
A200	fol. 147v, n° 477	[1152, 21 décembre-1167, 16 décembre]	Raoul vend une acre de terre avec l'accord de Roger de l'Éprevier.
A199	fol. 147v, n° 476	[1154-1167, 16 décembre]	Roger de l'Éprevier vend trois acres de terre à Étreville.
		16 décembre 1167	***Mort de Michel, abbé***
A16	fol. 103v, n° 299	[1120-1168, 21 avril]	Henri Ier d'Épaignes donne sept acres de terre.
A152	fol. 135-v, n° 428	[1150-1168, 21 avril]	Robert d'Omonville donne trois acres de terre à Martainville.
A151	fol. 135-v, n° 427	1168, 21 avril	Baudouin d'Épaignes donne la dîme de ses moulins de Martainville.
A65	fol. 113v, n° 342	[1167-1182]	Henri, abbé de Préaux, concède à Foucher la terre des tisserands à Meulan.

PARTIE B

ÉDITION DES CHARTES DE LA PREMIÈRE PARTIE DU CARTULAIRE

B1

[1135-1141 et vraisemblablement 1135-1137].

Notification de la donation de divers biens faite par Roger Abbadon aux moines de Préaux à l'occasion de sa profession monastique : l'église de Willey avec une vergée de terre et deux masures (tophz) sis dans ce village, celle d'une veuve et une autre voisine ; une charruée de terre sise à Ullesthorpe et tout ce qu'il possédait là ; un bordier à Bedworth et, dans la forêt du même lieu, la coutume du panage de tous les porcs des moines et la libre paisson de tous les animaux au dedans et au dehors, dans les bois et les champs. Pour prix de son accord et de sa promesse de défendre cette donation contre toute coutume ou service, Hugues, fils de Roger Abbadon, a reçu de son père six marcs, avec lesquels il a acheté à Hugues, fils de Richard, un vavasseur à Sotwell. Les comtes Roger de Warwick et Robert [II] de Leicester ont concédé ce don qui a été confirmé devant Roger, évêque de Chester[16], Richard Péché, archidiacre, et tout le clergé réuni en synode.

B. Cart. XIIIe siècle, fol. 54v-55, n° 126, sous la rubrique : « *De donis et libertatibus quas Rogerius Abbadon fecit ecclesie Pratelli et quare ecclesiam de Wilee cum una virgata terre et cum aliis donis contulit ecclesie Pratelli* ». [Copie partielle Delisle, Bibl. nat. de Fr., nouv. acq. lat. 1025, fol. 59, n° 126].

C. Cart. XVe siècle, fol. 40-v, n° 111.

INDIQUÉ : H. Round, *Calendar...*, p. 113, n° 334.

Richard Péché, témoin de ce don, fut archidiacre de Chester en 1135 (*D. N. B.*, t. XLIV, p. 181) puis évêque de Liechfield, Chester et Coventry du 18 avril 1161 au 6 octobre 1182 (sur les premiers archidiacres de Chester, voir C. Brooke, *op. cit.* p. 15). L'abbé Richard de Préaux dont il est ici question est Richard II mort en 1146, ce qui situe cette donation entre 1135 et 1146. Le comte Robert de Leicester qui a

---

16. Roger Ier Péché, évêque de Coventry entre janvier 1121 et le 22 août 1126, ou plutôt Roger II de Clinton, évêque de Coventry entre le 22 décembre 1129 et le 16 avril 1148.

donné son accord perdit ses terres du Dorset en 1141, conséquence de sa fidélité au roi Étienne de Blois, lorsque après la bataille de Lincoln le parti angevin prit possession du sud de l'Angleterre. Il n'aurait donc pu confirmer cette donation après 1141. Roger fut comte de Warwick entre 1123 et le 12 juin 1153 (*Handbook*..., p. 486). Hugue Abbadon est l'un des témoins à la suite de Guillaume Giffard de la convention de mariage passée entre le comte Roger de Warwick et Geoffroy Clinton, camérier du roi Étienne, entre novembre 1137 et 1138 (D. Crouch, *A Norman « conventio »*..., p. 323-324, appendix n° II), ce qui indique probablement que son père est déjà moine, voire mort, à cette date ; il faut donc vraisemblablement dater le présent acte de 1135-1137.

Quoniam longo processu temporum etiam ea que vera sunt et multis nota a memoria facile dilabuntur, nostre ecclesie donationes scriptis commendare decrevimus. Noverint itaque omnes tam presentes quam futuri Rogerium, cognomine *Abbadon*, Sancto Petro de Pratellis dedisse in elemosinam et causa sui monachatus ea que subscribuntur, videlicet ecclesiam de *Wilee* com[a] una virgata terre et duobus *tophz* in eadem villa, altero cujusdam vidue, altero ei vicino ; dedit etiam unam hidram terre in *Holestorp* et quicquid ibi habebat, et in Bedoorda unum *bordier* et in foresta predicte ville consuetudinem pasnagii omnium porcorum nostrorum et insuper etiam pasturam omnium animalium nostrorum foris et intus, id est in nemore et in plano, sine consuetudine aliqua et sine precio. Hec omnia concesserunt duo comites, videlicet Rogerius, comes de *Warwic*, et Robertus, comes Leecestrie, et Hugo, filius ipsius Rogerii *Abbadon*, a patre suo sex marcas argenti, ut ista omnia concederet et ab omni consuetudine et servitio defenderet, recipiens, et hoc se tenendum fide propria et osculo confirmavit ; de denariis etiam, quos pro hac concessione ipse Hugo accepit, unum vavassorem cum tota terra sua emit a Hugone, filio Ricardi, in villa que dicitur *Esuitenevele*. Hoc autem modo et lege Ricardus, abbas de Pratellis, suscepit donationem istam liberam et quietam, videlicet ut ipse Hugo *Abbadon* eam contra omnes de omnibus rebus defenderet. Hec autem cartula confirmata fuit coram Rogerio, episcopo Cestrie, et Ricardo *Pechiet*, archidiacono, et universo clero in synodo et in capitulo. Ex parte Rogerii *Abbadon* testes fuerunt : Hugo, filius ejus, et Rogerius, comes de *Warwic*, et Henricus et Gaufridus, fratres ejusdem comitis, et Willelmus *Gifart*[b] et Henricus, dapifer, et *Colfoain* et Rannulfus[c], pistor. Ex parte vero abbatis Ricardi testes extiterunt : Willelmus, decanus ; Balduinus, nepos *Abbadon* ; Willelmus de Bona Villa ; Normannus de *Holestorpz* et Willelmus, frater ejus, et *Volvric* de Warmintona.

(a) *Sic B*. — (b) Giffart *C*. — (c) Rannulphus *C*.

B2

[1141-1142].

Simon, comte d'Évreux, donne à Galeran [II], comte de Meulan, sa sœur Agnès en mariage et la dot de celle-ci, constituée de la Haie de Lintot avec ses dépendances et les revenus qu'il y percevait personnellement et ceux que ses vassaux lui versaient ; il retient les fiefs de ses vassaux et sergents dépendants de cette forêt, sauf les revenus qu'il perçoit sur les hommes du comte de Meulan à cause de cette forêt. Il donne aussi trente livres sur les revenus annuels de la terre de [Notre-Dame-de-]Gravenchon.

B. Cart. XIIIe siècle, fol. 39v-40, n° 79, sous la rubrique : « *Non debet rubricari, quia nichil confert coenobio Pratellensi* ». [Copie partielle Delisle, Bibl. nat. de Fr., nouv. acq. lat. 1025, fol. 41, n° 79].
C. Copie du XVIIe siècle, Bibl. nat. de Fr., Coll. du Vexin, t. IV, p. 25, p. 119 (d'après B). — D. Copie du XVIIIe siècle, Bibl. nat. de Fr., Coll. du Vexin, t. VIII, n° 96, p. 409. — E. Copie du XVIIIe siècle, Bibl. nat. de Fr., Coll. du Vexin, t. XX, n° 94, fol. 113.
a. A. Rhein, *La seigneurie...*, p. 306, n° XIII.
INDIQUÉ : A. Rhein, *La seigneurie...*, p. 133. — E. Houth, *Les comtes de Meulan...* p. 66, n° 28. — D. Crouch, *The Beaumont...*, p. 52, n. 108. — D. Crouch, *A Norman « conventio »...*, p. 299, n. 1, p. 303.

L'époque du mariage de Galeran II de Meulan avec Agnès est antérieure à 1142, date à laquelle la nouvelle comtesse apparaît dans une charte du prieuré Saint-Nicaise de Meulan (E. Houth, *Recueil des chartes...*, p. 14, n° 12bis). Agnès est également citée en 1141-1143 dans l'acte relatant la convention passée entre le comte de Meulan et son cousin Robert du Neubourg (voir **B3**). Il est très possible, comme le suggère D. Crouch (*The Beaumont...*, p. 52), que le mariage eut lieu entre la fin de l'été 1141, date du retour de Galeran II en Normandie après sa soumission à Mathilde l'Emperesse, et l'hiver 1141. En 1152, le pape Eugène III confirma à l'abbaye Saint-Sauveur d'Évreux la dîme de la Haie de Lintot donnée à cette abbaye avant 1140 par le comte d'Évreux Amaury (*G. C.*, t. XI, *instr.*, col. 135). La Haie de Lintot fait partie des biens accordés à l'abbaye du Valasse par Galeran II de Meulan (Bibl. nat. de Fr., Coll. du Vexin, t. XIII, fol. 56, n° 558 ; F. Somménil, *L'abbaye du Valasse*, p. 6 ; id., *Chronicon Valassense*, p. 10).

Ego Simon, Ebroicensis comes, dedi in maritagio cum Agnete, sorore mea, Gualeranno, comiti Mellenti, et heredibus suis haiam de *Lintot* cum appenditiis suis et omnibus redditibus quos ego ibidem habebam et omnes redditus omnium hominum, quicumque redditus inde reddebant mihi. Feoda autem militum et servientium[(a)] meorum ad haiam pertinentia in manum retinui, exceptis illis redditibus quos pro haia reddunt qui sunt comitis Mellenti. Preterea dedi ei in redditibus de *Cravençon* XXX libratas terre per singulos annos. Hujus autem conventionis et donationis testes sunt : Amalricus de *Mestenum* et Robertus de Novo Burgo et Richardus, filius Fulconis ; Gualdus[(b)] de *Mestenum* ; Paganus de Divite Burgo, et pluribus aliis.

(a) servientum *B*. — (b) *Sic BC*.

B3

[1141, septembre-1142, décembre/1143].

Galeran [II], comte de Meulan, notifie l'accord intervenu après le différend qui l'avait opposé à son cousin Robert du Neubourg : il concède à Robert, ainsi qu'à ses hoirs, les trois cents livres que celui-ci tenait du seigneur de Normandie sur les revenus de Pont-Audemer, que ceux-ci croissent ou diminuent ; dix-huit livres à prendre sur les revenus de Pont-Audemer à la place du tiers des moulins qu'il tenait du seigneur de Normandie ; il lui donne en outre quarante livres à prendre chaque année à Pont-Audemer, la maison de Pierre, fils d'Anger, située sur la pointe de l'île à Pont-Audemer et, dans son bourg neuf, celle que Robert a donnée à Robert Frawin, ainsi que les douze pieds de terre de la maison de Robert de Pourehat que Robert revendiquait ; il ajoute à Brionne vingt livres chaque année, une maison, trois acres de pré ; tout ce qui relève de son fief à Vitot ; à Meulan et à Mantes, ses coutumes libres ainsi que pour ses hommes de Mézy[-sur-Seine] ; à Rouen, trois acres de son pré. En échange de quoi, Robert prête hommage à Galeran, sauf la fidélité due au duc. Galeran et Robert se jurent mutuel respect de leurs terres, tenures, et aide contre quiconque porterait atteinte à leurs terres ou à leurs biens ; pour ce faire, Robert promet de ne pas refuser au comte l'accès de son château. Galeran lui donne en outre à Meulan la maison de pierre qui avait appartenu aux tisserands.

B. Cart. XIIIe siècle, fol. 39-v, n° 77, sous la rubrique : « *Conventio inter comites Galerannum et de Novo Burgo Henricum*[(a)], *ejusdem Galeranni cognatum, super CCC libris in prepositura Pontis Audomari percipiendis* ». Dans la marge, mention d'attente à l'intention du rubricateur coupée par le relieur : « Pa[ctio] int[er Galeran]nu[m co]m[item] et [Robert]tu[m de] N[ovo] B[urgo] ». [Copie Delisle, Bibl. nat. de Fr., nouv. acq. lat. 1025, fol. 40, n° 77].

C. Cart. XVe siècle, fol. 28v-29, n° 64.

a. E. Houth, *Les comtes de Meulan*..., p. 83, p. just. n° VIII. — *b*. D. Crouch, *A Norman « Conventio »*..., p. 321-323.

INDIQUÉ : H. Round, *Calendar*..., p. 114-115, n° 338. — E. Houth, *Les comtes de Meulan*..., p. 55 et p. 67, n° 31. — S. Mesmin, *The leper hospital*... (thèse dactylographiée), p. 365, n° 150. — D. Crouch, *The Beaumont*..., p. 35, n. 34, p. 50,

n. 100 et p. 53, n. 113. — Id., *A Norman « Conventio »*..., passim. — C. Coulson, *The French matrix*..., p. 82-83, n. 65.

Les relations entre Robert du Neubourg et son cousin Galeran II de Meulan se dégradèrent au moment où Geoffroy d'Anjou mit la Normandie sous sa coupe : Robert prit le parti de Geoffroy, alors que Galeran resta fidèle à la cause du roi Étienne, défait à Lincoln en février 1141. Les biens de Robert tenus explicitement du « seigneur de Normandie » à Pont-Audemer proviennent du domaine patrimonial de Galeran II de Meulan, que ce dernier n'a recouvré qu'après son ralliement à Geoffroy d'Anjou. Dès septembre 1141, Galeran II se soumet à Mathilde l'Emperesse (Orderic Vital, éd. M. Chibnall, t. VI, p. 548) avant de regagner la Normandie. Cette réconciliation se situe donc après le retour en grâce de Galeran et la restitution de son patrimoine. D. Crouch propose de la dater de l'hiver 1141-1142. Quoi qu'il en soit, cette charte est de façon certaine postérieure au mariage du comte de Meulan avec Agnès, sœur du comte d'Évreux Simon, intervenu au retour de Galeran en Normandie, à la fin de 1141 (voir **B2**, et D. Crouch, *The Beaumont*..., p. 52). Elle est d'autre part antérieure à l'année 1143, date à laquelle Robert effectue une donation en faveur du Bec à partir des revenus qu'il possède à Pont-Audemer (D. Crouch, *A Norman « conventio »*..., p. 303, n. 14).

Gualerannus, comes *Mellent*[b], omnibus dominis et hominibus et amicis et fidelibus suis, tam presentibus quam futuris, salutem. Notum sit omnibus vobis hanc conventionem esse inter me et Robertum de Novo Burgo, cognatum meum. Concedo ipsi et heredibus ipsius in perpetuum CCC libras quas habet in Ponte Audomari de domino Normannie, sive redditus ville crescentur, sive minuantur. Et pro tercia parte molendinorum concedo ipsi XVIII libras in redditibus de Ponte Audomari ; quam partem similiter tenet de domino Normannie. Dedi etiam ipsi in Ponte Audomari XL libras per annum et domum Petri, filii Ansgeri, in capite insule liberam et quietam et in novo burgo meo dedi ei in domum, quam ipse dedit Roberto Frawinno, et XII pedes terre de domo Roberti de *Pourehat* qui erant in calumpnia. Dedi quoque ei apud Brioniam XX libras per annum et domum unam et III acras de prato et apud *Witot* quicquid ibi est de feudo meo et apud *Mellent* liberas consuetudines suas et hominibus suis de *Mesai* et apud Medantem de parte mea et apud Rothomagum III acras in prato meo. Et pro hac conventione factus est homo meus contra omnes homines, salva fidelitate domini Normannie, et clamavit adquietas omnes calumpnias et querelas que erant inter nos et assecuravit mihi juramento omnes terras et tenuras meas et fidele auxilium contra omnes, qui mihi vellent malefacere de terra sive de aliqua possessione mea, et ego similiter ipsi. Assecuravit etiam mihi quod non prohiberet mihi castellum suum ad guerrificandum omnes qui terram mihi vellent auferre. Ego quoque dedi ei domum lapideam que fuit texorum apud *Mellent*. Hujus autem conventionis testes sunt : Agnes, comitissa ; Willelmus de Pinu ; Nicholaus de Lunda ; Robertus de Formovilla ; Johannes de *Maigni* ; Leo de Medanta ; Willelmus de Hanghemara ; Alanus de Neuvilla ; Thomas de Spineto ; Paganus et Radulphus de Bardevilla ; Robertus Canutus ; Robertus de Osmundivilla ; Henricus de Ponte Audomari et aliis.

(a) *Sic B, corr.* Robertum. — (b) *Sic B* ; Mellenti *C.*

B4

[1123-1146]. — Warwick.

Les moines de Notre-Dame de Warwick font savoir à l'abbé Richard et aux moines de Préaux qu'ils ont concédé ce que Raoul, un de leurs frères, leur a donné des dîmes de Warmington, de Shotteswell et d'Arlescote.

B. Cart. XIIIe siècle, fol. 54, n° 125, sous la rubrique : « *Concessio conventus Sancte Marie War[wicensis] Ricardo abbati et omni capitulo Pratelli super decima de Warmintona et de* Soteswelle *et de* Orlavescote ». [Copie Delisle, Bibl. nat. de Fr., nouv. acq. lat. 1025, fol. 59, n° 125 et fol. 273].

C. Cart. XVe siècle, fol. 40, n° 110. Même rubrique. Dans la marge : « *De Anglia* ».

INDIQUÉ : H. Round, *Calendar...*, p. 113, n° 333. — J. C. Cox, dans *Victoria History of the county of Warwick*, t. II, p. 131-132.

La donation faite par Raoul de Saint-Sanson des dîmes de Warmington, Shotteswell et Arlescote a été confirmée par Roger de Warwick (**B6**) entre 1123 et 1153. Raoul de Saint-Sanson ne peut être le même personnage que ce fils d'Osberne mort moine à Préaux (**A31**, **A32**) qui a hérité des biens normands de son père entre 1135 et 1144 (**A32**).

Conventus Sancte Marie Warwicensis^(a), domino Ricardo abbati omnique conventui de Pratellis, salutem. Vobis notum fieri volumus concessum ab omni capitulo nostro fuisse quod vobis concessit frater noster Radulfus de decima de Warmintona et de *Soteswalle* et de *Orlavescote.* Valete.

(a) War⁻B.

B5

1152. — Tancarville.

Guillaume [II] de Tancarville, chambellan, a rendu et concédé en aumône à Saint-Pierre de Préaux pour le repos de l'âme de son père, de celle de son oncle et de celles de ses ancêtres dix acres de terre situées près du cimetière de Saint-Aubin [de Houquetot].

B. Cart. XIIIᵉ siècle, fol. 58v-59, n° 138, sous la rubrique : « *Confirmatio Willelmi, camerarii, de Tancarvilla super decem acris terre que sunt juxta cimiterium Sancti Albini* ». [Copie partielle Delisle, Bibl. nat. de Fr., nouv. acq. lat. 1025, fol. 63, n° 138].

C. Cart. XVᵉ siècle, fol. 43, n° 121. Dans la marge : « *Nota apud Sanctum Albinum de* Houguetot ».

Anno ab Incarnatione Domini M° C° L secundo, Willelmus camerarius de Tancarvilla reddidit et concessit Sancto Petro de Pratellis X^{cem} acras terre que sunt juxta cimiterium Sancti Albini⁽ᵃ⁾ in elemosina pro anima patris sui et avunculi sui atque omnium antecessorum suorum, teste⁽ᵇ⁾ : Roberto de *Juis* ; Hugone de Drumara ; G., filio Matildis ; Rogerio de *Huquetot* ; Rogerio *Espeudri* ; Willelmo, decano⁽ᶜ⁾ ; Roberto, sacerdote de *Huguetot* ; Roberto, filio *Galeran*, ceterisque foristariis⁽ᵈ⁾ de Liliebona ; et hoc fuit concessum apud Tancarvillam.

(a) *Dans la marge de B, de la main du copiste* Huguetot. — (b) *Sic B.* — (c) *Mot omis C.* — (d) *Sic BC pour* forestariis.

B6

[1123-1146/1153, 12 juin].

Roger [Iᵉʳ], comte de Warwick, fait savoir à ses barons qu'il confirme la donation faite aux moines de Préaux par Raoul de Saint-Sanson d'une charruée et d'une vergée de terre à Warmington, de la dîme du même lieu, de celles d'Arlescote, de Shotteswell, et de la dîme d'une charruée que Roger Wandard tenait à Shotteswell de son domaine. Richard, père de Raoul, avait reçu ces biens en fief de Raoul, fils de Helebold.

B. Cart. XIIIᵉ siècle, fol. 48v, n° 106, sous la rubrique : « *Confirmatio Rogerii, comitis de* Warwic, *super donis que Radulfus de Sancto Sansone [et] pater ejus fecerunt ecclesie Pratelli in Warmintona, scilicet de I hida et virgata [terre]* ». Dans la marge : « *Item in Anglia* ». La copie de cet acte est suivie par une mention intitulée « *Somnium magistri Willelmi scriptoris hujus libri* » (voir ci-dessus, *Introduction*, p. LXII). [Copie partielle Delisle, Bibl. nat. de Fr., nouv. acq. lat. 1025, fol. 51, n° 106 et fol. 276].

C. Cart. XVᵉ siècle, fol. 35, n° 92. Dans la marge : « *Item in Anglia* » ; à la fin de la copie, un renvoi dans la marge indique : « *Hic deest somnium magistri Willelmi* ».

INDIQUÉ : Cart. XIIIᵉ siècle, fol. 196 : « *Confirmatio Rogerii, comitis de Warwico, de hida terre et una virgata in Warmitona et de decimis de* Warwic, *de Orlavescota et de Sotowele et de decima unius hide quam Rogerius de* Wandard *tenet in Sotowele, quam nobis dedit Radulfus de Sancto Sansone in puram et perpetuam elemosinam et hoc est sigillo dicti comitis sigillatum* ». — H. Round, *Calendar*..., p. 114, n° 335. — J. C. Cox, *Victoria History of the county of Warwick*, t. II, p. 132.

Roger Ier fut comte de Warwick entre 1123 et le 12 juin 1153 (*Handbook*..., p. 486). La donation faite par Raoul de Saint-Sanson eut lieu avant 1146 puisqu'elle a été confirmée par le chapitre de Notre-Dame de Warwick sous l'abbatiat de Richard Ier (**B4**). Cette confirmation par Roger de Warwick doit certainement être antérieure à 1146, et de toute façon à 1153. Guillaume Giffard fut témoin de plusieurs chartes des comtes de Warwick, notamment en faveur du prieuré de Kenilworth (C. Newman, *op. cit.*, p. 151, n. 16), C. Newman y voit Guillaume Giffard, l'évêque de Winchester mort en 1129 (*D. N. B.*, t. XXI, p. 298-299). Il est plus probable d'y voir, ici en tout cas, un neveu de ce dernier. Guillaume Giffard atteste aussi une charte de Roger de Warwick vers 1123-1153 (H. Round, *Calendar*..., n° 335), un échange entre Richard, fils de Pons, et son épouse Mathilde en 1127 (H. Round, *Ancient charters*..., p. 20-21, n° 12). Personnage peu connu, souvent confondu avec ses frères, il apparaît pourtant régulièrement dans les Pipe Rolls jusqu'en 1167, date de sa dernière attestation parmi les vassaux du comte de Warwick (*The great roll*..., vol. X, p. 162). Un Raoul de Saint-Sanson apparaît dans les actes de Préaux du temps de son père Osberne (**A31**, **A32**) ; ce dernier s'est fait moine après 1130-1135. Ici, Raoul de Saint-Sanson, certainement un cousin, est dit fils de Richard.

Rogerius, comes de Warwico, omnibus baronibus et fidelibus suis, salutem. Sciatis me concessisse et carta mea confirmasse donationem quam Radulfus de Sancto Sansone dedit Sancto Petro et monachis de Pratellis : scilicet I hidam et virgatam terre in Warmintona$^{(a)}$ et decimam de Warmintona$^{(b)}$ et decimam de Ordlavescota et decimam de Soteswella et decimam de una hyda$^{(c)}$ quam Rogerius *Wandard* tenet in Soteswella de dominio. Que supradicta Radulfus, filius *Helebold*, dedit Ricardo, patri Radulfi$^{(d)}$, in feodo pro servitio suo et hec volo et precipio firmiter ut bene et quiete et libere teneant. Testes$^{(e)}$: Gundreda, comitissa ; Henrico, fratre meo ; W(illelmo) Giffardo ; Walterio, capellano ; Henrico, dapifero.

(a) Warmitona *C*. — (b) Warmitona *C*. — (c) hida *C*. — (d) Radulphi *C*. — (e) Sic *BC*.

B7

1153. — Préaux, en chapitre, puis Colleville, *coram omni parrochia*.

Michel, abbé, et le couvent de Saint-Pierre de Préaux concèdent à Maurice et à son frère Guillaume tout ce que les moines possèdent à Colleville en terres, hommes et logement, contre un cens annuel payable à la Saint-Denis [9 octobre] de douze sous angevins ou d'une monnaie ayant cours en Normandie. Dans le cas où les revenus de cette terre croîtraient au delà des douze sous, les deux frères devraient reverser aux moines la moitié du surplus. Guillaume reçoit alors la fraternité des moines et jure sur les évangiles, en son nom et pour son frère, de respecter l'accord. À leur mort, la terre et tous les augments qu'eux ou d'autres auront produits retourneront à l'église de Préaux.

A. Original perdu, sous forme de chirographe.
B. Cart. XIIIe siècle, fol. 50-v, n° 111, sous la rubrique : « *De duodecim solidis andegavensium quos habemus apud Colawillam* ». [Copie partielle Delisle, Bibl. nat. de Fr., nouv. acq. lat. 1025, fol. 54, n° 111].
C. Cart. XVe siècle, fol. 36v, n° 96.

Aucun acte recensé dans le cartulaire ne mentionne clairement de donation de terres situées en un lieu appelé Colleville. Il existe cependant plusieurs Colleville dans le département du Calvados : Colleville-Montgommery, près de l'embouchure de l'Orne, un petit hameau situé à Rouville et un autre village, Colleville-sur-Mer, jouxtant Sainte-Honorine des-Pertes. Un acte de 1239, copié dans le cartulaire, plaide en faveur de cette troisième localisation : l'abbé Anfroi II de Préaux échange les terres de Vienne, de Pertes et de Colleville, que maître Nicolas de *Vicaria* tenait en ferme des moines pour 25 livres annuelles, contre une rente à vie de 13 livres assises sur le manoir d'Aston Tirrold en Angleterre, versée sur place par le procurateur des moines (Cart. Préaux, fol. 93, n° 219). Vienne et Pertes sont les possessions les plus occidentales de Préaux, situées dans le Bessin ; il est donc logique d'identifier *Colavilla* à Colleville, près de Sainte-Honorine-des-Pertes, ce qui justifierait l'affermage de ces trois terres à la même personne. L'origine de l'implantation des moines de Préaux dans cette région est une donation du vicomte Renouf de Bayeux : en même temps qu'il donnait la dîme de ses poissons de Pertes, il a également donné un hôte, peut-être situé à Colleville (voir **A186**).

Anno Incarnationis Domini M° C° quinquagesimo tercio, Michael, abbas de Pratellis, omnisque conventus ecclesie concesserunt duobus fratribus, videlicet Mauritio et Willemo, quicquid habebant ipsi monachi in Colavilla, in terris, in hominibus, in herbergagio, ea conditione ut unoquoque anno in festivitate sancti Dionisii reddat$^{(a)}$ ecclesie Pratellensi duodecim solidos andegavensium aut nummorum in terra Normannie communiter currentium. Si autem ultra istos XII^{cim} solidos terram illam accreverint in majorem censum, ejusdem census dimidiam partem nobis reddent. Hoc autem totum quod dictum est Willemus, recipiens fraternitatem ecclesie et frater factus in Christo, solus juravit super altare Sancti Petri de Pratellis et super IIII^{or} evangelia se et fratrem suum, Mauricium, omni tempore vite sue sine fraudem$^{(b)}$ servaturos. Post mortem vero utroque fratrum terram, de qua hic loquimur, com$^{(c)}$ omnibus augmentis que in ea ipsi vel per se vel per alios fecerint absque omni calumnia libere ad ecclesiam Pratellensem revertentur. Hec itaque conventio, constituta in capitulo Sancti Petri Pratelli, coram abbate, omni conventu, lecta fuit et confirmata coram omni parrochia Coleville. Hujus rei fuerunt testes ex parte abbatis : Theodericus, cementarius ; Walterius *Moisant* ; Adam *Malparti* ; Odo *Triban* ; Ricardus de *Combon* ; *Wincenel* et alii multi. Ex parte vero Willelmi et Mauricii testes fuerunt : Hugo *Durfort* ; Willelmus, filius Benedicti ; Willelmus, filius Tustini ; Willelmus, filius Anschetilli Guillardi ; Alexander, frater ejus ; Radulfus *Vier*[(d)] ; Rannulfus[(e)], filius Rainaldi, et alii multi. Hec carta[(f)] est cyrografus.

(a) *Sic B, corr.* reddant. — (b) *Sic B,* fraude *C.* — (c) *Sic B.* — (d) Mer *C.* — (e) Rannulphus *C.* — (f) Karta *C.*

B8

1155, 5 mai. — Brionne puis Préaux, en chapitre.

Galeran [II] confirme l'abbaye Saint-Pierre de Préaux, en présence des moines, de son fils Robert, de son épouse Agnès, du sénéchal Robert, de Guillaume du Pin et de Richard de Sainte-Marie, dans les possessions qu'elle a reçues de ses ancêtres et de leurs vassaux depuis sa fondation : [1] d'Onfroi de Vieilles, ce qu'il possèdait à Préaux, excepté la partie qu'il réservait à l'abbaye des moniales [de Saint-Léger-de-Préaux], à Tourville, Selles, Campigny et Bosc-Osberne. [2] De Roger de Beaumont et Robert, ses fils, à Pont-Audemer, la dîme des cens, des tonlieux, de tous ce qui peut être dîmé et les églises du lieu ; à Épaignes, tout ce qu'ils possédaient sauf leurs vassaux dont trois, Goscelin, Hugues d'Avesnes et Goscelin Le Roux, furent par la suite concédés ; l'église et la terre qui en dépendait, la dîme du moulin, un hôte et la terre du Mont-les-Mares. [3] Du duc Robert, Toutainville ; Onfroi l'a dédommagé en lui donnant douze livres d'or, deux manteaux et deux chevaux de grand prix. [4] De Saffroi, chevalier, six acres de terre sises à Préaux ; de deux de ses frères, Gilbert et Turstin, quatorze acres. [5] De Roger de Beaumont, avec l'accord du duc Guillaume, tout ce qu'il possédait à Manneville en eaux et forêts ; [6] la dîme d'un gourd à Beaumont et, [7] avec l'accord de ses fils Robert et Henri, les églises de Combon et de Sainte-Opportune, les dîmes et terres en dépendant, deux manses de terre et tout ce que le prêtre Onfroi tenait de lui ; [8] à Salerne, avec l'accord de son fils Robert, tout ce qu'il possédait en terres, forêts, moulin, hommes et coutumes, excepté celles qu'il avait données à Saint-Léger [-de-Préaux]. [9] De Robert [III], comte de Meulan, l'immunité pour les hommes de l'abbaye à Salerne : son prévôt, ou ses autres agents ne pourront les inquiéter, sauf si, accusés pour un méfait, ils sont pris à l'intérieur des murailles de Brionne. Cependant, ils n'auront pas le droit de les poursuivre, ou de les capturer au dehors, et leur cas relèvera de la justice de l'abbé. Il étend, en outre, l'immunité et concède les coutumes judiciaires qu'il possédait : l'abbé aura toutes les forfaitures perçues sur les homicides et voleurs condamnés à mort, selon la coutume du pays ; si un agent du comte surprend un voleur sur la terre de l'abbaye, il le confiera au procureur de l'abbé, ou le retiendra *jusqu'à ce que l'affaire parvienne aux oreilles de l'abbé ; celui-ci aura tout ce qu'on trouvera sur le voleur ; quand on prendra sur la terre du comte un malfaiteur ayant volé l'abbé, ce dernier pourra le garder en prison en attendant que l'affaire soit traitée à la cour comtale ; s'il est déclaré coupable, il restera aux mains du comte, mais tout ce qu'on aura retrouvé du larcin sur la terre de l'abbaye sera dévolu à l'abbaye ; [10] à Pont-Audemer, la juridiction sur la banlieue dont le ressort s'étend de Saint-Germain jusqu'à léproserie et au Pont-Guéroult, jusqu'à Foutelaie, ainsi que la juridiction des crimes encourant la proscription, l'assaut des maisons et l'incendie ; [11] à Bosgouet, l'église, la dîme et trente acres de terre. Avec l'accord du duc Robert, il défend à quiconque tenant de lui des dîmes de les retenir ou de les accorder à d'autres qu'à l'abbaye de Préaux. [12] Du roi Henri [Ier], à Bosgouet, une foire de trois jours libre comme celles du roi. [13] D'Hersende, épouse de Ribald d'Omonville, et de son fils Robert, la dîme qu'ils possédaient à Martainville, celle de leur domaine et celle de leur hommes, soit deux gerbes. De Richard de Lisors, la dîme de la terre qu'il avait reçue pour la fille de Ribald. [14] D'Anquetil, fils de Saffroi de Campigny, la terre d'un hôte à Tourville nommé Jean du Buisson, pour l'âme de son fils Roger enterré à Préaux. [15] Du roi Guillaume, cinq charruées de terre sises à Arlescote et les dîmes de [Hill] Moreton, Norton, Whitchurch et Harbury que Roger de Beaumont et ses fils avaient données. [16] Galeran confirme ces dons [17] et ajoute, pour le repos des âmes de son père, de sa mère et de tous ses ancêtres, pour le salut de la sienne et de celle de son épouse, pour la protection de ses fils Robert et Galeran et de ses filles, avec l'accord et en présence de son fils Robert, la dîmes des étals de Pont-Audemer, de la vicomté et de la mouture sèche, c'est-à-dire du boisselage, des moulins à tan et à foulons, des courtils et de tout ce qui peut être soumis à la dîme, ainsi que les nouvelles églises qui pourraient être construites à Pont-Audemer. Si les revenus, cens, tonlieux, étals, mouture sèche, moulins à grain, à tan ou foulons, cortillages ou autres rentes de la ville croissent, les moines en conserveront la dîme. Il donne en outre la dîme de tous les saumons péchés dans la Risle, deux jours de pêche lors de l'anniversaire de son père Robert [III], comte de Meulan, [5 juin] et la liberté pour les moines de faire paître leurs porcs sans panage partout où vont ceux du comte ; enfin, le libre transit des bateaux de l'abbaye à Meulan et la liberté sur toute ses terres pour tous les biens des moines. Il leur confirme aussi tout ce qu'il ont acquis par don ou achat sur son conseil à Étreville : l'église, la dîme, les terres.*

A. Original perdu ; existait encore en août 1404, ainsi décrit : « le procureur desdiz religieux eust monstree (...) certaines lettres donnees l'an de grace mil C cinquante cinq faisant mention de la creation d'iceulx trente soulz de rente (...) » (Bibl. nat. de Fr., nouv. acq. lat. 1929, fol. 106-107).

B. Cart. XIIIe siècle, fol. 33-36, n° 68, sous la rubrique : « *Karta Hunfridi de Vetulis de donis que contulit ecclesie Pratelli, qui extitit reedificator illius loci, antiquitus destructi, com donis filiorum suorum, videlicet Rogerii de Bello Monte et Roberti, virorum nobilium, confirmata sigillo Galeranni comitis* ». [Copie Delisle, Bibl.

nat. de Fr., nouv. acq. lat. 1025, fol. 29-36, n° 68]. — *B²*. *Ibid*., extrait, fol. 117, n° 354 (voir **A76**).
C. Cart. XVe siècle, fol. 24v-26v, n° 56. — *D*. Copie du XVIIe siècle, Bibl. nat. de Fr., Coll. du Vexin, t. IV, p. 120-121 (d'après B).
a. S. Mesmin, *The leper*..., (thèse dactylographiée), select documents II, n° 2 (éd. partielle).
INDIQUÉ : L. Delisle, Bibl. nat. de Fr., nouv. acq. fr. 21831, n° 483. — Charpillon, Caresme, *Dictionnaire*..., t. I, p. 590. — H. Round, *Calendar*..., p. 114, n° 337. — C. H. Haskins, *Norman Institutions*, p. 166, n. 58. — S. Mesmin, *Waleran, count of Meulan*..., p. 17, n. 79. — D. Crouch, *The Beaumont*.., p. 76.

Cet acte de Galeran II est une confirmation de la pancarte de fondation de l'abbaye de Préaux (**A1**), partiellement reprise et amendée. En petits caractères sont éditées les parties empruntées textuellement à la pancarte primitive, avec en note les variantes de celle-ci. Plusieurs autres notices d'actes, produits par Robert de Beaumont, par son frère Roger de Beaumont et par le comte de Meulan Robert III, par ailleurs copiés dans le cartulaire, sont également intégrées à la présente confirmation (elles sont nommées dans les notes d'après leur numéro d'ordre dans la présente édition : **A114, A69, A67, A149, A191, A58, A159**).

Si mortalium vitam consideremus, pro utilitate omnes pene videbimus insudare atque honestatem prorsus repudiare, nec solum repudiare, sed, quod sancti patres nimio labore edificavere, dissipare ac funditus dirimere. Isti etenim tales non solum talentum sibi creditum reponunt[17], verum, quod pejus est, alienum lucrum pro posse surripiunt. Sed, si predicti patres pro talibus factis in optandi amenitate gloriabuntur nectaris, isti, ut certum est, punientur in execrandi voragine Herebi. [1] Quod ego Hunfridus expavescens ac, ne in malum quod mihi creditum est, obnixe metuens[(a)], apud quamdam mansionem meam nomine Pratellum abbatiam construo et ista de meis rebus eidem concedo[(b)], scilicet[(c)] quicquid habeo in predicta villa[(d)], quadam parte excepta quam alteri abbatie sanctimonialium reservo[(e)]. Iterum sancto Petro do quod habeo in Turvilla vel in Sellis et in Campiniaco et in Bosco Osberni, in meo dominio[(f)].

[2] De Ponte Audomari[(g)]. Regnante Willelmo, Roberti martionis filio[(h)], Rogerius et Robertus, filii predicti Hunfridi, dederunt[(i)] sancto Petro[(j)] decimam Pontis Audimeri[(k)], scilicet de theloneo[(l)], de censu, de molendinis et de omni re que decimari potest[(m)] et omnes ecclesias ejusdem ville[(n)]. Addiderunt huic dono quicquid in Hispania in dominio suo habebant, exceptis militibus ex quibus tamen aliquos postea concesserunt, videlicet Gonscelinum et Hugonem de Avesna et Goscelinum Rufum[(o)] ; preter hec[(p)] ecclesiam cum terra ad illam pertinente et decimam molendini ejusdem ville et unum hospitem[(q)] et terram Magne Maris.

[3] De Tustinivilla[(r)]. Illo anno quo perrexit Robertus comes Jerusalem, dedit sancto Petro ad Pratellum villam[(s)] ex suo dominio unam villam que vulgo Tustinivilla vocatur. Pro qua structor ejusdem ecclesie Hunfridus XII libras auri et duo pallia et duos maximi precii caballos dedit[(t)].

---

17. Matth. 25, 14-30.

[4] De Pratellis⁽ᵘ⁾. Eo tempore, quidam miles, Saffridus nomine, dedit sancto Petro in Pratellum sex agros terre⁽ᵛ⁾. Item⁽ʷ⁾ duo fratres ejus, Gislebertus et Turstinus⁽ˣ⁾, dederunt XIIII agros terre pro animabus suis⁽ʸ⁾.

[5] De Manichivilla⁽ᶻ⁾. Item sub eodem principe⁽ᵃᵃ⁾, Rogerius de Bello Monte⁽ᵇᵇ⁾ dedit sancto Petro⁽ᶜᶜ⁾ quicquid habebat in Manichivilla in silvis et in aquis⁽ᵈᵈ⁾, concedente ipso principe⁽ᵉᵉ⁾.

[6] De Bello Monte⁽ᶠᶠ⁾. Rogerius⁽ᵍᵍ⁾ quoque Belli Montis dedit sancto Petro decimam unius *gort* de Bello Monte.

[7] De *Conbum* et de Sancta Oportuna⁽ʰʰ⁾. Regnante⁽ⁱⁱ⁾ Willelmo, Roberti martionis filio, Rogerius Belli Montis dedit Sancto Petro de Pratellis ecclesiam, que dicitur *Cumbun*, et alteram, que dicitur Sancta Oportuna, cum terris et decimis ad eas pertinentibus et cum duabus mansuris terre et quicquid Hunfridus presbiter, ex dono ipsius Rogerii, ibidem possidebat. Hoc autem factum est, concedentibus Roberto et Henrico, prefati viri filiis.

[8] De Salernia⁽ʲʲ⁾. Post multum temporis⁽ᵏᵏ⁾, idem verus Dei cultor⁽ˡˡ⁾ dedit Sancto Petro suprascripto⁽ᵐᵐ⁾ quicquid habebat in Salernia in terris, silvis, molendino, hominibus et omnibus consuetudinibus, exceptis his que Sancto Leodegario dederat. Fecit autem hoc, concedente Roberto, filio ejus, comite de *Mellent*, qui tantam libertatem Deo et hominibus illis contulit, ut vicecomes Brionie⁽ⁿⁿ⁾, prepositus vel quilibet minister in eos potestatem nullam habeat, excepto si intra quatuor portas castri aliquem ad forisfactum invenerit. Foris autem persequendi vel capiendi eos non habet licentiam, sed abbas in curia sua de suis justiciam et rectitudinem faciat⁽ᵒᵒ⁾.

[9] Eandem quoque libertatem et consuetudines judiciarie potestatis concessit comes Robertus abbatie sue, quas ipse in sua terra habet, salvo tamen ordine monachorum, est autem hoc quod dicitur : abbas Sancti Petri de Pratellis⁽ᵖᵖ⁾ forisfacturas suas habebit, que secundum humanas leges ab homicidis et a furibus, ceteris quoque capitali sententia convictis more patrio exiguntur. Quod si latronem quemlibet famulus comitis in terra abbatis forte reppererit, statim capiet eum et cuipiam procuratori abbatis commendabit vel, datis obsidibus, in eadem terra retinebit, donec res ad aures perveniat abbatis. Denique comes quicquid habet in suo latrone taliter capto habiturus est idem abbas in suo. Preterea, si fur aliquis de terra abbatis cum furto rerum comitis captus fuerit, dabit abbas obsides pro eo, si illum habere voluerit, et postmodum in curia comitis causa ventilabitur. Quod si cunvictus⁽qq⁾ fuerit, in comitis potestate remanebit et totum quod super terram repertum fuerit ad abbatis ditionem transibit.

[10] De Ponte Audomari⁽ʳʳ⁾. Item eodem die, condonavit abbatie sue predictus comes⁽ˢˢ⁾ banleviam et *ullac* et hainfariam et incendium. Terminus autem banlevie hic est a Sancto Germano usque ad Domum lazarorum et usque ad Pontem Giroldi et usque *a la Foeteleie*.

[11] De Bosco *Goieth*⁽ᵗᵗ⁾. Preter hec, Roberto, filio Willelmi regis, regente Normanniam, predictus comes dedit Sancto Petro Pratellensi ecclesiam et decimam tocius ville, que dicitur Boscus *Goieth*⁽ᵘᵘ⁾, cum triginta agris terre, ita ut nemo eorum qui de eo habebant aut habituri erant decimas suas retinere vel

alias quam Pratellis mittere posset. Fecit autem hoc concessu ejusdem Roberti, Normannie principis.

[12] Pius denique Anglorum rex Henricus pro animabus patris ac matris sue Sancto Petro[vv] trium dierum feriam in eadem villa[ww] dedit ita liberam, sicut ipse rex habet suas.

[13] De Martinivilla[xx]. Roberto comite regente Normanniam[yy], uxor Ribaldi de Osmundivilla, Hersendis nomine, et Robertus, filius ejus, dederunt sancto Petro decimam quam habebant in Martinivilla tam de suo dominio quam hominibus suis, scilicet duas garbas. Idem fecit Ricardus de *Luisores* de terra quam habebat pro filia prefati Ribaldi[zz].

[14] De Turvilla[aaa]. Regnante Willelmo Anglorum rege[bbb], Anschetillus filius Saffridi Campiniaci[ccc] dedit Sancto Petro in Turvilla terram unius hospitis plenarii nomine Johannis de *Buissun*[ddd] pro anima filii sui ibidem tumulati, Rogerii nomine[eee].

[15] De Anglia[fff]. Concessit autem rex Willelmus et quinque hisdas terre in villa que dicitur *Orlavescoth* et quatuor decimas, scilicet de Moritona et de Nortona et de *Wicerce* et de Herborberia quas dederunt Rogerius de Bello Monte et filii ejus[ggg].

[16] De Ponte Audomari[hhh]. Istorum omnium supradictorum donationem ego Gualerannus, comes de *Mellent*, concedo et, ut in perpetuum ecclesia Sancti Petri de Pratellis libere possideat, auctoritatis mee munimento confirmo, anno etiam ab Incarnatione Domini millesimo centesimo quinquagesimo quinto, residentibus in curia mea apud Brionium, domino *Rotroth*, venerabili Ebroicensi episcopo, et domino Rogerio, abbate Becci, et honorabili Michaele, predicti monasterii patre, atque domino Roberto de Novo Burgo multisque aliis nobilissimis viris.

[17] Ego Gualerannus, comes de *Mellent*, pro requie anime patris mei et matris mee et omnium antecessorum meorum et pro salute anime mee atque uxoris mee et pro incolumitate filiorum meorum, Roberti et Gualeranni, et filiarum mearum donavi Deo et sancte Marie et predicte abbatie mee, Roberto filio meo presente et concedente, decimam *des estals* Pontis Audimeri et de vicecomitatu et de sicca molta, id est *boisselaige*, et de molendinis *tanereiz* et de molendinis *folereiz* et de cortillagiis et de omni re que decimari debet vel potest vel poterit. Et, si nove ecclesie in prefata villa constructe fuerint, in potestatem ecclesie Sancti Petri de Pratellis omnium remota calumnia transeant. Si vero sepedicta villa sive in censu sive in theloneo sive estalagiis sive in sicca molta sive in molendinis annone sive in molendinis *tanerez*[iii] vel *folereiz* sive in cortilagiis[jjj] vel in quibuslibet aliis redditibus et rebus creverit, donatione mea decimam in perpetuum ecclesia predicta possideat. Supradictis etiam addo decimam omnium salmonum in Risla captorum et in anniversario Roberti, patris mei comitis de *Mellent*, duorum dierum piscaturam in Risla monachis Sancti Petri Pratelli in perpetuum concedo. Et, ubicumque mei porci ducentur in *paissun*, ibi et dominici porci monachorum Sancti Petri de Pratellis, sicut et mei, ab omni consuetudine et pasnagio sint quieti. Do etiam monachis de Pratellis consuetudinem et quittantiam navium vel baccorum suorum ad *Mellent* et per

totam meam terram et non solum supradictorum, sed et omnium rerum suarum libertatem, consuetudinem, quittantiam per totam meam terram in perpetuum concedo. Et quicquid ipsi in Sturvilla habent, videlicet ecclesiam, decimam, terras donatione vel emptione adquisitas, consilio vel adjutorio meo factum est. Eodem itaque anno quo hec supradicta apud Brionium in curia mea abbatie Sancti Petri de Pratellis donavi, die dominice Ascensionis in capitulo coram monachis, presente Roberto, filio meo, et concedente necnon et uxore mea, Agnete, et Roberto, dapifero, et Willelmo de Pinu et Ricardo de Sancta Maria et multis aliis, ego Gualerannus, comes de *Mellent*, cartam istam legi et autoritate mea confirmavi. Hujus autem donationis testes sunt : venerabilis *Rotroth*, Ebroicensis episcopus ; et Rogerius, abbas Becci ; et Radulfus, abbas de Cruce Sancti Leudfredi ; et Osbernus, abbas Corneville ; et Robertus de Novo Burgo ; et Robertus, dapifer ; et Willelmus de Pinu ; Radulfus *Besillart* ; et Radulfus, filius Alberade ; et Walterius de Sancto Sansone ; et Crispinus ; et Henricus, filius Radulfi filii Durandi ; et Radulfus, filius Turoldi ; Radulfus *Efflanc* ; Gislebertus de *Bigaz* ; Ricardus de Sancta Maria ; et Thomas de *Tornebu*.

Signum Waleranni comitis (*crux*). Signum Roberti, filii comitis (*crux*).

(a) Sic *BC* ; *sous-entendre* pervertiri ; *A1*[1] *ajoute* annuente piissimo Rodberto, Normannie martione, et filio ejus Willelmo, consentientibus etiam filiis meis et conjuge. — (b) *À la place de* construo (...) concedo, *A1*[1] *porte* antique destructam in honore sancti Petri, apostolorum principis, restruo servitorumque in usum, secundum posse, de meis possessionibus concedo. — (c) Do itaque sancti Petri abbatie predicte et in usum servitorum ejus *A1*[1]. — (d) quicquid in predicta mansione habeo *A1*[1]. — (e) quadam (...) reservo *ne figure pas dans A1*. — (f) *À la place de* iterum (...) dominio, *A1*[1] *indique* do iterum quicquid mihi est in Torivilla, videlicet in campis et in aquis, excepto mercato nomine Audimeri Pontis, cum terra unius aratri que in eodem loco habetur. Do iterum villam Merlini Montis nomine cum omnibus suis contiguis. Do iterum villam que vulgo Sellas vocatur, cum omnibus appenditiis suis. Do iterum quicquid habeo in villa que Campaniacus vocatur. Do iterum ad presens investitura decimam ville que vulgo Boscus Osberni vocatur ; post meum vero discessum totam villam ex integro. — (g) *Mention rubriquée dans B*. — (h) Eodem Willelmo regnante *A1*[8]. — (i) dederunt Rogerius et Robertus, predicti Hunfridi filii *A1*[8] *et A67*. — (j) Sancto Petro Pratellensi *A1*[8] ; Sancto Petro Pratelli *A67*. — (k) Aldimeri Pontis *A1*[8]. — (l) videlicet de teloneo *A1*[8]. — (m) de omni (...) potest *omis A1*[8]. — (n) ecclesias ad eundem locum pertinentes *A1*[8]. — (o) addiderunt (...) Ruffum, *interpolation de la notice A10*. — (p) *A1*[9] *précise* totam decimam Hispanie. — (q) *A1*[9] *précise* nomine Osbernum. — (r) *Mention écrite à l'encre verte dans B*. — (s) Sic *BC*. — (t) *A1*[2] *poursuit* Hec Fiscanni (...) Waleranni comitis. — (u) *Mention écrite à l'encre rouge*. — (v) *A1*[5] *poursuit* Pro quibus dederunt ei fratres ejusdem loci societatem. — (w) eodem tempore *A1*[6]. — (x) duo fratres predicti viri consanguinei, scilicet Gislebertus et Turstinus *A1*[6]. — (y) *À la place de* XIIII (...) suis, *A1*[6] *indique* Sancto Petro Pratellensi pro salute animarum suarum XIIII[cim] agros terre. — (z) *Mention écrite à l'encre verte dans B*. — (aa) Regnante Willelmo, Roberti marcionis filio *A1*[16]. — (bb) filius Hunfridi *A1*[16]. — (cc). *A1*[16] *ajoute* Pratellensi. — (dd) videlicet in campis et in aquis *A1*[16]. — (ee) eodem principe annuente et signo suo confirmante (*crux*) *A1*[16]. — (ff) *Mention rubriquée dans B*. — (gg) *A12 précise* (...) Belli Montis cum Adelina, uxore sua, annuentibus filiis suis, Rogerio et Henrico. — (hh) *Mention écrite à l'encre verte dans B*. — (ii) *Version totalement remaniée de A124*. — (jj) *Mention rubriquée dans B*. — (kk) Regnante Willelmo, Roberti marcionis filio *A114*. — (ll) Rogerius Belli Montis *A114*. — (mm) Pratelli *A114*. — (nn) Briobnie *A114* — (oo) *A114 s'arrête ici*. — (pp) Anno Incarnationis dominice M° C° sexto, Robertus, comes de *Mellent*, sedens in capitulo Beati Petri de Pratellis, presente abbate Ricardo Bajocensi conventu quoque monachorum circumsedente, concessit abbatie sue libertatem terrenarum possessionum atque consuetudines judiciarie potestatis, salvo ordine monachorum, sicut habet in sua terra ipse comes. Hoc est : memoratus quidem abbas forisfacturas... *A69*. — (qq) Sic *B* ; convictus *C et A69*. — (rr) *Mention écrite à l'encre verte dans B*. — (ss) comes *omis A69*. — (tt) *Mention rubriquée dans B ; dans la marge, mention du XVIe siècle :* Bosgouet. — (uu) *À la place de* Preter (...) Goieth, *A118 indique* Regnante Roberto, Willelmi regis filio, advenit comes Robertus de Mellent Pratellum et dedit donationem decime illius terre vel silve, que vulgo dicitur Boscus Goieth, et ecclesiam. — (vv) Sancto Petro de Pratellis *A159*. — (ww) in Bosco

Goieth *A159*. — (xx) *Mention rubriquée dans B.* — (yy) *Résumé de A149*. — (zz) Idem (...) Ribaldi n'apparaît pas dans *A149*. — (aaa) *Mention écrite à l'encre verte dans B.* — (bbb) Normannorum principe et Anglorum rege *A58*. — (ccc) Saffridi Campiniaci filius *A58*. — (ddd) *del Buissun A58*. — (eee) pro redemptione anime filii sui, Rogerii ibidem tumulati *A58*. — (fff) *Mention rubriquée dans B.* — (ggg) *Résumé de A191*. — (hhh) *Mention écrite à l'encre verte dans B.* — (iii) *Sic B*, corr. tanereiz. — (jjj) cortillagiis *C*.

B9

1155.

Galeran [II], comte de Meulan, concède en aumône la donation qu'en sa présence et avec son accord Robert, fils d'Albert de Tourville, du consentement de son fils Nicolas, a faite à l'abbaye Saint-Pierre de Préaux, à l'occasion de son entrée au monastère : toute la terre des Fossettes qu'il possédait et que l'abbé Michel avait reçue en gage d'Hugues de Sainte-Marie contre trente sous chartrains ; toute sa terre à Brétot, en échange de celle de Jean du Buisson, de sorte que son héritier la tiendra paisiblement de même que les moines, celle de Brétot.

B. Cart. XIIIe siècle, fol. 37v-38, n° 74, sous la rubrique : « *Confirmatio Gualeranni comitis super terris quas Robertus, filius Alberti de Turvilla, pro monachatu suo dedit ecclesie Pratelli* ». Dans la marge, mention coupée par le couteau du relieur : « (?) *llum [Gal]erani [comitis] de [terra] quam Robertus, [filius A]lberti [de Tur]villa, [dedi]t Sancto [Petro] as Fo[ssetes] et de [Bro]che[stuith]* ». [Copie Delisle, Bibl. nat. de Fr., nouv. acq. lat. 1025, fol. 39, n° 74].

C. Cart. XVe siècle, fol. 28, n° 61.

a. A. Le Prévost, *Mémoires*, t. III, p. 298, (extrait).

INDIQUÉ : A. Canel, *Essai historique*..., t. I, p. 296. — H. Round, *Calendar*..., p. 118, n° 351. — E. Houth, *Les comtes de Meulan*..., p. 74, n° 57. — D. Crouch, *The Beaumont*..., p. 219.

Anno ab Incarnatione Domini M° C° quinquagesimo quinto, Robertus, filius Alberti de Turvilla, dedit Deo et ecclesie Sancti Petri de Pratellis, concedente filio suo Nicholao[a] et super altare ponente, pro monachatu suo totam terram suam quam habebat *as Fossetes*, quam Michael abbas a Hugone de Sancta Maria de triginta solidis carnotensium disvagiavit. Addidit etiam pro pannis suis et pro monachatu suo et pro concanbio[b] terre Johannis *del Buissun* totam terram suam, quam habebat in *Brochestuith*, hac conventione quatinus heres predicti Roberti terram, que fuit Johannis *del Buissun*, omni remota monachorum calumnia, quietam teneat et prefata ecclesia terram de *Brochestuith* liberam in perpetuum possideat. Hujus autem conventionis, ego Gualerannus, comes de *Mellent*, testis sum. Me etenim presente et concedente, facta est et ego ecclesie Beati Petri utranque[c] terram liberam et quietam concedo, sicut etiam terras quas de elemosina mea et antecessorum meorum liberas et quietas possidet. Testes etiam sunt : Robertus, filius ejusdem Gualeranni comitis, et Robertus, dapifer, et Willelmus de Pinum[d] et Radulphus *Efflanc* et Richardus de Sancta Maria ; Willelmus de *Formentin* et Rogerius de Campigneio ; Hunfredus *l'Engigneor* et Odo *le Senescal*[e].

(a) Nicolao *C*. — (b) *Sic B,* concambio *C*. — (c) *Sic B, corr.* utramque. — (d) *Sic B,* Pinu *C*. — (e) le Marescal *C*.

B10

[1155-1156, janvier] ou [1157, avril-1158, août]. — Westminster.

Henri [II], roi d'Angleterre, ordonne à ses agents et vicomtes de Norfolk de laisser les moines de Préaux tenir en paix leurs terres, leurs hommes et tous leurs biens, exempts de tous exactions, plaids, querelles ou coutumes, avec droit de tenir cour de justice, d'être dispensés de justification, de percevoir les tonlieux, de poursuivre leurs hommes, de punir les voleurs pris sur leurs terres et de bénéficier des autres libertés que Robert [III], comte de Meulan, qui les possédait, leur a concédées.

B. Cart. XIIIe siècle, fol. 30v, n° 63, sous la rubrique : « *Confirmatio ejusdem principis super libertatibus quas concessit monachis de Pratellis apud Norfolciam in tenentibus suis ad peticionem Roberti comitis de* Mellent » ; dans la marge, de la main du copiste de *C* : « *In Anglia* ». [Mention Delisle, Bibl. nat. de Fr., nouv. acq. lat. 1025, fol. 27, n° 63].

C. Cart. XVe siècle, fol. 22v, n° 51. Dans la marge : « *De Anglia* ».

a. L. Delisle, *Recueil...*, t. I, n° 63, p. 163-164. — *b.* Nicholas Vincent, [*Actes d'Henri II*, en préparation], 1513H.

INDIQUÉ : Round, *Calendar...*, p. 115, n° 339.

Henri II a été couronné roi d'Angleterre le 19 décembre 1154 ; Thomas Becket fut chancelier de 1155 à 1162, or Henri II fut en Normandie d'août 1158 (R. de Torigny, éd. L. Delisle, t. I, p. 311) au 2 janvier 1163 (L. Delisle, *Recueil, Introduction...*, p. 89) : les actes souscrits par Thomas et datés d'Angleterre sont donc antérieurs à août 1158. Eyton situe toute une série d'actes donnés à Westminster du 27 mars 1155, date de la réunion des évêques et abbés à Londres ; Henri II fut sur le continent entre janvier 1156 et avril 1157 (L. Delisle, *Recueil...*, t. I, p. 133, n° 33). D'où deux datations possibles pour cet acte : entre 1155 et janvier 1156, ou bien entre avril 1157 et août 1158.

Henricus, rex Anglorum[a] et dux Normannorum[b] et Aquitanorum[c] et comes Andegavorum[d], justiciis et vicecomitibus et ministris suis de Norfolcia salutem.

Precipio quod monachi de Pratellis teneant terras et homines et omnes res suas ita bene et in pace et honorifice et juste solutas et quietas de sciris et hundredis et placitis et querelis et aliis consuetudinibus, cum soca et saca et *toll* et *team* et *infangenetheof*[(e)] et com[(f)] omnibus aliis libertatibus suis, sicut Robertus, comes de *Mellent*, eis dedit et sicut ipsemet in vita sua tenuit. Testes : Thomas[(g)], cancellarius, et R(obertus), comes Legrecestrie. Apud Westmonasterium.

(a) Angl *suivi d'un tilde BC*. — (b) Norm *suivi d'un tilde BC*. — (c) Aquit *suivi d'un tilde BC*. — (d) And *suivi d'un tilde BC*. — (e) infangenel[*tilde*]heof *BC*. — (f) cum *C*. — (g) *Sic BC, nominatif qui induit* testes *au lieu de* testibus.

B11

[1148-1158].

Hugues [d'Amiens[18]*], archevêque de Rouen, confirme à Michel, abbé, et aux moines de Préaux la possession de l'église Saint-Aubin de Houquetot, ses dépendances et le droit de présentation du desservant. L'archevêque avait contesté les droits des moines et leur avait demandé de prouver leurs prétentions, qui furent confirmées par Robert, prêtre de Houquetot, et deux paroissiens, Roger Sepoldri et Auric (Auricus), après serment sur les évangiles.*

B. Cart. XIIIe siècle, fol. 23v, n° 51, sous la rubrique : « *Confirmatio Hugonis, archiepiscopi Rothomagensis* » ; dans la marge, de la main de O : «*Jus patronatus de parrochiali ecclesia de* Huguetot ». [Copie Delisle, Bibl. nat. de Fr., nouv. acq. lat. 1025, fol. 34, n° 51 et fol. 277].

C. Cart. XVe siècle, fol. 16v, n° 40, sous la rubrique : « *Confirmatio Hugonis, archiepiscopi Rothomagensis, ecclesie Sancti Albini de* Huguetot ».

Geoffroy, archidiacre de Rouen, est devenu doyen en 1148 (*G. C.* t. XI, col. 116) et est attesté jusqu'en 1158 (D. Spear, *Les archidiacres*..., p. 24), comme Osmond (*ibid*. p. 22). L'abbé Michel de Préaux fut présent à Rouen entre janvier 1156 et avril 1157, période durant laquelle il souscrit une charte d'Henri II pour l'abbaye de Reading (Kemp, *op. cit.*, t. II, p. 48). L'affaire concernant Houquetot fut peut-être réglée à cette occasion.

Hugo, Dei gratia Rothomagensis archiepiscopus, presentibus et futuris imperpetuum. Notum fieri volumus quod abbas de Pratellis et monachi ejus in presentia nostra venerunt, dicentes se presentationem ecclesie Sancti Albini de *Hugetot* a multis retroactis temporibus habuisse et, quoniam hoc ignotum fuit nobis, objectum est eis se debere hoc probare ; et ita fecerunt. Juravit ergo hoc

---

18. Hugues d'Amiens, archevêque de Rouen (sacré le 14 septembre 1130-11 novembre 1164).

Robertus, presbiter de *Hugetot*, super IIII^{or} evangeliis, juraverunt etiam duo de parrochianis predicte ecclesie : Rogerius scilicet Speoldri et Auricus. Et, quoniam ita in presentia nostra illud dirracionaverunt, volumus ut huic abbati Michaeli et ecclesie ejus et successoribus suis imperpetuum permaneat, scilicet ecclesia predicta com[a] omnibus pertinentiis suis et ejusdem ecclesie presentatio, salvo jure pontificali et parrochiali. Ut igitur hoc ratum permaneat, presenti scripto et sigilli nostri auctoritate confirmamus. Hujus rei testes sunt : Gaufridus, Rothomagensis[b] ecclesie decanus et archidiaconus ; Osmundus, Egidius, Laurentius, archidiaconi ; Radulfus[c], thesaurarius.

(a) Sic *BC*. — (b) Roth *suivi d'un tilde BC*. — (c) Radulphus *C*.

B12

[1157-1159, 1er août].

Arnoul[19], évêque de Lisieux, notifie l'accord intervenu en sa présence entre Robert Poisson [de Foulbec] et les moines de Préaux au sujet de l'église Saint-Antonin [d'Épaignes] et de la terre en dépendant : Robert et ses héritiers conserveront la terre, objet du litige, et assumeront le service d'un vavasseur ; l'église reviendra avec tous ses droits aux moines.

B. Cart. XIIIe siècle, fol. 19-v, n° 38, sous la rubrique : « *Quomodo terminata est in presentia Arnulfi, Lexoviensis episcopi, controversia que vertebatur inter Robertum Piscem et abbatem de Pratellis* ». [Copie partielle Delisle, Bibl. nat. de Fr., nouv. acq. lat. 1025, fol. 19, n° 38 et fol. 274].

C. Cart. XVe siècle, fol. 13v, n° 29.

Pour la datation de cet acte, voir **B15**.

Arnulfus, Dei gratia Lexoviensis[a] episcopus, dilectis in Christo filiis, tam clericis quam laicis, per Lexoviensem episcopatum constitutis salutem et Dei benedictionem. Vertebatur inter Robertum Piscem et abbatem Pratelli controversia quedam super ecclesia de Sancto Antonino et terra quadam quam ad jus suum pertinere dicebat. Diu itaque causa ventilata tandem ita in nostra presentia terminata est, quod juditio Lexoviensis ecclesie et assensu Roberti terra, de qua lis mota fuit, Roberto et heredibus suis remansit in perpetuum per servitium vavasatoris et ipse ecclesiam cum omni jure quod in ea se dicebat habere abbati et monasterio Pratelli in presentia nostra dimisit. Testibus : Roberto de Sancta Honorina et Rogerio *Fit*[b] Aira et aliis pluribus. Datum per manum Roberti, magistri scolarum.

19. Arnoul, évêque de Lisieux (mai 1141-1181).

(a) Lex *suivi d'un tilde B*. — (b) filio *C*.

B13

[1157-1159, 1er août].

Arnoul, évêque de Lisieux, fait savoir que en sa présence Robert de Foulebec a renoncé à ses droits sur l'église Saint-Antonin d'Épaignes.

B. Cart. XIIIe siècle, fol. 19v, n° 39, sous la rubrique : « *Item littere Arnulfi, Lexoviensis episcopi : Robertus de* Folebec *renunciavit suo juri* ». [Mention Delisle, Bibl. nat. de Fr., nouv. acq. lat. 1025, fol. 19, n° 39].

C. Cart. XVe siècle, fol. 13v, n° 30.

Pour la datation de cet acte, voir **B15**.

Arnulfus, Dei gratia Lexoviensis(a) episcopus, dilectis in Christo filiis universis, tam clericis quam laicis, ad Lexoviensem episcopatum pertinentibus salutem et Dei benedictionem. Noverit universitas vestra quod dilectus filius noster, Robertus de *Fulebec,* nobis presentibus, palam fecit cessionem tocius juris quod habebat aut habere videbatur in ecclesia Sancti Antonini de Hyspania(b).

(a) Lex *suivi d'un tilde C*. — (b) *BC s'interrompent ici.*

B14

[1157-1159, 1er août]. — *In regis curia.*

Robert du Neubourg, sénéchal de Normandie, confirme que Robert Poisson de Foulbec a renoncé, en sa présence et devant les barons du roi, à ses prétentions sur l'église d'Épaignes. L'abbé Michel de Préaux lui a rendu le fief que tenait Raoul, prêtre d'Épaignes, à condition qu'il respecte toutes les coutumes qu'un vavasseur compatriote doit rendre à son seigneur.

B. Cart. XIIIe siècle, fol. 39v, n° 78, sous la rubrique : « *Confirmatio Roberti de Novo Burgo super reclamatione et calumnia quam Robertus Piscis faciebat in ecclesia de Hispania* ». [Copie Delisle, Bibl. nat. de Fr., nouv. acq. lat. 1025, fol. 41, n° 78 et fol. 280].

C. Cart. XVe siècle, fol. 29-v, n° 65. Même rubrique.

a. C. H. Haskins, *Norman Institutions*, p. 324, appendix H, n° 5.
INDIQUÉ : A. Le Prévost, *Mémoires.*, t. II, p. 124. — Charpillon, Caresme, *Dictionnaire*..., t. II, p. 213. — Brunner, *Die Entstehung*..., p. 148, n. 1.

Cette accord est passé alors que Robert du Neubourg était sénéchal de Normandie, entre 1157 et juillet 1159, date à laquelle il se fit moine du Bec (R. de Torigny, éd. L. Delisle, t. I, p. 322).

Notum sit tam presentibus quam futuris quoniam in curia regis, cum ego Robertus de Novo Burgo dapifer essem Normannie, Robertus Piscis de Fulebecco calumpniam suam de ecclesia de Hispania quietam clamavit ecclesie Sancti Petri Pratellensis, tempore Michaelis abbatis. Ipse vero abbas predicto Roberto Pisci feodum quod tenuit Radulfus, sacerdos, in Hispania reddidit, salvis omnibus consuetudinibus quas vavasor[a] compatriota domino facere debet. Et quoniam hec ante meam presentiam in regis curia et ante regis barones factum est, sigilli mei munimento ratum fore in posterum confirmo. Testibus : Laurentio, archidiacono ; Willelmus[b] de Ansgervilla ; Godardus[c] de Vallibus ; Roberto, filio Hemeri ; Etardus[d] *Pulein* ; Roberto de Juvineio ; Gaufrido de Novo Burgo ; Henrico de *Warewic* ; Gisleberto de *Hotot* et allis.

(a) *Sic BC, pour.* vavassor. — (b) *Sic B, corrigé dans C en* Willelmo. — (c) *Sic B, corr.* Godardo. — (d) *Sic B, corr.* Etardo.

B15

[1157-1159, 1ᵉʳ août].

Gautier [III] Giffard rend à l'abbaye Saint-Pierre de Préaux, pour le salut de son âme, de celle de son épouse Ermengarde et de celles de leurs parents vivants ou défunts, le gage relevant à Rouen du fief des moines qu'il possédait et qu'avait tenu Théard. Il retient cependant à titre viager l'emplacement de la cuisine située sur cette terre.

B. Cart. XIIIᵉ siècle, fol. 40-v, n° 81, sous la rubrique : « *Karta Galterii* Giffart *super vadio quod habebat apud Rothomagum in terra, que est de feodo ecclesie Pratellensis, quam Theardus de eis tenuit* ». [Copie partielle Delisle, Bibl. nat. de Fr., nouv. acq. lat. 1025, fol. 42, n° 81].
C. Cart. XVᵉ siècle, fol. 29v, n° 67.
INDIQUÉ : R. Génestal, *Le rôle des monastères*..., p. 8, n. 2 ; p. 76, n. 2.

Cette restitution a été confirmée par Robert du Neubourg, sénéchal de Normandie, avant le 1ᵉʳ août 1159 (**B16**), date de son entrée au monastère du Bec, puis par

Henri II en novembre 1159 (**B19**). Sur Gautier III Giffard, voir L. Delisle, *Recueil*..., t. I, p. 468. Raoul de Canouville (*Chenevilla*), Eustache de Grainville (*Grainvilla*) et Hélie de Longueil (*Longuil*) sont témoins entre 1140 et 1164 d'une charte de Gautier III Giffard en faveur de l'abbaye de Fécamp (Chevreux, Vernier, *Les archives de Normandie*..., t. I, pl. X) ; Guillaume Bennengel fait aussi partie des vassaux de Gautier Giffard ; Eustache de Grainville renonce entre 1164 et 1183 en faveur de Saint-Wandrille aux dîmes qu'il prélevait sur la paroisse de Grainville (F. Lot, *Etudes critiques*..., p. 157-158, n° 91) ; Renaud de Canouville en est témoin.

Notum sit omnibus Ecclesie catholice fidelibus, tam presentibus quam futuris, quod ego Walterius, comes *Giffart*, pro salute anime mee et anime uxoris mee, E(rmengardis)[a], et omnium antecessorum tam meorum quam suorum vivorum sive defunctorum reddo et libere quietum dimitto Deo et ecclesie Pratellensi vadium et comparationem quod habebam in terra que apud Rothomagum est de feodo Sancti Petri Pratelli, quam tenuit Theardus, retinens quamdiu vixero sedem coquine, que est in eadem terra. Post mortem autem meam predicte ecclesie omnino quietam dimitto. Hujus autem redditionis et quietationis testes sunt : Radulfus de Triblevilla ; Eustachius de Granivilla ; Helias de Longolio ; Radulfus de Canovilla ; Gaufridus de Blevilla ; Gislebertus de *Caletot* ; Willelmus *Bennengel* ; Ricardus de Bosevilla.

(a) E. *BC*.

B16

[1157-1159, 1er août].

Robert du Neubourg, sénéchal de Normandie, fait savoir que en sa présence et devant les barons du roi, Gautier [III] Giffard a renoncé en faveur de l'abbaye de Préaux, pour le salut de son âme et de celles de ses ancêtres, à ses prétentions concernant une terre sise à Rouen que tenait Théard et qu'il avait acquise ; il la conservera sa vie durant mais, à sa mort, cette place sera rendue quitte aux moines de Préaux.

B. Cart. XIIIe siècle, fol. 40v, n° 82, sous la rubrique : « *Confirmatio Roberti de Novo Burgo super dimissione vadii quod Galterius, comes* Giffart, *apud Rothomagum dimisit ecclesie Pratelli*[a] ». [Mention Delisle, Bibl. nat. de Fr., nouv. acq. lat. 1025, fol. 42, n° 82].

C. Cart. XVe siècle, fol. 30 v, n° 68.

INDIQUÉ : H. Round, *Calendar*..., p. 115, n° 341.

Sur la datation de cet acte, voir **B15**. Godard de Vaux apparaît dès 1149 (voir **A177**) comme présent à la cour du futur Henri II ; il fut justicier de ce dernier entre 1154 et 1158 (L. Delisle, *Recueil*..., t. I, Introduction, p. 377) : il ne porte pas ici ce titre, ce qui pourrait laisser croire que cette charte date des années 1158-août 1159.

Notum sit tam presentibus quam futuris q(uod), me Roberto de Novo Burgo dapifero Normannie, Gaulterius comes Giffardus in curia regis clamavit quietum vadium et emptionem, quam habebat in terra quam Theardus tenebat apud Rothomagum, ecclesie Pratellensi pro salute anime sue et antecessorum in vita sua pro velle suo eam dimissurus. Post mortem vero omnino illam sedem predictam ecclesie Pratellensi coram me et baronibus regis quietam reddid(it). Testibus : Godardo de Vallibus ; Roberto, filio Henrici ; Adame de Wannevilla ; Mala Herba et aliis pluribus.

(a) Pratell *suivi d'un tilde B, résolu en* Pratelli ; Pratellensi *C*.

B17

[1152, 21 décembre-1159, 1ᵉʳ août]. — Le Neubourg, puis Préaux.

Henri de La Prée donne à l'abbaye de Préaux, à l'occasion de sa prise d'habit monastique, douze acres de terre sises à Combon, relevant du fief de la comtesse Marguerite de Warwick, mère de Robert du Neubourg ; il ajoute, au même endroit, cinq acres du même fief qu'il avait revendiquées et qui, du jugement des anciens du lieu, lui avaient été rendues. La comtesse Marguerite, Robert du Neubourg et son fils Henri ont donné leur accord, de même que le fils aîné d'Henri de La Prée, Guillaume, qui a promis de faire respecter cette transaction.

B. Cart. XIIIᵉ siècle, fol. 49-v, n° 108, sous la rubrique : « *De donis Henrici de Pratea et ejus monachatu* ». [Copie partielle Delisle, Bibl. nat. de Fr., nouv. acq. lat. 1025, fol. 52, n° 108]. — *B²*. *Ibid.*, fol. 129v-130, n° 405 (notice incomplète) [**A129**].
C. Cart. XVᵉ siècle, fol. 35v, n° 93.
INDIQUÉ : Charpillon, Caresme, *Dictionnaire*..., t. I , p. 789.

Quoniam cuncta pene que temporaliter agimus processu temporis memoriam sub nimia celeritate diffugiunt, susceptionem cujusdam monachi atque donationem fideli scripto commendare curavimus. Noverit itaque omnis homo tam instantis temporis quam subsequentis, quia tempore Michaelis, abbatis Pratellensium, Henricus de Pratea, melioris vite viam ingrediens sanctitatisque[a] habitum suscipiens, tam pro suis indumentis quam pro suo monachatu Pratellensi ecclesie ea que subscripta sunt devotus obtulerit. Donavit igitur vir iste huic ecclesie pro supradictis duodecim acras de suo in villa que dicitur *Combon* in feodo Margarite, comitisse de *Warwic*, matris Roberti de Novo Burgo. Quinque vero acras terre in eadem villa et eodem feodo sitas, quas ipse diu calumniaverat et jam diligenti consideratione et judicio majorum natu loci illius in suum jus redire decretum fuerat, omni calumnia[b] de medio sublata, ecclesie predicte libentissime concessit habere et perpetuo possidere. Hec autem conventio primo facta est apud Novum Burgum, concedentibus eam et testibus ex utraque parte existentibus : Roberto, ejusdem loci domino ; et Margarita, matre ejus ; et Henrico, filio ipsius Roberti ; et Gisleberto de *Bigat* ; et Radulfo, rustico ; et Thoma, pincerna ; et Roberto, presbitero de *Witot* ; et Adeliza, uxore Henrici de Pratea ; et tribus filiis eorum, Roberto videlicet et Simone et Willelmo majore[c], qui ipsam conventionem pro se et pro suis se servaturum fide propria in manu Roberti de Novo Burgo confirmavit. Secundo autem loco apud Pratellum fuit recordata et super altare Sancti Petri ab eodem Henrico de Pratea et filio ejus, Willelmo, posita. Ex nostra parte fuerunt testes : Geroldus, portarius ; Radulfus *Bursart* et filius ejus[d] ; Ricardus de *Combon* ; Willelmus *Maleth* ; Ricardus *del Val*[e] ; Theodericus, cementarius ; et alii multi.

(a) quoque *C*. — (b) calumpnia *C*. — (c) majore fratre *B²*. — (d) Henricus filius ejus *B²*. — (e) Ricardus del Val, filius scilicet Christiani cementarii *B²*.

B18

[1141-1159, Ier août].

Galeran [II], comte de Meulan, fait savoir à son épouse Agnès, à Robert du Neubourg et à ses prévôts et baillis qu'il a donné à son sénéchal Alain cent sous à prendre chaque année sur ses étals de Pont-Audemer, en attendant de lui concéder la terre du fief qui lui revient. Il leur demande de veiller à ce qu'Alain perçoive cette somme et d'assurer la garde de son épouse et de ses biens.

B. Cart. XIIIe siècle, fol. 37v, n° 73, sous la rubrique : « *Hic debet cessare rubricatio quia nichil confert Pratellensi cenobio* ». [Copie partielle Delisle, Bibl. nat. de Fr., nouv. acq. lat. 1025, fol. 39, n° 73].

INDIQUÉ : D. Crouch, *The Beaumont...*, p. 143, n. 34, p. 155. — D. Crouch, *A Norman « conventio »...*, p. 299, n. 1, p. 305, n. 23.

L'évocation d'Agnès, comtesse de Meulan, interdit d'attribuer à cette charte une date antérieure à 1141 (voir **B2**) et la mention de Robert du Neubourg la situe avant août 1159, date à laquelle Robert devient moine à l'abbaye du Bec. Alain de Neuville fait carrière dans l'entourage du comte de Meulan comme sénéchal avant d'entrer au service d'Henri II vers 1153 (D. Crouch, *The Beaumont*..., p. 143). Alain cesse dès lors d'apparaître dans les chartes de Galeran II de Meulan. Il est en revanche attesté comme forestier d'Henri II dans les années 1150 et en 1164 (Stubbs, *Select charters*..., p. 164) ; il atteste une charte d'Henri II entre 1164 et mars 1166 en faveur de l'abbaye de Bury St Edmunds (D. C. Douglas, *Feudal documents*..., p. 99, n° 89). Il est cité dans les *Pipe roll* jusqu'en 1169 (*The Great Roll*..., vol. 13, p. 19 et suiv.).

Gaulerannus[a], comes Mellenti, A(gneti), uxori sue, et Roberto de Novo Burgo et prepositis de Ponte Audomari et ballivis et omnibus hominibus suis tam presentibus quam futuris, salutem. Sciatis me dedisse Alano, pincenario meo, in feodo et hereditate C solidos per annum de stalis meis Pontis Audomari, donec ei in terra escangium suum donem. Quare volo et firmiter precipio quod eos plenarie habeat. Precipio autem quatinus uxorem suam et omnia sua custodiatis et manu teneatis, ita quod nullus eum in aliquo minuat nec ei injuria faciat, testes[b] : Willelmo, capellano ; Willelmo de Pinu ; Roberto de Formovilla ; Radulfo de Mannivilla ; Roberto Rosello.

(a) *Sic B*. — (b) *Corrigé dans l'interligne de B par une main contemporaine de la rédaction du cartulaire en* testibus.

B19

1159, novembre. — Étrépagny.

Henri [II], roi d'Angleterre, fait savoir à ses justiciers et vicomtes de Rouen que en sa présence et devant ses barons, Gautier, comte Giffard, a reconnu que la place où se trouve sa cuisine à Rouen [rue Saint-Amand] relève du domaine de l'abbaye de Préaux et qu'il l'a promise après sa mort aux moines.

B. Cart. XIIIe siècle, fol. 30v, n° 62, sous la rubrique : « *Confirmatio prefati principis super donationem cujusdam platee quam Galterius* Giffart *donavit monachis de Pratellis apud Rothomagum in vico Sancti Amandi* » [Mention Delisle, Bibl. nat. de Fr., nouv. acq. lat. 1025, fol. 27, n° 62].
C. Cart. XVe siècle, fol. 22, n° 50.
a. L. Delisle, *Recueil*..., t. I, n° 209, p. 346-347. — b. Nicholas Vincent, [*Actes d'Henri II*, en préparation], 1603H.
INDIQUÉ : H. Round, *Calendar*..., p. 115, n° 340.

L. Delisle rappelle que Rotrou, témoin de cet acte, fut évêque d'Évreux jusqu'en 1164 ; Gautier III Giffard mourut en 1164 (R. de Torigny, éd. L. Delisle, t. I., 353) ; or Henri II n'est pas venu en Normandie de 1162 à 1165 et fut à Étrépagny en novembre 1159. Le privilège octroyé, en 1179, par le pape d'Alexandre III aux moines de Préaux (**B52**) qualifie ces maisons de *domos Onfridi de Vetulis*. Rien pourtant dans le cartulaire ne permet de confirmer l'origine de cette aumône. Sur le devenir de ces biens au début du XIIIe siècle, voir **B183** et **B184**. Les biens immobiliers rouennais des moines se situaient rue de la Chaîne, paroisse Saint-Amand. L'aveu rendu par l'abbé de Préaux en 1450 les décrit ainsi : « Item nous avons en la ville et cité de Rouen, en la rue Saint Amand, dicte la rue de la Quayne, un manoir et place en omosne » (Bibl. nat. de Fr., lat. 20909, n° 140). Ces maisons furent vendues en 1564 avec d'autres biens pour payer la taxe prélevée sur l'abbaye pour le rachat des biens aliénés de l'Eglise de France et furent ainsi décrites : « ung tenement de maisons, court, jardin et heritaige ainsy que le tout s'estend et pour porte de long en lay et de fons en comble et tout et autant qu'il en comporte et appartient a la dicte abbaye de Preaulx, vulgairement appelee la maison de Preaulx, assise en la paroisse Saint Amand de ceste ville de Rouen, rue de la Chayne » (Bibl. nat. de Fr., fr. 26306).

Henricus, rex Anglorum[(a)] et dux Normannorum[(b)] et Aquitanorum[(c)] et comes Andegavorum[(d)], justiciis, vicecomiti Rothomagi[(e)], salutem. Sciatis quod Walterius, comes Giffardus[(f)], recognovit quod platea in qua est coquina sua apud Rothomagum est de jure ecclesie Pratellensis et post mortem suam concessit eam ecclesie predicte coram me et coram baronibus suis[(g)], Eustachio de Granivilla[(h)], Matheo de Girardivilla, Gisleberto de *Hotot*, Roberto de Nova Villa. Teste : Rotrodo, Ebroicensi episcopo. Apud Strepeneium.

(a) Angl *suivi d'un tilde BC*. — (b) Norm *suivi d'un tilde BC*. — (c) Aquit *suivi d'un tilde BC*. — (d) And *suivi d'un tilde BC*. — (e) Rothom *suivi d'un tilde BC*. — (f) Giffardi *C*. — (g) *Sic BC, corr.* meis (?). — (h) Graniville *C*.

B20

[1094-1159].

Hugues de Brucourt, chevalier, donne en aumône à Saint-Pierre [de Préaux] une pièce de terre située sur le mont de Varaville, une acre de pré appelée la Longue-Acre et une demie acre de roseaux, de sorte que les moines possèdent ces terres exempts de tous service, aide ou exaction, comme un bien de leur domaine.

B. Cart. XIIIe siècle, fol. 70-v, n° 178, sous la rubrique : « *Ex dono Hugonis de Bruecuria quamdam culturam terre in monte Warinniwille et unam acram prati, que dicitur Longa Acra, et dimidiam acram de* ros *quietas et liberas ab omni servicio possidemus* ». Dans la marge : « *Apud Rothowillam* ». [Copie partielle Delisle, Bibl. nat. de Fr., nouv. acq. lat. 1025, fol. 75, n° 178].

C. Cart. XVe siècle, fol. 52-v, n° 159. Dans la marge, d'une écriture du XVe siècle (N) :
« Rouville ».

INDIQUÉ : L. Musset, *Autour de la basse Dive*..., p. 255.

L'aspect très archaïque de cette notice (croix, invocation, absence de sceau notamment) oblige à la dater du milieu du XIIe siècle au plus tard. Cette donation n'est pas, à proprement parler, mentionnée dans le privilège octroyé par le pape Alexandre III en 1179 (**B52**), mais elle peut se rapprocher de celle d'un certain Hugues : *Hugonis, filii Willelmi, vicecomitis Dive, terram Ingelberti in Rodovilla et decimam hominum suorum de Warinvilla*. La donation d'une demie acre de roselière est cependant bien confirmée (**B148**) par le neveu et héritier d'Hugues de Brucourt, Robert Escarbot, ici cité en tête des témoins ; ce dernier avait d'ailleurs déjà succédé à Hugues de Brucourt lorsque les hériters de la famille de Brucourt renoncèrent à leurs prétentions concernant le patronage de l'église du lieu, vers 1159-1162 (**B21**). Tout porte donc à croire que la donation effectuée par Hugues de Brucourt est antérieure à la renonciation datée de 1159-1162. Elle est en outre postérieure à l'implantation des moines de Préaux à Rouville vers 1094 (voir **A169**).

(*Crux*) In nomine Patris et Filii et Spiritus Sancti. Quidam miles, Hugo nomine, de Bruecuria, vir Deo devotus et anime sue curam gerens et gehenne penas expavescens, dedit Sancto Petro quamdam culturam, continentem V^{que} virgatas et decem perticas^(a) terre, in monte Wariniville sitam. Addidit etiam huic dono unam acram de prato, que dicitur Longa Acra. Addidit etiam dimidiam acram de *ros* in elemosinam, tali tenore ut monachi exinde quietam ac liberam ab omni servitio et auxilio et exactione, sicut dominium suum possideant. Testes affuerunt : Robertus de Crechevilla, cognomine *Escarbot* ; et Wiburgis, uxor Hugonis ; Hugo, clericus ; Willelmus, presbiter ; Robertus Anglicus ; Hugo *Sarrazin*^(b) ; Willelmus Goscelini ; Ricardus *Herluin* ; Willelmus *Salomon*^(c).

(a) continentem (...) perticas : *renvoi dans la marge de B, écrit à l'encre rouge, de la main du rubricateur et intégré au corps de la notice dans C.* — (b) Sarrazini *C.* — (c) Salmon *C.*

B21

[1159, 1er août-1162]. — Rouen, *in plena assisia*.

Rotrou [*de Warwick*[20]], *évêque d'Évreux, et Richard du Hommet, justiciers du roi, font savoir que en leur présence, aux assises tenues à Rouen, Geoffroy de Brucourt, Gilbert de Brucourt et Robert, fils de Mathilde, ont renoncé pour toujours à la présentation à la cure de l'église de Brucourt en faveur de Michel, abbé, et des moines de Préaux.*

---

20. Rotrou de Warwick, évêque d'Évreux (juillet 1139-1165), puis archevêque de Rouen (1165-1183).

B. Cart. XIIIe siècle, fol. 11-v, n° 18, sous la rubrique : « *Testamentum R(otrodi), episcopi Ebroicensis, et Ricardi de* Hummez *super hec quam*$^{(a)}$ *Gislebertus de Bruecuria et Robertus, filius Matildis, clamaverunt quietam presentiam ecclesie de* Bruecort$^{(b)}$ *in plena assisia apud Rothomagum* ». Dans la marge : « Pour le droict du patronage de Brucourt. *Vide chartam XLI^{am} predicto jure* [croix] *in folio XXI appertam etiam aliam qui in* [...]° *folio appositam qui in* la principalle charte et droict de Brucourt au patronage ». [Copie partielle Delisle, Bibl. nat. de Fr., nouv. acq. lat. 1025, fol. 11, n° 18 et fol. 278].

C. Cart. XVe siècle, fol. 9v, n° 17. Dans la marge : « Presentation du benefice de Brucourt lez Perierz et Rouville : *Vide in capitulum IX^{xx} VIII quod pro dicta presentatione apositum est* ».

a. C. H. Haskins, *Norman Institutions*, p. 325, appendix H, n° 6.

INDIQUÉ : E.-J. Tardif, *Coutumiers de Normandie...*, Iere part., p. 108. — L. Valin, *Le duc de Normandie et sa cour*, p. 156. — E. Blum, *Les origines du bref de fief lai..*, p. 390, n. 1.

Rotrou de Warwick, justicier de Normandie à compter de la mort de Robert du Neubourg (juillet 1159), cessa de l'être en 1164 (L. Delisle, *Recueil...*, t. I, p. 455). Godard de Vaux n'est plus attesté après 1162 (L. Delisle, *Recueil...*, Introduction, p. 377). Geoffroy de Brucourt l'est dans les Pipe rolls entre 1156 et 1176. Il semble que ce soit cet acte que E. Blum, *op. cit.*, ait voulu citer dans son article concernant les origines du bref de fief lai : il finit cependant par le confondre avec un autre acte du même type concernant l'abbaye de Saint-Évroult.

Notum sit tam presentibus quam futuris quoniam, cum ego R(otrodus), episcopus Ebroicensis, et Ricardus de *Hummetz*, constabularius regis, essemus justiciarum$^{(c)}$ regis, Galfredus de *Bruecurt*$^{(d)}$ et Gislebertus de *Bruencurt*$^{(e)}$ et Robertus, filius Matildis, in presentia nostra in plena assisia apud Rothomagum clamaverunt quietam in perpetuum presentationem ecclesie de *Bruencurt* Michaeli abbati et ecclesie Pratelli, de qua diu controversia inter eos fuerat. Testibus : Hugo$^{(d)}$ de Gornaio ; et Matheo de Gerardivilla ; et Nicholaus$^{(e)}$ de Stutevilla ; et G(odardo) de Vallibus ; et Roberto de *Pessi* ; et Gisleberto de *Vascoil* ; et Roberto de Juvineio.

(a) hoc quod *C*. — (b) Bruecourt *C*. — (c) *Sic BC, pour* justicii — (d) *Sic B*, Bruecourt *C*. — (e) *Sic B*, Bruencourt *C*. — (f) *Sic BC, corr.* Hugone. — (g) *Sic B*, Nicolao de Tustevilla *C*.

B22

1163.

Galeran [II], comte de Meulan, atteste et concède la donation que Raoul, fils de Gilbert, a faite lors de sa prise d'habit, avec le consentement de son fils

Robert, à l'abbaye de Saint-Pierre de Préaux. Gilbert a donné trois acres de terre : cinq vergées situées entre La Foutelaie et la route de Saint-Germain [-Village], les sept autres devant le moulin de Richard Efflanc. Galeran [II] concède ces terres libres de toute coutume, tout comme celles que ses ancêtres et lui-même ont données à l'abbaye.

B. Cart. XIIIe siècle, fol. 38v-39, n° 76, sous la rubrique : « *Confirmatio Gualeranni comitis super tribus acris terre quas Radulphus, filius Gisleberti, dedit pro monachatu suo monachis de Pratellis* ». [Copie partielle Delisle, Bibl. nat. de Fr., nouv. acq. lat. 1025, fol. 40, n° 76].

C. Cart. XVe siècle, fol. 28 v, n° 63.

INDIQUÉ : Houth, *Les comtes de Meulan...*, p. 55 et p. 77, n° 77. — D. Crouch, *The Beaumont...*, p. 78.

Anno ab Incarnatione Domini M° C° sexagesimo tercio, Radulfus, filius Gisleberti, dedit Deo et Sancto Petro de Pratellis pro monachatu suo tres acras terre, concedente Roberto, filio suo, et super altare ponente, quietas ab omni servitio et exactione. Predicte autem terre quinque virgate sunt inter *La Foeteleie* et viam que ducit ad Sanctum Germanum et relique septem sunt ante molendinum Ricardi *Efflanc*. Hujus autem donationis ego Gualerannus, comes de *Mellent*, testis sum. Me etenim concedente facta est et ego ecclesie Beati Petri predictam terram liberam et quietam concedo, sicut terras quas de elemosina mea et antecessorum meorum liberas et quietas possidet. Testes : Robertus, dapifer ; Gislebertus de *Bigaz* ; Radulphus de *Manneville* ; Willelmus de Pinu ; Hunfridus *l'Engigneor* ; Sanson, filius ejus.

B23

[1163, 1er août-1164].

Galeran [II], comte de Meulan, confirme l'accord mettant fin au différend qui opposait Michel, abbé de Préaux, et Guillaume de Campigny au sujet d'un muid de blé que ce dernier revendiquait à titre héréditaire sur un moulin à Campigny : [1] en échange de sa renonciation, l'abbé a promis à Guillaume quinze libres d'angevins. [2] Peu de temps après, lors de la visite à Préaux du comte Galeran [II] de Meulan et de son fils Robert, à l'occasion de la Saint-Pierre-ès-liens [Ier août], ces derniers ont confirmé l'accord de sorte que, si Guillaume ou ses héritiers s'avisaient de porter préjudice aux moines, un des chevaliers de Robert les défendrait. L'abbé a alors acquitté dix livres d'angevins en rachetant le cheval de Guillaume sept livres et huit sous et en donnant cinquante-deux sous à Gautier de Saint-Sanson. [3] Par la suite, l'abbé, accompagné de Robert de Hausville et de Guillaume de Montivilliers, est venu à

Beaumont verser à Guillaume, en présence du comte Galeran [II], le reste des quinze livres, soit cent sous, et à son frère Richard Téhard, qui a promis de respecter l'accord, quarante sous.

B. Cart. XIIIe siècle, fol. 31-32, n° 65, sous la rubrique : « *Confirmatio Henrici regis junioris super quodam modio bladi, quod monachi de Pratellis percipiunt in quodam molendino de Campiniaco* ». [Copie partielle Delisle, Bibl. nat. de Fr., nouv. acq. lat. 1025, fol. 27-29, n° 65].

C. Cart. XVe siècle, fol. 22v-23v, n° 53. — *D*. Copie partielle d'après *B* datée de 1878, Bibl. nat. de Fr., nouv. acq. lat. 1246, fol. 54.

a. E. Houth, *Les comtes de Meulan*..., p. 85, p. just. n° XII.

INDIQUÉ : A. Le Prévost, *Mémoires*, t. I, p. 463. — Charpillon, Caresme, *Dictionnaire*..., t. I, p. 646-647. — H. Round, *Calendar*..., p. 115-116, n° 342. — E. Houth, *Les comtes de Meulan*..., p. 55 et p. 76, n° 76. — S. Mesmin, *The leper hospital*... (thèse dactylographiée), p. 431, n° 179. — D. Crouch, *The Beaumont*..., p. 76, n. 74, p. 158.

La confirmation du comte Galeran II résume une succession de transactions intervenues avant et après le 1er août 1163 : sa rédaction est forcément postérieure à la venue de l'abbé Michel à Beaumont, mais le *deinde* employé par le rédacteur de l'acte est trop vague pour que l'on sache précisément combien de temps a séparé ce voyage de la Saint-Pierre-ès-liens. On peut penser cependant que, les moines ayant tout intérêt à régler l'affaire rapidement, le dernier versement de cent sous et la confirmation par le comte de Meulan ont eut lieu avant la fin de l'année 1163 ou au début de 1164. Le copiste du cartulaire a par erreur inséré cet acte parmi les chartes du roi Henri II ; cette confusion, reprise aussi dans la rubrique, est sans doute due au fait que l'acte s'ouvre sur la mention du règne du roi Plantagenêt.

Notum sit presentibus et futuris quatinus anno Incarnationis Domini M° C° sexagesimo tercio, Henrico rege Anglie juniore regnante, controversia quedam que erat inter Willelmum de Campigneio et ecclesiam Sancti Petri Pratelli de quodam modio bladii, quem calumniabat[a] in quodam molendino de Campigneio se jure hereditario habere, sic difinita est[b] :

[1] Quod Michael, predicte ecclesie abbas, eidem Willelmo quindecim libras andegavensium pro hac calumnia dimittenda se concessit esse donaturum ; quod et fecit. Predictus vero Willelmus jure jurando confirmavit se numquam exinde contra ecclesiam Pratellensem de predicta controversia aliquid amplius calumniaturum.

[2] Non post multum vero temporis, contigit Gualerannum[c] comitem com[d] Roberto, filio suo, et aliis quampluribus venisse Pratellum, ad festum scilicet Sancti Petri ad vincula, et ibi coram eis predicta concordia recordata fuit et concessa ita quod predictus comes precepit Roberto, filio suo, quod, si aliquo modo prefatus Willelmus de hac re contra ecclesiam Pratellensem aut heres ejus vellent aliquid mali agere, ipse Robertus per aliquem militum suorum esset defensor ; quod et concessit et promisit. Eodem vero die, ipse abbas Michael

redemit equum predicti Willelmi de septem libris et octo solidis andegavensium et Walterio de Sancto Sansone fecit pro eo pacem de quinquaginta duobus solidis andegavensium, tali itaque modo decem libre andegavensium pacificate sunt. Horum omnium que dicta sunt testes sunt : Robertus de *Jovigne* et Ricardus de Tregevilla ; Gervasius de Grimboldivilla ; Rogerius[(c)] de Campigneio ; Robertus *Peisson* ; Ricardus *Efflanc* ; Hunfridus *l'Engigneor* ; et Robertus, frater Mauricii.

[3] Deinde ut magis ratum fieret quod factum fuerat, predictus abbas Michael et Robertus de Hausvilla et Willelmus de Monasterio Villari perrexerunt Bellimontem ibique coram Gualeranno[(f)] comite prefatus abbas ultimos centum solidos de predictis quindecim libris eidem Willelmo donavit. Insuper etiam Ricardo Tehardo, ejusdem Willelmi fratri, dedit quadraginta solidos andegavensium qui hoc idem pactum manu propria se servaturum affidavit. Testes : Henricus de Novo Burgo ; Robertus archidiaconus, frater ejus ; Robertus de *Jovigne* ; Goscelinus Rossellus ; Robertus *le Brun* ; Radulfus, filius Alberade ; Crispinus ; Rainoldus, gener Harpini ; Willelmus de Hangemara ; Robertus, frater Mauricii. Ut autem hec firma permaneant, ego Gualerannus, comes Mellenti, assensu Roberti, filii mei, munimento sigilli mei comfirmo[(g)] et rata esse in perpetuum volo.

(a) callumniabat *C*. — (b) *Sic BC, corr.* definita. — (c) Guallerannnum *C*. — (d) cum *C*. — (e) Robertus *C*. — (f) Galeranno *C*. — (g) *Sic B, corr.* confirmo.

B24

[1165, août]. — Oswestry.

Henri [II], roi d'Angleterre, fait savoir à l'archevêque de Rouen, aux évêques, abbés, comtes, barons, justiciers, vicomtes et à tous ses sujets de Normandie qu'il a confirmé à l'abbaye Saint-Pierre de Préaux ce que Galeran [II], comte de Meulan, a concédé aux moines, suivant le contenu de la charte que ce dernier leur a octroyée : [la dixième semaine] de ses revenus à Pont-Audemer de la même manière qu'il possède neuf autres semaines.

B. Cart. XIIIe siècle, fol. 30-v, n° 61, sous la rubrique : « *Confirmatio memorati principis super libertate decime septimane quam Gualerannus, comes Mellenti, donavit monachis de Pratellis cum omnibus ad illum redditibus pertinentibus* ». [Mention Delisle, Bibl. nat. de Fr., nouv. acq. lat. 1025, fol. 27, n° 61].

C. Cart. XVe siècle, fol. 22, n° 49. — *D*. Vidimus par Nicolas de Freville, garde du sceau des obligations de la vicomté de Pont-Audemer, juin 1452.

a. L. Delisle, L. Berger, *Recueil...*, t. I, n° 243, p. 389-390. — *b*. Nicholas Vincent, [*Actes d'Henri II*, en préparation] 1620H.

INDIQUÉ : Round, *Calendar...*, p. 116, n° 343.

L'armée royale d'Henri II fut à Oswestry à partir de la Pentecôte 1165 (*Pipe Rolls*, 1165, p. 91). Henri II y est, lui, attesté en août 1165 (L. Delisle, *Recueil*..., t. I, p. 390).

Henricus, rex Anglorum[a] et dux Normannorum[b] et Aquitanorum[c] et comes Andegavorum[d], archiepiscopo Rothomagensi[e] et episcopis, abbatibus, comitibus, baronibus, justiciis[f], vicecomitibus et omnibus ministris et fidelibus suis tocius Normannie, salutem. Sciatis me concessisse et hac mea presenti carta confirmasse Deo et ecclesie Sanci Petri de Pratellis et monachis ibidem Deo servientibus hoc quod Walerannus[g], comes Mellenti, eis rationabiliter dedit de redditu suo in villa de Ponte Audomari, videlicet decimam septimanam tocius redditus Pontis Audomari liberam et quietam, sicut idem comes novem septimanas habet et sicut carta sua eis testatur. Quare volo et firmiter precipio quod predicta ecclesia et monachi predicti predictum redditum habeant et teneant bene et in pace, libere et quiete et integre et honorifice et rationabiliter cum omnibus que ad illum redditum pertinent. Testibus[h] : Rogero[i], archiepiscopo Eboracensi ; G(ilberto), episcopo Lundinensi ; R(ogero), episcopo Wi(gornensi) ; Roberto, comite Legrecestrie ; Ricardo de *Luci* ; Alano de Neivilla. Apud Album Monasterium, in Waliis[j].

(a) Angl *suivi d'un tilde BC* ; Anglie *D*. — (b) Norm *suivi d'un tilde BC*. — (c) Aquit *suivi d'un tilde BC*. — (d) And *suivi d'un tilde BC*. — (e) Rothom *suivi d'un tilde BC*. — (f) justiciariis *D*. — (g) Wallerannus *D*. — (h) Testes *D*. — (i) Omis *dans CD*. — (j) Walliis *D*.

B25

[1165/1166, 21 mars-1166, 10 avril].

Robert, fils du comte de Meulan Galeran [II], confirme les dons que son père a faits avec son accord et celui de la comtesse Agnès en faveur de l'abbaye Saint-Pierre de Préaux : la dixième semaine de tous les revenus de Pont-Audemer produits par la terre et l'eau, libre comme les neuf autres que le comte possède ; la dîme de tous les revenus ne relevant pas de la prévôté, c'est-à-dire ceux des étals, mouture, fenestrage, fournage, foins, mouture sèche, cens et moulins ; il confirme aussi ce que les moines avaient depuis longtemps possédé librement et sans diminution, soit les trente sous de Saint-Léger, les trente six sous d'Henri du Neubourg, la dîme des saumons de la vicomté et de la foire après la Pentecôte et de tout le reste. Galeran [II] a ainsi confirmé la dîme de tout ce qui pouvait être dîmé, revenu que Roger de Beaumont et son frère Robert, fils d'Onfroi de Vieilles, fondateur de l'abbaye, avaient concédé aux moines et dont les moines avaient longtemps et librement disposé jusqu'à ce que par cupidité les prévôts les empêchent de percevoir sans difficulté les trois parts de la dîme.

B. Cart. XIIIe siècle, fol. 36-v, n° 69, sous la rubrique : « *Karta Rogerii Belli Montis et Roberti fratris sui super decima septimana Pontis Audomari sigillo Gualeranni comitis* ». [Copie partielle Delisle, Bibl. nat. de Fr., nouv. acq. lat. 1025, fol. 36-37, n° 69].

C. Cart. XVe siècle, fol. 26v-27, n° 57. Même rubrique.

a. S. Mesmin, *The leper*..., (thèse dactylographiée), select documents II, n° 3.

INDIQUÉ : Copie de la chronique de Gilbert Chandelier, Bibl. nat. de Fr., Coll. du Vexin, t. IV, p. 36 et suiv., en ces termes : « *Deinde ipso die venit in dicto capitulo et interrogavit quomodo res monasterii se haberent et utrum veteres donationes, quas pater suus et predecessores sui dederant, patiebantur aliquam diminutionem ; responditque abbas quod prepositi de Ponte Audomari per maliciam et cupiditatem suam jam diminuerant predictas donationes usque ad medietatem vel circa. Quod vir Dei, audiens graviter, ingemuit et ipsos prepositos crudeliter redarguit atque omnia predicta dona in pristinum statum redigi precepit omnesque cartas predecessorum suorum reformavit et augmentavit. Dedit nobis decimam septimanam totius redditus Pontis Audomari per terram et per aquam, per omnia liberam et quietam, sicut idem comes novem habebat, concedente hoc Roberto, filio suo, et Agnete, uxore sua* ». — S. Mesmin, *Waleran, count of Meulan*..., p. 17, n. 79. — D. Crouch, *The Beaumont*..., p. 168-169, p. 176.

Le rédacteur du cartulaire a classé cet acte, dont la teneur a été confirmée par Henri II en août 1165 (voir **B24**), parmi ceux de Galeran II, qui est mort en avril 1166. Il était donc urgent pour les moines d'en obtenir une confirmation de son fils Robert : ce dernier ne s'y intitule pas encore comte de Meulan, mais fils du comte ; il est très probable que cette confirmation est intervenue avant la mort de Galeran II, après qu'il s'est retiré à Préaux, soit entre le 21 mars et le 10 avril 1166. Il est à noter que le cartulariste a copié cet acte en tête de ceux de Galeran II. En tout état de cause, cette charte ne peut être antérieure à 1159, date de la mort de Robert du Neubourg, dont le fils Henri est ici cité. Les trente sous de Saint-Léger représentent la dîme des quinze livres de rente annuelle à percevoir sur le tonlieu de Pont-Audemer, que Galeran a données aux moniales de Saint-Léger de Préaux en échange du tiers des moulins de Pont-Audemer que les moniales possédaient. Cet échange, puique attesté par Robert du Neubourg, eut lieu avant 1159 ; il est mentionné dans la pancarte de fondation de Saint-Léger de Préaux. (Du Monstier, *Neustria Pia*, p. 525, XIV). Les trente-six sous d'Henri du Neubourg représentent la dîme des dix-huit livres que Galeran II avait assignées à Robert du Neubourg sur les revenus de Pont-Audemer (voir **B3**).

Notum sit presentibus et futuris quod Rogerius Belli Montis et Robertus, frater ejus, filii Hunfridi de Vetulis, ecclesie Sancti Petri Pratellis[a] fundatoris, dederunt Deo et predicte ecclesie decimam tocius ville Pontis Audomari rerum omnium que decimari poterant quam longo tempore post monachi ibidem Deo servientes integre et absque omni diminutione possederunt. Tandem crescente cupiditate et fraudulentia prepositorum prevalente, ceperunt quidam eorum Deo datam decimam diminuere et quam integre et quiete monachi possederant cum grandi difficultate tres ejusdem decime partes vix habere poterant. Quod Gualerannus, comes Mellenti, comperiens, vir Deo devotus, anime sue curam gerens et ecclesie predicte in posterum consulens, ne decime Deo date amodo aliqua diminutio fieret, decimam septimanam tocius redditus Pontis Audomari et per terram et per aquam, per omnia liberam et quietam, sicut idem comes novem septimanas habebat, concedente Roberto, filio suo, et Agnete, uxore sua, annuente, Deo et ecclesie Sancti Petri Pratelli concessit. Omnium autem rerum que ad preposituram non pertinent, sicut estallorum, moagiorum, fenestragiorum, furnorum, fenorum, sicce molture, censuum, molendinorum, tercie partis decimam et duarum partium reliquarum, triginta solidos de Sancto Leodegario et triginta sex de Henrico de Novo Burgo et salmonum vicecomitatus et ferie, que est post Pentecosten, et omnium reliquorum predictus comes ecclesie Sancti Petri Pratelli decimam, quam jampridem possederat, liberam et sine omni diminutione concessit. Et ut hec in perpetuum rata permaneant, munimento sigilli sui confirmavit. Testes : Robertus, senescallus[b] ; Gualerannus[c], filius predicti comitis ; Willelmus de Pinu ; Gislebertus *le Saisne* ; Willelmus Pipardus ; Radulfus, filius Alberade ; Walterius de Sancto Sansone ; Crispinus ; Hugo de Sancta Maria ; Hunfridus *l'Engigneor*.

Ego autem Robertus, filius Gualeranni[d] comitis, hec omnia que a patre meo concessa et donata sunt concedo et sigilli mei auctoritate confirmo. Testes : suprascripti omnes.

(a) *Sic BC pour* Pratelli. — (b) senescalus *C.* — (c) Galerannus *C.* — (d) Gualleranni *C.*

B26

[1155, 5 mai-1166, 10 avril].

Galeran [II], comte de Meulan, donne en aumône à l'abbaye Saint-Pierre de Préaux, avec l'accord d'Agnès sa femme et de Robert son fils, vingt sous à percevoir en l'octave de la Saint-Michel [6 octobre], sur ses étals de Pont-Audemer, pour entretenir une lampe dans le chapitre, où reposent ses ancêtres.

B. Cart. XIIIe siècle, fol. 36v, n° 70, sous la rubrique : « *Authenticum Gualeranni comitis super viginti solidis ad luminare capituli in estallis de Ponte Audomari percipiendis* ». [Copie partielle Delisle, Bibl. nat. de Fr., nouv. acq. lat. 1025, fol. 37, n° 70].

C. Cart. XVe siècle, fol. 27-v, n° 58. — D. Copie de 1668, Bibl. Nat. de Fr., Coll. du Vexin, t. IV, p. 16 ; cette copie porte en exergue : « *Auctenticum Galerani comitis super XX solidis ad luminare capituli et cetera* ». — E. Copie du XVIIIe siècle, Bibl. Nat. de Fr., Coll. du Vexin, t. VIII, p. 563, n° 135. — F. Copie du XVIIIe siècle,

Bibl. Nat. de Fr., Coll. du Vexin, t. XIII (d'après *E*), fol. 31, n° 531. — *G*. Copie du XVIIIe siècle, Bibl. Nat. de Fr., Coll. du Vexin, t. XX, fol. 160, n° 131.

INDIQUÉ : E. Houth, *Les comtes de Meulan*..., p. 78, n° 85. — S. Mesmin, *The leper hospital*... (thèse dactylographiée), p. 433. — S. Mesmin, *Waleran, count of Meulan*..., p. 17, n. 79.

Cette charte est nécessairement postérieure à 1155, date à laquelle Galeran II donna aux moines la dîme des étals de Pont-Audemer (**B8**) ; le fils aîné de Galeran II, Robert, n'est d'ailleurs pas associé aux actes de son père avant cette date. Roger des Authieux, chapelain, atteste deux chartes de Galeran II pour Saint-Nicaise de Meulan en 1141 (E. Houth, *Recueil des chartes*..., p. 15-20, n° 13) et entre 1157 et 1159 (*ibid*. p. 23, n° 18) ; il est témoin d'un acte de Rotrou, archevêque de Rouen, entre 1163 et 1166 (*ibid*. p. 32, n° 23), d'un autre acte en faveur de Saint-Gilles de Pont-Audemer entre 1156 et 1161 (Cart. Saint-Gilles, fol. 96v ; S. Mesmin, n° 180, p. 433), et deux autres chartes pour Notre-Dame de Gournay entre 1141 et 1164 (Arch. nat., LL 1397, fol. 21v, n° 22).

In nomine sancte et individue Trinitatis. Ego Gualerannus^(a), comes Mellenti, omnibus amicis meis et fidelibus, justiciis, vicecomitibus et prepositis Normannie tam presentibus quam futuris, salutem. Sciatis assensu Agnetis comitisse, uxoris mee, et Roberti, filii mei, me in perpetuam elemosinam dedisse Deo et Sancto Petro de Pratellis viginti solidos denariorum quos de estallis meis de Ponte Audomeri^(b) annuatim recipio^(c), salva decima monachorum quam de ipsis estaulis^(d) habent, reddendos infra VIII^{to} dies Sancti Michaelis ad luminare unius lampadis in capitulo, ubi antecessorum meorum corpora requiescunt. Quare volo et precipio quod in pace et honorifice et sine dilatione singulis annis, ut predictum est, reddantur predicti denarii, ne luminare quod tota nocte ante corpora antecessorum meorum ardere constituo disturbetur. Hujus donationis testes sunt : Agnes, comitissa^(e) ; Robertus, filius meus ; Robertus de Formovilla ; Willelmus de Pinu ; Radulphus de Magna Villa ; Henricus de Ponte Audomeri ; Rogerius de Altaribus, capellanus meus.

(a) Gualerannus *C* ; Gualeranus *D*. — (b) Ponte Audomari *CD*. — (c) Sic *BC*, percipio *D* — (d) Sic *BC*, estallis *D*. — (e) comitissa, uxor mea *D*.

B27

[1155, 5 mai-1166, 10 avril].

Galeran [II], comte de Meulan, donne en aumône aux moines de Saint-Pierre de Préaux, avec l'assentiment de son fils Robert, l'exemption de mouture pour leur maison de Combon.

B. Cart. XIII*e* siècle, fol. 37v, n° 72, sous la rubrique : « *Munimentum Gualeranni comitis super molta quam habent monachi apud* Combon » ; dans la marge : « Combon ». [Copie partielle Delisle, Bibl. nat. de Fr., nouv. acq. lat. 1025, fol. 38, n° 72].

C. Cart. XV*e* siècle, fol. 27v-28, n° 60.

Notum sit presentibus et futuris quod ego Walerannus⁽ᵃ⁾, comes Mellenti, concedente Roberto, filio meo, do in perpetuam elemosinam ecclesie Sancti Petri de Pratellis quittanciam molte proprie domus monachorum quam habent apud *Combum*⁽ᵇ⁾. Testes : Robertus, dapifer ; Willelmus de Pinu ; Johannes de Lunda ; Willelmus de Teboldivilla.

(a) Walleranus *C.* — (b) Combon *C.*

B28

[1155, 5 mai-1166, 10 avril].

Galeran [II], comte de Meulan, donne en aumône à l'abbaye Saint-Pierre de Préaux cinq arpents de nouvelle vigne assis à Aubergenville, cinq autres arpents contigus pour planter de nouveaux ceps, et un hôte. Il donne aussi dix livres à percevoir tous les ans, pour célébrer son anniversaire, sur les étals de Pont-Audemer et, à défaut, sur la prévôté ; il ajoute, dans le même but, la permission de pêcher dans la Risle pendant trois jours et tout ce qu'il avait à la pêcherie de la [Grand-]Mare. Agnès, son épouse, et Robert, son fils, ont donné leur consentement en déposant sur l'autel de Saint-Pierre la croix d'or qu'il a donnée à cette église.

B. Cart. XIII*e* siècle, fol. 37, n° 71, sous la rubrique : « *Instrumentum Gualeranni comitis super V nove vinee arpentis apud Obergenvillam et V arpentis terre ad plantandum vineam et cum X libris in estallis ad faciendum anniversarium* ». [Copie partielle Delisle, Bibl. nat. de Fr., nouv. acq. lat. 1025, fol. 38, n° 71].

C. Cart. XV*e* siècle, fol. 27v, n° 59, sous la même rubrique, complétée par : « *cum licentia piscandi per tres dies in Risla* ».

INDIQUÉ : E. Houth, *Les comtes de Meulan...*, p. 79, n° 87. — L. Passy, *Notice sur le cartulaire...*, p. 362, n. 3.

Cet acte est postérieur à 1155 puisque les dons qu'il consigne ne figurent pas dans la charte confirmative de Galeran II (**B8**). Il semble que Galeran II ait accordé cette donation peu avant sa mort en 1166, comme l'indique l'allusion à son « anniversaire » ; d'ailleurs l'acte **B38** rappelle que ces biens étaient mentionnés dans le testament de Galeran II.

Notum sit tam presentibus quam futuris quod ego Gualerannus[a], comes Mellenti, dedi ecclesie Sancti Petri de Pratellis in perpetuam elemosinam quinque arpenta nove vinee apud Obergenvillam et quinque arpenta terre ad plantandam vineam ipsi vinee contigua et unum hospitem in eadem villa, quietum ab omni consuetudine, sicut erat in dominio meo. Dedi preterea predicte ecclesie decem libras in estallis de Ponte Audomari ad faciendum anniversarium meum singulis annis : quod si predicti denarii in estallis compleri non poterunt, de redditu prepositure compleantur. Dedi etiam eidem ecclesie licentiam piscandi in Risla per tres dies ad idem anniversarium et iterum dedi quicquid[b] habebam in piscatura de Mara. Has donationes concesserunt Agnes comitissa, uxor mea, et Robertus, filius meus, et posuerunt super altare Sancti Petri per crucem auream, quam ego ipse ecclesie tunc tribui. Testes : Robertus de Formovilla[c] ; Willelmus *Malvesin* ; Robertus de Jovigneio ; Willelmus de *Bailluel* ; Willelmus de Pinu ; Goscelinus *Rossel* ; Willelmus de Hangemara ; Johannes de Lunda ; Robertus de *Felgeroles* ; Rogerius de *Campigné* ; Alanus de *Tanei*.

(a) Guallerannus C. — (b) quidquid C. — (c) Fomovilla B.

B29

[1152, 21 décembre-1166, 10 avril].

Galeran [II], comte de Meulan, confirme la restitution faite par Henri de Pont-Audemer d'une terre donnée par son père Raoul, fils de Durand, à l'abbaye Saint-Pierre de Préaux lors de sa prise d'habit, à savoir : tout le fief de Gilbert Harenc à Roys en terres arables, pâturages et prés, inféodé en sa présence et devant ses barons à Pont-Audemer par Michel, abbé de Préaux, à Geoffroy de Roys. Galeran [II] confirme l'hommage, prêté par ce dernier à l'abbé, assorti d'une rente annuelle de vingt sous ayant cours en Normandie, payable en l'octave de la première Saint-Michel [15 mai], et de l'obligation d'affranchir cette terre de toutes coutumes. Enfin, il se déclare plège de l'accord et promet de suppléer Geoffroy dans ses obligations, si ce dernier faisait défaut.

B. Cart. XIIIe siècle, fol. 38-v, n° 75, sous la rubrique : « *Instrumentum Gualeranni comitis super terram quam Radulfus, filius Durandi, pro monachatu suo apud* Roes *contulit ecclesie Pratellensi* ». [Copie partielle Delisle, Bibl. nat. de Fr., nouv. acq. lat. 1025, fol. 39, n° 75].

C. Cart. XVe siècle, fol. 28-v, n° 62.

a. A. Le Prévost, *Mémoires*, t. III, p. 176-177.

INDIQUÉ : A. Canel, *Essai historique...*, t. II, p. 205. — Charpillon, Caresme, *Dictionnaire...*, t. I, p. 478. — E. Houth, *Les comtes de Meulan...*, p. 78, n° 84. — S. Mesmin, *Waleran, count of Meulan...*, p. 14, n. 70. — D. Crouch, *The Beaumont...*, p. 158.

Cette transaction eut lieu durant l'abbatiat de Michel, qui a débuté le 21 décembre 1152, et avant la mort de Galeran II, le 10 avril 1166.

Notum sit filiis sancte Ecclesie tam presentibus quam futuris quod ego Gualerannus, comes Mellenti, concessi et mei sigilli munimento confirmavi recognitionem et redditionem Henrici de Ponte Audomari quam ipse in mea presentia fecit ecclesie Sancti Petri de Pratellis de terra illa, quam pater suus, Radulphus filius Durandi, in perpetuam elemosinam dederat eidem ecclesie pro suo monachatu, videlicet totum feodum Gisleberti *Harenc* in *Roes*, tam in nemore quam in pratis et in terra sacionali et paschua. Eandem autem terram accepit Gaufridus de *Roes* a Michaele, abbate Pratellensi, et de ea fecit ei hummagium coram me et baronibus meis Ponte Audomari[a], ita ut annuatim predictus Gaufridus reddat ecclesie Pratellensi in ipsa villa Pratelli XX[ti] solidos denariorum per Normanniam communiter currentium infra octavas primi festi sancti Michaelis ; et idem Gaufridus predictam terram adquietare debet ab omni consuetudine et servitio. Hujus autem conventionis ego Gualerannus comes sum plegius quod, si predictus Gaufridus in aliquo de hac conventione defecerit, defectum ejus plenarie restituam ecclesie Pratelli. Hujus rei testes sunt : Robertus de Formovilla, dapifer ; Willelmo[b] de *Pin* ; Radulfus de *Magneville* ; Willelmus de Thebovilla[c] ; Gislebertus de *Bigart*. Et ex parte Gaufridi de *Roes* : Robertus de *Siretor*. Et ex parte abbatis : Willelmus de *Salerne* ; Hugo *Harenc*.

(a) *Sic BC pour* in Ponte Audomari. — (b) *Sic B, corr.* Willelmus. — (c) Theboville *C*.

B30

[1166, 10 avril-1167, 15 décembre].

Henri du Neubourg fait savoir qu'il a donné en aumône à Michel, abbé, et aux moines de Préaux les manses de terre libres qu'il tenait à Meulan du comte Robert [IV] de Meulan, de même que son père les avait tenus du comte Galeran [II] ; transaction effectuée avec l'accord du comte Robert [IV] de Meulan, pour les âmes de ses parents et de celles de ses ancêtres.

B. Cart. XIIIe siècle, fol. 51, n° 113, sous la rubrique : « *Karta Henrici Novi Burgi de maisuris quas dedit nobis apud* Mellent *ita quietas et liberas, sicut eas de comite tenebat* ». [Copie partielle Delisle, Bibl. nat. de Fr., nouv. acq. lat. 1025, fol. 55, n° 113].

C. Cart. XVe siècle, fol. 37, n° 98.

Le fait que le comte Robert IV de Meulan ait consenti à cette donation implique qu'elle est intervenue après le 10 avril 1166, date de la mort de son père Galeran II ;

la référence à l'abbé de Préaux Michel détermine d'autre part le *terminus ad quem* : le 15 décembre 1167, date de sa mort. La présence de ces terres dans le patrimoine d'Henri du Neubourg trouve son origine dans l'accord passé entre Galeran II de Meulan et Robert du Neubourg (voir **B3**) ; l'abbé de Préaux Henri inféoda cette terre, entre 1167 et 1182, au fèvre Foucher (voir **A65**).

Notum sit tam presentibus quam futuris quod ego Henricus de Novo Burgo, tempore Michaelis abbatis, pro animabus patris et matris mee et omnium antecessorum meorum, concedente Roberto, comite de *Mellent*, in perpetuam elemosinam dedi ecclesie Sancti Petri de Pratellis et monachis ibidem Deo servientibus mansuras terre quas a predicto comite tenebam apud *Mellent* ita liberas et quietas, sicut ego ipse a prefato comite tenebam et pater meus a patre suo Gualeranno tenuit. Testes : Gaufridus *Fichet* ; Aalardus, nepos ejus ; Radulfus de Furcis ; Odo de *Cahaines* ; Willelmus, cognatus ejusdem Henrici ; Thomas, pincerna ; Radulfus, cubicularius ; Godefridus Anglicus, qui tunc erat prepositus de *Combon* ; Odo, senescallus[(a)].

(a) senescalus *C*.

B31

[1152, 21 décembre-1167, 15 décembre].

Hugues, abbé de Saint-Sauveur-le-Vicomte, fait savoir que avec l'accord des moines il a concédé à l'abbé Michel et aux moines de Préaux tout ce que l'abbaye possédait à Neuville, près de Drincourt, église, moulin, hommes, terres, prés et bois, contre une rente annuelle de quarante sous de roumois qu'un moine de Saint-Sauveur muni d'un acte scellé du sceau de l'abbé viendra percevoir à Préaux à la Saint-Pierre et Saint-Paul, le 29 juin.

B. Cart. XIIIe siècle, fol. 52v, n° 118, sous la rubrique : « Concessio Hugonis abbatis et conventus Sancti Salvatoris abbati Michaeli et conventui de Pratellis de omni redditu quem solebat percipere in Nova Willa ». [Copie partielle Delisle, Bibl. nat. de Fr., nouv. acq. lat. 1025, fol. 57, n° 118].
C. Cart. XVe siècle, fol. 38v, n° 103.
INDIQUÉ : D. Gurney, *Record...*, t. I , p. 68, p. 89, t. II, p. 741.
a. D. Rouet, « Une dépendance de l'abbaye Saint-Pierre de Préaux... », p. 533, n° 11.

Les biens que possédait l'abbaye de Saint-Sauveur-le-Vicomte à Neuville lui avaient été donnés par Paien d'Elbeuf (voir **B40**) ; ce domaine fut confirmé à Saint-Sauveur par Henri II dans une charte délivrée à Cherbourg entre 1172 et 1178 (Delisle, *Recueil...*, t. II, p. 79, n° 515). Hugues, abbé de Saint-Sauveur-le-Vicomte, qui a succédé à Onfroi, mort le 21 octobre 1147, était présent à la consécration de Robert de Torigny, nouvel abbé du Mont-Saint-Michel, le 24 juillet 1154 ; il est attesté jusqu'en 1168 (Lerosey, *op. cit.*, p.49). L'abbé de Préaux Michel est mort le 15 décembre 1167.

Notum sit omnibus presentibus et futuris quod domnus Hugo, abbas Sancti Salvatoris de Constantino[a], et conventus ejusdem ecclesie concesserunt Michaeli, abbati, totique conventui de Pratellis quicquid habebant in Nova Villa, que est juxta *Drincort* posita, videlicet in ecclesia, in molendino, in hominibus, in terris, in pratis, in nemoribus. Hoc autem concesserunt perpetualiter et tali conditione quod ecclesia Pratellensis reddet annuatim ecclesie Sancti Salvatoris quadraginta solidos romeisinorum ad festum apostolorum Petri et Pauli, quod est III° kalendas julii[b]. Constitutum est autem quod monachus Sancti Salvatoris cum sigillo abbatis veniet Pratellum denarios recepturus.

(a) Constentino *C.* — (b) jullii *C.*

B32

[...1152-1167, 15 décembre].

Michel l'Abbé de Tourville fait savoir qu'il a donné à l'abbaye Saint-Pierre de Préaux, pour le salut de son âme, dix sous angevins à percevoir chaque année [à la Toussaint] sur la masure de Pierre de Longue et de ses hoirs, de sorte que les moines pourront se faire justice en cas de besoin. Le reste des revenus de cette terre demeurera aux héritiers de Michel.

B. Cart. XIIIe siècle, fol. 68v, n° 172, sous la rubrique : « *Ex dono Michaelis Abbatis de Torwilla decem solidos denariorum annuatim percipiendos in maisura Petri de Londa*[a] *ad festum Omnium sanctorum* ». Dans la marge : « *Ad sacristam* ». [Copie partielle Delisle, Bibl. nat. de Fr., nouv. acq. lat. 1025, fol. 73, n° 172].
C. Cart. XVe siècle, fol. 51, n° 153.
INDIQUÉ : *Gallia christiana*, t. XI, col. 838 d. — A. Le Prévost, *Mémoires*, t. I, p. 360.

Hugues de Sainte-Mère-Eglise est souvent cité durant l'abbatiat de Michel, puis dans l'entourage du comte de Meulan Galeran II (**A55**, **B9**, **B28**, **B32**, **B35**, **B36**, **B37**, **B38**, **B43**, **B50**, **B56**, **B74**, **B86**) : il est ici aux côtés de son père, que l'on ne retrouve plus ensuite dans les chartes de Préaux. Cet acte doit certainement être daté de l'abbatiat de Michel et sûrement d'avant 1166, année de la mort de Galeran II. Guillaume, fils de Chrétien, est quatre fois cité dans le cartulaire de Préaux entre 1152 et 1167 (**A95**, **A115**, **A116**, **A123**). Gilbert de Lamberville est témoin d'une charte de Raoul, évêque de Lisieux, en faveur du Bec, concernant deux gerbes de la dîme de Boissy, qui avaient appartenu à Hugues de Lamberville (Arch. dép. Eure, H 81, 1re pièce, 1182-1192).

Sciant presentes et futuri quod ego Michael Abbas de Torvilla dedi in perpetuam elemosinam pro salute anime mee ecclesie Sancti Petri de Pratellis et monachis ibidem Deo servientibus X solidos andegavensium annuatim accipiendos in mansura Petri de Longa et heredum suorum, ita quod monachi memorati faciant justiciam super ipsum Petrum et heredes ejus pro redditu prenominato[b], quotiens opus fuerit, et quicquid in prefata terra et redditu residuum fuerit remanebit heredibus meis. His[c] testibus : Willelmo de Sancta Maria ; Hugone, filio ejusdem Willelmi ; Nicholao[d] de *Thanai* ; Ricardo de Lambertivilla ; Gileberto, fratre ipsius ; Hugone, fratre meo ; Thoma de Hispania ; Gaufrido *Pulein* ; Willelmo, filio Christiani, et pluribus aliis.

(a) *Sic B.* — (b) prenominate *B* ; prenominato *C*. — (c) hiis *C*. — (d) Nicolao *C*.

B33

[1166, 10 avril-1169]. — Montfort[-sur-Risle].

Henri [II], roi d'Angleterre, fait savoir à l'archevêque de Rouen, aux évêques, abbés, comtes, barons, justiciers, vicomtes et à tous ses sujets de Normandie qu'il a confirmé les dons faits à l'abbaye Saint-Pierre de Préaux par le comte de Meulan Galeran [II] : dix livres à percevoir chaque année sur les étals de Pont-Audemer pour célébrer l'anniversaire du comte, trois jours de pêche dans la Risle, à la même occasion, et tout ce qu'il avait dans la pêcherie de la [Grand-]Mare.

B. Cart. XIIIe siècle, fol. 29v-30, n° 60, sous la rubrique : « *Confirmatio super X libris quas Galerannus, comes Mellenti, dedit ecclesie Pratelli in stallis Pontis Audomari ad suum anniversarium singulis annis faciendum cum piscatione in Rilla per III dies cum omni jure, quod predictus comes habebat in Mara* ». [Copie Delisle, Bibl. nat. de Fr., nouv. acq. lat. 1025, fol. 27, n° 60 et fol. 285].

C. Cart. XVe siècle, fol. 21v, n° 48 ; dans la marge : « *De Ponte Audomari* ».

a. L. Delisle, L. Berger, *Recueil*..., t. I, p. 561-562, n° 432. — b. Nicholas Vincent, [*Actes d'Henri II*, en préparation], 1749H.

INDIQUÉ : H. Round, *Calendar*..., p. 116, n° 344.

L. Delisle date cette charte des années 1166-1169, période durant laquelle Guillaume Malet porte le titre de sénéchal (L. Delisle, *Recueil*..., Introduction, p. 491). Cette datation semble confirmée par la mort de Galeran II, intervenue en 1166, 10 avril. Les biens ici confirmés sont ceux qui avaient été donnés par le comte de Meulan dans l'acte **B28**. Cette charte est de toute façon antérieure à l'introduction de la formule *Dei gratia* dans la titulature d'Henri II en 1172.

Henricus, rex Anglorum[a] et dux Normannorum[b] et Aquitanorum[c] et comes Andegavorum[d], archiepiscopo Rothomagensi[e] et episcopis, abbatibus, comitibus, baronibus, justiciis, vicecomitibus, ministris et omnibus fidelibus suis tocius Normannie, salutem. Sciatis me concessisse et hac mea presenti carta confirmasse Deo et ecclesie Sancti Petri de Pratellis et monachis ibidem Deo servientibus in liberam et perpetuam elemosinam X libras denariorum in stallis de Ponte Audomari ad faciendum anniversarium comitis Mellenti singulis annis, sicut comes Walerannus de *Mellent* eis dedit, et preterea concedo eis quod piscentur in Rillam annuatim per III dies ad idem anniversarium et quicquid[f] idem comes habebat in piscaria de *la* Mara[g]. Quare volo et firmiter precipio quod predicta ecclesia de Pratellis et monachi omnia hec predicta habeant et teneant bene et in pace et libere et quiete et honorifice cum omnibus pertinentiis suis, sicut carta[h] predicti comitis Waleranni et Roberti, filii sui, et Agnetis, comitisse Mellenti, testatur. Testibus : Ricardo de Humetis, constabulario ; Willelmo *Malet*, dapifero ; Willelmo de Hastingis, dispensario ; Walterio de[i] Dunstanvilla. Apud *Montfort*.

(a) Angl *suivi d'un tilde C*. — (b) Norm *suivi d'un tilde C*. — (c) Aquit *suivi d'un tilde C*. — (d) Andeg *suivi d'un tilde C*. — (e) Rothom *suivi d'un tilde C*. — (f) quidquid *C*. — (g) *La Mare C*. — (h) karta *C*. — (i) *Omis dans C*.

B34

1170.

Roger, abbé du Bec-Hellouin, confime que Jean de Livet[-sur-Autou] a donné en aumône à l'abbaye Saint-Pierre de Préaux une acre de terre et l'emplacement d'un moulin à construire, sauf le droit de l'abbaye du Bec. Comme cette terre relevait du fief de cette abbaye, l'abbé de Préaux Henri a demandé aux moines du Bec de donner leur accord et de confirmer la donation, afin d'empêcher toute réclamation future de leur part ou de celle des héritiers de Jean de Livet.

B. Cart. XIIIe siècle, fol. 58, n° 135, sous la rubrique : « *Confirmatio Rogeri, abbatis Beccensis, super quadam acra terre et situ cujusdam molendini apud* Liveit *de dono Johannis de* Liveht ». [Copie partielle Delisle, Bibl. nat. de Fr., nouv. acq. lat. 1025, fol. 63, n° 135].

C. Cart. XVe siècle, fol. 42v-43, n° 119. Même rubrique.

a. A. Le Prévost, *Mémoires*..., t. II, p. 322.

INDIQUÉ : *Chronicon Beccense*, Bibl. nat. de Fr., lat. 12884, fol. 231 : « 1172. *Rogerius abbas Becci Henrico, abbati de Pratellis qui monachus fuerat Becci, concessit et confirmavit acram terrae et locum ad construendum molendinum* ».

Cette confirmation de la part de l'abbé du Bec Roger est mentionnée dans les annales du Bec à l'année 1172. Les moines de Préaux possédaient à Livet-sur-Autou le moulin de Saim, depuis le milieu du XIIe siècle (voir **A115**, **A116**) ; ils acquièrent ici la possibilité d'en construire un second, sans doute celui qu'on appela ensuite le Moulin-neuf.

Rogerius, Dei gratia abbas Becci, totusque ejusdem loci conventus, universis fidelibus, ad quos littere presentes pervenerint, salutem et orationes. Universitati vestre innotescat Johannem de *Liveht* anno ab Incarnatione Domini M° C° LXX° unam acram terre et situm loci ad molendinum quoddam faciendum idoneum[(a)] ecclesie Sancti Petri Pratelli in perpetuam dedisse elemosinam. Sed, quoniam predicta terra de feudo ecclesie nostre est, abbas Henricus et conventus Pratelli petierunt ut huic donationi assensum preberemus eamque auctoritate nostri testimonii confirmaremus, ne vel ex parte nostra vel ex parte heredum prenominati Johannis aliqua sequeretur calumpnia. Quorum peticioni adquiescentes, hanc donationem concedimus et presentis carte munimine confirmamus optantes ut, salvo jure ecclesie nostre, ecclesia Pratelli hoc beneficium libere et quiete in perpetuum possideat. Valete in Domino.

(a) ydoeum *C*.

B35

[1166, 10 avril-1171, 11 février].

Robert [IV], comte de Meulan, fait savoir à ses hommes de Meulan et d'Aubergenville, à ses baillis et prévôts, qu'il a donné à l'abbaye Saint-Pierre de Préaux un hôte à Aubergenville, nommé Garin Ferré, libre de toute coutume, avec tout ce qu'il tenait du comte en vignes, champs, coutumes et champarts.

B. Cart. XIIIe siècle, fol. 44v, n° 91, sous la rubrique : « *Karta Roberti, comitis de Mellent, de quodam hospite quem dedit nobis quietum cum omnibus serviciis suis apud Aubergenwillam* ». [Copie partielle Delisle, Bibl. nat. de Fr., nouv. acq. lat. 1025, fol. 45, n° 91].
C. Cart. XVe siècle, fol. 33, n° 77. — D. Copie du XVIIe siècle, Coll. du Vexin, t. IV, p. 26, (Extrait).
INDIQUÉ : E. Houth, *Catalogue des actes...*, p. 524, n° 65. — E. Houth, *Les comtes de Meulan...*, p. 118, n° 65.

Cette donation, rappelée dans l'acte **B36**, est antérieure à la mort d'Aimery, abbé de Saint-Ouen de Rouen, le 11 février 1171 (voir **B38**).

Robertus, comes Mellenti, omnibus hominibus suis de *Mellent* et de Obergenvilla, baillivis maxime et prepositis, salutem. Sciatis me dedisse abbatie Sancti Petri Pratelli[a] unum hospitem in Osbergenvilla, nomine Guarinum *Ferré*, com[b] omnibus que de me tenebat, videlicet in vineis, in agris, in consuetudinibus, in campartagiis, quietum ab omni consuetudine et exactione, sicut meum dominium. Testes : Radulfus de *Belmont* ; Hugo de Sancta Maria ; Radulfus de *Grolai* ; Robertus *le Brun* ; Robertus *Belot* ; Hunfridus *l'Engigneor*.

(a) de Pratellis *C*. — (b) cum *C*.

B36

[1166, 10 avril-1171, 11 février].

Robert [IV], comte de Meulan, fait savoir à ses fidèles [d'Ile-]de-France et de Normandie qu'il a donné à l'abbaye Saint-Pierre de Préaux, pour le salut de l'âme de son père, dix arpents de terre contigus à la vigne que son père avait donnée aux moines à Aubergenville, libre de la coutume du pressoir. Il concède et abandonne aux moines les droits qu'il avait sur la vigne, que les moines ont acquise d'Herbert l'Anglais.

B. Cart. XIIIe siècle, fol. 44, n° 90, sous la rubrique : « *Karta Roberti, comitis de Mellent, de decem arpentis terre apud Aubergiwillam et de quietatione vinee quam monachi de Pratellis mercati sunt a Herberto* ». [Copie partielle Delisle, Bibl. nat. de Fr., nouv. acq. lat. 1025, fol. 45, n° 90].
C. Cart. XVe siècle, fol. 32v-33, n° 76. — D. Copie du XVIIe siècle, Coll. du Vexin, t. XII, p. 26, (Extrait).
INDIQUÉ : E. Houth, *Les comtes de Meulan*..., p. 119, n° 74.

Hervé de Clerbec, témoin de cette charte, apparaît trois fois dans les actes de Robert IV de Meulan pour Préaux : on le voit aux côtés d'Hugues de Sainte-Mère-Eglise entre 1166 et 1171 (voir **B37**) et à nouveau entre 1185 et 1192 (voir **B86**). À la fin du XIIe siècle, on le retrouve témoin d'une charte de Guillaume de Clerbec, probablement son frère, en faveur de l'abbaye d'Aunay-sur-Odon, fondée par le connétable Richard du Hommet, confirmant aux moines la dîme du fief d'Esnée sis à Saint-Martin-de-Bonfossé (M. Dubosc, *Inventaire sommaire*..., *Manche, Série H*, p. 2, H 7).

Robertus, comes Mellenti, omnibus suis et fidelibus Francie et Normannie tam presentibus quam futuris, salutem. Notum vobis sit me dedisse et concessisse, pro anima patris mei, X arpenta terre contigua et propinquiora terre et vinee, quam pater meus eis donavit apud Obergenvillam[a] quieta a omni consuetudine et exactione torcularis. Preter hec autem concedo monachis Sancti Petri Pratelli[b] totam quietantionem[c] vinee quam mercati sunt a Herberto, quantum ad me pertinet, et redditus quam mihi inde reddebat. Testes : Gislebertus ; Hugo de Sancta Maria ; Herveo[d] de *Clerbec* ; Ricardus Britonus ; Radulfus de Grolaio ; Ricardus *le Bigot* ; Ricardus de Tregevilla.

(a) Obergenvilla *B*. — (b) Sancti Petri Pratellis *C*. — (c) Sic *B* ; quietationem *C*. — (d) Sic *BC*, pour Herveus.

B37

[1166, 10 avril-1171, 11 février].

Robert [IV], comte de Meulan, confirme les dons faits par son père Galeran [II] à l'abbaye Saint-Pierre de Préaux : cinq arpents de jeune vignoble, cinq autres arpents de terre pour y planter de la vigne, libres de toute coutume et droit de pressoir, un hôte habitant dans la même ville, libre de toute coutume, comme il l'était dans son domaine. Après la mort de son père il a ajouté pour le repos de l'âme de ce dernier, pour la sienne, et celles de tous ses ancêtres et amis, dix autres arpents pour y planter de la vigne, contigus aux terres précédemment octroyées par son père ; il a en outre abandonné aux moines la vigne que ceux-ci avaient achetée à Herbert l'Anglais, ainsi que les rentes que ce dernier lui versait.

B. Cart. XIIIe siècle, fol. 41-v, n° 84, sous la rubrique : « *Confirmatio Roberti, comitis de* Mellent, *de quinque arpentis nove vinee apud* Aubergenville ». [Copie partielle Delisle, Bibl. nat. de Fr., nouv. acq. lat. 1025, fol. 43, n° 84].

C. Cart. XVe siècle, fol. 30v, n° 70. — *D*. Copie du XVIIe siècle, Bil. nat. de Fr., Coll. du Vexin, t. IV, p. 25, (extrait).

Cette confirmation de Robert IV de Meulan est intervenue peu après la mort de Galeran II (voir **B38**).

In nomine sancte et individue Trinitatis. Ego Robertus, comes Mellenti, filius Gualeranni comitis, notum fieri volo omnibus hominibus meis et omnibus in Christo credentibus me concessisse donum quod pater meus dedit ecclesie Sancti Petri de Pratellis, videlicet quinque arpenta nove vinee apud Obergenvillam et quinque alia arpenta terre ad plantandam vineam, ipsi vinee contigua, quieta ab omni consuetudine et exactione et pressoragio, et etiam unum hospitem quem dedit in eadem villa, quietum ab omni consuetudine, sicut erat in dominio suo. Huic autem donationi testes affuerunt : Robertus de Formovilla ; Willelmus *Malveisin* ; Robertus de *Jovigne* ; Willelmus de *Bailluel* ; Willelmus de Pinu ; Goscelinus *Rossel* ; Willelmus de Hangemara ; Johannes de Lunda ; Robertus de *Felgeroles* ; Rogerius de Campigneio ; Alannus de Tanaio.

Post mortem vero ejusdem patris mei, ego ipse Robertus, comes Mellenti, dedi et adjunxi predicte donationi pro anima ejus et mea et omnium antecessorum et amicorum meorum decem alia arpenta terre ad plantandam vineam contigua et propinquiora predicte vinee et terre, quam isdem[a] pater, sicut dictum est, eidem ecclesie Sancti Petri Pratelli donaverat quieta ab omni consuetudine et exactione et pressoragio. Preter hoc autem concessi monachis Sancti Petri Pratelli totam quietationem vinee quam mercati sunt a Herberto Anglico, quantum ad me pertinet, et etiam redditus quos mihi inde reddebat. Testes : Gislebertus *le Saine* ; Hugo de Sancta Maria ; Herveus de *Clerbec* ; Ricardus Brito ; et Radulfus de Grolaio ; Ricardus *le Bigot* ; Ricardus de Tregevilla[b].

(a) *Sic BC, corr.* idem. — (b) Treguevilla *C*.

B38

[1166, 10 avril-1171, 11 février].

Robert [IV], comte de Meulan, confirme la donation faite à l'abbaye Saint-Pierre de Préaux par son père Galeran [II], mort après avoir revêtu l'habit monastique à Préaux. Galeran a donné, par testament, cinq arpents de jeunes vignes, cinq autres arpents contigus pour planter de nouveaux ceps et un hôte libre de tout service. Robert [IV] a donné après la mort de son père dix autres arpents de terre, jouxtant les vignes des moines, pour en planter de nouvelles. Il y ajoute à la place des dix livres de monnaie courante, que les moines percevaient chaque année à l'occasion de l'anniversaire de son père, quatre arpents et demi de jeunes vignes, appelés la vigne Wastel.

B. Cart. XIIIe siècle, fol. 41, n° 83. Mention à l'encre verte : « *Quomodo Galerannus, comes Mellenti, dedit nobis apud Obergiwillam quinque arpenta nove vinee et V arpenta terre eidem contigua ad plantandam vineam et unum hospitem in eadem willa liberum et absolutum. Hoc donum confirmavit comes Robertus. Insuper idem Robertus addidit huic dono, post mortem Galeranni comitis, in eadem willa X arpenta terre* ». [Copie partielle Delisle, Bibl. nat. de Fr., nouv. acq. lat. 1025, fol. 42, n° 83].

C. Cart. XVe siècle, fol. 30-v , n° 69. — D. Copie du XVIIe siècle, Bibl. nat. de Fr., Coll. du Vexin, t. IV, p. 25 (d'après *B*, extrait).

a. L. Deslisle, *Cartulaire normand*..., p. 173, n° 765.
INDIQUÉ : H. Round, *Calendar*..., p. 117, n° 346. — E. Houth, *Catalogue des actes*..., p. 509, n° 8. — E. Houth, *Les comtes de Meulan*... p. 104, n° 8.

La présence d'Aimery, élu abbé de Saint-Ouen de Rouen en 1167 et mort le 11 février 1171 (*R. H. F.*, t. XXIII, p. 357 et *Chronicon Beccense*, Bibl. nat. de Fr., lat. 12884, 230v), détermine la datation de cet acte.

Robertus, comes Mellenti, presentibus et futuris, salutem. Notum esse volo universis quod pater meus, comes Walerannus, monasterio Sancti Petri de Pratellis, in quo monachus factus est et sepultus, in testamento suo libere et absolute dedit apud Osbergenvillam V arpenta vinee nove plantee et V arpenta terre eidem continua ad plantandam vineam, que ego, eo vivente, concessi et concedo, et hospitem unum in eadem villa liberum et quietum ab omni servitio, sicut erat in meo dominio, et hoc presenti carta confirmo. Insuper ego donavi post mortem ejus eidem monasterio in eadem villa X arpenta terre predicte terre et vinee continua ad plantandam vineam et pro X libris puplice[a] monete, quas habebat idem monasterium in Ponte Audomari pro anniversario patris mei, dono predicto monasterio in excambium IIII arpenta vinee nove plante et dimidium arpenti vinee que vocatur vinea *Wastel*. Hec omnia a patre meo et a me donata, ut firme et stabiliter eidem monasterio permaneant, presenti scripto et sigilli mei auctoritate confirmo. Testes : Rotroldus, Rothomagensis[b] archiepiscopus ; Arnulfus, Lexoviensis[c] episcopus ; Haimericus, abbas Sancti Audoeni ; Ricardus, abbas de Valle Azonis ; Willelmus, camerarius de Tancarvilla ; Henricus de Novo Burgo ; Hugo de Sancta Maria ; Ricardus *Bigot* ; Robertus *Belot* ; Renoldus de Sancto Phileberto ; Walterius de Briona.

(a) *Sic BC, corr.* publice. — (b) Roth *suivi d'un tilde B*, Rothom *suivi d'un tilde C*. — (c) Lexov *suivi d'un tilde B*, Lexovien *suivi d'un tilde C*.

B39

1172.

Hugues [IV] de Gournay, fils de Gérard de Gournay, concède et ratifie, avec le consentement de son épouse Mélisende, l'accord intervenu entre Henri, abbé de Saint-Pierre de Préaux, et Roger, abbé de Saint-Sauveur[-le-Vicomte] : l'abbé de Saint-Sauveur et les moines ont concédé à l'abbaye de Préaux tout ce qu'ils possédaient à Neuville près de Drincourt, église, moulin, bois, prés, champs et toutes les autres possessions, le tout relevant du fief d'Hugues du Gournay, à charge pour les moines de Préaux de verser à ceux de Saint-

Sauveur une rente annuelle de cinquante-cinq sous de monnaie courante en Normandie à la Saint-Pierre et Saint-Paul [29 juin].

B. Cart. XIIIe siècle, fol. 51v-52, n° 116, sous la rubrique : « *Item karta predicti Hugonis super predicta compositione inter predictos abbates constituta* ». [Copie partielle Delisle, Bibl. nat. de Fr., nouv. acq. lat. 1025, fol. 56, n° 116].

C. Cart. XVe siècle, fol. 38, n° 101.

INDIQUÉ : *Chronicon Beccense*, Bibl. nat. de Fr., lat. 12884, fol. 231. — F. de Beaurepaire, *Dictionnaire topographique*..., t. I, p. 160.

a. D. Rouet, « Une dépendance de l'abbaye Saint-Pierre de Préaux... », p. 534, n° III.

Hugues IV de Gournay, fils de Gérard, confirma pour le salut de Béatrix sa femme et de Hugues son fils la donation que Paien d'Elbeuf avait faite à l'abbaye de Saint-Sauveur-le-Vicomte de biens situés à *Novovilla super Depam*, donation qu'avait déjà confirmée Gérard de Gournay, père d'Hugues que Paien avait accompagné à Jérusalem (D. Gurney, *Record*... p. 123). Hugues V de Gournay, fils d'Hugues IV, confirma cet acte de concession en faveur de Préaux entre 1180 et 1214 (voir **B138**). Cet accord fit l'objet d'une autre confirmation en 1251 de la part de l'abbé Michel de Saint-Sauveur-le-Vicomte, mais la pension due par l'abbé de Préaux en vertu de la mise en ferme perpétuelle des biens de Neuville n'est plus à cette époque que de cinquante sous (Cart. Préaux, fol. 85, n° 229).

Notum sit presentibus et futuris quod ego Hugo de Gurnaio, filius Geraldi de Gurnaio, concedo ratamque habeo compositionem que inter Henricum abbatem et conventum Pratelli et Rogerium abbatem et conventum Sancti Salvatoris fine congruo communi consilio et consensu utriusque conventus terminata est in hunc modum anno ab Incarnatione Domini M° C° LXX° II^{do} : Rogerius, abbas Sancti Salvatoris, et conventus communi consilio in perpetuum concesserunt ecclesie Pratelli quicquid beneficii habuerunt in Nova Villa, juxta opidum^(a) de *Drincurt* sita, et in ecclesia et in molendino et in nemore, in pratis et in campis et in omni alia possessione, hac conditione observata, abbas videlicet Pratelli ecclesie Sancti Salvatoris quinquaginta et quinque solidos monete per Normanniam generaliter discurentis^(b) in festivitate apostolorum Petri et Pauli annuatim reddet. Cum igitur prenotatum beneficium in feudo meo et in protectione mea consistat, compositionem gratia illius beneficii ordinatam ratam habeo eam divini amoris intuitu concedo et sigilli mei auctoritate confirmo, teste et concedente uxore mea, Mil(esende) de Gurnaio. Hujus rei testes sunt : Radulfus de Agia, decanus ; magister Adam ; Goerus, sacerdos ; Godefridus, canonicus ; Manases^(c) de Bulis ; Johannes de *Hodenc* ; Garnerius de *Hodenc* ; Oliverus de Agia ; Antelmus de Montini ; Ingelrannus, janitor ; et alii multi.

(a) *Sic BC, corr.* oppidum. — (b) *Sic B,* discurrentis *C*. — (c) Manasses *C*.

B40

[1168-1172. — Saint-Sauveur-le-Vicomte].

T(homas), *abbé de Saint-Sauveur[-le-Vicomte], fait savoir à l'abbé et aux moines de [Saint-Pierre de] Préaux que après inspection des archives de l'abbaye, il n'a pu établir avec certitude le montant des rentes que l'abbaye levait sur Neuville près de Neufchâtel, mais il les assure qu'elle possédait tout ce que Paien d'Elbeuf percevait avant de devenir moine de Saint-Sauveur. Il leur demande à son tour de l'éclairer sur ce point pour en discuter au prochain chapitre général.*

B. Cart. XIIIe siècle, fol. 52, n° 117, sous la rubrique : « *Rescriptum abbatis et conventus Sancti Salvatoris abbati et conventui de Pratellis super redditu, quem habemus ab eis in Nova Willa juxta Novum Castrum de* Drincurt ». [Copie partielle Delisle, Bibl. nat. de Fr., nouv. acq. lat. 1025, fol. 56-57, n° 117].

C. Cart. XVe siècle, fol. 38-v, n° 102.

INDIQUÉ : D. Gurney, *Record*..., t. II, p. 741.

C'est sous l'abbatiat de Michel que les moines de Préaux ont acquis la jouissance du domaine de Saint-Sauveur-le-Vicomte à Neuville (voir **B31**). Une incertitude demeure sur l'abbatiat de Thomas de Saint-Sauveur-le-Vicomte : Lerosey (*Histoire de l'abbaye bénédictine de Saint-Sauveur-le-Vicomte, op. cit.*), à l'instar de la *Gallia christiana*, date l'abbatiat de Thomas du XIIIe siècle, mais avoue que à sa connaissance on ne possède aucun acte de son gouvernement qui puisse donner une idée de l'époque de son abbatiat ; il en est de même pour l'abbé Guillaume Ier qu'il situe entre 1168 et 1173. À la lumière de cette charte de l'abbé Thomas, qui par son contenu même laisse penser qu'il est intervenu peu après que les moines de Saint-Sauveur ont concédé leurs biens sis à Neuville à ceux de Préaux, donc dans la seconde moitié du XIIe siècle, il paraît plus probable que Thomas fut abbé précisément entre 1168 et 1172, année où son successeur, l'abbé Roger, passa l'accord avec Préaux (**B39**), confirmé par Hugues du Gournay. Henri II confirma à Cherbourg vers 1172-1178 aux moines de Saint-Sauveur-le-Vicomte le don de Paien d'Elbeuf (L. Delisle, *Recueil*..., t. II, p. 79, n° 515).

Viris venerabilibus et amicis in Christo karissimis, Dei gratia . . abbati et conventui Pratellensis monasterii, T(homas), dictus abbas Sancti Salvatoris, eternam in Domino salutem. Mandamus vobis quod, habita inspectione instrumentorum nostrorum, ad plenum scire non possumus certam quantitatem reddituum quos percipiebamus in Nova Villa juxta Novum Castellum, sed tamen habeatis pro constanti quod ibi percipiebamus quicquid Paganus de Wellebœf percipiebat, antequam monachus noster efficeret. Unde rogamus vos et requirimus quatinus super hiis[(a)] vice nostra inquiratis et, quando ad generalem capitulum conveniemus, de hiis plenius tractabimus. Valete.

(a) *Sic BC, corr.* his.

B41

[1174, 30 septembre-1174, 25 décembre].

Robert de Tournay [dit Turould] donne en aumône à l'abbaye Saint-Pierre de Préaux, pour le salut de son âme et celui de ses ancêtres, une acre de terre sise sur le mont et une manse dans la vallée à Saint-Mards[-de-Blacarville], libre de toute exaction, excepté les gerbes qui lui seront données chaque année aussi longtemps qu'il lui plaira. Ses deux neveux (?) Guillaume et Aubri ont concédé ce don.

B. Cart. XIIIe siècle, fol. 65v-66, n° 164, sous la rubrique : « *Ex dono Roberti de* Tornai *apud Sanctum Medardum unam mansuram in valle et unam acram terre in monte pro remedio anime sue* ». [Copie Delisle, Bibl. nat. de Fr., nouv. acq. lat. 1025, fol. 71, n° 164 et fol. 288]. — *B²*. Cart. XIIIe siècle, fol. 22v-23, n° 50. [Copie Delisle, Bibl. nat. de Fr., nouv. acqu. lat. 1025, fol. 23, n° 50 (extrait glosé ainsi par Delisle : « L'écriture de cette charte, ajoutée après coup, n'est pas antérieure au XIVe siècle »)].

C. Cart. XVe siècle, fol. 48v, n° 145.

La soumission des fils d'Henri II à leur père et l'accord final, ici évoqué, eurent lieu en 1174 au terme d'une « conférence de paix » tenue à Montlouis. Robert de Torigny situe l'accord autour de la Saint-Michel (éd. L. Delisle, *Recueil*, t. II, p. 53) ; il eut lieu le lundi 30 septembre selon Benoît de Peterborough (*R. H. F*, t. XIII, p. 161) et le 11 octobre selon Raoul de Dicet (*R. H. F*, t. XIII, p. 197). L'acte est donc postérieur au 30 septembre 1174, voire au 11 octobre 1174, et antérieur à Noël 1174. Une autre version de cette charte a été copiée à la fin du XIIIe siècle dans le cartulaire, dont les nombreuses variantes sont ici portées dans l'apparat critique.

Notum sit universis sancte Dei Ecclesie fidelibus quod ego Robertus de *Turnai*$^{(a)}$ pro remedio anime mee et antecessorum meorum dedi in perpetuam elemosinam Deo et Sancto Petro Pratellensis$^{(b)}$ ecclesie unam acram$^{(c)}$ terre in monte et unam mansuram in valle$^{(d)}$ apud Sanctum Maardum$^{(e)}$ liberam et quietam ab omni exactione seculari, excepto quod dabuntur mihi bote per singulos annos, quamdiu mihi placuerit$^{(f)}$, et hanc donationem meam concesserunt duo nepotes mei, videlicet Willelmus Pantulfus$^{(g)}$ et Albericus$^{(h)}$. Hanc autem donationem feci anno M° C LXXIIII ab Incarnatione Domini, postquam Henricus, rex Anglorum, et filius ejus, domnus Henricus, concordes effecti sunt$^{(i)}$. Hii autem sunt testes hujus donationis$^{(j)}$: Mathildis, comitissa$^{(k)}$ Mellenti ; Henricus$^{(l)}$; Hunfridus$^{(m)}$; Hugo$^{(n)}$; Odo ; Gislebertus ; Cristianus$^{(o)}$; Rogerius ; et alii multi$^{(p)}$.

(a) Turnay, dictus Turould *B².* — (b) Pratelli *B².* — (c) pechiam *B².* — (d) et unam mansuram in valle omis *B².* — (e) Sic *BC pour* Medardum ; Medardum *B².* — (f) *À la place de* excepto (...) placuerit *B² donne* ex uno capite ad communem Sancti Medardi et ex altero pluribus campis et ex uno latere ad feodum de Tourvilla et ex altero alteram terram meam. — (g) Pandulfi *B².* — (h) *B² ajoute* pro habendo partem in missis et participationem in omnibus beneficiis, que in dicta ecclesia imperpetuum celebrabuntur. — (i) Hanc autem (...) effecti sunt omis *B².* — (j) *À la place de* sunt testes hujus donationis *B² donne* testes fuerunt. — (k) Maltidis, cometissa *B².* — (l) magister Henricus Teroude *B².* — (m) Hunfredus de Watevilla *B².* — (n) Hugo senescalus *B².* — (o) Odo (...) Cristianus omis *B².* — (p) Rogerius Mellenti cum pluribus aliis. Anno ab incarnatione Domini millesimo C° LXXIIII° *B².*

B42

[1172-1175, juin]. — Pont-Audemer.

Henri [II], roi d'Angleterre, fait savoir à l'archevêque de Rouen, aux évêques, abbés, comtes, barons, justiciers, vicomtes et à tous ses sujets normands qu'il a concédé et confirmé aux moines de [Saint-Pierre de] Préaux la terre de l'église Saint-Sanson d'Étreville, que Roger de l'Éprevier et son père avaient donnée aux moines.

B. Cart. XIIIe siècle, fol. 28v, n° 58, sous la rubrique : « *Confirmatio regis Henrici super donatione terre quam Rogerius de* Esprevier *et pater suus dederunt ecclesie Pratelli apud Esturvillam* ». [Mention Delisle, Bibl. nat. de Fr., nouv. acq. lat. 1025, fol. 25, n° 58].

C. Cart. XVe siècle, fol. 20v, n° 46. Dans la marge : « *De Esturvilla* ».

a. L. Delisle, L. Berger, *Recueil*.., t. II, p. 29-30, n° 478. — b. Nicholas Vincent, [*Actes d'Henri II*, en préparation], 1787H.

INDIQUÉ : Cart. de Préaux XIIIe siècle, fol. 148, n° 478 : « *Isti interfuerunt un scaquario domini regis apud Rothomagum, anno Domini M°CC°XXX°I°, kalendis aprilis, quando lecta fuit et concessa karta regis Henrici, filii Matildis imperatricis, per cujus tenorem liberati fuimus ab inpeticione Rogerii de Brothona super omnibus his que apud Esturvilla clamabat contra ecclesiam de Pratellis* ». — Round, *Calendar*..., p. 117, n° 345.

Jean d'Oxford, doyen de Salisbury, apparaît comme tel pour la dernière fois en juin 1175 (John Le Neve, *Fasti*..., t. IV, p. 10) ; il devint ensuite évêque de Norwich, le 2 novembre 1175. La formule *Dei gratia* dans la titulature d'Henri II n'apparaît pas dans ses actes avant 1172, d'où la datation proposée (L. Delisle, *Recueil*..., t. I, Introduction, p. 31-32).

Henricus, Dei gratia rex Anglorum[a], dux Normannorum[b] et Aquitanorum[c] et comes Andegavorum[d], archiepiscopo Rothomagensi[e], episcopis, abbatibus, comitibus, baronibus, justiciis, vicecomitibus et omnibus ministris et fidelibus suis Normannie, salutem. Sciatis me concessisse et presenti carta confirmasse abbati et monachis de Pratellis terram, quam Rogerus *del Esprever*[f] et pater suus rationabiliter dederunt, ecclesie Sancti Sansonis de Sturvilla, que eorum est. Testibus : H(enrico), episcopo Bajocensi ; et Stephano, episcopo Redonensi ; Johanne, decano Saresberiensi ; Ricardo de Humetis, constanbulario[(g)] ; Hugo[(h)] de *Laci* ; et Henrico de Novo Burgo. Apud Montem Audomari[(i)].

(a) Angl *suivi d'un tilde C.* — (b) Norm *suivi d'un tilde C.* — (c) Aquitanie *C.* — (d) And *suivi d'un tilde C.* — (e) Rothom *suivi d'un tilde C.* — (f) Sic B, Esprevier *C.* — (g) Sic *BC.* — (h) Sic *B, corr.* Hugone. — (i) Sic *BC pour* Pontem Audomari.

B43

[1174, 1er septembre-1175, 2 novembre].

Robert [IV], comte de Meulan, fait savoir qu'il a concédé aux moines de Saint-Pierre de Préaux, pour le repos des âmes de ses parents et de celles de ses ancêtres, pour le salut de son âme et de celles de ses héritiers, l'exemption de toute taille portant sur toutes les terres que les moines tiennent du comte ou de ses ancêtres ainsi que les autres libertés reçues de ces derniers, sauf les autres droits du comte tels que ses ancêtres les ont eus sur l'église de Préaux. Il a donné en outre l'ermitage de la forêt de Brotonne avec ses dépendances, assorti de ses libertés ; en échange de quoi, les moines lui ont accordé sa vie durant une messe quotidienne du Saint-Esprit et, après sa mort, une messe des défunts.

B. Cart. XIIIe siècle, fol. 43v, n° 88, sous la rubrique : « *De quietantia tallie et de hermitagio Brotone et qualiter concessa est missa de Sancto Spiritu Roberti, comitis de* Mellent*, et post ejus obitum versa est in missam defunctis* » ; dans la marge, d'une main du XVIIIe siècle : « *Exemptiones* ». [Copie partielle Delisle, Bibl. nat. de Fr., nouv. acq. lat. 1025, fol. 44, n° 88].

C. Cart. XVe siècle, fol. 32-v, n° 74. Même rubrique se terminant par *post ejus obitum pro defunctis.*

INDIQUÉ : E. Houth, *Catalogue des actes...*, p. 512-513, n° 21. — E. Houth, *Les comtes de Meulan...*, p. 108, n° 21.

L'abbé Richard de Mortemer, témoin de cet acte, remplit sa charge du 1er septembre 1174 à 1179 ; Hugues de Nonant, archidiacre de Lisieux et neveu de l'évêque Arnoul de Lisieux, fut élu évêque de Coventry en 1185 (L. Delisle, *Recueil...*, t. I, Introduction, p. 392) ; l'ermitage Saint-Ouen de Brotonne fait partie des biens confirmés par le pape Alexandre III en 1179 (**B52**) ; cette charte est donc antérieure à cette date (sur cette datation voir aussi **B44**).

In nomine sancte et individue Trinitatis. Ego Robertus, comes Mellenti, notum facio universis sancte Ecclesie fidelibus tam presentibus quam futuris me dedisse et concessisse in elemosinam perpetuam Deo et ecclesie Sancti Petri de Pratellis pro anima patris mei et antecessorum meorum et pro salute mea et heredum meorum quietantiam ab omni tallia in omni terra sua, quam de me et de antecessoribus meis tenent, cum ceteris libertatibus suis a me et ab eis eidem ecclesie collatis, salvis omnibus aliis dignitatibus meis quas antecessores mei in eadem ecclesia habuerunt ; insuper et heremitagium de Brotona com[a] omnibus pertinentiis et libertatibus suis. Unde et monachi ejusdem ecclesie in capitulo suo mihi concesserunt in vita mea unam missam cotidie de Spiritu Sancto et, post obitum meum, eandem pro defunctis celebrabunt in perpetuum. Quod ut ratum teneatur, presentis carte testimonio et sigilli mei auctoritate confirmo. Testes : Ricardus, abbas Mortui Maris ; Hugo de Nonanto, archidiaconus ; Almaricus, frater comitis ; Radulfus, frater comitis[b] ; Matheus de Poteria ; Willelmus *Pipart* ; Galterius de Briona ; Hugo de Sancta Maria ; Ricardus Bigotus ; Alanus de Taneto ; Matheus de *Bogetot*[c] ; Robertus de Martinivilla ; Hunfridus Ingeniosus ; *Gosce* de Appevilla ; Crispinus de Ponte Audomari ; Galeranus, marescallus comitis.

(a) cum *C*. — (b) Radulfus frater comitis *omis dans C*. — (c) Boguetot *C*.

B44

[1174, 1er septembre-1175, 2 novembre]. — Caen.

Henri [II], roi d'Angleterre, fait savoir à l'archevêque de Rouen, aux évêques, abbés, comtes, barons, justiciers, vicomtes et à tous ses sujets de Normandie qu'il a confirmé, à la demande du comte Robert [IV] de Meulan, le don fait à l'abbaye Saint-Pierre de Préaux par ce dernier : l'exemption de toute taille sur les terres de l'abbaye ainsi que toutes les autres exemptions et libertés que les moines avaient reçues de lui et de ses ancêtres, selon la teneur de la charte qu'il a concédée aux moines.

B. Cart. XIIIe siècle, fol. 28-v, n° 57, sous la rubrique : « *Confirmatio regis Anglici Henrici de quitantia tallie et omnium libertatum quas Robertus, comes Mellenti, donavit ecclesie Pratellensi* ». [Mention Delisle, Bibl. nat. de Fr., nouv. acq. lat. 1025, fol. 25, n° 57].
C. Cart XVe siècle, fol. 20v, n° 45. Dans la marge : « *De taillia* ».
a. L. Delisle, L. Berger, *Recueil...*, t. II, p. 36-37, n° 486. — *b*. Nicholas Vincent, [*Actes d'Henri II*, en préparation] 1793H.
INDIQUÉ : H. Round, *Calendar...*, p. 118, n° 351.

L. Delisle date cette charte des années 1174-1175 (*Recueil...*, t. I, Introduction, p. 261) : la présence du cardinal légat Pierre de Saint-Chrysogone parmi les témoins en détermine de *terminus a quo*. Pierre fut légat du Saint-Siège envoyé en France par Alexandre III en avril 1174 (*R. H. F.*, t. XV, p. 944-945), il s'y trouvait encore en 1177 lorsqu'Henri II et son fils Henri le rencontrèrent à Rouen en septembre (Benoît de Peterborough, *R. H. F.*, t. XIII, p. 171). Jean d'Oxford, témoin de cet acte, fut doyen de Salisbury vers 1165 ; il apparaît pour la dernière fois comme doyen le 10 août 1175, puis est élu évêque de Norwich le 2 novembre 1175 (John Le Neve, *Fasti*..., t. IV, Salisbury, p. 10). Nicholas Vincent propose une seconde période de datation possible pour cet acte (janvier 1177-juillet 1178), qui expliquerait la présence parmi les témoins du comte Robert de Leicester, en rebellion contre Henri II en 1173-1174.

Henricus, Dei gratia rex Anglorum[a] et dux Normannorum[b] et Aquitanorum[c] et comes Andegavorum[d], archiepiscopo Rothomagensi[e], episcopis, abbatibus, comitibus, baronibus, justiciis, vicecomitibus et omnibus ministris et fidelibus suis Normannie, salutem. Sciatis me concessisse rogatu Roberti, comitis de *Mellent*, et presenti carta confirmasse ecclesie Sancti Petri de Pratellis et monachis ibidem Deo servientibus quietantiam ab omni taillia[f] quam jamdictus comes de *Mellent*[g] eis dedit de omni terra sua quam ipsi de eo et de antecessoribus suis tenent, et omnes alias quietantias et libertates quas idem comes et antecessores sui predicte ecclesie et monachis concesserunt, sicut carta ipsius comitis de *Mellent*, quam inde habent, testatur. Quare volo et firmiter precipio quod prefata ecclesia et ejusdem ecclesie monachi habeant et teneant in perpetuum predictam quietanciam de taillia et omnes alias quietantias et libertates eis concessas et datas a prefato comite de *Mellent* et ab antecessoribus suis bene et in pace et libere et quiete et honorifice, sicut ipse Robertus comes de *Mellent* eis concessit et dedit et carta sua confirmavit. Testibus : Petro, cardinale et legato ; R(otrodo), archiepiscopo Rothomagensi[h] ; A(rnulfo), episcopo Lexoviensi ; Egidio, episcopo Ebroicensi ; Johanne, decano Saresberiensi ; comite Willelmo de Mandevilla ; R(oberto), comite Legrecestrie ; Ricardo de Humetis, constabulario ; Henrico de Novo Burgo ; Willelmo Malo Vicino ; Seihero de *Quinci*. Apud Cadomum.

(a) Angl *suivi d'un tilde BC*. — (b) Norm *suivi d'un tilde BC*. — (c) Aquitanie *C*. — (d) And *suivi d'un tilde BC*. — (e) Rothom *suivi d'un tilde BC*. — (f) tallia *C*. — (g) Mellento *C*. — (h) Rothom *suivi d'un tilde BC*.

B45

[1174, 1er septembre-1175, 2 novembre].

Gilles[21], *évêque d'Évreux, atteste que le roi Henri [II] d'Angleterre a confirmé toutes les libertés que le comte de Meulan et ses ancêtres ont concédées à l'abbaye Saint-Pierre de Préaux.*

---

21. Gilles, évêque d'Évreux (1170-8 septembre 1179).

B. Cart. XIIIe siècle, fol. 9v, n° 13, sous la rubrique : « *Testimonium Egidii, episcopi Ebroicensis, super quitantiis et libertatibus quas Henricus, rex Anglorum, Pratellis concessit sigillis et cartis Roberti, comitis Mellenti, et antecessorum suorum confirmatis* ». [Copie partielle Delisle, Bibl. nat. de Fr., nouv. acq. lat. 1025, fol. 9, n° 13].

C. Cart. XVe siècle, fol. 8, n° 12. — D. Copie de A. Deville, datée de 1878, Bibl. nat. de Fr., nouv. acqu. lat, 1246, fol. 55, d'après B.

Cette charte, postérieure à la confirmation d'Henri II (**B44**), est intervenue au plus tôt le 1er septembre 1174.

Egidius, Dei gratia Ebroicensis episcopus, universis Ecclesie Dei fidelibus, salutem in Domino. Sicut « os, quod mentitur, occidit animam[22] », ita qui veritatem tempore reticet oportuno non est immunis acrimine. Eapropter ecclesie Beati Petri de Pratellis quieti et utilitati in posterum providentes, fidele et firmum testimonium perhibemus quod Henricus, illustris rex Anglorum, concessit predicto monasterio et propria carta confirmavit omnes libertates et quietancias[(a)] quas Robertus, comes de *Mellent*, et antecessores sui concesserunt et propriis kartis confirmaverunt. Valete.

(a) quietaneas *BC*.

B46

[1174, 1er septembre-1175, 2 novembre].

Rotrou [de Warwick[23]], archevêque de Rouen, confirme en perpétuelle aumône, à la demande de l'abbé Henri et des moines de Saint-Pierre de Préaux, les possessions, droits, exemptions et libertés que l'abbaye a reçus du comte Robert [IV] de Meulan, qui les a confirmés, et de ses ancêtres, menaçant d'interdit et d'anathème toute personne qui porterait atteinte à ce patrimoine. L'église de Préaux pourra, le cas échéant, exercer sa justice jusqu'à ce qu'elle ait recouvré tous ses biens.

B. Cart. XIIIe siècle, fol. 23v-24, n° 52, sous la rubrique : « *Confirmatio Rotrodi, Rothomagensis archiepiscopus, super omnibus bonis que Robertus, comes Mellenti, et antecessores ejus contulerant monasterio Pratelli* ». [Mention Delisle, Bibl. nat. de Fr., nouv. acq. lat. 1025, fol. 24, n° 52].

C. Cart. XVe siècle, fol. 17, n° 41.

---

22. Sap. I, 11 ; saint Augustin, *De mendacio*, C, VI ; Gratien, *Decretum*, C. 22. 2. 17 (T) 872, 19.
23. Rotrou de Warwick, archevêque de Rouen (1165-26 novembre 1183).

Cette confirmation de l'archevêque de Rouen est mentionnée dans celle d'Arnoul, évêque de Lisieux (voir **B47**) ; elle est donc antérieure à 1181, date de la mort de ce dernier. On peut la dater de la même période que celle d'Henri II, à laquelle elle fait suite (**B44**).

Rotrodus, Dei gratia Rothomagensis[a] archiepiscopus, presentibus et futuris, salutem. Omnia, que Ecclesie Dei regum sive principum largitione vel quorumlibet fidelium elemosinis conferuntur, auctoritatis et juris vigorem optinent ampliorem, cum metropolitani, in cujus sunt provincia, privilegio fuerint roborata. Inde est quod justis peticionibus filiorum nostrorum Henrici, abbatis Sancti Petri Pratelli[b], et capituli, benignum prebentes assensum, possessiones et jura, quietantias et libertates que ab antiquo habent et que Robertus, comes Mellenti, eis contulit et carta sua confirmavit et que eidem monasterio antecessores ejus contulerunt, nos eis in perpetuam elemosinam libere, quiete et pacifice habenda confirmamus, auctoritate Domini et nostra et ecclesie Rothomagensis[c] sub interdicto et anathemate prohibentes ne quis invidorum perfidia vel malignantium violentia eis quicquam de possessionibus, jure, quietantiis et libertatibus concessis et confirmatis subtrahere vel auferre presumat. Quod quicumque presumere attemptaverit omnipotentis Dei et beate Dei Genitricis et beatorum apostolorum Petri et Pauli, in quorum nomine et honore idem fundatum est monasterium, et universe curie celestis indignationem se noverit incursurum et postea ecclesia presens, in nostra consistens provincia, rigorem ecclesiastice justicie super eos qui hoc attemptaverint exerceat indesinenter, quousque prefato monasterio omnia sua cum omni integritate et digna satisfactione restituantur.

(a) Rothomag *suivi d'un tilde B*. — (b) Pratell *suivi d'un tilde B* ; Pratellensis *C*. — (c) Rothom *suivi d'un tilde B*.

B47

[1174, 1er septembre-1175, 2 novembre].

Arnoul[24], évêque de Lisieux, confirme aux moines de Saint-Pierre de Préaux, sur les prières du comte Robert [IV] de Meulan et suivant l'exemple de l'archevêque [de Rouen] et du roi [d'Angleterre], les dons que le comte avait faits à l'abbaye : l'exemption de toute taille levée sur les terres que l'abbaye avait reçues de lui et de ses ancêtres depuis sa fondation, toutes les possessions et les droits concédés par lui et ses ancêtres avec l'ermitage de Brotonne et ses dépendances, biens donnés en libre aumône en présence de ses barons, amis et fidèles et confirmés par son sceau.

24. Arnoul, évêque de Lisieux (1141-1181).

B. Cart. XIIIe siècle, fol. 18v-19, n° 36, sous la rubrique : « *Confirmatio Arnulfi, episcopi Lexoviensis, de tallia quam Robertus, comes Mellenti, filius Galeranni, donavit quietam ecclesie Pratelli* ». [Copie partielle Delisle, Bibl. nat. de Fr., nouv. acq. lat. 1025, fol. 18, n° 36].

C. Cart. XVe siècle, fol. 13, n° 27. Dans la marge : « Hermitage ».

Cette confirmation intervient juste après celles de l'archevêque Rotrou (**B46**) et du roi Henri II (**B44**).

Arnulfus, Dei gratia Lexoviensis ecclesie humilis minister, omnibus Christi fidelibus tam presentibus quam futuris, salutem et Dei benedictionem. Donavit Robertus, comes Mellenti, filius Galerani[a] comitis, monasterio Beati Petri Pratellensis quietanciam ab omni tallagio quod ex qualibet occasione requiri posset in terris quas monasterium illud a fundatione sua antecessorum ipsius donatione perceperat. Omnes etiam possessiones et jura que idem monasterium tam ab ipso quam ab antecessoribus ejus fuerat consecutum cum heremitagio de Brotona et omnibus appendiciis concessit tanquam liberam elemosinam jure perpetuo possidenda idque nimirum sigilli sui munimine, procerum, amicorum et fidelium suorum presentia et consilio interveniente, firmavit. Postulavit etiam et obnixis precibus impetravit a nobis ut nos quod ab ipso tam devote factum fuerat episcopali auctoritate firmaremus, sicut regali et archiepiscopali et ipsius erat auctoritate firmatum, ne qua in futurum posset malignitate convelli. Quia vero monasterium illud in diocesi nostra constitutum est ideoque ei speciali quadam caritate tenemur obnoxii secundum votum ipsius et postulationem assensum nostrum libenter adhibuimus et tam literarum[b] quam sigilli nostri valituro in perpetuum munimine censuimus roborandum, adjecta etiam sententia anathematis in omnes qui quod tam pie et sancte factum est ulla in posterum malignitate turbare vellent et in irritum devorare.

(a) *Sic B, corr.* Galeranni. — (b) *Sic B ; C ne se prononce pas.*

B48

[1170], 26 février. — Arena.

Alexandre [III], pape, confirme à l'abbaye Saint-Pierre de Préaux la propriété de l'église de Saint-Ouen de Brotonne donnée aux moines avec tous ses bénéfices par le comte de Meulan Robert [IV], ainsi que l'exemption de toute taille.

B. Cart. XIIIe siècle, fol. 7v, n° 9, sous la rubrique : « *Confirmatio Alexandri pape super ecclesia de Brotona et universis beneficiis a Roberto, comite de* Mellent,

predicte ecclesie indultis » ; dans la marge : « Brotonne ». [Copie partielle Delisle, Bibl. nat. de Fr., nouv. acq. lat. 1025, fol. 6, n° 9].
C. Cart. XVe siècle, fol. 6v-7, n° 9.
a. J. Ramackers, *Papsturkurden...*, p. 224-225, n° 129 (édition imcomplète).
INDIQUÉ : J.-L. n° 11736.

La date de cette bulle n'est pas totalement assurée : Jaffé lui a attribué celle de 1170, suivant l'hypothèse de L. Delisle qui lui communiqua l'acte, sans localiser précisément le lieu ; Ramackers a montré qu'Alexandre III est vraisemblablement passé à Arena, situé sur la route de Bénévent à Naples, au début de l'année 1170. Gratien, sous-diacre, fut notaire entre 7 décembre 1169 et le 7 février 1178 (Jaffé, p. 146, t. II). Cette date est pourtant incompatible avec celle de la donation de l'ermitage de Saint-Ouen de Brotonne par le comte de Meulan, rappelée dans un acte passé du vivant de Richard, abbé de Mortemer, entre 1174 et 1179 (voir **B43**). Cette version de la lettre pontificale d'Alexandre III est à l'évidence interpolée : on ne touve jamais d'invocation telle que celle qui est placée en tête de l'acte. La formule *scilicet de tallia* est, elle aussi, très douteuse, de même que la formule de date [*Carta*] *data per manum* qui siet plus à un grand privilège qu'à une lettre plus simple. Le formulaire général est cependant respecté ; il semble donc que les moines aient enrichi cette lettre, notamment en y ajoutant la mention concernant l'exemption de taille. Peut-être faut-il situer la donation de l'ermitage de Brotonne en 1170, même si l'on n'en garde pas de trace écrite autre que cette lettre d'Alexandre III ; entre 1174 et 1175 le comte Robert IV de Meulan a concédé l'exemption de taille ce qui a donné lieu à la rédaction d'une charte confirmant au passage la donation de l'hermitage de Brotonne (voir **B43**), elle même confirmée tour à tour par l'évêque d'Évreux, les rois d'Angleterre Henri II et Henri le Jeune, et l'archevêque de Rouen. C'est probablement à cette même époque que la lettre d'Alexandre III a été interpolée. Elle l'a de toute façon été avant avril 1179, date de la grande bulle confirmative générale des biens de l'abbaye par ce même pape. On peut aussi envisager l'hypothèse que cette bulle soit un faux forgé sur un modèle, datant, lui, de 1170, et aujourd'hui perdu. Les passages interpolés de cette bulle sont signalés entre < >.

< In nomine sancte et individue Trinitatis. > Alexander, episcopus, servus servorum Dei, Henrico, abbati Sancti Petri de Pratellis, et monachis ibidem Deo servientibus, salutem et apostolicam benedictionem. Justis petentium desideriis dignum est nos facilem prebere consensum et vota que a romanis^(a) tramite non discordant effectu sunt prosequente complenda. Eapropter, dilecti in Domino^(b), vestris justis expostulationibus^(c) grato concurrentes assensu predicte ecclesie Sancti Petri de Pratellis et vobis et successoribus vestris confirmamus et apostolica auctoritate munimus ecclesiam Sancti Audoeni de Brotona cum universis beneficiis quibus eam ditavit vobis comes Robertus de *Mellent*, filius noster dilectus. < Preterea eidem ecclesie confirmamus et auctoritate beatorum apostolorum Petri et Pauli munimus libertatem, quam predictus Robertus eidem ecclesie concessit, scilicet de tallia >. Si quis autem hanc paginam nostre confirmationis infringere presumerit, indignationem omnipotentis Dei et beatorum apostolorum

Petri et Pauli noverit se incursurum. < Carta > data Harene, per manum magistri Graciani, IIII^{to} kalendas martii.

(a) *Sic BC, corrigé dans la marge de B au XVIIIe siècle (?) en* rationis, *à juste titre.* — (b) *Sic BC compr.* dilecti in Domino filii. — (c) *Sic BC.*

B49

[1174-1177].

Henri [le Jeune], roi d'Angleterre, fils du roi Henri [II], fait savoir qu'il a confirmé, à la demande du comte Robert [IV] de Meulan, à l'abbaye Saint-Pierre de Préaux et aux moines, l'exemption de toute taille que le comte leur a concédée ainsi que toutes les autres libertés qu'ils ont reçues et qui leur ont été confirmées par la charte du comte de Meulan.

B. Cart. XIIIe siècle, fol. 31, n° 64, sous la rubrique : « *Karta prefati principis super quittantiam tocius tallie quam Robertus, comes Mellenti, dedit conventui de Pratellis de omni carta sua quam ipsi et antecessoribus suis tenent* » ; dans la marge, d'une main du XVIIIe siècle : « *Exemptiones* ». [Copie Delisle, Bibl. nat. de Fr., nouv. acq. lat. 1025, fol. 27, n° 64 et fol. 286].

C. Cart. XVe siècle, fol. 22v, n° 52.

a. L. Delisle, *Recueil...,* Introduction, t. I, p. 261-262.

INDIQUÉ : H. Round, *Calendar...,* p. 118, n° 349. — E. Houth, *Catalogue des actes...,* p. 530, n° 88. — E. Houth, *Les comtes de Meulan...,* p. 122, n° 88. — R. J. Smith, *Henry II's heir...,* p. 297-426

La rubrique attribue à tort cet acte à Henri II : s'il s'agissait d'Henri II, qui n'est pas ici qualifié de duc d'Aquitaine, cela impliquerait que l'acte est antérieur à 1152, date à laquelle Robert n'est pas encore comte de Meulan. Il s'agit en réalité d'Henri le Jeune (1155-11 juin 1183), sacré roi d'Angleterre le 14 juin 1170. Robert de Montfort, témoin, est mort en 1178 (Torigny, t. II, p. 77). L. Delisle date cet acte de 1177, année qu'Henri le Jeune a passée en Normandie avec son père, pendant laquelle il a rencontré Pierre de Saint-Chrysogone, légat du pape, témoin de la charte de son père (**B44** ; *Recueil,* t. I, p. 261).

Henricus, Dei gratia rex Anglorum^(a) et dux Normannorum^(b) et comes Andegavorum^(c), Henrici regis filius, archiepiscopo Rothomagensi^(d), episcopis, abbatibus, comitibus, baronibus, justiciis, vicecomitibus, prepositis et omnibus ministris et fidelibus suis Normannie, salutem. Sciatis me concessisse rogatu Roberti, comitis de Mellento^(e), et presenti carta confirmasse ecclesie Sancti Petri de Pratellis et monachis ibidem Deo servientibus quietantiam ab omni tallia quam jamdictus comes de Mellento eis dedit de omni carta sua quam ipsi et de eo et de antecessoribus suis tenent et omnes alias quietantias et libertates quas idem comes de Mellento quam inde habent testatur. Quare volo et firmiter precipio quod prefata ecclesia et ejusdem ecclesie monachi habeant et teneant imperpetuum predictam quietantiam de tallia et omnes alias quietantias et libertates eis concessas et datas a prefato comite de Mellento[f] et ab antecessoribus suis bene et in pace et libere et quiete et honorifice, sicut ipse Robertus, comes de Mellento, eis concessit et dedit et carta sua confirmavit. Testibus : Gaufrido, comite Britannie ; Roberto de Monte forti ; Willelmo, capellano ; Thoma de Sigillo ; Willelmo Marescallo[g] ; Seherio de *Quince* juniori ; Adame de *Ikebue* ; Gisleberto de Albemaria ; Petro de Adevilla ; Roberto de Mara[h].

(a) Angl *suivi d'un tilde BC*. — (b) Norm *suivi d'un tilde BC*. — (c) And *suivi d'un tilde BC*. — (d) Rothom *suivi d'un tilde BC*. — (e) Mellent *C*. — (f) comite Mell *suivi d'un tilde C*. — (g) Marescalo *C*. — (h) *Témoin omis C*.

B50

[1166, 10 avril-1178].

Robert [IV], comte de Meulan, fait savoir qu'il a concédé à Guillaume de La Mare, pour son service, quarante sous que ce dernier versait habituellement au comte à cause de la terre qu'il tenait héréditairement de lui dans l'aître de Notre-Dame de Rouen. Il y ajoute un manse de terre à Pont-Audemer près des fossés sous Saint-Germain[-Village]. Guillaume et ses héritiers tiendront librement ces biens du comte et de ses hoirs contre une rente annuelle d'une livre de poivre.

B. Cart. XIIIe siècle, fol. 57v, n° 134, sous la rubrique : « *Hic erravit scriptor scribens hanc cartam quia nichil confert ecclesie Pratellensi* ». [Copie partielle Delisle, Bibl. nat. de Fr., nouv. acq. lat. 1025, fol. 62, n° 134].

Guillaume de La Mare est cité plusieurs fois dans les rôles normands entre 1180 et 1198 (Stapleton, *Magni rotuli...*, t. I, p. CXXIX-CXXXI, t. II, p. LI) ; il était fermier des domaines du roi d'Angleterre pour ses domaines de Sainte-Mère-Eglise, Conteville et Boulleville (*Ibid*. t. I, p. CXXVII). Il fut justicier d'Henri II entre 1178 environ et 1190 et mourut après 1198 (Marquis de Saint-Pierre, *Richard de La Mare...*, p. 82 ; Th. Stapleton, *op. cit.* t. II, p. 316). Entre 1171 et 1183, il concèda une aumône de soixante-six acres de terre à l'abbaye de Bruern en Angleterre (*Ancient charters...*, part, p. 72, n° 45). Il ne porte pas le titre de justicier dans cet acte vraisemblablement antérieur à 1178. La présence de Richard le Bigot parmi les témoins exclut de lui attribuer une date postérieure à 1192 (voir **B84**).

Sciant tam presentes quam futuri quod ego Robertus, comes Mellenti, dedi et concessi Willelmo de Mara pro servitio suo illos XL solidos quos solebat mihi reddere per annum de terra quam tenebat de me jure hereditario in atrio Sancte Marie Rothomagi[a]. Et insuper dedi ei in Ponte Audomari unam mansuram terre super fossatum quod est subter Sanctum Germanum. Et concedo quod ista omnia predicta teneat in pace et quiete et libere ipse et sui heredes de me et meis heredibus pro una libra piperis annuatim reddenda. Hanc autem donationem et concessionem hac mea presenti carta confirmavi. Inde sunt testes : Ricardus *le Bigoth* ; Hugo de Sancta Maria ; Johannis, filius Luce ; Rogerius *Chevrel* ; Walterius de Brionnia ; Rogerius, filius Landrici ; et alii plures.

(a) Rothomag *suivi d'un tilde* B.

B51

[1166-1179, 15 janvier].

Robert de Sainte-Mère-Eglise fait savoir qu'il a donné à Eustache [le Clerc] de Triqueville, fils de Richard, et à ses héritiers quarante soudées de rente à percevoir sur son moulin appelé Moulin de l'évêque, en échange de son service.

B. Cart. XIIIe siècle, fol. 60, n° 143. La rubrique, qui a été grattée, est illisible. [Copie partielle Delisle, Bibl. nat. de Fr., nouv. acq. lat. 1025, fol. 65, n° 143].

a. A. Le Prévost, *Mémoires*, t. III, p. 307-308.

INDIQUÉ : Charpillon, Caresme, *Dictionnaire...*, t. II, p. 939.

Herbert, témoin de cet acte, fut abbé de Grestain de septembre 1139 au 15 janvier 1179. L'abbé du Val-Richer dont il est question ici est soit Roger, soit Robert. Richard de Triqueville, père d'Eustache, est attesté plusieurs fois comme témoin dans le cartulaire entre 1166 et 1171 (**A177, B23, B36, B37, B51**), d'où *le terminus a quo* de cet acte. On peut s'interroger sur l'origine de la présence de cet acte dans le chartrier de Préaux : une explication possible est que, lorsqu'Eustache de Triqueville a donné en aumône la rente à l'abbaye de Préaux (**B161**), il a remis aux moines en même temps les actes qu'il possédait concernant ce bien. Une démarche semblable est attestée lorsqu'Emmeline de Winchester restitua aux moines les maisons qu'elle tenait d'eux à Rouen ; cette rétrocession s'accompagna de la restitution des titres qu'elle possédait concernant ce bien (**B183**).

Sciant tam presentes quam futuri quod ego Robertus de Sancte Marie Ecclesia dedi Eustachio, filio Ricardi de Tregevilla, et suis heredibus XL[ta] solidatas redditus apud Tregevillam in molendino meo qui vocatur Molendinum episcopi pro servitio suo et hoc perpetualiter. Testibus : Herberto, abbate de *Gresten* ; R., abbate de

Valle Richardi ; Hu(gone) de *Folebec* ; Hu(gone) de Fastovilla ; Ro., filio *Eremburc* ; Willelmo, cubiculario, et multis aliis.

B52

1179, 12 avril. — Rome, palais du Latran.

Alexandre [III], pape, [1] prend sous sa protection, suivant l'exemple de son prédécesseur Adrien [IV], le monastère de Saint-Pierre de Préaux et confirme aux moines la possession de tous leurs biens : [2] dans l'archidiocèse de Rouen, les églises Saint-Aignan de Pont-Audemer, Saint-Sanson d'Étreville, Saint-Martin de Bosgouet, Saint-Martial de Vascœuil avec une partie des offrandes de l'autel, les terres et dîmes en dépendant ; les églises Saint-Médard et Saint-Aubin de Houquetot, Notre-Dame de Catelon, avec les terres et dîmes leur appartenant ; l'église Sainte-Radegonde [de Neufchâtel], où résident des moines, avec ses terres, bois, prés et moulins ; l'église Saint-Ouen de Brotonne avec cent sous de rente dans [la forêt de] Brotonne pour la subsistance du moine y habitant et les terres en dépendant ; la chapelle sise à la Roque avec une rente de quatre livres, dix sous, sur le tonlieu de Pont-Audemer ainsi que la terre jouxtant la chapelle. Dans le diocèse de Lisieux : les églises Notre-Dame de Préaux et de Saint-Symphorien, libres de toute coutume épiscopale, comme cela avait été autrefois établi et depuis respecté, avec une partie des offrandes de l'autel, les terres et dîmes en dépendant ; les églises Notre-Dame[-du-Pré], Saint-Ouen, Saint-Germain de Pont-Audemer, avec deux tiers des offrandes de l'autel et les dîmes, les églises Notre-Dame de Campigny, Notre-Dame de Selles, Saint-Martin de Toutainville, Saint-Martin-sur-Véronnes, Notre-Dame de Périers, Saint-Vigor de Brucourt, avec les terres et dîmes en dépendant et le droit que les moines possèdent sur les offrandes de l'autel ; les églises Saint-Antonin d'Épaignes, Saint-Jean de Boulleville, Saint-Benoît[-des-Ombres], avec les terres et dîmes en dépendant, Saint-Pierre et Saint-Cyr de Salerne ; à Rouville, l'église Saint-Pierre avec les terres, moulin et hommes libres de tout cens et service, comme le roi d'Angleterre Guillaume [le Conquérant] l'avait concédé, avec trois acres de pré, deux parts d'une acre et une acre de roseaux à Brucourt ; dans le diocèse de Bayeux : les églises Saint-Pierre de Vienne et Saint-Michel de Cabourg, avec les terres et dîmes et le droit que les moines ont sur les offrandes de l'autel ; dans le diocèse d'Évreux : Notre-Dame de Combon, avec les terres et dîmes en dépendant et les parts des offrandes de l'autel, et l'église de Sainte-Opportune [-La-Campagne]. En Angleterre, dans le diocèse de Norwich : les églises Notre-Dame de Haddiscoe et Sainte-Marguerite de Toft Monks ; dans le diocèse de Chester : les églises de Saint-Nicolas de Warmington et Saint-Léonard de Willey ; dans le diocèse de Salisbury, les églises de Saint-Michel d'Aston [Tirrold], Saint-Nicolas de Newbury, Notre-Dame de Spettisbury, Saint-

Michel de Charlton [Marshall], avec les terres et dîmes dépendant de chacune d'elles. [3] Du don d'Onfroi de Vieilles, fondateur du monastère, tout ce qu'il possédait à Préaux, Bosc-Osberne, Merlimont, Selles et tout ce qu'il avait à Campigny, Tourville et Toutainville, avec moulins et dépendances. De Roger, fils d'Onfroi, la dixième partie des revenus de Pont-Audemer, des tonlieux, cens, moulins et autres choses qui peuvent être dîmées ; tout ce qu'il avait dans son domaine à Épaignes, excepté trois chevaliers, Goscelin, Hugues d'Avennes et Goscelin le Roux, qu'il donna par la suite ; la dîme du moulin d'Épaignes, la terre du Mont-les-Mares ; dans la forêt de Brotonne, la coutume d'une charrette et d'un bateau ; tout ce qu'il avait à Manneville ; la dîme des poissons d'un gourd à Beaumont ; tout ce qu'il avait à Salerne en terres, forêt, moulins, hommes et coutumes, sauf ce qu'il avait donné à [l'abbaye] Saint-Léger[-de-Préaux]. Du comte de Meulan Robert [III], la liberté pour les hommes de Salerne de ne pouvoir être poursuivis par son vicomte de Brionne, sauf si ce dernier les surprend à l'intérieur des murs de la ville ; la liberté pour les hommes de l'abbaye et les coutumes judiciaires, telles qu'il les possédait, excepté la pendaison des voleurs et l'amputation des membres ; trente acres de terre à Bosgouet ; Toft Monks, Spettisbury, libres de toute coutume et exaction royale. Du roi Henri [Ier], l'immunité de tonlieu, coutume, péage par toute sa terre et trois jours de foire à Bosgouet. De Galeran [II], fils du comte Robert [III de Meulan], la dîme des saumons pris dans la Risle et le droit de pêche pendant deux jours, l'exemption de panage pour tous les porcs de l'abbaye et l'exemption de toute coutume pour les bateaux des moines à Meulan et sur toute sa terre ; la dixième semaine de tous les revenus de Pont-Audemer ; vingt sous sur les étals de Pont-Audemer pour le luminaire du chapitre. De Guillaume [le Conquérant], duc de Normandie, les coutumes et les libertés qu'il avait à Vascœuil. De Thibaut, fils de Norman, quarante deux acres de terre et la dîme qu'il tenait ; de Guillaume Fitz-Osberne la terre du Mouchel ; de Roger, fils de Gothmond, un chevalier ; d'Hugues de Vascœuil, sa forêt de Gratianville ; de Richard de Ry, deux tiers de la dîme de son domaine et de ses hommes de Vascœuil et une manse de terre à Ry ; d'Enguerrand, la dîme de ses revenus de la vallée de Vascœuil, des cens en deniers, des moulins, des forêts, de l'avoine, des panages, des champarts, des poissons, et l'exemption de mouture et du panage des porcs des moines ; de Gilbert, fils d'Enguerrand, l'exemption de tonlieu des hommes des moines à Vascœuil sur toute sa terre, sauf au marché de Ry et à la foire. De Jean de Saint-Philibert, la terre de Saint-Benoît[-des-Ombres], avec toutes les coutumes, sauf les sangliers et les éperviers ; d'Arnoul Pinel, la terre du Moussel. D'Emma de Combon, la terre que tenait Goscelin à Combon, et ses hommes, avec l'accord de Robert du Neubourg, seigneur de ce fief ; d'Henri de la Prée, douze acres de terre ; de Robert Piart, la dîme de son domaine à Bailleul et la dîme de son moulin de Becquerel ; d'Hugues Fichet, deux gerbes des revenus de la terre qui lui rendait un champart et la dîme du moulin de Vitran ; de Robert d'Omonville, deux gerbes de son domaine de Martainville et trois acres de terre ; du domaine de son fils Baudouin, la dîme de ses moulins. D'Arnoul de [Vieil-] Hesdin, la dîme de tous les *revenus de Newbury, des moulins, tonlieux et de tous ce qui peut être dîmé, un arpent de terre et la maison du prêtre, libre de tout cens, coutume ou service ; de Roger de Beaumont, Arlescote et les dîmes de Witchurch, de Morton, de Harbury, de Norton ; d'Henri [Ier], comte de Warwick, Warmington avec toutes les libertés qu'il y possédait ; de Jean de la Mare, deux arpents de terre à Wautona (Watton ?) ; de Roger Abbadon, un arpent de terre à Ullestorpe et une vergée à Willey ; de Guillaume [le Conquérant], roi d'Angleterre, cinq arpents de terre à Watlington ; du comte de Mortain, cinq arpents à Aston [Tirrold]. Du vicomte Renouf de Bayeux, un hôte et un bateau au port de [Sainte-Honorine-des-]Pertes ; d'Auvray, tout ce qu'il avait à Bonneville[-sur-Touques] en champs et forêts ; de Richard de la Mare, la terre d'un vavasseur à Grimbouville et celle d'un clerc ; de Roger du Mont-les-Mares (Majonomer), quarante acres de terre à Vannecrocq ; de Geoffroy Fichet, deux acres de terre ; d'Osberne d'Omonville, sept acres de terre à Fourmetot, la terre d'un vavasseur et un hôte à Bourneville tenant dix acres, un autre à Hudar rendant cinq sous ; un autre à Blacarville rendant quinze sous et deux deniers ; à Tourville, la terre des Fossettes et de Brétot ; à Hemendreville, une maison ; à Rouen, les maisons d'Onfroi de Vieilles ; à Épaignes, sept acres de terre au verger Hoel ; à Aubevoye, une vigne. De Galeran [II], comte de Meulan, et Robert, son fils, une vigne à Aubergenville et un hôte libre de toute coutume et service, deux barques à la [Grand']Mare pour pêcher ; de Robert, fils du comte Galeran, l'exemption de toute taille pour les hommes de l'abbaye et, à l'anniversaire de son père, deux jours de pêche dans la Risle ; d'Henri du Neubourg, une maison à Meulan libre de toute coutume ; de Guillaume d'Hotone, la terre de Courtacuiller, avec l'accord d'Henri [Ier], roi d'Angleterre, père de l'impératrice Mathilde. [4] Le pape interdit en outre à quiconque d'extorquer des dîmes aux moines ; il accorde la possibilité de choisir et de présenter à l'évêque un desservant idoine pour les églises vacantes qui appartiennent à l'abbaye ; il interdit à quiconque de jeter sur eux ou leurs églises, sans raison valable, l'interdit ou d'imposer aux églises des exactions indues ; il interdit la construction, sans l'avis des moines et celui de l'évêque, de chapelles ou d'églises dans les paroisses qu'ils possèdent, sauf droit apostolique ; il permet à ceux qui l'auront décidé de se faire enterrer à l'abbaye, excepté les excommuniés ; il interdit à quiconque d'imposer, à la mort de l'abbé, son candidat par la force et sans le commun accord des moines ; en cas d'interdit général, il leur accorde la possibilité de célébrer les messes ; il interdit aux moines ayant fait profession de quitter le monastère sans la permission de l'abbé ; il accorde la possibilité aux moines de recevoir des laïcs et des clercs libres fuyant le siècle pour leur conversion.*

B. Cart. XIIIe siècle, fol 1-4v, n° 1. Copie figurée des souscriptions et des signes de validation ; en rubrique : « *Confirmatio Alexandri pape super cunctis libertatibus quas monachi de Pratellis habent tam in ecclesiis quam in redditibus aliis, sicut in privilegio Adriani pape et in cartis donatorum dictorum monachorum*

continentur ». [Copie Delisle, Bibl. nat. de Fr., nouv. acq. lat. 1025, fol. 3, n° 1 (extrait) et fol. 289-296 (texte complet)].
C. Cart. XVe siècle, fol. 1-4, n° 1 (les souscriptions ne sont pas reproduites ; traduction du XVIe siècle, *ibid*., fol. 12-14v).
a. J. Ramackers, *Papsturkurden*..., p. 285-289, n° 192.
INDIQUÉ : J.-L. p. 344, n° 13381. — *Gallia christiana*, t. XI, col. 838. — A. Du Monstier, *Neustria Pia*..., p. 511. — A. Guilmeth, *Histoire communale*..., p. 40, n. 1.
TRADUCTION : Cart. XVe siècle, fol. 12-14v, traduction insérée au XVIe siècle.

Alexander episcopus, servus servorum Dei, dilectis filiis Henrico, abbati monasterii Sancti Petri de Pratellis, ejusque fratribus tam presentibus quam futuris regularem vitam professis in perpetuum[(a)]. Monet nos apostolice Sedis, cui licet immeriti presidemus, auctoritas justis filiorum Ecclesie precibus clementer annuere et eorum pia desideria effectu prosequente complere. [1] Eapropter, dilecti in Christo filii, vestris justis postulationibus clementer annuimus et, ad exemplar patris et predecessoris nostri Adriani[(b)] pape, prefatum monasterium, in quo divino mancipati estis obsequio, sub beati Petri et nostra protectione suscipimus et presentis scripti privilegio communimus, in primis siquidem statuentes ut ordo monasticus, qui secundum Deum et beati Benedicti regulam in vestro monasterio institutus esse dinoscitur, perpetuis ibidem temporibus inviolabiliter observetur. Preterea quascumque possessiones, quecumque bona idem monasterium impresentiarum juste et canonice possidet aut in futurum concessione pontificum, largitione regum vel principum, oblatione fidelium seu aliis justis modis, prestante Domino, poterit adipisci firma vobis vestrisque successoribus et illibata permaneant. In quibus hec propriis duximus exprimenda vocabulis :
[2] In archiepiscopatu Rothomagensi[(c)] : ecclesiam Sancti Aniani de Ponte Audomari, ecclesiam Sancti Sansonis de Sturvilla, ecclesiam Sancti Martini de Bosco *Goieth*, ecclesiam Sancti Martialis de Wascolio[(d)] cum partibus oblationum altaris et cum terris et decimis ad ipsas pertinentibus, ecclesiam Sancti Medardi et Sancti Albini de *Huchetot*, et Sancte Marie de *Catelon*[(e)] cum terris et decimis ad eas pertinentibus, ecclesiam Sancte Radegundis[(f)], ubi monachi Deo servientes habitant cum terris, silvis, pratis et molendinis, ecclesiam Sancti Audoeni de Brotona et centum solidos de redditu Brotone ad victum monachi ibidem Deo servientis cum terris ad eam pertinentibus et capellam apud Rocam, in theloneo Pontis Audomari quatuor libras et decem solidos et capelle eidem terram contiguam. In episcopatu Lexoviensi[(g)] : ecclesias Sancte Marie de Pratellis et Sancti Simphoriani[(h)] liberas ab omni episcopali consuetudine et exactione, sicut olim statutum est et hactenus observatum, cum partibus oblationum altaris et terris et decimis ad eas pertinentibus, ecclesias Sancte Marie, Sancti Audoeni, Sancti Germani de Ponte Audomari[(i)] cum duabus partibus oblationum altaris et decimis ad ipsas pertinentibus, ecclesias Sancte Marie de Campeniaco, Sancte Marie de Sellis, Sancti Martini de Tustinivilla, Sancti Martini desuper *Vairum*,

Sancte Marie de Piris(j), Sancti Vigoris de Bruecuria cum terris et decimis ad ipsas pertinentibus et jure quod habetis in oblationibus altaris, ecclesias Sancti Antonini de Hispania, Sancti Johannis de Beollevilla, Sancti Benedicti cum terris et decimis ad eas pertinentibus, ecclesias Sancti Petri et Sancti Cirici de Salernia, apud Rothovillam ecclesiam Sancti Petri cum terris, molendino et hominibus liberis a tributo, censu et servitio et omni exactione, sicut W(illelmus), quondam rex Anglorum, eidem eccclesie concessit cum tribus acris prati et duabus partibus unius acre et una acra roselli in Bruecuria. In episcopatu Bajocensi(k) : ecclesias Sancti Petri de Viana(l), Sancti Michaelis de Catburgo cum terris et decimis et illo jure quod habetis in oblationibus altaris. In episcopatu Ebroicensi(m) : ecclesiam Sancte Marie de *Combon* cum terris et decimis ad eam pertinentibus et partibus oblationum altaris et ecclesiam Sancte Oportune. In Anglia, in episcopatu Norwicensi(n) : ecclesias Sancte Marie de *Hadescoib*(o), Sancte Margarite de *Tostes*. In episcopatu Cestrensi(p) : ecclesias Sancti Nicholai de Warmintona, Sancti Leonardi de Willeia. In episcopatu Salesberiensi(q) : ecclesias Sancti Michaelis de Estona, Sancti Nicholai de Neuberia, Sancte Marie de Posteberia, Sancti Michaelis de Cerlentona cum terris et decimis ad ipsas pertinentibus.

[3] Ex dono Hunfredi de Vetulis, fundatoris ipsius monasterii, quicquid habebat in villa Pratelli, in qua fundatum est monasterium, et Boscum Osberni, Montem Merlini, Sellas et quicquid(r) habebat in Campiniaco et Torvilla et Tustinivilla(s) cum molendinis et appenditiis earum ; ex dono Rogerii, filii predicti Hunfridi, decimam partem reddituum Pontis Audomari tam de theloneo quam de censu, molendinis et aliis que decimari possunt et quicquid(t) habebat in Hispania in dominio, exceptis militibus de quibus tamen eidem ecclesie tres dedit, scilicet Goscelinum et Hugonem de Avesna et Goscelinum Ruffum, et decimam molendini ejusdem ville, terram Magne Mare, in silva Brottone, consuetudinem unius carri et navis et quicquid(u) habebat in Manichivilla et decimam partem piscium unius gurgitis de Bello Monte, quicquid(v) habebat in Salernia in terris, silvis, molendinis et hominibus et omnibus consuetudinibus, exceptis his que Sancto Leodegario dederat ; ex dono Roberti, comitis de *Mellent*, tantam libertatem hominibus de Salernia, ut vicecomes Briognie vel aliquis minister nullam potestatem in eos habeat, nisi intra quatuor portas castri aliquem ad forisfactum invenerit, libertatem quoque et consuetudines judiciarie potestatis predicte abbatie ab ipso datas, quales habebat, exceptis suspensione latronum et amputatione menbrorum(w) et triginta acras terre in villa que dicitur *Boscgoieth*, *Tostes* nam et *Postesbieres* ab omnibus consuetudinibus et exactione regali quietas ; ex dono regis Henrici immunitatem de theloneo et consuetudine et passagio per totam terram suam et feriam trium dierum apud *Boscgoieth* ; ex dono Galeranni, filii Roberti comitis, decimam salmonum suorum in Risla captorum et annuatim piscaturam duorum dierum et porcorum abbatie pasnagii immunitatem et navium et omnis consuetudinis libertatem ad *Merlent*(x) et per totam terram suam et decimam septimanam tocius redditus Pontis Audomari per terram et per aquam liberam et quietam, sicut ipse novem reliquas in dominio suo habebat, et in estaullis(y) viginti solidos annuatim ad luminare capituli ; ex dono Willelmi, ducis Normannorum, consuetudines quas habebat in Wascolio(z)

necnon et rationabiles libertates ; ex dono Radulfi⁽ᵃᵃ⁾ de Warenna, quicquid habebat in Wascolio⁽ᵇᵇ⁾ ; ex dono Theobaldi, filii Normanni, quadraginta duas acras terre et decimam quam idem Theobaldus tenuit ; ex dono Willelmi, filii Osberni, terram que dicitur Monticulus ; ex dono Rogerii, filii Gothmundi, unum militem ; ex dono Hugonis de Wascolio⁽ᶜᶜ⁾, silvam quam habebat in Gratinivilla ; ex dono Ricardi de *Ri*, duas garbas decime dominii sui et hominum suorum de Wascolio⁽ᵈᵈ⁾ et unam mensuram terre in *Ri* ; ex dono Elgerranni, decimam omnium reddituum suorum de valle Wascolii⁽ᵉᵉ⁾, de censu denariorum, de molendinis, de forestis, de avena, de pasnagiis, de campartagiis, de piscibus et pasnagium porcorum monachorum et molturam perpetualiter quietam ; ex dono Gisleberti, filii Elgerranni, quitantiam de theloneo hominum nostrorum de Wascolio⁽ᶠᶠ⁾ per totam terram suam, nisi ad forum de *Ri* et ad feriam ; ex dono Johannis de Sancto Philiberto, terram que dicitur Sanctus Benedictus cum omni consuetudine preter aprum et ancipitrem⁽ᵍᵍ⁾ ; ex dono Arnulfi *Pinel*, terram de *Malmoncel* ; ex dono Emme de *Combon*, totam terram quam tenuit Guacelinus in *Combon* et homines de eo tenentes, concedente Roberto de Novo Burgo, de cujus feodo erat ; ex dono Henrici de Pratea, duodecim acras terre ; ex dono Roberti *Pipart*, decimam dominii sui in *Bailluel* et decimam molendini quod dicitur *Becherel* ; ex dono Hugonis *Fichet*, duas garbas de terre redditu, que sibi reddebat vel redditura erat campartagium, et decimam molendini de *Witeram* ; duas garbas, ex dono Roberti de Osmundivilla, dominii sui in Martinivilla, et tres acras terre⁽ʰʰ⁾ ; de dominio Balduini, filii sui, decimam molendinorum suorum ; de dominio Arnulfi de *Hesdinc*, decimam tocius redditus vel exitus Neuberie, id est de molendinis, theloneo et omni re que decimari potest et hidam terre et domum presbiteri liberam ab omni censu, consuetudine et servitio ; ex dono Rogerii de Bello Monte, *Orlavescoth* omnino liberam, decimas de *Wicherche*, de Mortona, de Herborberia et de Nortona ; ex dono Henrici, comitis de *Warwic*, Warmintonam cum omni libertate quam ibidem habebat ; ex dono Johannis de Mara, duas hidas terre in Wautona ; ex dono Rogeri *Abadon*, unam hidam terre in *Holestorp* et in Villeia unam virgatam ; ex dono Willelmi, regis Anglorum, in Watintona quinque hidas terre ; ex dono comitis Moritonie, quinque hidas terre in Estona ; ex dono Rannulfi⁽ⁱⁱ⁾, vicecomitis Bajocensis, unum hospitem et unam navem in portu qui dicitur Pertis ; ex dono Alveredi, quicquid⁽ʲʲ⁾ habebat in Bona Villa in campis et in silvis ; ex dono Ricardi de *Meré*, in Grinboldivilla terram unius vavasoris⁽ᵏᵏ⁾ et terram cujusdam clerici ; ex dono Rogerii de *Majonomer*, quadraginta acras terre in *Wanescront*⁽ˡˡ⁾ ; ex dono Gaufridi *Fichet*, duas acras terre ; ex dono Osberni de Osmundivilla, septem acras terre in *Formetot*, terram unius vavasoris⁽ᵐᵐ⁾ et unum hospitem in Bornevilla, decem acras terre tenentem, et alterum ad *Husdac*, quinque solidos reddentem ; in Blacuardivilla alium, quindecim solidos et duos denarios reddentem ; in Torvilla terram de *Fossetest* et de *Brochestuit* ; in Ermentrudivilla unam domum ; apud Rothomagum, domos Hunfridi de Vetulis ; in Hispania septem acras terre ad virgultum *Hoel* ; apud Albam Viam quamdam vineam ; ex dono Waleranni, comitis de *Mellent*, et Roberti, filii ejus, quamdam vineam apud Osbergenivillam et unum hospitem quietum ab omni servitio et consuetudine et duos batellos in Mara ad piscandum ; ex dono

Roberti, filii Waleranni, comitis de *Mellent*, quitantiam hominum vestrorum ab omni tallia[nn] et in anniversario patris sui piscaturam duorum dierum in Risla ; ex dono Henrici de Novo Burgo, unam domum apud *Mellent* ab omni consuetudine quietam ; ex dono Willelmi de Hostona, terram de *Cortacuiller*, concedente Henrico, rege Anglorum, patre Matildis imperatricis.

[4] Sane novalium vestrorum que propriis manibus vel sumptibus colitis sive de nutrimentis vestrorum animalium nullus a vobis decimas exigere vel extorquere presumat. In parrochialibus vero ecclesiis vestris vacantibus liceat vobis sacerdotes eligere et episcopo presentare quibus, si idonei[oo] inventi fuerint, episcopus animarum curam committat, ut de plebis quidem cura episcopo vobis autem de temporalibus debeant respondere. Interdicimus etiam ut nullus in vos excommunicationis vel suspensionis aut in ecclesias vestras interdicti sentenciam sine manifesta et rationabili causa ferre presumat aut ecclesiis vestris novas et indebitas exactiones imponere. Prohibemus insuper ut nulli sine assensu diocesani episcopi et vestro ecclesias vel oratoria infra terminos parrochiarum vestrarum construere liceat, salvis tamen privilegiis et autenticis scriptis apostolice Sedis. Sepulturam quoque ipsius loci liberam esse decernimus, ut eorum devotioni et extreme voluntati qui se illic sepeliri deliberaverunt, nisi forte excommunicati vel interdicti sint, nullus obsistat, salva tamen justicia illarum ecclesiarum a quibus mortuorum corpora assumuntur. Obeunte autem te nunc ejusdem loci abbate vel tuorum quolibet successorum, nullus ibi qualibet surreptionis astutia seu violentia preponatur, nisi quem fratres communi consensu vel fratrum pars sanioris consilii secundum Dei timorem et beati Benedicti regulam previderint eligendum. Cum siquidem generale interdictum terre fuerit, liceat vobis, clausis januis, exclusis excommunicatis et interdictis, suppressa voce non pulsatis campanis, divina officia celebrare. Prohibemus etiam ut nulli fratrum vestrorum post factam in eodem loco professionem, nisi obtentu arcioris religionis sine sui abbatis licencia fas sit de claustro discedere. Discedentem vero sine communium litterarum cautione nullus audeat retinere. Liceat quoque vobis clericos vel laicos e seculo fugientes liberos et absolutos ad conversionem recipere et eos sine contradictione aliqua retinere. Ad hec libertates et immunitates a personis tam ecclesiasticis quam mundanis monasterio vestro rationabiliter indultas et hactenus observatas et antiquas et rationabiles consuetudines ejusdem monasterii integras et illibatas presenti decreto manere censemus. Decernimus ergo ut nulli omnino hominum liceat prefatum monasterium temere perturbare aut ejus possessiones auferre vel ablatas retinere, minuere aut aliquibus vexationibus fatigare, sed omnia integra conserventur eorum pro quorum gubernatione ac sustentatione concessa sunt, usibus omnimodis profutura, salva Sedis apostolice auctoritate et diocesani episcopi canonica justicia. Si qua igitur in futurum ecclesiastica secularisve persona hanc nostre constitutionis paginam sciens contra eam temere venire temptaverit, secundo terciove commonita, nisi reatum suum digna satisfatione correxerit, potestatis honorisque sui dignitate careat reamque se divino juditio existere de perpetrata iniquitate cognoscat et a sacratissimo corpore ac sanguine Dei et Domini Redemptoris nostri Jhesu aliena fiat atque in extremo examine districte ultioni subjaceat. Cunctis autem eidem loco sua jura servantibus

sit pax domini nostri Jhesu Christi quatinus et hic fructum bone actionis percipiant et apud districtum judicium premia eterne pacis inveniant. Amen. Amen. Amen[pp].

(*Crux*) Ego Alexander, catholice Ecclesie episcopus. (*Suscripsi*)[qq]

(*Crux*) Ego Hubaldus, Hostiensis episcopus. (*Suscripsi*)

(*Crux*) Ego Chorunradus, Salhburgensis humilis minister, Sabiniensis episcopus. (*Suscripsi*)

(*Crux*) Ego Johannes, presbyter cardinalis Sanctorum Johannis et Pauli tituli Pamachii. (*Suscripsi*)

(*Crux*) Ego Johannes, presbyter cardinalis tituli Sancte Anastisie. (*Suscripsi*)

(*Crux*) Ego Petrus, presbyter cardinalis tituli Sancte Susanne. (*Suscripsi*)

(*Crux*) Ego Petrus, presbyter cardinalis tituli Sancti Grisogoni. (*Suscripsi*)

(*Crux*) Ego Cinthyus, presbyter cardinalis tituli Sancte Cecilie. (*Suscripsi*)

(*Crux*) Ego Willelmus, Remensis archiepiscopus, tituli Sancte Sabine cardinalis. (*Suscripsi*)

(*Crux*)[rr] Ego Jacobus, diaconus cardinalis Sancte Marie in Cosmidyn. (*Suscripsi*)

(*Crux*) Ego Ardicio, diaconus cardinalis Sancti Thedori. (*Suscripsi*)

(*Crux*) Ego Laborans, diaconus cardinalis Sancte Marie in Porticu. (*Suscripsi*)

(*Crux*) Ego Ranierius, diaconus cardinalis Sancti Georgii ad Velum aureum. (*Suscripsi*)

(*Crux*) Ego Johannes, diaconus cardinalis Sancti Angeli. (*Suscripsi*)

(*Crux*) Ego Matheus, Sancte Marie Nove diaconus cardinalis. (*Suscripsi*)

Datum Laterani, per manum Alberti, sancte Romane ecclesie presbyteri cardinalis et cancellarii, II idus aprilis, indictione XI[a], Incarnationis dominice anno M° CLXX° VIIII°, pontificatus vero domini Alexandri pape III anno XX.

(a) *Le copiste a fait de ces deux mots une copie figurée dans BC* IN PPM. — (b) *Copie figurée en lettres capitales.* (c) *Dans la marge BC, à l'encre rouge dans B* De archiepiscopatu Rothomagensi. — (d) Vascolio *C.* — (e) *Dans la marge B, d'une main du XVI*e *siècle* Catelon. — (f) *Le* s *a ajouté dans l'interligne par une main postérieure B ;* Radegondis *C.* — (g) *Dans la marge BC, à l'encre verte dans B* De episcopatu Lexoviensi. — (h) Symphoriani *C.* — (i) *Dans la marge de B,* Saint Germain et Saint Ouen du Pontaudemer. — (j) *Dans la marge de B* (crux) Perierz et Brucourt, Epagne, Boulleville, Saint-Benoît. — (k) *Dans la marge BC, de la main du copiste, à l'encre rouge dans B,* De episcopatu Bajocensi. — (l) *Dans la marge de B* Vyenne. — (m) *Dans la marge C,* De episcopatu Ebroicensi. — (n) *Dans la marge BC, de la main du copiste, à l'encre rouge dans B,* De episcopatu Norvicensi. — (o) Sic BC. — (p) *Dans la marge, de la main du copiste, à l'encre verte,* De episcopatu Cestrensi. — (q) *Dans la marge de C,* De episcopatu Salesberiensi. — (r) quidquid *C.* — (s) *Dans la marge de B* Toutainville. — (t) quidquid *C.* — (u) quidquid *C.* — (v) quidquid *C.* — (w) *Sic B, corr.* membrorum. — (x) *Sic BC, corr.* Mellent. — (y) estaulis *C.* — (z) Vascolio *C.* — (aa) Radulphi *C.* — (bb) Vascolio *C.* — (cc) Vascolio *C.* — (dd) Vascolio *C.* — (ee) Vascolio *C.* — (ff) Vascolio *C.* — (gg) *Sic BC pour* accipitrem. — (hh) *Dans la marge de B* Martainville. — (ii) Rannulphi *C.* — (jj) quidquid *C.* — (kk) vavassoris *C.* — (ll) Wanescrot *C.* — (mm) vavassoris *C.* — (nn) talia *C.* — (oo) ydonei *C.* — (pp) *Le copiste de B a fait de ces trois mots une copie figurée, le second en caractères grecs (?). Le copiste de C a répété ce mot quatre fois mais a omis les souscriptions.* — (qq) *Au dessus, copie figurée de la rota d'Alexandre III, portant comme légende* « Demonstra michi vias tuas Domine » *et du* Bene valete. — (rr) *Sur une deuxième colonne.*

B53

[1166, juillet-1179, 12 avril].

Notification du don fait par Henri du Neubourg à l'abbaye [Saint-Pierre] de Préaux, avec l'accord de Robert [IV], comte de Meulan, et confirmé par celui-ci : une maison située à Meulan, libre de toute coutume et exaction, bien qu'Henri tenait du comte de Meulan.

B. Cart. XIIIe siècle, fol. 47v, n° 103, sous la rubrique : « *Ex dono Henrici de Novo Burgo quamdam domum apud Mellentum liberam et quietam ab omni exactione et consuetudine tempore Henrici abbatis ecclesie Pratellensis* ». [Copie partielle Delisle, Bibl. nat. de Fr., nouv. acq. lat. 1025, fol. 50, n° 103].

C. Cart. XVe siècle, fol. 34bis v, n° 89.

INDIQUÉ : E. Houth, *Les comtes de Meulan...*, p. 105, n° 12.

La grande bulle confirmative d'Alexandre III (**B52**) mentionne en 1179 cette donation.

Notum sit presentibus et futuris Henricum de Novo Burgo in perpetuam elemosinam dedisse ecclesie Pratelli domum quamdam Mellenti liberam et quietam ab omni[a] exactione et consuetudine quam predictus Henricus a comite Mellenti in eadem tenebat libertate. Huic autem donationi consensum et assensum Robertus, comes Mellenti, prebet eamque presenti scripti munimine confirmat. Hujus rei testes fuerunt : Willelmus de Morenvilla ; Willelmus de Teotbaldivilla ; Willelmus de *Baillel*[b] ; Robertus *Pipart* ; Ricardus *Bigot* ; Goscelinus Russellus ; Arroldus de Aubergenvilla et alii multi.

(a) omi B. — (b) *Sic BC pour* Bailluel.

B54

[1166, 10 avril-1180].

Robert [IV], comte de Meulan, fait savoir qu'il a confirmé au sénéchal Alain la donation [de cent sous] assise sur [le revenu] d'étals à Pont-Audemer, libre de toute coutume, que son père Galeran [II] avait accordée à ce dernier en échange de son service.

B. Cart. XIIIe siècle, fol. 46v, n° 99, sous la rubrique : « *Item confirmatio Roberti, comitis de* Mellent, *de donatione predictorum*[a] *centum solidorum qui percipientur in estallis de Ponte Audomari* ». [Copie partielle Delisle, Bibl. nat. de Fr., nouv. acq. lat. 1025, fol. 49, n° 99].

C. Cart. XVe siècle, fol. 34v-24 bis, n° 85.

INDIQUÉ : E. Houth, *Les comtes de Meulan*..., p. 123, n° 91.

Alain de Neuville fut sénéchal de Galeran II de Meulan (**B18**) jusque vers 1150, avant de devenir agent du roi Henri II (D. Crouch, *The Beaumont*..., p. 143, n. 35) et juge de l'Échiquier à partir de 1161 (*D. N. B.*, t. XL, p. 243). Cette confirmation eut peut-être lieu vers 1166 ou peu après la mort de Galeran II. Elle est de toute façon antérieure à 1180, date à laquelle Guillaume de Thibouville est déjà mort : c'est son fils Robert qui figure dès lors dans les rôles de l'Échiquier de Normandie (*Rot. Scacc. Norm.* I, p. 250).

Robertus, comes Mellenti, omnibus hominibus suis et fidelibus tam presentibus quam futuris, salutem. Notum sit omnibus vobis me concessisse sigillique munimine munivisse Alano pincerne eam donationem quam pater meus Gualerannus in stallis de Ponte Audomari solutam et liberam ab omni servitio et consuetudine pro servitio suo ei dedit, ita libere et quiete ut ab eo accepit. Testibus : Willelmo de Tibovilla ; Thomas^(b) de *Tornebu* ; Roberto *Pipart* ; Peregrino, capellano ; Hugone, capellano.

(a) *Cette charte est en effet placée dans le cartulaire après l'acte B74.* — (b) *Sic B,* Thoma *C.*

B55

[1141-1181, juin].

Arnoul, évêque de Lisieux, fait savoir à Hugues, Robert et Raoul, clercs de Pont-Audemer, qu'ils doivent rendre aux moines de [Saint-Pierre] Préaux leurs parts de toutes les offrandes faites par les fidèles aux autels mineurs et majeurs qu'ils desservent. Il interdit en outre à tout prêtre remplissant des fonctions de vicaire de célébrer des messes sans l'autorisation des moines, sauf si un clerc de passage dans ces églises désire y célébrer l'office divin.

B. Cart. XIIIe siècle, fol. 19, n° 37, sous la rubrique : « *Item littere Arnulfi, Lexoviensis episcopi, directe Hugoni, Roberto et Radulfo, clericis de Ponte Audomari, ut monachis de Pratellis partes suas de oblationibus persolverent* » ; dans la marge, de la main de M : « *In Sancto Audoeno partes in quibuscumque oblationibus habemus* » ; et d'une main du XVIIIe siècle : « offrandes ». [Copie partielle Delisle, Bibl. nat. de Fr., nouv. acq. lat. 1025, fol. 18, n° 37].

C. Cart. XVe siècle, fol. 13-v, n° 28.

Arnoul fut évêque de Lisieux entre 1141 et 1181. Le clerc Raoul, dont il est ici question, ne peut pas être confondu avec le prêtre du même nom que l'abbé Richard investit de l'église de Saint-Aignan de Pont-Audemer (voir **A77**). En effet Saint-Aignan relève de l'évêché de Rouen ; les trois vicaires ici en question desservent les paroisses de Notre-Dame[-du-Pré], Saint-Ouen et Saint-Germain de Pont-Audemer. Dans la bulle d'Alexandre III, datée de 1179 (**B52**), il est bien stipulé que deux tiers des aumônes faites à ces autels doivent être reversés aux moines de Préaux.

Arnulfus, Dei gratia Lexoviensis[a] episcopus, dilectis filiis suis Hugo[b], Roberto et Radulfo, clericis de Ponte Audomari, salutem et benedictionem. Sciatis quod volo et nichilominus episcopali auctoritate precipio quatinus filiis nostris karissimis monachis de Pratellis de omnibus oblationibus, quas per fidelium manus tam minoribus quam majoribus altaribus ecclesiarum, quibus Deo auctore ministratis, offeruntur, plene et integerrime partes suas reddatis. Prohibemus etiam ne quis sacerdos, vicarii fungens officio, nisi monachorum licentia ipsis quoque fideli securitate facta, audeat in eisdem ecclesiis missarum sollennia celebrare, excepto dumtaxat si quilibet iter agens divinum idem officium in una earum agere velit. Valete.

(a) Lex *suivi d'un tilde C*. — (b) Sic B, *corr.* Hugone.

B56

[1179, 12 avril-1182, janvier].

Robert [IV], comte de Meulan, confirme la donation faite en sa présence et devant ses barons par son vassal, Hugues dit le Vilain, chevalier, en faveur des moines de Saint-Pierre de Préaux : tout ce qu'il possédait à Charlton Marshall, près de Spettisbery, en terres, hommes, eaux, prés, pâturages et toutes les coutumes qu'il avait sur le bois [de Chetel, à savoir la possibilité d'y prendre ce qui leur sera nécessaire pour l'entretien de leurs maison, clôtures, charrues et enclos].

B. Cart. XIIIe siècle, fol. 48, n° 104, sous la rubrique : « *Concessio et confirmatio Roberti, comitis de* Mellent*, super donis que Hugo, miles, dictus Villanus, donavit ecclesie Pratelli in* Cherlentonne *juxta* Postebere *; in Anglia* ». [Copie partielle Delisle, Bibl. nat. de Fr., nouv. acq. lat. 1025, fol. 50, n° 104].

C. Cart. XVe siècle, fol. 34 bis v, n° 90.

INDIQUÉ : B, fol. 198v, n° 600, en ces termes : « *Confirmatio Roberti, comitis Mellenti, de villa de Chellentona quam Hugo, dictus Villanus, miles dicti comitis, nobis dedit cum omnibus pertinentiis quas ibi habebat, videlicet in terris, hominibus, aquis, pratis et pascuis et cum omni consuetudine quam habebat in nemore de*

Chetel, *scilicet necessaria ad proprios usus domus nostre et sepium et carucarum et faldarum. Hoc habemus sigillo dicti comitis sigillatum* ». — H. Round, *Calendar*..., p. 117, n° 348. — *Victoria History of Dorset*, t. II, p. 120, n. 114. — E. Houth, *Catalogue des actes*..., p. 518, n° 40. — E. Houth, *Les comtes de Meulan*..., p. 112, n° 40.

Cet acte est postérieur à la bulle d'Alexandre III (**B52**), car celle-ci ne mentionne pas cette donation ; cependant, il ne peut être postérieur à 1182, puisque la comtesse Agnès de Meulan, mère du comte Robert IV, figure parmi les témoins. En effet, en janvier 1182, ce dernier donne à l'abbaye de Hautes-Bruyères 60 sous à percevoir le jour de l'anniversaire de sa mère (Bibl. nat. de Fr., Coll. du Vexin, t. VIII, p. 703, n° 176, et E. Houth, *Les comtes de Meulan*..., p. 57).

Omnibus sancte matris Ecclesie filiis tam modernis quam futuris, Robertus, comes Mellenti, eternam in Christo salutem. Universitati vestre notum fore volo quod Hugo, miles meus, cognomento Villanus, vir Deo devotus et anime sue in posterum consulens, in presentia mea et baronum meorum dedit Deo et ecclesie Sancti Petri de Pratellis et monachis ibidem Deo servientibus in perpetuam elemosinam quicquid habebat in villa que appellatur *Cherlentunne* que est juxta *Postebere*, in terris, in hominibus, in aquis, in pratis, in pascuis, quicquid etiam habebat consuetudinis in nemore quod est ibidem. Hanc autem donationem predicti Hugonis concedo et confirmo atque, ut in perpetuum rata permaneat, salvo meo servitio, auctoritate sigilli mei corroboro. Hujus donationis testes sunt : Agnes, comitissa ; Rogerius, frater comitis ; Seherus de *Quinci* ; Willelmus de *La Mare* ; Willelmus de *Bailleol* ; Matheus de *La Poterie* ; Ricardus *Bigot* ; Walterius de *Brionie*[a] ; Robertus de *Brionne* ; Hugo de Sancta Maria ; Goscelinus *Rosseil* ; Gaufridus *Ficheit*.

(a) *Sic BC.*

B57

[1179, 12 avril-1182, janvier].

Robert [IV], comte de Meulan, fait savoir qu'il a donné à l'abbaye Saint-Pierre de Préaux, pour le salut de son âme et de celles de ses ancêtres, l'exemption perpétuelle de toute taille et aide sur la terre, située à Charlton [Marshall], que Hugues le Vilain, son chevalier, a cédée aux moines.

B. Cart. XIIIe siècle, fol. 48-v, n° 105, sous la rubrique : « *Item confirmatio Roberti, comitis de* Mellent, *de omni quietantia totius tallie et auxilii terre quam predictus Hugo donavit monachis de Pratellis apud* Cherlentonne ». Dans la marge :

« *Item in Anglia* ». [Copie partielle Delisle, Bibl. nat. de Fr., nouv. acq. lat. 1025, fol. 50, n° 105].

C. Cart. XVe siècle, fol. 35, n° 91. Dans la marge : « *Item in Anglia* ».

INDIQUÉ : H. Round, *Calendar...*, p. 117, n° 347. — E. Houth, *Catalogue des actes...*, p. 524, n° 66. — E. Houth, *Les comtes de Meulan...*, p. 118, n° 66.

Hugues le Vilain a fait donation de sa terre de Charlton-Marshall avant la mort de la comtesse Agnès de Meulan en 1182 (**B56**), acte sans doute contemporain de celui-ci.

Robertus, comes Mellenti, omnibus ad quos presens scriptum pervenerit, salutem. Noverit universitas vestra me concessisse ecclesie Sancti Petri de Pratellis et monachis ibidem Deo servientibus pro salute anime mee et animarum antecessorum meorum perpetuam quietantiam de omni tallia et auxilio in terra quam dedit eisdem monachis in villa, que dicitur Cherlentona, Hugo Villanus, miles meus. Et, ut ista concessio rata permaneat, eam scripti presentis auctoritate et sigilli mei impressione roboravi. His testibus : Willelmo de *Homme* ; Rogero *Efflanc* ; Henrico *Lovet* ; Roberto Magno ; Henrico *Fichet* ; Roberto Villano et pluribus aliis.

B58

[1179, 12 avril-1182, 26 février].

Robert [IV], comte de Meulan, fait savoir que Richard de Roys a donné en aumône à l'abbaye Saint-Pierre de Préaux, à l'occasion de la prise d'habit de Robert de Roys, son père, vingt sous à percevoir chaque année sur son moulin de Roys à la Saint-Michel-au-Mont-Tombe [29 septembre]. Au cas où les revenus du moulin ne suffiraient pas au paiement de la rente, Richard de Roys l'acquitterait sur ses propres revenus à Roys ; il a en outre accepté, au cas où il nierait devoir payer la rente, que le comte Robert, seigneur de la terre de Roys, prélève lui-même les vingt sous en faveur des moines.

B. Cart. XIIIe siècle, fol. 47-v, n° 101, sous la rubrique : « *Ex dono Ricardi de Rotis pro monachatu Roberti, patris sui, XX solidos in molendino suo de Rotis singulis annis reddendos ad festum sancti Michaelis in Monte Tumba* ». [Copie partielle Delisle, Bibl. nat. de Fr., nouv. acq. lat. 1025, fol. 49, n° 101].

C. Cart. XVe siècle, fol. 34bis-v, n° 87.

a. A. Le Prévost, *Mémoires*, t. III, p. 177.

INDIQUÉ : A. Canel, *Essai historique...*, t. II, p. 205. — E. Houth, *Catalogue des actes...*, p. 523, n° 62. — E. Houth, *Les comtes de Meulan...*, p. 117, n° 62.

À part Richard le Bigot, les témoins de cette charte sont des inconnus que l'on retrouve seulement dans l'acte suivant, ce qui laisse penser que ces deux actes datent de la même époque, voire du même jour ; tous les deux mentionnent la présence du comte Robert IV de Meulan. Le *terminus a quo* est la date du privilège d'Alexandre III qui ne mentionne pas cette donation (**B52**). Richard de Roys mourut vraisemblablement durant son pélerinage à Jérusalem, peut-être durant la Croisade : un conflit intervenu entre son frère Hugues et son fils Hervé est rappelé dans les jugements de l'Échiquier (L. Delisle, *Recueil des jugements...*, p. 20, n° 78).

Robertus, comes Mellenti, omnibus baronibus et baillivis et hominibus suis presentibus et futuris, salutem. Notum sit omnibus et singulis quod Ricardus de Rotis dedit in perpetuam elemosinam Deo et ecclesie Sancti Petri de Pratellis pro monachatu Roberti de Rotis, patris sui, XX solidos in molendino suo de Rotis singulis annis reddendos ad festum sancti Michaelis de Munte[a] Tumba, tali conditione quod, si redditus predicti molendini aliqua de causa deficeret, prenominatus Ricardus de Rotis hos XX solidos ad eumdem terminum de proprio suo redditu de Rotis perficeret.Concessit etiam idem Ricardus coram me quod ego, qui dominus sum terre de Rotis, de proprio redditu suo hos XX solidos monachis redderem, si ipse eos reddere denegaret. Quod, ut firmiter in perpetuum teneretur, ego, qui ibi presens affui, sigilli munimine roboravi. Hujus autem conventionis isti sunt testes : Ricardus *le Bigot* ; Abbas Tornaii ; Ewardus de *Breel* ; Rogerius Rogelium ; Radulfus de Abbatia et multi alii.

(a) *Sic B, corrigé dans C en* Monte.

B59

[1179, 12 avril-1182, 26 février].

Henri, abbé de [Saint-Pierre de] Préaux, fait savoir que avec l'accord des moines il a concédé à Richard de Roys le fief Harenc contre une rente annuelle de quarante sous payable à la Saint-Michel-du-Mont-Tombe [29 septembre], rente qui ne pourra être ni augmentée ni diminuée. Le comte de Meulan Robert [IV], présent lors de la donation, a confirmé l'accord.

B. Cart. XIIIe siècle, fol. 47v, n° 102, sous la rubrique : « *Quomodo abbas Henricus assensu capituli concessit Ricardo de Rotis feodum* Harenc *possidendum per XL solidos de annuo redditu* ». [Copie partielle Delisle, Bibl. nat. de Fr., nouv. acq. lat. 1025, fol. 49, n° 102].

C. Cart. XVe siècle, fol. 34bis v, n° 88.

a. A. Le Prévost, *Mémoires*, t. III, p. 177 (extrait).

INDIQUÉ : E. Houth, *Catalogue des actes...*, p. 528, n° 80. — E. Houth, *Les comtes de Meulan...*, p. 121, n° 80.

Notum sit omnibus et singulis quod ego Henricus, Dei gratia abbas Pratellis[a], consilio et assensu capituli ejusdem loci concessi Ricardo de Rotis feodum *Harenc* jure hereditario possidendum per XL solidos de redditu singulis annis ad festum sancti Michaelis in Monte Tumba et isti XL solidi non possunt augeri nec diminui. Hec autem conventio facta est et concessa Ricardo de Rotis predicto, Roberto comite Mellenti presente, qui etiam id ipsum sigilli sui attestatione confirmavit. Testibus : Roberto, celario ; Ricardo *le Bigot* ; Abbate Tornaii ; Radulfo de Abbatia ; Rogero Rogelium et multis aliis.

(a) Sic *BC, corr.* de Pratellis.

B60

[1172-1182, 26 février].

Rotrou [de Warwick], archevêque de Rouen, fait savoir que à la demande de Henri, abbé de [Saint-Pierre de] Préaux, et des moines il a accordé la chanterie de l'église de Houquetot à Robert Revel, prêtre, de sorte que l'abbé et les moines percevront chaque année vingt sous de monnaie courante et deux tiers (garbe) de la dîme.

B. Cart. XIIIe siècle, fol. 24-v, n° 53, sous la rubrique : « *Littere Rotrodi, Rothomagensis archiepiscopi, universis directe quomodo donavit cantariam Sancti Albini de* Hoquetot *Roberto* Revel *ad presentationem Henrici abbatis* ». Dans la marge, de la main de O : « Huguetot ». [Copie partielle Delisle, Bibl. nat. de Fr., nouv. acq. lat. 1025, fol. 24, n° 53].

C. Cart. XVe siècle, fol. 17-v, n° 42.

Robert *Osmundi*, chanoine de Rouen, est attesté entre 1170-1176 et 1206 (D. Spear, *Les chanoines...*, p. 146 ; *Fasti...*, t. II, p. 357, n° 4214) ; maître Reginald fut archidiacre du Vexin entre 1170 et 1183 (D. Spear, *Les archidiacres...*, p. 27) ; Yves de Vieux-Pont, entre 1170 et 1183 (D. Spear, *ibid.*, p. 27) ; *Amicus*, entre 1172 et 1183, date à laquelle il devint trésorier (D. Spear, *ibid.*, p. 28) : cette charte n'est donc pas antérieure à 1172 et son *terminus ad quem* est la mort de l'abbé Henri de Préaux en 1182.

Rotrodus, Dei gratia Rothomagensis archiepiscopus, presentibus et futuris, salutem. Inter commoditates inventionis humane nichil sensetur utilius beneficio litterarum quibus reformatur memoria et in novitatem redit quod obscuravit oblivio et quod vetustas temporis antiquavit. Unde notum fieri volumus universis quod peticione et presentatione dilecti filii nostri Henrici, abbatis Pratelli, et monachorum suorum donavimus integre cantariam ecclesie de *Hugetot* Roberto

Revel, presbitero, ita tamen quod predictus abbas et monachi sui singulis annis percipient de altari XX solidos usualis monete et monasterium Pratellense duas garbas decimationis prefate ecclesie libere et quiete habebit, sicut umquam melius et liberius multis retroactis temporibus habuit. Et, ne aliquorum machinationibus vel tergiversatione quod in nostra presentia factum est perverti possit vel mutari, sed, ut firmius et stabilius conservetur et maneat, presenti scripto et sigilli nostri munimine confirmamus. Testes sunt : Ivo de Veteri Ponte ; magister Reinaldus et Amicus, Rothomagensis ecclesie archidiaconi ; magister Herbertus, prior infirmorum de Rothomago ; Robertus Osmundi, canonicus Rothomagensis ecclesie ; Milo, canonicus ecclesie Ebroicensis ; Reinoldus, decanus de *Drincort*[a] ; et Helias de *Warwic*.

(a) Drincourt *C.*

B61

[1172-1182, 26 février].

Rotrou [*de Warwick*], *archevêque de Rouen, fait savoir que à la demande de Henri, abbé de* [*Saint-Pierre de*] *Préaux et des moines, il a accordé la chanterie de l'église de Houquetot à Robert Revel, de sorte que l'abbé percevra de l'autel chaque année vingt sous de monnaie courante.*

B. Cart. XIIIe siècle, fol. 24v, n° 54, sous la rubrique : « *Quomodo Rotrodus, Rothomagensis archiepiscopus, donavit Roberto* Revel *cantuariam de* Hoquetot *ad petitionem Henrici abbatis et conventus de Pratellis* ». Dans la marge, d'une main du XVIe siècle (O) : « Huguetot ». [Mention Delisle, Bibl. nat. de Fr., nouv. acq. lat. 1025, fol. 24, n° 54].

Sur le *terminus a quo*, voir l'acte précédent ; le *terminus ad quem* est la mort de l'abbé de Préaux Henri.

Rotrodus, Dei gratia Rothomagensis archiepiscopus, presentibus et futuris, salutem. Inter commoditates inventionis humane nichil censetur utilius beneficio litterarum quibus reformatur memoria et in novitatem redit quod obscuravit oblivio et quod vetustas temporis antiquavit. Unde notum fieri volumus universis quod peticione et presentatione dilecti filii nostri Henrici, abbatis Pratelli, et monachorum suorum donavimus integritatem cantarie ecclesie de *Hugetot* Roberto *Revel*, presbitero, ita tamen quod predictus abbas singulis annis percipiet de altari XX solidos usualis monete. Et, ut hoc stabile et firmum permaneat, presenti scripto et sigilli nostri munimine confirmamus. Testes sunt : Ivo de Veteri Ponte, magister Reinaldus et Amicus, Rothomagensis ecclesie archidiaconi ;

magister Herbertus, prior infirmorum de Rothomago ; Robertus Osmundi, canonicus Rothomagensis ecclesie : Milo, canonicus ecclesie Ebroicensis ; Reinoldus, decanus de *Drincort* ; et Helias de *Warwic*.

B62

[1182, 26 février-1182, 25 décembre].

Notification de l'accord mettant un terme aux querelles opposant les abbayes Saint-Pierre de Préaux et Notre-Dame de Mortemer. L'abbaye de Mortemer rendra aux moines de Préaux tous les ans à la Saint-André [30 novembre], en la grange du Roule, six mines de grain, soit deux de froment, deux d'orge et deux d'avoine, à la mesure de Lyons, en reconnaissance de toutes les terres, possédées par l'abbaye de Mortemer, sur lesquelles les moines de Préaux avaient des droits en 1182, première année de l'abbatiat d'Osberne de Préaux. Il est, en outre, convenu entre ce dernier et Guillaume, abbé de Mortemer, que l'abbaye de Mortemer ne pourra rien percevoir de plus sur ces terres sans l'assentiment du chapitre de Préaux.

B. Cart. XIIIe siècle, fol. 70, n° 177, sous la rubrique : « *Quomodo sopita est controversia que vertebatur inter abbatem et conventum Mortui Maris ex una parte et abbatem et conventum de Pratellis ex altera* ». [Copie partielle Delisle, Bibl. nat. de Fr., nouv. acq. lat. 1025, fol. 75, n° 177].

C. Cart. XVe siècle, fol. 52, n° 158.

Osberne devint abbé de Préaux après le 26 février 1182 ; Guillaume de Mortemer fut, quant à lui, élu abbé en 1179-1180 et mourut entre le 9 et le 13 février 1200 (Martène, *Thesaurus novus...*, t. III, p. 440 ; *R. H. F.*, t. XVIII, p. 354) ; Raoul de Varneville fut évêque de Lisieux de 1182 au 10 novembre 1192. La grange du Roule est une des « granges » de l'abbaye cistercienne de Mortemer (F. Gallagher, *op. cit.*, p. 93).

Notum sit omnibus sancte Ecclesie fidelibus tam presentibus quam futuris quod omnes querele que versabantur inter ecclesiam Sancti Petri de Pratellis et ecclesiam Sancte Marie Mortui Maris in hunc modum sopite sunt com[a] assensu utriusque capituli : quod scilicet ecclesia Mortui Maris reddet annuatim ecclesie Sancti Petri sex minas bladi, duas videlicet frumenti et duas ordei et duas avene, ad mensuram de *Leons*, in festo sancti Andree, apud granciam de Rollo pro omnibus terris, in quibus aliquid juris habebat ecclesia Sancti Petri, quas ecclesia Mortui Maris possidebat anno ab Incarnatione Domini M° C LXXX° II°, anno scilicet primo ordinationis domni Osberti, abbatis de Pratellis, domno Willemo existente abbate Mortui Maris, adjecto etiam quod ecclesia Mortui Maris nichil amplius accipiet de terra ipsorum sine assensu capituli. Testibus : Radulfo, Lexoviensi episcopo ; magistro Willelmo de Pauliaco ; Benedicto, decano de Tregevilla ; Hugone Villano ; Roberto, priore Mortui Maris ; Roberto, cellario ; Roberto de *Gloecestre*.

(a) *Sic B*, cum *C*.

B63

1183, 14 septembre.

Raoul [de Varneville[25]], évêque de Lisieux, fait savoir qu'il a consacré un autel en l'honneur de saint Thomas [Becket] et de saint Léger, martyrs. Il remet, en outre, à tous ceux qui viendront à cet autel faire une aumône pendant l'année de cette consécration, le tiers de leur pénitence et les péchés que la mémoire humaine ne peut retenir ; il accorde le même privilège à tous ceux qui viendront chaque année depuis le dimanche précédant l'Ascension, pendant trois semaines, période durant laquelle les moines devront exposer au peuple le chef de saint Léger, faire aumône, prières et célébrer pour le salut des donateurs des messes solennelles.

B. Cart. XIIIe siècle, fol. 19v-20, n° 40, sous la rubrique : « *Littere Radulfi, Lexoviensis episcopi, de consecratione cujusdam altaris apud Pratellum in honore sancti Thome Anglorum martiris et beati Leodegarii* » ; dans la marge, de la main de M : « *De consecratione altaris in honore sancti Thome martiris et beati Leodegarii* ». [Copie partielle Delisle, Bibl. nat. de Fr., nouv. acq. lat. 1025, fol. 19, n° 40].

C. Cart. XVe siècle, fol. 13v-14, n° 31.

Notum sit omnibus tam presentibus quam futuris quod ego Radulfus, Dei miseratione Lexoviensis episcopus, consecravi hoc altare in honore sancti Thome, Anglorum martiris, et beati Leodegarii in die Exaltationis Sancte Crucis, anno ab Incarnatione Domini M° C° octogesimo tercio, regnante Francorum rege Philippo, Henrico, rege Anglorum, Rotrodo, archiepiscopo Rothomagensi[(a)]. Confisi ergo de misericordia Dei et intercessione predictorum martirum omnibus qui ad hoc altare a nobis indignis consecratum pio corde et contrito accesserint per totum primum annum illius consecrationis et elemosinas suas obtulerint, terciam partem injuncte penitencie relaxamus et peccata que memoriter humana fragilitas retinere non potuit, de quorum tandem oblivione et contemptu peccator digne penituit, nichilominus relaxamus. Singulis autem annis a dominica ante Ascensionem in

---
25. Raoul de Varneville, évêque de Lisieux, 1182-10 novembre 1192.

tres ebdomadas omnibus venientibus et elemosinas suas offerentibus simili modo succurrendum decrevimus quoniam illis diebus caput gloriosi martiris Leodegarii a monachis hujus ecclesie populo venienti debet ostendi et orationes et elemosine ab ipsis fieri et pro salute offerentium missa sollenniter celebrari. Hoc igitur ad memoriam posterorum scripti nostri munimine et sigilli impressione duximus roborandum.

(a) Rothom *suivi d'un tilde BC.*

B64

[1183, 17 juillet-1183, 30 septembre].

Raoul [de Varneville], évêque de Lisieux, Guillaume, abbé de Grestain, et Richard, archidiacre de Lisieux, convoquent le vicaire de Salerne à Lisieux le vendredi le plus proche de la Saint-Michel [29 septembre], afin de répondre devant eux et l'abbé de [Saint-Pierre de] Préaux de la rente que celui-ci dit devoir percevoir sur cette paroisse. Ils ont, en effet, reçu une lettre du pape Lucius [III] leur ordonnant d'obliger, sous peine de censure ecclésiastique, les vicaires de Brucourt, de Périers, de Toutainville et d'autres paroisses du diocèse de Lisieux appartenant au monastère de Préaux d'acquitter la rente accoutumée qu'ils doivent aux moines.

B. Cart. XIIIe siècle, fol. 21v-22, n° 46, sous la rubrique : « *Quomodo sopita est controversia que vertebatur inter nos ex una parte et presbiteros de Bruecuria, de* Pereis, *de Tosteinwilla et quosdam alios pro pensionibus reddendis* » ; dans la marge, de la main de O : « *Brucourt pour le patronage* » et de la main de M : « *Pensiones parochiarum hujus dyocesi debitas huic ecclesie* ». [Copie partielle Delisle, Bibl. nat. de Fr., nouv. acq. lat. 1025, fol. 22, n° 46].

C. Cart. XVe siècle, fol. 15v-16, n° 37.

a. J. Ramackers, *Papsturkunden...*, p. 326-327, n° 228 (édition incomplète). — H. Müller, *Päpstliche delegationsgerichtsbarkeit...*, t. II, p. 162, n° 58.

INDIQUÉ : J.-L. 14898. — H. Müller, *Päpstliche Delegationsgerichtsbarkeit...*, t. II, p. 27, n° 123.

La datation de cet acte est induite par la date de la lettre du pape et par celle fixée par les juges délégués.

R(adulfus), Dei gratia Lexoviensis episcopus, Willelmus, abbas Grestani, Ricardus, Lexoviensis archidiaconus, presbitero de Salerna, salutem. Suscepimus mandatum domini pape in hec verba : « Lucius episcopus, servus servorum Dei, et cetera. Transmissa conquestione dilectorum filiorum nostrorum, abbatis et conventus de Pratellis, auribus nostris insonuit quod presbiter de Bruecuria, presbiter de *Periers* et presbiter de Tostinivilla⁽ᵃ⁾ et alii, qui parrochiales ecclesias in Lexoviensi episcopatu tenent ad monasterium pertinentes, pensiones eidem monasterio antiquitus constitutas exolvere ausu temerario contradicunt. Nos itaque indempnitati predicti conventus pro nostro volentes officio providere discretioni vestre per apostolica scripta mandamus atque precipimus quatinus memoratos presbiteros censura ecclesiastica compellatis, ut subtractos census sine difficultate restituant et in solvendis nullum deinceps afferant obstaculum tarditatis vel sub examine vestro, sublato appellationis obstaculo, non differant justicie plenitudinem exibere. Datum Sagnie, XVI kalendas augusti ». Hujus igitur auctoritate mandati tibi precipimus quatinus die veneris proxima post sancti Michaelis festum coram nobis apud Lexovienses appareas predicto abbati et conventui super quadam pensione quam in ecclesia tua asserunt se debere percipere sufficienter responsurus.

(a) Tousteinville C.

B65

[1182, 25 décembre-1183, 26 novembre] (n. st.).

Rotrou [de Warwick], archevêque de Rouen, fait connaître l'accord intervenu entre les moines de [Saint-Pierre de] Préaux et le prêtre Luc de Pont-Audemer, nouveau vicaire de l'église d'Étreville. Yves de Vieux-Pont et Gautier de Saint-Valéry, archidiacres de Rouen et juges délégués par le pape pour résoudre le différend qui portait sur la terre des aumônes et les revenus de l'autel de Saint-Sanson d'Étreville, dont les moines revendiquaient la moitié, avaient porté l'affaire devant l'archevêque. Les moines percevront donc désormais chaque année cinquante sous de monnaie courante versés par le desservant au nom des revenus de l'autel de l'église d'Étreville et acquitteront la moitié des droits dus à l'archevêque, à l'archidiacre et au doyen ; le vicaire en acquittera l'autre moitié et possédera tous les revenus de l'autel. L'abbé et les moines lui concèdent aussi, ainsi qu'à ses successeurs, deux acres de terre libres de tout cens, service et aide, dont une partie est située à Étennemare, l'autre près de la maison d'Eudes le Roelier sur la terre que posséda Raoul le Noble. Si quelqu'un contestait à juste titre cette terre, les moines seraient dans l'obligation d'en donner une autre de valeur équivalente au vicaire.

B. Cart. XIIIᵉ siècle, fol. 9, n° 12, sous la rubrique : « *Karta Rotrodi, archiepiscopi, super L solidis quos monasterium Pratelli percipit in altalagio Sancti Sansonis de Esturvilla* » ; dans la marge, de la main de M : « *Esturvilla vicaria perpetua* » et : « *De pensione de Esturvilla in L solidis* » ; d'une main du XVIIIᵉ siècle :

« Vicaire perpetuel d'Étreville ». [Copie Delisle, Bibl. nat. de Fr., nouv. acq. lat. 1025, fol. 8, n° 12].

C. Cart. XVe siècle, fol. 7v, n° 11.

a. H. Müller, *Päpstliche Delegationsberichtsbarkeit*..., t. II, p. 160-162, n° 57.

INDIQUÉ : A. Le Prévost, *Mémoires*, t. II, p. 63.

L'archevêque de Rouen Rotrou de Warwick meurt le 26 novembre 1183. Cette charte ne peut être antérieure à Noël 1182 (n. st.), si c'est bien le style de Noël qui est en vigueur à la chancellerie archiépiscopale.

Omnibus ad quos littere presentes pervenerint, Rotrodus, Dei gratia Rothomagensis archiepiscopus, salutem in Domino. Cum Lucas, presbiter, de Ponte Audomari, in ecclesia de Esturvilla perpetuam vicariam ex representatione abbatis et conventus Pratelli, ad quos ecclesia ille noscitur pertinere, et ex nostra donatione canonice fuisset adeptus, orta est tandem discordia inter eos super terra illius ecclesie ad elemosinam pertinente et super altalagio, cujus medietatem monachi ad se pertinere dicebant. Cumque de mandato summi pontificis coram duobus dilectis filiis nostris, Ivone de Veteri Ponte et Walterio de Sancto Valerico, Rothomagensibus archidiaconis et judicibus a summo pontifice delegatis, questio tractaretur, de eorum voluntate verbum ad nostram audientiam delatum ex nostra auctoritate, concurrente predictorum judicum delegatorum approbatione et consensu, amicabili compositione sopitum est in hunc modum : monasterium siquidem Pratellense L solidos usualis monete percipiet annuatim nomine pensionis de altalagio ecclesie de Esturvilla et omnia onera ejusdem ecclesie ad archiepiscopum pertinentia et archidiaconum et decanum pro media parte portabit. Presbiter vero aliam medietatem honerum^(a) sustinebit et pensionem predictam de altalagio monachis exsolvet et sic totum altalagium quiete et libere possidebit. Luce^(b) autem, vicario prescripte ecclesie, et omnibus vicariis sibi in posterum successuris^(c) concesserunt abbas et monachi duas acras terre quiete et libere possidendas sine omni censu^(d) et servitio et auxilio quarum quedam pars est apud Esteinmaram et quedam pars apud domum Odonis *le Roelier* in terra que fuit Radulfi^(e) Nobilis. Si vero contigerit aliquem super eadem terra movere questionem contra monachos et prefatum vicarium suum et illam adversus eos obtinere monachi eidem Luce, vicario suo, aliam terram in loco competenti equivalentem assignabunt. Sic igitur inter memoratos monachos et prefatum Lucam, presbiterum, per Dei gratiam pacem curavimus reformare, ut futuris etiam temporibus paci et quieti monachorum et vicarii jamdicte ecclesie vellemus providere. Ut ergo quod tam sollenniter factum est nulla valeat in posterum malignitate divelli, concessionem nostram et transactionem inter eos factam sigilli nostri valituro in perpetuum munimine duximus roborandam. Hoc autem factum est anno ab Incarnatione Domini M° C° LXXX° III°. Testibus his : Amico, archidiacono ; magistro Herberto ; et Roberto, capellano et preposito ; et Ricardo de Ponte Audomari ; et Rogero de *Warwic* ; et Roberto de Anglia, cellario Pratelli ; et Rogero de *Ri*, monacho ; et Goscelino de Campeigneio ; et *Gui*^(f) Hanoco ; et Helya de *Warwic* ; et abbate de Sancto Georgio.

(a) *Sic BC*. — (b) *Dans la marge, d'une main du* XVII*ᵉ siècle* : « Vicaire perpetuel d'Estreville ». — (c) *Sic BC*. — (d) sensu *C*. — (e) Radulphi *C*. — (f) Guy *C*.

B66

[1142-1184, 18 novembre].

Jocelin [de Bailleul²⁶], évêque de Salisbury, fait savoir que, selon l'attestation de Raoul de Calne, autrefois vice-archidiacre en Berkshire, et selon les témoignages de nombreuses autres personnes, l'abbé de [Saint-Pierre de] Préaux n'a pas le droit de présenter le desservant de la paroisse d'Aston [Tirrold], sinon en présence et avec le consentement de Nicolas, fils de Turold.

B. Cart. XIIIᵉ siècle, fol. 53v, n° 122, sous la rubrique : « *Karta Jocelini, Saleberiensis episcopi, super presentatione ecclesie de Estona testimonio bonorum et fidelium virorum ecclesie Pratellensi declarata* » et dans la marge, à l'encre rouge, de la main du rubricateur : « *De Anglia* ». [Copie partielle Delisle, Bibl. nat. de Fr., nouv. acq. lat. 1025, fol. 58, n° 122].

C. Cart. XVᵉ siècle, fol. 39-v, n° 107. Même rubrique.

INDIQUÉ : H. Round, *Calendar...*, p. 118, n° 350.

Les bornes chronologiques de cet acte sont celles de l'épiscopat de Jocelin de Bailleul ; Renouf, qualifié ici d'ancien vice-archidiacre en Berkshire, apparaît sans son titre dans le cartulaire de Sainte-Croix de Winchester entre 1157 et 1171 (Cartulary of Saint Cross, Winchester, B. L. Harley, ms. 1616, fol. 12 ; J. Le Neve, *Fasti...*, t. IV, p. 29, n. 4) ; il apparaît titré également dans le cartulaire de Reading en 1183-1184 (Kemp, *op. cit.* t. II, p. 91-92) ; un vice-archidiacre non nommé apparaît entre 1142 et 1184 dans le cartulaire de Cirencester (t. II, n° 479). Sur les premiers achidiacres de l'évêché de Salisbury, voir C. Brooke, *op. cit.*, p. 18.

Jocelinus, Dei gratia Saresberiensis⁽ᵃ⁾ episcopus, omnibus Christi fidelibus ad quos presens scriptum pervenerit, salutem. Ex affirmatione magistri Ranulfi de Calna, quondam vices archidiaconi gerentis in Berkesira, et multorum aliorum testimonio accepimus quod abbas de Pratellis nichil habet juris presentandi personam ad ecclesiam de Estona, nisi presente Nicholao, filio Turoldi, et assensum prebente. Valete.

(a) Sar *suivi d'un tilde BC ainsi résolu*.

---

26. Jocelin de Bailleul, évêque de Salisbury, 1142-18 novembre 1184.

B67

[1142/1179-1184].

Milon, fils de Turold, fait savoir qu'il a renoncé en faveur de l'abbaye Saint-Pierre de Préaux, pour le salut de son âme, de celles de ses ancêtres et de ses successeurs, au droit de présentation à la cure de Saint-Michel d'Aston [Tirrold], de sorte qu'aucun de ses successeurs ne pourra le revendiquer.

B. Cart. XIIIe siècle, fol. 53v-54, n° 123, sous la rubrique : « *Resignatio et quietatio juris quod Milo, filius Toroldi, clamabat se habere in ecclesia de Estona in perpetuum est sopita* ». [Copie partielle Delisle, Bibl. nat. de Fr., nouv. acq. lat. 1025, fol. 58, n° 123].

C. Cart. XVe siècle, fol. 39v, n° 108.

INDIQUÉ : Cart. XIIIe siècle, fol. 196v, n° 598, en ces termes : « *Confirmatio Milonis, filii Toroldi, de quieta clamancia advocationis ecclesie de Estona suo sigillo sigillata* ».

Milon, fils de Turold d'Aston, est le frère de Nicolas (**B66**). L'absence de toute référence à ce dernier dans cet acte laisse croire qu'il est mort.

Omnibus ad quos presens scriptum pervenerit, Milo, filius Toroldi, salutem. Noverit universitas vestra me divine pietatis intuitu et pro anima mea et pro animabus antecessorum meorum et successorum meorum dedisse et concessisse et quietum clamasse totum jus advocationis et presentationis ecclesie Beati Michaelis de Estona Deo et ecclesie Beati Petri de Pratellis et monachis ibidem Deo servientibus ita quod nullus successorum meorum in ea aliquid juris reclamare poterit. Et, ut hec mea donatio et concessio et quieta clamatio rata permaneat, eam scripto presenti et sigilli mei munimine roboravi. His testibus : Johanne, tunc temporis vicecomite ; Ricardo Britono ; Roberto de Cornevilla^(a) ; Nicholao de *Chansi* ; Roberto, diacono ; Galterio, serviente, et multis aliis.

(a) Corneville *C*.

B68

[1142-1184].

Milon, fils de Turold d'Aston, fait savoir qu'il a confirmé, pour le salut de l'âme de ses ancêtres, la donation que Gerold, son aïeul, avait faite avec l'accord de son fils Turold à l'abbaye Saint-Pierre de Préaux : la dîme de tout ce qui pouvait être dîmé dans son domaine d'Aston [Tirrold], excepté celle du foin ; ainsi qu'une vergée de terre, que Turold avait donnée en aumône, située dans le même village, terre que Brichtricius l'oiseleur avait tenue, libre de toute coutume, sauf le service du roi.

B. Cart. XIIIe siècle, fol. 53-v, n° 121, sous la rubrique : « *Confirmatio Milonis, filii Torraldi de Estona, super decima tocius dominii sui in Estona* ». [Copie partielle Delisle, Bibl. nat. de Fr., nouv. acq. lat. 1025, fol. 57-58, n° 121].

C. Cart. XVe siècle, fol. 39, n° 106. Dans la marge : « *In Anglia* ».

INDIQUÉ : Cart. XIIIe siècle, fol. 196v, n° 598, en ces termes : « *Confirmatio Milonis, filii Turaldi de Estona, suo sigillo sigillata, de decima quam Geroldus, avus suus, concedente Toroldo, filio suo, nobis dedit in toto dominio suo in Estona de omnibus que decimari possunt et debent, excepta decima feni et de I virgata terre in predicta villa, quam Toroldus, pater suus, nobis dedit in perpetuam elemosinam, illam scilicet quam tenuit Britricius auceps liberam ab omni exactione seculari* ».

Milon, fils de Turold d'Aston, est le frère de Nicolas (**B66**) ; Milon apparaît ici comme successeur et héritier de Gerold d'Aston. L'absence de toute référence à Nicolas dans cet acte laisse croire que ce dernier est déjà mort.

Sciant presentes et futuri quod ego Milo, filius Torraldi de Estona, concessi et hac presenti carta mea confirmavi pro salute anime mee et pro animabus antecessorum meorum donationem quam fecit Geroldus, avus meus, concedente Torroldo, filio suo, abbatie Sancti Petri de Pratellis et monachis ibidem Deo servientibus, scilicet decimam tocius dominii sui in Estona, de omnibus que decimari possunt et debent, excepta decima feni. Et insuper concessi predicte ecclesie et monachis unam virgatam terre in predicta villa, quam Torroldus, pater meus, dedit eis in perpetuam elemosinam illam, scilicet quam tenuit Brichtricius auceps, liberam et quietam ab omni exactione seculari, salvo servitio domini regis. His[(a)] testibus : Henrico, sacerdote ; Ricardo, sanascallo[(b)] ; Roelendo de Alverso ; Sansone, fratre ejus ; Walterio *Wigod* ; Ricardo de *Bocherst* ; Hamone, serviente abbatis de Pratellis ; Bartholomeo de Postestbira ; Walterio de Estona ; Roberto, diacono, qui hanc cartam scripsit, et multis aliis.

(a) hiis C. — (b) Sic BC.

B69

[1141-1185].

Notification de l'accord mettant un terme au différend ayant opposé l'abbaye [Saint-Pierre] de Préaux et Raoul le Vegot, prêtre desservant l'église Saint-

Germain de Pont-Audemer, au sujet de la part des revenus de l'église revenant aux moines. Raoul devra chaque année rendre aux moines douze livres de monnaie courante sous forme d'un versement mensuel de vingt sous, soit dix au milieu du mois et dix à la fin, en paiement de tous les revenus, offrandes et dîmes, excepté les annuels dont le monastère doit percevoir les deux tiers et le desservant le dernier tiers, quelqu'en soit le destinataire, monastère ou desservant. Il a en outre juré au chapitre de respecter l'accord pendant tout le temps qu'il desservira cette église ; il est aussi établi que, si un édit général interdisait l'église pendant deux mois ou plus, pour une cause indépendante de Raoul, ou si un incendie dévastait la moitié de la paroisse ou plus, Raoul s'acquitterait de la pension suivant l'estimation de prud'hommes.

B. Cart. XIIIe siècle, fol. 20-v, n° 42, sous la rubrique : « *Item quomodo sopita est controversia que vertebatur inter nos et Radulfum, presbiterum de Sancto Germano* » ; dans la marge, d'une main du XVIIIe siècle : « Pension et oblation deües a l'abaye *(sic)* par le curé de St Germain ». [Copie partielle Delisle, Bibl. nat. de Fr., nouv. acq. lat. 1025, fol. 20, n° 42].

C. Cart. XVe siècle, fol. 14v, n° 33.

a. S. Mesmin, *The leper...*, (thèse dactylographiée), select documents II, n° 6a.

La présence de l'archidiacre Hugues de Nonant parmis les témoins détermine les termes de la datation de cet acte : c'est son oncle, l'évêque Arnoul de Lisieux, qui le fit archidiacre, en 1141 (L. Delisle, *Recueil*, t. I, Introduction, p. 392-392) ; il est cité comme tel en 1174-1175 (**B43**) avant de devenir évêque de Coventry en 1185. Cet accord intervenu entre les moines de Préaux et le prêtre desservant Saint Germain de Pont-Audemer est forcément postérieur à la charte de l'évêque Arnoul de Lisieux adressée aux clercs de Pont-Audemer, les enjoignant d'acquitter leur dû envers les moines (**B55**) ; il est antérieur à l'acte **B79** par lequel l'évêque de Lisieux donne aux moines la totalité des revenus de la paroisse en question. Benoît, doyen de Triqueville, cité ici comme témoin, est attesté en 1182-1183 (**B62**).

Notum sit omnibus tam presentibus quam futuris quod inter monasterium Pratellense et Radulfum, presbiterum ecclesie Sancti Germani de Ponte Audomari, super controversia que inter eos erat de portionibus, que monasterium contingebant, taliter est transactum et amicabili compositione statutum : quod Radulfus presbiter singulis annis de ecclesia Sancti Germani prefato monasterio duodecim libras usualis monete persolvet, singulis scilicet mensibus XX^{ti} solidos, decem in medio mense et decem in fine, pro omnibus oblationibus et obventionibus et decimis que monasterium Pratellense in ecclesia illa percipere solet, excepto annuali de quo monasterium debet habere duas partes et Radulfus terciam, cuicumque oblatum fuerit, sive monasterio sive capellano. Hanc igitur conventionem Radulfus *le Vegot* in capitulo juravit se omni tempore, quamdiu ecclesiam illam tenuerit, fideliter servaturum et, sicut determinatum est, sine difficultate soluturum, ita tamen quod, si generale edictum in ecclesia illa duobus mensibus vel eo amplius aliunde quam ex culpa Radulfi$^{(a)}$ duraverit vel si combustio parrochie dimidie vel maxime partis evenerit, estimatione bonorum virorum super pensione redditus ei satisfiet. Facta est autem hec conventio presentibus : Hugone, archidiacono ; Benedicto, decano ; Gaufrido, presbitero ; et aliis pluribus. Ista carta non valet nobis duo[(b)].

(a) Radulphi C. — (b) Sic B ; phrase omise dans C.

B70

[1183, 11 juin-1184/1186]

Robert [IV], comte de Meulan, notifie à ses vassaux, barons, chevaliers et agents la perpétuelle aumône qu'il a faite en faveur des moines de Saint-Pierre de Préaux, avec l'acord de son fils Galeran, pour le repos de l'âme du roi Henri le Jeune, son seigneur, de celle de son père et de celles de ses ancêtres, pour son salut, celui de son épouse et de ses fils : dans la forêt de Brotonne, la coutume d'un forestier et deux charrettes pour transporter jusqu'à l'abbaye tout ce qu'un forestier perçoit de la coutume, notamment le bois de chauffage suffisant pour l'infirmerie de l'abbaye ; une charrette, un cheval et deux hommes à la coutume du forestier pour suivre les gloiers du comte et recueillir tout ce que ceux-ci laisseront derrière eux en branches et fourches, excepté le gros des arbres, sans que les gloiers, forestiers, agents du rivage, verdiers ou autres agents comtaux ne puissent les en empêcher. Ce bois, transporté sur le rivage de la Seine, sera séparé de celui du comte et acheminé à l'abbaye, franc de toute coutume, dans un bateau distinct de ceux du comte. Si, faute de gloiers, les moines ne peuvent ramasser leur bois, ils recevront chaque semaine des mains du forestier, à la place de la coutume de la charrette, un hêtre. Le comte Robert a donné tous ces biens pour l'usage propre des moines, sans que ceux-ci n'en puissent faire commerce ; il a ajouté une manse de terre dans un lieu approprié pour loger le sergent des moines, chargé de surveiller leur bois sur la rive, qui pourra acheter librement de quoi boire et manger, aura la libre coutume du mort bois et devra faire serment au comte de ne pas lui nuire. En échange Osberne, abbé, et les moines ont accordé au comte Robert une messe quotidienne pour le roi Henri le jeune et un don gratuit de soixante livres angevines.

B. Cart. XIIIe siècle, fol. 41v-42v, n° 85, sous la rubrique : « *Confirmatio Roberti, comitis, et concessio de quadrigis quas habemus in foresta de Brotona* » ; dans la marge : « Brotonne ». [Copie partielle Delisle, Bibl. nat. de Fr., nouv. acq. lat. 1025, fol. 43, n° 85].

C. Cart. XVe siècle, fol. 30v-31v.

INDIQUÉ : E. Houth, *Catalogue des actes...*, p. 534, n° 104. — E. Houth, *Les comtes de Meulan...*, p. 126, n° 104.

L'évocation de la mort du roi Henri le Jeune implique que cet acte est produit après le 11 juin 1183, date de la mort du jeune roi, selon Benoît de Peterborough (*R. H. F.*, t. XVII, p. 455). Dans sa charte confirmative des biens de l'abbaye de Préaux, antérieure à 1188 (voir **B72**), Henri II mentionne cette donation, qui doit donc être située entre 1183 et 1188. Une charte en tout point semblable à celle-ci fut délivrée en 1186-1187 par Robert IV de Meulan en faveur de Saint-Léger de Préaux à l'occasion de la mort du comte de Bretagne Geoffroy (Arch., dép. Eure, H1307, n° 2, p. 7) : les religieuses reçurent du comte, dans la forêt de Brotonne, les mêmes droits que leurs frères de Saint-Pierre. La charte octroyée aux moniales reprend textuellement celle accordée aux moines de Préaux, ce qui invite donc à dater l'acte pour Saint-Pierre de Préaux des années 1183-1186 (voir Annexe IV).

Robertus, comes Mellenti, omnibus hominibus suis, baronibus, militibus et ministris et omnibus ad quos presens scriptum pervenerit, salutem. Sciatis me dedisse et concessisse ecclesie Sancti Petri de Pratellis et monachis ibidem Deo servientibus in perpetuam elemosinam pro anima Henrici regis junioris, domini mei, et pro anima patris mei et pro animabus antecessorum meorum et pro salute mea et uxoris mee et filiorum meorum duas quadrigas in Brotona ad consuetudinem forestarii, ut scilicet quicquid forestarius de consuetudine in ea accipere debet hoc idem monachi accipiant et hee[a] due quadrige ad abbatiam Pratelli predictam consuetudinem deferent. Et precipio ut infirmaria Pratelli ex ea consuetudine habeat ignem convenientem. Preterea dedi et concessi prefate ecclesie in eadem foresta unam quadrigam cum uno equo et duobus hominibus ad eandem consuetudinem forestarii et ad sequendum gloarios meos et quicquid[b] eis supererit illi quadrige accipere licebit, videlicet in branchis et in furcis, preter grossum arboris ita quod gloarii vel forestarii vel riparii vel viridarii mei vel alii ministri hanc consuetudinem nullo modo deforciare possint vel impedire. Hec autem quadriga ad ripam Secane ligna deferet et extra lignaria mea deponet, ut inde ad abbatiam per aquam deferantur libere et quiete ab omni exactione et consuetudine ab alia tamen nave quam a mea nave consuetudinaria. Si vero gloarii in foresta non fuerint vel mea defensione vel meorum vel aliqua causa, monachi unaquaque septimana pro consuetudine istius quadrige unam fagum in loco competenti per manum forestarii accipient. Et precipio ne defectu forestarii inde disturbentur. Has autem consuetudines et libertates predicte donavi ecclesie libere et quiete in perpetuum possidendas, solummodo ad proprios usus ejusdem domus sine alicujus mercimonii exercitio. Quare volo et firmiter precipio ut monachi ista in pace et quiete et honorifice habeant, ut nullus eos inde vexare presumat vel inplacitare vel aliquam molestiam inferre. Preterea concessi eis et donavi unam mansuram in loco convenienti ad servientem illorum hospitandum qui erit quietus de hoc quod emerit ad comedendum et bibendum et habebit liberam consuetudinem mortui bosci et homo ille, qui ex parte monachorum custodierit ligna eorum ad ripam, faciet mihi juramentum quod non patietur dampnum meum. Pro his autem concessionibus et libertatibus concesserunt mihi domnus[(c)] Osbertus, tunc temporis abbas Pratelli, et conventus unam missam pro salute anime Henrici regis junioris, domini mei, singulis diebus in perpetuum decantandam. Et, ut firmiores essent concessiones iste, dederunt mihi abbas et conventus in recognitione istarum concessionum LX[a] libras andegavensium ex caritate ecclesie. Istas equidem donationes et predictis modis distinctas concessit primogenitus filius meus Walerannus et hanc eandem[(d)] cartam manu sua propria super altare Sancti Petri obtulit. Ne autem ista donatio temporum diuturnitate possit in irritum revocari, eam dignum duxi sigilli mei munimine roborare. Huic donationi testes affuerunt : abbas Corniville ; Radulfus de Porta, frater comitis ; Ricardus *Bigot* ; Walterius de Brionnio[(e)] ; Robertus de *Felgeroles* ; Joscelinus *Russel* ; Johannes de *Joé* ; Henricus, camerarius ; Walerannus de Watevilla ; Ricardus, filius Landrici ; Radulfus de Abbatia ; Willelmus *Baivel* ; Thomas, serviens.

(a) *Sic BC.* — (b) quidquid *C.* — (c) dompnus *C.* — (d) eadem *C.* — (e) Brionio *C.*

B71

[1185, janvier-1188, 31 janvier]. — Caen.

Henri [II], roi d'Angleterre, duc de Normandie et d'Aquitaine, comte d'Anjou, fait savoir qu'il a confirmé en faveur de l'abbaye Saint-Pierre de Préaux l'aumône faite par le comte de Meulan Robert [IV], avec l'accord de son fils aîné Galeran, pour le repos de l'âme du roi Henri le Jeune, pour celles de ses propres ancêtres, pour son salut, celui de son épouse et de ses fils : dans la forêt de Brotonne, la coutume d'un forestier et deux charrettes pour transporter jusqu'à l'abbaye tout ce qu'un forestier perçoit de la coutume, notamment le bois de chauffage suffisant pour l'infirmerie de l'abbaye ; une charrette, un cheval et deux hommes à la coutume du forestier pour suivre les gloiers du comte et recueillir tout ce que ceux-ci laisseront derrière eux, branches, fourches, excepté le gros des arbres, sans que les gloiers, forestiers, agents du rivage, verdiers ou autres agents comtaux ne puissent les en empêcher. Ce bois, transporté sur le rivage de la Seine, sera séparé de celui du comte et acheminé à l'abbaye, franc de toute coutume, dans un bateau distinct de ceux du comte. Si, faute de gloiers, les moines ne peuvent ramasser leur bois, ils recevront chaque semaine des mains du forestier, à la place de la coutume de la charrette, un hêtre. Robert [IV], comte de Meulan, a donné tous ces biens pour l'usage propre des moines, sans que ceux-ci en puissent faire commerce ; il a ajouté une manse de terre dans un lieu approprié pour loger le sergent des moines, chargé de surveiller leur bois sur la rive, qui pourra acheter librement de quoi boire et manger, aura la libre coutume du mort bois et devra faire serment au comte de ne pas lui nuire.

B. Cart. XIIIe siècle, fol. 29-v, n° 59, sous la rubrique : « *Karta regis Henrici super libertate fagi cum quadrigis et masura ad servientem hospitandum, quas Robertus, comes Mellenti, donavit ecclesie de Pratellis* ». [Copie partielle Delisle, Bibl. nat. de Fr., nouv. acq. lat. 1025, fol. 25, n° 59 et fol. 297].

C. Cart. XVe siècle, fol. 21-v, n° 47. Dans la marge : « *De Brotona* ».

a. E. Berger, L. Delisle, *Recueil*..., t. II, p. 294-295, n° 676. — b. Nicholas Vincent, [*Actes d'Henri II*, en préparation], 1922H.

INDIQUÉ : L. Delisle, *Etudes sur la condition*..., p. 442-443, n. 1. — H. Round, *Calendar*..., p. 119, n° 353.

Hugues de Nonant, ancien archidiacre de Lisieux, élu évêque de Coventry en janvier 1185, fut sacré le 31 janvier 1188 (*Handbook*..., p. 253.), d'où la datation de cet acte.

Henricus, Dei gratia rex Anglorum^(a) et dux Normannorum et Aquitanorum et comes Andegavorum, archiepiscopis, episcopis, abbatibus, comitibus, baronibus, justiciis, vicecomitibus et omnibus baillivis et fidelibus suis, salutem. Sciatis me concessisse et presenti carta mea^(b) confirmasse subscriptam rationabilem donationem quam Robertus, comes Mellenti, fecit ecclesie Sancti Petri de Pratellis et monachis ibidem Deo servientibus pro anima H(enrici) regis, filii mei, et animabus antecessorum suorum et salute sua et uxoris sue et filiorum suorum concessione et assensu Waleranni, primogeniti sui, de duabus quadrigis in Brotona, quas dedit eis et concessit et carta sua confirmavit habendas ad consuetudinem forestarii, ut scilicet quicquid forestarius de consuetudine in ea accipere debet, hoc idem monachi accipiant et hee^(c) due quadrige ad abbatiam Pratelli predictam consuetudinem deferent, ita quod infirmaria Pratelli ex ea consuetudine ignis convenienter habeatur. Ex donatione ejusdem comitis unam quadrigam in eadem foresta cum uno equo et duobus hominibus ad eandem consuetudinem forestarii et ad sequendum gloarios comitis et quicquid^(d) eis supererit illi quadrige accipere licebit, videlicet in branchis et in furcis, preter grossum arboris ita quod gloarii vel forestarii vel riparii vel viridarii comitis vel alii ministri hanc consuetudinem nullo modo diffortiare possint vel impedire. Hec autem quadriga ad ripam Secane ligna deferet et extra lignaria comitis deponet, ut inde ad abbatiam per aquam deferantur libere et quiete ab omni exactione et consuetudine ab alia tamen nave quam a consuetudinaria nave comitis. Et, si gloarii in foresta non fuerint vel defensione comitis vel suorum vel aliqua causa, monachi unaquaque septimana pro consuetudine istius quadrige unam fagum in loco competenti per manum forestarii accipient, et pro defectu forestarii inde non disturbentur, ita quod has consuetudines et libertates libere et quiete in perpetuum possideant, solummodo ad proprios usus ejusdem domus sine alicujus mercimonii exercitio, secundum quod in carta comitis continetur, ita quod nullus suorum eos inde vexare vel inplacitare presumat aut aliquam molestiam inferre. Ex dono ipsius comitis, unam mansuram in loco convenienti ad servientem illorum hospitandum qui erit quietus de hoc quod emerit ad comedendum et bibendum et habebit liberam consuetudinem mortui bosci, ita quod homo ille, qui ex parte monachorum custodierit ligna eorum ad ripam, faciet comiti juramentum quod non patietur dampnum suum. Quare volo et firmiter precipio quod predicta ecclesia Sancti Petri de Pratellis et monachi in ea Deo servientes omnia predeterminata habeant et teneant bene et in pace, libere et quiete, integre et plenarie et honorifice(c) com(f) omnibus prescriptis et prenotatis libertatibus et liberis consuetudinibus, sicut memoratus comes Mellenti Roberus concessit eis et dedit, sicut carta ejus testatur. Testibus : Walterio, Rothomagensi archiepiscopo ; H(ugone) Dunelmensi et H(enrico) Bajocensi episcopis ; H(ugone), Convintrensi electo ; comite Willelmo de Mannevilla ; Willelmo de Humetis, constabulario ; Willelmo, filio Radulfi, seneschallo Normannie ; Alveredo de Sancto Martino ; Willelmo de Mara. Apud Cadomum.

(a) Anglie *C*. — (b) mea carta *C*. — (c) *Sic BC pour* hec. — (d) quidquid *C*. — (e) honofifice *B*. — (f) cum *C*.

B72

[1185, janvier-1188, 31 janvier]. — Caen.

Henri [II], roi d'Angleterre, duc de Normandie et d'Aquitaine, comte d'Anjou, fait savoir qu'il a confirmé en faveur de l'abbaye de Préaux toutes les donations à elle faites et les biens que les moines possèdent et tiennent en perpétuelle aumône, libres de toute coutume : d'Onfroi, fondateur de l'abbaye, tout ce qu'il avait à Préaux, excepté ce qu'il réservait pour la fondation du monastère des moniales, tout ce qu'il avait à Tourville, Selles, Campigny et au Bosc-Aubé ; de ses fils Roger et Robert, la dîme des tonlieux, cens, moulins et de tout ce qui peut être dîmé à Pont-Audemer ; toutes les églises du lieu, tout ce qu'ils possédaient à Épaignes, sauf les chevaliers parmi lesquels ensuite ils concédèrent Hugues d'Avennes, Goscelin et Goscelin le Roux, l'église et la terre en dépendant, la dîme du moulin, un hôte et la terre du Mont-les-Mares. Du comte Robert [le Magnifique], l'année de son départ pour Jérusalem, Toutainville, selon la teneur de la charte de l'abbaye. De Saffroi, chevalier, six acres de terre ; du don de ses frères Gilbert et Turstin, quatorze acres de terre. Du comte Guillaume [le Conquérant], les églises de Boulleville et de Vienne[-en-Bessin] avec la terre en dépendant. De l'archevêque [de Rouen] Jean, fils du comte Raoul, la terre de Saint-Benoît[-des-Ombres] dans la forêt du Vièvre, avec toutes ses coutumes sauf le sanglier et l'épervier. De Roger de Beaumont, tout ce qu'il avait à Manneville en bois et eaux. De Renouf, vicomte de Bayeux, un hôte et un bateau dans son port appelé [Sainte-Honorine-des-]Pertes. D'Auvray, un laïc, ce qu'il possédait à Bonneville[-sur-Touques], champs et salines, avec l'accord de Guillaume Fitz-Osberne, duquel il tenait ce bénéfice. De Béatrice, sœur de Gotmond le Roux, toute la terre d'un hôte à Grangues. Du marquis Guillaume [*le Conquérant*], les coutumes qu'il possédait à Vascœuil : le viol des maisons, la mise hors la loi, le rapt, l'incendie, le bernage, la guerre privée. De Renouf, chevalier de Warenne, avec l'accord de son épouse Béatrice, ce qu'il possédait de terre à Vascœuil en bois, terre arable et eaux. De Thibaut de Vascœuil, fils de Norman, sa part de l'église Saint-Laurian avec la terre en dépendant, les dîmes de ses chevaliers, selon la teneur de sa charte. De Gilbert, fils de Thibaut, l'église Saint-Martial [*de Vascœuil*] avec la terre en dépendant. De Roger de Ry, une terre, sa dîme et un homme nommé Hugues qu'il a donné en plus ; la forêt d'Hugues que ce dernier a donné à l'abbaye. De Guillaume Fitz-Osberne et de Roger, fils de Roger de Montgommery, la terre du Mouchel située sur l'Andelle. De Geoffroy et de Raoul Dastin, le Ménil-Da. De Richard de La Mare, la terre d'un vavasseur, appelé Geoffroy le Fort, à Graimbouville, la dîme d'un marché et la terre d'un clerc. De [*Roger du*] Mont-les-Mares (*Mainotmere*), deux hôtes et toute leur terre : quarante acres à Vannecrocq. De Roger de Beaumont, la dîme d'un gourd à Beaumont. Du marquis Guillaume [*le Conquérant*], à la demande et avec l'accord d'Hugues de Montfort, l'exemption pour l'ensemble des terres de Saint-Pierre de Rouville de toutes redevances, de tous services et cens. De Roger de Beaumont, avec le consentement de ses fils Robert et Henri, l'église de Combon, l'église de Sainte-Opportune avec terres et dîmes en dépendant et deux manses de terre avec tout ce que le prêtre Onfroi y avait tenu du don de Roger. Du même, avec l'accord de son fils le comte Robert, selon la teneur de sa charte, tout ce qu'il possédait à Salerne en terres, bois, moulins, hommes et coutumes, excepté ce qu'il avait concédé à Saint-Léger. De Robert [*III*], comte de Meulan, toutes les franchises et la banlieue ; l'église et la dîme de tout le village de Bosgouet avec trente acres de terre, du consentement de Robert [*Courteheuse*], duc de Normandie. De Roger de Beaumont et de ses fils, avec l'accord du roi Guillaume [*le Conquérant*], fils du marquis Robert, cinq hides de terre à Arlescote, les dîmes de Moreton, Norton, Witchurch et Hardbury. Du roi Guillaume [*le Conquérant*], la terre d'Alfelinus et de Volvric de Watlington, cinq hides de terre à Aston[-*Tirrold*], l'église et les sépultures, en échange du domaine de Saint-Clair[-*de-Basseneville*] qu'il avait reçu de l'abbaye avant de le donner à son frère, le comte de Mortain Robert. D'Arnoul de [*Vieil-*]Hesdin, avec l'accord du roi Guillaume, l'église de Newbury et la dîme de tout ce qui entre ou sort de la ville, la dîme des moulins, des tonlieux et de tout ce qui peut être dîmé ; une hide de terre et la demeure du prêtre, libre de tous cens, coutume et service. D'Hugues, fils de Guillaume, vicomte de Dive, la terre d'Engelbert à Rouville, la dîme de ses hommes à Varaville. D'Anquetil, fils de Saffroi de Campigny, toute la terre d'un hôte nommé Jean du Buisson à Tourville. D'un archer de Roger de Beaumont, le bénéfice qu'il tenait au Mesnil-Isembert. D'Hersende, femme de Ribald d'Omonville, et de Robert son fils, la dîme qu'ils possédaient à Martainville, tant celle pesant sur leur domaine que sur ceux de leurs hommes, soit deux tiers. Richard de Lisors a fait de même pour la terre qu'il a reçue avec la fille de Ribald. D'Arnoul Pinel, du consentement de son seigneur l'évêque d'Avranches Turgise, la terre qu'il possédait au Moussel. De Robert [*III*], comte de Meulan, l'église et la dîme de

Charlton [*-Marshall*] *et le manoir de Toft* [*Monks*] *avec ses dépendances, libres de toute coutume, comme le roi Guillaume* [*le Conquérant*] *les a tenus. Du même, avec l'accord du roi Henri* [*Ier*], *le manoir de Spettisbury, libre de toute coutume. Du roi Henri* [*Ier*], *une foire de trois jours à Bosgouet, libre comme celles qu'il possède ; la libre possession de tous les biens dont les moines ont pu prouver la propriété et l'exemption, à l'instar des biens des abbayes de Fécamp, de* [*Saint-Étienne de*] *Caen et des autres abbayes de son domaine, de tous tonlieux, coutumes, péages. D'Henri* [*Ier*], *comte de Warwick, le domaine de Warmington, libre de toute coutume, comme lui-même le possédait, excepté les dépendances de ce manoir. De Roger de L'Éprevier et de son père, avec l'accord du roi Henri* [*II*], *la terre qu'ils ont donnée aux moines à Étreville. De Galeran* [*II*], *comte de Meulan, du consentement de son fils Robert, de son épouse Agnès et du roi Henri* [*II*], *la dixième semaine des revenus de Pont-Audemer, libre, comme le comte possède les neuf autres. De Robert*[*IV*], *comte de Meulan, pour l'âme du roi Henri*[*le Jeune*], *deux charrettes et un cheval et deux hommes de la coutume du forestier pour suivre les gloiers du comte, selon la teneur de la charte du comte ; une manse de terre pour loger le sergent des moines qui sera quitte de ce qu'il achetera pour manger et boire et aura la coutume du mort-bois ; la dixième semaine de la pêcherie de la Risle, libre comme le comte possède les neuf autres et l'exemption de toute taille sur les terres que les moines tiennent de lui et du don de ses ancêtres ainsi que les libertés et franchises que le comte et ses ancêtres leur ont concédées.*

B. Cart. XIIIe siècle, fol. 25-27v, n° 55, sous la rubrique : « *Karta regis Henrici super libertatibus quas monachis de Pratellis concessit super donationibus quas habent a fundatoribus suis, sicut in kartis eorum continetur* ». [Mention Delisle, Bibl. nat. de Fr., nouv. acq. lat. 1025, fol. 25, n° 55].

C. Cart. XVe siècle, fol. 17v-20, n° 43.

a. Dugdale, *Monasticon Anglicanum*, t. VI, vol. II, p. 1027 (extrait). — *b.* É. Berger, L. Delisle, *Recueil...*, t. II, p. 290-293, n° 675. — *c.* Nicholas Vincent, [*Actes d'Henri II*, en préparation], 1921H.

INDIQUÉ : Eyton, n° 82. — H. Round, *Calendar...*, p. 119, n° 354. — *Victoria History of Norfolk*, t. II, p. 464. — J. Yver, *Contribution...*, p. 165, n. 105.

Sur les limites chronologiques de cet acte, voir supra **B71**.

Henricus, Dei gratia rex Anglorum[a] et dux Normannorum et Aquitanorum[b] et comes Andegavorum, archiepiscopis, episcopis, abbatibus, comitibus, baronibus, justiciis, vicecomitibus et omnibus baillivis et fidelibus suis, salutem. Sciatis me concessisse et presenti carta mea confirmasse Deo et abbatie Sancti Petri de Pratellis et monachis ibidem Deo servientibus omnes subscriptas rationabiles donationes sibi factas et cartis[c] donatorum confirmatas : ex dono Hunfridi[d], constructoris ipsius abbatie Pratelli, quicquid habebat in predicta villa Pratelli, excepta parte illa quam reservabat alteri abbatie quam proponebat conversationi sanctimonialium construere ; item ex dono ejusdem[e] id quod habebat in dominio suo apud Turvillam et in Sellis et in Campiniaco[f] et in Bosco Osberni ; ex dono Rogeri et Roberti[g], filiorum predicti Hunfridi, decimam Pontis Audomari de theloneo, de censu, de molendinis et de omni re que decimari potest et omnes ecclesias ejusdem ville et quicquid in Hispania[h] in dominio suo habebant, exceptis militibus ex quibus postea subscriptos concesserunt videlicet Goscelinum et Hugo[i] de Avesna et Goscelinum Ruffum ; preter hec ecclesiam cum terra ad illam pertinente et decimam molendini ejusdem ville et unum hospitem et terram Magni Maris[j] ; ex dono Roberti comitis[k], anno quo perrexit Jerusalem, Turstinivillam ex suo dominio, secundum quod in carta predicte abbatie continetur ; ex dono Saffridi, militis, sex agros terre ; ex dono Gisleberti et Turstini, duorum fratrum ipsius, XIIII agros terre ; ex dono Willelmi, comitis[l], ecclesias de Bolevilla et de Viana cum terra ad eas pertinente ; ex dono Johannis, archiepiscopi[m], filii Radulfi comitis, terram de Sancto Benedicto in foresta de Guevra com[n] omni consuetudine, preter aprum et accipitrem ; ex dono Rogeri de Bello Monte, quicquid habebat in Machivilla[o] in silvis et in aquis ; ex dono Rannulfi[p], vicecomitis Bajocensis, unum hospitem plenarium et unam navem in suo portu qui Portis[q] dicitur ; ex dono Alveredi[r], cujusdam laici, id quod habebat in Bona Villa in campis et salinis, concedente Willelmo filio Osberni, de quo illud beneficium erat ; ex dono Beatricis[s], sororis Gosmundi Ruffi, terram unius hospitis plenarii in Gerengiis ; ex dono Willelmi martionis[t], consuetudines quas habebat in terra Wascolii[u], scilicet hanfaram, *uthlach*, *rapt*, incendium, bernagium, bellum ; ex dono cujusdam militis de Warenna, Rannulfi nomine, concessu Beatricis, conjugis sue, quicquid habebat in terra Wascolii in bosco et plano et aquis ; ex dono Teobaldi de Wascolio[v], filii Normanni, partem quam habebat in ecclesia Sancti Lauriani com terra ad eam pertinente et decimas militum suorum, secundum quod in carta quam inde habent continetur ; ex dono Gilleberti, filii predicti Theobaldi, ecclesiam Sancti Marcelli cum terra ad eam pertinente que sui patrimonii erat ; ex dono Rogerii de *Rim*, terram et decimam quamdam com uno homine, Hugonis nomine, quem dedit in additamentum predicte ecclesie, et com[w] silva ipsius Hugonis[x] quam ipse Hugo postea dedit memorate ecclesie Sancti Petri ; ex dono Willelmi filii Osberni et Rogerii filii Rogerii de Monte Gomerio[y], terram de Monticulo super fluvium Andele ; ex dono Godefridi et Radulfi, filii Dastinni, Mainnillum Dastinni ; ex dono Ricardi de *Morei*[z], terram unius vavasoris nomine Gaufridi Fortis in Grimboldivilla et decimam unius fori et terram cujusdam clerici ; ex dono illius de *Mainotmere*[aa], duos plenos hospites, terram scilicet XL agrorum in villa Wanescroti ; ex dono Rogerii de Bello Monte[bb], decimam unius *gort* de Bello Monte ; ex dono Willelmi marchionis[cc], impetrante et concedente Hugone de Monte forti, libertatem omni terre Sancti Petri Rotoville[dd] omnium tributorum, servitiorum, censuum ; ex dono Rogerii de Bello Monte, concessione Roberti et Henrici, filiorum suorum, ecclesiam de *Cumbun*[ee] et ecclesiam de Sancta Oportuna[ff] cum terris et decimis ad eas pertinentibus et cum duabus masuris terre et cum omni eo quod Hunfridus presbiter, ex dono ipsius Rogeri, ibi possidebat ; ex dono ejusdem Rogeri[gg], secundum tenorem carte ipsius, quicquid habebat in Salernia in terris et silvis et molendinis et hominibus et omnibus consuetudinibus, concessione Roberti, comitis Mellenti, filii sui, exceptis his que Sancto Leodegario dederat ; ex dono ipsius Roberti, comitis Mellenti, omnes libertates quas cum banleuvia et *utlach* et hanfara et incendio dedit predicte abbatie[hh] Pratelli et monachis, secundum quod in carta quam inde habent determinatum est ; ex dono ejusdem Roberti[ii], comitis Mellenti, ecclesiam et decimam tocius ville que dicitur Boscus *Goieth* cum XXX^{ta} agris terre concessu Roberti, principis Normannie ; item ex dono Rogerii de Bello Monte et filiorum ejus[jj], concessu regis Willelmi, filii Roberti marchionis, qinque[kk] hidas terre in villa de Orlaveschota et decimas de Moritona et de Nortona et de Withchericha et de Herborbiria ; ex dono predicti Willelmi regis[ll], terram Alfelini et Wulverici de Watintona, quinque hidas terre in Estona cum ecclesia et sepultura tocius ville pro villa de Sancto Clero quam acceperat de abbatia Sancti Petri et dederat Roberto, comiti Moritonii, fratri suo ; ex dono Arnulfi de *Hesdinch*, ecclesiam de *Neweberi* et decimam tocius redditus vel exitus ville de molendinis[mm], de theloneo et de omni re que decimari potest et unam hidam terre et domum presbiteri liberam ab omni censu et consuetudine et servitio, concedente rege Willelmo ; ex dono Hugonis filii Willelmi[nn], vicecomitis Dive, terram Ingelberti in Rodovilla[oo] et decimam hominum suorum de Warinvilla ; ex dono Anschetilli, filii Saffridi Campiniaci, terram unius hospitis plenarii, nomine Johannis *del Buissun*, in Turvilla ; ex dono cujusdam balistari[pp] Rogerii de Bello Monte, beneficium quod tenebat de eodem Rogero in Mainnillo Ysembardi ; ex dono Hersendis[qq], uxoris Ribaldi de Osmundivilla et Roberti, filii sui, decimam quam habebant in Martinivilla tam de suo dominio quam hominibus suis, scilicet duas garbas. Idem fecit Ricardus de *Luisores* de terra quam habebat pro filia prefati Ribaldi ; ex dono Arnulfi *Pinel*[rr], terram quam habebat apud *Malmuncel*[ss], annuente domino suo Turgiso, episcopo Abrincensi ; ex dono supradicti Roberti, comitis Mellenti[tt], ecclesiam et decimam de Cherlentona[uu] et manerium de *Tostes* cum pertinentiis suis habendum et tenendum libere com[vv] omnibus libertatibus et liberis consuetudinibus suis, sicut rex Willelmus et ipse comes illud melius et liberius tenuerunt ; item ex dono[ww] ejusdem comitis, rege Henrico annuente et confirmante, manerium de *Postesberi* ita libere sicut predictum tenendum ; ex dono ipsius regis Henrici[xx], feiriam[yy] trium dierum in villa Bosci *Giet*[zz], ita libere sicut ipse rex suas habebat ; item ex dono et concessione ipsius regis Henrici, quod predicti monachi de Pratellis habeant et teneant omnia sua bene et in pace et libere et honorifice, sicut melius tenuerunt tempore patris sui, et quod omnes dominice res eorumdem monachorum quas poterunt monstrare esse suas sint quiete de omni theloneo et consuetudine et passagio[aaa], sicut res monachorum de Fiscanno et de Cadomo et de aliis abbatiis de dominio suo ; ex dono Henrici[bbb], comitis de *Warewich*, villam de Warmintona liberam com[ccc] omnibus consuetudinibus suis, sicut eam in dominio suo habebat, exceptis birvitis que appendebant illi manerio ; ex dono Rogeri *del Espervier*[ddd], concessione mea et ex dono patris sui, terram quam dederunt eis in Esturvilla ; ex dono Gualeranni[eee], comitis Mellenti, concessione Roberti, filii sui, et Agnetis, uxoris sue, et assensu meo, decimam septimanam tocius redditus Pontis Audomari[fff] liberam et quietam, sicut idem comes novem septimanas habebat ; ex dono

Roberti, comitis Mellenti[ggg], pro anima H(enrici) regis, filii mei, duas quadrigas in Brotona ad consuetudinem forestariorum et unam quadrigam com[hhh] uno equo et duobus hominibus ad consuetudinem forestarii et ad sequendum gloarios suos per eandem forestam, secundum quod in carta ejus continetur ; item ex dono ejusdem comitis, unam mansuram in loco convenienti ad servientem illorum hospitandum qui erit quietus de eo quod emerit ad comedendum et bibendum et habebit liberam consuetudinem mortui bosci ; item ex dono ejusdem[iii], decimam septimanam piscature Rille ita liberam et quietam habendam, sicut ipse novem alias habet, et quietantiam ab omni taillia quam jamdictus comes de *Mellent* eis dedit de omni terra sua quam ipsi de eo et de antecessoribus suis tenent et omnes alias quietantias et libertates quas idem comes et antecessores sui predicte ecclesie et monachis concesserunt, sicut carta ipsius comitis de *Mellent* quam inde habent testatur.

Quare volo et firmiter precipio quod supradicta abbatia Sancti Petri de Pratellis et monachi in ea Deo servientes omnia predicta habeant et teneant in libera et perpetua elemosina bene et in pace, libere et quiete, integre et plenarie et honorifice, in ecclesiis et decimis et redditibus et terris, in bosco et plano, in pratis et pascuis, in aquis et molendinis, in vivariis et stagnis et piscariis et turbariis et mariscis, in viis et semitis et in omnibus aliis locis et aliis rebus ad ea pertinentibus com omnibus libertatibus et liberis consuetudinibus suis, sicut carte donatorum testantur. Testibus : Waltero, Rothomagensi archiepiscopo ; H(ugone) Dunelmensi et H(enrico) Bajocensi, episcopis ; H(ugone), Covintrensi electo ; Roberto, filio Willelmi, archidiacono de *Notingeham* ; Johanne de Constanciis, archidiacono Oxenefordie ; comite Willelmo de Mannevilla ; Willelmo, comite de Saresberia ; Willelmo de Humetis, constabulario ; Willelmo, filio Radulfi, seneschallo Normannie ; Willelmo de Mara ; Alveredo de Sancto Martino ; Gilleberto, filio Reinfredi. Apud Cadomum.

(a) Anglie *C*. — (b) Aquitanie *C*. — (c) kartis *C*. — (d) *Dans la marge BC* de Pratellis. — (e) *Dans la marge BC* De Turvilla, de Sellis, de Campiniaco, de Bosco Osberni. — (f) Campigniaco *C*. — (g) *Dans la marge BC* De Ponte Audomari. — (h) *Dans la marge BC* De Hispania. — (i) *Sic B, corr.* Hugonem. — (j) *Dans la marge BC* De terra Magni Maris. — (k) *Dans la marge BC* De Tustinivilla. — (l) *Dans la marge, BC* De Bollevilla et de Viana. — (m) *Dans la marge BC* De Sancto Benedicto. — (n) cum *C*. — (o) *Sic BC, corr.* Manichivilla. — (p) *Dans la marge BC* De Portis. — (q) *Sic B, corr.* Pertis. — (r). *Dans la marge BC* De Bonavilla. — (s) *Dans la marge BC* De Gerengiis. — (t) *Dans la marge BC* De Wascolio. — (u) Vascolii *C*. — (v) *Dans la marge BC* Item de Wascolio. — (w) cum *C*. — (x) *omis dans C*. — (y) *Dans la marge BC* De Monticulo. — (z) *Dans la marge BC* De Grindboldivilla. — (aa) *Dans la marge BC* de villa Vanescroti. — (bb) *Dans la marge BC* De Bello Monte. — (cc) *Dans la marge BC* De Rotovilla. — (dd) C*orrigé dans l'interligne de B par une main contemporaine de la rédaction du cartulaire en* Rodoville ; Rodoville *C*. — (ee) *Combon C* ; *dans la marge BC* De Combonnio. — (ff) Opportuna *C*. — (gg) *Dans la marge BC* De Salernia. — (hh) C*orrigé dans l'interligne dans B d'une écriture de petit module contemporaine de la rédaction du cartulaire en* abbatie. — (ii) *Dans la marge BC* De Bosco *Goieth*. — (jj) *Dans la marge BC* De Anglia. — (kk) *Sic B, corr.* quinque. — (ll) *Dans la marge BC* Item de Anglia. — (mm) mollendinis *C*. — (nn) *Dans la marge BC De Rotovilla*. — (oo) C*orrigé dans l'interligne dans B par une main contemporaine de la rédaction du cartulaire en* Rodovilla. — (pp) *Sic B, corrigé dans C en* balistarii. — (qq) *Dans la marge BC* De Martinivilla. — (rr) *Dans la marge BC* De Malmoncel. — (ss) Malmoncel *C*. — (tt) *Dans la marge BC* De Anglia. — (uu) Cherlentonna *C*. — (vv) cum *C*. — (ww) *Dans la marge C ex dono*. — (xx) *Dans la marge C* Ex dono Henrici regis in villa Bosci Goiet.— (yy) feriam *C*. — (zz) *Sic BC pour* Goieth. — (aaa) *Dans la marge C* De passagio. — (bbb) *Dans la marge C* De Anglia. — (ccc) cum *C*. — (ddd) *Dans la marge BC* De Esturvilla. — (eee) Galleranni *C*. — (fff) *Dans la marge BC* De Ponte Audomari. — (ggg) *Dans la marge BC* De Brotona. — (hhh) cum *C*. — (iii) *Dans la marge BC* De Ponte Audomari.

B73

[1185, janvier-1188, 31 janvier]. — Caen.

Henri [II], roi d'Angleterre, duc de Normandie et d'Aquitaine, comte d'Anjou, fait savoir qu'il a confirmé divers dons faits à l'abbaye de Préaux selon la teneur des chartes des donateurs : du sénéchal Alain, avec l'accord du comte Robert [IV] de Meulan, cent sous sur les étals de Pont-Audemer que le comte Galeran [II] lui avait concédés pour son service ; d'Hugues le Vilain, tout ce qu'il possédait à Charlton-Marshall près de Spettisbury, terres, hommes, eaux, prés, pâturages ainsi que les coutumes qu'il avait sur le bois du lieu, sauf le service qu'il doit au comte ; de Roger de Portes, avec l'accord de ses fils Raoul et Guillaume, une terre de quinze acres au Mesnilotte, terre que Geoffroy de Combon possédait et qu'il avait donnée aux moines de Préaux en perpétuelle aumône.

B. Cart. XIIIe siècle, fol. 27v-28, n° 56, sous la rubrique : « *Karta Henrici regis de confirmatione reddituum qui in presenti scripto annotantur, videlicet ex dono Alani picerne C solidos andegavensium in stallis Pontis Audomari, ex dono Hugonis Villani quicquid habebat in villa de Chellentone, ex dono Rogerii de Portis XV acras terre apud Mesnil Othonis* ». [Mention Delisle, Bibl. nat. de Fr., nouv. acq. lat. 1025, fol. 25, n° 56]. — *B²*. *Inspeximus* d'Edward Ier : Chart. R. 13, Edw I, m. 21, n° 69.

C. Cart. XVe siècle, fol. 20, n° 44. Dans la marge : « *De* Combon ».

a. L. Delisle, L. Berger, *Recueil...*, t. II, p. 295-296, n° 677. — *b*. Nicholas Vincent, [*Actes d'Henri II*, en préparation], 1923H.

INDIQUÉ : H. Round, *Calendar...*, p. 118, n° 352. — *Victoria History of Dorset*, t. II, p. 120, n. 114.

Hugues de Nonant, archidiacre de Lisieux, élu évêque de Coventry en janvier 1185, sacré le 31 janvier 1188 (*Handbook...*, p. 253), est témoin de cet acte qui, très probablement, a été rédigé le même jour ou peu après la grande charte de confirmation d'Henri II (**B72**). Toutes deux sont données à Caen et comportent la même liste de témoins. Le présent acte apparaît comme un complément confirmant une série de donations omises dans la première grande charte : le don effectué par Hugues le Vilain est antérieur à 1182 (**B57**) et aurait dû trouver sa place dans l'acte **B72**.

Henricus, Dei gratia rex Anglorum[a] et dux Normannorum[b] et Aquitanorum[c] et comes Andegavorum[d], archiepiscopis, episcopis, abbatibus, comitibus, baronibus, justiciis, vicecomitibus et omnibus baillivis et fidelibus suis, salutem. Sciatis me concessisse et presenti carta mea[e] confirmasse abbatie Sancti Petri de Pratellis et monachis ibidem Deo servientibus subscriptas rationabiles donationes sibi factas et cartis donatorum confirmatas. Ex dono Alani pincerne concessione Roberti, comitis Mellenti, C solidos andegavensium in stallis Pontis Audomari quos Gualerannus, pater ipsius comitis, eidem Alano dederat pro servitio suo. Ex dono Hugonis Villani concessione prefati comitis quicquid[f] habebat in villa de *Cheorleton* que est juxta *Posteberi* in terris et hominibus, in aquis et pratis et pascuis, com[g] omni eo quod habebat consuetudinis in nemore quod est ibidem, salvo servitio ipsius comitis. Ex dono Rogeri de Portis concessione Radulfi et Willelmi, filiorum suorum, terram XV acrarum apud Meisnillum Othonis. Quam terram Godefridus de *Combun*[h] possedit et predicte abbatie donavit habendam eo modo et possidendam in perpetuam elemosinam, quo determinatur in carta ipsius Rogeri. Quare volo et firmiter precipio quod memorata abbatia Sancti Petri de Pratellis et monachi in ea Deo servientes omnia predicta habeant et teneant in libera et perpetua elemosina bene et in pace, libere et quiete, integre et plenarie et honorifice, in bosco et plano, in pratis et pascuis, in aquis et molendinis, in viis et semitis et in omnibus aliis locis et aliis rebus ad ea pertinentibus cum omnibus libertatibus et liberis consuetudinibus suis, sicut carte donatorum testantur. Testibus : Waltero, Rothomagensi archiepiscopo ; H(ugone), Dunelmensi ; et H(enrico), Bajocensi episcopis ; H(ugone), Covintrensi electo ; comite Willelmo de Mannevilla ; Willelmo de Humetis, constanbulario[i] ; Willelmo, filio Radulfi, seneschallo Normannie ; Alveredo de Sancto Martino ; Willelmo de Mara. Apud Cadomum.

(a) Angl *suivi d'un tilde C*. — (b) Norm *suivi d'un tilde C*. — (c) Aquit *suivi d'un tilde C*. — (d) And *suivi d'un tilde C*. — (e) mea carta *C*. — (f) quidquid *C*. — (g) cum *C*. — (h) Combon *C*. — (i) Sic BC.

B74

[1179-1188, 31 janvier].

Robert [IV], comte de Meulan, fait savoir que avec son accord le sénéchal Alain a donné en aumône aux moines de Préaux cent sous à percevoir chaque année sur les étals de Pont-Audemer que son père, le comte Galeran [II], avait accordés à Alain en contre son service. Il ajoute en outre la maison de Mascelin, son cellérier, à Meulan.

B. Cart. XIIIe siècle, fol. 46v, n° 98, sous la rubrique : « *Confirmatio Roberti, comitis de Mellent, de C solidis percipiendis annuatim in stallis Pontis Audomari ex dono Alani picerne* ». [Copie partielle Delisle, Bibl. nat. de Fr., nouv. acq. lat. 1025, fol. 48, n° 98].

C. Cart. XVe siècle, fol. 34v, n° 84. — D. Copie partielle du XVIIe siècle, Coll. du Vexin, t. XII, p. 26.

INDIQUÉ : E. Houth, *Catalogue des actes...*, p. 539, n° 122. — E. Houth, *Les comtes de Meulan...*, p. 130, n° 122.

Cette donation, qui n'est pas recensée dans la bulle confirmative d'Alexandre III (**B52**), doit être postérieure à 1179. Elle figure cependant dans l'une des deux chartes de confirmation octroyées aux moines par Henri II entre 1185 et 1188 (**B73**).

Robertus, comes Mellenti, omnibus hominibus suis, senescallis, prepositis, baillivis tam presentibus quam futuris, salutem. Notum facio omnibus et singulis quod Gualerannus, pater meus, dedit Alano, picerne[a], C solidos andegavensium in stallis Pontis Audomari perpetui redditus pro servitio suo et Alanus, providens salutis anime sue et corporis, donavit eosdem centum solidos Deo et ecclesie Sancti Petri de Pratellis in perpetuam elemosinam habendos et annuatim accipiendos ab ipsis stallis. Et, ut perpetum et ratum haberet predicta ecclesia hoc donum, concessi ego illud rogatu et prece predicti Alani et sigilli mei auctoritate munivi et confirmavi. Preterea concessi ecclesie Sancti Petri de Pratellis[b] illam domum quam Mascelinus, celerarius meus, in Mellento liberam et quietam, sicut Mascelinus eam umquam habuit. Testibus : Roberto de *Tornai* ; Willelmo de Sancto Leodegario ; Ricardo *le Bigot* ; Hugone de Sancta Maria ; Johanne de *Joie* ; Roberto Forti et multis aliis.

(a) *Sic BC.* — (b) de Pratellis *ajouté par le copiste dans l'interligne B.*

B75

[1179-1188, 31 janvier].

Robert [IV], comte de Meulan, fait savoir qu'il a concédé à l'abbaye Saint-Pierre de Préaux en perpétuelle aumône pour l'âme de son père, pour celles de ses ancêtres, pour son salut, celui de son épouse et de ses enfants la dixième semaine de la pêcherie de la Risle au seul usage des moines qui ne pourront ni la vendre ni l'affermer : ils en jouiront librement et pourront y utiliser les mêmes instruments de pêche que le comte qui possède les neuf autres semaines.

B. Cart. XIIIe siècle, fol. 43-v, n° 87, sous la rubrique : « *Karta Roberti, comitis de Mellent, de decima septimana quam habemus in piscatura Risle* ». [Copie partielle Delisle, Bibl. nat. de Fr., nouv. acq. lat. 1025, fol. 44, n° 87].

C. Cart. XVe siècle, fol. 32, n° 73. — D. Copie du XVIIe siècle, Bibl. nat. de Fr., Coll. du Vexin, t. VIII, p. 25, (extrait).

INDIQUÉ : E. Houth, *Catalogue des actes...*, p. 539, n° 121. — S. Mesmin, *The leper hospital...* (thèse dactylographiée), p. 373, n° 151.

Cette donation ne fait pas partie de celles que le pape Alexandre III a confirmées en 1179 (**B52**) et doit donc être postérieure à cette date. Elle figure parmi celles qui furent confirmées par Henri II, entre 1185 et 1188 (**B72**). Savaric, cité ici comme témoin, fut archidiacre de Northampton de 1175 à 1192, quoiqu'il fût parfois encore appelé de cette manière même après être devenu archidiacre de Salisbury (J. Le Neve, *Fasti*, t. IV, p. 20) ; il accompagne Richard-Cœur-de-Lion à Messine en 1190, d'où il atteste un acte royal le 27 février 1191 (Gervais de Canterbury, *Opera historica*, éd. Stubbs, p. 504).

Robertus, comes Mellenti, universis hominibus suis, baronibus, militibus et ministris et omnibus ad quos presens scriptum pervenerit, salutem. Sciatis me dedisse et concessisse in perpetuam elemosinam pro anima patris mei et pro animabus antecessorum meorum, pro salute mea et uxoris mee et filiorum meorum ecclesie Sancti Petri de Pratellis et monachis ibidem Deo servientibus decimam septimanam de piscatura Risle solummodo in proprios usus ipsorum monachorum, ita tamen quod non poterunt eam vendere vel ad firmam mittere. Hanc autem septimanam volo et firmiter precipio ut prefati monachi libere et integre in perpetuum habeant, sicut et ego novem alias habeo. Et eisdem instrumentis licebit eis piscari in sua decima septimana quibus et mihi in novem aliis. Et, ne ista donatio temporis processu possit in irritum revocari, sigilli mei munimine eam roboravi. Testes[a] : Savarico, archidiacono Norhantunie ; Gaufrido *Fichet* ; Ricardo *Bigot* ; Johanne de *Joé*.

(a) Sic *BC*.

B76

[1179-1188, 31 janvier].

Roger de Portes concède à l'abbaye Saint-Pierre de Préaux quinze acres de terre situées au Mesnilotte, que Geoffroy de Combon avait données au monastère ; les moines lui devront le cens annuel que Geoffroy acquitait, soit dix sous payables à la Saint-Remi [1er octobre] et quatre chapons à Noël. Roger promet aussi à l'abbé de Préaux de donner, lorsqu'il aura pu l'acheter à Henri du Neubourg, une autre terre voisine, afin d'y installer un homme chargé de répondre pour Roger des biens qu'il y possède. Son fils Raoul et son épouse Avicie ont donné leur accord.

B. Cart. XIIIe siècle, fol. 49v-50, n° 110, sous la rubrique : « *Confirmatio et concessio Rogerii de Portis super XV acris terre apud Mesnillum Othonis* ». [Copie partielle Delisle, Bibl. nat. de Fr., nouv. acq. lat. 1025, fol. 53, n° 110].

C. Cart. XVe siècle, fol. 36-v, n° 96.

INDIQUÉ : Charpillon, Caresme, *Dictionnaire*..., t. I, p. 788, t. II, p. 678.

Herbert, abbé de Châtillon-lez-Conches, attesté entre 1179 et 1180, est témoin de cette charte, qui d'autre part est antérieure au 31 janvier 1188, *terminus ad quem* de sa confirmation par Henri II (**B73**).

Notum sit tam presentibus quam futuris quod ego Rogerius de Portis concedo ecclesie Sancti Petri de Pratellis terram XV acrarum ad Mesnillum Othonis hereditario jure possidendam, quam dedit ei Godefridus, eo tenore quo ipse eam tenebat, scilicet X solidorum censu annuatim mihi reddendo ad festum sancti Remigii et IIII capones ad Nathale[a] Domini et, quando a domino H(enrico) de Novo Burgo mansuram terre illi vicinam adquirere potero, eam abbati de Pratellis dabo, ut ibi hominem hospitari faciat qui de his que ad me pertinent ibidem mihi respondeat. Hoc autem donum concesserunt filius meus Radulfus et Avitia, uxor mea. Hujus rei testes : Herbertus, abbas Castellionis ; Gaufridus, prior ; Radulfus de Achinneio ; Willelmus de *Bruelle*[b] ; Willelmus de *Vervelees*[c] ; Hugo de Toenio. Ex parte abbatis de Pratellis : Hugo *Haslé* ; Tosteinus de *Combon* ; Robertus, camerarius ; Galterius, presbiter de Campiniaco ; Gaufridus *Fichet* ; Helto de Novo Burgo.

(a) Natale *C*. — (b) Bruele *C*. — (c) *Sic B pour* Vernelees.

B77

[1179-1188, 31 janvier].

Roger de Portes concède en aumône à l'abbaye Saint-Pierre de Préaux avec l'accord de ses fils, Raoul et Guillaume, quinze acres de terre situées au Mesnilotte, libres de toute coutume et exaction, terre que Geoffroy de Combon avait possédée et donnée au monastère. En échange, les moines lui verseront, ainsi qu'à ses héritiers, une rente annuelle de dix sous angevins dans la semaine suivant la Saint-Remi [1er octobre] et quatre chapons à Noël ; en cas de retard de paiement, la rente serait doublée. Raoul reçoit alors cent sous, Guillaume, cinq et Roger obtient une messe des défunts annuelle, un trentain et une messe des défunts du septième jour ; son nom sera en outre inscrit à l'obituaire de l'abbaye.

B. Cart. XIIIe siècle, fol. 49v, n° 109, sous la rubrique : « *De dono Rogerii de Portis XV acras terre apud Mesnil Othonis quas Ricardus de Harecort nobis sustraxit* ». [Copie partielle Delisle, Bibl. nat. de Fr., nouv. acq. lat. 1025, fol. 53, n° 109].

C. Cart. XVe siècle, fol. 36, n° 94.

INDIQUÉ : Charpillon, Caresme, *Dictionnaire*..., t. I, p. 788.

La rubrique précise explicitement que cette charte amende la teneur de l'acte B76 et qu'elle est la conséquence d'une usurpation commise par Richard d'Harcourt, qui figure ici en tête de la liste des témoins.

Sciant omnes et presentes et futuri quod ego Rogerius de Portis concessi et donavi ecclesie Sancti Petri de Pratellis terram XV acrarum apud *Meisnil* Othonis concessu et voluntate filiorum meorum, Radulfi et Willelmi, liberam et quietam ab omni consuetudine et exactione in perpetuam elemosinam possidendam. Quam terram Godefridus de *Cumbon* possedit et predicte ecclesie donavit, pro qua eadem ecclesia annuatim redditura est mihi et heredibus meis X solidos andegavensium intra octabas Sancti Remigii et IIII^{or} capones ad Nathale[a] Domini. Qui redditus, nisi in eisdem terminis persolvantur, ad duplum postea restituentur. Pro hac vero concessione habuit Radulfus, filius meus, centum solidos andegavensium et Willelmus, filius meus, V solidos. Michi quoque concessit memorata ecclesia unum annuale et tricesimale et septimale et ut nomen meum inter eos conscribatur post decessum meum in martirologio, quorum anniversarium agitur in ecclesia memorata. Ut autem prefinita donatio in posterum rata permaneat et inconcussa, sigilli mei munimine eam placuit roborare. Testibus : Roberto de *Haruco*[b] ; Roberto, priore de Bello Monte ; Roberto de Beccho ; Thomas[c] de *Framboiser* ; Godefrido de *Combon* ; Jordane, janitore Pratelli ; et aliis pluribus.

(a) Natale *C*. — (b) *Sic BC, corr.* Harcuro *(?)*. — (c) *Sic B, corr.* Thoma ; Thoma *C*.

B78

[1185-1190].

Robert [IV], comte de Meulan, fait savoir qu'il a confirmé aux moines de l'abbaye Saint-Pierre de Préaux la terre de Richard Malchion située à La Vacherie[-près-Barquet] ainsi que tout ce que lui-même possédait de cette terre. En outre, il confirme la donation faite en faveur de l'abbaye par son sergent de Pont-Audemer, Thomas, soit trois mines de grain qu'il tenait de l'abbaye et auxquelles il avait renoncé avec l'accord du comte, afin de devenir moine à Préaux.

B. Cart. XIIIe siècle, fol. 47, n° 100, sous la rubrique : « *Confirmatio Roberti, comitis de* Mellent, *de terra Ricardi* Malchion *apud Vaccariam* ». [Copie partielle Delisle, Bibl. nat. de Fr., nouv. acq. lat. 1025, fol. 49, n° 100].

C. Cart. XVe siècle, fol. 34bis, n° 86.

a. A. Le Prévost, *Mémoires*, t. III, p. 317 (extrait).

INDIQUÉ : E. Houth, *Catalogue des actes...*, p. 532, n° 97. — E. Houth, *Les comtes de Meulan...*, p. 124, n° 97.

Ces dons, non recensés dans la confirmation du roi Henri II (**B72**), ne peuvent être antérieurs à 1185-1188 ; Galeran III, fils du comte de Meulan Robert IV et témoin de cette confirmation, meurt en 1190.

Robertus, comes Mellenti, omnibus hominibus suis et ministris tam presentibus quam futuris, salutem. Sciatis me dedisse et presenti carta confirmasse ecclesie Sancti Petri de Pratellis et monachis ibidem Deo servientibus terram Ricardi *Malchion* apud Vaccariam libere et quiete in perpetuum possidendam et quicquid[(a)] in eadem terra habebam. Preterea concedo et confirmo prefate ecclesie donum Thome, servientis mei de Ponte Audomari, scilicet tres minas bladi, quas de illa ecclesia annuatim habebat. Sed eas pro monachatu suo, me concedente, quietas clamavit. His testibus : Waleranno, filio meo ; Johanne de *Joé* ; Johanne de Spata ; Roberto de Watevilla ; Roberto Magno ; et multis[(b)] aliis.

(a) quidquid *C*. — (b) *mot omis dans* C.

B79

[1182-1192, 10 septembre].

Raoul [de Varneville[27]], évêque de Lisieux, fait savoir qu'il a concédé aux moines de Préaux, pour remédier à leur pauvreté, les vicairies des églises Saint-Antonin d'Épaignes et Notre-Dame de Selles et leurs revenus qu'il a assignés à la vêture des moines ; les vicairies des églises Notre-Dame de Préaux et Saint-Martin de Toutainville, leurs revenus étant assignés à l'infirmerie des moines ; celles de Saint-Germain et de Saint-Ouen de Pont-Audemer, avec leurs revenus assignés à la cuisine des moines. Ceux-ci devront faire desservir ces paroisses par des vicaires capables et percevoir l'intégralité des revenus de ces églises.

B. Cart. XIIIe siècle, fol. 17, n° 31. Sans rubrique ; dans la marge, de la main de M : « *Iste sex parrochie cum omnibus fructibus et redditibus donate sunt nobis ultra jus patronatus* ». [Copie partielle Delisle, Bibl. nat. de Fr., nouv. acq. lat. 1025, fol. 16, n° 31].

C. Cart. XVe siècle, fol. 11-v, n° 22, sous la rubrique : « *De vicariis ecclesiarum Sancti Antonini et Sancte Marie de Sellis* ».

---

27. Raoul de Varneville, évêque de Lisieux, 1182-10 septembre 1192.

Radulfus, Dei gratia Lexoviensis episcopus, universis sancte matris Ecclesie filiis tam futuris quam presentibus ad quos presens scriptum pervenerit, salutem in Christo. Quoniam beneficia que ecclesiis conferuntur multorum debent testimonio comprobari, necessarium duximus universitati vestre significare nos ad peticionem dilectorum filiorum nostrorum, abbatis et conventus de Pratellis, propter ipsorum paupertatem et rei familiaris inopiam divine pietatis intuitu dedisse et concessisse Pratellensi ecclesie vicarias ecclesiarum Sancti Antonini de Hispania et Sancte Marie de Sellis, que ad ipsorum presentationem pertinent, ita ut redditus illarum vicariarum monachorum vestibus in perpetuum assignentur. Preterea dedimus et concessimus prefate ecclesie vicarias ecclesiarum Sancte Marie de Pratellis et Sancti Martini de Tustinivilla ad proprios usus infirmarie monachorum ejusdem ecclesie et similiter vicarias ecclesiarum Sancti Germani et Sancti Audoeni de Ponte Audomari ad proprios usus coquine. Volumus igitur et precipimus ut prefati monachi prenominatis ecclesiis per quoscumque voluerint idoneos vicarios faciant deserviri et redditus illarum vicariarum, sicut superius assignati sunt et distincti, ad opus predicte ecclesie integre et absque ulla diminutione observari et reddi. Ne autem ista donatio a nobis facta aliqua malignitate vel temporis prolixitate valeat in posterum violari et in irritum revocari, presentis scripti attestatione et sigilli nostri auctoritate dignum duximus eam roborare.

B80

[1182-1192, 10 septembre].

Guillaume de Cierrey, archidiacre de Lisieux, confirme la donation faite par Raoul [de Varneville], évêque de Lisieux, en faveur des moines de Préaux pour remédier à leur pauvreté : les vicairies des églises Saint-Antonin d'Épaignes et Notre-Dame de Selles, avec les revenus de ces paroisses assignés à la vêture des moines ; les vicairies des églises Notre-Dame de Préaux et Saint-Martin de Toutainville et leurs revenus assignés à l'infirmerie ; celles de Saint-Germain et de Saint Ouen de Pont-Audemer, leurs revenus étant assignés à la cuisine des moines. Les moines devront faire desservir ces paroisses par des vicaires capables.

B. Cart. XIIIe siècle, fol. 20v-21, n° 43, sous la rubrique : « *Littere Willelmi de Chiraio, Lexoviensis archidiaconi, universis directe de confirmatione sex ecclesiarum ad vicarias ecclesiarum earumdem pertinentium, sicut in presenti scripto continetur* » ; dans la marge, de la main de M : « *Approbatio carte posite in principio folii XVII°* ». [Mention Delisle, Bibl. nat. de Fr., nouv. acq. lat. 1025, fol. 21, n° 43].

C. Cart. XVe siècle, fol. 14v-15, n° 34.

Cet acte confirme **B79**.

Willelmus de Chiraio, Lexoviensis archidiaconus, omnibus tam futuris quam presentibus ad quos presens scriptum pervenerit, salutem in vero Salutari. Quoniam ea que a majoribus fiunt, quandoque etiam scripta minoribus[a], coadjuvant et confirmant, ad vestram volumus devenire noticiam venerabilem virum Radulfum, Lexoviensem[b] episcopum, dedisse et carta[c] sua confirmasse Pratellensi ecclesie et monachis ibidem Deo servientibus vicarias ecclesiarum Sancti Antonini de Hispania et Sancte Marie de Sellis, ita ut redditus illarum vicariarum monachorum vestibus assignentur et similiter vicarias ecclesiarum Sancte Marie de Pratellis et Sancti Martini de Tustinivilla ad proprios usus infirmarie monachorum predicte ecclesie et vicarias ecclesiarum Sancti Germani et Sancti Audoeni de Ponte Audomari ad proprios usus coquine. Facient igitur prefati monachi prenominatis ecclesiis per quoscumque voluerint idoneos capellanos deserviri. Et quia predicte ecclesie ad nostrum archidiaconatum pertinent, hanc donationem ab episcopo factam, in quantum ad nos spectat, concedimus et presentis scripti attestatione et sigilli nostri munimine confirmamus.

(a) Sic *BC*, compr. a minoribus. — (b) Lex *suivi d'un tilde BC*. — (c) karta *C*.

B81

[1182-1192, 10 novembre].

Robert de La Houssaie fait savoir qu'il a renoncé en faveur de l'abbaye Saint-Pierre de Préaux à la dîme, que son père avait usurpée, de toute sa terre de Saint-Benoît[-des-Ombres] et au droit de présentation à l'église de Saint-Benoît. En échange, il a reçu six livres angevines ; l'évêque Raoul et le chapitre de Lisieux ont confirmé cet acte.

B. Cart. XIIIe siècle, fol. 63v-64, n° 157, sous la rubrique : « *Confirmatio Roberti de La Houseie super decima totius terre sue de Sancto Benedicto quam calumpniabant cum presentatione ecclesie ejusdem wille, pro qua VI libras denariorum de karitate domus Pratelli habuit* » ; dans la marge, d'une main du XVIIIe siècle : « St Benoist ». [Copie Delisle, Bibl. nat. de Fr., nouv. acq. lat. 1025, fol. 68, n° 157].

C. Cart. XVe siècle, fol. 47, n° 138.

Notum sit omnibus tam presentibus quam futuris quod Robertus de Houseia reddidit ecclesie Sancti Petri de Pratellis et super altare obtulit et abjuravit decimam tocius terre sue de Sancto Benedicto, quam pater suus eidem ecclesie quondam abstulerat, et presentationem ecclesie Sancti Benedicti, quam calumpniabantur[a], quietam clamavit. Pro hoc autem de beneficio ecclesie VI libras andegavensium habuit et sigillo suo confirmavit. Hujus rei testes sunt : Radulfus, episcopus Lexoviensis[(b)], et capitulum Lexoviensis ecclesie, qui hoc audierunt et presenti carta confirmaverunt.

(a) calumpniabatur C. — (b) Lex *suivi d'un tilde B* ; Lexoviensis C.

B82

[1182-1192, 10 septembre].

Raoul [de Varneville], évêque de Lisieux, notifie l'accord intervenu entre lui et l'abbé de Préaux au sujet de l'église Saint-Pierre de Salerne dont il revendiquait la présentation : l'abbé possédera l'église et ses dépendances et il en percevra chaque année six setiers d'avoine.

B. Cart. XIIIe siècle, fol. 20, n° 41, sous la rubrique : « *Item littere Radulfi, Lexoviensis episcopi, quomodo sopita est controversia que vertebatur inter nos et eumdem Radulfum, Lexoviensem episcopum, pro presentatione ecclesie de Salerna que ad nostram presentationem nunc de jure pertinet* » ; dans la marge, de la main de M : « *De pensione ecclesie Salerne* » ; et d'une main du XVIIIe siècle : « Presentation a l'eglise de St Pierre de Salerne ». [Copie partielle Delisle, Bibl. nat. de Fr., nouv. acq. lat. 1025, fol. 20, n° 41].

C. Cart. XVe siècle, fol. 14-14v, n° 32.

Radulfus, Dei gratia Lexoviensis episcopus, universis ecclesie Dei filiis ad quos presens scriptum pervenerit, salutem in Christo[(a)]. Notum esse volumus universitati vestre quod controversia fuit inter nos et abbatem Pratelli pro ecclesia Sancti Petri de Salernia[(b)] falsa suggestione quorumdam, qui presentationem illius ecclesie ad nos pertingere asserebant. Sed, quia testimonio bonorum virorum cognovimus presentationem prefate ecclesie ad abbatem Pratelli pertingere, volumus et concedimus ut prefatus abbas eandem ecclesiam cum pertinenciis suis libere et quiete habeat et sine omni calumpnia possideat, hac tamen conditione ut idem abbas singulis annis de bonis jamdicte ecclesie VI sextaria avene, pensionis nomine, percipiat. Et, ut hec concessio rata et inconcussa in posterum permaneat, sigilli nostri munimine dignum duximus eam roborare. Testibus his : magistro Johanne Ursello ; Gaufrido, presbitero Pratelli[(c)] ; magistro Walterio, capellano episcopi ; Radulfo, clerico episcopi ; Radulfo de Abbatia ; Willelmo, clerico ; Willelmo *Baivel* et multis aliis.

(a) Domino C. — (b) Salerna C. — (c) Pratellis C.

B83

[1189-1192].

Robert [IV], comte de Meulan, fait savoir qu'il a donné en aumône à Saint-Pierre de Préaux, pour le salut de son âme, la taille de tous les hommes des moines à percevoir librement pour le propre usage de leur église, de la même manière que lui-même la levait habituellement.

B. Cart. XIIIe siècle, fol. 45v, n° 94, sous la rubrique : « *Karta Roberti, comitis de Mellent, de tallia omnium hominum nostrorum de tota terra nostra ad proprios usus ecclesie nostre libere concessa a predicto comite et indulta* ». [Copie partielle Delisle, Bibl. nat. de Fr., nouv. acq. lat. 1025, fol. 47, n° 94].

C. Cart. XVe siècle, fol. 33v, n° 80.

INDIQUÉ : E. Houth, *Catalogues des actes...*, p. 535, n° 107. — E. Houth, *Les comtes de Meulan...*, p. 127, n° 107.

Jean Sans-Terre, frère de Richard Cœur-de-Lion, reçut en fief le comté de Mortain en juillet 1189 (L. Landon, *Itinerary...*, p. 196, appendix E) ; il figure parmi les témoins de ce don tout comme Richard le Bigot qui n'est plus attesté après 1192.

Omnibus ad quos presens scriptum pervenerit, Robertus, comes Mellenti, salutem. Sciatis me dedisse in perpetuam elemosinam pro salute anime mee ecclesie Sancti Petri de Pratellis et monachis ibi Deo servientibus talliam hominum suorum per totam terram suam accipiendam integre, libere et quiete ad proprios usus ecclesie predicte, sicut ipsam talliam solebam accipere. His testibus : Johanne, comite de Moritonio ; Ricardo *le Bigot* ; Roberto *Luvet* ; Wimundo *le Vigot* ; Willelmo *Baivel* et pluribus aliis.

B84

[1185-1192].

Guillaume de Bonnebos fait savoir qu'il a confirmé en faveur des moines de Saint-Pierre de Préaux en pure aumône le tènement de Robert Dodelin, que ses prédécesseurs avaient donné à l'abbaye, libre, excepté l'aide au comte qu'il ne peut donner ni retenir pour lui.

B. Cart. XIIIe siècle, fol. 69, n° 173, sous la rubrique : « *Confirmatio et concessio Willelmi de* Bone Boz[a] *de tenemento* Dodelin *quod sui predecessores contulerant ecclesie de Pratellis* ». [Copie partielle Delisle, Bibl. nat. de Fr., nouv. acq. lat. 1025, fol. 74, n° 173].

C. Cart. XVe siècle, fol. 51, n° 154. Dans la marge, d'une écriture de gros module du XVe siècle : « Rouville ».

Richard le Bigot, sénéchal du comte Robert IV de Meulan, n'est plus attesté après 1192. Un Guillaume de Bonnebosc apparaît dans les actes du Bec comme justicier de l'abbaye en 1257 (A. Porée, *Histoire de l'abbaye du* Bec, t. I, p. 589).

Sciant presentes et futuri quod ego Willelmus de *Bones Booz* concessi et confirmavi abbati et monachis cenobii Pratellensis tenementum Roberti *Dodelin*, quod eidem monasterio decessores$^{(a)}$ mei dederunt, in liberam et perpetuam elemosinam integre, libere et quiete possidendum in perpetuum, excepto auxilio comitis quod dare cuiquam sive mihi retinere non est meum. Ut autem ista concessio rata permaneat, ipsam scripto presenti et sigilli mei munimine roboravi. His testibus : Ricardus *le Bigot* ; Rogerius *Efflanc* ; Henrico *Lovet* ; Henrico de Campiniaco ; Roberto Magno ; Willelmo *Baivel* ; Wimundo *le Vegot* et multis aliis.

(a) *Sic BC, pour* predecessores.

B85

[1185-1192].

Robert [IV], comte de Meulan, fait savoir qu'il assigné à l'abbaye Saint-Pierre de Préaux, par le serment d'hommes légitimes, en échange de la dîme des cens, des étals et des fouages de Pont-Audemer que les moines percevaient de moins en moins facilement, soixante douze sous angevins à recevoir chaque année des mains du collecteur desdites dîmes entre les deux Saint-Michel [8 mai et 29 septembre]. Si cette rente n'est pas perçue avant la seconde fête, le collecteur sera redevable au comte et à ses hoirs d'un marc d'argent.

B. Cart. XIIIe siècle, fol. 45, n° 93, sous la rubrique : « *De sexaginta et duodecim solidis quos Robertus, comes Mellenti, excambiavit nobis pro decima censuum, estallagiorum et feriagiorum Pontis Audomari* ». [Copie partielle Delisle, Bibl. nat. de Fr., nouv. acq. lat. 1025, fol. 46-47, n° 93].

C. Cart. XVe siècle, fol. 33v, n° 79.

INDIQUÉ : E. Houth, *Catalogue des actes*..., p. 526, n° 73. — E. Houth, *Les comtes de Meulan*..., p. 119, n° 73.

La présence de Richard le Bigot parmi les témoins détermine le *terminus ad quem* de cette charte (voir **B87**). Cet acte est par ailleurs postérieur aux confirmations d'Henri II des années 1185-1188 (**B72**, **B73**).

Sciant presentes et futuri quod ego Robertus, comes Mellenti, per juramentum legitimorum hominum de Ponte Audomari assignavi abbati et monachis de Pratellis pro decima censuum, estallagiorum[a] et feriagiorum ejusdem ville, quoniam antea eis diminute et minus legitime reddebatur, sexaginta et duodecim solidos andegavensium singulis annis accipiendos a collectore predictorum reddituum intra duo festa sancti Michaelis. Quod si forte ante posterius festum sancti Michaelis denarii prenominati memoratis abbati et monachis non fuerint persoluti, collector erit in mea misericordia et heredum meorum, post me, de una marca argenti. Et, ut ista assignatio rata et stabilis in perpetuum permaneat, ipsam scripti presentis et sigilli mei munimine roboravi. His testibus : Ricardo *Bigot* ; Willelmo de Valle ; Nicholao de Landa ; Willelmo *Baivel* ; Roberto Magno et pluribus aliis.

(a) estalagiorum *C*.

B86

[1185-1192].

Robert [IV], comte de Meulan, fait savoir à ses prévôts et baillis de Meulan, Vaux et Aubergenville que tous les biens qui appartiennent à l'abbaye [Saint-Pierre] de Préaux relèvent de son domaine et qu'il y tient comme à ses biens propres. Il concède aux moines en perpétuelle aumône la liberté qu'il possède d'acheter du vin dans ces villes avec douze deniers de réduction par muid et d'autres coutumes. Il leur donne aussi à Mantes l'exemption [de péage] pour tout leur vin.

B. Cart. XIIIe siècle, fol. 44v-45, n° 92, sous la rubrique : « *Item karta Roberti, comitis de Mellent, de libertate quam habemus in vino nostro emendo apud predicti comitis villam et alibi* ». [Copie Delisle, Bibl. nat. de Fr., nouv. acq. lat. 1025, fol. 46, n° 92]. — *B²*. *Ibid.*, copie de la fin du XIIIe siècle, fol. 150, n° 494.
C. Cart. XVe siècle, fol. 33-v, n° 78. — *D.* Copie du XVIIe siècle d'après *B*, Bibl. nat. de Fr., Coll. du Vexin, t. IV, p. 26, (extrait), et p. 119. — *E.* Copie du XVIIIe siècle, Bibl. nat. de Fr., Coll. du Vexin, t. VIII, p. 195, n° 54. — *F.* Bibl. nat. de Fr., Coll. du Vexin, t. XX, fol. 71, n° 54. — *G.* Bibl. nat. de Fr., Coll. du Vexin, t. XI, fol. 275, n° 240.
INDIQUÉ : Bibl. nat. de Fr., Coll. du Vexin, t. VI, p. 316. — E. Houth, *Robert Preud'homme...*, p. 825, n° 6. — E. Houth, *Catalogue des actes...*, p. 525, n° 70. — E. Houth, *Les comtes de Meulan*, p. 119, n° 70.

E. Houth, à la suite de Lévrier (Bibl. nat. de Fr., Coll. du Vexin, t. VI, p. 316), reprenant lui même l'erreur de M. de Blois, attribue à tort cet acte au comte de Meulan Robert III, alors qu'il s'agit de Robert IV, fils de Galeran II : la liste des témoins suffit à le démontrer. Sur la datation, voir l'acte précédent.

Robertus, comes de *Mellent*, omnibus vicecomitibus, prepositis, baillivis[a] et fidelibus suis de *Mellent* et[b] de Vallibus et de Obergenvilla[c], salutem. Sciatis omnia que de jure ecclesie Sancti Petri Pratelli[d] sunt in meo esse dominio et ea tanquam mea propria diligere et manutenere. Quapropter predicte ecclesie in perpetuam elemosinam concedo eandem libertatem quam apud predictas villas in emendo vino[e], scilicet de unoquoque modio duodecim denarios minus, et in aliis consuetudinibus, habeo. Dono etiam apud Medantam tocius vini prefate ecclesie quittantiam[f], que et quantum ad me pertinet. Et, ne monachi ejusdem ecclesie super hoc negotio amodo disturbentur, volo et precipio ut bene et honorifice et absque omni dilatione eis habere faciatis. Testes : Hugo de Sancta Maria ; Herveus de *Clerbec* ; Walterius[g] de Briona ; Robertus *Tronel*[h] ; Walerannus[i] de Watevilla ; Hugo de Brotona[j] ; Ricardus *le Bigot* ; Walterius[k] de Sancto Sansone ; Radulfus, filius Alberade ; et Thomas *le Seriant*.

(a) ballivis *B²*. — (b) et *omis B²*. — (c) Obergevilla *B²*. — (d) de Pratellis *B²*. — (e) vino *omis B²*. — (f) quitanciam *B²*. — (g) Galterius *B²*. — (h) Teronnel *B²*. — (i) Galerannus *B²*. — (j) Brotoma *B²*. — (k) Galterius *B²*.

B87

[1182, 26 février-1192].

Robert [IV], comte de Meulan, fait savoir qu'il a confirmé aux moines de Saint-Pierre de Préaux en perpétuelle aumône, pour le salut de son âme et pour celles de ses ancêtres, la maison que Michel le Vilain tenait entre l'église Saint-Ouen et le Pont de Risle, libre de tous service, aide, taille, mouture et de toute exaction séculière sur la terre et l'eau. En échange, l'abbé Osberne lui a donné un don gratuit de XV livres angevines.

B. Cart. XIIIe siècle, fol. 45v-46, n° 97, sous la rubrique : « *Concessio et confirmatio Roberti, comitis de* Mellent, *de dono Michaelis* le Willein *ecclesie Pratelli sita inter Sanctum Audoenum et Pontem Risle* ». [Copie partielle Delisle, Bibl. nat. de Fr., nouv. acq. lat. 1025, fol. 48, n° 97].

C. Cart. XVe siècle, fol. 34-v, n° 83.

INDIQUÉ : E. Houth, *Catalogue des actes...*, p. 541, n° 127.

Le mot *monasterium* désigne ici l'église paroissiale Saint-Ouen de Pont-Audemer (*cf.* un autre exemple de cette acception dans L. Musset, *Les actes de Guillaume le Conquérant...*, p. 147). Le Pont de Risle reliait la ville au faubourg Saint-Aignan situé sur la rive droite de la rivière. Une charte de Robert IV de Meulan pour le Bec, confirmant le don des coutumes de la vente du pain dans ce quartier par Robert de Tournai, cite ce même pont (A. Canel, *Histoire de la ville...*, t. II, p. 276). Richard le Bigot, qui figure ici parmi les témoins, est cité de nombreuses fois aux côtés de Robert IV de Meulan ; il est encore attesté en 1189 dans deux chartes accordées au prieuré de la Trinité de Beaumont (E. Deville, *Cartulaire de l'église...*, p. 210, 214). On le trouve une dernière fois comme témoin du contrat de mariage de Galeran, fils de Robert IV de Meulan, avec Marguerite de Fougères en 1189 (Bibl. nat. de Fr., Coll. du Vexin, t. XX, n° 185, fol. 214), mais il disparaît avant 1192, date à laquelle le sénéchal de Robert IV est Robert, fils de Landri (*ibid.* n° 189, fol. 218). C'est à tort qu'E. Deville, dans son édition du cartulaire du prieuré de Beaumont, a daté de 1196 l'acte n° XV, p. 24 : Robert IV de Meulan y confirme le don de Guillaume Harpin des dîmes de son héritage à Beaumontel vers 1170 (1196 est la date de la confirmation de ce don par Raoul Harpin, le fils de Guillaume). La maison ici en question n'est autre que celle qu'on avait l'habitude à Pont-Audemer d'appeler l'Hôtel de Préaux ; elle appartint aux moines jusqu'à la Révolution et fut ainsi décrite en 1692 : « Item nous avons en ladite ville une maison apellée l'Hôtel de Preaux située au quartier de la grande poissonnerie, paroisse de Saint-Ouen (...), en laquelle maison avons droit de juridiction comme située sur le territoire de notre dite abbaye » (Arch. dép. Eure, H 710, p. 20). Le 29 novembre 1790, elle fut estimée à 2200 livres en ces termes : « une petite maison nommée la Maison ou l'Hôtel de Préaux, située dans la grande rue, n° 139, consistante en rez de chaussée, composé d'une cuisine et d'un petit salon ayant seize pieds de façade sur vingt un pieds de largeur, compris une petite allée » (Arch. dép. Eure, Q 37, district et canton de Pont-Audemer, Notre-Dame de Préaux).

Sciant presentes et futuri quod ego Robertus, comes Mellenti, dedi et concessi et hac presenti carta mea confirmavi Deo et ecclesie Sancti Petri Pratelli et monachis ibidem Deo servientibus pro salute mea et pro animabus omnium[a] antecessorum meorum domum quam tenuit Michael *le Vilain*[b], inter monasterium Sancti Audoeni et Pontum Risle, tenendam in perpetuam elemosinam liberam et quietam ab omni servitio et auxilio et ab omni tallia et molta et omnimoda seculari exactione per terram et aquam. Pro ista siquidem donatione mea et concessione dederunt mihi Osbernus abbas et monachi de caritate ecclesie sue XV libras andegavensium. Et quoniam volo quod prenominata ecclesia et monachi hanc meam donationem libere et quiete firmiter et inconcusse in perpetuum possideant, hanc presentem cartam sigilli mei munimine roboravi. Testibus : Willelmo, abbate de Cornevilla[c] ; Ricardo *le Bigot* ; Wakelino, Willelmo de Drumara, Willelmo de *Chamunt*, militibus ; Willelmo *Baivel* ; Radulfo *le Vegot* ; Roberto *le Vilain*[d] ; Andrea *le Vilain*[d] ; Roberto de Rothomago ; Othone de *Poureboi* et aliis.

(a) *omis C*. — (b) le Villain *C*. — (c) Corneville *C*. — (d) le Villain *C*.

B88

[1187-1193].

Osberne, abbé de Préaux, fait savoir qu'avec l'accord des moines et sur le conseil d'hommes sages, il a concédé aux chanoines de Notre-Dame de l'Isle-Dieu l'exemption de la dîme de cinq acres de terre situées au Fossé de Perruel tant sur les produits de la terre que sur le bétail, contre une rente annuelle payable à la Saint-Michel [29 septembre] de douze sous de monnaie courante : l'abbé en prendra huit et le desservant de l'église de Vascœuil, quatre. Si les chanoines veulent revêtir l'habit monastique, ils ne le pourront qu'à l'abbaye de Préaux et s'ils cultivent d'autres terres en deça des limites de la paroisse de Vascœuil, ils devront payer la dîme, sauf sur le bétail. Sur ces cinq acres, deux ont été échangées par Gilbert [II] de Vascœuil contre deux autres acres situées près du chemin qui mène à Vascœuil. Par autorisation de l'archevêque [de Rouen], Osberne a en outre concédé une terre pour y installer le cimetière des chanoines et de ceux qui voudront y être enterrés, sauf le droit de l'église paroissiale.

A. Original, sous forme de chirographe, perdu.

B. Cart. XIIIe siècle, fol. 12, n° 21. [Copie partielle Delisle, Bibl. nat. de Fr., nouv. acq. lat. 1025, fol. 11, n° 21].

a. A. Le Prévost, *Mémoires*, t. II, p. 529.

INDIQUÉ : A. Le Prévost, *Mémoires*, t. III, p. 323.

L'abbaye de l'Isle-Dieu fut fondée en 1187 par Renaud de Pavilly et Gilbert de Vascœuil ; Guillaume Ier fut élu abbé de Mortemer en 1179 et mourut entre le 9 et le 13 février 1200 (Martène, *Thesaurus novus...*, t. III, p. 440 ; *R. H. F.*, t. XVIII, p. 354). Le *terminus ad quem* de cette charte est déterminé par la présence parmi les témoins de Gilbert II de Vascœuil (voir **B90**).

Notum sit omnibus sancte matris Ecclesie fidelibus quod ego Osbernus, dictus abbas Pratelli, assensu capituli nostri et consilio bonorum virorum concessi quitanciam decimarum quinque acrarum terre apud trencheiam Petrolii tam frugum quam pecorum ecclesie Sancte Marie de Insula Dei, que ibidem sita est, et canonicis in eadem ecclesia Deo servientibus pro XII solidis usualis monete in pensione reddendis ad festum sancti Michaelis ; de quibus abbas VIII habere debet, presbiter autem ecclesie Wascholii quatuor ita quod, si ad ordinem monachorum ire voluerint, ad aliam ecclesiam, nisi ad domum Pratelli, eos ire non liceat et, si alias terras infra fines parrochie excoluerint, decimas reddent ; de pecudibus autem decimas non dabunt. De quinque vero predictis acris terre due erant abbatis, pro quibus dominus Gislebertus de Wascholio duas alias acras terre abbati juxta viam, que duxit Wascholium, excambiavit. Item ego predictus abbas Osbernus per licentiam domini archiepiscopi concessi terram ad sepulturam canonicorum et aliorum qui ibi sepeliri voluerint, salvo jure ecclesie parrochialis. Et, ut ista concessio firma in eternum permaneat, sigilli nostri munimine confirmavimus. His testibus : W(illelmo), abbate Mortui Maris ; Gisleberto de Wascolio ; Willelmo de Pisiaco et multis aliis. Isti duo carti[(a)] sunt cyrographi cum sigillis.

(a) *Sic B.*

B89

[1187-1193].

Osberne, abbé de Préaux, fait savoir que, du consentement du chapitre et suivant le conseil d'hommes sages, il a concédé aux chanoines de Notre-Dame de l'Isle-Dieu l'exemption de dîme pour cinq acres de terre, pesant tant sur le produit de celle-ci que sur le bétail, contre une pension annuelle de douze sous de monnaie courante payable à la Saint-Michel [29 septembre]. En outre si les chanoines veulent revêtir l'habit monastique, ils ne le pourront qu'à Préaux et, s'ils cultivent d'autres terres situées en deça des limites de la paroisse, ils devront acquitter les dîmes, sauf sur leur bétail. Parmi ces terres, deux acres qui appartenaient à l'abbé ont été échangées par Gilbert [II] de Vascœuil contre deux autres situées près du chemin menant à Vascœuil.

B. Cart. XIIIe siècle, fol. 11v-12, n° 20. [Copie partielle Delisle, Bibl. nat. de Fr., nouv. acq. lat. 1025, fol. 11, n° 20].

L'abbaye de l'Isle-Dieu a été fondée en 1187 ; Guillaume, abbé de Mortemer, est mort entre le 9 et le 13 février 1200 ; Osberne, abbé de Préaux est attesté jusqu'en janvier 1200. Sur la datation de cette charte, voir **B88**.

Notum sit omnibus sancte matris Ecclesie fidelibus quod ego Osbernus, dictus abbas Pratelli, assensu capituli nostri et consilio bonorum virorum concessi quitanciam decimarum quinque acrarum terre tam frugum quam pecorum ecclesie Sancte Marie de Insula Dei et canonicis ibidem Deo servientibus pro duodecim solidis usualis monete in pensione reddendis ad[(a)] festum sancti Michaelis, ita quod, si habitum monachorum accipere voluerint ad aliam ecclesiam, nisi ad domum Pratelli, eos ire non liceat et, si alias terras infra fines parrochie excoluerint, decimas reddent ; de pecudibus autem decimas non dabunt. De quibus autem predictis acris terre due erant abbatis pro quibus dominus Gislebertus de Wascolio duas alias acras terre abbati juxta viam que duxit Wascolium excambiavit. Et, ut ista concessio in eternum firma permaneat, sigilli nostri munimine confirmavimus. His testibus : Willelmo, abbate Mortui Maris ; Gisleberto de Wascholio ; Willelmo de Pisiaco et multis aliis.

(a) ad *répété dans* B.

B90

[1149-1193].

Gilbert [II] de Vascœuil confirme le jugement des cours archiépiscopale et royale concernant le différend opposant les moines de Saint-Pierre de Préaux et l'épouse de feu Robert Bordet de Ry : à l'occasion de sa prise d'habit à Préaux, ce dernier avait donné une acre de terre à l'entrée du village de Ry près de la Fosse-Adam pour y construire une grange. Après sa mort, son épouse a réclamé cette terre comme faisant partie de sa dot, devant la cour de l'archevêque et celle du roi, où il fut décidé que les moines seraient indemnisés et recevraient en échange une autre terre de même valeur située au Hêtre-pouilleux, dans le fief de Gilbert [II] de Vascœuil.

B. Cart. XIIIe siècle, fol. 50v-51, n° 112, sous la rubrique : « *Quomodo factum est nobis excambium ad Fagum pediculosam pro acra terre quam Robertus de Ri Bordeit*[a] *dedit nobis pro suo monacatu*[b] ». [Copie Delisle, Bibl. nat. de Fr., nouv. acq. lat. 1025, fol. 54, n° 112].

C. Cart. XVe siècle, fol. 36v-37, n° 97.

a. R. Génestal, « L'origine et les premiers développements...», p. 574, n. 2 (édition incomplète).

La seule notice du cartulaire pouvant se rapporter à la donation de Robert Bordet de Ry mentionne un Richard de Ry (**A167**). Gilbert II de Vascœuil est le fils d'Enguerrand de Vascœuil, ce qui est confirmé dans la bulle confirmative d'Alexandre III (**B52**). Enguerrand, qui fut l'un des bienfaiteurs de l'abbaye de Mortemer, permit la construction des bâtiments conventuels durant l'abbatiat d'Adam, entre 1138 et 1154 (L. Delisle, *Recueil*..., t. I, Introduction, p. 365) ; il est cité en 1149 dans un acte relatant l'accord final intervenu entre lui et l'abbé Renaud de Préaux à propos de l'église de Vascœuil (**A177**). Gilbert II apparaît pour la première fois sous l'abbatiat de Michel de Tourville, entre 1152 et 1159 (**B21**), et reparaît à plusieurs reprises sous l'abbatiat d'Osberne, entre 1182 et 1200. La fin de sa carrière est rapportée par les chroniqueurs du règne d'Henri II et de Philippe Auguste : Gilbert défendit sans succès la ville de Tours en 1178 contre Philippe Auguste (Guillaume le Breton, *Philippide, R. H. F.*, t. XVII, p. 159) ; il atteste une charte de Richard Cœur-de-Lion en 1190 (L. Landon, *Itinerary*..., p. 28) et accompagne le roi en Croisade en 1190 (Roger de Hoveden, éd. Stubbs, t. III, p. 59, 63) ; de Messine, qu'il quitta le 2 avril 1191, il revint en Normandie avec l'archevêque Gautier de Rouen et la reine

Aliénor (L. Landon, *Itinerary*..., p. 48, 59, 192) ; puis le roi l'envoya garder les places de Gisors et de Neaufle que Gilbert livra à Philippe Auguste le 12 avril 1193 (*R. H. F.*, t. III, p. 206). En conséquence, Gilbert fut emprisonné par Robert III de Leicester (Gervais *Dorobernensis, R. H. F.*, t. XVII, p. 676). En 1195, les revenus de la terre de Gilbert de Vascœuil étaient versés au trésor (L'Échaudé d'Anisy, *Magni rotuli....*, p. 41, 48). On ne peut donc pas dater cette charte de Gilbert II de Vascœuil plus précisément que de la période 1149-1193, durant laquelle Gilbert est attesté en Normandie.

Notum sit presentibus et futuris quod Robertus *Bordet* de *Ri* pro monachatu suo donavit ecclesie Sancti Petri Pratelli[b] quamdam acram terre in introitu ville de *Ri* ad ruptam, que dicitur Adam, ad faciendam granciam. Hanc autem terram per multos annos predicta sine calumnia ecclesia possedit, sed seculi malitia uxor illius Roberti in curia archiepiscopali et in curia regis post mortem viri sui, quod de dote suo esset, predictam terram reclamavit. Unde factum est quod judicio utriusque curie et consilio bonorum virorum excambium donatum est monachis ad Fagum pediculosum[c], scilicet terra pro terra ad valitudinem predicte. Hoc ego Gislebertus de Wascolio, bonum esse comperiens, consideravi utile fore ecclesie Pratellensi auctoritate sigilli mei, quoniam de feudo meo erat, confirmare, ne predicta ecclesia pro eadem terra detrimentum patiatur et ne amodo dissensio inter posteros oriatur. Unde volo et omnibus posteris meis bene et firmiter precipio quod illi monachi eandem terram libere et honorifice teneant et sine alicujus reclamatione absolute possideant. Testibus : Gisleberto, sacerdote de *Ri* ; et Roberto ; et Willelmo, filiis ejus, sacerdotibus ; et Helia de *Flori* ; et Roberto de Bosco Giraldi, militibus ; et aliis multis hominibus.

(a) Bordet de Ri *C*. — (b) Sancti Petri Pratellis *C*. — (c) *Sic BC*.

B91

1194, 12 mai. — Rome, Saint-Pierre.

Célestin [III], pape, confirme à l'abbaye Saint-Pierre de Préaux et à l'abbé Osberne l'aumône faite par le comte Robert [IV] de Meulan d'un bénéfice à Saint-Gilles de Pont-Audemer.

B. Cart. XIIIe siècle, fol 7v-8, n° 10, sous la rubrique : « *Confirmatio Celestini pape super beneficio quod Robertus, comes Mellenti, contulit ecclesie Pratelli apud Sanctum Egidium de Ponte Audomari* ». Dans la marge, écrit au XIXe siècle : « Celestin pape, 26 7bre 1143, décédé le 9 mars 1144 ». [Copie partielle Delisle, Bibl. nat. de Fr., nouv. acq. lat. 1025, fol. 6, n° 10].

C. Cart. XVe siècle, fol. 7, n° 10.

a. J. Ramackers, *Papsturkunden...*, p. 408, n° 324. — *b.* S. Mesmin, *The leper...*, (thèse dactylographiée), select documents II, n° 5.
INDIQUÉ : J.-L. n° 17102.

Le cartulaire ne porte pas trace d'une donation de Robert IV de Meulan concernant Saint-Gilles de Pont-Audemer. Les aveux rendus au XVe siècle par les abbés de Préaux mentionnent toutefois le privilège que les moines avaient de pouvoir prendre dans les forêts du prieuré de Saint-Gilles de Pont-Audemer le bois nécessaire pour faire une feuillée sur le pavement de la ville, destinée à la tenue de la juridiction de la dixième semaine des rentes de la coutume et du marché de Pont-Audemer (Arch. nat., P 307, n° 216).

Celestinus episcopus, servus servorum Dei, dilectis filiis Osberno abbati et conventui de Pratello, salutem et apostolicam benedictionem. Quotiens a nobis petitur quod justum est et honestum, et vigor equitatis et ordo exigit rationis ut id per sollicitudinem officii nostri ad debitum perducatur effectum. Eapropter, dilecti in Domino filii, vestris justis postulationibus inclinati, beneficium quod Robertus, comes Mellenti, vobis apud Sanctum Egidium juxta Pontem Audomari rationabiliter in elemosinam contulit, sicut juste et pacifice possidetis, vobis et per vos ecclesie vestre auctoritate apostolica confirmamus et presentis scripti patrocinio communimus. Nulli ergo omnino hominum liceat hanc paginam nostre confirmationis infringere vel ei ausu temerario contraire. Si quis autem hoc attemptare presumpserit, indignationem omnipotentis Dei et beatorum Petri et Pauli apostolorum ejus se noverit incursurum. Datum Rome, apud Sanctum Petrum, IIII idus maii, pontificatus nostri anno quarto.

B92

[1196, 14 janvier-31 juillet].

Guillaume de Bellencombre fait savoir qu'il a renoncé aux prétentions qu'il avait émises sur les moulins de Sainte-Radegonde [de Neufchâtel-en-Bray]. Il a, en outre, donné en perpétuelle aumône à l'église Sainte-Radegonde, avec l'accord de son épouse Basilie, une acre de terre située sur le bief de l'écluse tant qu'il pourra la garantir ; dans le cas contraire, il s'engage à l'échanger contre deux acres de sa propre terre, au choix de l'abbé de Préaux, entre le Mont-Ricard et le Petit-Mont. Il a concédé la mouture de toute sa terre de Quièvrecourt au moulin de Sainte-Radegonde à la condition d'en percevoir lui-même du meunier la moitié, libre de toute coutume et exaction. Le reste de la mouture, l'abbé de Préaux ou son agent le percevra à partir du 1er août après que le roi de France a rendu au roi d'Angleterre les châteaux d'Arques et de

Drincourt pendant six ans et jusqu'à ce que Guillaume ait construit un moulin sur sa terre de Quièvrecourt.

B. Cart. XIIIe siècle, fol. 52v-53, n° 119, sous la rubrique : « *Quietatio et resignatio querele quam Willelmus de* Bele Emcombree$^{(a)}$ *faciebat in molendinis Sancte Radegundis* ». [Copie partielle Delisle, Bibl. nat. de Fr., nouv. acq. lat. 1025, fol. 57, n° 119].

C. Cart. XVe siècle, fol. 38v-39, n°104.

a. D. Rouet, « Une dépendance de l'abbaye Saint-Pierre de Préaux... », p. 535, n° IV.

Guillaume de Bellencombre est cité comme témoin dans une charte de 1211 (Bodin, *Histoire civile et militaire...*, t. II, p. 147-148). Cet acte est postérieur à la restitution par Philippe Auguste des citadelles d'Arques et de Drincourt, mais antérieure au 1er août de la même année. Au terme d'un article du traité préliminaire d'Issoudun du 5 décembre 1195, Arques faisait partie du territoire conquis qui devait revenir au roi Richard Cœur-de-Lion ; après mutuelles ratifications, à la conférence tenue le 14 janvier 1196 entre Gaillon et Le Vaudreuil, la vicomté d'Arques retourna sous la domination des Normands (E. Rousseau, G. Désiré dit Gosset, *Le Traité de Gaillon...*, p. 1-2 ; Th. Stapleton, *op. cit.*, t. I, p. CXXVIII-CXXIX).

Sciant presentes et futuri quod ego Willelmus de *Belencombre* clamavi quietam querelam quam feci super molendinis Sancte Radegundis$^{(b)}$ et omni calumnie mee in perpetuum renunciavi. Preterea dedi in perpetuam elemosinam memorate ecclesie Sancte Radegundis$^{(c)}$ acram terre que sita est super *le bié del relais*, quamdiu illam warantizare potero. Si vero contigerit me eam warantizare non posse, dedi et concessi prefate ecclesie in perpetuam elemosinam in escambiam$^{(d)}$ illam unam acrarum duarum de mea terra propria que est inter Montem Ricardi et Montem parvum, ad libitum et electionem abbatis Pratelli. Insuper concessi moltam omnis terre mee de *Kievrecurt* molendino Sancte Radegundis$^{(e)}$, ea conditione quod molte medietatem accipiam liberam et quietam ab omni consuetudine et exactione et de hoc molendinarii facient me securum. Reliquam vero medietatem abbas de Pratellis sive sui accipient a primo augusto postquam rex Francie reddidit regi Anglorum castra de Archis et de Eincuria$^{(f)}$ usque in sex annos et postmodum quousque fecero molendinum in terra mea de *Kevrecurt*. Has autem donationes et conventiones ego Willelmus et uxor mea Basilia, pari assensu et caritatis intuitu, concessimus in perpetuam elemosinam ecclesie sepedicte. Et, ne in irritum possint revocari, scripto presenti et sigilli mei munimine roboravi.

(a) Bele Encombre C. — (b) Radegondis C. — (c) Radegondis C. — (d) Sic B, corr. escambium. — (e) Radegondis C. — (f) Sic B ; corr. dans C en Drieincuria.

B93

1198, 22 août. — La Roche d'Orival.

Richard [Cœur-de-Lion], roi d'Angleterre, duc de Normandie, d'Aquitaine et comte d'Anjou, fait savoir qu'il a confirmé aux moines de l'abbaye Saint-Pierre de Préaux l'exemption de toute taille que le comte Robert [IV] de Meulan leur a octroyée sur toute la terre qu'ils tiennent de lui et de ses prédécesseurs, selon la teneur de la charte de ce dernier et la confirmation du roi Henri [II], son père, ainsi que toutes les autres exemptions et libertés que possèdent les moines.

B. Cart. XIIIe siècle, fol. 32-v, n° 66, sous la rubrique : « *Karta Ricardi regis super quitantia tocius tallie quam Robertus, comes de Mellento, dedit monachis de Pratellis de omni terra sua cum aliis libertatibus, sicut carta Henrici regis confirmat* » ; dans la marge, d'une main du XVIIIe siècle : « *Exemptiones* ». [Copie Delisle, Bibl. nat. de Fr., nouv. acq. lat. 1025, fol. 29, n° 66 et fol. 305].

C. Cart. XVe siècle, fol. 23v, n° 54. — D. Copie du XIXe siècle, d'après B, par A. Deville, Bibl. nat. de Fr., nouv. acq. lat. 1244, p. 476. — E. Copie de 1835, d'après B, par A. Deville, Transcripts, series VIII, Londres, P. R. O., vol. 140A, n° 171.

a. Cl. Fagnen, *Essai...*, (thèse dactylographiée), t. 5, p. 606-609, n° 123.

INDIQUÉ : A. Deville, Chartes de Richard Cœur-de-Lion, Bibl. nat. de Fr., nouv. acq. lat. 1244, p. 49. — H. Round, *Calendar...*, p. 119, n° 356 (analysé). — A. Cartellieri, *Philipp II. August...*, t. III, p. 227, n° 311. — L. Landon, *Itinerary...*, p. 132, n° 515.

Durant le règne de Richard Cœur-de-Lion, se met en place la titulature définitive des rois d'Angleterre, qui porteront désormais le titre de *rex Anglie* à la place de celui de *rex Anglorum*. L'analyse des actes originaux de ce roi, concernant la Normandie, par Claude Fagnen, montre que avant même Jean Sans-Terre la chancellerie anglaise utilise le titre de *rex Anglie, dux Normannie* (C. Fagnen, *Essai*, t. I, p. 78-79). Il apparaît clairement, en outre, de l'examen de ces originaux que l'adresse habituelle aux justiciers du roi utilise la forme *justiciis* plutôt que *justiciariis* (ibid., t. I, p. 98-100).

Ricardus, Dei gratia rex Anglie, dux Normannie, Aquitanie et comes Andegavie^(a), archiepiscopis, episcopis, abbatibus, comitibus, baronibus, justiciis^(b), vicecomitibus et omnibus ministris et fidelibus suis, salutem. Sciatis nos concessisse et presenti carta nostra confirmasse ecclesie Sancti Petri de Pratellis et monachis ibidem Deo servientibus quietantiam ab omni taillia quam comes de Mellento Robertus eis dedit de omni terra sua quam ipsi de eo et de antecessoribus suis tenent et omnes alias quietantias et libertates quas idem comes et antecessores sui predicti ecclesie et monachis predictis concesserunt, sicut carta ipsius comitis de *Mellent*, quam inde habent, rationabiliter testatur et sicut eis per cartam patris nostri confirmatur. Quare volumus et firmiter precipimus quod prefata ecclesia et ejusdem ecclesie monachi habeant et teneant in perpetuum predictam quietantiam de taillia et omnes alias quietantias et libertates eis rationabiliter concessas et datas a prefato comite et ab antecessoribus suis bene et in pace, libere et quiete et honorifice, sicut ipse Robertus, comes de Mellento[c], eis concessit et dedit et sicut carta ipsius et carta patris nostri, quas inde habeant[d], testantur. Testibus hiis[e] : Walterio, Rothomagensi archiepiscopo ; B(alduino), comite Albe Marle ; Willelmo Marescallo ; Hugone de *Gornai* ; W(illelmo), filio Radulfi, tunc senescallo Normannie ; fratre Manassero, elemosinario ; Brandino, clerico ; Ricardo Brieguerra ; et pluribus aliis. Datum per manum E(ustachii), Elyensis episcopi, cancellarii nostri, apud Rupem de Oirevallis[f], anno IX regni nostri, XXII die augusti.

(a) Ricardus, Dei gratia rex Angl *suivi d'un tilde*, dux Norm *suivi d'un tilde*, Aquit *suivi d'un tilde*, et comes And *suivi d'un tilde BC*. — (b) justic *suivi d'un tilde BC*. — (c) Mell *suivi d'un tilde B*. — (d) Sic B, corr. habent : *le copiste de B a ajouté dans l'interligne un* a *peut-être par confusion avec le* habeant et teneant *situé quelques lignes au dessus*. — (e) Sic BC. — (f) Rupem Onevallis C.

B94

[1192-1199, 19 octobre].

Guillaume [de Rupière[28]], évêque de Lisieux, concède à l'abbaye Saint-Pierre de Préaux, à cause de la pauvreté des moines, les églises Saint-Antonin d'Épaignes et Notre-Dame de Selles, avec leurs dîmes, revenus et offrandes qui auparavant revenaient au prêtre desservant, biens qu'il assigne à la vêture des moines ; il ajoute les églises Notre-Dame de Préaux et Saint-Martin de Toutainville, avec leurs revenus destinés à l'infirmerie ; les revenus des églises Saint-Germain et Saint-Ouen de Pont-Audemer, que le desservant percevait habituellement, assignés à la cuisine des moines. Ces revenus qui appartenaient auparavant aux desservants de ces églises, seront destinés à l'usage propre des moines et à leur entretien, sauf les droits de l'évêque et de l'archidiacre, l'institution des vicaires étant conservée par l'évêque et ses successeurs, la présentation, par les moines de Préaux.

B. Cart. XIIIe siècle, fol 17-v, n° 32, sous la rubrique : « *Confirmatio Willelmi, Lexoviensis episcopi, super vicariis ecclesiarum de Yspania, de Sellis, de Pratellis, de Tustinivilla, de Ponte Audomari* » ; dans la marge, de la main de M : « *Confirmatio hujus per Innocentium tercium, vide supra fo[lio] V°, et per Honorium III, eodem fo[lio] in duabus cartis* » et « *Omnia que curati parrochiales his ecclesiis solebant recipere nobis concessa sunt ; in his ecclesiis vicarios presbiteros ponere debemus quibus sufficiens sustentatio per nos debet assignari* ». [Copie partielle Delisle, Bibl. nat. de Fr., nouv. acq. lat. 1025, fol. 17, n° 32].

---

28. Guillaume de Rupière, évêque de Lisieux, 1192-19 octobre 1199.

C. Cart. XVe siècle, fol. 11v-12, n° 23.

INDIQUÉ : Cart. XIIIe siècle, fol. 84, n° 227, charte de Guillaume du Pont-de-l'Arche, évêque de Lisieux, qui confirme, en 1244, la possession de l'église d'Épaignes et de ses revenus : « *cum abbas et conventus Sancti Petri de Pratellis post obitum Gaufridi, rectoris ecclesie Sancti Antonini de Yspania, ex concessione venerabilium patrum bone memorie Willelmi de Rupetra, Jordani de Humeto, episcoporum, Willelmi decani et capituli et Willelmi de Chyray, archidiaconi Lexoviensis, dicerent fructus dicte ecclesie in usus eorum proprios cedere debet* ».

Il faut sans doute situer cet acte vers 1199 : le pape Innocent III confirme, en effet, cette donation de l'évêque Guillaume de Lisieux le 29 janvier 1200 (**B96**). Ce dernier est mort au plus tard en octobre 1199 puisque son successeur, Jourdain du Hommet, est attesté dès 1200 (H. Géraud, « Visite à la Bibliothèque… », p. 537-538). Le pape Honorius III a confirmé à son tour cette donation en 1224 (**B173**).

Villelmus[a], permissione divina Lexoviensis episcopus, universis sancte matris Ecclesie filiis ad quos presens scriptum pervenerit, salutem et Dei benedictionem. Cum universarum diocesis nostre ecclesiarum ad nos pertineat provectus et dispositio canonica, earum maxime curam gerere debemus propensiorem et attentiorem sollicitudinem in quibus sacre religionis viget observantia et pauperum Christi sustentatio jugi deservit famulatu. Eapropter venerabilium in Christo fratum nostrorum, O(sberni) abbatis et conventus de Pratellis, precibus inclinati et ipsorum paupertatem reique familiaris inopiam attendentes, divine pietatis intuitu, predicto monasterio et fratribus ibidem Deo servientibus concedimus et confirmamus ecclesias Sancti Antonini de Hispania et Sancte Marie de Sellis com omnibus decimis et proventibus aliis ad ecclesias ipsas pertinentibus que ad presentationem ipsorum pertinere noscuntur, ita ut omnes fructus et obventiones ad presbiteratus ipsarum ecclesiarum antea pertinentes vestiture monachorum imperpetuum assignentur. Preterea concedimus et confirmamus prefato monasterio omnes fructus et obventiones ecclesiarum Sancte Marie de Pratellis et Sancti Martini de Tustinivilla ad presbiteratus ipsarum ecclesiarum antea pertinentes in proprios usus infirmarie monachorum decetero convertendos. Similiter et omnes fructus et obventiones ecclesiarum Sancti Germani et Sancti Audoeni de Ponte Audomari quos in ipsis ecclesiis antea presbiteri percipere consueverunt ad usus coquine dicti monasterii concedimus. Volumus tamen ut in singulis predictarum ecclesiarum reservata sit nobis et successoribus nostris vicariorum institutio ad presentationem ipsius abbatis quibus de bonis singularum ecclesiarum singulis ab abbate et monachis sepedictis assignetur sustentatio, salvo in omnibus jure episcopali et archidiaconali. Volentes igitur prefatos abbatem et monachos prenominatarum ecclesiarum fructus et obventiones, sicut prescriptum est, libere et pacifice in posterum percipere et, sicut supra distinximus, in usus prescriptos imperpetuum absque ulla diminutione convertere. Ne ista concessio nostra tractu temporis violari aut malignitate qualibet possit in irritum revocari, ipsam presentis autentici nostri munimine et sigilli nostri impressione roborare duximus oportunum.

(a) *Sic BC.*

B95

[1192-1199, 19 octobre].

Guillaume de Cierrey, archidiacre de Lisieux, confirme le don fait en faveur de l'abbaye Saint-Pierre de Préaux par l'évêque de Lisieux, Guillaume [de Rupière] : tous les revenus, toutes offrandes et dîmes des églises Notre-Dame de Préaux, Saint-Martin de Toutainville, Saint-Germain et Saint-Ouen de Pont-Audemer, revenus qui revenaient auparavant aux prêtres desservant ces églises, présentés par l'abbé. Ces biens, concédés, selon la charte de l'évêque, à cause de la pauvreté des moines, seront destinés à l'usage propre des moines et à leur entretien, sauf les droits de l'évêque [de Lisieux] et de l'archidiacre, l'institution des vicaires étant conservée par l'évêque et ses successeurs.

B. Cart. XIIIe siècle, fol. 21-v, n° 44, sous la rubrique : « *Item confimatio predicti Willelmi de* Chirai *in vicariis Sancti Antonini de Hispania, Sancte Marie de Pratellis, Sancti Martini de Tustinivilla, Sancti Germani et Sancti Audoeni* » ; dans la marge, de la main de M : « *Approbatio carte Guillelmi posite supra folio XVII°* ». [Mention Delisle, Bibl. nat. de Fr., nouv. acq. lat. 1025, fol. 21, n° 44].

C. Cart. XVe siècle, fol. 15-v, n° 35.

Sur la datation de cet acte, voir **B94**.

Omnibus sancte matris Ecclesie^(a) filiis ad quos presens scriptum pervenerit, Willelmus de *Chirai,* Lexoviensis archidiaconus, salutem in salutis Auctore. Eis, que super ecclesiis archidiaconatus nostri a venerabili et dilecto domino et patre nostro Willelmo^(b), Lexoviensi episcopo, divine pietatis intuitu disponuntur, propensiorem et attenciorem prestamus assensum, cum ipsa dispositio locis in quibus sacre religionis viget observantia maneat fructuosa. Eapropter venerabilium fratrum et amicorum, O(sberni) abbatis et conventus de Pratellis, paupertatem reique familiaris inopiam misericorditer attendentes, unacum domino Lexoviensi predicto qui concedit et auctentico suo confirmat monasterio et fratribus ibidem Deo servientibus super ecclesiis Sancti Antonini de Hispania et Sancte Marie de Sellis, Sancte Marie de^(c) Pratellis et Sancti Martini de Tustinivilla, Sancti Germani et Sancti Audoeni de Ponte Audomari libere et pacifice concedimus et confirmamus : scilicet dictarum ecclesiarum, que ad presentationem nominatorum abbatis et conventus pertinere noscuntur, omnes fructus et obventiones cum decimis et proventibus aliis ad ecclesias ipsas pertinentibus ad presbiteratus ipsarum ecclesiarum antea pertinentes in proprios usus, prout in auctentico nominati domini Lexoviensis distingintur, decetero convertendos, reservata tamen, sicut ibidem continetur, domino Lexoviensi et successoribus suis in singulis dictarum ecclesiarum vicariorum institutione, quibus de bonis earum singulis ab abbate et monachis sepedictis assignetur sustentatio, salvo in omnibus jure episcopali et archidiaconali. Hanc autem concessionem et confirmationem nostram presenti scripto et sigilli nostri appositione dignum duximus roborari.

(a) *Mot ajouté par le copiste en interligne B.* — (b) Villemo *C.* — (c) de *omis C.*

B96

1200, 29 janvier. — [Rome], palais du Latran.

Innocent [III], pape, prend sous sa protection et confirme en faveur de l'abbé Osberne et des moines de Saint-Pierre de Préaux les biens le l'abbaye : en particulier les églises Saint-Antonin d'Épaignes et Notre-Dame de Selles avec tous leurs revenus et dîmes, les églises Notre-Dame de Préaux, Saint-Martin de Toutainville, Saint-Germain et Saint-Ouen de Pont-Audemer avec tous leurs revenus et les offrandes de l'autel, selon la teneur de la charte de Guillaume [de Rupière], évêque de Lisieux, qui a concédé ces biens.

B. Cart. XIIIe siècle, fol. 5, n° 2, sous la rubrique : « *Confirmatio Innocentii pape super ecclesiis de Hyspania, de Sellis, de Pratellis, de Tustinivilla, de Sancto Germano, de Sancto Audoeno Pontis Audomari com decimis et proventibus et fructibus earum* ». En tête, de la main de M : « *Innocencius 3us MCXCVIII et sedit XVIII* » et dans la marge, de la même écriture : « *Vide fo[lio] XVII* ». [Copie partielle Delisle, Bibl. nat. de Fr., nouv. acq. lat. 1025, fol. 3, n° 2].

C. Cart. XVe siècle, fol. 4v, n° 2.

Innocentius episcopus, servus servorum Dei, dilectis filiis O(sberno) abbati et conventui Sancti Petri de Pratellis, salutem et apostolicam benedictionem. Cum a nobis petitur quod justum est et honestum, tam vigor equitatis quam ordo exigit rationis, ut id per sollicitudinem^(a) officii nostri ad debitum perducatur effectum. Eapropter, dilecti in Domino filii, vestris justis postulationibus annuentes, personas vestras et ipsum monasterium vestrum cum bonis omnibus que impresentiarum^(b) rationabiliter possidet aut in futurum justis modis, Deo propitio, poterit adipisci sub beati Petri et nostra protectione suscipimus. Spetialiter autem de donatione venerabilis fratris nostri Willelmi, Lexoviensis episcopi, ecclesias Sancti Antonini de Hispania et Sancte Marie de Sellis cum omnibus decimis et aliis proventibus suis et omnes fructus et obventiones ecclesiarum Sancte Marie de Pratellis et Sancti Martini de Tustinivilla, preterea ecclesias Sancti Germani et Sancti Audoeni de Ponte Audomari cum fructibus et obventionibus suis, sicut eas juste ac sine controversia possidetis et in ejusdem episcopi scripto autentico plenarie continetur, vobis et per vos monasterio vestro auctoritate apostolica confirmamus et presentis scripti patrocinio communimus. Nulli ergo omnino hominum fas sit personas seu bona vestra temere perturbare aut hanc paginam nostre protectionis et confirmationis infringere vel ei ausu temerario contraire. Si quis autem hoc attemptare presumpserit, indignationem omnipotentis Dei et beatorum Petri et Pauli apostolorum ejus se noverit incursurum. Datum Laterani, IIII kalendas februarii, pontificatus nostri anno secundo.

(a) solicitudine C. — (b) *Renvoi dans la marge sous la forme de trois points* : « Vide fo(lio) XVII ».

B97

[1185-1200].

Robert de Launay fait savoir qu'il a donné en aumône à Saint-Pierre de Préaux et aux moines dix sous de monnaie courante, libres de toute coutume ou exaction, à percevoir chaque année sur le tènement de Richard Rocia et de ses parçonniers, de sorte qu'[en cas de non paiement] les moines pourront se faire justice.

B. Cart. XIIIe siècle, fol. 62v, n° 153, sous la rubrique : « *Ex dono Roberti de Alneto decem solidos in tenemento Ricardi Roscie annuatim percipiendos* ». [Copie Delisle, Bibl. nat. de Fr., nouv. acq. lat. 1025, fol. 67, n° 153].

C. Cart. XVe siècle, fol. 46, n° 135.

La présence d'Henri Louvet de Bonneville parmi les témoins induit la datation de cet acte (voir **B99**).

Sciant presentes et futuri quod ego Robertus de Alneto dedi in perpetuam elemosinam ecclesie Sancti Petri de Pratellis et monachis ibidem Deo servientibus X solidos usualis monete annuatim in tenemento Ricardi Rocie et participum ejus accipiendos libere et quiete ab omni servitio et exactione, ita quod monachi predicte ecclesie, si opus fuerit, pro redditu suo in eodem tenemento justiciam facient. Et, ut ista concessio et donatio rata permaneat, eam scripti presentis attestatione et sigilli mei munimine roboravi. His testibus : Ricardo de *Belmoncel* ; Radulfo, filio ipsius ; Henrico *Lovet* de *Boneville* ; Henrico *del Ketnei* ; Radulfo de Magnevilla et multis aliis.

B98

[1185-1200].

Henri de Launay et son frère Robert notifient leur aumône en faveur de Saint-Pierre de Préaux : une terre, celle que Guillaume Huan a reçue des moines à titre héréditaire, sise en la garenne de Sébec, donnée à l'occasion de la réception de Robert comme moine et pour l'âme de leur frère Gautier.

B. Cart. XIIIe siècle, fol. 62v, n° 152, sous la rubrique : « *Ex dono Henrici de Alneto et Roberti, fratris ejus, quamdam terram apud warannam de* Sebec *pro monachatu Roberti et pro anima Walterii, fratrum suorum* ». [Copie Delisle, Bibl. nat. de Fr., nouv. acq. lat. 1025, fol. 67, n° 152].

C. Cart. XVe siècle, fol. 46, n° 134.

Notum sit omnibus tam presentibus quam futuris quod Henricus de Alneto et Robertus, frater ejus, dederunt ecclesie Sancti Petri de Pratellis et monachis ibidem Deo servientibus quamdam terram in warenna de *Sebec* pro monacatu[a] Roberti et pro anima Walterii, fratrum suorum, in perpetuam elemosinam libere et quiete possidendam et per candelabrum eam super altare Sancti Petri obtulerunt, illam scilicet terram quam Willelmus *Huan* a predictis monachis in hereditatem accepit. Testes : Henricus *Lovet* ; Rogerius *Lovet* ; Willelmus de *Maelou* ; Ricardus *Huan* ; Hylarius de Capella.

(a) *Sic B ;* monachatu *C*.

B99

[1185-1200].

Henri Louvet de Bonneville fait savoir qu'il a donné en perpétuelle aumône à Saint-Pierre de Préaux la possession souveraine du moulin à coisel de Bonneville, qu'il a acheté à Raoul Taisson, avec un dem- muid d'avoine à percevoir chaque année à la Saint-Michel [29 septembre] sur Nicolas de La Lande, qui a prêté hommage à l'abbé dans le chapitre de Saint-Pierre de Préaux.

B. Cart. XIIIe siècle, fol. 65, n° 161, sous la rubrique : « *De dimidio modio avene percipiendo in molendino de* coisel *ex dono Henrici* Lovet *de Bonevilla* ». [Copie Delisle, Bibl. nat. de Fr., nouv. acq. lat. 1025, fol. 70, n° 161].

C. Cart. XVe siècle, fol. 48, n° 142.

INDIQUÉ : L. Delisle, *Etudes sur la condition...*, p. 512, n. 5.

Henri Louvet de Bonneville a donné sous le règne d'Henri II le droit de patronage de l'église Saint-Julien de Boneville-la-Louvet aux chanoines de Sainte-Barbe-en-Auge (C. Fierville, *Histoire généalogique...*, p. 197, n°1). Entre 1165 et 1181, il confirme aux mêmes chanoines et au prieur Daniel l'emplacement de l'église Saint-Martin du Mont-Fouquereau, en présence d'Henri II (C. Fierville, *op. cit.*, p. 197, n° 2). Il est à nouveau attesté en 1183 comme ayant assisté à l'assise plénière de la cour d'Henri II (L. Delisle, *Recueil...*, t. I, Introduction, p. 349). Dès 1200, son fils Geoffroy Louvet de Bonneville lui avait succédé, puisqu'il confirme en cette même année aux chanoines de Sainte-Barbe la chapelle Saint-Julien dans la paroisse de Bonneville (C. Fierville, *op. cit.*, p. 198, n° 5). Cette charte est donc antérieure à 1200 ; mais, n'étant pas recensée dans les confirmations d'Henri II (**B52, B53**), elle est postérieure à 1185.

Sciant presentes et futuri quod ego Henricus *Lovet* de Bonevilla dedi in liberam et perpetuam elemosinam ecclesie Sancti Petri de Pratellis et monachis ibidem Deo servientibus in Bonevilla dominatum molendini *del coisel* quod emi a Radulfo *Teissun* et in eodem molendino dimidium modium avene singulis annis accipiendum ad festum sancti Michaelis a Nicholao de Landa et heredibus suis post ipsum. Qui Nicholaus fecit homagium abbati et monachis predictis in capitulo Pratellensi. Et, ut ista donatio rata et inconcussa permaneat, ipsam scripti presentis et sigilli mei munimine roboravi. His testibus : Willelmo, monacho ; Roberto Magno ; Roberto de Bosevilla ; Willelmo Bastardo et multis aliis.

B100

[1182, 26 février-1200].

Robert [IV], comte de Meulan, fait savoir qu'il a cédé en fiefferme à l'abbé [Osberne] et aux moines de Saint-Pierre de Préaux tous ses moulins de Pont-Audemer avec toutes leurs dépendances contre une rente annuelle de dix livres angevines payable sa vie durant. À sa mort, les moines recevront ces moulins en perpétuelle aumône avec toutes leurs dépendances, pour le salut de son âme et celui de ses ancêtres, afin les posséder librement comme lui-même les tenait.

B. Cart. XIIIe siècle, fol. 44, n° 89, sous la rubrique : « *Quomodo molendini de Ponte Audomari traditi fuerunt Osberno, abbati de Pratellis, ad firmam a Roberto, comite de* Mellent, *per decem libras andegavensium, deinde concessi in perpetuum post mortem predicti Roberti* ». [Copie partielle Delisle, Bibl. nat. de Fr., nouv. acq. lat. 1025, fol. 45, n° 89].

C. Cart. XVe siècle, fol. 32v, n° 75. Même rubrique.

INDIQUÉ : E. Houth, *Catalogue des actes...*, p. 527, n° 79. — E. Houth, *Les comtes de Meulan...*, p. 120, n° 79.

La mention de l'abbé Osberne n'apparaît que dans la rubrique : une partie de la charte ayant été tronquée, on peut penser qu'il était cité à la fin de l'acte.

Sciant presentes et futuri quod ego Robertus, comes Mellenti, tradidi ad feodifirmam abbati Sancti Petri de Pratellis et monachis ibi Deo deservientibus[a] omnes molendinos meos de Ponte Audomari cum universis pertinentiis suis per X libras andegavensium mihi singulis annis reddendas, quamdiu vixero. Post decessum vero meum dedi supradictis abbati et monachis eosdem molendinos com[b] omnibus pertinentiis suis in liberam et quietam et perpetuam elemosinam pro salute anime mee et antecessorum meorum integre et libere habendos, sicut ego eosdem molendinos liberius et integrius habui[c].

(a) servientibus *C*. — (b) cum *C*. — (c) *BC s'interrompent ici ; B précise* et cetera, verte retro folium alium et invenies, *référence à la charte copiée au feuillet précédent dans B (voir B116).*

B101

[1182, 26 février-1192/1200].

Guillaume de Bourneville confirme en perpétuelle aumône, à l'abbaye Saint-Pierre de Préaux, avec l'accord de son fils Thomas, ce que son père Geoffroy a donné en vue de sa prise d'habit au monastère ainsi que tout ce que ses ancêtres ont concédé en terres et revenus ; il ajoute aussi deux gerbes de dîme de toute sa terre d'Étreville. En échange, Osberne, abbé, et les moines de Préaux l'associent, lui, ainsi que son épouse et ses fils aux bienfaits spirituels de l'abbaye, leur vie durant et après leur mort.

B. Cart. XIIIe siècle, fol. 59v, n° 141, sous la rubrique : « *Concessio Willelmi de Bornewilla de duabus garbis decime totius terre sue de Esturwilla* » ; dans la marge, d'une main du XVIIIe siècle : « Estreville ». [Copie partielle Delisle, Bibl. nat. de Fr., nouv. acq. lat. 1025, fol. 64, n° 141].

C. Cart. XVe siècle, fol. 44, n° 124.

INDIQUÉ : Charpillon, Caresme, *Dictionnaire...*, t. I, p. 530, t. II, p. 63.

La famille de Bourneville fut bienfaitrice de Saint-Pierre de Préaux : dès 1120 environ, le prêtre Raoul de Bourneville puis son fils Osberne, lui aussi clerc, donnèrent aux moines des terres à Bourneville (**A145**, **A146**). La grande bulle d'Alexandre III (**B52**) identifie ce dernier à Osberne d'Omonville, sans que l'on puisse le confirmer. Geoffroy de Bourneville, dont la parenté avec les précédents n'est pas établie, donne avec l'accord de son fils Richard la dîme de ses terres d'Étreville (**A195**) ; ce dernier semble n'avoir pas vécu longtemps, car c'est son frère Guillaume de Bourneville que l'on retrouve ici. Guillaume est fils de Geoffroy de Bourneville, mort moine de Préaux, comme l'atteste une charte de son fils Thomas (**B192**). Raoul de Flancourt, témoin de cette charte, est mort avant 1210, date à laquelle son fils Robert est témoin d'une donation de Raoul de Montgomméry en faveur de l'abbaye de Bernay (L. Passy, *Notice sur le cartulaire...*, p. 515, n. 2). Cette famille fut bienfaitrice du prieuré de Bourg-Achard. Robert, fils de Landri, qui succèdera à Richard le Bigot comme sénéchal de Robert IV de Meulan, ne porte pas encore ce titre, ce qui peut laisser croire que Richard le Bigot est encore vivant ; ce dernier disparaît en 1192 (voir **B87**).

Sciant presentes et futuri quod ego Willelmus de Bornevilla[a], concedente Thoma, filio meo, concessi et presenti carta confirmavi in perpetuam elemosinam ecclesie Sancti Petri de Pratellis et monachis ibidem Deo servientibus ea omnia que pater meus pro monachatu suo et ante monachatum et antecessores mei eidem ecclesie contulerunt in terris et redditibus com[b] duabus garbis decime tocius terre mee de Esturvilla. Pro hac autem concessione abbas Osbernus et conventus societatem loci et commune beneficium ecclesie sue mihi et uxori mee et filiis meis concesserunt in vita et in morte. His testibus : Ricardo *Ferrant* ; Radulfo de *Frollancort* ; Ricardo, filio Landri ; Waleranno de Watevilla ; Willelmo, clerico de Ponte Audomari ; Herberto de Esturvilla et multis aliis.

(a) Bornewille *C*. — (b) cum *C*.

B102

[1182, 26 février-1200].

Richard l'Abbé de [Saint-]Mards[-sur-Risle] fait savoir qu'il a renoncé devant les juges des assises royales aux prétentions qui l'opposaient aux moines de [Saint-Pierre de] Préaux concernant le droit de patronage qu'il disait avoir sur l'église de Saint-Mards-sur-Risle. En échange l'abbé Osberne et les moines lui ont accordé un don gratuit de cent sous angevins.

B. Cart. XIIIe siècle, fol. 71, n° 181, sous la rubrique : « *Quomodo Ricardus, cognomento Abbas de Sancto Medardo super Rislam, renuntiavit omni juri quod dicebat se habere in patronatu ecclesie Sancti Medardi super Rislam*[a] ». Dans la marge, de la main de M : « *Vide idem nomen supra folio LXVI* » et : « Saint Mards, patronage » écrit au XVIIIe siècle. [Copie partielle Delisle, Bibl. nat. de Fr., nouv. acq. lat. 1025, fol. 76, n° 181].

C. Cart. XVe siècle, fol. 52v-53, n° 162. Dans la marge, d'une main du XVIIIe siècle : « St Mard patronage ».

La datation de cet acte est déterminée par les dates de l'abbatiat d'Osberne. Richard l'Abbé de Saint-Médard apparaît plus loin dans le cartulaire (voir **B203**).

Sciant presentes et futuri quod ego Ricardus, cognomento Abbas[b] Medardo, renuntiavi in perpetuum omni juri, si quod mihi competebat, in patronatu ecclesie Sancti Medardi super Rislam in universam calumniam, quam super hoc habebam adversus abbatem et monachos cenobii Pratellensis, omnino quietam clamavi in assisa coram justiciariis domini regis. Qua de causa Osbernus abbas et conventus monasterii predicti dederunt mihi C solidos andegavensium de caritate ejusdem ecclesie. Et, ne istud tractu temporis oblivione deleri vel malignitate possit violari, scripti presentis attestationem sigilli mei munimine roboravi. His[c] testibus : Roberto de Haricuria ; Willelmo de *Martigni* ; magistro Gaufrido de Altia et multis aliis.

(a) super Rislam *omis C*. — (b) Sic *BC pour* Abbas de Sancto Medardo. — (c) hiis *C*.

B103

[1182, 26 février-1200].

Guillaume du Quesney fait savoir qu'il a confirmé en faveur de l'abbaye Saint-Pierre de Préaux la terre, appelée Le Moussel (Maumoncel), que son ancêtre Arnoul Pinel avait donnée en perpétuelle aumône aux moines, avec tous ses revenus et toutes ses dépendances, libre de tous service et coutume.

B. Cart. XIIIe siècle, fol. 71, n° 182, sous la rubrique : « *Karta Willelmi de Quesneio super confirmatione terre que wlgari loqutione*[a] Malmoncel *noncupatur, quam videlicet terram ex dono Arnulfi* Pinel *longo tempore possederamus* ». [Copie partielle Delisle, Bibl. nat. de Fr., nouv. acq. lat. 1025, fol. 76, n° 182].
C. Cart. XVe siècle, fol. 53, n° 163.

Robert *Magnus* est attesté entre 1166 et 1200/1213. Henri de Campigny entre 1131 et 1200 environ, Geoffroy II de Campigny, son fils, est attesté entre 1182 et 1200, dans la charte suivante et dans le registre de Philippe Auguste comme tenant du roi après 1204 ; Benoît de Triqueville l'est entre 1182 et 1185.

Sciant presentes et futuri quod ego Willelmus *del Chaisnei* concessi et hac presenti carta mea confirmavi abbatie Sancti Petri de Pratellis et monachis ibidem Deo servientibus terram que dicitur *Maumoncel*, quam ex dono Arnulfi *Pinel*, antecessoris mei, jam longo tempore possederant, jure elemosine perpetuo tenendam et possidendam cum omnibus exitibus et pertinentiis suis libere et quiete ab omni tallia et ab omni servitio et consuetudine. Et, ut ratum istund[b] permaneat, scripti presentis auctoritate et sigilli mei munimine roboravi. His testibus : Benedicto de Tregevilla ; Henrico de Campiniaco, Hugone de Tregevilla, militibus ; Roberto Magno ; et pluribus aliis.

(a) wulgali locutione *C*. — (b) *Sic B* ; istud *C*.

B104

[1182, 26 février-1200].

Nicolas du Theney fait savoir qu'il a donné en perpétuelle aumône à l'abbaye Saint-Pierre de Préaux la terre qu'il possédait dans le Vièvre avec tous ses revenus et dépendances, exceptée la dot de sa sœur Eustachie et deux acres de terre qu'il avait auparavant données à Jean Liart pour son service. Osberne, abbé, lui a accordé, en échange, un don gratuit de deux cents livres angevines.

B. Cart. XIIIe siècle, fol. 69v, n° 175, sous la rubrique : « *Karta Nicholai de Tanaio de omni terra quam habebat in* Wiewre$^{(a)}$ ». [Copie partielle Delisle, Bibl. nat. de Fr., nouv. acq. lat. 1025, fol. 74, n° 175].

C. Cart. XVe siècle, fol. 51v, n° 156.

a. A. Le Prévost, *Mémoires...*, t. III, p. 160 (extrait).

La présence de l'abbé Osberne de Préaux détermine l'époque de cette charte : 1182-1200.

Sciant presentes et futuri quod ego Nicholaus de Tanaio dedi in liberam et perpetuam elemosinam ecclesie Sancti Petri de Pratellis et monachis ibidem Deo servientibus universam terram quam habebam in Wewra com$^{(b)}$ omnibus exitibus et pertinentiis suis, exceptis matrimonio sororis mee Eustachie$^{(c)}$, et duabus acris terre quas prius dederam Johanni *Liart* pro servitio suo. Abbas autem Pratellensis, Osbernus nomine, dedit mihi de caritate ecclesie ducentas libras andegavensium. Et, ut ista donatio rata permaneat et inconcussa, eam scripti presentis et sigilli mei munimine roboratam super altare Sancti Petri, plurimis astantibus, obtuli. His testibus : Alberto, decano de Ponte Audomari ; Michaele, presbitero de Sellis ; Rogero *Efflanc* ; Gaufrido de Campiniaco ; Reginaldo$^{(d)}$ de Valle ; Roberto Magno ; et aliis pluribus.

(a) Wewra *C*. — (b) *Sic B*. — (c) Eustacie *C*. — (d) Rogero *C*.

B105

[1182, 26 février-1200].

Alleaume Burnel fait savoir qu'il a donné en aumône et confirmé à l'abbaye Saint-Pierre de Préaux la terre qu'il tenait du fief de Guillaume Kevrel, située à la Porte-Morant, sauf le droit du seigneur de Quièvrecourt. Osberne, abbé, lui a concédé en échange les prières du lieu et un don gratuit de trente livres angevines.

B. Cart. XIIIe siècle, fol. 56v, n° 130, sous la rubrique : « *Ex dono Adelermi* Burnel *terram quam tenebat de feodo Willelmi* Kevrel ». [Copie partielle Delisle, Bibl. nat. de Fr., nouv. acq. lat. 1025, fol. 61, n° 130].

C. Cart. XVe siècle, fol. 41v, n° 115.

Geoffroy Kevrel, petit fils de Guillaume, confirme cette donation en 1216 (**B147**). Un certain Eudes Burnel fait partie des témoins de la donation consentie en 1078 par Hugues, comte de Meulan, de l'exemption de péage pour les bateaux des moines à Mantes (**A139**) ; il s'agit peut-être d'un ancêtre d'Alleaume. Raoul Hose, témoin de cette donation, est cité dans le Livre rouge de l'Échiquier en 1158-1159 et en 1166 comme tenant une terre dans le Sommerset (*Red book...*, p. 226) ; on ne rencontre plus après 1200 que son fils Guillaume II Hose de Neuville, qui hérita de la terre familiale dans le Sommerset : il est cité entre 1201 et 1212 (*Red book...*, p. 137) et une seconde fois entre 1211 et 1212 (*ibid.* p. 585). Il atteste encore en compagnie de son père une charte d'Arnoul de Neuchâtel vers 1200 (voir **B108**) et une autre datable des années 1200-1204 (voir **B113**). Cette charte est donc datable de l'abbatiat d'Osberne, élu en 1182, et antérieure à 1200.

Sciant presentes et futuri quod ego Adelelmus *Burnel* donavi et presenti carta mea confimavi cenobio Sancti Petri Pratelli et monachis ibidem Deo servientibus terram meam quam tenebam de feodo Willelmi *Kevrol* apud Portam *Morant* in liberam et perpetuam elemosinam, salvo jure domini de *Kevrecort*. Pro hac terra Osbernus, abbas de Pratellis, concessit mihi orationes loci illius et dedit mihi de caritate ecclesie XXX libras andegavensium. Et, ut ista concessio rata et inconcussa permaneat, sigilli mei munimine roboravi. His testibus : Radulfus *Hosse* ; Radulfus de *Chanchie* ; Rogerius, molendinarius ; Mile[a], filius Willelmi Rufi[b] ; et multi alii.

(a) *Sic BC*. — (b) Ruffi *C*.

B106

[Vers 1200].

Raoul Taisson [de Bonneville] fait savoir qu'il a donné en perpétuelle aumône aux moines de Saint-Pierre de Préaux une acre et demi de bois, libre de toute coutume et exaction, située entre les terres de Richard le Forestier et de Gautier Bernard.

B. Cart. XIIIe siècle, fol. 65v, n° 163, sous la rubrique : « *Karta Radulfi* Tesson *de* Bone Wilete^(a) *de acra et dimidia bosci que reddit elemosinario III solidis per manum Rogerii* Boschir^(b) *et heredum suorum* ». Dans la marge : « *Ad elemosinarium* ». [Copie Delisle, Bibl. nat. de Fr., nouv. acq. lat. 1025, fol. 70, n° 163 et fol. 306].

C. Cart. XVe siècle, fol. 48v, n° 144.

Sciant presentes et futuri quod ego Radulfus *Teissun* dedi in liberam et perpetuam elemosinam et omnino quietam ab omnibus servitiis, consuetudinibus et exactionibus monachis Sancti Petri de Pratellis acram et dimidiam bosci sitas inter terras Ricardi Forestarii et Walterii *Bernard*. Et, ut ista donatio rata et incuncussa^(c) permaneat, eam scripti presentis attestatione et sigilli mei munimine roboravi. His testibus : Roberto, forestario de Pratellis ; Roberto, janitore ; Roberto, marescallo^(d) ; Russello, senescallo^(e) ; Gisleberto *Trihan* ; et multis aliis.

(a) Bonevillete *C*. — (b) Bochir *C*. — (c) inconcussa *C*. — (d) marescalo *C*. — (e) senescalo *C*.

B107

[Vers 1200].

Geoffroy Louvet de Bonneville fait savoir qu'il a confirmé à l'abbaye Saint-Pierre de Préaux ce que son père Henri avait donné aux moines : la possession souveraine du moulin à coisel, qu'il avait acheté à Raoul Taisson, avec un demi muid d'avoine à percevoir chaque année à la Saint-Michel [29 septembre] sur Nicolas de La Lande et ses hoirs, après lui. Il confirme aussi l'aumône de Raoul Taisson : une acre et demi de bois située entre les terres de Richard le Forestier et de Gautier Bernard, libres de toute rente ou exaction.

B. Cart. XIIIe siècle, fol. 64v-65, n° 160, sous la rubrique : « *Karta Gaufridi* Loveit^(a) *de* Bone Wilete^(b) *de donatione quam Henricus, pater ejus, fecit ecclesie* Pratelli^(c) ». [Copie Delisle, Bibl. nat. de Fr., nouv. acq. lat. 1025, fol. 69, n° 160].

C. Cart. XV᷉ siècle, fol. 47v-48, n° 141.

Sur la datation, voir **B99**.

Sciant presentes et futuri quod ego Gaufridus *Lovet* de Bonevilla concessi et hac presenti carta mea confirmavi donationem quam dedit pater meus Henricus⁽ᵈ⁾ ecclesie Sancti Petri de Pratellis et monachis ibidem Deo servientibus, scilicet dominatum molendini *del coisel* quod ipse emit a Radulfo *Tessun*⁽ᵉ⁾ et in eodem molendino dimidium modium avene singulis annis accipiendum ad festum sancti Michaelis a Nicholao de Landa et heredibus suis post ipsum. Insuper concessi donationem quam dedit Radulfus *Tessun*⁽ᶠ⁾ ecclesie predicte et monachis predictis in liberam et perpetuam elemosinam et omnino quietam ab omnibus servitiis consuetudinibus et exactionibus, scilicet acram et dimidiam bosci sitas inter terras Ricardi Forestarii et Walterii *Bernard*, sicut in cartis patris mei et Radulfi prenominati continetur. Et, ut iste mee concessiones rate permaneant, hoc scriptum sigilli mei appositione roboravi. His⁽ᵍ⁾ testibus : Henrico de Martinivilla et Waleranno, fratre suo, militibus ; et Ricardo de Valle ; et Henrico de *Lisures* ; et multis aliis.

(a) Lovet *C*. — (b) Bonevillete *C*. — (c) Pratellensi *C*. — (d) Henricus, pater meus *C*. — (e) Tesson *C*. — (f) Tessum *C*. — (g) hiis *C*.

B108

[Vers 1200].

Arnoul, prêtre de Drincourt, fait savoir qu'il a concédé et confirmé à l'abbaye Saint-Pierre de Préaux, avec l'accord de son frère Guillaume, ce que son père Aubin avait donné aux moines en aumône le jour où il avait revêtu l'habit monastique : deux tiers (garbe) de la dîme du fief Atrius (le Bois-Hâtrel ?) à Neuville et dix sous angevins à percevoir sur la maison que tenait des moines Raoul Coket sur la motte.

B. Cart. XIII᷉ siècle, fol. 56v, n° 131, sous la rubrique : « *Confirmatio Arnulfi, presbiteri de Novo Castro, super dono Albini, patris sui* ». [Copie partielle Delisle, Bibl. nat. de Fr., nouv. acq. lat. 1025, fol. 61, n° 131].

C. Cart. XV᷉ siècle, fol. 42, n° 116.

Raoul Hose est cité durant l'abbatiat d'Osberne (voir **B105**), il n'est plus attesté après 1200 (*ibid.*) ; Durand est également attesté comme abbé de Cormeilles vers 1200.

Sciant presentes et futuri quod ego Arnulfus, sacerdos de Castro Drincurie, Willelmo fratre meo annuente, concessi et presenti carta mea confirmavi cenobio Sancti Petri Pratelli et monachis ibidem Deo servientibus donum quod pater meus Albinus dedit eidem loco in liberam et perpetuam elemosinam in die quo in monasterio predicto habitum suscepit monachicum, scilicet duas garbas decime de feodo Atrii in Neovilla et X solidos andegavensium annuatim in domo quam tenuit de nobis Radulfus *Coket* in mota. Et, ut iste concessiones rate permaneant et incuncusse[a], ipsas sigilli mei munimine roboravi. His testibus : Valtero de Bello Sapo, presbitero ; Radulfo *Hose* ; Radulfo de Hulmeto ; Durando, abbate de Cormeliis ; Willelmo *Hose* ; Willelmo *Hose*, filio Radulfi *Hose* ; et multis aliis.

(a) *Sic B* ; inconcusse *C*.

B109

[Vers 1200].

Guillaume le Poigneur et son épouse Emmeline de Tortel font savoir qu'ils ont d'un commun accord renoncé à la revendication qui les opposait à l'abbaye Saint-Pierre de Préaux, donnant aux moines en perpétuelle aumône l'objet de leur désaccord.

B. Cart. XIIIe siècle, fol. 72, n° 185, sous la rubrique : « *Karta Willelmi* le Poignoor *quomodo quietam clamavit et penitus remisit omnem calumpniam quam adversus abbatiam Sancti Petri de Pratellis habebat*[a] ». Dans la marge : « *Ad elemosinatorem* ». [Copie partielle Delisle, Bibl. nat. de Fr., nouv. acq. lat. 1025, fol. 77, n° 185].
C. Cart. XVe siècle, fol. 53v, n° 166.

L'absence d'annonce de sceau permet de situer vraisemblablement cet acte à la fin du XIIe siècle, ou vers 1200 environ. Guillaume le Poignor et Emmeline sont certainement les propriétaires du fief de la Poignerie, situé à Épaignes, que les moines de Préaux possédèrent à partir du milieu du XIIIe siècle.

[S]ciant[b] presentes et futuri quod ego Willelmus *le Poignor* et Emmelina de *Tortel*, uxor mea, de assensu communi clamavimus quietam omnem calumpniam quam habuimus adversus abbatiam Sancti Petri de Pratellis et in perpetuam et omnino liberam elemosinam eidem ecclesie dedimus. Et, ut hoc ratum permaneat, presenti carta confirmavimus. His testibus : Hamone Anglico ; Radulfo *Bigerel* ; Herluino, cubiculario ; et multis aliis.

(a) habebat *omis dans B, ajouté dans C.* — (b) *Le S de ce mot n'a pas été rubriqué dans B.*

B110

[1190-1202].

Robert [IV], comte de Meulan, fait savoir qu'il a constitué l'abbé de Saint-Pierre de Préaux receveur des dix livres angevines que les moines doivent au comte chaque année, sa vie durant, à cause des moulins de Pont-Audemer : les moines verseront à maître Guillaume Arondel cent sous chaque année jusqu'à ce qu'il reçoive du comte ou de ses successeurs un autre bénéfice, et les cent autres sous au comte de Meulan de sorte qu'aucun prévôt ou agent de ce dernier ne puisse saisir les moulins pour se faire justice.

B. Cart. XIIIe siècle, fol. 45v-46, n° 96, sous la rubrique : « *Quomodo Robertus, comes Mellenti, constituit abbatem de Pratellis receptorem de decem libris andegavensium percipiendis annuatim in molendinis de Ponte Audomari de quibus idem abbas reddebat C solidos magistro Willelmo* Arondel ». [Copie partielle Delisle, Bibl. nat. de Fr., nouv. acq. lat. 1025, fol. 48, n° 96].

C. Cart. XVe siècle, fol. 34, n° 82. — D. Copie partielle du XVIIe siècle, Coll. du Vexin, t. IV, p. 26.

INDIQUÉ : E. Houth, *Catalogue des actes...*, p. 528-529, n° 84. — E. Houth, *Les comtes de Meulan...*, p. 121, n° 84.

La présence parmi les témoins de Pierre, fils du comte de Meulan, semble indiquer que l'acte est postérieur à 1190, année de la mort de son frère aîné Galeran III, date à laquelle il est associé au gouvernement de son père. Robert, fils de Landri, apparaît comme sénéchal du comte après Richard le Bigot, qui disparaît vers 1192 ; il porte encore ce titre en 1202 dans une donation du comte de Meulan pour Jumièges (Bibl. nat. de Fr., Coll. du Vexin, t. XX, n° 218a, fol. 245).

Sciant presentes et futuri quod ego Robertus, comes Mellenti, constitui abbatem Sancti Petri de Pratellis receptorem decem librarum andegavensium quas mihi debet annuatim de molendinis suis de Ponte Audomari in vita mea. De quibus idem abbas redditurus est magistro Willelmo *Arondel* centum solidos singulis annis quousque a me sive a successore meo redditus decem librarum vel eo amplius in certo beneficio memorato magistro fuerit assignatus. Reliquos vero centum solidos abbas sepedictus mihi reddet annuatim, ita quod nullus prepositorum vel ministrorum meorum in molendina abbatis manum mittere possit pro justicia facienda. Et, ut ista institutio rata permaneat, ipsam scripto presenti et sigilli mei munimine roboravi. His testibus : Petro, filio meo ; Willelmo de *Homme*, Philippo[(a)] de *Moiaz*, Walterio de Briognia, Roberto filius[(b)] *Landri*, militibus ; Roberto Magno ; Osberno de Bosco ; et multis aliis.

(a) Philipo C. — (b) Sic B, corr. filio.

B111

[1203-1204, 20 octobre].

Guillaume de Belencombre fait savoir qu'il a reçu de l'abbé de Préaux pour cinq ans une somme de dix livres angevines dont le remboursement se fera par une rente annuelle de quarante sous perçue sur le tènement de Raoul du Hommet jusqu'à extinction de la dette. Guillaume promet de respecter l'accord, son épouse et Raoul également.

B. Cart. XIIIe siècle, fol. 53, n° 120, sous la rubrique : « *Quomodo Willelmus de* Bele Encombre[(a)] *accepit mutuo decem libras ab abbate de Pratellis* ». [Mention Delisle, Bibl. nat. de Fr., nouv. acq. lat. 1025, fol. 57, n° 120].

C. Cart. XVe siècle, fol. 39, n° 105.

a. L. Delisle, *Etudes sur la condition*..., p. 209, n. 57.

INDIQUÉ : R. Genestal, *Le rôle des monastères*..., p. 16, n. 2 ; p. 34 ; p. 52.

Robert IV, comte de Leicester, emprisonné par Philippe Auguste, s'est réfugié en Angleterre, selon le calendrier-chronique de Lyre, en 1204, avant de mourir en Angleterre le 20 octobre de la même année : *Anno M CC IIII transffretavit Robertus comes III[us] Leicestrie in Anglia, datis indutiis a Philippo rege Francorum. Qui comes obiit XIII kl. novembris et sic tota Normannia devenit in dominium Francorum* (Bibl. nat. de Fr., lat. 10061, fol. 2v). L'emprunt de Guillaume de Belencombre s'inscrit donc dans cette courte période.

Sciant presentes et futuri quod ego Willelmus de *Belencombre* mutuo accepi ab abbate de Pratellis decem libras andegavensium reddendas ei vel ecclesie Pratelli infra exitum quinque annorum, ita quod singulis annis in tenemento quod tenet de me Radulfus de *Hummei* accipiet abbas XL solidos andegavensium quousque debitum jam dictum fuerit persolutum. Hoc autem pactum ego Willelmus juravi firmiter tenendum et feci Radulfo predicto[(b)] jurare et uxor mea affidavit. Terminus autem iste incepit a prima nativitate Domini postquam Robertus, comes Leicestrie, egressus est de carcere Gallie et hoc sigilli mei munimine roboravi.

(a) *Sic BC*. — (b) predicto Radulfo *C*.

B112

1204 (v. st). [1204, avril – 1205, avril]

*Raoul, abbé, et le couvent de L'Isle-Dieu notifient l'échange de terres intervenu entre eux et Guillaume, abbé, et les moines de Saint-Pierre de Préaux : les moines de l'Isle-Dieu ont concédé le champ du Grés, le champ Avesnelle longeant le chemin du Mesnil, le champ jouxtant la Haie Maillart, une acre et une perche du champ du Marleiz en échange de deux acres de terre arable du champ du coin (*angulus*) Maillart, trois vergées et trois perches de pré du même coin Maillart. En outre ils ont concédé sept vergées de pré près de la source de Vascœuil contre autant du pré du coin Maillart et une vergée de pré contre l'aulnaie jouxtant cette même terre. Ils s'engagent à garantir ces terres libres ; dans le cas contraire ils devront échanger ces terres contre d'autres d'équivalente valeur.*

B. Cart. XIIIe siècle, fol 12v, n° 22, sous la rubrique : « *Karta Radulfi abbatis Insule Dei* ». [Copie partielle Delisle, Bibl. nat. de Fr., nouv. acq. lat. 1025, fol. 12, n° 22].

Les terrains que Saint-Pierre de Préaux possédait à Vascœuil jouxtaient ceux des chanoines de l'Isle-Dieu, ce qui donna lieu à de nombreuses querelles de bornages et d'attribution des dîmes. Au milieu du XIIe siècle, Gilbert de Vascœuil fit d'importants dons à la nouvelle abbaye de l'Isle-Dieu, notamment : « une piece de terre au Grand Essart jouxte laquelle est une terre de Sainct Pierre de Préault et entre la voie de Cable et la grande forest et une aultre pièce au bout de laquelle est la voie du Cable et au costé de laquelle est une terre de Sainct Pierre de Préault et es aultres parties les terres Maillart et à une aultre partie une terre entre la voie de Beauvais et la grande forest jouxte la terre de Robert Maillart et en aultre lieu la Pueulvière et en Val Richeut en aultre camp qui a en deux costés la grande forest et au bas la terre de Sainct Pierre de Préault et le Camp du febvre et aultres vingt acres vers le Troulvey » (traduction du XVIe siècle d'un acte de Gilbert de Vascœuil pour l'Isle-Dieu, vers 1150, Arch. dép. Eure, H 377, p. 3). La Haie Maillart, l'Angle Maillart sont situés au lieu-dit le Moussel à Vascœuil : une charte datée du Ier avril 1234 (v. st.) en faveur de l'abbaye de l'Isle-Dieu, accordée par Guillaume Maillart du Moncel, précise la localisation des terres « Maillart » : Guillaume échange un pré sis entre le gué de Rastel et la forêt contre un champ assis entre entre la forêt et le Mouchel appelé la Parenquière (Arch. dép. Eure, H 395).

Sciant presentes et futuri quod ego Radulfus, tunc temporis abbas Insule Dei, et conventus ejusdem loci concessimus Willelmo, tempore illo abbati Sancti Petri de Pratellis, et conventui ejusdem loci et eorum successoribus campum *del Grés* et campum *Avesnelle* secus semitam *del Maisnil* et campum juxta haiam *Maillart* et unam acram et unam perticam de campo *del Marleiz* pro duabus acris terre arabilis de campo anguli *Maillart* et pro tribus virgatis et tribus perticis prati ejusdem anguli *Maillart.* Et com[a] predictis terris concessimus eis[b] septem virgatas[c] prati[d] nostri juxta fontem de Wascholio pro totidem prati predicti anguli *Maillart* et unam virgatam prati in eisdem pratis nostris pro alneio ajacenti predicto angulo *Maillart.* Et hoc diffinitum est tali conditione quod nos eis garantizabimus predicta cum predictis terris libere et quiete et absolute ab omnibus. Et, si non poterimus eis garantizare, tenebimur eis reddere equivalens excambium. Et, ut hoc ratum et inconcussum perpetuis temporibus perseveret, sigilli nostri munimine roboravimus. Actum est hoc anno ab Incarnatione Domini M° CC° IIII°. Testibus his : Thoma, sacerdote de Wascholio ; Odone, castellano Belvaci ; et Adame, filio ejus ; et Roberto de Vico ; et Gocelino Sutore ; et Willelmo *Waudin* ; et Odone, fratre ejus ; et Willelmo de Fonte ; et Martino et Galfrido, famulis abbatis de Pratellis ; et multis aliis.

(a) *Sic B.* — (b) eis *répété deux fois dans B.* — (c) le *-tas* de virgatas *surmonté d'un tilde dans B* — (d) *après* prati, *le copiste a copié le passage* in ejusdem *(sic)* pratis nostris (...) angulo Maillart.

B113

[1200-1204].

*Notification de l'accord intervenu entre les moines de Saint-Pierre de Préaux et les frères de l'Hôtel-Dieu de Neufchâtel (*Driencuria), *à propos des dîmes du fief d'Élise du Chesnay et de son fils Geoffroy de Sai, en présence de Geoffroy, doyen de Saint-Saire, Luine, prêtre de Saint-Pierre de Drincourt, Robert de Melleville, bailli du comte d'Eu à Neufchâtel et Guillaume Hose de Neuville. L'abbé Guillaume [II] et les moines de Préaux ont concédé aux frères de l'hôtel-Dieu de Drincourt tout ce qu'ils possédaient de ce fief à condition que ceux-ci versent chaque année à la Saint-Michel [29 septembre] au prieur de Sainte-Radegonde [de Neufchâtel] deux mines du meilleur froment après leurs semailles et deux mines d'avoine à la mesure de Neufchâtel. En cas de défaut de paiement au terme fixé ou dans les huit jours suivant, les biens concédés retourneraient aussitôt au domaine de l'abbaye.*

B. Cart. XIIIe siècle, fol. 57, n° 132, sous la rubrique : « *Quomodo sopita est controversia que vertebatur inter monachos Pratelli et fratres hospitalis de Novo Castro* ». Dans la marge : « $V^{xx}X$ ». [Copie partielle Delisle, Bibl. nat. de Fr., nouv. acq. lat. 1025, fol. 62, n° 132].

C. Cart. XVe siècle, fol. 42-v, n° 117.

Geoffroy de Sai, père, n'est pas cité dans cette charte, il est sans doute déjà mort : il est cinq fois cité dans le *Red book of the Exequer* entre 1194 et 1201-1212 (*Red book...*, p. 91, 97, 109, 131, 135). Il l'est aussi dans le rôle de 1180 comme vicomte d'Arques (Th. Stapleton, *Magni Rotuli*..., t. II, p. cxxix). Il apparaît en outre avec son fils Geoffroy II dans une charte en faveur des hospitaliers de Neufchâtel où il accorde une aumône pour le repos de son épouse Elise, le 1er janvier 1198 (copie de L. Deville, Bibl. nat. de Fr., nouv. acq. fr. 1246, fol. 3, autrefois conservée en original à la bibliothèque de Neufchâtel détruite en 1944). Il est témoin le 10 juin 1201 de l'accord passé entre le comte de Warenne et l'abbé Hugues de Cluny concernant le prieuré de Lewes (Bibl. nat. de Fr., Coll. de Bourgogne, t. 81, p. 285). Les terres ici en question sont celles d'Élise et de son fils Geoffroy II qui est cité pour la première fois dans le *Red book* entre 1210-1212 (*Red book*..., p. 475). En 1204, les terres de Geoffroy II de Sai, réfugié en Angleterre, sont confisquées par Philippe Auguste (L. Delisle, *Cartulaire normand*..., n° 113 ; voir aussi L. Duval, *Notes sur la paroisse*..., p. 11). On doit donc situer cet acte, passé sous l'abbatiat de Guillaume II (1200-1206), entre 1201 et 1204.

Notum sit presentibus et futuris quod controversia que inter abbatem et conventum Sancti Petri de Pratellis et fratres hospitalis de Driencuria super quibusdam decimis sitis in feodo *Aeliz* de Caisneio et Gaufridi, filii ejus, de *Sai* versabatur coram viris venerabilibus, videlicet Gaufrido, decano de Sancto Salvio, et Luino, presbitero ecclesie Sancti Petri de Driencuria, et domino Roberto de Merlevilla, tunc temporis in Novo Castello comitis Auge baillivo, et Willelmo *Hose* de Nova Villa aliisque viris honestis, amica compositione terminata est et hunc finem sortita : Willelmus abbas et conventus Sancti Petri de Pratellis in perpetuum sine omni reclamatione concesserunt fratribus domus Dei de Driencuria omnia que habebant in prefato feodo predicte A(*eliz*) et G(*aufridi*) tali pactione quod prenominati fratres domus Dei predicte in eadem domo duas minas de meliori frumento post sua semina et duas minas de legitima avena utrasque mensuratas ad minam per Novum Castellum generaliter currentem reddent priori domus Sancte Radegundis[a] annuatim ad festum sancti Michaelis, omni querimonia feodi jam dicti extincta. Ut hoc autem ratum et stabile permaneat presenti scripti testimonio et suprascriptorum virorum sigillorum munimine roboratur. Illud etiam sciendum quod, si sepedicti fratres redditum prescriptum ad terminum prefixum vel infra octo dies non reddiderint aut satisfactionem fecerint, supra concessa ad dominicum abbatie Pratellensis revertentur, facta submonitione.

(a) Radegondis *C*.

B114

[1185-1204].

Galeran, comte de Warwick, confirme à l'abbaye Saint-Pierre de Préaux la donation faite par son aieul Henri, comte [de Warwick], confirmée par le roi d'Angleterre Henri : le domaine de Warmington avec toutes ses appartenances, sauf les hameaux en dépendant, libre de tous service séculier et exaction.

A. Original perdu, scellé du sceau du comte Galeran de warwick, vidimé entre 1202 et 1208 par Jourdain, évêque de Lisieux, en ces termes : « *Preterea cartam Waleranni, patris vestri, invenimus sigillatam confirmationem dicte ville cum pertinentiis continentem* ».

B. Cart. XIIIe siècle, fol. 40, n° 80, sous la rubrique : « *Auctenticum Gualeranni, comitis de* Warwic, *super* Warmitona$^{(a)}$ *quam dedit monachis de Pratellis* ». Dans la marge, mention du XVe siècle de la main du copiste de *C* : « *In Anglia* ». [Copie partielle Delisle, Bibl. nat. de Fr., nouv. acq. lat. 1025, fol. 41, n° 80 et fol. 282].

C. Cart. XVe siècle, fol. 29 v, n° 66.

INDIQUÉ : Cart. XIIIe siècle, fol. 191v, n° 595 : « *Confirmatio Walerani, comitis de Warwico, sub sigillo suo de tota villa de Warmitona cum omnibus pertinentiis exceptis* berrewikes *quam Henricus comes, avus suus, nobis dedit et Henricus Anglie nobis confirmavit* ». — H. Round, Calendar..., p. 119, n° 355. — J. C. Cox, *The Victoria history of the county of Warwick*, t. II, p. 132.

Galeran fut comte de Warwick à la mort de son frère Guillaume entre novembre 1184 et 1204 ; il est mort avant le 13 octobre 1204, et probablement le 24 décembre 1203 (*Handbook*..., p. 486) ; cette confirmation est postérieure à celle d'Henri II, datée de 1185-1188.

Gualerannus, comes de *Warwic*, omnibus sancte matris Ecclesie filiis tam futuris quam presentibus, salutem. Sciatis me concessisse et hac mea carta confirmasse Deo et ecclesie Beati Petri de Pratellis et monachis ibidem Deo servientibus totam villam de Warmitona com$^{(b)}$ omnibus pertinentiis suis, exceptis berrewikis, quam Henricus comes, avus meus, dedit et Henricus, rex Anglie$^{(c)}$, eisdem monachis confirmavit habendam et tenendam quietam, liberam et absolutam ab omni seculari servitio et exactione. Quare volo ut predicta ecclesia et predicti monachi habeant et teneant predictam villam com omnibus pertinentiis suis tam libere et tam quiete, sicut ulla elemosina liberius dari potest. His testibus : Willelmo *Pichot*, senescaldo ; Ricardo de *Harecurt* ; Thoma de *Ardene* ; Willelmo de *Ardene* ; Willelmo, clerico ; Eleutherio, capellano ; Rogero *Wandard* ; Hamone de Pratellis ; et multis aliis.

(a) Warmintone *C*. — (b) cum *C*. — (c) Angl *suivi d'un tilde B* ; Anglie *C*.

B115

[1185-1204].

Robert [IV], comte de Meulan, fait savoir qu'il a donné à l'abbaye Saint-Pierre de Préaux en perpétuelle aumône vingt acres de terre avec le bois situé entre la vallée des Hayettes et la terre de l'abbé de Corneville, le bois étant destiné à être brûlé dans les bâtiments situés à l'intérieur de l'enceinte de l'abbaye, là où on en aura besoin.

B. Cart. XIIIe siècle, fol. 45v, n° 95, sous la rubrique : « *Item karta Roberti, comitis de* Mellent, *de XX acris terre sitis cum bosco inter vallem* des Haietes *et terram abbatis de Cornewilla*{(a)} *ad comburendum* ». [Copie partielle Delisle, Bibl. nat. de Fr., nouv. acq. lat. 1025, fol. 47, n° 95].

C. Cart. XVe siècle, fol. 33v-34, n° 81.

INDIQUÉ : A. Le Prévost, *Mémoires*, t. I, p. 546. — E. Houth, *Catalogue des actes...*, p. 525-526, n° 71. — E. Houth, *Les comtes de Meulan...*, p. 119, n° 71.

La localisation de la terre et du bois donnés par le comte de Meulan est difficile à préciser : l'allusion à la terre de l'abbé de Corneville laisse penser qu'il s'agit d'une terre proche de Préaux, dans la vallée de la Risle bordée d'un bois situé sur le coteau de la vallée.

Sciant presentes et futuri quod ego Robertus, comes de *Mellent*, dedi in liberam et perpetuam elemosinam ecclesie Sancti Petri de Pratellis et monachis ibidem Deo servientibus viginti acras terre cum bosco inter vallem *des Haietes* et terram abbatis de Cornevilla{(b)} ad comburendum in officinis intra septa abbatie, ubicumque opus fuerit. Et, ut ista donatio rata permaneat, eam scripto presenti et sigilli mei munimine roboravi. His testibus : Walterius de Brionia ; Roberto, f(ilio) *Landri* ; Osberno de Bosco ; Henrico *Fichet* ; Willelmo de *Brotona* ; Willelmo de *Putot* ; Walterio de *Putot* ; et multis aliis.

(a) Cornevill *suiv d'un tilde B* ; Corneville *C*. — (b) Cornevill *suivi d'un tilde B* ; Corneville *C*.

B116

[1185-1204].

Robert [IV], comte de Meulan, fait savoir qu'il a donné en aumône aux moines de Préaux, pour le salut de son âme, le repos de celles de ses ancêtres et parce qu'il s'est voué pour la vie et la mort à ce lieu, tous ses moulins situés à Pont-Audemer avec leur dépendances, tels que lui-même les possédait auparavant ; il a ajouté la possibilité pour les moines de prendre librement dans la forêt de Brotonne tout ce qui sera nécessaire à la réparation de ces moulins ; il leur a accordé la permission de construire à Pont-Audemer de nouveaux moulins foulons, à tan ou autres, de les améliorer ou d'en acheter d'autres ; il a interdit en outre à quiconque d'en réparer ou d'en construire de nouveaux sans l'accord des moines ; il a ajouté la dîme des cignes qu'il prendra ou fera prendre.

B. Cart. XIIIe siècle, fol. 42v-43, n° 86, sous la rubrique : « *Karta Roberti, comitis de Mellent, de molendinis de Ponte Audomari* ». [Copie partielle Delisle, Bibl. nat. de Fr., nouv. acq. lat. 1025, fol. 44, n° 86].

C. Cart. XVe siècle, fol. 31v-32, n° 72.

a. S. Mesmin, *The leper...*, (thèse dactylographiée), select documents II, n° 4.

INDIQUÉ : L. Delisle, *Etudes sur la condition...*, p. 487, n. 14. — E. Houth, *Catalogue des actes..*, p. 529, n° 87. — E. Houth, *Les comtes de Meulan...*, p. 122, n° 87.

Cette donation est nécessairement postérieure à celle, datée de l'abbatiat d'Osberne, par laquelle le comte de Meulan Robert IV constitue l'abbé de Préaux receveur des dix livres que les moines lui devaient pour leurs moulins de Pont-Audemer ; de plus elle n'est pas antérieure à 1185, n'étant pas recensée dans la confirmation des biens de l'abbaye par Henri II (**B72**). Elle date au plus tard de 1204, année de la mort de Robert IV.

Sciant presentes et futuri quod ego Robertus, comes de *Mellent*, dedi abbatie Sancti Petri de Pratellis et monachis ibidem Deo et servientibus omnia molendina mea de Ponte Audomari cum universis pertinentiis suis in liberam et quietam et perpetuam elemosinam, pro salute anime mee et antecessorum meorum, integre et libere habenda, sicut ego eadem molendina liberius et integrius habui, ita ut in foresta mea de Brotona, quotiens opus fuerit, monachi predicti accipiant necessaria ad ipsa molendina reparanda absque omni consuetudine et exactione, quomodo et ego accipere consuevi. Prebui insuper memoratis monachis liberam facultatem molendina nova, si eis placuerit, apud Pontem Audomari construendi, videlicet *tanerez* et *folerez* et alia et, in quantum voluerint et poterunt, omnia alia molendina emendandi et meliorandi et, ut nemini liceat apud sepedictam villam aliquod molendinum de novo facere aut veterum sedes occupare vel impedire preter assensum prefatorum monachorum. Preterea contuli eisdem monachis in perpetuam elemosinam decimam cignorum meorum quos capiam et capere faciam. Hec autem omnia iccirco prelibato loco concessi quoniam me ipsum et in vita et in morte eidem cenobio dedi. Et, ut ista donatio rata et inconcussa permaneat, ipsam scripti presentis auctoritate et sigilli mei munimine roboravi.

B117

[1179-1204].

Guillaume du Hommet, connétable du roi [d'Angleterre], notifie la fin du différend qui l'opposait à l'abbaye de Préaux au sujet de dîmes levées sur son fief de Vienne-en-Bessin. Après inspection de la charte du roi d'Angleterre Guillaume [le Conquérant], qui avait concédé ces dîmes aux moines de Préaux, il a renoncé à toutes ses prétentions et a confirmé les droits des moines.

B. Cart. XIIIe siècle, fol. 58-v, n° 136, sous la rubrique : « *Confirmatio Willelmi de Hummeiz super decimis que provenerunt de feodo suo apud Vianam ecclesie et monachis de Pratellis* » ; dans la marge, écrit au XVIIe siècle : « Vienne ». [Copie partielle Delisle, Bibl. nat. de Fr., nouv. acq. lat. 1025, fol. 63, n° 136].

C. Cart. XVe siècle, fol. 43, n° 120.

a. J.-M. Bouvris, *Un acte perdu...*, p. 97

Guillaume du Hommet succéda à son père dans la charge de connétable à la mort de ce dernier en 1179 (L. Delisle, *Recueil...*, t. I, Introduction, p. 485) ; en 1204 il prend parti pour Philippe Auguste.

Omnibus ad quos presens scriptum pervenerit, ego Willelmus de Humeto, constabulus domini regis, salutem. Noverit universitas vestra quod cuntroversia[a] mota esset inter me et abbatem et monachos de Pratellis super quibusdam decimis que proveniunt de feodo meo, quod habeo apud Vianam, in hunc modum conquievit : ego siquidem, inspecta carta Willelmi, regis Anglie, qui eis dictas decimas dedit et concessit in perpetuum habendas, sicut in ipsa carta continetur, liberas et quietas, et quicquid juris me dicebam in illis habere prescriptis abbati et monachis in perpetuam libere et quiete reliqui possessionem et id ipsum carta presenti et sigillo meo confirmavi. His testibus : Fulcone Daco ; magistro Martino de Viana ; Roberto de Anglia ; Horacio ; Ricardo, vavassore ; et pluribus aliis.

(a) *Sic B*, controversia *C*.

B118

[1166-1204].

Robert [IV], comte de Meulan, ordonne à ses agents et prévôts de Pont-Audemer de laisser le moine de l'ermitage de Saint-Bérenger-de-La-Roque percevoir sans préjudice ni détournement de leur part l'aumône que ses ancêtres et lui-même ont destinée à sa subsistance, en l'honneur de Dieu et de tous les saints : soit chaque mois sept sous et demi. Dans le cas de non respect de cette aumône, les prévôts s'exposent à la vengeance du comte et de Dieu.

B. Cart. XIIIe siècle, fol. 57-v, n° 133, sous la rubrique : « *De redditu quem Robertus, comes Mellenti, concessit monacho apud Roccam commoranti* ». [Copie partielle Delisle, Bibl. nat. de Fr., nouv. acq. lat. 1025, fol. 62, n° 133].

C. Cart. XVe siècle, fol. 42v, n° 118. Dans la marge, biffé : « Brucourt *unde in capite XVII° (....) quod appositum est pro dicto patronatu* ; Brothone » corrigé en « Saint Berenger de la Roque ».

INDIQUÉ : E. Houth, Catalogue des actes..., p. 534, n° 105.

En 1179, Alexandre III confirme (**B52**) cette rente de quatre livres dix sous par an, instituée au plus tard par Galeran II de Meulan. Cette donation cependant ne se trouve mentionnée dans aucune des confirmations royales.

Robertus, comes Mellenti, universis ministris et prepositis suis de Ponte Audomari, salutem. Mando vobis atque precipio quatinus elemosinam meam que a predecessoribus meis assignata et cum magna devotione constituta est ad honorem Dei et omnium sanctorum pro sustentatione monachi in hermitorio Sancti Berengarii de Roca commorantis sine omni contradictione et dilatione atque diminutione reddatis ita ut per singulos menses VII^(a) solidos et dimidium eidem monacho persolvatis nec ullam inde fraudem ad emolumentum vestrum moliri presumatis. Nam, si contra hec mandatum quicquam facere presumpseritis, nos ad indignationem contra vos provocabitis et dignam ultionem, non solum a nobis, sed etiam a Deo, sustinebitis. Valete.

(a) septem *C*.

B119

1205, 29 octobre.

Nicolas[29], abbé de Valmont, Adam[30], prieur de Saint-Lô [de Rouen], et Raoul, fils de Guéroud, chanoine de Rouen, médiateurs désignés par le pape Innocent III, notifient la fin du différend qui opposait les moines de Préaux et le prêtre Robert Ridel à propos de la vicairie de l'église de Houquetot : Robert Ridel possèdera sa vie durant la vicairie de Houquetot mais devra chaque année à la Saint-Pierre-ès-liens [1er août] venir à Préaux acquitter un cens d'une pièce d'or.

---

29. Nicolas, abbé de Valmont, attesté jusqu'en 1228.
30. Adam, abbé de Saint-Lô de Rouen, attesté entre 1205 et 1211.

B. Cart. XIIIe siècle, fol. 11v, n° 19, sous la rubrique : « *Quomodo sopita fuerit controversia que vertebatur inter monasterium Pratelli et Robertum* Ridel, *prebiterum, super vicaria de* Hoquetot » ; dans la marge, de la main de M : « *Vicaria de* Huguetot » et « *Pensio de* Houguetot *in uno aureo, vide infra folio XXIIII°* » et de la main de N : « Houcquetot ». [Copie partielle Delisle, Bibl. nat. de Fr., nouv. acq. lat. 1025, fol. 11, n° 19].

C. Cart. XVe siècle, fol. 9v-10, n° 18.

a. H. Müller, *Päpstliche Delegationsgerichtsbarkeit...* t. II, p. 266-265, n° 141.

Robert Ridel ou Revel s'est vu attribuer la chantrerie de Houquetot par l'abbé de Préaux Henri entre 1172 et 1182. Cette transaction fut confirmée par l'archevêque de Rouen Rotrou (**B60, B61**). Raoul, fils de Guéroud, fut chanoine de 1197 à 1207, official de 1202 à 1206, archidiacre de 1210 à 1212 (*Fasti...*, t. II, p. 336, n° 4121).

Universis Christi fidelibus ad quos littere presentes pervenerint, Nicholaus, Dei patiencia dictus abbas de *Walemunt*, A(dam), prior Sancti Laudi, et Radulfus, filius Geroudi, canonicus Rothomagensis, salutem in Domino. Ad omnium volumus noticiam pervenire causam, que vertebatur inter abbatem et conventum Sancti Petri de Pratellis ex una parte et Robertum *Ridel*, presbiterum, ex alia super vicaria ecclesie de *Houguetot*, a domino papa Innocentio tercio nobis commissam in presentia nostra, mediante concordia, hoc modo esse terminatam : videlicet quod predictus Robertus *Ridel* habebit libere et quiete vicariam ecclesie prenominate quamdiu vixerit ita tamen quod reddet de eadem⁽ᵃ⁾ vicaria... abbati et conventui annuatim apud Pratellum in monasterio eorumdem monachorum unum aureum ad festum Sancti Petri ad vincula et pensionem istam juramento firmavit se singulis annis taliter reddturum. Ut igitur ista compositio rata ab omnibus habeatur et prorsus in posterum tollatur occasio malignandi, eam presenti scripto et sigillorum nostrorum appositione curavimus confirmare⁽ᵇ⁾. Factum est autem hoc in crastino sanctorum apostolorum Simonis⁽ᶜ⁾ et Jude, anno Domini M° CC° quinto.

(a) deadem B, *corrigé dans C en* de eadem. — (b) conservare *C*. — (c) Symonis *C*.

B120

[1204-1206].

Notification de l'accord intervenu entre Arnaud de Tourville et Guillaume [II], abbé de Préaux, concernant un moulin qu'Arnaud avait fait édifier devant sa porte. Pour préserver la concorde et l'utilisation commode des eaux en amont et en aval du moulin, ce dernier rendra chaque année à l'abbé et à ses successeurs douze sous de monnaie courante, soit six sous à Noël et six autres à la Saint-Jean-Baptiste [24 juin], prélevés sur les revenus de son moulin. En cas de non-paiement de cette rente aux termes prévus, l'abbé et ses successeurs pourront exercer leur justice sur le moulin.

B. Cart. XIIIe siècle, fol. 59, n° 139, sous la rubrique : « *Karta Hernaldi de Torrivilla de duodecim solidis quos reddit annuatim ecclesie Pratelli pro sede sui molendini ; et isti denarii pertinent ad sacristam* ». [Mention Delisle, Bibl. nat. de Fr., nouv. acq. lat. 1025, fol. 64, n° 139].

C. Cart. XVe siècle, fol. 43-v, n° 122.

Arnaud de Tourville est cité en 1204-1208 dans le registre de Philippe Auguste parmi les chevaliers du bailliage de Pont-Audemer devant au roi un service (L. Delisle, *Registre...*, fol. 69). Qualifié de *miles*, il fit une donation en faveur de la léproserie de Pont-Audemer en avril 1226 (Cart. Saint-Gilles, fol. 95v ; Mesmin, n° 175). Fils aîné de Guillaume, il reprend en 1204 les possesions normandes de la famille. Il est enfin cité dans les jugements de l'Échiquier en 1228, 1229 et 1230 (L. Delisle, *Recueil des jugements...*, n° 433, 448, 468).

Sciant omnes presentes et futuri quod hec est finalis^(b) concordia inter Willelmum, abbatem de Pratellis, et ejusdem loci conventum ex una parte et Ernaldum de Turvilla ex alia super quodam molendino quod idem Ernaldus fecerat ante portam suam, unde contentio erat inter eos : videlicet quod predictus Hernaldus^(c) pro pace et concordia et pro commoditate^(d) aquarum ex utraque parte molendini ejusdem habenda, scilicet inferius et superius, salvo jure hominum abbatis ibidem manentium, reddet singulis annis predicto abbati et successoribus suis duodecim solidos usualis monete, videlicet sex solidos ad Nathale Domini et sex solidos ad festum sancti Johannis Baptiste in eodem molendino. Et, si predictus Hernaldus vel successores sui in solutione sui predicti redditus ad prefatos terminos defecerint, prenotatus abbas et ejus successores justiciam suam de predicto redditu in predicto molendino facere poterunt. Ut autem hec concordia firma et immutabilis permaneat, ego Ernaldus de Turvilla presenti scripto et sigilli mei munimine roboravi.

(a) Turvilla *C*. — (b) finialis *B, corrigé dans C en* finalis. — (c) Ernaldus *C*. — (d) commodita//ditate *B corrigé dans C en* commoditate.

B121

[1200-1206].

*Jourdain [du Hommet*³¹*], évêque de Lisieux, confirme à l'abbé Guillaume [II] et aux moines de Préaux, suivant l'exemple de son prédécesseur Guillaume [de*

---

31. Jourdain du Hommet, évêque de Lisieux de 1200 à 1218.

Rupière], les églises Saint-Antonin d'Épaignes, Notre-Dame de Selles, Notre-Dame de Préaux, Saint-Germain et Saint-Ouen de Pont-Audemer avec toutes leurs dépendances, pour l'usage propre des moines.

B. Cart. XIIIe siècle, fol. 18, n° 33, sous la rubrique : « *Confirmatio Jordani, Lexoviensis episcopi, de predictis ad proprios usus monachorum de Pratellis pertinentibus* » ; dans la marge, de la main de M : « *Confirmatio predictarum duarum cartarum* ». [Copie partielle Delisle, Bibl. nat. de Fr., nouv. acq. lat. 1025, fol. 17, n° 33].

C. Cart. XVe siècle, fol. 12-v, n° 24.

Jourdain du Hommet fut évêque de Lisieux dès 1200 (voir H. Géraud, « Visite à la Bibliothèque… », t. I, p. 537-538).

Universis Christi fidelibus ad quos presens scriptum pervenerit, Jordanus, Dei gratia Lexoviensis episcopus, salutem in vero Salutari. Eorum peticionibus facilius inclinamur quorum conversationem honestam novimus et bona que possident piis usibus non desinunt applicare. Unde dilectorum nobis in Christo Willelmi abbatis et conventus de Pratellis, religionem attendentes et copiose caritatis affluentiam in eis propensius commendantes, monasterio ipsorum et fratribus ibidem Deo servientibus confirmamus ecclesias Sancti Antonini de Hyspania^(a) et Sancte Marie de Sellis et Sancte Marie de Pratellis et Sancti Martini de Tustinivilla et Sancti Germani et Sancti Audoeni de Ponte Audomari com^(b) omnibus pertinentiis suis ad proprios usus ipsorum, sicut bone memorie Willelmus, predecessor noster, prescriptas ecclesias eis concessit et in ejus scripto autentico continetur. Hoc autem fecimus in presentia multorum.

(a) Hispania *C*. — (b) cum *C*.

B122

[1202-1206].

Guillaume, doyen, et le chapitre de Saint-Pierre de Lisieux confirment aux moines de Préaux, après examen de la charte de l'évêque de Lisieux Jourdain [du Hommet] et confirmation orale de celui-ci, la possession des églises de Saint-Antonin d'Épaignes, de Notre-Dame de Selles, de Notre-Dame de Préaux, de Saint-Germain et de Saint-Ouen de Pont-Audemer avec toutes leurs dépendances ; biens destinés à la subsistance des moines et des hôtes de l'abbaye, suivant la teneur de la charte de l'évêque Guillaume, prédécesseur de Jourdain.

B. Cart. XIIIe siècle, fol. 18-v, n° 35, sous la rubrique : « *Confirmatio Willelmi decani et capituli Lexoviensis super sex ecclesiis ad nostros usus pertinentibus* » ; dans la marge, de la main de M : « *Concessio capituli Lexoviensis ad predictam*[a] ». [Mention Delisle, Bibl. nat. de Fr., nouv. acq. lat. 1025, fol. 18, n° 35].

C. Cart. XVe siècle, fol. 12v-13, n° 26.

Universis sancte matris Ecclesie filiis ad quos presens scriptum pervenerit, Willelmus, decanus, et capitulum Beati Petri Lexoviensis, in Domino salutem. Ex inspectione autentici scripti venerabilis patris nostri Jordani, Lexoviensis episcopi, et viva ipsius voce nobis plene innotuit ipsum dominum episcopum nostrum intuitu caritatis et religionis in monasterio Pratellensi commendabilis dicto monasterio in proprios usus monachorum ibidem Deo servientium ad ipsorum sustentationem et hospitum ibidem confluentium congruam sullevationem ecclesias Sancti Antonini de Hyspania, Sancte Marie de Sellis, Sancte Marie de Pratellis, Sancti Martini de Tustinivilla et Sancti Germani et Sancti Audoeni de Ponte Audomari, sicut in autentico scripto pie memorie Willelmi, predecessoris sui, episcopi nostri, continetur, cum omnibus earum pertinentiis confirmasse et in perpetuum appropriasse. Nos igitur, tantorum patrum nostrorum vestigiis inherentes et eorum pium et laudabile factum approbantes, quantum in nobis est, id ipsum communii assensu et voluntate gratum gerimus et acceptum et communi sigillo nostro, quantum ad nos pertinet, duximus roborandum.

(a) *Sic B.*

B123

[1200-1206].

Thomas, fils du forgeron de Warminton, fait savoir qu'il a renoncé en faveur des moines de Préaux à la demie vergée de terre avec ses dépendances que Hamon avait tenue de l'abbé Osberne avant que l'abbé Guillaume [II], du consentement des moines, ne la concède en fief après hommage à Thomas, conformément à ce qu'indique leur charte.

B. Cart. XIIIe siècle, fol. 55 n° 127, sous la rubrique : « *Remissio et clamatio et quietatio Thome, filii fabri de Warmintona, de dimidia virgata terre cum pertinentiis* ». [Copie partielle Delisle, Bibl. nat. de Fr., nouv. acq. lat. 1025, fol. 60, n° 127].

C. Cart. XVe siècle, fol. 40v, n° 112.

INDIQUÉ : Cart. XIIIe siècle, fol. 192, n° 595 : « *Karta Thome, filii Roberti fabri de Warmitona, de quieta clamancia sigillo suo sigillata de dimidia virgata terre cum pertinentiis quam Willelmus, abbas, et conventus ei dederunt pro homagio et servitio suo et quam Hamundus quondam tenuit de dono Osberni abbatis ».*

Sciant presentes et futuri quod ego Thomas, filius fabri de Warmintona, remisi et quietam clamavi abbati et conventui Sancti Petri de Pratellis dimidiam virgatam terre com[a] pertinentiis, quam Hamondus quondam tenuit de dono abbatis Osberti : illam scilicet quam Willelmus, abbas, et conventus Sancti Petri de Pratellis de communi assensu mihi dederunt pro homagio et servitio meo, sicut in illorum carta continetur. Et, ut hec remissio et quieta clamatio rata et perpetua permaneat, presens scriptum sigilli mei appositione roboravi. Hiis[b] testibus : magistro Walterio de Prestecota[c] ; Nicholao, persona de Warmintona[d] ; Bartholomeo de Warmintona ; Willelmo Francigena ; Ricardo, clerico ; et multis aliis.

(a) cum *C*. — (b) Sic *BC, pour* His. — (c) Prestecot *suivi d'un tilde BC*. — (d) Warmitona *C*.

B124

[1200-1206].

Guillaume le Français de Warmington fait savoir qu'il a renoncé en faveur de l'abbaye Saint-Pierre de Préaux à la demie acre de terre avec ses dépendances qu'avait tenue Gautier le Sureys, terre sise près du pâturage de l'abbé, au pied de la côte (clyva).

B. Cart. XIIIe siècle, fol. 54, n° 124, sous la rubrique : « *Remissio et quietatio Willelmi francigene de Warmitona quam faciebat de dimidia acra terre cum pertinentiis ecclesie Pratellensi indulta* ». [Copie partielle Delisle, Bibl. nat. de Fr., nouv. acq. lat. 1025, fol. 58, n° 124].

C. Cart. XVe siècle, fol. 39v, n° 109. Dans la marge, le la main du copiste : « *Item de Anglia* ».

INDIQUÉ : Cart. XIIIe siècle, fol. 191v, n° 595 : « *Karta Willelmi Francisci de Warmitona de quieta clamancia dimidiam acram cum pertinentiis quam tenuit quondam Walterius* le Sures *sita sub cliva juxta pasturam nostram* ».

Sciant presentes et futuri quod ego Willelmus Francigena de Warmitona remisi et quietam clamavi abbati et conventui Sancti Petri de Pratellis dimidiam acram terre cum pertinentiis quam tenuit quondam Walterius *le Sureys,* illam scilicet que jacet sub clyva juxta pasturam abbatis et monachorum de Pratellis in eadem villa. Et, ut hec remissio et quieta clamatio rata et perpetua permaneat, presens scriptum sigilli mei appositione roboravi. His testibus : magistro Walterio de Prestecota[a] ; Nicholao, persona de Warmentona ; Alexandro de Beref(orda) ; T(homa), filius[b] R(oberti), fabri ; Bartholomeo de Warmentona ; et multis aliis.

(a) Prest *suivi d'un tilde BC, cf.* ***B123***. — (b) Sic B, corr. filio.

B125

[1200-1206].

Robert de La Houssaie fait savoir qu'il a renoncé au contentieux et à la querelle qui l'opposait aux moines de Saint-Pierre de Préaux à propos des dîmes et de ses hommes de Saint-Benoît[-des-Ombres] et du droit de mouture des hommes de Saint-Pierre. L'abbé Guillaume [II] lui accorde en échange un don gratuit de quarante sous angevins.

B. Cart. XIIIe siècle, fol. 64, n° 158, sous la rubrique : « *Item karta Roberti de* La Houseie *de querela quam movebat adversus nos pro decimis suis et hominum suorum apud Sanctum Benedictum* » ; dans la marge : « Saint Benoist ». [Copie Delisle, Bibl. nat. de Fr., nouv. acq. lat. 1025, fol. 69, n° 158].

C. Cart. XVe siècle, fol. 47-v, n° 139.

Sciant presentes et futuri quod ego Robertus de Husseia quietam clamavi in perpetuum et abjuravi omnem contentionem et querelam quam habui adversus Sanctum Petrum de Pratellis super decimis meis et hominum meorum in Sancto Benedicto et super molta hominum Sancti Petri. Abbas autem, tunc temporis Willelmus, dedit mihi quadraginta[a] solidos andegavensium de caritate ecclesie. Et, ne hoc factum aliqua malignitate possit in irritum revocari, ipsum scripti presentis atestatione[b] et sigilli mei munimine roboravi. His testibus : Roberto de Laschereia ; Thoma, fratre suo ; Michaele de Sellis et Roberto de Tustinivilla, sacerdotibus ; Roberto de Strata ; Walterio de Sancto Benedicto ; Hamono ; Roberto, molendinario ; et multis aliis.

(a) LX^{ta} C. — (b) Sic B, *corrigé dans* C *en* attestatione.

B126

[1200-1206].

Richard du Bosc fait savoir qu'il a concédé à Michel, protégé du prêtre de Préaux Raoul, et à ses héritiers quatre acres de terre situées à la Planche-Huelin, terre qu'il avait obtenue par jugement des assises contre Richard Avekin, pour les tenir héréditairement de lui et de ses héritiers libres de tous service, coutume ou exaction, excepté la taille du seigneur suprême en cas de levée. Michel et ses héritiers rendront en échange trois sous angevins à la Nativité de saint Jean-Baptiste [24 juin], quatre chapons et quatre angevins à Noël, quarante œufs et quatre angevins à Pâques. En échange, Michel lui donne soixante sous angevins et à son frère Thomas, vingt sous.

B. Cart. XIIIe siècle, fol. 76v-77, n° 199, sous la rubrique : « *Karta Ricardi de Bosco quomodo concessit Michaeli, alumpno Radulfi presbiteri de Pratellis, IIII acras terre ad planciam Herluini quas conquisivit in assisia versus Ricardum* Avekin[(a)] ». [Copie partielle Delisle, Bibl. nat. de Fr., nouv. acq. lat. 1025, fol. 80, n° 199].

C. Cart. XVe siècle, fol. 57v, n° 180.

Sur la datation, voir l'acte suivant. Le toponyme Planche-Huelin n'est pas facilement localisable ; il existe un Bois-Hullin à la Goulafrière, un Mesnil-Huelin à Barc. Richard du Bosc appartenait certainement à la famille du Bosc plusieurs fois attestée dans l'inventaire des titres de l'abbaye du Bec comme ayant fait plusieurs donations situées à Bonneville-sur-le-Bec (A. Le Prévost, *Mémoires*, t. I, p. 367).

Sciant presentes et futuri quod ego Ricardus de Bosco concessi Michaeli, alumpno Radulfi, presbiteri de Pratellis, et heredibus suis quatuor acras terre ad Planciam Huelini[(b)], quas conquisivi adversus Ricardum *Avekin* per recognitionem in asisia[(c)], tenendas hereditarie de me et heredibus meis integre[(d)], libere et quiete ab omni servitio, consuetudine et exactione preter talliam superioris domini, quando evenerit, per tres solidos andegavensium annuatim mihi et heredibus meis reddendos ad Nativitatem sancti Johannis Baptiste et IIII^{or} capones et IIII^{or} andegavos ad Nathale Domini et XL ova et IIII^{or} andegavos ad Pascha. Et ob hanc concessionem dedit mihi predictus Michael sexaginta solidos andegavensium et Thome, fratri meo, XX solidos. Ut autem ista concessio rata permaneat, ipsam scripti presentis attestatione et sigilli mei munimine roboravi.

(a) *Ces trois derniers mots manquent dans C.* — (b) Heluini *C.* — (c) Sic B, assisia *C.* — (d) integre et quiete *C.*

B127

[1200-1206].

Richard du Bosc fait savoir qu'avec l'accord de son épouse et de ses amis il a donné en perpétuelle aumône à l'abbaye Saint-Pierre de Préaux quatre acres de terre de la Planche-Huelin du Bosc. Les moines les tiendront de lui et de ses héritiers franches des droits de mouture et de relief et libres de tous service, coutume ou exaction, excepté la taille du seigneur suprême quand elle est levée, contre une rente de trois sous de monnaie courante payable à la Nativité de saint Jean-Baptiste [24 juin], quarante œufs et quatre deniers à Pâques. En échange, Guillaume [II], abbé de Préaux, lui à accordé un don gratuit de quarante sous.

B. Cart. XIIIe siècle, fol. 77, n° 200, sous la rubrique : « *Item karta Ricardi de* Bosc$^{(a)}$ *quomodo assensu et voluntate uxoris sue III acras terre vendidit Willelmo abbati de Pratellis ad planciam Herluini de* Bosc$^{(b)}$ ». [Copie partielle Delisle, Bibl. nat. de Fr., nouv. acq. lat. 1025, fol. 81, n° 200].

C. Cart. XVe siècle, fol. 57v-58, n° 181.

La datation de cet acte est induite par la présence de l'abbé Guillaume II.

Sciant presentes et futuri quod ego Ricardus de Bosco, assensu et voluntate uxoris mee et amicorum meorum, dedi et concessi ecclesie Sancti Petri de Pratellis et monachis ibidem Deo servientibus IIII^{or} acras terre in perpetuam elemosinam ad Planciam *Huelin* de Bosco tenendas de me et heredibus meis libere et quiete a molta, a relevagio et ab omni servitio et ab omni exactione preter talliam superioris domini, quando evenerit, per tres solidos usualis monete annuatim mihi et heredibus meis reddendos ad nativitatem sancti Johannis Baptiste et IIII^{or} capones et IIII^{or} denarios ad Nathale Domini et quadraginta$^{(c)}$ ova et IIII^{or} denarios ad Pascha. Propter hanc vero concessionem Willelmus, tunc temporis abbas Pratelli, ex caritate ecclesie mihi XL solidos persolvit. Et, ut hec donatio et concessio mea rata in posterum permaneat, ipsam scripti presentis attestatione et sigilli mei munimine roboravi.

(a) Bosco *C*. — (b) *Ces deux derniers mots manquent dans C*. — (c) XL^a *C*.

B128

1208, février (n. st.). — Rouen, *in ecclesia*.

Robert, prieur du Mont-aux-Malades, et les chanoines de Rouen, maître [Gilbert] de Marleiz et maître Colomb de Mâcon, juges désignés par les abbés de Notre-Dame de l'Isle-Dieu et de Saint-Pierre de Préaux, font savoir qu'ils ont jugé le différend qui opposait les deux abbayes à propos des dîmes des terres et bois mis en culture, situés dans la paroisse de Saint-Denis-le-Thibout : les moines de l'Isle-Dieu percevront sur toutes les terres défrichées depuis 1204 et sur toutes celles qui seront ensuite gagnées sur les bois, mises en culture, défrichées ou labourées, deux tiers de la dîme ; les moines de Préaux percevront le dernier tiers (terciam garbam).

B. Cart. XIIIe siècle, fol 12v-13, n° 23, sous la rubrique : « *Quomodo sopita est controversia que vertebatur inter abbatem et conventum de Pratellis et abbatem Sancte Marie Insule Dei* ». [Copie partielle Delisle, Bibl. nat. de Fr., nouv. acq. lat. 1025, fol. 12, n° 23].

INDIQUÉ : D. Spear, *Les chanoines...*, p. 159, p. 173, n. 402.

Colomb de Mâcon fut chanoine de Rouen en 1206-1207, maître et clerc de l'archevêque en 1204 (V. Tabbagh, *Fasti...*, t. II, n° 4187, p. 169). Gilbert de Marleiz est attesté comme chanoine et maître entre 1198 et 1231 (*ibid.*, p. 184, n° 4185). Parmi les témoins se trouvent : Luc de Pont-Audemer, attesté comme chanoine de Rouen à partir de 1197 (*ibid.*, n° 4230) ; Robert Poulain, chanoine, élu archevêque de Rouen au mois d'août 1222.

Omnibus Christi fidelibus ad quos presens scriptum pervenerit, Robertus, prior de Monte Leprosorum, et magister de *Marleiz* et magister Columbus de *Maschon*, canonici Rothomagi, judices ab abbate et conventu Sancte Marie de Insula Dei, ex una parte, et ab abbate et conventu Sancti Petri de Pratellis, ex altera, electi, salutem. Noveritis causam que vertebatur coram nobis inter abbatem et conventum de Insula Dei, ex una parte, et abbatem et conventum Sancti Petri de Pratellis, ex altera, super decimis quarumdam terrarum de omnibus nemoribus infra limites parrochie Sancti Dionisii *Le Tiebout* ad culturam attractarum in hunc modum esse sopitam : videlicet quod abbas et conventus de Pratellis terciam garbam percipient per totas terras que fuerunt post annum ab Incarnatione Domini M° CC° IIII ad culturam attracte et de omnibus terris post predictum terminum a predictis nemoribus ad culturam attracte erunt et quoquo modo essartate vel arate similiter terciam garbam percipient, duabus garbis omnium predictarum decimarum abbati et conventui Insule Dei et ecclesie Sancti Dionisii *Le Tiebout* in pace remanentibus. Et, ut hoc ratum et incussum[a] firmiter permaneat in perpetuum, presens scriptum sigillorum nostrorum munimine dignum duximus roborare. Actum est hoc anno ab Incarnatione Domini M° CC°

VII° in Rothomagensi⁽ᵇ⁾ ecclesia, mense februarii. Testibus his : Luca de Ponte Audomari, magistro Roberto Pullo, Rothomagensibus⁽ᶜ⁾ canonicis ; Symone de Salwarvilla, Roberto de Platano, sacerdotibus ; magistro Johanne Britone, Rogero de Gordarvilla, Rogero de Granivilla, clericis ; et pluribus aliis.

(a) *Sic B, corr.* inconcussum. — (b) Rothomag *suivi d'un tilde B*. — (c) Rothomag *suivi d'un tilde B*.

B129

[1185-1208].

Robert [II] d'Harcourt fait savoir qu'Aleran de Combon, prêtre, a donné à Saint-Pierre de Préaux, avec son accord, quatre acres de terre. Richard, frère d'Aleran, a concédé ce don et a promis d'en assurer le service dû au seigneur, tout comme Milon, nouvel héritier de cette terre. Celle-ci est située près du chemin reliant Conches au Neubourg.

B. Cart. XIIIᵉ siècle, fol. 51-v, n° 114, sous la rubrique : « *Confirmatio Roberti de Harecort*⁽ᵃ⁾ *de IIII°ʳ acris terre quas dedit Aleranus de* Combon, *sacerdos, ecclesie Pratelli assensu Ricardi et Roberti, fratrum suorum* ». [Copie partielle Delisle, Bibl. nat. de Fr., nouv. acq. lat. 1025, fol. 55, n° 114].

C. Cart. XVᵉ siècle, fol. 37-v, n° 99.

INDIQUÉ : E.-J. Tardif, *Coutumiers de Normandie...*, Iʳᵉ part., p. 105. — D. Crouch, *The Beaumont...*, p. 123, n. 73.

Henri du Neubourg, qui succède à son père devenu moine au Bec-Hellouin en 1159, meurt en 1214 ; Robert d'Harcourt meurt en 1208 (D. Crouch, *op., cit.*, p. 221). Renaud du Val est encore cité vers 1204 dans le registre de Philippe Auguste (L. Delisle, *Recueil...*, fol. 69). Robert IV de Tourville, témoin de cet acte, est vraisemblablement le frère de Geoffroy II de Tourville : il est présent dans les *Pipe rolls* tout au long du règne d'Henri II au moins jusqu'en 1170-1171 (*Great rolls...*, vol. XVI, p. 18).

Robertus de Harecuria, omnibus suis hominibus tam clericis quam laicis presentibus et futuris, salutem. Notum sit omnibus quod Aleranus de *Combon*, sacerdos, Sancto Petro Pratellensi dedit in perpetuum quatuor acras sue terre et hoc Ricardus, suus frater, et Robertus concesserunt benigne, sic etiam quod ipsi et sui heredes erga dominum deservituri sunt hanc terram cum sua alia terra. Hoc et Milo, qui est novus heres, concedit. Et hec terra est juxta stramitem a Cunchis ad Novum Burgum. Quod, quia firmum et stabile esse volo, attestacione mei sigilli confirmo et corroboro. Teste Henrico de Novo Burgo ; teste Roberto de *Witot* ; teste Roberto de Turvilla ; teste[b] Roberto de *Tornebu* ; teste[c] Roberto de Sancta Columba ; teste[d] Godefrido de *Combon* ; teste[e] Wilo[f], fratre domini ; teste Walterio de Valle.

(a) Harecourt *C*. — (b) *mot omis dans C*. — (c) *mot omis dans C*. — (d) *mot omis dans C*. — (e) *mot omis dans C*. — (f) Willelmo *C*.

B130

1208, 6 avril-1209, 29 mars

Raoul, abbé de l'Isle-Dieu, notifie la fin du conflit qui opposait sa communauté à celle de [Saint-Pierre de] Préaux et qui portait sur les dîmes des terres gagnées sur les bois et mises en culture dans la paroisse Saint-Denis-Le-Thibout. Selon le jugement de Robert, prieur du Mont-aux-Malades, de maître Gilbert de Marleiz et de maître Colomb de Mâcon, chanoines de Rouen, désignés par les parties pour juger l'affaire, l'abbaye de l'Isle-Dieu percevra les deux tiers de la dîme sur toutes les terres mises en culture après l'année 1204 et sur toutes celles qui seront ensuite gagnées sur les bois, le dernier tiers restant aux moines de Préaux. À propos du conflit concernant la chapelle Saint-Laurian, il est convenu qu'un moine de Préaux ou, à défaut, son représentant viendra chaque année à la Saint-Laurian [4 juillet] percevoir la moitié des offrandes faites ce jour là, l'autre moitié revenant aux moines de l'Isle-Dieu, et pourra y célébrer une messe.

B. Cart. XIIIe siècle, fol 13-v, n° 24, sous la rubrique : « *Karta Radulfi, abbatis, et conventus Insule Dei de predicta controversia super quibusdam decimis quomodo sopita est* ». [Mention Delisle, Bibl. nat. de Fr., nouv. acq. lat. 1025, fol. 12, n° 24].

Omnibus Christi fidelibus ad quos presens scriptum pervenerit, Radulfus, Dei gratia abbas, et conventus de Insula Dei, salutem et orationum suffragia. Noveritis quod controversia que vertebatur inter nos ex una parte et abbatem et conventum de Pratellis ex altera super decimis quarumdam terrarum, scilicet de omnibus nemoribus infra limites parrochie Sancti Dionisii *Le Tiebout*, ad culturam attractarum de consilio judicum electorum a nobis et ab abbate et conventu de Pratellis, videlicet Roberti, tunc prioris de Monte Leprosorum, et magistri Gilberti de *Marlleiz*[a] et magistri Columbi de *Maschon*, canonicorum Rothomagensium[b], in hunc modum fuit sopita : scilicet quod nos percipiemus duas garbas per totas terras que fuerunt post annum ab Incarnatione Domini M° CC° IIII° ad culturam attracte et de omnibus terris que post predictum terminum a predictis nemoribus ad culturam attracte erunt vel quoquo modo laborate similiter duas garbas percipiemus, tercia autem garba remanente in pace abbati et conventui de Pratellis. Item controversia que diu agitata fuerat inter nos et dictum abbatem et conventum de Pratellis super capella Sancti Lauriani in hunc modum ad finem devenit : ita quidem quod monachus de Pratellis in die festi sancti Lauriani tamen habebit medietatem omnium oblationum que in die oblata erunt et nos aliam partem habebimus et ibi eadem die celebrabit missam, si voluerit. Qui, si forte defuerit, per famulum suum pacifice recipiet. Et, ut ratum et inconcussum firmiter permaneat in perpetuum, presens scriptum sigilli nostri munimine dignum duximus roborare. Actum est hoc anno ab Incarnatione Domini M° CC° VIII°.

(a) *B donne* Gill. de Marlleiz, *ce qui doit être une copie fautive de* Gilb. de Marlleiz, *pour Gilbert de Marleiz, qui est bien attesté comme maître, contrairement à Guillaume de Marleiz.* — (b) Roth *suivi d'un tilde B.*

B131

1211, 20 février (n. st.).

Robert [Poulain[32]], archevêque de Rouen, confirme, selon la teneur de la charte de l'abbé de la Noë et des prieurs de Beaumont et de la Noë, juges délégués par le pape, l'accord intervenu devant eux entre les moines de Préaux et Luc de Pont-Audemer, chanoine de Rouen, à propos de la moitié des revenus de l'autel, des dîmes du lin, du chanvre et de toutes les menues dîmes de l'église Saint-Sanson d'Étreville, étant exclus de l'accord les trois deniers perçus aux baptêmes, à la visite aux malades et celui que l'on offre le dimanche avec le pain à bénir qui reviennent au desservant, tout comme les legs et les prières pour les défunts que font les prêtres.

B. Cart. XIIIe siècle, fol. 10, n° 14, sous la rubrique : « *Confirmatio Roberti, archiepiscopi Rothomagensis*[(a)], *super medietate omnium minutarum decimarum altalagii Sancti Sansonis de Esturvilla* » ; dans la marge, d'une main du XVIIIe siècle : « Estreville ». [Copie partielle Delisle, Bibl. nat. de Fr., nouv. acq. lat. 1025, fol. 9, n° 14].
C. Cart. XVe siècle, fol. 8-v, n° 13.
INDIQUÉ : A. Le Prévost, *Mémoires*, t. II, p. 63. — Charpillon, Caresme, *Dictionnaire...* t. I, p. 417.

Omnibus Christi fidelibus ad quos presens scriptum pervenerit, Robertus, Dei gratia Rothomagensis[(b)] archiepiscopus, salutem in Domino. Noverit universitas vestra quod nos compositionem factam coram abbate de Noa et . .

---

32. Robert Poulain, archevêque de Rouen, 23 août 1208-4 mai 1222.

de Bello Munte et . . de Noa, prioribus, judicibus a sede apostolica delegatis, inter . . abbatem et conventum Sancti Petri de Pratelli ex una parte et Lucam de Ponte Audomari, canonicum Rothomagensem[(c)], ex altera super medietatem altalagii, lini, canabi et omnium minutarum decimarum ad ecclesiam Sancti Sansonis de Esturvilla pertinentium, exceptis tribus denariis, videlicet de baptismo, de visitatione infirmorum et illo qui offertur die dominica cum pane benedicendo, qui omnes ad sacerdotem pertinent cum legatis et privatis orationibus, que fient sacerdoti, eandem in quam compositionem, sicuti juste facta est et in autentico predictorum judicum plenius continetur, ratam habemus et confirmamus et eam ad majorem securitatem presentis scripti et sigilli nostri munimine duximus roborandam. Datum Rothomagi, anno gratie M° CC° decimo, dominica qua cantatur « Invocavit me ».

(a) Roth *suivi d'un tilde B* ; Rothom *suivi d'un tilde C*. — (b) Rothomag *suivi d'un tilde B* ; Rothom *suivi d'un tilde C*. — (c) *id. BC*.

B132

[...1210-1211, 20 février].

L'abbé de La Noë, les prieurs de Beaumont et de La Noë, délégués par le pape pour juger le différend opposant les moines de Préaux et Luc de Pont-Audemer, chanoine de Rouen, desservant de Saint-Sanson d'Étreville, notifient l'accord intervenu entre eux : Luc de Pont-Audemer a reconnu en leur présence que, comme c'était le cas quand il a reçu l'église Saint-Sanson, hormis les trois deniers du baptême, des visites aux malades et celui que l'on offre le dimanche avec le pain à bénir, les prières privées et les legs, qui reviennent au prêtre, les moines de Préaux possèdent la moitié de l'autelage, des dîmes du lin, du chanvre et de toutes les menues dîmes de Saint-Sanson d'Étreville, de sorte qu'ils seront tenus d'acquitter la moitié des charges dues à l'archevêque, l'archidiacre et le doyen, le desservant acquittant l'autre moitié.

B. Cart. XIIIe siècle, fol. 10-v, n° 15, sous la rubrique : « *Quomodo sopita fuerit controversia que vertebatur inter Lucam, personam de Esturvilla, et monasterium Pratelli* ». [Copie partielle Delisle, Bibl. nat. de Fr., nouv. acq. lat. 1025, fol. 10, n° 15].

C. Cart. XVe siècle, fol. 8v, n° 14.

a. H. Müller, *Päpstliche Delegationsgerichtsbarkeit...*, t. II, p. 332-333, n° 194.

INDIQUÉ : A. Canel, *Essai historique...*, t. II, p. 167. — A. Le Prévost, *Mémoires*, t. II, p. 63.

Ce même Luc de Pont-Audemer apparaît dans une charte de l'archevêque de Rouen Rotrou à propos de ses démêlés avec les moines de Préaux (voir **B65**). Pour la datation, voir **B131**.

Universis sancte matris Ecclesie filiis[a] ad quos presens scriptum pervenerit, . . abbas de Noa, . . de Bello Monte et de Noa, priores, salutem in Domino. Noverit universitas vestra quod, cum causa que vertebatur inter abbatem et conventum Sancti Petri de Pratellis ex una parte et Lucam de Ponte Audomari, canonicum Rothomagensem[b], ex altera super medietate altalagii lini, canabi et omnium minutarum decimarum ad ecclesiam Sancti Sansonis de Esturvilla pertinentium, exceptis tribus denariis, videlicet de baptismo, de visitatione infirmorum et illo qui offertur die dominica cum pane benedicendo et legatis et privatis orationibus, que fient sacerdoti, nobis fuisset a summo pontifice delegata sive canonico terminanda, partibus in presentia nostra constitutis, dictus Lucas, canonicus Rothomagensis[c], in jure confessus est coram nobis dictam medietatem altalagii et minutarum decimarum dicte ecclesie de Esturvilla, super quibus controversia coram nobis inter eos vertebatur, ad dictos abbatem et conventum de Pratellis de jure pertinere et dictos abbatem et conventum eandem medietatem altalagii et minutarum decimarum, antequam ipse L(ucas) prefatam ecclesiam de Esturvilla haberet et etiam postquam habuit aliquamdiu pacifice[d] possedisse. Ita tamen quod dicti abbas et conventus medietatem omnium onerum[e] ad archiepiscopum, archidiaconum et decanum pertinentium persolvere tenentur, presbiter vero alteram[f] medietatem. Unde nos, habito prudentum virorum et jurisperitorum consilio, predictam medietatem altalagii et minutarum decimarum ecclesie de Esturvilla prefatis abbati et conventui auctoritate apostolica adjudicamus persolvendo. Ne igitur quod rite et sollemniter factum est aliquo tractu temporis possit in dubium revocari, id ipsum presenti scripto et sigillorum nostrorum munimine dignum duximus confirmandum[g].

(a) filiis *omis dans C*. (b) Rothom *suivi d'un tilde BC*. — (c) *id. BC*. — (d) pacifice *omis dans C*. — (e) honerum *C* ; *le h est exponctué dans B*. — (f) aliam *C*. — (g) conservandum *C*.

B133

1210, 18 avril-1211, 3 avril. — Rouville, *coram parrochia*.

Hugues Dastin fait savoir qu'il a confirmé à l'abbaye Saint-Pierre de Préaux en pure aumône, pour la salut de son âme et celles de ses ancêtres et en échange de son association aux prières et aux bénéfices [spirituels] de l'abbaye, une acre de terre où est située l'écluse du moulin que les moines possèdent à Rouville.

B. Cart. XIIIe siècle, fol. 71v, n° 183, sous la rubrique : « *Karta Hugonis* Dastin *quomodo donavit monachis de Pratellis unam acram terre apud Rothowillam infra quam terram sita est esclotura molendini predictorum monachorum apud Rothowillam*^(a) *in puram et perpetuam elemosiam* » ; dans la marge : « *Apud Rothowillam* ». [Copie partielle Delisle, Bibl. nat. de Fr., nouv. acq. lat. 1025, fol. 76, n° 183].

C. Cart. XVe siècle, fol. 53-v, n° 164. Dans la marge, d'une écriture de gros module du XVe siècle : « Rouville ».

Sur la famille Dastin et les nombreux dons faits en faveur de Préaux, voir en particulier **A165, A168, A169**.

[S]ciant^(b) presentes et futuri quod ego Hugo *Dastin* dedi et presenti carta confirmavi Deo et ecclesie Sancti Petri de Pratellis et monachis ibidem Deo servientibus pro salute anime mee et pro animabus antecessorum meorum et pro beneficiis et orationibus ejusdem loci mihi commissis unam acram terre, infra quam scilicet sita est sclotura^(c) molendini eorumdem monachorum apud Rothovillam, tenendam et habendam libere et absolute in perpetuam et puram elemosinam. Et, ne hoc alicujus processu temporis possit in dubium revocari aut aliqua malignitate divelli, hujus scripti testimonio et sigilli mei munimine dignum duxi confirmare. Hoc autem factum^(d) fuit coram parrochia Rothoville anno Verbi incarnati M° CC° X°, teste^(e) : Bernardo, presbitero de *Periers* ; Simone *Dastin*, fratre meo ; Roberto *le Monnier* ; Henrico de Monasterio ; Bosone de *Clermunt* ; et pluribus aliis.

(a) *Ces deux mots manquent dans C*. — (b) *L'initiale a été réservée dans B.* — (c) *Sic BC.* — (d) *suivi de* est cancélé *B.* — (e) *Sic B.*

B134

1211, 3 avril-1212, 25 mars.

Notice relatant les achats faits par Raoul de Freneuse, prieur et sacriste de Saint-Pierre de Préaux : à Durand de La Bruyère, une vergée de terre sise au Mesnil, près de la maison dudit Durand, pour vingt cinq sous tournois, où Raoul a ensuite fait bâtir une grange ; la même année, à Richard le Lièvre et à son frère Gautier, une demie vergée de terre jouxtant celle de Durand pour vingt cinq sous, à condition que Richard, Gautier et leurs héritiers garantisent cette terre au sacriste et à ses successeurs.

B. Cart. XIIIe siècle, fol. 80, n° 208, sous la rubrique : « *Predictus Radulfus de* Fresnose *comparavit a Durando de* La Bruiere *unam virgatam terre* » ; dans la

marge : « *Item ad sacristam* ». [Copie partielle Delisle, Bibl. nat. de Fr., nouv. acq. lat. 1025, fol. 83, n° 208].
C. Cart. xve siècle, fol. [59 bis], n° [187 bis] ; sans rubrique.

Anno Verbi incarnati M° CC° XI°, comparavit Radulfus de *Fresnose*, tunc temporis prior et sacrista Sancti Petri de Pratellis, a Durando de *La Bruiere* unam virgatam terre apud *Le Mesnil* juxta domum predicti Durandi pro XXV solidis turonensium, in qua scilicet edificavit quamdam horream. Eodem anno, predictus Radulfus comparavit dimidiam virgatam terre juxta predictam terram a Ricardo *le Lievre* et Galetrio, fratre ejus, pro XXV solidis turonensium, tali modo quod predicti Ricardus et Walterius vel heredes eorum debent illam garantizare predicto sacriste et successoribus ejus.

B135

1213, 14 avril-1214, 30 mars.

Guillaume d'Émaleville, Guillaume Picot, chevaliers, et Roger Espeudri de Houquetot font savoir qu'ils ont renoncé, à titre de perpétuelle aumône au profit de l'abbaye Saint-Pierre de Préaux, au droit qu'ils revendiquaient sur l'église Saint-Aubin de Houquetot de sorte que ni eux ni leurs héritiers ne pourront rien réclamer aux moines de ce qui dépend de cette église.

B. Cart. xiiie siècle, fol. 69v, n° 176, sous la rubrique : « *Karta Willelmi de Esmalewilla et Willelmi* Picot, *militum, de reclamatione quam faciebant de ecclesia Sancti Albini de* Hoquetot *quam concesserunt in perpetuam elemosinam monachis de Pratellis* ». [Copie partielle Delisle, Bibl. nat. de Fr., nouv. acq. lat. 1025, fol. 74, n° 176].
C. Cart. xve siècle, fol. 51v-52, n° 157.

Roger Espeudri est témoin, en 1152, de la charte de Guillaume de Tancarville qui donne dix acres de terres situés près du cimetière de Houquetot (voir **B5**) ; il est également l'un des paroissiens amenés à prêter serment devant l'archevêque de Rouen Hugues pour prouver que les moines de Préaux possèdent l'église de Houquetot, entre 1148 et 1158 (**B11**).

Sciant omnes presentes et futuri quod ego Willelmus de Esmalevilla et Willelmus *Picot*, milites, et Rogerius *Espeudri* de *Hoquetot* omnino dimisimus et in perpetuam elemosinam concessimus ecclesie Sancti Petri de Pratellis et monachis ibidem Deo servientibus quicquid juris reclamabamus in ecclesia Sancti Albini de *Hoquetot*, ita quod nec nos nec heredes nostri de re eidem ecclesie pertinenti dictos monachos decetero vexare poterimus. Ut autem hoc firmum et stabile duret in posterum, presentem cartam sigillorum nostrorum testimonio roboravimus. Testibus hiis[a] : Johanne de Barra, clerico ; et Radulfo de *Guerenges*, milite ; et Willelmo de Barra, burgense de *Lislebone* ; et pluribus aliis. Actum est hoc anno gracie M° CC° XIII°.

(a) *Sic BC.*

B136

[1206-1214].

Robert de Montreuil, le Clerc, fait savoir qu'il a donné à l'abbaye Saint-Pierre de Préaux en perpétuelle aumône, pour le salut de son âme et celles de ses ancêtres, un vavasseur nommé Raoul Ferme avec son tènement, les rentes, services et coutumes attachés à cette terre qu'il lui rendait comme ses ancêtres l'avaient fait avant lui, excepté l'aide au seigneur suprême, que l'abbé versera à Robert ou à son prévôt. En échange, l'abbé Thomas lui a accordé un don gratuit de dix livres tournois.

B. Cart. XIIIe siècle, fol. 71v-72, n° 184. En rubrique, à l'encre verte : « *Karta Roberti de* Mosterol, *Clerici, quomodo donavit monachis de Pratellis omne tenementum quod de eo tenebat Radulfus* Ferme *cum servitiis et consuetudinibus ejusdem tenementi* ». Dans la marge : « *Ad elemosinatorem* ». [Copie partielle Delisle, Bibl. nat. de Fr., nouv. acq. lat. 1025, fol. 77, n° 184].

C. Cart. XVe siècle, fol. 53v, n° 165.

Robert de Montreuil est cité dès 1204 dans le registre de Philippe Auguste parmi les chevaliers du bailliage de Pont-Audemer devant au roi un service féodal (L. Delisle, *Registre...*, fol. 69). L'abbé de Préaux Thomas est attesté à partir de 1206 ; Raoul Ferme est cité comme tenant des moines en 1214 (voir **B140**).

[S]ciant[a] presentes et futuri quod ego Robertus de *Mosterol*, Clericus, dedi et presenti carta confirmavi pro salute anime mee et pro animabus antecessorum meorum Deo et ecclesie Sancti Petri de Pratellis et monachis ibidem Deo servientibus integre Radulfum *Ferme*, vavasorem meum, cum tenemento suo et cum[b] redditibus et servitiis et consuetudinibus ejusdem tenementi, sicut antecessores ejus et ipse antecessoribus meis et mihi facere consueverant, salvis tantummodo auxiliis capitalis domini qui per manum abbatis ejusdem loci mihi sive preposito meo persolventur, in puram et perpetuam elemosinam possidendum. Pro hac autem donatione dedit Thomas, tunc temporis abbas dicti loci, mihi de caritate domus decem libras turonensium. Et, ut hoc ratum permaneat, presenti scripto et sigillo meo dignum confirmare duxi.

(a) *L'initiale a été réservée dans B.* — (b) com *C.*

B137

[1206-1214].

Geoffroy d'Omonville fait savoir qu'il a donné à l'abbaye Saint-Pierre de Préaux en perpétuelle aumône, pour le salut de son âme et celles de ses ancêtres, le domaine du fief Cavelier, que Roger Mansel tenait de lui, avec toutes ses dépendances, rentes et coutumes que Roger acquittait chaque année, sauf l'aide au seigneur suprême.

B. Cart. XIIIe siècle, fol. 72v, n° 187, sous la rubrique : « *Karta Gaufridi de Osmundi Willa de confirmatione dominii de feodo* Kavelier *quem Rogerius* Mansel *tenebat ecclesie Pratelli* » ; dans la marge : « *Ad elemosinarium* ». [Mention Delisle, Bibl. nat. de Fr., nouv. acq. lat. 1025, fol. 77, n° 187].
C. Cart. XVe siècle, fol. 54, n° 168.

Henri d'Omonville, sans doute père de Geoffroy, est encore cité après 1204 dans le registre de Philippe Auguste comme tenant du roi dans la baillie de Pont Audemer (L. Delisle, *Registre*..., fol. 69). La datation de cet acte est induite par celle de l'acte **B140**.

Sciant presentes et futuri quod ego Gaufridus de Osmundivilla dedi et presenti carta confirmavi Deo et ecclesie Sancti Petri de Pratellis et monachis ibidem Deo servientibus pro salute anime mee et pro animabus antecessorum meorum dominium feodi *Kavelier*, quem Rogerius *Manssel*$^{(a)}$ de me tenebat, habendum et tenendum in perpetua elemosina libere et quiete com$^{(b)}$ omnibus redditibus, pertinentiis et consuetudinibus quos de eodem feodo predictus Rogerius annuatim mihi persolvebat, tantum modo salvo auxilio capitalis domini. Et, ne hoc aliquo tractu temporis possit in dubium revocari, hujus scripti testimonio et sigilli mei munimine confirmavi.

(a) *Sic BC.* — (b) cum *C.*

B138

[1180-1214].

Hugues [V] de Gournay, fils d'Hugues [IV] de Gournay, concède et ratifie l'accord intervenu entre Roger, abbé de Saint-Sauveur-le-Vicomte, et Henri, abbé de Préaux, en 1172 : l'abbé de Saint-Sauveur-le-Vicomte et les moines avaient concédé à l'abbaye de Préaux tout ce qu'il possédaient à Neuville près de Drincourt, église, moulin, bois, prés, champs et toutes les autres possessions, le tout relevant du fief d'Hugues du Gournay, à charge pour les moines de Préaux de verser à ceux de Saint-Sauveur une rente annuelle de cinquante cinq sous de monnaie courante en Normandie à la Saint-Pierre et Saint-Paul [29 juin].

B. Cart. XIIIe siècle, fol. 51v, n° 115, sous la rubrique : « *Karta Hugonis de* Gornai *super compositione facta inter Rogerium abbatem et conventum Sancti Salvatoris et Henricum abbatem et conventum de Pratellis* » ; dans la marge, d'une main du XVIIe siècle : « Sainct Salveur le Viconte ». [Copie partielle Delisle, Bibl. nat. de Fr., nouv. acq. lat. 1025, fol. 55-56, n° 115]. — *B²*. Contrepatie pour l'abbaye Saint-Sauveur-le-Vicomte, ancien cartulaire de Saint-Sauveur aujourd'hui détruit, fol. 58, n° 377.

C. Cart. XVe siècle, fol. 37v, n° 100. — *D*. Livre noir de Saint-Sauveur-le-Vicomte, copie réalisée au XVIIe siècle de *B²*, Bibl. nat. de Fr., lat. 17137, fol. 256-v, n° 377.

a. D. Gurney, *Record*..., t. II, p. 740-741, n° 29.

INDIQUÉ : L. Delisle, Bibl. nat. de Fr., nouv. acq. fr. 21824, n° 84.

Hugues V de Gournay, qui succède à son père Hugues IV disparu en Terre-Sainte en 1180, meurt en 1214 (D. Gurney, *op. cit*, t. I, p. 22). L'accord intervenu en 1172 entre les abbayes de Préaux et de Saint-Sauveur a été aussitôt confirmé par Hugues IV (voir **B39**), charte de laquelle le futur Hugues V est absent. La présente confirmation par Hugues V reprend presque textuellement celle de son père, excepté la liste des témoins. Hugues de Belleville atteste une autre charte d'Hugues de Gournay à la fin du XIIe siècle (Arch. dép. Seine-Maritime, 53 H).

Notum sit presentibus et futuris quod ego Hugo de Gurnaio, filius Hugonis de Gurnaio, concedo ratamque habeo compositionem que inter Rogerium abbatem et conventum Sancti Salvatoris et Henricum abbatem et conventum Pratelli^(a) communi consilio et consensu utriusque conventus, anno ab Incarnatione Domini M° C° LXX° II^{do(b)}, terminata est in hunc modum : Rogerius abbas^(c) et conventus Sancti Salvatoris communi consilio in perpetuum concesserunt ecclesie Pratelli quicquid beneficii habuerunt in Nova Villa juxta opidum^(d) de *Drincurt* sita et in ecclesia et in molendino et in nemore, in pratis et in campis et in omni alia possessione, hac conditione interposita : abbas videlicet Pratelli ecclesie Sancti Salvatoris quinquaginta et quinque solidos monete per Normanniam generaliter discurrentis in festivitate apostolorum Petri et Pauli annuatim reddet. Cum igitur prenotatum beneficium in feudo meo et in protectione mea consistat, compositionem gratia illius beneficii ordinatam ratam habeo eamque divini amoris[e] intuitu concedo et, cum pater meus carta sua eam diligenter confirmavit[f], ego eque diligenter vel diligentius[g] auctoritate sigilli mei eam confirmo. Hujus rei testes fuerunt : Johannes de *Hodenc*[h]; Garnerius de *Hodenc*[i] ; Hugo de Bella Villa ; Ricardus de *Muntenni*[j] ; Ricardus *del Fosse* ; et alii multi.

(a) inter Henricum abbatem et conventum Pratelli et Rogerium abbatem et conventum Sancti Salvatoris *D*. — (b) millesimo centesimo septuagesimo secundo *D*. — (c) abbas Sancti Salvatoris *D*. — (d) *Sic BC* ; oppidum de Driencort *D*. — (e) divini eamque amoris *D*. — (f) eam diligenter carta confirmavit *D*. — (g) ego eam diligenter et diligentius *D*. — (h) Hodent *D*. — (i) Hodent *D*. — (j) Monteni *D*.

B139

[1214, 9 septembre-1215, 14 janvier].

Le doyen R(ichard), le trésorier T(hibaud) et maître G(ilbert) de Marleiz, chanoines de Rouen, chargent le prieur de Cormeilles de faire comparaître devant eux, dans l'église majeure de Rouen, l'évêque de Lisieux, le lendemain de la Saint-Hilaire, afin de le confronter aux moines de Préaux ; ils lui demandent de leur rendre compte le jour même de cette convocation et d'avertir l'évêque, de leur part et de celle du pape, qu'il ne s'avise de porter préjudice aux moines au sujet du droit de patronage de l'église de Toutainville. Ils avaient en effet reçu une lettre du pape donnée à Viterbe le 9 septembre 1214 spécifiant que les moines en avaient appelé à lui après que l'évêque avait récusé la nomination du prêtre R. à la cure de Toutainville, et les avait chargé de confronter les parties, de juger l'affaire et d'en faire respecter le jugement sous peine de censure ecclésiastique.

B. Cart. XIIIe siècle, fol. 15v-16, n° 29, sous la rubrique : « *Iste littere impetrate fuerunt a summo pontifice et nunc valuerunt pro jure patronatus ecclesie de Tustiniwilla* ». La copie de cet acte a été cancélée par deux traits rouges au moment de la transcription de la rubrique. [Copie partielle Delisle, Bibl. nat. de Fr., nouv. acq. lat. 1025, fol. 15, n° 29].

Cet acte est postérieur à la lettre d'Innocent III datée du 9 septembre 1214, et antérieur au lendemain de la Saint-Hilaire suivante, fêtée le 13 janvier 1215. Les chanoines de Rouen cités ici sont Richard de Malapalude, doyen depuis 1198 (V. Tabbagh, *Fasti ecclesie Gallicanae*, t. II, p. 344, n° 4179) ; Thibaut d'Amiens, trésorier entre 1211 et 1221, avant de devenir archevêque en 1222 (*ibid.*, p. 373, n° 4016). G. de Marleiz peut être Guillaume de Marleiz (*ibid.*, p. 205, n° 4395) attesté chanoine en 1207, ou plus probablement Gilbert de Marleiz, chanoine et maître entre 1198 et 1231 (*ibid.*, p. 184, n° 4185).

R(icardus) decanus, T(heobaldus) thesaurarius et magister G(ilbertus) de *Marleiz,* canonici Rothomagenses[a], dilecto sibi in Christo priori de Cormeliis, salutem in Domino. Mandatum domini pape suscepimus in hec verba : « Innocentius episcopus, servus servorum Dei, dilectis filiis, decano, thesaurario et magistro G. de *Marleiz,* canonicis Rothomagensibus[b], salutem et apostolicam benedictionem. Dilecti filii, abbas et conventus Sancti Petri de Pratellis, nobis conquerendo monstrarunt quod venerabilis frater noster, Lexoviensis episcopus, super jure patronatus ecclesie de *Tosteinville* eisdem injuriosus existens, R. presbiterum, quoniam ad eamdem canonice presentarunt, admittere recusavit pro sue libito voluntatis. Quare ipsi, ne quid super ordinatione ipsius ecclesie in eorum prejudicium fieret, nostram audientiam appellarunt. Quocirca discretioni vestre per apostolica scripta mandamus quatinus, partibus convocatis, audiatis causam et quod canonice fuerit, appellatione postposita, statuatis, facientes quod statueritis per censuram ecclesiasticam firmiter observari. Testes autem et cetera. Quod si non omnes et cetera. Nullis litteris et cetera. Datum Viterbii, V idus septembri, pontificatus nostri anno septimo decimo ». Hujus igitur auctoritate mandati vobis mandamus quatinus dictum dominum Lexoviensem citetis et in crastino Sancti Hilarii coram nobis apud Rothomagum in majori ecclesia appareat dictis abbati et conventui secundum formam mandati apostolici responsurus et juriperiturus et de citatione facta nos ea die certificetis. Ipsum episcopum moneatis attencius ex parte domini pape et nostra, ne quid super ordinatione ipsius ecclesie in dictorum monachorum prejudicium et domini pape contemptum presumat attemptare super hoc, nos nichilominus ea die certificantes. Valete.

(a) Rothom *suivi d'un tilde BC.* — (b) *idem.*

B140

1214, 30 mars-1215, 19 avril.

Thomas, abbé de Préaux, fait savoir que avec l'accord des moines il a confirmé à la Vierge Marie quarante sous affectés à la confection de cierges pour éclairer de jour et de nuit son autel en l'abbatiale les jours de fête de l'année, les jours de fête mariale, tous les samedis depuis le soir jusqu'au dimanche et aux messes privées célébrées sur cet autel. Le sacriste recevra chaque année des mains d'un moine choisi par ses pairs les quarante sous perçus sur les hommes désignés par l'abbé : dix sous perçus à la Saint-Michel sur Raoul Ferme, sept sous et trois deniers à la Saint-Jean Baptiste [24 juin] sur Hugues Fort-escu et Geoffroy son frère, quatre sous sur Roger Mansel, quatre autres sous sur Philippe Malet, quatre sous sur Richard fils d'Helie, douze deniers à la Saint-Michel sur Doquin, rentes que l'abbé Thomas a acquises après le décès de l'abbé Guillaume ; dix sous à la Saint-Michel mineure [8 mai] sur Pierre de Londe, rente non constituée par Thomas mais pour laquelle il a résigné neufs setiers d'avoine, à savoir six setiers sur Raoul Camp d'avoine et trois setiers Osberne Gobic, qu'il avait acquis, excepté les autres rentes, services et coutumes lui appartenant. Le moine qui aura à remettre les quarante sous pourra faire justice si les deniers ne sont pas versés au terme fixé. En échange, le prieur Raoul de Freneuse a donné à l'abbé trente livres pour la réparation du dortoir.

B. Cart. XIIIe siècle, fol. 79-v, n° 206, sous la rubrique : « *De redditibus quos Radulfus de Fresnoise, tunc temporis sacrista, comparavit ab abbate Thoma in cereis ad honorem beate Marie perpetue Virginis singulis diebus in missarum celebratione expendendis* ». [Copie Delisle, Bibl. nat. de Fr., nouv. acq. lat. 1025, fol. 82-83, n° 206].

C. Cart. XVe siècle, fol. 59-v-59bis, n° 186.

Universis sancte matris Ecclesie filiis ad quos presens scriptum pervenerit, Thomas, Dei gratia abbas Sancti Perti de Pratellis, salutem in vero Salutari. Noverit universitas vestra nos de communi assensu tocius capituli nostri dedisse et presenti carta confirmasse beate Marie XL solidos ad faciendos cereos ad illuminationem altaris ejusdem in nostra ecclesia existentis de die et nocte, singulis festis annualibus, et ad omnes similiter ejusdem Virginis festivitates et omnibus diebus sabbati a completorio usque ad sequentem diem dominicam et ad missas privatas ad idem altare celebrandas, preter illas consuetudines cereorum, quos sacrista debet ad illuminationem dicti altaris de die et nocte in festis annualibus et in festivitatibus dicte beate Virginis recipiendos singulis annis per manum alicus^(a) ex monachis nostris, cui conventus in hec videbitur assentire. Hos autem denarios assignavimus percipiendos in istis hominibus videlicet : in Radulfo *Ferme* X solidos ad festum sancti Michaelis, in Hugone *Fort escu* et Guafredo, fratre ejus, VII solidos et IIII denarios ad festum sancti Johannis Baptiste, in Rogero *Mansel* IIII^(b) solidos ad idem festum, in Philippo *Malet* IIII^(c) solidos ad eumdem terminum, in Ricardo filio Helie IIII^(d) solidos ad idem festum, in *Doquin* XII denarios ad festum sancti Michaelis. Quos post decessum pie memorie Willelmi abbatis, predecessoris nostri, et susceptionem nostram regiminis predicte ecclesie ab eisdem hominibus et eorum heredibus comparavimus. Assignavimus preterea in Petro de Londa X solidos ad minus festum sancti Michaelis, qui de comparatione nostra non sunt, sed pro eis IX sextarias avene, videlicet in Radulfo *Camp d'aveine* VI septuarios^(e) et in Osberno *Gobic* III sextarias que adquisivimus, resignavimus, salvis aliis redditibus, servitiis et consuetudinibus que ad manum nostram de dictis hominibus noscuntur pertinere. Monachus autem, ad cujus manum per voluntatem conventus nummi prefati devenient, pro eisdem predictis terminis in predictos homines justiciam suam poterit exercere. Pro hac vero donatione nostra et confirmatione dedit nobis Radulfus de *Fresnose*, tunc temporis prior et sacrista, XXX[f] libras turonensium ad reparationem nostri dormitorii expendendas[g]. Ne hoc autem aliqua possit in posterum malignitate divelli, presenti scripto et sigilli nostri testimonio simul com[h] sigillo conventus dignum duximus roborari. Si quis vero contra hoc factum nostrum decetero aliquid attemptare presumpserit, anathematis sententiam in capitulo nostro a singulis presbiteris in die sancto Resurrectionis dominice promulgatam se noverit incursurum. Hoc autem factum fuit anno gracie M° CC° quarto decimo.

(a) *Sic B, corrigé en* alicujus *C*. — (b) IIII[or] *C*. — (c) IIII[or] *C*. — (d) IIII[or] *C*. — (e) *Sic B*, sextarias *C*. — (f) *Dans la marge de B, d'une main du XVe siècle (M)* Sacrista emit ab abbate et de pecuniis dormitorium reparatur. — (g) *ibid*., Excommunicant abbas et singuli sui presbiteri. — (h) *Sic B*.

B141

1216, 30 juin. — [Lisieux].

Guillaume de Salerne, fils du chevalier Gilbert de Boissy, donne en pure aumône à l'abbaye Saint-Pierre de Préaux, pour le salut de son âme et de celles de ses ancêtres, deux tiers de la dîme que lui et ses ancêtres possédaient à Saint-Cyr de Salerne. Les moines, en retour, lui accordent un don gratuit de quinze livres tournois.

B. Cart. XIIIe siècle, fol. 11, n° 17, sous la rubrique : « *Karta Willelmi de Salerna super duabus garbis quas concessit ecclesie Pratelli* » ; dans la marge, d'une main du XVIIIe siècle : « Donation de la dixme de St Cir de Salerne ». [Mention Delisle, Bibl. nat. de Fr., nouv. acq. lat. 1025, fol. 10, n° 17].

C. Cart. XVe siècle, fol. 9-v, n° 16.

a. A. Le Prévost, *Mémoires*, t. III, p. 98.

INDIQUÉ : Charpillon, Caresme, *Dictionnaire*..., t. II, p. 765.

Cet acte fut confirmé par l'évêque de Lisieux Jourdain du Hommet le même jour (**B142**) et peu après par Roger, frère de Guillaume de Salerne (**B145**). Gilbert de Boissy est certainement le frère de Richard de Lamberville, qu'il accompagne parmi les témoins d'une autre charte pour Préaux (**B32**) entre 1152 et 1167 ; il est attesté comme témoin entre 1182 et 1192 dans une charte de confirmation de l'évêque de Lisieux Raoul de Varneville donnée en faveur du Bec (A. Le Prévost, *Mémoires*, t. I, p. 360).

Sciant presentes et futuri quod ego Willelmus de Salerna, filius Gisleberti Boissei militis, dedi et concessi pro salute anime mee et antecessorum meorum, do et ecclesie Sancti Petri de Pratellis et monachis ibidem Deo servientibus duas garbas decime, quas in parrochia Sancti Cirici de Salerna ego et antecessores mei jure hereditario possederamus, in puram et perpetuam elemosinam libere possidendas. Post hanc donationem et concessionem meam dicti abbas et conventus, intuitu caritatis et ex mera liberalitate sua, dederunt mihi quindecim libras turonensium quas mihi integre persolverunt. Ne autem aliquorum malignitate futuris temporibus hec mea donatio et concessio valeat revocari, ipsam presenti scripto et sigilli mei munimine confirmavi. Actum est hoc anno Domini M° CC° sexto decimo, II kalendas julii.

B142

1216, 30 juin. — Lisieux.

Jourdain [du Hommet[33]*], évêque, Guillaume, doyen, et le chapitre de Saint-Pierre de Lisieux notifient que Guillaume de Salerne, fils de Gilbert de Boissy, chevalier, a donné en pure aumône pour le salut de son âme et celles de ses ancêtres à l'abbaye Saint-Pierre de Préaux deux tiers de la dîme de Saint-Cyr de Salerne qu'il tenait de ses ancêtres. L'évêque, qui présidait à cette donation, a reçu l'aumône des mains de Guillaume.*

B. Cart. XIIIe siècle, fol. 10v-11, n° 16, sous la rubrique : « *Confirmatio Jordani episcopi, W[illelmi] decani et capituli Lexoviensis super decima quam Willelmus de Salernia dedit ecclesie Pratelli* » ; dans la marge, de la main de M : « *Due partes in decimis garbarum in Sancto Cyrico nobis donate sunt et confirmate per episcopum et capitulum Lexovienses* » et d'une main du XVIIIe siècle : « La dixme de St Cir de Salerne ». [Copie partielle Delisle, Bibl. nat. de Fr., nouv. acq. lat. 1025, fol. 10, n° 16].

C. Cart. XVe siècle, fol. 9, n° 15.

INDIQUÉ : A. Le Prévost, *Mémoires*, t. III, p. 98.

Universis sancte matris Ecclesie fidelibus ad quos presens scriptum pervenerit, Jordanus, Dei gratia episcopus, Willelmus decanus et capitulum Sancti Petri Lexoviensis, salutem in Domino. Noveritis quod Willelmus de Salerna[(a)], filius Gisleberti Boissei, militis, dedit et concessit in presentia nostra Deo et ecclesie Sancti Petri de Pratellis et monachis ibidem Deo servientibus pro salute anime sue et antecessorum suorum in puram et perpetuam elemosinam duas garbas decime quas in parrochia Sancti Cyrici de Salerna[(b)] idem Willelmus et antecessores sui jure hereditario possederant, me episcopo auctoritatem et consensum prebente et eodem Willelmo dictas decimas in manu nostra elemosinante. Et, ne hoc in posterum revocetur in dubium, presens scriptum sigillorum nostrorum

---

33. Jourdain du Hommet, évêque de Lisieux, 1202-1218.

appositione duximus confirmandum. Actum est hoc anno Domini M° CC° sexto decimo, apud Lexoviensem[(c)], II kalendas julii.

(a) *Dans la marge de B, d'une main du XVIIe siècle* La dixme de Saint Cir de Salerne. — (b) *Au même endroit, d'une main du XV[e] siècle* Duas partes in decimis gerbarum in Sancto Cyrico nobis donate sunt et confirmate per episcopum et capitulum Lexovienses. — (c) Lexovien *suivi d'un tilde B* ; Lex *suivi d'un tilde C.*

B143

[...1200-1216].

Hugues l'Ab[b]é de Triqueville fait savoir qu'il a donné à l'abbaye Saint-Pierre de Préaux en perpétuelle aumône, pour le salut de son âme et celles de ses ancêtres, toute la rente qu'il percevait sur ses hommes du Mesnil, à savoir Robert Hai, fils d'Eustachie, et Gautier le Lievre : trois sous à la Saint-Michel [29 septembre], trois chapons et trois deniers à Noël, quarante œufs et trois deniers à Pâques ainsi que toute les coutumes qu'ils lui devaient.

B. Cart. XIIIe siècle, fol. 62, n° 150, sous la rubrique : « *Item karta Hugonis* l'Abé *de Treguewilla de redditu toto apud* Le Mesnil *in Roberto* Hai *et in Walterio Lepore* ». [Copie partielle Delisle, Bibl. nat. de Fr., nouv. acq. lat. 1025, fol. 66, n° 150].

C. Cart. XVe siècle, fol. 45v-46 , n° 132.

Hugues l'Abbé de Triqueville et Hugues de Triqueville sont une seule et même personne : cette donation est forcément antérieure à 1216 puisqu'elle est développée dans l'acte **B146**. Hugues l'Abbé est frère d'Eustache le Clerc de Triqueville qui apparaît dans les actes **B51, B160-B162**.

Sciant presentes et futuri quod ego Hugo *l'Abé* de Tregevilla[(a)] dedi et presenti carta confirmavi pro salute anime mee et pro animabus antecessorum meorum Deo et ecclesie Sancti Petri de Pratellis et monachis ibidem Deo servientibus totum redditum quem solebam percipere in hominibus meis de *Mesnil*, scilicet in Roberto *Hai*, filio Eustacie, et in Walterio Lepore : videlicet tres solidos ad festum sancti Michaelis et III capones et tres denarios ad Nathale et LX ova et III denarios a Pascha[(b)] et quecumque mihi agere consueverunt ; ita quod in eisdem hominibus nichil mei juris retinui tenendum et habendum in perpetua elemosina integre et absolute. Et, ut hoc duret in perpetuum, hujus scripti testimonio et sigilli mei munimine confirmavi.

(a) Tregeville *C.* — (b) *Sic B, compr.* ad Pascham *(?)* ; Pasca *C.*

B144

[1198, 8 janvier-1216].

Le chantre, l'écolâtre et maître R(ichard), chanoines de Coutances, font savoir qu'ils ont reçu mandat du pape Innocent III de mettre un terme au différend qui opposait l'évêque d'Avranches et les moines de Saint-Pierre de Préaux à propos de la terre de Saint-Benoît, appartenant aux moines, située à l'intérieur des limites du manoir de l'évêque d'Avranches à Saint-Philibert[-sur-Risle] et qu'ils ont recueilli les dépositions des parties : l'évêque s'est plaint en leur présence que l'abbé et les moines de Préaux empêchaient leurs hommes résidents sur cette terre d'acquitter les services qu'en tant que seigneur de ce fief l'évêque devait recevoir et que ses prédécesseurs avaient de tout temps obtenus des laboureurs résidant sur ce domaine ; il a exigé en outre de l'abbé que celui-ci lui prête serment de fidélité en vertu de ce fief. L'abbé de Préaux a reconnu pour sa part, en présence de nombreuses personnes, que ces services étaient dus à l'évêque ainsi qu'à ses successeurs et que, si certains de ses hommes refusaient de les accomplir, le prélat pourrait par ses sergents exercer sa justice sur les défaillants et, si par hasard ceux-ci se réfugiaient, dans l'espoir d'y échapper, au manoir de l'abbé, celui-ci ne pourrait leur accorder protection, de sorte que les sergents de l'évêque pourraient là aussi exercer leur justice. L'abbé et les moines qui réclamaient en outre un délai pour le serment, l'ont obtenu.

B. Cart. XIIIe siècle, fol. 16-v, n° 30, sous la rubrique : « *Quomodo sopita est controversia que vertebatur inter episcopum Abrincensem ex una parte et abbatem et conventum de Pratellis* ». [Copie partielle Delisle, Bibl. nat. de Fr., nouv. acq. lat. 1025, fol. 15, n° 30]. — *B²*. Cartulaire du chapitre cathédral d'Avranches, Avranches, bibl. mun. ms. 206, fol. 33-v, n° 38.

C. Cart. XVe siècle, fol. 10v-11, n° 21.

a. H. Müller, *Päpstliche Delegationsgerichtsbarkeit...*, t. II, p. 390-392, n° 240.

La datation de cette charte est déterminée par les dates du pontificat d'Innocent III. Richard Hairon, chanoine de Coutances, fut témoin de deux chartes autrefois conservées dans le fonds de l'abbaye d'Aunay, dans la Manche : en 1192 il est témoin de la charte de Guillaume de Soule qui confirme aux moines d'Aunay la donation effectuée par son père Guillaume de la chapelle du Maisnil-Hascof (Arch. dép. Manche, H4) ; à nouveau en 1198, il atteste un acte de l'évêque Guillaume de Coutances qui confirme l'abandon par Raoul de Breully en faveur des moines d'Aunay, en présence du connétable Richard du Hommet, mort en 1179-1180, de ses droits sur les églises Notre-Dame et Saint-Martin de Cenilly (Arch. dép. Manche, H21).

Universis sancte matris Ecclesie filiis ad quos presens scriptum pervenerit, cantor, magister scolarum et magister R(icardus) *Hairon*, canonici

Constantienses[a], salutem in vero salutari[b]. Causam que inter venerabilem patrem nostrum Abrincensem[c] episcopum ex una parte et viros venerabiles[d], abbatem videlicet et conventum de Pratellis, vertebatur ex altera de mandato summi pontificis Innocentii tercii suscepimus terminandam. Partibus igitur in nostra presentia constitutis, prefatus episcopus proposuit coram nobis quod, cum abbas et conventus predicti terram quamdam infra limites manerii Sancti Phileberti[e], que quidem terram Sancti Benedicti vocatur, teneant et possideant, cum predecessores ipsius in eadem terra precarialis[f] hominum in eadem residentium, aratorum videlicet et traharum[g], ratione obsequii tamquam domino feodi debitas ab antiquo habuerint et ab omnibus in predicto fundo residentibus huc usque sine contradictione receperint, dicti abbas et conventus presumebant pro sue voluntatis arbitrio impedire quominus supradictus episcopus suprascripta servitia in terra prefata haberet[h]. A predicto siquidem abbate nichilominus exigebat ut ratione predicti feodi eidem et successoribus suis juramentum fidelitatis[i] prestaret et reverentiam patronam[j] debitam exiberet. Abbas autem et conventus, causam, ut videbatur, injustam fovere nolentes, prout episcopus asserebat premonita[k] servitia, sicut episcopus petebat, eidem et successoribus suis deberi in jure, multis assistensibus[l] coram nobis, confessi sunt ita tamen quod, si aliqui hominum suorum ad submonitionem episcopi dicta facere servicia recusaret[m], dominus episcopus vel ejus successores in ipsos tamquam indeficientes per servientes suos justiciam suam poterunt exercere[n] et, si forte ad domum propriam abbatis et conventus spe subterfugii homines eorum confugerent, prefata[o] domus ipsis vel manerium patrocinium[p] prestare non poterit[q] quominus ibi super eos[r] episcopus vel ejus successores per servientes suos liberam suam justiciam exercerent. Super fidelitate autem, quam episcopus ab eis exigebat, inducias dilatorias petierunt et petitas, prout jus exigebat et ratio, reportare meruerunt. Cum igitur, confessionibus in jure factis, standum sit et judicum potius intersit lites dirimere quam fovere, ne predictorum abbatis et conventus confessio coram nobis in jure facta[s] super servitiis tractu temporis valeat amboleri[t], eam in scriptis redigere et sigillorum nostrorum munimine duximus roborandam, per diffinitivam nichilominus sentenciam dicta servitia, prout suprascriptum est, episcopo et successoribus suis adjudicantes et super eorum defensione[u] vel impedimento illicito prefatis abbati et conventui perpetuum silentium imponentes. In aliis autem de quibus ne per probationes nec[v] per confessionem in jure factam ad plenum nobis liquere poterat, utrique parti jus illibatum et integrum, prout ratio exigit, decrevimus conservandum.

(a) Const *suivi d'un tilde* BC. — (b) salutem in Domino *B²*. — (c) Abrinc *suivi d'un tilde BC*. — (d) venerabiles viros *B²*. — (e) Sancti Philiberti *B²*. — (f) S*ic BC, corr.* precarias ; precarias *B²*. — (g) trhaarum *BC* ; traharum *B²*. — (h) BC *s'arrêtent là,* B² *poursuit* et pacifice possideret. — (i) fidelitatis *omis B²*. — (j) *Sic* BC*, corr.* patrono. — (k) prenominata *B²*. — (l) asistentibus *B²*. — (m) *Sic BC, corr.* recusarent. — (n) exercere poterunt *B²* ; exercere *C*. — (o) predicta *B²*. — (p) *Sic BB²C, corr.* manerium vel patrocinium. — (q) poterat, *corrigé en* poterit *par le copiste B* ; poterat *C*. — (r) eorum *B².—* (s) facta in jure *B²*. — (t) aboleri *B²*. — (u) detentione *B²*. — (v) ne *B²*.

B145

[1216, 30 juin-1217, 26 mars].

Roger de Salerne, fils du chevalier Gilbert de Boissy, héritier de son frère Guillaume de Salerne, notifie qu'il a concédé et confirmé pour le salut de son âme et celui de ses ancêtres l'aumône faite par son frère faveur de l'abbaye de Préaux : deux tiers de la dîme que Guillaume, comme ses ancêtres, avait possédés en la paroisse de Saint-Cyr de Salerne. Roger a en outre renoncé à la réclamation qu'il faisait concernant ces biens compte tenu des chartes de son frère et de la confirmation de Jourdain, évêque, et du chapitre de Lisieux. Il reçoit en échange des mains de l'abbé Thomas un don gratuit de douze livres tournois.

B. Cart. XIIIe siècle, fol. 67v, n° 168, sous la rubrique : « *Karta Rogerii de Salerna super querela et clamio quod faciebat versus nos de donatione Willelmi, fratris sui, de duabus garbis decime$^{(a)}$ terre sue* ». [Copie partielle Delisle, Bibl. nat. de Fr., nouv. acq. lat. 1025, fol. 72, n° 168].

C. Cart. XVe siècle, fol. 50, n° 149.

a. A. Le Prévost, *Mémoires*, t. III, p. 98.

Cette charte est postérieure à celle de l'évêque de Lisieux Jourdain, donc au 30 juin 1216 (voir ci-dessus **B142**).

Notum sit tam presentibus quam futuris quod ego Rogerus de Salerna, filius Gilleberti de Boisseio, militis, remisi pro salute anime mee et antecessorum meorum clamium et querelam quam habebam adversus ecclesiam et monachos Sancti Petri de Pratellis super donatione et elemosina quam Willelmus de Salerna, frater meus, fecerat dicte ecclesie Sancti Petri et monachis ibidem Deo servientibus et servituris de duabus garbis decime quas in parrochia Sancti Cirici de Salerna tam idem Willelmus quam antecessores nostri jure hereditario possederant. Ego igitur Rogerus, heres predicti Willelmi, fratris mei, pro certo sciens et intellegens dictam elemosinam dictis monachis juste factam$^{(b)}$, eam liberaliter concedo et presenti carta mea confirmo, ut ipsi eam habeant et possideant in perpetuum libere, quiete et pacifice, scilicet juxta tenorem cartarum quas ipsi habent super eadem elemosina tam de donatione predicti Willelmi, fratris mei, quam de confirmatione domini Jordani episcopi et capituli Lexoviensis. Pro hac concessione et confirmatione mea recepi de caritate predicte ecclesie Sancti Petri XIII^{cim} libras turonensium per manum Thome, tunc abbatis. Ut ergo hec concessio et confirmatio mea inviolabilem optineat perhenniter, presens scriptum sigilli mei impressione roboravi. Actum anno gracie M° CC° XVI°.

(a) X^{me}C. — (b) *Sic* B, *compr.* esse ; *le copiste de C à suppléé ce manque en ajoutant* esse *qu'il a ensuite cancélé, ce mot ne se trouvant pas dans* B.

B146

1216, 10 avril-1217, 26 mars.

Hugues [l'Abbé] de Triqueville, chevalier, fait savoir qu'il a donné à l'abbaye Saint-Pierre de Préaux en pure aumône, pour le salut de son âme, celui de ses ancêtres et pour l'entretien d'une lampe brûlant jour et nuit devant l'autel de la Vierge, le fief Piquefrei pour lequel Richard le Lievre et Gautier, son frère, lui rendaient chaque année à la Saint-Michel [29 septembre] quatre sous de monnaie courante, à Noël, quatre chapons et à Pâques, quarante œufs et quatre deniers et une journée de labour, rentes qu'eux et leurs héritiers devront désormais au sacriste de l'abbaye, Hugues et ses hoirs s'en portant garants. En échange de ce don, Raoul de Freneuse, prieur et sacriste de l'abbaye, lui a accordé un don gratuit de quatre livres tournois ; son épouse a reçu une guimple de trois sous.

B. Cart. XIIIe siècle, fol. 61v-62, n° 149, sous la rubrique : « *Karta Hugonis de Treguewilla*[(a)] *de feodo* Piquefrei *quod tenet Walterius* le Lievre *et illud comparavit Radulfo de* Freisnoise[(b)]». [Copie partielle Delisle, Bibl. nat. de Fr., nouv. acq. lat. 1025, fol. 66, n° 149].

C. Cart. XVe siècle, fol. 45v, n° 131. Dans la marge : « *Sacrista IIII solidos, IIII capones, IIII denarios, XL ova, IIII denarios* ».

a. A. Le Prévost, *Mémoires*, t. III, p. 308.

Sciant presentes et futuri quod ego Hugo de Tregevilla, miles, dedi et concessi et presenti carta confirmavi in puram et perpetuam elemosinam pro salute anime mee et antecessorum meorum Deo et ecclesie Sancti Petri de Pratellis ad luminare lampadis ante altare beate Marie in eadem ecclesia semper ardentis integre feodum *Piquefrei* de quo Ricardus *le Lievre* et Walterius, frater ipsius, reddebbant mihi annuatim quatuor[(c)] solidos usualis monete ad festum sancti Michaelis et ad Nathale IIII[or] capones et IIII[or] denarios et ad Pascha quadraginta[(d)] ova et IIII[or] denarios et unam dietam carruce. De quo feodo et redditu ipsi et heredes eorum sacriste predicte ecclesie tenebuntur amodo respondere, sicut mihi tenebantur. Hanc autem elemosinam ego et heredes mei prefate ecclesie tenebimur garantizare. Pro hac vero donatione mea et concessione dedit mihi Radulfus de *Frainose*, tunc temporis prior et sacrista predicte ecclesie, de caritate domus IIII[or] libras turonensium et uxori mee unam gimplam trium solidorum. Et, ne hoc aliquo tractu temporis possit in dubium revocari aut aliqua malignitate divelli, id ipsum presenti scripto et sigilli mei testimonio confirmavi. Actum anno gracie M° CC° sexto decimo.

(a) Treguevilla *C*. — (b) Freisnose *C*. — (c) IIII[or] *C*. — (d) XL[ta] *C*.

B147

1216, 10 avril-1217, 26 mars.

Geoffroy Kevrel, fils d'Hugues Kevrel, fait savoir qu'il a confirmé à l'abbaye de Préaux le tènement, situé près de la Porte Morant à Neufchâtel, qu'Alleaume Burnel, bourgeois de Neufchâtel, avait tenu à titre héréditaire de Guillaume Kevrel, aïeul de Geoffroy, puis d'Hugues Kevrel, avant de le donner aux moines. Ceux-ci le tiendront en aumône de Geoffroy et de ses héritiers, comme Alleaume Burnel l'avait tenu, contre une rente annuelle de deux sous de monnaie courante en Normandie, payable à la Nativité de saint Jean-Baptiste, pour tous services et tailles appartenant à Geoffroy, sauf les tailles de ce fief si son seigneur le requiert ; en vertu de quoi Geoffroy s'engage à garantir ce tènement. En échange, les moines lui ont accordé un don gratuit de soixante sous tournois.

B. Cart. XIIIe siècle, fol. 56-v, n° 129, sous la rubrique : « *Karta Gaufridi* Kuevrel, *filii Hugonis* Kevrel, *de omni tenemento quod Alermus* Burnel, *burgensis de Novo Castello, dedit ecclesie Pratelli*[(a)] *apud Novum Castellum de* Drincort *pro quo tenemento monachi de Pratellis dederunt ei XL solidos* ». [Copie partielle Delisle, Bibl. nat. de Fr., nouv. acq. lat. 1025, fol. 60-61, n° 129].

C. Cart. XVe siècle, fol. 41-v, n° 114.

Sciant omnes presentes et futuri quod ego Gaufridus *Kevrel*, filius Hugonis *Kevrel*, concessi et presenti carta confirmavi Deo et ecclesie Sancti Petri de Pratellis et monachis ibidem Deo servientibus totum tenementum quod Alermus *Burnel*, burgensis de Novo Castello, dedit predictis monachis. Quod tenementum Alermus *Burnel* tenebat de Willelmo *Kevrel*, avo meo, sicut suum proprium hereditagium, apud Portam *Morant* tenendum et possidendum predictis monachis de me et de meis heredibus in perpetuam elemosinam libere et quiete, pacifice et hereditarie, sicuti dictus Alermus *Burnel* tenuit de Willelmo *Kevrel*, avo meo, et de Hugone *Kevrel*, patre meo, videlicet per duos solidos usualis monete currentis per Normanniam annuatim reddendos ad Nativitatem sancti Johannis Baptiste mihi vel heredibus meis de predictis monachis pro omnibus redditibus et servitiis, querelis et tailliis ad me pertinentibus, salvis tantum rationabilibus tailliis ad tantum feodi pertinentibus, com[(b)] forte in feodo meo venerint a capitali domino meo illius feodi. Pro hac autem concessione dederunt mihi predicti monachi de Pratellis LX solidos turonensium de caritate sue domus et dictis monachis prenominatum tenementum debeo garantizare per antedictum redditum de me et de meis heredibus contra omnes. Ut autem hoc ratum et stabile dictis monachis in perpetuum permaneat, ego Gaufridus *Kevrel* sigilli mei munimine confirmavi. Actum fuit hoc anno Domini M° CC° sextodecimo. Testibus his : Roberto *Soein*, tunc temporis Novi Castelli preposito ; Rogerio de *Canchi* ;

Johanne *Lovel* ; Johanne Villano ; Willelmo *Amiot* ; Renoudo de Bardovilla ; Radulfo *Frapesauge*, serviente domino rege ; cum multis aliis.

(a) Pratellensi *C*. — (b) Sic *B*.

B148

[1204-1217].

Robert Escarbot fait savoir qu'il a concédé à l'abbaye Saint-Pierre de Préaux le droit qu'il revendiquait sur le patronage de l'église Saint-Vigor de Brucourt, trois acres de terre à Bouley, deux sous tournois à percevoir sur Guillaume du Vic, deux oies en septembre, deux pains, deux chapons à Noël, trois pains et trente œufs à Pâques et neuf deniers manceaux, sur Herbert Waigne. Si ceux-ci n'acquittent pas ces droits aux termes fixés, l'abbé se fera justice sur ces fiefs. Il a en outre concédé la demie acre de roseaux que son oncle Hugues de Brucourt avait donnée aux moines.

B. Cart. XIIIe siècle, fol. 81, n° 211. Sans rubrique. Dans la marge : « Rouville ». [Copie partielle Delisle, Bibl. nat. de Fr., nouv. acq. lat. 1025, fol. 85, n° 211].

C. Cart. XVe siècle, fol. 59bis v, sans numéro d'ordre. Dans la marge, d'une écriture de gros module du XVe siècle : « Saint Vigor de Brucourt ». Dans l'index du cartulaire, un titre est inséré : « *Quomodo jus presentandi quod habebat Robertus* Escarbot *in ecclesia Sancti Vigoris de Brucicuria datum fuit ecclesie* Pratelley ».

Le paiement en deniers tournois des rentes ici détaillées laisse penser que cet acte est postérieur à 1204, si l'on en juge par la présence de cette monnaie dans les sources de Préaux. Robert Trihan, témoin de cette charte, est mort avant 1217, date à laquelle son épouse Lucie fait donation au prieuré de Saint-Ymer-en-Auge de neuf vergées de terre sises à Torqueue, pour le salut de l'âme de son mari enterré au prieuré (Cartulaire de Saint-Ymer, Bibl. nat. de Fr., lat. 2097, n° 24, p. 45) ; il est cité également dans le rôle de l'Échiquier de 1198 (Lechaudé d'Anisy, *Magni Rotuli*..., p. 30). Hugues Boutevilain, témoin lui aussi, contracte un accort avec l'abbaye de Troarn, en 1220, au sujet de la chapelle de l'hôpital de Varaville (Arch. dép. du Calvados, H 7745, n° 231, fol. 84v ; et cartulaire blanc, Bibl. nat. de Fr., lat. 10086, fol. 48 et L. Musset, *Le cimetière*..., p. 25, n. VI) ; on voit apparaître par ailleurs ce dernier dans les rôles de l'Échiquier en 1198. Sur Robert Escarbot, voir **B20**, **B21** ; son fils, Raoul Boson, confirme cette donation quelques années après (**B200**). Un Raoul Escarbot donne à de l'abbaye de Mondaye deux boisseaux de froment (L. Delisle, *Cartulaire normand*, d'après le cartulaire de Mondaye, p. 216, n° 902). Dans le registre de Philippe Auguste, c'est un Richard Escarbot qui tient les terres de Criqueville (Lechaudé d'Anisy, *Scaccarium*..., p. 186).

Notum sit omnibus tam presentibus quam futuris ad quod presens scriptum pervenerit quod ego Robertus *Escarbot* dedi et concessi domui Sancti Petri de Pratellis hoc quod ego clamabam in presentatione ecclesie Sancti Vigoris de Bruecuria, tres acras terre in Boleio et II solidos turonensium in Willelmo de Vico et II aucas in septembri et II panes et II capones ad Nathale et tres panes et XXX ova ad Pascha et IX cenomanenses in Herberto *Waeigne*. Et, si predicti homines hec non reddiderint ad terminos, abbas jamdicte domus super hiis[a] justiciam faciet in feodis. Preterea concessi supradicte domui ut amodo in competenti loco habeat dimidiam acram arundineti quam Hugo de Bruecuria, avunculus meus, eidem donavit. Quod, ut ratum et stabile permaneat in posterum, presentis scripti attestatione et sigilli mei munimine roboravi. Testibus hiis[b] : Roberto *Triban* ; Henrico de Pinu ; Thoma *Maniant* ; Radulfo de *Hoilant* ; Roberto, presbitero de Krequevilla ; Hugone *Botevilain* ; et aliis.

(a) *Sic BC.* — (b) *Sic BC.*

B149

1217, 26 mars-1218, 15 avril.

Maître Henri Toroude d'Étreville confirme pour le salut de son âme et celui de ses ancêtres la donation que ceux-ci ont faite en faveur de l'abbaye Saint-Pierre de Préaux : quinze acres de terre jouxtant le manoir des moines contre dix livres tournois que les moines lui ont versées ; Henri et ses héritiers s'engagent à garantir cette terre.

B. Cart. XIIIe siècle, fol. 60, n° 142, sous la rubrique : « *Concessio et confirmatio magistri Henrici* Toroude *de XV acris terre adjacentibus manerio nostro de Esturwilla* » ; dans la marge : « Estreville ». [Copie partielle Delisle, Bibl. nat. de Fr., nouv. acq. lat. 1025, fol. 65, n° 142].

C. Cart. XVe siècle, fol. 44, n° 125.

Henri Toroude est un clerc, comme semble le confirmer son titre de *magister* ; ses ancêtres, Roger de l'Éprevier ou Richard, fils du prêtre Onfroi, apparaissent vers le milieu du XIIe siècle (voir **A197**).

Sciant presentes et futuri quod ego magister Henricus *Toroude* de Esturvilla ratam et gratam habeo et concedo pro salute anime mee et antecessorum meorum donationem quam idem antecessores mei fecerunt Deo et ecclesie Pratellensi et monachis ibidem servientibus Deo[a] de XV acris terre adjacentibus manerio ipsorum de Esturvilla. Pro hac concessione mea dederunt mihi abbas et conventus prenominate ecclesie X libras turonensium quas mihi integre persolverunt. Ego vero et heredes mei predictam terram predicte ecclesie tenemur garantizare. Et, ne hoc aliquo tractu temporis possit in dubium revocari aut aliqua malignitate divelli, presenti scripto et sigilli mei testimonio confirmavi. Actum anno gracie M° CC° X° VII°.

(a) Deo *omis C, remplacé par* videlicet.

B150

1218, 15 avril-1219, 7 avril.

Guillaume Haslé et Aubrée, son épouse, font savoir qu'il ont donné en pure aumône à l'abbaye Saint-Pierre de Préaux, pour le salut de leur âme et de celles de leurs ancêtres, alors qu'ils étaient reçus dans la fraternité des moines, la terre qu'ils tenaient de ceux-ci à Toutainville ainsi que ses dépendances.

B. Cart. XIIIe siècle, fol. 76v, n° 198, sous la rubrique : « *Karta Willelmi* Haslé[(a)] *de omni tenemento quod tenebat de nobis apud Tustiwillam quod totum nobis dedit, quando fraternitatem accepit* ». [Copie partielle Delisle, Bibl. nat. de Fr., nouv. acq. lat. 1025, fol. 80, n° 198].

C. Cart. XVe siècle, fol. 57-v, n° 179.

Sur la famille de Guillaume Haslé, dont les ancêtres sont à plusieurs reprises cités comme témoins des moines de Préaux, voir **A51**, **A55**.

Sciant presentes et futuri quod ego Willelmus *Haslé* et Alberada, uxor mea, dedimus et concessimus pro salute animarum nostrarum et antecessorum nostrorum Deo et ecclesie Sancti Petri de Pratellis et monachis ibidem Deo servientibus, quando receperunt nos in fraternitatem suam, totum illud tenementum quod tenebamus de illis apud Tostinivillam com[(b)] omnibus pertinentiis suis tenendum et habendum sibi in puram et perpetuam elemosinam. Et, ut hec donatio et concessio nostra rata et immutabilis perseveret, ego Willelmus eamdem presenti scripto et sigilli mei feci testimonio confirmari. Actum anno gracie M° CC° XVIII°.

(a) Hallé *C*. — (b) *Sic B* ; cum *C*.

B151

1219, 6 juillet.

Thomas d'Épaignes, fils d'Yves, fait savoir qu'il a donné à l'abbaye Saint-Pierre de Préaux en perpétuelle aumône, pour le salut de son âme et celles de ses ancêtres, tout le tènement que Geoffroy Hurterel tenait de lui avec toutes ses dépendances, la maison située entre la route du monastère et le duit de Tiemer, entre Anger Pantin et le verger de Guillaume Tiout.

B. Cart. XIIIe siècle, fol. 72v-73, n° 188, sous la rubrique : « *Karta Thome, filii Yvonis de Hispania, de omni tenemento quod tenuit de eo Gaufridus* Hurterel *cum omnibus suis pertinentiis et masagio* ». Dans la marge : « *Ad elemosinatorem* ». [Copie partielle Delisle, Bibl. nat. de Fr., nouv. acq. lat. 1025, fol. 77, n° 188].

C. Cart. XVe siècle, fol. 54-v, n° 169.

Sciant presentes et futuri quod ego Thomas, filius Yvonis de Hispania, dedi et concessi Deo et ecclesie Sancti Petri de Pratellis et monachis ibidem Deo servientibus pro salute anime mee et antecessorum meorum omne tenementum quod de me tenebat Gaufridus *Hurterel* com$^{(a)}$ omnibus ad me vel heredes meos pertinentibus et masagium illud quod est inter vicum de monasterio et doitum de *Tiemer* et inter Angeri$^{(b)}$ *Pantin* et virgultum Willelmi *Tiout* habendum et possidendum eidem ecclesie in puram et perpetuam elemosinam. Et, ut hec donatio mea et concessio rata permaneat et nulla possit in posterum machinatione revelli, presentis scripti testimonio et sigilli mei impressione roboravi. Anno Incarnationis Dominice M° CC° XIX°, mense julio, in octavis beatorum apostolorum Petri et Pauli.

(a) *Sic B.* — (b) *Sic BC, compr.* doitum Angeri Pantin *(?)*.

B152

1219, 7 avril-1220, 29 mars.

*Robert de La Houssaye, chevalier, fait savoir qu'il a donné en aumône, lors de sa prise d'habit à l'abbaye Saint-Pierre de Préaux, avec l'accord de son fils Thomas, le fief situé à Saint-Benoît[-des-Ombres] jouxtant la terre des moines, allant jusqu'à celle de l'évêque d'Avranches, que Gautier le Boulanger et Herbert le Vigneur avaient tenu de lui. Si son épouse Nicole (*Nicolaa*), pour cause de remariage, portait préjudice aux moines sur cette terre, son fils Thomas devrait la leur échanger contre une autre terre de valeur équivalente.*

B. Cart. XIIIe siècle, fol. 64-v, n° 159, sous la rubrique : « *Item karta Roberti de Housseia super omni feodo quod tenuerunt de eo apud Sanctum Benedictum Galterius* le Bolengir *et Herbertus* le Wigneor *pro monacatu suo* ». Dans la marge : « *Saint Benoist* ». [Copie Delisle, Bibl. nat. de Fr., nouv. acq. lat. 1025, fol. 69, n° 159].

C. Cart. XVe siècle, fol. 47v, n° 140.

Sciant presentes et futuri quod ego Robertus de Hosseia, miles, assensu et voluntate Thome, filii mei, dedi et presenti carta confirmavi Deo et ecclesie Sancti Petri de Pratellis et monachis ibidem Deo servientibus et servituris, quando in eadem ecclesia religionis habitum suscepi, in liberam omnino et perpetuam elemosinam totum feodum quod tenuerunt de me apud Sanctum Benedictum Galterius *le Bolengier* et Herbertus *le Vigneor* subtus viam contiguum terre monachorum predictorum usque ad terram episcopi Abrincatensis. Si autem Nicholaa, uxor mea, in aliquo tempore contra predictos monachos querelam movere voluerit et eos pro dote sua super predicto feodo vexare, si contigerit ipsos monachos aliquam illius feodi diminutionem per eam incurerre, predictus Thomas, filius meus, alibi terram competentem et ad valorem dampni illati dictis monachis excambiare tenebitur. Ad hujus autem rei certam confirmationem tam ego quam dictus Thomas, filius meus, presenti scripto sigillorum nostrorum impressionem apposuimus. Actum anno gracie M° CC° X° VIIII°.

B153

1219, 7 avril-1220, 29 mars.

Geoffroy [II] Ferrant, fils et héritier de Guillaume [Ier] Ferrant, confirme la donation faite en faveur de l'abbaye Saint-Pierre de Préaux par son père à l'occasion de sa prise d'habit monastique à laquelle Geoffroy a assisté : pour le salut de son âme, de celles de ses ancêtres et de celles de ses héritiers, Guillaume a donné en perpétuelle aumône tout le tènement de Geoffroy, forgeron de Bouquetot, qui le tenait de lui, près de la route (perreium) *à l'entrée de Bourg-Achard, contre une rente annuelle de douze sous et trois deniers de monnaie courante payable en deux termes, soit six sous et trois deniers à la mi-Carême, six sous et trois deniers à la Saint-Michel [29 septembre] suivante, et à Noël neuf fers à cheval ; deux acres de terre que tenait de lui Richard, forgeron de Bourg-Achard, qui lui rendait six sous de monnaie courante en deux termes : trois sous à la Saint-Michel [29 septembre], trois sous à la mi-Carême et deux chapons à Noël, sans que lui-même ou ses héritiers n'en puissent rien retenir. Geoffroy s'engage en outre avec ses héritiers à garantir ces dons contre tous et, à défaut, à procéder à un échange équitable.*

B. Cart. XIIIe siècle, fol. 63-v, n° 155, sous la rubrique : « *Ex dono Gaufridi* Ferrant *apud Burgum Acardi pro suo monacatu duodecim solidos et tres denarios et novem ferra ad equos* » ; dans la marge, d'une main du XVIIe siècle : « Boucachard ». [Copie Delisle, Bibl. nat. de Fr., nouv. acq. lat. 1025, fol. 68, n° 155].

C. Cart. XVe siècle, fol. 46v-47, n° 137.

INDIQUÉ : A. Le Prévost, *Mémoires*, t. I, p. 389. — L. Passy, *Notice sur le cartulaire*..., p. 343, n. 6.

Avant de la donner en aumône aux moines de Préaux, Guillaume Ferrant acheta la terre de Bourg-Achard à Guillaume de Bardouville. Les moines en ont ensuite inféodé Roger de Malbusquet, fils de Guillaume de Bardouville, contre une rente de quatorze sous (Cart. Préaux XIIIe siècle, fol. 150, n° 493). Cette terre se situait près du hameau du Feugré, le long de la route reliant Rouen à Pont-Audemer.

Sciant presentes et futuri quod ego Willelmus *Ferrant,* quando recepi habitum religionis in abbatia Sancti Petri de Pratellis, dedi et concessi pro salute anime mee et antecessorum et heredum meorum predicte abbatie et monachis ibidem Deo servientibus et servituris in puram et perpetuam elemosinam totum tenementum quod de me tenebat Gaufridus, faber de *Boquetot,* in perreio in ingressu de Burgo Achardi per annuum redditum XIII solidorum et trium denariorum usualis monete ad duos terminos anni eisdem solvendorum, videlicet ad Medium quadragesime sex solidos et tres denarios, ad sequens festum sancti Michaelis sex solidos, et insuper ad Nathale Domini novem ferra ad equos. Similiter elemosinavi ibidem antedicte abbatie duas acras terre quas de me tenebat Ricardus, faber de Burgo Achardi, reddendo idem annuatim sex solidos usualis monete ad duos terminos, ad festum scilicet sancti Michaelis tres solidos et ad medium XLme tres solidos et ad Nathale duos capones. Et, ut hoc firmum et stabile permaneat, presens scriptum sigilli mei appositione roboravi.

Ego autem Gaufridus *Ferrant,* filius et heres predicti Willelmi *Ferrant,* qui presens eram huic donationi, hoc concessi predicte abbatie et monachis habendum et tenendum libere et absolute sine aliquo retinemento mei vel heredum meorum. Et tam ego quam heredes mei dictam elemosinam predictis monachis tenemur garantizare contra omnes. Et, nisi hoc possemus, ad legitimum excambium faciendum eis tenemur. Et in hujus rei testimonium et securitatem majorem, cum sigillo patris mei presenti scripto sigillum meum apponere duxi. Actum anno Domini M° CC° nonodecimo[a].

(a) *À la suite de cette charte le copiste de B annonce dans une courte mention le retour de l'abbé Bernard parti quelques mois auparavant en Angleterre ; voir l'introduction à cette édition, p. LXII.*

B154

1219, 7 avril-1220, 29 mars.

Raoul du Hamel fait savoir qu'il a confirmé en perpétuelle aumône à l'abbaye Saint-Pierre de Préaux une rente annuelle de deux setiers de froment et un d'avoine, à la mesure de Pont-Audemer, payable à la Saint-Michel [29 septembre]. En cas de retard de paiement, les moines se feront justice sur les portions de terre qu'il tient d'eux en fief, à savoir sur la terre de son épouse, trois acres, sur celle de Guillaume des Rues, trois acres et une vergée, sur celle de Richeut du Perray, une acre, sur le champ Ivas, une acre et demie, sur sa maison, deux acres et sur la terre À-la-Chambrelenge, trois vergées. Si son épouse lui survit et utilise cette terre pour constituer une dot, les moines pourront exercer leur pleine justice sur le reste du fief pour percevoir la rente, les coutumes et les services qu'il leur rendait étant sauves. En échange de quoi Raoul a reçu un don gratuit de dix huit livres tournois.

B. Cart. XIIIe siècle, fol. 73v, n° 190, sous la rubrique : « *Karta Radulfi de* Hamel *quomodo vendidit Thome abbati in terra sua duo sextaria frumenti et unum sextarium avene ad mensuram Pontis Aumomari* ». Dans la marge : « *Ad elemosinatorem* ». [Copie partielle Delisle, Bibl. nat. de Fr., nouv. acq. lat. 1025, fol. 78, n° 190].

C. Cart. XVe siècle, fol. 54v-55, n° 171.

Sciant presentes et futuri quod ego Radulfus de *Hamel* dedi et presenti carta confirmavi in perpetuam elemosinam Deo et ecclesie Sancti Petri de Pratellis et monachis ibidem Deo servientibus et servituris duo sextaria frumenti et unum sextarium avene ad mensuram Pontis Audomari annuo redditu ad festum sancti Michaelis persolvenda. Si autem ego vel heredes mei dictum redditum ad dictum terminum persolvere tardaverimus, predicti monachi justiciam facient in terra quam de feodo eorum teneo, quam ita particulatim possideo : scilicet de terra uxoris mee tres acras et unam virgatam, de terra Willelmi *des Rues* III acras et I virgatam, de terra *Richeut* de Perreio I acram et dimidiam, de campis *Ivas* I acram et dimidiam, de masagio meo II acras, de terra *A la Chambrelenge* III virgatas. Et, si uxor mea mihi supervixerit et dictam terram pro maritagio vel dote ejus minui contigerit, predicti monachi plenam justiciam pro solutione dicti redditus super residuum feodi facere poterunt, salvis sibi consuetudinibus et serviciis que eisdem de dicto feodo antea faciebam. Pro hac autem donatione mea recepi de caritate predicte ecclesie decem et octo libras turonensium. Et, ne hoc possit in dubium revocari aut aliqua malignitate divelli, presenti scripto et sigilli mei testimonio confirmavi. Actum anno ab Incarnatione Domini M° CC° XIX°.

B155

1220, 20 novembre. — Latran.

Honorius [III], pape, prend sous sa protection et sous celle de saint Pierre la personne des moines de Saint-Pierre de Préaux, le lieu de leur clôture et tous les biens de l'abbaye ainsi que ceux qu'à l'avenir ils pourront acquérir.

B. Cart. XIIIe siècle, fol 7-v, n° 8. En rubrique, de la main du copiste : « *Item confirmatio ejusdem pontificis super cunctis possessionibus et bonis monasterio Pratelli rationabiliter indultis* ». [Copie partielle Delisle, Bibl. nat. de Fr., nouv. acq. lat. 1025, fol. 6, n° 8].
C. Cart. XIIIe siècle, fol. 6v, n° 8.
Pressutti —.

Honorius episcopus, servus servorum Dei, dilectis filiis . . abbati et conventui Sancti Petri de Pratellis, salutem et apostolicam benedictionem. Cum a nobis petitur quod justum est et honestum, tam vigor equitatis quam ordo exigit rationis ut id per sollicitudinem officii nostri ad debitum perducatur effectum. Eapropter, dilecti in Domino filii, vestris justis postulationibus grato concurrentes assensu, personas vestras et locum in quo divino estis obsequio mancipati cum omnibus bonis que in presentiarum rationabiliter possidetis aut in futurum justis modis, prestante Domino, poteritis adipisci sub beati Petri et nostra protectione suscipimus : spetialiter autem possessiones ac alia bona vestra, sicut ea omnia juste ac pacifice possidetis, vobis et per vos monasterio vestro auctoritate apostolica confirmamus et presentis scripti patrocinio communimus. Nulli ergo omnino hominum liceat hanc paginam nostre protectionis et confirmationis infringere vel ei ausu temerario contraire. Si quis autem hoc attemptare presumpserit, indignationem omnipotentis Dei et beatorum Petri et Pauli apostolorum ejus se noverit incursurum. Datum Laterani, XII kalendas decembris, pontificatus nostri anno quinto.

B156

[1206-1221, 13 février].

Robert de Launay, chevalier, fait savoir qu'il a donné en aumône aux moines de Saint-Pierre de Préaux la mouture de trois acres de terre que Raoul Lardant tenait de lui, sises près de la croix de pierre du Mont-les-Mares. En échange, l'abbé Thomas lui a remis un don gratuit de trente sous tournois.

B. Cart. XIIIe siècle, fol. 63, n° 154, sous la rubrique : « *Ex dono Radulfi de Alneto totam moltam de tribus acris terre quas Radulfus* Lardant *de eo tenere solebat* ». [Copie Delisle, Bibl. nat. de Fr., nouv. acq. lat. 1025, fol. 67, n° 154].

C. Cart. XVe siècle, fol. 46v, n° 136.

Thomas fut abbé de Préaux de 1206 à 1220/1221 ; il meurt un 13 février ; son successeur Bernard est attesté à partir du 18 décembre 1221.

Notum sit universis presentes litteras inspecturis quod ego Radulfus de Alneto, miles, dedi et concessi Deo et ecclesie Sancti Petri de Pratellis et monachis ibidem Deo servientibus in puram elemosinam et perpetuam totam moltam de tribus acris terre quas Radulfus *Lardant* de me tenere solebat, que videlicet terra adjacet cruci de petra de *Manles Mares*. Pro hac autem donatione Thomas abbas et conventus dicte ecclesie Pratelli dederunt mihi de caritate domus triginta solidos turonensium. Igitur, ut hoc ratum habeatur, presenti scripto et sigilli mei munimine roboravi.

B157

[1206-1221, 13 février].

Raoul du Val, chevalier, fait savoir qu'il a donné en perpétuelle aumône à l'abbaye Saint-Pierre de Préaux pour le salut de son âme et de celles de ses ancêtres toute la mouture d'une pièce de terre qu'Olivier d'Aubigny avait donnée à Renouf Cauvet en échange du service qu'il lui devait, de sorte que les moines la tiendront librement de Raoul et de ses héritiers. Thomas, abbé de Préaux, lui a accordé en échange un don gratuit de vingt cinq sous tournois.

B. Cart. XIIIe siècle, fol. 61v, n° 148, sous la rubrique : « *Karta Radulfi de* Val *de molta terre quam Oliverius de Albineio dedit Rannulfo* Cauveit *pro servicio suo* ». [Copie partielle Delisle, Bibl. nat. de Fr., nouv. acq. lat. 1025, fol. 66, n° 146].

C. Cart. XVe siècle, fol. 45, n° 130.

INDIQUÉ : S. Mesmin, *The leper hospital...* (thèse dactylographiée), p. 70.

Sciant presentes et futuri quod ego Radulfus de Valle, miles, dedi et concessi Deo et ecclesie Sancti Petri de Pratellis et monachis ibidem Deo servientibus pro salute anime mee et antecessorum meorum in puram et perpetuam elemosinam totam moltam peche^(a) terre, quam Oliverus^(b) de Albineio dedit Rannulfo *Cauvet* pro servitio suo, tenendam et habendam libere, quiete et pacifice de me et heredibus meis. Pro hac autem donatione dedit mihi Thomas, tunc temporis abbas Pratelli, XX^{ti} et V^{que} solidos turonensium de caritate domus. Ut igitur hoc ratum permaneat et inconcussum, presenti scripto et sigilli mei munimine roboravi.

(a) *Sic BC.* — (b) *Sic BC pour* Oliverius.

B158

[1206-1221, 13 février].

*André le Vilain, bourgeois de Pont-Audemer, fait savoir qu'il a reçu à titre héréditaire de l'abbé Thomas et des moines de Préaux le moulin du Pont-Guéroult avec toutes ses dépendances contre une rente annuelle de cent sous de monnaie courante payable en deux termes : à la fête de la Purification de la Vierge [2 février], cinquante sous, et à la Saint-Gilles [1er septembre], cinquante sous ; si l'on peut trouver dans le bois des moines de quoi faire les cerclages (*cerne*) et l'axe (*rotulus*) de la roue du moulin, André le recevra des moines ou de leur forestier. En cas de non paiement aux termes fixés de la rente, les moines pourront exercer leur justice sur ce moulin et sur un autre, situé en aval, lui appartenant ; si André ou ses héritiers veulent vendre ou engager l'un ou les deux moulins, l'affaire ne pourra échoir qu'à l'abbé et aux moines, pourvu que ceux-ci aient proposé un prix fixé. En foi de quoi les moines lui ont accordé un don gratuit de quarante sous.*

B. Cart. XIIIe siècle, fol. 73, n° 189, sous la rubrique : « *Karta Andree* le Wilein *quomodo accepit molendinum nostrum de Ponte* Girout *a Thoma, tunc temporis abbate, et conventu de Pratellis pro centum solidis redditus ad nostrum infirmariam* ». Dans la marge : « *Ad infirmariam* ». [Copie partielle Delisle, Bibl. nat. de Fr., nouv. acq. lat. 1025, fol. 78, n° 189].

C. Cart. XVe siècle, fol. 54v, n° 170.

Le moulin du Pont-Guéroult a été donné à l'abbaye par le comte Robert IV de Meulan avec ses autres moulins de Pont-Audemer (voir **B116**). André le Vilain est témoin d'une autre charte (**B87**) entre 1182 et 1192 aux côtés de Robert le Vilain. Il atteste également deux actes donnés en faveur de Saint-Gilles de Pont-Audemer en mars 1221 (Cartulaire de Saint-Gilles de Pont-Audemer, Bibl. mun. Rouen, Y200, fol. 91) et en janvier 1249 (Voir S. Mesmin, « Du comte à la commune... », p. 255).

Sciant presentes et futuri quod ego Andreas *le Vilein*, burgensis Pontis Audomari, accepi a Thoma, tunc temporis abbate, et conventu Sancti Petri de Pratellis molendinum suum de Ponte *Girout* com$^{(a)}$ omnibus pertinentiis suis tenendum et habendum jure hereditario mihi et heredibus meis de eis et eorum successoribus libere et absolute per centum solidos usualis monete, duobus terminis anni infirmario suo persolvendos : in Purificatione scilicet beate Marie

Virginis quinquaginta solidos et in festo sancti Egidii quinquaginta solidos, tali videlicet modo quod, si in nemoribus suis ligna ad cernas rote et ad rotulum predicti molendini competentia invenire potero, ibi ea per liberationem monachi sui sive forestarii percipiam. Ipsi vero abbas et conventus, nisi ego vel heredes mei ad predictos teminos antedictum redditum eisdem persolverimus, in sepedicto molendino et in meo alio inferiori proximo molendino pro predicto redditu justiciam suam poterunt exercere. Et, si aliquo modo ego vel heredes mei alterum molendinorum vel utrumque vendere vel invadiare voluerimus, dummodo predicti abbas et conventus precium taxatum dare voluerint, nullatenus ad alium res ipsa poterit declinare. Pro hujus igitur pactione tenenda dederunt mihi predicti abbas et conventus de caritate domus sue quadraginta libras turonensium. Et, ut hoc ratum et stabile permaneat, presentis scripti testimonio et sigilli mei munimine confirmavi.

(a) Sic B, cum C.

B159

[1206-1221, 13 février].

Thomas, abbé de Préaux, notifie l'acquisition de trois acres de terre, achetées à Guillaume Haslé, qu'il a cédées à Guillaume Gobic et à ses héritiers contre trois setiers d'avoine [par an]. Raoul [de Freneuse], prieur et sacriste de l'abbaye, a racheté à l'abbé Thomas cette rente contre dix livres tournois pour l'affecter à l'éclairage perpétuel de l'autel de la Vierge.

B. Cart. XIIIe siècle, fol. 79v, n° 207. En rubrique, à l'encre verte : « *Quomodo Radulfus de* Freisnoise *emit a Thoma, abbate de Pratellis, tria sextaria avene que Willelmus* Gobic *reddit singulis annis sacriste de Pratellis ad luminare altaris perpetue Marie Virginis* » ; dans la marge : « *Ad sacristam* ». [Copie partielle Delisle, Bibl. nat. de Fr., nouv. acq. lat. 1025, fol. 83, n° 207].

C. Cart. XVe siècle, fol. 59bis, n° 187.

Noverint universi quod dominus Thomas, abbas Pratellensis[(a)], emit tres acras terre de Willelmo *Haslé* quas tradidit Willelmo *Gobic* et heredibus suis per tria sextaria[(b)] avene in perpetuum possidendas. Radulfus, vero tunc temporis prior ejusdem loci et sacrista, providens ecclesie sue, predictum redditum emit a dicto abbate Thoma per X[cem] libras turonensium ad illuminationem altaris beate Marie de die et nocte singulis annis in eadem ecclesia expendendum. Et ad posterorum memoriam hec litteris duximus commendandum.

(a) Pratellensi B. — (b) septaria *corrigé en* sextaria B ; sextaria C.

B160

[1204-1221, 13 février].

Richard de Tournebu, chevalier, fait savoir qu'il a confirmé à l'abbaye Saint-Pierre de Préaux, pour le salut de son âme et de celles de ses ancêtres, l'aumône qu'Olivier d'Aubigny, son beau-père, avait faite en faveur des moines : soit une rente à percevoir sur son moulin de Triqueville, appelé Moulin de l'évêque, que son oncle Robert de Sainte-Mère-Eglise avait donnée à Eustache le Clerc de Triqueville en échange du service qu'il lui devait et que ce dernier avait accordée aux moines en perpétuelle aumône, soit une somme de trois sous et quatre deniers à percevoir chaque mois des mains du menier, de sorte qu'en cas de non paiement dans les termes fixés, les moines exercent leur justice à l'encontre du menier.

B. Cart. XIIIe siècle, fol. 60v, n° 145, sous la rubrique : « *Confirmatio Ricardi de Trornebu*^(a) *de XL solidis quos Oliverius de Albineio dedit monachis de Pratellis* ». [Copie partielle Delisle, Bibl. nat. de Fr., nouv. acq. lat. 1025, fol. 65, n° 145].

C. Cart. XVe siècle, fol. 44v, n° 127.

INDIQUÉ : A. Le Prévost, *Mémoires*, t. III, p. 308. — C. Fierville, *Histoire généalogique...*, p. 15.

Olivier d'Aubigny apparaît dans le registre de Philippe Auguste (1204-1208) comme devant au roi le service de deux chevaliers (John W. Baldwin, *Les registres...*, t. I, p. 292, 295). Il semble mort lorsqu'ici son gendre confirme ses libéralités, ce qui situe l'acte avant 1221 (voir **B157**). La famille de Tournebu est originaire du Vexin, près de Gaillon : un Guillaume de Tournebu est cité en 1091 dans une charte du roi Guillaume II confirmant l'accord passé entre Guillaume et l'abbé Gilbert de Saint-Étienne de Caen (D. Bates, « Four recently rediscovered... », p. 47). Thomas de Tournebu atteste une charte de Galeran II de Meulan en 1155 (voir **B8**) et une de son fils Robert entre 1166 et 1180 (voir **B54**) ; il fut également bienfaiteur de l'abbaye du Bec-Hellouin en 1185 (Bibl. nat. de Fr., lat. 12884, fol. 243). Sont attestés plus tard Robert de Tournebu, entre 1181 et 1208 (voir **B129**), et Guillaume de Tournebu, cité dans le registre de Philippe Auguste après 1204. C. Fierville attribue à tort cette charte à Richard de Tournebu, fils de Guillaume Ier, qui vécut dans la première motié du XIIe siècle : ce dernier apparaît dans un acte en faveur de Notre-Dame-du-Val en 1135 (Lechaudé d'Anisy, *Chartes...*, p. 96). Il s'agit en réalité ici de Richard II de Tournebu, fils cadet de Simon de Tournebu, témoin d'une charte de son frère Thomas en faveur du Bec en 1181 (A. Porée, *op. cit.*, t. I, p. 336-337). Richard de Tournebu est attesté au début du XIIIe siècle ; il est en Normandie en 1212 et tient un fief de l'honneur d'Évreux (F. M. Powicke, *The loss of Normandy...*, p. 517).

Universis sancte matris Ecclesie filiis ad quos presens scriptum pervenerit, Ricardus de *Tornebu*, miles, salutem. Noverit universitas vestra me pro salute anime mee et antecessorum meorum concessisse et presenti carta mea confirmasse Deo et ecclesie Sancti Petri de Pratellis et monachis ibidem Deo servientibus donationem[b] quam Oliverus de Albineio, cujus filiam duxi in uxorem, eis fecit : videlicet quadraginta solidos redditus usualis monete in molendino meo de Tregevilla[c], qui dicitur Molendinus episcopi, quos Robertus de Sancte Marie Ecclesia, avunculus prefati Oliveri, dedit Eustachio de Tregevilla Clerico pro servicio suo et quos idem Eustachius dedit supranominate ecclesie de Pratellis tenendos et habendos in puram et perpetuam elemosinam recipiendo singulis mensibus III solidos et IIII denarios per manum molendinarii qui illum molendinum tenebit, ita scilicet quod predicti monachi justiciam suam facient in prefato molendinario, nisi predictos denarios ad prefatos terminos reddiderit. Ne igitur hec mea concessio alicujus malignitate processu temporis in irritum revocetur, eam presentis scripti testimonio et sigilli mei munimine dignum duxi corroborare.

(a). *Sic B, corr.* Tornebu. — (b) danationem *C*. — (b) Tregeville *C*.

B161

[1185-1221, 13 février].

Eustache de Triqueville fait savoir qu'il a donné en perpétuelle aumône à l'abbaye Saint-Pierre de Préaux, pour le salut de son âme et de celles de ses ancêtres, quarante sous de rente qu'il percevait sur le moulin de Triqueville, appelé Moulin de l'évêque, et que Robert de Saint-Mère-Eglise lui avait donnés en échange du service qu'il lui devait, comme l'atteste la charte de Robert et celle du roi Henri [II], fils de l'impératrice Mathilde.

B. Cart. XIIIe siècle, fol. 60-v, n° 144, sous la rubrique : « *Karta Eustachii de Treguewilla de XL solidis et isti denarii pertinent ad cantuariam* ». [Copie partielle Delisle, Bibl. nat. de Fr., nouv. acq. lat. 1025, fol. 65, n° 144].

C. Cart. XVe siècle, fol. 44-v, n° 126.

INDIQUÉ : A. Le Prévost, *Mémoires*, t. III, p. 308.

Sur le *terminus ad quem*, voir **B160**. La charte d'Henri II à laquelle cet acte fait référence paraît perdue.

Sciant tam presentes quam futuri quod ego Eustachius de Tregevilla dedi et concessi Deo et Sancto Petro de Pratellis et monachis ibidem Deo servientibus in perpetuam elemosinam pro salute anime mee et antecessorum meorum quadraginta solidos redditus quos habebam in molendino apud Treguevillam, qui dicitur Molendinus episcopi, quos Robertus de Sancte Marie Ecclesia dedit mihi pro servitio meo et heredibus meis libere et quiete annuatim habendos, sicut carta predicti Roberti testatur et sicut in carta domini regis Henrici, filii Matildis imperatricis, confirmatur. Et, ut hoc ratum sit in posterum, sigilli mei munimine roboravi.

B162

[1185-1221, 13 février].

Olivier d'Aubigny fait savoir qu'il a donné à l'abbaye Saint-Pierre de Préaux en perpétuelle aumône quarante sous de rente de monnaie courante à percevoir sur son moulin de Triqueville, appelé le Moulin de l'évêque, somme que son oncle Robert de Sainte-Mère-Eglise avait donnée à Eustache le Clerc de Triqueville en échange du service qu'il lui devait et que ce dernier avait donnée aux moines en perpétuelle aumône, soit une somme de trois sous et quatre deniers à percevoir chaque mois des mains du menier, de sorte qu'en cas de défaut de paiement, les moines exercent leur justice à l'encontre du menier.

B. Cart. XIIIe siècle, fol. 61, n° 146, sous la rubrique : « *Karta Oliverii de Albineio de XL solidis percipiendis annuatim in molendino de Treguewilla qui dicitur Molendinus Episcopi* ». [Copie partielle Delisle, Bibl. nat. de Fr., nouv. acq. lat. 1025, fol. 66, n° 146].

C. Cart. XVe siècle, fol. 44v-45, n° 128.

En 1195, Olivier d'Aubigny est cité dans les grands rôles de l'Échiquier (T. Stapleton, *op. cit.*, t. I, p. 199). Olivier d'Aubigny apparaît avant 1204 aux côtés de son frère Philippe comme témoin dans une charte de Robert, comte de Leicester, fils de Pétronille pour l'abbaye de Lire (A. Deville, Copies de chartes, Bibl. nat. de Fr., nouv. acq. lat. 1245, fol. 225). Il est en outre cité dans le Registre de Philippe Auguste vers 1204-1208 comme tenant du fief d'Aubigny, devant au roi un service de deux chevaliers (J. W. Baldwin, *Les registres...*, t. I, p. 291 et 295).

Sciant presentes et futuri quod ego Oliverus de Albineio concessi et presenti carta confirmavi Deo et ecclesie Sancti Petri de Pratellis et monachis ibidem Deo servientibus quadraginta solidos redditus usualis monete in molendino meo de Tregevilla$^{(a)}$, qui dicitur Molendinus episcopi, quos Robertus de Sancte Mare$^{(b)}$ Ecclesia, avunculus meus, dedit Eustachio de Tregevilla$^{(c)}$ Clerico pro servitio suo et quos idem Eustachius$^{(d)}$ dedit predicte ecclesie tenendos et habendos et perpetuam et liberam elememosinam recipiendo singulis mensibus tres solidos et quatuor denarios per manum munnerii, ita scilicet quod predicti monachi justiciam suam facient in munnerio, nisi predictos denarios ad predictos terminos reddiderit. Et, ut hoc duret in perpetuum, hujus scripti testimonio et sigilli mei munimine confirmavi.

(a) *Sic B*. — (b) Tregeville *C*. — (c) Tregeville *C*. — (d) Eustacius *C*.

B163

[1185-1221, 13 février].

Olivier d'Aubigny fait savoir qu'il a donné en perpétuelle aumône, sur la demande de Renouf Cauvet, à l'abbaye Saint-Pierre de Préaux trois acres de terre au Mont-les-Mares, terre que Guillaume Lapeue et son père, avant lui, avaient tenue.

B. Cart. XIIIe siècle, fol. 61-v, n° 147, sous la rubrique : « *Concessio Oliverii de Albineio de tribus acris terre quas Rannulfus* Cauveit *dedit ecclesie Pratelli pro monacatu suo et Thome, filii sui* ». [Copie partielle Delisle, Bibl. nat. de Fr., nouv. acq. lat. 1025, fol. 66, n° 147].

C. Cart. XVe siècle, fol. 45, n° 129.

Sciant presentes et futuri quod ego Oliverus de Albinio[a], ad peticionem Rannulfi *Cauvet*, dedi in liberam et perpetuam elemosinam ecclesie Sancti Petri de Pratellis et monachis ibidem Deo servientibus tres acras terre ad *Magnes Mares* quas de me tenuerunt Willelmus *Lapene* et pater ejus ante ipsum. Et, ut ista donatio rata permaneat, ipsam sigilli mei munimine roboravi. His testibus : Willelmo, fratre meo ; Wimundo *le Vigot* ; *Amiot* ; Warino de Aldehae[b] ; Roberto, molendinario ; et multis aliis.

(a) *Sic B* ; Albineio *C*. — (b) *Sic BC*.

B164

1220, 29 mars-1221, 11 avril.

Thomas, abbé de Préaux, fait savoir qu'il a cédé à Hugues Gaisdon une acre de terre, à Goscelin Gaisdon une acre, à Robert Poulein une acre, à Cosin Esgaré une acre, à Osberne Huelin une acre, à Osberne Samedi une acre, à Gilbert Garnier une acre, à Hugues du Mont une acre, à Richard Hervie une acre, à Raoul du Chêne une acre et à Robert de Via une demie acre et une demie vergée de la couture des moines appelée La Grande Couture, pour les tenir des moines depuis l'an 1220 pour douze ans consécutifs, de sorte que chacun versera aux moines chaque année quinze boisseaux d'avoine, la dîme et le champart.

B. Cart. XIIIe siècle, fol. 77v-78, n° 203, sous la rubrique : « *Karta Thome abbatis quomodo tradidit hominibus qui in presenti scripto notantur terram que vocatur Magna Cultura* ». [Mention Delisle, Bibl. nat. de Fr., nouv. acq. lat. 1025, fol. 81, n° 203].

a. L. Delisle, *Études sur la condition...*, p. 665 (édition incorrecte).

Sciant presentes et futuri quod ego Thomas, Dei gratia abbas, et conventus Sancti Petri de Pratellis tradidimus Hugoni *Gaisdon* unam acram terre et Goscelino *Gaisdun* I acram, Roberto *Polein* I acram, *Cosin Esgaré* I acram, Osberno *Huelin* I acram, Osberno *Samedi* I acram, Gilleberto *Garnier* I acram, Hugone de *Mont* I acram, Ricardo Hervie I acram, Radulfo de Quercu I acram et Roberto de Via dimidiam acram et dimidiam virgatam terre in cultura nostra que vocatur Magna Cultura tenendas a nobis libere et absolute ab anno Incarnationis Domini M° CC° XX° per duodecim annos sequentes, tali modo quod quilibet istorum persolvet nobis annuatim pro unaquaque acra XV boissellos avene et decimam et campartagium. Et, ne hec interim possit in dubium revocari, presenti scripto et sigilli nostri munimine dignum duxi confirmare.

B165

1221, 18 décembre. — Latran.

Honorius [III], pape, permet aux moines de Saint-Pierre de Préaux, à la demande de leur abbé Bernard, d'affermer comme à leur habitude le produit de leurs dîmes, nonobstant le statut diocésain leur empêchant de les allouer aux prêtres des paroisses, à condition que cette location ne prenne pas la forme d'une inféodation ou d'une aliénation.

B. Cart. XIIIe siècle, fol 6-v, n° 5, sous la rubrique : « *Confirmatio prefati pontificis quam habent monachi de Pratellis de maneriis et de suis decimis locandis prout sibi viderint melius expedire* » ; dans la marge, de la main de M : « *Fructus decimarum possint dari ad firmam quibus videbitur expedire et non solum presbyteris pauperibus* ». [Copie partielle Delisle, Bibl. nat. de Fr., nouv. acq. lat. 1025, fol. 5, n° 6].

C. Cart. XVe siècle, fol. 5v, n° 5.

a. D. Bessin, *Concilia...*, p. 129. — *b*. E. L. Richter, *Corpus juris canonici...*, t. II, col. 502 (Decretal. Greg. IX, lib. III, tit. 18, cap. 2).

INDIQUÉ : P. Pressutti, *Regesta...*, t. II, p. 19, n° 3634.

Honorius episcopus, servus servorum Dei, dilectis B(ernardo) abbati et conventui Sancti Petri de Pratellis, Lexoviensis diocesis, salutem et apostolicam benedictionem. Vestra nobis relatio declaravit quod, cum ad firmam dare fructus vestrarum consueveritis decimarum, diocesani locorum statutum quoddam de hujusmodi decimis locandis parrochialibus presbiteris ediderunt per quod utilitas vestra non modicum impeditur. Quare super hoc apostolice provisionis remedium imploratis. Nos igitur, utilitates vestras nolentes indebite impediri, auctoritate vobis presentium indulgemus ut, statuto hujusmodi non obstante, vestrarum decimarum proventus libere locare possitis quibus vobis expedire videritis et cum quibus ecclesie vestre conditionem poteritis facere meliorem, ita tamen quod hujusmodi locatio ad feudum vel alienationem non videatur extendi. Nulli ergo omnino hominum liceat hanc paginam nostre concessionis infringere vel ei ausu temerario contraire. Si quis autem hoc attemptare presumpserit, indignationem omnipotentis Dei et beatorum Petri et Pauli apostolorum ejus se noverit incursurum. Datum Laterani, XV kalendas januarii, pontificatus nostri anno sexto.

B166

1222, 21 janvier. — Latran.

Honorius [III], pape, prend sous sa protection et sous celle de saint Pierre la personne des moines de Saint-Pierre de Préaux, le lieu de leur clôture et tous les biens de l'abbaye ainsi que ceux qu'à l'avenir ils pourront acquérir, interdisant à quiconque de leur extorquer quoi que ce soit ou d'exiger d'eux des dîmes sur les terres qu'ils font valoir directement ou indirectement ou sur le ravitaillement de leurs bêtes.

B. Cart. XIIIe siècle, fol 6v-7, n° 7. En rubrique, de la main du rubricateur : « *Item confirmatio prefati pontificis, ne aliquis a monachis de Pratellis de nutrimentis animalium eorum aut terrarum quas propriis manibus aut sumptibus colunt decimas exigere vel extorquere presumat* » ; dans la marge, de la main de M : « *Decimas novalium que colimus et nostrorum animalium nullus a nobis exigere debet* ». [Copie Delisle, Bibl. nat. de Fr., nouv. acq. lat. 1025, fol. 5, n° 7 (extrait) et fol. 307].
C. Cart. XVe siècle, fol. 6-v, n° 7.
Pressutti —.

Honorius episcopus, servus servorum Dei, dilectis filiis . . abbati et conventui monasterii de Pratellis, salutem et apostolicam benedictionem. Cum a nobis petitur quod justum est et honestum, tam vigor equitatis quam ordo exigit rationis ut id per sollicitudinem officii nostri ad debitum perducatur effectum.

Eapropter, dilecti in Domino filiis⁽ᵃ⁾, vestris justis postulationibus grato concurrentes assensu, personas vestras et locum in quo divino estis obsequio mancipati cum omnibus bonis que in presentiarum rationabiliter possidetis aut in futurum justis modis, prestante Domino, poteritis adipisci sub beati Petri et nostra protectione suscipimus et presentis scripti patrocinio communimus, districtius inhibentes ne quis a vobis de possessionibus novalium que propriis manibus aut sumptibus colitis vel etiam de vestrorum animalium nutrimentis decimas exigere vel extorquere presumat. Nulli ergo omnino hominum liceat hanc paginam nostre protectionis et inhibitionis infringere vel ei usu temerario contraire. Si quis autem hoc attemptare presumpserit, indignationem omnipotentis Dei et beatorum Petri et Pauli apostolorum ejus se noverit incursurum. Datum Laterani, XII kalendas februarii, pontificatus nostri anno sexto.

(a) *Sic BC, corr.* filii.

B167

1222, 15 juillet. — Latran.

Honorius [III], pape, concède à l'abbaye Saint-Pierre de Préaux la faculté de percevoir, comme l'abbaye le fait pour les dîmes qu'elle possède depuis longtemps, tout ou partie des dîmes des terres qui pourraient être à l'avenir remises en culture, sans préjudice d'autrui.

B. Cart. XIIIᵉ siècle, fol 6v, n° 6, sous la rubrique : « *Confirmatio ejusdem pontificis super veteribus decimis totaliter sive particulariter ecclesie Pratelli sine juris prejudicio alieni indultis* » ; dans la marge, de la main de M : « *Decimas de terris non incultis recipere debemus* ».
C. Cart. XVᵉ siècle, fol. 5v-6, n° 6.
Pressutti —.

Honorius episcopus, servus servorum Dei, dilectis filiis . . abbati et conventui de Pratellis Lexoviensis diocesis, salutem et apostolicam benedictionem. Ut ex devotione quam erga romanam Ecclesiam, matrem vestram, et nos ipsos qui eidem, licet immeriti, presidemus apostolicum vobis sentiatis accrevisse favorem, auctoritate vobis presentium indulgemus ut in parrochiis vestris, in quibus veteres decimas⁽ᵃ⁾ indultas esse vobis dicitis ab antiquo, illarum quoque terrarum quas decetero reduci contigerit⁽ᵇ⁾ ad culturam decimas totaliter sive particulariter, prout veretes decime ad vos spectant, percipere valeatis sine juris prejudicio alieni. Nulli ergo omnino hominum liceat hanc paginam nostre concessionis infringere vel ei ausu temerario contraire. Si quis autem hoc attemptare presumpserit, indignationem omnipotentis Dei et beatorum Petri et Pauli apostolorum ejus se noverit incursurum. Datum Laterani, idus julii, pontificatus nostri anno sexto.

(a) *Dans la marge de B* novales. — (b) contingerit *C*.

B168

1222, 3 avril-1223, 22 avril.

Étienne Escarpi de Toutainville fait savoir qu'il a confirmé à l'abbaye Saint-Pierre de Préaux en pure aumône, pour le repos de son âme et celles de ses ancêtres, un setier de bel orge à l'usage de l'aumônerie des moines à percevoir chaque année à la Saint-Michel [29 septembre]. En cas de non paiement de la rente, l'aumônier pourra se faire justice sur sa maison de Toutainville et tout son fief. Roger du Parc, aumônier de l'abbaye, lui a accordé en échange un don gratuit de l'aumônerie de quarante sous.

B. Cart. XIIIe siècle, fol. 74, n° 191, sous la rubrique : « *Karta Stephani* Escarpi *de quodam sextario ordei ad usum elemosine Pratelli pro pauperibus Christi reddendo singulis annis ad festum sancti Michaelis et est de comparatione Rogerii de Parco* ». Dans la marge : « *Ad elemosinam* ». [Copie partielle Delisle, Bibl. nat. de Fr., nouv. acq. lat. 1025, fol. 78, n° 191].

C. Cart. XVe siècle, fol. 55v, n° 172.

Sciant presentes et futuri quod ego Stephanus *Escarpi* de Tustinivilla dedi et concessi et presenti carta confirmavi pro salute anime mee et antecessorum meorum Deo et ecclesie Sancti Petri de Pratellis et monachis ibidem Deo servientibus et servituris in puram et perpetuam elemosinam ad opus elemosine unum sextarium ordei pulcri et ydonei percipiendum singulis annis de me et heredibus meis ad festum sancti Michaelis. Quod si ad predictum terminum predictum sextarium ordei dicte elemosine non fuerit persolutum, elemosinarius poterit justiciam suam facere in masagio meo de Tustinivilla et in toto feodo meo. Pro hac autem donatione mea et concessione dedit mihi Rogerius de Parco, tunc temporis elemosinarius, de caritate elemosine quadraginta solidos turonensium. Et, ut hoc firmum et stabile permaneat, presenti scripto et sigilli mei testimonio confirmavi. Actum anno Domini M° CC° XX° II°.

B169

1222, 3 avril-1223, 22 avril.

Étienne Mal-nourri fait savoir qu'il a donné à l'aumônerie de l'abbaye Saint-Pierre de Préaux en perpétuelle aumône, pour le salut de son âme et celles de ses ancêtres, un setier d'orge approprié à la vente ou à l'achat d'une capacité de dix sept boisseaux, mesure de Pont-Audemer, payable chaque année à la Saint-Michel [29 septembre]. En cas de non paiement au terme fixé, l'aumônier se fera justice sur la maison d'Étienne sise au Mont-les-Mares et sur quatre acres qu'il tient des moines au même lieu. En échange de cette donation, l'aumônier lui a remis un don gratuit de l'aumônerie de soixante sous tournois.

B. Cart. XIIIe siècle, fol. 74-v, n° 192, sous la rubrique : « *Karta Stephani* Mal norri *de quodam ordei sextario solvendo ad festum sancti Michaelis singulis annis elemosine Pratelli propter pauperum Domini necessitatem* ». Dans la marge : « *Ad elemosinariam* ». [Copie partielle Delisle, Bibl. nat. de Fr., nouv. acq. lat. 1025, fol. 78, n° 192].

C. Cart. XVe siècle, fol. 55v, n° 173. La rubrique tronquée à partir de *elemosine Pratelli*.

Sciant presentes et futuri quod ego Stephanus *Mal norri* dedi et concessi et presenti carta confirmavi pro salute anime mee et antecessorum meorum Deo et ecclesie Sancti Petri de Pratellis et monachis ibidem Deo servientibus et servituris in puram et perpetuam elemosinam ad opus elemosine unum sextarium ordei pulcri et ydonei ad vendendum et emendum per decem et septem boissellos ad mensuram Pontis Audomari percipiendum singulis annis de me et heredibus meis ad festum sancti Michaelis. Quod si ad predictum terminum predictum sextarium ordei dicte elemosine non fuerit persolutum, elemosinarius poterit justiciam suam facere in masagio meo de Magnis Maris et in quatuor acris terre quas teneo apud Magnas Maras de predictis monachis pro predicto sextario ordei. Pro hac autem donatione mea et concessione dedit mihi dictus elemosinarius de caritate elemosine sexaginta quinque solidos turonensium. Et, ut hoc firmum et stabile permaneat, presenti scripto et sigilli mei testimonio confirmavi. Actum anno Domini M° CC° XX° II°.

B170

1222, 3 avril-1223, 22 avril.

Hervé de Roys, chevalier, fait savoir qu'il a renoncé en faveur des moines de Saint-Pierre de Préaux à cinq sous de monnaie courante que le seigneur Jean des Mares, à qui il succède comme héritier de ce fief, possédait sur le fief Harenc à Roys. En échange, les moines lui abandonnent ainsi qu'à ses hoirs cinq sous sur les vingt qu'ils percevaient sur son moulin de Roys.

B. Cart. XIIIe siècle, fol. 67, n° 167, sous la rubrique : « *Item karta Hervei de Rotis de relaxatione et quietatione V solidorum quos dominus Johannes de Maris percipiebat in feodo qui dicitur feodum* Harenc *apud Rotas* ». [Copie partielle Delisle, Bibl. nat. de Fr., nouv. acq. lat. 1025, fol. 72, n° 167].

C. Cart. XVe siècle, fol. 49v-50, n° 148.

a. Le Prévost, *Mémoires*, t. III, p. 178.

INDIQUÉ : Charpillon, Caresme, *Dictionnaire...*, t. I, p. 478.

Sur la rente obtenue par les moines de Préaux sur le moulin de Roys, voir **B58**. Hervé de Roys est cité dans les jugements de l'Échiquier en 1210 (L. Delise, *Recueil des jugements...*, n° 19, n° 78).

Universis ad quos presens scriptum pervenerit, Herveus de Rotis, miles, salutem in Domino. Noverit universitas vestra quod ego Herveus de Rotis, miles, relaxavi et quietos clamavi V^{que} solidos usualis monete abbati et monachis de Pratellis pro me et heredibus meis in perpetuum. Quos solidos habebat dominus Johannes de Maris in feodo qui dicitur feodus *Harenc* apud Rotas. Cui Johanni ego Herveus jure hereditario tamquam heres succedo et predicti abbas et monachi relaxaverunt mihi et heredibus meis et quietos clamaverunt V^{que} solidos de XX^{ti} solidis quos habebant in molendino meo apud Rotas. Ut autem hec relaxatio mea et quieta clamatio inviolabilis perseveret, presenti scripto et sigilli mei impressione roboravi. Actum anno Verbi incarnati M° CC° XXII°.

B171

1222, 3 avril-1223, 22 avril.

Hervé de Roys, chevalier, fait savoir que lui et ses héritiers sont tenus de prêter hommage à l'abbé de Préaux et à ses successeurs, d'acquitter à chaque fois qu'il le faudra le droit de relief et de verser une rente annuelle de quarante sous de monnaie courante payable à la Saint-Michel [29 septembre] pour le fief Harenc à Roys qu'Hervé et ses héritiers tiendront à titre héréditaire de l'abbé et des moines de Préaux, comme l'attestent les chartes de ces derniers. En cas de défaut d'hommage, de relief ou de cens, les moines pourront se faire justice sur le fief comme seigneurs du fonds. Il confirme en outre pour son âme, celles de ses ancêtres et de ses hoirs quinze sous de monnaie courante assignés en perpétuelle aumône sur son moulin de Roys que son père Richard avait donné aux moines lorsque son père Robert est devenu moines à Préaux ; en cas de non paiement, les moines pourront se faire justice sur le moulin.

B. Cart. XIIIe siècle, fol. 66v-67, n° 166, sous la rubrique : « *Karta Hervei de Rotis quod ipse et heredes sui debent hommagium et relevamen pro feodo qui dicitur feodum* Harenc *apud Rotas et quadraginta solidos ad festum sancti Michaelis de eodem feodo et XV solidos ad festum sancti Michaelis in molendino suo de Rotis* ». [Copie partielle Delisle, Bibl. nat. de Fr., nouv. acq. lat. 1025, fol. 72, n° 166].

C. Cart. XVe siècle, fol. 49-v, n° 147.

a. Le Prévost, *Mémoires*, t. III, p. 178.

Sur l'entrée de Robert de Roys au monastère de Préaux, voir **B58**.

Universis Christi fidelibus ad quos presens scriptum pervenerit, Herveus de Rotis, miles, salutem in Domino. Ad universitatis vestre volo noticiam pervenire quod ego Herveus de Rotis, miles, et heredes mei tenemur abbati de Pratellis et successoribus suis hommagium facere et relevamen, quotiescumque opus fuerit, persolvere et quadraginta solidos usualis monete annuatim ad festum sancti Michaelis reddere pro feodo qui dicitur feodus *Harenc* apud Rotas. Quem feodum ego Herveus et heredes mei de predicto abbate et ejus successoribus et conventu jure hereditario possessuri sumus, sicut in eorumdem autentico continetur, ita quod pro hommagio, relevamine et denariis predictis, si tempore suo soluta non fuerint, eidem abbati et successoribus suis ego Herveus pro me et heredibus meis volo et concedo ut predicti abbas et conventus in predicto feodo tamquam domini fundi suam faciant justiciam. Item ego Herveus, miles, pro me et heredibus meis concedo et confirmo predictis abbati et conventui in molendino meo de Rotis XV solidos usualis monete ad festum sancti Michaelis solvendos in puram et perpetuam elemosinam pro anima mea et pro animabus antecesorum meorum et heredum meorum. Quos solidos Ricardus de Rotis, pater meus, sepedicto monasterio caritative contulit, quando avus meus Robertus de Rotis in sepedicto monasterio monachus factus est. Volo etiam et concedo ego Herveus, miles, pro me et heredibus meis quod, si predicta elemosina ad sepedictum terminum soluta non fuerit, predicti abbas et monachi in predicto molendino suam faciant justiciam. Et, hoc firmum et inconcussum volens permanere in perpetuum, presentem paginam sigilli mei impressione corroboravi. Actum anno gracie M° CC° XXII°.

B172

[1216-1224, 28 juin]. — Winchester, *in majori ecclesia.*

Simon[34], abbé de Reading, notifie la fin du différend qui opposait son abbaye au prêtre Gervais de Newbery et aux moines de Préaux à propos de l'église de Newbery qui, selon lui, se situait en deçà des limites de la paroisse de Thatcham et donc lui appartenait. Devant les abbés et prieurs de Sherborne et de Waverley, juges délégués par le pape pour juger l'affaire, réunis en présence des parties dans l'église majeure de Winchester, et sur le conseil de connaisseurs du droit il a été convenu que l'église de Thatcham percevra annuellement deux sous sur celle de Newbery comme elle le faisait habituellement ; l'abbé et les moines de Préaux versera en outre chaque année à l'abbé de Reading quatre sous et huit deniers dans les octaves de la Saint-Michel.

A^1. Original perdu, sous forme de chirographe scellé des sceaux de l'abbaye et de l'abbé de Préaux.

B. Cart. XIIIe siècle, fol. 55-56, n° 128 (d'après A^1), sous la rubrique : « *Quomodo sopita est controversia que erat inter abbatem Radingensem et conventum ejusdem loci ex una parte et abbatem et conventum de Pratellis ex altera* ». [Copie partielle Delisle, Bibl. nat de Fr., nouv. acq. lat. 1025, fol. 60, n° 128]. — B^2. Texte de la contrepartie du chirographe, Cart. abbaye de Reading, XIIIe siècle, B. L., Harley, 1708, fol. 197-v [*a*. Contrepartie du chirographe pour l'abbaye de Reading : S. Barfield, *Thatcham...*, p. 57. — *b*. B. R. Kemp, *Reading abbey...*, t. II, p. 104-105].

Cart. XVe siècle, fol. 40v, n° 113.

INDIQUÉ : *B*, fol. 197, n° 598 : « *Littera in modo cyrographi facta super compositione ecclesie de* Norwebire *inter nos et Gervasium de* Neubury, *ejusdem ecclesie rectorem, ex una parte et abbatem et conventum de Radingis ex altera quam dicebant sitam esse infra limites parrochie sue de* Thatheham *et ob hoc ad dictam ecclesiam pertinere. Tandem post allegationes et exceptiones hinc et inde propositas communi assensu coram abbate et priore de Waverlegia et priore de Sorreburna, judicibus a domino papa delegatis quibus super hac causa commissa erat, amicabiliter promissum est. Ita quod ecclesia de* Thatheham *percipiet singulis annis duos solidos de ecclesia de* Neubury, *sicut antea percipere consuevit. Et nos preterea singulis annis pro bono pacis solvemus* IIII^{or} *solidos et VIII denarios abbati et conventui de Radingis infra octabas Sancti Michaelis et hoc est sigillis abbatis et conventus sigillatum* ».

Geoffroy, archidiacre de Berkshire, attesté entre 1204 et 1222, est remplacé le 28 juin 1224 par Guillaume de Merton (Le Neve, *Fasti...*, t. I, p. 30). Robert de Bingham,

---

34. Simon, abbé de Reading, après le 21 juillet 1213, mort le 13 février 1226 (David M. Smith, *The heads of religious houses*, Londres, 2001, t. II, p. 60, et B. R. Kemp, *Reading abbey cartularies*, t. I, p. 27).

témoin de cet accord, fut élu évêque de Salisbury le 9 septembre 1228 ; il était auparavant chanoine de Slape, entre 1220 et 1227, attesté dès 1216 : ici il n'est qualifié que de « maître » ; il enseignait à Oxford. Une notification produite par les juges délégués pour l'abbaye de Reading précise qu'ils ont été délégués par le pape Honorius III, donc après 1216 (Kemp, *op. cit.*, t. II, p. 103-104). L'église de Thatcham avait été donnée par Mathilde l'Emperesse à l'abbaye de Reading entre le 4 septembre 1139 et le 7 avril 1141 (Cronne, Davis, *op. cit.*, t. III, p. 258, n° 698).

Omnibus sancte matris Ecclesie filiis presens scriptum inspecturis, Symon[a], Dei gratia abbas Radingensis[b], et ejusdem loci conventus, salutem. Noverit universitas vestra controversiam motam inter nos ex una parte et abbatem et conventum de Pratellis et Gervasium de Neubiria[c], clericum, ex altera super ecclesiam[d] de Neubiria abbati et priori de Waverlegia et de Sireburno[e] priori, judicibus a domino papa delegatis commissam auctoritate eorumdem judicum de consensu partium et consilio jurisperitorum sub hac forma pacis quievisse : videlicet quod, com[f] abbas et conventus de Pratellis in judicium tracti per litteras domini pape per procuratores tam ad litigandum quam ad componendum constitutos in majori ecclesia de Wintonia in judicio coram predictis judicibus comparuissent et Gervasius pro se personaliter compareret et idem convenirentur auctoritate litterarum domini pape super ecclesia de Neubiria quam sitam esse dicebamus infra limites parochie[g] de *Tacheham* et ob hoc ad ecclesiam de *Tacheham*[h] pertinere. Unde tam ipsos abbatem et conventum de Pratellis quam Gervasium clericum ab ecclesia de Neubiria intendebamus amovere. Tandem post multas allegationes et exceptiones, hinc inde propositas communi assensu coram judicibus nostris et jurisperitis eis assidentibus amicabiliter provisum est, juramento ab utraque parte interposito, ad formam pacis fideliter observandam quod ecclesia de *Tacheham* percipiet singulis annis duos solidos de ecclesia de Neubiria, sicut antea percipere consuevit. Abbas preterea et conventus de Pratellis singulis annis de bonis suis pro bono pacis persolvent quatuor[i] solidos et octo denarios abbati et conventui de Radingia infra octabas Sancti Michaelis sine aliqua difficultate vel cavillatione que possit provenire de solutione[j] vel termino solutionis predictorum denariorum sub obligacione ejusdem juramenti. Nos autem ipsos tam de nobis quam adversos[k] clericos residuas portiones possidentes, si quas possederint, in ecclesia de *Tacheham* conservabimus indempnes sub forma predicta. Et, ut hec compositio perpetua et stabilis permaneat in posterum, eam sigillorum nostrorum appositione roboramus. His testibus : Gaufrido, archidiacono Berkesire ; magistro Roberto de *Bingham* ; Roberto de *Tacheham*, clerico ; Thomas de Henlegia ; Johanne, filius Hugonis, et multis aliis.

(a) Simon *C*. — (b) Rading *suivi d'un tilde BCB²*. — (c) Newberia *B²*. — (d) *Sic* B. — (e) Sireburn *suivi d'un tilde B* ; Sireburno *B²*. — (f) cum *B²C*. — (g) parrochie *B²C*. — (h) Tacham *B²*. — (i) IIII *B²C*. — (j) solucione *B²*. — (k) *Sic BC, corr.* adversus *;* adversus *B²*.

B173

1224, 20 septembre. — Rome, palais du Latran.

Honorius [III], pape, prend sous sa protection et sous celle de saint Pierre, à la demande de Bernard, abbé de Saint-Pierre de Préaux, les moines, le lieu de leur clôture et tous leurs biens présents et à venir. Il confirme spécialement la possession des églises Saint-Martin de Toutainville, Saint-Germain et Saint-Ouen de Pont-Audemer et leurs dépendances, concédées par Guillaume [de Rupière], évêque de Lisieux, avec l'accord de son chapitre.

B. Cart. XIIIe siècle, fol 5-v, n° 3, sous la rubrique : « *Confirmatio Honorii pape super ecclesiis Sancti Martini de Tustinivilla, Sancti Germani et Sancti Audoeni de Ponte Audomari com pertinentiis earum a Willemo et Jordano, episcopis, et capitulo Lexoviensi in usus proprios monachis de Pratellis confirmatis* » ; dans la marge, de la main de M : « *Vide infra folio XVII* ». [Copie partielle Delisle, Bibl. nat. de Fr., nouv. acq. lat. 1025, fol. 4, n° 3].

C. Cart. XVe siècle, fol. 4v-5, n° 3.

Pressutti —.

Les actes **B173** et **B174** confirment l'acte **B94** octroyé par l'évêque de Lisieux Guillaume de Rupière.

Honorius episcopus, servus servorum Dei, dilectis filiis B(ernardo) abbati et conventui de Pratellis, Lexoviensis diocesis, salutem et apostolicam benedictionem. Sacrosancta romana Ecclesia devotos et humiles filios ex assuete pietatis officio propensius diligere consuevit et, ne pravorum hominum molestiis agitentur, eos tamquam pia mater sue protectionis munimine confovere. Eapropter, dilecti in Domino filii, vestris justis postulationibus grato concurrentes assensu, personas vestras et locum in quo divino estis obsequio mancipati cum omnibus bonis, que in presentiarum rationabiliter possidet aut in futurum justis modis, prestante Domino, poterit adipisci, sub beati Petri et nostra protectione suscipimus. Specialiter autem Sancti Martini de Tustinivilla, Sancti Germani et Sancti Audoeni de Ponte Audomari ecclesias cum pertinentiis earumdem vobis a bone memorie W(illelmo), Lexoviensi episcopo$^{(a)}$, sui capituli accedente consensu, pia liberalitate collatas, sicut eas juste, canonice ac pacifice possidetis, vobis et per vos monasterio vestro auctoritate apostolica confirmamus et presentis scripti patrocinio communimus. Nulli ergo omnino hominum liceat hanc paginam nostre protectionis et confirmationis infringere vel ei ausu temerario contraire. Si quis autem hoc attemptare presumpserit, indignationem omnipotentis Dei et beatorum Petri et Pauli apostolorum ejus se noverit incursurum. Datum Laterani, XII kalendarum octumbrarum$^{(b)}$, pontificatus nostri anno nono.

(a) *Dans la marge de B* Vide in fo[lio] XVII ; Willelmo *C*. — (b) *Sic B*.

B174

1224, 20 septembre. — Rome, palais du Latran.

Honorius [III], pape, prend sous sa protection et sous celle de saint Pierre, à la demande de Bernard, abbé de Saint-Pierre de Préaux, les moines, le lieu de leur clôture et tous leurs biens présents et à venir. Il confirme spécialement la possession des églises Saint-Antonin d'Épaignes, Notre-Dame de Selles et Notre-Dame de Préaux et leurs dépendances, concédées par l'évêque de Lisieux [Guillaume de Rupière], avec l'accord de son chapitre.

B. Cart. XIIIe siècle, fol. 5v, n° 4, sous la rubrique : « *Confirmatio ejusdem pape super ecclesiis de Hipania, de Sellis, de Pratellis a supradictis personis confirmatis* » ; dans la marge, de la main de M : « *Vide infra folio XVII* ». [Copie partielle Delisle, Bibl. nat. de Fr., nouv. acq. lat. 1025, fol. 4, n° 4].

C. Cart. XVe siècle, fol. 5-v, n° 4.

Pressutti —.

Les actes **B173** et **B174** confirment l'acte **B94** octroyé par l'évêque de Lisieux Guillaume de Rupière.

Honorius episcopus, servus servorum Dei, dilectis filiis B(ernardo) abbati et conventui de Pratellis, salutem et apostolicam benedictionem. Sacrosancta romana Ecclesia devotos et humiles filios ex assuete pietatis officio propensius diligere consuevit et, ne pravorum hominum molestiis agitentur, eos tamquam pia mater sue protectionis munimine confovere. Eapropter, dilecti in Domino filii, vestris justis postulationibus grato concurrentes assensu, personas vestras et locum in quo divino estis obsequio mancipati cum omnibus bonis, que in presentiarum rationabiliter possidet aut in futurum justis modis, prestante Domino, poterit adipisci, sub beati Petri et nostra protectione suscipimus. Specialiter autem Sancti Antonini de Hyspanis^(a), Sancte Marie de Sellis, Sancte Marie de Pratellis ecclesias cum pertinentiis earumdem vobis a bone memorie Lexoviensi episcopo^(b), sui capituli accedente consensu, pia libertalitate collatas, sicut eas juste, canonice ac pacifice possidetis, vobis et per vos monasterio vestro auctoritate apostolica confirmamus et presentis scripti patrocinio communimus. Nulli ergo omnino hominum liceat hanc paginam nostre protectionis et confirmationis infringere vel ei ausu temerario contraire. Si quis autem hoc attemptare presumpserit, indignationem omnipotentis Dei et beatorum Petri et Pauli apostolorum ejus se noverit incursurum. Datum Laterani XII kalendas octobris, pontificatus nostri anno nono.

(a) *Sic BC, compr.* Hyspania. — (b) *Dans la marge :* Vide in fo[lio] XVII.

B175

1224, 8 novembre.

Guillaume [du Pont-de-l'Arche[35]], évêque de Lisieux, fait savoir à G(eoffroi), doyen, et au chapitre de Lisieux qu'il a concédé aux moines de Saint-Pierre de Préaux dix livres tournois à percevoir chaque année sur l'église de Selles et sept autres, sur l'église Saint-Germain de Pont-Audemer en plus de ce qu'ils y percevaient.

B. Cart. XIIIe siècle, fol. 18, n° 34, sous la rubrique : « *Ex dono et concessione Willelmi, Lexoviensis episcopi, decem libras in ecclesia de Sellis* » ; dans la marge, de la main de M : « *Vide infra folio XXI carta Osberni thesaurari* ». [Copie partielle Delisle, Bibl. nat. de Fr., nouv. acq. lat. 1025, fol. 17, n° 34].

C. Cart. XVe siècle, fol. 12v, n° 25.

Willelmus[a], divina permissione Lexoviensis episcopus, dilectis in Christo filiis, G(aufrido), decano, et capitulo Lexoviensi, salutem et benedictionem. Noveritis quod nos concessimus abbati Sancti Petri Pratellensis et conventui decem libras turonensium in ecclesia Beate Marie de Sellis annuatim percipiendas et septem libras turonensium in ecclesia Sancti Germani de Ponte Audomari propter hoc quod ibidem habebant accipiendas. Valete. Datum anno Domini M° CC° XX° quarto, die veneris post[b] Omnium Sanctorum.

(a) *Mot omis par le copiste rajouté après coup dans la marge de gauche de B* ; Villelmus *C*. —
(b) post festum *C*.

B176

1224, 18 décembre. — Lisieux.

Osberne, trésorier et procureur général de l'évêque de Lisieux, demande à Robert de Saint-Martin, doyen de Pont-Audemer, de délivrer à l'abbé et aux moines de [Saint-Pierre de] Préaux les dix livres à percevoir sur l'église de Selles que Guillaume [de Rupière], évêque de Lisieux, leur a accordées au nom de leur prise de possession, et de la même manière, sur l'église de Saint-Germain de Pont-Audemer en plus des vingt livres que les moines y percevaient annuellement.

---

35. Guillaume du Pont-de-l'Arche, évêque de Lisieux, 1218-16 mars 1250.

B. Cart. XIIIe siècle, fol. 21v, n° 45, sous la rubrique : « *Littere Osberni thesaurarii, tunc procuratoris domini Lexoviensis generalis, ad Robertum de Sancto Martino, decanum de Ponte Audomari, ex precepto domini L(exoviensis) directe* » ; dans la marge, de la main de M : « *Vide supra folio XVIII carta Willelmi decani et cetera ; de pensione de Sellis et decem libris ; de pensione Sancti Germani in XXVII* ». [Copie partielle Delisle, Bibl. nat. de Fr., nouv. acq. lat. 1025, fol. 21, n° 45].

C. Cart. XVe siècle, fol. 15v, n° 36.

Voir la charte de Guillaume du Pont-de-l'Arche, évêque de Lisieux, octroyant aux moines de Préaux la pension supplémetaire assise sur l'église de Selles, **B175**.

Osbernus, thesaurarius domini Lexoviensis episcopi, procurator generalis, Roberto de Sancto Martino, decano Pontis Audomari, salutem. Auctoritate domini episcopi Lexoviensis tibi mandamus quatinus abbatem et conventum de Pratellis in corporalem possessionem mittas de decem libris apud *Selles* quas venerabilis pater Willelmus, Lexoviensis episcopus, eisdem contulit in ecclesia de Sellis nomine apropriationis^(a) et similiter de septem libris in ecclesia Sancti Germani de Ponte Audomari quas eisdem predictus Willelmus, Lexoviensis episcopus, contulit in aumentum^(b) apropriationis propter viginti libras quas ibidem predicti abbas et conventus annuatim percipiebant. Datum apud Lexovienses^(c), die mercurii ante festum sancti Thome apostoli, anno gratie M° CC° XX° IIII°, mense decembri. Valete.

(a) *Sic BC, corr.* appropriationis. — (b) *Sic B* ; augmentum *C*. — (c) Lexovien *suivi d'un tilde B* ; Lex *suivi d'un tilde C.*

B177

1224, 14 avril-1225, 29 mars.

Richard le Plat fait savoir qu'il a concédé à l'abbaye Saint-Pierre de Préaux en perpétuelle aumône dix huit boisseaux de froment à percevoir à Toutainville chaque année à la Saint-Michel [29 septembre] au profit de l'aumônier : soit seize boisseaux de Guillaume Harenc, de Tiout Biscoc et de leurs héritiers et deux d'Onfroi Puchelin et de ses héritiers. En cas de non paiement de cette rente, l'aumônier pourra faire saisir seize boisseaux sur une acre que Guillaume Harenc et Tiout Biscoc tiennent du fief de Michel du Mont et deux autres sur la celle où habite Onfroi Puchelin. En échange de cette donation, Roger du Parc, aumônier, lui a accordé un don gratuit de cent sous tournois.

B. Cart. XIIIe siècle, fol. 74v-75, n° 193, sous la rubrique : « *Karta Ricardi* le Plat *de decem et octo boisellis idonei frumenti apud Tustiniwillam reddentibus* annuatim elemosine Pratelli et in usum pauperum Christi debet triticum expendi ». Dans la marge, de la main du rubricateur : « *Item ad elemosinarium* » et d'une main du XVIII siècle : « Toutainville, fief Dumont ». [Mention Delisle, Bibl. nat. de Fr., nouv. acq. lat. 1025, fol. 79, n° 193].

C. Cart. XV siècle, fol. 55v-56, n° 174.

INDIQUÉ : S. Mesmin, *The leper hospital...* (thèse dactylographiée), p. 181.

Sciant presentes et futuri quod ego Ricardus *le Plat* dedi et concessi in perpetuam elemosinam Deo et ecclesie Sancti Petri de Pratellis et monachis ibidem Deo servientibus et servituris decem et octo boissellos frumenti apud Tustinivillam reddendos annuatim elemosinario predicte ecclesie, videlicet sedecim boissellos per manum Willelmi *Harenc* et Tioudi *Biscoc* et heredum suorum et duos boissellos similiter per manum Hunfridi *Puchelin* et heredum suorum ad festum sancti Michaelis. Si autem ad predictum terminum predictum frumentum non fuerit persolutum, predictus elemosinarius justiciam suam poterit exercere super unam acram terre quam predicti Willelmus *Harenc* et *Tiout Biscoc* tenent de feodo Michaelis de Monte pro sedecim boissellis et super terram ubi manet predictus Hunfridus *Puchelin* pro duobus boissellis. Pro hac autem donatione et concessione mea dedit mihi Rogerius de Parco, tunc temporis elemosinarius, centum solidos turonensium de caritate prenominate ecclesie. Et, ut hoc ratum et inconcussum permaneat in perpetuum, presens scriptum sigilli mei munimine roboravi. Actum anno Domini M° CC° XX° IIII°.

B178

1224, 14 avril-1225, 29 mars. — Selles, *coram universali parrochia*.

Guillaume le Cerf fait savoir qu'il a vendu à Richard Bordon pour quatre livres tournois une rente annuelle d'un setier de froment à la mesure de [Pont-Audemer ayant une capacité de] dix sept boisseaux, payable à la Saint-Michel ([29] septembre). Au cas où cette rente ne serait pas acquittée, Richard et ses héritiers pourraient se faire justice sur toute la terre en bordage de Guillaume.

B. Cart. XIII siècle, fol. 78, n° 204, sous la rubrique : « *Karta Willelmi* le Cerf *quomodo vendidit Ricardus* Bordon *unum sextarium frumenti annui redditus ad mensuram Pontis Audomari solvendum singulis annis ad festum sancti Michaelis in mense septembris* ». [Mention Delisle, Bibl. nat. de Fr., nouv. acq. lat. 1025, fol. 81-82, n° 204].

C. Cart. XV siècle, fol. 58v, n° 184.

INDIQUÉ : L. Delisle, *Études sur la condition...*, p. 560, n. 206. — M. Arnoux, *Essor et déclin...*, p. 326, n. 13.

Richard Bordon, fils de Wielor et Guillaume Bordon, est cité dans un acte de l'abbé Guillaume II de Préaux délivré en faveur du prieuré Saint-Gilles de Pont-Audemer comme possédant des biens à Épaignes entre 1200 et 1206 (S. Mesmin, *The leper hospital...* [thèse dactylographiée], p. 121 ; cart. Saint-Gilles, B. M. Rouen, Y 200, fol. 19v).

Noverint universi presentes et futuri quod ego Willelmus *le Cerf* vendidi et concessi Ricardo *Bordun*[a] unum sextarium frumenti annui redditus ad mensuram decem et septem boissellorum reddendum sibi et heredibus suis de me et heredibus meis annuatim ad festum sancti Michaelis in mense septembris. Et sciendum est quod predictus Ricardus et heredes sui poterunt facere justiciam suam super totam terram bordagii mei pro predicto redditu, si sibi aliquo modo detineatur. Pro hac autem venditione et concessione dedit mihi predictus Ricardus IIII^{or} libras turonensium. Quod ut ratum et stabile permaneat, presenti scripto et sigilli mei testimonio confirmavi. Actum Domini anno M° CC° XX° IIII° coram universali parrochia Sancte Marie de Sellis.

(a) Bourbin *C*.

B179

1225, août. — Le Vaudreuil.

Louis [VIII], roi de France, fait savoir que l'abbé et les moines de Saint-Pierre de Préaux lui ont concédé l'emplacement de leurs moulins situés sur les eaux de la Dieppe entre le Gué empierré et Neufchâtel à condition de n'y rien construire, pas même un moulin. Ils lui ont aussi concédé la terre qu'ils avaient achetée pour aménager le bief, la bonde et les écluses des moulins de Neufchâtel ainsi que le droit d'usage de la terre jouxtant la bonde et les écluses pour pouvoir les refaire et les réparer. En échange, les moines recevront une rente annuelle de quarante sous de monnaie courante payable à la Saint-Michel [29 septembre] par le vicomte de Neufchâtel et la possession d'une demie acre de pré parmi ceux du roi vers Neuville.

A. Original perdu.
B. Cart. XIIIe siècle, fol. 32v, n° 67, sous la rubrique : « *Karta Ludovici regis, filii Philippi, super XL solidis quos monachi Sancte Radegundis percipiunt in sede suorum molendinorum* ». [Mention Delisle, Bibl. nat. de Fr., nouv. acq. lat. 1025, fol. 29, n° 67].
C. Cart. XVe siècle, fol. 24, n° 55.
a. C. Du Cange, *Glossarium...*, t. V, p. 684 (extrait). — *b*. L. Delisle, *Cartulaire normand...*, p. 309-310, n° 1137.

La contrepartie de cet acte produite par l'abbaye de Préaux (appelée dans les notes *N*) est conservée en original aux Archives nationales, sous la cote J 215, n° 1. Elle a été expédiée en novembre 1224, neuf mois avant l'acte royal qui en reprend la substance. On en trouve une copie dans un manuscrit de chartes normandes de la Chambre de comptes (Bibl. nat. de Fr., lat. 9097, fol. 100) ; il a été édité dans A. du Monstier, *Neustria*..., p. 512 ; A. Teulet, *Layettes*..., t. II, p. 40-41, n° 1676 ; L. Delisle, *Cartulaire*..., p. 50, n° 334).

Ludovicus, Dei gratia Francorum rex, omnibus ad quos presentes littere pervenerint, salutem. Noveritis quod dilecti nostri abbas et conventus de Pratellis nobis concesserunt et quitaverunt in perpetuum sedem molendinorum suorum super aquam Dieppe sedentium inter Vadum Petrosum et Novum Castellum, ita scilicet quod nulla edificatio ibi fiat vel molendinorum vel alia. Concedunt etiam et quitant nobis illud terre sue quod sumptum fuerit pro beyo et relesio[a] et exclusis molendinorum de Novo Castro faciendis et capiemus usagium in terra sua constituta juxta relesum[b] et exclusas molendinorum Novi Castri ad reficiendum et reparandum, tali conditione quod ipsi debent recipere annuatim a nobis quadraginta solidos usualis monete in festo sancti Michaelis per vicecomitem Novi Castri et possidere dimidiam acram prati quiete et pacifice in pratis nostris versus Novam Villam. In cujus rei testimonium presentes litteras dictis abbati et conventui duximus concedendas. Actum apud Vallem Rodolii, anno Domini M° CC° XX° V°, mense augusti.

(a) *Sic BC* ; releseio *N*. — (b) *Sic BC* ; releseium *N*.

B180

1226, 11 avril (n. st.). — Rouen.

Thomas [de Fréauville], doyen de Rouen, et R. prieur de la Madeleine de Rouen font savoir que l'abbé et les moines de Saint-Pierre de Préaux et les chanoines de l'Isle-Dieu se sont accordés sous peine de soixante livres de monnaie courante et ont mis un terme en présence du doyen et de l'official d'Évreux aux nombreuses querelles qui les opposaient. Les chanoines possèderont le jardin situé devant leur porte, le clos des sœurs des chanoines et toute l'aumône que Gertrude a donnée à l'église de l'Isle-Dieu et rendront aux moines de Préaux cinq sous de monnaie courante payables à la Saint-Michel [29 septembre] pour acquittement de la dîme de ces terres. Ceux-ci possèderont toutes les dîmes de la paroisse Saint-Martial de Vascœuil, tant sur les terres défrichées que les autres quels qu'en soient les exploitants. En outre les chanoines ne pourront acquérir ni terre ni bois relevant du fief des moines de Préaux par achat, aumône ou engagement sans la permission de ceux-ci, sous peine de dix livres

ACTE N° B180   411

d'amende et d'abandon du bien en question sans possibilité de procès ; à ce sujet ils se sont soumis à la juridiction du doyen de Rouen.

A. Original pour Saint-Pierre de Préaux, perdu. — A^2. Original sur parchemin pour l'Isle-Dieu, Arch. dép. Eure, H395 (6-7), scellé originellement de trois sceaux sur bandes de parchemin (l × h = 19 cm x 15 cm).

B. Cart. XIIIe siècle, fol. 13v-14, n° 25, sous la rubrique : « *Karta Thome decani Rothomagensis et R.. prioris Beate Marie Magdalene de Rothomago, de quadam compromissione* ». [Mention Delisle, Bibl. nat. de Fr., nouv. acq. lat. 1025, fol. 13, n° 25]. — B^2. *Inspeximus* de cette charte copié dans le cartulaire de Préaux, fol. 14-v, n° 26 (voir **B181**).

C. Copie informe de A^2 datable du XVIIe siècle, Arch. dép. Eure, H 395.

La date proposée par cette charte, 11 avril 1226 (v. st), soit le 11 avril 1227 (n. st.), si l'on tient compte du style de Pâques employé à l'époque en Normandie, depuis 1204, semble incompatible avec celle qui est donnée par la confirmation de cette même charte par le doyen d'Évreux, datée du 27 avril 1226 (voir **B181**). Pâques 1226 tombant le 19 avril, la date donnée par le présent acte aurait donc dû être celle du 11 avril 1225 (v. st). Cette apparente incohérence de date corrobore l'hypothèse émise par M. Arnoux (*Essor et déclin*..., p. 330, n. 28) à propos d'un acte copié dans le cartulaire de l'évêché de Bayeux (V. Bourrienne, *Antiquus cartularius*..., t. II, p. 326-329), selon laquelle, quand la date de Pâques tombe dans le mois en question, le millésime indiqué est celui de la nouvelle année. Cet acte doit donc être daté du 11 avril 1226 (n. st). La querelle en question dans cet charte, qui opposait les bénédictins de Préaux et les chanoines de l'Isle-Dieu, avait pour origine la donation que Gertrude de Vascœuil avait faite en faveur des chanoines en 1215 avec l'accord de son époux Garnier ; cet acte est conservé en original aux Archives départementales de l'Eure (cote H 395, pièce non numérotée). Gertrude de Vascœuil avait donné une acre de bois à Gratianville dans le Val « Buelech » (actuellement le Bois des Lesques, Eure, cant. Vascœuil, comm. Auzouville-sur-Ry) au dessus du bois de l'abbé de Préaux (actuellement Bois aux moines, Eure, cant. Vascœuil, comm. Gratianville), ainsi qu'un champ situé entre la route de l'Isle-Dieu à Vascœuil et celle menant au « bordel des lépreux ».

Omnibus Christi fidelibus presentes litterras inspecturis, Th(omas), decanus Rothomagi[a], et R. prior Beate Marie Magdalene de Rothomago, salutem in Domino. Noverit universitas vestra quod, cum abbas et conventus Sancti Petri de Pratellis ex una parte et abbas et conventus Insule Dei ex altera in nos compromisissent sub pena sexaginta librarum usualis monete super querelis multis[b] que vertebantur inter ipsos, auctoritate apostolica coram decano, cantore et officiali Ebroicensibus, tandem utriusque partis controversia amicabiliter sopita est in hunc modum : videlicet quod predicti abbas et conventus Insule Dei in pace habebunt et in perpetuum possidebunt gardinum quod est ante portam canonicorum Insule Dei et clausum sororum predictorum canonicorum et totam elemosinam quam Geretrudis dedit ecclesie de Insula Dei reddendo inde annuatim abbati et conventui Sancti Petri de Pratellis quinque solidos usualis monete pro solutione decime predictorum gardini et clausi ad festum sancti Michaelis. Predicti vero abbas et conventus Sancti Petri de Pratellis in pace habebunt et in perpetuum possidebunt decimas tocius parrochie Sancti Martialis[(c)] de Wasquolio[(d)] tam in essartis quam in aliis locis a quibuscumque excolantur. De cetero autem non licebit predictis canonicis Insule Dei terram vel nemus que sint de feodo predictorum abbatis et conventus Sancti Petri de Pratellis emptione, elemosina vel vadimonio accipere sine assensu predictorum abbatis et conventus[(e)] Sancti Petri de Pratellis. Quod si fecerint, penam decem librarum usualis monete incurrent et sine lite[(f)] et difficultate emptionem, elemosinam vel vadimonium amittent ; et ad hoc se supposuerunt juridictioni[(g)] nostre. In cujus rei testimonio presenti scripto sigilla nostra apposuimus. Datum anno Domini M° CC° XX° VI°, apud Rothomagum, tercio idus aprilis. Valete[(h)].

(a) Rothomag *suivi d'un tilde* B, Rothom *suivi d'un tilde* A^2. — (b) multis querelis A^2B^2. — (c) Marcialis A^2B^2. — (d) Wascolio A^2B^2. — (e) convetus B ; conventus A^2B^2. — (f) litte A^2. — (g) jurisdictioni A^2. — (h) *Mot absent de* A^2B^2.

B181

1226, 27 avril. — Évreux.

Le doyen, le chantre et l'official d'Évreux font savoir qu'ils ont vérifié et confirmé l'accord obtenu par Thomas, doyen de Rouen, et R., prieur de la Madeleine de Rouen qui a mis un terme aux querelles opposant les religieux de l'Isle-Dieu et les moines de Préaux : les chanoines possèderont le jardin situé devant leur porte, le clos des sœurs des chanoines et toute l'aumône que Gertrude a donnée à l'église de l'Isle-Dieu et rendront aux moines de Préaux cinq sous de monnaie courante payables à la Saint-Michel [29 septembre] pour acquittement de la dîme de ces terres. Ceux-ci possèderont toutes les dîmes de la paroisse Saint-Martial de Vascœuil, tant sur les terres défrichées que les autres quels qu'en soient les exploitants. En outre les chanoines ne pourront pas acquérir par achat, aumône ou engagement de terre ou de bois relevant du fief des moines de Préaux sans la permission de ceux-ci sous peine de dix livres d'amende et d'abandon du bien en question sans possibilité de procès ; sur ce point ils se sont soumis à la juridiction du doyen d'Évreux.

B. Cart. XIIIe siècle, fol. 14-v, n° 26, sous la rubrique : « *Karta decani, cantoris et officialis de Ebroicensium de compositione amicabiliter facta inter abbatem de Pratellis et abbatem Insule Dei* ». [Mention Delisle, Bibl. nat. de Fr., nouv. acq. lat. 1025, fol. 13, n° 26]. — B^2. Texte de l'accord ici inspecté, copié dans le cartulaire de Préaux, fol. 13v-14, n° 25 (voir **B180**).

Sur l'accord inspecté par cette charte, voir **B180**.

Universis ad quos presens scriptum pervenerit, decanus, cantor et officialis Ebroicenses, salutem in Domino. Noveritis nos inspexisse amicabilem compositionem factam inter abbatem et conventum Sancti Petri de Pratellis ex una parte et abbatem et conventum Insule[a] ex altera per Th(omam), decanum Rothomagi[b], et R., priorem Beate Marie Magdalene de Rothomago, in hunc modum : « Omnibus Christi fidelibus presentes litteras inspecturis, Th(omas) decanus Rothomagi[c] et R. prior Beate Marie Magdalene de Rothomago, salutem in Domnino. Noverit universitas vestra quod, cum abbas et conventus Sancti Petri de Pratellis ex una parte et abbas et conventus Insule Dei ex altera in nos compromisissent sub pena sexaginta librarum usualis monete super multis querelis[d] que vertebantur inter ipsos auctoritate apostolica coram decano, cantore et officiali Ebroicensibus tandem utriusque partis controversia amicabiliter sopita est in hunc modum : videlicet quod predicti abbas et conventus Insule Dei in pace habebunt et in perpetuum possidebunt gardinum quod est ante portam canonicorum Insule Dei et clausum sororum predictorum canonicorum et totam elemosinam quam Geretrudis dedit ecclesie de Insula Dei reddendo inde annuatim abbati et conventui Sancti Petri de Pratellis quinque solidos usualis monete pro solutione[e] decime predictorum gardini et clausi ad festum sancti Michaelis. Predicti vero abbas et conventus Sancti Petri de Pratellis in pace habebunt et in perpetuum possidebunt decimas tocius parrochie Sancti Marcialis de Wascolio[f] tam in essartis quam in aliis locis a quibuscumque excolantur. De cetero autem non licebit predictis canonicis Insule Dei terram vel nemus que sint de feodo predictorum abbatis et conventus Sancti Petri de Pratellis emptione, elemosina vel vadimonio accipere sine assensu predictorum abbatis et conventus Sancti Petri de Pratellis. Quod si fecerint, penam decem librarum usualis monete incurrent et sine lite et difficultate emptionem, elemosinam vel vadimonium amittent ; et ad hoc se supposuerunt juridictioni nostre. In cujus rei testimonio presenti scripto sigilla nostra apposuimus. Data anno Domini M° CC XX° VI°, apud Rothomagum, tercio idus aprilis[g] ». Nos igitur hanc compositionem, sicut premissum est, factam auctoritate apostolica confirmamus, reservata nobis juridictione de assensu partium ad compellendum partes ad observantiam compositionis prelibate et etiam ad compellendam partem ad solvendum alteri prenominatam penam, si qua illarum ab ista compositione presumpserit[h] resilire, omni appellatione et auxilio remotis. Et in testimonium rei geste ad instantiam partium presenti scripto sigilla nostra duximus apponenda. Actum anno Domini M° CC° XX° VI°, apud Ebroicenses[i], quinto kalendas maii.

(a) *Sic B, corr.* Insule Dei. — (b) Rothom *suivi d'un tilde B* ; Rothomag *suivi d'un tilde B²*. — (c) Rothom *suivi d'un tilde B* ; Rothomag *suivi d'un tilde B²*. — (d) querelis multis *B²*. — (e) solutionem *B*. — (f) Wasquolio *B²*. — (g) valete *B²*. — (h) presumperrerit *B*. — (i) Ebroicen *suivi d'un tilde B*.

B182

1227, 27 janvier (n. st.).

Notification de la sentence prononcée par le doyen, le chantre et l'official d'Évreux, juges délégués par le pape, établissant que Richard La Poistoire ou tout autre prêtre desservant la chapelle de l'Hôtel-Dieu de Pont-Audemer est tenu de faire serment de fidélité à l'abbé et aux moines de [Saint-Pierre de] Préaux ; qu'il ne doit recevoir les paroissiens de Pont-Audemer au détriment des églises paroissiales de la ville sans l'accord de l'abbé et Préaux ; que s'il ne vient pas au chapitre de Préaux s'exécuter dans le mois, le doyen de Pont-Audemer le suspendra ; et qu'entre temps, l'abbé, le maire et les pairs de Pont-Audemer devront établir si Richard doit reconnaître l'abbé comme patron en vertu du droit de patronage que celui-ci dit avoir sur les églises de Pont-Audemer.

B. Cart. XIIIe siècle, fol. 15-v, n° 28, sous la rubrique : « *Littere decani, cantoris et officialis Ebroicensium quomodo sacerdos deserviens domum Dei de Ponte Audomari facit nobis fidelitatem* » ; dans la marge, de la main de M : « *De domo Dei Pontis Audomari* ». [Copie Delisle, Bibl. nat. de Fr., nouv. acq. lat. 1025, fol. 14, n° 28 (Copie complète)].

C. Cart. XVe siècle, fol. 10v, n° 20.

a. S. Mesmin, *The leper...* (thèse dactylographiée), select documents II, n° 7.

Pont-Audemer reçut une charte de commune de Philippe Auguste peu de temps après la conquête de la Normandie, cette charte instituait un maire et des pairs ; les moines de Préaux conservaient dans leur cartulaire une copie de cette courte charte (**C9**). Dom Montfaucon, dans l'inventaire qu'il dressa de la bibliothèque des moines de Saint-Pierre de Préaux, mentionne une « *charta Philippi Francorum regis* » sans autre précision ; peut-être s'agissait-il d'une copie de cette charte de commune (*Bibliotheca bibliothecarum...*, t. II, p. 1265).

Acta coram decano, cantore et officiali Ebroicensibus[a], a domino papa judicibus delegatis, die mercurii proxima post Conversionem beati Pauli apostoli. Pronunciatum fuit sententialiter quod Ricardus *la Poistoire* vel quilibet alius sacerdos deserviens capelle Domus Dei de Ponte Audomari tenentur facere fidelitatem abbati et conventui de Pratellis nec recipient parrochianos tocius castri de Ponte Audomari in prejudicium ecclesiarum parrochialium ejusdem ville et gravamen sine licentia abbatis et conventus de Pratellis. Suspendendus est dictus Ricardus per decanum de Ponte Audomari loco nostri, nisi infra mensem abbati et conventui in capitulo Pratelli predictam fecerit fidelitatem. Tractandum est interim inter abbatem et majorem et pares de Ponte Audomari utrum ratione juris patronatus, quod dicit abbas se habere in parrochiis ejusdem ville, dictus Ricardus ipsi abbati tamquam patrono debeat se advocare. Datum supradicta die, anno Domini M° CC° XX°VI°.

(a) Ebroic *suivi d'un tilde B.*

B183

1227, février (n. st.).

Thibaud [d'Amiens[36]], *archevêque de Rouen, fait savoir qu'en sa présence Emmeline de Winchester, sa fille Juliana et son gendre André Malherbe ont restitué à l'abbé Bernard et au couvent de [Saint-Pierre de] Préaux, contre trente deux livres tournois, le fief qu'ils tenaient des moines, terres et maisons, dans la paroisse Saint-Amand de Rouen et une somme de froment qu'ils percevaient annuellement sur le tènement de Richard Loherenc, fief des moines situé à Émendreville près de Rouen. Ils ont aussi rendu toutes les chartes concernant ces biens et ont renoncé, par serment prêté devant maître Alain le Breton, chanoine et official de Rouen, à tous leurs droits sur ces biens.*

B. Cart. XIIIe siècle, fol. 15, n° 27, sous la rubrique : « *Karta curie Rothomagensis sub magistro Alano, tunc temporis officiali Rothomagensi, composita quomodo Juliana de* Wincestre *vendidit B(ernardo) abbati domos quas tenuit magister Osmundus* Le Breton *apud Rothomagum* ». [Copie partielle Delisle, Bibl. nat. de Fr., nouv. acq. lat. 1025, fol. 13, n° 27].

C. Cart. XVe siècle, fol. 10, n° 19.

Alain *Brito* fut chanoine et official entre 1222 et 1225 selon *Fasti...*, t. II, p. 151, n° 4053 ; ce *terminus ad quem* doit être en réalité repoussé au moins jusqu'en 1227.

Omnibus Christi fidelibus ad quos presens scriptum pervenerit, Th(eobaldus), Dei gratia Rothomagensis archiepiscopus, salutem in Domino. Notum vestre universitati fieri volumus quod constituti in jure in curia nostra Emmelina de *Wincestre*, Juliana, uxor Andree Malherbi, ejusdem Emmeline filia, et idem Andreas pro triginta duabus libris turonensium, quas dilecti filii, Bernardus abbas de Pratellis et ejusdem loci conventus, de bonis domus sue dederunt eisdem, reddiderunt illis et eorum successoribus illam partem terre cum edificiis superedificatis quam in parrochia Sancti Amandi Rothomagi de feodo tenuerant eorumdem, sicut in longitudine et latitudine se proportat, et insuper unam summam bladi, videlicet frumenti, quam annuatim percipiebant de tenemento Ricardi *Loherenc* sito apud Ermentruvillam[(a)] juxta Rothomagum, quod videlicet tenementum est simili modo de feodo eorumdem. Reddiderunt insuper illis omnes cartas[(b)] quas habebant de premissis et renunciaverunt omni juri quod

---

36. Thibaud d'Amiens, archevêque de Rouen, 4 septembre 1222-25 septembre 1229.

habebant et habere poterant et debebant in superius nominatis ; juraverunt insuper sponte et sine aliqua coactione, tactis sollempniter[(c)] sacrosanctis ewangeliis, coram magistro Alano Britono, officiale et canonico Rothomagi, quod in dictis terra et redditus frumenti nichil de cetero reclamabunt aliquo nomine nec aliqui per ipsos. Ut autem hoc in memoriam tranxeat[(d)] ultimorum, presenti scripto sigillum curie nostre duximus apponendum. Datum anno Domini M° CC° XXVI°, per manum Mathei Fabri, mense februarii.

(a) Ermentruvill *suivi d'un tilde B* ; Ermentruville *C*. — (b) kartas *C*. — (c) sollemniter *C*. — (d) Sic *B* ; transeat *C*.

B184

1227, 26 mars.

Bernard, abbé de Saint-Pierre de Préaux, fait savoir qu'avec l'accord des moines il a confirmé à maître Seobald d'Aumale en échange de son service la possession de toutes les maisons et terres que maître Osmond, médecin, avait tenues des moines, rue Saint-Amand à Rouen, à condition de ne pas les aliéner ni de les concéder à quiconque. Il versera aux moines sa vie durant une rente annuelle de cinq sous de monnaie courante payable à la Saint-Denis [9 octobre] et, à sa mort, les maisons retourneront aux moines avec toutes leurs améliorations et la terre, avec les constructions qu'il y aura faites.

B. Cart. XIIIe siècle, fol. 80, n° 209. En rubrique, à l'encre verte : « *Ista karta nichil facit pro nobis et re vera Bernardus, tunc temporis abbas de Pratellis, multum laboravit pro terra et domibus quas quondam tenuit magister Osmundus phisicus. Quas domos postea predictus B(ernardus) donavit magistro Seobaldo pro suo servicio, ita scilicet quod predicte domus post mortem predicti Seobaldi revertentur cum omni sua melioratione ad monachos de Pratellis* » ; l'acte a été cancellé à l'encre verte par le rubricateur. [Copie partielle Delisle, Bibl. nat. de Fr., nouv. acq. lat. 1025, fol. 84, n° 209].

Sur le devenir de ces biens, voir Annexe V.

Universis ad quos presens scriptum pervenerit, B(ernardus), divina permissione Pratelli monasterii minister humilis, et ejusdem loci conventus, salutem in Domino. Ad universitatis vestre noticiam volumus pervenire quod nos unanimes et uno assensu dedimus et presenti carta confirmavimus magistro Seobaldo Alba Marlia pro servitio suo totas domos et totam terram quas tenuit de nobis magister Osmundus, phisicus, apud Rothomagum, in vico sancti Amandi, tenendas et habendas libere et quiete quoadusque vixerit, ita quod predictus Seobaldus predictas domos et terram nec vendere nec dare nec alienare poterit, sed, ipso ingrediente viam universe carnis, ad nos quicquid superedificaverit vel melioraverit in predicta terra et domibus sine omni contradictione et difficultate revertetur et idem Seobaldus pro recognitione sepedicti loci reddet nobis ad festum sancti Dionisii V solidos usualis monete. In cujus rei testimonium presenti scripto nostra apposuimus autentica. Actum anno Domini M° CC° XX° VII°, in crastino Annuntiatione⁽ᵃ⁾ dominice.

(a) *Sic B.*

B185

1227, 20 mai.

Guillaume Vanescrot de Campigny fait savoir qu'il a donné à l'abbaye Saint-Pierre de Préaux en pure aumône, avec l'accord de son fils aîné Raoul, toutes les eaux qu'il possédait entre celles des moines et celles du roi au Mont-Rotart, ainsi que tout ce qu'elles contiennent d'une rive à l'autre jusqu'à la terre ferme. Les moines pourront, pour curer les eaux, apporter sur la rive tout ce qui y sera nécessaire et accéder à pied ou en charrette à la pêcherie située dans ces eaux ; au cas où ils seraient empêchés d'y accéder, Guillaume et ses héritiers seraient tenus de réparer ce dommage ; il a en outre accordé aux moines le droit de passage sur toute sa terre et les trois chapons que lui rendait chaque année, à Noël, Bérenger le Vavasseur à cause d'une pièce de terre du fief de Simon du Val. Guillaume et ses héritiers s'engagent à garantir tous ces biens ; en cas de défaut, ils dédommageront les moines par un bien de valeur équivalente pris sur leur domaine. En échange de quoi les moines lui ont accordé un don gratuit de soixante-quinze sous tournois.

B. Cart. XIIIᵉ siècle, fol. 78-79, n° 205, sous la rubrique : « *Karta Willelmi* Wanescrot *quomodo vendidit B(ernardo), abbati de Pratellis, quamdam piscaturam apud Montem* Rotart *existentem juxta molendinum monachorum de Pratellis versus montem predictum* ». [Copie partielle Delisle, Bibl. nat. de Fr., nouv. acq. lat. 1025, fol. 82, n° 205].

C. Cart. XVᵉ siècle, fol. 58v-59, n° 185.

INDIQUÉ : Charpillon, Caresme, *Dictionnaire*..., t. I, p. 646.

La rubrique renseigne sur ce que les moines firent des eaux données par Guillaume Vanescrot de Campigny, puisqu'on y parle de pêcherie située près de leur moulin du Mont-Rotard. Le second cartulaire de Préaux donne des précisions concernant la localisation de la pêcherie et la nature du moulin du Mont-Rotard en le décrivant ainsi, au XVᵉ siècle : « une place et droit de moulin a fouller draps que lesdits religieux abbé et couvent avoient et leur appartenant, assise en la paroisse de

Campegny sur ung petit bras de eaue procedant de la riviere de Rille, nommee la place du Moulin Rotart (...), lequel anciennement souloit estre moulin abbé » (Bibl. nat. de Fr., nouv. acq. lat. 1929, fol. 106).

Universis ad quos presens scriptum pervenerit, Willelmus *Wanescrot*[a] de Campiniaco, salutem in Domino. Ad universitatis vestre noticiam volo pervenire quod ego Willelmus *Wanescrot*[b], assensu et voluntate Radulfi, filii mei primogeniti, dedi et concessi et presenti carta confirmavi Deo et Sancto Petro et Sancto Paulo de Pratellis et monachis ibidem Deo servientibus in puram et perpetuam elemosinam totam aquam quam habebam ab aqua predictorum monachorum usque ad aquam domini regis apud Montem *Rotart* et quicquid continet predicta aqua ab una ripa[c] ad alteram usque ad firmam terram, ita quod, si voluerint predicti monachi predictam aquam curare super ripam terre mee, poterunt ea que viderint ad eamdem[d] curationem necessaria[e] proicere[f]. Dedi etiam et concessi predictis monachis viam per terram meam cum quadriga et cum pede ad piscationem que in aqua predicta continetur. Et, si non poterint predicti monachi ad predictam piscationem cum quadriga et pede sine dampno alterius pervenire, ego et heredes mei tenemur dampnum illud illis quibus factum fuerit resarcire. Et sciendum quod quicquid contigerit de terra mea predicti monachi semper habebunt predictam viam et libertatem curandi predictam aquam, sicut superius dictum est. Dedi etiam et concessi eisdem monachis tres capones quos mihi reddebat singulis annis ad Nathale Domini Berengerius *le Vavassor* de quadam petia terre, que fuit de feodo Simonis de Valle, percipiendos annuatim per manum ejusdem Berengerii vel heredum suorum. Ego autem et heredes mei tenemur predictam aquam predicto modo distinctam et predictam viam et predictam libertatem curandi predictam aquam et predictos capones sepedictis monachis contra omnes homines et feminas garantizare. Et, si garantizare non poterimus, ad valorem in propria hereditate nostra tenebimur excambiare. Pro hac autem donatione, concessione et confirmatione et garantizatione dederunt mihi predicti monachi de caritate sua sexaginta et quindecim solidos turonensium. Et, ut hoc ratum et inconcussum permaneat, sigillum meum et sigillum Radulfi, filii mei, presenti scripto feci apponi. Actum anno Domini M° CC° XX° VII°, XIII° kalendas junii, die Ascensionis.

(a) Vanescrot *C*. — (b) Vanescrot *C*. — (c) rippa *C*. — (d) eandem *C*. — (e) neccessaria *C*. — (f) *Sic BC, corr.* projicere.

B186

[1227, 20 mai-1227, 31 mai].

Richard Efflanc de Tourville, chevalier, fait savoir qu'il a confirmé l'aumône [de la pêcherie] située [près du moulin] du Mont-Rotart que Guillaume Vanescrot de Campigny, son tenant, a faite en faveur de l'abbaye Saint-Pierre de Préaux.

B. Cart. XIIIe siècle, fol. 68, n° 170, sous la rubrique : « *Concessio et confirmatio Ricardi* Efflanc *de Torwilla in piscatura quam Willelmus* Wanescrot *de Campiniaco vendidit Bernardo, abbati de Pratellis, juxta molendinum de* Mont Rotart ». [Mention Delisle, Bibl. nat. de Fr., nouv. acq. lat. 1025, fol. 73, n° 170].

C. Cart. XVe siècle, fol. 50v, n° 151.

Sciant presentes et futuri quod ego Ricardus *Efflanc* de Torvilla, miles, concessi et presenti scripto confirmavi elemosinam quam fecit Willelmus *Wanescrot*{(a)} de Campiniaco, tenens meus, apud *Mont Rotart* Deo et Sancto Petro de Pratellis et monachis ibidem Deo servientibus, sicut in carta predicti Willelmi continetur quam habent predicti monachi de predicta elemosina. Actum fuit hoc anno Domini M° CC° XX° VII°, mense maio.

(a) Vanescrot *C*.

B187

1227, mai.

Michel du Mont de Toutainville fait savoir qu'il a confirmé à l'abbaye Saint-Pierre de Préaux en perpétuelle aumône, pour le salut de son âme et de celles de ses ancêtres, une rente annuelle de trois sous de monnaie courante payable à la Saint-Michel [29 septembre] assise sur une acre de son domaine héréditaire qu'autrefois avait tenue Richard le Plat. Ce dernier avait assigné à l'aumônerie pour le salut de son âme un setier de froment à percevoir chaque année de Tiout Biscoc et de Pierre Harenc et de ceux qui tiendraient ensuite cette terre ; en cas de non paiement des trois sous au terme fixé, l'aumônier pourra se faire justice sur toute la terre que Michel tient des moines sans opposition de ses héritiers. En échange de quoi, l'aumônier Onfroi de Pont-Audemer lui a accordé un don gratuit de quinze sous tournois.

B. Cart. XIIIe siècle, fol. 75-v, n° 194, sous la rubrique : « *Karta Michaelis de* Mont *de Tosteinwilla de tribus solidis usualis monete redditus singulis annis ad festum sancti Michaelis elemosine ecclesie de Pratellis».* Dans la marge : «*Item ad elemosinam*». [Mention Delisle, Bibl. nat. de Fr., nouv. acq. lat. 1025, fol. 79, n° 194].

C. Cart. XVe siècle, fol. 56-v, n° 175.

INDIQUÉ : S. Mesmin, *The leper hospital...* (thèse dactylographiée), p. 181.

Noverint universi presens scriptum inspecturi quod ego Michael de *Mont* de Tustinivilla dedi et concessi et presenti carta confirmavi Deo et elemosine Sancti Petri de Pratellis pro salute anime mee et antecessorum meorum in puram et perpetuam elemosinam tres solidos usualis monete singulis annis percipiendos ad festum sancti Michaelis quod^(a) habebam de mea propria hereditate in una acra terre, que quondam fuit Ricardo *le Plat.* In qua terra predictus Ricardus *le Plat* assignavit pro salute anime sue unum sextarium frumenti annuatim reddendum per manum *Tiout Biscoc* et Petri *Harenc* ad festum sancti Michaelis elemosine Pratelli^(b). Et, si ita forte contigerit quod predicti *Tiout Biscoc* et Petrus dictus *Harenc* vel alii aliqui qui predictam terram tenuerint predictos III solidos ad prefixum terminum non potuerint reddere, elemosinarius, qui erit pro tempore, justiciam suam in tota terra mea quam teneo de abbate et conventu de Pratellis sine aliqua mei vel heredum meorum contradictione pro predicto redditu, prout voluerit, plenarie poterit exercere. Pro hac autem donatione mea, concessione et confirmatione, Hunfridus de Ponte Audomari, tunc temporis elemosinarius, dedit mihi XXV solidos turonensium de caritate elemosine de Pratellis. Et, ut hoc firmum sit et robur habeat in posterum, presens scriptum sigilli mei munimine roboravi. Actum coram multis, anno Domini M° CC° XX° VII°, mense maio^(c).

(a) *Sic BC, compr.* quos. — (b) Pratellensi *C.* — (c) mayo *C.*

B188

1227, 11 juin.

Richard Efflanc de Tourville, chevalier, fait savoir qu'il a renoncé en faveur des moines de Saint-Pierre de Préaux à la rente recognitive de deux bottes que ces derniers lui devaient chaque année à la Saint-Michel [29 septembre] à cause de son fief du Réel que son aieul, Raoul Efflanc, chevalier, avait donné aux moines lorsqu'il était devenu moine à Préaux, tout en réservant pour ses héritiers cette rente. En échange de quoi, Richard a reçu un don gratuit de vingt sous tournois.

B. Cart. XIIIe siècle, fol. 68-v, n° 171, sous la rubrique : « *Item karta Ricardi* Efflanc *de quietatione quarumdam botarum quas reddebant ei annuatim monachi de Pratellis*». [Copie Delisle, Bibl. nat. de Fr., nouv. acq. lat. 1025, fol. 73, n° 171].

C. Cart. XVe siècle, fol. 50v, n° 152.

Les Efflanc et leurs vassaux, notamment Guillaume de Vanescrot, ont donné plusieurs terres situées dans le fief du Réel (voir **A37, A42, A44, A60**). Raoul Efflanc confirma aux moines de Préaux, à l'occasion de la mort de son père, le fief du Réel, mais il n'est alors pas question de rente (**A60**).

Universis ad quos presens scriptum pervenerit, Ricardus *Efflanc* de Torvilla, miles, salutem in Domino. Ad universitatis vestre noticiam volo pervenire quod ego Ricardus *Efflanc* de Torvilla, miles, remisi et penitus quietavi domino abbati et monachis de Pratellis unas[a] botas quas mihi et heredibus meis debebant singulis annis ad festum sancti Michaelis reddendas pro recognitione feodi de *Reel*. Quem feodum Radulfus *Efflanc*, miles, avus meus, donavit predictis abbati et monachis, quando factus est monachus apud Pratellum, reservans tantum in predicto feodo predictas botas heredibus suis. Et pro hac dimissione et quietatione dederunt mihi predicti monachi de sua caritate XX{ti} solidos turonensium. Et in hujus rei testimonium eisdem abbati et monachis presens scriptum tradidi sigilli mei munimine roboratum. Actum anno Domini M° CC° XX° VII°, in vigilia sancti Barnabe apostoli[b].

(a) *Sic BC*. — (b) apostoli *omis C*.

B189

[1221-1227]. — Préaux, en chapitre.

Raoul Berte de Boulleville fait savoir qu'il a donné à Saint-Pierre et Saint-Paul de Préaux en perpétuelle aumône toute sa terre, libre de toute rente, coutume ou exaction, bornée d'un bout par sa masure, de l'autre, par la terre de Roger de la Mare, d'un côté par la route qui mène au village, de l'autre, par la terre de Raoul Berte, son petit-fils ; que lui et ses héritiers sont tenus de garantir cette terre et de la rendre par tous les moyens quitte vis à vis du seigneur du fonds ; qu'en échange, le sacriste Raoul de Freneuse lui a accordé un don gratuit de quatre livres tournois et qu'il a reçu de l'abbé Bernard deux setiers d'orge et un de froment après avoir juré devant le chapitre, pour lui et ses héritiers, de respecter cette donation.

B. Cart. XIIIe siècle, fol. 75v, n° 195, sous la rubrique : « *Karta Radulfi* Berte *de Bollewilla quomodo vendidit Radulfo de Fresnosa totam terram que est a masura sua usque ad terram Rogeri de Mara in puram et perpetuam elemosinam possidendam* ». Dans la marge : « *Ad sacristam* » et d'une main postérieure, du XIIIe siècle : « *Carta Radulfi* Berte ». [Copie partielle Delisle, Bibl. nat. de Fr., nouv. acq. lat. 1025, fol. 79, n° 195].

C. Cart. XVe siècle, fol. 56v, n° 176. La rubrique s'interrompt à *Rogeri de Mara*.

Sur la date assignée à cet acte, voir ci-après **B190**.

Sciant tam presentes quam futuri quod ego Radulfus *Berte* de Bollevilla[a] dedi et presenti scripto confirmavi Deo et beatis apostolis Petro et Paulo de Pratellis et monachis ibidem Deo servientibus totam terram que est a masura mea, ex una parte, usque ad terram Rogeri de Mara, ex altera, et a via que tendit ad villam, ab uno latere, usque ad terram Radulfi *Berte* nepotis mei, ex altero latere, tenendam et habendam libere et quiete et sine omni redditu et exactione in perpetuum eisdem monachis, sicut puram et perpetuam elemosinam. Et sciendum quod ego Radulfus *Berte* et heredes mei tenemur garantizare et modis omnibus aquietare eisdem monachis predictam terram apud dominum fundi. Pro hac donatione autem et concessione et garantizacione et quietatione, ego Radulfus *Berte* recepi de caritate predicte ecclesie per manum Radulfi de Fresnosa, tunc temporis sacriste, quatuor[b] libras turonensium et per manum Bernardi abbatis duo sextaria ordei et unum sextarium frumenti et juravi in capitulo predictorum monachorum pro me et heredibus meis hanc conventionem firmiter et inviolabiliter tenendam in perpetuum, teste eodem capitulo. Ad majorem vero certitudinem eamdem conventionem presenti scripto et sigilli testimonio roboravi.

(a) Bollevill *suivi d'un tilde B* ; Bolleville *C*. — (b) IIIIor *C*.

B190

[...1221-1227].

Eudes [III], châtelain de Beauvais, fait savoir à l'abbé de [Saint-Pierre de] Préaux et aux moines qu'il leur a dépêché son fils Adam [II] porteur de cette lettre, afin que ce dernier leur prête, avant son départ en pélerinage, l'hommage qui leur est dû pour le fief qu'Eudes tenait d'eux, de sorte que lui-même le tienne désormais et qu'il en assume les services.

B. Cart. XIIIe siècle, fol. 58v, n° 137. Les deux premières lignes de la rubrique sont illisibles : « *Hic apparuit placuiss (...) quia est scilicet (...) scriberis litteras deprecatorias O(donis), castellani Belwaci, ad Bernardum abbatem de Pratellis* ». [Copie Delisle, Bibl. nat. de Fr., nouv. acq. lat. 1025, fol. 63, n° 137 (Texte de la rubrique)].

La datation de cet acte est déterminée par la mention dans la rubrique de l'abbé Bernard. Dom Toussaint Duplessis indique que la famille des seigneurs de Vascœuil était originaire de Beauvais : il cite, pour le prouver, plusieurs membres de la famille des châtelains de Beauvais qui se sont fait enterrer à l'abbaye de l'Isle-Dieu (Toussaint Duplessis, *Description*..., t. II , p. 329). Il confond en fait deux familles possessionnées à Vascœuil, mais certainement apparentées. Les châtelains de Beauvais apparaissent à plusieurs reprises dans le cartulaire de Saint-Quentin de Beauvais (Bibl. nat. de Fr., nouv. acq. lat. 1921) : Eudes II, châtelain de Beauvais, est témoin de plusieurs actes entre 1110 et 1115, fol. 28, 32-v, 33, 34, 51, il meurt vers 1140, sous l'abbatiat de Geoffroy (voir fol. 108). Ses fils Adam Ier, Jean, chanoine de Saint-Quentin, et Arnoul et Eudes sont cités comme témoins en 1128, fol. 94 et 94v. Eudes l'est encore fol. 95, vers 1130, et fol. 98v-99 en 1134 (sur cette famille, voir O. Guyotjeannin, *Episcopus et comes*..., p. 264 ; V. Leblond, *Notes*.., t. I, p. 70-71).

Le fonds de l'abbaye de l'Isle-Dieu, conservé aux Archives départementales de l'Eure, contient d'autres actes citant Eudes III comme témoin : avec Gilbert II de Vascœuil, il atteste une charte d'Enguerrand Pilavoine en faveur de l'Isle-Dieu (Arch. dép. Eure, H395, non numéroté) ; entre 1187 et 1193, il est cité comme premier témoin d'un don de Gilbert II pour la même abbaye, aux côtés de Guillaume, fils de Gilbert (Arch. dép. Eure H 377, p. 3) ; de même il est témoin d'un accord entre Préaux et l'Isle-Dieu en 1204 (voir **B112**). Sa descendance continua à favoriser l'Isle-Dieu : en 1299, de Renaud « le chastelain de Beauves », fils de Guillaume et de Lienor du même nom firent un don (Arch. dép. Eure, H395, non numéroté). Parallèlement, la famille de Vascœuil ne disparaît pas avec Gilbert II : Guillaume de Vascœuil, en 1218, concède une terre aux chanoines de l'Isle-Dieu (Arch. dép. Eure, H395, n° 1) ; en 1236 il procède à un échange avec les mêmes chanoines : Richilde de Vascœuil, sa grand-mère, Gertrude et Gilbert de Vascœuil en sont témoins.

Reverendo domino et patri in Christo . . abbati et conventui de Pratellis, O(do) castellanus Belvaci[(a)], salutem et debitum obsequium. Sciatis me ad vos mittere dilectum filium meum et heredem Adam latorem presentium. Unde vobis preces porrigo, quantas possum multiplices, quatinus ipsius homagium accipiatis de feodo quem tenendus est de vobis, sicut ego tenui, et ipse inde vobis faciet quicquid facere debuerit. Quia volo ut fideliter vobis homagium faciat antequam in peregrinatione sua profisciscatur et tamen faciatis quod ego et ipse vobis grates referre et remuneratione teneamur. Valete.

(a) Belvac *suivi d'un tilde BC.*

B191

[1206-1227].

Raoul Ferme d'Épaignes fait savoir qu'il doit à l'abbaye Saint-Pierre de Préaux huit beaux boisseaux de froment, payables chaque année à la Saint-Michel [29 septembre], destinés à la confection des hosties ; cette rente est assise sur les deux acres de terre, situées près de la maison Peldoe, que lui et ses héritiers tiennent héréditairement de l'abbé de Préaux, exemptes de tous autres services, rente ou coutume relevant de sa main ; en cas de non paiement, les moines pourront se faire justice sur cette terre.

B. Cart. XIIIe siècle, fol. 77-v, n° 201, sous la rubrique : « *Karta Radulfi* Ferme *de Hyspania quomodo tenetur solvere ad festum sancti Michaelis singulis annis octo boissellos frumenti idonei et formosi ad oblatas faciendas* ». Dans la marge : « *Ad sacristam* ». [Copie partielle Delisle, Bibl. nat. de Fr., nouv. acq. lat. 1025, fol. 81, n° 201].

C. Cart. XVe siècle, fol. 58, n° 182. Les mots *frumenti* (...) *formosi* sont omis dans la rubrique.

Raoul Ferme, vavasseur de Robert de Mosterol, fut donné à l'abbaye de Préaux entre 1206 et 1214 (voir **B136**). Il existe encore aujourd'hui un lieu-dit le Pelluet situé dans la commune d'Épaignes, au nord de la Héberdière, qui pourrait corespondre à la « *domus* Peldoe ». Ce toponyme formé sur le suffixe *douet*, autrement dit *duit*, le ruisseau ou canal, jouxte précisément un duit d'où s'écoule le ruisseau de la ferme Barbotte.

Sciant presentes et futuri quod ego Radulfus *Ferme* de Hyspania$^{(a)}$ debeo abbati et conventui Sancti Petri de Pratellis octo boissellos frumenti ad festum sancti Michaelis annuatim persolvendos ad oblatas faciendas idoneos$^{(b)}$ pro duabus acris terre juxta domum *Peldoe*$^{(c)}$ existentibus quas a predictis abbate et conventu accepi jure hereditario tenendas mihi et heredibus meis libere et absolute ab omnibus aliis redditibus, servitiis et consuetudinibus ad manum suam spectantibus, tali scilicet modo quod, nisi ego vel heredes mei predictum frumentum ad terminum antedictum persolverimus, predicti abbas et conventus in prenominata terra poterunt exercere$^{(d)}$. Et, ut hoc firmum et stabile permaneat in futurum, presenti scripto et sigilli mei munimine dignum duxi roborare.

(a) Hispania *C*. — (b) ydoneos *C*. — (c) Peldoue *C*. — (d) Sic BC, *sous entendre* justiciam suam.

B192

[1204/1210-1227].

Thomas de Bourneville fait savoir qu'il a confirmé à l'abbaye Saint-Pierre de Préaux en perpétuelle aumône, pour le salut de son âme et de ses ancêtres, tout ce que son grand père, Geoffroy de Bourneville, avait donné lors de son entrée au monastère et auparavant, ainsi que les dons de son père et de ses ancêtres en terres, rentes et autres biens. Il confirme les deux gerbes de dîme sur toute sa terre d'Étreville et renonce à ses prétentions concernant les bottes et la pelisse et les revenus de son fief appartenant à l'église d'Étreville.

B. Cart. XIIIe siècle, fol. 59-v, n° 140, sous la rubrique : « *Confirmatio Thome de Bornewilla super donis que Gaufridus de Bornewilla fecit ecclesie Pratelli in terris et redditibus cum duabus garbis* ». [Copie partielle Delisle, Bibl. nat. de Fr., nouv. acq. lat. 1025, fol. 64, n° 140].

C. Cart. XVe siècle, fol. 43v, n° 123. Les mots *cum* (...) *garbis* sont omis dans la rubrique.

INDIQUÉ : Charpillon, Caresmes, *Dictionnaire*..., t. I, p. 530, t. II, p. 63.

Guillaume de Bourneville, père de Thomas, était encore vivant en 1204, puisqu'il figure parmi les chevaliers du bailliage de Pont Audemer devant un service au roi Philippe Auguste (J. Baldwin, *Les registres*..., t. I, p. 291). Geoffroy de Bourneville et son fils Richard, père et frère de Thomas, sont les acteurs de la notice **A195**, vers 1146.

Sciant presentes et futuri quod ego Thomas de Bornevilla^(a) concessi et presenti karta^(b) confirmavi pro salute anime mee et antecessorum meorum in puram et perpetuam elemosinam Deo et ecclesie Sancti Petri de Pratellis et monachis ibidem Deo servientibus ea omnia que Gaufridus de Bornevilla^(c), avus meus, in monachatu suo et ante monacatum^(d) et pater meus et antecessores mei eidem ecclesie contulerunt, in terris scilicet et redditibus et omnibus rebus cum duabus garbis decime tocius terre mee de Esturvilla. Preterea reclamationem quam faciebam in predicta ecclesia de quibusdam botis et de quadam pellicia et de omnibus redditibus de feodo meo de Esturvilla ecclesie predicte pertinentibus omnino pretermisi. Et, ut hec concessio mea rata sit et duret in perpetuum, eam presenti scripto et sigillo meo dignum duxi confirmandam^(e).

(a) Bornewille *C*. — (b) carta *C*. — (c) Bornewille *C*. — (b) *Sic BC, corr.* monachatum. — (e) confirmandum *C*.

B193

[...1204-1227].

Luc d'Aviron fait savoir qu'il a confirmé à Saint-Pierre de Préaux cinq vergées de pré de son fief relevant de celui de La Mare à Toutainville que Nicolas fils de Torold de Pont-Audemer a données en perpétuelle aumône quand il s'est fait moine. Il s'est cependant réservé, ainsi que pour ses héritiers, douze deniers payables à Pâques au titre de tous services et exactions qui lui revenaient ainsi qu'aux seigneurs du fonds, de sorte que Luc et ses hoirs devront garantir contre tous le relief et toute autre exaction concernant ces cinq vergées en échange de ces deniers.

B. Cart. XIIIe siècle, fol. 67v-68, n° 169, sous la rubrique : « *Karta Luce de* Aviron *de prati V virgatis quas tenebat de feodo de Mara apud Tustini Willam quas contulit ecclesie Pratellensi* ». [Copie partielle Delisle, Bibl. nat. de Fr., nouv. acq. lat. 1025, fol. 73, n° 169].

C. Cart. XVe siècle, fol. 50-v, n° 150.

Thomas de Aviron est cité dans le registre de Philippe Auguste en 1204 parmi les chevaliers du bailliage de Lisieux devant au roi un service féodal (J. W. Baldwin, *Les registres…*, t. I, p 292).

Universis ad quos presens scriptum pervenerit, Lucas de *Aviron*, salutem in Domino. Noverit universitas vestra quod ego Lucas de *Aviron* concedo et confirmo Deo et beato Petro, apostolorum principi, de Pratellis et monachis ibidem Deo servientibus V^{que(a)} virgatas prati de feodo meo quas teneo de feodo de Mara apud Tustinivillam quas etiam dedit, sicut dare potuit, Nicholaus, filius Toroudi, de Ponte Audomari, quando monachus factus est, in puram et perpetuam elemosinam, retemptis tantummodo mihi et heredibus meis XII^{cim} denariis in Pascha solvendis pro omnibus servitiis et exactionibus pertinentibus ad me et ad dominos fundi, ita quod relevamen vel exactio alia super predictis virgatis prati quocumque modo imponantur, ego Lucas de *Aviron* et heredes mei pro predicto redditu contra omnes et in omnibus warantizabimus. Et, ut hoc perpetue firmitatis robur optineat^(b), presenti scripto et sigilli mei munimine confirmavi.

(a) quinque *C*. — (b) *Sic B*.

B194

[1200-1227].

Goscelin de Muids fait savoir qu'il a concédé à l'abbaye Saint-Pierre de Préaux en pure aumône, pour le repos des âmes de son père, de sa mère et de ses ancêtres, la dîme de tout son fief.

B. Cart. XIIIe siècle, fol. 70v, n° 180, sous la rubrique : « *Karta Goscelinni de* Moaz *de decima totius feodi sui pro salute anime sue et antecessorum suorum integre et libere in puram et perpetuam elemosinam possidenda* ». [Mention Delisle, Bibl. nat. de Fr., nouv. acq. lat. 1025, fol. 76, n° 180].

C. Cart. XVe siècle, fol. 52v, n° 161.

Universis sancte matris Ecclesie filiis presentes litteras inspecturis, Goscelinus de *Moiaz*, salutem in Domino. Noverit universitas vestra me concessisse et confirmasse pro animabus patris et matris mee et antecessorum meorum ecclesie Sancti Petri de Pratellis et monachis ibidem Deo servientibus decimam tocius feodi mei integre, libere et quiete in puram et perpetuam elemosinam possidendam et habendam. Et, ut ista concessio rata et inconcussa permaneat, hoc presens scriptum sigilli mei munimine roboravi.

B195

[1200/1204-1227].

*Robert Louvet fait savoir qu'il a concédé à l'abbaye Saint-Pierre de Préaux en perpétuelle aumône, pour le salut de son âme et de celles de ses ancêtres, sept acres et demi d'une terre libre de toute coutume et service, située dans le Vièvre, près du chemin de Brionne, appelée La Capelle (*Campus Baalum*). En échange, les moines de Préaux ont reçu sa mère comme sœur et ont garanti à son sergent, à l'instar des leurs un repas quotidien de moine. À la mort de sa mère, Robert recevra à chaque fois qu'il viendra à l'abbaye un repas et après sa mort, son fils. Mais à la mort de ce dernier, ses fils ou héritiers n'y auront plus droit, sans réclamation possible.*

B. Cart. XIIIe siècle, fol. 65v, n° 162, sous la rubrique : « *De septem acris terre et dimidiam quas Robertus* Lovet *dedit ecclesie Pratelli apud* Wievre, *quando mater ejus apud Pratellum recepta est in sororem* ». [Copie Delisle, Bibl. nat. de Fr., nouv. acq. lat. 1025, fol. 70, n° 162]. — B^2. Copie du XIIIe siècle, *ibid.*, fol. 94v, n° 273 ; en rubrique : « *De Campegni carta Roberti* Lovet ».

C. Cart. XVe siècle, fol. 48-v, n° 143.

a. A. Le Prévost, *Mémoires*, t. II, p. 114.

La rubrique qui précède la copie B^2 paraît situer les terres données par Robert Louvet à Campigny, ce qui est difficilement envisageable, car Campigny ne fait pas partie de la région du Vièvre. D'autre part B^2 est précédée, dans le cartulaire, d'une autre charte, datée de 1254, où Robert Louvet, sûrement le fils du précédent, qui s'intitule *armiger*, reconnaît devoir à l'abbé conseil et défense pour la mouture de son fief de la Capelle que l'abbé possède ; Capelle doit donc être une déformation de *Campus Baalum*, lieu-dit situé dans la commune de Saint-Georges-du-Vièvre, au sud de Campigny. Cette hypothèse est confirmée par l'acte **B197**. Robert Louvet est cité parmi les chevaliers du bailliage de Pont-Audemer devant un service au roi Philippe Auguste (J. W. Baldwin, *Les registres...*, t. I, p. 292).

Sciant presentes et futuri quod ego Robertus *Lovet*[a] dedi et concessi ecclesie Sancti Petri Pratelli et monachis ibidem Deo servientibus, pro salute anime mee et antecessorum meorum, septem acras terre et dimidiam in *Wevre*[b] juxta kiminum Briognie[c], que vocatur Campi *Baalum*, in puram et perpetuam elemosinam liberas et quietas ab omni consuetudine et servitio et auxilio et ab omni re possidendas. Pro hac autem donatione, abbas et conventus ejusdem loci receperunt matrem meam in sororem cotidianum conreium unius monachi percepturam, servienti vero sue, sicuti uno de servientibus abbatis. Post decessum matris mee, ego Robertus, quotienscumque apud Pratellum venero, unius monachi conreium habebo similiter et filius meus Robertus, post mortem meam, quotienscumque ad predictum cenobium venerit, conreium habebit[d]. Post decessum vero predicti filii mei, nullus heredum nostrorum in predicto monasterio illud conreium habebit nec reclamare poterit. Et, ut ista donatio mea rata et inconcussa permaneat, ipsam presentis scripti attestatione et sigilli mei munimine roboravi.

(a) Louvet B^2. — (b) *Sic BC*. — (c) Brionie B^2. — (d) habebat C.

† B196

[...1200-1227].

Hugues de Brucourt fait savoir qu'il a confirmé à l'abbaye Saint-Pierre de Préaux en perpétuelle aumône, pour le salut de son âme et de ses ancêtres, ce que son père, Guillaume de Brucourt, avait donné aux moines : tous ses droits sur la présentation de l'église Saint-Vigor de Brucourt.

B. Cart. XIIIe siècle, fol. 70v, n° 179, sous la rubrique : « *Confirmatio Hugonis de Bruecuria, militis, super presentatione ecclesie de Bruecuria ad quem Hugonem quarta pars presentationis ejusdem ecclesie pertinebat* ». Dans la marge : « *Item apud Rothowillam* » et d'une main du début du XVIe siècle (N) « Brucourt ». [Copie partielle Delisle, Bibl. nat. de Fr., nouv. acq. lat. 1025, fol. 75, n° 179].

C. Cart. XVe siècle, fol. 52v, n° 160. Dans la marge : « *Pro presentatione beneficii de Bruiecuria* ».

Hugues de Brucourt, fils de Gilbert, apparaît au début du XIIe siècle pour concéder sa part des églises de Notre-Dame de Périers et de Saint-Vigor de Brucourt (**A181**) ; avant 1159 il fait don d'une roselière à Rouville (**B20**) ; il mourut avant 1159 (**B20**). La forme du présent acte est toute autre que celle de **B20**, notamment du fait de l'annonce du sceau, qui inspire le doute ; on s'attend à trouver, dans une charte du milieu du XIIe siècle, une liste de témoins et non une mention de sceau. Cette charte doit être un faux forgé par les moines pour obtenir de Robert Escarbot, héritier d'Hugues, sa renonciation à l'église de Brucourt (**B148**) qui a fait l'objet de plusieurs contestations et accords (**B21**).

Notum sit tam futuris quam presentibus quod ego Hugo de Bruecuria pro salute anime mee et antecessorum meorum confirmavi Deo et ecclesie Sancti Petri de Pratellis et monachis ibidem Deo servientibus donum quod Gillebertus[a] de *Bruecort*, pater meus, eidem ecclesie donavit, videlicet quicquid habebat in presentatione ecclesie Sancti Vigoris de Bruecuria in perpetuam elemosinam possidendum. Et, ut hoc duret in perpetuum, presentis scripti attestatione et sigilli mei munimine roboravi.

(a) Gill *suivi d'un tilde BC*.

B197

[1192-1227].

Robert le Bigot fait savoir qu'il a donné à l'abbaye Saint-Pierre de Préaux en perpétuelle aumône, pour le salut de son âme et de celles de ses ancêtres, la mouture de La Capelle (Campus Balun).

B. Cart. XIIIe siècle, fol. 62-v, n° 151, sous la rubrique : « *Karta Roberti* le Biguot *de quietatione molte de Campis* Balum ». [Mention Delisle, Bibl. nat. de Fr., nouv. acq. lat. 1025, fol. 67, n° 151].

C. Cart. XVe siècle, fol. 46, n° 133.

Si Robert le Bigot est le fils de Richard le Bigot, cette donation est postérieure à 1192, date de la disparition de Richard, sénéchal de Robert IV de Meulan. Robert le Bigot est cité après 1204 parmi les chevaliers devant un service au roi Philippe Auguste (J. W. Baldwin, *Les registres...*, t. I, p. 292). Delisle, *Recueil...*, fol. 69). Robert Louvet avait donné aux moines sept acres de terre de ce même champ (voir **B195**). Le cartulaire de Préaux contient une charte plus tardive rendant compte d'un accord intervenu entre les moines et Robert Louvet au sujet de la mouture de la Capelle (fol. 94, n° 271) : après enquête les moines ont prouvé avoir possédé ce droit de toute antiquité.

Sciant presentes et futuri quod ego Robertus *le Bigot* dedi et presenti carta confirmavi pro salute anime mee et pro animabus antecessorum meorum Deo et ecclesie Sancti Petri de Pratellis et monachis ibidem Deo servientibus moutam de Campis *Balun* integre et absolute in perpetua elemosina possidendam. Et, ne hoc aliquo tractu temporis possit in dubium revocari aut aliqua malignitate divelli, hujus scripti testimonio et sigilli mei appositione dignum duxi roborare.

B198

[1185-1227].

Hugues de Bocquencé fait savoir qu'il a donné à l'abbaye Saint-Pierre de Préaux en perpétuelle aumône, pour le salut de son âme et de celles de ses ancêtres, une vavassorie que tenait Thomas le Monnier à Épaignes dans le Val-Wastel : Robert le Monnier la tiendra désormais de l'abbaye, libre de toute coutume, contre deux sous de monnaie courante payables chaque année à la Saint-Michel [29 septembre].

B. Cart. XIIIe siècle, fol. 72-v, n° 186, sous la rubrique : « *Karta Hugonis de* Bauquenchai *quomodo donavit ecclesie Pratelli wavassoriam quam tenuit de eo Thomas* le Monnir *in Hispania apud Vallem* Wastel » : *dans la mar*ge : « Ad elemosinatorem ». [Copie partielle Delisle, Bibl. nat. de Fr., nouv. acq. lat. 1025, fol. 77, n° 186].

C. Cart. XVe siècle, fol. 53v-54, n° 167.

a. S. Mesmin, *The leper hospital*...(thèse dactylographiée), p. 121.

La famille de Bocquencé possédait à Épaignes le fief appelé aujourd'hui le Bocassé. Le même Hugues apparaît dans un acte de l'abbé Guillaume II de Préaux en faveur de Saint-Gilles de Pont-Audemer (S. Mesmin, *The leper hospital*..., thèse dactylographiée, p. 120-121, n° 47 ; Cart. Saint-Gilles, B. M. Rouen, Y 200, fol. 19v).

[S]ciant[(a)] presentes et futuri quod ego Hugo de *Bauquençai* dedi et presenti carta confirmavi Deo et ecclesie Sancti Petri de Pratellis et monachis ibidem Deo servientibus pro salute anime mee et antecessorum meorum quamdam vavasoriam quam tenuit de me Thomas *le Monnier* in Hispania apud Vallem *Wastel* tenendam et habendam in puram elemosinam et perpetuam, tali videlicet modo quod Robertus *le Monnier* tenebit illam jure hereditario de predicta ecclesia et predictis monachis libere et absolute ab omnibus rebus per duos solidos usualis monete singulis annis ad festum sancti Michaelis predictis monachis persolvendos. Et, ne hec donatio mea possit in dubium revocari aut aliqua malignitate divelli, eam presenti scripto et sigilli mei munimine dignum duxi confirmandam.

(a) *L'initiale a été réservée dans B.*

B199

[1185-1204/1227].

Nicolas et son fils Roger font savoir qu'ils ont donné en perpétuelle aumône à l'abbaye Saint-Pierre de Préaux vingt sous angevins à percevoir chaque année sur le tènement que Guillaume fils d'Aubert et Nicolas fils d'Osbert tiennent héréditairement à Illeville contre une rente annuelle de trente et un sous angevins, de sorte que les moines pourront y exercer sans aucun empêchement leur justice si besoin est. Robert d'Illeville confirme ce don et s'engage à le garantir.

B. Cart. XIIIe siècle, fol. 76, n° 196, sous la rubrique : « *Karta Nicholai de Wiwilla et Rogerii, filii ejus, quomodo habemus XX solidos usualis monete ex donis eorum apud Wiwillam singulis annis accipiendos in tenemento quod Willelmus, filius Auberti, et Nicholaus, filius Osberti, tenent* ». Dans la marge : « *Apud Wiwillam* ». [Copie partielle Delisle, Bibl. nat. de Fr., nouv. acq. lat. 1025, fol. 79, n° 196].

C. Cart. XVe siècle, fol. 56v-57, n° 177.

La mention dans cet acte de sous angevins est un indice semblant indiquer que cet acte est antérieur à 1204, les deniers tournois venant remplacer ces derniers dans la majorité des transactions après cette date.

Sciant presentes et futuri quod ego Nicholaus et Rogerius, filius meus, dedimus in liberam et perpetuam elemosinam ecclesie Sancti Petri de Pratellis viginti solidos andegavensium singulis annis accipiendos in tenemento quod Willelmus, filius Auberti, et Nicholaus, filius Osberti, tenent in Wivilla de nobis hereditarie per triginta unum solidos andegavensium annui redditus, ita quod monachis ecclesie predicte liceat sine contradictione et impedimento facere justiciam pro redditu jamdicto in tenemento prenominato quotiens opus fuerit. Et, ut istud donum ratum permaneat et inconcussum, istud scripti presentis attestatione et sigillorum nostrorum munimine roboravimus. Hanc autem donationem ego Robertus de Wivilla concessi et garantizare monachis dictis teneor, unde et litteris istis sigillum meum apposui.

B200

[1185-1227].

Raoul Boson fait savoir qu'il a confirmé à l'abbaye Saint-Pierre de Préaux l'aumône faite par son père à l'église Saint-Pierre de Rouville des terres et rentes versées par leurs tenants, soit Arnoul Waingne, Raoul Foké, Guillaume la Truie, Guillaume, forgeron, Raoul Mordant, Robert Goscelin et Durand Postel. En échange de cette concession, Raoul aura droit à quatre repas servis au manoir de l'abbaye à Rouville, à Noël, à Pâques, à l'Ascension et à la Saint-Pierre et Saint-Paul [29 juin].

B. Cart. XIIIe siècle, fol. 76, n° 197, sous la rubrique : « *Confirmatio Radulfi Bosonis super donis que pater ejus fecit ecclesie Sancti Petri de Rothowilla tam in terra quam in redditibus hominum in puram elemosinam in perpetuum possidendam* ». Dans la marge : « *Apud Rotowillam* ». [Copie partielle Delisle, Bibl. nat. de Fr., nouv. acq. lat. 1025, fol. 80, n° 197].

C. Cart. XVe siècle, fol. 57, n° 178. Dans la marge : « Rouville ». La rubrique s'arrête à « *puram elemosinam* ».

Le père de Raoul Boson n'est autre que Raoul Escarbot, héritier de la famille de Brucourt, bienfaitrice du prieuré de Saint-Pierre de Rouville, qui finit ses jours moine à Préaux après avoir, entre 1185 et 1217, fait un don aux moines, ici confirmé (voir **B148**).

Notum sit universis presentes litteras inspecturis quod ego Radulfus Boso concessi et presenti scripto confirmavi ecclesie Sancti Petri de Pratellis et monachis ibidem Deo servientibus donum quod pater meus dedit ecclesie Sancti Petri de Rothovilla in perpetuam elemosinam tam in terra quam in redditibus hominum, scilicet in Ernulfo *Waingne*, in Radulfo *Foké*, in Willelmo *la Truie*, in Willelmo fabro, in Radulfo *Mordant*, in Roberto *Gocelin* et in Durando *Postel*. Et pro hac concessione teneor habere IIII^{or} conreda in ejusdem ecclesie manerio de Rothovilla annuatim percipienda per IIII^{or} dies festos, scilicet in die Nathalis Domini, in die Pasche, in die Ascensionis et in festivitate apostolorum Petri et Pauli. Ut autem hoc ratum habeatur, presenti sripto et sigilli mei munimine roboravi.

B201

[1185-1227].

Henri de Serquigny, fils de Robert, fait savoir que, renonçant à ses prétentions, il a confirmé à l'abbaye Saint-Pierre de Préaux un pré situé à Toutainville, que son père avait vendu quatre marcs d'argent aux moines. De même, il a abandonné à l'abbaye les bottes que son père disait avoir en vertu de la coutume et de son fief sur l'église.

B. Cart. XIIIe siècle, fol. 69, n° 174, sous la rubrique : « *Confirmatio Henrici, filii Roberti de Sarquingneio, super quodam prato quod pater ejus vendidit abbati et monachis de Pratellis pro IIII marcis argenti* ». [Copie partielle Delisle, Bibl. nat. de Fr., nouv. acq. lat. 1025, fol. 74, n° 174].

C. Cart. XVe siècle, fol. 51v, n° 155.

a. A. Le Prévôt, *Mémoires*, t. III, p. 237.

Sciant presentes et futuri quod ego Henricus, filius Roberti de Sarkigneio, concessi et presenti carta confirmavi Deo et ecclesie Sancti Petri de Pratellis et monachis ibidem Deo servientibus quoddam pratum apud Tustinivillam, quod Robertus, pater meus, vendidit predicte ecclesie pro quatuor marcis argenti, habendum et tenendum in perpetua elemosina integre et plenarie, sicut pater meus illud tenuerat. Et omnem reclamationem, quam super prato illo faciebam, omnino remisi. Quasdam vero botas quas pater meus in predicta ecclesia de feodo et consuetudine se dicebat habere, omni remota reclamatione, eidem dimisi ecclesie. Et, ut hoc sit ratum et stabile, hujus scripti testimonio et sigilli mei munimine confirmavi.

B202

[1185-1227].

Renaud de Préaux fait savoir qu'il a donné en perpétuelle aumône, avec l'accord de son fils André, à l'abbaye Saint-Pierre de Préaux, pour le salut de son âme [et pour y devenir moine], le bois, situé à Préaux, qui avait appartenu à Turstin Mauduit, son père, et une acre et demi de terre surplombant ce bois, deux acres (?) à Bougerue du fief de Guillaume Malet et quatre chapons de rente qu'il percevait chaque année sur la masure de Robert Lavi. Si ce dernier ne versait pas ces chapons, l'abbé pourrait à ce propos exercer sa justice.

B. Cart. XIII² siècle, fol. 77v, n° 202, sous la rubrique : « *Karta Reginaldi de Pratellis quomodo donavit pro suo monachatu assensu et voluntate Andree, filii sui, ecclesie Pratellensi boscum qui fuit Tustini* Malduit *et unam acram terre et dimidia super boscum* ». [Mention Delisle, Bibl. nat. de Fr., nouv. acq. lat. 1025, fol. 81, n° 202].

C. Cart. XV² siècle, fol. 58-v, n° 183.

Turstin Mauduit est cité en 1156, voir **A104** et **A146**.

Sciant presentes et futuri quod ego Reginaldus de Pratellis dedi et presenti carta confirmavi assensu et voluntate Andree, filii mei, pro salute anime mee Deo et ecclesie Sancti Petri de Pratellis et monachis ibidem Deo servientibus libere et absolute ab omnibus rebus in perpetuam elemosinam boscum qui fuit Tustini *Malduit*, patris mei, apud Pratellum et unam acram et dimidiam terre desuper boscum existentem et duas areas[a] in *Bougerue* de feodo Willelmi *Malet* et IIII°ʳ capones de redditu, quos Robertus *Lavi* de masura sua mihi singulis annis persolvebat, ita quod, nisi predictus Robertus prefatos capones persolverit, licebit abbati ejusdem loci pro sepedictis caponibus in mansura justiciam exercere. Hoc autem concedo, salvo jure capitalium dominorum. Et, ut hoc duret in perpetuum, presenti scripto et sigillo meo confirmavi.

(a) *Sic BC.*

B203

[1185-1227].

Richard l'Abbé de Saint-Médard fait savoir qu'il a confirmé aux moines de Préaux pour le salut de son âme et de celles de ses ancêtres la possession du fief de Roger fils de Rohais en perpétuelle aumône ; qu'il a renoncé en outre à ses prétentions concernant ce fief à la condition que quiconque tiendra ce fief devra aide et relief du seigneur suprême ; il sera aussi tenu de verser à Richard, le moment venu, au titre des trois aides, sept sous : lors du paiement de sa rançon en cas de guerre, lors de l'adoubement de son fils aîné, et au mariage de sa fille aînée. Le possesseur du fief pourra moudre son grain au moulin sans interférer dans le travail de ce dernier ; le meunier devra confirmer par serment à Richard qu'il n'accusera pas le possesseur du fief pour sa mouture. Pour ces services et rentes, Richard s'est réservé le droit d'exercer sa justice sur ce fief. En échange de cette concession, l'abbé de Préaux lui a donné un palefroi et trois livres.

B. Cart. XIIIe siècle, fol. 66-v, n° 165, sous la rubrique : « *Karta Ricardi Abbatis de Sancto Medardo super omni feodo quod tenuit de eo Rogerius, filius* Rohais, *apud Blacarwillam et hoc feodum reddit annuatim XV solidos ad sacristam et II^{os} denarios* » ; dans la marge : « *Ad sacristam* ». [Copie Delisle, Bibl. nat. de Fr., nouv. acq. lat. 1025, fol. 71-72, n° 165].

C. Cart. XVe siècle, fol. 49, n° 146.

Richard l'Abbé de Saint-Mard apparaît dans les Grands rôles de l'Échiquier en 1195, où il rend compte de 20 marcs en faveur du trésor ducal. En 1210, ce même Richard est libéré de prison à Rouen, bénéficiant du « privilège de saint Romain » (Th. Stapleton, *Magni Rotuli...*, t. I, p. CLIII).

Sciant presentes et futuri quod ego Ricardus Abbas de Sancto Medardo concessi et presenti carta confirmavi Deo et ecclesie Sancti Petri de Pratellis et monachis ibidem Deo servientibus pro salute anime mee et pro animabus antecessorum meorum feodum Rogerii, filii *Rohais*, integre et plenarie in perpetua elemosina possidenda[a] et omnem reclamationem quam super predicto feodo agebam omnino pretermisi, ita videlicet quod quicumque predictum feodum tenebit auxilum et relevagium capitalis domini persolvet. Auxilium vero ad corpus meum de guerra redimendum et ad primum filium meum militem faciendum et ad primam filiam meam marito ducendam, pro unoquoque istorum auxiliorum trium septem solidos mihi, dum advenerint, persolvere tenebitur. Ad molendinum etiam meum molet tali modo quod de operibus predicti molendini nullum agere cogetur. Molendinarius etenim antedicti molendini, quisquis sit, ex parte mea sacramento confirmabit se injuste pro predicta mouta possessorem feodi nullatenus accusare. Pro his autem servitiis et redditibus tantummodo in predicto feodo justiciam exercebo. Pro hac vero concessione et reclamationis quietantia dederunt mihi predictus abbas de Pratellis et conventus de caritate domus sue unum palefridum de IIII^{or} libris. Et, ne hoc aliquo tractu possit indubium revocari, hujus scripti testimonio et sigilli mei munimine dignum duxi roborare.

(a) *Sic BC, compr.* possidendum.

LISTE DES ACTES DANS L'ORDRE DU CARTULAIRE (PARTIE B)

Numéro d'ordre dans l'édition	Foliotation et numérotation L. Delisle	Datation	Contenu
B52	fol. 1-4v, n° 1	1179, 12 avril	Le pape Alexandre III confirme l'ensemble des biens de Saint-Pierre de Préaux.
B96	fol. 5, n° 2	1200, 29 janvier	Le pape Innocent III confirme la possession des églises d'Épaignes, Selles, Préaux et Pont-Audemer données par l'évêque de Lisieux Guillaume.
B173	fol. 5-v, n° 3	1224, 20 septembre	Le pape Honorius III confirme la possession des églises de Toutainville et Pont-Audemer.
B174	fol. 5v, n° 4	1224, 20 septembre	Le pape Honorius III confirme la possession des églises d'Épaignes, Selles et Préaux.
B165	fol. 6-v, n° 5	1221, 18 décembre	Le pape Honorius III permet aux moines d'afférmer leurs dîmes.
B167	fol. 6v, n° 6	1222, 15 juillet	Le pape Honorius III confirme la possession des anciennes dîmes et des nouvelles.
B166	fol. 6v-7, n° 7	1222, 21 janvier	Le pape Honorius III interdit à quiconque de réclamer aux moines des dîmes.
B155	fol. 7v, n° 8	1220, 20 novembre	Le pape Honorius III confirme les biens de Saint-Pierre de Préaux.
B48	fol. 7v, n° 9	1170, 26 février	Le pape Alexandre III confirme la donation de Robert IV de Meulan : l'ermitage Saint-Ouen de Brotonne et l'exemption de toute taille.
B91	fol. 7v-8, n° 10	1194, 12 mai	Le pape Célestin III confirme la donation par Robert IV de Meulan d'un bénéfice à Saint-Gilles de Pont-Audemer.
L'acte n° 11 est d'une rédaction postérieure à 1227			
B65	fol. 9, n° 12	1182, 25 décembre-1183, 26 novembre	Rotrou, archevêque de Rouen, ratifie l'accord intervenu entre les moines et Luc de Pont-Audemer, prêtre d'Étreville.
B45	fol. 9v, n° 13	1174, 1er septembre-1175, 2 novembre	Gilles, évêque d'Évreux, atteste la confirmation par le roi Henri II des biens de Saint-Pierre de Préaux.
B131	fol. 10, n° 14	1211, 20 février (n. st.)	Robert, archevêque de Rouen, confirme l'accord entre les moines et Luc de Pont-Audemer.

B132	fol. 10v, n° 15	1210-1211, 20 février	L'abbé de La Noë, les prieurs de Beaumont et de La Noë notifient l'accord entre les moines et Luc de Pont-Audemer.
B142	fol. 10v-11, n° 16	1216, 30 juin	Jourdain, évêque d'Évreux, notifie l'aumône de Guillaume de Salerne.
B141	fol. 11, n° 17	1216, 30 juin	Guillaume de Salerne et Gilbert de Boissy donnent deux gerbes de dîme à Salerne.
B21	fol. 11v, n° 18	1159, 1er août-1162	Rotrou, évêque d'Évreux, et Richard du Hommet notifient l'accord entre les moines et Gauthier et Geoffroi de Brucourt au sujet de la présentation de l'église de Brucourt.
B119	fol. 11v, n° 19	1205, 29 octobre	Nicolas, abbé de Valmont, Adam, prieur de Saint-Lô, Raoul, fils de Guérout, notifient l'accord entre les moines et Robert Ridel à propos de l'église de Houquetot.
B89	fol. 11v, n° 20	1187-1193	Osberne, abbé de Préaux, notifie l'accord intervenu avec l'abbé de L'Isle-Dieu.
B88	fol. 12, n° 21	1187-1193	Osberne, abbé de Préaux, concède aux chanoines de L'Isle-Dieu l'exemption de dîme sur cinq acres de terre à Perruel.
B112	fol. 12v, n° 22	1204 (v. st.)	Raoul, abbé de L'Isle-Dieu, concède aux moines de Préaux le champ des Gres et d'autres terres à Vascœuil.
B128	fol. 12v-13, n° 23	1208, février (n. st.)	Notification de l'accord entre les moines de Préaux et les chanoines de L'Isle-Dieu au sujet de la dîme de Saint-Denis-Le-Thibout.
B130	fol. 13v, n° 24	1208, 6 février-1209, 29 mars	Notification par Raoul, abbé de L'Isle-Dieu, de l'accord entre les moines de Préaux et les chanoines de L'Isle-Dieu au sujet de la dîme de Saint-Denis-Le-Thibout.
B180	fol. 13v-14, n° 25	1226, 11 avril (n. st.)	Notification par Thomas de Fréauville, doyen de Rouen, et R. prieur de la Madeleine de Rouen, de l'accord entre les moines de Préaux et les chanoines de L'Isle-Dieu au sujet des dîmes de Saint-Martial de Vascœuil.
B181	fol. 14-15, n° 26	1226, 27 avril (n. st.)	Vidimus par le doyen, le chantre et l'official d'Évreux de l'accord entre les moines de Préaux et les chanoines de L'Isle-Dieu au sujet des dîmes de Saint-Martial de Vascœuil.

B183	fol. 15, n° 27	1227, février (n. st.)	Thibaut, archevêque de Rouen, notifie à l'abbé Bernard de Préaux la restitution des maisons rouennaises des moines par Emmeline de Winchester.
B182	fol. 15-v, n° 28	1227, 27 janvier (n. st.)	L'official d'Évreux enjoint Richard La Poistoire, desservant la chapelle de l'Hôtel-Dieu de Pont-Audemer, de prêter serment à l'abbé de Préaux.
B139	fol. 15v-16, n° 29	1214, 9 septembre-1215, 14 janvier	Les chanoines de Coutances, juges délégués, chargent le prieur de Cormeilles de faire comparaître l'évêque de Lisieux au sujet du droit de présentation de l'église de Toutainville.
B144	fol. 16-v, n° 30	1198, 8 janvier-1216	Le chantre, l'écolâtre et maître Richard, chanoines de Coutances, notifient l'accord entre les moines et l'évêque d'Avranches au sujet des services dus à l'évêque par les hommes de l'abbé au manoir de Saint-Philibert.
B79	fol. 17, n° 31	1182-1192, 10 septembre	Raoul, évêque de Lisieux, donne aux moines les vicairies des églises d'Épaignes, Selles, Préaux, Toutainville, Pont-Audemer.
B94	fol. 17-v, n° 32	1192-1199, 19 octobre	Guillaume, évêque de Lisieux, confirme aux moines la possession des vicaires des églises précitées.
B121	fol. 18, n° 33	1202-1206	Jourdain du Hommet, évêque de Lisieux, confirme aux moines la possession des églises précitées.
B175	fol. 18, n° 34	1224, 8 novembre	Guillaume, évêque de Lisieux, concède dix livres tournois sur l'église de Selles et sept sur celle de Saint-Germain de Pont-Audemer.
B122	fol. 18-v, n° 35	1202-1206	Guillaume, doyen, et le chapitre de Lisieux confirment la charte de Jourdain, évêque de Lisieux, concernant les églises précitées.
B47	fol. 18v-19, n° 36	1174, 1er septembre-1175, 2 novembre	Arnoul, évêque de Lisieux, confirme les dons de Robert IV de Meulan : exemption de toute taille et l'ermitage de Brotonne.
B55	fol. 19, n° 37	1141-1181, juin	Arnoul, évêque de Lisieux, enjoint Hugues, Robert et Raoul, prêtres de Pont-Audemer, à verser la part des revenus qui revient aux moines de Préaux.
B12	fol. 19-v, n° 38	1157-1159, 1er août	Arnoul, évêque de Lisieux, notifie l'accord entre les moines et Robert Poisson au sujet de Saint-Antonin d'Épaignes.
B13	fol. 19v, n° 39	1157-1159, 1er août	Arnoul, évêque de Lisisieux, notifie la renonciation de Robert Poisson à tous ses droits sur Saint-Antonin d'Épaignes.

LISTE DES ACTES DANS L'ORDRE DU CARTULAIRE (PARTIE B)

B63	fol. 19v-20, n° 40	1183, 14 septembre	Raoul, évêque de Lisieux, notifie la consécration de l'autel de saint Thomas martyr et saint Léger dans l'abbatiale de Préaux.
B82	fol. 20, n° 41	1182-1192, 10 septembre	Raoul, évêque de Lisieux, notifie l'accord entre lui et les moines au sujet du patronage de Saint-Pierre de Salerne.
B69	fol. 20-v, n° 42	1141-1185	Notification de l'accord entre les moines et Raoul le Vegot, prêtre de Saint-Germain de Pont-Audemer, au sujet de la part des revenus de l'église revenant aux moines.
B80	fol. 20v-21, n° 43	1182-1192, 10 septembre	Guillaume de Gierrey, archidiacre de Lisieux, confirme la donation par Guillaume, évêque de Lisieux, des vicairies des églises d'Épaignes, Selles, Préaux, Toutainville, Pont-Audemer, faite par l'évêque Raoul.
B95	fol. 21-v, n° 44	1192-1199, 19 octobre	Guillaume de Gierrey, archidiacre de Lisieux, confirme la donation par Guillaume, évêque de Lisieux, des vicairies des églises précitées.
B176	fol. 21v, n° 45	1224, 18 décembre	Osberne, procureur général de l'évêque de Lisieux, enjoint Robert de Saint-Martin, doyen de Pont-Audemer, de délivrer à l'abbé de Préaux dix livres sur l'église de Selles et sept sur Saint-Germain de Pont-Audemer.
B64	fol. 21v-22, n° 46	1183, 17 juillet-1183, 30 septembre	Raoul, évêque de Lisieux, Guillaume, abbé de Grestain, Richard, archidiacre de Lisieux, enjoignent le prêtre desservant l'église de Salerne de comparaître au sujet de la pension qu'il doit à l'abbé de Préaux.
Les actes n° 47 à 50 sont des adjonctions postérieures à 1227			
B11	fol. 23v, n° 51	1148-1158	Hugues, archevêque de Rouen, confirme aux moines de Préaux le droit de patronage de Saint-Aubin de Houquetot.
B46	fol. 23v-24, n° 52	1174, 1er septembre-1175, 2 novembre	Rotrou, archevêque de Rouen, confirme les biens et libertés des moines concécés par Robert IV de Meulan.
B60	fol. 24-v, n° 53	1172-1182, 26 février	Rotrou, archevêque de Rouen, accorde la chanterie de l'église de Houquetot à Robert Revel.
B61	fol. 24v, n° 54	1172-1182, 26 février	Rotrou, archevêque de Rouen, donne la chanterie de Houquetot à Robert Revel.
B72	fol. 25-27v, n° 55	1185, janvier-1188, 31 janvier	Henri II, roi d'Angleterre, confirme l'ensemble des biens de l'abbaye de Préaux.

B73	fol. 27v-28, n° 56	1185, janvier-1188, 31 janvier	Henri II, roi d'Angleterre, confirme les dons faits par le sénéchal Alain, Hugues le Vilain et Roger de Portes.
B44	fol. 28-v, n° 57	1174, 1er septembre-1175, 2 novembre	Henri II, roi d'Angleterre, confirme l'exemption de toute taille accordée aux moines par Robert IV de Meulan.
B42	fol. 28v, n° 58	1172-1175, juin	Henri II, roi d'Angleterre, confirme le don fait par Roger de l'Éprevier de sa terre de Saint-Sanson d'Étreville.
B71	fol. 29-v, n° 59	1185, janvier-1188, 31 janvier	Henri II, roi d'Angleterre, confirme les dons de Robert IV de Meulan : coutume d'un forestier dans la forêt de Brotonne.
B33	fol. 29v-30, n° 60	1166, 10 avril-1169	Henri II, roi d'Angleterre, confirme dix livres à prendre sur les étaux de Pont-Audemer et le droit de pêche à l'anniversaire de la mort de Galeran II de Meulan.
B24	fol. 30-v, n° 61	1165, août	Henri II, roi d'Angleterre confirme le don de Galeran II de Meulan : la dixième semaine des revenus de Pont-Audermer.
B19	fol. 30v, n° 62	1159, novembre	Henri II, roi d'Angleterre, notifie la renonciation de Gauthier, comte Giffart, à la place située à Rouen, relevant de l'abbaye de Préaux.
B10	fol. 30v, n° 63	1155-1158	Henri II enjoint ses agents du Norfolk de laisser les moines de Préaux posséder librement les biens que le comte Robert III de Meulan leur a accordés.
B49	fol. 31, n° 64	1174-1777	Henri II, roi d'Angleterre confirme l'exemption de toute taille concédée par le comte Robert IV de Meulan.
B23	fol. 31-32, n° 65	1163, 1er août-1164	Galeran II, comte de Meulan, confirme l'accord entre les moines et Guillaume de Campigny au sujet du moulin de Campigny.
B93	fol. 32-v, n° 66	1198, 22 août	Richard Cœur-de-Lion, roi d'Angleterre, confirme l'exemption de toute taille concédée par le comte Robert IV de Meulan et toutes les libertés de l'abbaye.
B179	fol. 32v, n° 67	1225, août	Louis VIII, roi de France, notifie l'échange fait avec les moines de leurs moulins de Neufchâtel-en-Bray contre une rente de cinq sous et une demie acre de terre.
B8	fol. 33-36, n° 68	1155, 5 mai	Galeran II, comte de Meulan, confirme la pancarte de fondation et les dons de ses ancêtres.

LISTE DES ACTES DANS L'ORDRE DU CARTULAIRE (PARTIE B)

B25	fol. 36-v, n° 69	1165-1166, 10 avril	Robert IV, comte de Meulan, confirme la donation faite par son père Galeran II de la dixième semaine des revenus de Pont-Audemer.
B26	fol. 36v, n° 70	1155, 5 mai-1166, 10 avril	Galeran II, comte de Meulan, donne vingt sous pour l'entretien d'une lampe devant le tombeau de ses ancêtres situé dans le chapitre de l'abbaye.
B28	fol. 37, n° 71	1155, 5 mai-1166, 10 avril	Galeran II, comte de Meulan, donne cinq arpents de vigne à Aubergenville, cinq arpents de terre et un hôte ; dix livres sur les étals de Pont-Audemer.
B27	fol. 37v, n° 72	1155, 5 mai-1166, 10 avril	Galeran II, comte de Meulan, accorde l'exemption de mouture pour la maison que les moines possèdent à Combon.
B18	fol. 37v, n° 73	1141-1159, 1er août	Galeran II, comte de Meulan, donne en fief à son sénéchal Alain cent sous sur les étals de Pont-Audemer.
B9	fol. 37v-38, n° 74	1155	Galeran II, comte de Meulan, confirme la donation de Robert de Tourville : la terre des Fossettes et celle de Brétot.
B29	fol. 38-v, n° 75	1152, 21 décembre-1166, 10 avril	Galeran II, comte de Meulan, confirme la recognition du fief de Gilbert Harenc à Roys par Henri de Pont-Audemer.
B22	fol. 38v-39, n° 76	1163	Galeran II, comte de Meulan, concède la donation de Raoul, fils de Gilbert : trois acres de terre entre la Foutelaie et Saint-Germain.
B3	fol. 39-v, n° 77	1141, septembre-1142, décembre	Galeran II, comte de Meulan, notifie l'accord intervenu entre lui et son cousin Robert du Neubourg.
B14	fol. 39v, n° 78	1157-1159, 1er août	Robert du Neubourg, sénéchal de Normandie, notifie la renonciation de Robert de Foulbec à l'église d'Épaignes.
B2	fol. 39v-40, n° 79	1141-1142	Simon, comte d'Évreux, notifie le don de la dot de sa sœur Agnès, épouse de Galeran II, comte de Meulan.
B114	fol. 40, n° 80	1185-1204	Garelan III, comte de Warwick, confirme la donation de Warmington faite par son aïeul.
B15	fol. 40-v, n° 81	1157-1159, 1er août	Gauthier, comte Giffart, restitue aux moines la terre relevant de Préaux à Rouen qu'il avait reçue en gage de Théard.
B16	fol. 40v, n° 82	1157-1159, 1er août	Robert du Neubourg, sénéchal de Normandie, notifie la renonciation de Gauthier, comte Giffart.

B38	fol. 41, n° 83	1166, 10 avril-1171, 11 février	Robert IV, comte de Meulan, confirme la donation faite par son père d'arpents de vignes à Aubergenville.
B37	fol. 41-v, n° 84	1166, 10 avril-1171, 11 février	Robert IV, comte de Meulan, confirme la donation faite par son père d'arpents de vignes à Aubergenville.
B70	fol. 41v-42, n° 85	1183, 11 juin-1184/1186	Robert IV, comte de Meulan, donne la coutume d'un forestier dans la forêt de Brotonne.
B116	fol. 42v-43, n° 86	1185-1204	Robert IV, comte de Meulan, donne ses moulins de Pont-Audemer.
B75	fol. 43-v, n° 87	1179-1188, 31 janvier	Robert IV, comte de Meulan, concède la dixième semaine de la pêcherie de la Risle à Pont-Audemer.
B43	fol. 43v, n° 88	1174, 1er septembre-1175, 2 novembre	Robert IV, comte de Meulan, concède l'exemption de toute taille et l'ermitage de Brotonne.
B100	fol. 44, n° 89	1182, 26 février-1200	Robert IV, comte de Meulan, concède en fiefferme ses moulins de Pont-Audemer.
B36	fol. 44, n° 90	1166, 10 avril-1171, 11 février	Robert IV, comte de Meulan, donne dix arpents de terre à Aubergenville.
B35	fol. 44v, n° 91	1166, 10 avril-1171, 11 février	Robert IV, comte de Meulan, notifie la donation d'un hôte à Aubergenville, Garin Ferré.
B86	fol. 44v-45, n° 92	1185-1192	Robert IV, comte de Meulan, concède l'exemption de taxe sur l'achat de vin à Meulan, Vaux, Aubergenville.
B85	fol. 45, n° 93	1185-1192	Robert IV, comte de Meulan, échange la dîme des étaux de Pont-Audemer contre une rente de soixante-douze sous angevins.
B83	fol. 45v, n° 94	1189-1192	Robert IV, comte de Meulan, accorde aux moines la taille sur leurs hommes, comme lui la percevait auparavant.
B115	fol. 45v, n° 95	1185-1204	Robert IV, comte de Meulan, donne vingt acres de terre et bois dans la vallée des Haies.
B110	fol. 45v-46, n° 96	1190-1202	Robert IV, comte de Meulan, institue l'abbé de Préaux collecteur des dix livres qu'il lui doit pour les moulins de Pont-Audemer.
B87	fol. 45v-46, n° 97	1182, 26 février-1192	Robert IV, comte de Meulan, donne la maison de Michel le Vilain à Pont-Audemer.

LISTE DES ACTES DANS L'ORDRE DU CARTULAIRE (PARTIE B)

B74	fol. 46v, n° 98	1179-1188, 31 janvier	Robert IV, comte de Meulan, confirme la donation du sénéchal Alain.
B54	fol. 46v, n° 99	1166, 10 avril-1180	Robert IV, comte de Meulan, confirme la donation en fief de faite par son père Galeran II au sénéchal Alain.
B78	fol. 47, n° 100	1185-1190	Robert IV, comte de Meulan, confirme les donations de Richard Malchion et de Thomas, son sergent de Pont-Audemer.
B58	fol. 47-v, n° 101	1179, 12 avril-1182, 26 février	Robert IV, comte de Meulan, confirme la donation de Richard de Roy.
B59	fol. 47v, n° 102	1179, 12 avril-1182, 26 février	Henri, abbé de Préaux, notifie la concession du fief Harenc à Richard de Roys.
B53	fol. 47v, n° 103	1166, juillet-1179, 12 avril	Robert IV, comte de Meulan, confirme le don fait par Henri du Neubourg d'une maison à Meulan.
B56	fol. 48, n° 104	1179, 12 avril-1182, janvier	Robert IV, comte de Meulan, confirme le don fait par Hugues le Vilain de tout ce qu'il possède à Charlton-Marshall.
B57	fol. 48-v, n° 105	1179, 12 avril-1182, janvier	Robert IV, comte de Meulan, concède l'exemption de toutes taille et aide sur la terre de Charlton Marshall.
B6	fol. 48v, n° 106	1123-1153, 12 juin	Roger Ier, comte de Warwick, confirme la donation faite par Raoul de Saint-Sanson de la dîme et d'une terre à Warmington.
Mention manuscrite du cartulariste : n° 107			
B17	fol. 49v, n° 108	1152, 21 décembre-1159, 1er août	Henri de la Prée donne douze acres de terre à Combon.
B77	fol. 49v, n° 109	1179-1188, 31 janvier	Roger de Portes donne quinze acres de terre au Mesnil-Othon.
B76	fol. 49v-50, n° 110	1179-1188, 31 janvier	Roger de Portes donne quinze acres de terre au Mesnil-Othon.
B7	fol. 50-v, n° 111	1153	Michel, abbé de Préaux, concède à Maurice et Guillaume tout ce que les moines possèdent à Colleville.
B90	fol. 50v-51, n° 112	1149-1193	Gilbert de Vascœuil confirme l'échange entre les moines et l'épouse de Robert Bordet de Ry.
B30	fol. 51, n° 113	1166, 10 avril-1167, 15 décembre	Henri du Neubourg, donne les manses de terre situées à Meulan qu'il tenait du comte de Meulan.

B129	fol. 51-v, n° 114	1185-1208	Robert II d'Harcourt confirme les dons d'Aleran de Combon.
B138	fol. 51v, n° 115	1180-1214	Hugues V de Gournay confirme la cession aux moines de Préaux des terres des moines de Saint-Sauveur-Le-Vicomte à Neuville contre une rente de cinquante-cinq sous.
B39	fol. 51v-52, n° 116	1172	Hugues IV de Gournay confirme la cession aux moines de Préaux des terres des moines de Saint-Sauveur-Le-Vicomte à Neuville contre une rente de cinquante-cinq sous.
B40	fol. 52, n° 117	1168-1172	Thomas, abbé de Saint-Sauveur-Le-Vicomte, notifie à l'abbé de Préaux son impossibilité de chiffrer le montant des revenus de son abbaye à Neuville.
B31	fol. 52v, n° 118	1152, 21 décembre-1167, 15 décembre	Hugues, abbé de Saint-Sauveur-Le-Vicomte, concède aux moines tout ce que son abbaye possède à Neuville contre une rente de quarante sous.
B92	fol. 52v-53, n° 119	1196, 18 janvier-1196, 31 juillet	Guillaume de Bellencombre renonce au moulin de Sainte-Radegonde.
B111	fol. 53, n° 120	1203-1204, 20 octobre	Guillaume de Bellencombre notifie qu'il a reçu de l'abbé de Préaux dix livres.
B68	fol. 53-v, n° 121	1142-1184	Milon, fils de Turold d'Aston, confirme le don fait par son aïeul Gerold de la dîme de son domaine d'Aston Tirrold.
B66	fol. 53v, n° 122	1142-1184, 18 novembre	Jocelin, évêque de Salisbury, fait savoir que les moines de Préaux ne peuvent présenter le desservant de l'église d'Aston Tirrold sans l'assentiment de Nicolas, fils de Turold.
B67	fol. 53v-54, n° 123	1142/1179-1184	Milon, fils de Turold d'Aston, renonce en faveur des moines au droit de patronage de l'église d'Aston Tirrold.
B124	fol. 54, n° 124	1200-1206	Guillaume le Français de Warmington renonce à une demie acre de terre à Warmington.
B4	fol. 54, n° 125	1123-1146	Les moines de Notre-Dame-de-Warwick notifient à Richard, abbé de Préaux, la concession de ce qu'ils possédaient de la dîme de Warmington, Shotteswell et Arlescote.
B1	fol. 54v-55, n° 126	1135-1141	Roger Abbadon donne l'église de Willey.
B123	fol. 55, n° 127	1200-1206	Thomas, fils du fèvre de Warmington, renonce à une demie vergée de terre.

LISTE DES ACTES DANS L'ORDRE DU CARTULAIRE (PARTIE B) 447

B172	fol. 55-56, n° 128	1216-1224, 28 juin	Simon, abbé de Reading, notifie l'accord entre les moines de Préaux et Gervais de Neubury au sujet de l'église de Thatcham.
B147	fol. 56v, n° 129	1216, 10 avril-1217, 26 mars	Geoffroi Kevrel confirme le don d'un tènement par Alleaume Burnel.
B105	fol. 56v, n° 130	1182, 26 février-1200	Alleaume Burnel concède la terre qu'il tenait de Geoffroi Kevrel.
B108	fol. 56v, n° 131	vers 1200	Arnoul, prêtre de Drincourt, confirme le don faite par sonpère de la dîme de sa terre de Neuville.
B113	fol. 57, n° 132	1200-1204	Notification de l'accord entre les moines et les frères de l'Hôpital de Drincourt au sujet des dîmes du fief d'Élise du Quesnay.
B118	fol. 57-v, n° 133	1166, 10 avril-1204	Robert IV comte de Meulan, ordonne à ses agents de Pont-Audemer d'acquitter l'aumône assignée au prieuré de Saint-Bérenger-de-La-Roque.
B50	fol. 57v, n° 134	1166, 10 avril-1178	Robert IV, comte de Meulan, donne à Guillaume de La Mare quarante sous et une manse de terre à Pont-Audemer.
B34	fol. 58, n° 135	1170	Roger, abbé du Bec, confirme la donation faite par Jean de Livet d'une acre de terre et de l'emplacement d'un moulin.
B117	fol. 58-v, n° 136	1179-1204	Guillaume du Hommet, connétable, notifie sa renonciation aux prétentions qu'il avait sur les dîmes de son fief de Vienne.
B190	fol. 58v, n° 137	1221-1227	Eudes, châtelain de Beauvais, recommande à l'abbé son fils pour qu'il en reçoive l'hommage.
B5	fol. 58v-59, n° 138	1152	Guillaume de Tancarville, chambellan, rend dix acres près du cimetière de Saint-Aubin de Houquetot.
B120	fol. 59, n° 139	1204-1206	Notication de l'accord entre les moines et Arnaud de Tourville au sujet du moulin qu'Arnaud a construit devant sa porte.
B192	fol. 59-v, n° 140	1204-1227	Thomas de Bourneville confirme les dons faits par ses ancêtres et ajoute la dîme de sa terre d'Étreville.
B101	fol. 59v, n° 141	1182, 26 février-1200	Guillaume de Bourneville confirme les aumônes de ses ancêtres et ajoute la dîme de sa terre d'Étreville.
B149	fol. 60, n° 142	1217, 26 mars-1218, 15 avril	Maître Henri Touroude d'Étreville confirme les dons de ses ancêtres : quinze acres jouxtant le manoir d'Étreville.

B51	fol. 60, n° 143	1166, 10 avril-1179, 15 janvier	Robert de Sainte-Mère-Église donne à Eustache de Triqueville quarante sous de rente sur le Moulin de l'évêque.
B161	fol. 60-v, n° 144	1185-1221, 13 février	Eustache de Triqueville donne aux moines les quarante sous de rente assis sur le Moulin de l'évêque.
B160	fol. 60v, n° 145	1204-1221, 13 février	Richard de Tournebu confirme la donation faite par Olivier d'Aubigny et Eustache de Triqueville de la rente de quarante sous assise sur le Moulin de l'évêque.
B162	fol. 61, n° 146	1185-1221, 13 février	Olivier d'Aubigny confirme la donation de la rente de quarante sous assise sur le Moulin de l'évêque par Eustache de Triqueville.
B163	fol. 61-v, n° 147	1185-1221, 13 février	Olivier d'Aubiny confirme l'aumône de Renouf Cauvet au Mont-Les-Mares.
B157	fol. 61v, n° 148	1206-1221, 13 février	Raoul du Val donne en aumône la mouture de la terre donnée par Olivier d'Aubigny à Renouf Cauvet.
B146	fol. 61v-62, n° 149	1216, 10 avril-1217, 26 mars	Hugues de Triqueville donne le fief de Piquefrei.
B143	fol. 62, n° 150	1200-1216	Hugues de Triqueville donne la rente qu'il percevait sur ses hommes du Mesnil.
B197	fol. 62-v, n° 151	1192-1227	Robert le Bigot donne la mouture de La Capelle.
B98	fol. 62v, n° 152	1185-1200	Henri et Robert d'Aunay donnent la terre de la garenne de Sébec.
B97	fol. 62v, n° 153	1185-1200	Robert d'Aunay donne dix sous assis sur le tènement de Richard Rocié.
B156	fol. 63, n° 154	1206-1221, 13 février	Robert d'Aunay donne la mouture de trois acres qu'il percevait sur Raoul Lardant.
B153	fol. 63-v, n° 155	1219, 7 avril-1220, 29 mars	Guillaume Ferrant donne le tènement de Geoffroi, fèvre de Boquetot, à Bourg-Achard.
Mention manuscrite du cartulariste : n° 156			
B81	fol. 63v-64, n° 157	1182-1192, 10 novembre	Robert de La Houssaie renonce à la dîme de sa terre et au patronage de l'église de Saint-Benoît-des-Ombres.
B125	fol. 64, n° 158	1200-1206	Robert de La Houssaie renonce à ses prétentions concernant la dîme de sa terre et la mouture de ses hommes à Saint-Benoît-des-Ombres.

LISTE DES ACTES DANS L'ORDRE DU CARTULAIRE (PARTIE B) 449

B152	fol. 64-v, n° 159	1219, 7 avril-1220, 29 mars	Robert de La Houssaie confirme aux moines le fief de Gauthier le Boulenger et d'Herbert le Vigneor à Saint-Benoît-des-Ombres.
B107	fol. 64v-65, n° 160	vers 1200	Geoffroi Louvet de Bonneville confirme le don fait par son père du moulin à coisel acheté à Raoul Taisson.
B99	fol. 65, n° 161	1185-1200	Henri Louvet de Bonneville donne le moulin à coisel acheté à Raoul Taisson et un muid d'avoine.
B195	fol. 65-v, n° 162	1200-1227	Robert Louvet donne sept acres et demi de terre dans le Vièvre.
B106	fol. 65v, n° 163	vers 1200	Raoul Taisson donne en aumône une acre et demi de bois.
B41	fol. 65v-66, n° 164	1174, 30 septembre-1175, 25 mars	Robert de Tournai donne une acre de terre et une maison à Saint-Mards-sur-Risle.
B203	fol. 66-v, n° 165	1185-1227	Richard l'Abbé de Saint-Mards donne le fief de Roger Rohais.
B171	fol. 66v-67, n° 166	1222, 3 avril-1223, 22 avril	Hervé de Roys prête hommage l'abbé pour son fief Harenc.
B170	fol. 67, n° 167	1222, 3 avril-1223, 22 avril	Hervé de Roys renonce à cinq sous de rente sur le fief Harenc.
B145	fol. 67v, n° 168	1216, 30 juin-1217, 26 mars	Roger de Salerne confirme l'aumône faite par Gilbert de Boissy de la dîme de Saint-Cyr de Salerne.
B193	fol. 67v-68, n° 169	1204-1227	Luc d'Aviron confirme cinq vergées de pré du fief le La Mare à Toutainville.
B186	fol. 68, n° 170	1227, 20 mai-1227, 31 mai	Richard Efflanc de Tourville confirme l'aumône de Guillaume Vanescrot de Campigny.
B188	fol. 68-v, n° 171	1227, 11 juin	Richard Efflanc de Tourville renonce à la rente d'une bote assise sur le fief du Réel.
B32	fol. 68v, n° 172	1152-1167, 15 décembre	Michel l'Abbé de Tourville concède dix sous assis sur la maison de Pierre de Longa.
B84	fol. 69, n° 173	1185-1192	Guillaume de Bonnebaux confirme le tènement de Robert Dodelin.
B201	fol. 69, n° 174	1185-1227	Henri, fils de Robert de Serquigny, confirme le don d'un pré à Toutainville.
B104	fol. 69v, n° 175	1182, 26 février-1200	Nicolas de Tanay donne sa terre du Vièvre.
B135	fol. 69v, n° 176	1213, 14 avril-1214, 30 mars	Guillaume d'Esmaleville, Guillaume Picot et Roger Espeudri de Houquetot renoncent au droit auquel ils prétendaient sur l'église Saint-Aubin de Houquetot.

450   LE CARTULAIRE DE SAINT-PIERRE DE PRÉAUX

B62	fol. 70, n° 177	1182, 26 février-1182, 25 décembre	Notification de l'accord entre les moines et Notre-Dame de Mortemer au sujet des terres revendiquées par Préaux.
B20	fol. 70-v, n° 178	1094-1159	Hugues de Brucourt donne une terre à Varinville.
B196	fol. 70v, n° 179	1200-1227	Hugues de Brucourt confirme la concession par son père du droit de patronage de Saint-Vigor de Brucourt.
B194	fol. 70v, n° 180	1200-1227	Gocelin de Muids confirme la donation de la dîme de tout son fief.
B102	fol. 71, n° 181	1182, 26 février-1200	Richard L'Abbé de Saint-Médard concède ce qu'il possède du droit de patronage de Saint-Mards-sur-Risle.
B103	fol. 71, n° 182	1182, 26 février-1200	Guillaume du Quesnay confirme la terre de Malmoncel donné par Arnoul Pinel.
B133	fol. 71v, n° 183	1210, 18 avril-1211, 3 avril	Hugues Dastin concède une accre près du moulin de Rouville.
B136	fol. 71v-72, n° 184	1206-1214	Robert de Montreuil donne son vavasseur Raoul Ferme.
B109	fol. 72, n° 185	vers 1200	Guillaume le Poignor et Emmeline de Tortel renoncent à la querelle qui les opposaient aux moines.
B198	fol. 72-v, n° 186	1185-1227	Hugues de Bocquecey concède une vavassorie à Épaignes.
B137	fol. 72v, n° 187	1206-1214	Geoffroi d'Omonville concède le fief Kavelier que tenait Roger Mansel.
B151	fol. 72v-73, n° 188	1219, 6 juillet	Thomas, fils d'Yves d'Épaignes, donne le tènement de Geoffroi Hurterel.
B158	fol. 73, n° 189	1206-1221, 13 février	André le Vilain, bourgeois de Pont-Audemer, est inféodé par Osberne, abbé, du moulin du Pont-Guérout à Pont-Audemer.
B154	fol. 73v, n° 190	1219, 7 avril-1220, 29 mars	Raoul du Hamel concède deux setiers de froment et un setier d'avoine.
B168	fol. 74, n° 191	1222, 3 avril-1223, 22 avril	Étienne Escarpi de Toutainville concède un setier d'orge.
B169	fol. 74-v, n° 192	1222, 3 avril-1223, 22 avril	Étienne Malnorri confirme un setier d'orge.
B177	fol. 74v-75, n° 193	1224, 14 avril-1225, 30 mars	Richard le Plat concède dix-huit boisseaux de froment à Toutainville.
B187	fol. 75-v, n° 194	1227, mai	Michel du Mont de Toutainville confirme trois sous assis sur une acre de terre qui fut à Richard le Plat.

B189	fol. 75v, n° 195	1221-1227	Raoul Berte de Boulleville confirme toute sa terre jouxtant la terre de Roger de La Mare.
B199	fol. 76, n° 196	1185-1227	Nicolas et Roger son fils donnent vingt sous assis sur le tènement de Guillaume, fils d'Aubert, à Illeville.
B200	fol. 76, n° 197	1185-1227	Raoul Boson confirme le don fait par son père à Saint-Pierre de Rouville.
B150	fol. 76v, n° 198	1218, 15 avril-1219, 7 avril	Guillaume Haslé et Aubrée son épouse donnent leur tènement à Toutainville.
B126	fol. 76v-77, n° 199	1200-1206	Richard du Bosc concède à Michel, protégé du prêtre Raoul de Préaux, quatre acres de terre à la Planche-Huelin.
B127	fol. 77, n° 200	1200-1206	Richard du Bosc donne quatre acres de terre à la Planche-Huelin.
B191	fol. 77-v, n° 201	1206-1227	Raoul Ferme d'Épaignes reconnaît devoir aux moines huit boisseaux de froment pour la confection d'hosties.
B202	fol. 77v, n° 202	1185-1227	Renaud de Préaux concède le bois que son père Turstin Mauduit possédait à Préaux.
B164	fol. 77v-78, n° 203	1220, 29 mars-1221, 11 avril	Thomas, abbé, accense dix acres et demi et dix vergées de terre de la Grande-Couture.
B178	fol. 78, n° 204	1224, 14 avril-1225, 30 mars	Guillaume le Cerf vend à Richard Bordun un setier de froment de rente.
B185	fol. 78-79, n° 205	1227, 20 mai	Guillaume Vanescrot de Campigny concède ce qu'il possédait d'eau Mont-Rotard.
B140	fol. 79-v, n° 206	1214, 30 mars-1215, 19 avril	Thomas, abbé, consacre à la Vierge Marie quarante sous pour fabriquer les cierges destinés à être brûlés devant son autel.
B159	fol. 79v, n° 207	1206-1221, 13 février	Thomas, abbé, achète trois acres de terre à Guillaume Haslé.
B134	fol. 80, n° 208	1211, 3 avril-1212, 25 mars	Raoul de Freneuse, sacriste et prieur, achète à Durand de La Bruière une vergée de terre au Mesnil.
B184	fol. 80, n° 209	1227, 26 mars	Bernard, abbé, concède à Séobald d'Aumâle les maisons des moines à Rouen, rue Saint-Amand.

PARTIE C

ACTES ORIGINAUX, COPIES, FAUX, ACTES PERDUS DU CHARTRIER DE PRÉAUX ANTÉRIEURS À 1227, NE FIGURANT PAS DANS LE CARTULAIRE

C1

[1078-1087]

Guillaume le Conquérant, duc de Normandie, accorde aux moines de Saint-Pierre de Préaux pour l'église Saint-Pierre de Rouville l'exemption de tout cens et service sur les terres, moulin et hommes en dépendant.

INDIQUÉ : Cart. XIIIe siècle, fol 1-4v, n° 1. Le souvenir de cette concession est conservé dans la grande bulle du pape Alexandre III délivrée en 1179 (**B52**).

C2

[1100-1110].

Henri [Ier], comte de Warwick, donne à Saint-Pierre de Préaux son domaine de Warmington.

INDIQUÉ : Cart. XIIIe siècle, fol. 191, n° 595, fragment de cette charte dans un vidimus de Jourdain du Hommet, évêque de Lisieux, donné entre 1203 et 1214, décrite en ces termes : « *veterem cartam Henrici, avi sui, cum signis pluribus, videlicet regum et reginarum Matildis et aliorum magnatorum et episcoporum et baronum* ». — D. Rouet, « Le patrimoine anglais et l'Angleterre... », p. 105.

Si quisquam (...).

C3

1110, avril. — Marlborough.

Henri [I*er*], roi d'Angleterre, confirme aux moines de Saint-Pierre de Préaux la donation faite par Henri [I*er*], comte de Warwick, de son domaine de Warmington.

INDIQUÉ : Cart. XIII*e* siècle, fol. 191, n° 595, dans un vidimus de Jourdain, évêque de Lisieux, donné entre 1203 et 1214, en ces termes : « *Hanc autem donationem confirmavit Henricus rex apud Merlebergam, anno quo ille dedit filiam suam imperatori Almannie* ».

Johnson-Cronne —.

Mathilde, fille du roi Henri I*er* Beauclerc fut, remise à l'empereur Henri V en 1110 (Robert de Torigny, éd. L. Delisle, t. I, p. 137). En outre, l'itinéraire d'Henri I*er* indique qu'il était à Marlborough pour fêter Pâques le 10 avril (Johnson-Cronne, *Regesta*, t. II, p.90, n° 937-938). Cette confirmation pourrait avoir pris la forme de l'apposition de *signa* directement sur l'original de la donation initiale confirmée par Henri I*er* et son épouse Mathilde d'Écosse.

C4

[1110-1135].

Henri [I*er*], roi d'Angleterre, confirme l'abbbaye Saint-Pierre de Préaux dans toutes ses possessions et lui accorde le privilège d'immunité.

B. Cart. XIII*e* siècle, fol. 191v, n° 595 ; quelques mots de cette charte sont insérés dans un *vidimus* de Jourdain, évêque de Lisieux, donné entre 1203 et 1214, à propos du manoir de Warmington donné par Henri de Warwick ; le second extrait est repris dans la grande charte d'Henri II (**B72**).

Johnson-Cronne —.

La connaissance du texte de cette charte se réduit à deux extraits : *l'incipit* du paragraphe consacré au manoir de Warmington et celui où Henri I*er* accorde le privilège d'immunité à Saint-Pierre de Préaux. Ce dernier extrait est repris textuellement dans la confirmation générale des biens de l'abbaye par Henri II en 1185-1188 (**B72**). Étant donné qu'Henri I*er* a confirmé en 1110, dans une charte spécialement rédigée pour cette occasion, la donation d'Henri de Warwick, il semble logique de situer cette seconde confirmation, insérée dans une confirmation générale des biens de Préaux, après 1110.

(...) Henrici quoque de *Warwic* (...)
(...) quod predicti monachi de Pratellis habeant et teneant omnia sua bene et in pace et libere et honorifice, sicut melius tenuerunt tempore patris mei[a], et quod omnes dominice res eorumdem monachorum quas poterunt monstrare esse suas sint quiete de omni theloneo et consuetudine et passagio, sicut res monachorum de Fiscanno et de Cadomo et de aliis abbatiis de dominio meo[b].

(a) sui *B*. — (b) suo *B*.

C5

[1154-1159].

Adrien [IV], pape, confirme l'abbaye Saint-Pierre de Préaux dans la possession de tous ses biens acquis depuis sa fondation et lui accorde le privilège d'exemption.

INDIQUÉ : Cart. XIII[e] siècle, fol. 1-4v, n° 1, dans le privilège d'Alexandre III daté du 12 avril 1179 (**B52**), en ces termes : « *ad exemplar patris et predecessoris nostri Adriani pape, prefatum monasterium, in quo divino mancipati estis obsequio, sub beati Petri et nostra protectione suscipimus et presentis scripti privilegio communimus* ».

C6

[1154-1173]

Henri II, roi d'Angleterre, notifie à ses agents du Norfolk qu'il a concédé aux moines de [Saint-Pierre de] Préaux la garenne située sur leurs terres de Toft [Monks].

B. P.R.O., fragment d'inspeximus du XIIIe siècle, C146/9837.
a. Nicholas Vincent, [*Actes d'Henri II*, en préparation], 4679H

Henricus rex Anglorum, dux Normannorum et Aquitanorum et comes [Andegavorum], justiciis, vicecomitibus et ministris suis de Norfolcia, salutem. Concedo quod monachi de Pratellis habeant warennam in terra sua de Toftis.

C7

1187.

Auvray, abbé d'Abingdon, Adam de Missenden et le prieur Robert de Kenilworth, juges délégués par le pape Urbain III pour régler l'affaire opposant l'abbé de Saint-Pierre de Préaux et le chapitre d'Oseney au sujet de la chapelle de Watcombe qui appartenait aux moines du temps de l'archevêque Richard de Canterbury, font connaître l'accord final intervenu entre les parties.

a. Salter, Cartulary of Oseney..., t. IV, p. 430, n° 401.

INDIQUÉ : H. Müller, Päpstliche Delegationsgerichtsbarkeit..., t. II, p. 33, n° 155.

C8

[1185-1200].

Robert, abbé de Saint-Sauveur-le-Vicomte, concède à Osberne, abbé de Saint-Pierre de Préaux, tout le bénéfice que les moines de Saint-Sauveur possèdent à Neuville près de Drincourt, église et champs, contre une rente annuelle de cinquante sous de monnaie courante en Normandie payable à la Saint-Pierre-et-Saint-Paul [29 juin] à un moine de Saint-Sauveur venu à Préaux muni des lettres et du sceau de l'abbé. Il est convenu que si quelque voisin oppose une plainte concernant ce bénéfice, l'abbé de Saint-Sauveur sera tenu d'œuvrer aux frais de l'abbé de Préaux pour que le bénéfice demeure intact à l'abbaye de Préaux. L'abbé de Saint-Sauveur sera tenu de se faire représenter à Préaux et inversement, l'abbé de Préaux.

B. Cartulaire de Saint-Sauveur-le-Vicomte, copie du XVIIe siècle du Livre Noir, fol. 253v-254, n° 372.

INDIQUÉ : Bibl. nat. de Fr., fr. 4901, p. 116-117. — L. Delisle, Bibl. nat. de Fr., nouv. acqu. fr. 21824, n° 121.

Il n'y a aucune trace de cet accord dans le cartulaire de Saint-Pierre de Préaux ; seul celui de Saint-Sauveur en garde le souvenir. La datation de cet acte dépend des abbatiats de Roger Ier de Saint-Sauveur, encore cité en 1185, et d'Osberne de Préaux, disparu en 1200. Sur l'origine de la concession des terres de Saint-Sauveur à Drincourt en faveur de Préaux, voir **B31**. Il s'agit ici de revoir à la hausse la rente due par les moines de Préaux à ceux de Saint-Sauveur.

Notum sit tam presentibus quam futuris quod ego Robertus, abbas Sancti Salvatoris, assensu capituli nostri concedo Osberto, abbati Sancti Petri de Pratellis, et monachis ibidem Deo servientibus quicquid beneficii habuimus in Nova Villa juxta oppidum de *Driencort* sita et in ecclesia et in campis et in omni alia possessione, hac conditione interposita quod abbas Pratellis[a] ecclesie Sancti Salvatoris quinquaginta solidos monete per Normanniam generaliter discurrentis annuatim reddet. Qui singulis annis in festivitate apostolorum Petri et Pauli tradentur monacho vel alii[b] nuntio ecclesie Sancti Salvatoris Pratellum venienti litterasque et sigillum abbatis secum asserenti. Illud etiam est sciendum quod, si quis aliquam partem beneficii predicti injuste preoccupaverit vel in aliquo protinentium calumpniam posuerit, abbas Sancti Salvatoris summopere summaque diligentia per administrationem expense abbatis Pratellis laboravit ad hoc, ut totum illud beneficium integre et inconcusse ecclesie Pratelllis conservetur ; abbas tamen Sancti Salvatoris procurabit se et suos usque ad Pratellum et abbas Pratelli in antra[c].

(a) *Sic B, corr.* de Pratellis. — (b) *Sic B, corr.* alio. — (c) *Sic B, corr.* contra.

C9

1204, juin (avant le 24). — devant Rouen.

Philippe [II Auguste], roi de France, accorde une commune aux bourgeois de la ville de Pont-Audemer.

A. original perdu.
B. Copie du XIII[e] siècle, Registre A de Philippe Auguste, fol. 32.
C. Copie du XIIIe siècle, cart. Saint-Pierre de Préaux, fol. 165, n° 551 (copie vers 1250 environ).
a. H.-Fr. Delaborde et Ch. Petit-Dutaillis, *Recueil des actes de Philippe Auguste, roi de France*, t. II, p. 388-389, n° 809.

In nomine sancte et individue Trinitatis. Amen. Philippus, Dei gratia Francorum rex. Noverint universi presentes pariter et futuri quod nos burgensibus nostris de Ponte Audomari concessimus communiam, salvo jure nostro et salvo jure ecclesiarum nostrarum, habendam ad consuetudines quas ipsi tenuerunt que continentur in regesto nostro. Quod ut perpetuum robur obtineat, sigilli nostri auctoritate et regii nominis caractere inferius annotato presentem paginam confirmamus. Actum in castris ante Rothomagum, anno ab incarnatione Domini M° CC° quarto, astantibus in palatio nostro quorum nomina supposita sunt et signa. Dapifero nullo. Signum Guidonis buticularii. Signum Mathei camerarii. Signum Droconis constabularii.

C10

[1200-1206].

Richard Marescot vend à l'abbaye Saint-Pierre de Préaux une rente d'un denier que Geoffroy de Cayllewey lui devait à la Saint-Michel [29 septembre] sur tout ce que pouvait lui rapporter sa terre de Charlton Marshall, qu'il avait achetée à Geoffroy, sur toute la terre nommée terre de l'église de Charlton Marshall et sur une demie vergée du manoir de Spettisbury.

INDIQUÉ : Cart. XIIIe siècle, fol. 198v, n° 600, en ces termes : « *Karta habemus Ricardi* Marescot *de venditione unius denarii redditus quem ei debebat Gaufridus de* Cayllewey *ad festum sancti Michaelis et de omnibus que ei poterant accidere in tota terra de* Chellentona *quam predicto Gaufrido vendidit dictus Henricus et in tota terra que noncupatur terra ecclesie de Chellentona et in dimidia virgata terre in manerio de* Spectebery *et hoc habemus suo sigillo pro se et suis heredibus sigillatum* ».

C11

[1200-1206].

Guillaume [II], abbé de Saint-Pierre de Préaux, donne en fief de ferme à Guibert Marescot la terre de Charlton Marshall, qu'Hugues le Vilain avait donnée aux moines avec ses dépendances, celle nommée la terre de l'église de Charlton avec ses dépendances et la vergée de terre du manoir de Spettisbury, que Raoul, fils de Godwin, avait tenue, ainsi que les pâturages de dix boeufs, de cent moutons et d'un cheval, compris les animaux des moines, le tout contre une rente de douze marcs payable chaque année à la Saint-Michel [29 septembre] et un marc à la Purification de la Vierge Marie [2 février].

INDIQUÉ : Cart. XIIIe siècle, fol. 199, n° 600, en ces termes : « *Karta W[illelmi] abbatis et conventus de Pratellis de tota terra de Chellentona quam Hugo Villanus nobis dedit cum pertinentiis omnibus et de tota terra de Chellentona que nuncupatur terra ecclesie derlentona* (sic) *cum omnibus pertinentiis et de dimidia virgata terre in manerio de* Spectebery *quam tenuit Radulfus filius* Godvin *cum omnibus pertinentiis et de pastura decem boum cum nostris et centum ovium cum nostris et pastura unius equi cum nostris traditis ad feodi firmam Guilleberto* Marescot *per VII marcas ad festum sancti Michaelis nobis annuatim reddendas et unam marcam ad Purificationem beate Marie annuatim similiter solvendam et hoc habemus sigillo abbatis et etiam conventus sigillatum* ».

C12

1209, mars (n. st.).

Guillaume de Friardel, clerc, fait savoir aux moines de Saint-Pierre de Préaux qu'il leur concède, contre vingts livres tournois, la dîme que possédait Richard du Mesnil sur son fief assis dans la paroisse de Saint-Pierre de Martainville, fief que Richard a vendu aux moines. En cas de non-acquittement des rentes, services, aides et reliefs dus par Richard à Guillaume et à ses hoirs, ces derniers pourront se faire justice sur cette dîme, si le reste du fief de Richard ne permet pas un dédommagement suffisant.

B. Cart. XIIIe siècle, fol. 81v, n° 213. Sans rubrique, dans la marge, à la mine de plomb, d'une main du XIIIe siècle : « *Elemosinarie* ».

Universis presentes litteras inspecturis, Willelmus de *Friardel*, clericus, salutem in Domino. Noverit universitas vestra quod ego volo et concedo pro me et heredibus meis quod religiosi viri, abbas et conventus Sancti Petri Pratellensis, habeant et possideant libere, pacifice et quiete sine reclamatione mei vel heredum meorum decimam quam possedit Ricardus de Mesnilo de feodo meo in parrochia Sancti Petri de Martinivilla quam dictus Ricardus eisdem abbati et conventui vendidit, salva tamen justicia mea quam in eadem decima ego et heredes mei facere poterimus pro redditibus, servitiis, auxiliis et releviis mihi et heredibus meis debitis, si in residuo feodi dicti Ricardi, quod de me tenet in dicta parrochia, sufficientem justiciam facere non poterimus. Pro hac autem concessione supradicti abbas et monachi de bonis monasterii sui mihi XX^{ti} libras turonensium dederunt. Anno Domini M° CC° octavo, mense martio.

C13

[1203-1214].

Jourdain, évêque de Lisieux, et Henri du Neubourg font savoir à Henri [II], comte de Warwick, qu'ils ont inspecté les chartes des moines de Saint-Pierre de Préaux fondant ces derniers dans la possession de leur manoir de Warmington donné par son aïeul, Henri [Ier], comte de Warwick.

B. Cart. XIIIe siècle, fol. 191, n° 595. Acte introduit par : « *Littere Jordani, Lexoviensis episcopi, et Henrici de Novo Burgo, militis, Henrico, comite de Warwico, directe suis sigillis sigillatis hanc seriem continentes* ».

La datation de cette charte est déterminée par l'évocation de Jourdain du Hommet qui fut évêque de Lisieux de 1200 à 1218, par celle d'Henri II, comte de Warwick, qui succéda à son père en 1203, et par celle d'Henri du Neubourg qui mourut en 1214.

Noverit dilectio vestra nos diligenti inspectione addita vidisse et legisse quartas[a] et confirmationes quas monachi de Pratellis habent super manerio suo de Warmitona. In primis veterem cartam Henrici, avi sui[b], cum signis pluribus, videlicet regis et reginarum[c] Matildis et aliorum magnatorum episcoporum et baronum que sic incipiunt[d] : « Si quisquam » et cetera, continens donationem nobis[e] factam a Henrico, comite de *Warwic*, de villa de Warmitona. Hanc autem donationem confirmavit Henricus rex apud Merlebergam, anno quo ille dedit filiam suam imperatori Almannie. Preterea cartam Waleranni patris vestri invenimus sigillatam confirmationem dicte ville cum pertinentiis continentem. Confirmationes vero senioris regis Henrici reperimus in hec verba : « Henrici quoque de *Warwic* » et cetera. Confirmavit[f] autem junioris regis Henrici, patris Johannis regis Anglorum, invenimus in hec verba : « ex dono Henrici de *Warwic*[g] villam de Warmitona liberam cum omnibus consuetudinibus[h], sicut eam in dominio habebat exceptis birvitis que appendebant illi manerio ». Post suprascripta privilegia domini Alexandri, romani pape, inspeximus in hec verba : « ex dono Henrici, comitis de *Warwic*, Warmintonam cum omni libertate qua[i] ibi habebat »[j].

(a) *Sic B, corr.* cartas. — (b) *Sic B, corr.* vestri. — (c) *Sic B pour* regine. — (d) *Sic B, corr.* incipit. — (e) *Sic B, corr.* eis. — (f) *Sic B, corr.* confirmatio. — (g) *L'acte d'Henri II (B72) porte* Warewich. — (h) *L'acte d'Henri II (B72) porte* consuetudinibus suis. — (i) *Sic B, corr.* quam. — (j) *B s'arrête ici.*

C14

[Début XIIIe siècle].

Guillaume le Français de Warmington donne en aumôme aux moines de Saint-Pierre de Préaux une acre de terre à Warmington : une demie acre appelée Le Heu et Le Chilrin jouxtant à l'est la route de Banbury et l'autre demie acre à [Temple] Herdewyhe jouxtant la terre que Thomas Ysabele a tenue.

INDIQUÉ : Cart. XIIIe siècle, fol. 191v, n° 595, en ces termes : « *Karta Willelmi Francisci de Warmitona de donatione unius acre terre in elemosina in territorio de Warmitona, scilicet dimidiam acram juxta viam Barneberie ex parte orientali que vocatur* Le Heu *et* Le Chilrin *et aliam dimidiam acram in* Corbodervisse *juxta terram quam Thomas Ysabele tenuit, sigillo dicti Willelmi sigillata* ».

C15

1224, 14 avril-1225, 29 mars.

Robert, fils de Jocelin, fait savoir qu'il a vendu à son frère Pierre huit deniers de rente que l'épouse d'Eudes Bovier et ses héritiers lui devaient chaque année à la Saint-Pierre-ès-liens [1er août] les sept deniers et le demi chapon que Robert Heugue lui devait à la Saint-Gilles [1er septembre], les six deniers que ce dernier lui devait à la Saint-Jean-Baptiste [24 juin], le tout contre une somme de cent-vingts sous. Robert a juré de ne rien en réclamer d'autre.

B. Cart. XIIIe siècle, fol. 148bis, n° 484.

Notum sit omnibus ad quos presens scriptum pervenerit quod ego Robertus, filius Jocelini, vendidi et concessi Petro, fratri meo, octo denarios de redditu meo quod uxor Odonis *Bovier* vel heredes sui mihi debebant et reddebant annuatim in festo Sancti Petri ad vinculam, et septem denarios et semicaponem quos Robertus *Heugue* debet in festo sancti Egidii et sex denarios quos idem Robertus *Heugue* debet ad festum sancti Johannis Baptiste, tenendum et habendum jure hereditario illi et heredibus suis quiete et libere in omnibus, sicuti Petrus donavit et pagavit et pagavit$^{(a)}$ mihi CXX^{ti} solidos et ego, fide intermissa et prestito juramento meo, in prescripta nichil de cetero potero reclamare. Actum ab incaratione Domini anno M° CC° XX° IIII° et ut hoc firmiter teneretur, presentem cartam sigilli mei munimine roboravi.

(a) *Sic B.*

† C16

1071, faux datant vraisemblablement du XIIIe siècle.

Galeran, comte de Meulan, donne à l'abbaye Saint-Pierre de Préaux la chapelle Sainte-Radegonde de Neufchâtel avec ses dépendances, terres et moulins, et la chapelle Sainte-Marguerite, avec onze acres de terre et ses fiefs vers Maucomble.

B. Copie de 1668 par frère Mathieu Le Monne pour M. de Blois, Bibl. nat. de Fr., Coll. du Vexin, t. IV, p. 16, d'après l'original.
C. Copie du XVIIIe siècle, Coll. du Vexin, t. VIII, n° 29. — D. Copie du XVIIIe siècle, Coll. du Vexin, t. XX, fol. 43, n° 29. — E. Copie du XVIIIe siècle, Recueil des preuves du Vexin de Lévrier, Coll. du Vexin, t. XI, n° 147, fol. 147v (d'après C).

a. D. Rouet, « Une dépendance de l'abbaye Saint-Pierre de Préaux… », n° VI, p. 537-538.

L'authenticité de cet acte est loin d'être assurée : M. de Blois impute au moine Mathieu Le Monne qui lui a envoyé la copie de cet acte une erreur de transcription et propose de lire à la place de la date proposée : « *millesimo sexagesimo primo* » ce qui lui permettrait d'attribuer cette charte au comte Galeran Ier qui est mort en 1070. Lévrier reprend ces conclusions et propose lui aussi de lire 1061 ; il conjecture que cette charte de Galeran Ier, où « il est remarquable, d'ailleurs, qu'il parle seul et que la charte n'est souscrite d'aucun témoin », a dû être écrite du temps où ce dernier était retenu prisonnier par le duc de Normandie. Cette identification est en réalité à exclure : il ne peut s'agir de Galeran Ier, ne serait-ce qu'eu égard à l'annonce de sceau stéréotypée, à la manière de celles que l'on trouve couramment dans les actes du XIIIe siècle, ou encore à l'absence de témoins et de souscriptions. En outre il est question de la ville de Neufchâtel qui, à cette époque, s'appelle Drincourt, la construction du château neuf étant l'œuvre du duc Henri Ier après 1106 (J. Yver, *Les châteaux*…, p. 96 ; Torigny, t. IV p. 348). Il faudrait donc voir dans ce comte Galeran le deuxième du nom. Dans ce cas, la date proposée dans la copie devrait être corrigée en « *millesimo [centesimo] septuagesimo primo* » ; or Galeran II est mort en 1166, ce qui tend à prouver que cette charte est un faux. Une chose est sûre, c'est que le pape Alexandre III a confirmé la possession de l'église Sainte-Radegonde en 1179 ; mais aucune trace de la chapelle Sainte-Marguerite n'est décelable dans les chartes de l'abbaye de Préaux transcrites en 1227 dans le cartulaire.

Notum sit omnibus presentibus et futuris quod ego Galeranus, comes Mellenti, dedi Deo et ecclesie Beati Petri de Pratellis capellam meam Sancte Radegondis juxta Novum Castrum cum terra, pertinentiis, molendinis et aliis pertinentiis. Dedi etiam ecclesie memorate capellam meam Sancte Marguarite cum undecim acris terre et feodis meis versus[(a)] Malum Omulum[(b)]. Et, ut hoc stabile permaneat, presentem cartam sigilli mei munimine roboravi. Datum anno millesimo septuagesimo primo.

(a) apud *D*. — (b) *Sic B, corr*. Malum Cumulum.

† C17

[1227-1285].

Robert [III], comte de Meulan et Leicester, donne à l'abbaye Saint-Pierre de Préaux le manoir de Toft [Monks] et ses dépendances que Guillaume le Conquérant lui avait donnés, le droit de patronage des églises Sainte-Marguerite de Toft [Monks], Notre-Dame de Haddiscoe, Saint-Michel d'Aston [Tirrold], Saint-Léonard de Willey, Notre-Dame de Spettisbury, Saint-Michel de Charlton [Marshall], Saint-Nicolas de Newbury avec leurs dîmes et revenus. Il confirme les dîmes des moulins et des revenus de la ville de Newbury et une hide de terre qu'Arnoul de [Vieil-]Hesdin, comte du Perche et seigneur de Newbury, lui a données pour l'aumônerie de l'abbaye. Il donne aussi le petit hameau d'Arlescote avec cinq hides de terre libres de tout service et le manoir de Spettisbury.

A. Original mutilé, sur parchemin, haut. 420 x larg. 220 mm, Arch. dép. Eure, H1751. Mention dorsale en partie effacée du XVIIe siècle : « Donation faicte a l'abbaye de Saint Pierre de Preaux par Robert, comte de Meulent et de Leicester, de son manoir de Thostes avec toutes ses dependances [...] patronage aux cures de Sainte Marguerite dudit [...] de Hadescho, de Saint Michel de Estone, de Saint [...] et de Notre Dame de Spectebury, du droit [...] de Neubury donné a ladite abbaye [...] manoir de Spectebury et tous [...] ».

B. Inspeximus d'Edouard Ier, éd. Dugdale, *Monasticon Anglicanum*, t. VI, p. 1027. — Bibl. nat. de Fr., Coll. du Vexin, t. XII, p. 3, n° 276 (extrait).

a. Dugdale, *Monasticon Anglicanum*, t. VI, p. 1027 (sous la forme d'un *inspeximus* du roi Edouard Ier donné en 1285). — G. A de La Roque, *Histoire de la maison d'Harcourt...*, t. IV, p. 2146.

INDIQUÉ : Martène, *Spicilegii divini...*, t. I, p. 477, Robert II comte de Leicester rappelle la donation faite par son grand père Robert III comte de Meulan du domaine et des dîmes de Spettisbury dans sa lettre au pape Alexandre III. — E. Houth, *Catalogue des actes...*, p. 518, n° 41. — E. Houth, *Les comtes de Meulan...*, p. 113, n° 41.

Il est patent que cette charte est un faux : d'abord parce que les renseignements qu'elle comporte sont en partie inexacts (par exemple, Saint-Léonard de Willey a été donnée à l'abbaye par Roger Abbadon bien après la mort du comte Robert III de Meulan et de Leicester, intervenue en 1118) ; ensuite parce que la paléographie de l'acte est en tous points semblable à celle de plusieurs actes du cartulaire copiés dans le cartulaire vers 1300. L'absence des noms des témoins dénonce elle aussi un faux. Cette charte n'a pas été copiée dans le cartulaire, mais a fait l'objet d'un inspeximus d'Edward Ier en 1285 ; elle fut donc sans doute fabriquée entre 1227 et 1285. L'original étant mutilé, les lacunes entre [...] ont été ici comblées grâce à l'inspeximus.

Universis sancte matris Ecclesie filiis Anglicis, Francis et Normannis, Robertus comes [de] *Mellen*to et Leycestrie, salutem in vero salutari Domino Jhesu Christo. Noverit universitas [vestra] quod ego, pro salute anime mee et dilecti mei domini regis Willelmi et antecessorum meorum, d[edi et con]cessi et presenti carta mea confirmavi, Deo et ecclesie sanctorum apostolorum Petri et Pauli de P[ratellis] et monachis meis ibidem Domino servientibus, manerium meum de *Thostes*, cum omnibus [pertinen]tiis suis, videlicet terris, nemoribus, mariscis, pratis, turbariis, hominibus, redditibus, past[uris communis] et aliis quibuscumque dicto manerio spectantibus, ita libere sicut karissimus dominus [meus], illustris rex Willelmus, illud michi dedit, qui ante me illud aliquantulum possedit, tenendum et [possi]dendum dictis monachis et eorum successoribus in liberam, puram, et perpetuam elemosinam ben[e, in pa]ce, honorifice et juste, solutum et quietum de siris, de sectis, de hundredis, placitis, q[uerelis], consuetudinibus et regalibus demandis universis cum *soccham, saccam, thol, thif, infongene[thif], hutfongenethif* et cum libera waranna in parochiis de *Thostes*, de *Haddescho* et de *Th[orp*, cum] omnibus aliis libertatibus. Addidi etiam huic dono jus patronatus ecclesie Beate Margarete [predicte] ville, jus patronatus ecclesie Beate Marie de *Hadescho*, jus patronatus ecclesie Beati Michaelis de *Eston[a*, jus pa]tronatus ecclesie Sancti Leonardi de *Wyleya*, jus patronatus ecclesie Beate Marie de *Specteburi*, jus patronatus ecclesie Beati Michaelis de *Cherlintone*, jus patronatus ecclesie Sancti Nicholai de *Neuburi* [cum deci]mis, fundis, obventionibus, pensionibus, ad dictas ecclesias pertinentibus. Item in villa de *N[euburi*, de]cimam tocius redditus, vel exitus ville, id est de molendinis, de theloneo et de omni re que [decimari] potest vel poterit in futurum, cum una hyda terre libera ab omni censu et consuetud[ine, secta] curie et universo servitio seculari que omnia Arnulphus de *Herdinck,* comes *del Perche*, [dominus] *Neuburi*, michi donavit ad usum elemosine monachorum meorum predictorum. Dedi insu[per mona]chis meis predictis, parvam villulam que vocatur *Orlaveschote* et quinque hydas terre [ad eam] pertinentes liberam et absolutam de siris, de sectis, de hundredis, placitis, querelis, auxiliis, co[nsuetudi]nibus, serviciis secularibus, universis demandis et omnibus exactionibus quas mens humana [scit vel] sciet, potest vel poterit in posterum excogitare. Dedi nichilominus monachis prefatis al[iud man]erium, nomine *Specteburi*, cum tota villa, terris, nemoribus, pratis, pasturis, ripariis, [molendinis], hominibus, eorum serviciis, capitagiis, redditibus et omnibus dicto manerio et ville spectantibus [liberum] et absolutum de siris, de sectis, de hundredis, placitis, querelis, auxiliis, consuetudinibus, serviciis, [secularibus] et omni angaria regali cum *soccham, saccam, thol, thif, infongenethif,* cum omnibus aliis [libertati]bus. Ista omnia prescripta, ego Robertus comes predictus dedi Deo et ecclesie et monachis predictis [tenenda], possidenda et habenda sicut liberius, tranquillius et honorificentius aliqua elemosina in regno Ang[lie dari] potest vel teneri. Et ne aliquis in posterum donacionibus meis caritatis intuitu factis au[su teme]rario audeat contraire, presentem cartam predictis monachis tradidi sigilli mei impression[e muni]tam, presentibus domino Cantuariense archiepiscopo, domino Eboracencense archiepiscopo, dominis Sareburiense, Norwycense, Coventrense episcopis, dominis Glovernie, Sareburi, [*del Perche*, de Moritone, de *Warwyk*, comitibus, et aliis baronibus, militibus, clericis, nobilibus et liberis hominibus quampluribus].

† C18

[vers 1300].

Roger, comte de Beaumont, et son frère Robert, fils d'Onfroi de Vieilles, fondateur de l'église Saint-Pierre de Préaux, font savoir que pour leur salut, celui de leurs parents et de leurs successeurs, ils ont donné en aumône aux moines de Préaux leur fief et domaine d'Étreville, le droit de patronage de l'église, deux gerbes de dîme et tous les droits et dépendances dudit fief, libres de tous service et exaction.

B. Cart. XIIIe siècle, fol. 93, n° 266, copie visiblement du XIVe siècle. En rubrique : « *Karta de Sturvilla* » : dans la marge : « Fief et patronage Estreville ».

Tout dans cet acte dénonce un mauvais faux du XIIIe ou du XIVe siècle : Roger de Beaumont ne porta pas le titre de comte ; on ne lui connaît pas non plus de sceau, et pour son frère Robert, mort en 1054, encore moins. La liste des témoins invoqués est en outre un panaché de ceux que l'on trouve au bas des actes de Robert IV, comte de Meulan (1166-1204). Cet acte a été copié dans le cartulaire de Préaux par un moine dont l'écriture peut être identifiée également dans **C19** : ces deux actes sont deux faux. On retrouve encore cette même écriture dans l'acte n° 283 du cartulaire, authentique lui, daté de 1300, par lequel l'archevêque de Rouen Guillaume de Flavacourt notifie l'accord intervenu entre les moines de Préaux et divers prétendants au droit de patronage de l'église Saint-Sanson d'Étreville, qui établit que seuls les moines peuvent y prétendre. Il est facile de relier cet acte à cette prétendue charte de Roger de Beaumont qui tente d'enraciner les droits des moines sur le patronage d'Étreville dans les dotations du fils du fondateur de l'abbaye, alors que la véritable origine des droits des moines remontent aux dons de la famille de Bourneville au milieu du XIIe siècle (voir **A195-A198**).

Notum sit omnibus et cetera, quod ego Rogerius, Belli Montis comes, et Robertus, frater meus, filii Hunfridi de Vetulis, ecclesie Sancti Petri de Pratellis fondatoris, pro salute animarum nostrarum, patris, matris, parentum, predecessorum et successorum nostrorum dedisse Deo et predicte ecclesie Sancti Petri de Pratellis et monachis ibidem Deo servientibus feodum et dominium nostrum de Sturvilla, jus patronatus ejusdem ecclesie, duas garbas decime cum omnibus juribus et pertinenciis dicti feodi nostri sine reclamatione nostra aut heredum habendam et tenendam quietam, liberam, et absolutam ab omni seculari servicio et exactione. Quare volumus ut predicta ecclesia et predicti monachi habeant et teneant predictum feodum cum omnibus pertinenciis suis tam libere et tam quiete, sicut ulla elemosina liberius dari potest. Testes : Guilbertus *Le Saisne* ; Robertus de Formovilla ; Willemus *Malvoisin* ; Willemus Pipardus ; Radulphus, filius Alberade ; Walterius de Sancto Sanxone[a] ; Willemus de Hangemara ; Robertus de *Felgeroles*. Ut autem predicta omnia firma et stabilia permaneant sigillorum nostrorum munimine roboravimus.

(a) *Sic B, pour* Sansone.

† C19

[Vers 1300].

Robert [IV], comte de Meulan, fait savoir qu'il a donné à l'abbaye Saint-Pierre de Préaux, pour le repos de l'âme du roi Henri[-le-jeune], son seigneur, de celles de son père et de sa mère, pour le salut de son âme, de celles de son épouse et de tous ses parents, un hêtre à percevoir chaque semaine dans la forêt de Brotonne de la main de son verdier et trois charrettes pour suivre ses gloiers et ramasser tout ce que ceux-ci laisseront derrière eux, en branches et fourches. Il sera permis aux moines de transporter ce bois à leurs charrettes par terre ou en bateaux de la Seine à la Risle, jusqu'à leur abbaye, librement et sans aucune exaction, comme les navires et les charrettes du comte. Il ordonne à ses gloiers, verdiers, forestiers, ripiers et à tout autre de ses agents que cela soit respecté comme une coutume et qu'il ne l'empêchent. Il a en outre ajouté la chapelle Saint-Ouen avec ses offrandes, ses dépendances et la terre en dépendant, le bois de chauffage pour celui qui y résidera, le mort-bois utile au chauffage de ses sergents qui seront libres de toute exaction, taille, ou pasnage comme les forestiers du comte. Il a ajouté cent sous de rente annuelle à percevoir sur le tonlieu de Pont-Audemer à recevoir de la main de son prévôt pour la subsistance du moine de Brotonne. En échange les moines lui ont accordé une messe du Saint-Esprit à célébrer tous les jours de sa vie et après sa mort une messe pour les défunts.

B. Cart. XIIIe siècle, fol. 169 v, n° 563, copie du XIVe siècle. En rubrique : « *Jus abbatie Pratellensis in forestaria Brothonne* ».

Cette charte est une refonte très améliorée de deux actes délivrés par le comte Robert IV de Meulan : le premier vers 1183 (**B74**), l'autre vers 1174 (**B43**). Ce faux fut vraissemblablement forgé au XIVe siècle : il déforme le contenu de la charte **B43** au plus grand profit des moines, en exposant comme acquise la coutume du hêtre, qui n'avait été accordée que pour pallier éventuellement l'impossibilité de bénéficier de celle des charrettes. La messe concédée pour l'âme d'Henri le Jeune est transformée ici en messe pour Robert IV de Meulan. Enfin, la liste des témoins est une refonte de la liste originelle.

In nomine sancte et individue Trinitatis. Ego Robertus, comes de Mellenti, omnibus hominibus, baronibus, militibus et ministris meis et omnibus ad quos presens scriptum pervenerit, salutem. Sciatis me dedisse et concessisse ecclesie Sancti Petri de Pratellis et monachis ibidem Deo servientibus in perpetuam elemosinam pro anima Henrici regis, domini mei, et pro anima patris mei et matris mee et pro salute mea et uxoris mee et omnium parentum meorum in forestaria de Brotonne per unamquamque septimanam unum fagum per manum veredarii signatum et tres quadrigas ad sequendum gloarios meos et quidquid illis supererit, videlicet in branchis et furcis, illis quadrigis accipere licebit et poterunt illi monachi illud lignum ad quadrigas suas per terram vel ad naves suas per ripam Secane vel Rille ad abbatiam suam portare libere et quiete et ex omni exactione liberi, sicut naves mee vel quadrige mee ; et hoc concedo de consuetudine in forestaria mea esse et firmiter precipio gloerii, forestarii, viridarii, riparii vel alii ministri mei ut hanc consuetudinem ne disturbent nec impedimentum detur in nullo modo. Item dedi ipsis monachis capellam sancti Audoeni in illa forestaria cum oblationibus et omnibus pertinentiis ejus et terra contingua et lignum ad se hospitandum in illa terra et ligna mortui bosci ad se et ad servos calefaciendum et erunt liberi ab omni talia et omni tribu et omni exactione et porcis eorum de panagio et de omnibus nutritibus eorum liberi et, sicut forestarii mei in forestaria de consuetudine accipere debent, illi monachi accipient. Item dedi eis in telloneo Pontis Audomari centum solidos annui redditus ad victum monachi de Brotonna per manum prepositi, et volo ut ista in pace possideat ut nullus eos inde vexare vel aliquam molestiam inferre presumat. Ne autem ista donacio tempore[a] diuturnitate possit in irritum revocari, a sigilli mei munimine roboravi. Testes affuerunt : Robertus de Porta[b], frater comitis ; abbas de Cornevilla ; Ricardus *le Bigot* ; Wallterius[c] de Brionio ; Henricus, camerarius ; Walterius de Vatevilla ; Willermus *Baiuel*, cum pluribus aliis ; propter hanc donationem ipsi monachi concesserunt michi unam missam de Sancto Spiritu omnibus diebus vite mee et post obitum meum deffunctis perpetuis diebus esse dicendam.

(a) *Sic B*. — (b) *Sic B pour* Radulfus de Porta. — (c) *Sic B, corr.* Walterius.

ANNEXES

ANNEXE I

TABLEAU CODICOLOGIQUE DES CAHIERS DU MANUSCRIT

Pour chaque cahier du manuscrit, numéroté de 1 à 28, on a fait figurer le nombre de feuillets ainsi que la date probable de l'insertion du cahier dans le volume.

Numéro du cahier	Foliotation	Insertion du cahier dans le manuscrit	Copie des actes
n° 1	fol. 1 - 8.	1227	1227
n° 2	fol. 9 - 16	1227	1227
n° 3	fol. 17 - 24	1227	1227
n° 4	fol. 25 - 32	1227	1227
n° 5	fol. 33 - 40	1227	1227
n° 6	fol. 41 - 48	1227	1227
n° 7	fol. 49 - 56	1227	1227
n° 8	fol. 57 - 64	1227	1227
n° 9	fol. 65 - 72	1227	1227
n° 10	fol. 73 - 80	1227	1227
n° 11	fol. 81 - 88	1227	1227
n° 12	fol. 89 - 96	1227 (?)	
n° 13	fol. 97 - 104	1227	1227
n° 14	fol. 105 - 112	1227	1227
n° 15	fol. 113 - 120	1227	1227
n° 16	fol. 121 - 128	1227	1227

n° 17	fol. 129 - 136	1227	1227
n° 18	fol. 137 - 144	1227	1227
n° 19	fol. 145 -151 (avec 148 bis)	1227	1227
n° 20	fol. 152 - 159	1227 (?)	
n° 21	fol. 160 - 172 (le premier feuillet est coupé)	XIVe siècle	XIVe siècle
n° 22	fol. 173 - 180	1227 (?)	
n° 23	fol. 181 - 188	vers 1300	vers 1300
n° 24	fol. 189 - 196	vers 1300	vers 1300
n° 25	fol. 197 - 204	vers 1300	vers 1300
n° 26	fol. 205 - 208	1250 -1300	1250 -1300
n° 27	fol. 208 - 224	XVe siècle, vers 1490.	XVe siècle, vers 1490.
n° 28	fol. 225 - 239	XVe siècle	XVe siècle

ANNEXE II

1283, 23 juin.

Lettre de Guy [du Merle], évêque de Lisieux, à Philippe [IV le Bel], roi de France, le priant de venir en aide à l'abbaye [Saint-Pierre] de Préaux, victime d'un ouragan et d'une inondation.

B. Bibl. nat. de Fr., Coll. Moreau, t. 1201, fol. 141, copie sous le titre : « *G., Lexoviensis episcopi, epistola ad Philippum, Galliarum regem, de Pratellensis monasterii ruina* » (extrait du manuscrit 1031 de la bibliothèque Ottobonienne).

Excellentissimo domino suo, domino dilectissimo Philippo, Dei gratia Francorum regi, illustris[a], suus[b] monitionibus J. ejusdem permissione, Lexoviensis ecclesie minister humilis, salutem in eo qui dat regnare regibus et salutem[c]. His eo clementius compati censuerunt antiquitas et ratio quo, illius qui prius nubilum dat serenum occulto judicio, casibus, qui non possunt hominum judicio previderi, miserabilius affliguntur sane, etsi cito mense junio tempestatum genesa validarum, temporibus intemporaliter procedentibus, austro et euro rebellantibus aquiloni, segetes et vineas crebro et pluries profligarint dampnose. Verum tamen, inaudito casu flabelli aeris intemporie dissoluta nubes pregnans aquosa descendit, vento turbinis procellose subacta, super monasterium de Pratellis nostre diocesis cujus[d] ventre repente prerupto necdum imbres, necdum pluvias sed et flumen edidit aterrimum viginti cubitorum vel circiter in profundum. Ex cujus impetu vehementissimo, quod non sine grandissima cordis amaritudine referimus, ruptis muris omnibus et clausuris monasterii memorati, aquis usque ad ejus pallia redundantibus, subjuguntur homines et pecudes, quibus vitam ulterius interdixit, reliquie, privilegia, cartule fondatorum, libri, vasa, calices, ornamenta, dapmno irreparabili, vina, blada, capsule diruuntur, edificia ruinore atque ejus effluxio perinundens antra sub horrendo fetore ubilibet latebrosa reliquit. Nec illi contenta finibus post multorum afflictionum angustias monachorum villam quasi funditus extirpavit. Que omnia sunt apud nos adeo notoria quod non possint celari. Quis ergo posset suspiria retinere ? Quis hominum lamentari resciret ? Quis cum monachis non lugeret et vix habentibus illa nocte, ubi possent capita reclinare. Quo circa vestre regie celsitudini supplicandum duximus ex affectu quo possimus ampliori ut eis in infortunio talis domus quam solum ut totius religionis speculum et exemplar florere que hactenus hospitalitatis prerogativa viguit, velit vestra mansuetudo regia condescendere qui non habent alias refugium quod felicis recordationis et inclite pater vester et alii vestri progenitores muneribus honorarunt et honoribus munerantur compassionis quesimus viscera misericorditer aperire velitis et eorum miserorum misereri regale subsidium largientes. Valeat et vigeat vestra regia majestas feliciter et notive per tempora longiora. Datum Lexovii, in vigilia Nativitatis beati Johannis Baptiste, anno Domini millesimo ducentesimo octogesimo tertio.

(a) *Sic corr.* illustri. — (b) *Sic corr.* suis. — (c) *Sic pour* benedictionem *(?)*. — (d) *Sic, compr.* ex cujus.

ANNEXE III

LISTE CHRONOLOGIQUE DES ABBÉS ET TITULAIRES D'OFFICES CLAUSTRAUX DE SAINT-PIERRE DE PRÉAUX JUSQU'EN 1227

I – Abbés

Évrard (1034-1040, 31 décembre)
Ce moine de Saint-Wandrille fut le premier chef de la communauté de Préaux délégué par l'abbé Gradulfe de Fontenelle[1]. Il est appelé abbé dans une notice rédigée entre 1078 et 1094 ainsi que dans la chronique de Gilbert Chandelier, quoiqu'il n'ait sans doute pas porté ce titre. Il remplit le rôle d'économe ou *custos* de la jeune communauté encore placée sous l'autorité de l'abbé Gradulfe de Fontenelle-Saint-Wandrille[2]. Il n'est d'ailleurs pas mentionné dans la liste des abbés de Préaux défunts dont il est fait mémoire dans les *tituli* des rouleaux mortuaires de Mathilde, abbesse de la Trinité de Caen, en 1113, ni dans celui de l'abbé Vital de Savigny en 1122[3]. Évrard mourut au plus tard en 1040, date de la première attestation d'Anfroi, comme abbé, après un gouvernement de six ans au plus. Gilbert Chandelier fixe au 31 décembre la mort de ce moine qui fut

---

1. Son gouvernement de l'abbaye de Préaux nous échappe presque totalement : il semble avoir joué son rôle durant la mise en place des premiers bâtiments du monastère. La Vie de saint Vulfran, qui relate les premiers temps de l'abbaye, élude cette période en la résumant ainsi : « *multa quae narrationis brevitas refugit* » (*Inventio et miracula sancti Vulfranni,* éd. Jean Laporte, p. 52). Voir aussi A. Dumonstier, *Neustria pia*, p. 508, d'après la chronique de Gilbert Chandelier.
2. Voir **A1[5,6]** et **A17** ; sur sa fonction d'économe, voir Jean Mabillon, *Annales...*, t. IV, p. 361.
3. Le rouleau mortuaire de l'abbesse Mathilde de la Trinité de Caen indique, en 1113 : « *Orate pro nostris, Ansfrido, Willemo, Gauzfrido scilicet, abbatibus* » (L. Delisle, *Rouleaux des morts du IXe au XVe siècles*, p. 206) ; celui de Vital de Savigny, en 1122, précise : « *Orate pro nostris (...) Ansfrido, Willemo, Goisfredo* » (ibid., p. 288). Robert de Torigny dans son traité sur les monastères normands n'en dit mot et cite Anfroi comme premier abbé (*De Immutatione...,* éd. L. Delisle, t. II, p. 199). Robert de Torigny cite Anfroi comme premier abbé, sans mentionner Évrard.

enterré dans le mur séparant le cloître de l'abbatiale[4]. Une tradition ancienne, reprise dans la chronique de Chandelier et transmise par la copie qu'en a faite Mathieu Le Monne, occulte complètement Évrard pour faire d'Onfroi de Vieilles le premier abbé de Préaux[5].

Anfroi (1040-1078 [?], 21 mars)

Premier abbé de Préaux, Anfroi fut lui aussi un moine de Fontenelle : cité pour la première fois en 1040[6], il est mentionné à dix-sept reprises dans le cartulaire. Sa personnalité et son rôle sont mieux connus que ceux de son prédécesseur : vraisemblablement originaire de la région de Vascœuil, il est parent de Béatrix, sœur de Gotmond le Roux de Vascœuil, fils de Thescelin[7]. Durant son long abbatiat, il reçut Onfroi de Vieilles comme moine, vers 1045[8], puis dut faire face, aux côtés de Gradulfe, abbé de Fontenelle, aux assauts de l'évêque Hugues de Bayeux contre la jeune abbaye de Préaux : le contentieux qui l'opposait au prélat fut réglé en 1047[9]. En 1050, il reçut à Préaux son ami Bérenger de Tours, dont il ne partageait cependant pas les idées, et contribua à en réfuter les propositions hérétiques avant le concile de Brionne[10]. Robert de Tombelaine, abbé de Saint-Vigor de Bayeux, lui dédia son Commentaire sur le Cantique des cantiques[11], Durand de Troarn, son traité contre Bérenger[12]. A. Du Monstier affirme à tort qu'en 1051 Anfroi établit un accord avec les moines

---

4. Gilbert Chandelier assure sans preuve qu'Évrard a assumé ses fonctions pendant près d'une dizaine d'années. A. Du Monstier précise : « *qui postquam illud strenue ac fœliciter gubernasset, quievit in Domino, feria 6 post natale Domini* » (*Neustria pia*, p. 508). J. Mabillon localise sa sépulture à l'entrée du monastère (*Annales...*, t. IV, p. 361) ; pour d'autres, il repose « dans le mur du cloître qui joint l'église » (Arch. nat., M 275, fol. 17).

5. Mathieu Le Monne s'appuie sur une source visiblement perdue : « Ensuitte sont les abbez qui ont esté à Préaux ainsi qu'il est escript au livre : Hanfridus *de Vetulis*, le premier. Le second un autre Hanfridus du mesme non. Le troisieme Guillaume sans dire le non. Le quatrieme Gaufridus *et tempore illius Robertus, comes Melenti, et Henricus de* Warvic, *filii Rogerii de Bello Monte, multa bona dederunt.* Le cinqieme *Ricardus, tempore illius Galeranus, comes Melenti, filius Roberti adhuc puer, venit Pratellum. Quem praedictus abbas duxit in capitulo et ostendit sepulturam patris ejus et antecessorum suorum. Sextus adhuc unus Richardus. Septimus Reginaldus, monachus de Sancto Wandregesilo. Octavus Michael de Becco. Nonus Henricus similiter de Becco.* C'est tout ce qui est escript au livre » (Bibl. nat. de Fr., Coll. du Vexin, t. IV, p. 112).

6. L'*Inventio et miracula sancti Vulfranni* établit clairement qu'Anfroi fut le premier abbé dépêché à Préaux par Gradulfe de Fontenelle : « [*Gradulfus*] *abbatem, Ansfredum nomine, secundum sancti Benedicti regulam sibi professum ordinari fecit* » (éd. J. Laporte, p. 52). Voir aussi *Neustria pia*, p. 508, et Torigny, t. II, p. 199. Pour sa première apparition en 1040, voir **A1[11]**.

7. Sur cette *consanguinitas*, voir **A176**.

8. « *Sub quo [abbate] predictus vir [Hunfridus] (...) sanctae religionis habitum, abruptis mundi inedimentis, humiliter suscipiens, vitam honestam laudabili fine conclusit* » (*Inventio...*, p. 52).

9. Voir **A1[14]**.

10. Cet épisode est rapporté dans le *Liber de Corpore et Sanguine Christi*, traité contre Bérenger de Tours rédigé par Durand de Troarn, (éd. J.-P. Migne, *Patr. lat.*, t. 149, col. 1421) ; la date de 1053 attribuée au concile par Durand a été rectifiée depuis longtemps par G. Bessin, *op. cit.*, p. 45. Voir aussi Ch. Bonnenfant, « Le concile de Brionne de 1050 », dans *Recueil des travaux de la Société libre d'agriculture, sciences, arts et belles-lettres de l'Eure*, VIIe série, t. III, 1915. Évreux, 1916, p. 62.

11. Ed. J.-P. Migne, *Patr. lat.*, t. 150, col. 1361-1364.

12. L'épître dédicatoire en vers adressée à Anfroi par Durand est rapportée par J. Mabillon : «*Jam valeas felix, memorisque tui memor assis / Et fratres nostra dominosque ex parte saluta / Quos nutrit Christo tua dulcis sollicitudo / Intra coenobium quod Pratellense vocatum / Prisca aetas coluit, sed nostra haec nobilitavit / Moenibus et studiis virtutum, et rebus opimis* » (*Annales ordinis sancti Benedicti*, t. V, p. 97).

de Saint-Sauveur-le-Vicomte[13]. Proche du duc Guillaume le Conquérant, Anfroi intervint à deux reprises dans les affaires du duché et de l'abbaye de Saint-Évroult : on le compte parmi les abbés et évêques entourant l'archevêque Maurille venu le 29 juin 1056 à Saint-Évroult régler le contentieux qui opposait l'abbé Thierry et le prieur Robert[14] ; il est en outre à l'origine, avec Lanfranc du Bec, de la décision prise par le duc Guillaume en 1063 d'installer à la tête des moines de Saint-Évroult le prieur de Cormeilles Osberne[15]. Sa gestion de l'abbaye, en particulier du temporel, fut l'occasion de conflits avec ses moines, si l'on en juge par les décisions qu'il prit, à deux reprises au moins, sans le consentement de ceux-ci[16]. Si à partir de ce moment on ne trouve plus de date précise pour jalonner sa carrière, on doit noter toutefois qu'Anfroi était encore abbé entre 1072 et 1077[17]. La date de sa mort est incertaine même si celle de 1078, traditionnellement retenue, est très plausible. Dumonstier évoque aussi celle de 1075[18]. Il fut enterré dans l'aile nord du cloître à la porte de l'abbatiale ; Orderic Vital rapporte son épitaphe, qui fixe la date anniversaire de son décès au 21 mars[19].

Guillaume Ier (1078-1094 ; † 10 décembre)

On ne sait si Guillaume, deuxième abbé de Préaux, fut choisi comme ses prédécesseur et successeur immédiats parmi les moines de Fontenelle[20]. Son abbatiat dura dix-huit ans selon Gilbert Chandelier et il fut enterré à l'entrée de l'abbatiale dans un sarcophage inséré dans le mur. Il reçut Roger de Beaumont comme moine de Préaux, restaura le temporel de l'abbaye en récupérant les

---

13. Cette affirmation d'A. Du Monstier dans *Neustria pia*, p. 508, reprise dans la *Gallia Christiana*, t. XI, col. 836, n° 374, ne repose sur rien. A. Du Monstier dit la tenir du cartulaire de Préaux, fol. 57, mais la référence est erronée. En fait un abbé Anfroi de Préaux a bien obtenu un accord avec son confrère de Saint-Sauveur-le-Vicomte, mais il s'agit d'Anfroi III, en 1251 (voir cartulaire de Saint-Sauveur-le-Vicomte, Bibl. nat. de Fr., lat. 17137, fol. 254v-255 ; cartulaire de Préaux, fol. 85, n° 230).
14. O. V., éd. A. Le Prévost, t. II, p. 63. Anfroi est qualifié, ainsi que ses pairs, de « *profundae sagacitatis viri* ».
15. O. V., éd. A. Le Prévost, t. II, p. 82. Osberne de Cormeilles, qui plus est, fut sacré à l'insu des moines de Saint-Évroult sur ordre du duc Guillaume à l'abbaye de Préaux.
16. Dans les deux cas, il est amené à favoriser les fils de Turulfe, cousins de Roger de Beaumont (A1[17], A40).
17. Anfroi préside à une donation en faveur de Préaux confirmée par Roger II de Montgommery et son épouse Mabille, entre 1072 et 1077 (voir A176).
18. A. Du Monstier dans sa *Neustria Sancta* (Bibl. nat. de Fr., lat. 10051, fol. 69) évoque parmi les saints normands le bienheureux Anfroi, abbé de Préaux, dont il situe la mort en 1075, d'après Gilbert Chandelier et Robert Céneau, évêque d'Avranches, qui écrivit à la fin du XVIe siècle une *Hierarchia Neustriae...* (Bibl. nat. de Fr., lat. 5201, fol. 155v-156).
19. « (...) *Triginta Phoebus, cum decidit iste, diebus / Torruerat pisces, cui Deus est requies* » (O. V., éd. A. Le Prévost, t. III, p. 429). Le texte de l'épitaphe a été également repris dans la *Gallia Christiana*, t. XI, col. 836-837 et édité par A. Du Monstier dans *Neustria pia*, p. 509. Cette dernière version est fautive à plusieurs endroits (voir en dernier lieu R. Favreau *et al.*, *Corpus des inscriptions de la France médiévale*, t.XXII, Paris, 2003, p. 162, n° 102). Le nécrologe de Jumièges fait mémoire d'Anfroi à la date du 16 mars (Adigard des Gautries, « Les noms de personnes d'origine scandinave dans les obituaires de Jumièges », dans *Jumièges, Congrès scientifique du XIIIe centenaire*..., Rouen, 1955, p. 64).
20. Torigny dans son *De immutatione...* (éd. L. Delisle, t. II, p. 199) omet de citer Guillaume. Robert Céneau qui s'est servi de ce traité pour rédiger le tome V de sa *Hierarchia* l'a également oublié (Bibl. nat. de Fr., lat. 5201, fol. 156). Guillaume est cependant bien attesté dans les *tituli* ajouté à Préaux sur les rouleaux mortuaires de l'abbesse Mathilde et de l'abbé Vital (L. Delisle, *op. cit.*, p. 206 et 288).

églises de Pont-Audemer et accrut le domaine des moines notamment à Épaignes où il acheta les terres des tenants d'Hugues d'Avesnes[21]. Sa mort est traditionnellement fixée au 10 décembre 1096[22]. Cette date est trop tardive puisque son successeur, Geoffroi, était déjà abbé quand Arnoul de Hesdin, en route pour le Mont-Saint-Michel, est passé à Préaux, avant son départ en croisade en septembre 1096. Guillaume est donc mort en décembre 1095, voire en 1094[23] et fut enterré près d'Anfroi[24].

Geoffroi (1094-1101, 30 août)

Geoffroi est pour la première fois attesté comme abbé en 1096 : moine de Fontenelle d'une grande renommée, il est à tort cité comme deuxième abbé par Robert de Torigny. Selon Gilbert Chandelier, il remplit sa charge pendant sept ans[25]. Geoffroi se consacra notamment, durant son abbatiat, à constituer le temporel du prieuré de Saint-Pierre de Rouville[26]. On attribue traditionnellement à son abbatiat la dédicace de l'abbatiale célébrée le 17 octobre[27]. Il mourut le 30 août 1101[28] et fut enterré dans le cloître, devant le parloir des moines.

Richard Ier de Bayeux (1101-1125, 30 janvier)

Richard de Bayeux, selon le cartulaire, ou de Fourneaux, selon Orderic Vital, ou encore de Cremel[29], fut le quatrième abbé de Préaux. Il ne fut pas moine

---

21. Sur la mort de Roger de Beaumont, voir O. V., éd. Le Prévost, t. II, p. 426. Sur les églises de Pont-Audemer, voir **A1[17]** ; sur les acquisitions de Guillaume à Épaignes, voir **A92**, **A140**. Guillaume apparaît aussi dans les actes **A4**, **A5**, **A10**, **A17**, **A21**, **A23**, **A67**, **A68**, **A78**, **A80**, **A139**.
22. *Gallia Christiana*, t. XI, col. 837 ; A. Du Monstier hésite entre 1093 et 1094 (*Neustria pia*, p. 509).
23. Voir **A169**.
24. Voir Arch. nat., M 275, fol. 17.
25. Voir O. V., éd. A. Le Prévost, t. III, p. 430 ; Robert Céneau, *Hierarchia...*, Bibl. nat. de Fr., lat. 5201, fol. 156 ; Torigny, *De Immutatione...*, t. II, p. 199 ; A. Du Monstier, *Neustria pia*, p. 509
26. Voir **A169-A175**.
27. *Gallia Christiana*, t. XI, col. 837b. Jean Mabillon note que dans un ancien calendrier, qu'il n'identifie pas, il trouve noté « *dedicatio ecclesiae Sancti Petri de Pratellis* » à la date du 17 octobre (*Annales...*, t. V, p. 408). L'histoire de l'abbaye de Préaux insérée dans le *Monasticon Gallicanum* de Dom Germain (Bibl. nat. de Fr., lat. 11818, fol. 486 et suiv.) confirme cette date mais soutient que l'abbatiale fut consacrée en 1099 : *Sub annum Christi 1099, XVI kalendas novembris, Gaufridus abbas basilicam in honorem sancti Petri apostolorum principis sacrari curavit a Gisleberto Lexoviorum antistite : qui dies quotannis recolitur* ». La *Gallia Christiana* et la *Neustria pia* d'A. Du Monstier se contentent de situer cette dédicace sous l'abbatiat de Geoffroi. La *Gallia Christiana* ajoute que l'évêque de Lisieux Gilbert confirma bien une abbatiale en 1099, mais ce fut celle des moniales de Saint-Léger de Préaux, voisine de Saint-Pierre : « *confirmavit fundationem parthenonis Pratellensis* » (*Gallia Christiana*, t. XI, col. 771). Cette date de 1099, peut-être due Gilbert Chandelier, paraît bien tardive : la construction du monastère fut rapidement achevée, si l'on en croit l'*Inventio et miracula sancti Vulfranni* (éd. D. J. Laporte, p. 52) et on ne voit pas pourquoi la dédicace de l'église aurait tant tardé, à moins qu'il s'agisse d'une seconde consécration après un incendie ou d'une dédicace partielle. Il faut rappeler toutefois qu'en 1063, la consécration abbatiale d'Osberne de Cormeilles comme abbé de Saint-Évroult eut lieu dans l'abbatiale de Préaux dont la construction devait déjà être bien avancée. En outre plusieurs donations anciennes ont été déposées sur l'autel de saint Pierre, notamment en 1078 (**A139**) et en 1091 (**A64**) ce qui plaide là aussi pour un achèvement rapide de la construction de l'abbatiale (voir aussi **A4**, **A17**, **A39**, **A59**).
28. La date de la mort de l'abbé Geoffroi donnée par A. Du Monstier qui le situe d'après Chandelier le 29 novembre (*op. cit.* p. 509) est erronée ; la *Gallia Christiana* a corrigé cette erreur (col. 837c) à la suite d'ailleurs des indications de D. Jean Mabillon dans ses *Annales...*, t. V, p. 408.
29. O. V., éd. Le Prévost, t. III, p. 429 ; Robert Céneau l'appelle *Richardus de Cormeliis* (*Hierarchia Neustriae*, Bibl. nat. de Fr., lat. 5201, fol. 156) ; Michel Bouvris, à la suite de l'abbé Faucon, situe son origine à Cremel, bourgade proche de Bayeux (Faucon, *Essai historique sur le prieuré de Saint-Vigor-*

profès de Saint-Wandrille, mais de Saint-Vigor de Bayeux, contrairement à ses prédécesseurs. Richard est connu pour avoir, après la dispersion des moines de Saint-Vigor, regroupé plusieurs de ses compagnons dans une maison pour y poursuivre la vie monastique. Sa vie et son œuvre sont bien connues[30] : disciple de Robert de Tombelaine, il suivit l'enseignement d'Anselme du Bec, de Gerbert de Fontenelle et de Gontard de Jumièges. L'activité intellectuelle et artistique du monastère de Préaux connut son apogée durant son abbatiat et Richard se consacra à sa tâche pastorale quoique à cette dernière il préférât l'étude et le commentaire de l'Écriture sainte. Dans les prologues de ses œuvres il se plaint souvent de ne pouvoir s'y consacrer pleinement à cause des affaires temporelles de son monastère auxquelles il doit faire face[31]. Richard écrivit à ses moines deux lettres dont le texte a été conservé : il y apparaît autoritaire et inflexible quant à l'observance de la règle[32]. Entre 1101 et 1112 il rédigea un Commentaire sur l'Ecclésiaste dédié à Arnoul, abbé de Troarn[33]. Une lettre d'Yves de Chartres adressée en sa faveur au comte Robert de Meulan encourage ce dernier à accorder sa protection à Richard[34]. Le 7 octobre 1118, l'abbé Richard participait au concile de Rouen[35]. En mars 1124, il séjournait à l'abbaye du Bec-Hellouin, assistant l'abbé Guillaume dans ses derniers instants[36]. Il n'est plus précisément attesté ensuite : la date de sa mort traditionnellement située en 1131, le 30 janvier, d'après Gilbert Chandelier, paraît très peu probable. Il faut lui préférer celle qui est donnée par Orderic Vital, contemporain de Richard, qui semble bien renseigné en lui attribuant un abbatiat de près de vingt-quatre ans sous les règnes du duc Robert et du roi Henri[37], ce qui le ferait mourir le 30 janvier 1125.

Le-Grand, Bayeux, 1864, p. 72-73 ; J.-M. Bouvris, « L'Abbaye du Mont-Saint Michel et la cité de Bayeux au XIe siècle », dans *Revue de l'Avranchin et du pays de Granville*, juin 1985, t. LXII, n° 323, p. 225-242).

30. Sa vie est résumée dans les *Annales ordinis sancti Benedicti* de Jean Mabillon, t. V, p. 408 ; son œuvre littéraire et patristique, dans *l'Histoire littéraire de la France*, t. XI, p. 169-176. La Patrologie latine de Migne en a publié des extraits, notamment le prologue, dédié à Anselme de Cantorbéry, de ses commentaires sur le livre du Lévitique (J.-P. Migne, *Patr. lat.*, t. 155, col. 1359-1360).

31. La qualité de la vie monastique et de l'école de Préaux au début du XIIe siècle est signalée par Orderic Vital : *ibi monachi ad laudem et cultum omnipotentis Dei divinitus convocati sunt et a religiosis ac sapientibus pedagogis regulari disciplina pie instituti sunt* (O. V., éd. A. Le Prévost, t. III, p. 428). C'est d'ailleurs à cette époque que le scriptorium de Préaux a produit ses plus beaux manuscrits.

32. Ces lettres sont copiées dans le manuscrit de la Bibl. nat. de Fr., lat. 12229, fol. 3. Elles ont été éditées par D. Martène, dans son *Thesaurus novus*..., t. I, col. 763-764. La seconde est assez virulente, d'autant qu'il s'agit de la seconde lettre de Richard condamnant la consommation de viande par les moines durant son absence : « *Breve est quod dico : sat est mihi ut intelligatis quod volo. Date operam ut omnia que scripsi adimplerantur. In rem vestram potius quam meam hec sunt* ».

33. Voir Samaran, *Catalogue des manuscrits portant une indication de date*..., t. VII, p. 533.

34. Une copie de cette lettre d'Yves de Chartres (n° 143) se trouve dans la collection du Vexin, t. 12, fol. 24, n° 306.

35. D. G. Bessin , *op. cit.*, p. 80 ; O. V., éd. A. Le Prévost, t. III, p. 391.

36. « *Venit abbas Pratellensis, Ricardus nomine, vir religiosus et litterarum scientia preditus, visitare eum (Willelmum abbatem) et fuit ibi usque ad transitum illius* » (*Vita Willelmi abbatis Beccensis tertii*, éd. J.-P. Migne, *Patr. lat.*, t. 150, col. 721). Guillaume, malade dès 1122, mourut à la fin de mars 1124 (A. Porée, *Histoire de l'abbaye du Bec*, t. I, p. 273 ; voir aussi A. Du Monstier, *Neustria pia*, p. 510).

37. O. V., éd. A. Le Prévost, t. III, p. 430 : « *tempore fere XXIV annis tenuit [regimen Pratellensis abbatiae]* ». Richard n'est pas cité dans le *titulus* de Préaux inscrit sur le rouleau mortuaire de Vital de Savigny, il était donc vivant en 1123-1124.

Son épitaphe rappelle sa renommée, due à ses commentaires sur l'Écriture sainte, et son goût pour la philosophie. Il fut inhumé dans le mur du chapitre ; sa tombe était ornée de peintures[38].

Richard II de Conteville (1125-1146)

Richard de Conteville, appelé aussi Richard « *junior*[39] », assuma la charge abbatiale pendant quinze ans[40]. Dumonstier le décrit comme un homme riche et puissant[41], peut-être appartenait-il à la famille d'Herluin de Conteville. Milon Crespin rapporte qu'il présida aux funérailles de Boson, abbé du Bec, en juin 1136[42]. En 1142, il atteste une charte de franchise de Galeran II de Meulan pour les moines du Bec, à Meulan[43]. Il est enterré dans le cloître, devant le parloir des moines, près de l'abbé Geoffroi[44].

Renaud (1146-1152, 6 mars)

Ce moine de Fontenelle fut six ans abbé de Préaux : on sait très peu de chose sur lui. On faisait mémoire de sa mort le 6 mars, il était enterré à Fontenelle[45]. Il n'apparaît que dans deux actes du cartulaire, notamment en 1149[46]. Robert de Torigny prétend qu'il était moine de Préaux[47].

Michel (1152, 21 décembre-1167, 16 décembre)

Quoique l'abbé Michel soit souvent appelé « de Tourville », rien dans le cartulaire de Préaux ne permet de confirmer cette appellation qui provient probablement de l'interprétation erronée d'une charte (**B32**) produite par un certain Michel l'Abbé de Tourville, qui n'a rien avoir avec le chef de la communauté[48]. Il convient plutôt de l'appeler Michel du Bec, puisqu'il en était moine profès[49]. Il fut désigné abbé de Préaux à la Saint-Thomas apôtre 1152[50]. Il prit

---

38. Deux versions de l'épitaphe sont disponibles dans la *Neustria pia* d'A. Du Monstier, p. 510, et dans la *Gallia Christiana*, t. XI, col. 837-838. Cette dernière comporte plusieurs erreurs. Sur son tombeau, voir Arch. nat., M 275, fol. 17.
39. Voir **A167** : « *Tempore Ricardi, abbatis junioris Pratelli,...* ».
40. D. J. Mabillon, *Annales*..., t. VI, p. 191 ; *Gallia Christiana*, t. XI, col. 838.
41. « *Vir mitissimus et magnae religionis : multum dives et potens* » (*Neustria pia*, p. 511).
42. « *Honorandus Pratellensis abbas Ricardus ultimum sepulturae decenter implevit obsequium* » (*Vita venerabilis Bosonis, cognomento Sapientis, abbatis Beccensis quarti*, éd. J.-P. Migne, *Patr. lat.*, t. 150, col. 732). A. Porée le confond avec son prédécesseur Richard de Fourneaux mort en 1125 (*op. cit.*, t. I, p. 298).
43. E. Houth, *Recueil des chartes*..., p. 15, n° 12bis.
44. Voir Arch. nat., M 275, fol. 17.
45. A. Du Monstier, *Neustria pia*, p. 511, d'après Gilbert Chandelier.
46. Voir **A177** et **A198**, (1146 - 1152).
47. Torigny, éd. L. Delisle, t. II, p. 199.
48. *Gallia Christiana*, t. XI, col. 838, d.
49. Il figure dans la liste des moines ayant fait profession à l'abbaye du Bec-Hellouin (Bibl. nat. de Fr., lat. 5427, fol. 149 ; A. Porée, *Histoire de l'abbaye du Bec*..., t. I, p. 636) sous l'abbatiat du troisième abbé, Boson.
50. A. Porée, *Chronique du Bec*, p. 13 et p. 209 ; Bibl. nat. de Fr., lat. 12884, fol. 212 ; *Neustria pia*, p. 511 ; *Gallia Gristiana*, t. XI, col. 838 d. Une incertitude subsiste sur la date de la consécration abbatiale de Michel qui eut lieu à la fête de saint Thomas apôtre, c'est-à-dire le 3 juillet ou le 21 décembre. La première date est probable puisque l'abbé Renaud est mort en mars, mais les moines du Bec, dont la chronique nous rapporte la date de cette consécration, célèbrent la Saint-Thomas en décembre (voir le calendrier du Bec édité dans A. Porée, *Histoire de l'abbaye du Bec*, t. II, p. 579-591). Cette seconde date doit peut-être être privilégiée même si elle paraît tardive.

part à la consécration abbatiale de Robert de Torigny, élu abbé du Mont-Saint-Michel le 22 juillet 1154, à Saint-Philibert-sur-Risle[51]. Il est cité à vingt-cinq reprises dans le cartulaire de Préaux[52], notamment en 1155, date à laquelle il obtint de Galeran de Meulan une confirmation des biens de l'abbaye. C'est très probablement à lui également que l'on doit l'obtention de la bulle confirmative des biens du monastère par Adrien IV avant 1154[53]. Il atteste aussi la grande charte confirmative des biens de l'abbaye de Reading donnés par Henri Ier et l'Emperesse, accordée par Henri II entre janvier 1156 et avril 1157 à Rouen[54]. En 1159[55], il reçoit de Muriel d'Aubevoie la dîme du Clos Cofart. Il mourut le 16 décembre 1167 et fut inhumé dans le cloître, entre le parloir des moines et la chapelle Notre-Dame, dans une arcade[56].

Henri (1167-1182, 26 février)

Henri, qui était moine du Bec et procurateur des hôtes, fut choisi pour succéder à Michel. En 1166-1167, il attesta une charte de Robert IV, comte de Meulan, octroyée à l'abbaye de La Croix-Saint-Leufroi, peu après la mort de Galeran II, alors qu'il était encore *hospitarius Beccensis*[57]. On le voit siéger le 24 avril 1168, comme abbé de Préaux, dans la salle du chapitre et présider à la cérémonie à l'occasion de laquelle Baudouin d'Épaignes donna aux moines la dîme de ses moulins de Martainville ; en 1179, il obtient du pape Alexandre III la grande bulle confirmative des biens de l'abbaye, renouvelant celle du pape Adrien IV[58]. Il atteste une charte de Robert IV, comte de Meulan, qui donne au prieuré de la Trinité de Beaumont, vers 1168, l'église du Châtel-la-Lune[59]. Il meurt après avoir augmenté la bibliothèque de l'abbaye de nombreux ouvrages le 26 février 1182[60].

Osberne (1182-1200)

Osberne, dont on ne sait de quel monastère il était moine profès, apparaît en 1182, année de sa consécration abbatiale, dans une charte scellant l'accord des moines de Préaux avec ceux de Mortemer et figure dans quinze actes du

---

51. A. Porée, *Chronique du Bec*, p. 15.
52. Voir notamment **A55, A76, A94, A95, A104, A108, A109, A115, A116, A129, A138**.
53. Le texte de cette bulle est perdu, mais on en connaît l'existence par une mention insérée dans la bulle de son successeur Alexandre III datée de 1179 (voir **B52**).
54. B. Kemp, *Reading cartularies...*, t. I, p. 48.
55. Voir **A138**.
56. Le rédacteur de la chronique manuscrite du Bec au XVIIe siècle, reprise ensuite par A. Du Monstier (*op. cit.* p. 511), situe à tort la mort de Michel en 1168. En réalité le 24 avril 1168, son successeur Henri était déjà en place (Voir **A151**). Le nécrologe du Bec fait mémoire de l'abbé Michel le 16 décembre (Bibl. nat. de Fr. lat. 13905, p. 146). Sur son tombeau, A. Du Monstier, *op. cit.*, p. 511.
57. Bibl. nat. de Fr., Coll. du Vexin, t. XIII, fol. 38-v, n° 538. Cet acte, postérieur au 10 avril 1166, date de la mort de Galeran II, ratifie une charte de l'archevêque de Cantorbéry Raoul témoignant des dernières volonté de Galeran II envers La Croix-Saint-Leufroi.
58. Voir respectivement **A151** et **B54**.
59. A. Deville, *Le cartulaire (...) de la Sainte-Trinité de Beaumont*, p. 20, n° VIII.
60. Les auteurs de la *Gallia* proposent comme date incertaine de sa mort le 20 avril, d'après le nécrologe de Saint-Georges de Boscherville (*Gallia Christiana*, t. XI, col. 838e). Le nécrologe du Bec, dont Henri avait été moine, qui fait mémoire de lui le 26 février (Bibl. nat. de Fr., lat. 13905, p. 141). La chronique de cette même abbaye situe curieusement la mort d'Henri en 1181 : « *Anno Domini 1181 Henricus abbas nonus Pratellensis, monachus Becci, obiit IV cal. martii* » (Bibl. nat. de Fr., lat. 12884, fol. 242v).

cartulaire de Préaux entre 1182 et 1200[61]. Vers 1190, Osberne est chargé par le pape d'absoudre et de délier de son vœu de pèlerinage à Jérusalem le comte de Meulan Robert IV[62]. Il atteste également une charte de Robert IV de Meulan pour la Trinité de Beaumont entre 1182 et 1190[63]. Il est témoin le 16 octobre 1197 d'une charte de Richard Cœur-de-Lion en faveur de l'archevêque Gauthier de Rouen[64]. En 1198 il rend compte à l'Échiquier pour 30 marcs[65]. Sa mort est traditionnellement située vers 1200, ce qui est confirmé par le cartulaire, où il est cité pour la dernière fois le 29 janvier 1200 ; il est enterré dans le chapitre de Préaux sous une dalle portant la simple mention de son nom[66].

Guillaume II (1200-1206)

Guillaume a dû succéder à Osberne au cours de l'année 1200 ; il disparaît selon la *Gallia Christiana* vers 1205 ou 1206[67]. On le trouve cité dans le cartulaire à huit reprises : ses attestations assurées se situent essentiellement autour de l'année 1204[68]. Il confirme à une date indéterminée le don du clerc Thomas, fils de Durand Hilaire, en faveur de Saint-Gilles de Pont-Audemer[69]. Il est fort probable que la *licentia eligendi* sollicitée par les moines de la part du roi Philippe Auguste, aujourd'hui conservée aux Archives nationales, concerne cet abbé. Elle fait suite à la résignation de sa charge d'abbé entre les mains de l'évêque de Lisieux[70].

Thomas (1206-1221, 13 février)

Vers 1175-1186, le prieur de Toft Monks, prieuré anglais de Préaux situé dans le Norfolk, fut un certain Thomas ; il faut peut-être l'identifier à l'abbé Thomas. Clairement désigné comme le successeur de l'abbé Guillaume II dans un acte de 1214, il est précisément attesté jusqu'en 1220[71]. Sa mort a dû survenir au début de l'année suivante en février 1221. Thomas est connu pour avoir fait restaurer le dortoir des moines vers 1214[72]. Comme son prédécesseur Osberne, il repose à l'entrée du chapitre[73].

---

61. Voir **B62**, **B70**, **B87**, **B88**, **B89**, **B91**, **B96**, **B94**, **B95**, **B100**, **B101**, **B102**, **B104**, **B105**, **B123**.
62. Copie d'une charte du cartulaire de Saint-Gilles de Pont-Audemer, par A. Deville, Bibl. nat. de Fr., nouv. acq. lat. 1246, fol. 52.
63. A. Deville, *Le cartulaire du prieuré de la Trinité de Beaumont...*, p. 19-20, n° VII : acte par lequel Robert IV de Meulan abandonne aux moines de Beaumont ses droits et ceux de ses hommes sur le Tremblay et La Neuville.
64. L. Landon. *Itinerary of King Richard I...*, p.123, n° 482. Richard Cœur-de-Lion donne à Gauthier, archevêque de Rouen, les villes de Dieppe et Botteilles, le manoir de Louviers et la forêt d'Aliermont contre le manoir des Andelys.
65. Léchaudé d'Anisy, *Magni rotuli...*, p. 16.
66. **B96**. Sur son tombeau, voir A. Du Monstier, *Neustria pia*, p. 512.
67. *Gallia Christiana*, t. XI, col. 839.
68. Voir notamment **B111**, **B121** et **B119**, **B113**, **B124**, **B126**, **B127**, **B140**.
69. Cartulaire de Saint-Gilles de Pont-Audemer, Bibl. mun. Rouen, Y200, fol. 19v ; S. Mesmin, *The leper hospital...*, p. 120, n° 47.
70. Arch. nat., J 345, n° 110.
71. Voir **B136**, **B140**, **B145**, **B156**, **B157**, **B158**, **B159**, **B164**. La *Gallia chrisiana* le fait disparaître en 1216.
72. Voir **B140**.
73. Voir Arch. nat., M 275, fol. 17.

Bernard (1221, avant le 18 décembre-1234 [?], 24 avril)

Bernard apparaît explicitement dès le 18 décembre 1221 dans une bulle, donnée au Latran par le pape Honorius III[74]. Cet abbé est à l'origine de la rédaction du cartulaire en 1227. Il effectue un voyage en Angleterre durant l'été 1227 et revient à Préaux accompagné du moine de Préaux Adam de Cormeilles, prieur en Angleterre[75]. Son sceau ainsi que celui de l'abbaye sont conservés au bas de l'acte par lequel la communauté et le roi Louis VIII échangent les moulins du prieuré de Sainte-Radegonde de Neufchâtel contre une rente de quarante sous[76]. Sa mort, située à tort un 18 janvier par le nécrologe du Bec[77], est également rappelée dans le nécrologe de Saint-Georges un 24 avril. Son épitaphe, qui confirme cette dernière date en fixant son décès à la Saint-Marc, le nomme Bernard de « Courbon », nom qu'il faut sans doute lire « Combon »[78]. Il fut enterré dans le sanctuaire de l'abbatiale, côté sud[79]. Son successeur Anfroi II est attesté, selon la *Gallia*, de 1234 à 1238.

Adam (...1238/1239...)

Adam est donné par la *Gallia Christiana* comme successeur de l'abbé Thomas, mais cette place qui lui est traditionnellement attribuée n'en est pas moins incertaine. Un certain Adam de Cormeilles est prieur de Toft Monks en Norfolk à cette époque : il revient à Préaux en 1227 en compagnie de l'abbé Bernard. Trois actes du cartulaire permettent de replacer Adam dans la chronologie des abbés : le premier cite Adam après la création du marché de Préaux confirmé par saint Louis ; le second, daté de l'épiphanie 1239 (n. st.), et le troisième, daté de la vingt-deuxième année du règne d'Henri III d'Angleterre, soit de 1238, concernent le droit de patronage de Spettisbury en Angleterre[80]. Adam est encore cité dans un acte concernant les biens des moines à Rouen (voir Annexe V) ; il fut donc le successeur de l'abbé Anfroi II.

II – Titulaires d'offices claustraux

1. Prieurs

Samuel. Attesté pendant la période 1110-1123 (**A71, A131, A160, A172**). Il meurt avant 1130 puisqu'il est cité dans les services obituaires de l'abbaye Saint-Évroult rédigés avant cette date, mais est absent du *titulus* ajouté sur le rouleau mortuaire de Vital de Savigny en 1122 par les moines de Préaux[81].

---

74. Voir **B165**.
75. Bernard est cité dans les actes **B165, B173, B174, B183, B184, B186, B189, B190**.
76. Voir Arch. nat., J 215, n° 1. Un moulage du sceau Bernard, abbé de Préaux, est conservé aux Arch. dép. Eure (SC. M. XIII 14-14bis).
77. Bibl. nat. de Fr., lat. 13905, p. 141.
78. A. Du Monstier, *Neustria pia*, p. 512.
79. Voir Arch. nat., M 275, fol. 17.
80. Voir Cart. de Préaux, fol. 153, n° 503, fol. 158, n° 517 et 518.
81. J. Laporte, « Tableau des services obituaires assurés par les abbayes de Saint- Évroult et de Jumièges (XIIe-XIVe siècles) », dans *Revue Mabillon*, juil.-sept. 1956, p. 143 ; L. Delisle, *Rouleaux...*, p. 288, n° 10.

Robert. Attesté en [1130 - 1144] (**A32**) ; en [1125/1136 - 1146] (**A146**).

X. Attesté en mars 1206 (Bibl. nat. de Fr., lat. 12884, fol. 276v-277).

Raoul de Freneuse. Entré enfant à Saint-Pierre de Préaux en 1164 (**A123**), il est cité comme prieur et sacriste en 1211-1212, (**B134**), en 1214-1215 (**B140**), 1216-1217 (**B146**), en [1221-1127] (**B189**).

Thomas. Prieur de Toft Monks, en Angleterre, attesté durant la période 1175-1186[82].

Adam de Cormeilles, prieur en Angleterre de retour à Préaux en 1227[83].

2. *Aumôniers*

Hugues. Attesté fin du XIe siècle ou début du XIIe siècle (**A150**).

Guillaume. Cité avant 1125 (**A150**), en 1126 (**A15**), entre 1125 et 1146 (**A42**).

X. mentionné en 1168 (**A151**).

Raoul. Attesté en 1186-1187 (**Annexe V**)

Manasses (?). Mentionné en 1198 (**B93**).

Roger du Parc. Cité en 1222-1223 (**B168**), en 1224-1225 (**B177**).

Onfroi de Pont-Audemer. Mentionné en 1227 (**B187**).

3. *Celleriers*

Robert *de Anglia*. Cité entre [1179-1182] (**B59**), 1182-1183 (**B62,B65**), [1179-1204] (**B117**).

4. *Hôteliers*

Onfroi. Attesté en 1091 (**A64**), en [1094-1101] (**A181**), en [1100-1120] (**A87**).

Enguerrand. Attesté en [1110-1122/1130] (**A172**).

---

82. J. Harvey, *William Worcestre itineraries*, p. 222-223 : « [1175-1186] *Thomas fuit Anglicus monachus de Pratellis prior de* Tofftes *qui est cella de Pratellis* ».
83. Voir Cartulaire de Préaux, fol. 63v.

ANNEXE IV

[1186-1187].

Robert [IV], comte de Meulan, fait savoir à ses barons, chevaliers et agents qu'il a accordé en perpétuelle aumône aux religieuses de l'abbaye Saint-Léger de Préaux, pour l'âme de son père et celles de ses ancêtres, pour son salut, celui de son épouse et ceux de ses fils : dans la forêt de Brotonne, de la coutume des forestiers, deux charrettes pour transporter jusqu'à l'abbaye tout ce qu'un forestier perçoit de la coutume ; le bois de chauffage suffisant pour l'infirmerie de l'abbaye ; une charrette, un cheval et deux hommes de la coutume du forestier pour suivre les gloiers du comte et recueillir tout ce que ceux-ci laisseront derrière eux en branches et fourches, excepté le gros des arbres, sans que les gloiers, forestiers, agents du rivage, verdiers ou autres agents comtaux ne puissent les en empêcher. Ce bois, transporté sur le rivage de la Seine, sera séparé de celui du comte et acheminé à l'abbaye, franc de toute coutume, dans un bateau distinct de ceux du comte. Si, faute de gloiers, les moines ne peuvent ramasser leur bois, ils recevront chaque semaine des mains du forestier, à la place de la coutume de la charrette, un hêtre. Il a donné tous ces biens pour l'usage propre des moines, sans que ceux-ci en puissent faire commerce ; il a ajouté une manse de terre dans un lieu approprié pour loger le sergent des moines, chargé de surveiller leur bois sur la rive, qui pourra acheter librement de quoi boire et manger, aura la libre coutume du mort bois et devra faire serment au comte de ne pas lui nuire. En échange l'abbesse Isbelle de Montfort et le couvent ont accordé au comte pour son salut cents psautiers durant l'année où a été faite cette donation et une messe annuelle pour Geoffroi, comte de Bretagne, ainsi qu'un don de quarante livres angevines.

A. Original perdu.
B. Copie informe du XVIe siècle insérée dans une procédure de défense des droits des religieuses dans la forêt de Brotonne, Arch., dép. Eure, H1307, n° 2, p. 7.

C. Traduction sans date (XVIᵉ siècle), Arch. dép. Eure, H1307, n° 1.

Geoffroi, comte de Bretagne, est mort en août 1186, d'où la datation de cette charte. Les lacunes de cette copie peuvent être palliées par la traduction (*C*) et par l'acte délivré par Robert IV de Meulan aux moines de Préaux (**B70**) qui servit de modèle à celui-ci.

Robertus, Dei gratia comes Mellenti, omnibus suis fidelibus, baronibus, militibus et ministris et universis ad quos presens scriptum pervenerit tam presentibus quam futuris, salutem. Sciatis me dedisse et concessisse ecclesie Sancti Leodegarii de Pratellis et monialibus ibidem Deo servientibus in perpetuam elemosinam pro animabus patris mei et meorum antecessorum et pro salute mea et uxoris mee et filiorum meorum duas quadrigas in Brothona ad consuetudinem forestariorum, ut scilicet quicumque forestarius de consuetudine in ea accipere debet hoc idem moniales accipiant et hee due quadrige ad abbatiam Sancti Leodegarii deferant predictam consuetudinem. Et precipio ut domus infirmaria ejusdem loci ex ea consuetudine ignem habeat convenientem. Preterea dedi et concessi predicte ecclesie in eadem foresta unam quadrigam cum uno equo et duobus hominibus ad eandem consuetudinem forestarii et ad sequendum gloarios meos et quicquid eis supererit illi quadrige accipere licebit, videlicet in branchis et in furcis, preter grossum arboris itaque⁽ᵃ⁾gloarii vel forestarii vel riquerii⁽ᵇ⁾ vel viridarii mei vel alii ministri hanc consuetudinem nullo modo difforciare possint vel impedire. Hec autem quadriga ad rippam Seccane ligna deferet et extra lignaria mea deponet, ut inde ad predictam abbatiam per aquam deferantur libere et quiete ab omni exactione et consuetudine ab alia tamen nave quam a nave mea vel aliis consuetudinariis. Si vero gloarii in predicta foresta non fuerint vel mea deffensione vel meorum vel alia aliqua causa, moniales unaquaque septimana pro consuetudine illius quadrige unam fagum in loco competenti per manum forestarii accipient. Et precipio ne defectu forestarii inde disturbentur. Has autem consuetudines et libertates predictas donavi exacte, libere et quiete in perpetuum possidendas, solummodo ad predictos⁽ᶜ⁾ usus ejusdem domus sine alicujus mercimonii exercitio. Quare volo et firmiter precipio ut moniales habeant ista in pace et quiete et honorifice, ut [nullus]⁽ᵈ⁾ inde vexare presumat vel in paucitate⁽ᵉ⁾ vel aliquam molestiam inferre. Preterea concessi eis et donavi unam mansuram in loco convenienti ad pervenientem⁽ᶠ⁾ illum hospitandum qui etiam quietus de hoc quod emerit ad comedendum vel bibendum et habebit liberam consuetudinem mortui bosci et homo ille, qui ex parte monachorum custodierit ligna earum ad ripam, faciet mihi juramentum quod non patietur meum damnum. Pro his autem concessionibus et libertatibus concesserunt mihi Isabella de Monti Forti, tunc temporis abbatissa, et conventus ejusdem loci annuale pro anima Gaufridi, comitis Britannie, et centum saltura⁽ᵍ⁾ pro salute mea, antecessorum meorum et uxoris mee et filiorum meorum, anno domini in quo forma est ista donatio. Ut firmiores essent concessiones et libertates, dederunt mihi abbatissa et conventus quadraginta libras andegavensium ex caritate. Et [...]⁽ʰ⁾ hanc eandem cartam manum suam super altare sancti Leodegarii obtulit. Ne autem ista donatio temporum [...⁽ⁱ⁾ Testes :] Rogerius *Harpin*, Radulphus de Sancto Eligio, Radulphus *Roussel*, Radulphus elemosinarius, Renaldus de Sancto Symphoriano, Hubertus *Roussel* Eligii et multis aliis⁽ʲ⁾.

(a) *Sic B, corr.* ita quod. — (b) *Sic B, corr.* riparii. — (c) *Sic B, corr.* proprios. — (d) *Lacune dans B complétée d'après C.* — (e) *Sic B, corr.* placitare. — (f) *Sic B, corr.* servientem. — (g) *Sic B.* — (h) *Omission palliée par C* : touttes lesquelles donations mon fils aisné Galleran a donnez et accordez et a offert cette charte de sa propre main sur l'hostel de Saint Leger. — (i) *Omission de la copie palliée par C :* Or de peur que cette donation ne fut alliénée ou cassée par la longitude du temps, je l'ay signé de ma main et selle de mon seau. — (j) *C diffère quant à la liste des témoins* : Tesmoins : Richard Bigot, Vottier de Briosne, Hugues de Bachipains, Roger Sapey, Raoult de Saint Esloy, Ratuphe Fossey *(sic)*, Raduphe l'aumosnier et Raoult de Saint Symphorien, Hesbert Possé *(sic)* et plusieurs aultres.

ANNEXE V

[...1238-1240]

Adam, abbé de Préaux, fait savoir que Seobald, chanoine de Bayeux, a résigné en faveur des moines les maisons qu'il tenait d'eux à Rouen, rue Saint-Amand, demeures qu'avait tenues maître Osmond le médecin ; qu'il a promis par serment aux moines son aide et son conseil contre tous, aux frais de l'abbé. En récompense des bons services rendus par maître Seobald et en compensation des maisons, les moines lui accordent sa vie durant une rente de huit livres tournois à prendre sur les revenus du marché de Préaux : quatre livres à la Mi-Carême et quatre à l'Assomption à recevoir du prévôt, assorties, en cas de retard de paiement, d'une amende de cinq sous par jour.

B. Cart. XIIIe siècle, fol. 153, n° 503 (acte biffé).

Omnibus Christi fidelibus presentes litteras inspecturis, Adam abbas et conventus Sancti Petri de Pratellis, salutem in Domino. Noverit universitas vestra quod, cum magister Seobaldus, clericus canonicus Bajocensis, teneret de nobis quasdam domos apud Rothomagum in vico Sancti Amandi, quas magister Osmundus fisicus de nobis tenuerat, dum viveret, idem magister S. nobis predictas domos resignavit et omnino dimissit et nos quietavit de omnibus querelis quas habebat contra nos vel habere poterat de tempore retroacto et nos similiter ipsum quietavimus de omnibus querelis, si quas habebamus vel habere poteramus contra eum de tempore retroacto. Dictus siquidem magister S[eobaldus], nobis prestito corporali sacramento, promisit quod consilium et auxilium nobis et ecclesie nostre fideliter impendat contra illos, contra quos de jure poterit et debebit, ita cum quod, quotienscumque pro nobis laboraverit, competentes eidem expensis tenebimus ministrare. Nos, vos attendentes honeste servicium et utile quod prefatus magister S[eobaldus] nobis et ecclesie nostre pluries inpendit in locis pluribus et remotis et pro recumpenssatione dictarum domorum, eidem dedimus et unanimiter in pleno capitulo concessimus VIII^{to} libris turonensium annui redditus, quamdiu predictus S[eobaldus] vixerit perciendas singulis annis in redditibus mercati nostri de Pratellis ad duos terminos : IIII libras in media quadragesime et alia IIII^{or} libras in assumptione beate Marie virgini per manum prepositi nostri ejusdem mercati. Ita tamen quod, si in solutione dicte pecunie cellaremus in terminis prenotatis vel in aliquo terminorum pro unaquaque die in qua retarderetur, solutio pecunie memorate ultra terminum prenotatum eidem magistro Seobaldo teneremur in V solidis turonensium nomine pene. Et sciendum est quod, si predictum mercatum deficeret vel redditus mercati defficerent, nos eidem S[eobaldo] in alio loco competenti prefatum redditum teneremur excambiare et sufficienter assignare sub pena superius nominata et terminis prenotatis. In cujus rei testimonio sigilla nostra duximus presentibus litteris apposuimus[a].

(a) *Sic B, corr.* apponenda.

ANNEXE VI

GRAPHIQUES ET CARTES

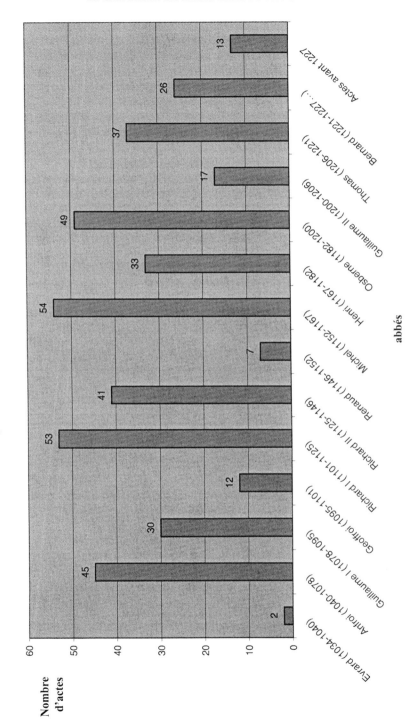

ANNEXE VI

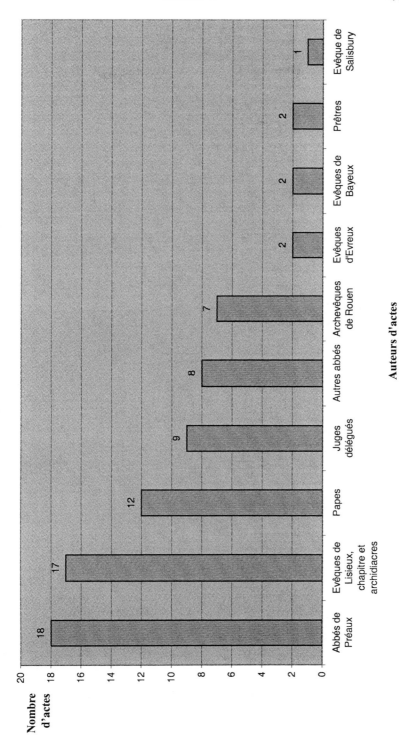

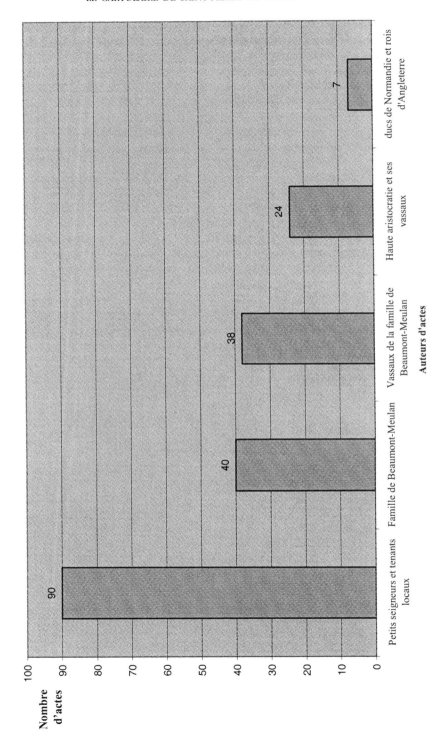

ANNEXE VI

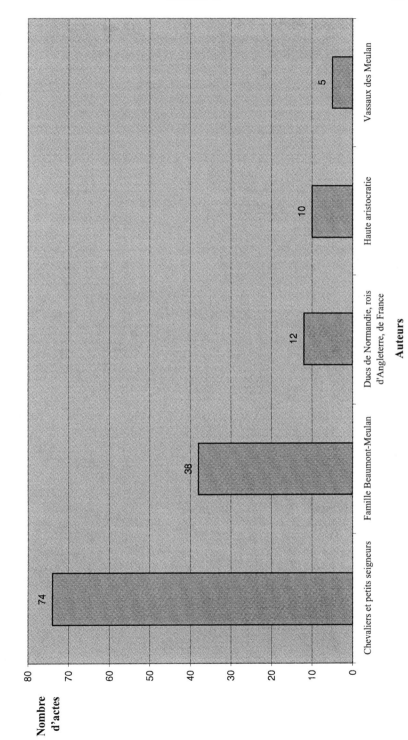

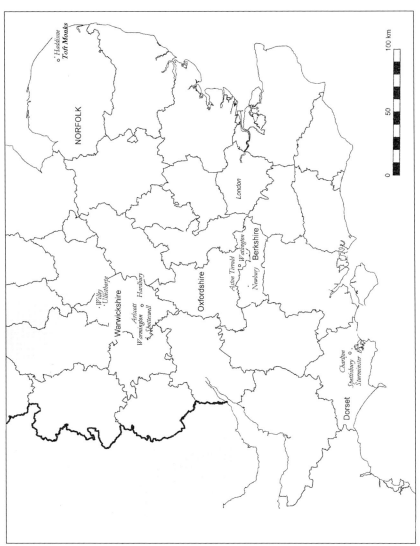

Carte 1. Le patrimoine anglais de Saint-Pierre de Préaux à la fin du XIIe siècle.

ANNEXE VI

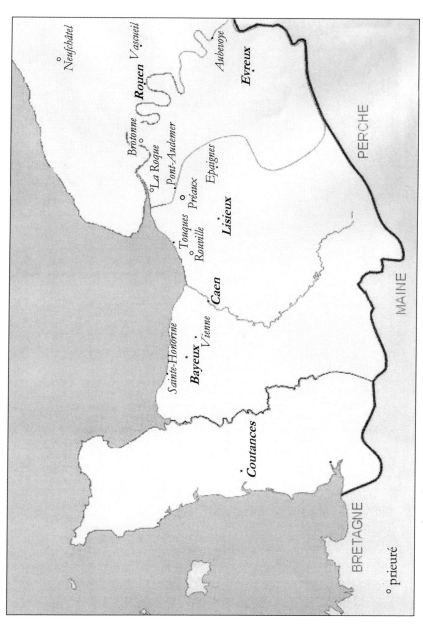

Carte 2. Le patrimoine normand de Saint-Pierre de Préaux à la fin du XIIe siècle.

INDEX

INDEX RERUM

Principes d'indexation

Pour chaque rubrique, les références indiquées sont celles des actes suivant la numérotation de l'édition.
Denarius n'a été pris en compte que lorsqu'il était suivi d'un qualificatif géographique ; cette rubrique tient compte aussi des mentions *libra* et *solidus*.
Eure a été abrégé en E., Calvados, en C., Seine-Maritime, en S.-M., Orne en O.

A

abbas : B24, B33, B42, B44, B49, B71, B72, B73, B93. — Becci : Rogerius ; — Castellionis : B76 ; — de Cormelliis : Durandus ; — Corneville : B70, B115, Osbernus, Willelmus ; — Crucis Sancti Leudfredi : Radulfus ; — de *Gresten* : Herbertus, Willelmus ; — Insule Dei : Radulfus ; — Mortui Maris : Ricardus, Willelmus ; — de Noa : B131 ; — Pratelli : B40, Adam, Anfridus, Bernardus, Goisfredus, Renaldus, Ricardus I, II, Henricus, Michael, Osbernus, Willelmus I, II ; — Sancti Audoeni : Haimericus ; — de Radingia : Simon ; — de Sancto Georgio : B65 ; — Sancti Salvatoris de Constantino : Hugo, Thomas, Rogerius ; — de Sireburna : B172 ; — Vallis Azonis : Ricardus ; — Vallis Ricardi : R. ; — de *Walemunt* : Nicholaus ; — de Waverlegia : B172.

abbatia (Pratelli) : *v.* altare, auditorium, capitulum, caula ovium, officine, saccelum, septa.
abjurare : B81, B125.
accipiter (*épervier*) : A1[15], A121, B52, B72.
ACCORD : *v.* compositio, concordia, conventio, definitio, guirpire, pactio, pactum, pax, quittum clamare.
acra, acer terre (*acre*) : A1, A6, A16, A17, A31, A44, A51, A52, A53, A55, A89, A93, A94, A95, A107, A109, A129, A141, A146, A150, A152, A177, A199, B5, B8, B17, B22, B34, B41, B52, B65, B72, B73, B76, B77, B88, B89, B90, B92, B104, B112, B115, B124, B126, B129, B133, B148, B149, B153, B154, B156, B159, B163, B164, B169, B177, B187, B191, B195, B201, C16 ; — arundineti : B148 ; — bosci : B106, B107, B115 ; — prati : A113, B3, B20, B52, B179 ; — roselli, de *ros* : B20, B52.

advocatio (*droit de patronage*) : B67.
affidare : B23, B111.
affirmatio : B66.
ager (*champ*) : A1, B35 ; — prati : A26, A27, A30, A81, A82, A86, A88 ; — terre : A1, A4, A29, A38, A48, A49, A54, A60, A64, A81, A82, A83, A84, A87, A96, A100, A103, A105, A110, A137, A140, A141, A158, A163, A168, A169, A170, A172, A183, A200, B8[4], B35.
agnus (*agneau*) : A77 ; Agnus Dei : A178.
alba (*aube*) : A85.
alienatio, alienare : B165, B184.
alneium (*aunaie*) : A117, B112.
altalagium (*revenu d'église*) : B65, B131 ; — canabi : B131, B132 ; — lini : B131, B132. *v.* oblatio altaris.
altare (*autel*) : B60, B61, B63.
— beate Marie de Pratellis : B140, B146, B159 ; — consecrare : B63 ; —majus altare : B55 ; — minus altare : B55.
— oblatio altaris : *v.* oblatio.
— super altare concedere : A95 ; — coram altare confirmare : A60 ; — super altare dare : A10, A139, A141, A180, A181 ; — super altare jurare : B7 ; — super altare mittere : A46, A60, A73, A97, A141 A146 ; — super altare obtulere : B70, B81, B98, B104 ; — supra altare ponere : A1, A4, A11, A14, A15, A17, A25, A31, A35, A37, A39, A41, A42, A43, A44, A52, A53, A59, A61, A64, A71, A72, A94, A95, A100, A103, A106, A108, A112, A113, A117, A125, A126, A129, A130, A132, A135, A136, A141, A150, A151, A160, A167, A169, A172, A179, A183, A184, A195, A196, B9, B17, B22, B28.
ambra (*mesure*) salis : A189.
amicus (*ami, proche*) : A53, A112, A117, A196, B3, B26, B37, B40, B95, A127, B47.
amictus (*amict*) : A85.
amputatio membrorum : B52.
anathema (*anathème*) : A6, B46, B47, B140 ; **anathematizare** : A1[14], A5, A95.
angaria (*redevance*) : A194.
anguilla (*anguille*) : A20.
angulum (*coin, portion de terre*) : B112.
animal : B1, B166.
animam dare : A22, A160.
anniversarium (*anniversaire de la mort*) : A77, B77 ; — Roberti [III] comitis Mellenti : B8[17] ; —
Galeranni [II], comitis Mellenti : B28, B33, B38, B52.
annona (*céréale*) : A109 ; — decima : A136 ; — modium : A109, A125 ; — sextarium : A63.
annuale (*messe anniversaire annuelle*) : A77, A108, A172, B69, B77.
anulus aureum : *v.* aurum.
anser (*oie*) : A77, A173.
aper (*sanglier*) : A1[15], A121, B52, B72.
appellatio (*appel en justice*) : B64, B181.
appellare (*faire appel*) : B139 ; (*s'appeler*) : B56.
appropriatio : B176 : augmentum — : B176.
aqua (*eau*) : A1, A4, A162, A177, B8[5], B52, B56, B72, B73, B87, B179, B185 ; — monachorum : B185 ; — domini regis : B185 ; commodities — : B120 ; redditus per — : B25 ; — curare : B185 ; per — deferre : B70, B71.
aratrum (*mesure de ce qu'on peut labourer en un jour*) : A1[1], A147 ; **arare** : B128 ; **arator** : B144.
arbor : A134 ; — grossum : B70, B71 ; — branchia : B70, B71 ; — furcia : B70, B71.
ARBRE : *v.* alneium, arbor, fagus, malum, pirum.
archidiaconatus (*archidiaconé*) : B80, B95.
archidiaconus (*archidiacre*) : Hugo de Nonant, Robertus de Novo Burgo, Wido ; — Berkesire : Ricardus, Gaufridus ; — Cestrie : Richardus Pechiet ; — Lexoviensis ecclesie : Ricardus, Willelmus de Chiraio ; — Norhantunie : Savaricus ; — de Notingeham : Robertus ; — Oxenefordie : Johannes ; — Rothomagensis ecclesie : Amicus, Egidius, Gaufridus, Laurentius, Osmundus, Reinaldus, Walterius, Yvo.
archiepiscopatum (*province ecclésiastique*) : B52.
archiepiscopus (*archevêque*) : B70, B72, B73, B93, B131 ; — Dolensis : Goisfredus ; — Eboracensis : Rogerius ; — Remensis : Willelmus ; — Rothomagensis : A197, B24, B33, B42, B44, B49, B88 ; Hugo, Johannes, Malgerius, Robertus, Robertus, Rotrodus, Theobaldus, Walterius.
argentum (*argent*). — candelabrum : A1[12], A1[14], A9, A188 ; — coclear :

A162 ; — marca : A14, A167, B1, B85, B201 ; — vasculum : A1[10], A74.
arma (*arme*) : A160.
armiger (*écuyer*) : A64, A73, A97, A167.
ARMURE : *v.* arma, bacinnus, cimilium, esperunnus, hosa, ocrea.
arpentum (*arpent*) terre : B28, B36, B38 ; — vinee : B28, B37, B38.
arundinetum (*roselière*) : B148.
asinus (*âne*) : A70 ; sicut — suum aliquid vendere : A81, A86, A135.
assignatio, assignare : B85, B110, B118, B140, B187.
assisia (*assise, assemblée judiciaire*) : B21, B102, B126 ; in plena — apud Rothomagum : B21.
atrium (*parvis, cimetière*) : A11, B50.
auca (*oie*) : B148.
auceps (*oiseleur*) : B68.
auctoritas : B8, B11, B34, B46, B57, B64, B79, B172 ; — apostolica : B48, B52, B91, B96, B131, B155, B173, B174, B180, B181 ; — archiepiscopalis : B47, B65 ; — episcopalis : B47, B55, B142, B176 ; — mandati : B139 ; — regalis : B47 ; — sigilli : B38, B39, B46, B90, B103 ; — testimonii : B34.
audientia archiepiscopi (*cour, audience*) : B65 ; — pontificalis : B139.
auditorium (*parloir*) : A84.
augmens : B7.
augmentum : B176.
aula (*cour, grande salle*) comitis Ebroici : A131 ; — regis Anglorum : A193.
authenticum (*charte*) : B52, B95, B88, B96, B121, B122, B133, B171 ; (*sceau*) : B184.
aurum (*or*) : A1[10], A74 ; anulus aureum : A162 ; bizantium — : A1[12] ; candelabrum — : A1 ; libra — : A1[2], B8[3], untia — : A8, A24, A92, A124, A162, A178, A186.
aureus (*pièce d'or*) : B119.
aurifex (*orfèvre*) : A69.
auxilium (*aide féodale*) : A150, B3, B203, C12 ; — comitis : B84 ; — domini capitalis : B136, B137, B203 ; — (*aux trois cas*) : B203 ; quietantia de omni — : B57 ; quietum ab omni — : B20, B195 ; sine omni — : B65, B87.
avena (*avoine*). — boissellus : B164 ; — mina : B62, B113 ; — modius : B99, B107, — sextarium : A89, A185, B82, B140, B154, B159.

avunculus (*oncle*) : A1[10], A15, A46, A62, A74, A113, A133, A135, B5, B148, B160, B162.
avus (*grand-père*) : A141, B68, B114, B171, B188, B192.

B

bacchus (*barque, bateau*) : A139, B8[17].
bacinnus (*bassin*) : A181.
baillivus (*bailli*) comitis de Auga in Novo Castro : Robertus de Merlevilla ; — comitis Mellenti : B18, B35, B58, B74, B86 ; — ducis Normannie : A177, B71, B72, B73.
balistarius (*archer*) : A3, A148, B72.
banlevia, banlewia (*banlieue*) : A69, B8[10], B72.
baptismum (*baptême*) : A77, B131, B132.
baro (*baron*) : A131, A187, C13 ; — comitis : A13 ; — comitis Mellenti : B29, B56, B58, B75, B70 ; — comitis Warwici : B6 ; — regis : B14, B16, B19, B24, B33, B42, B44, B49, B71, B72, B73, B78, B93.
batellus (*canot*) : B52.
bellum (*duel judiciaire*) : A1[17], A131 ; — (*coutume judiciaire*) : A161, B72 ; — (*guerre*) : A147, A168.
beneficium (*revenu, bénéfice, fief*) : A77, A176, A179, B34, B48, B72, B79, B81, B91, B110, B138 ; in — concedere : A40, A57 ; — habere : A19, A106, A156, B39, C8 ; in — tenere : A1, A3, A6, A40, A57, A148, A153, A156, A163.
— (*bienfait spirituel*) : — ecclesie : A54, A151, B41, B101 ; — elemosine : A150 ; — loci : A96, A160, A176, A189, A190, B133 ; — monachorum : A41 ; particeps — Sancti Petri : A130, A141, A176, A183.
bernagium (*bernage, impôt ducal perçu en avoine*) : A161, B72.
berrewika, birvita (*dépendance, hameau*) : B72, B114, C13.
beyum, bié (*bief*) : B92, B179.
bibere (*boire*) : B70, B71, B72.
bié : *v.* beyum.
birvitus : *v.* berrewika.
bizantium (*besant, monnaie d'or*) : A1[12].
bladum (*blé, grain*) : A37 ; — mina : A37, B62, B78 ; — modium : A177, B23 ; summa — : B183.

BOIS : *v.* arbor, ARBRE, boscus, foresta, haia, lignum, nemus, silva.

boissellus (*boisseau*) ad mesuram Pontis Audomari : B169 ; — avene : B164 ; — frumenti : B177, B178, B191.

boisselaige (*boisselage, redevance pour le mesurage au boisseau*) : B8[17].

boni viri : *v.* vir.

bordagium, burdarium, (*bordage, type de tenure*) : A63, B178.

bordarius, bordier (*bordier, type de tenant*) : A145, B1.

bos (*bœuf*) : C11 ; sicut bovem — suum aliquid vendere : A81, A135.

boscus (*bois*) : A35, B72, B73, B106, B107, B115, B202 ; mortuus — : B70, B71, B72.

bota (*botte, mesure*) : B41, B188, B192, B201.

botellarius (*bouteiller*) comitis : A162.

boulengier : *v.* pistor.

branchia : *v.* arbor.

bubulcus (*bouvier*) : A34, A39, A59, A61, A103.

burdarium : *v.* bordarium.

burgensis (*bourgeois*) Lislebone : Willelmus de Barra ; — de Novo Castello : Alermus Burnel ; — Pontis Audomari : Richerius, Seibertus, filius Richerii, Andreas le Vilain, C9.

burgus (*bourg*) : A17, A113 ; — Pontis Audomari : B4 ; consuetudo — : A17.

C

caballus (*cheval*) : A1[2], A70, A86, A173, A197, B8[3] ; sicut — suum aliquid vendere : A86 ; servitium — : *v.* servitium.

calix (*calice*) deauratum : A1[14].

calumnia, calumpnia (*revendication, plainte*) **calumniari, calumniare** : A1[7], A5, A9, A13, A14, A23, A24, A26, A47, A48, A68, A104, A113, A116, A129, A168, A188, A189, A198, B3, B9, B17, B23, B34, B81, B82, B90, B92, C8 ; — clamare quittam : A13, A37, A132, B3, B14, B109 ; commovere — : A95 ; dimittere — : A29, A113, A150, A198, B23 ; guirpire — : A50, A79, A85 ; habere — : A1 ; postponere — : A111 ; reliquere — : A131, A135 ; removere — : A104, B9, B8 ; renunciare — : B92, B102 ; — sufferre : A129, B12 ; — justicie abbatis : A115.

cambiare : *v.* concambium.

camerarius (*chambrier*) : A1, A22, A25, A27, A50, A72, A172, B76, B70 ; — de Tancarvilla : Willelmus.

campana (*cloche*) : B52.

campartagium, campartum (*champart, redevance au sens large*) : A97, A177, B35, B52, B164 ; decima — : *v.* decima.

campio (*défenseur*) : A168.

campus (*champ*) : A1, A19, A156, A175, B39, B41, B52, B72, B112, B138, C8.

canabus, canva, camnapis (*chanvre*) : A97, A137, B131, B132.

cancellarius (*chancelier*) pape : Albertus ; — regis : Thomas, Eustachius.

candelabrum (*chandelier, candélabre*) : A37, A42, A59, A94, A95, A150, B98 ; — argenteum : A1, A9, A188 ; — aureum : A1 ; — deauratum : A151 ; — ferreum : A130 ; ex nigello — : A1[14].

canonicus (*chanoine*) : B39. — Bajocensis : Seobaldus ; — Constantinensis : Ricardus *Hairon* ; — Ebroicensis : Milo ; — Rothomagensis : Alanus Britonus ; Columbus de *Maschon* ; Lucas de Ponte Audomari ; magister de *Marleiz* ; Radulfus, filius Geroudi ; Ricardus ; Robertus Pullus ; Robertus Osmundi ; T.

cantaria, canteria (*chanterie, bénéfice et revenu de l'office de chantre se montant à un tiers des revenues de l'église*) : A97, A174, A175, B60, B61.

cantor (*chantre*) Constantinensis : B144 ; — Ebroicensis : B181, B182.

canva : *v* canabus.

capella (*chapelle*) : A110, B52, B130, C16 ; — Domus Dei de Ponte Audomari : B182.

— (*ornement religieux*) : A85.

capellanus (*chapelain*) : A131, A174, B69, B80 ; Herbertus ; — comitis Mellenti : Willelmus, Rogerius de Altaribus, Peregrinus, Hugo ; — comitis Warwici : Walterius, Eleutherius ; — Radulfi episcopi Lexoviensis : Walterius ; — regis Anglie : Willelmus.

capitagium (*chevage*) : C17.

capitulum (*salle du chapitre*) : A1[17]
A14, A21, A37, A64, A67, A69, A70, A87,
A95, A99, A104, A109, A113, A130, A151,
A160, A165, B10, B26, B52, B69, B99,
B140, B189. *v.* luminare.
— (*assemblée des moines, des chanoines*) :
A29, A47, A107, A108, B1, B4, B7, B43,
B46, B59, B62, B88, B89, B140, C8 ;
— generalis : B40 ; — Lexoviensis :
B81, B142, B145, B173, B174, B175.
capo (*chapon*) : A109, A146, A173, B76,
B77, B126, B127, B143, B146, B148,
B153, B185, B202, C15.
cappa (*manteau*) : A137.
carcer (*prison*) : B111.
cardinalis (*cardinal*) diaconus : Jacobus,
Ardicius, Laborans, Ramerius, Johannes,
Matheus ; — presbiter : Johannes,
Petrus, Cinthyus, Albertus.
carea (*charrette*) feni : A84.
caretarius, carethier (*charretier*) : A15,
A81.
caritas, karitas (*aumône, charité*) : A77,
B47, B92, B121 ; ex, de — (*don gratuit*) : A77, A108, A130, A138, B70, B87,
B102, B104, B105, B125, B127, B136,
B145, B146, B147, B154, B156, B157,
B158, B168, B169, B177, B185, B187,
B188, B189, B203 ; intuitu — ; B141 ;
caritative : B171.
carpentarius (*charpentier, carrossier*) :
A42, A95, A101.
carruca (*charrue*) : A110 ; dieta — :
B146.
carrus (*chariot*) : A143.
carta (*charte*) : A1[14][17], A4, A17, A76,
B34, B38, B42, B43, B44, B45, B46, B49,
B93, B107, B127, B143 ; — deferre :
A4 ; firmare — : A1[14][17], A67 ; —
inspectere : B117 ; — legere : A1[17],
A67, B8, C13 ; — reddere : B183.
cartula (*petit charte*) : A160, B1.
castellanus (*châtelain*) Belvacensis :
B112, B190.
castellum (*château*) : B3.
castrum (*château*) de Archis : B92 ; —
Brionie : A114, B8[8], B52 ; — de
Drincuria : B92, B108 ; — Mellenti :
A139 ; — de Ponte Audomari : B182 ;
custodia — : A189.
caula (*enclos, barrière*) ovium : A62.
causa (*cas de justice*) : — committere :
B119 ; — delegata : B131 ; sopire :
B128 ; — terminare : B119, B131 ; —
versari : B119, B128, B131, B144.

cavelarius, cavelier (*cavalier, vendeur de chevaux*) : A42, A60, A84, A87, A100.
celarius, cellarius (*cellérier*) comitis
Mellenti : Mascelinus ; — Sancti Petri :
Robertus de Anglia.
cementarius (*maçon*) : A42, A69, A87,
A94, A100, A108, A113, A125, A129, B7,
B17.
censura ecclesiastica (*censure ecclésiastique*) : B64, B139.
census (*cens, redevance*) : B25, B52, B72,
B76 ; crescere, crescere in majorem — :
B7, B8[17] ; sine omni — : B65 ;
libertas omnis — : B72 ; decima — :
v. decima.
CÉRÉALE : *v.* annona, avena, bladum,
frumentum, granum, hordeum, semen.
cereus (*cierge*) : A35, A108, B140 ; cera :
A43.
cheminum, kiminum (*chemin*) : A94 ;
— Briognie : B195.
christianismus (*serment*) : A14.
CHIROGRAPHE : B7, B88, B189, B172.
cignus (*cigne*) : B116.
cimilium (*bassin pour se laver les mains*) : A181.
cimiterium (*cimetière*) : A170 ; — Sancti
Albini de *Huquetot* : B5.
citatio (*convocation*) : B139.
clamor, clamatio, clamare (*porter plainte en justice*) : A1, A21, A67, A135, A174,
A180, A191, B148 ; clamare quietum :
A13, A29, A37, A47, A48, A55, A84, A132,
A177, B16, B21, B67, B78, B81, B92,
B102, B109, B127, B124, B125, B170.
clamium : B145.
claustrum (*cloître*) : B52.
clausus (*enclos*) : A138, B180, B181.
clavis (*clef*) : A136.
CLERC : canonicus, cantor, clericus,
decanus, magister scholarum, officialis,
presbiter, sacerdos, vicarius.
clericus (*clerc*) : A141, A146, B114,
B127 ; — comitis Mellenti : A139,
A146 ; — episcopi Radulfi Lexoviensis ;
— de Ponte Audomari : Robertus ;
Radulfus ; Willelmus ; — Tetbaldi de
Wascolio : A163.
clotura (*enclos*) : B133.
clyva (*pente, côte*) : B124.
coclear (*cuillère*) : A162.
cocus (*queux*) : A50, A78, A87, A127,
A160, A163, A170, A171 ; — Pratelli :
A179.

cognatus (*cousin, parent*) : A1[17], A99, A140, A160, A184, B3, B30.
coisel (*moulin à eau alimenté par un canal artificiel*) : *v.* molendinum.
colaphum (*gifle*) suscipere : A1, A4.
collector (*collecteur d'impôt*) : B85.
combustio (*incendie*) : B69 ; **comburere** : B115.
comedere (*manger*) : B70, B71, B72.
comes (*comte*) : B24, B33, B42, B44, B49, B71, B72, B73, B93 ; — Albe Marle : Balbuinus ; — Andegavensis, Andegavie, Andegavorum : Gaufridus, Henricus, Ricardus ; — Britannus, Britannie — : Alainius ; Gaufridus ; — Ebroici : A182, Almaricus, Simon ; — Flandrensis : Balduinus ; — *Giffart* : Walterius ; — Ivriaci : Radulfus ; — Legecestrie : Robertus ; — de Mandevilla : Willelmus ; — Mellenti : A65, A197, B2, B53, Walerannus I, Hugo, Robertus III, Galerannus II, Robertus IV ; — Moritonii : Robertus, Johannes ; — Normannie : A163, A168, Robertus, Willelmus ; — de Sareberia : B72 ; — de Warenna : Willelmus ; — Warwici : Henricus, Rogerius, Galerannus.
comitissa (*comtesse*) Mellenti : Agnes, Mathildis ; — de Warwico : A127, A129, Gundreda.
commaneatum (*demeure*) : A163.
commendatus (*vassal*) : A168.
communia (*commune*) : C9.
commutatio (*échange*) : A9, A120, A188 ; **mutatio** : A120.
comparatio (*rachat*) : B15 ; **comparare** B134, B140.
completorium (*soir*) : B140.
compositio (*accord*) : A177, B39, B65, B69, B119, B113, B131, B138, B172, B181.
concambium (*échange*) : A21, A29, A45, A62, A191, B9 ; **excambium** : A45, A62, B38, B90, B92, B112, B153 ; **escangium** : B18 ; **cambiare, excambiare** : A94, A107, A120, B88, B89, B152, B185.
concedere (*donner*) : A1, A8, A10, A11, A17, A29, A40, A57, A59, A65, A69, A70, A76, A7, A104, A109, A116, A120, A172, A173, A174, A177, A180, A191, A197, B1, B4, B5, B12, B33, B42, B43, B44, B45, B50 ; *concéder* (*de la part du chapitre*) : A29, A75, A104, A115, A173 ; *concéder* (*de la part d'un seigneur*) : A3, A4, A5, A9, A20, A24, A33, A37, A59, A73, A90, A94, A99, A120, A122, A124, A125, A129, A137, A141, A148, A155, A156, A158, A165, A170, A176, A179, A181, A182, A183, A188, A190, A192, A193, A200, B1, B9, B22 ; *concéder* (laudatio parentum) : A17, A27, A30, A32, A36, A41, A42, A47, A50, A51, A52, A53, A56, A60, A62, A76, A81, A84, A88, A93, A97, A100, A106, A108, A111, A113, A114, A135, A138, A140, A151, A160, A169, A179, A187, A189, A198, A199, B2, ,B9, B22, B41, B76, B77, B101 ; — post mortem : B19.
concilium (*concile de paix*) : A1[14].
concordia (*accord*) : A177, B23, B119, B120.
conestabulus, constabularius (*connétable*) : Ricardus de Humeto, Robertus filius Hugonis, Rogerius.
confirmatio (*confirmation*), **confirmare** : A60, A78, A108, A130, A160, A193, B6, C13 ; — fide propria : A129, B17 ; — juramento : A150 ; — manu : A141 ; — manu et ore : A1 ; — manu et signo : A5, A130 ; — signo suo : A1[16], A59, A100, A139, A172 ; — concambium : A45 ; — donum patris : A11, A50, A59, A141, A183, A187 ; — coram parrochia : B7.
congregatio (*assemblée des moines*) : A6, A130.
conjugium (*mariage*) : A161.
conjux (*épouse*) : A1[1], A4, A11, A17, A40, A43, A108, A161, A162, A172, A178, A187, A193, A194, B72.
conquestio (*requête*) : B64 ; **conquirere** : B126.
conqueri (*se plaindre*) : A1[17], A67.
conredum, conreium (*repas*) : B195, B200.
consanguinitas (*parenté par le sang*) : A1[6], A1[17], A176.
constituere : B110, B118.
constructio (*construction*) : A1[17], A67 ; **constuere** : A31, A166, B8, B72, B116 ; **constructor** : B72.
consuetudo (*coutume*) : A1, A33, A114, A121, A134, A150, A161, A177, A190, A191, A194, B1, B3, B8, B11, B28, B29, B35, B37, B52, B53, B54, B56, B77, B70, B71, B73, B86, B92, B103, B106, B107, B136, B137, B140, B154, B201, C9 ; — burgi : A17, A75 ; — carri et navis :

A143, B52 ; — cerei : B140 ; — episcopalis : B52 ; — forestarii : B70, B71, B72 ; — judiciarie potestatis : A69, B8[9], B52 ; — mortui bosci : B70, B71, B72 ; — in nemore : B73 ; — quadrige : B70, B71 ; — pasnagii : *v.* pasnagium ; terra absque omni, libera, quieta ab omni — : B37, B116, B126, B195, B191, C17 ; — torcularis : B36 ; — vavassoris : B15 ; — vicecomitatus : A163.
consul Andegavorum : *v.* Gaufridus.
contentio : A197, B120, B125.
CONTRE-DON : *v.* annulus, cappa, caritas, coclear, cotella, bacinnus, bizantium, cimilum, equus, guimpla, manutergium, marca argenti, palefridus, sotulares, tapete, untia auri, vacca.
controversia (*contentieux*) : A120, B12, B21, B23, B69, B82, B96, B113, B131 ; — agitare : B130 ; — conquiere : B117 ; — definire : B23 ; — movere : B117, B172 ; — quiere : B172 ; — sopire : B130, B180, B181 ; terminare — : B15, B113 ; — versari : B113, B130.
conventio (*accord*) : A1, A11, A26, A27, A46, A129, A162, A163, A168, A169, A174, A182, A197, A198, B2, B3, B7, B9, B12, B17, B29, B58, B59, B69, B92, B189 ; — constituere : B9 ; — legere : B7.
coquina (*cuisine*) : B15, B19, B79, B80, B94.
corpus (*d'un mort*) : B52 ; — antecessoris : B26 ; — suum dare : A22, A127, A160 ; — de guerra redimere : B203.
corpora sanctorum (*reliques*) : A1[14].
cortillagium (*courtil*) : B8[17] ; decima — : *v.* decima.
corveisarius (*cordonnier*) : A108.
cotella (*petite tunique*) : A63, A169.
COUR (*DE JUSTICE*) : *v.* assisia, audientia, aula, curia, placitum.
crisma (*chrême*) : A187. *v.* oleum, sacramentum.
crucifixum (*crucifix*) : A56.
crux (*objet en forme de croix*) : A47 ; — aurea : B28 ; — de cera : A43 : — de petra : B156.
(*souscription en forme de croix*) : A1[14][16], A6, A47, A49, C1 ; — suam pingere, depingere : A42, A100, A108 ; signum — facere : A1, A44, A52, A94, A95, A113, A130, A196 ; signo — confirmare ; A59, A139, A172.
cubicularius (*chambrier*) : A30, A54, A71, B30, B51, B109 ; — (abbatie) : A14.
cultellum, cutellum (*couteau, objet de la* traditio) : A46, A61, A64, A112, A117, A172.
CULTIVER : *v.* arare, ad culturam attractare, essartare, laborare.
cultura (*couture, terre de la réserve seigneuriale*) : A49, A50, B1, B20, B164 ; ad — attractare : B128, B130 ; ad — reducere : B167 ; — dominica Sancti Petri : A107.
cura animarum : B52.
curia Sancti Petri (*cour du monastère ou d'un manoir*) : A27, A120 ; — abbatis (*cour de justice*) : A114, A177, B8[8] ; — archiepiscopalis Rothomagensis : B90, B183 ; — comitis Mellenti apud Brionium : A69, A76, A197, B8[9][16] ; — Rothomagi [ducis Normannie] : A177 ; — regis Anglie : B14, B16, B19, B90 ; apud Westmonasterium : A193.
curtis (*cour, jardin clos*) : A4.
custodia (*garde*) : — castri : A189 ; — ligna : B70, B71 ; — nemora : A177 ; — silvarum : A34 ; **custodiare** : B18.
custos pratorum (*gardien de champ*) : *v.* prator.
cyrografus : *v.* chirographe.

D

damnum, dampnum (*dommage*) : A130, B152, B185 ; — facere : A164 ; — inferre : A130 ; — pati : B70, B71 ; — querere : A15 ; restauratio — : A198.
dapifer (*sénéchal*) : A22, A26, A59 ; — comitis Mellenti : Robertus de Formovilla ; — Normannie, ducis Normannie : Reinaldus de Sancto Walerio, Robertus de Novo Burgo ; — comitis Warwici : Henricus ; — regis Anglie : Willelmus *Malet*.
dare (*donner*) : se — in vita : B116.
decanus (*doyen*) : B65, B131, Willelmus, Benedictus ; — de Agia : Radulfus ; — de Bello Monte : Wazo ; — *Drincort* : Reinoldus ; — Ebroicensis : B180, B181, B182 ; — Lexoviensis : B122, Willemus, Gaufridus ; — de Ponte Audomari : B182, Albertus,

Robertus de Sancto Martino ; — Rothomagensis ecclesie : Gaufridus, Ricardus, Thomas ; — Saresberiensis : Johannes ; — de Tregevila : Benedictus ; — Sancti Salini : Gaufridus. — Sancti Salvii : Gaufridus.

decessus (*décès*) : B100, B195.

decima (*dîme*) : A1, A7, A8, A9, A11, A18, A23, A24, A43, A67, A68, A70, A85, A90, A124, A130, A134, A136, A137, A138, A140, A141, A149, A154, A163, A167, A178, A180, A188, A191, A192, A193, A195, B6, B52, B68, B69, B88, B89, B95, B96, B113, B117, B125, B128, B142, B164, B165, B167, B180, B181, C12 ; — de annona : A136 ; — aratri : A147 ; — de avena : B52 ;— campartorum : A177, B52 ; — campi : A175 ; — de canva, camnape : A97, A136, B131, B132 ; — de censu : A1, A67, B8, B52, B72, B85 ; — cignorum : B116 ; de cortillagiis : B8 ; — dominii : A163 ; — estallorum Pontis Audomari : A76, B8[17], B25, B26, B85 ; — exitus : B72 ; — feni : B68 ; — feodi : B194 ; — feriagiorum : B85 ; — ferie Pontis Audomari, fori : A71, A80, B72 ; — garbarum : A120 ; — unius *gort* : B8[6] ; — de lino : A97, A136, B131, B132 ; — militum : A163, B72 ; — minuta : B131, B132 ; — molendini : A1, A1, A67, A71, A90, A120, A147, A151, A177, A191, B8[2], B52, B72, C17 ; — de nucibus : A136 ; — de nutrimentis animalium : B166 ; — parrochie : A126, B180, B181 ; — de pasnagiis : B52 ; — piscium : A6, A12, A128, B52 ; — reddituum : B52, B72 ; — salmonorum : B8 ; — de sicca molta : B8, B25 ; — de theloneo : A1, A67, A191, B8[17], B72, C17 ; — terre : A78, A80, A126, A160, A169, B81, B130 ; — vavassoris : A39, A59 ; — exitus terre vel silve : A2, A157, A158, C17 ; — vetus : B167 ; — vicecomitatus : B8[17] ; — ville Pontis Audomari : A6, B8[17], B25 ; — ville Stuministris : A191 ; — extorquere : B52, B166 ; — locare : B165 ; **decimare** (*dîmer*) : A67, A97, B8, B25, B52, B68, B72 ; **decimatio** : A119, B60 ; **decimator** (*décimateur*) : A70.

dedicatio (*dédicace d'une église*) : A170 ; **dedicare** : A185, A192.

defensor esse : B23 ; **defendere** juramentum : A197 ; — ab omni consuetudine : B1 ; — contra omnes : B1.

deficere (*faire défaut, être absent*) : A13, B29, B58, B120.

definitio (*accord*) : A169.

definire, diffinire (*mettre un terme*) : B112 ; — controversia : B23.

denarius (*denier*) : A71, A138, A146, A161, A163, A168, A169, A173, A178, A179, A180, A181, A185, A187, A200, B1, B26, B33, B86, B193 ; — andegavus, andegavensis (*denier d'Anjou*) : A113, A151, B7, B23, B32, B73, B74, B77, B70, B73, B81, B85, B87, B100, B102, B104, B105, B108, B110, B111, B125, B126, B199 ; — carnotus, carnotensis (*denier chartrain*) : A51, A55, A104, A108, A116, A130, A135, A198, A199, B9 ; — cenomannicus, cenomanensis (*denier manceau*) : A66, A179, B148 ; — esterlinus, *esterlin* (*denier esterlin*) : A46 ; — parisiensis (*denier parisis*) : A65 ; — romesinus (*denier de roumois*) : A42, A46, A52, A64, A66, A85, A86, B31 ; — turonensis (*denier tournois*) : B134, B136, B140, B141, B145, B146, B147, B148, B149, B154, B156, B157, B158, B159, B168, B169, B175, B177, B178, B183, B185, B187, B188, B189, C12 ; — communiter currens in Ponte Audomari, per Normanniam : A109, A123, B29. — dominici diei (*denier du dimanche*) : A77, B131, B132 ; — secunde ferie (*denier du lundi*) : A77 ; — de sacramentis : A77 ; — de baptismo : A77, B131, B132 ; — de visitatio infirmorum : A77, B131, B132.

deservire : *v.* servitium.

diaconus (*diacre*) : Robertus ; — cardinalis : *v.* cardinalis.

dignitas (*droit, prérogative*) : B43, B52.

diminutio (*diminution*) : B25, B79, B94, B118, B152 ; **diminuere** B59, B85 ; **minuare** : B3, B18.

dimittere (*abandonner*) : A27, A40, A57, A106, A120, A180, A198, B13, B16, B135, B201 ; — calumniam : A29, A113, A150, A198, B23 ; — terram : A127 ; — post mortem : B16.

dimisio : *v.* quieta clamatio.

diocesis (*diocèse*) : B13, B47, B95.

dispensarius (*économe*) : Willemus de Hastingis.
dispositio canonica (*institution canonique*) : B94.
districtio ecclesiastica (*sanction*) : A126.
disvagiare (*recevoir en gage*) : B9.
dominatum (*seigneurie*) : B99, B107.
dominica terra monachorum : A20, A107.
dominium (*domaine patrimonial*) alicujus donatoris : A1[2][11], A7, A10, A64, A81, A124, A125, A149, A163, A167, A189, A190, A195, B8[1][2][3][13], B72, B137 ; — comitis Mellenti : B28, B35, B37, B38, B52, B86 ; — ducis : A1, A154 ; — monachorum, Sancti Petri : A1, A9, A20, A21, A26, A78, A87, A120, A179, A188, B1 ; tenere de — : B4.
dominus (*seigneur féodal*) : A32, A78, A120, A122, A129, A134, A137, A141, A155, A179, A183, A190, A192, A200, B17, B14, B58, B144 ; — capitalis : B136, B137, B147, B202, B203 ; — fundi : B171, B193, B189 ; — Normannie : B2 ; — superior : B126, B127.
domus (*maison*) : A4, A17, A26, A29, A55, A70, A73, A108, A109, A110, A113, A115, A116, A123, A141, A155, A177, A185, A187, A198, B4, B87, B108, B113, B134, B184 ; — Peldoe : B191 ; — lapidea : B3 ; ante — : A146 ; in — : A198 ; — presbiteri : A191, B52 ; — monachorum apud *Combon* : B27 ; — apud Rothomagum : B184 ; — Mellenti : B53, B74 ; — Pratelli (abbatia) : B88, B89, B183, B203 ; — abbatis : B144 ; — Sancte Radegundis : B113.
donatio (*donatio*) : A64, A69, A76, A111, A119, A131, A150, A158, A169, A172, B2, B4, B8, B17, B22, B26, B28, B34, B37, B41, B48, B53, B55, B57, B65, B68, B67, B70, B71, B72, B73, B75, B77, B80, B85, B87, B92, B96, B97, B104, B106, B107, B115, B116, B121, B136, B140, B141, B146, B145, B149-B151, B153, B154, B157, B160, B163, B168, B169, B177, B182, B183, B189, B191, B195, B198, B203, C13 ; — rata : B97, B114, B115, B126, B134, B150 ; — confirmare : A5, A141, A183, A193 ; — dare : A1, A4, A158 ; — facere : A1, A4, A9, A99, A119, A140, A165, A166, A178, A179, A180, A188 ; ponere —

super altare : A1, A4, A25, A42, A44, A72, A100, A112, A117, A126, A139, A141, A169, A179, A180, A181 ; — suscipere : B1.
donum (*don*) : A1[2][9], A8, A10, A11, A17, A20, A21, A37, A46, A50, A59, A70, A73, A100, A125, A130, A138, A139, A163, A187, B8, B20, B37, B52, B71, B72, B73, B74, B76, B78, B86, B103, B108, B123, B196, B199, B200, C13.
dormitorium (*dortoir*) : B140.
dos (*dot*) : A179, B90, B152, B154.
ducatus (*duché*) : A187.
duitus, doitus (*duit, ruisseau*) : A107, B151.
dux (*duc*) Normannorum : A177, B10, B19, B24, B33, B42, B44, B49, B52, B71, B72, B73 ; — Normannie : B93 ; — Aquitanorum : B10, B19, B24, B33, B42, B44, B71, B72, B73 ; — Aquitanie : B93.

E

ÉCHANGE : v. cambiare, commutatio, concambium, excambium, mutatio.
edictum generale : B69.
edificium : B183.
elemosina (*aumône*) : A191, A195, B5, B9, B22, B46, B63, B118, B145, B180, B181, B186. Jus — : A20, A32, A46, A70, A113, A125, A135, A172, A179, A183, A187, B63 ; in — : A31, A33, A61, A65, A77, A100, A115, A123, A150, A151, A152, A167, A185, A189, B20, B1, B7, B20, B26, B27, B28, B29, B30, B32, B33, B34, B41, B43, B46, B47, B53, B56, B58, B68, B70, B73, B74, B75, B77, B83, B84, B86, B87, B91, B92, B97-B110, B114, B115, B116, B118, B127, B133, B135, B136, B137, B141, B142, B143, B146, B147, B150-B157, B161, B168, B169, B171, B177, B185, B187, B189, B192-B203, C17 ; beneficium — : A150 ; elemosina (terra ecclesie) : A92, A191, A197, B65.
— (*aumônerie de l'abbaye*) : B168, B169, B187.
elemosinare (*aumôner*) : B153.
elemosinarius, elemosinator (*aumônier de l'abbaye*) : A151, Hugo, Hunfridus de Ponte Audomari, Manasserus, Rogerius de Parco, Willemus.
eligere (*élire*) : B52.

emere (*acheter, racheter*) : A1, A5, A43, A163, A177, A190, A196, A198, B1, B70, B71, B72, B107, B159, B169 ; — vinum : B86 ; redemere : B23.
emptio, emere (*achat, acheter*) : A163, A179, A180, B8, B16, B180, B181.
ENFANT : *v*. infans, parvulus, puer, puerulus.
episcopatum (*ressort du diocèse*) : B12, B18, B52, B64.
episcopus (*évêque*) : B24, B33, B42, B44, B49, B71, B73 ; — Abrincensis : B144, B152, Turgisus ; — Bajocensis : A1, Henricus ; — Cestrie : Rogerius ; — Covintrensis : Hugo ; — Dunelmensis : B71, B72 ; — Ebroicensis : Rotrodus, Egidius ; — Elyensis : Eustachius ; — Hostiensis : B52 ; — Lexoviensis : A1, B139, B174, Herbertus, Hugo, Arnulfus, Radulfus, Willelmus, Jocelinus, Jordanus, Willemus ; — Lincolniensis : Remigius ; — Lundinensis : Gilbertus ; — Redonensis : Stephanus ; — Rome : *v*. papa ; — Sabiniensis : B52 ; — Sareberiensis : Johannes, Jocelinus ; — Wigornensis : Rogerius. — auctoritas : *v*. auctoritas. — consuetudo : *v* consuetudo.
equus (*cheval*) : A9, A15, A106, A113, A160, A169, A179, A180, A181, A186, A188, B23, B70, B71, B72, B153, C11.
escangium : *v*. concambium.
esclusa (*écluse*) : A173, B179.
esperunnus (*éperons*) : A198.
essartum, essartare (*défrichement*) : B128, B180, B181.
estallagium (*taxe prélevée sur les étals*) : B8[17], B85.
estallum, estaulum, estal, stallum (*étal*) Pontis Audomari : A76, B8[17], B18, B25, B26, B28, B33, B52, B54, B73, B74 ; decima — : A76, B8, B26.
esterlin : *v*. denarius.
evangelium, ewangelium (*livre des évangiles*) : jurare super — : A113, B7, B11 ; tangere — : B183.
exactio (*levée de taxe*) : A194 ; — abbatis : A187 ; — episcopalis : A187, B52 ; — regalis : B52 ; — secularis : B41, B68, B87, B114 ; — torcularis : B36 ; indebita — : B52 ; quietum ab omni — : B20, B22, B35, B36, B37, B41, B53, B68, B70, B71, B77, B92, B97, B106, B107, B114, B116, B126, B121,

B193 : sine omni — : A130, A177, B189 ; exclusa — : A194.
excambium : *v*. concambium.
exclusa : *v*. esclusa.
excommunicatio, excommunicare (*excommunication*) : A94, A164, B52.
exitus (*revenu*) : B72, B103, B104 ; — quinque annorum (*délai*) : B111.

F

faber (*forgeron*) : A35, A37, A63, A65, A70, A73, A75, A86, A92, A149, A185, B127, B124, B153, B200.
fagus (*hêtre*) : B70, B71.
familiaris : A196.
famulus (*proche, familier*) : A39, A46 ; — abbatis Pratelli : B112 ; — comitis Mellenti : A69, B8[9].
farrago (*fourrage*) : A120.
femina (*femme*) : A51, B185.
fenestragium (*redevance pour les vitrines des marchands*) : A177, B25.
fenum (*foin*) : A173, B25, B68 : carea — : A84.
feodum, feudum (*fief*) : A36, A37, A93, A94, A104, A108, A129, A170, A197, B2, B3, B14, B17, B13, B29, B39, B41, B52, B59, B90, B108, B117, B113, B138, B137, B144, B146, B147, B148, B152, B154, B168, B170, B171, B177, B183, B185, B188, B201, B202, B203, B193, B190, C12 ; in — dare : B4, B18 ; in — habere : A29 ; de — tenere : A42, A51, A137 ; — Becci : B34 ; — Sancti Petri : A101, A108, A113, B15, B180, B181 ; — firma : B100, C11 ; locatio ad — : B165.
feria (*foire*) Bosci *Goieth* : A159, B8[12], B52, B72 ; — Pontis Audomari : A71, B25 ; — de *Ri* : B52 ; decima — : A71 ; — secunda : A77.
feriagium (*taxe levée sur la foire*) : B85.
ferrum, ferrare (*fer à cheval*) : A70, B153.
fidejussor (*garant, caution*) : A168.
fidelis : A77, B3, B24, B26, B33, B36, B42, B45, B46, B47, B49, B52, B54, B55, B71, B73, B86, B93.
fidelitas (*serment de fidélité*) : B144 ; — domini Normannie : B3 ; — facere : B182.
fides (*foi*) : B1 ; — suam confirmare : B3 ; — suam pacisci : A131 ; — veram

portare : A113 ; — propria : A129, B17 ; affidare : B23.
figura (*seing*) : A119.
filia (*fille*) : A4, A16, A27, A32, A35, A51, A76, A94, A113, A134, A161, B8, B72, B160, B183, B203.
finire (*mourir*) : — vitam : A78, A122 ; (*finir*) : — terminum : A1[13], A46.
finis (*limite, frontière*) : B39 ; — parrochie : *v.* parrochia ; *v.* definire, terminum.
firma (*ferme, mode de tenure*) ad — accipere : A185 ; ad — dare : B165 ; ad — mittere : B75 ; ad feodi — tradere : B100.
fisicus : *v.* phisicus.
fluvius (*rivière*) : *v.* Andela, Diva.
fons (*source*) : B112.
forgia (*forge*) : A37, A41.
foresta (*forêt*) : A1[15], A47, A121, B1, B52 : — de Brotonna : B70, B71, B116 ; — de Geuvra : B72 ; decima de — : *v.* decima.
forestarius, foristarius (*forestier*) : A35, A37, B158 ; — de Brotonna : B70, B71, B72 ; — de Liliebona : B5.
FORÊT : *v.* boscus, foresta, haia, silva ; *v.* forestarius, gloarius, lignarium, lignum, viridiarius.
forisfactura, forisfactum (*délit, méfait*) : A69, A114, B8[8][9], B52.
Forum (*marché*) : A80 ; decima — : A80 ; — de Ri : B52. *v.* mercatum.
Fossatum (*fossé délimitant un champ*) : A134, B50.
fraternitas (*fraternité*) : — ecclesie : B7 ; — loci recipere, accipere : A14, A39, A46, A130, A160, B9, B150.
— **frater** loci fieri : A11, A37, A41, A126, A141, A183, A190 ; — in Christo fieri : B7 ; — congregationis : A130.
— **soror** loci effici : A22 ; recipere in — : B195.
frauda : B118.
fructus (*fruit, revenu*) : B95, B88, B96 ; — decime : B165.
frumentum (*froment*) : boissellus — : B177, B191 ; mina — : B62, B113 ; sextarium — : B154, B178, B187, B189 ; summa — : B183.
frustum terre (*lopin de terre*) : A170, A184.
frux (*produit de la terre, moisson*) : B88.
fundatio (*fondation*) : B47 ; **fundator** (*fondateur*) : A1[14], B25, B52, B72 ; **fundare** (*fonder*) : B46, B47.
fundus (*domaine*) : B144, B171, B190, B193.
fur (*voleur*) : A69, B8[9].
furcia : *v.* arbor.
furnagium (*redevance payable pour la cuisson au four banal*) : A177.
furnus (*four banal*) : B25.

G

garantizare : *v.* guarantire.
garba (*gerbe, part de dîme*) : A101, A109, A110, A149, A167, B8[13], B52, B72, B130 ; tercia — : B128 ; — decime : A56, A73, A97, A187, B52, B60, B101, B108, B128, B141, B142, B145, B192.
— (*gerbe de blé*) : decima — : *v.* decima.
GAGE : *v.* disvagiare, guagiare, invadiare, vadimonium, vadium.
gardinum (*jardin*) : B180, B181.
gener (*beau-frère, beau-père*) : A48, A55, A87, B23.
germanus (*frère*) : A160.
gloarius (*gloier, agent forestier*) : B70, B71, B72.
gort, gurges (*gourd*) : A12, A128, B52, B72 ; decima — : *v.* decima.
granum (*grain, céréale*) : A120.
grancia, grantia (*grange dîmière*) : A70, A120, B90 ; — facere : A110, A167, B90 ; — de Rollo : B62.
granciarius (*gardien de grange dîmière*) : A42, A59.
gravator, graverenc (*percepteur de la graverie, impôt ducal*): A55, A71, A102.
grossa (*ici grosse anguille*) : A20.
guagiare (*engager, mettre en gage*) : A131, A172.
guarantire, warantizare, garantizare (*garantir*) : A101, A163, B92, B112, B134, B146, B147, B149, B153, B185, B189, B193, B199 ; **garantizacio** : B189 ; **guarant** : A27.
gubernatio (*conservation*) : B52 ; **gubernare** (*gouverner*) : A122.
guerra (*guerre*) : B203 ; **guerrificare** (*faire la guerre*) : B3.
guimpla, gimpla (*guimpe*) : A169, B146.
guipire, guerpire : *v.* calumnia.
gurges : *v.* gort.

H

habitus sancti Benedicti (*habit monastique*) : A97 ; — monachicum, monachillem suscipere : A102, A111, B108 ; — monachorum : B89 ; — sanctitatis : A129, B17 ; — religionis : B152, B153.
haia (*haie*) : B2, B112.
hainfaria, hanfara (*violation des maisons*) : A69, A161, B8[10], B72.
herbergagium (*logement*) : B7.
hereditagium (*héritage*) : B147.
hereditas (*heritage, propriété*) : A1[13], A4, A34, A46, A108, A115, A174, B185, B187 ; — paterna : A40, A57, A84, A101, A110, A131 ; — divisa : A40, A57, A101, A176 ; hereditarium jus : A1[10], A65, A74, A108, A115, B23, B50, B58, B76, B141, B142, B145, B158, B170, B171, B191, B198, B199, C15 ; hereditario, in hereditate dare, accipere : A10, B18, B98.
heremitagium, heremitorium (*ermitage*) : *v*. Brotona, Roca.
heres (*héritier*) : A4, A104, A109, A111, A115, A116, A131, A150, A173, B2, B3, B9, B23, B32, B34, B43, B50, B51, B77, B85, B99, B107, B121, B126, B129, B134, B135, B140, B145, B146, B147, B149, B151, B153, B154, B157, B158, B159, B161, B168, B170, B171, B177, B178, B183, B186-B189, B190, B191, B193, B195, C12, C15, C18 ; carere — : A1, A4, A9, A188 ; — proximus : A1 ; facere sanctum Petrum — suum : A1, A9, A188 ; — effieri : A11 ; — patris : A169.
hida, hidra, hisdra, hyda terre (*mesure agraire anglaise*) : A191, B1, B4, B6, B8[15], B52, B72, C17.
homagium, hummagium (*hommage*) : A172, B123 ; — accipere : B190 ; — facere : A21, A86, A170, A197, B29, B99, B171 ; — servare : A21.
homicida (*meurtre*) : A69, A126, B8[9] ; homicidium : A126.
homo : A18, A23, A43, A68, A106, A107, A114, A125, A154, B9, B31, B56, B76, B73 ; — alicujus : A3, A148, A155, A179, B125 ; — abbatis : A4, A21, A80, A141, B120 ; — comitis Ebroici : B2 ; — comitis Mellenti : B2, B4, B35, B37, B54, B58, B75, B70, B78 ; — Sancti Petri : A86, B83.

— legalis : A197 ; — legitimis : B85.
honor (*bien allodial, héritage paternel*) : A1[10], A74, A141, A182 ; — relevare : A4.
hordeum, ordeum (*orge*) : mina — : A104, B62 ; modium — : A29 ; sextarium — : A86, A104, B168, B169, B189.
horrea (*grange dîmière*) : B134.
horrearius (*gardien de grenier*) : A37.
hortus, ortus (*jardin*) : A25, A72.
hosa (*heuse, jambière*) : A1[2].
hospes (*hôte, catégorie de tenancier*) : A1[9], A10, A11, A32, A40, A90, A146, A179[1], A181, B8[2], B10, B28, B35, B37, B38, B52, B72 : — plenum, plenarium : A9, A43, A58, A96, A176, A186, A188, B8[14], B72 ; — (*pélerin*) : B122.
hospitare : B70, B71.
hospitator, hospitalis (*hôtelier, moine qui reçoit les hôtes*) : A64, A87, A172, A181.
humare (*inhumer*) : A99, A147, A165.
hundret (*assemblée du comté*) : B10, C17.
hutfongenethif (*droit de punir les voleurs pris hors les terres*) : C17.

I

ignis (*feu*) : B70, B71.
illuminatio (*illumination*) : B140, B159.
immunitas (*immunité, exemption*) : B52 ; — de consuetudine : B52 ; — pasnagii : B52 ; — de pessagio : B52 ; — de theloneo : B52.
imperare (*régner*) : A143, A178, A179, A183.
imperator (*empereur*) : C13.
imperatrix (*impératrice*) : A15, B161.
incaustum (*encre*) : A130. *v*. pingere, signum.
incendium (*incendie*) : A69, A161, B8[10], B72 ; **incendiare** : A198.
indignatio (*colère divine, malédiction*) : B48, B91, B96, B118, B155, B166, B167, B165, B173, B174.
indumentum (*vêture*) : A129, B17.
infagenuntheofe, infangenetheof, infongenethif (*droit de punir les voleurs pris sur les terres*) : A194, B10, C17.
infans (*enfant*) : A4, A41.
infirmaria Pratelli (*infirmerie*) : B70, B71, B79, B80, B94, B95.

infirmarius (*infirmier*) : B158.
injuria (*dommage*) : — facere : A120, B17 ; injuriosus existere : B139.
inopia (*pauvreté*) : B79, B88, B95.
inplacitare : *v.* placitum.
inspectio, inspectare (*examiner*) : B40, B117, B122, B180, C13.
institutio : B110 ; — vicarii : B88, B95.
instrumentum (*archives*) : B40. — (*engin de pêche*) : B75.
insula (*île*) : B3.
interdictum (*interdit*) : B46, B52 ; — generale : B52.
invadiare (*engager*) : B158.
investitura (*investiture*) : A1.
INVOCATION. In nomine Domini : A1 ; in nomine Patris et Filii et Spiritus sancti : B20 ; in nomine sancte et individue Trinitatis : A177, B26, B37, B43, B48.

J

janitor (*portier*) : B39 ; — Pratelli : B77, Robertus.
judex (*juge*) : A177 ; — delegatus : B64, B65, B119, B131, B132, B172, B182 ; — electus : B128, B130.
judicium (*jugement*) : A27, A177, B12 — majorum natu loci : A129, B17. — curie regis : B90.
juramentum, jurare (*serment, prêter serment*) : A113, A131, A135, A150, A197, B3, B4, B7, B11, B23, B70, B71, B111, B119, B172, B183, B189, C15 ; — fidelitatis : B144 ; — legalium hominum : A197 ; — legitimorum hominum : B85.
juridictio (*juridiction*) : B180, B181.
jurisperitus : B132, B139, B172.
jus (*droit*) : A40, A125, A129, A179, B12, B13, B17, B34, B46, B47, B52, B62, B102, B117, B120, B131, B135, B144, B143, B167, B183 ; — advocationis : B67 ; — ecclesiasticum : A170 ; — elemosine : *v.* elemosina ; — hereditarium : *v.* hereditas ; — parrochiale : B11, B88 ; — patronatus : B139, B182, C17 ; — pontificale : B11 ; — episcopale : B94, B95, B88 ; — archidiaconale : B94, B95, B88 ; — Pratelli ecclesie : B19, B86 ; — presentandi : B66 ; — domini : B105 ; — capitalium dominorum : B202.

justicia (*justice*) : B64 ; — suam facere : A114, A120, B8[8], B32, B97, B110, B120, B148, B154, B160, B162, B168, B169, B171, B178, B199, C12 ; — suam exercere : B140, B144, B158, B177, B187, B191, B202, B203 ; — abbatis : A115, A116 ; — ecclesiarum : B52 ; — canonica episcopi : B52 ; — archiepiscopi Rothomagi et comitis Mellenti : A197.
justiciarius (*justicier*) : B10, B19, B24, B33, B42, B44, B49, B71, B72, B73 ; — regis : B102, Rotrodus, Ricardus de Hummeto.
justicius (*justicier*) comitis : A131, B26 ; — regis : B93.

K

kiminum : *v.* cheminum.

L

laicus (*laïc*) : A1, A19, A30, A31, A44, A60, A64, A71, A88, A94, A156, B12, B18, B72, B129.
lampas (*lampe*) : B26, B146.
latro (*voleur, larron*) : A69, B8[9], B52 ; suspensio — : B52.
lavendarius (*blanchisseur, lavandier*) : A55, A125.
lex (*loi, coutume*) : B3 ; — humana : A69, B8 ; legalis homo : B85.
liberatio, liberare hominem (*action d'accorder*) : A32 ; — pecuniam, solidos, donum : A27, A28, A34, A37, A42, A46, A62, A84, A131, A134 ; — terram : A134 ; — bladum : A37 ; — denariorum : A134.
liber capituli (*obituaire*) : A44, A186.
libertas (*liberté*) : A114, A115, A161 (rub.), A194 (rub.), B8[9], B10, B43, B44, B45, B46, B48, B49, B52, B53, B70, B71, B72, B86, B93, C13 ; — curandi aquam : B185 ; — navium : B52 ; — omnis census : B72 ; — omnis consuetudinis : B52 ; — omnis servitii : B72 ; — omnis tributus : B72 ; — terrenarum possesionum : A69.
libra (*livre, mesure*) piperis : B50.
librata terre (*arpent de terre qui rapporte une livre de rente*) : B2.

lignarium (*réserve de bois*) comitis Mellenti : B70, B71.
lignum (*bois, matériau*) : B70, B71, B158.
linum (*lin*) : A97, A136, B131, B132.
lis (*procédure*) : B12, B144.
LITURGIQUE (ORNEMENT, OBJET) : *v.* alba, amictus, calix, candelabrum, capella, crisma, crux, eucharistia, manutergium, oblata, oleum, pannus, textus.
locatio ad feudum : B165.
luminarium, luminare (*lampe ; illuminer*) : A56, B26, B52, B146.

M

magister scolarum (*écolâtre*) Bajocensis : Seobaldus ; — Constantinensis : B144 ; — Lexoviensis : Robertus ; — Rothomagensis : G. de Marleiz.
major Pontis Audomari (*maire*) : B182.
major natu loci : A129, B17.
maledictio : A5.
malum (*pommier*) : A134. *v.* pirum.
managium (*demeure, maison*) : A115, A197.
manerium (*manoir*) : A193, A194, A198, B72 ; — de Esturvilla : B149 ; — de Rothovilla : B200 ; — Sancti Phileberti : B144 ; — de Spectesburi : C10, C11 ; — de Tostes : C17 ; — de Warmintona : C13.
mansio (*demeure, maison*) : A1[1], B8[1].
mansura, masura (*masure, maison*) : A17, B32, B41, B70, B71, B72, B189, B202, B203.
— terre (*mesure agraire*) : A75, A167, B8[7], B30, B50, B72, B76.
manu tenere : B18, B86.
manutergium (*manuterge*) : A181.
mara (*mare, étang*) : A37.
marca (*marc*) **argenti** : A14, A167, B1, B85, B201, C11.
marchio, marcio, martio (*marquis*) : A1[10], A2, A7, A40, A57, A74, A79, A85, A140, A143, A144, A155, A157, A161, A164, A166, A168, A178, A179, A188, B8[3][7], B72.
mare (*mer*) : A189 ; — ultra : A178, A180.
marescallus (*maréchal*) : A94, A125, B49, B106 ; — comitis Roberti Mellenti : B43 ; — regis : Willelmus.
MARIAGE : *v.* conjugium, dos, maritagium, maritus, matrimonium, sponsalia.
mariscus (*marais*) : B72, C17.

maritagium (*dot*) : B2, B154.
maritare (filiam) : A51.
maritus (*époux*) : A61, A94, A140, A176, A177 ; — ducere : B203.
martirologium (*obituaire, martyrologe*) : B77.
masagium (*maison, masure*) : B151, B154, B168, B169.
matrimonium : A103 ; — (*dot*) : B104.
mercatus : A1 ; mercari : B36, B37.
metropolitanus (*archevêque*) : B46.
memoria defuncti : A147.
mensis (*mois*) : *v.* terme de paiement.
mensura
— (*mesure agraire*) : — terre : B52.
— (*mesure de contenance*) : — magna : A89 ; de Leons : B62 ; — de Ponte Audomari : B154, B169 ; — decem et septem boisellorum : B178.
mensurare (*mesurer*) : B113.
mercimonium (*commerce*) : B70, B71.
messaria (*messairie, charge de garde-champêtre*) : A34.
MESSE : *v.* anniversarium, annuale, missa, seccenarium, septimale, tricesimale, trigintale.
MESURE
— *AGRAIRE* : *v.* angulum, aratrum, arpentum, frustum, hida, masura, mensurata, morsellum, pecia, pertica, topht, virga, virgata.
— *DE CONTENANCE* : ambra, boisellus, bota, libra, librata, mensura, mina, modius, pes, sextarium, summa, untia.
miles (*chevalier*) : A1, A4, A9, A10, A27, A64, B2, B8[2][4], B23, B52, B57, B72 ;
— (donateur) : A40, A56, A57, A105, A155, A162, A168, A189, A197, B1, B20, B135, B141, B142, B146, B147, B152, B156, B160, B170, B171, B186, B188 ;
(témoin) : A13, A52, A73, A78, A97, A162, A188, B87, B90, B103, B110, B135 ; — comitis Mellenti : A70, B75, B70, Hugo Villanus ; — abbatis : A162 ; — facere : B203.
mina (*mine, mesure pour les grains*) generaliter currens per Novum Castrum : B113 ; — avene : B113 ; — bladi : A37, B62, B78 ; — frumenti : B113 ; — ordei : A104.
minister (*agent*) : B47 ; — comitis Mellenti : A114, B8[8], B52, B75, B70, B71, B78, B110, B118 ; — regis : B10, B24, B33, B42, B49, B93.
ministerium abbatie : A125.

missa (*messe*) : A174, B63, B70, B130 ; — privata : B140 ; — sollennia : B55 ; — de Spiritu Sancto : B43 ; — pro defunctis : B43 ; — singulis diebus decantanda : B70. *v.* annuale.
moagium (*droit de mouture*) : B25.
modius (*muid, mesure pour les grains*) annone : A125 ; — avene : B99, B107 ; — bladi : A177, B23 ; — ordei : A29 ; — vini : B86.
molendinarius, munnerius, *monnier* (*meunier*) : A13, A50, A115, A138, A146, A151, A198, B92, B105, B125, B132, B160, B162, B163, B203.
molendinum (*moulin*) : A20, A50, A67, A71, A73, A90, A112, A114, A115, A116, A117, A177, A179, A180, B3, B8[8], B25, B31, B34, B39, B52, B73, B120, B138, B203, C16 ; — annone : B8[17] ; — *del coisel* : B99, B107 ; — *folereiz* : B8[17], B116 ; — *tanereiz* : B8[17], B116 ; — construere : B116 ; clotura — : B132 ; — Ricardi *Efflanc* : B22 ; — de Campigneio : B23 ; — de Ponte Audomari : A67, A71, B100, B110, B116 ; — de Pont *Girout* : B158 ; — de Rotis : B58, B170, B171 ; — Triquevilla : B51, B161, B162, B160 ; — de Salerna : A120 ; — Sancte Radegundis : B92 ; — de Sellis : A109 ; — super aquam Dieppe : B179 ; — Rothoville : A180, B133. decima — : *v.* decima.
molestia (*contestation*) : B70, B71, B176 ; molestus esse : A78, A150.
molta, mouta (*moute, mouture*) : A109, A115, A116, B27, B87, B92, B125, B127, B156, B157, B197, B203 ; sicca — : B8[17], B25.
moltura (*mouture*) : B52 ; — vavassoris : A39, A59 ; sicca — : B25. *v.* boisselaige, moagium, molta.
monachatus (*prébende monastique*) : A73, A75, A94, A95, A123, A129, A152, B1, B9, B17, B22, B29, B58, B78, B90, B98, B101, B192 ; — **monachus fieri** : A1, A1, A3, A4, A19, A25, A29, A32, A33, A66, A72, A80, A93, A94, A99, A106, A122, A125, A141, A148, A153, A156, A165, A168, A169, A187, A189, B38, B40, B171, B188, B193 ; ad monachicum ordinem venire : A73, A97 ; — devenire : A75 ; — **monachizare** : A15.

moneta (*monnaie*) : A108 ; — anglica : A119 ; — capitalis : A168 ; — cenomannica : A66, A179 ; — currens : A150 ; — generaliter per Normanniam discurrens : B39, B138, B147, A150, C8 ; — publica : B38 ; — rothomagensis : A179 ; usualis — : B60, B61, B65, B69, B88, B89, B97, B120, B127, B146, B147, B153, B158, B160, B162, B170, B171, B179, B180, B181, B184, B187, B198.
mors (*mort*) : post — : B13, B16, B19, B37, B38, B90 ; se dare in — : B116.
morsellum prati : A28, A83.
mortuus boscus : *v.* boscus.
mos (*coutume*) terre : A4 ; — patrius : A69, B8[9].
mota (*éminence fortifiée*) : B108.
MOULIN : *v. bié, boisselaige,* cerna, moagium, molendinarius, molendinum, molta, moltura, relesium, rota.
mulier (*femme*) : A35, A108, A176, A179, A187.
mulus (*mulet*) : A1[13].
munnerius : *v.* molendinarius.
mutatio : *v.* commutatio.

N

navis (*bateau, embarcation*) : A143, A186, B8[17], B52, B70, B71, B72 ; transitus — : A139 ; libertas — : B52 ; — consuetudinaria : B70, B71.
negociatio : A177.
negotium (*commerce*) : B86.
nemus (*bois*) : A25, A34, A72, A177, B1, B29, B31, B39, B56, B73, B128, B130, B138, B158, B180, B181, C17.
nepos (*neveu, petit-fils*) : A14, A17, A20, A29, A31, A32, A42, A55, A63, A64, A78, A87, A103, A104, A106, A113, A131, A139, A160, A163, A171, B1, B30, B41, B189.
nigellum (*nielle*) : A1[10], A74.
nobilis : A200, B65 ; nobilissimi viri : B8, **nomen scribere** in libro capituli : A11, A44, A108, A186, B77.
NOURRITURE : *v.* bibere, commedere, conredum, conreium, panis, pisum, potum, pulmentum, sustentatio, victus.
nummus (*pièce de monnaie*) : A162, B140 ; — communiter currens in terra Normannie : B7.

nutrimentum : B166.
nux (*noix*) : A136.

ovum (*œuf*) : A109, A146, A173, B126, B121, B143, B146, B148.

O

OBITUAIRE : *v.* liber capituli, martirologium, mors, nomen scribere, obitus.
obitus, obire : A16, A160 ; post — : A111, B43.
OBJET DE LA TRADITIO : *v.* candelabrum, cereus, clavis, cultellum, ramus, ramusculus, regula, reno vulpinus, virga, virgula.
oblata (*hostie*) : B191.
oblatio (*offrande*) : B55, B69, B130 ; — altaris : B52. *v.* altalagium, obventio.
obses (*caution, garant, otage*) : A69, B8[9].
obventio (*revenu casuel*) : B69, B93, B88, B94, B95, B96, C17.
ocrea (*heuse, jambière*) : A1[2].
OFFICIERS — *comtaux* : armiger, botellarius, dapifer, marescallus, minister, pincerna, senescallus, prepositus, riparius, vicecomes, viridarius ; — *royaux* : baillivus, conestabularius, receptor, collector, decimator, gravatorius ; — *claustraux* : camerarius, elemosinator, hospitator, janitor, portarius, prior, sacrista.
officialis Ebroicensis (*official*) : B180, B181, B182 ; — Rothomagensis : B183.
officina (abbatie) : B115.
oleum (*huile sainte*) : A187. *v.* chrisma.
onus archiepiscopale (*charge*) : B65, B131 ; — archidiconale : B65, B131 ; — decanale : B65.
oppidum (*place fortifiée*) : B39 ; — Drincurie : B138.
orationes (*prières [monastiques]*) : B63 ; — fratrum : A23, A68, A139 ; — loci : A11, A24, A161, A176, B105, B133 ; — private : B131, B132 ; — legate : B131, B132.
oratorium : B52.
ordeum : *v.* hordeum.
ordinatio abbatis : B62 ; — ecclesie : B139.
ordo monachorum : A69, A73, A97, B8[8], B88.
ortus : *v.* hortus.
osculum (*baiser*) : B1.
ovis (*brebis*) : A15, A62, A113, C11 ; caula — : A62.

P

pacisci fidem suam : A14, A15, A31, A34, A131 ; **pactio** : A141, B113, B158 ; **pactum** : B23, B111.
PAIEMENT : *v. TERME DE PAIEMENT.*
paissun porcorum : *v.* pasnagium.
palefridus, palefredus (*palefroi*) : A14, A20, A182, B203 ; — infrenatus et sellatus : A95.
pallium (*manteau, vêtement honorifique*) : A1[2], B8[3].
panis (*pain*) : A54, A77, A103 ; — albus : A125 ; — subalbus : A125 ; — benedicendus : B131, B132 ; — (*rente, revenu*) : A77, A146, A173, B148.
pannus (*habit, vêtement monastique*) : A94, A103, B9.
papa : B64, B139, B172, B182, *v.* Adrianus [IV], Alexander [III], Lucius [III], Celestinus [III], Innocentius [III], Honorius [III] ; **pontifex summus** : B52, B65, B131, B144.
par (*pair*) A179 ; — Pontis Audomari (*échevin*) : B182.
parens (*parent, au sens large*) : A14, A22, A25, A26, A27, A44, A46, A63, A64, A70, A87, A94, A108, A110, A111, A113, A119, A131, A135, A170, A172, A193.
PARENTÉ : *v.* avunculus, avus, cognatus, conjux, consanguinitas, filia, gener, germanus, nepos, parens, patruus, privignus, sororius, uxor.
parmentarius (*tailleur*) : A55, A127.
parrochia (*paroisse*) : A24, A77, A126, A187, B52, B141, B142, B145, B167, B183, C12 ; combustio — : B69 ; decima — : B180, B181 ; — termina : B52 ; fines — : B88, B89 ; limites — : B128, B130, B172 ; ante — : A34, A41 ; coram — : A34, A41, B7, B133, B178 ; **ecclesia parrochie, parrochialis** : A31, B52, B64, B172, B182 ; — **parrochianus** (*paroissien*) : A77, B11, B182.
particeps (*parçonnier*) : B97.
parvulus (*petit enfant*) : A64, A113.
pascua, paschua (*pâturage*) : B29, B56, B72, B73.
pasnagium (*panage des porcs*) : A115, B1, B8[17] ; immunitas — : B52 ; decima — B52 ; *paissun* porcorum : B8.

passagium (*droit de passage, péage*) : B52, B72 ; immunitas — : B52.
pastura (*pacage*) : B1, C11 ; — abbatis : B124 ; — communis : C7, C17.
patrimonium : A169, A178, B72.
patrocinium (*tutelle*) : B144, B155, B166.
PATRONAGE (DROIT DE) : *v.* advocatio, jus presentandi, patrocinium, patronatus, presentatio, representatio.
patronatus (*droit de patronage*) : B182 ; — ecclesie Sancti Medardi super Rislam : B102 ; — ecclesie Tustiniville : B139 ; **patronus** : B182.
patruus (*oncle patrernel*) : A141.
pax : B23, B172, B180, B181.
PAYSAN : *v.* arator, bordarius, bubulcus, custos, hospes, porcarius, prator, rusticus, sartor, vaccarius, vavassor, vilanus.
pecia, pecha terre (*pièce de terre*) : B41, B157, B185.
pecunia (*bien, argent*) : A29, A81, A119, A121, A140, A149, A161, A163 ; — mobilis : A160.
pecus (*bétail*) : A113, B88, B89.
peissonier (*poissonnier*) : A130.
pellicia (*manteau*) : B192.
penitencia : B63.
pensio (*rente, redevance*) : B64, B65, B69, B82, B88, B89, B119, C17.
peregrinatio (*pèlerinage*) : B190.
perreium (*route, chemin empierré*) : A196, A198, A199, B153, B154.
pertica (*perche, mesure de surface*) : B20, B112 ; perticleratim possidere : B154.
pes (*pied, mesure*) : A134, B3.
peticio (*demande, réclamation*) : B34, B60, B61, B79, B121, B163.
phisicus, fisicus (*médecin*) : B184.
pincerna, pincenarius (*sénéchal*) : A13, A66, A71, A111, A119, A129, A178, B12, B18, B30, B54 ; — comitis Mellenti : Alanus, B18, B73, B74.
piper (*poivre*) : B50.
pirum (*poirier*) : A134.
piscis (*poisson*) : A6, A12, A125, A186, B52 ; decima — : A6, A12, A128, B52 ; — **piscare** : A177, B28, B33, B52, B75 ; licentia piscandi : B28 ; — **piscarium** : B72 ; — **piscatio** : B185 ; — **piscatura, piscaria** (*pêcherie*) : A9, A188, B8[17], B33, B52 ; — de Mara : B28, B33 ; — Risle : B75.
pistor, boulengier (*boulanger*) : A14, A15, A61, A84, A102, A107, B1, B152.

pisum (*pois*) : A125.
placitum (*plaid*) : B10, C17 ; — dimittere : A29 ; determinare : A1[17] ; — Sancti Petri : A80 ; inplacitare : B70, B71.
planus : A162, B1, B72, B73.
platea (*place*) : B19.
plegius (*garant*) : A62, A197, B29.
POISSON : *v.* anguilla, grossa, piscis, salmonus.
pontifex summus : *v.* papa.
porcarius, porchier (*porcher*) : A42, A95, A101.
porcus (*porc*) : A15, A113, B3 ; — comitis Mellenti : B8[17], B52 ; dominici — monachorum, abbatie — : B8, B52 ; *paissun* — : B8[17] ; pasnagium — : B1.
portarius (*portier*) : A37, A42, A59, A81, A102, A129, A130, A140, B17.
portio (*portion d'un champ, d'une rente*) : B69, B172.
portus (*port*) : A186.
postulatio : B91, B96, B155, B173, B174.
possessio : B3, B39, B46, B47, B52, B136, B138, C8 ; — corporalis : B176 ; — reliquere : B117.
potestas Sancti Petri : B8 ; — comitis Mellenti : A69, A114, B8, B52 ; judiciaria — : A69.
potus (*boisson*) : A125.
prator (*gardien de pré*) : A42, A81, A167.
pratum (*pré*) : A26, A27, A28, A29, A30, A81, A82, A83, A84, A86, A168, B3, B29, B31, B39, B52, B56, B72, B73, B112, B138, B193, B201, C17 ; custos — : A81.
PRÉAMBULE : A1, A194, B1, B8, B17, B45, B46, B60, B61, B79, B80, B91, B95, B96, B121, B155, B166, B167, B173, B174.
precium terre : A198.
prejudicium : B167.
prelium (*duel judiciaire*) : A1[17].
prepositus (*prévôt*) : A27, A32, A41, A47, A63, A71, A73, A81, A87, A97, A108, A112, A117, A140, A183, B26, B35, B49, B65, B86, B136 ; — Brionie : A114, B8[8] ; — de *Combon* : Godefridus Anglicus ; — comitis Mellenti : B74, B110, B118 ; — Novi Castelli : Robertus *Soein*, Johannes *Lovel* ; — Pontis Audomari : A70, B17, B25, B110, B118 ; — Tustiniville : A104 ; — de *Vanescrot* : A160 ; **prepositura** (*prévôté*) : B3, B28, B25.

presbiter (*prêtre, desservant*) : A8, A22, A27, A29, A30, A31, A32, A33, A34, A46, A71, A78, A81, A83, A88, A97, A124, A129, A131, A133, A134, A135, A138, A141, A145, A146, A149, A162, A163, A171, A174, A175, A179, A197, A198, B140 ; — parrochialis : B165 ; — ponere : A187 ; de Bruecuria : B64 ; — de Campigniaco : B68 ; — de *Combon* : Hunfridus ; — Sancti Petri Drincurie : Luinus ; — de *Hugetot* : Robertus *Revel*, Robertus *Ridel* ; — Krequevilla : Robertus ; — de Neuberia : A191 ; — de Piris, de *Periers* : A170, B64, Bernadus ; — de Ponte Aumodari : B65, Radulfus ; — de Pratellis : Gaufridus, Radulfus ; — de Salerna : B64, Ricardus ; — de Sellis : Michael, Walterius de Bello Sapo ; — de Tostinivilla : B64, R. ; — de Vascolio : B88 ; — de *Witot* : Robertus.
presbiteratus : B95, B88.
presentatio (*droit de présentation du desservant d'une église, patronage*) : B60, B61, B65, B67, B79, B88 ; — ecclesie de *Bruencort* : B21, B148, B196 ; — ecclesie Hispanie : B94, B95, B88 ; — ecclesie de *Hugetot* : B11 ; — de Salernia : B82 ; — Sancti Benedicti : B81 ; — ecclesie de Sellis : B94, B95 ; **presentare** : B66, B139.
pressoragium (*redevance de pressoir*) : B37.
princeps : B46, B52 ; — Normannorum : A58, A121, A141, A158, A165, A183, A189, B8[5][11] ; — Normannie : B72.
prior (*prieur*) Pratelli : Radulfus de Fresnose, Robertus, Samuel ; — Sancte Radegundis : B113.
privignus, privinnus (*beau-père*) : A17, A46.
privilegium (*charte*) : B46, B52, C5, C13.
probare (*prouver*) : B11.
proceres (*ancêtres*) : A177.
PROCÈS : v. controversia, lis, querela, querimonia.
procurator (*défenseur, procureur*) : B172 ; — abbatis : A69, B8[9] ; — domus Sancte Radegundis : Laurentius ; — generalis episcopi Lexoviensis : B176.
protectio : B39, B138, B173, B174.
proventus : B95, B88, B96.
provincia : B46.

puer : A1[2], A15, A17, A50, A70, A71, A73, A80, A86, A94, A103, A113, A135, A136, A141, A146, A147. **puerulus** : A1[2].
pulmentum (*ragoût*) : A125.

Q

quadriga (*charette*) : B70, B71, B72, B185.
querela : B3, B10, B62, B145, B152, B180, B181, C17 ; — clamare quittam : B92, B125 ; — movere : B152 ; — remittere : B145.
querimonia : B113.
questionem movere : B65.
quittancia, quietantia, quietatio (*exemption*) : B15, B45, B46, B93, B189, B203 ; — decime : B88, B89 ; — molte : B27 ; — navium : B8[17] ; — ab omni tallia : B43, B44, B47, B49, B52, B57, B72, B93 ; — de theloneo : B52 ; — vinee : B36, B37 ; — vini : B86 ; **quittare, quietare** (*exempter*) : B179, B188 ; **adquietare** : B29, B189.

R

ramus (*rameau, objet de la tradition*) : A46 ; **ramusculus** rose : A46.
rat, rapt (*violence, viol*) : A161, B72.
ratio : B144.
receptor (*collecteur d'impôt*) : B110.
reclamatio : A14, A25, A26, A46, A72, A87, A111, B192, B201, B203, C12 ; **reclamare** : A21, A34, A131, A135, A191, B135, B195, C15.
recognitio (*reconnaissance*) : B29, B126, B184, B188.
recordare (*faire mémoire*) : A129, A172, B17, B23 ; (*se souvenir*) : A81
recta (*dîme complète*, tota decima) : A140.
rectitudo (*redevance*) : A177 ; (*droit, justice*) : A114, B8[8].
reddere (*rapporter un revenu*) : A77, A115, B2, B7, B29, B31, B36, B50, B55, B62, B85, B88, B89, B110, B111, B113, B118, B119, B120, B138, B146, B148, B171.
— (*restituer*) : A26, A43, A51, A71, B5, B13, B19, B81, B92, B112, B183 ; *de l'abbé à un laïc* : A21, B14.
redditio (*restitution*) : A95, B15, B29.
redditus (*revenu*) : A75, A119, B2, B3, B8,

B32, B36, B37, B40, B51, B58, B59, B69, B74, B77, B85, B97, B101, B110, B136, B137, B140, B143, B147, B153, B154, B159, B161, B178, B192, B198, B202, B203, C10, C12, C15 ; libere de omni — : B189, B191 ; — hominum : B200 ; quantitas — : B40 ; — Brotonne : B52 ; — de Ponte Audomari : B24, B25, B52 ; — prepositure Pontis Audomari : B28 ; — de *Neweberi* : B72 ; — vicariae : B79, B80.

redemere, redimere (*racheter*) : A169, B23, B203.

REDEVANCE : *v.* angaria, bernagium, *boisselaige*, campartagium, census, consuetudo, cortillagium, decima, estallagium, exactio, fenestragium, furnagium, moagium, molta, moltura, passagium, pressoragium, rectitudo, *reguard*, relevagium, secta, sicca molta, theloneum, tributum.

regnare : A121, A128, A139, A140, A141, A144, A155, A157, A158, A164, A165, A166, A168, A176, A178, A186, A187, A188, A192, B8, B23.

reguard (*cens, redevance*) : A115.

regula (*livre de la règle*) : A14.

relaxare : B170.

relesium, *relai* (*bonde, écluse*) : B92, B179.

relevagium, relevamen, relevium (*relief*) : A51, B171, B127, B193, C12 ; — capitalis domini : B203 ; **relevare** (honor) : A4.

reliquie (*reliques*) : A5 ; caput sancti Leodegarii : B63.

reno vulpinus (*habit en peau de renard*) : A169.

renunciare : B102, B183.

reparatio : B140.

requiescere : B26.

resarcire (*réparer, remettre en possesion*) : B185.

reservare (*se réserver*) : A1[15], A121, B8[1], B72, B94, B95, B181, B188 ; (*mettre de côter*) A167.

resignare (*résigner*) : B140.

restituere : B46. *v.* reddere.

retinere (*retenir*) : A1[10], A9, A10, A34, A69, A74, A76, A112, A117, A134, A146, A158, A188, B8, B16, B84 ; — in beneficio : A163 ; — in dominio suo : A7, A124 ; — in manu sua : A111, A142, B2 ; — (*reprendre*) : A80, A95 ; — (*employer*) : A125.

revertere (*retourner au propriétaire*) : B7 ; redire ad domum suam : A1.

rex : A127, A138, A158, A174, A187, B8, B46, B52, B161 ; — Anglorum : A58, A111, A118, A149, A159, A191, A192, A193, B8, B10, B19, B24, B33, B41, B42, B44, B45, B49, B52, B63, B70, B71, B72, B73, B92, Willelmus [I], Willelmus [II], Henricus [I], Henricus [II], Ricardus ; — Anglie : A110, A199, B23, B117, B114 ; — Francorum : B179, Ludovicus [VII], Ludovicus [VIII], Philippus ; — Francie : B92.

ripa (*rive*) : B70, B71, B185.

riparius (*agent comtal chargé des rives de la Seine*) : B70, B71, C17.

rollifer (*porte-rouleau*) : A167.

romesinus (denarius) : *v.* denarius.

ros, rosum (*roseau*) : A173, B20.

rosellum (*roselière*) : B52.

rota (*roue*) : B158 ; cerna — : B158.

rotulus (*rouleau*) : A42, A44, B158.

rupta (*canal, fossé*) : B90.

rusticus (*vilain*) : A17, A25, A28, A31, A53, A72, A106, A184, B12 ; — plenarius : A18, A106.

S

saca (*droit de juridiction*) : A194, B10, C17. *v.* soca.

saccellum (*trésor*) Pratelli : A71.

sacerdos (*prêtre*) : A94, A115, A116, A134, A196, A197, B39, B55, B68, B90, B128, B131, B132, B182 ; — de *Combon* : Aleranus ; — Drincurie : Arnulfus ; — de Esturvilla : Hunfridus, Durandus, Adelemus ; — de Sellis : B125 ; — de Tustinivilla : Robertus ; — de Wascolio : Thomas ; — presentare : B52.

sacionalis : *v.* terra.

sacramentum (*serment*) : B203 ; (*sacrement*) denarius de — : A77.

sacrista Pratelli (*sacriste*) : B189 ; Radulfus de Fresnosa, B159.

saisire, resaisire (*entrer en possession, investir*) : A32, A146 ; — per taillam : A29.

sal (*sel*) : A189 ; — **salina** (*saline*) : A19, A156, A184, A187, A189, B72.

salmonus (*saumon*) : B8[17] ; decima — : B8, B25, B52.

sanctimoniales (Sancti Leodegarii de Pratellis) : A17, B8[1], B72.

SANCTION SPIRITUELLE : v. anathema, censura, districtio, excommunicatio, indignatio, interdictum, maledictio, penitentia, suspensio, ultio.
sartor (*défricheur*) : A30, A46, A71, A87, A88.
scira (*assemblée judiciaire du comté*) : B10, C17.
scutellarius (*fabricant d'écuelles, marchand de vaisselle*) : A38.
seccenarium (*obit du septième jour*) : A174.
secta (*servitude*) : C17.
semen (*semence*) : B113.
semita (*chemin*) : B72, B73, B112.
senescallus (*sénéchal*) : A16, A104, A115, A116, A123, B9, B30, B68, B106, B114 ; — comitis Mellenti : B74, Robertus, Hunfridus de Vatevilla ; — Normannie : Willelmus.
sententia capitalis : A69, B8[9] ; — anathematis : v. anathema ; sententialiter pronunciare : B182.
sepelire (*ensevelir*) : A60, A137, B38, B52, B88 ; — cum parentibus : A22 ; — cum monachis : A4 ; — in atrio : A11.
septa (abbatie) : B115.
septarium : v. sextarium.
septimale (*messe du septième jour après le décès, rétribution pour cet office*) : A77, B77.
septimana (*semaine*) : B70, B71 ; decima — de piscatura Risle : B72, B75 ; decima — Pontis-Audomari : B24, B25, B52, B72.
septarium, septuarium : v. sextarium.
sepultura (*tombeau, sépulture*) : B52, B88. — comitis Mellenti : A70. — (*revenu des sépultures*) : A174, A191, B72.
servare (*servir un hommage, respecter un accord*) : A21, A129, B7, B17, B23, B52, B69.
SERVICE SPIRITUEL : v. beneficium, fraternitas, orationes, societas.
serviens (*sergent, serviteur*) : B67, B70, B195 ; — abbatis de Pratelli : B68, B195 ; — comitis Ebroici : B2 ; — comitis Mellenti de Ponte Audomari : Thomas ; — episcopi Abrincensis : B144 ; — regis : Radulfus *Frapesauge*.
servitium (*service*) : A29, A36, A43, A125, A150, B1, B6, B50, B51, B52, B54, B56, B65, B72, B74, B104, B123, B127, B136, B140, B144, B147, B154, B157, B161, B162, B160, B184, B193, B203, C12 ; — caballi : A86, A104, A115, A173, A197 ; — de esclusa : A173 ; — de feno : A173 ; — de molendino : A173 ; — de roso : A173 ; — terre : A29, A50, A100, A102, A103, A169, A191, A197 ; — vavassoris : A142, B12 ; — emere : A43 ; — reddere : A40, A57, A197 ; — comitis Mellenti : B73 ; — regis : B68 ; — commune : A173 ; — seculare : B114, C17 ; libertas omnis — : B72 ; quietum ab omni — : B20, B1, B22, B38, B54, B65, B68, B87, B97, B103, B106, B114, B121, B126, B191, B195 ; adquietare ab omni — : B29.
— (*religieux*) : A77. — pro monacho (defuncto) : A187.
— (*desservir une église*) : A77, B79, B80.
— deservire terram : A100, B129 ; deserviens : B182.
sextarium, septarium, septuarium (*setier*) annone : A63 ; — avene : A89, A185, B82, B140, B154, B159 ; — frumenti : B154, B178, B187, B189 ; — ordei : A86, A104, B168, B169, B189.
sicca molta : v. molta.
sigillum (*sceau*). — abbatis Insule Dei : B112 ; — abbatis Pratelli : A71, B113, B140, (Osberni) B88, B89 ; — abbatis Sancti Salvatoris : B31 ; — archiepiscopi Rothomagensis : (Hugonis) B18, (Rotrodi) B60, B61, B65, (Roberti) B133 ; — comitis Mellenti : (Galeranni [II]) A71, B23, B29, B25, (Roberti [IV]) B25, B38, B43, B47, B54, B56, B57, B58, B59, B74, B75, B70, B87, B85, B110, B115, B116 ; — conventus Pratelli : B140 ; — decanus capituli Lexoviensis : B122 ; — episcopi Lexoviensis : (Arnulfi) B47, (Radulfi) B63, B79, B82, (Willelmi) B95, (Jordani) B142 ; — Adelelmi *Burnel* : B105 ; — Arnulfi sacerdotis Drincurie : B108 ; — Gaufridi *Lovet* : B107 ; — Gisleberti de Vascolio : B90 ; — Henrici *Lovet* : B99 ; — Henrici de Pratea : B77 ; — Hugonis de Gurnaio : B39 ; — Milonis filii Toroldi : B67 ; — Nicholai de Tanaio : B104 ; — Radulfi *Teisson* : B106 ; — Ricardi de Bosco : B126, B127 ; — Roberti de Alneto : B97 ; — Roberti de Housseia : B81 ; — Roberti de Novo Burgo : B15 ; — Thome de Warmintona : B127 ; — Willemi de *Bellecombre* : B92, B111 ; — Willelmi de *Bones*

Booz : B84 ; — Willemi *del Chaisnei* : B103 ; — Willelmi de Chiraio, archidiaconi : B80, B88 ; — Willelmi de Humeto : B117 ; Willelmi de Warmintona : B124 ; Ernaldi de Turvilla : B120 ; Roberti de Harcuria : B129 ; — Hugonis *Dastin* : B132 ; — judicum delegatum : B119, B131, B144 ; — Willelmi Esmaleville : B135 ; Hugonis de Gurnaio : B138 ; — Roberti de *Mosterol* : B136 ; — Gaufridi de Osmundivilla : B137 ; — Willelmi de Salerna : B141 ; — Hugonis *Labé* : B143, B146 ; — Gaufridi *Kevrel* : B147 ; *et passim, partie B.*
signarius (*sculpteur de statue*) : A140.
signum (*seing*) : A1, A5, A6, A14, A15, A16, A19, A20, A31, A32, A33, A35, A36, A37, A38, A39, A42, A44, A53, A108, A110, A113, A119, A130, A139, A156, A160, A172, A176, A179, A181, A183, A186, A196, C13.
— (*cloche*) plusatio : A77.
silva (*forêt*) : A1, A4, A10, A34, A54, A91, A114, A162, B8[5][8], B52, B72 ; — Brotone : A143, B52 ; custodia — : A34 ; decima — : A2, A158 ; in — recedere : A6.
soca, soccha (*droit de juridiction*) : A194, B10, C17. *v.* saca.
societas (*société, association aux bénéfices spirituels de l'abbaye*) : A117, A153, A160 ; — fratrum : A17, A56, A97, A164 ; — loci, Pratelli : A1[15], A105, A121, A127, A139, A140, A141, A149, A162, A163, A183, A189, A190, B101 ; — monachorum accipere : A73, A112, A132, A136, A186, A187, A191 ; — dare : A1.
solidata (*soudée, rente d'une valeur d'un sou*) : B51.
sororius (*beau-frère*) : A81, A83, A84, **sotulares** (*souliers*) : A34.
SOUSCRIPTION : *v.* crux, figura, signum, subscriptio.
sponsalia (*épousailles, mariage*) : A77.
stagnum (*étang*) : A20, B72 ; — abbatisse [Sancti Leodegarii] : A54.
stalum : *v.* estallum.
statutus diocesanus (*statut diocésain*) : B165.
stramen (*route*) ad Novum Burgum : B129.
subscriptio (*souscription*) : A1[14].

substancia, sustancia (*revenu*) : A11, A17, A127.
summa bladi (*somme, mesure de capacité*) : B183.
superedificare : B184.
suspensio (*suspention, sanction spirituelle*) : B52 ; — latronum : B52 ; — **suspendere** : B182.
sustentatio (monachorum) : B52, B95, B118, B122.
synodus (*synode, assemblée des clercs d'un diocèse*) : B1.

T

tailla (*taille, objet de la tradition*) : A29.
tallagium, tallia, taillia (*taille, redevance*) : B43, B44, B47, B48, B49, B52, B57, B83, B126, B127, B147 ; quietum ab omni, quiettancia de omni — : B87, B93, B103.
tapete (*tapis*) : A140.
tenementum (*tenure, tènement*) ; B84, B97, B111, B136, B147, B150, B151, B153, B183, B199 ; — Sancti Petri : A172.
tenens : B186.
tenura (*tenure*) : B3.
TERME DE PAIEMENT.
— nathale Domini, nativitas Domini : A77, A109, A173, B76, B77, B111, B126, B127, B120, B143, B146, B148, B185, B200.
— medium quadragesime : A123, B153.
— Pascha : A77, A109, A146, A173, B126, B127, B143, B146, B148, B153, B193, B200.
— octo dies Pasche : A29.
— dies Ascensionis : B200.
— Rogationes : A77.
— Festum sancti Andree : A119, B62. — Festivitas sancti Dionisii : B7, B184. — Festum sancti Egidii : B158, C15. — Festum sancti Johannis Baptiste : A119, B120, B140, C15 ; Nativitas sancti Johannis Baptiste : B126, B127, B147.
— Purificatio beate Marie Virginis, festum sante Marie candelarie : A119, B158, C11 ; — Festum sancti Michaelis : B85, B88, B89, B99, B107, B113, B140, B143, B146, B153, B154, B168, B169, B171, B177, B180, B181, B187, B188, B191, B198, C10, C11 ; infra octavas primi festi sancti

Michaelis : B29 ; infra VIII^to dies, octabas Sancti Michaelis : B26, B172 ; intra duo festa sancti Michaelis : B85 ; ad festum sancti Michaelis in Monte Tumba : B58, B59 ; minus festum sancti Michaelis : B140 ; ad festum sancti Michaelis in mense septembris : B178 ; — Festum apostolorum Petri et Pauli : A173, B31, B39, B138, B200, C8 ; festum sancti Petri ad vincula : B119, C15 ; — Festum sancti Remigii : A65, B76 ; octaba Sancti Remigii : B77.
— singulis mensibus : B118 : B162, B160 ; — medium mensis : B69 ; — finis mensis : B69.
— september, in septembri : A123, A173, B148.
terra arabilis : B112 ; — precarialis : B144 ; — sacionalis : B29 ; **auferre** terram : A95, B81.
testamentum comitis Galeranni Mellenti : B38.
texens, texus (*tisserand*) : A65, B3.
textus (*évangéliaire*) : A150.
thea, tea (*dispense de justification*) : A194, B10.
theloneum (*tonlieu, péage*) : A177, B8[2][17], B72 ; — Pontis Aumomari : B52 ; decima — : *v.* decima ; immunitas — : *v.* immunitas.
thesaurarius (*trésorier*) : — domini episcopi Lexoviensis : Osbernus ; — Rothomagnesis ecclesie : B11, Theobaldus.
thif (*vol*) : C17.
tol, toll (*droit de percevoir le tonlieu*) : A194, B10, C17.
topht (*masure*) : B1.
torcular (*pressoir*) : B36.
tornator (*tourneur*) : A146.
tributum (*corvée*) : B52, B72 ; libertas omnis — : B72.
tricesimale (*messe du trentième jour après le décès, rétribution pour cet office*) : B77.
trigintale (*trentain de messes, messe du trentième jour après le décès, rétribution pour cet office*) : A77, A174.
tumulare (*inhumer*) : A58, A127, B8.
turbarium (*marais*) : B72, C17.

U

ullac*, *uthlach (*mise hors la loi*) : A69, A161, B8[10], B72.
untia, uncia : *v.* aurum.
usagium (*droit d'usage*) : B179.
usus proprius : B56, B75, B70, B71, B79, B80, B83, B95, B88, B121, B122.
uxor (*épouse*) : A9, A11, A15, A22, A31, A32, A45, A48, A56, A63, A76, A85, A108, A120, A125, A128, A129, A134, A137, A139, A140, A141, A149, A151, A169, A170, A172, A176, A180, A183, A186, A187, A191, A194, B8, B15, B17, B18, B20, B25, B26, B28, B39, B70, B71, B72, B75, B76, B90, B92, B101, B109, B111, B146, B150, B152, B154, B160, B183.

V

vacca (*vache*) : A169.
vaccarius (*vacher*) : A86.
vadimonium (*gage*) : A21, A180, B180, B181 ; — accipere, suscipere : A1[3], A66 ; — dare : A1[17] ; in — esse : A104, A179 ; in — mittere : A46, A179 ; in — ponere : A64 ; in — possidere : A168 ; in — tradere : A46, A66 ; facere — : A168 ; jacere in — : A169.
vadium (*gage*) : B15, B16.
vas testeum (*vase en terre*) : A144.
vasculum (*petit vase*) : A1[10], A74.
vavassor, vavasator (*vavasseur*) : A39, A59, A80, A106, A142, A189, B1, B52, B72, B117, B136 ; — compatriota : B14 ; servitium — : A142, B12 ; consuetudines — : B14.
vavassoria (*vavassorie, tenure du vavasseur*) : B198.
venator : A139.
venditio (*vente*) : A15, A27, A34, A51, A52, A53, A81, A84, A113, A196, A199, A200, B178, C10. *v.* emere, venundatio ; — **vendere** : A14, A15, A27, A28, A30, A34, A42, A44, A48, A49, A51, A52, A53, A55, A61, A81, A82, A83, A84, A86, A88, A101, A113, A133, A134, A135, A169, A177, A196, A198, A199, A200, B74, B169, B178, B184, B201, C10, C12, C15 ; — sicut asinum aut bovem : A86, A135.
venundatio (*vente*) : A34.

vestis (*vêtement*) : B79, B80.
vestitura (*vêture*) : A103, A125, B94, B95.
VÊTEMENT : *v*. alba, cappa, cotella, guimpla, habitus, indumentum, pallium, pannus, pellicia, reno, vestitura, vestis.
vexare : B70, B71, B152.
via (*route, chemin*) : A10, A94, B72, B73, B152, B189 ; — Brotone : A196, A199 ; — que ducit ad Sanctum Germanum : B22 ; — que duxit Wascolium : B88, B89 ; via (*droit de passage*) : B185.
vicaria (*vicairie*). — de Esturvilla : B65 ; — de Hispania : B79, B80 ; — de *Houguetot* : B119 ; — de Sancti Germani et Sancti Audoeni de Ponte Audomari : B79, B80 ; — de Pratellis : B79, B80 ; — de Sellis : B79, B80 ; — de Tustinivilla : B79, B80.
vicarius (*vicaire, prêtre*) : B55, B65, B79 ; institutio — : B94, B95, B88.
vicecomes (*vicomte*) : A85, A199, B10, B24, B26, B33, B42, B44, B49, B71, B72, B73, B86, B93 ; Johannes, B67 ; — de Bajocis : Rannulfus ; — Brionie : A114, B8[8], B52 ; — Dive : Hugo, filius Willelmi ; — de *Eurohic* : Baldricus ; — Montis Forti : Willelmus ; — Novi Castri : B179 ; — regis : Hugo de Esturvilla ; — Rothomagi : Rogerius filius Hunfridi, Anffridus.
vicecomitatus (*vicomté*) : B8 ; decima — : *v.* decima ; salmoni — : B25.
vicinus (*voisin*) : A94, A127, B1 ; coram — : A27 ; testimonium — : A27.
victus (monachi) : A187, B52.
vicus de monasterio : B151 ; — Sancti Amandi apud Rothomagum : B184.
vidua (*veuve*), **viduata** : A140, A176, B1.

vilanus (*vilain*) : A129, A135, B57.
vinea (*vigne*) : A131, A133, A134, A135, A170, B28, B35, B36, B37, B52 ; — de Piro : A169 ; — Sancti Petri : A132, A133 ; — vinea Sancti Wandregesili : A132 ; — *Wastel* : B38 ; fructus — : A131 ; nova — : B28, B37, B38 ; — plantare : B28, B37.
vinitor, *vigneor* (*vigneron*) : A30, A52, A53, A88, A113, A131, A132, A134, A183, B152.
vinum (*vin*) : B86.
virga (*verge, objet de la* traditio) : A32, A41, A167.
— (*vergée, mesure agraire*) : A37, A41, A87, A170, A171, A185.
virgata (*vergée, mesure agraire*) : B1, B4, B6, B20, B22, B52, B68, B112, B123, B127, B134, B154, B164, B193, C10, C11.
virgula (*baguette, objet de la* traditio) : A131.
virgultum (*verger*) : A55, A94, A108, A185, A198, B52, B151.
viri honestes : B113 ; — boni : B69, B82, B88, B89, B90 ;— prudentes : B132.
viridarius (*verdier, forestier*) : A4, A179 ; — comitis Mellenti : B71.
visitatio infirmi : A77, B131, B132.
vivarium (*verger*) : B72.
VOIE DE COMMUNCATION : *v.* cheminum, perreium, semita, stramen, via, vicus.
vulpes (*renard*) ; reno vulpinus : A169.

W

waita (*garde, redevance pour protection*) : A77, A174.
warantizare : *v.* guarantire.
warenna (*réserve, garenne*) : B98, C17.

INDEX NOMINUM ET LOCORUM

A

Abbadon, Abadon : *v.* Rogerius.
Abbas de Sancto Medardo : *v.* Ricardus.
Abbas Tornaii : B58, B59.
Abbatia (de) : *v.* Radulfus.
ABRINCUM, ABRINCATENSIS [*Avranches, M., ch. -l. arr.*]. — Episcopi : B144, B152, Turgisus.
Acardus, Achardus
— A44, A62. — *v.* Walterius, *homme de Herluin de Tourville.*
— presbiter de Piris : A179. — Filius ejus : Euroldus.
ACHINNEIUM [*Acquigny, E., cant. Louviers*]. — *v.* Radulfus.
Adalardus, Adelardus, Aalardus
— A26.
— filius Helgonis de Alneio : A100. — Fratres ejus Giroldus *Gremont*, Radulfus.
— filius Teolfi *Brancart* : A34. — Frater ejus : Radulfus *Harpin*.
— nepos Gaufridi *Fichet* : B30.
Adam
— A149.
— *Becceth* : A63.
— filius Odonis, castellani Belvaci : B112, B190.
— de *Ikebue* : B49.
— magister : B39.

— *Malpartit, Malparti* : A14, A15, A51, A94, B5. — Filius ejus : Miles.
— prior Santi Laudi : B119.
— de Wannevilla : B16.
ADAVILLA, ADEVILLA [*Deauville, C., cant. Pont-l'Évêque*] :   A179.   — *v.* Hubertus Rufus, Petrus.
Addelia : A109. — Filii ejus : Rogerius, Hugo.
Adelaidis, Adelidis, Adhelidis
— A94. — Pater ejus : Ricardus *Columbel* de Hispania ; mater ejus : Helvida ; fratres ejus : Willelmus, Radulfus, Robertus, Gislebertus.
— uxor Gisleberti de Wascolio ; A178, A179. — Filius ejus : Gaufridus.
— uxor Rannulfi, vicecomitis de Bajocis : A186.
Adelelmus, Adelermus, Alermus
— *Burnel*, burgensis de Novo Castello : B105, B147.
— prebiter de Esturvilla : A197.
Adelina.
— uxor Hugonis Montis fortis : A22.
— uxor Rogerii de Bello Monte : A12, A78, A128, A193, A194. — Filii ejus : Robertus comes Mellenti, Henricus comes de *Warwick*.
Adeliza, uxor Henrici de Pratea : A129, B17.
ADEVILLA : *v.* ADAVILLA.
Adrianus [IV] papa : B52, C5.

Aeliz de Caisneio : B113. — Maritus ejus : Gaufridus [I] de *Sai* ; filius ejus : Gaufridus [II] de *Sai*.

Afatiatus : *v.* Radulfus.

AGER DE ALBA VIA [*lieu-dit à Rouville*] : *v.* ROTHOVILLA.

AGIA : *v.* AUGA.

Agnes
— filia Hatvidis : A32.
— comitissa Mellenti, soror Simonis comitis Ebroicensis, uxor Galeranni comitis Mellenti : B2, B3, B8[17], B18, B25, B26, B28, B33, B56, B72. — Frater ejus : Simon ; maritus ejus : Galerannus comes ; filii ejus : Robertus comes Mellenti, Radulfus de Porta.
— uxor Rualdi de Salerna : A15, A113. — Filii ejus : Willelmus, Thomas et monachus Rogerius ; Frater ejus : Ricardus.

AILLY : *v.* ALEIUM.

AINCURT : *v.* NOVUS BOSCUS.

AISIUM, *AISE*, *AISI* [*Aizier*, *E.*, *cant. Quillebeuf-sur-Seine*]. — *v.*Osbernus, Rodulfus molendinarius

Aitardus, Etardus
— A140. — *v.* Arnulfus.
— presbiter : A149.
— *Pulein* : B14.
— sartor : A46, A71, A87.

Alanus, Alainus, Alannus, Alainius, *Alman*, Almanus
— A139. — Filius ejus : Odo.
— A21, A29. — Filius ejus : Rodulfus.
— Britonus, magister, officialis et canonicus Rothomagi : B183.
— de Combonno : A127.
— comes Brittannus : A1[11], A153.
— de Neuvilla, Neivilla, pincena comitis Mellenti : B3, B18, B24, B54, B73, B74, B183.
— de *Tanei*, Tanaio, Taneto : B28, B37, B43.

A la Barbe : *v.* Walterius Barbatus.

A LA CHAMBRELENGE (TERRA), *lieu-dit au Hamel* : B154.

A la teste : *v.* Osmundus.

ALBA MARLA, ALBA MARLIA, ALBEMARIA [*Aumale, S.-M., ch. -l. cant.*] — Comes : Baldwinus. — *v.* Gislebertus, Seobaldus.

ALBA VIA : *v.* AGER DE ALBA VIA.

ALBA VIA [*Aubevoye, E., cant. Gaillon*] : A131, A134, A135, A138, B52. — Closus *Cofart* : A138. — *v.* Alveredus,

Robertus, Rogerius *Harenc*, Rogerius vinitor, Willelmus presbiter, Willelmus *Sallop*.

Alberada
— A34. — Filii ejus : Paganus, Radulfus.
— filia Osulfi prepositi Tustiniville : A27, A82. — Mater ejus : Hatvis ; frater ejus : Radulfus ; soror ejus : Eremburgis.
— uxor Odonis filii Bernuci : A63. — Filius ejus : Goiffredus.
— uxor Willelmi *Haslé* : B150.

Albericus, Alberius, Alvericus
— A190.
— B41. — Frater ejus : Willelmus Pantulfus ; avunculus ejus : Robertus de *Turnai*.

Albertus
— A36. — Filius ejus : Ansgotus.
— decanus de Ponte Audomari : B104.
— presbiter cardinalis et cancellarius : B52.
— Turiville : A22, A45, A71, B9. — Mater ejus : Duvelina ; frater ejus : Osbernus ; uxor ejus : Emma ; filius ejus : Robertus.

ALBIGNEIUM [*Aubigny, M., cant. Périers*]. — *v.* Nigellus.

ALBINEIUM [*Aubigny, E., cant. Pont-Audemer, comm. Triqueville*]. — *v.* Eustachius, Oliverius.

Albinus : B108. — Filii ejus : Arnulfus, sacerdos de Castro Drincurie ; Willelmus.

Alboldus : *v.* Heleboldus.

ALBUM MONASTERIUM [*Oswestry, Grande-Bretagne, co. Shropshire*] : B24.

Albus pes : *v.* Osbernus.

Aldeha : B163. — Filius ejus : Warinus.

Aldemarus, Audemerus : A17, A59. — Filius ejus : Gislebertus.

ALDIMARI PONTIS : *v.* PONS AUDOMARI.

ALEIUM [*Ailly, E., cant. Gaillon*] : A131. — *v.* Robertus.

ALENCHERVILLA [*Alliquerville, S.-M., cant. Bolbec, comm. Trouville-Alliquerville*]. — *v.* Robertus.

Aleranus de *Combon*, sacerdos : B129. — Frater ejus : Ricardus.

Alermus : *v.* Adelermus.

Alexander
— B7. — Pater ejus : Anschetillus Guillardus ; frater ejus : Willelmus.
— de Bereforda : B124.
— papa [III] : B48, B52, C13.

Alfelmus, Alfelinus de Watintona : A191, B72.
Algrimus, ruticus : A17.
Alguis : A134. — Filius ejus : Rogerius.
ALLIQUERVILLE : *v.* ALENCHERVILLA
Alman, Almanus : *v.* Alanus.
ALMANNIA [*Allemagne*] : C13.
ALNEIUM, ALNETUM [*Launay-sous-Brionne, E., cant. Brionne, comm. Brionne*]. — *v.* Helgo, Henricus, Johannes, Radulfus, Robertus.
ALTARIA, ALTIA (?) [*Les Autieux, E., cant. Saint-André*]. — *v.* Rogerius cappellanus, magister Gaufridus.
ALTUIL [*Auteuil, E., cant. Gaillon*] : A136. — *v.* Goellus.
Alveradus, Alveredus
— de Alba Via : A131, A132. — Filius ejus : Rogerius *Testart*.
— *Harenc*, filius Rogerii vinitoris de Alba Via : A131, A132. — Fratres ejus : Rogerius *Harenc* [II], Willelmus presbiter, Ricardus, Robertus Ebroicensis ; filius ejus : Rogerius *Testart*.
— de Hispania : A11. — Pater ejus : Goscelinus.
— laicus [de Bona Villa] : A19, A156, B52, B72.
— de Sancto Martino : B71, B72, B73.
Alveredus : *v.* Robertus *Harenc*.
Alvericus : *v.* Albericus.
ALVERSUM [*Auvers, M., cant. Carentan (?)*]. — *v.* Roelendus
ALVILARA [*Auvilliers, E., cant. Thiberville, comm. Saint-Aubin-de-Scellon*]. — *v.* Rainfredus.
Amalricus, Almaricus, Alnaricus
— comes Ebroicensis [IV] : A131, A134.
— frater Roberti [IV] comitis Mellenti : B43.
— de *Mestenum* : B2.
— nepos Osberni de Sancto Sansone : A31, A32.
Ambrosius, monachus : A169.
Amelfredus : A21.
Amicus, magister, archidiaconus ecclesie Rothomagensis : B60, B61, B65.
Amiot : *v.* Willelmus.
Anastasius de Magnivilla : A141. — Frater ejus : Willelmus.
ANDELA (FLUVIUS) [*Andelle (L'), affluent de la Seine, E. et S.-M.*] : A164, B72.
Andreas
— de *Bosemuncel* : A94.

— filius Reginaldi de Pratellis : B202.
— *le Vilain, le Vilein* : B87, B158.
— Malherbus : B183. — Uxor ejus : Juliana, filia Emmeline de *Wincestre*.
Anffridis : A141. — Maritus ejus : Willemus, vicecomes.
Anfridus, Anffridus, Ansfridus
— A92.
— abbas Pratelli : A1[11][14][15][17], A8, A17, A40, A57, A67, A96, A121, A124, A141, A153, A161, A162, A168, A176, A189, A190.
— *Brochebuef*, rusticus : A50, A106.
— clericus : A131. — Frater ejus : Robertus, monachus. — Filius ejus : Willelmus.
— filius Rogerii de Alba Via : A138. — Fratres ejus : Warnerius, Willelmus.
— de *Ivetot* : A162. — Filius ejus : Robertus.
— de *Ri* : A167. — Filius ejus : Ricardus de *Ri*.
— Rufus : A10. — Filius ejus : Goezfridus.
— Soldearius : A112, A117.
— Trovatus de *Formetot* : A190.
— vicecomes Rothomagi : A139.
Angerus, Angerius : *v.* Ansgerius.
ANGERVILLE-LA-CAMPAGNE : *v.* ANSGERIVILLA.
ANGLIA [*Angleterre*] : A9, A46, A119, A147, A187, A188, A192, A199, B8[15], B23, B52. — Rex : A86, A110, B114, Willelmus [I], Willelmus [II], Henricus [I], Henricus [II]. — *v.* Garinus monachus, Robertus.
Anglicus : *v.* Godefridus, Haimo, Herbertus.
ANGULUS *MAILLART* : *v.* PETROLIUM.
Anscetillus, Anschetillus, Anschitillus, Anquetillus, *Ansquetil*
— A13. — Filius ejus : Simon.
— de Campiniaco, filius Erengerii bubulci, bubulcus : A34, A61. — Frater ejus : Herveus.
— de Campiniaco, filius Saffridi : A23, A58, A68, B8[14], B72. — Filius ejus : Rogerius.
— faber : A149.
— filius Erengerii bubulci de Campiniaco : *v.* Anschetillus de Campiniaco.
— filius Gisleberti *Efflanc* : A24, A68.
— filius *Rainart*, vavassor : A39.
— filius Saffridi : *v.* Anscetillus de Campiniaco.

— filius Turulfi de Campiniaco, miles : A40, A57. — Fratres ejus : Gislebertus, Gaufridus.
— Guillardus : B7. — Filii ejus : Willelmus, Alexander.
— de Mara : A115, A116. — Filius ejus : Hunfridus.
— pincerna : A13, A71, A111, A119.
— *Rocerol*, *Rocherol*, homo Godefridi filii Osulfi de *Handestuith* : A27, A28, A81, A83, A86.
— Trovatus de *Formetot* : A142.
ANSCETIVILLA [*Saint-Siméon, E., cant. Pont-Audemer*]. — *v.* Osulfus, Ursus.
Ansfridus : *v.* Anfridus.
Ansgerius, Angericus, Angerius, Angerus
— A27, A28, A86.
— bubulcus : A103.
— *Pantin* : B151.
ANSGERIVILLA, ANSGERVILLA [*Angerville-la-Campagne, E., cant. Évreux*]. — *v.* Radulfus, Willelmus.
Ansgotus, *Ansgot*
— A60, A61, A103. — Filius ejus : Willelmus.
— filius Alberti : A35.
Antan (de) : *v.* Hugo.
Antelmus de *Montini* : B39.
APIVILLA, APPEVILLA [*Appeville-Annebault, E., cant. Montfort-sur-Risle*]. — Presbiter : Ricardus. — *v.* Gosce.
Arcardus : *v.* Acardus.
ARCHA [*Arques-la-Bataille, S.-M., cant. Offranville*] : B92.
ARDENE [*Ardennes, E., cant. Saint-André, comm. Chavigny*]. — *v.* Robertus, Willelmus.
Ardicius, diaconus cardinalis Sancti Thedori : B52.
ARLESCOTE : *v.* ORLAVESCOTA.
Arnulfus, Arnulphus, Ernulfus
— A63, A140.
— episcopus Lexoviensis : B12, B13, B38, B44, B47, B55.
— de *Hesdinch*, *Hesdin* : A169, A191, B52, B72, C17.
— *Pinel* : A122, B52, B72, B103.
— sacerdos de Castro Drincurie : B108.
— Pater ejus : Albinus. — Frater ejus : Willelmus.
— *Waingne* : B200. — *v.* Herbertus.
Arondel : *v.* Willelmus.
Arroldus de Aubergenvilla : B53.
Asa : A103. — Filius ejus : Goiffredus.
Ascelinus, Aselinus

— A64, A149, A168.
— filius Heldi, miles Roberti de Cruce Maris : A78. — Fratres ejus : Gaufridus, Ricardus.
— filius Oliveri de Monte *Rotart* : A69.
ASPREVILLA [*Épreville-en-Roumois, E., cant. Bourgtheroulde-Infreville*]. — *v.* Rogerius.
ASTON TIRROLD : *v.* ESTONA.
ATRII (FEODUM) [*fief à Neuville-Ferrières*] : B108.
AUBERGENVILLA : *v.* OBERGENVILLA.
AUBERGENVILLE : *v.* OBERGENVILLA.
Aubertus : B199. — Filius ejus : Willelmus.
AUBEVOIE : *v.* ALBA VIA.
AUBIGNY : *v.* ALBINEIUM.
AUDIMERI PONTIS : *v.* PONS AUDOMARI.
AUGA, AGIA [*Eu, Seine-Maritime, ch.-l. cant.*]. — Comes : B113. — *v.* Radulfus, Oliverus.
AULNAY : *v.* ALNEIUM.
AUMALE : *v.* ALBA MARLA.
Auricus de *Huguetot* : B11.
AUTEUIL : *v.* ALTUIL.
AUTIEUX (*Les*) : *v.* ALTARIA.
AUVERS : *v.* ALVERSUM.
AUVILLIERS : *v.* ALVILARA.
Avekin : *v.* Ricardus.
AVENA, AVENNE [*Avesnes-en-Bray, S.-M., cant. Gournay-en-Bray ou Avesnes-en-Val, S.-M., cant. Envermeu ou Aveny, E., cant. Ecos, comm. Dampsmesnil*] : A10, A92, B8. — *v.* Hugo.
AVESNELLE (campus) : *v.* PETROLIUM.
AVIRON [*Aviron, E., cant. Evreux*]. — *v.* Lucas.
Avitia, uxor Rogerii de Portis : B76.
AVRANCHES : *v.* ABRINCUM.
AXAVILLA [*Osseville, C., cant. Cabourg, comm. Cabourg*] : A187.

B

BAALUM (campus) : *v.* CAMPUS BAALUM.
BACCEIUM [*Bauquay, C., cant. Aunay-sur-Odon ou Baucher, E., cant. comm. Saint-Pierre-du-Val*]. — *v.* Galterius, Willelmus, Gaufridus puer.
BACCHENCEIUM, BACCENCAIUM, BAUQUENTUM, BAUQUENCAI, BAUQUENCHAI [*Bocquencé, O., cant. La Ferté-Fresnel ; et Bocassé, E., cant. Cormeilles, comm. Épaignes*]. — *v.* Hugo, Rogerius, Willelmus.

Bafart, Baffart : A50. — Filius ejus : Berengarius.
BAILUEL, BAILLEOL, BAILLUEL [*Bailleul-la-Vallée, E., cant. Cormeilles*] : A147, B52. — *v.* Willelmus.
Baiolus : *v.* Radulfus.
Baissa : A34.
BAJOCUM, BAJOCENSIS [*Bayeux, C., ch-l. arr.*] : A1, A94, A185, B52. — Episcopi : Henricus, Hugo. — Vicecomes : Rannulfus. — *v.* Geroldus, Saffridus, Gislebertus, Willelmus faber.
Baldricus
— A191. — Filius ejus : Hugo.
— archiepiscopus Dolensis : A32.
— filius Gisleberti : A177.
Balduinus, Baldwinus
— A62.
— camerarius : A27.
— comes Albe Marle : B93.
— comes [Flandrensis] : A161.
— filius Roberti de Osmundivilla : *v.* Balduinus de Hispania.
— de Hispania : A16, A151, B52. — Uxor ejus : Cecilia ; Filius ejus : Henricus.
— Montis Pincini : A13.
— nepos *Abbadon* : B1
Banardus : A134.
Baolt : *v.* Herbertus.
Barbatus : *v.* Walterius.
Barbe : *v.* Walterius Barbatus.
BARCET, BARCEIT, BARCHEIT, BARCHET [*Barquet, E., cant. Beaumont-le-Roger*]. — *v.* Robertus, Godefridus.
BARDEVILLA, BARDOVILLA [*Bardouville, S.-M., cant. Durclair*]. — *v.* Paganus, Radulfus, Renoudus.
BARFORD : *v.* BEREFORDA.
BARNEBERIA [*Banbury, Grande-Bretagne, co. Warwickshire*] : C14.
BARRA [*La Barre, S.-M., cant. Bolbec, comm. Beuzevillette ou comm. Saint-Eustache-la-Forêt*]. — *v.* Johannes, Lucas, Willelmus.
Barra : A70.
Bartholomeus
— A102, A131.
— de Postestbira : B68.
— de Warmintona : B123, B124.
Basilia, uxor Willelmi de *Belencombre* : B92.
Bastardus : *v.* Willelmus.
BAUQUENCAI,   BAUQUENCHAI : *v.* BACCENCEIUM.
BAYEUX : *v.* BAJOCUM.

BEATA MARIA MAGDALENA DE ROTHOMAGO (abbatia) [*La Madeleine de Rouen, S.-M., cant. Rouen, comm. Rouen*]. — Prior : R. — *v.* ROTHOMAGUM.
Beatrix
— A93. — Maritus ejus : Drogo ; Frater ejus : Willelmus.
— soror Gotmundi Ruffi de Vascolio : *v.* uxor Radulfi de Warenna.
— uxor Radulfi de Warenna : A162, A176, B72.
BEAUMONT-LE-ROGER : *v.* BELLUS MONS.
BEAUVAIS : *v.* BELVACUM.
Bec (del) : *v.* Giroldus.
Becceth : *v.* Adam.
BECCUM, BECCHUM, BECCENSIS [*Le Bec-Hellouin, E., cant. Brionne*]. — Abbas : Rogerius. — *v.* Giroldus, Odo cementarius, Rogerius, Robertus.
BECHEREL, BECCHEREL [*Becquerel, E., cant. Montfort-sur-Risle, comm. Appeville-Annebaut*]. Decima : A141 ; — Molendinum : A147, B52.
BEDOORDA [*Bedworth, Grande-Bretagne, co. Warwickshire*] : B1.
Bel caitif : *v.* Radulfus.
Beleit, Beleth : *v.* Robertus.
BELENCOMBRE [*Bellencombre, S.-M., ch.-l. cant.*]. — *v.* Willemus, Basilia.
BELLA VILLA [*Belleville, S.-M. , cant. Argueil, comm. Brémontier-Merval*]. — *v.* Hugo.
BELLUM SAPUM, *pour* BELLUM SACCUM (?) [*Beaussault, S.-M., cant. Forges-les-Eaux*]. — *v.* Walterius.
BELLUS MONS, BELLIMONS, BELLEMONS, BELMONT [*Beaumont-le-Roger, E., ch.-l. cant.*] : A1[17], B8[6], B23, B52 ; — Cheminum quod ducit Bellimontem : A94 ; — *Gort* : A12, A128, B8[6], B72 ; — turris : A197 ; — Sancta Trinitas Belli Montis (Prioratus) : A120 ; — Prior, decanus : B131, B132, Wazo, Robertus ; — *v.* Radulfus, Rogerius, Robertus.
BELMONCEL [*Beaumoussel, E., cant. Beuzeville, comm. Beuzeville*]. — *v.* Ricardus.
Belot : *v.* Robertus.
BELVACUM, BELVACENSIS [*Beauvais, Oise*]. — *v.* Odo Castellanus, Adam.
Bencelina, uxor Ricardi Croci : A9, A17, A106, A188. — Fratres ejus : Gislebertus, Turstinus *Efflanc*.

Benedictus
— B7. — Filius ejus : Willelmus.
— decanus de Tregevilla : B62, B69, B103.
Bennengel : *v.* Willelmus.
Bensca : A115, A116. — Filius ejus : Gaufridus.
Benscelina, Benzelina : *v.* Bencelina.
BEOLLEVILLA : *v.* BOLLIVILLA.
BEREFORDA [*Barford, Grande-Bretagne, co. Warwickshire*]. — *v.* Alexander.
Berengarius, Berengerius
— *Bafart*, fillius *Bafart* : A37, A50.
— filius Rogerii *Haslé* : A51, A55.
— *Miete* : A93.
— *le Vavassor* : B185.
BERENGIERVILLE [*Berengeville-la-Campagne, E., cant. Le Neubourg*]. — *v.* Gaufridus.
BERKESIRA [*Berkshire (comté), Grande-Bretagne*] : B66. — Archidiaconus : Gaufridus. — Vices archidiaconus : Rannulfus de Calna.
Bernard : *v.* Walterius.
Bernardus
— abbas Pratelli : B165, B173, B174, B183, B184, B186, B189, B190.
— presbiter de *Periers* : B133.
Bernucus : A34, A63. — Filius ejus : Odo ; nepos ejus : Goifredus.
Berte : *v.* Radulfus.
Bertinus : A180, A183.
BERTOUVILLA [*Berthouville, E., cant. Brionne*]. — *v.* Willelmus.
Bertran : *v.* Gaufridus.
Bertrannus : A140. — Fratres ejus : Rogerius, Hilbertus ; soror ejus : Ermentrudis.
BERVILLA [*Berville-la-Campagne, E., cant. Beaumont-le-Roger ou Berville-en-Roumois, E., cant. Bourgtheroulde-Infreville ou Berville-sur-Mer, E., cant. Beuzeville*] : A56. — *v.* Willelmus.
Besillart : *v.* Radulfus.
BEUZEVILLE : *v.* BOSEVILLA.
BEVRON [*Beuvron-en-Auge, C., cant. Cambremer*]. — *v.* Robertus.
Bienvenu, filius *Moisant* : A146.
BIGAZ, BIGART, BIGAT [*Bigards, E., cant. Beaumont-le-Roger, comm. Nassandres ou Bigard, E., cant. Pont-Audemer, comm. Campigny*]. — *v.* Gislebertus.
Bigerel : *v.* Radulfus.
Bigot (le) : *v.* Ricardus, Robertus.
BINGHAM [*Bingham, Grande-Bretagne, co. Nottinghamshire*]. — *v.* Magister Robertus.

Biscoc : *v.* Tioudus.
BLACUARDIVILLA [*Blacarville, E., cant. Pont-Audemer, comm. Saint-Mards-de-Blacarville*] : B52. — *v.* SANCTUS MEDARDUS.
Blanca Manchella : *v.* Ricardus.
BLEVILLA [*Bléville, S.-M., cant. Le Havre, comm. Le Havre*]. — *v.* Gaufridus.
Bocherst : *v.* Ricardus.
BOCQUENCÉ : *v.* BACCHENCEIUM.
BOGETOT : *v.* BOQUETOT
BOISHÉROUT : *v.* BOSCUS HAIRALDI.
BOIS-L'ABBÉ : *v.* BOSCUS ABBATIS.
BOISSEIUM [*Boissy-Lamberville, E., cant. Thiberville*]. — *v.* Gislebertus.
Boldinus : A141.
BOLEIUM [*Bouley, C., cant. Orbec, comm. Cerqueux*] : B148.
BOLLIVILLA, BOLLEVILLA, BEOLLEVILLA, BULGIVILLA, BULLIVILLA [*Boulleville, E., cant. Beuzeville*] : A1[11], A43, A154.
— Ecclesia Sancti Johannis : A153, B52, B72. — Terra Rogerii de Mara : B189.
— Terra Radulfi Berte : B189. — Via que tendit ad villam : B189. — *v.* Radulfus Berte.
BONA VILLA [*Bonneville-Appetot, E., cant. Montfort-sur-Risle*]. — *v.* Ricardus.
BONA VILLA [*Bonneville-sur-Touques, C., cant. Pont-L'Evêque*] : A6, A19, A156, B52, B72. — *v.* Willelmus, Alveredus, FLAVIVILLA.
BONES BOOZ [*Bonnebos, E., cant. Pont-Audemer, comm. Manneville-sur-Risle*]. — *v.* Willemus.
BONEVILLA, BONE WILETE [*Bonneville-la-Louvet, C., cant. Blangy-le-Château*] : B99, B107. — Molendinum *del coisel* : B99. — *v.* Henricus *Lovet*, Radulfus *Tesssun*, Gaufridus *Lovet*.
BONNEVILLE : *v.* BONA VILLA.
BOQUETOT, BOGETOT [*Bouquetot, E., cant. Routot*]. — *v.* Matheus, Gaufridus faber.
Bordet : *v.* Robertus.
Bordun : *v.* Ricardus.
BORNEVILLA : *v.* BURNEVILLA.
Boschir : *v.* Rogerius.
BOSCUS ABBATIS [*Le Bois-l'Abbé, E., cant. Cormeilles, comm. Épaignes*] : A13. — *v.* HISPANIA.
BOSCUS GIRALDI [*Le Bosguérard, E., cant. Bourgtheroulde, comm. Bosguérard-de-Marcouville*]. — *v.* Robertus.
BOSCUS GOIEH [*Bosgouet, E., cant. Routot*] : A2, A157, A158, A159, B8[11],

B52. — Ecclesia Sancti Martini : A158, B52, B72.
BOSCUS HAIRALDI [*Boishérout, E., cant. Montfort-sur-Risle, comm. Écaquelon*]. Decima : A141.
BOSCUS HELLIN [*Le Bois-Hellain, E., cant. Cormeilles (?)*] : B125, B126. — Plancia Huelini : B126, B127. — *v.* Osbernus, Ricardus.
BOSCUS OSBERNI, BOSC OSBER [*Le Bosc-Aubé, E., cant. Pont-Audemer, comm. Notre-Dame-de-Préaux*] : A1[1][7], A94, A151, B8[1], B52, B72. — *v.* Osbernus, Rogerius.
BOSEMUNCEL [*Beaumoucel, E., cant. Cormeilles, comm. La Chapelle-Becquet*]. — *v.* Andreas.
BOSEVILLA [*Beuzeville, E., ch.-l. cant.*]. — *v.* Theodericus, Ricardus, Robertus.
BOSGOUET : *v.* BOSCUS GOIETH.
Boso : *v.* Radulfus.
Boso
— de *Clermunt* : B133.
— monachus : A187. — Pater ejus : Durandus Lupusculus ; Mater ejus : *Gurblat* ; Fratres ejus : Hugo, Willelmus *Rabuet*.
Botevilain : *v.* Hugo.
BOUGERUE, BOUGUERUE : *v.* BULGIRUA.
BOULLEVILLE : *v.* BOLLIVILLA.
BOURG-ACHARD : *v.* BURGUS ACHARDI.
BOURNEVILLE : *v.* BURNEVILLA.
Bovier : *v.* Odo.
Brancart : *v.* Teolfus.
Brandinus, clericus : B93.
BREEL, BRUELLE [*Bréel, O., cant. Athis*]. — *v.* Ewrardus, Willelmus.
BRETEUIS [*Breteuil-sur-Iton, E., ch. -l. cant.*] : A115, A116. *v.* Eustachius.
BRÉTOT : *v.* BROCHESTUITH.
Brichtricius auceps : B68.
Brieguerrra : *v.* Ricardus.
BRIONA, BRIONIA, BRIONNIA, BRIOBNIA, BRIONIUM, BRIOGNIA [*Brionne, E., ch.-l. cant.*] : A76, A114, A197, B3, B8[8][16], B52, B195. — Kiminum : *v.* WIEVRA. — *v.* Walterius, Robertus.
BRITANIA [*Bretagne*]. — Comites : Alannus, Gaufridus.
Britonus : *v.* Johannes, Ricardus.
Brochebuef, Brochenbuef : *v.* Ansfridus.
BROCHESTUITH, BROCHESTUIT [*Brétot, E., cant. Pont-Audemer, comm. Toutainville*] : B9, B52.

BROTHONA, BROTONA, BROTONIA, BROTONNA, BROTTONA [*Brotonne (forêt), E. et S.-M.*] : A143, A196, A199, B52, B70, B71, B72, B116, C19. — Heremitagium, capella, ecclesia Sancti Audoeni : B43, B47, B48, B52, C19. — *v.* Hugo.
BRUARII CURTIS, BRUECURIA, BRUERIE CURTIS, BRUERII CURTIS, BRUECURT, BRUENCURT [*Brucourt, C., cant. Dozulé*] : A179, A181, A182, A183, B52, B64. — *v.* COLAVILLA, RAINESCOT. — Ecclesia Sancti Vigoris : A179, A180, A181, B52, B148, B196. — *v.* Hugo, Robertus, Willelmus, Galfredus, Gislebertus, Robertus filius Matildis.
Brucce brune : *v.* Bucce brune.
BRUELLE : *v.* BREEL.
Bruiere (*de La*) : *v.* Durandus.
Brun (*le*) : *v.* Robertus.
Bruneheldis : A34.
Brustesalz : *v.* Gaufridus.
Bucce brune : *v.* Ricardus, Osbernus.
Buissun (del) : *v.* Johannes.
BULA [*Bully, S.- M., cant. Neufchâtel*]. — *v.* Manases.
BULETOTH [*Bulletot, S.-M., cant. Goderville, comm. Saint-Sauveur d'Émalleville*] : A189.
BULGIRUA, BOUGERUE, BULGIVILLA [*Bouguerue, E., cant. Pont-Audemer, comm. Saint-Germain-Village, anc. l.-d.*] : A25 A70, A72, B202.
BULLIVILLA, BULGIVILLA : *v.* BOLLIVILLA.
BURGUS ACHARDI [*Bourg-Achard, E., cant. Routot*] : A196, B153. — *v.* Ricardus faber. — PERREIUM, CAMPUS DEL PERREI.
Burnel, Burnellus : *v.* Adelelmus, Odo.
BURNEVILLA, BURNIVILLA, BORNEVILLA [*Bourneville, E., cant. Quillebeuf-sur-Seine*] : A141, A145, A146, A195, A196, B52. — *v.* Radulfus presbiter, Goiffredus, Willelmus.
Burnulfus, bubulcus : A39, A59, A134.
Bursart : A46, A104. — Filii ejus : Radulfus, Henricus.
Busilinus de Girengis : A185.

C

CAABLE [*Le Cable, E., cant. Brionne, comm. Saint-Éloi-de-Fourques ou Le Chable, E., cant. Rugles, comm. Bois-Arnault*]. *v.* Herbertus.

CADIMUM, CADOMUM, CADUMUM [*Caen, C., ch. -l. dép.*] : A1[14], B44, B71, B72, B73. — Monachi [Sancti Stephani] : B72, C4. — Abbates [Sancti Stephani] : A187, *v.* Lanfrancus, Gislebertus.
CAHAINES [*Cahaignes, E., cant. Montfort-sur-Risle, comm. Montfort-sur-Risle*]. — *v.* Odo
Cabanin : *v.* Robertus.
CAILLI [*Cailli, S.-M., cant. Clères*] : A177, A178. — *v.* Osbernus, Robertus.
CAILLOEL (campus) : *v.* CAMPUS CAILLOEL.
Cailloel : *v.* Robertus, Radulfus.
CAISNEIUM : *v.* QUESNEIUM.
CAISNEIUM [*Le Quesnay, S.-M., cant. Saint-Saëns, comm. Saint-Saëns*]. — *v. Aeliz.*
CALCENSIS (territorium) [*Pays de Caux, S.-M.*] : A189.
Calchart : *v.* Rogerius.
Calcia puellam : *v.* Rogerius.
CALETOT [*Calletot, S.-M., cant. Lillebonne, comm. Auberville-la-Campagne ou Calletot, S.-M., cant. Bolbec, comm. Raffetot et Nointot*]. — *v.* Gislebertus.
Caligula : *v.* Willelmus Caligula.
CALNA [*Calne, Grande-Bretagne, co. Wiltshire ou Earls Colne, co. Essex*] : *v.* Ranulfus.
Calvus : *v.* Ricardus ; Saffridus.
CAMPANIACUS : *v.* CAMPINIACUS.
Camp d'aveine : *v.* Radulfus.
CAMPELS, CAMPEAUS, CHAMPELS [*Champagne, E., cant. Évreux, comm. Reuilly*] : A137.
CAMPI IVAS [*lieu-dit au Hamel*] : *v.* HAMELLUS.
CAMPINIACUM, CAMPANIACUM, CAMPIGNEIUM, CAMPIGNÉ [*Campigny, E., cant. Pont-Audemer*] : A1[1], A23, A34, A36, A37, A38, A39, A40, A42, A45, A57, A61, A62, A64, A68, A146, B8[1], B52, B72. — Boscus : A35. — Ecclesia Sancte Marie : B52. — Molendinum : B23. — Presbiter : Galterius. — TRUNNIA : A38. — *v.* Herveus ; Willelmus, filius ejus ; Rogerius ; Goscelinus ; Henricus ; Galfredus ; Willelmus *Wanescrot.* — *v.* MONS *ROTART*, MARE DE *SPISLERIZ*, *MESLERET*, FORGIA.
CAMPUS AVESNELLE [*lieu-dit à Perruel*] : *v.* PETROLIUM.
CAMPUS BAALUM, CAMPI BALUN [*La Chapelle, E., cant. Saint-Georges-du-Vièvre, comm. Saint-Georges-du-Vièvre*] : B195, B197.

CAMPUS CAILLOEL [*champ situé à Selles, E., cant. Pont-Audemer*] : A109. — *v.* Radulfus, Robertus.
CAMPUS DOLENT [*lieu.-dit près de La mare Dolent, E., cant. Brionne, comm. Freneuse-sur-Risle*] : A104.
CAMPUS DEL GRÉS [*lieu-dit à Perruel*] : *v.* PETROLIUM.
CAMPUS DEL MARLEIZ [*lieu-dit à Perruel*] : *v.* PETROLIUM.
CAMPUS DEL PERREI : *v.* PETROLIUM.
CAMPUS DEL PRUNIER [*lieu-dit à Épaignes*] : *v.* HISPANIA.
CAMPUS RUALDI [*champ situé à Selles, E, cant. Pont-Audemer*] : A109.
CAMPUS SEPTEM VIRGARUM [*lieu-dit à Freneuse-sur-Risle*] : A104.
CANCHI, CHANCHIE, CHANSI [*Canchy, S. M., cant. comm. Sainte-Geneviève-en-Bray*]. — *v.* Nicholaus, Radulfus, Rogerius.
CANOVILLA [*Canouville, S.-M., cant. Cany-Barville*]. — *v.* Radulfus.
CANTUARIA [*Canterbury, Grande-Bretagne, co. Kent*]. — archiepiscopi : C17, *v.* Thomas.
Canutus : *v.* Robertus, Rogerius
CAPELLA [*La Chapelle-Bayvel, E., cant. Cormeilles*]. — *v.* Hylarius.
Capetus : *v.* Gislebertus.
Capreus : *v.* Willelmus.
Carrarius : *v.* Turcetillus.
CASTELLIO (abbatia) [*Châtillon-lès-Conches, E., cant. Conches, comm. Conches (abbaye Saint-Pierre)*]. — Abbas : Herbertus ; prior : Gaufridus.
Catados : *v.* Ricardus.
CATBURGUS [*Cabourg, C., ch.-l. de cant.*] : A187. — Ecclesia Sancti Michaelis : A187.
CATELUNTUM, *CATELUN*, *CATELON* [*Catelon, E., cant. Bourgtheroulde, comm. Flancourt*]. Decima : A141. — Ecclesia Sancte Marie : A141, B52.
Cauvet, Cauveit : *v.* Rannulfus.
Cauvin : *v.* Hunfridus.
Cavessot : *v.* Willelmus.
Cecilia, filia Henrici de Hispania : A16, A151. — Soror ejus : Mathildis ; maritus ejus : Balduinus ; filius ejus : Henricus.
Celestinus [III] papa : B91.
Cerf (le) : *v.* Willelmus.
CERQUEUX : *v.* SARCOFAGA.

CESTRIA [*Chester, Grande-Bretagne, co. Cheshire*] : B1, B52. — *v.* Rogerius episcopus.
CHAMPAGNE : *v.* CAMPELS.
CHAMUNT, CHAUMONT [*Caumont, E., cant. Routot*]. — *v.* Willelmus.
CHANCHIE, CHANSI : *v.* CANCHI.
CHERLENTONA, CHERLENTONE, CHEORLETONE, CHERLENTUNNE, CERLENTONA [*Charlton Marshall, Grande-Bretagne, co. Dorset*] : A192, A193, B56, B57, B73, C10, C11. — Ecclesia Sancti Michaelis : B52, B72, C10, C17. — nemus de *Chetel* : B56.
CHESNEI : *v.* QUESNEIUM.
CHESTER : *v.* CESTRIA.
CHETEL (nemus de) : *v.* CERLENTONA.
Chevrel : *v.* Rogerius.
CHILRIN (*Le*) : *v.* WARMINTONA.
Chideron, *Chiderun* : *v.* Gislebertus.
CHIRAIUM, CHIRAI [*Cierrey, E., cant, Pacy-sur-Eure*]. — *v.* Willemus.
Chorunradus Salhburgensis minister, Sabiniensis episcopus : B52.
Christianus, Cristianus
— B41
— A175.
— A64. — Filius ejus : Rogerius.
— A95, A115, A116, A123, B32. — Filius ejus : Willelmus.
— cementarius de *Combon* : A125, A129.
— Filius ejus : Ricardus *del Val*.
— clericus : A1[14].
— presbiter de Sancto Martino : A172.
— presbiter de Campiniaco : A34, A162.
CHROLEIUM, CHROLIEI, CROILE [*Creully, C., ch. -l. cant.*] : A1[12], A79. — *v.* Ricardus.
CIERREY : *v.* CHIRAIUM.
Cinthyus, presbiter cardinalis tituli Sancte Cecilie : B52.
Clarel : *v.* Wilelmus.
Clarizia, filia Radulfi *Travers* : A35.
Claudus : *v.* Martinus.
CLERBEC [*Clarbec, C., cant. Pont-l'Évêque*].
— *v.* Herveus.
CLERMUNT [*Clermont, C., cant. Cambremer, comm. Beuvron*]. — *v.* Boso.
CLOSUS COFART [*vigne à Aubevoie*] : *v.* ALBA VIA.
COFART (closus) : *v.* ALBA VIA.
Coket : *v.* Radulfus.
COLAVILLA [*Colleville, lieu-dit à Brucourt*] : B7.

COLDREIUM [*Le Coudrai, fief à Saint-Germain-Village, à Condé-sur-Risle, E., cant. Pont-Audemer*] : A113. — *v.* Ricardus, Robertus, Thomas.
COLEVILLA [*Colleville, E., cant. Cormeilles, comm. Fresnes-Cauverville*] : A141. — *v.* Hamundus.
Colfoain : B1.
COLUMBARIVILLA [*Colomby-sur-Thaon, C., cant. Creully ou Colombelles, C., cant. Troarn ou Colombières-sur-Seulle, C., cant. Ryes*] : A4.
Columbel : *v.* Ricardus, Willelmus, Robertus, Radulfus, Gislebertus.
Columbus de *Maschon*, canonicus Rothomagensis : B128, B130.
COMBONNUM, COMBONIUM, COMBUNNUM, CUMBUNNUM [*Combon, E., cant. Beaumont-le-Roger*] : A7, A8, A124, A125, A126, A127, A129, A130, A135, B7, B8[7], B17, B27, B30. — Ecclesia Sancte Marie : B52, B72. — Presbiter : *v.* Hunfridus, Alerannus. — *v.* Alannus, Alerannus, Emma, Godefridus Anglicus, Ricardus, Willelmus, Tosteinus. — *v.* MESNILLUM OTHONIS, PRATEA.
COMITISVILLA [*Conteville, E., cant. Beuzeville*] : A107, A113, A198. — *v.* Hugo puer, Ricardus abbas.
Compositus : *v.* Hugo.
CONCHES : *v.* CUNCHA.
CONDEDUS [*Condé-sur-Risle, E., cant. Montfort-sur-Risle*] : A1[13], A4. — *v.* Gislebertus.
CONDÉ-SUR-RISLE : *v.* Condedus.
CONSTANCIA [*Coutances, M., ch. -l. arrd.*].
— Canonici : B144, Ricardus *Hairon*.
— Cantor : B144. — Magister scholarum : B144. — *v.* Johannes.
Corb : *v.* Corvus.
CORBELLUS MONS [*Corbeaumont, E., cant. Pont-Audemer, comm. Les Préaux*] : A18, A43.
CORBODERVISSE [*Temple Herdewyke, Grande-Bretagne, co. Warwichshire*] : C14.
CORBUNVAL [*Val-Corbon, E., cant. Ecos, comm. Ecos*] : A134. — *v.* Herbertus.
Corel : *v.* Willelmus.
CORMELIUM [*Cormeilles, E., ch. -l. cant*].
— *v.* Abbatia. — Abbas : Durandus. — Prior : B139.
CORNEVILLA, CORNIVILLA [*Corneville-sur-Risle, E., cant. Pont-Audemer*] : A13, A42. — *Haietes* (vallis de) : B115. —

Abbatia Sancte Marie ; Abbates : B70, B115, C19, Osbernus, Willelmus. — *v.* Robertus.
CORTACUILLER [*Courte-Cuiller, E., cant. Louviers, comm. Saint-Etienne-du-Vauvray*] : B52.
Corvus, *Corb* : A180, A182, A183. — Filius ejus : Rodulfus.
Cosin *Esgaré* : B164.
Costa : A46. — Gener ejus : Robertus.
COUTANCES : *v.* CONSTANCIA.
COVENTRENSIS, COVINTRENSIS [*Coventry, Grande-Bretagne, co. Warwickshire*]. — Episcopus : C17, Hugo.
Crassus : *v.* Rogerius.
CRAVENÇON [*Notre-Dame de Gravenchon, S.-M., cant. Lillebonne*] : B2.
CRECHEVILLA, KREQUEVILLA [*Cricqueville-en-Auge, C., cant. Dozulé*]. — *v.* Robertus *Escarbot*, Robertus.
Crispinus
— B8[17], B23, B25.
— de Ponte-Audomari : B43.
Crocus (Ricardus) : *v.* Ricardus Crocus.
Croile : *v.* Ricardus de Chroleio.
CRUX MARIS [*Croixmare, S.-M., cant. Pavilly*]. — *v.* Rogerius
CRUX SANCTI LEUDFREDI (abbatia) [*La Croix-Saint-Leufroi, E., cant. Gaillon*]. — Abbas : Radulfus.
CUINCHY : *v.* QUINCY.
CUMBUNNUM : *v.* Combonnum.
CUNCHE [*Conches, E., ch. -l. cant.*] : B129. — *v.* Abbatia de Castellione.

D

Dacus : *v.* Fulco.
DALBUET [*Daubeuf-la-Campagne, E., cant. Le Neubourg*] : A141.
DALENCHEVILLA : *v.* ALANCHEVILLA.
Damoius : A187.
DASTIN (terra) : *v.* MAISNILLUS DASTIN.
Dastin : *v.* Godefridus, Hugo, Radulfus, Ricardus, Simon, Willemus.
David
— prepositus : A140.
— presbiter : A146.
DEAUVILLE : *v.* ADAVILLA.
DENESTANVILLE : *v.* DUNSTANVILLA.
Deodat, presbiter Pontis [Audomari] : A71.
Deus fecit eum : *v.* Rodulfus.
Diabolus : *v.* Osbernus.

DIEPPA [*la Dieppe, anc. nom de la Béthune, affluent de l'Arques, S.-M.*] : B179.
DIVA [*la Dive, rivière, C.*] : A179, A184. — Vicecomites : Hugo, filius Willelmi.
DIVES BURGUS [*Riquebourg, S.-M., cant. Pavilly, comm. Pavilly*]. — *v.* Paganus.
Dodelin : *v.* Robertus.
DOL, DOLENSIS [*Dol-de-Bretagne, Ille-et-Villaine, ch. -l. cant.*]. Archiepiscopi : *v.* Baldricus, Goiffredus.
DOMUS LAZARORUM : *v.* SANCTUS EGIDIUS JUXTA PONTEM AUDOMARI.
DOMUS PELDOE [*lieu-dit à Épaignes*] : B191.
Doquin : B140.
DOULT-VITRAN : *v.* WITERAM.
DRIENCURIA, DRINCURIA, DRINCORT, DRINCURT, EINCURIA, NOVUM CASTRUM, NOVUM CASTELLUM [*Drincourt, anc. nom de Neufchâtel-en-Bray, S.-M., ch. -l. cant.*] : A110, B31, B39, B40, B108, B179, C8. — Baillivus : Robertus de Merlevilla. — Burgensis : Adelermus *Burnel*. — Castrum : B92, B108. — Decani : Reinoldus. — Ecclesia Sancte Radegundis : B52, B92, B113, C16 ; monachi : Laurentius procurator, Michel, Ricardus ; prior domus Sancte Radegundis : B113. — capella Sancte Marguarite : C16. — Fratres hospitalis Domus Dei : B113. — Molendina : B179. — Prepositus : Robertus *Soein*. — Presbiteri : Arnulfus, Luinus. — Sanctus Petrus de Driencuria : *v.* Luinus presbiter. — Vadum Petrosum : B179. — Vicecomes : B179. — *v.* NOVA VILLA, MONS PARVUS, MONS RICARDI.
Drogo, Droco.
— A92.
— constabularius : C9.
Drudus : *v.* Rainaldus.
DRUMARA [*Drumare, S.-M., cant. Saint-Romain-de-Colbosc, comm. La Cerlangue*]. — *v.* Hugo, Willemus.
Dulcis : *v.* Rodulfus.
Dunart : A27.
DUNELMIA, DUNELMENSIS [*Durham, Grande-Bretagne, co. Durham*]. — Episcopus : Hugo.
DUNSTANVILLA [*Denestanville, S.-M., cant. Longueville-sur-Scie*]. — *v.* Walterius.
Durandus
— abbas Cormeliis : B108.
— de *La Bruiere* : B134.

— Lupusculus : A187. — Uxor ejus : *Gurblat* ; filii ejus : Boso, Hugo, Guillelmus *Rabuet.*
— *Malpuint,* hospes : A32.
— nepos Goscelini : A29.
— de Ponte Audomari : A172. — Filius ejus : Radulfus.
— *Postel* : B200.
— presbiter de Esturvilla : A197.
Dura, Dorea
— de Turvilla : A39. — Filius ejus : Goisfredus.
— A146. — Filius ejus : Rogerius presbiter.
Durfort : *v.* Hugo.
DURHAM : *v.* DUNELMIA.
Duvelina : A59. — Filii ejus : Osbernus de Turvilla, Heleboldus.

E

EBORACUM, *EUROHIC* [*York, Grande-Bretagne, co. Yorkshire*]. — Archiepiscopus : C17, Rogerius. — Vicecomes : Hugo, filius Balduini.
EBROICUM, EBROICE [*Évreux, E., ch.-l. dép.*] : A64, A131, A160, A182, B181.
— Archidiaconus : Robertus. — Canonici : Milo. — Cantor : B180, B181, B182. — Comes : Amalricus, Simon. — Decanus : B180, B181, B182.
— Episcopus : Egidius, Rotrodus. — Officialis : B180, B181, B182.
Ebroldus : A171. — Filius ejus : Robertus.
Efflanc : *v.* Radulfus, Rogerius, Sturmidus, Turstinus.
Efflanc : *v.* FEODUM *EFFLANC.*
Egidius
— archidiaconus : B11.
— episcopus Ebroicensis : B44, B45.
EINCURIA : *v.* DRIENCURIA
Eleutherius, capellanus : B114.
Elgo : *v.* Helgo.
Elisabeth, uxor Roberti, comitis Mellenti : A120. — Filii ejus : Gualerannus, Robertus, Hugo.
ELYENSIS [*Ely, Grande-Bretagne, co. Cambridgeshire*]. — Episcopus : Eustachius.
ÉMALLEVILLE : *v.* ESMALEVILLA
ÉMENDREVILLE : *v.* HERMENTRUDIVILLA.
Emma
— de Combonio : A125, B52. — Maritus ejus : Gualcelinus marescallus ; filius ejus : Ricardus.

— uxor Alberti Turiville : A45. — Filius ejus : Robertus.
— uxor Gualcelini marescalli : *v.* Emma de Combonio.
Emmelina
— de *Tortel* : B109. — Maritus ejus : Willelmus *le Poignor.*
— de *Wincestre* : B183. — Filia ejus : Juliana, uxor Andree Malherbi.
Enbulgebien : *v.* Inbulgebonum.
Engerrannus, *Eingeran,* Elgerannus, Engelrannus, Engirannus, Ingelrannus
— A61. — Filius ejus : Radulfus.
— A131. — Filius ejus : Hunfridus.
— filius Radulfi de *Rim* : A178.
— hospitalis : A172.
— janitor : B39.
— rollifer : A167.
— de Vivario : A136.
— de *Waiscuil* : A177, B52. — Filius ejus : Gislebertus.
Engigneor (l') : *v.* Hunfridus.
Engirannus : *v.* Engerrannus
ÉPAIGNES : *v.* Hispania.
ÉPREVILLE : *v.* ASPREVILLA.
Erchenbaldus : A140.
Eremburgis, Heremburgis, *Eremburc*
— B51. — Filius ejus : Rogerius *ou* Robertus.
— A61. — Maritus ejus : Radulfus ; filius ejus : Osmundus.
— filia Osulfi prepositi Tustiniville : A27, A34 (?), A82. — Mater ejus : Hatvis ; Frater ejus : Radulfus ; soror ejus : Alberade.
Erengerius, Eremgerius, Heringerius
— bubulcus de Campiniaco : A61, A92. — Frater ejus (?) : Saffridus ; filii ejus : Anschetillus, Herveus.
— gravator, *le Graverenc* : A55, A71. — Nepos ejus : Turstinus.
— *Popart* : A94.
Erfredus prator : *v.* Evrardus.
Ermengardis, uxor Walterii, comitis *Giffart* : B15.
Ermentrudis : A140. — Mariti ejus : Gulbertus filius Wimundi, Gislebertus *Hauduc.*
ERMENTRUDIVILLA : *v.* HERMENTRUDIWILLA.
Ernaldus, Hernaldus de Torvilla : B120.
Erneisus, Ernusus : A13, A140. — Filius ejus : Goisfredus.
Ernulfus : *v.* Arnulfus.
Escarbot : *v.* Robertus.
Escarpi : *v.* Stephanus.
Esgaré : *v.* Cosin.

ESMALEVILLA [*Émalleville, S.-M., cant. Goderville, comm. Saint-Sauveur-d'Émalleville*]. — *v.* Willelmus.
Espec : *v.* Ricardus.
Espeudri : *v.* Rogerius.
ESPREVIER (*L'*), *ÉPREVIER*, ESPREWIER, ESPERVIER [*L'Éprevier, E., cant. Routot, comm. Hauville*]. — *v.* Rogerius.
ESPREVILLA, SPREVILLA [*Épreville-en-Lieuvin, E., cant. Saint-Georges-du-Vièvre*] : A13, A113. — *v.* Rogerius.
ESPREWIER : *v.* ESPREVIER.
ESTEINMARA [*Étennemare, S.-M., cant. Pavilly, comm. Limésy*] : B65.
ESTONA, EXTONA [*Aston Tirrold, Grande-Bretagne, co. Oxfordshire*] : A191, B52, B68, B72. — Ecclesia Sancti Michaelis : B52, B66, B67, B72, C17. — *v.* Walterius.
ESTOUTEVILLE : *v.* STOTA VILLA.
ESTRÉE : *v.* STRATA.
Esturmit : *v.* Sturmidus.
ESTURVILLA, ESTURIVILLA, STURIVILLA, STURVILLA [*Étreville, E., cant. Routot*] : A168, A195, A197, A199, B8[17], B72, B101, B192, C18. — Decima : B131, B132. — Ecclesia Sancti Sansonis : A197, B42, B52, B65, B131, B132. — Feodum Thome de Burnevilla : B192. — Manerium : B149. — Presbiteri : Durandus, Hunfridus, Adelelmus, Herbertus. — *v.* Ricardus, Robertus, Henricus Toroude.
ESUITENEVELE [*Sotwell, Grande-Bretagne, co. Berkshire*] : B1.
Etardus : *v.* Aitardus.
ÉTENNEMARE : *v.* ESTEINMARA.
ÉTRÉPAGNY : *v.* STREPENEIUM.
ÉTREVILLE : *v.* ESTURVILLA.
EU : *v.* AUGA.
Eudo : *v.* Odo.
EUROHIC : *v.* EBORACUM.
Euroldus, Heuroldus
— A169.
— filius Achardi presbiteri : A179.
— prepositus : A71.
Eustachius
— [de Brittolio] : A134. — Uxor ejus : Juliana.
— episcopus Elyensis, cancellarius regis Ricardi : B93.
— de Granivilla : B15, B19.
— de Tregevilla, Clericus , filius Ricardi de Tregevilla : B51, B160, B161, B162.
— Frater ejus : Hugo *l'Abbé*.

Euvrardus, Evradus, Evrardus, Ewardus, Ewradus
— abbas Pratelli : A17, A106.
— de *Breel* : B58.
— custos pratorum : *v.* Evrardus prator Tustiniville.
— filius Galterii : A26.
— filius Sturmidi *Efflanc* : A52, A106.
— nepos Turstini *Efflanc* : *v.* filius Sturmidi *Efflanc.*
— prator, custos pratorum Tustiniville : A27, A42, A81, A167.
— de Tustinivilla : A52. — Filius ejus : Radufus.
ÉVREUX : *v.* EBROICUM.
EXMES : *v.* OBSIMENSIS.
EXNUTREVILLA [*Exnutreville, anc. nom de Sainte-Opportune-la-Mare, E., cant. Quillebeuf-sur-Seine*] : A6.
EXTONA : *v.* ESTONA.

F

FAGUS PEDICULOSA [*Le Hêtre-Pouilleux (?), lieu-dit à Vascœuil ou à Ry*] : B90.
FASTEVILLA, FASTOVILLA [*Fatouville, E., cant. Beuzeville, comm. Fatouville-Grestain*]. — *v.* Robertus, Hugo.
Fauvel : *v.* Robertus.
FÉCAMP : *v.* FISCANNUM.
FELGEROLES [*Feuguerolles, E., cant. Le Neubourg,* ou *Feugrolle, E., cant. Brionne, comm. Brionne,* ou *Feuguerolles à Nassandres*] : A123. — *v.* Robertus.
Feodum de *Reel* : *v.* Reel.
FEODUM EFFLANC [*fief sis au Réel, comm. Tourville*] : *v.* REEL.
Feodum *Kavelier* : *v.* Kavelier.
FEODUM ROHERII, FEODUM *ROHIR* [*La Riourie, lieu-dit à Selles*] : A51.
Ferli : *v.* Robertus.
Ferme : *v.* Radulfus de Hispania.
Ferrant : *v.* Gaufridus, Ricardus, Willelmus.
Ferré : *v.* Guarinus.
Festu : *v.* Osbernus *del*
FEUGROLLE : *v.* Felgeroles.
FEUGUEROLLES : *v.* Felgeroles.
Fichet, Ficheit : *v.* Hugo, Gaufridus, Henricus.
Firmatus, faber : A10, A92. — Filius ejus : Gozefridus.

FISCANNUM, FISCANNENSIS [*Fécamp, S.-M., ch. -l. cant.*] : A1[2][11], A153, C4 ; — monachi : A6, B72 ; — abbas : *v.* Johannes.
Flanbart : *v.* Rogerius.
FLANCOURT : *v.* *FROLLANCORT*.
FLAVIVILLA [*anc. nom de Bonneville-sur-Touques, C., cant. Pont-l'Évêque*] : *v.* SANCTUS MARTINUS FLAVIVILLE.
Florentia, uxor Ricardi *Dastin* : A172.
FLORI [*Fleury-sur-Andelle, E., ch. -l. cant.*]. — *v.* Helias.
Foké : *v.* Radulfus.
Folebec : *v.* Fulebeccum.
Folon (le) : *v.* Gaufridus.
FONS [*Fontaine-Beaunay, E., cant. Fleury-sur-Andelle, comm. Perriers-sur-Andelle (?)*]. — *v.* Willelmus.
FONTAINECOURT : *v.* FONTANI CURTIS.
FONTANA [*Fontaine-la-Soret, E., cant. Beaumont-Le-Roger*] : A141, A162. — *v.* Turaldus. — Presbiter : Ricardus.
FONTANI CURTIS [*Fontainecourt, E., cant. Montfort-sur-Risle, comm. Glos-sur-Risle*] : A141.
FORGIA [*division de la terre du Réel à Tourville-sur-Pont-Audemer*] : *v.* REEL.
FORMENTIN [*Formentin, C., cant. Cambremer*]. — *v.* Willelmus.
FORMETOTIVILLA, *FORMETOT* [*Fourmetot, E., cant. Pont-Audemer*] : A142, A190, B52. — *v.* Anffidus Trovatus.
FORMOVILLA [*Fort-Moville, E., cant. Beuzeville*]. — *v.* LES RUES. — *v.* Gotscelius Rufus, Robertus.
Fortinus : A111.
Fortis : *v.* Gaufridus, Robertus.
Fortis scutus, *Fort escu* : A92. — *v.* Radulfus, Hugo, Guafredus.
Fossa : *v.* Hugo, Saffridus.
FOSSETES : *v.* TURVILLA.
FOSSE TOLE [*Les Fosses-Tolles, E., cant. Pont-Audemer, comm. Selles*] : A55.
FOSSUETTES : *v.* FEUGUEROLES
FOULBEC : *v.* FULEBECCUM.
FOURMETOT : *v.* FORMETOTIVILLA.
FRAISNOSA, FRAINOSE, FRAXINOSUM, FRESNOISA, *FRESNOISE*, *FRESNOSE* [*Fréneuse-sur-Risle, E., cant. Montfort-sur-Risle*] : A52, A123, A151. —*Routiz* : A104. — *v.* Radulfus, miles ; Radulfus monachus.
Framboiser (de) : *v.* Thomas.
Francet, Franchet : *v.* Safridus.

FRANCIA [*Ile-de-France, France*] : B36, B92 ; — Rex : A86, *v.* Ludovicus.
Frapesauge : *v.* Radulfus.
Frawinnus : *v.* Robertus.
Fretez (les) : A93.
Freslart : *v.* Ricardus.
FRIARDEL [*Friardel, O., cant. Orbec*] : *v.* Willelmus.
FROLLANCORT [*Flancourt, E., cant. Bourgtheroulde*]. — *v.* Radulfus.
Fruissart : *v.* Hunfridus.
Fulcherius, Fulcerius, Fulcerus
— dapifer Rodulfi *Efflanc* : A22.
— faber : A65.
— rusticus : A17.
— de Ponte : A87, A160. — Gener ejus : Willelmus.
Fulco
— B1. — Filius ejus : Ricardus.
— Dacus : B117.
— filius Gaufridi *le Folon* : A95.
— presbiter [de Sancto Medardo] : A31, A32.
FULEBECCUM, *FOULBEC*, *FOLEBEC*, *FULEBEC* [*Foulbec, E., cant. Beuzeville*]. — *v.* Hugo, Robertus Piscis. — *v.* POTARIA SUPER RILLAM.
Funturdus : A27.
FURCAE [*Fourges, E., cant. Écos*]. — *v.* Radulfus.

G

GAILLON : *v.* GUALIO.
Gaisdon : *v.* Goscelinus, Hugo.
Galerannus, Galeranus, Gualerannus, Walerannus
— comes Mellenti [I] : A1, A139. — Filius ejus : Hugo.
— comes Mellenti [II] : A38, A70, A71, A76, A120, A146, B2, B3, B8[16][17], B9, B18, B22, B23, B24, B25, B26, B27, B28, B29, B30, B33, B37, B38, B47, B52, B54, B72, B73, B74, C16 (?). — Uxor ejus : Agnes ; filius ejus : Galerannus, Robertus, Almaricus, Radulfus.
— comes de *Warwic* : B114, C13.
— filius Galeranni [II], comitis Mellenti : B8[17], B25. — Frater ejus : Robertus [IV], comes.
— filius primogenitus Roberti [IV], comitis Mellenti : B70, B71, B78.
— forestarius : B5. — Filius ejus : Robertus.

— frater Henrici de Martinivilla, miles : B107.
— marescallus comitis Mellenti : B43.
— de Watevilla : B70, B86, B101.
Galetot : *v.* Robertus.
GALLIA [*France*] : B111.
Galterius : *v.* Walterius.
Gambun : *v.* Goisfredus, Osbernus, Robertus.
Gargatus : *v.* Hugo.
GARINPREET [*Varimpré-les-Essarts, S.-M., cant. Blangy-sur-Bresle*] : A110.
Garinus, Guarinus, Warinus
— de Aldehae : B163.
— *Ferré* : B35.
— monachus de Anglia : A46.
Garnerius, Guarnerius, Warnerius
— filius Radulfi de *Gualoncel* : A137. — Frater ejus : Odo.
— filius Rogerii de Alba Via : A138. — Fratres ejus : Anffridus, Willelmus. — Filius ejus : Willelmus.
— de *Hodenc* : B39, B138.
— laicus : A1[14].
— miles abbatis : A162, A168.
Garnier : *v.* Gillebertus.
Gaudin : *v.* Robertus.
Gaufridus, Galfredus, Galfridus, Gaufrizdus, Gauzfridus, Godefredus, Godefridus, Godefriduns, Goezfridus, Goisfredus, Goiffredus, Guafredus
— A10.
— A106. — Filius ejus : Willelmus.
— abbas Cadomi : A187.
— abbas Pratelli : A26, A29, A140, A141, A169, A178, A179, A180, A181, A182, A183, A185, A187.
— de Altia, magister : B102.
— Anglicus, prepositus de *Combon* : A130, B30.
— archidiaconus de Berkesira : B172.
— archiepiscopus Dolensis : A32.
— de Bacceio, puer : A135.
— de Bacchenceio, Bauquento : A93. — Soror ejus : Beatrix.
— de *Barchet, Barcheit* : A130. — Pater ejus : Robertus.
— de *Berengierville* : A94.
— *Bertran* : A177.
— de Blevilla : B15.
— de *Bosc Osber* : *v.* A151.— Frater ejus : Rogerius.
— Bruarii Curtis, de *Bruecurt*, filius Gisleberti : A179, A181, B21.
— *Brustesalz* : A111.

— de Burnevilla : A195, A196, B192. — Filii ejus : Ricardus, Willemus ; nepos ejus : Thomas.
— de Campiniaco : A34, A37, A41, A42, A62, A172, B104. — Fratres ejus : Willelmus, Radulfus, Rogerius. — Avunculus ejus : Ricardus.
— canonicus : B39.
— de *Cayllewey* : C10.
— clericus : A1[14].
— de *Combon* : B73, B76, B77, B129.
— comes Britannie : B49. — Frater ejus : Henricus [II] rex Anglorum.
— *Dastin* : A99, A165, A168, B72. — Frater ejus : Radulfus. — Filius ejus : Ricardus.
— decanus Lexoviensis : B175.
— decanus Rothomagensis : B11.
— decanus de Sancto Salvio : B113.
— dux Normannorum et consul Andegavorum : A177, A199.
— faber de *Boquetot* : B153.
— faber Sancti Germani : A70, A73.
— famulus abbatis de Pratellis : B112.
— *Ferrant*, filius Willelmi *Ferrant* : B153.
— *Fichet* : A160, B30, B52, B56, B75, B76. — Avunculus ejus : Hugo *Fichet* ; Aalardus, nepos ejus.
— filius Anffridi Rufi : A10.
— filius Ase : A103.
— filius Bensce : A115, A116.
— filius Dastini, monachus : *v.* Godefridus *Dastin*.
— filius Dure : *v.* Gaufridus de Turvilla.
— filius Erneisi, Ernusi : A13, A140.
— filius Gisleberti : A64. — Fratres ejus : Rogerius et Robertus *Beleit*.
— filius Gisleberti de Wascolio : A179. — Mater ejus : Adelidis.
— filius Gisleberti Bruarii Curtis : *v.* Gaufridus Bruarii Curtis.
— filius Godemani : A17.
— filius Heldi, miles Rogerii de Cruce Maris : A78. — Fratres ejus : Ascelinus, Ricardus.
— filius Herberti filii Rainoldi : A94.
— filius Odonis filii Bernuci : A63. — Mater ejus : Alberada. — Filius ejus : Osbernus .
— filius Osberni de Turvilla : *v.* Gaufridus de Turvilla.
— filius Osulfi de *Handestuith*, homo sancti Petri : A86. — Homo ejus : Anschetillus *Rocherol*.

— filius Osulfi Muceoli : *v.* Gaufridus Muceolus.
— filius Radulfi de Grimboldivilla : A108. — Mater ejus : Hildeburgis. — Frater ejus : Radulfus.
— filius Roberti de *Barchet* : *v.* Godefridus de *Barchet.*
— filius Rogerii Inbulgeboni, *Enbulgebien, Inbulgebien* : A55, A94, A132. — Fratres ejus : Hunfridus, Ricardus.
— filius Rogerii de *L'Esprevier* : A198, A199. — Avunculus ejus : Ricardus.
— filius Turulfi : A1[17], A40, A57. — Fratres ejus : Anschetillus et Gislebertus.
— filius Willelmi de Bacchenceio : *v.* Gaufridus de Bacchenceio.
— *le Folon* : A95. — Filius ejus : Fulco.
— *Fort escu* : A151, B140. — Frater ejus : Hugo.
— Fortis, vavassor Grimboldivilla : A80, B72.
— frater Hugonis, clerici : *v.* Gauzfridus filius Turulfi.
— frater Radulfi de Warenna : A162.
— frater Rogerii, comitis de *Warwick* : B1.
— *Grip* : A27.
— *Hungre* : A141.
— *Hurterel*, tenens Thome de Hispania : B151.
— *Kevrel*, filius Hugonis *Kevrel* : B147. — Avus ejus : Willelmus.
— *Lovet* de Bonevilla : B107. — Pater ejus : Henricus.
— de Mara : A32.
— [de La Mara] : A6.
— miles abbatis : A162.
— molendinarius de Martinivilla : A151.
— molendinarius Sellarum : A13, A50.
— monachus : A163.
— Muceolus, filius Osulfi Muceoli : A26, A179.
— de Novo Burgo : B14.
— de Osmundivilla : B137.
— parmentarius : A127. — Filius ejus : Willelmus *Cavessot.*
— Polardus : A64.
— portarius : A140.
— presbiter Pratelli : B82, B69 *(?).*
— prior Castellionis : B76.
— *Pulein* : B32.
— de Puta Fossa : A168.
— de *Roes* : B29.
— de *Sai* [I] : B113. — Uxor ejus : *Aeliz* de Caisneio ; filius ejus : Gaufridus [II] de *Sai.*

— de *Sai* [II], filius Gaufridi de *Sai* : B113. — Mater ejus : *Aeliz* de Caisneio.
— de Sancto Medardo : A27, A29. — Frater ejus : Turstinus ; filius ejus : Goscelinus.
— socrus Radulfi filii Ricardi Calvi : A102.
— de Turvilla, filius Dure : A39, A42, A44, A59.
— *Viscart, Wiscart* : A150, A151.
Gaulterius : *v.* Walterius.
Gauzfridus : *v.* Gaufridus.
Geraldus : *v.* Giraldus.
GERENGIA, GIRENGIA [*Grangues, C., cant. Dozulé*] : A170, A176, A185, B72. — *v.* Willelmus Trovatus, Busilinus, Radulfus.
Geretrudis [de Wascolio] : B180, B181.
Gerois : A13. — Filius ejus : Rodulfus.
Geroldus : *v.* Giraldus.
Gervasius
— clericus de Neubiria : B172.
— filius Hugonis *Fichet* : A97.
— de Grinboldivilla : B23.
GEUVRA : *v.* WIEVRA.
Gifart, Giffart : *v.* Walterius, Willelmus.
Gillelmus : *v.* Willelmus.
Gimundus : *v.* Guimundus.
Giraldus, Geraldus, Geroldus, Geroudus, Girardus, Giroldus
— A134.
— A181.
— B119. — Filius ejus : Radulfus canonicus.
— de *Aincurt* : A113.
— de Bajocis : A94. — Filii ejus : Saffridus et Gislebertus.
— *del Bec* : A86, A101, A125.
— botellarius comitis : A162.
— de *Condé* [I] : A78. — Nepos ejus : Geraldus.
— de *Estona* : B68. — Filius ejus : Turoldus.
— filius Guimundi, Wimundi : A25, A72.
— filius Helgonis de Alneio : *v.* Giroldus *Gremont.*
— filius Herberti *Baolt* : *v.* Giroldus *del Bec.*
— filius Herberti prepositi : *v.* Giroldus *del Bec.*
— filius Osberni Male habet : A107. — Frater ejus : Rodulfus.
— *Gremont, Gremunt*, filius Helgonis de Alneio, sororius Godardi : A81, A83, A84, A100, A104. — Fratres ejus : Adelardus, Radulfus, filius ejus : Radulfus.

— de Gurnaio : B39. — Filius ejus : Hugo.
— de Hunefluet : A26, A71. — Filii ejus : Robertus, Willelmus.
— de Lacueria : A21.
— de Malmuncel : A123.
— nepos Geraldi de Condé [II] : A78.
— nepos Ricardi Hai : A104.
— de Ponte Audomari : A113. — Filius ejus : Robertus.
— portarius : A129, B17.
— Puella : A25, A72.
— Pungens : A14, A102. — Filius ejus : Ricardus.
— Rainowart, Ranowardus, Rainuardus, Reinoardus : A43, A69, A106, A108, A111, A140, A149, A154, A181, A182. — Filia ejus : Hildeburgis ; gener ejus : Radulfus Magnus.
— sororius Godardi : v. filius Helgonis de Alneio.
— de Veterivilla : A37.
GIRARDIVILLA [Graville-Sainte-Honorine, S.-M., cant. Le Havre, comm. Le Havre].
— v. Matheus.
GIRENGIA : v. GERENGIA.
Gislebertus, Gilibertus, Gillebertus, Guillebertus
— B36, B41.
— A17. — Privinnus ejus : Wimundus.
— A1[13], A4. — Gener ejus : Rogerus de Cruce Maris.
— abbas Sancti Stephani Cadomi : A187.
— Adaville : A179.
— de Albemaria : B49.
— de Bigaz, Bigat : A129, B8[17], B17, B22, B29.
— de Boisseio, miles : B141, B142, B145. — Filius ejus : Willelmus de Salerna, Rogerius.
— Brueriecurtis, de Bruecuria : A178, A181, A183. — Frater ejus : Robertus. — Filius ejus : Gaufridus.
— de Bruencurt : B21.
— de Caletot : B15.
— Capetus : A183.
— Chideron, Chiderun : A10, A59.
— clericus : A196.
— Comes : A104.
— Corneville : A42, A172. — Nepos ejus : Robertus de Formetot.
— Efflanc : A1[6], A17, A24, A68, A106, B8[4], B72. — Fratres ejus : Saffridus, Turstinus ; soror ejus : Bencelina. — Filius ejus : Anschetillus.

— episcopus Lundiniensis : B24.
— filius Aldemari, Audomeri : A17, A59.
— filius Elgerranni : v. Gislebertus [I] de Vaiscoil.
— fillius Geroldi de Bajocis : A94. — Frater ejus : Saffridus.
— filius Marci : A171.
— filius Odonis : A134.
— filius Osberni : A44. — Frater ejus : Radulfus.
— filius Reinfredi : B72.
— filius Ricardi Columbel de Hispania, monachus : A94. — Fratres ejus : Willelmus, Radulfus, Robertus. — Mater ejus : Helvida. — Soror ejus : Adelaida.
— filius Teobaldi Wascoliensis : v. Gislebertus de Wascolio.
— filius Turulfi : A40, A57. — Fratres ejus : Hugo, clericus, Anschetillus et Gaufridus.
— frater Ricardi de Lambertivilla : B32.
— frater Ricardi vaccarii : A86.
— Garnier : B164.
— Harenc : B29.
— Hauduc : A140. — Uxor ejus : Ermentrudis.
— de Hotot : B14, B19.
— le Saisne, le Saine : B25, B37, C18.
— Maleth : A95. — Filius ejus : Robertus.
— de Mara : A125.
— Marescot : B10.
— de Marleiz, magister, canonicus Rothomagi : B128, B130, B139.
— Moisnart : A130.
— nepos Herberti : A103.
— Pellicius, presbiter : A33.
— de Pino, Pinu : A147. — v. Morinus.
— pistor : A4. — Filius ejus : Odo.
— prepositus de Vanescrot : A160.
— de Roperos : A93.
— sacerdos de Ri : B90. — Filii ejus : Willelmus, Robertus, sacerdotes.
— Triban : B106.
— de Wascolio [I] : A178, B72. — Uxor ejus : Adelidis.
— de Wascolio [II], filius Elgerranni : B21, B52, B90, B88, B89.
Gisloldus, presbiter de Osmundivilla : A149.
GLATINIUM [Glatigny, E., cant. Brionne, comm. Saint-Paul-de-Fourques]. — v. Herluinus.
GLOUCESTER : v. GLOVERNIA.
GLOVERNIA, GLOECESTRE [Gloucester,

Grande-Bretagne, co. Glocestershire].
— dominus : C17. — *v.* Robertus.
Gobic : *v.* Osbernus, Willelmus.
Gocelin : *v.* Robertus.
Gocelinus : *v.* Goscelinus.
Goerus, sacerdos : B39.
Godardus
— filius Osulfi de *Handestuith* prepositi Tustiniville : A27, A28, A81, A83, A84.
— Frater ejus : Radulfus ; filiae ejus : Alberade et Eremburgis. — Sororius ejus : Giroldus.
— filius Rainaldi filii Martini : A69.
— pistor : A61, B183 *(?).*
— de Valle, Vallibus : A177, B14, B16, B21.
Godefridus : *v.* Gaufridus.
Godefriduns : *v.* Gaufridus.
Godemanus : A17. — Filius ejus : Gaufridus.
Goellus de *Altuil*, de Ruleio : A136, A137.
Goerus, sacerdos : B39.
Goncelinus, Gonscelinus : *v.* Goscelinus.
GORDARDIVILLA [*Goderville, S. -M, ch. -l. cant.*]. — *v.* Rogerius.
GORNAIUM, GURNAIUM [*Gournay-en-Bray, S.-M., ch. -l. cant.*] — *v.* Geraldus, Hugo.
Gosce de Appevilla : B43.
Goscelinus, Gocelinus, Goncelinus, Gonscelinus, Gotscelinus, Gualcelinus, Gunsilinus.
— A1[17], A5, B8[2], B72.
— de Campigneio : B65.
— de *Lisois* : A26.
— filius Firmati : A10.
— filius Odonis famuli : A46.
— filius Osulfi monachi : *v.* Gunscelinus de Hispania.
— filius Goisfredus de Sancto Medardo, Medardi : A29, A33.
— frater Ricardi : A46.
— *Gaisdon* : B164.
— gener Rogerii *Haslé* : *v.* Goscelinus de *Tortel*.
— de Hispania, filius Osulfi monachi : A1[17], A4, A10, A11, A90, A163, A168, B52. — Fratres ejus : Gulbertus, Osbernus *(?)* ; filius ejus : Alveradus.
— marescallus : A125, B52. — Uxor ejus : Emma. — Filius ejus : Ricardus.
— Medardi : *v.* Goscelinus de Sancto Medardo.
— de *Moiaz* : B194.
— monachus de *Wanescrot* : A55.
— presbiter Tustiniville : A21, A27, A29, A69. — Nepos ejus : Durandus.
— Rossellus, *Rossel, Rosseil*, Russellus : B23, B28, B37, B53, B56, B70.
— Rufus : A4, A9, A10, A163, A188, B8[2], B52, B72.
— Rufus de Formovilla : A1[2].
— Sutor : B112.
— de *Tortel*, gener Rogerii *Haslé* : A51, A55.
Gotmundus, Gothmundus
— miles abbatis : A162.
— Rufus, de Wascolio : A163, A176, A178, B52, B72. — Filii ejus : Radulfus, Rogerius ; nepos ejus : Normannus.
Gracianus, magister : B48.
Gradulphus, abbas Fontinelle : A1[14].
GRANGUES : *v.* GERENGIA.
GRANIVILLA [*Grainville-l'Alouette, S.-M., cant. Goderville, comm. Grainville-Ymauville ou Grainville-La-Teinturière, S.-M., cant. Cany-Barville*]. — *v.* Eustachius, Rogerius.
GRATINIVILLA [*Gratianville, E., cant. Lyons-la-Forêt, comm. Vascœuil*] : B52.
GRAVANCHON : *v.* CRAVANCON.
Graverenc (le) : *v.* Erengerius.
GRAVILLE : *v.* GIRARDIVILLA.
Gremont : *v.* Giroldus.
GRENGUES : *v.* GUERENGES
Grento : A169.
GRÉS (campus) : *v.* PETROLIUM.
GRESTANUM, *GRESTEN* (abbatia de) [*Grestain, E., cant. Beuzeville, comm. Fatouville-Grestain*]. — Abbates : Herbertus, Willelmus.
GRIMBOLDIVILLA, GRINBOLDI WILLA, GRIMNBOLTVILLA, *GRINBOLTVIL* [*Saint-Sulpice-de-Graimbouville, cant. Pont-Audemer*] : A21, A27, A80, A86, A87, A108, B52. — *v.* Mascelinus, Gaufridus Fortis, Radulfus Magnus, Gervasius.
Grip (Godefridus) : *v.* Godefridus.
GROLAIUM [*Grolay, E., cant. Beaumont-le-Roger*]. — *v.* Radulfus.
Grummet : A41.
Gualcelinus : *v.* Goscelinus.
Gualdus de *Mestenum* : B2,
Gualerannus : *v.* Galerannus.
GUALIO, *GALLON* [*Gaillon, E., ch. -l. cant.*] : A131, A132. — *v.* GUALONCEL.
GUALONCEL [*Gailloncel, E., cant. Gaillon, comm. Gaillon*] : A137. — *v.* Radulfus.
Guanescrot : *v.* Willelmus ; *WANESCROT.*
Guarinus : *v.* Garinus.
Guarnerius : *v.* Garnerius.

Guerenges [*Grengues, S.-M., cant. Criquetot-l'Esneval, comm. Gonneville-la-Mallet*] : Radulfus.
Guersent : A93. — Filius ejus : Herbertus.
GUEVRA : *v.* WIEVRA.
Gui Hanocus : B65.
Guidus buticularius : C9.
Guillebertus : *v.* Gislebertus.
Guimundulus, Wimundulus Cocus : A78.
Guimundus, Gimundus, Wimundus
— A25, A72. — Filius ejus : Giraldus.
— A17. — Frater ejus : Gislebertus.
— A140. — Filius ejus : Gulbertus.
— campio de villa *Dastin* : A168
— filius Rodulfi filii Ricerii : A25, A72.
— *le Vigot, le Vegot* : B83, B84, B163.
— presbiter : A21.
Gulberga : A92.
Gulbertus
— filius Wimundi : A140. — Uxor ejus : Ermentrudis.
— de Hispania : A1[17], A10, A13, A78, A95, A168. — Fratres ejus : Gunscelinus, Osbernus *(?)* ; filii ejus : Herluinus, Radulfus, Henricus.
— *Postel* : A134.
Gundreda, comitissa de *Warwic* : B6. — Maritus ejus : Rogerius. — Filii ejus : Gaufridus, Henricus.
Gunscilinus : *v.* Goscelinus.
Guntardus vinitor : A183.
Gurblat : A187. — Maritus ejus : Durandus Lupusculus ; filii ejus : Boso, Hugo, Willelmus.
GURNAIUM : *v.* GORNAIUM.

H

HADESCOIH, HADDESCHO [*Haddiscoe, Grande-Bretagne, co. Norfolk*] : C17. — Ecclesia Sancte Marie : B52, C17.
Hai : *v.* Ricardus.
HAIA DE LINTOT : *v.* LINTOT.
Haimericus, abbas Sancti Audoeni : B38.
Haimo, Hamo, Hamondus
— [de Warmintona] : B123.
— Anglicus : B109.
— de Colevilla : A141.
— homo Turstini *Efflanc* : A17, A106.
— de Pratellis, serviens abbatis de Pratellis : B68, B114, B125.
Hairon : *v.* Ricardus.
Hait : *v.* Roberus.

HAM, HAN [*Le Ham, C., cant. Cambremer, comm. Hotot-en-Auge*] : A169, A179, A183. — *v.* Willelmus, Osmundus.
HAMELLUS, HAMEL [*Le Petit-Hamel, Le Grand-Hamel, E., cant. Pont-Audemer, comm. Selles*] : A20, A47, A50, A125. — Crux : A47, A49. — CULTURA CRUCIS : A49. — Campi *Ivas* : B154. — *A LA CHAMBRELENGE* (TERRA) : B154. — *v.* Radulfus, Ricardus, Robertus, Herbertus.
Hamellus : A177. — Filius ejus : Robertus.
Hamundus : *v.* Haimo.
HANDESTUIT, HANDESTUITH [*Le Haut-Étui, E., cant. Pont-Audemer, comm. Saint-Germain-Village*] : A73, A81, A86, A160. — Prepositus : Osulfus.
HANGEMARE, HANGHEMARA [*Honguemare, E., cant. Routot, comm. Honguemare-Guénouville*]. — *v.* Willelmus.
Hanocus : *v.* Gui.
HARBURY : *v.* HERBORBERIA.
HARECURIA, HARUCUM, HARECORT, HARECURT [*Harcourt, E., cant. Brionne*]. — *v.* Ricardus, Robertus.
HAREFLUET, HARETFLUCE [*Harfleur, S.-M., cant. Gonfreville-l'Orcher*] : A37, A189.
HARENA [*Arena, Italie*] : B48.
Harenc : *v.* Rogerius, Hugo, Rogerius, Gislebertus, Willelmus.
Harenc (feodum) : *v.* ROTA.
Harpin, Harpinus : *v.* Radulfus *Harpin*.
Haslé : *v.* Rogerius, Willelmus, Saffridus, Robertus.
Haslet : *v.* Willelmus.
HASTINGA [*Hastings, Grande-Bretagne, co. Sussex*]. — *v.* Willelmus.
Hatvis, Hatvidis
— A15, A31, A32, A60. — Filius ejus : Ricardus. — Filia ejus : Agnes.
— mater Osmundi cubicularii : A54.
— uxor Osberni de Sancto Sansone : A31, A32. — Filius ejus : Radulfus.
— uxor Osulfi prepositi Tustiniville : A82. — Filii ejus : Radulfus — Filiae ejus : Alberada, Eremburgis.
Hauduc : *v.* Gislebertus.
HAUSVILLA [*Hauville-en-Roumois, E., cant. Routot*]. — *v.* Robertus.
HAUT-ÉTUI : *v.* HANDESTUIT.
Hebelt : *v.* Rogerius.
Heleboldus, Helebold, Alboldus
— A35. — Filius ejus : Ansgotus.
— clericus : A1[14].

INDEX NOMINUM ET LOCORUM

— frater Osberni de Turvilla : A59, B6. —
Filius ejus : Radulfus ; mater ejus :
Duvelina.
HELDINVILLA [*Hellenvilliers, E., cant.
Damville*] : A149. — *v.* Robertus.
Heldulfus de Ponte : A54.
Helgo, Elgo de Alneio, prepositus de
Tustinivilla : A27, A28, A29, A86, A100,
A104. — Filii ejus : Adalardus, Giroldus
Gremont, Radulfus.
Helias, Helya
— de Flori, miles : B90.
— de Longolio : B15.
— de *Warvic* : B60, B61, B65.
HELIN (plancia) : *v.* BOSCUS HELLAIN.
Helto de Novo Burgo : B76.
Helvida
— A109. — Filius ejus : Rogerius.
— A94. — maritus ejus : Ricardus. — Filii
ejus : Willelmus, Robertus, Radulfus,
Gislebertus. — Filia ejus : Adelaida.
Hemeri : B14. — Filius ejus : Robertus.
HENLEGIA [*Henley-in-Arden, Grande-Bretagne, co. Warwickshire*]. — *v.* Thomas.
Henricus
— abbas Pratelli : A65, A151, B34, B39,
B46, B48, B52, B59, B60, B138.
— de Alneto : B98. — Frater ejus :
Robertus, Walterius.
— camerarius : B70, C19.
— de Campiniaco, miles : A42, A62, B84,
B103.
— comes de *Warwick* [I], filius Rogerii de
Bello Monte : A12, A59, A78, A128,
A139, A191, A193, B8[7], B52, B72,
B114, C2, C3, C4, C13. — Mater ejus :
Adelina ; frater ejus : Robertus, comes
Mellenti ; nepos ejus : Gualerannus.
— comes de *Warwick* [II] : C13.
— dapifer Rogerii, comitis de *Warwick* :
B1, B6.
— episcopus Bajocensis : B42, B71, B72,
B73.
— *Fichet* : B57, B115.
— filius Balduini de Hispania : A151.
— filius *Bursart* : A104.
— filius Radulfi *Bursart* : A129.
— filius Radulfi Coci : A37. — Frater ejus :
Willelmus.
— filius Radulfi filii Durandi : *v.* Henricus
de Ponte Audomari.
— filius Roberti de Novo Burgo :
v. Henricus de Novo Burgo.
— filius Roberti : *v.* Henricus de
Sarkigneio.

— filius Rogerii de Bello Monte :
v. Henricus, comes de *Warwick*.
— filius Willelmi *Wanescrot de
Campigny* : A34, A37, A41, A42.
— frater Rogerii comitis de *Warwic* : B1,
B6.
— de Hispania : A16, A50, A56, A94. —
Frater ejus : Radulfus ; filiae ejus :
Cecilia, Mathildis ; gener ejus :
Balduinus de Hispania.
— de Inferno : A94.
— *del Ketnei* : B97.
— de *Lisures* : B107.
— Lovet de Bonevilla : B57, B84, B97,
B99, B107, B97, B98, B107. — Filius
ejus : Gaufridus.
— de Martinivilla, miles : B107. — Frater
ejus : Galerannus.
— de Monasterio : B133.
— nepos Hugonis comitis de *Mellent* :
v. Henricus comes de *Warwic*.
— de Novo Burgo, filius Robertus de Novo
Burgo : A65, A129, B17, B23, B25, B30,
B38, B42, B44, B52, B53, B76, B129,
C13. — Frater ejus : Robertus,
archidiaconus ; Willelmus, cognatus
ejus.
— de Pinu : B148.
— de Ponte Audomari : B3, B8[17], B10,
B26, B29.
— de Pratea : A125, A129, B17, B52. —
Uxor ejus : Adeliza ; filii ejus :
Robertus, Simon, Willemus.
— rex Anglie (I), filius Willelmi regis : A15,
A110, A159, A194, B8[12], B52, B72,
C3, C4, C13.
— rex Anglie [II], filius Henrici regis, filius
Matildis imperatricis : A94, A138, A199,
B10, B19, B23, B24, B33, B41, B42, B44,
B45, B49, B63, B71, B72, B73, B114,
B161. — Filii ejus : Henricus, rex
Anglorum junior, Ricardus rex
Anglorum ; frater ejus : Gaufridus,
comes Britannie.
— rex Anglorum junior, filius Henrici
regis : B41, B49, B70, B71, B72, C13,
C19.
— sacerdos [de Estona *(?)*] : B68.
— de Sarkigneio, filius Roberti : B201.
— *Teroude, Toroude* de Esturvilla,
magister : B41, B149.
— de *Warewic* : B14.
Herbertus
— A44, A181, A103.
— abbas Castellionis : B76.

— abbas de *Gresten* : B51.
— Anglicus : B36, B37.
— *Baolt*, prepositus de Hamello, filius Ricardi prepositi de Hamello : A21, A27, A29, A47, A81, A86, A100, A101, A125. — Filius ejus : Giroldus.
— Barbatus : A94. — Filius ejus : Radulfus.
— de Bosco Osberni : A44. — Frater ejus : Willelmus.
— de *Caable* : A78.
— de *Corbunval* : A134.
— episcopus Lexoviensis : A6.
— Episcopus : A137.
— de Esturvilla : B101.
— filius *Guersent* : A93.
— filius Rainaldi, Rainoldi : A50, A94. — Filius ejus : Gaufridus.
— filius Ricardi prepositi de *Hamel* : v. Herbertus *Baolt*.
— frater Rogerii de Becco : A115, A116.
— de Hamello, *Hamel* : v. Herbertus *Baolt*.
— magister : B65.
— de Maris : A55.
— parmentarius : A55. — Filius ejus : Robertus.
— prepositus : v. Herbertus *Baolt*.
— presbiter : A162.
— prior Infirmorum de Rothomago : B60, B61.
— Rufus : A27.
— *le Vigneor* : B152.
— *Waeigne* : B148. — v. Ernulfus.
HERBORBERIA, HERBORBIRIA [*Harbury*, *Grande-Bretagne, co.Warwickshire*] : A191, B8[15], B52, B72.
Herbrant : A34, A35. — Filius ejus : Willelmus.
Herengerius : v. Erengerius.
Herfredus
— prator Tustiniville : A27, A28, A42, A81, A167.
Heringerius : v. Erengerius.
Herluinus
— A1[17], A80, A84
— aurifex : A69.
— cubicularius, camerarius : A14, A22, A25, A32, A33, A71, A72, A172.
— cubicularius : B109.
— filius Gulberti : v. Herluinus de Hispania.
— filius Radulfi Coci : A14, A31, A52, A53, A103. — Fratres ejus : Willelmus, Willelmus, Hugo.

— filius Rodulfi Coci : A14.
— de Glatinio : A183.
— de Hispania : A13, A95. — Filius ejus : Willelmus.
— homo abbatis : A80.
— *Malet* : A14, A15, A29, A146. — Frater ejus : Willelmus *Malet*.
— molendinarius : A138, A198.
— de Puta Fossa Villa : A185.
— de Turvilla, Toroville : A36, A69, A75, A107 (?), A113, A123 (?). — Filii ejus : Robertus, Radulfus et Hugo. B183.
— vicecomes, pater Roberti fratris Willemi ducis : A9, **A85**, A188.
— pater Roberti ; A93.
HERMENTRUDIVILLA, HERMENTRUDIWILLA, ERMENTRUDIVILLA, ERMENTRUVILLA JUXTA ROTHOMAGUM [*Émendreville, anc. nom de Saint-Sever, faubourg de Rouen, S.-M., cant. Rouen-sud*] : A155, B52, B183.
— Tenementum Ricardi *Lohrerenc* : B183. — v. Rothomagum.
Hermoinus : A95, A151.
Hernaldus : v. Ernaldus.
Hersendis : A149, B8[13] B72. — Maritus ejus : Ribaldus de Osmundivilla. — Filius ejus : Robertus.
Herveus
— de *Clerbec* : B36, B37, B86.
— de Campiniaco, filius Erengerii bubulci de Campiniaco : A38, A61, A146. — Frater ejus : Anschetillus, bubulcus ; filii ejus : Willelmus, Radulfus, Gaufridus, Rogerius.
— de Rotis, miles, filius Ricardi : B170, B171. — Avus ejus : Robertus de Rotis.
Hervie : v. Ricardus.
Hescelinus : A140.
HESDINCH [*Vieil-Hesdin, Pas-de-Calais, ch.-l. cant*] : A191. — v. Arnulfus.
Heu (Le) : v. WARMINTONA.
Heugue : v. Roberus.
HEULAND : v. HOILANT.
Heuroldus : v. Euroldus.
Hilarius, Hylarius
— A26.
— de Capella : B98.
— de Puta Fossa : A93.
Hilbertus
— de Roseio : A134. — Filius ejus : Rogerius.
— filius Turaldi de Fontanis : A162.
— frater Ermentrudis : A140. — v. Fratres ejus : Bertrannus, Rogerius.
Hildeburgis, filia Giroldi *Rainowart* : A108. — Maritus ejus : Radulfi Magni

de Grinboldivilla. — Filii ejus : Godefridus, Radulfus.
HISPANIA, HYSPANIA, ISPANIA, YSPANIA [*Épaignes, E., cant. Cormeilles*] : A1[9], A10, A11, A13, A14, A15, A16, A21, A50, A54, A55, A56, A66, A69, A71, A89, A90, A91, A94, A95, A113, A151, A177, B8[2], B14, B52, B72, B198. — Campus *del prunier* : A95. — Doitus de *Tiemer* : B151. — DUITUS BOSCUS ABBATIS, DOMUS PELDOE, VALLIS *WASTEL*. — Vicum de monasterio : B152. — Ecclesia Sancti Antonini : A1[9], B12, B13, B14, B52, B79, B80, B94, B95, B96, B121, B122, B174. — Presbiter : Radulfus. — *v.* Henricus, Herluinus, Radulfus Ferme, Thomas.
HODENC [*Hodeng, S.-M., cant. Blangy, comm. Hodeng-Hodenger*]. — *v.* Johannes, Garnerius.
HOEL [*Le Mont-Houel, E., cant. Pont-Audemer, comm. Selles ?*] (virgultum de) : A94, B52.
HOILANT [*Heuland, C., cant. Dozulé*]. — *v.* Radulfus.
HOLESTORP, HOLESTORPZ [*Ullesthorpe, Grande-Bretagne, co. Leicestershire*] : B1, B52, C17. — *v.* Normannus.
HOMME : *v.* HUMETUM.
HONFLEUR : *v.* HUNEFLUET.
HONGUEMARE : *v.* HANGEMARA.
Honorius [III] papa : B155, B165, B166, B167, B173, B174.
HOQUETOT : *v.* HUGUETOT.
Horacius : B117.
HOSDENC [*Hodeng-au-Bosc, S.-M., cant. Blangy-sur-Bresle*]. — *v.* Ricardus.
Hosmundus : *v.* Osmundus.
Hosse : *v.* Radulfus.
HOSTIA [*Ostie, Italie*]. — Episcopus : Hubaldus.
HOSTONA [*Hutton Cranswick, Grande-Bretagne, co. Yorkshire (?)*]. — *v.* Willelmus.
HOTOT [*Hotot, E., cant. Montfort-sur-Risle, comm. Tourville*]. — *v.* Gislebertus.
HOUSSEIA, HUSSEIA, HOUSEIE [*La Houssaye, E., cant. comm. Saint-Benoît des Ombres*]. — *v.* Robertus.
Huan : *v.* Ricardus, Willelmus.
Hubaldus, Hostiensis episcopus : B52.
Hubertus
— Rufus Adaville : A179.
HUDAR : *v.* HUSDAC.
Huelin : *v.* Osbernus.
Huelin (Plancia) : *v.* BOSCUS.

HUGETOT : *v.* HUGUETOT.
Hugo
— A92, B41.
— *Abbadon* : B1
— abbas Sancti Salvatoris de Constantino : B31.
— de *Antan* : A150.
— archidiaconus Lexoviensis : *v.* Hugo de Nonanto.
— archiepiscopus Rothomagensis : B11.
— de Avesna, Avennis : A10, A92, B8[2], B52, B72.
— de *Bauquencai, Bauquenchai* : B198.
— de Bella Villa : B138.
— *Botevilain* : B148.
— de Brotona : B86.
— Bruarii Curtis, Bruecuria, miles, filius Gilberti : A181, B20, B148, B196. — uxor ejus : Wiburgis ; nepos ejus : Robertus *Escarbot*.
— capellanus : A131, B54.
— carpentarius : A95.
— clericus : B20.
— clericus de Ponte Audomari : B55.
— clericus, filius Turulfi : A1[17], A67. — Fratres ejus : Anschetillus, Gislebertus et Gauzfridus.
— Cocus : A14. — Filius ejus : Rodulfus ; nepos ejus : Herluinus.
— comes Mellenti, filius Waleranni : A1[2], A139. — Mater ejus : Odona.
— Compositus : A1[14].
— *Dastin* : B133.
— de Drumara : B5.
— *Durfort* : B7.
— elemosinarius : A150.
— episcopus Bajocensis : A1[7][14].
— episcopus Coventrensis : *v.* Hugo de Nonanto.
— episcopus Dunelmensis : B71, B72, B73.
— episcopus Lexoviensis : A6.
— de Esturvilla, filius Pagani, vicecomes : A199.
— faber de Pontis Audomari : A63, A86.
— *Fichet, Ficheit* de *Wanescrot* : A70, A73, A97, B52. — Filii ejus : Hugo et Gervasius.
— filius Addelie : A109. — frater ejus : Rogerius.
— filius Baldrici : *v.* Hugo, vicecomes *Eurohic*.
— filius Durandi Lupusculi : A187. — Mater ejus : *Gurblat* ; fratres ejus : Boso, Willelmus *Rabuet*.

— filius Hugonis *Fichet* : A73, A97, A160.
— Nepos ejus : Gaufridus.
— filius Herluini de Turvilla, homo Willelmi filii Johannis *Miteron* : A36, A107 *(?)*.
— filius Odonis Longi diei : A184.
— filius Pagani : *v.* Hugo de Esturvilla.
— filius Radulfi Coci : A53. — Fratres ejus : Willelmus, Willelmus, Herluinus.
— filius Radulfi de Sellis : A149.
— filius Ricardi : B1
— filius Roberti comitis Mellenti : A120.
— filius Rogerii *Abbabon* : *v.* Hugo *Abbadon.*
— filius Turulfi : *v.* Hugo clericus.
— filius Waleranni comitis : *v.* Hugo, comes Mellenti.
— filius Willelmi *Dastin* : A169. — Matre ejus : Placida. — Fratres ejus : Radulfus, Willemus, Ricardus.
— filius Willelmi de Sancta Maria : *v.* Hugo de Sancta Maria.
— filius Willemis, vicecomitis Dive : B72.
— de Fastovilla : B51.
— de *Folebec* : A108, B51.
— *Fort escu* : B140. — Frater ejus : Guafredus.
— de Fossa : A17, A20.
— frater Michaelis abbatis : B32.
— *Gaisdon* : B164.
— Gargatus : A42.
— de Gornaio, Gurnaio [IV], filius Geraldi : B21, B39, B93, B138. — Uxor ejus : Milesanda ; filius ejus : Hugo [V].
— de Gurnaio [V], filius Hugonis de Gurnaio: B138.
— *Harenc* : A71, A123, B29.
— *Haslé* : B76.
— de Hispania : A94.
— homo Rogerii de Ri : B72.
— homo Willelmi filii Johannis *Miteron* : *v.* Hugo filius Herluini de Turvilla.
— *Kevrel* : B147. — Filius ejus : Gaufridus.
— *l'Abbé* de Tregevilla, miles : B103, B143, B146.
— de *Laci* : B42.
— Mala herba : A174, B16.
— de *Mont* : B164.
— de Monte forti [II] : A141, A142, A179 *(?)*, A182 *(?)*, A190 *(?)*, B72.
— de Monte forti [V] : A22, A179 *(?)*, A182 *(?)*, A190 *(?)*. — filius ejus : *v.* Robertus conestabulus.

— de Nonanto, archidiaconus Lexoviensis, episcopus Covintrensis : B43, B69, B71, B72, B73.
— Non dormiens A131.
— Paganus : A60.
— Pauper : *v.* Hugo, filius Roberti comitis Mellenti.
— puer Comitisville : A113.
— de Puta Fossa : A10.
— de Roca : A104.
— *Russel* : A49.
— de Sancta Maria : A55, B9, B25, B32, B35, B36, B37, B38, B43, B50, B56, B74, B86. — Pater ejus : Willelmus.
— *Sarrazin* : B20.
— *Tafut* : A107.
— de Toenio : B76.
— Trigiville [I] : A21, A27. — *v.* Osbernus Trigiville.
— de Tregevilla [II], miles : *v.* Hugo *l'Abbé* de Tregevilla.
— de *Val* : A123.
— vicecomes *Eurobic*, filius Baldrici : A191.
— Villanus, miles comitis Mellenti : B56, B57, B62, B73, C11.
— de Wascolio : B52.
HUGUETOT, HUGETOT, HUQUETOT, HOQUETOT, HOUGUETOT [*Houquetot, S.-M., cant. Goderville*] : B5. — Ecclesia Sancti Albini : B5, B11, B52, B60, B61, B119, B135. — Presbiter : Robertus *Revel*, Robertus *Ridel*. — *v.* Rogerius ; Rogerius *Speoldri, Espeudri* ; Auricius.
Hulvel : *v.* Rogerius.
HUMETUM, HULMETUM, HUMETA, *HUMMETZ, HUMMEI,* HOMMÉ [*Le Hommet-d'Arthenay, M., cant. Saint-Jean-de-Daye*]. — *v.* Radulfus, Ricardus, Willelmus constabularius.
HUNEFLUET [*Honfleur, C., ch. -l. cant.*]. *v.* Giraldus, Robertus, Willemus.
Hunfridus, Humfridus
— A106.
— A31. — Filius ejus : Osbernus.
— *Cauvin* : A55, A93, A94, A104, A130, A150. — Filius ejus : Sanson.
— Bellemontis : *v.* Hunfridus de Vetulis.
— filius Anschetilli de Mara : A115, A116.
— filius *Inbulgebien* : *v.* Hunfridus filius Rogerii *Inbulgebien*.
— filius Ingelranni : A131.
— filius Roberti : A69, A149.
— filius Rodulfi : A110.

— filius Rogerii Inbulgeboni, *Inbulgebien*, Inbulgebene, *Enbulgebien* : A55, A94, A132, A135. — Fratres ejus : Godefridus, Ricardus.
— *Fruissart* : A94, A104.
— hospitator, hospitalis : A64, A87, A181.
— Ingeniosus, *l'Engigneor* : A115, A116, B9, B22, B23, B25, B35, B43. — Frater ejus : Ricardus ; filius ejus : Sanson.
— laicus : A1[14].
— de *Meré* : A80. — Filius ejus : Ricardus.
— pincerna : A65. — Filius ejus : Robertus.
— de Ponte Audomari, elemosinarius Pratelli : B187.
— de Pratellis : A168.
— presbiter de *Combon* : A1[17], A4 (?), A7, A8, A78, A124, A163, B8[7], B72.
— presbiter de Esturvilla : A197. — Filius ejus : Ricardus.
— *Puchelin* : B177.
— de Vatevilla, senescallus : B41.
— de Vetulis : A1[1][2][7][8][10][14][17], A6, A11, A67, A74, A90, A97, A124, A162, A165, B8[1][2][3], B25, B52, B72, C18. — Filii ejus : Rogerius, Robertus, Willemus.
Hungre : *v.* Gaufridus.
Hurterel : *v.* Gaufridus.
HUSDAC [*Hudar, E., cant. Pont-Audemer, comm. Manneville-sur-Risle*] : B52.
Huveth : *v.* Odo.
Hylarius : *v.* Hilarius.
HYSPANIA : *v.* HISPANIA

I

IKEBUE [*Ykebeuf, S.-M., cant. Clères*]. — *v.* Adam.
Inbulgebonum : *v.* Rogerius, Godefridus, Hunfridus, Ricardus.
INCOURT : *v.* NOVUS BOSCUS.
Inferno : *v.* Henricus de
INFIRMI DE ROTHOMAGO (prioratus) : *v.* MONS LEPROSORUM.
Ingelbertus : B72.
Ingelrannus, Ingerrannus : *v.* Engerrannus.
Innocentius, papa [III] : B96, B119, B139, B144.
INSULA DEI [*L'Isle-Dieu, E., cant. Fleury-sur-Andelle, comm. Perruel*]. — Abbatia Sancte Marie : B88, B89, B128, B180, B181. — Abbas : Radulfus. — Sorores canonicorum Insula Dei : B180, B181.
— *v.* PETROLIUM.
Isembardus : A183.
ISEMBERTI MAISNILLUS : *v.* MAISNILLUS ISEMBERTI.
Isoré, Isoret : *v.* Willemus.
ISPANIA : *v.* HISPANIA
Isuardus : A21.
IVAS (campi) : *v. LE HAMEL*.
Ivelinus, *Ivelin* : A92, A134. — Filius ejus : Walterius.
IVETOT [*Yvetot, S.-M. ch. -l. cant.*] : A162.
— *v.* Robertus filius Ansfridi.
Ivo, Yvo
— monachus : A134.
— filius Herluini, de Hispania : A95, B151.
— Frater ejus : Willemus ; filius ejus : Thomas.
— de Veteri Ponte, archidiaconus ecclesie Rothomagensis : B60, B61, B65.

J

Jacobus, diaconus cardinalis Sancte Marie in Cosmidyn : B52.
JERUSALEM [*Jérusalem, Israël*] : A1[2], A41, A113, A197, B8[3], B72.
Jocelinus episcopus Saresberiensis : B66.
Johannes
— abbas Fiscanni : A6.
— de Alneto : A60.
— archiepiscopus Rothomagensis : *v.* Johannes de Sancto Philiberto.
— de Barra, clericus : B135.
— Brito, clericus : B128.
— *del Buissun* : A58, B8[14], B9, B72.
— comes de Moritonio : B83.
— de Constanciis, archidiaconus Oxenefordie : B72.
— decanus Saresberiensis : B42, B44.
— diaconus cardinalis Sancti Angeli : B52.
— filius Hugonis : B172.
— filius Radulfi comitis : *v.* Johannes de Sancto Philiberto.
— filius Radulfi de Frainosa : A151.
— filius Rogerii *Postel* : A131.
— de *Hodenc* : B39, B138.
— de *Joie, Joé* : B70, B74, B75, B78.
— *Liart* : B104.
— de *Liveht* : B34.
— *Lovel*, prepositus Novi Castri : B147.
— filius Luce : B50.
— de *Lunda* : A177, B27, B28, B37.
— de *Maigni* : B3.

— de Mara, de Maris : B52, B170.
— *Miteron* : A107. — Filius ejus : Willelmus.
— presbiter cardinalis tituli Sancte Anastasie : B52.
— presbiter cardinalis tituli Sanctorum Johannis et Pauli Pamachii : B52.
— rex Anglorum : C13.
— de Sancto Philiberto, filius Radulfi comitis, archiepiscopus Rothomagensis : A1[15], A6, A121, B52, B72.
— de Spata : B78.
— Ursellus, magister : B82.
— vicecomes [de Estona] : B67.
— villanus : B147.
JONQUEI [*Jonquet, C., cant. Mézidon, comm. Écajeul ou Les Jonquets, S.-M., cant. Darnétal, comm. Saint-Jacques-sur-Darnétal*] : *v.* Robertus.
Jordanus, Jordanis
— episcopus Lexoviensis : B121, B122, B142, B145, C13.
— janitor Pratelli : B77.
JUOI, JUIS, JOÉ [*Joui-sur-Eure, E., cant. Évreux-sud*]. — *v.* Johannes, Robertus.
Juliana
— uxor Eustachii : A134.
— uxor Andree Malherbi, filia Emmeline de *Wincestre* : B183.
JUVINEIUM, JOVIGNEIUM, JOVIGNÉ [*Juvigny-sur-Seulles, C., cant. Tilly-sur-Seulles, ou Juvigny, O., ch. -l. cant.*]. — *v.* Robertus.

K

KAVELIER (feodum) : B137.
Ketnei (*del*) : *v.* Henricus.
KEVRECORT, KIEVRECURT [*Quièvrecourt, S.-M., cant. Neuchâtel-en-Bray*] : B92, B105. — Porta *Morant* : B105, B147.
Kevrel, Kevrol : *v.* Gaufridus, Hugo, Willelmus.
KREQUEVILLA : *v.* CRECHEVILLA.

L

Laborans, diaconus cardinalis Sancte Marie in porticu : B52.
LA *BRUIERE* [*La Bruyère, E., cant. Cormeilles, comm. Martainville-en-Lieuvin*] : *v.* MARTINIVILLA, Durandus.

LASCHERIA, LACUERIA [*Saint-Jean de Lecqueraye, E., cant. Saint-Georges-du-Vièvre*]. — *v.* Girardus, Robertus, Thomas.
LACI [*Lachy, E., cant. Beuzeville, comm. Beuzeville*]. — *v.* Hugo
LA *FOETELEIE* [*anc. nom de La Roquette, E., cant. Pont-Audemer, comm. Pont-Audemer*] : A69, B8[10], B22.
LAMBERTIVILLA [*Lamberville, E., cant. Thiberville, comm. Boissy-Lamberville*]. — *v.* Ricardus.
LANDA [*La Lande-Saint-Léger, E., cant. Beuzeville*]. — *v.* Landricus, Nicholaus.
Landricus de *La* Landa : A149.
Lanfrancus, abbas Sancti Stephani Cadomi : A187.
La Pene : *v.* Willelmus.
La Poistoire : *v.* Ricardus.
LA *PRÉE* : *v.* PRATEA.
LA *TAILLEM* : *v.* TAILLIA.
LATERANUS [*Latran, Italie, Rome*] : *v.* ROMA.
La Truie : *v.* Willelmus.
LAUNAY : *v.* ALNEIUM.
Laurentius
— archidiaconus : B11, B14.
Lardant : *v.* Radulfus.
Lavi : *v.* Robertus.
Le Bigot : *v.* Ricardus, Robertus.
Le Brun : *v.* Robertus.
Le Cerf : *v.* Willelmus.
LECQUERAYE : *v.* LASCHERIA.
Le Folon : *v.* Gaufridus.
Le Graverenc : *v.* Erengerius.
LEICESTRIA, LEECESTRIA, LEGRECESTRIA, LEICESTRIA, LEYCESTRIA [*Leicester, Grande-Bretagne, co. Leicestershire*]. — Comes : Robertus.
Lejardis : A34.
Le Lievre : *v.* Ricardus.
Le Mignon : *v.* Robertus.
Le Monnier : *v.* Robertus, Thomas.
L'Engigneor : *v.* Hunfridus.
Leodegarius (sanctus), martyr : B63.
Leo de Medanta : B3.
LEONS [*Lyons-la-Forêt, E., ch. -l. cant.*] : B62.
Le Plat : *v.* Ricardus.
Le Poignor : *v.* Willelmus.
Lepus : *v.* Ricardus, Walterius, Willelmus.
Le Roelier : *v.* Odo.
Le Romme : *v.* Rogerius.
Le Seriant : *v.* Thomas.
L'ESTAN : *v.* TURVILLA.

Le Sureys : *v.* Walterius.
Le Vigot, le Vegot : *v.* Guimundus, Radulfus.
Le Vilain : *v.* Andreas, Michael, Robertus.
LEXOVIUM, LISOIS [*Lisieux, C., ch. -l. arr.*] : B142, B176. — Archidiaconi : Ricardus, Willelmus de Chiraio ; — Decani : Willelmus, Gaufridus ; — Diocesis, episcopatus : B12, B13, B64, B165, B167, B173 ; — Episcopi : B139, B176, B174, Arnulfus, Radulfus, Willelmus, Jordanus ; — Capitulum Sancti Petri : B122, B142, B145, B175 ; — thesaurarius episcopi : Osbernus. — *v.* Goscelinus.
Liart : *v.* Johannes.
Lievre (*le*) : *v.* Ricardus.
Ligerius : A179, A183.
LILLABONA, LILIEBONA, LISLEBONE [*Lillebonne, S.-M., ch. -l. cant.*] : B5. — *v.* Ricardus, Willelmus de Barra, burgensis.
LINTOT [*Lintot, S.-M., cant. Bolbec*]. — Haia : B2.
Lioret : A170.
LISIEUX : *v.* LEXOVIUM.
Lisnel : *v.* Willelmus.
LISOIS : *v.* LEXOVIUM.
Lisures : *v. Luisores*.
LIVETH, LIVEIT, LIVEHT [*Livet-sur-Authou, E., cant. Brionne*] : A115, A116. — *v.* Johannes.
Loberenc : *v.* Ricardus.
Londa : *v.* Petrus.
LONDRES : *v.* LUNDINIUM.
LONGA [*Longues, C., cant., Ryes*] : *v.* Petrus.
LONGA ACRA [*pré à Varaville, C., cant. Dozulé*] : B20.
LONGOLIUM [*Longueuil, S.-M., cant. Offranville*]. — *v.* Helias.
Longus dies : *v.* Odo.
Lovel : *v.* Johannes.
Lovet : *v.* Henricus, Gaufridus, Robertus [I], Robertus [II], Rogerius.
Lucas
— de *Aviron* : B193.
— de Barra : A70.
— de Ponte Audomari, presbiter, canonicus Rothomagi : B65, B128, B131, B132.
LUCI [*Lucy, S.-M., cant. Neufchâtel-en-Bray*]. — *v.* Ricardus.
Lucius [III], papa : B64.

Ludovicus
— rex Francie [VI] : A86.
— rex Francorum [VIII] : B179.
Luinus, presbiter ecclesie Sancti Petri de Driencuria : B113.
LUISORES, LISURES [*Lisors, E, cant. Lions-la-Forêt*] : A149. — *v.* Ricardus, Henricus.
LUNDA, LANDA [*La Londe, E., cant. Bourgtheroulde, comm. Saint-Ouen-du-Tilleul*]. — *v.* Johannes, Nicholaus.
LUNDINIUM [*Londres, Grande-Bretagne*]. — *v.* WESTMONASTERIUM. — Episcopus : Gislebertus.
Lupus : *v.* Osbernus.
Lupusculus : *v.* Ricardus, Durandus.
Lutrel, Lutrellus: *v.* Radulfus.
Luvet : *v.* Robertus.

M

Mabilia, uxor Rogerii de Monte Gomerico : A176.
MAECLOU [*Saint-Maclou, E., cant. Beuzeville*]. — Puta Fossa, Puta Fossa Villa : *v.* Hugo, Gaufridus, Herluinus. — *v.* MONS.
MAELOU [*Malou, E., cant. Cormeilles, comm. La Chapelle-Bayvel*]. — *v.* Willelmus.
MAGNA CULTURA [*La Couture, lieu-dit à Toutainville*] : B164.
MAGNA MARA, *MAGNE MARE, MAGNES MARES, MANLES MARES, MANNE MARE, MANNES MARES, MONNES MARES, MAINOMERE, MANNOMERE, MANOTMERE, MAJONOMERE* [*Mont-les-Mares, E., cant. Pont-Audemer, comm. Toutainville*] : A1[9], A98, A101, A107, B8[2], B52, B72, B163, B169. — Crux de petra : B156. — Dominica cultura sancti Petri : A107. — *v.* Rogerius, Thomas, Paganus.
MAGNAWILLA [*Manneville-la-Raoult, E., cant. Beuzeville*] : — *v.* Radulfus.
MAGNIVILLA, MAGNIWILLA, MANICHIVILLA, MAGNEVILLE [*Manneville-sur-Risle, E., cant. Pont-Audemer*] : A1[16], A144, B8[5], B18, B52, B72. — *v. BONE BOOZ*. — *v.* Anastasius, Osbernus, Radulfus.
Magnus : *v.* Robertus.
MAIGNI [*Magny-les-Hameaux, Yvelines, cant. Chevreuse (?)*]. — *v.* Johannes.
MAILLART (haia, angulus) : *v.* PETROLIUM.
MAISNIL [*Le Mesnil-Perruel, E., cant. Vascœuil*] : *v.* PETROLIUM.

MAISNILLUS, *LE MESNIL* [*Le Mesnil, E., cant. Cormeilles, comm. Martainville-en-Lieuvin*] : B134, B143. — *v.* MARTINIVILLA, Ricardus.
MAISNILLUS *DASTIN* [*Le mesnil-Da, C., cant. Dozulé, comm. Grangues et Douville*] : A85, A99, A165, A168, B72.
MAISNILLUS ISEMBERTI, ISEMBERTI MAISNILLUS, MAISNILLUS YSEMBERTI [*Mesnil-Isembert, E., cant. Beaumont-le-Roger, comm. Barc*] : A3, A120, A148, B72.
MAJOMOMERE : *v.* MAGNA MARA.
Mala : *v.* Osbernus.
Mala Herba : *v.* Hugo.
Malchion : *v.* Ricardus *Malchion*.
Male doctus, *Malduit* : A17, A43, A154. — Filii ejus : Rogerius, Willelmus, Turstinus.
Male habet : *v.* Osbernus.
Male sapiens : A86.
Malet, Maleit, Maleth : A14, A15, A30, A88. — Filius ejus : Willelmus ; frater ejus : Herluinus.
Malet : *v.* Gislebertus, Willelmus, Robertus, Philippus.
Malgerius
— archiepiscopus Rothomagensis : A6.
— rusticus de Ponte : A25, A28, A72.
Malherbus : *v.* Andreas.
Malhurub : *v.* Osmundus.
MALMOUCEL, MALMUNCEL, MAUMOUCEL [*Le Moussel, E., cant. Lieurey, comm. Lieurey*] : A122, A123, B52, B72, B103. — *v.* Geroldus.
Mal norri : *v.* Stephanus.
Malpartit, Malparti : *v.* Adam
Malpuint : *v.* Durandus *Malpuint*.
MALUM CUMULUM, MALUM OMULUM [*Maucomble, S.-M., cant. Saint-Saens*] : C16.
Malus Vicinus : *v.* Willelmus *Malveisin*.
Malveisin : *v.* Willelmus.
Manases, Manasserus
— de Bulis : B39.
— elemosinarius, frater : B93.
MANDEVILLA, MANNEVILLA, *MANNEVILLE* [*Mandeville, E., cant. Amfreville-la-Campagne*]. — *v.* Willelmus comes.
Maniant : *v.* Thomas.
MANICHIVILLA : *v.* MAGNIVILLA.
MANLES MARES : *v.* MAGNA MARA.
MANNEVILLE : *v.* MAGNIVILLA, MANDEVILLA.
MANNIVILLA : *v.* MAGNIVILLA.
MANNOMERE : *v.* MAGNA MARA.

Mansel, Mansellus, *Mensel*, filius Rodulfi vinitoris : A30, A88 ; — filius ejus : Willelmus.
MANTES : *v.* MEDANTA.
MARA (FEODUM DE) [*fief à Toutainville*] : B193.
MARA, WENEBURGIS MARA, *MERÉ, MOREI* [*La mare de Vambourg, auj. La Grand'mare, E., cant. Quillebeuf-sur-Seine, comm. Sainte-Opportune-la-Mare*] : A6 ; — Piscatura : B28, B33 ; — *v.* Anschetillus, Gislebertus, Goisfredus, Herbertus, Hunfridus, Johannes, Ricardus, Robertus, Rogerius, Willelmus.
MARBUET [*Marbeuf, E., cant. Le Neubourg*] : A140. — *v.* MOAZ.
Marcus
— A171. — Filius ejus : Gislebertus.
— *Patot* : A169, A185.
MARE DE *SPISELERIZ* [*lieu-dit à Campigny*] : A37.
Marescot : *v.* Ricardus.
Margarita
— mater Roberti de Novo Burgo : *v.* Margarita de *Warwic*.
— de *Warwic* (comitissa) : A125, A129, B17. — Maritus ejus : Henricus.
Maria : A62. — Filius ejus : Robertus.
MARLBOROUGH : *v.* MERLEBERGA
MARLEIZ (campus) : *v.* PETROLIUM.
MARLEIZ [*Marleiz, S.-M., cant. Saint-Saëns, comm. Critot*]. — *v.* Willelmus, Gilbertus.
MARTIGNI [*Martagni, E., cant. Gisors*]. — *v.* Willelmus.
MARTINIVILLA [*Martainville-en-Lieuvin, E., cant. Pont-Audemer*] : A43, A50, A149, A151, A152, A154, B8[13], B52, B72. — Sanctus Petrus de Martinivilla : C12. — MAISNILLUS, *LE MESNIL* : A84, A100, B134, B143 ; *v.* Ricardus, Robertus. — *PIQUEFREI* (feodum) : B146. — *LA BRUIERE* : *v.* Durandus. — *v.* Henricus, Mathiel, Riboldus, Robertus.
Martinus
— A69. — Filius ejus : Rainaldus ; nepos ejus : Gislebertus.
— A140. — Filii ejus : Robertus, Rainaldus.
— Claudus, filius Ricardi : A84.
— famulus abbatis de Pratellis : B112.
— filius Wadardi : A140. — Frater ejus : Seimundus.
— *Hugetot* : A132.

— signarius : A140. — Frater ejus : Willelmus.
— de Viana, magister : B117.
Mascelinus
— celerarius Roberti, comitis Mellenti : B74.
— de Grinboldivilla, *Grinboltvil* : A27, A86.
MASCHON [*Mâcon, Côte-d'or*]. — *v.* Columbus.
Massiria : A17. — maritus ejus : *v.* Turstinus *Efflanc.*
Matheus
— de *Bogetot* : B43.
— camerarius : C9.
— diaconus cardinalis Sancte Marie Nove : B52.
— Faber : B183.
— de Girardivilla : B19, B21.
— de Poteria : B43, B56.
Mathiel
— de Martinivilla : A44, A50.
Mathildis, Matildis
— B21. — Filius ejus : Robertus.
— comitissa Mellenti : B41. — Maritus ejus : Robertus [II], comes Mellenti.
— filia Henrici de Hispania : A16. — Soror ejus : Cecilia.
— imperatrix Alemannorum, filia Henrici regis : A15, B52, B161, C3. — Pater ejus : Henricus [I] rex Anglorum ; filius ejus : Henricus [II] rex Anglorum.
— regina Anglorum, uxor Willelmi regis : A191, A193, A194, C1, C13.
MATHONVILLE : *v.* MATEROVILLA.
MAUCOMBLE : *v.* MALUS CUMULUS.
MAUMOUCEL : *v.* MALMOUCEL.
MAURITANIA [*Mortagne-au-Perche, O., ch. -l. cant.*]. — *v.* Paganus.
Mauritius
— [de Colavilla] : B7. — Frater ejus : Willelmus.
— [de *Craon*] : B23. — Frater ejus : Robertus.
MEDANTA, MEDANTIS [*Mantes, Yvelines, ch -l. arrd.*] : B3, B86. — *v.* Leo.
Meitarius : *v.* Ricardus.
MELLENTUM, *MELLENT* [*Meulan, Yvelines, ch. -l. cant.*] : A65, A139, B2, B3, B8[17], B30, B35, B52, B53, B86. — comites : A65, Hugo, Galerannus, Robertus [III], Robertus [IV] ; Agnes, comitissa.
Mensel, filius Rodulfi vinitoris : *v. Mansel.*
MERLEBERGA [*Marlborough, Grande-Bretagne, co. Wiltshire*] : C3.
MERLEVILLA [*Merleville, S.-M., cant. Eu*]. — *v.* Robertus.
MERLINI MONS [*Merlimont, E., cant. Pont-Audemer*] : A1[1][7], B52.
MESAI [*Mésy-sur-Seine, Yvelines, cant. Meulan*] : B3.
MESLERET [*division de la terre du Réel, E., cant. Pont-Audemer, comm. Campigny ou le Maslis, E., cant. Pont-Audemer, comm. Saint-Martin-Saint-Firmin*] : *v.* REEL.
Mesnil (Le) : *v.* Maisnillus.
MESNIL-ISEMBERT : *v.* MAISNILLUS ISEMBERTI.
MESNILLUM OTHONIS [*Mesnillotte, E., cant. Beaumont-le-Roger, comm. Combon*] : B73, B76, B77.
MESTENUM [*Maintenon, Eure-et-Loire, ch.-l. cant.*]. — *v.* Amalricus, Gualdus.
METHVENA [*Meuvaines, C., cant. Ryes*] : A4.
Mica : *v.* Osbenus.
Michael
— abbas Pratelli : A55, A76, A94, A95, A104, A108, A109, A115, A116, A129, A138, A173, A199, A200, B7, B8[16], B9, B11, B17, B14, B21, B23, B29, B30, B31.
— Abbas de Torvilla : B32. — Frater ejus : Hugo.
— alumpnus Radulfi, presbiteri de Pratellis : B126.
— *le Vilain*, burgensis de Ponte Audomari : B87.
— de Monte de Tustinivilla : B177, B187.
— presbiter de Sellis : B104, B125.
Miete : *v.* Berengerius
Mignon (le) : *v.* Robertus.
Miles, Milis
— filius *Malpartit* : A14.
— filius Willelmus Ruffi : B105.
Milesendis, uxor Hugonis de Gurnaio : B39.
Milo, *Milonz*
— B129.
— cognatus Odonis Longi diei : A184.
— canonicus Ebroicensis ecclesie : B60, B61.
— filius Turoldi de Estona : B67, B68. — Frater ejus : Nicholaus.
Milvus : *v.* Robertus
Misesanda de Gurnaio : B39. — Maritus ejus : Hugo.
Miteron : *v.* Johannes.
MOAZ, MOIAZ, MOAZ, MUEZ [*Muis, E., cant. Le Neubourg, comm. Marbeuf*]. — *v.* Goscelinus, Philippus.

Modbertus, Motbertus : A73, A97.
MODICA VILLA [*Petite-Ville, E., cant. Verneuil-sur-Avre, comm. Gournay-le-Guérin*]. — *v.* Radulfus.
Moisant : *v.* Walterius
Moisnart : *v.* Gislebertus.
Moledoctus : *v.* Turstin Male doctus.
Molendinum episcopi : *v.* TREGEVILLA.
Molendinum de *Witeram* : *v.* WITERAM.
MONASTERIUM VILLARIS [*Montivilliers, S.-M., cant.*]. — *v.* Rodulfus monachus, Willelmus.
Monnier (Le) : *v.* Robertus, Thomas.
MONS [*Le Mont, E., cant. Pont-Audemer, comm. Saint-Maclou*]. — *v.* Michel.
MONS FORTIS [*Montfort-sur-Risle, E., ch.-l. cant*] : A141, A142, A182, A190, A197, B33. — *v.* Willelmus, vicecomes ; Hugo ; Robertus.
MONS GOMMERICUS, MONS GOMMERIENSIS [*Montgomméry, C., cant. Livarot, comm. Saint-Germain-de-Montgomméry*] : A164, A176. — *v.* Rogerius I et Rogerius II.
MONS LEPROSORUM [*Le Mont-aux-Malades, prieuré Saint-Jacques de Rouen, S.-M., cant. Rouen, comm. Mont-Saint-Aignan*] — *v.* ROTHOMAGUM. — Priores : Herbertus, Robertus.
MONS MERLINI : *v.* MERLINI MONS.
MONS PARVUS [*Le Petit-Mont, S.-M., cant. Neufchâtel, comm. Neufchâtel*] : *v.* DRIENCURIA.
MONS PINCINUS, MONS *PINÇUN*, MONT *PINCHUM* [*Montpinçon, C., cant. Saint-Pierre-sur-Dives*] : A27, A131. — *v.* Rogerius monachus.
MONS RICARDI [*Le Mont-Ricard, S.-M., cant. Neufchâtel, comm. Neufchâtel*]. — *v.* Driencuria.
MONS *ROTART*, MONT *ROTART* [*Le Mont-Rotard, E., cant. Pont-Audemer, comm. Campigny*] : B185, B186. — *v.* Ascelinus, Oliverius.
MONS SANCTI MICHAELIS, SANCTUS MICHAEL [*Mont-Saint-Michel, M., cant. Pontorson*] : A64, A169.
Mont (de) : *v.* Hugo.
MONTICULUS [*Le Mouchel, E., cant. Lions, comm. Vascœuil*] : A164, B52, B72.
MONTINI, MUNTENNI [*Montigny, S.-M., cant. Maromme*]. — *v.* Antelmus, Ricardus.
MONT-LES-MARES : *v.* MAGNA MARA.
MONTREUIL : *v.* MOSTEROL.
MORANT (PORTA) : *v.* KEVRECORT.

Mordant : *v.* Radulfus.
Morel : A14, A21, A102.
Morellus : *v. Morel.*
MORENVILLA [*Morainville-sur-Damville, E., cant. Damville*]. — *v.* Willelmus.
Morinus de Pino : A70, A71, A147. — Filius ejus : Willelmus.
MORITONA [*Hill Moreton, Grande-Bretagne, co. Berkshire*] : A191, B8[15], B52, B72.
MORITONIUM [*Mortain, M., ch. -l. cant.*] : B52. — Comites : Robertus, Johannes, C17.
MORTAGNE : *v.* MAURITANIA.
MORTUUM MARE [*Mortemer, E., cant. Lyons-la-Forêt, comm. Lisors*]. — Abbatia Sancte Marie : B62. — Abbates : Ricardus, Willelmus. — Prior : Robertus.
MOSTEROL [*Montreuil, C., cant. Cambremer (?)*]. — *v.* Robertus.
MOUCEL : *v.* MONTICULUS.
MOUSSEL : *v.* MALMOUCEL.
Moyses, Moises
— A14, A15, A39, A44, A59, A71, A81, A100, A167, B7. — *v.* Walterius Moisant.
Muceolus : *v.* Osulfus, Goiffredus.
MUIS : *v. MOAZ.*
Muriel de Alba Via : A138. — Maritus ejus : Willelmus presbiter ; Filius ejus : Walterius.

N

Nanus : *v.* Ricardus Nanus.
NEOVILLA : *v.* NOVA VILLA.
NEUBERIA, NEUBIRIA, *NEUBURY, NEWEBERI, NORWEBIRE* [*Newbury, Grande-Bretagne, co. Berkshire*] : A191, B52, B72, B172. — Ecclesia Sancti Nicholai : B52, B72, B172, C17. — Presbiter : Gervasius.
NEUFCHÂTEL : *v.* DRINCORT, NOVUM CASTELLUM.
NEUVILLA [*La Neuville-de-Combon, E., cant. Beaumont-le-Roger, comm. Combon*]. — *v.* Alanus pincerna.
NEWBURY : *v.* NEUBERIA.
Nicholaa, uxor Roberti de Hosseia : B152.
Nicholaus, Nicolaus
— abbas de *Walemunt* : B119.
— de *Chansi* : B67.
— filius Osberti, tenens Nicholai [de Wivilla] : B199.

— filius Roberti, filii Alberti de Turvilla : *v.* Nicholaus de Turvilla.
— filius Turoldi de Estona : B66.
— Toroudi de Ponte Audomari, monachus : B193.
— de Lunda, Landa : B3, B85, B99, B107.
— monachus : A84.
— persona de Warmintona : B123, B124.
— de Stutevilla : B21.
— de Thanai, Tanaio : B32, B104. — Soror ejus : Eustachia.
— de Turvilla, filius Roberti, filii Alberti de Turvilla : B9.
— [de Wivilla] : B199. — Filius ejus : Rogerius.
Nigellus
— de Albigneio : A71.
— vetulus : A1[2].
NOA [*La Noë, E., cant. Conches, comm. La Bonneville-en-Ouche*]. — Abbatia Sancte Marie : B131, B132. — Prior : B132.
Noel : A55.
NONANTUM [*Nonant-le-Pin, O., cant. Le Merlerault ou Nonant, C., cant. Bayeux*]. — *v.* Hugo.
Non dormiens : *v.* Hugo.
NORFOLCIA [*Norfolk, Grande-Bretagne*] : B10.
NORHANTUNIA [*Northampton, Grande-Bretagne, co. Northamptonshire*]. — *v.* Savaricus, archidiaconus.
NORMANNIA [*Normandie*] : A1[1], A11, A15, A19, A122, A123, A149, A156, A158, A177, A187, A197, B3, B7, B8[11][13], B11, B14, B16, B24, B29, B26, B33, B36, B39, B42, B44, B49, B147. — Duces, marchiones, comites : Robertus [I], Willelmus, Robertus [II]. — Moneta usualis : B138, B147, C8. — Senescallus, dapifer : Reinaldus de Sancto Walerio, Robertus de Novo Burgo, Willelmus, filius Radulfi.
Normannus
— de *Holestorpz* : B1 — Frater ejus : Willelmus.
— nepos Gotmundus de Wascolio : A163.
— de Wascolio : A163, A166, B52. — Filius ejus : Tetbaldus.
— [*de Rouville*] : A179, A183. — Filius ejus : Willelmus.
NORTONA [*Norton, Grande-Bretagne, co. Oxfordshire*] : A191, B8[15], B52, B72.
NORWICUM [*Norwich, Grande-Bretagne, co. Norfolk*] : B52. — dominus : C17.

NOTINGEHAM [*Notingham, Grande-Bretagne, co. Notinghamshire*]. — Archidiaconus : Robertus filius Willelmi.
NOVA VILLA JUXTA OPPIDUM DE *DRINCURT*, NEOVILLA [*Neuville-Ferrières, S.-M., cant. Neufchâtel-en-Bray*] : B31, B39, B40, B108, B138, B179, C8. — FEODUM ATRII, DRIENCURIA. — *v.* Robertus *Hose*.
NOVUM CASTELLUM : *v. DRIENCURT.*
NOVUM CASTRUM : *v. DRIENCURT.*
NOVUS BOSCUS, *AINCURT* [*Incourt, E., cant. Pont-Audemer, comm. Saint-Siméon*] : A1[7], A84, A113. — Robertus, Giroldus.
NOVUS BURGUS [*Le Neubourg, E., ch.-l. cant.*] : B17, B129. — *v.* Robertus, Henricus, Gaufridus, Helto.
Nurriet, Nurrieth : *v.* Willemus.

O

OBERGENVILLA, OSBERGENVILLA, OBERGINVILLA, AUBERGENVILLA [*Aubergenville, Yvelines, ch.-l. cant.*] : B28, B35, B36, B37, B38, B52, B86. — VINEA *WASTEL*. — *v.* Arroldus.
OBSIMENSIS [*Exmes, O., ch. -l. cant.*]. — *v.* Willelmus.
Odardus : A21. — Filius ejus : Robertus.
Odo, Eudo
— B41
— A134. — Filius ejus : Gislebertus.
— A21. — Filius ejus : Robertus.
— de Bosco Osberni : A94.
— *Bovier* : B12,
— Burnellus : A139.
— de *Cahaines* : B30.
— Castellanus Belvaci : B112, B190. — Filius ejus : Adam.
— cementarius de Becco : A42, A108.
— faber : A70.
— famulus : A46. — Filius ejus : Goscelinus.
— filius Almanni : A139.
— filius Bernuci : A34, A63. — Uxor ejus : Alberada ; filius ejus : Goiffredus.
— filius Gisleberti pistoris : *v.* Odo pistor.
— filius Radulfi de *Gualoncel* : A137. — Filius ejus : Guarnerius.
— filius Tetberge : A136, A137. — Frater ejus : Radulfus de *Gualoncel.*
— filius Willemi *Triban* : *v.* Odo *Triban.*
— frater Willelmi *Waudin* : B112.
— *Huveth* : A155.

— *le Senescal* : *v.* Odo senescallus.
— *le Roelier* : B65.
— *Longus dies* : A175, A184, A187. — Filii ejus : Ricardus, Hugo ; cognatus ejus : *Milonz*.
— pistor, filius Gisleberti pistoris : A15, A84, A102.
— portarius : A102.
— presbiter de Piris : A175.
— Senescallus, *le Senescal* : A16, A115, A116, A123, B9, B30.
— *Triban*, filius Willelmi : A52, A113, B7.
— Trusselliville : A187.
— venator : A139.
— de *Wanescrot*, senescallus : A104.
Odona, mater Hugonis comitis de *Mellent* : A139. — Maritus ejus : Galerannus.
OILI [*Ouilly-le-Vicomte, C., cant. Lisieux*].
— *v.* Robertus.
OIREVALLES [*Orival, S.-M., cant. Elbeuf*] : B93.
Oisum : *v.* Robertus.
Oliverus, Oliverius
— de Agia : B39.
— de Albineio : B157, B160, B162, B163.
— Socer ejus : Ricardus de *Tornebu*.
— de Mont *Rotart* : A69. — Filius ejus : Ascelinus.
Orellus : A78. — Filius ejus : Osmundus.
ORIVAL : *v.* OIREVALLES.
ORLAVESCOTA, ORDLAVESCOTA, ORLAVESCOTH, ORLAVESCHOTE [*Arlescote, Grande-Bretagne, co. Warwickshire*] : A191, B4, B6, B8[15], B52, B72, C17.
OSBERNI BOSCUS : *v.* BOSCUS OSBERNI.
Osbernus, Osbertus
— A44. — Filii ejus : Gislebertus et Radulfus.
— B199. — Filius ejus : Nicholaus.
— abbas Corneville : B8[17].
— abbas Pratelli : B62, B70, B87, B88, B89, B91, B94, B95, B96, B100, B101, B102, B104, B105, B123, C8.
— de Aisio, *Aisi* : A26, A111.
— Albus Pes : A113.
— avus Radulfus *Harpin* : A24. — Filius ejus : Teolfus *Brancart*.
— de Bosco : B110, B115.
— Bucce brune, puer : A73. — Frater ejus : Ricardus Bucce brune.
— de *Cailli* : A177.
— clericus : *v.* Osbernus de Osmundivilla.
— Diabolus : A45.
— *del Festu* : A94.

— filius Goiffredi, nepos Osberni filii Bernuci : A63.
— filius Hunfridi : A31.
— filius Osulfi [de Hispania] : A168. — Fratres ejus *(?)* : Gulbertus, Gunscelinus.
— filius Radulfi presbiteri de Burnevilla : *v.* Osbernus de Osmundivilla.
— filius tornatoris : A146.
— forestarius : A35, A37.
— frater Roberti *Gambun* : A34.
— frater Saffridi cementarii : A69.
— *Gobic* : B140.
— hospes Hispanie : A1[9], A90.
— *Huelin* : B164.
— Lupus : A29. — Frater ejus : Herluinus *Malet*.
— de Magnivilla : A144.
— *Mal a*, Male habet : A63, A107, A146.
— Filii ejus : Radulfus, Giroldus.
— Mica : A92.
— nepos Osberni filii Bernuci : *v.* Osbernus, filius Goiffredi.
— de Osmundivilla, de *Osmuntvil*, filius Radulfi presbiteri de Burnevilla, clericus : A42, A94, A146, B52. — Filius ejus : Robertus, filius ejus.
— presbiter [Tustiniville] : A27 *(?)*, A29, A81, A83.
— *Samedi* : B164.
— de Sancto Sansone : A31, A32. — Uxor ejus : Hatvis ; filius ejus : Radulfus ; nepos ejus : Almaricus.
— thesaurarius Lexoviensis episcopi, procurator generalis : B176.
— *Trossel* : A54.
— de Turvilla, filius Duveline : A44, A59.
— Frater ejus : Heleboldus ; filii ejus : Gaufridus et Sasfridus.
— Trigiville : A27. — *v.* Hugo Trigiville.
Os brunus : *v.* Bucce brune.
Osmundi : *v.* Robertus.
OSMUNDIVILLA, OSMUNTVIL [*Omonville, E., cant. Le Neubourg, comm. Le Tremblay Omonville*] : A42, A149, A151, A152, B8. — *v.* Gaufridus, Ribaldus, Robertus, Osbernus, Robertus Magnus, Robertus Parvus.
Osmundus : *v.* Robertus.
Osmundus, Hosmundus
— A17.
— A92. — Ansfridus et Rogerius.
— *A la teste* : A94, A108.
— archidiaconus : B11.

— de *Ham*, tenens Gisleberti Bruarii Curtis : A179, A183.
— Cavelarius : A87.
— cubicularius, camerarius : A30, A50, A54, A88. — Filii ejus : Robertus, Rogerius, presbiteri, et Willelmus ; mater ejus : Hatvis.
— filius Erenburgis : A61.
— filius Orelli : A78.
— *Malhurub* : A141. — Nepos ejus : Turoldus.
— Phisicus, magister : B184.
— de Porta : A100.
— presbiter : A131, A149.
Ospacus Pontis Audomeri : A26.
OSSEVILLE : *v.* AXAVILLA.
Osulfus
— A89. — Filius ejus : Willelmus.
— de *Handestuith*, prepositus Tustiniville : A27, A28, A81, A86. — Filii ejus : Radulfus, Godardus ; filiae ejus : Alberada, Eremburgis.
— monachus : A4, A163, A168. — Filius ejus : Gunscelinus de Hispania.
— Muceolus : A10, A179. — Filius ejus : Gaufridus.
— prepositus de Sellis : A112, A117.
— prepositus Tustiniville : *v.* Osulfus de *Handestuith*.
OSWESTRY : *v.* ALBUM MONASTERIUM.
Otho de *Pourehoi* : B87.
OXENEFORDIA [*Oxford, Grande-Bretagne, co. Oxfordshire*]. — Archidiaconus : Johannes de Constanciis.

P

Paganus
— de Bardevilla : B3. — Frater ejus : Radulfus.
— de Divite Burgo : B2.
— de Esturvilla : A199. — Filius ejus : Hugo.
— filius Alberade : A34. — Frater ejus : Radulfus.
— de Maris : A151. — Filius ejus : Thomas.
— de Mauritania : A71.
— presbiter Sancti Leodegarii : A22.
— de Turvilla : A113. — Filius ejus : Willelmus ; frater ejus : Ricardus.
— de *Wellebœf* : B40.
Pantin : *v.* Ricardus, Angerius.
Pantulfus : *v.* Willelmus.

PARCUS [*Saint-Martin-du-Parc, E., cant. Brionne*]. — *v.* Christianus, Rogerius.
Patot : *v.* Marcus.
PAULIACUM [*Pavilly, S. -M, ch. -l. cant.*]. — *v.* Willelmus, magister.
Pechiet : *v.* Ricardus.
PELDOE (Domus) : *v.* DOMUS PELDOE.
Pellicius : *v.* Gislebertus, presbiter.
Pene (La) : *v.* Willelmus.
Perarius : *v.* Rogerius.
Peregrinus, capellanus : B54.
PERIERS : *v.* PIRA.
PERTIS [*Saint-Honorine-des-Pertes, C., cant. Trévières*] : A186, B52, B72.
PERREIUM, *PERREI* (CAMPUS *DEL*) [*lieu-dit à Bourg-Achard*] : A196, A198, A199, B153. — *v.* Richeut.
PERRUEL : *v.* PETROLIUM.
Pes bovis : *v.* Radulfus Pes bovis.
PESSI [*Poissy, Yvelines, ch.-l. cant.*]. — *v.* Robertus.
PETROLIUM [*Perruel, E., cant. Lyons-la-Forêt*]. — Angulus *Maillart* : B112. — Campus *Avesnelle* : B112. — Campus *del Marleiz* : B112. — Campus *del Grés* : B112. — Haia *Maillart* : B112. — *Maisnil* : B112. — Trencheia : B88. — *v.* Insula Dei (abbatia).
Petrus
— de Adevilla : B49.
— legatus, cardinalis : B44.
— filius Ansgeri : B3.
— filius Jocelini : C15 ; frater ejus : Robertus.
— filius Roberti [IV], comitis Mellenti : B110.
— *Harenc* : B187. — Pater ejus : Willelmus *Harenc*.
— de Londa : B140.
— de Longa : B32.
— monachus Fiscannensis : A6.
— pistor : A10.
— presbiter cardinalis tituli Sancte Susanne : B52.
— presbiter cardinalis tituli Sancti Grisogoni : B52.
Philippus
— frater Radulfi Ruffi : A115, A116.
— *Malet* : B140.
— de *Moiaz* : B110.
— rex Francorum [II] : B63, C8.
— de Turvilla : A60.
Picardus, homo Gisleberti Bruerie Curtis : A179.
Pichot, Picot : *v.* Willelmus.

Pilatus : A27, A101.
Pinel : *v.* Arnulfus.
PINUM [*Le Pin, C., cant. Blangy-le-Château*]. — *v.* Gislebertus, Henricus, Morinus, Willelmus.
Pipart : *v.* Robertus, Robertus junior, Willelmus.
PIQUEFREI (feodum) [*anc. l. -d., E., cant. Cormeilles, comm. Martainville-en-Lieuvin*] : *v.* MARTINIVILLA.
PIRA, PIRUM, PERIERS [*Périers-en-Auge, C., cant. Dozulé*] : A169, A175, A179. — Ecclesia Sancte Marie de Piris : A170, A179, A180, A181, A185, B52, B64. — Presbiteri : Odo, Bernardus.
Piro (vinea de) : A169.
Piscis : *v.* Robertus.
PISIACUM [*Pissy, S.-M., cant. Maromme, comm. Pissy-Pôville*]. — *v.* Willelmus.
Placida : A169. — Maritus ejus : Willelmus *Dastin* ; filii ejus : Radulfus et Hugo.
Plancia Huelini : *v.* Boscus.
Plat (le) : *v.* Ricardus.
PLATANUM [*Les Plataines, S.-M., cant. Lillebonne, comm. Petitville (?)*]. — *v.* Robertus.
Poignor (le) : *v.* Willelmus.
Pointel, Pointellus : *v.* Ricardus ; Walterius ; Willelmus.
POISSY : *v.* PESSI.
Poistoire (la) : *v.* Ricardus.
Polardus : *v.* Gaufridus Polardus.
Polein : *v.* Robertus.
PONCEL [*Le Poncel, E., cant. Pont-Audemer, comm. Manneville-sur-Risle*] : A26.
PONS AUDOMARI, PONS AUDOMERI, PONS AUDIMERI, ALDIMERI PONTIS [*Pont-Audemer, E., ch. -l. cant.*] : A1[1][10][17], A26, A67, A72, A74, A76, A109, A113, A172, B3, B8[2][10][16], B11, B18, B24, B28, B29, B38, B42, B50, B52, B72, B73, B85, B118. — Baillivi : B18. —Burgenses : C9, Richerius, Andreas *le Vilain*. — Capella domus Dei : B182. — Castrum : B182. — Clerici : Hugo, Robertus, Radulfus, Radulfus le Vegot, Lucas. —Decanus : B182, Albertus, Osbernus, Robertus de Sancto Martino. — Decima : A1[8], A71. — Decima septimana : B24, B25, B72. — Ecclesie : A1, A67, B8, B55. — Ecclesia Sancte Marie : B52. — Ecclesia Sancti Aniani : A77, B52. — Ecclesia Sancti Audoeni : A1[17], B52, B79, B80, B87, B94, B95, B96, B121, B122, B173. — Ecclesia Sancti Germani : *v.* Sanctus Germanus. — Estalli : B18, B25, B26, B28, B33, B54, B74, B85. — Major : B182. — Mensura : B154, B169. — Mercatum : A1. — Molendini : B100, B110, B116. — Novus burgus : B3. — Pares : B182. — Pons Giroldi, Pons *Girout* (Molendinum) : A69, B8[10], B158. — Pons Risle : B87. — Prepositi : A70, B18, B118. — Sanctus Egidius juxta Pontem Audomari : *v.* Sanctus Egidius. — Serviens comitis : A77. — Thelloneum : A1, C19. — *v.* Crispinus, Henricus, Hunfridus, Lucas, Ospac, Radulfus, filius Durandi, Ricardus.
PONS GIROLDI [*Pont-Guéroult, E., cant. Pont-Audemer, comm. Pont-Audemer, anc. l.- d. où se trouvait un moulin, peut-être Le Moulin l'Abbé au sud de Pont-Audemer*] : *v.* PONS AUDOMARI.
PONS RISLE [*Pont-de-Risle, E., cant. Pont-Audemer, comm. Pont-Audemer*] : *v.* PONS AUDOMARI.
PONS : A28, A54. — *v* . Heldulfus.
Popart : *v.* Erengerius.
Porchier (le) : *v.* Robertus.
PORTAE, PORTA [*Portes, E., cant. Conches*] : A100, A130, B76. — *v.* Rogerius, Radulfus, Osmundus, Walterius.
PORTA *MORANT* : *v.* KEVRECORT.
POSTEBERIA : *v.* SPECTESBERIA.
Postel : *v.* Durandus, Gulbertus, Rogerius.
Postellus
— parvulus : A64.
— de Rotoribus : A131.
POTARIA SUPER RILLAM [*La Poterie, E., cant. Pont-Audemer, comm. Foulbec*] : A144.
POTERIA [*La Poterie-Mathieu, E., cant. Pont-Audemer*]. — RAIME. — *v.* Matheus.
POUREHOI, POUREHAT [*lieu-dit non identifié ou Pouvrai, Orne, cant. Bellême*]. — *v.* Otho, Robertus.
PRATEA [*La Prée, E., cant. Beaumont-le-Roger, comm. Combon*]. — *v.* Henricus.
PRATELLUM, PRATELLA [*Les Préaux, E., cant. Pont-Audemer*] : A17, A168, B52 ; burgus — : A113 ; — *v.* abbatia Sancti Leodegarii. — Altare sancte Marie ecclesie Sancti Petri : B146. — Ecclesia Sancte Marie : B52, B79, B80, B95, B96, B121, B122, B174. — Presbiter : Radulfus. — *v.* Hamo, Hunfridus, Jordanus janitor, Robertus forestarius.

PRESTECOTA [*Prescott, Grande-Bretagne, co. Shropshire (?)*]. — *v.* Walterius.
PRUNIER (campus *del*) : *v.* CAMPUS DEL PRUNIER.
Puchelin : *v.* Hunfridus.
Pulein : *v.* Etardus, Gaufridus.
Pullus : *v.* Robertus.
PUTA FOSSA, PUTA FOSSA VILLA [*La Fosse, E., cant. Beuzeville, comm. Saint-Maclou*] : *v.* Gaufridus, Herluinus, Hilarius, Hugo.
Puta Fossa (Gaufridus) : *v.* Gaufridus de Puta Fossa.
PUTOT [*Putot, S.-M., cant. Goderville comm. Tocqueville-les-Murs et Benaville ou Putot, S.-M., cant. Criquetot-l'Esneval, comm. Vergetot*]. — *v.* Walterius, Willelmus.

Q

Quercu (de) : *v.* Radulfus, Robertus.
QUESNEIUM, QUASNEIUM, CAISNEIUM, CHAISNEIUM, *CHAISNEI, KETNEI* [*Le Quesney, E., cant. Montfort-sur-Risle, comm. Saint-Philibert-sur-Risle*] : A115, A116. — *v.* Henricus, Radulfus, Renoldus, Willelmus.
QUIEVRECOURT : *v.* KEVRECORT.
QUINCY, *QUINCI* [*Cuinchy, Pas-de-Calais, cant. Cambrin*]. — *v.* Seiherus.

R

R., presbiter Tustinivilla : B139.
R., prior Beate Marie Magdalene de Rothomago : B180, B181.
Rabuet, Raboet : *v.* Willelmus.
RADINGIA, RADINGENSIS [*Reading, Grande-Bretagne, co. Berkshire*]. — Abbatia : B172. — Abbas : Symon.
RADIPONS [*Radepont, E., cant. Fleury-sur-Andelle*] : A1[3].
Radulfus, Radulphus, Rodulfus, Rodulphus
— A110. — Filius ejus : Hunfridus.
— abbas de Cruce Sancti Leudfredi : B8[17].
— abbas de Insula Dei : B112, B130.
— de Abbatia : B58, B59, B70, B82.
— de Achinneio : B76.
— Afatiatus : A1[14].
— de Agia, decanus : B39.

— de Aisio : A26.
— de Alneto : A177, B156.
— Ansgeriville : A180.
— Baiolus : A180.
— de Bardevilla : B3. — Frater ejus : Paganus.
— *Bel caitif* : A71.
— de Bello Monte, *Belmont* : A70, B35.
— Berte de Bollevilla : B189. — Nepos ejus : Radulfus Berte.
— Berte, nepos Radulfi Berte de Bollevila : B189.
— *Besillart* : B8[17].
— *Bigerel* : B109.
— Boso : B200. — Pater ejus : Robertus *Escarbot*.
— *Bursart* : A46, A53, A63, A95, A129, B17. — Filius ejus : Henricus.
— Bruarii Curtis : A179, A180. — Filii ejus : Robertus, Gislebertus.
— Bruarii Curtis, filius Willelmi Bruarii Curtis : A180, A183.
— *Cailloel* : A55.
— de Caisneio : A115, A116.
— Calcensis : A189. — Filius ejus : Robertus.
— camerarius, filius Geraldi : A1[2].
— *Camp d'aveine* : B140.
— de Campiniaco : A62. — Pater ejus : Herveus ; Fratres ejus : Willelmus, Gaufridus et Rogerius.
— de Canovilla : B15.
— caretarius, *le carethier* : A15, A81.
— carpentarius de Magnesmaris : A101.
— de *Chanchie* : B105.
— clericus : *v.* Radulfus, presbiter Sancti Ainiani, Radulfus *le Vegot*.
— clericus Radulfi episcopi Lexoviensis : B82.
— Cocus : A14, A31, A37, A50, A52, A53, A64, A87, A103, A160, A170, A171, A184. — Filii ejus : Herluinus, Willelmus et Willelmus.
— *Coket* : B108.
— *Columbel* de Hispania : A94. — Fratres ejus : Willelmus, Robertus, Gislebertus, monachus ; pater ejus : Ricardus ; mater ejus : Helvida ; soror ejus : Adelaida.
— comes [Ivriaci] : A1[15], A6, A121. — Filius ejus : Johannes.
— de Cornevilla : A13.
— corveisarii : A108. — Filius ejus : Willelmus.
— cubicularius : B30.

— *Dastin* : A99, A165, A168. — Frater ejus : Godefridus ; filius ejus : Rogerius.
— Deus fecit eum : A110.
— Dulcis : A171.
— *Efflanc*, miles, monachus Pratelli : A20, A22, A36, A37, A42, A45, A60, A61, A71, A108, B8[17], B9. — Filius ejus : Ricardus ; nepos ejus : Ricardus.
— episcopus Lexoviensis : B62, B63, B64, B79, B80, B81, B82.
— faber : A35, A37.
— *Ferme* de Hispania, vavassor Roberti de *Mosterol* : B136, B140, B191.
— filius Alanni : A21, A29.
— filius Alberade : A34, B3, B8[17], B23, B25, B28, B86, C18. — Frater ejus : Paganus.
— filius Beatricis : *v.* Radulfus de Warenna II.
— filius *Bursart* : *v.* Radulfus Bursart.
— filius Corvi : A180, A182, A183.
— filius Dastini : *v.* Radulfus *Dastin*.
— filius Durandi : A70, A71, A172, B29. — Filius ejus : Henricus de Ponte Audomari.
— filius Engirranni : A61.
— filius Euvrardi de Tustinivilla : A52.
— filius Geraldi : *v.* Radulfus, camerarius.
— filius Geroudi, canonicus Rothomagensis : B119.
— filius Giroldi *Gremont* : A104.
— filius Gisleberti (monachus) : A37, A134, B22. — Filius ejus : Robertus.
— filius *Godvin* : C11.
— filius Goscelini, presbiteri Tustinivalle : A21, A29.
— filius Gotmundi Rufi : A178.
— filius Gulberti : A94.
— filius Hatvidis : *v.* Radulfus *Lutrel*.
— filius *Helebold* : B6.
— filius Helgonis de Alneio : A100. — Fratres ejus : Adelardus, Giroldus *Gremont*.
— filius Herberti Barbati : A94.
— filius Herluini de Turvilla : A36, A107 (?), A113. — Fratres ejus : Hugo et Robertus.
— filius Hugonis Coci : A14.
— filius Osberni de Sancto Sansone : *v.* Radulfus de Sancto Sansone.
— filius Osberni *Mal a* : A44, A63, A137, A146. — Frater ejus : Gislebertus.
— filius Osulfi de *Handestuith*, Osulfi prepositi Tustinivalle : *v.* Radulfus *Lutrel*.

— filius Otonis : A1[17].
— filius Radulfi de Fraisnosa : Radulfus de Fraisnosa, sacrista.
— filius Radulfi Magni de Grinboldivilla : A108. — Mater ejus : Hildeburgis ; frater ejus : Godefridus.
— filius Rannulfi : A113.
— filius Ricardi : *v.* Radulfus de Sancto Sansone.
— filius Ricardi de *Belmoncel* : B97.
— filius Ricardi Calvi : A102. — Frater ejus : Robertus ; socrus ejus : Gaufridus.
— filius Ricardi *le Peissonier* : A130.
— filius Richerii, burgensis Pontis Audomari : A25, A72. — Frater ejus : Seibertus ; filius ejus : Guimundus.
— filius Rodulfi Hispanie : A21.
— filius Roberti *Fauvel* : A112, A117.
— filius Roberti de Maisnillo : A84.
— filius Turoldi : B8[17].
— filius Urselli : A177.
— filius Willemi *Dastin* : A169.
— filius Willelmi *Wanescrot* : *v.* Radulfus *Wanescrot*.
— *Foké* : B200.
— Fortis scuti, *Fort escu* : A93.
— *Frapesauge* : B147.
— frater Galterii : A56.
— frater Godardi : *v.* Radulfus, filius Osulfi prepositi Tustinivalle.
— frater Roberti, comitis Mellenti : *v.* Radulfus de Porta.
— frater Seiberti, burgensis Pontis Audomari : *v.* filius Richerii.
— de *Felgeroles* : A123.
— de *Frainosa* [I], miles : A52, A123, A151. — Filius ejus : Radulfus.
— de Fraisnosa [II], de Fresnose, monachus, prior et sacrista Pratelli : A123, B134, B140, B146, B159, B189.
— de Fraisnoise : *v.* Radulfus de Frainosa [II].
— de Fraxinoso, miles : *v.* Radulfus de Fraisnosa [I].
— de *Frollancort* : B101.
— de Furcis : B30.
— de Grolaio : B35, B36, B37.
— de *Gualoncel* : A137. — Frater ejus : Odo filius Tetberge. — Filii ejus : Guarnerius, Odo.
— de Guerenges, miles : B135.
— de *Hamel*, tenens monachorum : B154.
— de *Harefluet*, Monasterii Villaris, monachus, prepositus Campignaci : A34, A35, A37, A41.

— *Harpin* : A34. — Pater ejus : Teolfus *Brancart* ; frater ejus : Adalardus.
— de Hispania [I], miles : A13, A21, A50, A54, A69, A94, A177. — Frater ejus : Henricus ; filii ejus : Rodulfus.
— de Hispania [II] : A13.
— de Hispania : *v.* Radulfus *Ferme.*
— de *Hoilant* : B148.
— *Hose, Hosse* : B105. — Filius ejus : Willelmus [II] ; frater ejus : Willelmus [I].
— de Hulmeto, *Hummei* : B108, B111.
— *Lardant*, tenens Roberti de Alneto : B156.
— *Lutrel*, Lutrellus, filius Osulfi de *Handestuit*, prepositi de Tustinivilla, filius Hatvidis : A27, A82, A84. — Frater ejus : Godardus ; sorores ejus : Alberada et Eremburgis.
— de Mannivilla, Magneville, Manneville, Magna Villa : B18, B22, B26, B29, B97.
— Magnus : A21, A29.
— Magnus de Grimboldivilla : A108. — Uxor ejus : Hildeburgis ; filii ejus : Godefridus, Radulfus.
— maritus Erenburgis : A61.
— miles Hispanie : *v.* Rodulfus de Hispania.
— de Modica Villa : A140.
— molendinarius de *Aise* : A146.
— monachus : *v.* Radulfus de *Harefluet.*
— Monasterii Villaris, monachus : *v.* Radulfus de *Harefluet.*
— monachus Sancte Marie Warwicensis : *v.* Radulfus de Sancto Sansone.
— *Mordant* : B200.
— nobilis : A200, B65.
— Pes bovis : A71.
— *Polceth* : A101.
— porcarius : A101.
— de Porta, frater Roberti [II] comitis Mellenti : B43, B70, C19.
— de Portis, filius Rogerii de Portis : B73, B76, B77. — Mater ejus : Avitia ; frater ejus : Willemus
— prepositus Campiniaci : *v.* Radulfus de Harefluet.
— presbiter : A46.
— presbiter de Burnevilla : A145, A146. — Filius ejus : Osbernus clericus.
— presbiter Hispanie : A13, A71, B14.
— presbiter de Pratellis : B126.
— presbiter, clericus Sancti Ainiani de Ponte Audomari : A77.
— presbiter Sancti Germani de Ponte Audomari : *v.* Radulfus *le Vegot.*

— prior et sacrista Pratelli : B159.
— de Quasneio : *v.* Radulfus de Caisneio.
— de Quercu : B164. — *v.* Robertus.
— de *Rim* : A178. — Filius ejus : Ingerrannus.
— Rufus, nepos Baldrici archiepiscopi Dolensis : A31, A32.
— Ruffus, Rufus : A115, A116. — Frater ejus : Philippus.
— rusticus, vilanus : A53, B17, A129.
— de Sancta Maria ecclesie : A21. — Filius ejus : Ricardus.
— de Sancto Sansone, filius Osberni : A31, A32. — Mater ejus : Hatvis.
— de Sancto Sansone, filius Ricardi, monachus Sancte Marie de *Warwick* : B4, B6.
— de Sellis : A149. — Filius ejus : Hugo.
— socer Willelmi filii Johannis *Miteron* : A107.
— Suhardus : A1[14].
— *Teissun, Tessun, de Bone Wilete* : B99, B106, B107.
— thesaurarius [Rothomagensis ecclesie] : B11.
— *Travers* Campiniaci : A35. — Filia ejus : Clarizia.
— de Triblevilla : B15.
— de Valle, miles : B157.
— *le Vegot*, presbiter Sancti Germani de Ponte Audomari : B55, B69, B87.
— *Vier* : B7.
— vilanus : *v.* Radulfus rusticus.
— vinitor : A30, A88. — Filius ejus : *Mansel.*
— Vis de cane : A14, A50, A135.
— *Wanescrot*, filius primogenitus Willelmi *Wanescrot* de Campiniaco : B185.
— de Warenna : A162, B52. — Frater ejus : Godefriduns ; uxor ejus : Beatrix ; filii ejus : Radulfus, Rogerius.
— de Warenna [II] : A176. — Mater ejus : Beatrix ; frater ejus : Rogerius.
— de Willervilla : A141.
RAIME [*Le Ramier, fief à La Poterie-Mathieu (?), E., cant. Pont-Audemer*]. — *v.* Rogerius.

Rainaldus, *Rainart*, Rainoldus, Reginaldus, Reinaldus, Reinoldus, Renoldus, Renoudus
— A94. — Filius ejus : Herbertus ; nepos ejus : Gaufridus.
— B7. — Filius ejus : Rannulfus.
— abbas Pratelli : A177, A198.
— de Bardovilla : B147.
— cementarius : A87, A100.

— decanus de *Drincort* : B60, B61.
— Drudus : A1[14].
— filius Martini : A69, A140. — Frater ejus : Robertus ; filius ejus : Gislebertus.
— filius presbiteri : A138.
— gener Harpini : B23.
— magister, archidiaconus ecclesie Rothomagensis : B60, B61.
— de Pratellis : B202. — Filius ejus : Andreas.
— de Sancto Philiberto : B38.
— de Sancto Walerio, dapifer Normannie : A177.
— de Valle : B104.
— vavassor : A39, A59. — Filius ejus : Anschetillus.
RAINESCOT [*lieu-dit non identifié à Périers ou Brucourt C., cant. Dozulé*] : A184.
Rainfredus
— de Alvilaris : A34.
— prepositus Osberni de Sancto Medardo : A32
Rainowardus, Rainoardus, Rainuardus, Reinoardus, *Rainowart* : *v.* Giroldus *Rainowart.*
Ranierius, diaconus cardinalis Sancti Georgii ad velum aureum : B52.
Ranulfus, Rannulfus
— A113. — Filius ejus : Radulfus.
— de Calna, vices archidiaconus in Berkesira : B66.
— *Cauvet, Cauveit,* tenens Oliverii de Albineio : B157, B163.
— filius Rainaldi : B7.
— pistor : B1.
— vicecomes de Bajocis : A186, B52, B72. — Uxor ejus : Adelidis.
— de Warenna, miles : B72. — Uxor ejus : Beatrix.
RANUVILLA [*Renneville, E., cant. Fleury-sur-Andelle*] : A1[4].
READING : *v.* RADINGIA.
REDO [*Redon, Ile-et-Vilaine, ch.-l. cant.*]. Episcopus : Stephanus.
REEL [*Le Réel, fief à Tourville-sous-Pont-Audemer et Campigny*] : A37, A42, A44, A60, A61. — FORGIA : A37. — *MESLERET* : A37. — FEODUM *EFFLANC* : A37, B188.
Reinaldus, Reginaldus : *v.* Rainaldus.
Reinoardus : *v.* Rainowardus.
Remigius
— A27.
— episcopus Lincolniensis : A191
RENNEVILLE : *v.* RANUVILLA.

Renoldus : *v.* Rainaldus.
Renoudus : *v.* Rainoldus.
Restart : *v.* Rogerius.
Revel : *v.* Robertus.
RI : *v.* RIUM.
Riboldus, Ribaldus
— de Martinivilla, de Osmundivilla : A43, A149, A154, B8[13] B72. — Uxor ejus : Hersendis ; filius ejus : Robertus.
Ricardus
— A46. — Privignus ejus : Goscelinus ; avunculus ejus : Willelmus Roherius.
— A84. — Filius ejus : Martinus Claudus.
— abbas de Mortui Maris : B43.
— abbas Pratelli [I], Bajocensis : A13, A14 (?), A21, A27, A28, A29, A30, A47, A48, A49, A50, A54, A63 (?), A66, A69, A70, A71, A77 (?), A81, A82, A83, A84, A86, A87, A88, A101 (?), A102, A103, A112, A117, A120, A134, A149, A170, A172, A187, B4.
— abbas Pratelli [II], Comitisville, junior : A14 (?), A15, A20, A34, A42, A45, A62, A63 (?), A77 (?), A84, A101 (?), A107, A113, A133, A135, A146, A167, A196, A198, B1, B4.
— Abbas Sancto Medardo : B102, B203.
— abbas de Valle Azonis : B38.
— de Apivilla, presbiter : A141.
— archidiaconus : *v.* Ricardus *Pechiet.*
— archidiaconus Lexoviensis : B64.
— *Avekin* : B126.
— avunculus Gaufridi de Campiniaco : A62.
— Bajocensis : *v.* Ricardus abbas Pratelli [I].
— de *Belmoncel* : B97. — Filius ejus : Radulfus.
— Bigotus, *Bigot, le Bigot* : B36, B37, B38, B43, B50, B53, B56, B59, B58, B70, B74, B75, B83, B84, B85, B86, B87, C19.
— Blanca Manchela : A106.
— *Bocherst* : B68.
— de Bona Villa : A73, A97.
— *Bordun* : B178.
— de Bosco : B126, B127. — Frater ejus : Thomas.
— de Bosevilla : A106, A119, A140, B15.
— Brieguerra : B93.
— Britonus, Brito : B36, B37, B67.
— Bucce brune : A14, A15, A46, A103, A112, A117, A136. — Frater ejus : Osbernus Bucce brune.
— Calvus : A102. — Filius ejus : Radulfus, Robertus.

— carpentarius : A42, A101.
— *Catados* : A131.
— clericus [de Warmintona] : B123.
— de Coldreio, avunculus Thome et Willelmi filiorum Rualdi de Salernia : A15, A113. — Frater ejus : Robertus.
— de *Combon*, filius Gualcelini, portarius : A125, A129, A130, B7, B17.
— Comitisville : *v.* Ricardus abbas Pratelli [II].
— Crocus : A1, A9. — Uxor ejus : Benzelina.
— de *Chroliei, Croile* : A1[12], A79.
— *Dastin* [I], filius Godefridi : A99, A165, A168, A170, A172, B72. — Frater ejus : Gaufridus ; avunculus ejus : Radulfus ; uxor ejus : Florentia.
— Dastinnus [II], filius Willelmi : A169.
— decanus, canonicus Rothomagensis : B139.
— Dens de ferro : A171. — Avunculus ejus : Serlo presbiter.
— *Efflanc* [I] : A108, B22, B23. — Filius ejus : Ricardus *Efflanc* [II].
— *Efflanc* [II] de Torvilla, miles : B186, B188. — Tenens ejus : Willelmus [II] *Wanescrot*.
— *Espec* : A26.
— de *l'Esprevier* : A198, A199. — Frater ejus : Rogerius.
— faber de Burgo Achardi, tenens Willelmi *Ferrant* : B153.
— *Ferrant* : B101.
— filius Anffridi : *v.* Ricardus de Rio.
— filius Bucce brune : *v.* Ricardus Bucce brune.
— filius Christiani cementarii : *v.* Ricardus *del Val*.
— filius Fulconis : B2.
— filius Giraldi Pungentis : A14.
— filius Godefridi, filii Dastini : *v.* Ricardus *Dastin*.
— filius Goiffredi de Burnevilla : A195.
— filius Goscelini presbiteri Tustiniville : A29.
— filius Gualcelini marescalli : *v.* Ricardus de *Combon*.
— filius Gualterii : A146.
— filius Hatvidis : A15, A31, A60.
— filius Heldi : A78. — Fratres ejus : Ascelinus, Gaufridus.
— filius Helie : B140.
— filius Herberti : A31, A32.
— filius Hunfridi de *Meré* : A80. — Filius ejus : Robertus.

— filius Hunfridi presbiteri : A197.
— filius Landrici : B70, B101.
— filius Odonis Longi diei : A175, A187.
— filius Oris bruni : *v.* Ricardus Bucce brune.
— filius Radulfi *Efflanc* : *v.* Ricardus *Efflanc*.
— filius Rodulfi de Sancta Maria ecclesie : A21.
— filius Rogerii de *l'Esprevier* : *v.* Ricardus de *l'Esprevier*.
— filius Rogerii Inbulgeboni, *Enbulgebien* : A55, A94. — Fratres ejus : Godefridus, Hunfridus.
— filius Theoderici : *v.* Ricardus de Bosevilla.
— filius Turstini de Sancto Medardo : A33. — Frater ejus : Rogerius.
— filius Willelmi *Dastin* : *v.* Ricardus Dastinnus.
— de Fontanis, presbiter : A141.
— Forestarius : B106, B107.
— *del Fosse* : B138.
— frater Aleranni de *Combon* : B129.
— frater Hunfridi *l'Engigneor* : A115, A116.
— frater Pagani de Turvilla : A113.
— *Freslart* : A160.
— *Hai* : A104. — Nepos ejus : Geroldus.
— *Hairon*, canonicus Constantinensis, magister : B144.
— de *Harecurt* : B114.
— *Harenc* : A134.
— *Herluin* : B20.
— Hervie : B164.
— *Huan* : B98.
— de Humetis, *Hummetz*, constabularius : B21, B33, B42, B44.
— de Lambertivilla : B32. — Frater ejus : Gislebertus.
— *la Poistoire*, sacerdos deserviens capelle domus Dei de Ponte Audomari : B182.
— *le Lievre* : B134, B146. — Frater ejus : Walterius.
— *le Peissonier* : A130. — Filius ejus : Radulfus.
— *le Plat* : B177, B187.
— *le Vilain* : B87.
— de Lillabona : t A1[2].
— *Loherenc* : B183.
— de *Luci* : B24.
— de *Luisores* : A149, B8[13], B72.
— Lupusculus : A9, A163, A188.
— *Malchion* : B78.
— *Marescot* : C10.

— Meitarius : A149.
— de *Meré, Morei* : B52, B72.
— de Mesnillo : C12.
— de *Muntenni* : B138.
— Nanus : A30, A32, A71, A73, A84, A88, A97, A146, A172.
— nepos abbatis : A17.
— nepos [Radulfi] *Efflanc* : A20.
— *Pantin* : A94.
— pater Radulfi : B6,
— *Pechiet*, archidiaconus : B1.
— *Pointel* : A134.
— de Ponte Audomari : B65.
— portarius : *v.* Ricardus de *Combon.*
— prepositus de *Hamel* : A47. — Filius ejus : Herbertus *Baolt.*
— puer Bucce brune : *v.* Ricardus Bucce brune.
— rex Anglorum, dux Normannorum : B93.
— de Rio, *Ri* : A167, B52.
— Rocie : B97.
— de Roelio, armiger : A167.
— de Rotis, filius Roberti de Rotis : B59, B58, B171. — Filius ejus : Herveus.
— sacerdos, filius Gisleberti sacerdotis de *Ri* : B96.
— de Sancta Maria : B8[17], B9.
— de [Sancto Sansone] : B4, B6.
— senescallus : B68.
— Scoria vetulam (*sic*) : A1[14].
— Sicca utra, Siccautre : A17.
— de Sturivilla : A168.
— Tehardus : B23. — Frater ejus : Willelmus de Campigneio.
— de *Tornai* : B74.
— de *Tornebu*, miles : B160. — Gener ejus : Oliverius de Albineio.
— de Tregevilla, Treguevilla : A177, B23, B36, B37, B51. — Filiis ejus : Eustachius, Hugo [II].
— Tustinville : A107.
— vaccarius : A86. — Frater ejus : Gislebertus.
— de *Valle, del Val,* cementarius : A73, A97, A129, A150, A151, B17, B107. — Fratres ejus : Willelmus, Rogerius.
— vavassor : B117.
— *Wanescrot* : A64, A119.
Richerius, burgensis Pontis Audomari : A25, A72. — Filii ejus : Seibertus, Rodulfus.
Richeut de Perreio : B154.
Ridel : *v.* Robertus.
RIQUEBOURG : *v.* DIVES BURGUS.

RISLA, RILLA [*la Risle, rivière, E.*] : A144, B8[17], B28, B33, B52, C19. — Piscatura : B72, B75. — *v.* PONS RISLE, SANCTUS MEDARDUS, POTARIA SUPER RISLA.
RIUM, *RIM, RI* [*Ry, S.-M., cant. Martainville-Épreville*] : A167, A178, B52, B90. — *v.* FAGUS PEDICULOSA (?). — Rupta Adam : B90. — Sacerdotes : Gislebertus, Willelmus, Robertus. — *v.* Ricardus, Ingerranus, Radulfus, Rogerius monachus, Robertus *Bordet* ; *v.* WASCOLIUM.
Robertus, Rotbertus
— abbas Sancti Salvatoris : C8.
— abbas de Valle Richardi (?) : B51.
— Adaville : A179.
— de *Aincurt* : A84
— de Aleio : A131.
— de Alneto, miles, monachus : B97, B98. — Frater ejus : Henricus, Walterius.
— Alveredus : *v.* Robertus *Harenc.*
— de Anglia, cellarius Pratelli : B59, B62, B65, B117.
— Anglicus : B20.
— archidiaconus : B23. — Frater ejus : Henricus de Novo Burgo.
— archidiaconus de *Notingeham*, filius Willelmi : B72.
— archiepiscopus Lexoviensis : A6.
— archiepiscopus Rothomagensis : *v.* Robertus Pullus.
— balistarius : A3, A148.
— de *Barcet, Barcheit* : A126 A130.
— de Beccho : B77.
— *Beleth*, filius Gisleberti : A64. — Fratres ejus : Gaufridus, Rogerius.
— de Bello Monte, filius Hunfridi de Vetulis : A1[2], A1[8][9][10][13] A2, A4, A6, A11, A67, A74, A90, A98, A99, A157, A165, B8[2], B25, B72, C18. — Frater ejus : Rogerius.
— *Belot* : B35, B38.
— de *Bevron* : A182.
— de *Bingham*, magister : B172.
— Bordet de *Ri* : B90.
— de Bosco Giraldi, miles : B90.
— de Bosevilla : B99.
— de Brionne : B56.
— *Brito, Briton* : A31, A32.
— de Brueriecurtis : A179. — Frater ejus : Gislebertus.
— *Cahanin* : A53, A95, A123.
— *Cailloel* : A51.
— de *Cailli* : A178.

INDEX NOMINUM ET LOCORUM

— camerarius : B76.
— Canutus : B3.
— capellanus et prepositus : B65.
— cavelarius : A42.
— cellarius : *v.* Robertus de Anglia.
— clericus de Ponte Audomari : B55.
— Cocus : A54.
— de Coldreio, avunculus Thome et Willelmi filiorum Rualdi de Salernia : A15, A113. — Frater ejus : Ricardus ; filius ejus : Thomas.
— *Columbel* de Hispania. — Fratres ejus : Willelmus, Radulfus, Gislebertus, monachus ; pater ejus : Ricardus ; mater ejus : Helvida ; soror ejus : Adelaida.
— comes : *v.* Robertus marchio.
— comes Legrecestrie [I], filius Roberti, comitis Mellenti : A120, B1, B10, B24, B44. — Frater ejus : Gualerannus, comes Mellenti ; filius ejus : Robertus.
— comes Leicestrie [III] : B111.
— comes Mellenti [III], comes Legrescestrie, filius Rogerii de Bello Monte : A1[17], A12, A13, A69, A70, A78, A111, A114, A119, A120, A128, A158, A191, A192, A193, A194, B8[7][8][9][11][17], B10, B52, B72, C17. — Mater ejus : Adelina ; frater ejus : Henricus comes de *Warwick* ; uxor ejus : Elisabeth.
— comes Mellenti [IV], filius Galeranni : A76, B8[17], B9, B23, B25, B26, B27, B28, B30, B33, B35, B36, B37, B38, B43, B44, B45, B46, B47, B48, B49, B50, B52, B53, B54, B56, B57, B58, B59, B70, B71, B72, B73, B74, B75, B78, B83, B85, B86, B87, B91, B93, B100, B110, B115, B116, B118, C19. — Fratres ejus : Almaricus, Radulfus de Porta, Rogerius ; filii ejus : Walerannus.
— comes Moritonii : A9, A188, A191, B72.
— comes Normannorum, Normannie, filius Willelmi, regis Anglorum : A64, A122, A149, A158, A187, B8[11], B72. — Fratres ejus : Willelmus Rufus rex et Henricus rex.
— conestabulus, filius Hugonis [de Monte forti] : A174.
— de Cornevilla: B67.
— de Crechevilla : *v.* Robertus *Escarbot*.
— Dalenchevilla : A94.
— dapifer : *v.* Robertus de Formovilla.
— dapifer de Campiniaco : A26, A59.

— decanus de Ponte Audomari : *v.* Osbernus de Sancto Martino.
— diaconus : B67, B68.
— *Dodelin* : B84.
— dux Normannie : *v.* marchio Normannie, comes Normannie.
— Ebroicensis : *v.* Robertus *Harenc.*
— *Escarbot*, de Crechevilla, filius Matildis : B20, B21, B148. — avunculus ejus : Hugo de Bruecuria ; filius ejus Radulfus Boso.
— faber de Warmintona : B123, B124. — Filius ejus : Nicholaus.
— Fasteville : A21.
— *Fauvel, Falvel* : A112, A117. — Filius ejus : Radulfus.
— de *Felgeroles* : B28, B37, B70, C18.
— *Ferli* : A29.
— filius Alberti Turiville : *v.* Robertus de Turvilla.
— filius Anschetilli : A13. — Filius ejus : Simon.
— filius Ansfridi de *Ivetot* : A162.
— filius Ebroldi : A171.
— filius *Eremburc (?)* : B51.
— filius *Galeran* : B5.
— filius Gerois : A13.
— filius Giraldi de *Hunefluet* : A71.
— filius Geroldi : A55, A137.
— filius Giroldi, prepositus de Ponte Audomeri : A70, A113.
— filius Gisleberti *Maleth* : *v.* Robertus *Maleth.*
— filius Gisleberti sacerdotis : *v.* Robertus sacerdos.
— filius Hamelli : A177.
— filius Hemeri : B14.
— filius Henrici : B16.
— filius Henrici de Pratea : A129, B17 ; — Mater ejus : Adeliza ; fratres ejus : Willelmus, Simon.
— filius Herberti parmentarii : A55.
— filius Herluini : A93.
— filius Herluini de Turvilla : A36, A113, A123. — Fratres ejus : Hugo, Radulfus.
— filius Hugonis : *v.* Robertus conestabulus.
— filius Hunfridi pincerne : A65.
— filius Hunfridi : *v.* Robertus de Bello Monte.
— filius Jocelini : C15 ; frater ejus Petrus.
— filius Landri, miles : B110.
— filius Marie : A62.
— filius Martini : A140. — Frater ejus : Rainaldus.

— filius Matildis : *v.* Robertus *Escarbot* de Crechevilla.
— filius Nicholai [de Wivilla] : B199.
— filius Normanni : A179.
— filius Odardi : A21.
— filius Odonis : A21.
— filius Osberni de Osmundivilla : *v.* Robertus de Osmundivilla.
— filius Osmundi Cubicularii : *v.* Robertus presbiter.
— filius Radulfi Brueriecurtis : *v.* Robertus de Brueriecurtis.
— filius Radulfi filii Gisleberti : B22.
— filius Ribaldi de Osmundivilla : *v.* Robertus de Osmundivilla.
— filius Ricardi de *Meré* : A80
— filius Ricardi Calvi : *v.* Robertus Tarde fuit natus.
— filius Rogerii de Bello Monte : *v.* Robertus, comes Mellenti.
— filius Rogerii vinitoris de Alba Via : *v.* Robertus *Harenc.*
— filius Saffridi : A180.
— filius Techie, Thetie, Tesce : A15, A41, A73, A97.
— filius Turstini de Hamelo : A50.
— filius Walterii Pipardi : *v.* Robertus *Pipart.*
— filius Willelmi : *v.* Robertus archidiaconus *Notingeham.*
— filius Willelmi Calcensis : A189.
— forestarius de Pratellis : B106.
— de *Formetot,* nepos Gisleberti Corneville : A42.
— de Formovilla, dapifer, senecallus : B3, B9, B8[17], B18, B22, B25, B26, B27, B28, B29, B37, C18.
— Fortis : B74.
— frater Mauricii [de *Craon*] : B23.
— frater Willelmi marchionis : *v.* Robertus, comes Moritonii.
— Frawinnus : B3.
— de *Fulebec* : *v.* Robertus Piscis.
— gener Coste : A46.
— *Galetot* : A94.
— *Gambun* : A34. — Frater ejus : Osbernus.
— Gaudin : *v.* Robertus *Waudin.*
— de *Gloecestre* : B62.
— Gocelin : B200.
— *Hai,* filius Eustacie : B143.
— *Hait* : A32.
— de Hamelo, de *Hamel* : A20, A81.
— de Harecuria, Haricuria, Haruco : B77, B102, B129.

— *Harenc* Ebroicensis, Alveredus : A131, A135, A160. — Fratres ejus : Willelmus presbiter, Rogerius *Harenc* [II], Ricardus ; nepos ejus : Walterius vilanus.
— de Haruco : *v.* Robertus de Harecuria.
— *Haslé* : A55, A113. — Frater ejus : Willelmus.
— de Hausvilla : B23.
— de Heldinvilla : A149.
— *Heugue* : C15.
— de Houseia, Husseia, Hosseia, miles : B81, B125, B152. — Uxor ejus : Nicholaa ; filius ejus : Thomas.
— de *Huguetot* : B5.
— janitor : B106.
— de *Juis* : B5.
— de Jovigneio, Juvineio, *Jovigné* : B14, B21, B23, B28, B37.
— de *Jonquei* : A89.
— de Laschereia : B125.— Frater ejus : Thomas.
— *Lavi* : B202.
— *le Bigot* : B197.
— *le Brun* : B23, B35.
— *le Mignon* : A115, A116.
— *le monnier,* molendinarius : B125, B133, B163. — Pater ejus *(?)* : Thomas *le monnier.*
— *Luvet, Lovet* [I] : B83, B195. — Filius ejus : Robertus [II]
— *Lovet* [II], filius Roberti *Lovet* [I] : B195.
— Magnus : B57, B78, B85, B110.
— Magnus de Osmundivilla : A94.
— de Maisnillo : A84. — Filius ejus : Radulfus.
— *Maleth* : A73, A95.
— de Mara : B49.
— magister scolarum : B12.
— Magnus : B57, B84, B103, B104, B99.
— marchio Normannie, comes : A1[1][2][7][10], A2, A6, A9, A11, A17, A40, A57, A67, A74, A79, A85, A90, A96, A99, A106, A114, A124, A139, A140, A143, A144, A156, A157, A164, A166, A168, A176, A178, A179, A186, A188, B8[2][3][7][13], B72. — Filius ejus : Willelmus.
— marescallus : B106.
— de Martinivilla : B43.
— de Merlevilla, baillivus comitis Auga in Novo Castello : B113.
— miles : A4.
— Milvus : A34.
— molendinarius : *v.* Robertus le monnier.

INDEX NOMINUM ET LOCORUM

— monachus : A31.
— monachus : A131.
— monachus Monasterii Villaris : A34.
— de Monte forti : B49.
— de *Mosterol*, Clericus : B136. — Vavassor ejus : Rafulfus *Ferme*.
— de Nova Villa : B19.
— de Novo Burgo, dapifer Normannie : A33, A76, A125, A129, A137, A197, B2, B3, B8[16], B14, B16, B17, B18, B52. — Mater ejus : Margarita.
— de *Oili* : A191.
— *Oisum* : A94, A95, A130.
— Osmundi, canonicus Rothomagensis ecclesie : B60, B61.
— de Osmundivilla, filius Osberni clerici, filii Radulfi de Burnevilla : A94.
— de Osmundivilla, filius Ribaldi : A149, A151, A152, B3, B8[13], B52, B72. — Mater ejus : Hersendis ; filius ejus : Balduinus.
— Parvus de Osmundivilla : A94.
— pater Hunfridi : A69.
— de Pessi : B21.
— *Pipart*, filius Walterii : A13, A147, B52. — Filius ejus : Robertus junior *Pipart*.
— *Pipart* junior : A13, B53, B54.
— Piscis de *Fulebec*, *Peisson* : B12, B13, B14, B23.
— de Platano, sacerdos : B128.
— *Polein* : B164.
— porcarius, *le porchier* : A95.
— de Porta : *v.* Radulfus de Porta.
— portarius : A37, A42, A59, A81.
— de *Pourebat* : B3.
— prepositus : A183.
— presbiter : A198.
— presbiter de Krequevilla : B148.
— presbiter, filius Osmundi cubicularii : A30, A88. — Fratres ejus : Rogerius, Willemus, presbiteri, Willelmus, laicus.
— presbiter de *Huguetot* : *v.* Robertus *Revel*.
— presbiter de Tustinivilla : B125.
— presbiter de *Witot* : A129, B17, B129.
— prior Belli Montis : B77.
— prior de Monte Leprosorum : B128, B130.
— prior Mortui Maris : B62.
— prior Pratelli : A146.
— Pullus, canonicus Rothomagi, archiepiscopus Rothomagensis : B128, B131.
— de Quercu : A150. — Filius ejus : Galterius.

— Rasorius : A14.
— *Revel*, presbiter de *Huguetot* : B5, B11, B60, B61.
— rex Anglorum, filius Willelmi regis : A111, A118.
— *Ridel*, presbiter de *Houguetot* : B119.
— Rosellus : B18.
— de Rothomago : B87.
— de Rotis, monachus : B58, B171. — Filius ejus : Ricardus.
— Rufus : A17, A149.
— sacerdos, filius Gisleberti sacerdotis : B90.
— sacerdos de *Breteuis* : A115, A116.
— sacerdos [de Burnevilla] : A196.
— de Sancta Columba : B129.
— de Sancta Maria Ecclesie : B51, B160, B161, B162.
— de Sancta Honorina : B12.
— de Sancto Martino, decanus Pontis Audomari : B176.
— de Sarkigneio : B201. — filius ejus : Henricus.
— senescallus : *v.* Robertus de Formovilla.
— de Siretor : B29.
— *Soein*, Novi Castelli prepositus : B147.
— de Strata : B125.
— de Sturivilla : A168.
— de Tacheham, clericus : B172.
— Tarde fuit natus, filius Ricardi Calvi : A102. — Frater ejus : Radulfus.
— de Tornebu : B129.
— *Triban* : B148.
— *Tronel* : B86.
— *Trussel* : A71.
— de *Turnai* dictus Turuldus : B41. — Nepotes ejus : Willemus Pantulfus, Albericus.
— de Turvilla [I], filius Alberti, monachus Pratelli : A45, B9.
— de Turvilla [II] : B129.
— de Via : B164.
— de Vico : B112.
— Villanus : B57.
— vinitor : A113.
— de Watevilla : B78.
— *Waudin*, *Gaudin* : A123.
— de *Witot* : *v.* Robertus presbiter de Witot.

ROCA [*La Roque, lieu-dit à Saint-Sanson-de-la-Roque*]. — Capella, hermitorium Sancti Berengarii de Roca : A31, B52, B118. — *v.* Hugo.
Rocerol, *Rocherol* : *v.* Anschetillus.

Rocie : *v.* Ricardus.
RODOVILLA : *v.* ROTOVILLA.
Rodulfus : *v.* Radulfus.
Roelendus de Alverso : B68.
Roelier (le) : *v.* Odo.
ROELIUM [*Le Vaudreuil, E., cant. Val-de-Reuil*] : A167. — *v.* Ricardus.
ROES : *v.* ROTA.
Rogerius, Rogerus
— A26.
— A92. — *v.* Ansfridus et Osmundus.
— *Abbadon* : B1, B52.
— abbas Becci : A76, B8[16], B34.
— abbas Sancti Salvatoris : B39, B138.
— abbas de Valle Richardi *(?)* : B51.
— de Alba Via : A138. — Filii ejus : Anffridus, Willelmus, Warnerius.
— de Altaribus, cappellanus comitis Mellenti : B26.
— Anglicus : A104.
— archiepiscopus Eboracensis : B24.
— de Asprevilla : A56.
— de Bacchenceio : A93. — Parentes ejus : Beatrix et Drogo.
— de Becco : A115, A116. — Frater ejus : Herbertus.
— de Bello Monte, Belli Montis, filius Hunfridi de Vetulis : t A1[2], A1[8][10][16][17], A3, A4, A6, A7, A8, A10, A11, A12, A23, A24, A59, A67, A68, A74, A78, A90, A91, A96, A111, A113, A118, A119, A124, A128, A139, A143, A148, A162, A191, A194, B8[2][5][6][7] [15], B25, B52, B72, C18. — Pater ejus : Hunfridus ; frater ejus : Robertus ; uxor ejus : Adelina ; filii ejus : Robertus, Henricus.
— *Boschir* : B99 (rubrique).
— de *Bosc Osber* : A151.
— de Calcia Puellam : A172.
— *Calchart* : A101.
— de Campigneio, Campigne : A41, B9, B23, B28, B37.
— Canutus : A179, A180, A183.
— de Canchi : B147.
— *Chevrel* : B50.
— *Clarel*, filius Theoderici lavendarii : A55. — Frater ejus : Willelmus.
— Cocus : A9, A163, A188.
— comes de *Warwic* : B1, B5 — Fratres ejus : Henricus, Gaufridus ; uxor ejus : Gundreda.
— conestabulus : A155.
— de Coquina : A55, A94. — Filius ejus : Willelmus *Nurriet*.

— Crassus : A141.
— de Cruce Maris : A4, A78.
— *Dastin* : A99, A165. — Avunculus ejus : Godefridus.
— *Efflanc* : A69, A106, B57, B84, B104.
— episcopus Cestrie : B1
— episcopus Wigornensis : B24.
— *Espeudri, Speoldri*, de *Hoquetot* : B5, B11, B135.
— de *l'Esprevier, del Esprevier* : A197, A198, A199, A200, B42, B72. — Frater ejus : Ricardus ; filius ejus : Gaufridus.
— filius Addelie : A109. — Hugo, frater ejus.
— filius Alguis : A134.
— filius Alveredi : *v.* Rogerius *Testart*.
— filius Anschetilli, filii Saffridi de Campiniaco : A58.
— filius Beatricis : *v.* Rogerius de Warenna.
— filius Christiani : A64.
— filius Doree : *v.* Rogerius presbiter.
— filius *Eremburc (?)* : B51.
— filius Galterii monachi : A38.
— filius Galterii granciarii : A42, A44.
— filius Gisleberti : A64. — Fratres ejus : Gaufridus et Robertus Beleit.
— filius Gothmundi : B52.
— filius Guarnerii : A78.
— filius Helvidis : A109.
— filius Hilberti : A134.
— filius Hunfridi : *v.* Rogerius de Bello Monte.
— filius Landrici : B50, B115.
— filius Osmundi cubicularii : *v.* Rogerius presbiter.
— filius Radulfi filii Dastini : *v.* Rogerius *Dastin*.
— filius Rogerii vinitoris de Alba Via : *v.* Rogerius *Harenc*.
— filius *Rohais*, tenens Ricardi Abbatis de Sancto Medardo : B203.
— filius Rosce : A34.
— filius Rualdi de Salerna, monachus : A15. — Agnes, mater ejus ; Thomas et Willelmus fratres ejus ; Ricardus et Robertus de Coldreio avunculi ejus.
— filius Turcetilli Carrarii : A146.
— filius Turstini *Efflanc* : A17, A43. — Frater ejus : Sturmidus.
— filius Turstini de Sancto Medardo : A33. — Frater ejus : Ricardus.
— filius Ursi de Anscetivilla : A17.
— *Fit* Aira : B12.

INDEX NOMINUM ET LOCORUM

— *Flanbart* : A180.
— frater Ermentrudis : A140. — Hilbertus, Bertrannus, fratres ejus.
— frater Ricardi *del Val* : A150.
— frater Roberti, comitis Mellenti : B56.
— de Gordarivilla, clericus : B128.
— de Granivilla, clericus : B128.
— *Harenc* [de Sancto Germano] : A29, A33, A36, A60, A70, A71, A73, A97, A160.
— Frater ejus : Robertus monachus.
— *Harenc* Ebroicensis : A160.
— *Harenc* [I], vinitor de Alba Via : A131.
— Filii ejus : Rogerius *Harenc*, vinitor ; Willelmus, presbiter ; Alveredus *Harenc* ; Ricardus *Harenc* ; Robertus *Harenc* Ebroicensis.
— *Harenc* [II], vinitor monachorum, filius Rogerii : A131, A132, A133, A134, A138.
— Fratres ejus : Willelmus, presbiter ; Alveredus *Harenc* ; Ricardus *Harenc* ; Robertus *Harenc* Ebroicensis ; filii ejus : Anfridus, Warnerius, Willelmus.
— *Haslé* : A51, A54, A55. — Berengarius, filius ejus ; Goscelinus de *Tortel*, gener ejus.
— *Hebelt* : 134.
— de *Huguetot* : B5.
— *Hulvel* : A150.
— Inbulgebonum, *Inbulgebien* : A55, A94, A132. — Filii ejus : Godefridus, Hunfridus, Ricardus.
— *Le Romme* : A50.
— *Lovet* : B98.
— de *Majonomere* : *v.* Rogerius de Mannomere.
— Male doctus : A92, A141.
— de *Mannomere, Majonomere, Manotmere* : A96, B52, B72.
— *Mansel, Manssel*, tenens Gaufridi de Osmundivilla : B137, B140.
— de Mara : B189.
— *Mellenti* : B41.
— miles : A4.
— molendinarius : B105.
— monachus : A163.
— de Monte Gommerico (I) : A164, B72.
— de Monte Gommerico (II) : A164, A176, B72. — Uxor ejus : Mabilia.
— de *Mont Pinchum*, Monte Pincini, monachus : A27, A62, A131.
— nepos Willelmi *Maleth* : A113.
— de Parco, de Parc, elemosinarius : B168, B177.
— Perarius : A1[14], A163.
— pistor : A14.

— de Portis : B73, B76, B77. — Uxor ejus : Avitia ; filii ejus : Radulfus, Willelmus.
— *Postel* : A131, A134. — Filius ejus : Johannes.
— presbiter, filius Doree : A146.
— presbiter Espreville : A13.
— presbiter, filius Osmundi cubicularii : A30, A88. — Fratres ejus : Robertus, presbiter, et Willelmus, laicus.
— de Quoquina : *v.* Rogerius de Coquina.
— de Raimis : A111.
— *Restart* : *v.* Rogerius *Testart*.
— de *Ri, Rim*, monachus : B65, B72.
— Rogelium : B59, B58.
— de Salerna, filius Gilleberti de Boisseio, militis, heres fratris sui : B145. — Frater ejus : Willelmus.
— de Sancto Wandregisilo, monachus Pratelli : A55, A198.
— scutellarius : A38.
— Speoldri : *v.* Rogerius *Espeudri*.
— de Sprevilla : A113.
— *Testart*, filius Alveredi *Harenc* : A131, A132, A133, A136. — Avunculi ejus : Willelmus presbiter, Robertus Ebroicensis, Rogerius *Harenc* [II], Ricardus.
— de Thoneio : A38.
— de Teboldivilla, *Tetboltvil* : A13, A111.
— Tola : A109.
— vinitor de Alba Via : *v.* Rogerius *Harenc* [I].
— vinitor : *v.* Rogerius *Harenc* [II].
— *Wandard* : B6, B114.
— de Warenna : A176. — Pater ejus : Radulfus ; mater ejus : Beatrix ; frater ejus : Radulfus.
— de *Warwic* : B65.
— *Winchenel, Wincenel* : A130, B7.
— de Wivilla : B199.
Rohais : *v.* Rogerius.
ROLLUM (grancia de) [*Le Roule, E, cant. Lyons-la-Forêt, comm. Rosay*] : B62.
ROMA [*Rome, Italie*]. — Sanctus Petrus : B91. — Lateranus : B52, B96, B155, B165, B166, B167, B173, B174.
Romme (Le) : *v.* Rogerius.
ROPEROS [*lieu non identifié, peut-être Roupied, S.-M., cant. Aumale, comm. Haudricourt*]. *v.* Gislebertus.
Rosca : A34. — Filius ejus : Rogerius, filius ejus.
ROSEIUM [*Rosay, E., cant. Lyons-la-Forêt*] :

A134. — Hilbertus.
Rossel, Rossellus, *Rosseil*, Russellus, *Russel* : *v.* Goscelinus, Hugo.
ROTART : *v.* MONS ROTART.
ROTE, ROES [*Roys, E.*, cant. *Quillebeuf-sur-Seine*, comm. *Saint-Ouen-des-Champs*] : B58. — Feodum *Harenc* : B29, B59, B170, B171, B177. — Molendinum : B58, B171, B177. — *v.* Gislebertus *Harenc*, Gaufridus, Herveus, Ricardus, Robertus.
ROTHOMAGUM, ROTOMAGUM [*Rouen, S.-M.*] : A177, A197, B3, B15, B16, B19, B21, B46, B49, B52, B131, B139, B180, B181, B183, B184, C9. — Ecclesia Sancte Marie : B50, B128. — Abbatia Sancti Audoeni : A35. — Abbatia Sancti Laudi : *v.* Adam, abbas. — Beata Maria Magdalena (abbatia) : *v.* R. prior. — Infirmi de Rothomago, Mons leprosorum : *v.* Herbertis prior, Robertus prior. — Sanctus Amandus (parrochia, vicus) : B183, B184. — Archiepiscopi : B23, B42, B44, B49, B88, Hugo, Johannes, Robertus, Rotrodus, Theobaldus, Walterius. — Archidiaconi : Ivo de Veteri Ponte, Reinaldus, Amicus. — Canonici : Alanus Britonus, Columbus de Maschon, Lucas de Ponte Audomari, Radulfus filius Geroudi, Robertus Pullus, Gilbertus, Willelmus de *Marleiz*, T. thesaurarius. — Decani : Gaufridus, Ricardus, Thomas. — Officialis : Alanus Britonus. — Vicecomes : A139, A162. — *v.* Robertus.
ROTORA [*Rotoirs, E.*, cant. *Gaillon*, comm. *Saint-Aubin-sur-Gaillon*]. — *v.* Postel.
ROTOVILLA, ROTHOVILLA, RODOVILLA [*Rouville, C.*, cant. *Dozulé*, comm. *Périers-en-Auge*] : A171, A174, A179, A180. — Ager de Alba Via : A175. — Ecclesia Sancti Petri : A169, A170, A179, A183, A185, B52, B72, B200, C1. — Manerium : B200. — Molendinum : B133. — *v. La Saiete.*
Rotrodus, Rotroldus, *Rotroth*, Ebroicensis episcopus, deinde Rothomagensis archiepiscopus : A76, B8[16], B19, B21, B38, B44, B46, B60, B61, B63, B65.
ROUEN : *v.* ROTHOMAGUM.
ROURIS [?] : *v.* Willelmus.
ROUTIZ [*champ sur la commune de Freneuse*] : *v.* FRAISNOSA.
ROUVILLE : *v.* ROTOVILLA.
ROYS : *v.* ROTA.

Rualdus Brito de Salerna : A15, A69, A111, A113. — Agnes uxor ejus ; filii ejus : Thomas, Willelmus et monachus Rogerius.
RUELIUM, RULEIUM [*Reuilly, E.*, cant. *Évreux*] : A137. — *v.* Ricardus, Goellus.
RUES [*Les Rues de Formoville, E.*, cant. *Beuzeville*, comm. *Formoville*]. — *v.* Willelmus.
Rufus : *v.* Robertus, Rufus.
RUPIS DE OIREVALLIS : *v.* OIREVALLES.
RUPTA ADAM [*lieu-dit à l'entrée de Ry*] : *v.* RIUM.
Russel, Russellus : *v. Rossel*
Russel senescallus : B106.
RY : *v.* RIUM.

S

SABINIA [*Sainte-Sabine, Italie, Rome*]. — Episcopus : Chorunradus.
Saffridus, Safridus, Sasfridus
— bubulcus de Campiniaco : A34, A92, B72. — Frater ejus (?) : Erengerius ; filius ejus : Anschetillus.
— Calvus, vavassor : A106.
— carpentarius de Sellis : A42.
— de Campiniaco : A23, A58, A68, B8[13]. — filius ejus : Anschetillus.
— cementarius : A69. — Frater ejus : Osbernus.
— [*Efflanc*] : A1[5], B8[4], B72. — Fratres ejus : Turstinus, Gislebertus.
— filius Geroldi de Bajocis : A94.
— filius Willelmi : A103.
— de Fossa : *v.* Saffridus de Puta Fossa.
— *Francet, Franceth, Franchet* : A33, A42, A50, A100, A110, A113, A137.
— *Haslé* : A50.
— Male doctus : A112, A117.
— miles : A105.
— de Puta Fossa, de Fossa : A50, A69.
— rusticus : A184.
— sartor : A30, A88.
— de Turvilla, filius Osberni : A44.
Sagalon : *v.* Saswalus.
SAGAS [*Shaw, Grande-Bretagne, co. Berkshire*] : A191.
SAGNIA [*Segni, Italie, Latium*] : B64.
SAI [*Say, S.-M.*, cant. *Saint-Saëns*, comm. *Sommery et Sainte-Geneviève-en-Bray*]. — *v.* Gaufridus.
SAIETE (terra de la) : A173. — *v.* Rotovilla.
Saim : *v.* Walterius.

Saint-Clair-de-Basseneville : *v.* SANCTUS CLERUS.
SAINTE-HONORINE-DES-PERTES : *v.* PERTIS.
SAINT-SIMÉON : *v.* ANCETIVILLA.
SAINT-SULPICE-DE-GRAIMBOUVILLE : *v.* GRINBOLDIVILLA.
Saisne (le) : *v.* Gislebertus.
SALERNA, SALERNIA [*Saint-Pierre-de-Salerne et Saint-Cyr-de-Salerne, E., cant. Beaumont-le-Roger*] : A69, A111, A112, A113, A114, A117, A118, A120, B8[8], B52, B64, B72. — Ecclesia Sancti Cirici, Cyrici : B52, B141, B142, B145 ; ecclesia Sancti Petri : B52, B82. — *v.* Willelmus, Rogerius.
SALESBERIA [*Salisbury, Grande-Bretagne, co. Whiltshire*] : B52.
SALHBURGUM [*Salzbourg, Autriche*]. — *v.* Chorunradus.
Sallop : *v.* Willellmus.
Salomon : A194.
Salomon : *v.* Willelmus.
SALWARVILLA [*Servaville, S.-M., cant. Darnétal, comm. Servaville-Salmonville*]. — *v.* Symon.
Samedi : *v.* Osbernus.
Samuel, prior Pratelli : A71, A131, A160, A172.
SANCTA HONORINA [*Sainte-Honorine, S.-M., cant. Lillebonne, comm. Mélamare*]. — *v.* Robertus.
SANCTA COLUMBA [*Sainte-Colombe-la-Commanderie, E., cant. Evreux-nord ou Sainte-Colomb-près-Vernon, E., cant. Vernon-nord*]. — *v.* Robertus.
SANCTA MARGARITA DE *TOSTES* (ecclesia) : *v.* TOSTES.
SANCTA MARIA DE CAMPENIACO (ecclesia) : *v.* CAMPINIACUM.
SANCTA MARIA DE *CATELON* (ecclesia) : *v.* CATELON.
SANCTA MARIA DE *COMBON* (ecclesia) : *v.* COMBON.
SANCTA MARIA DE CORNEVILLA (abbatia) : *v.* CORNEVILLA.
SANCTA MARIA ECCLESIE [*Sainte-Marie-Église, E., cant. Beuzeville, comm. Saint-Pierre-du-Val*]. — *v.* Ricardus, Robertus.
SANCTA MATRIA DE *HADESCOIH* (ecclesia) : *v.* HADESCOIH.
SANCTA MARIA DE INSULA DEI (abbatia) : *v.* INSULA DEI.
SANCTA MARIA MORTUI MARIS (abbatia) : *v.* MORTUUM MARIS.
SANCTA MARIA DE PIRIS (ecclesia) : *v.* PIRA.
SANCTA MARIA DE PRATELLIS (ecclesia) : *v.* PRATELLA.
SANCTA MARIA DE ROTHOMAGO (ecclesia) : *v.* ROTHOMAGUM.
SANCTA MARIA DE SELLIS (ecclesia) : *v.* SELLE.
SANCTA MARIA WARVICENSIS (abbatia) [*abbaye Notre-Dame de Warwick*]. — *v.* WARWICUM.
SANCTA OPPORTUNA [*Sainte-Opportune-la-Campagne, E., cant. Beaumont-le-Roger, comm. Le Plessis-Sainte-Opportune*] : B8[7]. — Ecclesia Sancte Opportune : B52, B72.
SANCTA OPPORTUNA EXNUTREVILLE : *v.* EXNUTREVILLA.
SANCTA RADEGUNDIS JUXTA NOVUM CASTRUM (domus, ecclesia, prioratus) [*Prieuré Sainte-Radegonde de Neufchâtel-en-Bray*]. — *v.* DRIENCURT.
SANCTA TRINITAS BELLI MONTIS (prioratus) [*Prieuré de la Trinité de Beaumont-le-Roger*]. — *v.* BELLUS MONS.
SANCTUS ALBINUS DE *HUGUETOT* (ecclesia) : *v.* HUGUETOT.
SANCTUS ANIANUS (ecclesia) : *v.* PONS AUDOMARI.
SANCTUS ANTONINUS DE HISPANIA (ecclesia) : *v.* HISPANIA.
SANCTUS AUDOENUS (abbatia) [*abbaye Saint-Ouen de Rouen*]. — *v.* ROTHOMAGUM. — *v.* Haimericus abbas.
SANCTUS AUDOENUS DE BROTONA (ecclesia) : *v.* BROTONA.
SANCTUS AUDOENUS DE PONTE AUDOMARI : *v.* PONS AUDOMARI.
SANCTUS BENEDICTUS [*Saint-Benoît-des-Ombres, E., cant. Brionne*] : A1[15], A121, B52, B72, B81, B125, B144, B152. — Ecclesia Sancti Benedicti : B52, B81. — *v.* HOUSSEIA.
SANCTUS BERENGARIUS DE ROCA (Capella) : *v.* ROCA.
SANCTUS CIRICUS, CYRICUS DE SALERNIA (ecclesia) : *v.* SALERNIA.
SANCTUS CLERUS [*Saint-Clair-de-Basseneville, C., cant. Dozulé*] : A9, A188, A191, B72.
SANCTUS DIONISIUS *LE TIEBOUT* [*Saint-Denis-le-Thiboult, E., cant. Darnétal*] : B128, B130.
SANCTUS EGIDIUS [*Saint-Gilles-du-Gard, Gard, ch. -l. cant.*] : A101.
SANCTUS EGIDIUS JUXTA PONTEM AUDOMARI, DOMUS LAZARORUM [*Prieuré Saint-Gilles,*

E., cant. Pont-Audemer, comm. Pont-Audemer] : A69, B8[10], B91.
SANCTUS GEORGIUS (abbatia) [Saint-Georges de Bocherville, S.-M., cant. Duclair, comm. Saint-Martin de Bocherville] : B65.
SANCTUS GEORGIUS DE WEVRA [Saint-Georges-du-Vièvre, E., ch. -l. cant.] : A123.
SANCTUS GERMANUS [Saint-Germain-Village, E., cant. Pont-Audemer] : A24, A68, A69, A70, A73, B8[10], B22, B50. — BULGIRUA, HANDESTUIT. — Decima : A23, A68. — Ecclesia Sancti Germani de Ponte Audomari : B52, B69, B79, B80, B94, B95, B96, B121, B122, B173, B175, B176. — Presbiter : Radulfus Le Vegot.
SANCTUS JACOBUS [Saint-Jacques-de-Compostelle, Espagne, Galice] : A42.
SANCTUS JOHANNES DE BEOLLEVILLA : v. BOLLIVILLA.
SANCTUS LAUDUS (abbatia) [Saint-Lô de Rouen, S.-M., cant. Rouen]. — v. ROTHOMAGUM.
SANCTUS LAURIANUS DE WASCOLIO (ecclesia) : v. WASCOLIUM.
SANCTUS LEODEGARIUS [Saint-Léger du Boscdel, E., cant. Bernay, comm. Saint-Léger-de-Rôtes]. — v. Willelmus.
SANCTUS LEODEGARIUS PRATELLI, (abbatia sanctimonialium) [Saint-Léger de Préaux, E., cant. Pont-Audemer, comm. Les Préaux] : A17, A20, A22, A111, A114, B8[1][8], B25, B52, B72 ; — abbatissa : A54.
SANCTUS LEONARDUS DE WILLEIA : v. WILEIA.
SANCTUS MARCELLUS, MARTIALUS, MARCIALUS (ecclesia) : v. VASCOLIUM.
SANCTUS MARTINUS DE BOSCO GOIETH (ecclesia) : v. BOSCUS GOIETH.
SANCTUS MARTINUS FLAVIVILLE [anc. nom du prieuré de Saint-Martin-du-Bosc, C., cant. Pont-L'Évêque, comm. Bonneville-sur-Touques] : A6.
SANCTUS MARTINUS DE TUSTINIVILLA (ecclesia) : v. TUSTINIVILLA.
SANCTUS MARTINUS DESUPER VAIRUM [Saint-Martin-le-Viel, E., cant. Saint-Georges-du-Vièvre, comm. Saint-Martin-Saint-Firmin] : A172. — Ecclesia Sancti Martini : B52. — v. Alveredus, Osbernus, Robertus.
SANCTUS MEDARDUS SUPER RISLAM, SANCTUS MAARDUS [Saint-Mards-sur-Risle, E., cant. Pont-Audemer, comm. Saint-Mards-de-Blacarville]: A27, A29, A33, B41. — Ecclesia Sancti Medardi : B52, B102. — Feodum Rogerii filii Rohais : B203. — v. BLACUARDIVILLA, Goisfredus, Turstinus, Ricardus Abbas.
SANCTUS MICHAELIS : v. MONS SANCTI MICHAELIS.
SANCTUS MICHAELIS DE CATBURGO (ecclesia) : v. CATBURGUS.
SANCTUS MICHAELIS DE CERLENTONA (ecclesia) : v. CHERLENTONA.
SANCTUS MICHAELIS DE ESTONA (Ecclesia) : v. ESTONA.
SANCTUS NICHOLAUS DE NEUBERIA (ecclesia) : v. NEUBERIA.
SANCTUS NICHOLAUS DE WARMINTONA (ecclesia) : v. WARMINTONA.
SANCTUS PETRUS DE DRIENCURIA : v. DRIENCURIA.
SANCTUS PETRUS DE MARTINIVILLA : v. MARTINIVILLA.
SANCTUS PETRUS DE ROTHOVILLA (ecclesia) : v. ROTOVILLA.
SANCTUS PETRUS DE SALERNIA (ecclesia) : v. SALERNIA.
SANCTUS PETRUS DE VIANA (ecclesia) : v. VIANA.
SANCTUS PETRUS IN VALLE [Saint-Père-en-Vallée, Eure-et-Loire, comm. Chartres] : v. Gocelinus, magister.
SANCTUS PETRUS LEXOVIENSIS (ecclesia) : v. LEXOVIUM.
SANCTUS PHILIBERTUS [Saint-Philibert-sur-Risle, E., cant. Montfort-sur-Risle] : A1, A121. — Manerium : B144. — v. Johannes, Renoldus.
SANCTUS SALVATOR DE CONSTANTINO (abbatia) [Saint-Sauveur-le-Vicomte, M., cant.] : B40, B39, B138. — Abbates : Hugo, Thomas, Robertus, Rogerius.
SANCTUS SALVIUS [Saint-Saire, S.-M., cant. Neufchâtel-en-Bray]. — Decanus : v. Gaufridus.
SANCTUS SANSON [Saint-Sanson-de-La-Roque, E., cant. Quillebeuf-sur-Seine] : A31, B6, — ROCA. — v. Osbernus ; Radulfus, filius ejus ; Walterius.
SANCTUS SANSON DE ESTURVILLA, STURVILLA (ecclesia) : v. ESTUR-VILLA.
SANCTUS SIMPHORIANUS [Saint-Symphorien, E., cant. Pont-Audemer]. — Ecclesia Sancti Simphoriani : B52.
SANCTUS VALERICUS, SANCTUS WALERIUS [Saint-Valéry-en-Caux, S.-M., ch. -l. cant. ou Saint-Valéry-sur-Somme,

Somme, ch. -l. cant.] — *v.* Reinaldus, Walterius.
SANCTUS VEDASTUS DE MATEROVILLA (ecclesia) : *v.* MATEROVILLA.
SANCTUS VIGOR DE BRUARII CURTIS (ecclesia) : *v.* BRUECURIA.
SANCTUS WANDREGISILIUS (abbatia), FONTINELLA [*Saint-Wandrille, S.-M., cant. Caudebec-en-Caux, comm. Saint-Wandrille-Rançon*] : A1[14], A132. — Abbas : *v.* Gradulphus. *v.* Rogerius.
Sanso, Sanson
— A16.
— de Alverso, frater Roelendi : B68.
— faber : A75.
— filius Radulfi de Hispania : A94.
— filius Hunfridi *Cauvin* : A94, A150.
— filius Hunfridi *l'Engigneor* : B22.
— nepos Willelmi, filii Galterii : A87.
— prepositus Hugonis *Fichet* : A73, A97.
SAPEWICK [*Shapwick, Grande-Bretagne, co. Dorset*] : A119.
SARCOFAGA [*Cerqueux, C., cant. Mézidon, comm. Saint-Crespin*] : A170.
SARESBERIA, SAREBBERIENSIS [*Salisbury, Grande-Bretagne, co. Wiltshire*]. — Episcopus : Jocelinus. — Decanus : Johannes. — Comes : C17, Willelmus.
SARKIGNEIUM [*Serquigny, E., ch. -l. cant.*].
— *v.* Henricus, Robertus.
Saswalus, Sawalus, monachus : A37, A38, A44.
Savaricus, archidiaconus Norhantunie : B75.
Scoria vetulam : *v.* Ricardus.
Scutellarius : *v.* Rogerius.
SEBEC [*La Sébec, ruisseau, E., cant. Pont-Audemer, comm. Tourville, Pont-Audemer*] : B98. — *v.* TURVILLA.
SECANA [*La Seine*] : B70, B71, C19.
Seibertus, Sibertus filius Richerii, burgensis Pontis Audomari : A25, A72.
— Frater ejus : Rodulfus.
Seiburgis : A187.
Seiherus, Seherius de *Quincy, Quince,* junior : B44, B49, B56.
Seimundus : *v.* Simon.
SELLE [*Selles, E., cant. Pont-Audemer*] : A1[1][7], A13, A15, A42, A45, A50, A51, A52, A53, A112, A117, A149, B8[1], B52, B72, B176. — Ecclesia Sancte Marie : B52, B79, B80, B94, B95, B96, B121, B122, B174, B175, B176. — Molendinum : A50, A109 ; — Parrochia : B178. — Silva : A54. —

Presbiter : Michael. — *v.* Radulfus ; Hugo ; Sturmidus ; Goiffredus molendinarius ; Osulfus prepositus ; Safridus carpentarius. — *v.* CAMPUS CAILLOEL, CAMPUS RUALDI, FEODUM ROHERII, FOSSE TOLE, *HAMEL, HOEL*.
Seobaldus de Alba Marlia, magister, clericus canonicus Bajocensis : B184.
Seriant (*le*) : *v.* Thomas.
Serlo, presbiter Rotoville : A171, A174. — Nepos ejus : Ricardus Dens de Ferro.
SERQUIGNY : *v.* SARKIGNEIUM
SERTAUX (LES) : *v.* SIRETOR
SERVAVILLE : *v.* SALWARVILLA.
SHAPWICK : *v.* SAPEWICK.
SHAW : *v.* SAGAS.
SHERBORNE : *v.* SIREBURNA.
SHOPLAND : *v.* SOPELANDA.
SHOTTESWELL : *v.* SOTESWELLA.
Sibertus : *v.* Seibertus.
Sicca Utra : *v.* Ricardus.
Sigillo (de) : *v.* Thomas.
SIGLIACUS, SEIGLAZ [*Siglas, E., cant. Pont-Audemer, comm. Tourville-sous-Pont-Audemer*] : A56.
Simon, Seimundus, Symon
— abbas Radingensis : B172.
— comes Ebroicensis : B2.
— *Dastin* : B133.
— filius Henrici de Pratea : A129, B17. — Mater ejus : Adeliza ; fratres ejus : Willelmus, Robertus.
— filius Roberti filii Anschetilli : A13.
— filius Wadardi : A140. — Frater ejus : Martinus.
— de Salwarvilla, sacerdos : B128.
— de Valle : B185.
SIREBURNA [*Sherborne, Grande-Bretagne, co. Dorset*]. — Prior, judex delegatus : B172.
SIRETOR [*Les Sertaux (?), E., cant. Montfort-sur-Risle, comm. Condé-sur-Risle*] : *v.* Robertus.
Soein : *v.* Robertus.
Sonemannus : A92.
SOPELANDA [*lieu non identifié, Grande-Bretagne, Dorset*] : A192.
SOTESWELLA, SOTESWALLE [*Shotteswell, Grande-Bretagne, co. Warwickshire*] : B4, B6.
Spata (de) : *v.* Johannes.
SPECTESBERIA, POSTEBERIA, POSTESTBIRA, POSTESBERIES, POSTEBERE, POSTEBERI [*Spettisbury, Grande-Bretagne, co. Dorset*] : A192, A193, B52, B56, B73. —

Manerium : B72, C10, C11, C17. — Ecclesia sancte Marie : C17. — *v.* Bartholomeus.
Speoldri : *v.* Rogerius.
SPINETUM [*Épinay, E., cant. Beaumesnil*] : *v.* Thomas.
SPISELERIZ : *v.* MARE DE SPISELERIZ.
SPREVILLA : *v.* ESPREVILLA.
Stephanus
— episcopus Redonensis : B42.
— *Escarpi Mal norri*, de Tustinivilla : B168, B169.
— filius Radulfi : A177.
STOTA VILLA, STUTEVILLA [*Estouteville-Ecalles, S.-M., cant. Buchy*]. — *v.* Willelmus, Nicholaus.
STRAPHELH [*Stratfield, Grande-Bretagne, co. Hampshire*] : A191.
STRATA [*L'Estrée, E., cant. Nonancourt*]. — *v.* Robertus.
STREPENEIUM [*Étrépagny, E., ch.-l. de cant.*] : B19.
STURIVILLA, STURVILLA : *v.* ESTURVILLA.
Sturmidus, Sturmius, Surmius, *Esturmit, Sturmit*
— filius Turstini *Efflanc* : A17, A18, A43, A106, A154. — Frater ejus : Rogerius ; filius ejus : Evrardus.
— de Sellis : A15, A46, A50, A102.
STURMINISTER [*Sturminster Marshall, Grande-Bretagne, co. Dorset*] : A191.
Sturmit : *v.* Sturmidus.
Suhardus : *v.* Rodulphus.
Sureys (le) : *v.* Walterius.
Surmius : *v.* Sturmidus.
Symon : *v.* Simon.

T

TAC [*Le Tac, E., cant. Bourgtheroude, comm. Flancourt-Catelon*] : A141.
TACHEHAM, THATHEHAM, THATHAHAM [*Thatcham, Grande-Bretagne, co. Berkshire*]. — Parrochia et ecclesia : B172.
— Clericus : Robertus.
Tafur : *v.* Willelmus monachus.
Tafutus : *v.* Willelmus monachus.
TAILLIA [*La Taille, C., cant. Dozulé, comm. Saint-Joui-de-Beaufour*] : A172, A179, A183.
TANCARVILLA [*Tancarville, S.-M., cant. Le Havre*] : B5 ; — *v.* Willelmus camerarius.
TANEIUM, TANETUM, *THANAI* [*Le Thenney, E., cant.* Pont-Audemer, *comm.* Saint-Martin-Saint-Firmin]. — *v.* Alanus, Nicholaus.
TEBOLDIVILLA, *TEBOLIVIL*, TEOTBALDIVILLA, THEBOVILLA, TIBOVILLA [*Thibouville, E., cant. Beaumont-Le-Roger, comm. Nassandres et Thibouville, E., cant. Pont-Audemer, comm. Manneville-sur-Risle*]. — *v.* Rogerius, Robertus, Willelmus.
Techia : *v.* Thetia.
Teissun : *v.* Radulfus.
Teobaldus : *v.* Thebaldus.
Teodericus : *v.* Theodericus.
Teolfus, *Tiout*, Tioudus
— *Biscoc* : B177, B187.
— *Brancart* : A34. — Pater ejus : Osbernus ; filii ejus : Radulfus *Harpin*, Adalardus.
Teroude : *v.* Henricus.
Tesca : *v.* Thetia.
Teste : *v.* Osmundus *A la teste*.
Tetbaldus, Tetboldus : *v.* Theobaldus.
Tetberga : A136 : *v.* Odo, filius ejus.
TETBOLTVIL : *v.* TEBOLDIVILLA.
THATCHAM, THATHEHAM : *v.* TACHEHAM.
Theardus : B15, B16.
THEBOVILLA : *v.* TEBOLDIVILLA.
Theobaldus, Thebaldus, Tetbaldus, Tetboldus, Teobaldus
— archiepiscopus Rothomagensis : B183.
— thesaurarius, canonicus Rothomagensis : B139.
— de Wascolio, filius Normanni de Wascolio : A163, A166, A178, B52, B72.
— Filius ejus : Gislebertus.
Theodericus, Teodericus
— de Bosevilla : A106, A119, A140. — Filius ejus : Ricardus.
— cementarius : A94, A113, A129, B7, B17.
— lavendarius : A55, A125. — filii ejus : Rogerius, Willelmus *Clarel*.
Thescelinus : A176. — Filius ejus : Gotmundus de Wascolio.
Thetia, Techia, Tesca : A41, A73, A97. — Filius ejus : Robertus.
THIBOUVILLE : *v.* TEBOLDIVILLA.
THOLOSA [*Toulouse, Haute-Garonne*] : A138.
Thomas
— abbas Pratelli : B136, B140, B145, B156, B157, B158, B159, B164.
— abbas Sancti Salvatoris : B40.
— archiepiscopus Cantuariensis, cancellarius, martyr Anglorum : B10, B63.

— de *Ardene* : B114.
— de Bornevilla, filius Willelmi : B101, B192. — Avus ejus : Gaufridus.
— de Bosco, frater Ricardi de Bosco : B126.
— cancellarius : *v.* Thomas archiepiscopus Cantuariensis.
— de Coldreio : A113. — Pater ejus : Robertus.
— decanus Rothomagi : *v.* Thomas de Freauvilla.
— filius Roberti de Hosseia : B152.
— filius Roberti fabri de Warmintona : B123, B124.
— filius Pagani de Maris : A151.
— filius Rualdi de Salerna : A15, A113. — Mater ejus : Agnes ; fratres ejus : Willelmus monachus, Rogerius ; avunculi ejus : Ricardus et Robertus de Coldreio.
— filius Yvonis : *v.* Thomas de Hispania.
— de *Framboiser* : B77.
— [de Freauvilla], decanus Rothomagi : B180.
— de Henlegia : B172.
— de Hispania, filius Yvonis : B32, B151. — Tenens ejus : Gaufridus *Hurterel.*
— de Lascheria : B125. — Frater ejus : Robertus.
— *le Seriant* : B86.
— *le Monnier, le Monnir* : B198. — Filius ejus *(?)* : Robertus *le Monnier.*
— *Maniant* : B148.
— pincerna : A129, B17, B30.
— de Ponte Audomari, serviens Roberti comitis Mellenti : B70, B78.
— sacerdos de Wascholio : B112.
— de Sigillo : B49.
— de Spineto : B3.
— de *Tornebu* : B8[17], B54.
— Ysabele : C14.
THONEIUM [*Tosny, E., cant. Gaillon*] : *v.* Rogerius.
Thorix Danus : A191.
THORP : *v.* HOLESTORP.
TIEBOUT *(LE)* : *v.* SANCTUS DIONISIUS.
TIEMER (doitus de) : *v.* HISPANIA.
Tioudus, *Tiout* : *v.* Teolfus.
Tiout : *v.* Willelmus.
TOENIUM [*Tosni, E., cant. Gailllon*]. — *v.* Hugo.
TOFT MONKS : *v.* TOSTES.
Tola : *v.* Rogerius.
TORIVILLA : *v.* TURVILLA.

TORNAI, TURNAI [*Tournay, E., cant. Brionne, comm. Harcourt*]. — *v.* Ricardus, Robertus.
TORNAIUM [*Tournay, O., cant. Trun*] : *v.* Abbas Tornaii.
TORNEBU [*Tournebu, E., cant. Gaillon, comm. Aubevoye*]. — *v.* Thomas, Richardus, Robertus.
Toroude : *v.* Henricus.
TOROVILLA : *v.* TURVILLA.
TORTEL [*Tourtel (?), E., lieu non identifié*] : *v.* Goscelinus, Emmelina.
Torroldus : *v.* Turoldus.
TORVILLA, TORWILLA : *v.* TURVILLA.
Tosteinus : *v.* Turstinus.
TOSTES, THOSTES [*Toft Monks, Grande-Bretagne, co. Norfolk*] : A193, A194, B52, Manerium : B72, C17. — Ecclesia Sancte Margarite : B52, C17.
TOSTINIVILLA : *v.* TUSTINIVILLA.
TOUTAINVILLE : *v.* TUSTINIVILLA.
TOUCA [*Touques, C., cant. Trouville-sur-Mer*] : *v.* Willemus.
Travers : *v.* Radulfus.
TRENCHEIA PETROLII : *v.* PETROLIUM.
TRIBLEVILLA [*Thiberville, E., ch. -l. cant. ; ou Thibouville, E., cant. Nassandres*]. — *v.* Radulfus.
TRIGIVILLA, TREGEVILLA, TREGUEVILLA [*Triqueville, E., cant. Pont-Audemer*] : A21, B51. — Molendinum episcopi : B51, B160, B161, B163. — Decanus : Benedictus. — *v.* Hugo miles, Osbernus, Ricardus, Eustachius.
Triban : *v.* Odo, Gislebertus, Willelmus, Robertus.
Tronel : *v.* Robertus.
Trossel : *v.* Osbernus.
Trovatus : *v.* Anffridus Trovatus, Willelmus Trovatus.
Truie (La) : *v.* Willelmus.
TRUNNIA (terra de) [*lieu-dit à Campigny*] : *v.* CAMPINIACUM.
TRUSSELLIVILLA [*Trousseauville, C., cant. Cabourg, comm. Dives-sur-mer*]. — *v.* Odo.
Turaldus, Turoldus, Torroldus, Torraldus, Toroudus
— A1[2].
— de Estona, filius Geroldi de Estona : B66, B67, B68. — Filii : Nicholaus, Milo.
— filius Willelmi vicecomitis Montis fortis, monachus : A141. — Mater ejus : Affridis ; frater ejus : Willemus.

— de Fontanis : A162. — Filius ejus : Hilbertus.
— de Ponte Audomari : B193. — Filius ejus : Nicholaus.
Turchitillus, Turcetillus
— Carrarius : A146. — Filius ejus : Rogerius.
— avunculus Rogerii de Bello Monte : A1[10], A74.
Turgisus
— A106.
— episcopus Abrincatensis : A122, B72.
TURNAI : *v.* TORNAI.
Turoldus : *v.* Turaldus.
TURSTINIVILLA, TUSTINIVILLA, TOSTINIVILLA, TOSTEINVILLE [*Toutainville, E., cant. Pont-Audemer*] : A1[2][12], A27, A28, A29, A30, A69, A79, A85, A104, A107, A113, B8[3], B52, B72, B150, B168, B177, (pratum) B201. — Ecclesia Sancti Martini : B52, B79, B80, B94, B95, B96, B121, B122, B139, B173. — Presbiteri : Goscelinus, Ricardus, Robertus, R., Willemus *Haslé*. — *v.* Stephanus *Escarpi*. — *v.* BROCHESTUIT. — FEODUM DE MARA. — MAGNA CULTURA. — MONS.
Turstinus, Tustinus, Tosteinus
— armiger Hugonis *Fichet* : A73, A97.
— de *Combon* : B76.
— Efflancus, *Efflanc* : A1[6], t A1[17], A4, A17, A18, A43, A78 *(?)*, A106, A154, B8[4], B72. — Frater ejus : Gislebertus ; soror ejus : Bencelina ; uxor ejus : Massiria ; filii ejus : Sturmidus, Willelmus, Rogerius ; nepotes ejus : Euvrardus, Willelmus.
— filius Maledocti : *v.* Turstinus Male doctus.
— filius Rannulfi : A1[14].
— de Hamelo : A50. — Filius ejus : Robertus.
— Male doctus : A14, A15, A31, A33, A37, A46, A52, A53, A55, A73, A81, A93, A94, A103, A104, A146. — Filius ejus : Reginaldus de Pratellis.
— *Malduit* : *v.* Tusrstinus Male doctus.
— nepos Erengerii *le Graverenc* : A55.
— de Sancto Medardo : A33. — *v.* Ricardus et Rogerius, filii ejus.
Turulfus
— A1, A40, A57, A67. — Filii ejus : Hugo clericus, Anschetillus, Gislebertus, Gaufridus.
— A92.

TURVILLA, TORWILLA, TORVILLA, TURIVILLA, TORIVILLA [*Tourville-sous-Pont-Audemer, E., cant. Pont-Audemer*] : A1[1], A18, A20, A22, A36, A39, A40, A43, A44, A45, A57, A58, A59, A60, A69, A71, A75, A113, B8[1][14], B52, B72. — *Estan* (terra de *l'*) : A45. — *Fossetest, Fossetes* (terra de) : B9, B52. — Feodum de Turvilla : B41. — *Sebec* (warenna de) : B98. — Domus leprosorum : B8. — *v.* FEODUM DE MARA, FORGIA, *MESLERET, REEL*. — *v.* Herluinus, Albertus, Paganus, Willemus, Michael Abbas, Ernaldus, Ricardus *Efflanc*.

U

ULLESTHORPE : *v.* HOLESTORP.
Ursellus : A177. — Radulfus, filius ejus.
Ursellus : *v.* Johannes.
Ursus
— A102.
— de Anscetivilla : A17. — Filius ejus : Rogerus.

V

VACCARIA [*La Vacherie, E., cant. Beaumont-le-Roger, comm. Barquet*] : B78.
VADUM PETROSUM : *v.* DRIENCURT.
VAIRUM [*La Véronne, affluent de la Risle, E., cant. Pont-Audemer*] : *v.* SANCTUS MARTINUS DESUPER *VAIRUM*.
VAL-CORBON : *v.* CORBONVAL.
VALLES, VAL [*Le Val, E, cant. Beuzeville, comm. Saint-Pierre-du-Val*]. — *v.* Radulfus, Ricardus, Simon.
VALLES [*Vaux-sur-Seine, Yvelines, cant. Meulan*] : B86 — *v.* Godardus, Willelmus.
VALLIS AZONIS (abbatia) [*Le Valasse, S.-M., cant. Bolbec, comm. Gruchet-le-Valasse*]. — Abbas : Ricardus.
VALLIS RICHARDI [*Le Val-Richer, C., cant. Cambremer, comm. Saint-Ouen-le-Pin*]. — Abbas : Rogerius *ou* Robertus.
VALLIS RODOLII [*Le Vaudreuil, Eure, ch. -l. cant*] : B179.
VALLIS WASTEL [*Le Val-Wastel, l. -d. à Épaignes*] : B198.
Valterius : *v.* Walterius.

VAMBOURG : *v.* MARA VENEBURGIS.
VANESCROT : *v. WANESCROT.*
VARIMPRÉ : *v. GARINPREET.*
VASCŒUIL : *v.* WASCOLIUM.
VASCOIL : *v.* WASCOLIUM.
Vavassor (le) : *v.* Berengarius.
Vegot (Le) : *v.* Guimundus, Radulfus.
Veisdii : *v.* Willemus.
VERNELEES [*Verneuil-sur-Avre, E., ch. -l. cant.*]. — *v.* Willemus.
VETERIVILLA [*La Viéville, E., cant. Pont-Audemer, comm. Campigny*] : A36. — *v.* Giraldus.
VETULA [*Vieilles, E., cant. Beaumont-le-Roger*]. — *v.* Hunfridus.
VETUS PONS [*Les Vieux-Pont, S.-M., cant. Gournay-en-Bray, comm. Cuy-Saint-Fiacre*]. — *v.* Ivo.
Via (de) : *v.* Robertus.
VIANA [*Vienne-en-Bessin, C., cant. Ryes*] : A1[11][12], A185, B117. — Ecclesia Sancti Petri : B52, B72. — *v.* Martinus, magister.
Vicum : *v.* Robertus, Willelmus.
Vicus de monasterio : *v.* Hispania.
VIEILLES : *v.* VETULA.
Vier : *v.* Radulfus.
VIGNETES (terra *des*) : A173.
Vigot (Le) : *v.* Guimundus.
Vilain (Le) : *v.* Andreas, Michael, Robertus.
VILLARIS MONASTERIUM : *v.* MONASTERIUM VILLARIS.
VILLEIA : *v.* WILLEIA.
VINCECERA, *WICERCE*, *WICHERCHE*, WITHCHERICHA [*Whitchurch, Grande-Bretagne, co. Oxfordshire*] : A191, B8[15], B52, B72.
Viscart : *v.* Gaufridus.
Vitalis : A10, A141.
VITERBIUM [*Viterbe, Italie*] : B139.
VITOT : *v. WITOT.*
VIVARIUM [*Vivier, S.-M., cant. Clères, comm. Cailly ou Vivier-de-Bray, cant. Neufchâtel, comm. Hodeng-Hodenger*] : *v.* Engelrannus.
Vulvricus, **Volvric,** Wulvericus
— de Warmintona : B1.
— de Watintona : A191, B72.

W

Wadardus : A10, A140. — Filii ejus : Martinus, Seimundus.
Waeigne, Waingne : *v.* Ernulfus, Herbertus.

WAISCUIL : *v.* WASCOLIUM.
Wakelinus, miles : B87.
WALIA [*Pays-de-Galles, Grande-Bretagne*] : B24.
WALEMUNT [*Valmont, S.-M., cant. Le Havre*] : — Abbas : Nicolaus.
Walerannus : *v.* Galerannus.
Walterius, Galterius, Gualterius, Gaulterius, Valterius
— A71
— A146. — Filius ejus : Ricardus.
— A26. — Filius ejus : Euvradus.
— abbas Mortui Maris : B62.
— *A la Barbe* : *v.* Walterius Barbatus.
— de Alneto : B98. — Fratres ejus : Henricus, Robertus.
— archiepiscopus Rothomagensis : B71, B72, B73, B93.
— de Bacceio : A56. — Frater ejus : Willelmus.
— Barbatus, *A la Barbe* : A34, A131.
— de Bello Sapo, presbiter : B108.
— *Bernard* : B106, B107.
— de Briona, miles : B38, B43, B50, B56, B70, B86, B110, B115, C19.
— capellanus : B6.
— capellanus Radulfi episcopi Lexoviensis, magister : B82.
— clericus Hugonis comitis de *Mellent* : A139.
— de Dunstanvilla : B33.
— de Estona : B68.
— famulus : *v.* Walterius horrearius.
— filius *Ivelin* : A134.
— filius Murieldis de Alba Via : *v.* Walterius vilanus.
— filius Roberti de Quercu : A150.
— filius Rogerii filii Herberti : A134.
— filius *Vassal* : A103.
— filius Willelmi presbiteri : *v.* Walterius vilanus.
— frater Ricardi *le Lievre* : *v.* Walterius *le Lievre.*
— Giffardus, comes *Giffart* : B15, B16, B19. — Uxor ejus : Ermengardis.
— horrearius, granciarius, famulus : A37, A39, A42, A44, A59. — Filius ejus : Rogerius.
— *le boulengier* : *v.* Walterius pistor.
— *le graverenc* : A102.
— *le Lievre,* Lepus : B134, B143, B146.
— *le Sureys* : B124.
— *le Vilein* : *v.* Walterius Vilanus.
— *Moisant* : A60, A146. — Filius ejus : *v. Bienvenu.*

— monachus : A38. — Filius ejus : Rogerius.
— pistor, *le boulengier, le boulengir* : A107, B152.
— *Pointel* : A134.
— porcarius : A42.
— Pipardus : A147. — Filius ejus : Robertus.
— de Porta : A130.
— presbiter de Campiniaco : B76.
— de Prestecota, magister : B123, B124.
— de *Putot* : B115.
— *Saim* : A115, A116.
— de Sancto Benedicto : B125.
— de Sancto Sansone : B8[17], B23, B25, B86, C18.
— de Sancto Valerico, archidiaconus Rothomagensis : B65.
— serviens : B67.
— *tenant d'Herluin de Tourville à Campigny* : A36, A62.
— de Valle : B129.
— de Vatevilla : C19.
— Vilanus, *le Vilein*, filius Willelmi presbiteri, filius Murieldis de Alba Via : A134, A135, A138. — Filius ejus : Willelmus.
— *Wigod* : B68.
— de *Waiscuil* : A177.
Wandard : *v.* Rogerius.
WANESCROTUM, WANESCROT, WANESCRONT, VANESCROT [*Vannecroq, E., cant. Beuzeville*] : A73, A96, A97, A104, A160, B52, B72. — *v.* Odo, Ricardus.
WANNEVILLA [*Varneville-les-Grès, S.-M., cant. Tôtes, comm. Varneville-Bretteville*]. — *v.* Adam.
WARENNA [*Varenne, S.-M., cant. Bellencombre, comm. Bellen-combre*] : A162. — *v.* Radulfus.
Warinus : *v.* Garinus.
WARINVILLA, WARINIVILLA [*Varaville, E., cant. Dozulé*] : B20, B72. — LONGA ACRA.
WARMITONA, WARMINTONA, WARMENTONA [*Warmington, Grande-Bretagne, co. Warwickshire*] : B4, B6, B52, B72, B114, C2, C3, C14. — Manerium : C13.
— Ecclesia Sancti Nicholai : B52. — *Le Heu* : C14. — *Le Chibon* : C14. — *Via Barreberie* : C14. — *v.* Bartholomeus, Nicolaus, Thomas, *Volvric*, Willemus Francigena.
Warnerius : *v.* Garnerius.
WARWICUM, WARWICENSIS, WAREWIC, WARVINCH, WARWIC [*Warwick, Grande-Bretagne, co. Warwickshire*]. — Abbatia Sancte Marie : B4 ; *v.* Radulfus monachus. — Comites : Henricus, Rogerius, Gualerannus, C17. — *v.* Helias, Henricus, Rogerius.
WASCOLIUM, WASCHOLIUM, WAISCUIL, WASCOLIENSIS [*Vascœuil, E., cant. Lyons-la-Forêt*] : A161, A162, A163, A166, A176, A177, B72, B88, B89. — Decima parrochie Sancti Martialis : B180, B181.
— Ecclesia Sancti Martialis, Marcelli : A178, B52, B72, B88. — Ecclesia, capella Sancti Lauriani : A163, A166, B72, B130. — Fons : B112. — Sacerdos : Thomas. — *v.* Engerranus, Geretrudis, Gislebertus [I], Gislebertus [II], Gotmundus, Tetbaldus, filius Normanni. — *v.* MONTICULUS, GRATINIVILLA, FAGUS PEDICULOSA, RIUM.
WASTEL (vinea) [*vigne à Aubergenville, Yvelines*] : B38.
WASTEL (vallis) : *v.* VALLIS WASTEL.
WATEVILLA, VATTEVILLA [*Vatteville-sur-Seine, E., cant. Routot*]. — *v.* Robertus, Walterius, Walerannus.
WATINTONA [*Watlington, Grande-Bretagne, co. Oxfordshire*] : A191, B52, B72. — *v.* Alfelmus, Vulvricus.
Waudin : *v.* Robertus, Willelmus.
WAUTONA [*Watton, Grande-Bretagne, co. Norfolk*] : B52.
WAVERLEGIA, WAVERLEIA [*Waverley, Grande-Bretagne, co. Surrey*]. — Abbas et prior, judices delegati : B172.
Wazo, decanus : A120.
WELLEBOEF [*Elbeuf, E., ch. -l. cant.*]. — *v.* Paganus.
WENEBURGI MARA : *v.* MARA.
WESTMONASTERIUM (aula) [*Westminster, Grande-Bretagne, Londres*] : A193, B10.
Wevrea : *v.* Wievra.
WHITCHURCH : *v.* VINCECERA.
Wiburgis, uxor Hugonis de Bruicuria : B20.
WICHERCHE, WICERCE : *v.* VINCECERA.
Wido
— archidiaconus : A1[11], A153.
— [de *Hamel*] : A50.
WIEVRA, GUEVRA, WEVRA, WEVRE, WIEBRE, (foresta, terra) [*Le Vièvre, E, cant. Saint-Georges-du-Vièvre, comm. Saint-Georges-du-Vièvre et Saint-Grégoire-du-Vièvre*] : A1[15], A121, A123, B72, B104, B195. — Kiminum Briognie :

INDEX NOMINUM ET LOCORUM

B195. — CAMPUS *BAALUM*.
Wigod : *v*. Walterius.
WIGORNIA, WIGORNENSIS [*Worcester, Grande-Bretagne, co. Worcestershire*].
— Episcopus : *v.* Rogerius.
WILLEIA, WILEA, WILEIA, VILLEIA, WYLEYA [*Willey, Grande-Bretagne, co. Warwickshire*] : — Ecclesia Sancti Leonardi : B1, B52, C17.
Willelmus, Guillelmus, Gillelmus, Villelmus
— A140.
— abbas de Cornevilla : B87.
— abbas Grestani : B64.
— abbas Mortui Maris : B62, B88, B89.
— abbas Pratelli [I] : A1[17], A4, A5, A10, A17, A21, A23, A67, A68, A78, A80, A92, A139, A140.
— abbas Pratelli [II] : B112, B113, B120, B121, B123, B125, B127, B140, C11.
— de Alba Via, Albe Vie : *v.* Willelmus *Sallop* de Alba Via.
— de Albineio : B163. — Frater ejus : Oliverius de Albineio.
— Amelfredus : A21.
— *Amiot* : B147, B163.
— de Ansgervilla : B14.
— archidiaconus : *v.* Willemus de Chiraio.
— archiepiscopus Remensis, cardinalis Sancte Sabine : B52.
— de *Ardene* : B114.
— *Arondel* : B110.
— de Bacceio : A56 ; Galterius, frater ejus.
— de Bacchenceio, Baccencaio : A21, A93.
— Filius ejus : Gaufridus ; filia ejus : Beatrix ; gener ejus : Drogo.
— de *Bailluel, Bailleol, Baillel* : B28, B37, B53, B56.
— *Baivel* : B70, B82, B83, B84, B87, B85, C19.
— de Barra, burgensis de Lislebone : B135.
— Bastardus : B99.
— de *Belencombre* : B92, B111. — Uxor ejus : Basilia.
— *Belet*, armiger, filius Roberti *Beleth*, nepos Gaufridi et Rogerii filiorum Gisleberti : A64. — Avunculi ejus : Gaufridus et Rogerius.
— de Bello Monte : A1[2], A2, A6, A157.
— *Bennengel* : B15.
— de Bertoutvilla : A113.
— de Bervilla : A56.

— de Bona Villa : B1.
— de *Bones Booz* : B84.
— de Bornevilla : B101. — Filius ejus : Thomas.
— de Bosco Osberni : A44. — Frater ejus : Herbertus.
— de Brotona : B115.
— de Bruelle : B76.
— Bruerii Curtis, Bruicurtis, Bruicurta : A180, A182, A183, B196. — Filius ejus : Radulfus, Hugo (?).
— Caligula : A17.
— camerarius de Tancarvilla : B5, B38.
— de Campinaco : A38, A41, A62, A69, B23. — Pater ejus : Herveus ; fratres ejus : Gaufridus, Rogerius, Radulfus, Ricardus Tehardus.
— capellanus : A174, B18, B49.
— Capreus : A131.
— cavelarius : A100.
— *Cavessot* : A127.
— *del Chaisnai* : B103.
— de *Chamunt*, miles : B87.
— de Chiraio, Chirai, archidiaconus Lexoviensis : B80, B95.
— *Clarel*, filius Theoderici lavendarii : A55. — Frater ejus : Rogerius.
— clericus : B82, B101, B114.
— cocus Pratelli : A179.
— cognatus Henrici de Novo Burgo : B30.
— Columbellus, *Columbel* de Hispania : A55, A94. — Pater ejus : Ricardus ; fratres ejus : Radulfus, Robertus, Gislebertus monachus ; mater ejus : Helvida ; soror ejus : Adelaide.
— [de Colavilla] : B7. — Frater ejus : Mauritius.
— de *Combon* : A135.
— Comes : A70.
— comes de Saresberia : B72.
— comes de Warenna, Guarenna comes, prepositus de Ponte Audomeri : A71.
— *Corel* : A34.
— cubicularius : B51.
— Dastinnus, *Dastin* : A169, A179, A185.
— Uxor ejus : Placida ; filius ejus : Hugo, Willelmus.
— decanus : B1, B5.
— decanus Lexoviensis : B122, B142.
— de Drumara, miles : B87.
— dux (comes, marchio) Normannorum, rex Anglorum : A1[1][2][7][8][10] [11] [12] [13] [16], A2, A4, A9, A10, A11, A17, A19, A40, A57, A58, A67, A74, A79, A80, A85, A90, A96, A99, A106, A111,

A114, A118, A124, A128, A139, A140, A141, A143, A144, A149, A153, A156, A157, A158, A161, A164, A166, A168, A176, A178, A179, A183, A186, A187, A188, A191, A192, A193, A194, B8[2][7][11][14][15], B52, B72, B117, C1, C19.
— elemosinator, elemosinarius : A15, A42, A150.
— episcopus Lexoviensis : B94, B95, B96, B121, B122, B173, B175, B176.
— de Esmalevilla, miles : B135.
— faber : B200.
— faber de Bajocis : A185.
— *Ferrant* : B153. — Tenens ejus : Ricardus faber de Burgo Achardi ; filius ejus : Gaufridus.
— filius Almani de Combonno : *v.* Willelmus *Cavessot*.
— filius Anfridi clerici : A131
— filius Anschetilli Guillardi : B7. — Frater ejus : Alexander.
— filius Ansgoti : A60, A61, A103.
— filius *Ansquetil* : A30.
— filius Auberti, tenens Nicholaus [de Wivilla] : B199.
— filius Benedicti : B7.
— filius cavelarii, *cavelier*, *caveller* : *v.* Willelmus filius Osmundi.
— filius Christiani : A95, A115, A116, A123, B32.
— filius Durandi Lupusculi : *v.* Willelmus *Rabuet*.
— filius Fulconis Moiri : A4.
— filius Galterii : A87. — Nepos ejus : Sanson.
— filius Gaufridi, nepos Turstini *Efflanc* : A106.
— filius Giraldi de *Hunefluet* : A71.
— filius Gisleberti sacerdotis de *Ri* : *v.* Willelmus sacerdos.
— filius Henrici [I] regis Anglie : A86.
— filius Henrici de Pratea : A129, B17. — Mater ejus : Adeliza ; fratres ejus : Robertus, Simon.
— filius *Herbrant* : A34, A35.
— filius Herluini de Hispania, monachus : A95. — Frater ejus : Ivo.
— filius Hunfridi de Vetulis : *v.* Willelmus de Bello Monte.
— filius Ivonis de Hispania : A95.
— filius Johannis *Miteron* : A107. — Socer ejus : Radulfus ; homo ejus : Hugo.
— filius Manselli : A88.
— filius Normanni : A183.

— filius Osberni : A19, A151, A156, A164, B52, B72.
— filius Osmundi Cavelarii, *Caveler*, laicus, homo abbatis : A30, A31, A50, A54, A60, A71, A84, A88, A160. — Fratres ejus : Rogerius, Robertus, presbiteri.
— filius Osulfi : A89.
— filius Pagani de Turvilla : A113.
— filius Radulfi Coci [I] : A37, A52, A53. — Fratres ejus : Willelmus, Herluinus, Hugo.
— filius Radulfi Coci [II] : A52, A53. — Fratres ejus : Willelmus, Herluinus, Hugo.
— filius Radulfi corveisarii : A108.
— filius Radulfi, senescallus Normannie : B71, B72, B73, B93.
— filius Roberti : A197.
— filius Roberti *Beleth* : *v.* Robertus *Belet*, armiger.
— filius Rogerii de Alba Via : A138. — Fratres ejus : Warnerius, Anffridus.
— filius Rogerii de Quoquina : *v.* Willelmus *Nurriet*.
— filius Rualdi de Salernia : A15, A113. — Fratres ejus : Thomas, Rogerius monachus ; mater ejus : Agnes ; avunculi ejus : Ricardus, Robertus de Coldreio.
— filius Tustini : B7.
— filius Walterii vilani : A138.
— filius Willelmi regis : *v.* Willelmus Rufus, rex.
— filius Willelmi vicecomitis Montis fortis : A141. — Mater ejus : Anffride ; frater ejus : *Turald*.
— *Folet* : A94.
— de Fonte : B112.
— de *Formentin* : B9.
— Francigena, Franciscus de Warmintona : B123, B124, C14.
— frater Arnulfi sacerdotis de Castro Drincurie : B108. — Pater ejus : Albinus.
— frater Martini signarii : A140.
— frater Normanni de *Holestorp* : B1.
— frater Oliverii de Albineio : *v.* Willelmus de Albineio.
— frater Ricardi *del Val* : *v.* Willelmus de Valle.
— frater Rogerii vinitoris : A132.
— de *Friardel*, clericus : C12.
— Galopinus : A10.
— gener Fulcherii de Ponte : A87.

— *Gifart*, Giffardus : B1, B6.
— *Gobic* : B159.
— Goscelini : B20.
— gravator : A71.
— de *Han* : A169.
— de Hanghemara, Hangemara : B3, B23, B28, B37, C18.
— *Harenc* : B177. — Filius ejus : Petrus.
— *Haslé* : A33, A51, A55, B150, B159. — Frater ejus : Robertus ; uxor ejus : Alberada.
— *Haslet* de Hamelo : A42.
— de Hastingis, dispensarius : B33.
— *Hose* [I] de Nova Villa : B108, B113. — Frater ejus : Radulfus.
— *Hose* [II], filius Radulfi : B108.
— de Hostona : B52.
— *Huan* : B98.
— de Humetis, de Humeto, *Hommé*, constabularius regis : B57, B71, B72, B73, B110, B117.
— *Isoret, Isoré*, decimator : A70, A102, A131.
— *Kevrol, Kevrel* : B105, B147. — Filius ejus : Hugo ; nepos ejus : Gaufridus.
— laicus : *v.* Willelmus filius Osmundi.
— laicus : t A1[14].
— *la Mare* : *v.* Willelmus de Mara.
— *Lapene* : B163.
— *la Truie* : B200.
— *le Cerf* : B178.
— *le Poignor* : B109. — Uxor ejus : Emmelina de *Tortel*.
— Lepus : A52.
— *Lisnel* : A173.
— de *Maelou* : B98.
— de Magnivilla : A141. — Frater ejus : Anastasius.
— *Malduit, Mauduit* : *v.* Willelmus Male doctus.
— Male doctus : A46, A54, A64, A86, A87, A103, A140, A154, A160, A170, A184.
— *Malet, Maleth* : A14, A41, A45, A73, A97, A113, A129, A137, A146, B17. — Frater ejus : Herluinus ; nepos ejus : Rogerius.
— *Malet* : A189, B202. — Filius ejus : Robertus ; nepos ejus : Willelmus, dapifer.
— *Malet*, dapifer : B33.
— *Malveisin*, Malus Vicinus : B28, B37, B44, C18.
— de Mandevilla, Mannevilla, comes : B44, B71, B72, B73.

— de Mara, *La Mare* : B50, B56, B71, B72, B73.
— marchio Normannorum : *v.* Willelmus, dux Normannorum.
— marescallus : A94.
— Marescallus : B49, B93.
— de *Marleiz, Marlleiz*, magister, canonicus Rothomagensis : B128, B130, B139.
— de *Martigni* : B102.
— miles : A73, A97.
— monachus : B99.
— de Monasterio Villari : B23.
— de Morenvilla : B53.
— nepos Gaufridi et Rogerii, filiorum Gisleberti : *v.* Robertus armiger.
— *Nurriet, Nurrieth, Nurri*, filius Rogerii de Quoquina : A94, A95, A130.
— Obsimensis : A101.
— Pantulfus ou Randulfus : B41. — Avunculus ejus : Robertus de *Turnai*.
— pater Saffridi : A103.
— de Pauliaco : B62.
— *Pichot, Picot*, senescaldus, miles : B114, B135.
— de Pino, Pinu : A70, B3, B8[17], B9, B18, B22, B25, B26, B27, B28, B29, B37.
— Pipardus, *Pipart* : A13, B25, B43, C18.
— de Pisiaco : B88, B89.
— Pointellus, Pointel : A131, A134.
— de Portis, filius Rogerii : B73, B77. — Frater ejus : Radulfus ; mater ejus : Avitia.
— prepositus : A63, A81, A108.
— presbiter : A34.
— presbiter : B20.
— presbiter de Alba Via, filius Rogerii vinitoris de Alba Via : A131, A132, A133, A134, A135. — Fratres ejus : Rogerius Harenc [II], Alveredus, Ricardus, Robertus Ebroicensis ; uxor ejus : Muriel de Alba Via ; filius ejus : Walterius.
— puer : A146.
— de *Putot* : B115.
— *Rabuet* : A187. — Mater ejus : Gurblat ; fratres ejus : Boso, Hugo.
— Randulfus : *v.* Willemus Pandulfus.
— rex Anglorum [I] : *v.* Willelmus dux Normannorum.
— rex Anglorum [II] : *v.* Willemus Rufus.
— Roherius : A46. — Nepos ejus : Ricardus.
— de *Rouris* : A174.
— *des Rues* : B154.

— Rufus, rex Anglorum secundus, junior, filius Regis Willelmi [I] : A64, A187, A192, A193, A194.
— Rufus : A134. — Miles *(?)*, filius ejus.
— Rufus, hospes Rodoville : A179, A180.
— sacerdos : *v.* Willelmus presbiter.
— sacerdos [de Rio], filius Gisleberti sacerdotis de *Ri* : B90.
— de Salerna, filius Gisleberti Boissei, militis : B29, B141, B142, B145. — Frater ejus : Rogerius.
— *Sallop* de Alba Via : A31, A45, A81, A84.
— Salomon : B20.
— de Sancto Leodegario : B74.
— de Sancta Maria : B32. — Filius ejus : Hugo.
— senescallus Normannie : *v.* Willemus filius Radulfi.
— de Stota Villa : A111, A119.
— Tafutus, *Tafur*, monachus : A27, A28, A177.
— de Tancarvilla, camerarius : *v.* Willelmus camerarius de Tancarvilla.
— de Teboldivilla, Tibovilla : B27, B29, B53, B54.
— *Tiout* : B151.
— de Touca : A71.
— *Triban* : A25, A41, A51, A72, A100, A113, A125, A136. — Filius ejus : Odo.
— Trovatus de Girengis, tenens feodum de Ricardo Dastinno : A170.
— de Valle : A120, A121, B85. — Fratres ejus : Ricardus, Rogerius.
— Veisdii : A37.
— de *Vernelees* : B76.
— vicecomes Montis fortis : A141.
— de Vico : B148.
— vinitor : A52, A53.
— *Wanescrot, Guanescrot, Vanescrot* de Campiniaco [I] : A34, A37, A41, A42.
— Filius ejus : Henricus.
— *Wanescrot* de Campiniaco [II], tenens Ricardi *Efflanc* de Torvilla : B185, B186.
— Filius primogenitus : Radulfus.
— *Waudin* : B112. — Frater ejus : Odo.
WILLERVILLA [*Illeville-sur-Montfort, E., cant. Bourgtheroulde*]. — *v.* Radulfus.
Wilo, frater Henrici de Novo Burgo : B129.
Wimundulus : *v.* Guimundulus.
Wimundus : *v.* Guimundus.
Winchenel, Wincenel : *v.* Rogerius.
WINTONIA, *WINCESTRE* [*Winchester, Grande-Bretagne, co. Hampshire*]. — Major ecclesia : B172. — *v.* Emmelina.
Wiscart : *v.* Gaufridus.
WITERAM [*Doult-Vitran, ruisseau affluent de la Risle, E., cant. Pont-Audemer, comm. Pont-Audemer*] : B52. — Molendinum : B52.
WITOT [*Vitot, E., cant. Le Neubourg*] : B3. — Presbiter : Robertus.
WIVILLA, WIWILLA [*Gouville, E., cant. Damville*] : B199. — *v.* Nicolaus, Robertus, Rogerius.
WORCESTER : *v.* WIGORNIA.
Wulvericus : *v.* Volvricus.

Y

YORK : *v.* EBORACUM.
YQUEBEUF : *v.* IKEBUE.
Ysabele : *v.* Thomas.
YSEMBERTI MAISNILLUS : *v.* MAISNILLUS ISEMBERTI.
YSPANIA : *v.* HISPANIA.
YVETOT : *v.* IVETOT.
Yvo : *v.* Ivo.

TABLE DES MATIÈRES

AVANT-PROPOS IX

INTRODUCTION

CHAPITRE PREMIER
L'ABBAYE SAINT-PIERRE DE PRÉAUX DU XIe AU XIIIe SIÈCLE XV

    I. Origines et premier développement XV
        1. La restauration de l'abbaye et ses acteurs XV
        2. Le patrimoine de l'abbaye à la fin du XIe siècle XXIII
        3. Modes d'acquisition et statut du patrimoine de l'abbaye XXVII
    II. Le rayonnement de Préaux au XIIe siècle XXXV
        1. Extension du domaine et organisation des prieurés XXXV
        2. Les modes d'acquisition XL
        3. L'aire d'influence de Saint-Pierre de Préaux :
        bienfaiteurs et moines XLII
        4. Les libertés de Saint-Pierre de Préaux au XIIe siècle XLV
    III. Les transformations de l'abbaye durant
    le premier quart du XIIIe siècle XLVI
        1. Nature et modes d'acquisition XLVII
        2. Transformation de l'organisation de l'abbaye XLIX

CHAPITRE II
LE CARTULAIRE DE PRÉAUX : HISTOIRE ET CONTENU DU MANUSCRIT   LI

    I. Le chartrier de Saint-Pierre de Préaux LI

II. Étude codicologique du cartulaire LIV
    1. Aspect externe et organisation interne LIV
    2. Présentation du texte LVII
    3. Soin apporté à la copie LIX
III. L'élaboration du cartulaire LXI
    1. Époque de rédaction et commanditaire LXI
    2. Continuation du cartulaire du XIIIe au XVe siècle LXIII
    3. Le second cartulaire de Préaux LXIII
    4. Devenir du premier cartulaire après la Révolution LXV
IV. La spécificité du cartulaire : son contenu LXV
    1. Présentation du texte LXV
    2. Spécificité de la première partie : ordre de classement
    des actes dans le cartulaire LXVI
    3. La seconde partie du cartulaire LXVII
    4. Répartition des actes LXX

CHAPITRE III
REMARQUES DIPLOMATIQUES LXXV
  I. La pancarte de fondation LXXV
    1. La copie de la pancarte dans le cartulaire LXXV
    2. Reconstitution de la pancarte de fondation LXXVI
    3. Genèse de la pancarte LXXVII
  II. Unité diplomatique de la seconde partie du cartulaire LXXXI
    1. Typologie des actes (partie A) LXXXI
    2. Datation des notices LXXXII
    3. Transactions orales et actes écrits LXXXIV
    4. Parenté stylistique des notices LXXXVIII
    5. Un cartulaire primitif de Saint-Pierre de Préaux LXXXIX
  III. Typologie et caractéristiques des actes
  de la première partie du cartulaire XCIV
    1. Typologie des actes (partie B) XCIV
    2. Caractéristiques diplomatiques XCVII
    3. Datation des actes CII
    4. Les faux CV

SOURCES CVII
  Abréviations utilisées CVII
  I. Sources manuscrites CVIII
  II. Sources imprimées CX

BIBLIOGRAPHIE CXVII
 I. Ouvrages généraux : identifications, classement
 des toponymes et noms de personnes CXVII
 II. Ouvrages sur l'abbaye de Préaux,
 les abbayes normandes et l'histoire religieuse CXIX
 III. Histoire générale, histoire économique et société CXXV

MÉTHODE D'ÉDITION CXXXV
 1. Principes généraux CXXXV
 2. Principes propres à la partie A CXXXVI
 3. Principes propres à la partie B CXXXVI

PLANCHES CXXXVII

PARTIE A
ÉDITION DE LA SECONDE PARTIE DU CARTULAIRE

Actes A .... 3 à 187
Liste chronologique des actes de la partie A 189

PARTIE B
ÉDITION DES CHARTES DE LA PREMIÈRE PARTIE
DU CARTULAIRE

Actes B .... 207 à 435
Liste des actes dans l'ordre du cartulaire (partie B) 437

PARTIE C
ACTES ORIGINAUX, COPIES, FAUX,
ACTES PERDUS DU CHARTRIER DE PRÉAUX ANTÉRIEURS
À 1227, NE FIGURANT PAS DANS LE CARTULAIRE

Actes C .... 455 à 469

ANNEXES

ANNEXE I – TABLEAU CODICOLOGIQUE
DES CAHIERS DU MANUSCRIT 473

ANNEXE II 475

ANNEXE III – LISTE CHRONOLOGIQUE
DES ABBÉS ET TITULAIRES D'OFFICES CLAUSTRAUX
DE SAINT-PIERRE DE PRÉAUX JUSQU'EN 1227 477
    I – Abbés 477
    II – Titulaires d'offices claustraux 485

ANNEXE IV 487

ANNEXE V 491

ANNEXE VI – GRAPHIQUES ET CARTES 493

INDEX

INDEX RERUM 503
    Principes d'indexation 503

INDEX NOMINUM ET LOCORUM 527

Achevé d'imprimer en juin 2005
par l'Imprimerie Chirat – Saint-Just-la-Pendue (42)

Dépôt légal : 2ᵉ trimestre 2005

Imprimé en France